Markus H.F. Mohler

GRUNDZÜGE
DES POLIZEIRECHTS
IN DER SCHWEIZ

Markus H. F. Mohler

GRUNDZÜGE DES POLIZEIRECHTS IN DER SCHWEIZ

Helbing Lichtenhahn Verlag

Bibliografische Information der Deutschen Nationalbibliothek
Die Deutsche Nationalbibliothek verzeichnet diese Publikation
in der Deutschen Nationalbibliografie; detaillierte bibliografische Daten
sind im Internet über http://dnb.d-nb.de abrufbar.

Alle Rechte vorbehalten. Dieses Werk ist weltweit urheberrechtlich geschützt.
Insbesondere das Recht, das Werk mittels irgendeines Mediums (grafisch, technisch,
elektronisch und/oder digital, einschliesslich Fotokopie und downloading)
teilweise oder ganz zu vervielfältigen, vorzutragen, zu verbreiten, zu bearbeiten,
zu übersetzen, zu übertragen oder zu speichern, liegt ausschliesslich beim Verlag.
Jede Verwertung in den genannten oder in anderen als den gesetzlich zugelassenen
Fällen bedarf deshalb der vorherigen schriftlichen Einwilligung des Verlags.

ISBN 978-3-7190-2837-4

© 2012 Helbing Lichtenhahn Verlag, Basel
www.helbing.ch

Alles Polizeiliche gehört zum
diffizilsten staatlichen Wirkungsbereich,
in dem Ethik oder deren Fehlen sichtbar wird
und Rechtsstaatlichkeit gemessen werden kann.

Vorwort

Das Polizeirecht, noch vor rund 25 Jahren eine überwiegend kantonalrechtliche Domäne, hat in dieser Zeitspanne eine ungeheure Entwicklung erfahren. Beeinflusst durch viele neue Rechtsquellen ist es zu einer Querschnittsmaterie geworden, die als nicht kohärent und systematisch kompliziert erscheint. Zahlreiche Spezial- und Massnahmengesetze widerspiegeln gesellschaftliche Entwicklungen, lassen aber oft auch Zweifel an ihrem Genügen gegenüber den Anforderungen von Verfassungsprinzipien aufkommen.

Beeinflusst durch politische Diskussionen besteht in letzter Zeit zudem vermehrt die Tendenz, dass die Gesetzgeber durch Polizeirecht eine Art Sozialtechnologie umzusetzen versuchen. Grundrechtliche Bedingtheiten, zentral für die Legitimierung alles Polizeilichen, finden dabei nicht immer genügende Beachtung. In der vorliegenden Arbeit wird deshalb nicht nur die Rechtsanwendung, sondern auch die Rechtssetzung angesprochen.

Das Sach- und Rechtsgebiet Staatsschutz wird – abgesehen von Hinweisen zur Bekämpfung des organisierten Verbrechens, das durchaus staatsschutzrelevante Dimensionen annehmen kann – in dieser Arbeit nicht behandelt. Dessen Rechtsgrundlagen sind nicht gefestigt, sondern seit Jahren einer permanenten Baustelle gleich einem fortdauernden raschen Wandel unterworfen: Eine Vorlage für eine Ergänzung des Bundesgesetzes über Massnahmen zur Wahrung der inneren Sicherheit der Schweiz, «BWIS II», wurde vom Parlament zurückgewiesen, eine weniger weit gehende Fassung, «BWIS II light», befindet sich erst in der parlamentarischen Beratung. Der Entwurf eines Polizeiaufgabengesetzes des Bundes, der sich vorwiegend mit der Bekämpfung der organisierten Kriminalität befasst, wird derzeit nicht weiter behandelt. Für ein Nachrichtendienstgesetz, das eben dieses BWIS ablösen soll, wurden die Vorarbeiten aufgenommen. Eine Strategie zur Bekämpfung des Terrorismus existiert nicht, eine solche zu erarbeiten scheiterte kürzlich an politischen Entscheiden, die eine Blockierung verursachten.

Umgekehrt werden Rechtsgebiete dargestellt, die zum allgemeinen Verwaltungsrecht gehören, für die Anwendung alles Polizeirechtlichen aber von grosser Bedeutung sind; sie sind in erster Linie als Unterstützung für die Praxis gedacht.

Da dieses Buch auch für Praktiker ohne Studienabschluss in Rechtswissenschaft gedacht ist, finden sich darin zur besseren Verständlichkeit viele Querverweise, die den mit der Materie Vertrauten möglicherweise etwas belastend erscheinen mögen.

Am Schluss der fast vierjährigen Arbeit habe ich zu danken. Mein grosser Dank geht zunächst an Prof. Dr. iur. Rainer J. Schweizer, Universität St. Gallen, für die zahlreichen Diskussionen über Rechtsprobleme durch unklare oder widersprüchliche Rechtslagen sowie für die kritische Durchsicht des Manuskriptes und seine Anregungen und Hinweise. Dankbar bin ich Rainer Schweizer, seiner Sekretärin, Frau Anita Samyn, und Assistenten der Forschungsgemeinschaft Rechtswissenschaft der Universität St. Gallen ebenso für verschiedene Hilfestellungen auch logistischer Art.

Sodann danke ich lic. iur. Patrick Gättelin, meinem teilzeitlichen Assistenten, für sein ausserordentlich grosses Engagement, seine fundierten Diskussionsbeiträge und seine hervorragende Unterstützung beim Zusammentragen des Materials sowie sein Lektorat. Ebenso danke ich lic. iur. Adrian Rüegg, Rechtsanwalt, für einen Teil des Lektorates.

Prof. Dr. iur. Enrico Riva, Ordinarius für öffentliches Recht an der Universität Basel, danke ich für seine Ermunterung, diese Arbeit anzugehen, und für sein Entgegenkommen in der Lösung einer logistischen Schwierigkeit.

Der Freiwilligen Akademischen Gesellschaft Basel (FAG) und dem Fonds zur Förderung von Lehre und Forschung (FFLF) danke ich für die Ermöglichung einer Teilzeit-Assistenz während eines Jahres.

Schliesslich danke ich dem Verlag Helbing Lichtenhahn, Herrn Dr. iur. Men Haupt und Frau lic. phil. Veronica Rohrer, für die verständnisvolle Zusammenarbeit und Frau lic. iur. Lisbeth Schellenberg für das Korrektorat.

Mein herzlichster Dank aber geht an meine liebe Frau für ihre unendliche Geduld und ihr oft arg strapaziertes Verständnis für meine teilweise übermässige Beanspruchung, die unvermeidlich auch Beeinträchtigungen des Familienlebens mit sich brachte.

Binningen, im Oktober 2011   Markus Mohler

Inhaltsübersicht

Vorwort VII
Inhaltsübersicht IX
Inhaltsverzeichnis XIII
Literaturverzeichnis XXXV
Materialienverzeichnis XLIX
Rechtsquellenverzeichnis LXI
Gerichtsentscheideverzeichnis LXXXVII
Abkürzungsverzeichnis CVII

1. Teil: Übersicht über die Grundlagen 1

1. Kapitel: Einleitung 2
    § 1   Der Wandel des Polizeirechts 2
    § 2   Freiheit und Sicherheit 5
    § 3   Ethik in der Polizei 10

2. Kapitel: Grundbegriffe, Rechtsquellen und Rechtssystematik
           des Sicherheitsrechts 14
    § 4   Grundbegriffe 14
    § 5   Zu den Rechtsquellen 20
    § 6   Sicherheitsrecht 24

3. Kapitel: Polizeirecht 35
    § 7   Polizeibegriffe 35
    § 8   Die Gestalt des Polizeirechts 53
    § 9   Internationales Recht 58

4. Kapitel: Bundesstaatliche Ordnung, Polizeigesetzgebung
           und polizeiliche Sicherheitsleistungen 71
    § 10 Die Kompetenzregelung gemäss der Bundesverfassung
         von 1999 71
    § 11 Die vierte Ebene: Verträge unter den Kantonen ... 90

2. Teil: Materielles Polizeirecht 105

5. Kapitel: Rechtsgüterschutz aus polizeirechtlicher Perspektive 106
    § 12 Die Grundrechte und ihre Bedeutung für sicherheits-
         bzw. polizeirechtliches Handeln 106

§ 13 Die unmittelbar polizeirechtsrelevanten Grundrechte
der Bundesverfassung 121
§ 14 Nicht unmittelbar grundrechtlich geschützte Rechtsgüter 204

6. Kapitel: Rechtsstaatliche Grundlagen für die polizeiliche
Aufgabenerfüllung 209
§ 15 Verfassungsprinzipien 209
§ 16 Polizeiliches Handeln in Abweichung von der positiven
Rechtsordnung 239
§ 17 Rechtsgrundlagen für die verschiedenen polizeilichen
Funktionen und Massnahmen 255

7. Kapitel: Realakte 277
§ 18 Rechtliche Bedeutung polizeilicher Realakte 277
§ 19 Exkurs: Anfechtbarkeit von intervenierenden Realakten 293

8. Kapitel: Amts- und Rechtshilfe 297
§ 20 Funktionen der Amts- und Rechtshilfe im Polizeibereich 297
§ 21 Die Rechtsgrundlagen für die internationale polizeiliche
Zusammenarbeit und Kriminalitätsbekämpfung 326

9. Kapitel: Polizeiliche Datenbearbeitung 371
§ 22 Die massgebenden Elemente 371
§ 23 Umsetzung und Rechtsschutz 379

3. Teil: Polizeiliche Aufgabenerfüllung durch nicht zivile Polizeidienste 387

10. Kapitel: Übertragung sicherheitspolizeilicher Aufgabenerfüllung
an Armeetruppen 388
§ 24 Die rechtlichen Voraussetzungen 388
§ 25 Umsetzungsfragen 411

11. Kapitel: Wahrnehmung von Sicherheitsaufgaben durch Private 415
§ 26 Grundlegende Problematik der Erfüllung von zwangsbewehrten Sicherheitsaufgaben durch Private 415
§ 27 Aktuelle Regelungen für die Übertragung hoheitlich
polizeilicher Befugnisse an Private 426
§ 28 Wahrnehmung *nicht hoheitlicher* Sicherheitsaufgaben
durch Private und ihre Voraussetzungen 432

4. Teil: Rechtspflege: Verfahrensgarantien, Rechtsschutz- und Haftungsfragen 447

12. Kapitel: Verfahrensgarantien 448
    § 29 Gegenstand der Rechtspflege 448
    § 30 Allgemeine Verfahrensgarantien 457

13. Kapitel: Gerichtliche Verwaltungs- und Verfassungsrechtspflege 476
    § 31 Verwaltungsrechtspflege 476
    § 32 Normenkontrolle durch Verfassungsgerichtsbarkeit 504

14. Kapitel: Haftungsfragen 508
    § 33 Die Haftung des Gemeinwesens 508
    § 34 Die spezielle Regelung: Haftung für Schäden im
           Zusammenhang mit dem Schengener Informationssystem 524

Sachregister 527

Inhaltsverzeichnis

Vorwort	VII
Inhaltsübersicht	IX
Inhaltsverzeichnis	XIII
Literaturverzeichnis	XXXV
Materialienverzeichnis	XLIX
Rechtsquellenverzeichnis	LXI
Gerichtsentscheideverzeichnis	LXXXVII
Abkürzungsverzeichnis	CVII

1. TEIL: ÜBERSICHT ÜBER DIE GRUNDLAGEN ... 1

1. Kapitel: Einleitung ... 2
§ 1 Der Wandel des Polizeirechts ... 2
§ 2 Freiheit und Sicherheit ... 5
    A. Sicherheit ... 7
    B. Freiheit ... 8
§ 3 Ethik in der Polizei ... 10

2. Kapitel: Grundbegriffe, Rechtsquellen und Rechtssystematik des Sicherheitsrechts ... 14
§ 4 Grundbegriffe ... 14
    A. Zum Sicherheitsbegriff ... 14
    B. Vorbemerkungen zum Polizeibegriff ... 17
        I. Allgemeine Hinweise ... 17
        II. Zur unterschiedlichen Bedeutung der Begriffe «polizeilich», «polizeirechtlich» und «sicherheitsrechtlich» ... 19
§ 5 Zu den Rechtsquellen ... 20
    A. Völkerrecht ... 20
    B. Bundesrecht ... 22
        I. Verfassungsrecht ... 22
        II. Gesetzesrecht ... 23
    C. Kantonales Recht ... 23
        I. Innerkantonales Recht ... 23
        II. Interkantonales Recht ... 24

§ 6   Sicherheitsrecht 24
    A. Vorbemerkung 24
    B. Zu den normativen Grundlagen des Sicherheitsrechts 26
        I.   Völkerrechtlicher Rahmen 26
        II. Sicherheitsverfassung 28
            1. Geschriebenes Verfassungsrecht 28
            2. Ungeschriebenes sicherheitsbezogenes Verfassungsrecht ... 31
        III. Übrige sicherheitsrechtliche Normen auf Bundesstufe 32
        IV. Kantonales Recht 33
            1. Recht des Kantons 33
            2. Interkantonales Recht 33
            3. Kommunales Recht 34

3. Kapitel: Polizeirecht 35
§ 7   Polizeibegriffe 35
    A. Materiell-rechtliche Aspekte des Polizeibegriffs 35
        I.   Gefahrenabwehr 35
        II. Öffentliche Sicherheit und Ordnung 36
            1. Öffentliche Sicherheit 37
            2. Öffentliche Ordnung 38
            3. Zur terminologischen Praxis des Bundesgerichtes 40
            4. Kriterium der entschädigungslosen polizeirechtlichen
               Enteignung 44
        III. Schutz der Polizeigüter 45
            1. Allgemeine Hinweise 45
            2. Legalitäts- und Opportunitätsprinzip 47
    B. Andere Polizeibegriffe 48
        I.   Funktioneller oder institutioneller Polizeibegriff 49
            1. Allgemeine Hinweise 49
            2. Zu den Begriffen «staatlich», «hoheitlich» und «amtlich»
               im Besonderen 51
        II. Organisationsrechtliche Polizeibegriffe 52
§ 8   Die Gestalt des Polizeirechts 53
    A. Dogmatische Zugehörigkeit 53
    B. Normtypen 55
    C. Rechtsgebiete 55
    D. Schnittstellen der Rechtsquellen bzw. Normenhierarchie 56
        I.   Die Normüberlagerungswirkungen des geltenden Rechts 56
            1. Völkerrecht 56
            2. Landesrecht 57

		II.	Konsequenzen für die Rechtsanwendung	57

§ 9 Internationales Recht 58
    A. Allgemeine Hinweise 58
    B. Völkerrechtliche Organe (supranationale Rechtsarchitektur) 61
        I. UNO 61
            1. Menschenrechtsrat 62
            2. Ausschuss für Menschenrechte nach UNO Pakt II 62
            3. UNO-Unterausschuss zur Verhütung von Folter und anderer grausamer, unmenschlicher oder erniedrigender Behandlung oder Strafe («Unterausschuss für Prävention») . 62
            4. Nationale Kommission zur Verhütung von Folter gestützt auf das Fakultativprotokoll 63
        II. Europarat 63
            1. Kommission zur Verhütung der Folter (CPT) 63
            2. Bekämpfung der Korruption (GRECO) 63
    C. Umsetzung zwingenden Völkerrechts als grundrechtliche Schutzfunktion 64
    D. Grundlagen und Grenzen der internationalen Zusammenarbeit 65
        I. Grundlagen 65
        II. Grenzen der internationalen Zusammenarbeit 66
            1. Generelle Grenzen 66
            2. Datenschutz 67
        III. Der Schengen-Besitzstand 67
            1. Grundlagen 67
            2. Zusammenarbeit innerhalb des Schengen-Raumes 68
            3. Datenschutz 69

4. Kapitel: Bundesstaatliche Ordnung, Polizeigesetzgebung und polizeiliche Sicherheitsleistungen 71

§ 10 Die Kompetenzregelung gemäss der Bundesverfassung von 1999 71
    A. Die Verbandskompetenzen 71
        I. Die Polizeihoheit der Kantone 71
        II. Die Kompetenzen und Verantwortungen des Bundes 72
    B. Die jüngere polizeirechtliche Gesetzgebung des Bundes, Vielfalt der in Anspruch genommenen Organkompetenzen 76
        I. Risse in der grundlegenden Kompetenzregelung 76
        II. Die Selbstbeschränkung der eigenen Polizeihoheit durch die Kantone 79

C. Kantonale Polizeihoheit – ein Relikt aus dem 19. Jahrhundert? 81
   I. Zunehmende Spannungen zwischen Rechtstruktur und Rechtswirklichkeit 81
   II. Kritik 84
      1. Allgemeine Hinweise 84
      2. Völkerrechtlich bedingte Umsetzungsprobleme 86

§ 11 Die vierte Ebene: Verträge unter den Kantonen 90
   A. Allgemeine Hinweise 90
      I. Die Vertragsarten 90
      II. Bundesrechtliche Einwirkungen 91
   B. Die einzelnen Verträge 92
      I. Interkantonale Institutionen 92
         1. Die Konferenzen der politischen Ebene 92
         2. Die Konferenzen auf der Verwaltungsstufe 94
         3. Institutionen bestehend aus Partnern verschiedener Stufen ... 95
            a) Das Schweizerische Polizeiinstitut 95
            b) Die Vereinbarung über die interkantonalen Polizeieinsätze IKAPOL 95
            c) Die regionalen Polizeikonkordate 97
            d) Regionale Konkordate für die Polizeiausbildung 98
      II. Konkordate zur Rechtsharmonisierung 98
         1. Konkordat über Massnahmen gegen Gewalt anlässlich von Sportveranstaltungen vom 15. November 2007 99
         2. Konkordate über private Sicherheitsdienste 99
            a) Konkordat über die Sicherheitsunternehmen der LKJPD 99
            b) Konkordat über private Sicherheitsdienstleistungen der KKJPD 100
            c) Rechtliche Gemengelage 100
      III. Vertragskombination sui generis 100
      IV. Kritik und mögliche Lösungen de lege ferenda 101

2. TEIL: MATERIELLES POLIZEIRECHT 105

5. Kapitel: Rechtsgüterschutz aus polizeirechtlicher Perspektive 106

§ 12 Die Grundrechte und ihre Bedeutung für sicherheits- bzw. polizeirechtliches Handeln 106
   A. Verfassungsrechtliche Bedingtheit des Polizeirechts 106
   B. Begriffliches zur grundrechtlichen Abwehr-, Schutz- und nachträglichen Schutzfunktion 107
   C. Grundrechtliche Abwehrfunktion 108
      I. Allgemeine Hinweise 108

　　　　II.　Die Voraussetzungen für die Einschränkung von
　　　　　　Grundrechten (Art. 5 und 36 BV) 110
　　　　III.　Schutz des Kerngehaltes von Grundrechten 112
　　D.　Grundrechtliche Schutzfunktionen 113
　　　　I.　Unmittelbare Schutzfunktion zur Verhinderung von
　　　　　　Grundrechtsverletzungen 113
　　　　　　1.　Allgemeine Hinweise 113
　　　　　　2.　Die Ablösung des Opportunitätsprinzips durch das
　　　　　　　　grundrechtlich bedingte Entschliessungsermessen 114
　　　　　　　　a)　In der Rechtsanwendung 114
　　　　　　　　b)　Für Rechtsetzung und Justiz 115
　　　　　　3.　Beschränkung der grundrechtlichen Schutzfunktion 117
　　　　II.　Die nachträgliche Schutzfunktion: Die Pflicht zur
　　　　　　Untersuchung von Grundrechtsverletzungen 119
§ 13　Die unmittelbar polizeirechtsrelevanten Grundrechte der
　　　Bundesverfassung 121
　　A.　Menschenwürde (Art. 7 BV) 121
　　B.　Rechtsgleichheit und Diskriminierungsverbot (Art. 8 BV) 123
　　　　I.　Gleichbehandlungsgebot 123
　　　　II.　Diskriminierungsverbot 127
　　C.　Schutz vor Willkür und Wahrung von Treu und Glauben (Art. 9 BV) 128
　　　　I.　Das Willkürverbot 128
　　　　II.　Wahrung von Treu und Glauben 130
　　D.　Recht auf Leben und auf persönliche Freiheit (Art. 10 BV) 131
　　　　I.　Schutz des Lebens (Abs. 1) 131
　　　　II.　Schutz der körperlichen und geistigen Unversehrtheit
　　　　　　(Abs. 2, 2. Satzteil) 134
　　　　III.　Recht auf persönliche Freiheit und Bewegungsfreiheit
　　　　　　(Abs. 2, 1. Satzteil) 136
　　　　　　1.　Allgemeine Hinweise 136
　　　　　　2.　Zur Problematik der Bekämpfung häuslicher Gewalt
　　　　　　　　insbesondere 139
　　　　IV.　Verbot der Folter und jeder anderen Art grausamer,
　　　　　　unmenschlicher oder erniedrigender Behandlung oder
　　　　　　Bestrafung (Abs. 3) 142
　　　　　　1.　Allgemeine Hinweise 142
　　　　　　2.　Zur Bedeutung «grausamer», «unmenschlicher» und
　　　　　　　　«erniedrigender» Behandlung 145
　　　　　　3.　Aus der Praxis 146
　　　　　　4.　Sklaverei und Menschenhandel 148

E. Schutz der Kinder und Jugendlichen (Art. 11 BV) 149
F. Schutz der Privatsphäre (Art. 13 BV) 152
    I. Allgemeine Hinweise 152
    II. Schutzbereiche von Abs. 1 153
        1. Allgemeine Hinweise 153
        2. Verdeckte Ermittlungen im Besonderen 155
        3. Privatsphäre im Sonderstatusverhältnis 158
        4. Zur Frage des Richtervorbehalts 159
    III. Schutzbereich von Abs. 2 (Datenbearbeitung) 159
        1. Allgemeine Hinweise 159
        2. Gesetzgebungskompetenzen 161
        3. Schengen-spezifische Datenschutzbestimmungen 162
G. Meinungs- und Informationsfreiheit (Art. 16 BV) 162
    I. Allgemeine Hinweise 162
        1. Persönlicher Schutzbereich 163
        2. Sachlicher Schutzbereich 163
    II. Einschränkungen 165
H. Sprachenfreiheit (Art. 18 BV) 167
    I. Allgemeine Hinweise 167
    II. Persönlicher Schutzbereich 167
    III. Sachlicher Schutzbereich 168
    IV. Einschränkungen 168
    V. Verfahrensrechtliche Leistungspflicht 168
I. Versammlungsfreiheit (Art. 22 BV) 169
    I. Allgemeine Hinweise 169
    II. Schutzpflichten 173
    III. Demonstrationen im Besonderen 174
        1. Sachlicher Schutzbereich 174
        2. Beschränkungen qua Bewilligungspflicht 177
        3. Andere Beschränkungen 182
        4. Foto- und Videoaufnahmen im Besonderen 183
        5. Auflösung von Kundgebungen 183
        6. Schutzpflichten 185
    IV. Wegweisungen 186
K. Eigentumsgarantie (Art. 26 Abs. 1 BV) 189
    I. Persönlicher Schutzbereich 189
    II. Sachlicher Schutzbereich 189
    III. Leistungspflicht? 191
    IV. Schutzpflicht 191
    V. Beschränkungen 193

| | | VI. | Entschädigung bei polizeilich motivierten | |
| | | | Eigentumsbeschränkungen .... | 194 |

- L. Wirtschaftsfreiheit (Art. 27 BV) 194
    - I. Persönlicher Schutzbereich 195
    - II. Sachlicher Schutzbereich 196
    - III. Gleichbehandlungsgebot 196
    - IV. Schutzpflicht 197
    - V. Beschränkungen 198
    - VI. Bundesstaatliche Binnenmarktregelung 199
- M. Streikfreiheit (Art. 28 Abs. 3 BV) 200
    - I. Persönlicher Schutzbereich 200
    - II. Zum Vertikalverhältnis des Streikrechts 201
    - III. Bestreikung von Unternehmen in staatlichem Eigentum im Besonderen 202
    - IV. Beschränkung des Streikrechts für bestimmte Kategorien von Personen 203

§ 14 Nicht unmittelbar grundrechtlich geschützte Rechtsgüter 204
- A. Schutz der verfassungsmässigen Ordnung 204
    - I. Allgemeine Hinweise 204
    - II. Normative Regelungen 205
- B. Schutz von Rechtsgütern durch nicht verfassungsrechtliche Normierungen 206
    - I. Völkerrechtliche Verpflichtungen 206
    - II. Binnenrechtliche Schutzaufgaben 207

6. Kapitel: Rechtsstaatliche Grundlagen für die polizeiliche Aufgabenerfüllung 209

§ 15 Verfassungsprinzipien 209
- A. Allgemeine Hinweise 209
- B. Legalitätsprinzip (Art. 5 Abs. 1 BV) 212
    - I. Vorrang des Gesetzes, Verfassungs- bzw. Gesetzesvorbehalt ... 212
    - II. Normbestimmtheit 214
    - III. Passives und aktives Legalitätsprinzip 215
- C. Öffentliches Interesse und Verhältnismässigkeitsprinzip (Art. 5 Abs. 2 BV) 216
    - I. Öffentliches Interesse 216
        1. Zur Verbindung von Staat und Gesellschaft hinsichtlich öffentlichem Interesse 216
        2. Zum Inhalt des öffentlichen Interesses 219

II.	Verhältnismässigkeitsprinzip	221
	1. Geltungsbereich	221
	2. Teilgehalte bzw. Prüfprogramm	221
	a) Generelle Hinweise	221
	b) Zur Erforderlichkeit	224
	c) Zur Geeignetheit	225
	d) Zur Zumutbarkeit	227
	e) Verhältnisse: Das Geflecht der Relationen	228
	3. Anfechtbarkeit der Verletzung des Verhältnismässigkeitsprinzips	231
III.	Störerprinzip	232
	1. Allgemeine Hinweise	232
	2. Zur Störertypologie	234
	a) Verhaltensstörer	234
	b) Zustandsstörer	235
	c) Zweckveranlasser	235
	3. Unmittelbarkeitstheorie	236
	4. Zur Abgrenzungsfunktion gegenüber Nicht-Störern (Dritten) im Besonderen	237
	5. Mehrzahl von Störern	237
	6. Der polizeiliche Notstand	238

§ 16 Polizeiliches Handeln in Abweichung von der positiven Rechtsordnung 239

  A. Vorbemerkungen 239

  B. Abgrenzungsfragen 240
     I. Die Kompetenzregelung auf Bundesebene 243
        1. Die Kompetenzen des Parlaments 243
        2. Die Kompetenzen des Bundesrates 245
     II. Kompetenzregelungen auf der kantonalen Ebene 247

  C. Die polizeiliche Generalklausel 247
     I. Die polizeiliche Generalklausel als Regelungsstruktur 247
     II. Zum Kriterienkatalog der Anwendbarkeit der polizeilichen Generalklausel 248
        1. Zur bundesgerichtlichen Praxis 249
        2. Zum Kriterium der Unvorhersehbarkeit im Besonderen ... 253

§ 17 Rechtsgrundlagen für die verschiedenen polizeilichen Funktionen und Massnahmen 255

  A. Allgemeine Hinweise 255

  B. Funktionen nach Art der Aufgaben 258
     I. Funktion Rechtsetzung 258
        1. Verbandszuständigkeit 258

		2. Organkompetenz 261
		a) Allgemeine Hinweise 261
		b) Die besondere Kompetenz der Exekutive 262
	II.	Funktionen im zeitlichen Verhältnis zu abstrakter Gefahr oder zu konkreter Gefährdung (Risiko) 263
		1. Rechtsetzung 263
		2. Rechtsanwendung 265
	III.	Grundlagen und Grundformen sicherheitsbezogener Vorkehrungen und Massnahmen 266
		1. Rechtssätze und andere Erlasse 266
		2. Rechtsanwendung 269
		a) Rechtsakte 269
		aa) Verwaltungsverordnungen im Besonderen 271
		bb) Allgemeine Verwaltungsweisungen (Dienstvorschriften oder -weisungen) 271
		cc) Verfügungen 273
		b) Realakte in Form von Einsatz- oder (nicht ständigen) Dienstbefehlen 276

7. Kapitel: Realakte 277

§ 18 Rechtliche Bedeutung polizeilicher Realakte 277

- A. Allgemeine Hinweise 277
  - I. Zur Terminologie 277
  - II. Übersicht über die verschiedenen Arten von Realakten 278
- B. Zum Rechtscharakter direkt (physisch) oder informationell intervenierender Realakte 280
  - I. Zur Anwendbarkeit der Kriterien des Eingriffsbegriffs 281
  - II. Nebenwirkungen von Realakten (oder deren Unterlassung) ... 284
  - III. Grundrechtsrelevanz von intervenierenden Realakten 285
  - IV. Zwischenergebnis 286
  - V. Reale Unterlassungen 286
- C. Die Arten rechtlich relevanter polizeilicher Realakte 286
  - I. Nach der Rechtsquelle 286
    1. Rechtsaktbezogene Realakte, Vollstreckungshandlungen .. 287
    2. Verfügungsfreie Realakte 287
       - a) Verfügungsvertretende Realakte 287
       - b) Nicht verfügungsvertretende Realakte 288
  - II. Nach Art der Handlung 288
    1. Formalisierte Realakte 288
    2. Datenbearbeitung im Besonderen: Informationelle Realakte 289

		a) Allgemeine Hinweise 289

                b) Videoüberwachungen 290
           3. Nicht formalisierte Realakte 291
                a) Der (einfache, mündliche) Auftrag 291
                b) Standardmassnahmen als Grundformen der exekutiven Rechtsanwendung bzw. der polizeilichen Realakte 291

§ 19 Exkurs: Anfechtbarkeit von intervenierenden Realakten 293
    A. Informationell intervenierende Realakte 293
    B. Direkt (physisch) intervenierende polizeiliche Realakte 294
        I. Allgemeine Hinweise 294
        II. Zur gesetzlichen Ausgestaltung des Rechtsschutzanspruchs nach Art. 29a BV 294
    C. Zur Anfechtbarkeit verwaltungsinterner Realakte mit beabsichtigter intervenierender Aussenwirkung 295
        I. Abgrenzung zu Rechtsakten ähnlicher Art 295
        II. Abstrakte Inhaltskontrolle von Verwaltungsverordnungen und Allgemeinen Weisungen (Exkurs) 296
        III. Anfechtbarkeit von Einsatzbefehlen und einfachen Aufträgen als verwaltungsinterne Realakte 296

8. Kapitel: Amts- und Rechtshilfe 297

§ 20 Funktionen der Amts- und Rechtshilfe im Polizeibereich 297
    A. Wesen der Amts- und Rechtshilfe 297
        I. Allgemeine Hinweise 297
            1. Zum Bedarf polizeilicher Zusammenarbeit über Zuständigkeitsgrenzen hinaus 297
            2. Die verschiedenen Rechtsrahmen 299
        II. Zur Unterscheidung von Amts- und Rechtshilfe 302
            1. Negative Abgrenzung der Amtshilfe 302
            2. Zur Unterscheidungsproblematik 303
                a) Allgemeine Hinweise 303
                b) Der Einfluss des Paradigmenwechsels durch das Verfügbarkeits- und das Gleichbehandlungsprinzip auf Grund des Schengen-Besitzstandes 304
            3. Die einzelnen zur Abgrenzung der Amts- von der Rechtshilfe verwendeten Kriterien: 306
                a) Nach den beteiligten Organen 306
                b) Nach der Art der Handlung 307
                c) Nach dem zu Grunde liegenden Verfahren 307
                d) Nach dem Verwendungszweck der beschafften und übermittelten Information (Finalität) 308

		e) Nach der Entscheidform 309
		f) Nach der Beschwerdefähigkeit von Rechts- oder Amtshilfehandlungen 310
		g) Die Bestimmung im Einzelfall 311
	III.	Arten und Handlungsformen polizeilicher Amts- und Rechtshilfe 312
		1. Arten polizeilicher Amts- und Rechtshilfe 312
		2. Handlungsformen der Amts- und Rechtshilfe 313
		a) Generell 313
		b) Besondere Aspekte der polizeilichen Amts- und Rechtshilfe 316
		aa) Zusammenarbeit in der Gewährleistung von Sicherheit 316
		bb) Verwaltungspolizeiliche Amtshilfe 317
B.	Rechtsprobleme 317
	I.	Amts- und Rechtshilfe als Begriffe ohne gegenseitige Abgrenzung 317
		1. Allgemeine Hinweise 317
		2. Überlagerungen verschiedener völker- und binnenrechtlicher Rechtsquellen 318
		3. Schranken der Amts- und Rechtshilfe 320
		a) Zwingendes Völkerrecht 320
		b) Ordre public 321
		c) Materiell-rechtliche Schranken 321
		4. Die besonderen Regeln des Schengen-Rechts 321
		5. Zur Problematik der Massendelinquenz 324

§ 21 Die Rechtsgrundlagen für die internationale polizeiliche Zusammenarbeit und Kriminalitätsbekämpfung 326

A.	Die Voraussetzungen für polizeiliche Amts- und Rechtshilfe nach schweizerischem Recht 326
	I. Bundesrecht 326
	II. Kantonales Recht 327
	III. Direkt anwendbare völkerrechtliche (self-executing) Bestimmungen 328
B.	Verpflichtungen zur Amts- und Rechtshilfeleistung 328
	I. Schweizerisches Recht 328
	II. Völkerrecht 329
	1. Generell 329
	2. Verpflichtungen gemäss Schengen-Besitzstand 330
C.	Die völkerrechtlichen Grundlagen für die verschiedenen Zusammenarbeitsformen 330

I. Der Rechtsrahmen von Mitgliedschaft und Assoziierung 330
   1. Vereinte Nationen 330
   2. Organisation für die Sicherheit und Zusammenarbeit in Europa (OSZE) 331
   3. Europarat 331
   4. Der Schengen-Besitzstand und seine Umsetzung 332
      a) Grundsätze der Verfügbarkeit und der Gleichbehandlung 332
      b) Schengen-Informationssystem (SIS) 333
      c) Operationelle grenzüberschreitende polizeiliche Massnahmen 335
         aa) Grenzüberschreitende Observation 335
         bb) Kontrollierte Lieferung 336
         cc) Grenzüberschreitende Nacheile 337
         dd) Kombination mit elektronischen Überwachungs-massnahmen und verdeckter Ermittlung 338
      d) Überlagerung der Regelungen des Schengen-Besitzstandes durch bilaterale Abkommen mit den Nachbarstaaten 338
   5. Exkurs: Eurojust 338
II. Zusammenarbeit mit Agenturen 339
   1. Interpol 339
   2. Europol 340
D. Internationale Abkommen betr. die Unterdrückung bestimmter Verbrechen und Vergehen 342
   I. Allgemeine Hinweise 342
   II. Hinweise zu den einzelnen Abkommen 343
      1. Abkommen zur Bekämpfung der Korruption 343
      2. Übereinkommen der Vereinten Nationen gegen die grenzüberschreitende organisierte Kriminalität mit drei Zusatzprotokollen Übereinkommen des Europarates zur Bekämpfung des Menschenhandels 346
      3. Übereinkommen zur Bekämpfung des Terrorismus 349
      4. Übereinkommen über den Schutz völkerrechtlich geschützter Personen 351
      5. Übereinkommen zur Unterdrückung der Betäubungsmittelkriminalität 351
      6. Übereinkommen über Geldwäscherei sowie Ermittlung, Beschlagnahme und Einziehung von Erträgen aus Straftaten 351
      7. Bekämpfung von Gewalt bei Sportveranstaltungen 352

E. Bilaterale Verträge über die polizeiliche Zusammenarbeit 353
   I. Verträge mit den Nachbarstaaten 353
      1. Schweizerisch-deutscher Polizeivertrag 354
      2. Vertrag mit Österreich und Liechtenstein über die grenzüberschreitende Zusammenarbeit der Sicherheits- und Zollbehörden 355
      3. Abkommen mit Frankreich über die grenzüberschreitende Zusammenarbeit in Justiz-, Polizei- und Zollsachen 356
      4. Abkommen mit Italien über die Zusammenarbeit der Polizei- und Zollbehörden 358
   II. Verträge mit andern Staaten 360
      1. Vereinbarung mit den Vereinigten Staaten über den Einsatz von gemeinsamen Ermittlungsgruppen zur Bekämpfung des Terrorismus und dessen Finanzierung ... 360
      2. Verträge mit mitteleuropäischen Staaten 360
      3. Abkommen mit Staaten des Balkans 361
F. Zur Umsetzung der Amts- und Rechtshilfenormen 362
   I. Formelle Zuständigkeit der beteiligten Behörden 362
      1. Generell 362
      2. Exkurs: Die Zuständigkeitsregelungen nach Art. 75*a* IRSG, Art. 355*c* StGB, Art. 43 Abs. 3 und Art. 55 StPO, und ihr Verhältnis zueinander und zu Art. 3 Ziff. 3 RB-vI bzw. dem SIaG 363
   II. Materielle Zuständigkeit der beteiligten Behörden 366
   III. Rechtmässigkeit der Amts- und Rechtshilfeleistung per se 366
   IV. Handeln in fremden Rechts- und Sachgebieten 368
      1. Allgemeine Hinweise 368
      2. Handeln im Hoheitsgebiet eines andern Staates 368

9. Kapitel: Polizeiliche Datenbearbeitung 371
§ 22 Die massgebenden Elemente 371
   A. Vorbemerkungen 371
      I. Polizeiaufgabenerfüllung heisst Datenbearbeitung 371
      II. Die Fülle von Rechtsquellen über Datenschutz 372
   B. Grundlagen und Schranken 373
      I. Verfassungsrecht 373
      II. Gesetzes- und Vertragsrecht 374
         1. Gesetzesrecht 374
            a) Bund 374
            b) Kantone 375

        2. Völkervertragsrecht über Datenbearbeitung und Datenschutz 375
            a) Formell-rechtliche Datenschutzregelungen 375
                aa) Europäische Datenschutzkonvention und Zusatzprotokoll 375
                bb) Die Richtlinie 95/46/EG (vom 24. Oktober 1995) .. 375
                cc) Rahmenbeschluss 2008/977/JI des Rates vom 27. November 2008 über den Schutz personenbezogener Daten, die im Rahmen der polizeilichen und justiziellen Zusammenarbeit in Strafsachen verarbeitet werden (RB-Datenschutz) 376
            b) Materiell-völkerrechtliche Regelungen 377
      III. Materielle Rechts- und Verhältnismässigkeit 377
        1. Rechtsetzung 377
        2. Rechtsanwendung 378

§ 23 Umsetzung und Rechtsschutz 379
    A. Datenbearbeitungsformen 379
      I. Allgemeine Hinweise 379
        1. Datenrechtsrelevante Tätigkeiten 379
        2. Veröffentlichung von Fahndungsdaten 380
        3. Verdeckte Datenbeschaffung und -bearbeitung 380
      II. Bild- und Tonaufnahmen 381
    B. Grundsätze der Datenbearbeitung 383
    C. Rechtsschutz 385

3. TEIL: POLIZEILICHE AUFGABENERFÜLLUNG DURCH NICHT ZIVILE POLIZEIDIENSTE 387

10. Kapitel: Übertragung sicherheitspolizeilicher Aufgabenerfüllung an Armeetruppen 388

§ 24 Die rechtlichen Voraussetzungen 388
    A. Verfassungsrecht 388
      I. Zur Terminologie der BV in Bezug auf andere als normale Lagen 388
        1. Verwendete Begriffe 388
        2. Die Terminologie im Vergleich mit völkerrechtlichen Begriffen 388
      II. Zur vertikalen Kompetenzverteilung zwischen Bund und Kantonen in Bezug auf sicherheitspolizeiliche Organe 390

III. Zur Unterscheidung von Bundesintervention (Art. 52 Abs. 2 BV) und Unterstützung durch die Armee auf Gesuch (Art. 58 Abs. 2 Satz 2 BV) 393
IV. Einsatzarten der Armee als Rechtsbegriffe 395
V. Zum Assistenzdienst im Besonderen 395
 1. Verhältnis zur Verfassung 395
 2. Zur Entwicklung in den letzten zehn Jahren 395
VI. Verhältnismässigkeit des Einsatzes von Armeeformationen ... 398
VII. Zur Frage der Führungskompetenz 399
B. Gesetzesrecht 401
 I. Militärrecht 401
  1. Militärgesetz 401
   a) Die Aufträge 401
   b) Beschränkung der Polizeibefugnisse der Truppe und anwendbares Recht 402
   c) Die Ausweitung der Polizeibefugnisse der Truppe 403
    aa) Rechtssystematische Hinweise 403
    bb) Die polizeilichen Befugnisse der Truppe gemäss ZAG und ZAV 403
    cc) Zum Waffengebrauch im Besonderen 404
  2. Verordnungen gestützt auf das Militärgesetz 407
  3. Was soll die Aufgabe der Militärischen Sicherheit (Mil Sich) sein? 408

§ 25 Umsetzungsfragen 411
A. Rechtslage 411
B. Rechtsschutz 412
 I. De lege lata 412
 II. De lege ferenda 414

11. Kapitel: Wahrnehmung von Sicherheitsaufgaben durch Private 415

§ 26 Grundlegende Problematik der Erfüllung von zwangsbewehrten Sicherheitsaufgaben durch Private 415
A. Das staatliche Gewaltmonopol 415
 I. Allgemeine Hinweise 415
 II. Funktion und Schranken des Gewaltmonopols 417
  1. Funktion 417
  2. Schranken der Ausübung des Gewaltmonopols 418
 III. Gliederung des staatlichen Gewaltmonopols 419
B. Abweichungen vom Gewaltmonopol 420

		I.	Die grundsätzliche Haltung des Bundes	420
		II.	Unterschiedliche Haltungen der Kantone	421
	C.	Verfassungsmässige Grenzen der Übertragbarkeit polizeilicher Aufgabenerfüllung		422
		I.	Allgemeiner Hinweis	422
		II.	Zur Auslagerung von polizeilichen Aufgabenbereichen	422
		III.	Zur Übertragbarkeit von Befugnissen zur Erfüllung einzelner Aufgaben	423
		IV.	Zur Übertragung von Befugnissen des Sanktionsmonopols	425

§ 27 Aktuelle Regelungen für die Übertragung hoheitlich polizeilicher Befugnisse an Private 426

    A. Vorbemerkung: Ökonomische Begründungen 426

    B. Bundesrecht 427

        I. Die rechtlichen Voraussetzungen für eine Aufgabenübertragung 427

            1. Art. 178 Abs. 3 BV 427

            2. Die Verordnung über den Einsatz privater Sicherheitsdienste durch den Bund (VES) 428

        II. Die gesetzlichen Ermächtigungsbestimmungen für den Einsatz privater Sicherheitsdienste 428

            1. Allgemeine Hinweise 428

            2. Die einzelnen gesetzlichen Ermächtigungen 429

                a) Bundesgesetz über die Anwendung polizeilichen Zwangs und polizeilicher Massnahmen im Zuständigkeitsbereich des Bundes (ZAG) 429

                b) Bundesgesetz über die Wahrung der inneren Sicherheit (BWIS) 429

                c) Bundesgesetz über die Sicherheitsorgane der Transportunternehmen im öffentlichen Verkehr (BGST) 430

                d) Bundesgesetz über die Luftfahrt (LFG) 430

    C. Interkantonales und kantonales Recht 431

        I. Interkantonales Recht 431

        II. Kantonales Recht 431

    D. Ergebnis 431

§ 28 Wahrnehmung *nicht hoheitlicher* Sicherheitsaufgaben durch Private und ihre Voraussetzungen 432

    A. Allgemeine Hinweise 432

    B. Die Regelungen der Voraussetzungen für das Sicherheitsgewerbe ... 433

    C. Nicht hoheitliche Gefahrenabwehr 440

        I. Allgemeine Hinweise 440

II. Der «private» Raum ... 441
III. Der öffentlich zugängliche Raum ... 441
1. Der unbeschränkt öffentlich zugängliche Raum ... 441
2. Nicht uneingeschränkt öffentlich zugängliche Räume ... 442
D. Die Befugnisse privater Sicherheitsdienstleister ... 442
I. In unbeschränkt öffentlich zugänglichen Räumen ... 442
II. In nicht unbeschränkt öffentlich zugänglichen Räumen ... 443
III. Zum Personen-Nahschutz im Besonderen ... 444

4. TEIL: RECHTSPFLEGE: VERFAHRENSGARANTIEN, RECHTSSCHUTZ- UND HAFTUNGSFRAGEN ... 447

12. Kapitel: Verfahrensgarantien ... 448
§ 29 Gegenstand der Rechtspflege ... 448
A. Gliederung ... 448
B. Funktionen ... 449
I. Generelle Funktion ... 449
II. Spezifische Funktionen ... 450
C. Begriffe ... 451
I. Allgemeine Begriffe ... 451
1. Verwaltungsbehörde ... 451
2. Verwaltungsinterne und verwaltungsexterne (justizielle) Rechtspflege ... 451
3. Nicht-streitige und streitige Verfahren der Rechtspflege ... 452
II. Streitige Verwaltungs- und Verfassungsrechtspflege ... 452
1. Streitige Verwaltungsrechtspflege ... 452
2. Verfassungsgerichtsbarkeit ... 453
III. Rechtsmittel und Rechtsbehelfe der Verwaltungs- und Verfassungsgerichtsbarkeit ... 454
1. Verwaltungsinterne Rechtspflege ... 454
   a) Rechtsmittel ... 454
   b) Rechtsbehelfe ... 455
   c) Wiedererwägungsgesuch ... 455
      aa) Als Rechtsbehelf ... 455
      bb) Als ausserordentliches Rechtsmittel ... 456
2. Verwaltungsexterne Rechtsmittel ... 456
   a) Verwaltungs(gerichts)beschwerde ... 456
   b) Beschwerde in öffentlich-rechtlichen Angelegenheiten an das Bundesgericht ... 456
   c) Subsidiäre Verfassungsbeschwerde an das Bundesgericht ... 456

§ 30 Allgemeine Verfahrensgarantien (Art. 29 BV) 457
    A. Allgemeine Hinweise 457
    B. Rechtsträger 459
    C. Teilgehalte 460
        I. Zu Abs. 1 von Art. 29 BV 460
            1. Rechtsförmigkeit des Verfahrens 460
                a) Rechtsverweigerung 460
                b) Rechtsverzögerung 461
            2. Zusammensetzung der Entscheidbehörde 463
            3. Überspitzter Formalismus 463
        II. Zu Abs. 2 von Art. 29 BV (Anspruch auf rechtliches Gehör) .. 464
            1. Recht auf vorgängige Information 465
            2. Recht auf Anhörung 466
            3. Recht auf Akteneinsicht 467
            4. Mitwirkungsrecht der Betroffenen 469
                a) Persönliches Mitwirkungsrecht 469
                b) Recht auf Beizug eines Rechtsbeistandes 470
            5. Recht auf Begründung eines Entscheides 470
            6. Rechtsmittelbelehrung 471
        III. Zu Abs. 3 von Art. 29 BV (Anspruch auf unentgeltliche Rechtspflege und unentgeltlichen Rechtsbeistand) 471
    D. Exkurs: Auswirkungen von Art. 32 BV und Art. 6 Ziff. 1 und 3 lit. c EMRK auf polizeiliche Befragungen 471
    E. Verwaltungsinterne Rechtspflegeverfahren in polizeirechtlichen Angelegenheiten 473
        I. Bundesebene 473
            1. Im Allgemeinen 473
            2. Beschwerde an die Aufsichtsbehörde 473
            3. Beschwerde an den Bundesrat 474
        II. Kantonale Ebene 474

13. Kapitel: Gerichtliche Verwaltungs- und Verfassungsrechtspflege 476

§ 31 Verwaltungsrechtspflege 476
    A. Die Rechtsweggarantie nach Art. 29a BV 476
        I. Allgemeine Hinweise 476
            1. Bedeutung 476
            2. Ausnahmen 477
        II. Rechtsstreitigkeiten und Realakte 478
            1. Zum Begriff «Rechtsstreitigkeiten» 478

2. Rechtstreitigkeiten auf Grund polizeilich direkt oder informationell intervenierender Realakte (oder Unterlassungen) im Besonderen 480
    a) Bei Rechtswirkungen auf die anvisierte Person 480
    b) Bei «chilling effects» 482
  3. Persönlicher Geltungsbereich 485
B. Gerichtlicher Rechtsschutz bei nicht gerichtlich angeordnetem Freiheitsentzug (Art. 31 Abs. 4 BV) 486
  I. Polizeigewahrsam als Freiheitsentzug 486
    1. Kriterien hinsichtlich Freiheits*entzug* 487
      a) Zeitliche Kriterien 488
      b) Andere Kriterien 489
    2. Freiheitsbeschränkungen anderer Art 489
      a) In Bezug auf die persönliche Bewegungsfreiheit 489
      b) Andere Freiheitsbeschränkungen (ausserhalb des Geltungsbereichs von Art. 31 Abs. 4 BV) 490
  II. Exkurs: Bundesrechtliche Unklarheit bei Freiheitsentzügen und anderen Grundrechtsbeschränkungen qua Zwangsanwendungs-, Zoll- und Militärgesetz sowie dem Bundesgesetz über die Sicherheitsorgane der Transportunternehmen im öffentlichen Verkehr 490
    1. Zum Zwangsanwendungsgesetz 491
    2. Zum Zollgesetz 492
    3. Zum Militärpolizeirecht 493
    4. Zum Bundesgesetz über die Sicherheitsorgane der Transportunternehmen im öffentlichen Verkehr 493
    5. Zusammenfassung 494
C. Regelungen des Verwaltungsgerichtsverfahrens 495
  I. Kantonale Verwaltungsgerichtsbarkeit 495
    1. Allgemeine Hinweise 495
    2. Kantonale Ausnahmen von der Rechtsweggarantie 496
  II. Bund 496
    1. Die Regelungen im Verwaltungsgerichtsgesetz 496
      a) Grundsatz 496
      b) Ausnahmen nach Art. 32 Abs. 1 lit. a VGG 497
    2. Die Regelungen des Bundesgerichtsgesetzes 499
      a) Beschwerde in öffentlich-rechtlichen Angelegenheiten . 499
        aa) Grundsätze 499
        bb) Unzulässigkeit von Beschwerden nach Art. 83 BGG 500
      b) Subsidiäre Verfassungsbeschwerde 501
        aa) Allgemeine Hinweise, Anfechtungsobjekte 501

			bb) Beschwerdeberechtigte	502
			cc) Beschwerdegründe	502
			dd) Konversionspraxis	503
	D.	Bedeutung von Art. 13 EMRK		503
§ 32	Normenkontrolle durch Verfassungsgerichtsbarkeit			504
	A.	Allgemeine Hinweise		504
		I.	Begriffe	504
		II.	Pflicht zur Normenkontrolle	505
	B.	Einzelheiten der verfassungsgerichtlichen Normkontrolle		505
		I.	Bundesebene	505
		II.	Kantonale Ebene	506

14. Kapitel: Haftungsfragen ... 508

§ 33 Die Haftung des Gemeinwesens ... 508

    A. Allgemeine Hinweise ... 508

    B. Rechtsquellen zur Haftung des öffentlichen Gemeinwesens ... 510

        I. Bund ... 510

            1. Bundesverfassung ... 510

            2. Gesetzesrecht ... 511

        II. Kantonales Recht ... 512

    C. Haftungskriterien im Aussenverhältnis ... 512

        I. Haftungssubjekte ... 512

            1. Organisationen, die mit öffentlich-rechtlichen Aufgaben betreut sind ... 512

                a) Das Gemeinwesen selber: direkte «Staatshaftung» (Zentralverwaltung) ... 513

                b) Beauftragte Organisationen und Personen ausserhalb der Zentralverwaltung ... 513

            2. «Beamtenhaftung» ... 514

        II. Ausübung einer amtlichen Tätigkeit ... 515

        III. Schaden ... 516

        IV. Zur Widerrechtlichkeit ... 516

            1. Grundregel: Widerrechtlichkeit des schädigenden Verhaltens ... 516

                a) Realverhalten (Realakte und Unterlassungen) ... 516

                b) Rechtsakte ... 518

            2. Ausnahme: Haftung bei rechtmässig zugefügtem Schaden ... 519

        V. Kausalität ... 520

		VI.	Verfahrensfragen	520
		1. Bund	520
		2. Kantone	521
		3. Kritik	522
D.	Haftung im Innenverhältnis: Rückgriff, Regress	522
	I.	Allgemeine Hinweise	522
	II.	Bund	523
		1. «Beamtenhaftung»: Haftung der Bediensteten	523
		2. Haftung beauftragter Organisationen und ihrer Bediensteten	523
	III.	Kantone	524
		1. «Beamtenhaftung» von Angestellten von Gemeinwesen ...	524
		2. Haftung beauftragter Organisationen und ihrer Bediensteten	524

§ 34 Die spezielle Regelung: Haftung für Schäden im Zusammenhang mit dem Schengener Informationssystem 524

A. Völkerrechtliche Regelung im SDÜ 524
B. Gesamtverantwortung des Bundes 525
    I. Binnenrechtliche Haftung bei Rechtswidrigkeit 525
    II. Haftung bei unrichtiger Datenbearbeitung durch andere SAA-gebundene Staaten: Ohne Nachweis einer Widerrechtlichkeit 525

Sachregister 527

Literaturverzeichnis

Literatur und Judikatur berücksichtigt bis 31. Juli 2011.

ABDERHALDEN URSULA, Verfassungsrechtliche Überlegungen zur interkantonalen Rechtsetzung, LeGes 2006/1, 9 ff.

ARISTOTELES, Nikomachische Ethik, übersetzt und herausgegeben von Olof Gigon, 3. Aufl., Zürich/München 1978

AUBERT JEAN-FRANÇOIS/EICHENBERGER KURT/MÜLLER JÖRG PAUL/RHINOW RENÉ/SCHINDLER DIETRICH (Hrsg.), Kommentar zur Bundesverfassung der Schweizerischen Eidgenossenschaft vom 29. Mai 1874, Basel/Zürich/Bern ab 1989 (zit.: Autor, Komm. Art. _ aBV, Rz. _)

AUBERT JEAN-FRANÇOIS/MAHON PASCAL, Petit commentaire de la Constitution fédérale de la Confédération suisse du 18 avril 1999, Zürich/Basel/Genf 2003

AUER ANDREAS/MALINVERNI GIORGIO/HOTTELIER MICHEL, Droit constitutionnel suisse, volume II: Les droits fondamentaux, 2. Aufl., Bern 2006

AUER CHRISTOPH/MÜLLER MARKUS/SCHINDLER BENJAMIN, VwVG, Kommentar zum Bundesgesetz über das Verwaltungsverfahren, Zürich/St. Gallen 2008 (zit.: Autor, in: Auer/Müller/Schindler, Art._ VwVG, Rz._)

BESSON SAMANTHA, Les obligations positives de protection des droits fondamentaux, ZSR, Bd. 122, 2003, 49 ff.

BIAGGINI GIOVANNI, Rechtsstaatliche Anforderungen an die Auslagerung und an den ausgelagerten Vollzug staatlicher Aufgaben sowie Rechtsschutz, in: René Schaffhauser/Tomas Poledna (Hrsg.), Auslagerung und Privatisierung von staatlichen und kommunalen Einheiten: Rechtsformen und ihre Folgen, St. Gallen 2002, 143 ff. (zit.: Auslagerung)

DERS., Bundesverfassung der Schweizerischen Eidgenossenschaft, Zürich 2007 (zit.: Komm. zu Art._, N._)

DERS., Wettbewerb und Staatsverantwortung aus verfassungs- und wirtschaftsrechtlicher Sicht, in: Bernhard Ehrenzeller/Robert Waldburger (Hrsg.), Wettbewerb und Staatsverantwortung, Kolloquium anlässlich der Emeritierung von Prof. Klaus A. Vallender, Zürich/St. Gallen 2009 (zit.: Wettbewerb und Staatsverantwortung)

DERS., Entwicklungen und Spannungen im Verfassungsrecht, Versuch einer Standortbestimmung zehn Jahre nach Inkrafttreten der Bundesverfassung vom 18. April 1999, ZBl 2010, 1 ff. (zit.: Entwicklungen)

BREITENMOSER STEPHAN, Neuere Rechtsentwicklungen in den Bereichen der internationalen Amts- und Rechtshilfe, in: Bernhard Ehrenzeller (Hrsg.), Aktuelle Fragen der internationalen Amts- und Rechtshilfe, St. Gallen 2005, 9 ff. (zit.: Rechtsentwicklungen)

DERS., Internationale Amts- und Rechtshilfe; in: Peter Uebersax/Thomas Hugi Yar/Beat Rudin/Thomas Geiser (Hrsg.), Ausländerrecht, 2. Aufl., Basel 2009, 1181 ff. (zit.: ARH)

DERS., Die Grundlagen polizeilicher Zusammenarbeit im Rahmen von Schengen, in: Stephan Breitenmoser/Sabine Gless/Otto Lagodny, Schengen in der Praxis, Erfahrungen und Ausblicke, Zürich/St.Gallen 2009, 25 ff. (zit.: Schengen-Grundlagen)

DERS., Neuerungen in der internationalen Rechtshilfe in Strafsachen, in: Stephan Breitenmoser/Bernhard Ehrenzeller (Hrsg.), Aktuelle Fragen der internationalen Amts- und Rechtshilfe, St. Gallen 2009, 9 ff. (zit.: Neuerungen)

BREITENMOSER STEPHAN/DRÜCK MICHAEL, Die polizeiliche Zusammenarbeit im Rahmen von Schengen, in: Christine Kaddous/Monique Jametti Greiner (Hrsg.), Bilaterale Abkommen II Schweiz – EU, Genf/Basel/München 2006, 357 ff.

BREITENMOSER STEPHAN/WEYENETH ROBERT, Rechtsschutz bei der Polizeizusammenarbeit, in: Stephan Breitenmoser/Sabine Gless/Otto Lagodny (Hrsg.), Schengen und Dublin in der Praxis, Weiterentwicklung der Rechtsgrundlagen, Zürich/St.Gallen 2010, 155 ff.

BRUGGER WINFRIED/SCHLINK BERNHARD, «Darf der Staat foltern?» – Eine Podiumsdiskussion, in: Humboldtforum Recht 2002, 45–55

BRUNNER STEPHAN C., Persönlichkeitsschutz bei der behördlichen Information der Öffentlichkeit von Amtes wegen: Ein Leitfaden, ZBl 2010, 595 ff.

BURCKHARDT WALTHER, Kommentar der schweizerischen Bundesverfassung vom 29. Mai 1874, 3. Aufl., Bern 1931

BURGER-MITTNER NICOLE/BURGER SIMON, Zulässigkeit von sicherheitsbezogenen Zutrittskontrollen in Sportstadien, Sicherheit & Recht, 2/2010, 82 ff.

BUSER DENISE, Kantonales Staatsrecht, 2. Aufl., Basel 2011

CANDRAIN JÉRÔME, La question du recours au Tribunal administratif fédéral et au Tribunal fédéral dans les affaires relevant des relations extérieures, in: Bernhard Ehrenzeller/Rainer J. Schweizer (Hrsg.), Das Bundesverwaltungsgericht: Stellung und Aufgaben, St. Gallen 2008, 323

DI FABIO UDO, Sicherheit in Freiheit, NJW 7/2008, 421 ff.

DONATSCH ANDREAS/HEIMGARTNER STEFAN/SIMONEK MADELEINE, Internationale Rechtshilfe, unter Einbezug der Amtshilfe in Steuersachen, Zürich/Basel/Genf 2011

DÜRR DAVID, Entstaatlichung der Rechtsordnung – Ein Modell ohne staatliches Rechtsetzungs- und Gewaltmonopol, in: Roger Zäch et al. (i.A. der Rechtswissenschaftlichen Fakultät der Universität Zürich), Individuum und Verband, Festgabe zum Schweizerischen Juristentag 2006, Zürich 2006, 397 ff.

EHRENZELLER BERNHARD/MASTRONARDI PHILIPPE/SCHWEIZER RAINER J./ VALLENDER KLAUS A. (Hrsg.), Die schweizerische Bundesverfassung, Kommentar, 2. Aufl., Zürich/St. Gallen 2008 (zit.: Autor, SGK zu Art._, Rz._)

EICHENBERGER KURT, Die Sorge für den inneren Frieden als primäre Staatsaufgabe (1976), in: Verfassungs- und Regierungsrat des Kantons Aargau (Hrsg.), Der Staat der Gegenwart, ausgewählte Schriften von Kurt Eichenberger, Basel/Frankfurt a./M. 1980, 73 ff.

ENGI LORENZ, Recht und Moral, Herkunft und Aktualität einer Unterscheidung, SJZ 101/2005, Nr. 24, 565 ff.

EPINEY ASTRID/MEIER ANNEKATHRIN/EGBUNA-JOSS ANDREA, Schengen-Dublin, in: Daniel Thürer/Rolf H. Weber/Wolfgang Portmann/Andreas Kellerhals (Hrsg.), Bilaterale I & II Schweiz – EU, Zürich 2007, 903 ff.

ERRASS CHRISTOPH, Zur Notwendigkeit der Einführung einer Popularbeschwerde im Verwaltungsrecht, AJP 2010, 1351 ff.

FLEINER FRITZ, Institutionen des deutschen Verwaltungsrechts, (1. Aufl.) Tübingen 1911

FULLER LON, The Morality of Law, Rev. Ed. 1969, 14th Reprinting, New Haven/London 1977

FÜRSTENBERGER MARKUS, 175 Jahre Basler Polizei 1816–1891, Basel 1991

GÄCHTER THOMAS/EGLI PHILIPP, Informationsaustausch im Umfeld der Sozialhilfe, Gutachten, Zürich 2009 (http://www.gef.be.ch/gef/fr/index/direktion/organisation/ra/publikationen.assetref/content/dam/documents/GEF/RA/fr/Gutachen%20G%C3%A4chter-f.pdf)

GAMMA MARCO, Die grenzüberschreitende Observation durch die Polizei, in: Markus Gredig/Raphaël Mahaim/Thomas Meier/Riccarda Melchior/Andreas Stöckli (Hrsg.), Festschrift für Peter Hänni, Bern 2010, 445 ff.

GIACOMETTI ZACCARIA, Das Staatsrecht der schweizerischen Kantone, Zürich 1941 (zit.: Staatsrecht)

DERS., Allgemeine Lehren des rechtsstaatlichen Verwaltungsrechts (Allgemeines Verwaltungsrecht des Rechtsstaates), Bd. I, Zürich 1960 (zit.: Verwaltungsrecht)

GLUTZ VON BLOTZHEIM ALEXANDER M., Die spontane Übermittlung, Diss. Basel, Zürich/St.Gallen 2010

GÖTZ VOLKMAR, Allgemeines Polizei- und Ordnungsrecht, 14. Aufl., Göttingen 2008

GRABENWARTER CHRISTOPH, Europäische Menschenrechtskonvention, 4. Aufl., München/Basel/Wien 2009

GRISEL ETIENNE, La définition de la police, in: Erhaltung und Entfaltung des Rechts in der Rechtsprechung des Schweizerischen Bundesgerichts, Festgabe der schweizerischen Rechtsfakultäten zur Hundertjahrfeier des Bundesgerichts, Basel 1975, 91 ff.

GSCHWEND LUKAS/SCHWEIZER RAINER J./KRAMER GEORG/STÜTZ JULIA/WINIGER/ MARC, Geschichte der KKJPD/Histoire de la CCDJP/Cronistoria della CDDGP 1905–2005, Zürich/Basel/Genf 2005 (zit.: Gschwend/Schweizer)

GUERY MICHAEL, Die Privatisierung der Sicherheit und ihre rechtlichen Grenzen, ZBJV, 2006, Heft 4, 273 ff.

GUROVITS KOHLI ANDRÁS A., Die zivilrechtliche Haftung bei Zuschauerausschreitungen, in: Olivier Arter/Margareta Baddeley (Hrsg.), Sport und Recht, Sicherheit im Sport, 5, Tagungsband, Bern 2008, 161 ff.

GUSY CHRISTOPH, Polizeirecht, 7. Aufl., Tübingen 2009

GYGI FRITZ, Zum Polizeibegriff, in: Beiträge zum Verfassungs- und Verwaltungsrecht, Festgabe zum 65. Geburtstag des Verfassers, Bern 1986, 305 ff.

HÄFELIN ULRICH/HALLER WALTER/KELLER HELEN, Schweizerisches Bundesstaatsrecht, 7. Aufl., Zürich 2008

HÄFELIN ULRICH/MÜLLER GEORG/UHLMANN FELIX, Allgemeines Verwaltungsrecht, 6. Aufl., Zürich/Basel/Genf 2010

HAFNER FELIX, Staatsaufgaben und öffentliche Interessen – ein (un)geklärtes Verhältnis?, Basler Juristische Mitteilungen 2004, 281 ff.

HALLER WALTER, Menschenwürde, Recht auf Leben und persönliche Freiheit, in: Detlef Merten/Hans-Jürgen Papier (Hrsg.), HGR VII/2, § 209

HALLER WALTER/KÖLZ ALFRED/GÄCHTER THOMAS, Allgemeines Staatsrecht, 4. Aufl., Basel 2008

HERSCH JEANNE, Die Unfähigkeit Freiheit zu ertragen. 3. Aufl., Zürich 1975 (zit.: Unfähigkeit).

DIES., Die Hoffnung Mensch zu sein, 6. Aufl., Zürich 1991 (zit.: Hoffnung)

HONSELL HEINRICH/VOGT NEDIM PETER/GEISER THOMAS (Hrsg.), Basler Kommentar, Zivilgesetzbuch I, 4. Aufl., Basel 2010 (zit.: BSK ZGB I-Autor, Art._ ZGB, N._)

IMBODEN MAX/RHINOW RENÉ A./KRÄHENAMNN BEAT, Schweizerische Verwaltungsrechtsprechung, 2. Bd., 5./6.Aufl., Basel 1990

INTERNATIONAL LABOUR OFFICE, Freedom of Association, 5. Aufl., Genf 2006 (auch elektronisch erhältlich: URL http://www.ilo.org/wcmsp5/groups/public/---ed_norm/---normes/documents/publication/wcms_090632.pdf; zuletzt besucht: 17.8.2010)

IPSEN KNUT, Völkerrecht, 6. Aufl., München 2011

ISENSEE JOSEPH, Das Grundrecht auf Sicherheit – Zu den Schutzpflichten des freiheitlichen Verfassungsstaates, Berlin/New York 1983

ISENSEE JOSEPH/KIRCHHOF PAUL (Hrsg.), Handbuch des Staatsrechts der Bundesrepublik Deutschland, Bd. VII, 3. Aufl., Heidelberg 2003

JOST ANDREAS, Die neueste Entwicklung des Polizeibegriffs im schweizerischen Recht, Diss. Bern 1975

KÄLIN WALTER/LIENHARD ANDREAS/WYTTENBACH JUDITH, Auslagerung von sicherheitspolizeilichen Aufgaben, ZSR Bd. 126 (2007), I

KÄLIN WALTER/KÜNZLI JÖRG, Universeller Menschenrechtsschutz, 2. Aufl., Basel 2008

KÄLIN WALTER/KÜNZLI JÖRG/LIENHARD ANDREAS/TSCHANNEN PIERRE/TSCHENTSCHER AXEL, Die staatsrechtliche Rechtsprechung des Bundesgerichts in den Jahren 2009 und 2010, ZBJV 2010, 937 ff.

KELLER ANDREAS J., Praxis der Rechtshilfe in Strafsachen – ausgewählte formell- und materiell-rechtliche Fragestellungen, in: Stephan Breitenmoser/Bernhard Ehrenzeller (Hrsg.), Aktuelle Fragen der internationalen Amts- und Rechtshilfe, St. Gallen 2009, 61 ff.

KIENER REGINA/KÄLIN WALTER, Grundrechte, Bern 2007

KIRCHGÄSSER GERHARD, Wettbewerb und Staatsverantwortung aus ökonomischer Sicht, in: Bernhard Ehrenzeller/Robert Waldburger (Hrsg.), Wettbewerb und Staatsverantwortung, Kolloquium anlässlich der Emeritierung von Prof. Klaus A. Vallender, Zürich/St. Gallen 2009, 25 ff.

KLEY ANDREAS, Staatliches Gewaltmonopol – Ideengeschichtliche Herkunft und Zukunft, in: Wolfgang Lienemann/Sara Zwahlen (Hrsg.), Kollektive Gewalt, Kulturhistorische Vorlesungen 2003/2004 des Collegium generale, Bern usw. 2006, 11 ff. (zit.: Gewaltmonopol)

DERS., Unverletzlichkeit der Wohnung, in: Detlef Merten/Hans-Jürgen Papier (Hrsg.), HGR VII/2, § 214 (zit.: HGR VII/2)

KOCHER MARTIN/CLAVADETSCHER DIEGO (HRSG.), Zollgesetz (ZG), Bern 2009

KOHLER GEORG, Philosophische Grundlagen der liberalen Rechtsstaatidee, in: Daniel Thürer/Jean-François Aubert/Jörg Paul Müller, Verfassungsrecht der Schweiz, Zürich 2001, 247 ff.

KOLLER HEINRICH, Kampf gegen den Terrorismus, Grundlagen und Grenzen, ZSR, Bd. 126 I, 2006, H. 2, 107 ff.

KRAMER ERNST A., Juristische Methodenlehre, 3. Aufl., Bern/München/Wien 2010

KUNZ KARL-LUDWIG/MONA MARTINO, Rechtsphilosophie, Rechtstheorie, Rechtssoziologie, Bern/Stuttgart/Wien 2006

LEDERGERBER ZORA, Whistleblowing unter dem Aspekt der Korruptionsbekämpfung, Diss. Zürich, Bern 2005

LENDI MARTIN, Staatsleitung – im Kontext der Sicherheitspolitik, in: Rainer J. Schweizer (Hrsg.), Sicherheits- und Ordnungsrecht des Bundes (SBVR III/1), Basel 2008, 469 ff.

LIENHARD ANDREAS, Organisation und Steuerung der ausgelagerten Aufgabenerfüllung, AJP 10/2002, 1163 ff.

LIENHARD ANDREAS/HÄSLER PHILIPP, Verfassungsrechtliche Grundlagen des Sicherheitsrechts, in: Rainer J. Schweizer (Hrsg.), Sicherheits- und Ordnungsrecht des Bundes (SBVR III/1), Basel 2008, 95 ff.

LINSI CHRISTIAN, Aktuelle Entwicklungen im Polizeirecht des Bundes, LeGes 2006/2, 9 ff.

LISKEN HANS/DENNINGER ERHARD, Handbuch des Polizeirechts, 4. Aufl., München 2007

LOBSIGER ADRIAN, Polizeiliche Amtshilfe und Schengen; in: Stephan Breitenmoser/ Sabine Gless/Otto Lagodny (Hrsg.), Schengen in der Praxis, Erfahrungen und Ausblicke, Zürich/St. Gallen 2009, 303 ff. (zit.: Schengen)

DERS., Die Umsetzung der Weiterentwicklung des Schengen-Besitzstandes im schweizerischen Recht unter Berücksichtigung der polizeilichen Amtshilfe, in: Stephan Breitenmoser/Sabine Gless/Otto Lagodny (Hrsg.), Schengen in der Praxis, Weiterentwicklung der Rechtsgrundlagen, Zürich/St.Gallen 2010, 187 ff. (zit.: Umsetzung)

MAHLMANN MATTHIAS, Rechtsphilosophie und Rechtstheorie, Baden-Baden 2010

MALINVERNI GIORGIO, Meinungs-, Medien- und Informationsfreiheit, in: Detlef Merten/Hans-Jürgen Papier (Hrsg.), HGR VII/2, § 216

MARTI URSULA/MÜLLER MARKUS, Rechtsschutz gegen Realakte verbessert, plädoyer 3/2007, 34 ff.

MARTIN CÉLINE, Grundrechtskollisionen, Diss. Basel 2007

MARTINS RENATA, Grundrechtsdogmatik im Gewährleistungsstaat: Rationalisierung der Grundrechtsanwendung, Die öffentliche Verwaltung 2007, Heft 11, 456 ff.

MASTRONARDI PHILIPPE, Menschenwürde als materielle «Grundnorm» des Rechtsstaates?, in: Daniel Thürer/Jean-François Aubert/Jörg Paul Müller (Hrsg.), Verfassungsrecht der Schweiz, Zürich 2001, 233 ff. (zit.: Menschenwürde, VR CH, Rz._)

MAYER OTTO, Deutsches Verwaltungsrecht, München 1895–1924

MELZER NILS, Targeted Killing in International Law, Oxford 2008

MERTEN DETLEF/PAPIER HANS-JÜRGEN, Handbuch der Grundrechte in Deutschland und Europa, Bd. VI/1, Heidelberg 2010 (zit.: Verfasser, HGR VI/1, §_, RN_)

MERTEN DETLEF/PAPIER HANS-JÜRGEN (Hrsg.), MÜLLER JÖRG PAUL/THÜRER DANIEL (Koord.), Handbuch der Grundrechte, Grundrechte in der Schweiz und in Liechtenstein, Bd. VII/2, Heidelberg und Zürich/St. Gallen 2007 (zit.: Verfasser/in, Titel, HGR VII/2, §_RN_)

MEYER HANSJÖRG, Grundaufgaben der Armee und weitere Aufgaben des Staates, in: Rainer J. Schweizer (Hrsg.), Sicherheits- und Ordnungsrecht des Bundes (SBVR III/1), Basel 2008, 211 ff.

MÖCKLI DANIEL, Bettelverbote: Einige rechtsvergleichende Überlegungen zur Grundrechtskonformität, ZBl 2010, 537 ff.

MOECKLI SILVANO, Parlamente und die Interkantonalisierung der Politik, in: Mitteilungsblatt der Schweizerischen Gesellschaft für Parlamentsfragen, November 2009, 5 ff. (URL: http://www.sgp-ssp.net/cont/uploads/media/bulletin_november_09.pdf: zuletzt besucht: 28.8.2011)

MOHLER MARKUS H.F., Ethik in der Polizei, in: János Fehérváry/Wolfgang Stangl (Hrsg.), Menschenrecht und Staatsgewalt, Wien 2000, 201 ff. (zit.: Ethik)

DERS., Möglichkeiten und Grenzen der Zusammenarbeit zwischen der Polizei und privaten Sicherheitsunternehmen, AJP 1/2001, 33 ff. (zit.: Sicherheitsunternehmen)

DERS., Zur Anfechtbarkeit polizeilicher intervenierender Realakte unter dem Gesichtspunkt der Rechtsweggarantie gemäss Art. 29a BV – Justizreform, AJP 4/2007, 461 ff. (zit.: Realakte)

DERS., Vernetzung von Sicherheit, in: Rainer J. Schweizer (Hrsg.), Sicherheits- und Ordnungsrecht des Bundes (SBVR III/1), Basel 2008, 521 ff. (zit.: SBVR III/1)

DERS., Sicherheitsrecht und Rechtssicherheit bei Sportveranstaltungen (staatliche Sicherheitsmassnahmen, Umfang und Grenzen), in: Olivier Arter/Margareta Baddeley (Hrsg.), Sport und Recht, Sicherheit im Sport, 5. Tagungsband, Bern 2008, 73 ff. (zit.: Sport und Recht)

DERS., «Raumsicherung» – Verfassungsrechtliche Fragen zur jüngsten Entwicklung in Rechtsetzung, Doktrin und Reglementierung über den Einsatz der Armee, LeGes 2008/3, 437 ff. (zit.: Raumsicherung)

DERS., Auslagerung polizeilicher Aufgaben an eine Anstalt öffentlichen Rechts am Beispiel der Schweizerischen Rheinhäfen (SRH) – Rechtliche und praktische Problemstellungen, Sicherheit & Recht 1/2009, 13 ff. (zit.: Auslagerung)

DERS., Piratenbekämpfung auf hoher See – vorab ein Hindernislauf durch rechtliches Dickicht auf heimischem Boden, Jusletter 20. April 2009 (zit.: Piratenbekämpfung)

DERS., Schengen und die Polizei, eine Einführung, in: Stephan Breitenmoser/Sabine Gless/Otto Lagodny (Hrsg.), Schengen in der Praxis, Erfahrungen und Ausblicke, Zürich/St. Gallen 2009, 3 ff. (zit.: Schengen/Polizei)

DERS., Die Befugnisse privater Sicherheitsdienste im Kanton Basel-Stadt (insbesondere hinsichtlich Fesselung und Wegweisungen), Basel 2009, URL: http://

www.recht-sicherheit.ch/polizeirecht.html (zit.: Gutachten Kantonspolizei BS 2009)

DERS., Staatsschutz braucht klare Regeln, digma 2009.2, 60 ff. (zit.: Staatsschutz)

DERS., Die polizeiliche Generalklausel – vom EGMR anerkannt und deren Anwendbarkeit begrenzt, Jusletter 11. Januar 2010 (zit.: Generalklausel)

DERS., Sicherheitsbezogene Zutrittskontrollen zu Stadien – Möglichkeiten und Grenzen, auch des Einsatzes privater Sicherheitsdienste, Sicherheit & Recht 2/2010, 72 ff. (zit.: Zutrittskontrollen)

DERS., Der neue Besitzstand von Schengen und Dublin, in: Stephan Breitenmoser/Sabine Gless/Otto Lagodny (Hrsg.), Schengen und Dublin in der Praxis, Weiterentwicklung der Rechtsgrundlagen, Zürich/St.Gallen 2010, 7 ff. (zit.: Schengen-Besitzstand)

DERS., Kurzkommentar zum Bundesgesetz über die Sicherheitsorgane der Transportunternehmen im öffentlichen Verkehr (BGST) vom 18. Juni 2010, Jusletter 6. September 2010 (zit.: BGST)

MOHLER MARKUS H.F./GÄTTELIN PATRICK/MÜLLER RETO, Unsicherheit über Sicherheit – von Verfassungsbegriffen bis zur Rechtsanwendung, AJP 7/2007, 815 ff.

MOHLER MARKUS H.F./SCHWEIZER RAINER J., Sicherheitspolitik und Sicherheitsrecht – sicherheitsrechtliche Problemstellungen im Zusammenhang mit dem sicherheitspolitischen Bericht, Jusletter 7. Dezember 2009 (zit.: Sicherheitspolitik)

MOOR PIERRE, Principes de l'activité étatique et responsabilité de l'État, in: Daniel Thürer/Jean-François Aubert/Jörg Paul Müller (Hrsg.), Verfassungsrecht der Schweiz, Zürich 2001, 265 ff.

MÜLLER JÖRG PAUL, Gebrauch und Missbrauch des Dringlichkeitsrechts nach Art. 89bis BV, Bern 1977 (zit.: Dringlichkeitsrecht)

DERS., Grundrechte in der Schweiz, 3. Aufl., Bern 1999 (zit.: GR)

DERS., Allgemeine Bemerkungen zu den Grundrechten, in: Daniel Thürer/Jean-François Aubert/Jörg Paul Müller (Hrsg.), Verfassungsrecht der Schweiz, Zürich 2001, 621 (zit.: Verfassungsrecht, VR CH, Rz._)

DERS., Geschichtliche Grundlagen, Zielsetzung und Funktion der Grundrechte, in: Detlef Merten/Hans-Jürgen Papier (Hrsg.), Handbuch der Grundrechte, Grundrechte in der Schweiz und in Liechtenstein, Band VII/2, Heidelberg und Zürich/St. Gallen 2007, § 202 (zit.: HGR VII/2, § 202)

DERS., Die demokratische Verfassung – Von der Selbstbestimmung der Menschen in den notwendigen Ordnungen des Zusammenlebens, 2. Aufl., Zürich 2009

DERS., Wie wird sich das Bundesgericht mit dem Minarettverbot der BV auseinandersetzen?, Jusletter 1. März 2010 (zit.: Jusletter, 1.3.2010)

MÜLLER JÖRG PAUL/SCHEFER MARKUS, Grundrechte in der Schweiz im Rahmen der Bundesverfassung, der EMRK und der UNO Pakte, 4. Aufl., Bern 2008

MÜLLER LUCIEN, Videoüberwachung in öffentlich zugänglichen Räumen – insbesondere zur Verhütung und Ahndung von Straftaten, Diss. St. Gallen 2011

MÜLLER MARKUS, Legalitätsprinzip – Polizeiliche Generalklausel – Besonderes Rechtsverhältnis, Gedanken zu einem neuen Bundesgerichtsentscheid betreffend die Frage der Zwangsmedikation im fürsorgerischen Freiheitsnetzug (BGE 126 I 112 ff.), ZBJV 2000, 725 ff. (zit.: ZBJV 2000)

DERS., Das besondere Rechtsverhältnis, Habil. Bern 2003 (zit.: Rechtsverhältnis)

DERS., Die Rechtsweggarantie – Chance und Risiken, Ein Plädoyer für mehr Vertrauen in die öffentliche Verwaltung, ZBJV 2004, 161 ff. (zit.: Rechtsweggarantie)

MÜLLER MARKUS/JENNY CHRISTOPH, Die polizeiliche Generalklausel, ein Institut mit Reformbedarf, Sicherheit & Recht 1/2008, 4 ff. (zit.: Generalklausel)

DIES., Notrecht ... abermals zur polizeilichen Generalklausel, Sicherheit & Recht 2/2010, 101 ff. (zit.: Notrecht)

MÜLLER RETO, Innere Sicherheit Schweiz, Diss. Basel, Egg b. Einsiedeln 2009

NIGGLI MARCEL ALEXANDER/HERR MARIANNE/WIPRÄCHTIGER HANS (Hrsg.), Basler Kommentar, Strafprozessordnung/Jugendstrafprozessordnung, Basel 2011 (zit.: BSK StPO, Autor, Art._ StPO, N._)

NIGGLI MARCEL ALEXANDER/WIPRÄCHTIGER HANS (Hrsg.), Basler Kommentar, Strafrecht II, 2. Aufl., Basel 2007 (zit.: BSK StGB II, Autor, Art._ StGB, N._)

NIGGLI MARCEL ALEXANDER/ÜBERSAX PETER/WIPRÄCHTIGER HANS (Hrsg.), Basler Kommentar, Bundesgerichtsgesetz, 2. Aufl., Basel 2011 (zit.: BSK BGG, Autor, Art._ BGG, N._)

NUFER SERAINA/LIPP MAXIMILIAN, Zulässigkeit der Wegweisung eines homosexuellen Iraners, Jusletter 30. Mai 2011

PETERS ANNE, Diskriminierungsverbote, in: Detlef Merten/Hans-Jürgen Papier (Hrsg.), Handbuch der Grundrechte, Grundrechte in der Schweiz und in Liechtenstein, Band VII/2, Heidelberg und Zürich/St. Gallen 2007, § 211 (zit.: HGR VII/2, § 211)

PETERS ANNE/SCHEFER MARKUS (Hrsg.), Grundprobleme der Auslegung aus Sicht des öffentlichen Rechts, Symposium zum 60. Geburtstag von René Rhinow, Bern 2004 (zit.: Autor, in: Peters/Schefer)

PIEPER ANNEMARIE, Die Herausforderung des Rechts durch die Moral, in: Studia philosophica, Vo. 44/1985, 11 ff.

PIETH MARK, Schweizerisches Strafprozessrecht, Basel 2009

PIRAS CHIARA/BREITENMOSER STEPHAN, Das Verbot der Todesstrafe als regionales *ius cogens*, AJP 3/2011, 331 ff.

Popp Peter, Grundzüge der internationalen Rechtshilfe in Strafsachen, Basel 2001

Portmann Wolfgang/Stöckli Jean-Fritz, Schweizerisches Arbeitsrecht, 2. Aufl., Zürich/St. Gallen 2007

Ratcliffe Jerry H., Intelligence-Led Policing, Cullompton/Devon, UK 2008

Rauber Phillip, Rechtliche Grundlagen der Erfüllung sicherheitspolizeilicher Aufgaben durch Private, Basel/Genf/München 2006

Reich Johannes, Grundsatz der Wirtschaftfreiheit, Diss. Basel, Zürich/St. Gallen 2011 (zit.: Wirtschaftsfreiheit)

Ders., Verfassungs- und verwaltungsrechtliche Rahmenbedingungen der Regulierung des Taxigewerbes, Jusletter 18. Juli 2011 (zit.: Taxigewerbe)

Reinhard Hans, Allgemeines Polizeirecht, Diss. Bern 1993

Rhinow René A., Zur Rechtmässigkeit des Armeeeinsatzes im Rahmen der inneren Sicherheit, in: Juristische Fakultät der Universität Basel (Hrsg.), Risiko und Recht, Festgabe zum Schweizerischen Juristentag 2004, Basel/Genf/München 2004 (zit.: Armeeeinsatz)

Ders., Zum Schutz von Freiheit, Demokratie und Föderalismus: Ein Plädoyer für einen massvollen Ausbau der Verfassungsgerichtsbarkeit, Jusletter 14. März 2011 (zit.: Föderalismus)

Rhinow René/Schefer Markus, Schweizerisches Verfassungsrecht, Basel/Genf/München 2009

Rhinow René/Koller Heinrich/Kiss Christina/Thurnherr Daniela/Brühl-Moser Denise, Öffentliches Prozessrecht, 2. Aufl., Basel 2010 (zit.: Rhinow et al., Prozessrecht, Rz._)

Richli Paul, Zweck und Aufgaben der Eidgenossenschaft im Lichte des Subsidiaritätsprinzips, ZSR 1998 II, 140 ff.

Ritter Werner, Das Erfordernis der genügenden Bestimmtheit – dargestellt am Beispiel des Polizeirechts, Diss. St. Gallen, Chur/Zürich 1994

Riva Enrico, Neue bundesrechtliche Regelung des Rechtsschutzes gegen Realakte, Überlegungen zu Art. 25a VwVG, SJZ 103 (2007), 337 ff.

Romberg Elwin, 1571 Emder Synode 1971, Beiträge zur Geschichte und zum 400jährigen Jubiläum, Neukirch 1973

Ruch Alexander, Äussere und innere Sicherheit, in: Daniel Thürer/Jean-François Aubert/Jörg Paul Müller (Hrsg.), Verfassungsrecht der Schweiz, Zürich 2001, 889 ff. (zit.: Sicherheit, VR CH, §_, Rz. _)

Ders., Sicherheit in der freiheitlichen, rechtsstaatlichen Demokratie, in: Rainer J. Schweizer (Hrsg.), Sicherheits- und Ordnungsrecht des Bundes (SBVR III/1), Basel 2008, 1 ff. (zit.: Sicherheit, SBVR, Rz._)

Rudin Beat, Datenschutzgesetze – fit für Europa, digma Schriftenreihe, Bd. 2, Zürich/Basel/Genf 2007 (zit.: Datenschutzgesetze)

DERS., Verfassungswidrige Anwendbarkeit des Bundesdatenschutzgesetzes, SJZ 2009, 1 ff. (zit.: SJZ 2009)

DERS., Datenschutzrechtliche Umsetzung von Schengen in den Kantonen, in: Stephan Breitenmoser/Sabine Gless/Otto Lagodny (Hrsg.), Schengen und Dublin in der Praxis, Erfahrungen und Ausblicke, Zürich/St.Gallen 2009 (zit.: Datenschutz und Schengen)

RUDIN BEAT/STÄMPFLI SANDRA, Wunderheilmittel Videoüberwachung?, digma 2009.4, 144 ff. (zit.: Videoüberwachungen)

DIES., Datenschutzrechtliche Weiterentwicklungen – Neue Herausforderungen, in: Stephan Breitenmoser/Sabine Gless/Otto Lagodny (Hrsg.), Schengen und Dublin in der Praxis, Weiterentwicklungen der Rechtsgrundlagen, Zürich/St. Gallen 2010, 197 ff. (zit.: Weiterentwicklungen)

SALADIN PETER, Das Verwaltungsverfahren des Bundes, Basel 1979 (zit.: Verwaltungsverfahren)

DERS., Grundrechte im Wandel, 3. Aufl., Bern 1982 (zit.: Grundrechte)

DERS., Verantwortung als Staatsprinzip, Bern/Stuttgart 1984 (zit.: Verantwortung)

DERS., Wozu noch Staaten?, Bern/München/Wien 1995 (zit.: Staaten)

SCHAUB LUKAS, Die gerichtlichen Verfahrensgarantien: verkannter Gehalt der Rechtsweggarantie nach Art. 29a BV, AJP 2008, 1124 ff.

SCHEFER MARKUS, Der Kerngehalt von Grundrechten, Geltung, Dogmatik, inhaltliche Ausgestaltung, Habil., Bern 2001 (zit.: Kerngehalte)

DERS., Grundrechte in der Schweiz, Ergänzungsband zur 3. Aufl. des gleichnamigen Werks von J.P. Müller, Bern 2005 (zit.: Ergänzungsband)

DERS., Die Beeinträchtigung von Grundrechten: zur Dogmatik von Art. 36 BV, Bern 2006 (zit.: Beeinträchtigung)

SCHINDLER BENJAMIN, Die Befangenheit der Verwaltung: der Ausstand von Entscheidträgern der Verwaltung im Staats- und Verwaltungsrecht von Bund und Kantonen, Diss. Zürich 2002 (zit.: Befangenheit)

DERS., Schusswaffeneinsätze der Armee im Friedensförderungsdienst: Rahmenbedingungen des Schweizer Rechts; Sicherheit & Recht 2/2008, 94 ff. (zit.: Schusswaffeneinsatz)

DERS., Verwaltungsermessen, Habil., Zürich/St. Gallen 2010 (zit.: Verwaltungsermessen)

SCHMID GERHARD, Recht und technische Risiken, in: Hans Ruh/Hansjörg Seiler (Hrsg.), Gesellschaft – Ethik – Risiko, Basel/Boston/Berlin 1993, 119 ff.

SCHMID GERHARD/UHLMANN FELIX, Idee und Ausgestaltung des Rechtsstaates, in: Daniel Thürer/Jean-François Aubert/Jörg Paul Müller (Hrsg.), Verfassungsrecht der Schweiz, Zürich 2001, 223 ff. (zit.: Rechtsstaat, VR CH, Rz. _)

SCHÖNDORF-HAUBOLD BETTINA, Europäisches Sicherheitsverwaltungsrecht, Baden-Baden 2010

SCHOTT MARKUS/KÜHNE DANIELA, An den Grenzen des Rechtsstaats: exekutive Notverordnungs- und Notverfügungsrechte in der Kritik, ZBl 2010, 409 ff.

SCHWEGLER IVO, Datenschutz im Polizeiwesen von Bund und Kantonen, Diss. Bern 2001

SCHWEIZER RAINER J., Kommentar zu Art. 13 EMRK, in: Wolfram Karl (Hrsg.), Internationaler Kommentar zur EMRK, 2000 (zit.: Int.Komm. zu Art. 13, Rz._)

DERS., Verfassungsrechtlicher Persönlichkeitsschutz, in: Daniel Thürer/Jean-François Aubert/Jörg Paul Müller (Hrsg.), Verfassungsrecht der Schweiz, Zürich 2001, 691 ff. (zit.: Persönlichkeitsschutz)

DERS., Privacy: Selbstbestimmung in der transparenten Gesellschaft, in: Rainer J. Schweizer/Herbert Burkert/Urs Gasser (Hrsg.), Festschrift für Nicolas Druey, Zürich/Basel/Genf 2002, 407 ff. (zit.: Privacy)

DERS., Verfassungsrechtliche und völkerrechtliche Fragen einer allgemeinen Dienstpflicht, in: Allgemeine Dienstpflicht – Leitbild oder Schnee von gestern? Beilage zur ASMZ 7/8 2007, 12 ff. (zit.: Dienstpflicht)

SCHWEIZER RAINER J. (Hrsg.), Sicherheits- und Ordnungsrecht des Bundes, Schweizerisches Bundesverwaltungsrecht, Bd. III/1, Basel 2008 (zit.: SBVR III/1)

DERS., Allgemeine Grundsätze, in: Detlef Merten/Hansjürgen Papier (Hrsg.), Handbuch der Grundrechte in Deutschland und Europa, Bd. VI/1, Heidelberg 2010 (zit.: Handbuch)

DERS., Der Rechtsstaat und die EMRK im Fall der Kunden der UBS AG, Eine Kritik an der Rechtsprechung des Bundesverwaltungsgerichts, in: AJP 8/2011, 1007 ff.

SCHWEIZER RAINER J./KRADOLFER DEAN/SUTTER PATTRICK, Das Verhältnis von datenschutzrechtlichen Persönlichkeitsrechten, Verfahrensgerechtigkeit und Amtsöffentlichkeit zueinander, in: Bruno Baeriswil/Beat Rudin (Hrsg.), Perspektive Datenschutz, Zürich 2002, 235 ff.

SCHWEIZER RAINER J./MOHLER MARKUS H.F., Die polizeiliche Ausgleichsmassnahmen des Bundes und der Kantone nach dem Wegfall der Personenkontrollen an der Landesgrenze aus verfassungsrechtlicher Sicht, in: Stephan Breitenmoser/Sabine Gless/Otto Lagodny (Hrsg.), Schengen in der Praxis, Erfahrungen und Ausblicke, Zürich/St. Gallen 2009, 111 ff.

SCHWEIZER RAINER J./MÜLLER LUCIEN, Zwecke, Möglichkeiten und Grenzen der Gesetzgebung im Polizeibereich, LeGes 2008/3, 379–399

SCHWEIZER RAINER J./SCHEFFLER JAN/VAN SPYK BENEDIKT, Verfassungs- und völkerrechtliche Anforderungen an die Verteidigungskompetenz der Armee und das zukünftige Leistungsprofil sowie zu ausgewählten Fragen der Militärdienstpflicht, VPB 2010.10, 91 ff. (zit.: Schweizer et al., Gutachten VBS)

SCHWEIZER RAINER J./SUTTER PATRICK/WIDMER NINA, Grundbegriffe, in: Rainer J. Schweizer (Hrsg.), Sicherheits- und Ordnungsrecht des Bundes, Schweizerisches Bundesverwaltungsrecht, Bd. III/1, Basel 2008, 53 ff.

SCHWEIZER RAINER J./WIDMER NINA, Demokratie (Partizipation), in: Rainer J. Schweizer (Hrsg.), Sicherheits- und Ordnungsrecht des Bundes, Schweizerisches Bundesverwaltungsrecht, Bd. III/1, Basel 2008, 405 ff.

SEELMANN KURT, Rechtsphilosophie, 5. Aufl., München 2010 (zit.: Rechtsphilosophie)

DERS., Menschenwürde als ein Begriff des Rechts?, in: Hans-Helmuth Gander, Menschenrecht, Philosophische und juristische Positionen, Freiburg/München 2009, 166 ff. (zit.: Menschenwürde)

SEILER HANSJÖRG, Einführung in die Problematik aus juristischer Sicht, in: Hans Ruh/Hansjörg Seiler (Hrsg.), Gesellschaft – Ethik – Risiko, Basel/Boston/Berlin 1993 (zit.: Risiko)

DERS., Handkommentar zum Bundesgerichtsgesetz, Bern 2007 (zit.: BGG)

DERS., Verfassungsgerichtsbarkeit zwischen Verfassungsrecht, Richterrecht und Politik, ZSR II 2010, 381 ff. (zit.: ZSR 2010)

SIMON JÜRG WALTER, Amtshilfe: Allgemeine Verpflichtungen, Schranken und Grundsätze, Diss. Bern, Chur 1991

STÄMPFLI SANDRA, Das Schengener Informationssystem und das Recht auf informationelle Selbstbestimmung, Diss. Basel, Bern 2009

STRATENWERTH GÜNTER, Strafrecht Allgemeiner Teil I, die Straftat, 4. Aufl., Bern 2011

THÜRER DANIEL, Recht der internationalen Gemeinschaft und Wandel der Staatlichkeit, in: Daniel Thürer/Jean-François Aubert/Jörg Paul Müller, Verfassungsrecht der Schweiz, Zürich 2001, 37 ff. (zit.: Wandel, VR CH, Rz. _)

DERS., Verfassungsrecht und Völkerrecht, in: Daniel Thürer/Jean-François Aubert/Jörg Paul Müller Verfassungsrecht der Schweiz, Zürich 2001, 179 ff. (zit.: Völkerrecht, VR CH, Rz._)

THÜRER DANIEL/AUBERT JEAN-FRANÇOIS/MÜLLER JÖRG PAUL (HRSG.), Verfassungsrecht der Schweiz, Zürich 2001 (zit.: Autor, Titel, VR CH, Rz._)

TOPHINKE ESTHER, Bedeutung der Rechtsweggarantie für die Anpassung der kantonalen Gesetzgebung, ZBl 2006, 88 ff.

TSCHANNEN PIERRE, Privatisierung: Ende der Verfügung?, in: Wolfgang Wiegang (Hrsg.), Rechtliche Probleme der Privatisierung, BTJP 1997, Bern 1998, 209 ff. (zit.: Privatisierung)

DERS., Staatsrecht der Schweizerischen Eidgenossenschaft, 2. Aufl., Bern 2007 (zit.: Staatsrecht)

TSCHANNEN PIERRE/ZIMMERLI ULRICH/MÜLLER MARKUS, Allgemeines Verwaltungsrecht, 3. Aufl., Bern 2009

TSCHOPP-CHRISTEN MARIANNE, Rechtsschutz gegenüber Realakten des Bundes (Art. 25a VwVG), Diss. Zürich 2010

ÜBERSAX PETER, Privatisierung der Verwaltung, ZBl 8/2001, 393 ff.

UHLMANN FELIX/ZEHNDER VITAL, Rechtsetzung durch Konkordate, LeGes 2011/1, 9 ff.

VON HUMBOLDT WILHELM, Ideen zu einem Versuch die Grenzen der Wirksamkeit des Staates zu bestimmen, Leipzig, ohne Jahresangabe, vermutlich 1792

WACKERHAGEN ROLF/OLSCHOK HARALD, Länderbericht Deutschland, in: Reinhard Ottens/Harald Olschok/Stephan Landrock (Hrsg.), Recht und Organisation privater Sicherheitsdienste in Europa, Stuttgart et al. 1999, Beitrag C

WEBER-DÜRLER BEATRICE, Der Grundrechtseingriff, in: Herbert Bethge/Beatrice Weber-Dürler (Hrsg.), Der Grundrechtseingriff, Veröffentlichungen der Vereinigung der Deutschen Staatsrechtslehrer, Bd. 57, Berlin/New York 1998, 59 ff. (zit.: Grundrechtseingriff)

DIES., Gleichheit, in: Detlef Merten/Hans-Jürgen Papier (Hrsg.), Handbuch der Grundrechte, Grundrechte in der Schweiz und in Liechtenstein, Band VII/2, Heidelberg und Zürich/St. Gallen 2007, § 210 (zit.: Gleichheit)

WEYENETH ROBERT/BREITENMOSER STERPHAN, Zur Vollstreckung von ausländischen Verkehrsbussen durch schweizerische Inkassofirmen, Jusletter 18. Juli 2011

WYSS MARTIN PHILIPP, Öffentliches Interesse – Interessen der Öffentlichkeit? Das öffentlichen Interesse im schweizerischen Staats- und Verwaltungsrecht, Habil. Bern 2001 (zit.: Öff. Interesse)

DERS., Gesetzgebungsbedarf bei der internationalen Amtshilfe?, in: Stephan Breitenmoser/Bernhard Ehrenzeller (Hrsg.), Aktuelle Fragen der internationalen Amts- und Rechtshilfe, St. Gallen 2009, 217 ff. (zit.: Gesetzgebungsbedarf)

ZIMMERLI WALTHER CH., Die Gene sind selbst-los, in: Bernhard Irrgang/Matthias Lutz-Bachmann (Hrsg.), Begründung von Ethik, Würzburg 1990, 7 ff.

ZURKINDEN NADINE, Informationsaustausch im Rahmen von Schengen und der Weiterentwicklung des Schengen-Besitzstands – Amtshilfe oder doch Rechtshilfe?, Jusletter 1. Dezember 2008

Materialienverzeichnis

I. Bund

- Amtliches Bulletin der Bundesversammlung (zit. AB Jahr N/S Seitenzahl)
- Amtliches Bulletin der Bundesversammlung, 1998, Reform der Bundesverfassung Nationalrat bzw. Ständerat (Separatausgaben; zit. AB Verfassungsreform N/S mit Seitenzahl)

1. Botschaften und Berichte zu Rechtsetzungsvorhaben

- Botschaft des Bundesrates an die Bundesversammlung über das Verwaltungsverfahren vom 24. September 1965; BBl 1965 II 1348 (zit.: Botschaft VwVG)
- Botschaft des Bundesrates an die Bundesversammlung zu einem Bundesgesetz über internationale Rechtshilfe in Strafsachen und einem Bundesbeschluss über Vorbehalte zum Europäischen Auslieferungsübereinkommen vom 8. März 1976; BBl 1976 II 444 (zit.: Botschaft IRSG)
- Botschaft betreffend das Bundesgesetz über die Armee und die Militärverwaltung sowie den Bundesbeschluss über die Organisation der Armee vom 8. September 1993; BBl 1993 IV 1 (zit.: Botschaft Armee 95)
- Botschaft betreffend die Änderung des Rechtshilfegesetzes und des Bundesgesetzes zum Staatsvertrag mit den USA über gegenseitige Rechtshilfe in Strafsachen sowie den Bundesbeschluss über einen Vorbehalt zum Europäischen Übereinkommen über die Rechtshilfe in Strafsachen vom 29. März 1995; BBl 1995 III 1 (zit.: Botschaft Änderung IRSG)
- Botschaft über eine neue Bundesverfassung vom 20. November 1996; BBl 1997 1 (zit.: Botschaft VE 96)
- Botschaft zu den Bundesgesetzen betreffend die Überwachung des Post- und Fernmeldeverkehrs und über die verdeckte Ermittlung vom 1. Juli 1998; BBl 1998 IV 4241 (zit.: Botschaft BVE)
- Botschaft zur Totalrevision der Bundesrechtspflege vom 28. Februar 2001; BBl 2001 4202 (zit.: Botschaft Totalrevision Bundesrechtspflege)
- Botschaft zur Armeereform XXI und zur Revision der Militärgesetzgebung vom 24. Oktober 2001; BBl 2002 858 (zit.: Botschaft A XXI)
- Botschaft zur Neugestaltung des Finanzausgleichs und der Aufgaben zwischen Bund und Kantonen (NFA) vom 14. November 2001; BBl 2002 2291 (zit.: Botschaft NFA)

- Entwurf zu einem Bundesbeschluss zur Neugestaltung des Finanzausgleichs und der Aufgaben zwischen Bund und Kantonen vom 14. November 2001; BBl 2002 2560 (zit.: Entwurf BB NFA)
- Botschaft zum Bundesgesetz über die Ausländerinnen und Ausländer vom 8. März 2002; BBl 2002 3709 (zit.: Botschaft AuG)
- Botschaft über ein neues Zollgesetz vom 15. Dezember 2003; BBl 2004 567 (zit.: Botschaft ZG)
- Botschaft zur Änderung der Bestimmung über die internationale Amtshilfe im Bundesgesetz über die Börsen und den Effektenhandel vom 10. November 2004; BBl 2004 6747 (zit.: Botschaft BEHG)
- Botschaft zur Bahnreform 2 vom 23. Februar 2005; BBl 2005 2415 (zit.: Botschaft Bahnreform 2)
- Botschaft zu einem Bundesgesetz über die Anwendung von polizeilichem Zwang und polizeilichen Massnahmen im Zuständigkeitsbereich des Bundes (Zwangsanwendungsgesetz, ZAG) vom 18. Januar 2006; BBl 2006 2489 (zit.: Botschaft ZAG)
- Botschaft zum Bundesgesetz über die polizeilichen Informationssysteme des Bundes vom 24. Mai 2006; BBl 2006 5061 (zit.: Botschaft BPI)
- Botschaft über Änderungen der Armeeorganisation und des Bundesgesetzes über Massnahmen zur Verbesserung des Bundeshaushaltes (Rechtliche Anpassungen zur Umsetzung des Entwicklungsschrittes 2008/11 der Armee) vom 31. Mai 2006; BBl 2006 6197 (zit.: Botschaft Änderung Armeeorganisation)
- Botschaft zur Vereinheitlichung des Strafprozessrechts vom 21. Dezember 2006; BBl 2006 1085 (zit.: Botschaft StPO)
- Botschaft zum Bundesgesetz über den Informationsaustausch zwischen den Strafverfolgungsbehörden des Bundes und denjenigen der anderen Schengen-Staaten (Schengen-Informationsaustausch-Gesetz, SIaG) *siehe Botschaft zum Bundesbeschluss über die Genehmigung und die Umsetzung des Notenaustauschs zwischen der Schweiz und der EU betreffend die Übernahme des Rahmenbeschlusses 2006/960/JI*
- Bericht der Kommission für Verkehr und Fernmeldewesen des Nationalrates betr. Parlamentarische Initiative. Bundesgesetz über die Sicherheitsorgane der Transportunternehmen im öffentlichen Verkehr (BGST) vom 3. November 2009; BBl 2010 891 (zit.: Bericht KVF BGST)
- Bericht der Staatspolitischen Kommission des Nationalrates betr. Parlamentarische Initiative Wahrung von Demokratie, Rechtsstaat und Handlungsfähigkeit in ausserordentlichen Lagen vom 5. Februar 2010; BBl 2010 1563 (zit.: Bericht der SPK-N zur Wahrung der Demokratie)
- Botschaft zum Erlass eines Steueramtshilfegesetzes vom 6. Juli 2011; BBl 2011 6193 (zit.: Botschaft Steueramtshilfegesetz)

2. Botschaften betreffend die Genehmigung völkerrechtlicher Verträge (und damit verbundener Gesetzesänderungen)

2.1 Multilaterale Abkommen (einschliesslich EU)

- Botschaft über den Beitritt der Schweiz zum Internationalen Übereinkommen von 1965 zur Beseitigung jeder Form von Rassendiskriminierung und über die entsprechende Strafrechtsrevision vom 2. März 1992; BBl 1992 III 269 (zit.: Botschaft ARÜ)
- Botschaft betreffend das Zweite Zusatzprotokoll zum Europäischen Übereinkommen über die Rechtshilfe in Strafsachen vom 26. März 2003; BBl 2003 3267 (zit.: Botschaft 2. ZP EÜRStR)
- Botschaft zur Genehmigung der bilateralen Abkommen zwischen der Schweiz und der Europäischen Union, einschliesslich der Erlasse zur Umsetzung der Abkommen («Bilaterale II») vom 1. Oktober 2004; BBl 2004 5965 (zit.: Botschaft Bilaterale II)
- Botschaft über die Genehmigung und die Umsetzung des Strafrechts-Übereinkommens und des Zusatzprotokolls des Europarates über Korruption (Änderung des Strafgesetzbuches und des Bundesgesetzes gegen den unlauteren Wettbewerb) vom 10. November 2004; BBl 2004 6983 (zit.: Botschaft Änderung UWG)
- Botschaft über die Genehmigung des Fakultativprotokolls vom 25. Mai 2000 zum Übereinkommen über die Rechte des Kindes, betreffend den Verkauf von Kindern, die Kinderprostitution und die Kinderpornografie, und über die entsprechende Änderung der Strafnorm über den Menschenhandel vom 11. März 2005; BBl 2005 2807 (zit.: Botschaft KRK-Fakultativprotokoll)
- Botschaft über die Genehmigung des UNO-Übereinkommens gegen die grenzüberschreitende organisierte Kriminalität, des Zusatzprotokolls zur Verhinderung und Bestrafung des Menschenhandels, insbesondere des Frauen- und Kinderhandels, und des Zusatzprotokolls gegen die Schlepperei auf dem Land-, See- und Luftweg vom 26. Oktober 2005; BBl 2005 6693 (zit.: Botschaft UNTOC)
- Botschaft zur Genehmigung und Umsetzung des Notenaustauschs zwischen der Schweiz und der Europäischen Union betreffend die Übernahme des Schengener Grenzkodex (Weiterentwicklung des Schengen-Besitzstands) und zu den Änderungen im Ausländer- und Asylrecht zur vollständigen Umsetzung des bereits übernommenen Schengen- und Dublin-Besitzstands (Ergänzungen) vom 24. Oktober 2007; BBl 2007 7937 (zit. Botschaft Grenzkodex/AuG)
- Botschaft zum Bundesbeschluss über die Genehmigung und die Umsetzung des Notenaustauschs zwischen der Schweiz und der EU betreffend die Übernahme des Rahmenbeschlusses 2006/960/JI über die Vereinfachung des Informationsaustausches zwischen Strafverfolgungsbehörden (Weiterentwicklung des Schengen-Besitzstands) vom 19. November 2008; BBl 2008 9061 (zit.: Botschaft SIaG)

- Botschaft zur Genehmigung und Umsetzung des Notenaustausches zwischen der Schweiz und der EG betreffend die Übernahme der Richtlinie 51/2008/EG des Europäischen Parlaments und des Rates vom 21. Mai 2008 zur Änderung der Waffenrichtlinie (Weiterentwicklung des Schengen-Besitzstands) und zu einer Änderung des Waffengesetzes (Anpassung der Umsetzung des Schengen-Besitzstands) vom 13. Mai 2009; BBl 2009 3649 (zit.: Botschaft Waffenrichtline)
- Botschaft über die Genehmigung und die Umsetzung des Notenaustauschs zwischen der Schweiz und der EU betreffend die Übernahme des Rahmenbeschlusses 2008/977/JI vom 27. November 2008 über den Schutz personenbezogener Daten, die im Rahmen der polizeilichen und justiziellen Zusammenarbeit in Strafsachen verarbeitet werden, vom 11. September 2009; BBl 2009 6749 (zit.: Botschaft RB-Datenschutz)
- Botschaft über die Genehmigung und die Umsetzung des Notenaustauschs zwischen der Schweiz und der EG betreffend die Übernahme der EG-Rückführungsrichtlinie (Richtlinie 2008/115/EG) (Weiterentwicklung des Schengen-Besitzstands) und über eine Änderung des Bundesgesetzes über die Ausländerinnen und Ausländer (Automatisierte Grenzkontrolle, Dokumentenberaterinnen und Dokumentenberater, Informationssystem MIDES), BBl 2009 8881 (zit.: Botschaft Rückführungsrichtlinie)
- Botschaft zur Genehmigung des Abkommens zwischen der Schweiz und Eurojust vom 4. Dezember 2009, BBl 2010 23 (zit.: Botschaft Eurojust)
- Botschaft über die Genehmigung und die Umsetzung des Übereinkommens des Europarates über die Cyberkriminalität vom 18. Juni 2010, BBl 2010 4697 (zit.: Botschaft Cybercrime)
- Botschaft zur Genehmigung und Umsetzung des Übereinkommens des Europarates über die Bekämpfung des Menschenhandels und zum Bundesgesetz über den ausserprozessualen Zeugenschutz vom 17. November 2010; BBl 2011 1 (zit.: Botschaft Zeugenschutzgesetz); *Entwurf* zu einem Bundesgesetz über den ausserprozessualen Zeugenschutz (ZeugSG; BBl 2011 99)
- Botschaft betreffend die Genehmigung und Umsetzung des UNO-Feuerwaffenprotokolls und die Änderung des Waffengesetzes (betr. «UNO-Rückverfolgungsinstrument») vom 25. Mai 2011; BBl 2011 4055 (zit.: Botschaft Feuerwaffenprotokoll)

2.2 Bi- und trilaterale Verträge

- Botschaft über verschiedene bilaterale Abkommen über die polizeiliche und justizielle Zusammenarbeit mit Frankreich und Italien sowie zur Änderung des Bundesgesetzes über Aufenthalt und Niederlassung der Ausländer vom 14. Dezember 1998; BBl 1999 1485 (zit.: Botschaft Abkommen F und I)
- Botschaft über verschiedene Vereinbarungen mit Deutschland sowie mit Österreich und dem Fürstentum Liechtenstein über polizeiliche und justitielle

Zusammenarbeit vom 24. November 1999; BBl 2000 862 (zit.: Botschaft Vereinbarungen D und A/FL)

- Botschaft zum Staatsvertrag zwischen der Schweizerischen Eidgenossenschaft und der Französischen Republik über die Zusammenarbeit zwischen den beiden Staaten anlässlich des Gipfels von Evian vom 7. März 2003; BBl 2003 2550 (zit.: Botschaft G8-Evian-Abkommen)

- Botschaft zu den Abkommen mit Albanien und Mazedonien über die polizeiliche Zusammenarbeit bei der Bekämpfung der Kriminalität vom 1. Februar 2006; BBl 2006 2177 (zit.: Botschaft Abkommen mit Albanien und Mazedonien)

- Botschaft zum Abkommen zwischen der Schweizerischen Eidgenossenschaft und den Vereinigten Staaten von Amerika über den Einsatz von gemeinsamen Ermittlungsgruppen zur Bekämpfung des Terrorismus und der Finanzierung des Terrorismus vom 6. September 2006; BBl 2006 7781 (zit.: Botschaft Terrorbekämpfung CH–USA)

- Botschaft zum Abkommen mit der Regierung der Französischen Republik über die grenzüberschreitende Zusammenarbeit in Justiz-, Polizei- und Zollsachen vom 7. Dezember 2007; BBl 2008 247 (zit.: Botschaft Vertrag CH–F)

3. Botschaften zu nicht rechtsetzenden (einfachen) Bundesbeschlüssen

- Botschaft zum Bundesbeschluss über den Einsatz der Armee zum Schutz ausländischer Vertretungen vom 13. Februar 2002; BBl 2002 2164 (zit.: Botschaft 2002 Schutz ausl. Vertretungen)

- Botschaft zum Bundesbeschluss über den Einsatz der Armee im Assistenzdienst zugunsten der zivilen Behörden und im Rahmen des Staatsvertrages mit Frankreich anlässlich des G8-Gipfels in Evian vom 1. bis 3. Juni 2003, vom 12. Februar 2003; BBl 2003 1517 (zit.: Botschaft G8-Evian-Abkommen)

- Botschaft zu den Bundesbeschlüssen über die Einsätze der Armee zur Unterstützung ziviler Behörden zum Schutz ausländischer Vertretungen, bei der Verstärkung des Grenzwachtkorps und bei den Sicherheitsmassnahmen im Luftverkehr vom 26. Mai 2004; BBl 2004 2871 (zit.: Botschaft 2004 Unterstützungseinsätze)

- Botschaft zu den Bundesbeschlüssen über die Einsätze der Armee zur Unterstützung ziviler Behörden beim Schutz ausländischer Vertretungen, bei der Verstärkung des Grenzwachtkorps und bei Sicherheitsmassnahmen im Luftverkehr vom 30. Mai 2007; BBl 2007 4885 (zit.: Botschaft 2007 Unterstützungseinsätze)

4. Verordnungsentwürfe und Erläuterungen

- Entwurf vom 15. September 2010 zu einer Verordnung über die Sicherheitsorgane der Transportunternehmen im öffentlichen Verkehr (VST) (URL: http://

www.bav.admin.ch/dokumentation/vernehmlassung/03004/index.html?lang=de; zuletzt besucht: 4.1.2011)

- Erläuterungen vom 15. September 2010 zur Verordnung über die Sicherheitsorgane der Transportunternehmen im öffentlichen Verkehr (VST) (URL: http://www.bav.admin.ch/dokumentation/vernehmlassung/03004/index.html?lang=de; zuletzt besucht: 4.1.2011)

5. Sicherheitspolitische Berichte

- Bericht des Bundesrates an die Bundesversammlung über die Sicherheitspolitik der Schweiz (Konzeption der Gesamtverteidigung, vom 27. Juni 1973); BBl 1973 II 112 (zit.: Konzeption Gesamtverteidigung)
- Bericht der Studienkommission für strategische Fragen vom 26. Februar 1998 («Kommission Brunner»), URL: http://socio.ch/internat/t_strat.htm, zuletzt besucht: 18.12.2010 (zit.: Bericht Brunner)
- Schweizerische Sicherheitspolitik im Wandel, Bericht 90 des Bundesrates an die Bundesversammlung über die Sicherheitspolitik der Schweiz; BBl 1990 III 847 (zit.: SIPOL B 90)
- Sicherheit durch Kooperation, Bericht des Bundesrates an die Bundesversammlung über die Sicherheitspolitik der Schweiz vom 7. Juni 1999 (SIPOL B 2000); BBl 1999 7656 ff. (zit.: SIPOL B 2000)
- Bericht des Bundesrates an die Bundesversammlung über die Sicherheitspolitik der Schweiz vom 23. Juni 2010; BBl 2010 5133 (zit.: SIPOL B 2010)
- Armeebericht 2010 vom 1. Oktober 2010; BBl 2010 8871 (zit.: Armeebericht 2010)

6. Weitere Berichte

- Bundesamt für Justiz, Bericht der interdepartementalen Arbeitsgruppe Menschenhandel an das Eidgenössische Justiz- und Polizeidepartement, Bern 2001 (URL: http://www.ejpd.admin.ch/etc/medialib/data/kriminalitaet/gesetzgebung/menschenhandel.Par.0007.File.tmp/ber-menschenhandel-d.pdf; zuletzt besucht: 28.3.2010) (zit.: Bericht Menschenhandel)
- Überprüfung der inneren Sicherheit der Schweiz (USIS), Teilbericht III, 24. September 2002 (URL: http://www.fedpol.admin.ch/content/dam/data/sicherheit/usis/20020924_berichtiii-d.pdf; zuletzt besucht: 19.1.2011) (zit.: USIS Bericht III)
- Überprüfung der inneren Sicherheit der Schweiz (USIS), Teilbericht IV, 30. November 2003 (URL: http://www.fedpol.admin.ch/content/dam/data/sicherheit/usis/20031130_berichtiv-d.pdf: zuletzt besucht: 20.1.2011) (zit.: USIS Bericht IV)

- Bericht des Bundesrats zu den privaten Sicherheits- und Militärfirmen vom 2. Dezember 2005; BBl 2006 623 (zit.: Bericht Sicherheitsfirmen)
- Bericht des Bundesrates zur Auslagerung und Steuerung von Bundesaufgaben (Corporate-Governance-Bericht) vom 13. September 2006; BBl 2006 8233 (zit.: Corporate-Governance-Bericht)
- Umsetzungsplanung zum Corporate-Governance-Bericht des Bundesrates vom 25. März 2009 (URL: http://www.news.admin.ch/NSBSubscriber/message/attachments/15277.pdf; zuletzt besucht: 3.1.2011) (zit.: Umsetzungsplanung Corporate-Governance-Bericht)
- Erläuternder Bericht zum Vorentwurf eines Bundesgesetzes über die polizeilichen Aufgaben des Bundes (Polizeiaufgabengesetz, PolAG v. November 2009 (URL: http://www.fedpol.admin.ch/content/dam/data/pressemitteilung/2009/2009-11-271/erlaeuterungen_27-11-09d.pdf; zuletzt besucht: 18.12.2010) (zit.: Erläuternder Bericht PolAG). Vorentwurf des Gesetzes unter URL: http://www.ejpd.admin.ch/content/dam/data/pressemitteilung/2009/2009-11-271/polag_27-11-09_d.pdf; zuletzt besucht: 25.2.2011)
- Genehmigung und Umsetzung des Übereinkommens des Europarates über die Cyberkriminalität, Vorentwurf und Erläuternder Bericht, März 2009 (URL: http://www.ejpd.admin.ch/content/dam/data/kriminalitaet/gesetzgebung/cybercrime_europarat/vn-ber-d.pdf; zuletzt besucht: 18.12.2010)
- Bundesamt für Statistik/KKJPD, Polizeiliche Kriminalstatistik 2009, März 2010 (URL: http://www.bfs.admin.ch/bfs/portal/de/index/ne http://socio.ch/internat/t_strat.htm ws/publikationen.Document.129574.pdf; zuletzt besucht: 18.12.2010) (zit.: PKS 2009)
- Erläuternder Bericht (zum Vernehmlassungsverfahren, BBl 2009 8477) über die Genehmigung und Umsetzung des Übereinkommens des Europarates zur Bekämpfung von Menschenhandel; Vorentwurf zu einem Bundesgesetz über den ausserprozessualen Zeugenschutz (ZeugSG) v. 8. Dezember 2009 (URL: http://www.ejpd.admin.ch/content/dam/data/pressemitteilung/2009/2009-11-270/ber-zeugenschutz-d.pdf; zuletzt besucht: 18.12.2010)
- Erläuternder Bericht (zum Vernehmlassungsverfahren, BBl 2010 3446) über die Genehmigung und die Umsetzung des UNO-Feuerwaffenprotokolls (Vorlage I) und zu einer Änderung des Waffengesetzes (Vorlage II) v. 12. Mai 2010 (URL: http://www.admin.ch/ch/d/gg/pc/documents/1790/Bericht.pdf; zuletzt besucht: 18.12.2010)
- Bundesamt für Polizei, Kriminalitätsbekämpfung Bund, Jahresbericht 2009, Bern 2010 (URL: http://www.fedpol.admin.ch/content/dam/data/migr_new/sicherheit___jahresbericht/jabe-2009-d.pdf: zuletzt besucht: 28.12.2010)
- Nachrichtendienst des Bundes, Sicherheit Schweiz, Bern 2009 (URL: http://www.vbs.admin.ch/internet/vbs/de/home/documentation/publication/snd_publ.

parsys.5549.downloadList.67406.DownloadFile.tmp/ndbjahresbericht20100712d.
pdf; zuletzt besucht: 28.12.2010)
- Bericht der Plattform KKJPD-VBS-EJPD zHd. KKJPD über die «Rolle der Militärischen Sicherheit (Mil Sich)» vom Februar 2008, publiziert am 8. Januar 2009 (URL: http://www.vbs.admin.ch/internet/vbs/de/home/documentation/bases/kkjpd.parsys.56661.downloadList.10625.DownloadFile.tmp/milsichrapkkjpdd.pdf; zuletzt besucht: 14.1.2011) mit Schreiben der KKJPD vom Dezember 2008 an Behörden und Ämter von Bund und Kantonen und weitere Organisationen, publiziert am 8. Januar 2009: URL: http://www.vbs.admin.ch/internet/vbs/de/home/documentation/bases/kkjpd.parsys.56661.downloadList.45768.DownloadFile.tmp/milsichrapkkjpdschreibend.pdf; zuletzt besucht: 14.1.2011) (zit.: Bericht Plattform KKJPD-VBS-EJPD)
- Bericht des Bundesrates zum Austausch personenbezogener Daten zwischen Behörden des Bundes und der Kantone vom 22. Dezember 2010 in Erfüllung des Postulates Lustenberger 07.3682 vom 5. Oktober 2007 «Erleichterter Datenaustausch zwischen Bundes- und Kantonsbehörden»; BBl 2011 645 (zit.: Bericht Datenaustausch 2010)

7. Kontroll- und Konformitätsberichte

- Berichte des *Comité européen pour la Prévention de la torture et des peines ou traitements inhumains ou dégradants (CPT)* des Europarates an den Bundesrat 1991-2011 (URL: http://www.cpt.coe.int/en/states/che.htm; zuletzt besucht: 5.1.2012)
- Berichte der Nationalen Kommission zur Verhütung von Folter (NKVF) betr. Besuche unterschiedlicher Institutionen und Beobachtungen von Verfahren in verschiedenen Kantonen in den Jahren 2010 und 2011 (URL: http://www.nkvf.admin.ch/content/nkfv/de/home/dokumentation/berichte.html und http://www.nkfv.admin.ch/content/dam/data/nkfv/111130-ber-rueckfuehrung_luftweg-d.pdf; zuletzt besucht: 5.1.2012)
- GRECO Konformitätsberichte, 1. und 2. Evaluationsrunde 2010 (URL: http://www.ejpd.admin.ch/content/dam/data/krimininalitaet/korruption_greco/grecoberichte/ber-i-ii-2009-2f.pdf) und 3. Evaluationsrunde 2011 (Thema 1: URL: http://www.ejpd.admin.ch/content/dam/data/kriminalitaet/korruption_greco/grecoberichte/ber-iii-2011-4f-thema1-d.pdf; Thema 2: URL: http://www.ejpd.admin.ch/content/dam/data/kriminalitaet/korruption_greco/grecoberichte/ber-iii-2011-4f-thema2-d.pdf; zuletzt besucht: 6.1.2012)
- Bericht der Geschäftsprüfungsdelegation der Eidgenössischen Räte: Datenbearbeitung im Staatsschutzinformationssystem ISIS v. 21. Juni 2010; BBl 2010 7665 (zit.: GPDel-Bericht ISIS-Datenbearbeitung)
- Evaluation der Eidgenössischen Zollverwaltung: Strategische Führung, Aufgaben- und Ressourcenmanagement, Bericht der Geschäftsprüfungskommis-

sion des Ständerates vom 12. Oktober 2010 mit Bericht der Parlamentarischen Verwaltungskontrolle, URL: http://www.parlament.ch/d/dokumentation/berichte/berichte-2010/Documents/bericht-gpk-s-zollverwaltung-2010-10-12-d.pdf; zuletzt besucht: 18.12.2010 (zit.: Bericht Parl. Verwaltungskontrolle EZV 2010)

8. Reglemente der Armee

– Raumsicherung (Regl. 51.070.1 d), Ergänzung zum Reglement 51.070 d, Operative Führung XXI (gültig ab 1. Januar 2007; URL: http://www.vtg. admin.ch/internet/vtg/de/home/dokumentation/fuhrungsreglemente/operative. parsys.0002.downloadList.47444.DownloadFile.tmp/510701d.pdf; zuletzt besucht: 14.1.2011)

II. Kantone

Basel-Landschaft

– Vorlage vom 22. März 2005, Wegweisung und Betretungsverbot sowie Polizeigewahrsam bei häuslicher Gewalt (2005-090, URL: http://www.baselland.ch/fileadmin/baselland/files/docs/parlk/vorlagen/2005/v090/2005-090.pdf; zuletzt besucht: 15.1.2011) (zit.: Vorlage BL häusliche Gewalt)

Basel-Stadt

– Ratschlag vom 20. Oktober 2006, Änderung des Gesetzes betreffend die Kantonspolizei (Polizeigesetz) zur Einführung einer polizeilichen Wegweisungs- und Verbotsnorm bei häuslicher Gewalt (06.1574.01, URL: http://www.grosserrat.bs.ch/dokumente/000249/000000249408.pdf; zuletzt besucht: 16.1.2011) (zit.: Ratschlag BS häusliche Gewalt)

– Bericht des Sicherheitsdepartementes des Kantons Basel-Stadt über die Tätigkeit der Arbeitsgruppen betreffend «Datenschutz» und «polizeiliche Massnahmen» im Zusammenhang mit der Anti-WEF-Demonstration vom 26. Januar 2008, vom 8. Dezember 2008 (URL: www.recht-sicherheit.ch, > Polizeirecht; zuletzt besucht: 8.9.2011) (zit. Bericht SD BS)

Zürich

– Vorlage vom 6. Juli 2005, Gewaltschutzgesetz (GSG, 4267) (URL: http://www.amtsblatt.zh.ch/root/t100d.cfm?Recid=5243; zuletzt besucht: 1.9.2011) (zit.: GSG ZH)

III. Gemeinden

- Protokoll des Gemeinderates der Stadt Chur (Nr. 8/2007) vom 8. November 2007 (URL: http://www.chur.ch/dl.php/de/4c5a749d400e5/GR_Protokoll_08_11_2007.pdf.; zuletzt besucht: 18.12.2010)

IV. Internationale Berichte/Resolutionen

- Allgemeine Erklärung der Menschenrechte (URL: http://www.ohchr.org/en/udhr/pages/language.aspx?langid=eng; zuletzt besucht: 12.12.2010)
- Resolution 690 (1979) de l'Assemblée parlementaire du Conseil de l'Europe relative à la Déclaration sur la police (URL: http://assembly.coe.int/main.asp?Link=/documents/adoptedtext/ta79/fres690.htm; zuletzt besucht: 5.2.2011) (zit.: ER-Polizeiresolution 1979)
- Explanatory Memorandum to Recommendation R (87) 15 of the Committee of Ministers to member states regulating the Use of Police Data in the Police Sector (URL: https://wcd.coe.int/wcd/ViewDoc.jsp?id=704861; zuletzt besucht: 20.4.2011)
- Resolution vom 14. Dezember 1990 der UNO Generalversammlung betr. die Ergebnisse des Eight United Nations Congress on the Prevention of Crime and the Treatment of the Offenders (GA 45/121), 27 August to 9 September 1990 (insbes. Ziff. 5 lit. a und b, 18 – 20) (URL: http://www.un.org/documents/ga/res/45/a45r121.htm; zuletzt besucht: 14.12.2010); Principles for the Use of Force and Firearms by Law Enforcement Officials (URL: http://www2.ohchr.org/english/law/firearms.htm; zuletzt besucht: 14.12.2010) (zit.: Resolution UN GA 45/121 [1990])
- Résolution (99) 5 Instituant le groupe d'état contre la corruption, v. 1. Mai 1999 (URL: http://www.coe.int/t/dghl/monitoring/greco/documents/resolution(99)5_FR.asp?; zuletzt besucht: 1.12.2010)
- European Committee for the Prevention of Torture and Inhumane or Degrading Treatment or Punishment (CPT), The CPT standards, «Substantive» sections of CPT's General Reports, CPT/Inf/E (2002) 1 – Rev. 2009 (URL: http://www.cpt.coe.int/en/documents/eng-standards.pdf; zuletzt besucht: 3.3.2010) (zit.: CPT Standards 2002 [2009])
- United Nations High Commissioner for Human Rights/Centre for Human Rights, International Human Rights Standards for Law Enforcement (URL: http://www.ohchr.org/Documents/Publications/training5Add1en.pdf; zuletzt besucht: 18.12.2010)
- EUROPOL, EU Organised Crime Threat Assessment 2009 (URL: http://www.europol.europa.eu/publications/European_Organised_Crime_Threat_Assessment_(OCTA)/OCTA2009.pdf; zuletzt besucht: 18.12.2010)

- Extra-territorial Jurisdiction of ECHR States, July 2011 (URL: http://www.echr.coe.int/NR/rdonlyres/DD99396C-3853-448C-AFB4-67240-B1B48AE/0/3415038_Press_Unit_Factsheet__Extraterritorial_Jurisdiction.pdf; zuletzt besucht: 19.7.2011)

Rechtsquellenverzeichnis

I. Bundesrecht

1. Verfassung, Gesetze und Verordnungen

	SR/AS
Bundesverfassung vom 18. April 1999	101
Bundesgesetz vom 21. März 1997 über Massnahmen zur Wahrung der inneren Sicherheit (BWIS)	120
Verordnung des EJPD vom 16. Januar 2007 über die Datenfelder und Zugriffsberechtigungen ISIS	120.31
Verordnung des EJPD vom 14. März 2009 über die Zugriffsberechtigungen für das Informationssystem HOOGAN	120.253
Verordnung vom 4. Dezember 2009 über verwaltungspolizeiliche Massnahmen und über Informationssysteme des Bundesamtes für Polizei	120.52
Verordnung vom 1. Dezember 1999 über die finanziellen Leistungen an die Kantone zur Wahrung der inneren Sicherheit (BWIS-Abgeltungsverordnung)	120.6
Bundesgesetz vom 3. Oktober 2008 über die Zuständigkeiten im Bereich des zivilen Nachrichtendienstes (ZNDG)	121
Verordnung vom 4. Dezember 2009 über den Nachrichtendienst des Bundes (V-NDB)	121.1
Verordnung vom 4. Dezember 2009 über die Informationssysteme des Nachrichtendienstes des Bundes (ISV-NDB)	121.2
Verordnung vom 27. Juni 2001 über das Sicherheitswesen in Bundesverantwortung (VSB)	120.72
Verordnung vom 7. November 2001 über das Verbot der Gruppierung «Al-Qaïda» und verwandter Organisationen	122
Verordnung vom 31. Oktober 2007 über den Einsatz privater Sicherheitsfirmen durch den Bund (Verordnung über den Einsatz privater Sicherheitsfirmen, VES)	124
Bundesgesetz vom 22. Dezember 1999 über die Mitwirkung der Kantone an der Aussenpolitik des Bundes (BGMK)	138.1
Bundesgesetz vom 16. Dezember 2005 über die Ausländerinnen und Ausländer (AuG)	142.20

	SR/AS
Bundesgesetz vom 17. Dezember 2004 über das Öffentlichkeitsprinzip der Verwaltung (Öffentlichkeitsgesetz, BGÖ)	152.3
Bundesgesetz vom 14. März 1958 über die Verantwortlichkeit des Bundes sowie seiner Behördemitglieder und Beamten (Verantwortlichkeitsgesetz, VG)	170.32
Verordnung vom 30. Dezember 1958 zum Verantwortlichkeitsgesetz	170.321
Bundesgesetz vom 18. Juni 2004 über die Sammlungen des Bundesrechts und das Bundesblatt (Publikationsgesetz, PublG)	170.512
Regierungs- und Verwaltungsorganisationsgesetz vom 21. März 1997 (RVOG)	172.010
Regierungs- und Verwaltungsorganisationsverordnung vom 25. November 1998 (RVOV)	172.010.1
Organisationsverordnung vom 17. November 1999 für das Eidgenössische Justiz- und Polizeidepartement (OV-EJPD)	172.213.1
Organisationsverordnung für das Eidgenössische Departement für Verteidigung, Bevölkerungsschutz und Sport (OV-VBS)	172.214.1
Bundespersonalgesetz vom 24. März 2000 (BPG)	172.220.1
Bundesgesetz vom 17. Juni 2005 über das Bundesgericht (Bundesgerichtsgesetz, BGG)	173.110
Bundesgesetz vom 17. Juni 2005 über das Bundesverwaltungsgericht (Verwaltungsgerichtsgesetz, VGG)	173.32
Bundesgesetz vom 19. März 2010 über die Organisation der Strafbehörden des Bundes (Strafbehördenorganisationsgesetz, StBOG)	173.71
Schweizerisches Zivilgesetzbuch vom 10. Dezember 1907	210
Obligationenrecht vom 30. März 1911	220
Bundesgesetz vom 23. März 2001 über den Konsumkredit (KKG)	221.214.1
Bundesgesetz vom 3. Oktober 2003 über Fusion, Spaltung, Umwandlung von Vermögensübertragungen (Fusionsgesetz, FusG)	221.301
Bundesgesetz vom 19. Juni 1992 über den Datenschutz (DSG)	235.1
Verordnung vom 14. Juni 1993 zum Bundesgesetz über den Datenschutz (VDSG)	235.11
Verordnung vom 28. September 2007 über die Datenschutzzertifizierungen (VDSZ)	235.13
Bundesgesetz vom 19. Dezember 1986 gegen den unlauteren Wettbewerb (UWG)	241

	SR/AS
Schweizerische Zivilprozessordnung vom 19. Dezember 2008 (Zivilprozessordnung, ZPO)	272
Bundesgesetz vom 11. April 1889 über Schuldbetreibung und Konkurs (SchKG)	281.1
Schweizerisches Strafgesetzbuch vom 21. Dezember 1937 (StGB)	311.0
Bundesgesetz vom 20. Juni 2003 über das Jugendstrafrecht (Jugendstrafgesetz, JStG)	311.1
Schweizerische Strafprozessordnung vom 5. Oktober 2007 (Strafprozessordnung, StPO)	312.0
Schweizerische Jugendstrafprozessordnung vom 20. März 2009 (Jugendstrafprozessordnung, JStPO)	312.1
Bundesgesetz vom 20. Juni 2003 über die verdeckte Ermittlung (BVE), *per 31. Dezember 2010 aufgehoben*	312.8
Bundesgesetz vom 22. März 1974 über das Verwaltungsstrafrecht (VStrR)	313.0
Militärstrafgesetz vom 13. Juni 1927	321.0
Bundesgesetz vom 20. März 1981 über die internationale Rechtshilfe in Strafsachen (Rechtshilfegesetz, IRSG)	351.1
Verordnung vom 1. Dezember 1986 über das Nationale Zentralbüro Interpol Bern (Interpol-Verordnung), Fassung vom 11. März 2005, *in Kraft seit 1. Januar 1987*	351.21
Bundesgesetz vom 22. Juni 2001 über die Zusammenarbeit mit dem Internationalen Strafgerichtshof (ZISG)	351.6
Bundesgesetz vom 7. Oktober 1994 über kriminalpolizeiliche Zentralstellen des Bundes (ZentG)	360
Verordnung vom 30. November 2001 über die Wahrnehmung kriminalpolizeilicher Aufgaben im Bundesamt für Polizei	360.1
Verordnung vom 15. Oktober 2008 über das Informationssystem der Bundeskriminalpolizei (JANUS-Verordnung)	360.2
Bundesgesetz vom 13. Juni 2008 über die polizeilichen Informationssysteme des Bundes (BPI)	361
Verordnung vom 15. Oktober 2008 über das automatisierte Polizeifahndungssystem (RIPOL-Verordnung)	361.0
Verordnung vom 15. Oktober 2008 über das informatisierte Personennachweis-, Aktennachweis- und Verwaltungssystem im Bundesamt für Polizei (IPAS-Verordnung)	361.2

	SR/AS
Verordnung vom 7. Mai 2008 über den nationalen Teil des Schengener Informationssystems (N-SIS) und das SIRENE-Büro (N-SIS-Verordnung)	362.0
Vereinbarung vom 20. März 2009 zwischen Bund und Kantonen betreffend Umsetzung, Anwendung und Entwicklung des Schengen/Dublin-Besitzstands	362.1
Bundesgesetz vom 20. Juni 2003 über die Verwendung von DNA-Profilen im Strafverfahren und zur Identifizierung von unbekannten oder vermissten Personen (DNA-Profil-Gesetz)	363
Verordnung des EJPD vom 29. Juni 2005 über die Leistungs- und Qualitätsanforderungen für forensische DNA-Analyselabors (DNA-Analyselabor-Verordnung EJPD)	363.11
Bundesgesetz vom 20. März 2008 über die Anwendung polizeilichen Zwangs und polizeilicher Massnahmen im Zuständigkeitsbereich des Bundes (Zwangsanwendungsgesetz, ZAG)	364
Verordnung vom 20. November 2008 über die Anwendung polizeilichen Zwangs und polizeilicher Massnahmen im Zuständigkeitsbereich des Bundes (Zwangsanwendungsverordnung, ZAV)	364.3
Bundesgesetz vom 13. Dezember 2002 über die Berufsbildung (Berufsbildungsgesetz, BBG)	412.10
Verordnung vom 19. November 2003 über die Berufsbildung (Berufsbildungsverordnung, BBV)	412.101
Bundesgesetz vom 19. Dezember 1980 über den Schweizerischen Nationalpark im Kanton Graubünden (Nationalparkgesetz)	454
Bundesgesetz vom 3. Februar 1995 über die Armee und die Militärverwaltung (Militärgesetz, MG)	510.10
Verordnung vom 26. Oktober 1994 über die Polizeibefugnisse der Armee (VPA)	510.32
Dienstreglement vom 22. Juni 1995 der Schweizerischen Armee (DR 04)	510.107.0
Verordnung vom 14. Dezember 1998 über die Militärische Sicherheit (VMS)	513.61
Verordnung vom 3. September 1997 über den Truppeneinsatz für den Ordnungsdienst (VOD)	513.71
Verordnung vom 3. September 1997 über den Truppeneinsatz für den Grenzpolizeidienst (VGD)	513.72
Verordnung vom 3. September 1997 über den Truppeneinsatz zum Schutz von Personen und Sachen (VSPS)	513.73

	SR/AS
Verordnung vom 29. Oktober 2003 über die militärische Katastrophenhilfe im Inland (VmKI)	513.75
Verordnung vom 3. Mai 2006 über den Truppeneinsatz zum Schutz von Personen und Sachen im Ausland (VSPA)	513.76
Bundesgesetz vom 13. September 1996 über das Kriegsmaterial (Kriegsmaterialgesetz, KMG)	514.51
Bundesgesetz vom 20. Juni 1997 über Waffen, Waffenzubehör und Munition (Waffengesetz, WG)	514.54
Verordnung vom 2. Juli 2008 über Waffen, Waffenzubehör und Munition (Waffenverordnung, WV)	514.541
Bundesgesetz vom 4. Oktober 2002 über den Bevölkerungsschutz und den Zivilschutz (Bevölkerungs- und Zivilschutzgesetz, BZG)	520.1
Zollgesetz vom 18. März 2005 (ZG)	631.0
Zollverordnung vom 1. November 2006 (ZV)	631.01
Verordnung 4. April 2007 über den Einsatz von Bildaufnahme-, Bildaufzeichnungs- und anderen Überwachungsgeräten durch die Eidgenössische Zollverwaltung	631.053
Bundesgesetz vom 14. Dezember 1990 über die direkten Steuern (DBG)	642.11
Bundesgesetz vom 22. Juni 2007 über das Eidgenössische Nuklearsicherheitsinspektorat (ENSIG)	732.2
Bundesgesetz vom 24. Juni 1902 betreffend die elektrischen Schwach- und Starkstromanlagen (Elektrizitätsgesetz, EleG)	734.0
Verordnung vom 7. Dezember 1992 über das Eidgenössische Starkstrominspektorat	734.24
Bundesgesetz vom 23. März 2007 über die Stromversorgung (Stromversorgungsgesetz, StromVG)	734.7
Signalisationsverordnung vom 5. September 1979 (SSV)	741.21
Ordnungsbussengesetz vom 24. Juni 1970 (OBG)	741.03
Ordnungsbussenverordnung vom 4. März 1996 (OBV)	741.031
Verordnung vom 18. Oktober 2000 über das automatisierte Administrativmassnahmen-Register (ADMAS-Register-Verordnung)	741.55
Verordnung vom 25. November 1998 über die Gebühren und Abgaben des Bundesamtes für Verkehr (Gebührenverordnung BAV, GebV-BAV)	742.101

	SR/AS
Verordnung des UVEK vom 3. Dezember 1996 über die Beförderung gefährlicher Güter mit der Eisenbahn und mit Seilbahnen (RSD)	742.401.6
Bundesgesetz vom 20. März 2009 über die Personenbeförderung (Personenbeförderungsgesetz, PBG)	745.1
Bundesgesetz vom 18. Juni 2010 über die Sicherheitsorgane der Transportunternehmen im öffentlichen Verkehr (BGST)	745.2
Verordnung vom 17. August 2011 über die Sicherheitsorgane der Transportunternehmen im öffentlichen Verkehr (VST)	745.21
Lotsenordnung für den Rhein zwischen Basel und Mannheim/ Ludwigshafen, genehmigt am 24. April 1968	747.224.122
Bundesgesetz vom 23. September 1953 über die Seeschifffahrt unter der Schweizer Flagge (Seeschifffahrtsgesetz)	747.30
Bundesgesetz vom 21. Dezember 1948 über die Luftfahrt (Luftfahrtgesetz, LFG)	748.0
Verordnung vom 23. März 2005 über die Wahrung der Lufthoheit (VWL)	748.111.1
Verordnung des UVEK vom 20. Juli 2009 über Sicherheitsmassnahmen im Luftverkehr (VSL)	748.122
Verordnung vom 18. Dezember 1995 über den Flugsicherungsdienst (VFSD)	748.132.1
Bundesgesetz vom 6. Oktober 2000 betreffend die Überwachung des Post- und Fernmeldeverkehrs (BÜPF)	780.1
Fernmeldegesetz vom 30. April 1997 (FMG)	748.10
Bundesgesetz vom 30. April 1997 über die Organisation der Postunternehmung des Bundes (Postorganisationsgesetz, POG)	783.1
Bundesgesetz vom 23. Juni 2006 über die universitären Medizinalberufe (Medizinalberufegesetz, MedBG)	811.1
Verordnung des EDI vom 9. Dezember 2005 über grenzsanitätsdienstliche Massnahmen	818.125.11
Bundesgesetz 12. Februar 1949 über die eidgenössische Einigungsstelle zur Beilegung von kollektiven Arbeitsstreitigkeiten	821.42
Bundesgesetz vom 20. Dezember 1946 über die Alters- und Hinterlassenenversicherung (AHVG)	831.10
Bundesgesetz vom 19. Juni 1959 über die Invalidenversicherung (IVG)	831.20

	SR/AS
Bundesgesetz vom 6. Oktober 1995 über den Binnenmarkt (Binnenmarktgesetz, BGBM)	943.02
Bundesgesetz vom 13. Dezember 1996 über die Kontrolle zivil- und militärisch verwendbarer Güter und besonderer militärischer Güter (Güterkontrollgesetz, GKG)	946.202
Verordnung vom 2. Oktober 2000 über Massnahmen gegenüber Personen und Organisationen mit Verbindungen zu Usama bin Laden, der Gruppierung «Al-Qaïda» oder den Taliban (zit.: Taliban-Verordnung)	946.203
Bundesgesetz vom 22. März 2002 über die Durchsetzung von internationalen Sanktionen (Embargogesetz, EmbG)	946.231
Bundesgesetz vom 8. November 1934 über die Banken und Sparkassen (Bankengesetz, BankG)	952.0
Bundesgesetz vom 10. Oktober 1997 über die Bekämpfung der Geldwäscherei und der Terrorismusfinanzierung im Finanzsektor (Geldwäschereigesetz, GwG)	955.0
Verordnung vom 25. August 2004 über die Meldestelle für Geldwäscherei (MGwV)	955.23
Bundesgesetz vom 22. Juni 2007 über die Eidgenössische Finanzmarktaufsicht (Finanzmarktaufsichtsgesetz, FINMAG)	956.1
Verordnung vom 15. Oktober 2008 über die Rekapitalisierung der UBS AG (zit.: UBS-Verordnung); aufgehoben durch die Verordnung vom 20. Januar 2010	AS 2008 4741 AS 2010 447

2. Bundesbeschlüsse

2.1 Rechtsetzende bzw. referendumspflichtige Bundesbeschlüsse

	SR/AS
Bundesbeschluss vom 17. Dezember 2004 über die Genehmigung und die Umsetzung der bilateralen Abkommen zwischen der Schweiz und der EU über die Assoziierung an Schengen und an Dublin	362
Bundesbeschluss vom 7. Oktober 2005 über die Genehmigung und die Umsetzung des Strafrechtsübereinkommens und des Zusatzprotokolls des Europarates über Korruption	AS 2006 2371

	SR/AS
Bundesbeschluss vom 12. Juni 2009 über die Genehmigung und die Umsetzung des Notenaustauschs zwischen der Schweiz und der EU betreffend die Übernahme des Rahmenbeschlusses 2006/960/JI über die Vereinfachung des Informationsaustauschs zwischen Strafverfolgungsbehörden (Weiterentwicklung des Schengen-Besitzstands	AS 2009 6915
Bundesbeschluss vom 19. März 2010 über die Genehmigung und die Umsetzung des Notenaustauschs zwischen der Schweiz und der EU betreffend die Übernahme des Rahmenbeschlusses 2008/977/JI über den Schutz von Personendaten im Rahmen der polizeilichen und justiziellen Zusammenarbeit in Strafsachen (Weiterentwicklung des Schengen-Besitzstands)	AS 2010 3417

2.2 Einfache Bundesbeschlüsse

Bundesbeschluss über den Einsatz der Armee im Assistenzdienst zugunsten der zivilen Behörden und im Rahmen des Staatsvertrages mit Frankreich anlässlich des G8-Gipfels in Evian vom 1. bis 3. Juni 2003	AS 2003 2889
Bundesbeschluss vom 19. Dezember 2007über den Einsatz der Armee zur Unterstützung ziviler Behörden beim Schutz ausländischer Vertretungen	BBl 2008 169
Bundesbeschluss vom 19. Dezember 2007 über den Einsatz der Armee zur Verstärkung des Grenzwachtkorps bei den Grenzschutzaufgaben	BBl 2008 171
Bundesbeschluss vom 19. Dezember 2007 über den Einsatz der Armee zugunsten der Sicherheitsmassnahmen im Luftverkehr	BBl 2008 173

II. Kantonales und Interkantonales Recht

1. Kantonales Recht

	Fundort in kantonaler Rechtssammlung
Appenzell Ausserrhoden	
Polizeigesetz	521.1
Appenzell Innerrhoden	
Polizeigesetz (PolG)	550.000
Basel-Landschaft	

	Fundort in kantonaler Rechtssammlung
Verfassung des Kantons Basel-Landschaft	100
Haftungsgesetz	105
Dekret zum Verwaltungsorganisationsgesetz	140.1
Gesetz über den Schutz von Personendaten (Datenschutzgesetz)	162
Gesetz über die Organisation der Gerichte (Gerichtsorganisationsgesetz, GOG)	170
Verwaltungsverfahrensgesetz (VwVG BL)	175
Gesetz über die Verfassungs- und Verwaltungsprozessordnung (VPO)	271
Polizeigesetz (PolG)	700

Basel-Stadt

Verfassung des Kantons Basel-Stadt	111.100
Gesetz betreffen die Organisation des Regierungsrates und der Verwaltung des Kantons Basel-Stadt (Organisationsgesetz, OG)	153.100
Gesetz über die Information und den Datenschutz (Informations- und (Datenschutzgesetz, IDG)	153.260
Gesetz über die Haftung des Staates und seines Personals (Haftungsgesetz, HG)	161.100
Gesetz über die Einführung der schweizerischen Strafprozessordnung (EG StPO)	258.200
Gesetz über die Verfassungs- und Verwaltungsrechtspflege (VRPG)	270.100
Gesundheitsgesetz (GesG)	300.100
Gesetz über den Denkmalschutz	497.100
Gesetz betreffend die Kantonspolizei des Kantons Basel-Stadt (Polizeigesetz, PolG)	510.100
Verordnung betreffend die Kantonspolizei des Kantons Basel-Stadt (Polizeiverordnung, PolV)	510.110
Bau- und Planungsgesetz (BPG)	730.100
Bau- und Planungsverordnung (BPV)	730.110
Umweltschutzgesetz Basel-Stadt (USG BS)	780.100

Bern

Verfassung des Kantons Bern	101.1
Personalgesetz (PG)	153.01

	Fundort in kantonaler Rechtssammlung
Gesetz über die Verwaltungsrechtspflege (VRPG)	155.21
Gesetz über die Organisation der Gerichtsbehörden und der Staatsanwaltschaft (GSOG)	161.1
Polizeigesetz (PolG)	551.1
Freiburg	
Gesetz über die Kantonspolizei	551.1
Genève	
Constitution de la République et canton de Genève (Cst-GE)	A 2 00
Loi sur la responsabilité de l'Etat et des communes (LREC)	A 2 40
Loi sur l'organisation de la justice (LOJ)	E 2 05
Loi sur la procédure administrative (LPA)	E 5 10
Loi sur la police (Lpol)	F 1 05
Loi sur la violence domestique (LVD)	F 1 30
Glarus	
Polizeigesetz	V A/11/1
Graubünden	
Gesetz über die Verwaltungsrechtspflege (VRG)	370.100
Polizeigesetz des Kantons Graubünden (PolG)	613.000
Verordnung über den Schutz des Schweizerischen Nationalparks (Nationalparkverordnung)	498.200
Jura	
Loi sur la police cantonale	551.1
Luzern	
Haftungsgesetz (HG)	23
Gesetz über die Luzerner Polizei (PolG)	350
Neuenburg	
Loi sur la police cantonale neuchâteloise (LPol)	561.1
Nidwalden	
Verfassung des Kantons Nidwalden (KV)	111
Gesetz über das Polizeiwesen (Polizeigesetz, PolG)	911.1
Obwalden	
Polizeigesetz	510.1
Gesetz über den Schutz bei häuslicher Gewalt	510.6

	Fundort in kantonaler Rechtssammlung
Schaffhausen	
Gesetz über die Organisation des Polizeiwesens (Polizeiorganisationsgesetz)	354.100
Schwyz	
Verordnung über die Kantonspolizei (Polizeiverordnung)	520.110
Solothurn	
Gesetz über die Kantonspolizei	511.11
Ticino	
Legge sulla polizia	1.4.2.1
Thurgau	
Polizeigesetz	551.1
Uri	
Polizeigesetz (PolG)	3.8111
Vaud	
Constitution du Canton de Vaud (Cst.)	101.01
Loi sur la police cantonale (LPol)	133.11
Zug	
Polizeigesetz (PolG)	512.1
Zürich	
Verfassung des Kantons Zürich (KV)	101
Haftungsgesetz (HG)	170.1
Verwaltungsrechtspflegegesetz (VRG)	175.2
Gewaltschutzgesetz (GSG)	351
Polizeigesetz (PolG)	550.1
Polizeiorganisationsgesetz (POG)	551.1

2. Gemeinderecht

Chur

Polizeigesetz (PG)	411

3. Interkantonales Recht

3.1 Verträge zwischen Kantonen

Vereinbarung über die Polizeitätigkeit auf der Autobahn N2 vom 23. Oktober 1970 (BL, SO)	BL 719.1 SO 511.551.1
Vereinbarung betreffend die Motorfahrzeugprüfstation beider Basel vom 27. Februar 1975	BL 481.5 BS 952.800
Konkordat über die polizeiliche Zusammenarbeit in der Nordwestschweiz vom 20. Januar 1995 (AG, BE, BL BS, SO, Stadt Bern)	BL 700.12
Concordat sur les entreprises de sécurité du 18 octobre 1996 (CES) (FR, VD, VS, NE, GE, JU)	GE I 2 14
Konkordat über Errichtung und Betrieb einer interkantonalen Polizeischule Hitzkirch vom 25. Juni 2003 (AG, BL, BS, LU, NW, OW, SO, SZ, UR, ZG)	BL 700.13
Staatsvertrag über die Zusammenlegung der Rheinschifffahrtsdirektion Basel und der Rheinhäfen des Kantons Basel-Landschaft zu einer Anstalt öffentlichen Rechts mit eigener Rechtspersönlichkeit unter dem Namen «Schweizer Rheinhäfen» («Ports Rhénans Suisses», «Swiss Rhine Ports») (Rheinhafen-Vertrag) vom 20./13. Juni 2006	BL 421.1 BS 955.400
Konkordat über Massnahmen gegen Gewalt anlässlich von Sportveranstaltungen vom 15. November 2007	BL 702.14

3.2 Verwaltungsvereinbarung mit Rahmenvertrag über die interkantonalen Häftlingstransporte

Rahmenvertrag zwischen der Schweizerischen Eidgenossenschaft und der Konferenz der Kantonalen Justiz- und Polizeidirektorinnen und -direktoren (KKJPD) einerseits sowie der Arbeitsgemeinschaft bestehend aus Schweizerische Bundesbahnen SBB AG und Securitas AG andererseits betreffend *interkantonale Häftlingstransporte* vom 14. April 2000, abgelöst durch eine Verlängerung des Rahmenvertrages vom 18. April 2005 und eine Verwaltungsvereinbarung zwischen dem Bund und der KKJPD vom 3. Juni 2005	Fundstelle[1]

---

1 Die Vereinbarungen sind nicht veröffentlicht (vgl. die Homepage der KKJPD, URL: http://www.kkjpd.ch; zuletzt besucht: 16. Februar 2011).

3.3 Vereinbarungen zwischen dem Bund (OZD/GWK) und Kantonen[2]

Vereinbarung zwischen dem Kanton Aargau und dem Grenzwachtkorps (GWK I und II) vom 22. März und 19. April 2004	AG 530.11
Verwaltungsvereinbarung zwischen dem Kanton Basel-Stadt, vertreten durch das Sicherheitsdepartement, und der Schweizerischen Eidgenossenschaft, vertreten durch das Finanzdepartement, über die Zusammenarbeit zwischen der Kantonspolizei Basel-Stadt und dem Grenzwachtkorps bzw. der Eidgenössischen Zollverwaltung vom 23. August 2007	BS 510.900
Vereinbarung zwischen dem Kanton Solothurn und dem Grenzwachtkorps I über die gegenseitige Zusammenarbeit vom 2. Juli/14. Dezember 2001	SO 511.513
Verwaltungsvereinbarung zwischen dem Kanton Thurgau und der Schweizerischen Eidgenossenschaft über die Zusammenarbeit zwischen der Kantonspolizei Thurgau und dem Grenzwachtkorps beziehungsweise der Eidgenössischen Zollverwaltung vom 1. April 2009	TG 541.2

III. Völkerrechtliche Rechtsquellen

1. Vereinte Nationen

a) Abkommen vor 1965

Wiener Übereinkommen über das Recht der Verträge vom 23. Mai 1969 (WÜV), *in der Schweiz in Kraft seit 6. Juni 1990*	0.111
Charta der Vereinten Nationen vom 26. Juni 1945, *in der Schweiz in Kraft seit 10. September 2002*	0.120
Abkommen über die Rechtsstellung der Flüchtlinge vom 28. Juli 1951, *in der Schweiz in Kraft seit 21. April 1955*	142.30
Wiener Übereinkommen über diplomatische Beziehungen vom 18. April 1961 (WÜD) *in der Schweiz in Kraft seit 24. April 1964*	0.191.01
Satzung des Europarates vom 5. Mai 1949, *in der Schweiz in Kraft seit 6. Mai 1963*	0.192.030
1. und 2. Übereinkommen zur Bekämpfung des Mädchenhandels vom 18. Mai 1904 und 4. Mai 1910, *in der Schweiz in Kraft seit 18. Juli 1905 bzw. 1. Februar 1926*	0.311.31 / 0.311.32

---

2 Die hier nicht aufgeführten Vereinbarungen sind in der entsprechenden kantonalen Rechtssammlung (online) nicht veröffentlicht. Verweise auf nicht publizierte Vereinbarungen stammen aus direkt von der OZD bezogenen Dokumenten.

Übereinkommen zur Unterdrückung des Frauen- und Kinderhandels vom 30. September 1921, *in der Schweiz in Kraft seit 1. Februar 1926*	0.311.33
Abkommen über die Unterdrückung des Handels mit volljährigen Frauen vom 11. Oktober 1933, *in der Schweiz in Kraft seit 15. September 1934*	0.311.34
Sklavereiabkommen vom 25. September 1926 mit Zusatzprotokoll vom 7. September 1956, *in der Schweiz in Kraft seit 1. November 1930 bzw. 28. Juni 1964*	0.311.37 0.311.371
1. und 2. Übereinkommen zur Bekämpfung der Verbreitung unzüchtiger Veröffentlichungen vom 4. Mai 1910 und 12. September 1923, *in der Schweiz in Kraft seit 15. September 1911 bzw. 1. Februar 1926*	0.311.41 0.311.42
Übereinkommen vom 23. November 2001 über die Cyberkriminalität, *in der Schweiz in Kraft seit 1. Januar 2012*	0.311.43
Abkommen zur Bekämpfung der Falschmünzerei vom 20. April 1929, *in der Schweiz in Kraft seit 1. April 1949*	0.311.51
Internationales Übereinkommen zur Bekämpfung terroristischer Bombenanschläge vom 15. Dezember 1997, *in der Schweiz in Kraft seit 23. Oktober 2003*	0.353.21
Internationales Übereinkommen zur Bekämpfung der Finanzierung des Terrorismus vom 9. Dezember 1999, *in der Schweiz in Kraft seit 23. Oktober 2003*	0.353.22
Internationales Übereinkommen zur Bekämpfung nuklearterroristischer Handlungen vom 13. April 2005, *in der Schweiz in Kraft seit 14. November 2008*	0.353.23
Europäisches Übereinkommen zur Bekämpfung des Terrorismus vom 27. Januar 1977, *in der Schweiz in Kraft seit 20. August 1983*	0.353.3
Genfer Abkommen vom 12. August 1949 zur Verbesserung des Loses der Verwundeten, Kranken und Schiffbrüchigen der bewaffneten Kräfte zur See, *in der Schweiz in Kraft seit 21. Oktober 1950*	0.518.23
Genfer Abkommen vom 12. August 1949 über die Behandlung der Kriegsgefangenen, *in der Schweiz in Kraft seit 21. Oktober 1950*	0.518.42
Genfer Abkommen vom 12. August 1949 über den Schutz von Zivilpersonen in Kriegszeiten vom 12. August 1949, *in der Schweiz in Kraft seit 21. Oktober 1950*	0.518.51

Zusatzprotokoll vom 8. Juni 1977 zu den Genfer Abkommen vom 12. August 1949 über den Schutz der Opfer internationaler bewaffneter Konflikte (Protokoll I), *in der Schweiz in Kraft seit 17. August 1982*	0.518.521
Zusatzprotokoll 8. Juni 1977 zu den Genfer Abkommen vom 12. August 1949 über den Schutz der Opfer nicht internationaler bewaffneter Konflikte (Protokoll II), *in der Schweiz in Kraft seit 17. August 1982*	0.518.522
Einheits-Übereinkommen von 1961 über die Betäubungsmittel vom 30. März 1961, *in der Schweiz in Kraft seit 22. Februar 1970*	0.812.121.0
Internationales Abkommen über die Betäubungsmittel vom 19. Februar 1925, in der Schweiz in Kraft seit 2. Juli 1929	0.812.121.4
Abkommen zur Beschränkung der Herstellung und zur Regelung der Verteilung der Betäubungsmittel vom 13. Juli 1931, *in der Schweiz in Kraft seit 9. Juli 1933*	0.812.121.5
Abkommen vom 26. Juni 1936 zur Unterdrückung des unerlaubten Verkehrs mit Betäubungsmitteln, *in der Schweiz in Kraft seit 31. März 1953*	0.812.121.6

b) *Abkommen nach 1965*

Internationaler Pakt vom 16. Dezember 1966 über bürgerliche und politische Rechte, *in der Schweiz in Kraft seit 18. September 1992*	0.105
Fakultativprotokoll vom 18. Dezember 2002 zum Übereinkommen gegen Folter und andere grausame, unmenschliche oder erniedrigende Behandlung oder Strafe, *in der Schweiz in Kraft seit 24. Oktober 2009*	0.105.1
Europäisches Übereinkommen vom 26. November 1987 zur Verhütung von Folter und unmenschlicher oder erniedrigender Behandlung oder Strafe, *in der Schweiz in Kraft seit 1. Februar 1989*	0.106
Wiener Übereinkommen über das Recht der Verträge vom 23. Mai 1969, *in der Schweiz in Kraft seit 6. Juni 1990*	0.111
Europäisches Rahmenübereinkommen vom 21. Mai 1980 über die grenzüberschreitende Zusammenarbeit zwischen Gebietskörperschaften, *in der Schweiz in Kraft seit 4. Juni 1982*	0.131.1
Zusatzprotokoll vom 9. November 1995 zum Europäischen Rahmenübereinkommen über die grenzüberschreitende Zusammenarbeit zwischen Gebietskörperschaften, *in der Schweiz in Kraft seit 1. Dezember 1998*	0.131.11

Protokoll Nr. 2 vom 5. Mai 1998 zum Europäischen Rahmen- 0.131.12
übereinkommen über die grenzüberschreitende Zusammenarbeit
zwischen Gebietskörperschaften oder Behörden betreffend die
interterritoriale Zusammenarbeit, *in der Schweiz in Kraft seit
27. Mai 2003*

Wiener Übereinkommen vom 24. April 1963 über konsularische 0.191.02
Beziehungen, *in der Schweiz in Kraft seit 19. März 1967*

Überreinkommen vom 8. Dezember 1969 über Sondermissionen 0.191.2
in der Schweiz in Kraft seit 21. Juni 1985

Übereinkommen (der OECD) über die Bekämpfung der 0.311.21
Bestechung ausländischer Amtsträger im internationalen
Geschäftsverkehr vom 17. Dezember 1997, *in der Schweiz in
Kraft seit 30. Juli 2000*

Übereinkommen über Geldwäscherei sowie Ermittlung, 0.311.53
Beschlagnahme und Einziehung von Erträgen aus Straftaten vom
8. November 1990, *in der Schweiz in Kraft seit 1. September 1993*

Übereinkommen der Vereinten Nationen vom 15. November 2000 0.311.54
gegen die grenzüberschreitende organisierte Kriminalität, *in der
Schweiz in Kraft seit 26. November 2006* (zit.: UNTOC)

Zusatzprotokoll gegen die Schleusung von Migranten auf 0.311.541
dem Land-, See und Luftweg zum Übereinkommen der Vereinten Nationen gegen die grenzüberschreitende organisierte
Kriminalität vom 15. November 2000, *in der Schweiz in Kraft seit
26. November 2005*

Zusatzprotokoll zur Verhütung, Bekämpfung und Bestrafung des 0.311.542
Menschenhandels, insbesondere des Frauen- und Kinderhandels
zum Übereinkommen der Vereinten Nationen gegen die grenzüberschreitende organisierte Kriminalität vom 15. November 2000
(zit.: ZP II UNTOC), *in der Schweiz in Kraft seit 26. November
2006*

Zusatzprotokoll gegen die unerlaubte Herstellung von BBl 2012
Schusswaffen, dazugehörigen Teilen und Komponenten und 147
Munition und gegen den unerlaubten Handel damit zum Übereinkommen der Vereinten Nationen gegen die grenzüberschreitende organisierte Kriminalität vom 31. Mai 2001 (BB vom
23. Dezember 2011; zum Zeitpunkt der Drucklegung noch nicht
ratifiziert; Referendumsfrist bis 13. April 2012)

Strafrechtsübereinkommen (des Europarates) über Korruption 0.311.55
vom 27. Januar 1999, *in der Schweiz in Kraft seit 1. Juli 2006*

Übereinkommen vom 31. Oktober 2003 der Vereinten Nationen gegen Korruption in Kraft seit 24. Oktober 2009 (zit.: UNCAC)	0.311.56
Römer Statut des Internationalen Strafgerichtshofs vom 17. Juli 1998, *in der Schweiz in Kraft seit 1. Juli 2002* (zit.: Römer Statut)	0.312.1
Internationales Übereinkommen vom 17. Dezember 1979 gegen Geiselnahme, *in der Schweiz in Kraft seit 4. April 1985*	0.351.4
Übereinkommen vom 14. Dezember 1973 über die Verhütung, Verfolgung und Bestrafung von Straftaten gegen völkerrechtliche geschützte Personen, einschliesslich Diplomaten, *in der Schweiz in Kraft seit 4 April 1985*	0.351.5
Internationales Übereinkommen vom 15. Dezember 1997 zur Bekämpfung terroristischer Bombenanschläge, *in der Schweiz in Kraft seit 23. Oktober 2003*	0.353.21
Übereinkommen (des Europarates) zur Bekämpfung des Menschenhandels vom 16. Mai 2005 (BB vom 23. Dezember 2011; zum Zeitpunkt der Drucklegung noch nicht ratifiziert; Referendumsfrist bis 13. April 2012)	BBl 2012 129
Zusatzprotokoll vom 8. Juni 1977 zu den Genfer Abkommen vom 12. August 1949 über den Schutz der Opfer internationaler bewaffneter Konflikte (Protokoll I), *in der Schweiz in Kraft seit 8. Juni 1977*	0.518.521
Zusatzprotokoll vom 8. Juni 1977 zu den Genfer Abkommen vom 12. August 1949 über den Schutz der Opfer nicht internationaler bewaffneter Konflikte (Protokoll II), *in der Schweiz in Kraft seit 17. August 1982*	0.518.522
Übereinkommen über den physischen Schutz von Kernmaterial vom 26. Oktober 1979, *in der Schweiz in Kraft seit 8. Februar 1987*	0.732.031
Übereinkommen zur Bekämpfung widerrechtlicher Handlungen gegen die Sicherheit der Seeschifffahrt vom 10. März 1988, *in der Schweiz in Kraft seit 10. Juni 1993*	0.747.71
Protokoll zur Bekämpfung widerrechtlicher Handlungen gegen die Sicherheit fester Plattformen, die sich auf dem Festlandsockel befinden vom 10. März 1988, *in der Schweiz in Kraft seit 10. Juni 1993*	0.747.711
Übereinkommen zur Bekämpfung der widerrechtlichen Inbesitznahme von Luftfahrzeugen vom 16. Dezember 1970, *in der Schweiz in Kraft seit 14. Oktober 1971*	0.748.10.2

Übereinkommen zur Bekämpfung widerrechtlicher Handlungen gegen die Sicherheit der Zivilluftfahrt vom 23. September 1971, *in der Schweiz in Kraft seit 16. Februar 1978*   0.748.710.3

Protokoll zur Bekämpfung widerrechtlicher gewalttätiger Handlungen auf Flughäfen, die der internationalen Zivilluftfahrt dienen, in Ergänzung des am 23. September 1971 in Montreal beschlossenen Übereinkommens zur Bekämpfung widerrechtlicher Handlungen gegen die Sicherheit der Zivilluftfahrt vom 24. Februar 1988, *in der Schweiz in Kraft seit 8. November 1990*   0.748.710.31

Übereinkommen der Vereinten Nationen gegen den unerlaubten Verkehr mit Betäubungsmitteln und psychotropen Stoffen vom 20. Dezember 1988, *in der Schweiz in Kraft seit 13. Dezember 2005*   0.812.121.03

c)   *Soft Law*

Basic Principles on the Use of Force and firearms by Law Enforcement Officials, 1990   Fundstelle[3]

d)   *Resolutionen der UNO Generalversammlung mit Rechtsfolgen*

60/251. Human Rights Council   Fundstelle[4]

2.   Europarat

a)   *Formelle Abkommen*

Konvention zum Schutze der Menschenrechte und Grundfreiheiten vom 4. November 1950 (CETS 05), *in der Schweiz in Kraft seit 28. November 1974*   0.101

Protokoll Nr. 6 zur Konvention zum Schutz der Menschenrechte und Grundfreiheiten über die Abschaffung der Todesstrafe vom 28. April 1983 (CETS 114), *in der Schweiz in Kraft seit 1. November 1987*   0.101.06

---

[3]   URL: http://www2.ohchr.org/english/law/pdf/firearms.pdf; zuletzt besucht: 3. September 2011. Genehmigt von UNO-Generalversammlung durch Res. 45/120 vom 14. Dezember 1990.

[4]   URL: http://www2.ohchr.org/english/bodies/hrcouncil/docs/A.RES.60.251_En.pdf; zuletzt besucht: 9. September 2011).

Protokoll Nr. 7 zur Konvention zum Schutz der Menschenrechte und Grundfreiheiten vom 22. November 1984 (CETS 117), *in der Schweiz in Kraft seit 1. November 1988*	0.101.07
Protokoll Nr. 11 zur Konvention zum Schutze der Menschenrechte und Grundfreiheiten über die Umgestaltung des durch die Konvention eingeführten Kontrollmechanismus vom 11. Mai 1004, *in der Schweiz in Kraft seit 15. August 2006*	0.101.09
Protokoll Nr. 13 zur Konvention zum Schutz der Menschenrechte und Grundfreiheiten über die vollständige Abschaffung der Todesstrafe vom 3. Mai 2006, *in der Schweiz in Kraft seit 22. Januar 2010*	0.101.093
Protokoll Nr. 14 zur Konvention zum Schutz der Menschenrechte und Grundfreiheiten über die Änderung des Kontrollsystems der Konvention vom 13. Mai 2004, *in der Schweiz in Kraft seit 1. Juni 2009*	0.101.094
Satzung des Europarates vom 5. Mai 1949, *in der Schweiz in Kraft seit 6. Mai 1963*	0.192.030
Statutarische Resolution (93) 28 über die Teil- und die erweiterten Verträge vom 14. Mai 1993	0.192.030.16
Übereinkommen vom 28. Januar 1981 zum Schutz des Menschen bei der automatischen Verarbeitung personenbezogener Daten (CETS 108), *in der Schweiz in Kraft seit 1. Februar 1998*	0.235.1
Bundesbeschluss betreffend die Genehmigung dieses Übereinkommens vom 5. Juni 1997	AS 2002 2845
Zusatzprotokoll vom 8. November 2001 zum Übereinkommen zum Schutz des Menschen bei der automatischen Verarbeitung personenbezogener Daten bezüglich Aufsichtsbehörden und grenzüberschreitende Datenübermittlung (zit: ZP DSK; CETS 181) , *in der Schweiz in Kraft seit 8. November 2001*	0.235.11
Europäische Übereinkommen vom 20. April 1959 über die Rechtshilfe in Strafsachen (zit.: EÜRSt; CETS 030), *in der Schweiz in Kraft seit 20. März 1967*	0.351.1
Zweites Zusatzprotokoll vom 8. November 2001 zum Europäischen Übereinkommen über die Rechtshilfe in Strafsachen (zit.: ZP II EURSt; CETS 182), *in der Schweiz in Kraft seit 1. Februar 2005*	0.351.12
Europäisches Auslieferungsübereinkommen vom 13. Dezember 1957, *in der Schweiz in Kraft seit 20. März 1967*	0.353.1
Europäisches Übereinkommen zur Bekämpfung des Terrorismus vom 27. Januar 1977, *in der Schweiz in Kraft seit 20. August 1983*	0.353.3

Übereinkommen vom 8. November 1990 über Geldwäscherei sowie Ermittlung, Beschlagnahme und Einziehung von Erträgen aus Straftaten (CETS 141), *in der Schweiz in Kraft seit 1. August 2009*   0.355.53

Strafrechtsübereinkommen vom 27. Januar 1999 über Korruption (CETS 173), *in der Schweiz in Kraft seit 1. Juli 2006*   0.311.55

Zusatzprotokoll vom 15. Mai 2003 zu dem Strafrechtsübereinkommen über Korruption (CETS 191), *in der Schweiz in Kraft seit 1. Juli 2006*   0.311.551

Europäisches Übereinkommen vom 19. August 1985 über Gewalttätigkeiten und Ausschreitungen von Zuschauern bei Sportanlässen, insbesondere bei Fussballspielen (zit.: Ü Bekämpfung Zuschauerausschreitungen)   0.415.3

b) Soft law

Recommendation Rec(2001)10 on the European Code of Police Ethics   Fundstelle[5]

Recommendation R (87)15 of the Committee of Ministers to member states regulating the Use of Police Data in the Police Sector   Fundstelle[6]

3. Europäische Union

a) Abkommen

Abkommen vom 21. Juni 1999 zwischen der Schweizerischen Eidgenossenschaft einerseits und der Europäischen Gemeinschaft und ihren Mitgliedstaaten andererseits über die Freizügigkeit (zit.: FZA), *in Kraft seit 1. Juni 2002*   0.142.112.681

Abkommen vom 26. Oktober 2004 zwischen der Schweizerischen Eidgenossenschaft und der Europäischen Gemeinschaft über die Kriterien und Verfahren zur Bestimmung des zuständigen Staates für die Prüfung eines in einem Mitgliedstaat oder in der Schweiz gestellten Asylantrags (zit.: DAA), *in Krafttreten gestaffelt (vgl. Hinweis zum SAA)*   0.142.392.68

---

5   URL:https://wcd.coe.int/wcd/com.instranet.InstraServlet?command=com.instranet.CmdBlobGet&InstranetImage=1277578&SecMode=1&DocId=212766&Usage=2; zuletzt besucht: 20.02.2011.

6   URL: http://www.coe.int/t/dghl/cooperation/economiccrime/organisedcrime/Rec_1987_15.pdf; zuletzt besucht: 20.02.2011.

Abkommen zwischen der Schweiz und Eurojust vom 27. November 2008, *in Kraft seit 22. Juli 2011* — 0.351.6

Abkommen vom 24. September 2004 zwischen der Schweizerischen Eidgenossenschaft und dem Europäischen Polizeiamt, *in Kraft seit 1. März 2006* — 0.362.2

Briefwechsel vom 7. März 2006/ 22. November 2007 zwischen der Schweiz und dem Europäischen Polizeiamt Europol über die Erweiterung des Abkommens zwischen der Schweizerischen Eidgenossenschaft und dem Europäischen Polizeiamt vom 24. September 2004 auf die im vorliegenden Briefwechsel enthaltenen Kriminalitätsbereiche, *in Kraft seit 1. Januar 2008* — 0.362.21

Abkommen vom 26. Oktober 2004 zwischen der Schweizerischen Eidgenossenschaft, der Europäischen Union und der Europäischen Gemeinschaft über die Assoziierung dieses Staates bei der Umsetzung, Anwendung und Entwicklung des Schengen-Besitzstands (zit.: SAA) *in der Schweiz gestaffelt in Kraft gesetzt ab 1. Juni 2008; operationell ab 12. Dezember 2008, für Flughäfen ab 29. März 2009 (VO vom 7. Mai 2008, AS 2008 2227)* — 0.362.31

b)   EU Sekundärrecht

Richtlinie 95/46/EG des Europäischen Parlaments und des Rates vom 24. Oktober 1995 zum Schutz natürlicher Personen bei der Verarbeitung personenbezogener Daten und zum freien Datenverkehr — ABl L 281 vom 23. November 1995, 31

Gemeinsame Massnahme vom 21. Dezember 1998 betreffend die Strafbarkeit der Beteiligung an einer kriminellen Vereinigung in den Mitgliedstaaten der Europäischen Union (98/733/JI) — ABl 351 vom 29. Dezember 1998, 1

Übereinkommen über die Rechtshilfe in Strafsachen zwischen den Mitgliedstaaten der Europäischen Union (Rechtsakte des Rates vom 29. Mai 2000) — ABl C 197 vom 12. Juli 2000 (vgl. SAA, Anhang B)

Beschluss des Rates vom 28. Februar 2002 über die Errichtung von Eurojust zur Verstärkung der Bekämpfung der schweren Kriminalität (2002/187/JI) — ABl L 63 vom 6. März 2002, 1

Rahmenbeschluss des Rates vom 13. Juni 2002 zur Terrorismusbekämpfung (2002/475/JI) — ABl L 164 vom 22. Juni 2002, 3

Beschluss 2003/725/JI des Rates vom 2. Oktober 2003 zur Änderung von Artikel 40 Absätze 1 und 7 des Übereinkommens zur Durchführung des Schengener Übereinkommens vom 14. Juni 1985 betreffend den schrittweisen Abbau der Kontrollen an den gemeinsamen Grenzen	ABl L 260 vom 11. Oktober 2003, 37
Rahmenbeschluss 2006/960/JI des Rates vom 18. Dezember 2006 über die Vereinfachung des Austauschs von Informationen und Erkenntnissen zwischen den Strafverfolgungsbehörden der Mitgliedstaaten der Europäischen Union (zit:.: RB-vI)	ABl L 386 vom 29. Dezember 2006, 89–100: AS 2009 6915
Richtlinie 2008/51/EG des Europäischen Parlamentes und des Rates vom 21. Mai 2008 zur Änderung der Richtlinie 91/477/EWG des Rates über die Kontrolle des Erwerbs und des Besitzes von Waffen (EU Waffenrichtlinie)	ABl L 179 vom 8. Juli 2008, 5
Rahmenbeschluss 2008/841/JI des Rates vom 24. Oktober 2008 zur Bekämpfung der organisierten Kriminalität (nicht Teil der Weiterentwicklung des Schengen-Besitzstandes)	ABl L 300 vom 11. November 2008, 42
Rahmenbeschluss 2008/977/JI des Rates vom 27. November 2008 über den Schutz personenbezogener Daten, die im Rahmen der polizeilichen und justiziellen Zusammenarbeit in Strafsachen verarbeitet werden (zit.: RB-Datenschutz)	ABl 350 vom 30. Dezember 2008, 60
Beschluss des Rates vom 6. April 2009 zur Errichtung des Europäischen Polizeiamts (Europol) (2009/371/JI)	ABl L 121 vom 15. Mai 2009, 37

4. Übereinkommen mit der NATO

Übereinkommen zwischen den Vertragsstaaten des Nordatlantikvertrags und den anderen an der Partnerschaft für den Frieden teilnehmenden Staaten über die Rechtsstellung ihrer Truppen (PfP-Truppenstatut) vom 19. Juni 1995, *in der Schweiz in Kraft seit 9. Mai 2003*	0.510.1
Zusatzprotokoll zum Übereinkommen zwischen den Vertragsstaaten des Nordatlantikvertrags und den andern an der Partnerschaft für den Frieden teilnehmenden Staaten über die Rechtsstellung ihrer Truppen (Zusatzprotokoll zum PfP-Truppenstatut) vom 19. Juni 1995, *in der Schweiz in Kraft seit 9. Mai 2003*	0.510.11

5. Bilaterale Staatsverträge

Vertrag zwischen der Schweiz und Italien zur Ergänzung des Europäischen Übereinkommens über die Rechtshilfe in Strafsachen vom 20. April 1959 und zur Erleichterung seiner Anwendung vom 10. September 1998 (zit.: ZV EÜRSt), *in Kraft seit 1. Juni 2003*	0.351.945.41
Abkommen zwischen dem Schweizerischen Bundesrat und dem Ministerrat der Republik Albanien über die polizeiliche Zusammenarbeit bei der Bekämpfung der Kriminalität vom 21. September 2005, *in Kraft seit 18. Juli 2007*	0.360.123.1
Vertrag zwischen der Schweizerischen Eidgenossenschaft und der Bundesrepublik Deutschland über die grenzüberschreitende polizeiliche und justitielle Zusammenarbeit vom 27. April 1999 (Polizeivertrag CH – D), *in Kraft seit 1. März 2002*	0.360.136.1
Vertrag zwischen der Schweizerischen Eidgenossenschaft, der Republik Österreich und dem Fürstentum Liechtenstein über die grenzüberschreitende Zusammenarbeit der Sicherheits- und Zollbehörden vom 27. April 1999 (zit.: Vertrag CH – A/FL), *in Kraft seit 1. Juli 2001*	0.360.163.1
Vereinbarung zwischen dem Schweizerischen Bundesrat, der Regierung des Fürstentums Liechtenstein und der Österreichischen Bundesregierung über die Zusammenarbeit im gemeinsamen grenzpolizeilichen Verbindungsbüro in Mauren an der Grenzübergangsstelle Schaanwald – Feldkirch-Tisis vom 21. April 2008 (zit.: Vereinbarung A/FL), *in der Schweiz in Kraft seit 1. Juli 2008*	0.360.163.11
Abkommen zwischen der Schweizerischen Eidgenossenschaft und Bosnien-Herzegowina über die polizeiliche Zusammenarbeit bei der Bekämpfung der Kriminalität vom 24. April 2007, *in Kraft seit 4. Februar 2009*	0.360.191.1
Vereinbarung zwischen dem Eidgenössischen Justiz- und Polizeidepartement und dem Justizdepartement der Vereinigten Staaten von Amerika, handelnd für die zuständigen Strafverfolgungsbehörden der Schweizerischen Eidgenossenschaft und der Vereinigten Staaten von Amerika über den Einsatz von gemeinsamen Ermittlungsgruppen zur Bekämpfung des Terrorismus und dessen Finanzierung vom 12. Juli 2006, *in Kraft seit 1. Dezember 2007*	0.360.336.1

Abkommen zwischen dem Schweizerischen Bundesrat und der Regierung der Französischen Republik über die grenzüberschreitende Zusammenarbeit in Justiz-, Polizei- und Zollsachen vom 11. Mai 1998 (zit.: Abkommen CH – F 1998; in Kraft getreten am 1. September 2000; aufgehoben durch das Abkommen vom 9. Oktober 2007)	(AS 2001 2636)
Abkommen zwischen dem Schweizerischen Bundesrat und der Regierung der Französischen Republik über die grenzüberschreitende Zusammenarbeit in Justiz-, Polizei- und Zollsachen vom 9. Oktober 2007 (zit. Abkommen CH - F), *in Kraft seit 1. Juli 2009*	0.360.349.1
Abkommen zwischen der Schweizerischen Eidgenossenschaft und der Französischen Republik über die Zusammenarbeit zwischen den beiden Staaten anlässlich des Gipfels von Evian vom 8. April 2003, *in Kraft seit 8. April 2003*	0.360.349.2
Abkommen zwischen dem Schweizerischen Bundesrat und der Regierung der Republik Ungarn über die Zusammenarbeit bei der Bekämpfung der Kriminalität vom 5. Februar 1999, *in Kraft seit 14. Oktober 2001*	0.360.418.1
Abkommen zwischen der Schweizerischen Eidgenossenschaft und der Italienischen Republik über die Zusammenarbeit der Polizei- und Zollbehörden, *in Kraft seit 1. Mai 2000*	0.360.454.1
Protokoll zwischen der Schweizerischen Eidgenossenschaft und der Italienischen Republik über die Errichtung gemeinsamer Zentren für Polizei- und Zollzusammenarbeit vom 17. September 2002 (zit.: ZP Italien betr. gemeinsame Zentren), *in Kraft seit 1. Februar 2004*	0.360.454.11
Durchführungsabkommen zwischen der Schweiz und Italien über kontrollierte grenzüberschreitende Lieferungen vom 17. November 2009, *in Kraft seit 17. November 2009*	0.360.454.12
Abkommen zwischen der Schweizerischen Eidgenossenschaft und der Republik Lettland über die polizeiliche Zusammenarbeit bei der Bekämpfung der Kriminalität vom 23. Mai 2005, *in Kraft seit 26. Juli 2006*	0.360.487.1
Abkommen zwischen der Schweizerischen Eidgenossenschaft und der Republik Mazedonien über die polizeiliche Zusammenarbeit bei der Bekämpfung der Kriminalität vom 20. September 2005, *in Kraft seit 19. Januar 2009*	0.360.520.1

Abkommen zwischen der Schweizerischen Eidgenossenschaft und Rumänien über die Zusammenarbeit bei der Bekämpfung des Terrorismus, der organisierten Kriminalität, des illegalen Handels mit Betäubungsmitteln, psychotropen Stoffen und Vorläuferchemikalien sowie weiterer strafbarer transnationaler Handlungen vom 19. September 2005, *in Kraft seit 16. Juli 2007*	0.360.663.1
Abkommen zwischen der Schweizerischen Eidgenossenschaft und der Republik Serbien über die polizeiliche Zusammenarbeit bei der Bekämpfung der Kriminalität vom 30. Juni 2009, *in Kraft seit 7. Februar 2011*	0.360.682.1
Abkommen zwischen der Schweizerischen Eidgenossenschaft und der Republik Slowenien über die Zusammenarbeit bei der Bekämpfung der Kriminalität vom 27. Juli 2004, *in Kraft seit 11. Mai 2006*	0.360.691.1
Vertrag zwischen der Schweizerischen Eidgenossenschaft und der Tschechischen Republik über die polizeiliche Zusammenarbeit bei der Bekämpfung strafbarer Handlungen vom 31. Mai 2005, *in Kraft seit 12. Oktober 2006*	0.360.743.1
Abkommen zwischen der Schweiz und Frankreich zur Vermeidung der Doppelbesteuerung auf dem Gebiet der Steuern vom Einkommen und vom Vermögen und zur Vermeidung von Steuerbetrug und Steuerflucht (Fassung gemäss Art. 7 des Zusatzabkommen vom 27. Aug. 2009), *in der Schweiz in der ergänzten Fassung in Kraft seit 4. November 2010*	0.672.934.91

6. Völkerrechtliche Vereinbarungen von Kantonen mit angrenzenden Gebietskörperschaften

Vereinbarung zwischen dem Regierungspräsidium Freiburg und dem Kanton Basel-Stadt über die gegenseitige Information bei Gefahren und Schäden, die sich auf das Hoheitsgebiet des Nachbarstaates auswirken können vom 9. April 1990	BS 576.900
Vereinbarung zwischen dem Präfekten des Departements Haut-Rhin und dem Kanton Basel-Stadt über die gegenseitige Information über Gefahren und Schäden, die sich auf das Hoheitsgebiet des Nachbarstaates auswirken können vom 24. Dezember/25. November 1987	BS 576.950

Gerichtsentscheideverzeichnis

Judikatur berücksichtigt bis 31. Juli 2011.

I. EGMR   Rz.

1. Abwehr staatlicher Eingriffe

Art. 2 EMRK

Makaratzis v. Greece	Nr. 50385/99 (2002)	308, 706
Acar and others v. Turkey	Nr. 36088/97 (2005)	309, 1348
Şımşek and others v. Turkey	Nr. 35072/97 (2205)	65
Giuliani and Gaggio v. Italy	Nr. 23458/02 (2011) GC	316 ff., 706
Alikaj et autres c. Italie	Nr. 47357/08 (2011)	29, 377, 1253

Art. 3 EMRK

Soering v. The United Kingdom	Nr. 14038/88 (1989)	991
Aydin v. Turkey	Nr. 57/1996/676/866 (1997)	411, 413
Selmouni v. France	Nr. 25803/94 (1999)	412, 415
Price v. The United Kingdom	Nr. 33394/96 (2001)	451
Mikheyev v. Russia	Nr. 77617/01 (2006)	123, 419
Bazorkina v. Russia	Nr. 69481/01 (2006)	123
Frerot c. France	Nr. 70204/01 (2007)	330
Garabyev v. Russia	Nr. 38411/02 (2007)	326
Wieser v. Austria	Nr. 2293/03 (2007)	327
Mammadov (Jalaloglu) v. Azerbaijan	Nr. 34445/04	419
Testa v. Croatia	Nr. 20877/04 (2008)	328, 413
Slawomir Musial v. Poland	Nr. 28300/06 (2009)	415, 417
Rachwalski and Ferenc v. Poland	Nr. 47709/99 (2009)	327 f.
Saadi v. Italy	Nr. 37201/06 (2009)	407
Beganović v. Croatia	Nr. 46423/06 (2009)	413 f.
Gäfgen v. Germany	Nr. 22978/05 (2010) GC	409

		Rz.
Art. 6 EMRK		
J.B. v. Switzerland	Nr. 31827/96 (2001)	955, 962
Schaller-Bossert c. Suisse	Nr. 41718/05 (2010)	1406
Zaichenko v. Russia	Nr. 39660/02 (2010)	1454 f.
Art. 8 EMRK		
Klass v. Germany	Nr. 5029/71 (1978)	186, 1182
Niemietz v. Germany	Nr. 13710/88 (1992)	436
Allan v. The United Kingdom	Nr. 48539/99 (2003)	452
Peck v. The United Kingdom	Nr. 44647/98 (2003)	898
Khadimov v. Russia	Nr. 72118/01 (2008)	436
Association for European Integration and Human Rights and Ekimdzhiev v. Bulgaria	Nr. 62540/00 (2008)	433 f., 434 f.
Copland v. The United Kingdom	Nr. 62617/00 (2007)	459
S. and Marper v. The United Kingdom	Nr. 30562/04, 30566/04 (2008)	459, 682, 1158, 1181
Bykov v. Russia	Nr. 4378/02 (2009)	434
Iordachi and others v. Moldova	Nr. 25198/02 (2009)	435
Hartung v. France	Nr. 10231/07 (2009)	438
Gsell c. Suisse	Nr. 12675/05 (2009)	275, 304, 646, 715, 765, 773, 779, 781, 1418
Gillan and Quinton v. The United Kingdom	Nr. 4158/05 (2010)	383
Uzun v. Germany	Nr. 35623/05 (2010)	51, 459
Kennedy v. The United Kingdom	Nr, 26839/05 (2010)	534
Art. 11 EMRK		
Ahmed and others v. The United Kingdom	Nr. 65/1997/849/1056 (1998)	500, 522

		Rz.
Cisse v. France	Nr. 51346/99 (2002)	494, 501, 513, 541
Stankov and the United Macedonian Organisation Ilinden v. Bulgaria (zit.: Stankov)	Nr. 29221/95 (2002) Nr. 2925/95 (2002)	522 f.
Segerstedt-Wiberg and others v. Sweden	Nr. 62332/00 (2006)	536, 1186
Bukta and others v. Hungary	Nr. 25691/04 (2007)	528 f.
Balçik and others v. Turkey	Nr. 25/02 (2008)	505, 529
Sergey Kuznetsov v. Russia	Nr. 10877/04 (2009)	521
Ashughyan v. Armenia	Nr. 33268/03 (228)	521
Saya and others v. Turkey	Nr. 4327/02 (2009)	521
Éva Molnár v. Hungary	Nr. 10346/05 (2009)	505, 507, 514, 528 f., 538 f., 541
Association of the Citizens Radko & Paunkovski v. The Former Yugoslav Republic of Macedonia (zit.: Radko & Paunkovski v. FYROM)	Nr. 74651/01 (2009)	521 ff.
Biçici v. Turkey	Nr. 30357/05 (2010)	505
Uzunget and others v. Turkey	Nr. 21831/03 (2010)	521
Christian Democratic People's Party v. Moldowa	Nr. 25196/04 (2010)	522 f., 545

Art. 15 EMRK

Aksoy v. Turkey	Nr. 100/1995/604/694	1201
A. and others v. The United Kingdom	Nr. 3455/05 (2009)	1197

1. Zusatzprotokoll

The former King of Greece v. Greece	Nr. 25701/94 (2000)	613

2. Schutzpflicht

Rz.

Art. 2 EMRK

Osman v. The United Kingdom (GC)	Nr. 23452/94 (1998)	301, 306, 309, 317, 696, 1502
Ergi v. Turkey	Nr. 66/97 (1998)	377
P.G. and J.H. v. The United Kingdom	Nr. 44787/98 (2001)	441 f.
Mastromatteo v. Italy (GC),	Nr. 37703/97 (2002)	301, 339
Pretty v. The United Kingdom	Nr. 2346/02 (2002)	299, 312
Makaratzis v. Greece	Nr. 50385/99 (2002)	308, 706
Öneryildiz v. Turkey (GC),	Nr. 48939/99 (2004)	304
Bazorkina v. Russia	Nr. 69481/01 (2006)	123
Opuz c. Turquie	Nr. 33401/02 (2009)	397, 404
Branko Tomašić and others v. Croatia	Nr. 46598/06 (2009)	1443
Kalender c. Turquie	Nr. 4314/02 (2010)	697, 1498
Lütfi Demirci et autres c. Turquie	Nr. 28809/05 (2010)	312, 1500
Van Colle v. The United Kingdom	Nr. 7698/09 (noch nicht veröffentlicht)	1500
Iorga et autres c. Roumanie	Nr. 26246/05 (2011)	123

Art. 3 EMRK

Šečić v. Croatia	Nr. 40116/02 (2007)	317, 418, 1297
Ismoilov and others v. Russia	Nr. 2947/06 (2008)	407
Opuz c. Turquie	Nr. 33401/02 (2009)	397, 404

		Rz.
Art. 4 EMRK		
Rantsev v. Cyprus and Russia	Nr. 25965/04 (2010)	299, 303, 306, 313, 340, 382, 406, 421 f., 1005 f., 1070 f., 1167, 1498
Art. 8 EMRK		
López Ostra v. Spain	Nr. 16798/90 (1994)	305, 309, 432
Guerra and others v. Italy	Nr. 116/1996/735/932 (1998)	432
K.U. v. Finland	Nr. 2872/02 (2008)	275, 281, 309, 313, 429, 767, 1498
L. v. Lithuania	Nr. 27527/03 (2008)	1297
Bevacqua and S. c. Bulgaria	Nr. 71127/01 (2008)	404
Sandra Janković v. Croatia	Nr. 38478/05 (2009)	305
H.K. and others v. Slovakia	Nr. 32881/04 (2009)	432
Deés v. Hungary	Nr. 2345/06 (2010)	305, 432
Hajduová v. Slovakia	Nr. 2660/03 (2010)	305
A. v. Croatia	Nr. 55164/08 (2011)	459
Art. 10 EMRK		
Sunday Times v. The United Kingdom (no. 2)	No. 13166/87 (1991)	476
Verein gegen Tierfabriken Schweiz (VgT) v. Switzerland (no. 2)	No. 32772/02 (2009)	476
Art. 11 EMRK		
Plattform «Ärzte für Leben» v. Austria	Nr. 10126/82 (1988)	505 f., 546
Entscheid der Kommission	17. Oktober 1985	547

3. Untersuchungspflicht (nachträgliche Schutzpflicht)

Rz.

Art. 2 EMRK

Scavuzzo-Hager et autres c. Suisse	Nr. 41773/98 (2006)	313, 315 ff.
Bazorkina v. Russia	Nr. 69481/01 (2006)	123
Ramsahai v. The Netherlands	Nr. 52391/99 (2007) GC	319 f.
Kalender c. Turquie	Nr. 4314/02 (2009)	1498

Art. 3 EMRK

Denis Vasilyev v. Russia	Nr. 32704/04 (2009)	418
Rantsev v. Cyprus and Russia	Nr. 25965/04 (2010)	vgl. Art. 4 EMRK zur Schutzpflicht

Art. 4 EMRK

Rantsev v. Cyprus and Russia	Nr. 25965/04 (2010)	vgl. Art. 4 EMRK zur Schutzpflicht

Art. 8 EMRK

K.U. v. Finland	Nr. 2872/02 (2008)	vgl. Art. 8 EMRK zur Schutzpflicht

II. Bundesgericht

1. Publizierte Entscheide

BGE		Rz.
12 93	ZH, Heilsarmee	503
20 274	TI, Comitato basileese per l'evangelizzazione del Ticino	504
67 I 277	CH u. TG, Verbandskompetenzen, Unabänderlichkeit	204
83 IV 154	SG, Hausfriedensbruch, Berechtigter	1300

BGE		Rz.
90 I 1	AG, Kiosk an Strassenkreuzung, Störerprinzip	718
95 I 103	Kanton Y, Art. 4 aBV, Akteneinsichtsrecht	863
96 I 219	ZH, Nöthiger/Pinkus, Versammlungsfreiheit	505
97 I 499	GE, Griessen (Polizeibegriff)	41, 113
104 Ia 88	GR, Informationsfreiheit	341
106 Ib 330	Enteignung	117
107 Ia 292	BE, Graben, Meinungsäusserungsfreiheit	515
109 Ia 146	GE, Polizeigesetz, *soft law*	29, 65, 331, 386, 639, 878, 1294
109 Ia 273	BS, StPO, Abhörmassnahmen	646, 1158
111 Ia 322	ZH, Grenzen der Meinungsäusserungs- und Versammlungsfreiheit	511
111 IV 113	BE, Schusswaffeneinsatz der Polizei	371, 696
113 Ia 1	ZH, Art. 4 aBV, Einsichtsrecht in Register	863
113 Ia 109	AG, GOG, Pressefreiheit	1158
113 Ia 177	VS, Freiheitsentzug, Kriterium der Dauer	1513
117 Ia 202	CH-BL, Zuständigkeitsordnung (Staatsschutzakten), kant. Polizeihoheit	195, 795, 1229, 1230, 1266
117 Ia 472	BS, Vermummungsverbot	474, 646
117 IV 449	BE, Erschleichen einer Leistung	1533
118 Ib 407	VD, Störerprinzip	720
119 Ia 28	GE, *Eaux-Vives*, Schutz des Eigentums, Schutzpflicht des Staates	567, 572, 1125
121 I 22	ZH, Gewaltentrennungsprinzip, polizeiliche Generalklausel	1, 762
122 I 70	AI, Bundesrecht/kantonales Recht, Kompetenzkumulation	209
122 I 236	BE, Sprachenfreiheit	486
122 II 385	BE, öffentliche Ordnung, Ausweisung	100, 106
123 I 19	GE, Wirtschaftsfreiheit, Arbeitsbewilligung	582
123 III 110	Adäquater Kausalzusammenhang	1641
124 I 11	AG, Monopole	799

BGE		Rz.
124 I 40	SO, Freiheitsentzug (psychiatrische Begutachtung), Kriterien für Schwere des Eingriffs	1513
124 I 85	BS, Persönliche Freiheit, Identitätskontrollen, Namensschilder der Polizei	386, 396
124 I 267	Verein gegen Tierfabriken gg. SZ (Einsiedeln)	499, 505
125 I 227	GE, kant. Polizeihoheit, Unzulässigkeit eines Verzichts auf jeglichen Einsatz von Truppen zur Aufrechterhaltung der öffentl. Sicherheit oder zum Schutz internationaler Konferenzen	195, 197, 201, 1223, 1230
125 II 152	SG gegen CH, Art. 44 BV, Tragweite	252
125 II 521	TG, öffentliche Ordnung, Ausweisung	100, 102
126 I 19	OW, Verfahrensgarantien	1402
126 I 112	BE, Zwangsmassnahmen, Zulässigkeit, Kerngehaltsbeeinträchtigung	294, 764, 780
126 I 133	ZH, Scientology/Wirtschaftsfreiheit	337
126 II 300	Banntag Liestal/Gonseth	304, 307, 570
127 I 1	ZH, Gleichbehandlung im Unrecht	342
127 I 6	BS, Menschenwürde, Zwangsmedikation	324, 379, 764,
127 I 38	ZH, Willkür	520
127 I 60	BE, Vermieter einer (nicht voraussehbar) nicht zonenkonform genutzten Liegenschaft als Zweckveranlasser	719 f.
127 I 164	GR, Davos, Demonstrationsfreiheit	337, 498, 505, 510, 514, 519, 569, 1357
127 IV 209	SO, Amtsmissbrauch	355, 1295
128 I 3	GR, Arosa, Monopol für Plakatanschläge	824
128 I 136	SG, Wirtschaftsfreiheit, Gleichbehandlungsgebot	589
128 I 167	GR, Verwaltungsverordnungen, Anfechtbarkeit	834, 838, 840, 844, 852, 890 f., 918, 1482

BGE		**Rz.**
128 I 327	GR/WEF, VO Kapo	41, 113, 275, 289, 377, 394, 639, 646, 701, 1247, 1294
128 II 139	FR, überspitzter Formalismus	1423
128 II 259	BS, DNA-Profil, Vernichtungsanspruch	373
129 II 215	AG, FZA, Zulässigkeit der Ausweisung	91
129 I 249	M. gegen EJPD, Art. 29 BV, Akteneinsicht (Amtshilfe, Spezialitätsprinzip)	964
129 I 313	VS, Willkürbeschwerde	1408
129 II 193	H. gegen Bundesrat, Rechtsschutzanspruch (Art. 29*a* BV, Ausnahmeumfang)	1547
129 II 215	AG, FZA, Zulässigkeit einer Ausweisung	91, 114
129 II 268	BJ, *ordre public,* Grenzen der Rechtshilfe	980
130 I 1	BL, Legalitätsprinzip, Gewaltentrennung	109, 351
130 I 16	ZG, Menschenwürde, Zwangsmedikation	324
130 I 369	GR/WEF, Zutrittsverweigerung (Gsell)	8, 275, 765, 769, 771, 773, 779, 855
130 I 388	GR/WEF, «Public Eye»	628, 1472
130 II 473	VBS, Personensicherheitsprüfung, Aktenführungspflicht	1442
130 II 521	Cornèr Bank gegen Telekurs, Parteirechte im Verwaltungsverfahren	1405
131 I 1	Gemeinde Grindelwald, Gemeindewerkreglement, Willkürverbot	351
131 I 91	VS, Zwangsfusion von Gemeinden, Verhältnismässigkeit	676
131 I 223	ZH, Wirtschaftsfreiheit, ausländische juristische Person	584
131 I 333	Lausanne, Eigentumsgarantie	565
131 I 455	SG, Untersuchungspflicht des Staates	313, 418
131 II 13	Swisscom/ComCom, Gesetzmässigkeitsprinzip	292, 643

BGE		Rz.
131 II 271	BUWAL, Rechtsverweigerung	1412
131 II 670	Messe Basel gegen BAG, Aktenführungspflicht	776, 815, 1436, 1442
131 III 115	Adäquater Kausalzusammenhang bei Unterlassung	1642
132 I 49	BE (Bahnhof Bern), Menschenwürde, Diskriminierungs-, Willkürverbot, Wegweisungs- und Fernhalteverfügung	24, 291, 324, 343, 331, 375, 386, 391, 491, 493, 553 ff., 626, 659
132 I 97	Fleurier, Wirtschaftsfreiheit, gesteigerter Gemeingebrauch	585, 588 f.
132 I 256	SZ/Brunnen, Demonstrationsverbot	278, 301, 333, 491, 498 f., 505 ff., 513 f., 518, 523 f., 541, 546, 705, 718
132 II 449	Bund, Staatshaftung (Grundlage für Massnahmen gegen den Rinderwahnsinn)	766, 773
132 III 209	X contre Tribunal civil Lausanne, Willkür	354
132 III 470	SBB AG gegen Eidg. Handelsregisteramt, Natur der Organisationsform der SBB AG	137
132 V 443	ZH, Recht auf Verbeiständung	1449
133 I 58	EDI, Heilmittelgesetz	45, 312, 450
133 I 77	Stadt St. Gallen, Daten-Aufbewahrungsfrist	111, 441, 1175
133 I 185	LU, subsidiäre Verfassungsbeschwerde, Willkür	1565
133 I 201	TG, Rechtliches Gehör	1406
133 I 286	BS, Jugendstrafprozessordnung, self-executing-Charakter einer Völkerrechtsnorm	52, 426, 430
133 II 136	AG, Star TV, Bestimmtheitsgebot	109, 119

BGE		Rz.
133 II 450	EVD, Talibanverordnung, *ius cogens*, Verhältnismässigkeit	177, 185, 692, 991, 1009
133 IV 271	TI, Massnahmen internationaler polizeilicher Zusammenarbeit	945, 962
134 I 23	VS, Berufliche Vorsorge, Willkürverbot	351
134 I 49	Gemeinde Buchs (AG), Einbürgerung, Diskriminierung (Kopftuch)	343
134 I 56	Eheleute K. gegen Gemeinde Birr (AG), Einbürgerung, Diskriminierung (Kopftuch)	346
134 I 125	ZH, Verwaltungsgerichtliche Verfahren	403
134 I 140	ZH, Gewaltschutzgesetz	398, 401, 1434
134 I 153	SG, BGer Kognition bez. Art. 5 Abs. 2 BV	708 ff.
134 I 214	GE, Bettelei, keine Gewährleistung durch Art. 27 BV	587
134 I 229	SG, formelle Rechtsverweigerung	1410
134 I 331	SZ, Staatshaftung, «zivilrechtliche Ansprüche» (Art. 6 Ziff. 1 EMRK)	1636
134 II 1	SG, öffentliche Ordnung	107
134 IV 36	ZH, Beschwerderecht der Staatsanwaltschaft	1408
134 IV 216	AG (Bareggtunnel-Blockade), Versammlungsfreiheit, Streikrecht, Grenzen	512, 602, 606, 608
134 IV 266	ZH, verdeckte Ermittlung (nach aufgehobenem BVE)	444
134 IV 297	GL, Asbestfall	307
135 I 6	ZH, überspitzter Formalismus	1423
135 I 43	SG, Rechtsgleichheitsgebot, Gemeinden als GR-Trägerinnen	333
135 I 49	X gegen Gemeinderat A, Diskriminierungsverbot	346, 348
135 I 153	X gegen BFM, Art. 8 EMRK, Wegweisung, «umgekehrter Familiennachzug»	430, 500
135 I 169	Schweiz. Mobiliar Vers., Einsatz von Privatdetektiven	155, 291, 446, 1113, 1598
135 I 209	LU, Eigentumsgarantie, Entschädigungspflicht bei Eigentumsbeschränkungen	117, 575, 578 f.

BGE		Rz.
135 I 302	SG, Gemeindeautonomie betr. Regelung von Bewilligungspflichten für den öff. Raum	831
135 II 12	ZH, Marktzugang, BGBM	1349
135 II 38	Carbura gegen BWL, Rechtsnatur einer Genehmigung, «hoheitlich»	136
135 II 110	AG, Ausweisung bzw. Widerruf der Niederlassungsbewilligung trotz Flüchtlingsstatus, Non-Refoulement-Gebot	177
135 III 374	NW, Rechtmittelbelehrung, Verlass, Treu und Glauben	363
135 V 172	LU, Rechtmässigkeit staatlichen Handelns	672, 676
136 I 1	ZH, Hundegesetz, Störerprinzip	1401
136 I 17	BE, Schutz vor Passivrauchen, Kerngehaltsgarantie	294
136 I 29	BE, Normenkontrolle, Verhältnismässigkeit	676
136 I 65	SH, Gleichbehandlung im Unrecht	342
136 I 87	ZH, Polizeigesetz,	1, 51, 141, 291, 371, 382, 384, 387 ff., 472, 626, 639, 646 f., 676, 709, 750, 760, 768, 773, 878, 900, 926, 1123, 1158 f., 1170, 1253, 1485, 1508 ff., 1533
136 I 229	BE, Pflicht der Begründung eines Entscheids	1450
136 I 290	GE, X c. Z, *self-executing*-Charakter einer Völkerrechtsnorm	52
136 I 809	Wetzikon, subsidiare Verfassungsbeschwerde	1569
136 I 332	ZH, Meinungsäusserungsfreiheit staatlicher Bediensteter	467
136 II 457	UVEK gegen SBB und SBB gegen BAV, Rechtsnatur von Fahrpreisen, Tarifen und Zuschlägen	1363, 1533

BGE		Rz.
136 IV 97	VS, *«cause Rappaz»*, Zwangsernährung, pol. Generalklausel	772
137 I 1	ZH, Konkordat über Massnahmen gegen Gewalt anlässlich von Sportveranstaltungen	1558
137 I 23	BE, Art. 31 Abs. 4 BV	1485, 1507, 1512
137 I 3	ZH, Beitritt zum Konkordat gegen Gewalt bei Sportveranstaltungen, Verhältnismässigkeit	388, 496, 809
137 I 86	Transsexualismus, Kostenübernahme für Geschlechtsanpassung	614
137 I 167	GE, Gesetz über die Prostitution, versch. Grundrechtsfragen (Art. 8, 13, 27 BV)	381, 386, 452
137 I 227	ZH, Befangenheit	1422
137 II 128	X, Y gegen ESTV, Taskforce Amtshilfe USA, Beschwerde gegen Nichteintretensentscheid des Bundesstrafgerichts	956, 960, 1563

2. Nicht publizierte Entscheide

1P.104/2000 vom 30. Mai 2000	Winterthur, Anti-Pelzmanteldemonstration	337
2P.80/2000 vom 24. August 2000	ZH, Bewilligungspflicht (Zulassung zum Anwaltsexamen)	828
1P.53/2001 vom 20. September 2001	Davos, Demonstrationsrecht	474, 498, 569
1A.124/2001 vom 28. März 2002	ZH; internationale Rechtshilfe, zwingendes Völkerrecht, Verfahrensgrundrechte	980
1P.97/2003 vom 19. Juni 2003	BS; Beschlagnahme, Vermischung von Gut	567
1P.707/2003 vom 5. Mai 2004	A. gegen Stadt Zürich, Hausfriedensbruch	1300
1P.164/2004 vom 17. Juni 2004	TG, Aktivlegitimation im Verwaltungsverfahren	1647
2A.308/2004 vom 4. Oktober 2004	GR, öffentliche Sicherheit, Ausweisung	100

C Gerichtsentscheideverzeichnis

		Rz.
1P.570/2004 vom 3. Mai 2005	BL, «quasi-öffentlicher Raum»	1354
2A.313/2005 vom 25. August 2005	BL, öffentliche Ordnung, Ausweisung	101, 107
2A.501/2005 vom 30. August 2005	BE, öffentliche Ordnung, Eingrenzung	101 f.
1A.173/2005, 1A.203/2005 vom 10. Oktober 2005	X, Y gegen EBK	974
2P.146/2005 vom 17. November 2005	BL, Bewilligungspflicht für das Halten von Hunden bestimmter Rassen, Optimierungsgebot	767
2A.469/2005 vom 28. November 2005	ZH, öffentliche Ordnung, Aufenthaltsbewilligung	101
2A.509/2005 vom 16. Januar 2006	ZH, Aufenthaltsbewilligung	103
1P.10/2006 vom 31. Januar 2006	AG, Versetzung in offeneren Strafvollzug	373
2A.745/2005 vom 25. April 2006	BS, Ausweisung	106
2A.51/2006 vom 8. Mai 2006	AG, Non-Refoulement-Gebot	177
2A.65/2006 vom 23. Juni 2006	TG, öffentliche Ordnung, Familiennachzug	101
2A.417/2006 vom 13. Juli 2006	ZH, öffentliche Ordnung, Aufenthaltsbewilligung	101
2A.297/2006 vom 14. August 2006	TG, Ausweisung	102
2A.212/2006 vom 9. Oktober 2006	CH, Unterlassung, Staatshaftung	1498
2A.548/2006 vom 6. November 2006	ZH, öffentliche Ordnung, Ausweisung	101
2A.539/2006 vom 25. Januar 2007	ZH, Verlängerung Aufenthaltsbewilligung	103
2A.692./2006 vom 1. Februar 2007	FR, Amtshilfe, Datenschutzrecht	965

		Rz.
2P.198/2006 vom 9. Mai 2007	BE, Bewilligungspflicht (Berufsausübung als Heilpraktiker)	828
1A.16/2007 vom 13. August 2007	A, E, G gegen Bundesanwaltschaft, Auslieferung, Soering-Prinzip	980, 991
2C_273/2007 vom 22. August 2007	ZH, öffentliche Ordnung, Ablehnung Aufenthaltsbewilligung	101
5A_401/2007 vom 29. August 2007	TI, falsche Rechtmittelbelehrung, Treu und Glauben	363
2C_289/2007 vom 9. Oktober 2007	SG, Familiennachzug	106
2C_494/2007 vom 17. Dezember 2007	TG, öffentliche Ordnung, Ausweisung	100, 102
5A_707/2007 vom 8. Februar 2008	X gegen Kanton Solothurn, Willkür	354
2C_756/2007 vom 13. Februar 2008	SZ, öffentliche Ordnung, Ausweisung	101
1C_440/2007 vom 25. März 2008	Trimmis, Art. 16 BV	472
5A_243/2008 vom 18. April 2008	X gegen Stadtärztlichen Dienst Zürich, Schutzpflicht bei Suizidgefahr bei psychisch kranken Personen	302
1C_34/2007 vom 21. April 2008	Brig, Verfahrensgrundrechte, Abgrenzung	1484
1C_360/2008 vom 11. Mai 2008	Bundesamt für Energie, Störerprinzip	712, 717
2C_413/2008 vom 24. Juni 2008	ZH, Durchsetzungshaft, lokale Haftbedingungen	413
1C_434/2007 vom 29. August 2008	GR, Art. 16 BV, Flugblattbeschlagnahme	472
1C_232/2008 vom 16. September 2008	X gegen ASTRA, Ausnahmenbewilligung	338
4A_440/2008 vom 29. Dezember 2008	AI, Meinungsäusserungs- bzw. Wirtschaftsfreiheit	471
6B_642/2008 vom 9. Januar 2009	VD, Störerprinzip	716 f., 720, 723 f.
2C_381/2008 vom 14. Januar 2009	FR, öffentliche Ordnung, Wegweisung	101

		Rz.
2C_299/2008 vom 30. Januar 2009	ZH, öffentliche Ordnung, Ausweisung	101
1C_437/2007 vom 3. März 2009	X gegen Regierungsrat AG, Immissionen, Anspruch auf saubere Luft	375
1C_448/2008 vom 13. März 2009	X gegen SG, Rechtliches Gehör, Realakt	431
1C_140/2008 vom 17. März 2009	DJB und andere gegen BE, Ortspolizeireglement Thun	498, 507, 528 f.
6B_946/2008 vom 31. März 2009	BL, Verstoss gegen das Betäubungsmittelgesetz	395
2C_839/2008 vom 1. April 2009	Dignitas gegen Swissmedic, Sterbehilfe	312
1C_360/2008 vom 11. Mai 2009	Bundesamt für Energie, Hochdruckgasleitung, Störerprinzip	712, 717
1C_66/2009 vom 3. Juni 2009	X gegen Y, Bau- und Planungsrecht, Willkürverbot	351
6B_272/2009 vom 22. Juni 2009	BL, Testkäufe von Alkoholika durch Jugendliche, verdeckte Ermittlung	444
1B_230/2009 vom 31. August 2009	ZH, Freiheitsentzug, Kriterium für Schwere des Eingriffs	1513
2C_61/2009 vom 5. Oktober 2009	St. Moritz, Wirtschaftsfreiheit, Taxibewilligung	588
6B_568/2009 vom 8. Oktober 2009	UR, ANAG, verdeckte Ermittlung	448
1C_165/2009 vom 3. November 2009	SO, Parteistellung im Verwaltungsverfahren	1405
2C_166/2009 vom 30. November 2009	X gegen Departement für Volkswirtschaft und Soziales GR, Euthanasie eines Hundes	307, 576, 769, 773, 779
1B_211/2009 vom 10. Dezember 2009	A. et al. gegen Statthalteramt Horgen, Verfügung, Willkür	351
1C_453/2009 vom 12. Januar 2010	VS, Rayonverbot, Zuständigkeit	385
6B_937/2009 vom 16. Februar 2010	AG, Strafzumessung, Willkürverbot	352
1C_388/2009 vom 17. Februar 2010	GR, Davos, Rechtliches Gehör	1406, 1434, 1438, 1440

		Rz.
2C_564/2009 vom 26. Februar 2010	AG, Wirtschaftsfreiheit, Taxibewilligung	588, 595, 828
2C_541/2009 vom 1. März 2010	ZH, Widerruf der Niederlassungs- bewilligung	105
6B_837/2009 vom 8. März 2010	ZH, verdeckte Ermittlung	445, 450
6B_913/2009 vom 18. März 2010	AG, Strafantrag, Rechtsnatur, Wirkung	573
1C_459/2009 vom 22. März 2010	BE, unentgeltliche Rechtspflege (Entzug des Führerausweises)	1453
1C_383/2010 vom 30. März 2010	BS, Verfahrensdauer (Art. 6 Ziff. 1 EMRK)	1418
8C_1071/2009 vom 9. April 2010	Formelle Rechtsverweigerung	1410
5A_250/2010 vom 14. April 2010	X gegen BS, fürsorgerische Freiheits- entziehung	1507
1C_46/2010 vom 28. April 2010	X gegen Stadt St. Gallen, öffentlich- rechtliche Eigentumsbeschränkung	1356
1B_302/2009 vom 11. Mai 2010	ZG, Eigentum, Siegelung	567
2C_828/2009 vom 9. Juni 2010	EFD, Staatshaftung durch Unterlassen	1503, 1641
8C_251/2010 vom 29. Juni 2010	Bern, Gemeindeautonomie, Verletzungs- rüge durch Private	1506
2C_354/2009 vom 30. Juni 2010	X & Y gegen Gemeinde Z, überspitzter Formalismus	1423
2C_217/2010 vom 16. August 2010	SO, Betriebsbewilligung, Verhältnis- mässigkeit	673
2C_233/2010 vom 17. August 2010	SO, Rauchverbot in Restaurants, Verhältnismässigkeit	709
1D_5/2009 vom 25. August 2010 (136 I 309)	Wetzikon, subsidiäre Verfassungs- beschwerde, Verfahrensgrundrechte	1569
6B_599/2010 vom 26. August 2010	VS, Rappaz, Zwangsernährung	816
2C_621/2010 vom 24. September 2010	SG, Kaminfegermonopol	824

		Rz.
2C_273/2010 vom 6. Oktober 2010	GR, Widerruf der Niederlassungsbewilligung	106
6B_680/2010 vom 2. November 2010	ZH, Vereitelung von Massnahmen zur Feststellung der Fahrunfähigkeit	871
1C_50/2010 vom 16. November 2010	BS, Beitritt zum Konkordat gegen Gewalt bei Sportveranstaltungen, Verfassungsmässigkeit	878, 1512
1C_445/2010 vom 30. November 2010	BL, Verfahrensdauer (Art. 6 Ziff. 1 EMRK)	1418
1C_312/2010 vom 8. Dezember 2010	GE, Meinungsäusserungsfreiheit, Zensur (Verweigerung der Vermietung eines Theaters)	477
6B_560/2010 vom 13. Dezember 2010	AG, Personenkontrolle, Verhältnismässigkeit (Amtsmissbrauch)	1295, 1518
6B_593/2010 vom 25. Januar 2011	LU, Wirtschaftsfreiheit, Taxibewilligung	595
1C_278/2010 vom 31. Januar 2011	Stadt Luzern, Befangenheit	1422
2D_2/2010 vom 25. Februar 2011	ZH, subsidiäre Verfassungsbeschwerde, Fähigkeitszeugnis, Prüfung	1558
1C_510/2010 vom 24. März 2011	ZH, OHG, Rechtswirkung von verwaltungsinternen Weisungen, Verstoss gegen Treu und Glauben	360, 834
1C_142/2011 vom 11. April 2011	A gegen ESTV, Amts- oder Rechtshilfe	960, 1563
2D_56/2010 vom 26. Mai 2011	ZH, subsidiäre Verfassungsbeschwerde, Wegweisung	1568 f.
6B_14/2011 vom 12. Juli 2011	ZH, Nötigung (Verletzung der pers. Freiheit), Festhalten nach Hausfriedensbruch, Verbotsirrtum	1361
2C_127/2010 vom 15. Juli 2011	FINMA, UBSAG	732, 735, 763
6B_116/2011 vom 18. Juli 2011	BE, öffentliche Sachen im Gemeingebrauch, Massgeblichkeit des öffentlichen Rechts (des zuständigen Verbandes)	228, 498

III. Bundesverwaltungsgericht

		Rz.
A-2482/2007 vom 26. Juni 2007	EZV, Bildaufzeichnungen mit Drohnen	1171
D-4440/2006 vom 28. August 2009	BFM, Keine Rückschaffung/Gefahr der Verletzung von Grundrechten	182
B-1092/2009 vom 5. Januar 2010	FINMA	44, 181, 732, 774, 779
A-3524/2008 vom 19. Februar 2010	Bashkirian Airlines gegen Skyguide AG; Staatshaftung, Aktivlegitimation	1602, 1646 f.
C-1118/2006 vom 2. Juli 2010	X gegen BAP/fedpol, Einreisesperre, Art. 32 Abs. 1 lit. a VGG	1548, 1554
C-2107/2010 vom 18. Januar 2011	BFM, Refoulement («real risk»)	295
A-7642/2010 vom 3. Februar 2011	X gegen ESTV, Amtshilfe	181
A-6275/2010 vom 27. April 2011	A gegen Fachstelle für Personensicherheitsprüfungen	911
A-8457/2010 vom 14. Juni 2011	A.L. gegen NDB (vormals DAP) betr. Einsicht in die ISIS-Datenbank	1027, 1444, 1554

IV. Kantonale Gerichte

ZH, Kass. Ger.	17. Juni 1987 (ZBl 88/1987, 545 ff.); «Rote Zora»	301, 309, 339
KGer, GR PKG 2002 Nr. 10	28. Februar 2002 («finaler Rettungsschuss»)	372
KGer BL (100 08 1148)	10. Februar 2009 (Testkäufe von alkoholischen Getränken durch Jugendliche, verdeckte Ermittlung, Verhältnismässigkeitsprinzip)	444, 689
Verwaltungsgericht BS	15. Mai 2009 (Leumund, Schulden, Bewilligungsentzug für Sicherheitsgewerbe)	1348
Obergericht TG	8. April 2010 (SBR 2009.36)	998

V. Bundesverfassungsgericht Deutschland   Rz.

1 BvR 409/09 vom 22. Februar 2011	Rechtsschutzgleichheit; Grenzen der materiellen Entscheidungsbefugnis bezüglich Aussichtslosigkeit eines Rechtsbegehrens	1453
1 BvR 388/05 vom 7. März 2011	Nötigung durch Sitzblockade, Verhältnis zwischen Versammlungsfreiheit und Rechtswidrigkeit bez. des Nötigungstatbestandes	512
2 BvR 882/09 vom 23. März 2010	Notwendigkeit der gesetzlichen Grundlage für Grundrechtseingriffe (medizinische Zwangsbehandlung im Massnahmevollzug)	760, 781

Abkürzungsverzeichnis

(Vgl. Abkürzungen für Zitate im Materialienverzeichnis. Für die Kantone werden die üblichen Abkürzungen verwendet.)

a.A.	anderer Ansicht
a.a.O.	am angeführten Ort
AB	Amtliches Bulletin (von N: National- und S: Ständerat)
ABl	Amtsblatt der Europäischen Union
Abs.	Absatz
aBV	Bundesverfassung von 29. Mai 1874
AdA	Angehörige der Armee
AdFWK	Angehörige des (ehemaligen) Festungswachkorps
AEUV	Vertrag über die Arbeitsweise der EU (ABl C 115 vom 9. Mai 2008, 47)
AFIS	Automatisiertes Fingerabdruck-Identifikationssystem
A/FL	Österreich und Fürstentum Liechtenstein (in Verbindung mit der Vereinbarung SR 0.360.163.1)
AG GIP	Arbeitsgruppe gesamtschweizerische interkantonale Polizeizusammenarbeit (im Rahmen von IKAPOL)
AG OP	Arbeitsgruppe Operationen (im Rahmen von IKAPOL)
AJP	Aktuelle Juristische Praxis
Art.	Artikel
AS	Amtliche Sammlung des Bundesrechts
ASMZ	Allgemeine Schweizerische Militärzeitschrift
ASTRA	Bundesamt für Strassen
AT	Allgemeiner Teil
Aufl.	Auflage
AuG	Bundesgesetz über die Ausländerinnen und Ausländer (SR 142.20)
BABS	Bundesamt für Bevölkerungsschutz
BAV	Bundesamt für Verkehr
BaZ	Basler Zeitung
BAZL	Bundesamt für Zivilluftfahrt
BB	Bundesbeschluss

BBG	Bundesgesetz über die Berufsbildung (Berufsbildungsgesetz, SR 412.10)
BBl	Bundesblatt
BBV	Verordnung über die Berufsbildung (Berufsbildungsverordnung, SR 412.101)
BEHG	(Botschaft zum) Bundesgesetz über die Börsen und den Effektenhandel (Börsengesetz, SR 954.1)
betr.	betreffend
BG	Bundesgesetz
BGBM	Bundesgesetz über den Binnenmarkt (Binnenmarktgesetz, SR 943.02)
BGE	Bundesgerichtsentscheid (Leitentscheid, publiziert)
BGer	Bundesgericht, Bundesgerichtsentscheid («nicht publiziert»)
BGG	Bundesgesetz über das Bundesgericht (Bundesgerichtsgesetz, SR 173.110)
BGMK	Bundesgesetz über die Mitwirkung der Kantone an der Aussenpolitik des Bundes (SR 138.1)
BGÖ	Bundesgesetz über das Öffentlichkeitsprinzip der Verwaltung (SR 152.3)
BGST	Bundesgesetz über die Sicherheitsorgane der Transportunternehmen im öffentlichen Verkehr (SR 745.2)
BPG	Bundespersonalgesetz (SR 172.220.1)
BPG BS	Bau- und Planungsgesetz Basel-Stadt (GS 730.100)
BPI	Bundesgesetz über die polizeilichen Informationssysteme des Bundes (SR 361)
BPV BS	Bau- und Planungsverordnung Basel-Stadt (GS 730.110)
BS	Bereinigte Sammlung des Bundesrechts (obsolet)
BR	Bundesrat
Bsp.	Beispiel(e)
bspw.	beispielsweise
BV	Bundesverfassung vom 18. April 1999 (SR 101)
BVE	Bundesgesetz über die verdeckte Ermittlung (SR 312.9, per 31.12.2010 aufgehoben)
BVerfG	Bundesverfassungsgerichtshof der Bundesrepublik Deutschland
BVGer	Bundesverwaltungsgericht
BVR	Bernische Verwaltungsrechtsprechung

BWIS	Bundesgesetz über Massnahmen zur Wahrung der inneren Sicherheit der Schweiz (SR 120)
BZG	Bundesgesetz über den Bevölkerungsschutz und den Zivilschutz (Bevölkerungs- und Zivilschutzgesetz (SR 520.1)
bzw.	beziehungsweise
c.	contre
CaS	Causa Sport (Sport-Zeitschrift)
CCPR	International Covenant on Civil and Political Rights (UNO Pakt II)
CETS	Council of Europe Treaty Series
CoE	Council of Europe/Europarat
CPT	Comité pour la prévention de la torture (Europäisches Übereinkommen zur Verhütung von Folter und unmenschlicher oder erniedrigender Behandlung oder Strafe (SR 0.106)
C-SIS	Zentraler Teil des Schengener Informationssystems
Cst.	Constitution
DAA	Dublin Assoziierungsabkommen (SR 0.142.392.68)
DBA	Doppelbesteuerungsabkommen
ders.	derselbe
dgl.	dergleichen
d.h.	das heisst
dies.	dieselbe, dieselben
digma	Zeitschrift für Datenrecht und Informationssicherheit
Diss.	Dissertation
DNA	Deribonucleinacid
DR	Dienstreglement der Schweizerischen Armee (SR 510.107.0
DSG	Bundesgesetz über den Datenschutz (Datenschutzgesetz, SR 235.1); kantonale Datenschutzgesetze
DSK	Übereinkommen (des Europarats) zum Schutz des Menschen bei der automatischen Verarbeitung personenbezogener Daten (SR 0.235.1)
E	in Bundesgerichtsentscheiden: Erwägung
E	vor Gesetzestexten: Entwurf
EAÜ	Europäisches Auslieferungsübereinkommen (SR 0.353.1)
EBG	Eisenbahngesetz (SR 742.101)
EBK	Eidgenössische Bankenkommission
EDI	Eidgenössisches Departement des Innern

EDÖB	Eidgenössischer Datenschutz- und Öffentlichkeitsbeauftragter
EFD	Eidgenössisches Finanzdepartement
EGMONT	Egmont Group: Informelle Gruppierung der FIU
EGMR	Europäischer Gerichtshof für Menschenrechte
EJPD	Eidgenössisches Justiz- und Polizeidepartemenent
ElCom	Elektritzitätskommission
EleG	Bundesgesetz betreffend die elektrischen Schwach- und Starkstromanlagen (Elektrizitätsgesetz, SR 734.0)
EmbG	Bundesgesetz über die Durchsetzung von internationalen Sanktionen (Embargogesetz, SR 946.231)
EMRK	Europäische Menschenrechtskonvention (Konvention zum Schutze der Menschenrechte und Grundfreiheiten, SR 0.101)
ER	Europarat
ERStrÜK	Strafrechtsübereinkommen über Korruption (des Europarates, SR 0.311.55)
ESTV	Eidgenössische Steuerverwaltung
ETS	European Treaty Series (alte Bezeichnung; heute: CETS)
EU	Europäische Union
EUGH	Europäischer Gerichtshof (i.S. des AEUV)
EÜRSt	Europäisches Übereinkommen über die Rechtshilfe in Strafsachen (SR 0.351.1; Europarat)
EUROPOL	Europäisches Polizeiamt
EUV	Vertrag über die Europäischen Union (ABl C 11/ vom 9. Mai 2008, 13)
ev.	eventuell
EZV	Eidgenössische Zollverwaltung
f., ff.	folgende, fortfolgende
FATF	Financial Action Task Force
fedpol	Bundesamt für Polizei
FIFA	Fédération internationale de Football Association
FIU	Financial Intelligence Unit
FK	Finanzkommission(en)
FN	Fussnote
FoK	Übereinkommen gegen Folter und andere grausame, unmenschliche oder erniedrigende Behandlung oder Strafe (SR 0.105)
FRONTEX-VO	(Verordnung über die) Zusammenarbeit an den Aussengrenzen der EU-Mitgliedstaaten (vgl. Verzeichnis der Rechtsgrundlagen)

frz.	französisch
FWK	Festungswachtkorps (aufgelöst)
FYROM	Former Yugoslav Republic of Macedonia
FZA	Abkommen zwischen der Schweizerischen Eidgenossenschaft einerseits und der Europäischen Gemeinschaft und ihren Mitgliedstaaten andererseits über die Freizügigkeit (Freizügigkeitsabkommen, SR 0.142.112.681)
GC	Grand Chamber des Europäischen Gerichtshofes für Menschenrechte
gem.	gemäss
GG	Grundgesetz der Bundesrepublik Deutschland
GIP	Gesamtschweizerische interkantonale Polizeizusammenarbeit (im Rahmen von IKAPOL)
GKG	Bundesgesetz über die Kontrolle zivil und militärisch verwendbarer Güter sowie besonderer militärischer Güter (Güterkontrollgesetz, SR 946.202)
gl.M.	gleicher Meinung
GPDel	Geschäftsprüfungsdelegation der Eidgenössischen Räte
GPK	Geschäftsprüfungskommission (Nationalrat/Ständerat)
GRECO	Groupe d'état contre la corruption
GSG	Gewaltschutzgesetz (ZH)
GwG	Bundesgesetz über die Bekämpfung der Geldwäscherei und der Terrorismusfinanzierung im Finanzsektor (Geldwäschereigesetz, SR 955.0)
GWK	Grenzwachtkorps
Habil.	Habilitationsschrift
HFR	Humboldtforum Recht
HG	Haftungsgesetz (mit nachfolgender Kantonsbezeichnung)
HGR	Handbuch der Grundrechte (siehe Literaturverzeichnis: MERTEN DETLEF et al.)
Hrsg.	Herausgeber
ICTY	International Criminal Tribunal for the Former Yugoslavia
IDG	Gesetz über die Information und den Datenschutz (Informations- und Datenschutzgesetz, BS)
i.d.R.	in der Regel
IKAPOL	Vereinbarung über die interkantonalen Polizeieinsätze vom 6. April 2006

IKKS	Interkantonaler Koordinationsstab (im Rahmen von IKAPOL)
ILO	International Labour Organisation (Internationale Arbeitsorganisation)
INTERPOL	Internationale kriminalpolizeiliche Organisation
IPAS	Informatisiertes Personennachweis-, Aktennachweis- und Verwaltungssystem im Bundesamt für Polizei
IRSG	Bundesgesetz über die internationale Rechtshilfe in Strafsachen (SR 351.1)
i.S.	in Sachen/im Sinne
ISA	Informationssystem Ausweisschriften
ISIS	Informatisiertes Staatsschutz-Informations-System
i.S.v.	im Sinne von
it.	italienisch
i.V.m.	in Verbindung mit
JI	Justiz und Inneres
Janus-Vo	Verordnung über das Informationssystem der Bundeskriminalpolizei (SR 360.2)
JSD	Justiz- und Sicherheitsdepartement des Kantons Basel-Stadt (vormals: SD)
ISV-NDB	Verordnung über die Informationssysteme des Nachrichtendienstes des Bundes (SR 121.2)
JStG	Bundesgesetz über das Jugendstrafrecht (Jugendstrafgesetz, SR 311.1)
JStPO	Jugendstrafprozessordnung (SR 312.1)
Jusletter	Juristische online Fachzeitschrift
KGer	Kantonsgericht
KKJPD	Konferenz der kantonalen Justiz- und Polizeidirektorinnen und -direktoren
KKPKS	Konferenz der kantonalen Polizeikommandanten der Schweiz
KMG	Bundesgesetz über das Kriegsmaterial (Kriegsmaterialgesetz, SR 514.51)
Komm.	Kommentar
KRK	Übereinkommen über die Rechte des Kindes (Kinderrechtskonvention, SR 0.107)
KSPD	Konferenz städtischer Polizeidirektorinnen und -direktoren
KV	Kantonsverfassung

LeGes	Gesetzgebung + Evaluation (Zeitschrift herausgegeben von der Schweizerischen Bundeskanzlei)
LFG	Bundesgesetz über die Luftfahrt (Luftfahrtgesetz, SR 748.0)
lit.	litera
LKJPD	Lateinische Konferenz der Justiz- und Polizeidirektoren
LREC	Loi sur la responsabilité de l'État et des communes (GE, A 2 40)
LVD	Loi sur la violence domestique (GE, F 1 30)
m.a.W.	mit andern Worten
m.E.	meines Erachtens
MG	Bundesgesetz über die Armee und die Militärverwaltung (Militärgesetz, SR 510.10)
Mil Sich	(Kommando) Militärische Sicherheit
MP	Militärpolizei
MP Bat	Militärpolizei Bataillon
MROS	Money Laundering Reporting Office Switzerland (Meldestelle für Geldwäscherei, fedpol)
m.w.H.	mit weiteren Hinweisen
m.w.N.	mit weiteren Nachweisen
N.	(Rand)Note
NFA	Neugestaltung des Finanzausgleichs und der Aufgabenteilung zwischen Bund und Kantonen
NGO	Non-Governmental Organisation
NJW	Neue juristische Wochenschrift (Deutschland)
NR	Nationalrat
N-SIS	Nationaler Teil des Schengener Informationssystems
NKVF	Nationale Kommission zur Verhütung von Folter
NVwZ	Neue Zeitschrift für Verwaltungsrecht (D)
NZB	Nationales Zentralbüro INTERPOL Bern
NZZ	Neue Zürcher Zeitung
NZZaS	NZZ am Sonntag
OBG	Ordnungsbussengesetz (SR 741.03)
OBV	Ordnungsbussenverordnung (SR 741.031)
OCTA	European Union Organised Crime Threat Assessment
OECD	Organisation for Economic Cooperation and Development
OHG	Bundesgesetz über die Hilfe an Opfer von Straftaten (Opferhilfegesetz, SR 312.5)

OR	Obligationenrecht (SR 220)
OSZE	Organisation für Sicherheit und Zusammenarbeit in Europa
OZD	Oberzolldirektion
PBG	Bundesgesetz über die Personenbeförderung (SR 745.1)
PG	Personalgesetz (kantonal)
PKS	Polizeiliche Kriminalstatistik
PolAG	Polizeiaufgabengesetz des Bundes (Vorentwurf)
PolG	Polizeigesetz (kantonal)
Pol GK	Polizeiliche Generalklausel
PolV	Polizeiverordnung (kantonal)
PublG	Bundesgesetz über die Sammlungen des Bundesrechts und das Bundesblatt (Publikationsgesetz, SR 170.512)
RABIT-Vo	(Verordnung der EU über den) Mechanismus zur Bildung von Soforteinsatzteams für Grenzsicherungszwecke
RB	Rahmenbeschluss (EU-Erlass)
RB-Datenschutz	Rahmenbeschluss 2008/977/JI des Rates vom 27. November 2008 über den Schutz personenbezogener Daten, die im Rahmen der polizeilichen und justiziellen Zusammenarbeit in Strafsachen verarbeitet werden (ABl 350 vom 31. Dezember 2008, 60)
RB-vI	Rahmenbeschluss 2006/960/JI des Rates über die Vereinfachung des Austauschs von Informationen und Erkenntnissen zwischen den Strafverfolgungsbehörden der Mitgliedstaaten der Europäischen Union (ABl L 386 vom 29. Dezember 2006, 89)
resp.	respektive
RIPOL	Recherches informatisées de la police
RN	Randnote
Rnr.	Randnummer
RVOG	Regierungs- und Verwaltungsorganisationsgesetz (SR 172.010)
RVOV	Regierungs- und Verwaltungsorganisationsverordnung
RSV	Recueil systématique de la législation vaudoise
Rz.	Randziffer
S	Ständerat
SAA	Schengener Assoziierungsabkommen (SR 0.360.268.1)
SBVR	Schweizerisches Bundesverwaltungsrecht
SchKG	Bundesgesetz über Schuldbetreibung und Konkurs (SR 281.1)
SDBR	Sicherheitsdetachement des Bundesrates (Teil der Mil Sich)
SDMP	Sicherheitsdienst Militärpolizei

SDÜ	Schengener Durchführungsübereinkommen
SG BS	Systematische Rechtssammlung des Kantons Basel-Stadt
SGK	St. Galler Kommentar
SGS BL	Systematische Rechtssammlung des Kantons Basel-Landschaft
SIaG	Bundesgesetz über den Informationsaustausch zwischen den Strafverfolgungsbehörden des Bundes und denjenigen der anderen Schengen-Staaten (Schengen-Informationsaustausch-Gesetz, SR 362.2)
SiK-N/S	Sicherheitspolitische Kommission des National-/Ständerates
SIPOL	Sicherheitspolitischer Bericht
SIRENE	Supplementary Information Request at the National Entry (SIS-System)
SIS	Schengen Informationssystem
SJZ	Schweizerische Juristenzeitung
Skyguide	Skyguide AG (Schweizerische Aktiengesellschaft für zivile und militärische Flugsicherung)
SNB	Schweizerische Nationalbank
sog.	so genannte
SR	Systematische Sammlung des Bundesrechts
SRH	Schweizerische Rheinhäfen
StBOG	Bundesgesetz über die Organisation der Strafbehörden des Bundes (Strafbehördenorganisationsgesetz, SR 173.71)
StGB	Strafgesetzbuch (SR 311.0)
Stgw	Sturmgewehr
StPO	Schweizerische Strafprozessordnung (SR 312.0); vormals kantonale Strafprozessordnungen
StromVG	Bundesgesetz über die Stromversorgung (Stromversorgungsgesetz, SR 734.7)
SUVA	Schweizerische Unfallversicherungsanstalt
SVG	Strassenverkehrsgesetz (SR 741.01)
SVSP	Schweizerische Vereinigung städtischer Polizeichefs
teilw.	teilweise
u.	und
u.a.	unter anderem
u.Ä.	und Ähnliche
u.a.m.	und andere mehr
UBI	Unabhängige Beschwerdeinstanz für Radio und Fernsehen

U.K.	United Kingdom
UNCAC	United Nations Convention Against Corruption (Übereinkommen gegen Korruption, SR 0.311.56)
UNESCO	United Nations Educational. Scientific and Cultural Organisation
UN GA	United Nations General Assembly (Generalversammlung)
UNO	United Nations Organisation/Organisation der Vereinten Nationen
UNO Pakt II	Internationaler Pakt über bürgerliche und politische Rechte (SR 0.103.2)
UN SC	United Nations Security Council/Sicherheitsrat
UNTOC	United Nations Convention against Transnational Organised Crime (Übereinkommen gegen die grenzüberschreitende organisierte Kriminalität, SR 0.311.54)
URL	Uniform Resource Locator/Einheitlicher Quellenanzeiger
USG	Bundesgesetz über den Umweltschutz (SR 814.01)
u.s.w.	und so weiter
u.U.	unter Umständen
UVEK	Eidgenössisches Departement für Umwelt, Verkehr, Energie und Kommunikation
UWG	Bundesgesetz über den unlauteren Wettbewerb (SR 241)
WG	Bundesgesetz über Waffen, Waffenzubehör und Munition (SR 514.54)
v.	versus
v.a.	vor allem
VBS	Eidgenössisches Departement für Verteidigung, Bevölkerungsschutz und Sport
VDSG	Verordnung zum Datenschutzgesetz (SR 235.11)
VG	Bundesgesetz über die Verantwortlichkeit des Bundes sowie seiner Behördemitglieder und Beamten (Verantwortlichkeitsgesetz, SR 170.32)
VGD	Verordnung über den Truppeneinsatz für den Grenzpolizeidienst (SR 513.72)
VGG	Bundesgesetz über das Bundesverwaltungsgericht (Verwaltungsgerichtsgesetz, SR 173.32)
VmKI	Verordnung über die militärische Katastrophenhilfe im Inland (SR 513.75)
VO	Verordnung
VOD	Verordnung über den Truppeneinsatz für den Ordnungsdienst (SR 513.71)

Vol.	Volume/Band
VO VG	Verordnung zum Verantwortlichkeitsgesetz (SR 170.321)
VPA	Verordnung über die Polizeibefugnisse der Armee (SR 510.32)
VPB	Verwaltungspraxis (Bulletins herausgegeben von der Schweizerischen Bundeskanzlei)
VDSZ	Verordnung über die Datenschutzzertifizierungen (SR 235.13)
VPO	Verwaltungsprozessordnung BL (SGS 271)
VR CH	Verfassungsrecht der Schweiz (siehe Lit.-Verzeichnis: THÜRER et al.)
VRPG BS	Gesetz über die Verfassungs- und Verwaltungsrechtspflege des Kantons Basel-Stadt (SG 270.100)
VSFD	Verordnung über den Flugsicherungsdienst (SR 748.132.1)
VSPA	Verordnung über den Truppeneinsatz zum Schutz von Personen und Sachen im Ausland (SR 513.76)
VSPB	Verband Schweizerischer Polizei-Beamter
VSPS	Verordnung über den Truppeneinsatz zum Schutz von Personen und Sachen (SR 513.73)
VST	Verordnung über die Sicherheitsorgane der Transportunternehmen im öffentlichen Verkehr (SR 745.21)
VStrR	Bundesgesetz über das Verwaltungsstrafrecht (SR 313.0)
VWL	Verordnung über die Wahrung der Lufthoheit (SR 748.111.1)
VwVG	Bundesgesetz über das Verwaltungsverfahren (SR 172.021)
VZV	Verordnung über die Zulassung von Personen und Fahrzeugen zum Strassenverkehr (SR 741.51)
WEF	World Economic Forum
WÜD	Wiener Übereinkommen über diplomatische Beziehungen (SR 0.191.01)
WÜV	Wiener Übereinkommen über das Recht der Verträge (SR 0.111)
ZAG	Bundesgesetz über die Anwendung polizeilichen Zwangs und polizeilicher Massnahmen im Zuständigkeitsbereich des Bundes (Zwangsanwendungsgesetz, SR 364)
ZAV	Verordnung über die Anwendung polizeilichen Zwangs und polizeilicher Massnahmen im Zuständigkeitsbereich des Bundes (Zwangsanwendungsverordnung, SR 364.3)
z.B.	zum Beispiel
ZBJV	Zeitschrift des Bernischen Juristenvereins
ZBl	Schweizerisches Zentralblatt für Staats- und Verwaltungsrecht

ZentG	Bundesgesetz über kriminalpolizeiliche Zentralstellen des Bundes (Zentralstellengesetz, SR 360)
ZeuSG	Bundesgesetz über den ausserprozessualen Zeugenschutz (BBl 2011 99)
ZG	Zollgesetz (SR 631.0)
z.G.	zu Gunsten
ZGB	Schweizerisches Zivilgesetzbuch (SR 210)
Ziff.	Ziffer
ZISG	Bundesgesetz über die Zusammenarbeit mit dem Internationalen Strafgerichtshof (SR 351.6)
zit.	zitiert
ZNDG	Bundesgesetz über die Zuständigkeiten im Bereich des zivilen Nachrichtendienstes (SR 121)
ZP	Zusatzprotokoll (zu völkerrechtlichen Verträgen oder Abkommen)
ZP II EÜRSt	Zweites Zusatzprotokoll zum Europäischen Übereinkommen über die Rechtshilfe in Strafsachen
ZP II UNTOC	Zusatzprotokoll zur Verhütung, Bekämpfung und Bestrafung des Menschenhandels, insbesondere des Frauen- und Kinderhandels zum Übereinkommen der Vereinten Nationen gegen die grenzüberschreitende Kriminalität
ZPO	Schweizerische Zivilprozessordnung (SR 272)
ZSR	Zeitschrift für Schweizerisches Recht
z.T.	zum Teil
ZV	Zusatzvertrag
ZVo	Zollverordnung (SR 631.01)

1. Teil: Übersicht über die Grundlagen

1. Kapitel: Einleitung

§ 1 Der Wandel des Polizeirechts

1 Das Polizeirecht war – und ist nach wie vor – seit rund 25 Jahren einem enormen Wandel unterworfen. Noch bis weit in die achtziger Jahre des letzten Jahrhunderts galt die Polizeiarbeit als «biederes Handwerk». In zahlreichen Kantonen gab es noch kein materielles Polizeigesetz, man stützte sich z.T. auf gänzlich veraltete Erlasse oder auf die auch vom Bundesgericht grosszügig ausgelegte polizeiliche Generalklausel[1] und ordnete das «Ob», teilweise auch das «Wie», polizeilicher Interventionen dem Opportunitätsprinzip zu.

> Erst die (zuvor recht grosszügige) bundesgerichtliche Rechtsprechung und die Judikatur des EGMR über die rechtstaatlichen Anforderungen in einer demokratischen Gesellschaft in Bezug auf Beschränkungen der Grundrechte übten den nötigen Druck auf Kantone ohne diesen Ansprüchen genügende Polizeigesetze aus[2]. Seither haben alle Kantone die notwendigen Gesetzgebungsarbeiten vorgenommen, eine Phase, die mit der vom Bundesgericht – in einem grundlegenden und ausführlichen Leitentscheid zur Polizeigesetzgebung – angeordneten Änderung[3] des Polizeigesetzes des Kantons Zürich[4] ihren vorläufigen Abschluss gefunden haben dürfte.

2 Die Anwendbarkeit der polizeilichen Generalklausel ist demgegenüber heute stark eingeschränkt. Die *Polizeiarbeit* ist *rechtlich vollständig durchdrungen*, in erster Linie durch die Verfassungsprinzipien und den Grundrechtskatalog der BV einschliesslich der EMRK samt Praxis des EGMR, sodann durch völkerrechtliche Konventionen, zweiseitige Staatsverträge und Abkommen (bspw. mit EUROPOL) und in jüngster Zeit durch die Assoziierungsabkommen mit der EU zu Schengen und Dublin sowie durch Konkordate. Eine Vermehrung der Einzelbestimmungen vorwiegend auf der kantonalen und kommunalen Ebene im Bereich der öffentlichen Ordnung (z.B. als Massnahmengesetze oder -normen im Zusammenhang mit Verunreinigung des öffentlichen Raumes durch Abfälle [«*littering*»], Alkoholmissbrauch in der Öffentlichkeit, Lärm [«24-Stundengesellschaft», Mediterranisierung]), grundrechtlich nicht immer überzeugend, auferlegt der lokalen Polizei zusätzliche rechtliche Pflichten, die bis vor wenigen Jahren durch rücksichtsvolleres Benehmen des grössten Teils der Gesellschaft gar nicht zur Diskussion standen.

---

1 Die Begrenzung der Anwendbarkeit der polizeilichen Generalklausel auf «echte und unvorhersehbare Notfälle», mithin auf die Unvorhersehbarkeit als selbständiges Kriterium, wurde erstmals 1995 in BGE 121 I 22 E 4b/aa festgehalten. Näheres zur polizeilichen Generalklausel in Rz. 756 ff.

2 Vgl. z.B. Ratschlag und Entwurf zu einem Gesetz betr. die Kantonspolizei Basel-Stadt, 2 f. («Warum ein Polizeigesetz?»). Im Jahre 1995 hatten zwölf Kantone ein Polizeigesetz, das aus den Jahren zwischen 1897 und 1978 stammte, acht weitere solche aus den Jahren 1980 bis 1990, während drei Kantone entsprechende Gesetzgebungsverfahren eingeleitet hatten (a.a.O.).

3 BGE 136 I 87.

4 Angenommen in der Volksabstimmung vom 28. Februar 2008.

Beigetragen zur geradezu ungeheuren Zunahme von Erlassen haben auch das mit der neuen BV deutlichere Anforderungen stellende Legalitätsprinzip (Art. 5, 35 und 36 BV) und die technischen Entwicklungen (insbesondere im Bereich der elektronischen Datenverarbeitung)[5].

Ein besonderer Stellenwert kommt dem alles Öffentlich-Rechtliche durchdringenden *Verhältnismässigkeitsprinzip* sowohl für die Rechtsetzung wie für die Rechtsanwendung zu, insbesondere da das verfügungsfreie Handeln der Polizei (Realakte), so speziell in der Informationsverarbeitung, an diesem Prinzip gemessen und überprüft werden kann.

Mannigfache Überlagerungen komplizieren diese rechtliche Durchdringung auf Grund der Vorrangregelungen. So ist das unmittelbar anwendbare Völkerrecht nicht nur für den Bund, sondern gleichermassen für die Kantone massgebend (Art. 5 Abs. 4 BV). Die Grundrechtskonformität kantonaler Erlasse (auch von Verordnungen) wird durch die abstrakte Normenkontrolle vom Bundesgericht in freier Kognition geprüft. Interkantonales Recht (Konkordate) geniesst grundsätzlich, wenn auch eingeschränkt (Art. 48 Abs. 3 Satz 1 BV), ebenso Vorrang vor kantonalem Recht (Art. 48 Abs. 5 BV)[6].

Andere *Überlagerungen* ergeben sich *durch Bundeserlasse, die* ohne oder auf Grund teilweise fragwürdiger impliziter Bundeskompetenz *in die Zuständigkeit kantonaler Rechtsetzung* und *-anwendung eingreifen*. Das ist mehrfach auch in datenrechtlichen Belangen geschehen[7]. Polizeirechtlich gilt dies bspw. für das Zwangsanwendungsgesetz (ZAG), das Bundesgesetz über die Sicherheitsorgane der öffentlichen Transportunternehmen (BGST[8]), bestimmte Artikel des Personenbeförderungsgesetzes (PBG), Art. 96 f. des Zollgesetzes (in Bezug auf den Einsatz des GWK) und die Verordnung über den Einsatz privater Sicherheitsdienste durch den Bund (VES). Auch die Regelung betreffend das anwendbare Polizeirecht bei Assistenzdiensteinsätzen von Truppen der Armee und als Spezialformation der Militärischen Sicherheit (Mil Sich) ist verwirrlich und missachtet teilweise das Subsidiaritätsprinzip: Nach Art. 92 Abs. 3bis des Militärgesetzes (MG) gilt für die Truppe im Assistenzdienst im Inland bei Einsätzen für zivile Behörden des Bundes das Zwangsanwendungsgesetz; bei Einsätzen z.G. von Kantonen können nach Art. 6 der Verordnung über die Polizeibefugnisse der Armee (VPA) auf Grund einer Anordnung des VBS (und nicht der kantonalen Behörden, welche die Einsatzverantwortung tragen) die militärischen

---

5 So enthält z.B. allein die N-SIS-Verordnung ein Drittel so viele Wörter wie die gesamte BV.
6 Zum Vorrang von Konkordaten über gegenseitige Anerkennung von Fähigkeitszeugnissen gegenüber dem BGBM: Rz. 240.
7 Nachweise bei RUDIN, SJZ 2009.
8 In Kraft seit 1.10.2011.

Vorschriften gelten und nicht die zivilen, d.h. die kantonalen Polizeigesetze (vgl. Rz. 1250)[9].

6   Dass die bundesstaatliche Kompetenzteilung in der kleinräumigen Schweiz und der sehr mobilen Gesellschaft der (nun europaweit) angestrebten *Rechtsharmonisierung* nicht förderlich ist, zeigt sich nicht nur in den oben beschriebenen Verwerfungen in der Bundesrechtsetzung, sondern jüngst auch auf interkantonaler Ebene: Zusätzlich zur bereits zitierten VES und dem Konkordat der welschen Kantone über private Sicherheitsfirmen liegt nun auch ein Konkordat der KKJPD über private Sicherheitsdienstleistungen zum Beitritt auf. Welche der unterschiedlichen Konkordatsregelungen vor welcher unter Berücksichtigung des Binnenmarktgesetzes Vorrang haben soll, ist unklar, dürfte aber insbesondere dann zu (zusätzlichen) Schwierigkeiten führen, wenn einzelne Kantone keinem Konkordat beitreten und auch keine besonderen Anforderungen an private Sicherheitsunternehmen und ihre Angestellten stellen. Die Konkordatsrechtsetzung zeigt sich durch die höherrangigen Rechtsgrundlagen (Verfassungsprinzipien und -normen, Bundesgesetze) als teilweise überfordert (Näheres dazu in Rz. 1345 ff.).

7   Das *Polizeirecht* ist damit aber insbesondere für die Rechtsanwendung in mancherlei Hinsicht zu einer *überkomplexen Rechtsmaterie* geworden[10]. Das gilt für die Rechtsanwendenden, noch mehr aber für die Bevölkerung. Ausgerechnet in einem äusserst sensiblen Rechtsbereich, in dem es bei der Umsetzung typischerweise oft um die Beeinträchtigung von Individualrechten bzw. Grundrechten geht, besteht statt der von Rechtsstaats- und Demokratieprinzip her geforderten Voraussehbarkeit und Bestimmtheit oft verwirrende Unklarheit in Bezug auf gesetzliche Grundlagen und Schranken sowie hinsichtlich der zu (welchen?) Eingriffen Befugten.

8   Dazu kommt, dass die Polizei, aber auch eingesetzte private Sicherheitsdienste, ihre Aufgaben ganz überwiegend durch *Realakte* erfüllen. Erst seit der am 1. Januar 2007 in Kraft getretenen Justizreform besteht in Art. 29*a* BV ein verfassungsmässiger Anspruch auf richterliche Überprüfung von Rechtsstreitigkeiten, namentlich von Eingriffen in Grundrechte[11]. Noch immer ist aber in der Literatur teilweise umstritten, ob Realakte, die ausschliesslich auf einen Taterfolg ausgerichtet seien, zu Rechtsstreitigkeiten führen können. Dass intervenierende operationelle und informationelle polizeiliche Realakte unter Umständen Grundrechte erheblich tangieren und also intendierte Rechtsfolgen haben, wird dabei teilweise ausgeblendet (vgl. Kapitel 8). Eine harmonisierte Regelung unter Berücksichtigung der vielen verschiedenen

---

9   Im Zusammenhang mit dem Entwurf eines PolAG (vgl. FN 116) soll für die Mil Sich generell das ZAG gelten, also auch wenn diese für Kantone eingesetzt wird (vgl. Rz. 1265 ff.).

10 Ist das Verwaltungsrecht selber schon zu einer äusserst vielseitigen, «multifunktionalen» komplexen und komplizierten Rechtsmaterie geworden (ERRASS, 1362), so gilt dies für das Polizeirecht, das in fast ebenso vielen verwaltungsrechtlichen Gebieten und zudem auch auf der Verfassungsrechtsebene bedeutsam ist, in mindestens dem gleichen Mass.

11 BGE 130 I 369 E 7.1.

Dienste (zivile und militärische Bundesorgane, kantonale und kommunale Polizeidienste, Polizeidienste im staatsrechtlichen «Zwischengeländer» [Transportpolizei], private Sicherheitsunternehmen im Auftrag von Behörden und im Auftrag Privater im [halb-]öffentlichen Raum [Sicherheitsdienste der Transportunternehmen]) zeichnet sich nicht ab, im Gegenteil. Daraus ergibt sich mit Blick auf die unübersichtliche Rechtslage eine schleichende, aber erhebliche *Verschlechterung des Rechtsschutzes*.

Während die schweizerischen Erlasse publiziert und im Internet mit etwas Geschick oder Hilfe auch einsehbar sind, trifft dies als zusätzliches Problem für den *Schengen-Besitzstand* nicht zu. Weder werden die von der Schweiz übernommenen Schengen-Rechtssätze in der Amtlichen bzw. Systematischen Sammlung veröffentlicht noch sind sie konsolidiert. Ein Nachschlagen im Amtsblatt der EU, das Vorwissen voraussetzt, führt in aller Regel lediglich zur letzten Änderung des vorangehenden Erlasses. Die vom EGMR immer wieder geforderte Zugänglichkeit und damit Voraussehbarkeit des Rechts ist damit – nicht nur hierzulande – nicht gegeben[12].

9

Innerhalb von rund 25 Jahren hat sich damit das Polizeirecht von der (mehrheitlich) nicht kodifizierten, aber einfachen kantonalen Rechtsordnung mit klaren Strukturen zu einem kaum entwirrbaren Rechtsdickicht unterschiedlicher Quellen und einer unüberschaubaren Vielzahl von Akteuren gewandelt. Der ehemalige Mangel an gesetzlichen Grundlagen ist durch einen eklatanten Mangel an Homogenität der Rechtsordnung und an Übersichtlichkeit über die schier ungebremste Normenflut ersetzt worden. Das Postulat der *Anwendung der Rechtsordnung als Ganzes*[13] wird – mindestens in diesem Rechtsbereich – zur Quadratur des Zirkels.

10

Zudem ist teilweise das *staatliche Gewaltmonopol*, unverzichtbares Element der Rechtsstaatlichkeit, trotz gegenteiliger Beteuerungen *stark durchbrochen* worden (vgl. z.B. Art. 2 Abs. 1 lit. e ZAG, Art. 22 Abs. 2 BWIS. Näheres dazu in Rz. 73 ff., 1329 ff.).

§ 2 Freiheit und Sicherheit

Das *Verhältnis* von Freiheit und Sicherheit in allgemeiner Form ist schon von der Unbestimmtheit der beiden Begriffe *Freiheit* und *Sicherheit* her schwierig zu fassen. Während die Spannung zwischen Freiheit und Sicherheit im Einzelfall, etwa bei einer Personenkontrolle oder gar Polizeigewahrsam, offenkundig zu Tage tritt, sind die Konturen zwischen dem Begriffspaar in andern Zusammenhängen weniger deutlich. So werden beschränkende Vorschriften z.G. der Nachhaltigkeit bzw. des Umweltschutzes (Art. 73 f. BV) v.a. von Wirtschaftskreisen oft als unzulässige Eingriffe in die Wirtschaftsfreiheit[14] und z.B. Rauchverbote von den Einen als Freiheitsbeschränkung, von den Andern als gewonnene Freiheit empfunden.

11

---

12 Vgl. Rz. 638.
13 RHINOW, in: Peters/Schefer, 96.
14 REICH, Wirtschaftsfreiheit, N. 901, 931.

12 Unbegrenzte Freiheit ist ebenso unmöglich wie absolute Sicherheit. Die Freiheit des Einen hört – rein logisch und ganz ohne Rechtsregeln – an der Grenze der Freiheit des Andern auf (vgl. auch Rz. 20)[15]. *Freiheit* selber ist demnach ein *Verhältnisbegriff,* er bezieht sich in erster Linie, aber bei Weitem nicht nur, auf ein Freisein von staatlichen einschränkenden Bestimmungen oder – im Einzelnen – von beschränkenden Massnahmen (Verfügungen, Urteile oder Realakte).

Die Relativität gilt ebenso für den Begriff *Sicherheit;* er ist nur als *Verhältnis zu einer Bedrohung* für eine erstrebte Sicherheit gleich welcher Art zu verstehen. Für sich allein macht er keinen Sinn.

> Dies geht bereits aus dem etymologischen Ursprung des Wortes Sicherheit hervor: Es ist abgeleitet vom Lateinischen *sine cura* (*ohne Sorge*, gegenüber einer Bedrohung), wurde später zusammengezogen zum gleichbedeutenden *se-curus,* von da ins Mittelhochdeutsche *sichurus* übertragen und gleichzeitig (anders als das negative «ohne») positiv besetzt: sicher oder gewiss, frei von Ungewissheit, sorgenfrei. Sicherheit und Gewissheit sind jedoch nicht dasselbe.

13 Die Freiheit der Einen steht aber nicht nur in einem Verhältnis zur Freiheit der Andern, und die Sicherheit ebenso wenig nur in einem Verhältnis zu einer Gefahr. Freiheit und Sicherheit stehen auch unmittelbar zueinander in einem Verhältnis. Dieses ist nicht aporischer Natur, Freiheit und Sicherheit schliessen einander nicht aus, sondern ergänzen einander; sie sind zueinander komplementär[16]. Im *abendländischen Kulturkreis* zumindest steht *die Sicherheit im Dienst der Freiheit.* Der Normengehalt dieses Kulturkreises zielt darauf, dass staatliches Handeln, sei es in Form von Erlassen oder entsprechender Massnahmen, der *Sicherung der Freiheit* dient[17], *Freiheit im Sinne der Menschenrechte, aber auch im Sinne einer freiheitlichen Rechtsordnung, die den Einzelnen einen möglichst grossen freien Raum lässt,* um diesen mit Sinn (für das eigene Leben) zu füllen[18] bzw. zur Gewährung eines weitgehend selbstbestimmten Masses der Unabhängigkeit.

14 Damit ist die *Vielschichtigkeit von Freiheit* angetönt. Freiheit selber wird auch im liberalen Rechtsstaat zum spannungsgeladenen Konfliktfeld, sowohl in inhaltlicher (welche Freiheiten?) als auch in formeller Hinsicht (Demokratieprinzip v. Grundrechte)[19]. Durch exzessives Ausnützen vorhandener rechtlicher Freiräume und auch

---

15 KANT definiert das Recht folgendermassen: «Das Recht ist also der Inbegriff der Bedingungen, unter denen die Willkür des einen mit der Willkür des anderen nach einem allgemeinen Gesetz der Freiheit zusammen vereinigt werden kann.», zit. in: SEELMANN, Rechtsphilosophie, § 2, 64.
16 DI FABIO, 422. Vgl. VON HUMBOLDT, IV: «Ohne Sicherheit vermag der Mensch weder seine Kräfte auszubilden noch die Früchte derselben zu geniessen; denn ohne Sicherheit ist keine Freiheit.»
17 KOHLER, Rz. 10 ff.; PIEPER, 18 (in einer Synthese der unterschiedlichen Primate von Kant (Primat des Prinzips der Moralität) und Rawls (Primat des Prinzips der Legalität). SEELMANN, Rechtsphilosophie, § 2, 64 f. (unter Hinweis auf Kant). Vgl auch ENGI, 572.
18 HERSCH, Unfähigkeit, 18; DIES., Hoffnung, 12; MAHLMANN mit Verweis auf Aristoteles, § 1, N. 60.
19 KOHLER, Rz. 26 ff.

durch die Missachtung bis vor Kurzem selbstverständlicher (ungeschriebener) Ordnungsgebote (Respekt gegenüber den Nächsten und ihrem Besitz, auch Anstand) werden häufiger gesetzliche Bestimmungen erlassen oder doch diskutiert, die unmittelbar moralische Forderungen in eine gesetzliche Form kleiden. Dadurch werden zwei auseinander zu haltende Grössen (Moral und Recht) miteinander verschmolzen[20], was das liberale Rechtsstaatsprinzip strapaziert[21] (vgl. Rz. 684 ff.).

A. Sicherheit

Somit wird deutlich, dass *Sicherheit subjektiv geprägt* ist: Sie beruht auf dem tatsächlichen oder vermeintlichen Erkennen von Eindrücken über Sachverhalte. Diese Eindrücke müssen mit der Wirklichkeit keineswegs übereinstimmen[22], sie können auch von den Eindrücken anderer deutlich abweichen. 15
Beredtes Zeugnis davon legen die oft sehr verschiedenen Aussagen von Augenzeugen über ein und dasselbe Geschehen, beispielsweise eines Verkehrsunfalles, ab.

Etwas verkürzt ist festzustellen, dass *Sicherheit weder objektiv noch subjektiv ein Faktum*, ein Zustand ist, worüber es Gewissheit gibt[23]. 16

Sicherheit kann demnach umschrieben werden als einerseits *individuell determiniertes und angestrebtes Verhältnis* (Überzeugung) zwischen dem eigenen Sein und seiner erkannten oder empfundenen Bedrohung, andererseits als *Summe vieler Überzeugungen* über das Verhältnis zwischen dem überindividuellen Sein und den erkannten oder empfundenen und *kollektiv beurteilten* möglichen Bedrohungen[24]. Es handelt sich um die *Einschätzung des Risikos*, d.h. des *Ausmasses möglicher Folgen* – unter Berücksichtigung gegebenenfalls *vorbereiteter Gegenmassnahmen* –, *falls* die Gefahr in ein Schadenereignis umschlägt (verbleibendes Schadenpotential), und ob überhaupt resp. allenfalls wie oft ein Schadenfall (welchen Ausmasses) eintritt (Eintretenswahrscheinlichkeit). 17

Gefährdung oder *Risiko* werden durch das *Korrelationsprodukt* aus der *Eintretenswahrscheinlichkeit* und dem *Schadenpotential* einer bestimmten *Gefahr* (qualitatives Element)[25] sowie der angestrebten Wirkung vorbereiteter *Verhinderungs- oder Schadenminderungsmassnahmen* umschrieben. Die *Auslösung* der als nötig erachteten *Vorkehrungen oder Massnahmen* ergibt sich nach diesem *Korrelationsprodukt* und der dafür *zuständigen staatspolitischen Ebene*[26].

---

20 ENGI, 569 ff.
21 KOHLER, Rz. 45 f.
22 SCHWEIZER/SUTTER/WIDMER, Rz. 3 ff.
23 RUCH, Sicherheit, SBVR, Rz. 22.
24 SCHMID, Risiko, 119 f.
25 MOHLER, SBVR III/1, Rz. 50 ff. m.w.H. Vgl. RUCH, Sicherheit, SBVR, Rz. 22.
26 Vgl. Rz. 817. MOHLER, SBVR III/1, Rz. 59 ff.

Beschränkungen oder Rechtsgrundlagen für Massnahmen, die in einem Gesetz selbst zu normieren sind, gebieten ein entsprechend frühzeitiges Gesetzgebungsverfahren[27]. Dabei ist eine Mehrzahl unterschiedlich beurteilender Kollektive in einer offenen Gesellschaft die Regel, nicht die Ausnahme.

> Voneinander abweichende Beurteilungen je grosser Kollektive sind bspw. festzustellen über die Ursachen für die Klimaerwärmung und deren möglichen Folgen, über die Gefahr von Terroranschlägen in der Schweiz, über Bedrohungen in der Schweiz durch das organisierte Verbrechen sowie den dafür nötigen Abwehrmassnahmen oder die Risiken von Kernkraftwerken. Die Divergenzen liegen in der Frage: Wie sicher ist sicher genug?[28]

18   Im demokratischen Rechtsstaat wird angestrebt, zunächst durch Deliberation über die unterschiedlichen Beurteilungen von Bedrohungen und der für ihre Vermeidung oder Bekämpfung als notwendig erachteten Massnahmen und schliesslich allenfalls durch Volksabstimmungen die jeweilige Mehrheit gleichgerichteter Überzeugungen (oder doch Annahmen) zu ermitteln. Die Ergebnisse liefern jedoch keine Belege dafür, dass die Mehrheit die Bedrohungen richtig erkannt hat und dass die Beurteilung des Verhältnisses zwischen Bedrohung und Abwehrmassnahmen richtig sein muss.

B.   Freiheit

19   In der abendländischen Welt zumindest gelten *Leben und Freiheit als die höchsten Werte des menschlichen Seins*[29]. Diesen beiden Werten wird in neuerer Zeit wieder[30] – und so auch in Art. 7 BV – als *Substanz* des menschlichen Seins und damit als ein Fundament der *Normbegründung* die *Menschenwürde* beigeordnet[31]. Die Grauen der nationalsozialistisch-faschistischen und der stalinistischen Epochen haben daran nichts geändert, sondern diese Werthaltung in deren Folge verstärkt.

---

27   RUCH, Sicherheit, SBVR, Rz. 88 f. Im Hinblick auf die Fussball-Europameisterschaft im Jahre 2008, deren Vergabe an die Schweiz im Dezember 2002 erfolgte (BBl 2006 1609), vermochten die Kantone die notwendig erachteten Normierungen betr. Meldepflichten, Rayonverbote, Polizeigewahrsam und eine spezifische Datenbank nicht rechtzeitig zu erlassen, weshalb das Bundesparlament – im Bewusstsein der dafür fehlenden Verfassungsgrundlage hinsichtlich der Verbandskompetenz – das BG über die Wahrung der inneren Sicherheit befristet ergänzte (AS 2006 3703). Die Art. 24*b, d, e* und *h* BWIS wurden auf den 1. Januar 2010 wieder aufgehoben. Durch das Konkordat über Massnahmen gegen Gewalt anlässlich von Sportveranstaltungen vom 15. November 2007, in Kraft seit dem 1. Januar 2010 (vgl. z.B. SG BS 123.400), sind sie ersetzt worden (dem Konkordat sind alle Kantone beigetreten, Auskunft KKJPD vom 27. Oktober 2010).

28   RITTER, 107 f.; RUCH, Sicherheit, SBVR, Rz. 24 ff.; SEILER, Risiko, 117 f.

29   Vgl. in Bezug auf die Freiheit ARISTOTELES, Nikomachische Ethik, 5. Buch, 1133b 15.

30   Vgl. HERSCH, Hoffnung, 13, 37 ff.

31   Vgl. SEELMANN, Rechtsphilosophie, § 12, Rz. 1 ff. Vgl. zum Ganzen: MASTRONARDI, Menschenwürde, VR CH, *passim*.

Die Allgemeine Erklärung der Menschenrechte[32] hält in Art. 1 fest: «Alle Menschen sind frei und gleich an Würde und Rechten geboren.» Bezieht man dieses Axiom auf das Verhältnis der Menschen untereinander (im Gegensatz zum Verhältnis zwischen dem Staat und den Einzelnen), so ergibt sich daraus die bereits beschriebene Beschränkung der Freiheit durch deren gleichmässige Verteilung unter allen Menschen. «Sie (die Menschen) sind mit Vernunft und Gewissen begabt...» lautet der Beginn des zweiten Satzes von Art. 1. Vernunft und Gewissen bilden zusammen die *Verantwortung*, ohne die jede Freiheit zur puren persönlichen Willkür verkommt. Persönliche Verantwortung ist die Vorbedingung jeder persönlichen Freiheit.

20

Dass dem in der Wirklichkeit nicht immer nachgelebt wird, bedarf keiner Beweisführung. JEANNE HERSCH prägte bereits 1974 den Satz, es gehe um die *Unfähigkeit, Freiheit zu ertragen*[33]. Um die Freiheit Einzelner vor Beschränkungen durch andere bestmöglich zu schützen, bedarf es der Regeln, des gesetzten Rechts. Bereits die Existenz der Regeln, des Gesetzes und dessen Verwirklichungsmöglichkeit ist handlungssteuernd und also eine nicht (notwendigerweise) selbstbestimmte Beschränkung der Freiheit. Werden diese Regeln nicht durch den vernünftigen Rechtsgehorsam befolgt, sind sie um der Gleichheit in der Freiheit bzw. um der Gerechtigkeit willen durchzusetzen. Insofern ermöglicht selbst der Zwang Freiheit[34]. Allerdings müssen die Gesetze selbst den Postulaten der Freiheit und der Ethik unterworfen sein, um Legitimität beanspruchen zu können: *Freiheit darf nur eingeschränkt werden, um Freiheit zu ermöglichen*[35].

21

Just in dieser Aufgabe der *Einschränkung der Freiheit (nur) um der Freiheit* auch *späterer Generationen willen*, liegen die Schwierigkeiten. Der Rechtsstaat strebt an, diese Schwierigkeiten durch fundamentale *Rechts-* resp. (wie in der Schweiz) durch *Verfassungsprinzipien* zu mildern (Art. 5 BV). Von diesen ist das *Verhältnismässigkeitsprinzip*, das bis auf ARISTOTELES[36] zurückgeführt werden kann, von enormer praktischer Bedeutung, sowohl für die Rechtsetzung wie die Rechtsanwendung, mithin für die gesamte *Rechtsverwirklichung* (vgl. Rz. 30). In der Neuzeit wurde die Unverzichtbarkeit rechtlicher Beschränkungen staatlicher Eingriffe in die Rechte der Bürger im deutschen Verwaltungsrecht (FRITZ FLEINER[37] und OTTO MEIER[38]) eingeführt und konkretisiert.

22

Mit Blick auf die in manchen Situationen kaum überschaubare Vielfalt unterschiedlicher gesetzlicher Normen (Rz. 4 ff.) bilden das *Legalitätsprinzip*, die *Grundrechte*, das *öffentliche Interesse*, das *Verhältnismässigkeits-* einschliesslich das *Störer-*

23

---

32 Vom 10. Dezember 1948.
33 HERSCH, Unfähigkeit, 18 ff.
34 RUCH, Sicherheit, SBVR, Rz. 33.
35 PIEPER, 15.
36 Nikomachische Ethik, 3. Buch, 1110a 1.
37 Institutionen, 323.
38 Deutsches Verwaltungsrecht, 1. Aufl., 267.

prinzip (Rz. 711 ff.) zusammen mit *Treu und Glauben* im Verhältnis zwischen Staat und Bürger die immer sichtbaren Leitlinien für alles Polizeiliche, d.h. für jegliche rechtliche und rechtlich mögliche Beschränkungen von verfassungsmässigen Grundrechten und Freiheiten. Aber die Grundrechte und diese Prinzipien stellen hohe Anforderungen an die Kenntnis von deren genauer Bedeutung, an das Abstraktionsvermögen und an die Fähigkeit der Übertragung auf eine angetroffene Lage, wenn es im Alltag der exekutiven Polizeidienste darum geht, innert Augenblicken richtige Entscheidungen zu treffen. Es würde selbst geübten Rechtskundigen schwer fallen, innert kürzester Momente, möglicherweise zusätzlich mit der Sorge um die eigene Sicherheit belastet, konkurrierende Grundrechte gegeneinander abzuwägen sowie die «Prüfprogramme» der Prinzipien abzuwickeln – und dann erst noch *rechtzeitig* zu entscheiden. Eine Hilfe, nicht als Ersatz der Prinzipien gedacht, aber als *substanzielles Fundament jederzeit verantwortbarer Entscheidungen* ebenso wie als Wegweiser, um die Spur der Prinzipien nicht zu verlieren, bietet die *Ethik*. Grundrechte ebenso wie die vier genanten Prinzipien gründen selber auch auf der Ethik[39].

§ 3 Ethik in der Polizei[40]

24 Im gesellschaftlichen Kontext gleicht die Intensität der öffentlichen Ethikdiskussion einer Wellenbewegung, beeinflusst durch erkannte Verhaltensmuster oder Einzelereignisse. Seit einiger Zeit führt v.a. das Gebaren wirtschaftlicher Kreise ebenso wie z.B. die Probleme in den Beziehungen zu Minoritäten zu Diskursen auch ethischer Prägung. In der extrem pluralistischen Demokratie hält es zudem – anders als noch vor wenigen Jahrzehnten – auch schwer, die *herrschende allgemeine Auffassung* in Bezug auf die «Normen, deren Befolgung ... zu den unerlässlichen Voraussetzungen eines gedeihlichen Zusammenlebens»[41] gehören, festzustellen. Komplexeste Problemstellungen (z.B. Migration, Drogen, Terrorismusbekämpfung, organisierte Kriminalität, Wirtschaftsordnung) benötigen aber Prioritätenordnungen für Kriterien, die unter den derzeitigen gesellschaftlichen Bedingungen zu tragfähigen, auch in der geschichtlichen Dimension verantwortbaren Entscheiden zu verhelfen vermögen. Das gelingt oft nicht mehr in befriedigender Weise:

> Auch weit einfachere Verhaltensmuster zeigen die Divergenzen über die allgemeine Auffassung, was zu einem gedeihlichen Zusammenleben beiträgt (vgl. Rz. 2 und 14). Je länger desto mehr wird die Verantwortung, den verantwortungslosen Umgang mit der Freiheit einzuschränken, von der engsten Lebensgemeinschaft der Familie durch Erziehung den für die öffentliche Sicherheit Verantwortlichen überbunden[42].

---

39 MOHLER, Ethik, 204 m.w.N.
40 Mit dieser Formulierung (im Unterschied zum hin und wieder anzutreffenden Ausdruck «Polizeiethik») wird hier deutlich gemacht, dass es keine besondere Ethik für polizeiliche Belange gibt, sondern dass das Polizeiliche den allgemeinen ethischen Anforderungen zu entsprechen hat.
41 JOST, 63.
42 Im Zusammenhang mit eigentlichen Gewaltorgien anlässlich von Fussballspielen und erheblichen Gewaltdelikten in Reisezügen nach solchen fällt ein gegenseitiges Zuschieben von Verant-

Damit ist der Rahmen angedeutet, in dem die polizeiliche Rechtsetzung Problemlösungen, die u.a. auch den *ethisch begründeten Menschenrechten* mit ihrer Abwehr- und Schutzfunktion entsprechen müssen, zu ermöglichen und die Polizeidienste ihre tägliche Aufgabe zu erfüllen haben.

Der demokratische Rechtsstaat versucht, diesen Problemen vor allem mit Rechtssätzen, einem dichten Normengeflecht, beizukommen. Indes: Obgleich die *Wirkung der Rechtsordnung*, d.h. ihres Geltungsanspruchs von ihrer inhaltlichen Übereinstimmung mit Rechts- und Gerechtigkeitsvorstellungen der ermittelten Mehrheit abhängt[43], gelingt das Erzielen einer *Allgemein*verbindlichkeit in der pluralistischen Divergenz oft nur formal und kasuistisch: Die Homogenität der Rechtsordnung ist eines der prominentesten Opfer von Individualismus und Pluralismus[44]. 25

Mit zusätzlichen Regeln zu versuchen, eine Mangellage (an Übereinstimmung) zu kompensieren, führt zu einem zunehmenden Empfinden von Freiheitsverlust[45] und einer Abnahme der Autorität der Gesetze. Auch durchaus noch verallgemeinerbare Wertauffassungen werden durch eine Vielzahl von Morallegitimationstypen überlagert und konkurrenziert[46]. Damit sinkt im Einzelfall die (subjektiv relativierte) Verbindlichkeit, mithin die Durchsetzungsfähigkeit; eine Mangellage wird wiederum durch eine andere ersetzt. Dies hat Auswirkungen auf die Polizei, die u.a. gerade diese Durchsetzung zur Aufgabe hat. Die Ausübung dieser Aufgabe verlangt neben der Rechtskenntnis und dem fachlichen Können ein grosses Mass an *ethisch geprägter Sozialkompetenz*. 26

In Deutschland v.a. wurden immer wieder Stimmen laut, die der Polizei keinen ethischen «Spielraum» zugestehen wollten, da sonst die Gefahr bestehe, dass sie sich damit von der reinen Gesetzesvollzugsaufgabe lösen könnte. Mit dem Verlust an Homogenität der Rechtsordnung sind aber auch rechtliche Zielkonflikte, gar gesetzliche Widersprüchlichkeiten, unvermeidlich. Mit einer einzigen Intervention sind oft wertemässig unterschiedliche Rechtsgüter zu schützen. Das gilt namentlich auch für mögliche *Kollisionen von Grundrechten* verschiedener Individuen: Grundrechte der einen sind durch die grundrechtliche *Schutzpflicht*, Grundrechte der anderen durch die grundrechtliche *Abwehrfunktion* bestmöglich zu bewahren (z.B. 27

---

wortung zwischen der Fussballorganisationen als Veranstalter (als Zweckveranlasser bezeichnet, vgl. Rz. 718 f.) und den für die Polizei politisch Verantwortlichen auf. Im Vordergrund stehen die Kosten, nicht die rechtlichen Gegebenheiten.

43 Vgl. SEELMANN, Rechtsphilosophie, § 2, Rz. 52 (mit Bezug auf Kelsen, wonach für die Durchsetzbarkeit einer Norm in der Rechtsgemeinschaft die Neigung vorhanden sei müsse, diese Norm im Durchschnitt aller Fälle zu befolgen). Damit ist das Akzeptanzkriterium, ob «gerecht» oder «gut» allerdings noch nicht genau definiert (vgl. SEELMANN, Rechtsphilosophie, § 10, Rz. 28 ff. mit Bezug auf Rawls Fairnesstheorie).

44 MOHLER, Ethik, 205.

45 SEELMANN, Rechtsphilosophie, § 1, Rz. 29.

46 KUNZ/MONA, 4 24; ZIMMERLI, 18.

bei Demonstrationen: Demonstrationsfreiheit der Einen versus persönliche Freiheit und Eigentumsgarantie anderer).

Bei Suizidalen in einer psychischen Ausnahmesituation kann es gar zu einer *Intra-Grundrecht auf Leben-Kollision* kommen (Rz. 312).

In qualitativer Hinsicht ist es geboten, *hic et nunc* Prioritäten zu setzen, wofür der *ethische Denkprozess* die schwierige Prinzipien- und Norminterpretation zumindest wesentlich fördern kann.

Je komplizierter das positivierte Recht auf Grund seiner schier uferlosen rechtstheoretischen Ausgestaltung wird, desto stärker ist bei der Rechtsumsetzung – zumindest wenn Entscheide augenblicklich gefällt werden müssen – die Berücksichtigung ethischer Aspekte im Rahmen unserer Rechtskultur unverzichtbar[47]. Normkonkurrenzen oder Normkollisionen, konfligierende Grundrechtsansprüche, verbunden mit dem Prüfprogramm des Verhältnismässigkeitsprinzips, können nicht in kurzen Momenten (oft Sekunden) rein rechtssystematisch nach der Methode der praktischen Konkordanz[48] einer befriedigenden Lösung zugeführt werden.

28 Die Polizei ist ein Herrschaftsinstrument des Staates. *Sie ist der einzige Teil der öffentlichen Verwaltung, dessen Angehörige befugt und verpflichtet sind, auch ohne Vorliegen eines rechtskräftigen Urteils oder einer rechtskräftigen Verfügung Freiheitsrechte von Personen zu beschränken, sofern dies zum Schutz entsprechend wichtiger Rechtsgüter notwendig und verhältnismässig ist.* Diese rechtlich zwar nachhaltig beschränkte Macht[49] *der Institution Polizei* bedarf zudem zwingend einer zusätzlichen *individuellen Beschränkung* der Befugnisse der *einzelnen Polizeiangehörigen* übertragenen Befugnisse. Zwar lassen sich die Grenzen der individuellen polizeilichen Befugnisse mit Rechtssätzen und Dienstvorschriften festlegen, doch bleiben Felder, die sich einer schriftlichen Regulierung mehr oder weniger entziehen. Zu nennen sind etwa der Schutz der *Menschenwürde*[50] in heiklen Situationen; im Bereich von Treu und Glauben die *Unvoreingenommenheit*, d.h. die *unparteiische Sorgfalt* im Erkennen und Zuordnen von Lagen oder Verhaltensweisen, und die *Integrität*, auch im Kleinen Versuche abzuweisen, sachfremde Einflüsse geltend zu machen. Im Bereich des Verhältnismässigkeitsprinzips geht es bspw. auch darum, jederzeit in vertretbarer Weise, also nicht aus sachfremden Gründen, *Toleranz* zu üben.

Hinzuweisen ist darauf, dass die BV auch die *Würde der Kreatur* (Art. 120 Abs. 2) anspricht und damit *schützt*.

---

47 Dies widerspricht zumindest dem Kant'schen kategorischen Imperativ nicht. Vgl. zum Verhältnis von Rechtsphilosophie zur Rechtstheorie: KUNZ/MONA, 3 30 f.
48 MARTIN, 224, m.w.N.
49 Bsp. für Formulierungen der ausdrücklichen Machtbegrenzung im kantonalen Recht: Art. 66 Abs. 1 KV BE, § 69 Abs. 1 KV BS, Art. 3 Abs. 2 KV ZH. Andere KV haben Formulierungen ähnlich Art. 5 BV für die gleiche Aussage gewählt. BUSER, Rz. 58.
50 Zur Schwierigkeit, Menschenwürde als multidimensionalen rechtsphilosophischen und grundrechtlichen Begriff positiv zu definieren: SEELMANN, Rechtsphilosophie, § 12, Rz. 1 ff., 33; MASTRONARDI, SGK zu Art. 7, Rz. 31 ff., 37.

Verschiedentlich werden neben Dienstvorschriften *Verhaltensgrundsätze als Verhaltenskodex* (Werte- und Bekenntnissystem, Leitbild, *mission statement, code of conduct, déontologie*[51]) formuliert, um Verbindliches für das *individuelle* Verhalten innerhalb rechtlicher Schranken festzulegen. Das ist zwar zu begrüssen, vermag aber weder ganz zu befriedigen, noch ist es widerspruchsfrei. *Ethische Forderungen* lassen sich nicht (oder kaum und nur unzulänglich) in Normen fassen. Die Anforderungen der Ethik im Polizeiberuf beziehen sich nicht bloss auf einzelne Aspekte. Ihre Trag*weite* wird erst hinreichend verstanden, wenn alles Polizeiliche – in konfliktuellen Situationen nach allen Seiten – auf Menschenwürde, verantwortliche Freiheit und (menschliche) Gerechtigkeit ausgerichtet wird[52]. Und die Trag*fähigkeit* ethischen Verhaltens wird dann erreicht, wenn es als Grundlage für das gesamtheitliche Begreifen der polizeilichen Aufgaben (sowohl der Institution wie aller ihrer Angehörigen) dient, auch als machtvoller Schutz von in ihrer Freiheit und von Ungerechtigkeit bedrohter Menschen[53].

29

Die bereits bei ARISTOTELES[54] zu findende Grundforderung, das Gute, das Positive zu wollen, gilt auch für das Polizeiliche, für polizeiliches Denken und Handeln: Jede Massnahme, insbesondere jede Beschränkung von Freiheit, muss einen positiven Grund haben (Schutz von Freiheit, Leben, Eigentum usw.) und darf nicht über dieses Ziel hinausgehen, ohne ihren positiven Charakter zu verlieren[55] (Verhältnismässigkeitsprinzip).

30

Die *Autorität der Polizei* hängt von ihrer *Glaubwürdigkeit*, dem unbedingten Willen zur materiellen Wahrheit, sowie von den *menschlichen und fachlichen Fähigkeiten* ihrer Angehörigen ab, Eigenschaften, die ohne *Selektion, Ausbildung und Führung, die ethischen Anforderungen genügen,* nicht zu erreichen sind.

31

---

51 Auf deontologische Theorien wird hier nicht eingetreten. Hingewiesen sei jedoch auf das – gerade im Polizeilichen nicht zu übersehende – deontologische Paradoxon (Tyrannenmord-Frage, aktualisiert durch den Terroristen-Freiheitskämpfer-Disput, vgl. Art. 260^{quinquies} Abs. 3 StGB und, im Gegensatz dazu, Art. 14 des Internationalen Übereinkommens zur Bekämpfung der Finanzierung des Terrorismus sowie Präambel und Art. 20 Abs. 1 des Übereinkommens des Europarates zur Bekämpfung des Terrorismus [von der Schweiz nicht unterzeichnet]). In der Praxis wird im Französischen der Ausdruck «*déontologie*» selber für einen (nicht zum absoluten Moralismus neigenden) ethischen Verhaltenskodex verwendet.
52 BGE 109 Ia 146 E 4b mit dem Hinweis auf die Resolution 690/1979 der Parlamentarischen Versammlung des Europarates. Vgl. auch die Resolution der UNO Generalversammlung, UN GA 45/121 (1990), die auch vom EGMR als massgebende Regel angesehen wird (EGMR, Alikaj et autres c. Italie, §§ 51, 64).
53 MOHLER, Ethik, 206 ff.
54 Nikomachische Ethik, 1131b 17.
55 Die gleiche Forderung quasi umgekehrt findet sich im hippokratischen Eid für alles medizinische Personal: vor allem nicht schaden (wollen). Vgl. Rz. 323.

2. Kapitel: Grundbegriffe, Rechtsquellen und Rechtssystematik des Sicherheitsrechts

§ 4 Grundbegriffe

A. Zum Sicherheitsbegriff

32 Ist es bereits schwierig, Sicherheit sozialanthropologisch genügend genau zu umschreiben (Rz. 15 ff.), so verstärkt sich diese Schwierigkeit noch, wenn es darum geht, einen für die *Rechtsordnung* verbindlichen *Begriff von Sicherheit* zu formulieren. Für die Gestaltung der Rechtsordnung in Bezug auf Sicherheit sind die Fragen nach dem *Inhalt* des Begriffes und nach dem *Mass* an Sicherheit Eckwerte. Es wurde bereits vermerkt, dass es absolute Sicherheit nicht gibt, nicht geben kann. Demnach verbleibt Sicherheit immer in der Relationalität zur individuell oder kollektiv eingeschätzten Bedrohung durch eine bestimmte Gefahr *und* zu den (einschränkenden) Massnahmen zu deren Beseitigung oder Verminderung sowohl in Bezug auf ein mögliches Schadenausmass als auch auf die Eintretenswahrscheinlichkeit (Rz. 17). Dieser Prozess der Einschätzung, auch als Grundlage der Rechtsetzung, kann nur bezogen auf die einzelne Gefahr vorgenommen werden[56].

33 Demgegenüber kann in genereller Weise entschieden werden, welche Gefahren oder welche Rechtsgüter von einem rechtlichen Sicherheitsbegriff umfasst werden sollen. Auch darüber gehen die Meinungen, schon vom dogmatischen Ansatz her, auseinander.

34 Einen *umfassenden* Sicherheitsbegriff[57] vertritt ALEXANDER RUCH, der den Schutz von allen macht- und kriminalpolitischen ebenso wie technologischen und natürlichen Gefahren einschliesst und – wohl im Sinne des Einbezugs – darauf hinweist, dass auch die kulturellen, ethnischen, sozialen und wirtschaftlichen Bereiche störanfällig seien.
Ebenso von einem grundsätzlich (oder jedenfalls nahezu) *umfassenden* Sicherheitsbegriff der BV geht RENÉ RHINOW aus[58], wozu neben den klassischen Polizeigütern auch die staatlichen Institutionen und die Sicherheit des Staates selbst gehörten. Vom Geltungsbereich von Art. 57 BV in Bezug auf Sicherheit schliesst er indessen Gefahren der Technik und der Natur ebenso aus wie die soziale Sicherheit.
Der gleichen Abgrenzung folgt BIAGGINI: Wiewohl die BV als Ganzes von einem umfassenden Sicherheitsbegriff ausgehe und den Begriff «Sicherheit» in verschiedenen Zusammenhängen gebrauche, gelte dieser umfassende Sinn aber nicht für den zweiten Abschnitt (Art. 57–61 BV). Hier sei «Sicherheit» im engeren Zusammenhang (nachführungsgerecht), d.h. «im herkömmlichen Sinn», «in der Sprache der BV 1874» zu verstehen: «Handhabung von Ruhe und Ordnung im Innern», «Behauptung ... gegen aussen»[59].

---

56 RUCH, Sicherheit, SBVR, Rz. 19.
57 SBVR, Rz. 8 ff.
58 Rechtmässigkeit, 363.
59 Komm. BV, 2. Abschnitt (vor Art. 57), Rz. 2.

Eine Differenzierung zwischen der *formellen* Sicherheits*verfassung* und der *(materiellen) Bedeutung des Begriffes* «Sicherheit» findet sich bei SCHWEIZER/KÜPFER. Zur formellen Sicherheitsverfassung zählen sie in erster Linie die Auftragsnormen des zweiten Abschnittes, gefolgt von einer Reihe einzeln aufgezählter Kompetenz- bzw. Vorbehaltsbestimmungen[60]; davon ausgenommen werden ausdrücklich die Artikel über die Sicherheit technischer Anlagen, die Wirtschaftspolitik, die wirtschaftliche Landesversorgung[61] und die soziale Sicherheit.

Die Gewährleistung von Sicherheit ist herkömmlich immer Gegenstand verschiedener *Kompetenznormen*[62]. Von der *primären* (oft nicht ausdrücklichen) Verknüpfung der Sicherheit entweder mit (Verbands- und Organ-)*Kompetenzen* oder mit den *Schutzobjekten* hängen der Umfang des Sicherheitsbegriffes selber wie auch der Gewährleistungsumfang ab. Neue Bedrohungsformen (z.B. elektronische Angriffe auf Infrastrukturen mit unmittelbaren Auswirkungen in Form von Grundrechtsbeeinträchtigungen) ebenso wie die doppelte Grundrechtsfunktion (Abwehr- und Schutzpflicht) weisen auf den direkten Konnex von Schutzobjekten und Begriffsinhalt der Sicherheit und der materiellen Sicherheitsverfassung hin. Kompetenznormen sind für den Sicherheitsbegriff und damit verbundene Verantwortungen kein taugliches Abgrenzungskriterium, da dessen Inhalt dadurch von möglicherweise unzureichend definierten Kompetenzzuweisungen (positive oder negative Kompetenzstreitigkeiten mit unklaren Verantwortungsgrenzen) abhängt[63].

Nach der hier vertretenen Auffassung wird der Sicherheitsbegriff einerseits aus der Gesamtheit der erkannten *Gefahren als mögliche Bedrohungen für zu schützende Objekte*, andererseits aus verschiedenen Rechtsquellen gebildet. Bedrohungen beziehen sich auf Werte, auf Rechtsgüter oder auf die Institutionen des Rechtsstaates (Objekte, verfassungsmässige Ordnung). Im Zentrum stehen in erster Linie die Menschen *(menschliche Sicherheit)* und die von ihnen gebildeten rechtlichen Verhältnisse, mithin die Staaten als Träger, sowohl als Garanten wie auch als Berechtigte, der internationalen Friedensordnung. Während die Wahrnehmung möglicher Gefahren einem steten Wandel unterworfen bleibt, sind die allenfalls gefährdeten und daher zu schützenden Rechtsgüter bekannt, als solche rechtlich definiert oder zu definieren. Demzufolge ist m.E. von einem *Sicherheitsbegriff* auszugehen, der an den

---

60 SGK zu Vorbemerkungen zur Sicherheitsverfassung, Rz. 1.
61 Im Zusammenhang mit der Frage, ob sich die Schweiz mit Sicherheitskräften an der Operation NAVFOR Atalanta der EU gegen die Piraterie im Golf von Aden beteiligen soll, schlug der BR auch eine Änderung des MG vor; in der Botschaft des BR vom 22. April 2009 (BBl 2009 4535) wird für eine entsprechende Änderung des Militärgesetzes die Landesversorgung explizit als eine materielle Rechtsgrundlage für Auslandeinsätze der Armee genannt (4545, 4550, 4554 f.). Diese vorgeschlagene Ergänzung von Art. 69 durch eingefügte Bestimmungen (Abs. 2 und Abs. 3 lit. c) dürfte allerdings die BV-Grundlage von Art. 102 in Bezug auf die Landesversorgung deutlich sprengen (vgl. zum Ganzen: MOHLER, Piratenbekämpfung, *passim*).
62 RUCH, Sicherheit, VR CH, Rz. 11.
63 Vgl. z.B. Art. 4 BWIS, Art. 24 StPO.

zu schützenden Rechtsgütern und Institutionen verankert ist und zur Bestimmung normativer Anforderungen beiträgt[64]. Es handelt sich um

- den integralen Schutz des Landes als Territorium und Lebensraum samt seiner Infrastruktur, dem öffentlichen und privaten Eigentum sowie seiner rechtlich geregelten Zustände, Institutionen und Verfahren (einschliesslich seiner Souveränität) vor völkerrechtswidrigen und/oder kriminellen gewaltintendierten (einschliesslich anderweitig erpresserischen) oder Gewalt anwendenden Akten sowie technologischen und natürlichen Gefahren und
- die Bewahrung und Durchsetzung der verfassungsrechtlich individuell und kollektiv gewährleisteten (Kerngehalte der) Grundrechte und anderer strafrechtlich geschützter Rechtsgüter als Abwehr und Schutzpflicht

durch

- frühestmögliche Vorkehren und lagegebotene Massnahmen zur Vermeidung, Verringerung oder Abwehr von Gefahren und Gefährdungen (Gefahrenvorsorge) und Gefahrenabwehr auf staatspolitischer Ebene
- sowie derselben Gefahrenabwehr dienende Interventionen präventiver und repressiver Art auf polizeirechtlicher bzw. polizeilicher Ebene (Rechts- und Realakte).

Umfang und Inhalt des Sicherheitsbegriffes bestimmen, was zum *Sicherheitsrecht* gehört.

37 Den rechtlichen Sicherheitsbegriff auf den herkömmlichen Sinn der BV von 1874, d.h. auf die «Handhabung von Ruhe und Ordnung im Innern», und die «Behauptung … gegen aussen» zu beschränken, kann sich auf das Nachführungsargument stützen. Diese Begrenzung gerät aber selbst mit wesentlichen Teilen des Gehalts des 2. Abschnitts (Art. 57–61 BV) in einen Widerspruch, da mit Art. 57 Abs. 1 (Schutz der Bevölkerung), 58 Abs. 2 (andere ausserordentliche Lagen) und 61 Abs. 2 (Einsatz des Zivilschutzes bei Katastrophen und in Notlagen) ausdrücklich auch nicht machtpolitische (oder kriminelle) Gefahren angesprochen werden[65], die es zu bewältigen gilt.

38 In Deutschland wird die *Unversehrtheit der Rechtsordnung* als erstes *Element des Sicherheitsbegriffs, der öffentlichen Sicherheit,* genannt[66]. Ohne nähere Umschreibung der Rechtsordnung ist dem allerdings mit Skepsis zu begegnen, da sich auch Staaten, die – wie die Praxis des EGMR deutlich zeigt – den Anforderungen der Rechtsstaatlichkeit nicht genügen, gleichermassen auf diese Definition berufen können. Ohne auf die Diskussion über die Legitimation des Rechts, die Autonomie der Rechtsordnung[67], einzutreten, ist darauf hinzuweisen, dass die zu schützende Rechtsordnung

---

64 MOHLER, SBVR III/1, Rz. 69; SCHWEIZER ET AL., Gutachten VBS, 111.
65 Der Begriff «Sicherheit» nach der BV von 1874 umfasst jedoch ausschliesslich den Schutz vor machtpolitischen Gefahren (Handhabung von Ruhe und Ordnung im Innern, Behauptung gegen aussen).
66 GÖTZ, § 4, Rz. 3; GUSY, Rz. 79; LISKEN/DENNINGER, E 17. Vgl. auch Rz. 91 ff.
67 Vgl. etwa SEELMANN, Rechtsphilosophie, § 13, Rz. 1 ff., *8 ff.*

vom *Prinzip der grösstmöglichen Freiheit* und der *Rechtsstaatlichkeit*, mithin von der *Legitimität* geprägt sein muss (vgl. Rz. 13).

Es sei gerne angenommen, dass die Vertreter dieser hier erwähnten Definition dieses Prinzip als Selbstverständlichkeit voraussetzen. Doch sind auch hierzulande Tendenzen in der Polizeirechtsetzung feststellbar, die gerade diesen Prinzipien nicht genügend Beachtung schenken[68].

Umgekehrt kann das Prinzip der grösstmöglichen Freiheit auch nicht als Argument für Verhaltensweisen dienen, die bspw. in exzessiver Art Finanzsysteme und damit die wirtschaftliche Sicherheit grosser Teile der Gesellschaft oder gar des Landes gefährden können[69].

B. Vorbemerkungen zum Polizeibegriff

I. Allgemeine Hinweise

Auch wenn die beiden Begriffe «*Polizei*» und «*polizeilich*» in der Rechtssprache oft gebraucht werden, ist deren genaue Bedeutung weniger eindeutig als es erscheinen mag. Dies ist u.a. darauf zurückzuführen, dass über den Gehalt eines *materiellen Polizeibegriffs* keine Einigkeit besteht. Die grosse Nähe zum Begriff der Sicherheit und zum Sicherheitsrecht, über deren Inhalt und Grenzen auch divergierende Meinungen bestehen (Rz. 15 ff., 32 ff.), trägt ebenso nicht zur Verdeutlichung eines materiellen Polizeibegriffs bei. Zudem findet der Terminus *Polizeigut* hin und wieder eine überdehnte Anwendung (Rz. 88, 119). In der Umgangssprache wird «Polizei» zumeist im organisatorischen Sinn verstanden[70], «polizeilich» als einschränkend oder ermittelnd. Der Frage nach Inhalt und Umfang des Polizeibegriffs oder der Polizeibegriffe ist daher gesondert nachzugehen. (Näheres dazu in Rz. 83 ff.)

39

Verschiedenen Objekten, die im öffentlichen Interesse eines *Schutzes* bedürfen, ist dieser *methodisch* oft auch anders als mit Mitteln des jüngst grundsätzlich in Frage gestellten Polizeirechts[71] zu gewähren[72].

40

Die herkömmlichen Umschreibungen der im weiteren Sinn *polizeirechtlich* zu schützenden Rechtsgüter sind weder einheitlich noch konstant[73]. So oszilliert der *Umfang*

41

---

68 Vgl. FN 210.
69 Vgl. z.B. die UBS-Verordnung vom 15. Oktober 2008. Ferner: Am 16. Oktober 2008 Übernahme illiquider Vermögenswerte der UBS auf deren Ersuchen durch die Nationalbank als Teil des Massnahmenpakets zur Stabilisierung des Schweizer Finanzsystems bzw. zur Rekapitalisierung, d.h. Rettung der UBS im Umfang von höchstens 60 Mrd. Franken (real knapp 40 Mrd. Franken) (SNB Geschäftsbericht 2008, 10, 77 ff.).
70 Vgl. Tschannen/Zimmerli/Müller, § 53, Rz. 2.
71 Tschannen/Zimmerli/Müller, § 53, Rz. 24: «Reflexionspause», welche dem Polizeirecht als «unerwünschtes Relikt des Polizeistaates in schickem rechtsstaatlichem Kleid» die Daseinsberechtigung und ein spezifisches Wesensmerkmal als Unterscheidung zur restlichen Verwaltungstätigkeit absprechen.
72 Vgl. Rz. 93.
73 Vgl. Rz. 99 ff., 118 ff.; Grisel, 113; Reinhard, 6; Tschannen/Zimmerli/Müller, § 54, Rz. 2 ff.

der öffentlichen Sicherheit (abgesehen von deren auch *de lege lata* uneinheitlichen Eingrenzung) – als ein Element der Umschreibung der polizeirechtlichen Aufgaben – nach dem jeweils mehrheitlichen Verständnis, was zu den Staats- bzw. polizeilichen Aufgaben gehöre[74] und was nicht. Nach einer gewissen (wohl überschätzten) Festigung der Konturen durch BGE 97 I 499 (Griessen)[75] ist heute wieder eine Ausdehnung festzustellen (BGE 128 I 327, 332): Auch die *Raumplanung* wird dazugezählt[76]. Damit ergibt sich eine ähnlich unklare Abgrenzung eines materiellen Polizeibegriffs wie ehedem gegenüber der Handels- und Gewerbefreiheit (Art. 31 aBV)[77].

42 Eine frühere, sehr einfache Grenzziehung, wonach Polizeirecht weder Planungs- noch Wohlfahrts- bzw. Sozialrecht sei, ist nicht zuletzt – aber nicht nur – infolge der grundrechtlichen Schutzpflichten nach konstanter Praxis des EGMR obsolet geworden (vgl. auch Rz. 113 ff., 782).

43 Auch die Einschränkung des Polizeirechts auf die «negative» Gefahrenabwehr[78] taugt nicht, da die polizeiliche Prävention, mit oder ohne einschränkenden Charakter (Rz. 807 ff.) Selbstverständlichkeit geworden ist.

44 Offenkundig ist, dass sich der Terminus «polizeirechtlich» in seiner bisherigen Verwendung nicht auf die *Verwaltungs*tätigkeit beschränkt. Ebenso wie dem Sicherheitsrecht[79] ist ihm auch eine *staatspolitische Komponente* immanent. Dies schlägt sich im Verfassungsrecht nieder, so z.B. das Diskriminierungsverbot (Art. 8 Abs. 2 BV), Einschränkungen des alpenquerenden Transitverkehrs (Art. 84 BV), Vorschriften zur Verhinderung von Missbräuchen der Wettbewerbspolitik (Art. 96 Abs. 2 BV)[80], gesundheitspolitische bzw. -polizeiliche Vorschriften (Art. 118 Abs. 2 BV) oder Beschränkungen der Fortpflanzungs- (Art. 119 Abs. 2 BV) und der Transplantationsmedizin (Art. 119*a* BV)[81]. Ergänzt werden diese materiell-rechtlichen Rechtsgrundlagen für Einschränkungen von (Grund-)Rechten durch die polizei- oder sicherheitsrechtlichen Kompetenzbestimmungen in Art. 173 Abs. 1 lit. a–c für die Bundesversammlung und Art. 184 und 185 BV für den Bundesrat; auch sie gehören zum materiellen Verfassungsrecht[82].

---

74 Vgl. Rz. 1036; TSCHANNEN/ZIMMERLI/MÜLLER, § 54, Rz. 9 ff.
75 Vgl. REICH, Wirtschaftsfreiheit, N. 796.
76 Vgl. Rz. 113.
77 RHINOW, Komm. Art. 31 aBV, Rz. 191 f. (Abgrenzung zu sozial- und wirtschaftspolitisch lenkend motivierten Begrenzungen der vormaligen Handels- und Gewerbefreiheit). Vgl. zum Ganzen, REICH, Wirtschaftsfreiheit, N. 707 ff., 711 ff.
78 GRISEL, 113: «*Il* (d.h.: *le terme de police;* der Verf.) *désigne des tâches qui, formellement, sont exercées par l'administration et ont une portée généralement négative.*»; allerdings hat GRISEL zuvor (96) den *«aspect négatif»* als *«valeur secondaire»* stark eingeschränkt.
79 Vgl. statt vieler: RUCH, Sicherheit, VR CH, § 56, Rz. 8. Insofern vermag auch die a.a.O. für das Sicherheitsrecht verwendete Grenzziehung zwischen «polizeirechtlicher» und «staatspolitischer Dimension» nicht zu überzeugen.
80 Vgl. dazu KIRCHGÄSSER, 20 f., 37 ff.
81 Namentlich Abs. 3 Satz 2: «Der Handel mit menschlichen Organen ist verboten.»
82 BVGer B-1092/2009 E 8.2.2.

II. Zur unterschiedlichen Bedeutung der Begriffe «polizeilich», «polizeirechtlich» und «sicherheitsrechtlich»

Geht man von einem umfassenden Sicherheitsbegriff als dem gesamten Umfang der öffentlichen Sicherheit aus[83] und berücksichtigt man auch die staatspolitische Komponente des Schutzes von zur öffentlichen Sicherheit gehörenden Rechtsgütern, kann man sich in der Tat fragen, ob sich in dieser Hinsicht der Ausdruck «sicherheitsrechtlich» nicht als treffender erwiese als «polizeilich». «Polizeirechtlich» umschreibt «polizeiliche Interessen», die – entgegen dem polizeistaatlichen Verständnis – weitgehend dem *öffentlichen Interesse* entsprechen[84]. Ob damit allerdings mehr als Begriffskosmetik gewonnen wäre, ist offen, denn für die allenfalls notwendige *Zwangsanwendung* zur Rechtsverwirklichung im Sinne des Rechtsgüterschutzes ist der Begriff «Polizei» nicht ersetzlich. Es ist allerdings zwischen «polizeirechtlich» und «polizeilich» zu differenzieren. Während die Kompetenz zu *polizeirechtlichen Erlassen* und zu *polizeirechtlichen Rechtsakten* einer Vielzahl von Behörden zukommt, ist die Befugnis zu *unmittelbarem polizeilichem Zwang* auf die dafür *genau bezeichneten Polizeidienste* (und ausnahmsweise auf die Armee und Zivilschutzorgane[85]) beschränkt, auch wenn sich «polizeilich» nicht auf die Anwendung von Zwang reduzieren lässt[86]. Insofern unterscheidet sich – entgegen der in der erwähnten «Reflexion»[87] vertretenen Meinung – auch die (exekutive) Polizei von allen andern Teilen der öffentlichen Verwaltung, als sie auf Grund bestimmter Normen oder in Anwendung der polizeilichen Generalklausel und der grundrechtlichen Schutzpflicht nicht nur befugt, sondern auch verpflichtet ist[88], verfügungsfrei (Rz. 28, 885 ff.) zum Schutz von Grundrechten auch unmittelbaren Zwang auszuüben. Diese Befugnis und Pflicht stehen keiner andern Verwaltungsbehörde zu[89].

Der herkömmlich umschriebene Auftrag der Polizei, *Gefahrenabwehr* oder *Schutz der öffentlichen Sicherheit und Ordnung*[90], kann ins Absolute weisende Erwartungen wecken, und taugt ebenfalls nicht für eine präzise Abgrenzung. Dass es keine absolute Sicherheit geben kann, braucht nicht mehr weiter betont zu werden (Rz. 12)[91]. Es geht

---

83 Vgl. Rz. 35 f.; RUCH, Sicherheit, VR CH, § 56, Rz. 10 ff.; MOHLER, SBVR III/1, Rz. 70.
84 REICH, Wirtschaftsfreiheit, N. 710.
85 Vgl. Art. 1, 29 ff. BZG.
86 Das BGer hat die Begriffe «Polizei» und «polizeilich» bisher auch nie auf das Kriterium des Zwangs reduziert; GRISEL, 96; vgl. BGE 133 I 58 E 6.3.6.
87 Vgl. FN 71.
88 SALADIN, Grundrechte, 309 f., 350.
89 Andere Verwaltungsbehörden (wie auch Gerichte) haben sich für eine allfällig zwangsweise Durchsetzung vollstreckungsfähiger Verfügungen (oder Urteile) an die Polizei zu wenden (Amtshilfe; vgl. z.B. Art. 343 Abs. 3 ZPO, Art. 91 Abs. 2 und 3, Art. 222 Abs. 3 SchKG [siehe auch Rz. 927]. Vgl. zu den besonderen Wesensmerkmalen des Polizeirechts: SCHWEIZER/MÜLLER, 379 ff.
90 Vgl. Rz. 85.
91 Es gibt auch *kein Grundrecht auf Sicherheit*, wie wohl ein solches in der deutschen Literatur teilweise postuliert wird; vgl. MOHLER, SBVR III/1, Rz. 9 f. m.w.N.

nicht nur darum, *welche* Rechtsgüter zu schützen seien – insofern grenzt auch der Ausdruck «Polizeigut» an einen Zirkelschluss –, sondern auch um die Fragen, *wie* dieser Schutz im Rahmen der Verfassungsprinzipien in Zeit und Raum, inwieweit und *durch wen* zu gewährleisten sei. (Näheres zu den Polizeibegriffen in Rz. 83 ff.)

§ 5 Zu den Rechtsquellen

A. Völkerrecht

47 Verschiedene Entwicklungen auf globaler ebenso wie auf europäischer Ebene haben das Völkerrecht zu einer an Bedeutung andauernd stark zunehmenden Rechtsquelle auch für die Schweiz gemacht. Anders als in der Vergangenheit, als es jedem Staat zustand, weitestgehend souverän zu bestimmen, ob einem internationalen Abkommen beizutreten sei oder nicht, ist diese Unabhängigkeit, wenn formal auch erhalten, heute sehr stark eingeschränkt durch ethische und rechtsstaatliche Anforderungen (z.B. die Europäische Menschenrechtskonvention, das Römerstatut [Internationaler Strafgerichtshof] oder die Bekämpfung der Korruption), durch die Dringlichkeit international zu harmonisierender Rechtsnormen (bspw. zur Bekämpfung des Terrorismus oder des organisierten Verbrechens), durch Interessenlagen (z.B. Verträge mit der EU), teilweise (als Sonderfall Schweiz[92]) kombiniert mit vertraglich eingegangenen Verpflichtungen (so das SAA) zum Nachvollzug der Weiterentwicklung oder, im Ablehnungsfall, der gänzlichen Aufhebung des Abkommens.

> Eine supranationale Rechtsarchitektur ist bisher, wenn auch fragmentarisch, bereits errichtet worden und wird weiter entwickelt; sie hat auch unterschiedlich wirksame Kontrollmechanismen, insbesondere zur Stärkung des Menschenrechtsschutzes (EGMR und CPT[93] gemäss EMRK, Menschenrechtsausschuss gemäss UNO Pakt II), der Überwachung der Aktivitäten der Streitkräfte (OSZE) und der Anstrengungen zur Korruptionsbekämpfung (GRECO) hervorgebracht (vgl. Rz. 170 ff.).

48 Völkerrecht wird im Konsens innerhalb der Völkergemeinschaft gebildet und wendet sich an die einzelnen Staaten[94]. Diese sind somit Mitschöpfer und Adressaten zugleich. Nach geografischem Geltungsbereich kann zwischen universellem (weltweiten) und regionalem Völkerrecht (z.B. die überwiegende Mehrheit der Abkommen unter der Schirmherrschaft des Europarates) unterschieden werden[95].

---

92 Für die EU-Mitgliedstaaten umfasst das Völkerrecht nicht auch ihre rechtlichen Beziehungen zur EU selber: ODENDAHL, SGK, BV und Völkerrecht, Rz. 5.
93 Rz. 174.
94 IPSEN, § 1, Rz. 42 ff.; ODENDAHL, SGK, BV und Völkerrecht, Rz. 1. Vgl. DÜRR, 410, der das Völkerrecht als Beleg für die Entbehrlichkeit der staatlichen Rechtsetzungs-Monopolinstanz anführt. Es stellte sich dann allerdings die Frage, an wen sich das Völkerrecht richtete; die Zivilgesellschaften allein könnten wohl nicht die Adressaten sein.
95 Rz. 167; ODENDAHL, SGK, BV und Völkerrecht, Rz. 5; THÜRER, Wandel, VR CH, Rz. 40 f.

Zu unterscheiden ist ferner nach der Anzahl der Partner völkerrechtlicher Verträge in multi- oder bi- bzw. trilaterale Abkommen, unabhängig von deren geografischer Position.

Das *Völkerrecht selber* ist wiederum in *verschiedene Rechtsquellen* gegliedert: völkerrechtliche *Verträge bzw. Abkommen*, völkerrechtliches *Gewohnheitsrecht*[96], allgemeine *Rechtsgrundsätze*[97] sowie die *Praxis von Gerichten*[98] *und Schiedsgerichten*[99] mitsamt der *Lehre*[100].

49

Mit Bezug auf die *Wirkung* des Völkerrechts lassen sich von ihrer inhaltlichen Determinierung her drei dogmatische *Strukturtypen* unterscheiden: das *zwingende Völkerrecht*, die *internationalen Verbrechen* und das *«sonstige» Völkerrecht*[101,102] (Näheres dazu in Rz. 176 ff.).

50

Völkerrecht regelt sowohl das *internationale Handeln* der Schweiz wie auch dessen *innerstaatliche Umsetzung* der völkerrechtlichen Verpflichtungen[103]. Völkerrechtliche Verträge bzw. Abkommen werden grundsätzlich nach dem System des *Monismus* oder *Adoption* ins schweizerische Recht übernommen, d.h. sie werden mit deren Annahme durch die zuständige politische Behörde (samt völkerrechtlichen Prinzipien) unmittelbar Teil des nationalen Rechts[104]; Völkerrecht und Verfassungsrecht bilden eine einheitliche Rechtsordnung, bedürfen aber (zumeist als Programm- oder Rahmennormen) der Konkretisierung durch rechtsetzende Organe[105].

51

Bezogen auf das *Schengen-Besitzstandsrecht* wird das *System der Adoption* m.E. insofern strapaziert, als diese Rechtstexte – im Gegensatz zu andern völkerrechtlichen multilateralen Abkommen und bilateralen Verträgen – (nach Art. 5 Abs. 2 lit. b PublG) nicht in die Systematische Sammlung des Bundesrechts (SR) aufgenommen, in der Amtlichen Sammlung (AS) ebenso wenig wiedergegeben werden[106] und demnach als

---

96 IPSEN, § 16, Rz. 2 ff.
97 IPSEN, § 17, Rz. 1 ff.
98 IPSEN, § 21, Rz. 1 ff.
99 IPSEN, § 62, Rz. 20 ff.
100 RHINOW/SCHEFER, Rz. 3689.
101 IPSEN, § 3, Rz. 14 ff.; ODENDAHL, SGK, BV und Völkerrecht, Rz. 45 f.; RHINOW/SCHEFER, Rz. 3695 ff.; THÜRER, Wandel, VR CH, Rz. 18 ff.; TSCHANNEN, Staatsrecht, § 44, Rz. 23 ff.
102 Die Völkerrechtsnormen mit *erga omnes*-Wirkung werden hier nicht gesondert behandelt, da diese bisher primär theoretische Rechtsfigur polizeirechtlich keine Bedeutung erlangt hat. Vgl. THÜRER, Wandel, VR CH, Rz. 20.
103 ODENDAHL, SGK, BV und Völkerrecht, Rz. 5; RHINOW/SCHEFER, Rz. 2862, 3607 ff.
104 ODENDAHL, SGK, BV und Völkerrecht, Rz. 43; RHINOW/SCHEFER, Rz. 3612 f.; THÜRER, Völkerrecht, VR CH, Rz. 21 ff.
105 THÜRER, Völkerrecht, VR CH, Rz. 24.
106 Vgl. z.B. BB vom 18. Juni 2010, AS 2010 5925, BB vom 11. Dezember 2009, AS 2010 2899. Der Schengen-Rechtstext selber wird auch in der veröffentlichten Botschaft nicht wiedergegeben (vgl. z.B. Botschaft Rückführungsrichtlinie zum BB vom 18. Juni 2010; Botschaft Waffenrichtlinie zum BB vom 11. Dezember 2009).

für die Schweiz wirksame formelle Rechtsquelle *direkt* nicht zu finden sind[107]. Das gilt selbst für direkt anwendbare *(self-executing)* Bestimmungen (Rz. 52). Es ist zudem fraglich, ob dies den Anforderungen der *Zugänglichkeit von Gesetzen* genügt, «damit der Bürger die sich daraus für ihn ergebenden Konsequenzen in ausreichendem Masse vorhersehen kann»[108].

52 Zu unterscheiden von der unmittelbaren Geltung ist die *direkte (self executing) Anwendbarkeit* völkerrechtlicher Normen. Bezeichnet ein Vertragswerk die direkt anwendbaren Bestimmungen nicht selber, ist durch Auslegung zu prüfen, welche als direkt anwendbar zu verstehen sind. Dies ist dann der Fall, «wenn die Bestimmung inhaltlich hinreichend bestimmt und klar ist, um im Einzelfall Grundlage eines Entscheides zu bilden»[109]. Die Rechte und Pflichten des Einzelnen müssen klar umschrieben, die Norm mithin justiziabel sein. Adressaten der Norm sind die rechtsanwendenden Behörden, welche diese Prüfung durchzuführen haben.

Die Frage ist polizeirechtlich schon deshalb von Bedeutung, da die Bestimmungen des Schengen Durchführungsübereinkommens (SDÜ) überwiegend als *self-executing* zu verstehen sind[110].

53 Die Schweiz hat eine grosse Zahl völkerrechtlicher Abkommen und bilateraler Verträge ratifiziert, die für die innerstaatliche polizeiliche Tätigkeit ebenso wie für die internationale Zusammenarbeit von Bedeutung sind. Wesentliche Bezüge werden nachfolgend in Rz. 62 ff. und in Rz. 1055 ff. separat behandelt.

B. Bundesrecht

I. Verfassungsrecht

54 Die BV enthält eine Fülle polizeirechtlich relevanter Inhalte, insbesondere die Strukturprinzipien des *bundesstaatlichen Aufbaus* und der *Gewaltentrennung bzw. der Gewaltenhemmung*[111], das *Rechtsstaatsprinzip* (Art. 5 Abs. 1 i.V.m. Art. 164 BV)[112], das *Verhältnismässigkeitprinzip* (Art. 5 Abs. 2 BV), das *Störerprinzip*[113], die Notwendigkeit des *öffentlichen Interesses* für alles staatliche Handeln (Art. 5 Abs. 2 BV), der Grundsatz von *Treu und Glauben* (Art. 5 Abs. 3 BV) und die *Massgeblichkeit des Völkerrechts* (Art. 5 Abs. 4 BV), die meisten *Grundrechtsnormen* mit den besonderen Bestimmungen über deren Verwirklichung und die Anforderungen an die Einschränkung von Grundrechten (Art. 35 und 36 BV).

---

107 Die offiziellen Rechtstexte des Schengen-Besitzstandes sind ausschliesslich im EU-Amtsblatt abgedruckt (Rz. 638).
108 BGE 136 I 87 E 3.1; EGMR Uzun v. Germany, § 60.
109 BGE 136 I 290 E 2.3.1; 133 I 286 E 3.2.
110 Botschaft Bilaterale II, 6132, 6148.
111 Vgl. statt vieler: RHINOW/SCHEFER, Rz. 618 ff., 2262 ff.; SCHMID/UHLMANN, Rechtsstaat, VR CH, Rz. 17 ff.; SCHWEIZER, SGK zu Art. 3, Rz. 9 ff.
112 MOOR, Principes, VR CH, Rz. 1 ff.; SCHMID/UHLMANN, Rechtsstaat, VR CH, Rz. 11 ff.
113 MOOR, Principes, VR CH, Rz. 65.

Eine in diesem Mass wohl nicht beabsichtigte Wirkung hinsichtlich der Wahrnehmung der Verantwortung für Sicherheit und somit die Wahrnehmung polizeilicher Aufgaben zeitigt Art. 57 BV, der Bund und Kantone zum einen je an ihre (bisherigen) Zuständigkeiten bindet, sie zum andern aber als *Finalnorm* zur Koordination ihrer Anstrengungen verpflichtet. Näheres zu den normativen Grundlagen im Verfassungsrecht in Rz. 66 ff.

55

II. Gesetzesrecht

Dem Bund stehen nur jene Kompetenzen zu, die ihm in der Verfassung als *begrenzte Einzelermächtigungen* übertragen worden sind (Rz. 194 ff.); infolge der Nachführung resp. der Aktualisierung der BV sind ungeschriebene Bundeskompetenzen (inhärente und implizite Zuständigkeiten) demnach eng auszulegen[114]. Dennoch hat der *Bund* innert kurzer Zeit, d.h. seit dem 1. Mai 2007 mit vier Gesetzen und verschiedenen Verordnungen *Polizeirecht erlassen* (vgl. Rz. 5), obwohl der Terminus «Polizei» in der BV von 1999 nicht vorkommt[115].

56

In Vorbereitung ist zudem ein *Polizeiaufgabengesetz des Bundes* (PolAG), das – falls es verabschiedet werden sollte – analog den bisherigen diesbezüglichen Erlasse nicht nur – in einer von der BV nicht gedeckten Weise – deutlich in die Polizeihoheit der Kantone eingreift, sondern, wie das ZAG, zu Überlagerungen und damit Unklarheiten, namentlich auch in Bezug auf die Datenbearbeitung und den Rechtsschutz, führen dürfte[116].

C. Kantonales Recht

I. Innerkantonales Recht

Das *Polizeirecht der Kantone*, d.h. die entsprechenden *kantonalen (materiellen) Polizeigesetze* und zugehörige Verordnungen (allenfalls auch Polizeiorganisationsgesetze) sind von der *verfassungsrechtlichen Kompetenzteilung* her nach wie vor als *Rückgrat des Polizeirechts* in der Schweiz zu bezeichnen. Die Rechtswirklichkeit vermittelt allerdings ein anderes Bild: Die *kantonale Polizeihoheit* in der Rechtsetzung wird zusehends, wenn auch schleichend, durch verschiedene, teilweise miteinander zusammenhängende Ursachen eingeschränkt und abgebaut: So durch die Überlagerung und Durchdringung mit völkerrechtlichen Vorgaben, durch verfassungsrechtlich nicht oder mindestens sehr fragwürdig fundiertes Polizeirecht des Bundes ebenso wie durch eine nicht rechtzeitige Wahrnehmung der eigenen (kantonalen)

57

---

114 RHINOW/SCHEFER, Rz. 720 f.
115 Demgegenüber enthielt Art. 9 aBV den Ausdruck «Polizei» im Zusammenhang mit der ausnahmsweisen Befugnis der Kantone, Verträge mit dem Ausland über «Gegenstände der ... Polizei» abzuschliessen.
116 Der BR hat am 30. März 2011 beschlossen, über das weitere Vorgehen zum PolAG erst zu entscheiden, wenn der in Auftrag gegebene «Bericht zur Klärung der Kompetenzen in der inneren Sicherheit» (Postulat Malama von 3. März 2010, 10.3045) vorliegt (URL: http://www.news.admin.ch/message/?lang=de&msg-id=38327; zuletzt besucht: 20.8.2011).

Aufgaben in der Rechtsetzung[117]; auch die polizeiliche Aufgabenerfüllung als Rechtsanwendung durch die Kantone bleibt verschiedentlich aus Gründen des notorischen Personalmangels hinter rechtlichen Anforderungen zurück.

Anerkanntermassen ungenügende Bestände der kantonalen Polizeidienste führten zu vermehrten Übertragungen der Erfüllung kantonaler Aufgaben an Organe des Bundes (Teile der Armee, GWK, vgl. 10. Kap.), was sich auch in Rechtsgrundlagen niederschlägt.

Näheres zum Sicherheits- und Polizeirecht in den Kantonen nachfolgend, Rz. 79 ff.

II. Interkantonales Recht

58 Die kantonale Polizeihoheit kann aber in der kleinräumigen Schweiz auch als eine Form der *Rechtszersplitterung* gesehen werden. Sie bildet (abgesehen von v.a. organisatorischen Befugnissen im Zivilschutz) nach der Übertragung der Gesetzgebungskompetenz auf dem Gebiet des Strafprozessrechts an den Bund noch die einzige wesentliche kantonale Domäne im Sicherheitsbereich. Da Bundeslösungen (i.S.v. Art. 43*a* Abs. 1 BV) zur Rechtsharmonisierung eine Verfassungsänderung voraussetzen, bietet sich auch der in den letzten Jahren mehrfach beschrittene Weg über Verträge unter den Kantonen (Konkordate) an (Art. 48 BV). Näheres dazu in Rz. 235 ff. (vgl. aber auch Rz. 1349 f.).

§ 6 Sicherheitsrecht

A. Vorbemerkung

59 Im Gegensatz zu andern Staaten, namentlich Deutschland und England, wurden sowohl das Sicherheits- wie das Polizeirecht in der Schweiz bis vor wenigen Jahren von der Rechtswissenschaft in erstaunlichem Mass vernachlässigt[118]. Die öffentliche Sicherheit war lange kaum ein Thema: Bis Ende der 1960er Jahre wurde die Schweiz von Bevölkerung und Politik im internationalen Vergleich und Gefüge bezüglich Sicherheit ohnehin als (positiver) Sonderfall wahrgenommen[119], wobei die vergleichsweise tiefen Zahlen gewaltkrimineller Akte nicht als Bedrohung empfunden wurden. Die Sicherheits*politik* des Landes ist seit dem ersten Bericht des Bundesrates über die Sicherheitspolitik der Schweiz von 1973[120] im Wesentlichen eine *Wehr*politik im

---

117 Bspw. betr. Bekämpfung von Gewalt anlässlich von Sportveranstaltungen, was zu nicht verfassungskonformen, befristeten Ergänzungen des BWIS führte (Art. 24*b* [Rayonverbot], 24*d* [Meldeauflage], 24*e* [Polizeigewahrsam] BWIS, mittlerweile aufgehoben [AS 2009 5091]); Fehlen kantonaler gesetzlicher Grundlagen für die Überwachung (verdeckte Ermittlung) von *chatrooms* zur Verhinderung pädophiler Verbrechen nach der Aufhebung des BVE mit dem Inkrafttreten der schweiz. StPO am 1. Januar 2011 (vgl. z.B. NZZ vom 29. Dezember 2010).
118 SCHWEIZER, SBVR III/1, VII.
119 R. MÜLLER, 346 ff.
120 Konzeption der Gesamtverteidigung; Schweizerische Sicherheitspolitik im Wandel 1990 (BBl 1990 III 847, *853 f.*, *873 ff.*). Eine Ausweitung der Sicherheitspolitik wurde trotz der an sich erkannten (und den Bericht auslösenden) Vervielfachung von Gefahrenarten abgelehnt; R. MÜL-

Sinne einer *nach aussen gerichteten Politik* für die Erhaltung der Unabhängigkeit. Abgegrenzt davon wird der *Staatsschutz*[121], der zwar innere *und* äussere Sicherheit einbezieht[122], was jedoch die kompetenzmässige Umsetzung in der föderalistischen Grundstruktur nicht zu meistern vermag[123].

Erst die Berichte von 1999 und 2010 widmen sich vermehrt Fragen krimineller Bedrohungen (Terrorismus, *Cybercrime*), wobei deren Bekämpfung überwiegend als zunehmende Aufgabe militärischer Verbände behandelt wird.

60

Im sicherheitspolitischen Bericht von 1999 findet sich die Feststellung, die Bekämpfung nicht strategischer Gewalt sei für die öffentliche Sicherheit von grösster Bedeutung, jedoch Aufgabe *kantonaler Sicherheitspolitik*[124]. Diese wird von der Sicherheitspolitik *der Schweiz* somit abgegrenzt. Diese Abgrenzung wird auch im SIPOL B 2010 beibehalten: «Die bisherige Strategie der Sicherheit durch Kooperation gilt somit weiterhin als Grundstrategie der schweizerischen Sicherheitspolitik»[125], «der SVS (d.h. Sicherheitsverbund Schweiz) stellt die verfassungsrechtliche Kompetenzaufteilung zwischen Bund und Kantonen nicht in Frage»[126], wodurch substantiell nichts geändert, namentlich keine *Gesamt*strategie, die alle verfügbaren Kräfte von Bund und Kantonen zur Verhütung und Bekämpfung moderner Bedrohungsformen umfasst, entwickelt werden soll. Dem Ausdruck «Sicherheit durch Kooperation» werden lediglich die Ausdrücke «Vernetzung» und «Sicherheitsverbund Schweiz (SVS)» beigefügt, was zu verbesserter Koordination und einer

---

LER, 396 f. Auch die Studienkommission für strategische Fragen («Kommission Brunner») verzichtete auf eine Auseinandersetzung mit Begriffen (sicherheitspolitischer Begriff, Sicherheitsbegriff), der Terminus «innere Sicherheit» wird zwar wiederholt – v.a. im Zusammenhang mit dem EU-Umfeld – verwendet, nur einmal aber andeutungsweise mit einer Klammerbemerkung «(Verbrechensbekämpfung)» umrissen (8, Ziff. 3.4).

121 D.h. alle nicht militärischen und nicht aussenpolitischen Massnahmen der zivilen Behörden, Konzeption Gesamtverteidigung, 140.
122 Konzeption Gesamtverteidigung, 139 f.
123 Theoretisch bedeutet die organkompetenzmässige Abgrenzung «nicht militärisch», dass zumindest Erkenntnisse des Militärischen Nachrichtendienstes für Staatsschutzbelange nicht verwertbar waren. Die fortgesetzten Probleme begrifflicher und rechtlicher Art in Bezug auf die Nachrichtendienste spiegeln sich nicht nur in den wiederholten Organisationsänderungen und der jüngsten Eingliederung aller Nachrichtendienste in das VBS wieder (vgl. MOHLER, SBVR III/1, Rz. 160 [mit FN 398], Rz. 222 [mit FN 524]; ferner nun BG über die Zuständigkeiten im Bereich des zivilen Nachrichtendienstes [ZNDG, SR 121], Art. 3, und die Medienmitteilung des VBS vom 25. März 2009 [URL: http://www.vbs.admin.ch/internet/vbs/de/home/documentation/news/news_detail.26077.nsb.html; zuletzt besucht: 6.6.2011]), sondern auch in der Abgrenzung zwischen Bundes- und kantonalen Zuständigkeiten (vgl. GPDel-Bericht ISIS-Datenbearbeitung, 7667 f., 7680 ff., 7692 ff.). Vgl. auch SIPOL B 2010, 5161.
124 SIPOL B 2000, 7660. Gewalt strategischen Ausmasses wird als «Gewalt, die erhebliche Teile der Bevölkerung und des Landes treffen kann», umschrieben, 7664. Vgl. dazu auch Rz. 1193 ff.
125 SIPOL B 2010, 5160 ff.
126 SIPOL B 2010, 5162.

effizienteren und wirkungsvolleren Zusammenarbeit führen soll[127]. Da die *grössten heutigen Bedrohungen* (verschiedenste Formen von Terrorismus und des organisierten Verbrechens sowie elektronisch durchgeführte Angriffe[128]) faktisch wie rechtlich mit *polizeilichen* Massnahmen zu begegnen ist, kann aus den zugefügten nicht aussagekräftigen Umschreibungen nichts gewonnen werden.

61 Es ergeben sich aus den Darstellungen in den sicherheitspolitischen Berichten *drei Trennlinien*, die für die analytische Bearbeitung des Sicherheits- und des Polizeirechtes von Bedeutung sind: Zum einen die bisherige Beschränkung auf den Verteidigungs- bzw. *militärrechtlichen* Kontext, verbunden, zweitens, mit der stark *departementalen Führungsstruktur* auf Stufe Bund[129] und, drittens, mit dem dreistufigen Staatsaufbau[130,131]. Einer bedrohungsgerechten Strategieentwicklung ist diese Fragmentierung nicht dienlich, was verfassungsrechtliche Fragen aufwirft[132].

B. Zu den normativen Grundlagen des Sicherheitsrechts[133]

I. Völkerrechtlicher Rahmen

62 Das *Sicherheitsrecht* schöpft seine Aufgabe, seinen Inhalt und seine Bedeutung aus verschiedenen Rechtsquellen. Von vorrangiger Wichtigkeit ist das *Völkerrecht*. Das zentrale Anliegen des Völker(sicherheits)rechts – abgesehen von der Unterdrückung bestimmter Verbrechen[134,135] – war und ist die internationale *Friedensordnung, der Gewaltverzicht unter den Nationen*, niedergelegt in der *UNO Charta*[136].

---

127 SIPOL B 2010, 5161 ff. (die 2005 etablierte Plattform KKJPD-VBS-EJPD-MKZD soll durch eine Konsultations- und Koordinationsmechanismus Sicherheitsverbund Schweiz [KKM SVS] abgelöst werden, 5215).
128 «Cyber crime» und «cyber war».
129 So ist die Zusammensetzung des Sicherheitsausschusses des Bundesrates auf den 1.1.2011 geändert worden: anstelle des EDA bildet nun das EVD zusammen mit dem VBS und dem EJPD den Sicherheitsausschuss, was sachlich mit Blick auf die internationalen Verflechtungen nicht begründet werden kann (Medienmitteilung vom 17.12.2010; URL: http://www.news.admin.ch/message/index.html?lang=de&print_style=yes&msg-id=36874; zuletzt besucht: 2.1.2012).
130 SIPOL B 1990, 853: Eine Ausweitung der Sicherheitspolitik hielt der Bundesrat nicht für zweckmässig; es sei sinnvoll, die Zuständigkeit für ihre Bearbeitung bei den dafür spezialisierten Instanzen (für die verschiedenen Politikbereiche in Bund, Kantonen und Gemeinden) zu belassen.
131 Mit dieser Zuteilung aller Sicherheits(rechts)fragen unter der Schwelle der Landesverteidigung auf die Kantone entfiel lange auch das rechtswissenschaftliche Interesse infolge der eingeschränkten Bedeutung von Forschungsergebnissen überwiegend gestützt und begrenzt auf kantonales Recht.
132 SCHWEIZER ET AL., Gutachten VBS, 146 f.
133 Näheres zu den rechtsstaatlichen Grundlagen im Kapitel 6.
134 Vgl. Verzeichnis der völkerrechtlichen Verträge: SR 0.311.11 bis 0.311.51.
135 Auf die ältere Geschichte der Entwicklung sicherheits- und grundrechtlicher Bestrebungen wird hier nicht eingetreten.
136 Art. 2 Abs. 2 und 4, 33 ff., 43 ff. der Charta der Vereinten Nationen von 1945 (mit dem Recht auf Selbstverteidigung, bis der Sicherheitsrat die erforderlichen Massnahmen getroffen hat).

Gleichermassen bedeutend ist der *Individualrechtsschutz* mit der Allgemeinen Erklärung der Menschenrechte im Jahre 1945 und durch die *Genfer Abkommen von 1949* zum Schutz der Kriegsopfer als Kriegsvölkerrecht. Mit dem allen vier Genfer Abkommen gemeinsamen Art. 3 gelten deren Schutzbestimmungen auch für bewaffnete Konflikte, die keinen internationalen Charakter aufweisen[137]. Damit sind sie auch polizeirechtlich relevant.

Von entscheidender Massgeblichkeit für das Polizeirecht sind sodann die völkerrechtlichen *Menschenrechtskodifikationen* der *Europäischen Menschenrechtskonvention* (EMRK, 1950) und des *Internationalen Paktes über die bürgerlichen und politischen Rechte* (UNO Pakt II, 1966). Damals aus schrecklicher Erfahrung der jüngsten Geschichte (Rz. 19) als normatives Schutzsystem im Sinne der *Abwehr staatlicher Eingriffe in die Menschenrechte und Grundfreiheiten* konzipiert, ist die EMRK durch die Praxis des Europäischen Gerichtshofes für Menschenrechte (EGMR) in ihrer Bedeutung und Wirksamkeit weiterentwickelt worden: Verschiedene Grundrechte sind auch mit Schutzmassnahmen des Staates vor Beeinträchtigungen durch Dritte zu schützen (Rz. 227 ff.). Zumindest in Bezug auf existentielle Grundrechte (Rz. 313 ff., 418 f.) ist auch eine nachträgliche Schutzpflicht entwickelt worden, sofern der Staat an der Grundrechtsverletzung durch eigenes Handeln oder Unterlassen (bei Beeinträchtigung durch Dritte) mitverantwortlich sein könnte. Alle drei Grundrechtsfunktionen sind polizeirechtlich von grosser Bedeutung.

63

Eine grosse Zahl völkerrechtlicher Abkommen und Verträge, sowohl auf globaler als auch auf europäischer Ebene, bilden wesentliche Polizeirechtsquellen. Sie lassen sich in Abkommen zur *Bekämpfung spezifischer Verbrechen* (z.B. Menschenhandel) oder *Deliktskategorien* (z.B. organisiertes Verbrechen), in solche *multilateraler Kooperations-* (z.B. Interpol, Europol) *oder Assoziierungsabkommen* (Schengen, Dublin) und in *bilaterale Zusammenarbeitsverträge* mit allen direkten Nachbar- und zahlreichen andern Staaten) unterteilen (vgl. Rz. 997 ff.).

64

Weitere internationale Rechtsquellen finden sich ferner in spezifischem *soft law*, d.h. in nicht als formelle Abkommen ausgestaltete Kodices[138], die von Gerichten in der Urteilsfindung als Massstab für polizeilich korrektes Vorgehen verwendet werden[139].

65

---

137 IPSEN, § 63, Rz. 14.
138 So die Resolution 690 (1979) des Europarates zur Erklärung über die Polizei, Resolution der UNO Generalversammlung (1990) zu den Grundprinzipien zur Anwendung von Gewalt und zum Waffengebrauch durch Angehörige der Rechtsdurchsetzungsorgane. Kritisch IPSEN, § 19, Rz. 22.
139 Z.B. EGMR Şımşek and others v. Turkey, §§ 105; BGE 109 Ia 146 E 4b.

II. Sicherheitsverfassung

1. Geschriebenes Verfassungsrecht

66 Darüber, welche der Verfassungsnormen zum Sicherheitsrecht, also zu einer entsprechend genannten *Sicherheitsverfassung* innerhalb der BV gehören, besteht keine grosse Einigkeit. Die Beantwortung der Frage hängt vom *dogmatischen Ansatz des Sicherheitsbegriffes* ab (Rz. 35 f.). Wird von den Verbandskompetenzen ausgegangen, ergibt sich von vorneherein eine Eingrenzung in Bezug auf die je einbezogenen Gefahren. Sind die zu schützenden Güter Grundlage für die Bestimmung dessen, was zur Sicherheitsverfassung gehört, entfällt diese Einengung.

67 Fest steht, dass *unterschiedliche Normtypen* zur Sicherheitsverfassung gehören. Der Umfang der *formellen Sicherheitsverfassung des Bundes*, wie von RAINER SCHWEIZER UND GABRIELA KÜPFER vertreten[140], lässt sich nach den Normtypen[141] wie folgt darstellen:

Art.	Inhalt	Normtyp
2 Abs. 1	Schutz von Freiheit und Rechten des Volkes, wahrt Unabhängigkeit des Landes	Staatsziel
2 Abs. 4	Einsatz für friedliche und gerechte internationale Ordnung	Staatsziel
49 Abs. 2	Bund wacht über Einhaltung des Bundesrechts durch Kantone (Bundesexekution)	Verfassungsauftrag
52 Abs. 2	Bund greift ein, wenn Ordnung in einem Kanton gestört oder bedroht... (Bundesintervention)	Verfassungsauftrag
54 Abs. 2	Einsatz für Wahrung der Unabhängigkeit	Zielnorm (i.V.m. Art. 2 Abs. 1)
55 und 56	Beziehungen zum Ausland	Kompetenznormen
57	Bund und Kantone sorgen ... für die Sicherheit des Landes und den Schutz der Bevölkerung	Verfassungsauftrag mit Verweis auf je eigene, teilw. parallele Kompetenzen gemäss BV
58 Abs. 2	Armee: Kriegsverhinderung, Friedenserhaltung, Verteidigung von Land und Bevölkerung; Unterstützung ziviler Behörden	Verfassungsauftrag, Aufgabennorm
58 Abs. 3	Einsatz der Armee ist Sache des Bundes	Kompetenznorm
59	Militärdienstpflicht, Ersatzdienst, Ersatzabgabe	«Grund»-Pflicht-Norm

---

140 SGK, Vorbem. zur Sicherheitsverfassung, Rz. 1.
141 Nach RHINOW/SCHEFER, Rz. 65 ff.

Art.	Inhalt	Normtyp
60	Militärgesetzgebung, Organisation, Ausbildung und Ausrüstung der Armee Sache des Bundes	Aufgaben- und Organisationsnorm
61	Gesetzgebung über den Zivilschutz	Verfassungsauftrag (Aufgabennorm)
107	Waffen- und Kriegsmaterial	Aufgaben- und Kompetenznorm
140 Abs. 1 lit. b	Obligatorisches Referendum betr. Beitritt zu Organisation für kollektive Sicherheit oder supranationaler Gemeinschaft	Organisationsnorm betr. politisches System, Volksrechte
140 Abs. 1 lit. c	Obligatorisches Referendum betr. dringlich erklärte Bundesgesetze, die keine BV-Grundlage haben und deren Geltungsdauer ein Jahr übersteigt	Organisationsnorm betr. politisches System, Volksrechte
141 Abs. 1 lit. b	Fakultatives Referendum betr. dringlich erklärte Bundesgesetze, deren Geltungsdauer ein Jahr übersteigt	Organisationsnorm betr. politisches System, Volksrechte
141 Abs. 1 lit. d Ziff. 1–3	Fakultatives Referendum betr. völkerrechtliche Verträge: a) unbefristet und unkündbar, b) Beitritt zu einer internationalen Organisation, c) wichtige rechtsetzende Bestimmungen oder für Umsetzung Erlass von Bundesgesetzen nötig	Organisationsnorm betr. politisches System, Volksrechte
165	Gesetzgebung bei Dringlichkeit	Organisationsnorm betr. Organkompetenz und betr. politisches System (Befristungen der Gesetze)
173 Abs. 1 lit. a–d	Aufgaben der Bundesversammlung betr. Wahrung der äusseren Sicherheit, Unabhängigkeit und Neutralität, betr. Wahrung der inneren Sicherheit, Erlass BV-unmittelbarer Verordnungen. Anordnung von Aktivdienst (von Teilen) der Armee	Aufgaben- und Organisationsnorm betr. Organkompetenzen
185	Aufgaben des Bundesrates: Massnahmen zur Wahrung der äusseren und inneren Sicherheit, der Unabhängigkeit und der Neutralität, Erlass BV- unmittelbarer Verordnungen bei eingetretenen oder unmittelbar drohenden schweren Störungen der öffentlichen Ordnung	Aufgaben- und Organisationsnorm betr. Organkompetenz und betr. politisches System (Befristung der VO)

Die Sicherheitsverfassung umfasst, wie dies die Zusammenstellung dartut, nicht nur Ziel- und Auftragsnormen, sondern auch *Regelungsstrukturen* und ein *sicherheitspolitisches Instrumentarium* in Form von Kompetenz- und Verfahrensbestimmungen.

Sie ist m.E. insbesondere nicht – wie die Überschrift des 2. Abschnittes von Kapitel 2 der BV vorzugeben scheint – auf Art. 57–61 BV begrenzt.

Der Einfügung des Terminus «Sicherheit», der im VE 95 noch nicht enthalten war, zu «Landesverteidigung und Zivilschutz» in den Titel dieses 2. Abschnittes und in das Marginale von Art. 57 BV kommt keine rechtsdogmatische Bedeutung zu[142]. Es handelt sich lediglich um die (in der BV 1874) nicht explizit aufgeführt Verbandskompetenz des Bundes[143] hinsichtlich «Sicherheit»[144].

69 Für die Umschreibung dessen, was zum Sicherheitsrecht gehört, können im bundesstaatlichen Gefüge und unter Beachtung der horizontalen Kompetenzgliederung auch nicht die Regelungen der (Bundes-)Organkompetenzen massgebend sein. Das *Sicherheitsrecht ist in der Schweiz ein Querschnittsrecht mit sehr komplexen Strukturen von Kompetenzen und Verantwortungen.* Darin ist das Polizeirecht einzuordnen mit drei sich überschneidenden Wesensmerkmalen: Aufrechterhaltung und Wiederherstellung der öffentlichen Sicherheit und der positivierten öffentlichen Ordnung, Gefahrenabwehr und Kriminalitätsbekämpfung (vgl. Rz. 83 ff.).

70 Da sich der Sicherheitsbegriff im innerstaatlichen Verhältnis in erster Linie auf den Schutz der Grundrechte und die rechtlich verankerten staatlichen Institutionen bezieht, zählen auch die einzelnen *Grundrechte,* soweit es sich nicht um solche rein sozialer Natur handelt (z.B. Art. 12, 19 BV), zur Sicherheitsverfassung.

71 Zur *Sicherheitsverfassung* gehören nach der hier vertretenen Auffassung auch jene Bestimmungen, die der Bannung technologischer und natürlicher Gefahren dienen, so Art. 73 i.V.m Art. 2 Abs. 2 BV (Nachhaltigkeit), Art. 74 (Umweltschutz, Schutz vor schädlichen oder lästigen Einwirkungen)[145], Art. 76 (Wasser, Abwehr schädigender Einwirkungen), Art. 82 (Strassenverkehr), Art. 84 (alpenquerender Transitverkehr, als Spezialauftragsnorm zum Umweltschutz), Art. 87 (Eisenbahnen und weitere Verkehrsträger mit einem Schwergewicht auf der betrieblichen Sicherheit), Art. 89 (Energiepolitik, Gewährleistung einer sicheren und umweltverträglichen Energieversorgung), Art. 90 (Kernenergie, «Sicherheit der Anlagen [Schutz der Bevölkerung, Beschäftige und Umwelt]»[146]), Art. 91 (Transport von Energie, «optimale Sicherheit der Einrichtungen in technischer Hinsicht», mit «grossem Gefahrenpotential»[147]), Art. 92 (Post- und Fernmeldewesen, «Gewähr für einen funktionstüchtigen Post-

---

142 Im Entwurf der Verfassungskommission des Nationalrates vom 21. November 1997 wurde im Titel des 2. Abschnittes auch noch «Frieden» vorangestellt, was vom Ständerat jedoch abgelehnt worden ist (AB Verfassungsreform S 169), dem der Nationalrat dann folgte (AB Verfassungsreform N. 444).
143 Vgl. EICHENBERGER, Komm. Art. 102 Ziff. 10 aBV, Rz. 149.
144 AB Verfassungsreform S 169.
145 Zum *Polizei*begriff zählt das BGer (neu) auch die Raumplanung (vgl. Rz. 41, 113).
146 Botschaft VE 96, 269.
147 Botschaft VE 96, 270.

und Fernmeldeverkehr»[148])[149], Art. 102 (Landesversorgung), Art. 118 (Schutz der Gesundheit), Art. 119 (Fortpflanzungsmedizin und Gentechnologie im Humanbereich), Art. 119*a* (Transplantationsmedizin mit dem Verbot des Handels mit menschlichen Organen) und Art. 120 (Gentechnologie im Ausserhumanbereich)[150]. Sie stehen teilweise in einem direkten Verhältnis zur Verwirklichung von Grundrechten (Art. 35 BV).

Prominenter Teil des rechtlichen Sicherheitsbegriffes ist die *Rechtssicherheit*. Zumindest in der Form des *Rechtsschutzes* (Art. 29–32 BV) ist diese auch *Wesenselement nicht nur der Grundrechts- sondern auch der Sicherheitsverfassung*.

72

2. Ungeschriebenes sicherheitsbezogenes Verfassungsrecht

Die noch junge BV von 1999 enthält nur wenig ungeschriebenes Verfassungsrecht[151]. Immerhin sind im Zusammenhang mit der Sicherheitsverfassung drei Rechtsfiguren und eine Zuständigkeitsregelung als *ungeschriebenes Verfassungsrecht* festzuhalten: das staatliche *Gewaltmonopol* als fundamentales Element des Rechtsstaates (vgl. Rz. 74, 1282 ff.), das *Gebot der Optimierung* von Rechtssätzen (vgl. Rz. 766 f.) und der *Staatsnotstand*[152] (vgl. Rz. 727). Zudem sind die inhärenten bzw. impliziten Zuständigkeiten des Bundes (vgl. Rz. 204 f., 220, 795) logischerweise in der Verfassung nicht erwähnt[153].

73

Die Frage nach dem Gewaltmonopol ist so alt wie die Menschheit[154]. Das *staatliche Gewaltmonopol*[155] als Ausfluss der Herstellung des Landfriedens zur Überwindung des Fehde- und Bandenwesens zwischen verschiedensten Trägern von Machtansprüchen (Fürsten, Klerus, Adel, Zünfte) in einem bestimmten geografischen Gebiet führte zur *Konzentration der Macht* bei (absoluten) Monarchen oder dem republikanischen Obrigkeitsstaat, woraus sich das Staatsdenken zu entwickeln begann (Bodin, Hobbes, Locke). Die Überwindung der absoluten Monarchie ihrerseits durch die *Konstitutionalisierung* des Staatswesens galt der *Bändigung der an sich nötigen Staatsmacht*[156]. Der Staat bedarf der Kompetenz, im Rahmen völkerrechtlicher Verpflichtungen, seine eigenen Angelegenheiten selbständig zu regeln und durchzusetzen (Souveränität). Diese «Höchstmächtigkeit» (TSCHANNEN) ist grundsätzlich unteilbar, der Staat kann keine konkurrierenden Machtansprüche neben sich dulden, ohne seine

74

---

148 Botschaft VE 96, 272.
149 Das Brief-, Post- und Fernmelde*geheimnis* wird durch Art. 13 Abs. 1 BV (Schutz der Privatsphäre) gewährleistet.
150 Vgl. zum Ganzen MOHLER, SBVR III/1, Rz. 75 f., 101 ff.
151 RHINOW/SCHEFER, Rz. 14.
152 RHINOW/SCHEFER, Rz. 24.
153 RHINOW/SCHEFER, Rz. 16.
154 Vgl. auch die Hinweise in Rz. 1282 ff. Vgl. zur radikalen Infragestellung des staatlichen Gewaltmonopols: DÜRR, 399, 402.
155 Vgl. zum Ganzen HALLER/KÖLZ/GÄCHTER, 4 ff.; TSCHANNEN, Staatsrecht, § 1, Rz. 12 ff.
156 BUSER, Rz. 58, für die kantonale Ebene.

raison d'être, seinen Zweck aufzugeben. Diese Macht bedarf indessen nicht nur der Begrenzung, sondern in erster Linie der *Legitimität* der verfassten Rechtsbindung der Machtverhältnisse zwischen Menschen.

Die *Frage nach der Legitimität* staatlicher Macht und Machtausübung als Umsetzung des Gewaltmonopols ist nicht nur bei der Verfassungs- oder Gesetzgebung zu stellen, sondern sie stellt sich *bei jeder Ausübung des Gewaltmonopols* immer wieder neu[157].

> «Nach APEL» ermöglicht das Gewaltmonopol des Rechtsstaates «weitestgehende Gewaltfreiheit der Beziehungen zwischen den Bürgern untereinander. Das Gewaltmonopol wird also als Garant grösstmöglicher Gewaltfreiheit verstanden», dessen Inhalte einem Richtigkeitsdiskurs zugänglich sind[158].

Das *Gewaltmonopol* ist auch nicht auf die Ausübung physischen Zwangs beschränkt, es *umfasst alle hoheitlich einseitigen Beschränkungen individueller Rechtspositionen*, wozu namentlich auch die Datenbearbeitung im öffentlichen Recht gehört. Die *Legitimität* ihrerseits bezieht sich nicht nur auf die *Rechtmässigkeit des angestrebten Zwecks*, sondern auch auf die *Art und Weise der praktischen Umsetzung*, der dazu befugten Akteure (Organkompetenz), des Vorgehens, der eingesetzten Mittel und auf die Rechtsfolgen davon (Näheres zum Gewaltmonopol als Begrenzung organisationsrechtlicher Delegation in Rz. 1327).

75 Nicht ausdrücklich erwähnt, aber seit jeher als inhärente Zuständigkeit des Bundes betrachtet, ist die Wahrung der Lufthoheit (Luftpolizei) und – akzessorisch – die Zollpolizei. Demgegenüber ist die Zuständigkeit des Bundes für die grenzpolizeilichen Belange[159] wie diejenigen des Staatsschutzes[160] als parallel zu derjenigen der Kantone zu bezeichnen[161].

76 Als bemerkenswerter Mangel erscheint der Terminus «Polizei» nicht in der Bundesverfassung. Er ist also wohl ebenso zum ungeschriebenen Verfassungsrecht zu zählen.

III. Übrige sicherheitsrechtliche Normen auf Bundesstufe

77 Polizeiliche Normen im weiteren Sinn, d.h. Beschränkungen unterschiedlicher Art, finden sich in verschiedenen Sachbereichen zur Erzielung bestimmter Formen von Sicherheit, so zur Verhütung von Schäden (Umweltrecht, Qualitätssicherung) im Gesetzesrecht (Gesetze und Verordnungen) des Bundes. Dazu gehören z.B. Bewilligungserfordernisse für bestimmte Berufe ebenso wie für Produkte. Durch die bundesstaatliche Kompetenzteilung verfügen jedoch die Kantone über die Polizeihoheit. Des Bundes Verbands- und Organzuständigkeit im engeren Polizeirecht ist grundsätzlich beschränkt auf den Schutz seiner selbst und auf Situationen, in denen die

---

157 SALADIN, Verantwortung, 94 f.; DERS., Staaten, 216 ff. (zur «Höchstmächtigkeit» und zum Staat als Machtgebilde).
158 KUNZ/MONA, 6 76.
159 Art. 9 AuG.
160 Art. 4 BWIS.
161 Vgl. Botschaft AuG, 3776 (zu Art. 7 E AuG).

Sicherheit der Schweiz als Ganzes bedroht oder gestört ist. Durch eine zunehmende Aufweichung dieser verfassungsrechtlichen Kompetenzgrenzziehung sind vermehrt Bundesgesetze auch für die kantonalen Polizeidienste zu Rechtsquellen geworden[162].

Zum Sicherheitsrecht gehören somit Verfassungs-, Verwaltungs-, insbesondere polizeirechtliche Bestimmungen, das Straf- und Strafprozessrecht, andere der Sicherheit dienende Verfahrens- und Vollstreckungsnormen. Es ist umfassendes oder Querschnittsrecht, sowohl der planerischen (strategischen) Gestaltung wie der direkten Gefahrenabwehr auf staatsrechtlicher und polizeilicher Ebene[163].

78

IV. Kantonales Recht

1. Recht des Kantons

Primäre Rechtsquelle auf kantonaler Stufe sind die *Kantonsverfassungen*[164]. Jüngere Verfassungstexte enthalten Bestimmungen über die Gewährleistung der öffentlichen Sicherheit[165] und damit Grundlagen für das kantonale Polizeirecht (sofern nach kantonalem Verfassungsrecht für Gesetze ein Verfassungsvorbehalt besteht).

79

Die ursprünglichsten eigentlichen Polizeirechtsquellen[166] in der Schweiz waren kantonale Polizeigesetze, die nach der Wiedererlangung der staatlichen Eigenständigkeit der Eidgenossenschaft und der Annahme des Bundesvertrages vom 7. August 1815 in verschiedenen Ständen erlassen wurden[167]. Auch heute bilden die *kantonalen Polizeigesetze* die rechtlichen Fundamente polizeilicher Aufgabenerfüllung, wenngleich diese durch andere Rechtsquellen völkerrechtlicher Art (z.B. Schengen-Assoziierungsabkommen), des Bundes und interkantonales Recht (dazu nachfolgend) ergänzt, präzisiert oder derogiert werden.

80

2. Interkantonales Recht

In den letzen Jahren sind gesamtschweizerische und regionale *rechtsetzende Verträge* unter den Kantonen, Konkordate, als weitere Rechtsquellen dazugekommen[168]. Weitere Konkordate regeln die *Zusammenarbeit* in erster Linie regional (Nordwest-, Ost-, West- und Zentralschweiz), eines landesweit (IKAPOL). Ebenso finden regionale

81

---

162 So z.B. das ZAG, das ZG und militärrechtliche Normen (vgl. Rz. 207 ff.).
163 Vgl. RUCH, Sicherheit, VR CH, § 56, Rz. 8.
164 Eingehend GIACOMETTI, Staatsrecht, 23 ff.
165 Vgl. z.B. § 11 Abs. 1 lit. e KV BS (Grundrecht, Formulierung analog zu Art. 5 Abs. 1 EMRK), § 24 («Der Staat gewährleistet die öffentliche Sicherheit, namentlich den Schutz vor Gewalt, Ausbeutung und Missbrauch. Er trifft Massnahmen zur Katastrophenvorsorge und schützt den öffentlichen Frieden durch Gewaltprävention und Konfliktbewältigung.»).
166 Im Unterschied zu vorangehenden Regelungen militärischer Art wie z.B. Stadtgarnisonen.
167 Z.B. in Basel das «Gesetz wegen Einrichtung einer Kantons-Polizey (vom 21. Juno 1816)» (FÜRSTENBERGER, 23).
168 Z.B. Konkordat über Massnahmen gegen Gewalt anlässlich von Sportveranstaltungen vom 15. November 2007.

Polizeischulen[169] als gemeinsame Organisationen verschiedener Kantone ihre Grundlage in interkantonalen Verträgen. Näheres dazu findet sich in Rz. 235 ff.

3. Kommunales Recht

82 Soweit kantonale Rechtsordnungen den Gemeinden Polizeikompetenzen zugestehen, können kommunale Erlasse die Aufgaben und Tätigkeiten der Gemeindepolizeidienste im Rahmen des relevanten Bundes- und Kantonsrechts regeln[170].

---

169 Z.B. Nordwest- und Zentralschweiz, Ostschweiz.
170 Vgl. z.B. Art. 1 Abs. 2, Art. 3 und 34 PolG GR.

3. Kapitel: Polizeirecht

§ 7 Polizeibegriffe

A. Materiell-rechtliche Aspekte des Polizeibegriffs

Die rechtssystematische Eingliederung des Polizeirechts wirft verschiedene Fragenkomplexe auf, vorab die Frage nach der *Materie des Polizeirechts*. Anders als in Deutschland wird in der Schweiz nicht durchwegs der Doppelbegriff Polizei- und Ordnungsrecht gebraucht[171]. Dies ist darauf zurückzuführen, dass in Deutschland zahlreiche Verwaltungs- bzw. Ordnungsaufgaben nach dem zweiten Weltkrieg durch besatzungsrechtliche Anordnungen von der Zuständigkeit der Polizei in untere Verwaltungsinstanzen von Kreisen und Gemeinden verlagert worden sind; darunter fiel u.a. auch die allgemeine *Gefahrenabwehr*[172].

83

Demgegenüber bezieht sich der *materielle Polizeibegriff* in der Schweiz – nach einer vorübergehenden Ausuferung seines Inhaltes[173] – seit BGE 97 (1971) I 499 (Rz. 41) primär auf «*la notion classique et traditionnelle de protection contre un danger*». Dem folgt bisher der überwiegende Teil der Lehre[174]. Dabei wird zwischen Rechtsetzung, verwaltungsrechtlicher Umsetzung (Verfügungen) und allenfalls intervenierendem Vollzug nicht *a priori* unterschieden. Indessen erscheint auch der Ausdruck «*protection*» gerade in Bezug auf die darauf gerichteten staatlichen Handlungen als nicht hinreichend eindeutig. Unter «protection» kann sowohl die Vorsorge wie auch die unmittelbare Gefahrenabwehr subsumiert werden. Der *Polizeibegriff* als solcher ist nach wie vor nicht klar bestimmt[175]; immerhin besteht darüber Einigkeit, dass er sowohl Rechtsetzung wie Rechtsanwendung umfasst[176].

84

I. Gefahrenabwehr

Es gilt daher zunächst zu prüfen, inwieweit der Terminus «Gefahrenabwehr» für den materiellen Polizeibegriff massgebend ist. Die jüngere Literatur und Judikatur des Bundesgerichtes hat die oben zitierte Begrifflichkeit weiter entwickelt, ohne dass es aber gelungen wäre, eine konzise Umschreibung des Inhaltes des Polizeibegriffes zu erzielen[177]. Einigkeit besteht (lediglich) darin, dass das alleinige Kriterium der Gefahrenabwehr für eine Definition des Polizeibegriffs nicht ausreicht.

85

---

171 Götz, Rz. 1 ff.
172 Götz, Rz. 2.
173 Saladin, Grundrechte, 188 f., 236 ff., 344 ff.
174 Häfelin/Müller/Uhlmann, Rz. 2431; Rhinow, Armeeeinsatz, 363; Tschannen/Zimmerli/Müller, § 54, Rz. 23; Ritter, 85 f., 90.
175 An dieser Feststellung von Ritter (81 ff., 87) hat sich nichts Grundlegendes geändert.
176 Häfelin/Müller/Uhlmann, Rz. 2431; Reinhard, 7; Ritter, 83.
177 Häfelin/Müller/Uhlmann, Rz. 2432; Reinhard, 10 ff.; Tschannen/Zimmerli/Müller, § 54, Rz. 1 f., 10 ff.

86 Abgelehnt wurde dieses alleinige Kriterium – just wegen seiner ungenügenden Genauigkeit – bereits von GYGI[178] – ausgenommen für die polizeiliche Generalklausel –, da sich auch andere, nicht polizeiliche Erlasse, namentlich im öffentlichen Wirtschaftsrecht, vorwiegend im Wirtschaftsverwaltungsrecht, mit Gefahrenabwehr befassten[179]. JOST hielt fest, der Begriff der Gefahrenabwehr habe an Abgrenzungswert stark eingebüsst und werde der Entwicklung nicht mehr gerecht[180]. Ähnlich argumentieren HÄFELIN/MÜLLER/UHLMANN[181]: Das Abgrenzungskriterium der Gefahrenabwehr könne nicht allein massgebend sein, da «auch mit Hilfe der Wirtschafts- und Sozialpolitik Gefahren für die Gesellschaft und die Individuen (Arbeitslosigkeit, Verelendung usw.) bekämpft» würden[182].

87 Neben der «*Gefahrenabwehr*» wird die Polizeiaufgabe in nicht immer genau gleich lautenden Formulierungen mit dem *Schutz der öffentlichen Ordnung und Sicherheit* umschrieben. Daraus – wie aus der Formulierung *Aufrechterhaltung bzw. Wahrung oder Wiederherstellung der öffentlichen Sicherheit und Ordnung* – könnte zunächst der Schluss gezogen werden, dass «Schutz» bzw. «Aufrechterhaltung» oder «Wahrung» dem Begriff «Gefahrenabwehr» entsprächen. Dies trifft jedoch ebenso wenig zu, da dieser Schutz auch mit vorbeugenden Aktivitäten verschiedener staatlicher Organe auf verschiedenen staatspolitischen Stufen angestrebt wird[183]. Nicht zutreffend wird den Letztgenannten dogmatisch ein positiver, der Gefahrenabwehr ein negativer Charakter zugesprochen[184].

II. Öffentliche Sicherheit und Ordnung

88 «Öffentliche Ordnung» und «öffentliche Sicherheit» werden in der Literatur übereinstimmend als *Sammel- oder Oberbegriffe* für vom Staat zu schützende *Rechtsgüter* verstanden[185]. Es handelt sich bei diesen *rechtlichen Topoi* demnach um die *Objekte* staatlicher Bestrebungen, diese zu bewahren.

Hervorzuheben ist, dass die *öffentliche Sicherheit und öffentliche Ordnung selber keine Rechtsgüter* im eigentlichen Sinne sind, sondern sie beschreiben einen stets anzustrebenden, aber nie ganz zu erreichenden Zustand[186].

---

178 313 f.
179 Vgl. dazu REICH, Wirtschaftsfreiheit, N. 720 ff.
180 98.
181 Rz. 2432.
182 So im Ergebnis auch RITTER, 89; *anderer Ansicht* heute wieder SCHWEIZER/SUTTER/WIDMER, Rz. 37, die den materiellen Polizeibegriff eng gefasst mit der Abwehr konkreter Gefahren und der Beseitigung von Störungen umschreiben, aber die geringe Trennschärfe zur gestaltenden Politik hervorheben.
183 RUCH, Sicherheit, VR CH, § 56, Rz. 13; DERS., SBVR, Sicherheit, Rz. 27, 57, 70 f.
184 JOST, 126; REINHARD, 113.
185 JOST, 20, 25; EICHENBERGER, 84 f.; SALADIN, Grundrechte, 342 ff.; REINHARD, 9; HÄFELIN/ MÜLLER/UHLMANN, Rz. 2431, 2433; TSCHANNEN/ZIMMERLI/MÜLLER, § 54, Rz. 7 ff.
186 EICHENBERGER, 85; MOHLER, SBVR III/1, Rz. 11 m.w.N.; ähnlich RUCH, Sicherheit, SBVR, Rz. 27. Für Deutschland: GUSY, Rz. 80; LISKEN/DENNINGER, A Rz. 100; *a.A.* wohl GÖTZ,

In Art. 185 Abs. 2 BV umfasst der Begriff der «öffentlichen Ordnung» auch andere Dimensionen als polizeilich zu schützende Rechtsgüter[187].

Wenig Konkretes ergibt sich indessen aus der Umschreibung der *öffentlichen Sicherheit und Ordnung* für die davon umfassten Schutzgüter. Öffentliche Sicherheit und Ordnung werden als *polizeiliches Tätigkeitsfeld* einerseits oft in einem Atemzug genannt[188]. Andererseits werden sie richtigerweise begrifflich auseinandergehalten[189]. 89

Wohl seit JOSTS Umschreibung hat sich der *Inhalt des Begriffs der öffentlichen Sicherheit* etwas verfestigt: Er umfasst danach die *Gefahrenabwehr des Staates und seiner Einrichtungen sowie das Leben, die Gesundheit, die Freiheit, das Vermögen sowie die Ehre*[190], umschreibt mithin bestimmte Schutz*objekte*. Auch damit sind die Konturen aber noch nicht genügend deutlich gezogen. Der Begriff *Gefahrenabwehr* wird von JOST weiter gefasst verstanden als die unmittelbare Verhinderung eines schädigenden Ereignisses, er umfasst auch Vorkehrungen zur Verhinderung des Entstehens einer Gefahr. 90

1. Öffentliche Sicherheit

Die jüngere Literatur fasst die *öffentliche Sicherheit* vielfach in der aus der deutschen Lehre übernommenen Formulierung der *Unverletzlichkeit der objektiven Rechtsordnung* zusammen[191]. Diese Umschreibung der öffentlichen Sicherheit erscheint einerseits als sehr theoretischer Anspruch, andererseits ist sie als Element eines materiellen Polizeibegriffs im Zusammenhang mit der Gefahrenabwehr auch kühn und zu weitreichend. Sie umfasst zunächst, wörtlich genommen, einen schier unbegrenzten polizeilichen Präventionseinsatz, der nach Einschränkungen ruft. Zudem ist notorisch, dass die Rechtsordnung – je komplizierter, desto deutlicher – ständig verletzt, teilweise auch im demokratischen Rechtsstaat bewusst negiert wird (z.B. hinsichtlich Steuern oder zu Teilen im Strassenverkehr). Als Ausfluss dieser *Unverletzlichkeit* der 91

Rz. 89 ff.
187 BIAGGINI, Komm. zu Art. 185, N. 11.
188 Vgl. HÄFELIN/HALLER/KELLER, Rz. 315, 672; HÄFELIN/MÜLLER/UHLMANN, Rz. 2431, 2433.
189 JOST, 63, der jedoch gleich beifügt, die beiden Begriffe überschnitten sich, weshalb der Sprachgebrauch uneinheitlich sei; REINHARD, 52, 56; TSCHANNEN/ZIMMERLI/MÜLLER, § 54, Rz. 9 ff., 12 f.
190 JOST, 63; REINHARD, 53; HÄFELIN/MÜLLER/UHLMANN, Rz. 2433; TSCHANNEN/ZIMMERLI/ MÜLLER, § 54, Rz. 15.
191 REINHARD, 52. GÖTZ, § 4 Rz. 3; GUSY, Rz. 79; HÄFELIN/MÜLLER/UHLMANN, Rz. a.a.O.; TSCHANNEN/ZIMMERLI/MÜLLER § 54, Rz. 9 ff. Der EuGH verwendete die Unverletzlichkeit der Rechtsordnung jedoch für den Begriff der öffentlichen Ordnung (Urteil vom 27. Oktober 1977 in der Rechtssache 30/77, Bouchereau, Slg. 1977, 1999; zit. nach BGE 129 II 215 E 7.3, 222). Dabei hielt er jedoch fest, dass der Begriff «eng zu verstehen sei; daher dürfe seine Tragweite nicht von jedem Mitgliedstaat einseitig ohne Nachprüfung durch die Organe der Gemeinschaft bestimmt werden». Die Umschreibung der öffentlichen Ordnung nach bisheriger schweizerischer Lehre und Rechtsprechung, mindestens soweit sie auch alle *un*geschriebenen Normen umfasst, dürfte mit dieser Einschränkung nicht übereinstimmen (vgl. Rz. 131 ff.).

öffentlichen Sicherheit alle Rechtsverletzungen auch nur ahnden, geschweige denn verhindern zu wollen, ist unmöglich, selbst in einem rigiden Polizeistaat[192]. Rechtsverletzungen im geordneten Verfahren zu korrigieren, ist in jedem Fall aber die Aufgabe justizieller Behörden.

Als Element des materiellen Polizeibegriffs eignet sich diese Umschreibung daher nicht. Sie wäre im freiheitlichen Rechtsstaat durch zu viele Vorbehalte zu begrenzen, die sie letztlich ihrer inhaltlichen Aussage wieder entleerten.

92 Es bedarf auch für die Praxis einer präziseren Definition der *öffentlichen Sicherheit*. Zu ihr gehören die *Objekte des Sicherheitsbegriffes*, also *die völker- und verfassungsrechtlich, kollektiv und individuell gewährleisteten (Kerngehalte der) Grundrechte sowie das Land im Sinne des Territoriums als Lebensraum (einschliesslich der Infrastrukturen sowie dem öffentlichen und privaten Eigentum) und seine Institutionen mit allen rechtlich geregelten Zuständen und Verfahren*[193]. Zu den rechtlich geregelten Zuständen zählen auch die verfassungs-, straf- und zivilrechtlich geschützten Rechtsgüter, zu den Verfahren alle grundrechtlichen Ansprüche für faire Verfahren (Rz. 36).

93 Die *Wahrung der so umschriebenen öffentlichen Sicherheit* durch den Staat als dessen Verpflichtung und ständiges Bemühen wird durch Vorkehrungen sehr unterschiedlicher Art angestrebt: durch die Aussenpolitik (Art. 54 Abs. 2 BV), völkerrechtliche Konventionen, Verfassungs- und Gesetzgebung, nachgesetzliche Regelungen und deren Umsetzung[194]. Dass diese Funktionen weit über diejenigen eines auch weit verstandenen Polizeirechts hinausgehen, ist offenkundig. Dazu gehören zusammengefasst zunächst die *staatspolitischen Komponenten* dieser Aufgaben[195], zu denen die «klassisch» polizeilichen treten.

94 Entsprechende Vorkehrungen finden sich in verschiedenen Rechtsbereichen[196]. Demnach kann der *Schutz der öffentlichen Sicherheit* kein kongruentes Element des materiellen Polizeibegriffs sein.

2. Öffentliche Ordnung

95 Noch schwieriger wird es mit dem *Schutz der öffentlichen Ordnung*. Wie bemerkt (Rz. 87 f.), wird sie zwar oft in einem Atemzug mit der öffentlichen Sicherheit

---

192 Vgl. auch TSCHANNEN/ZIMMERLI/MÜLLER, § 54, Rz. 10.
193 MOHLER, SBVR III/1, Rz. 69; vgl. LENDI, Rz. 28; RUCH, Sicherheit, VR CH, § 52, Rz. 8, 27; DERS., Sicherheit, SBVR, Rz. 27 f.
194 RUCH, Sicherheit, VR CH, § 56, Rz. 11, 14.
195 RUCH, Sicherheit, VR CH, § 56, Rz. 8; SCHWEIZER/KÜPFER, SGK zu Art. 57, Rz. 5.; MOHLER, Sicherheit, SBVR, Rz. 60 ff., 69, 233 f., 236.
196 Zwangsbewehrte Massnahmen finden sich auch im Zivilrecht (bspw. im Persönlichkeitsschutz Massnahmen bei Gewalt, Drohungen oder Nachstellungen, Art. 28*b* ff. ZGB, die fürsorgerische Freiheitsentziehung, Art. 397*a* ff. ZGB (vgl. Rz. 2690), ferner im Wirtschafts- und Sozialrecht) oder im Strafrecht (Massnahmen zur Gefahrenabwehr gem. Art. 56, 59, 60, 61, 64 StGB).

erwähnt, umgekehrt aber auch von ihr zu trennen versucht. Ihr Inhalt wird, v.a. auch vom Bundesgericht, nicht klar von demjenigen der öffentlichen Sicherheit getrennt. Nach der häufigsten Definition der *öffentlichen Ordnung* umfasst sie «alle Regeln, die nach der jeweils herrschenden Ansicht für das geordnete Zusammenleben der Privaten unerlässlich sind»[197].

Etwas anders formulierte JOST[198], indem er ausdrücklich *alle Normen – über die Grenzen des geltenden Rechts hinaus –*, die nach der herrschenden Auffassung zu den unerlässlichen Voraussetzungen eines gedeihlichen menschlichen Zusammenlebens gehören, einschliesst[199].

96

REINHARD[200] stützte sich auf die in der deutschen Literatur (damals) überwiegende Auffassung, nach der die öffentliche Ordnung als die «Gesamtheit der *un*geschriebenen Regeln für das Verhalten des Einzelnen in der Öffentlichkeit, deren Beachtung nach den jeweils herrschenden Anschauungen als unerlässliche Voraussetzung eines geordneten staatsbürgerlichen Zusammenlebens betrachtet wird».

Obwohl sich die beiden Definitionen gleichen, weisen sie einen dogmatischen Unterschied auf: Nach der JOSTschen Umschreibung gehören alle «Normen», ob positiviert oder nicht, zur öffentlichen Ordnung, wogegen sich die Formel von REINHARD für die öffentliche Ordnung auf die *un*geschriebenen Regeln beschränkt. Normen und Regeln sind auch nicht das Gleiche.

97

Mit dem Begriff der *öffentlichen Ordnung* wird indessen auch die *objektive Rechtsordnung* angesprochen, ohne gleich deren Unverletzlichkeit einzubeziehen. Somit werden über tatbestandliche Normen i.S.v. einzelnen Gesetzesbestimmungen hinaus auch Rechts*prinzipien* erfasst, was dem Rechtsmissbrauch Schranken setzt und das Gewicht vom Formell- etwas mehr zum Materiellrechtlichen verschiebt. Dementsprechend ist der öffentlichen Sicherheit *die öffentliche Rechtsordnung* als noch weiter gefasster Begriff überzuordnen. Diese hat somit eine für die Auslegung des positiven Rechts unverzichtbare Funktion, «die Rechtsordnung als Ganzes anzuwenden und nicht nur eine Norm oder ein Gesetz, auch nicht nur Privatrecht, Verwaltungsrecht oder Strafrecht»[201].

In der Botschaft zum Bundesgesetz über die Ausländerinnen und Ausländer[202] findet sich die abgrenzende Definition: «Die *öffentliche Ordnung* umfasst die Gesamtheit der *un*geschriebenen Ordnungsvorstellungen, deren Befolgung nach der herrschenden sozialen und ethischen Anschauung als unerlässliche Voraussetzung eines geordneten menschlichen Zusammenlebens anzusehen ist[203].» Nach dieser Umschreibung fallen die in der Verfassung ausdrücklich erwähnten Verfassungsprinzipen allerdings nicht unter den Begriff der öffentlichen Ordnung, da sie eben «geschrieben» sind.

98

---

197 HÄFELIN/MÜLLER/UHLMANN, Rz. 2433; TSCHANNEN/ZIMMERLI/MÜLLER, § 54, Rz. 12.
198 63.
199 Mit kritischem Unterton kommentierte EICHENBERGER (85) ein Jahr später die offene Fassung des Polizeibegriffes, da mit der parallelen Unbestimmtheit der polizeilichen Generalklausel die Freiheit der Bürger zweitrangig werde.
200 56; gestützt auf GÖTZ (damals 10. Aufl. 1990, § 6 Rz. 93), in der 14. Aufl. § 5 Rz. 1 ff.
201 RHINOW, in: Peters/Schefer, 96.
202 BBl 2002 3709.
203 A.a.O., 3809 (Hervorhebung hier).

3. Zur terminologischen Praxis des Bundesgerichtes

99 Wie schwierig die Abgrenzung zwischen öffentlicher Ordnung und Sicherheit sein mag, zeigt ein Blick in die jüngere Judikatur des Bundesgerichtes. Die bundesgerichtliche Praxis folgt einerseits nicht der abgrenzenden Umschreibung und trägt andererseits auch nicht zur wünschenswerten Klarheit bei: Weder wird der Terminus *öffentliche Ordnung* konsequent für einen klar umschriebenen Bereich verwendet, noch ist eine konsequente Unterscheidung dessen, was das Bundesgericht allein unter der öffentlichen Ordnung und was unter öffentlicher Sicherheit und Ordnung (oder umgekehrt: Ordnung und Sicherheit) versteht, herauszulesen. Es folgt, gerade im Ausländerrecht, der in der Botschaft zum AuG erwähnten Definition der öffentlichen Ordnung nicht. Es lassen sich in dieser jüngeren Judikatur folgende Urteilsgruppen finden:

100 *Verstoss* gegen die öffentliche Ordnung (auch) ohne Delikte:
  a) durch Geisteskrankheit eines Ausländers (BGer 2C_494/2007 E 6.3; BGE 125 II 521 E 3c/bb; vgl. auch Rz. 106, lit. b);
  b) durch eine missachtende Haltung gegenüber der hiesigen Justiz, was zeige, dass der Beschwerdeführer nicht gewillt oder fähig sei, die rechtsstaatliche Ordnung in der Schweiz zu respektieren (BGer 2A.308/2004 E 3.3);
  c) durch Nichtbezahlen von Schulden (vgl. Rz. 106, lit. b und c);
  d) durch den illegalen Nachzug des Sohnes, obwohl ein Rechtsanspruch bestand, den die zuständige Behörde übersehen hatte (BGE 122 II 385 E 3b).

101 *Verstoss* gegen die öffentliche Ordnung – ohne Erwähnung der öffentlichen Sicherheit – durch Delikte:
  a) Verurteilungen wegen Raubes, versuchter Erpressung, Hehlerei, einfacher Körperverletzung und Drohung (BGer 2C_299/2008 E 3.3);
  b) Verurteilung wegen Gehilfenschaft zu Drogenhandel (982g) in Deutschland (mit diesen Delikten «zusammenhängende Gefährdung der Gesundheit einer Vielzahl von Menschen») (BGer 2C_381/2008 E 2.2 f.);
  c) mehrfache Verurteilungen wegen Betrugs (BGer 2C_273/2007 E 2);
  d) Verurteilung wegen Unfalles mit dreifacher Todesfolge, dazu «Autoraser» (BGer 2C_756/2007 E 2.2);
  e) mehrfache Verurteilung zu Freiheitsstrafen («Er hat somit offensichtlich gegen die öffentliche Ordnung…verstossen»: BGer 2A.548/2006 E 3.1; analog BGer 2A.65/2006 E 3.1 («…vom Beschwerdeführer ausgehende Gefahr für die öffentliche Ordnung») und BGer 2A.417/2006 E 2.1;
  f) versuchte vorsätzliche Tötung: Der Beschwerdeführer «hat mit dieser Tat massiv gegen die hiesigen strafrechtlichen und moralischen Normen verstossen und die öffentliche Ordnung…in schwerwiegender Weise verletzt» (BGer 2A.313/2005 E 3.1.2);
  g) «…der Beschwerdeführer hat durch seine Straftaten in erheblicher Weise gegen die öffentliche Ordnung verstossen» (BGer 2A.469/2005 E 2.3);
  h) Verstoss gegen fremdenpolizeiliche Vorschriften (BGer 2A.501/2005 E 2.2.1).

102 *Verstoss* gegen die öffentliche Ordnung *und* Sicherheit durch Delikte:
  a) die einzelnen Delikte für sich genommen rechtfertigten noch keine Ausweisung; wegen der «Intensivierung (der) deliktischen Tätigkeit sowohl zahlenmässig als auch in Bezug auf die Schwere der Rechtsverletzungen»…sei von einer offensichtlichen Rückfallgefahr und damit von einer fortbestehenden Gefährdung der öffentlichen Sicherheit und Ordnung

auszugehen (BGer 2C_494/2007 E 6.2; vgl. im gleichen Urteil unter E 6.5 in fine die Annahme der Störung der öffentlichen Ordnung durch Geisteskrankheit);
b) mehrfache Straffälligkeit eines Geisteskranken; die günstige Prognose kann aus fremdenpolizeilicher Sicht nicht allein massgebend sein, gelte es doch in diesem Bereich «auch das allgemeine, nicht unbedingt strafrechtlich relevante Verhalten des Betroffenen sowie die Interessen der öffentlichen Ordnung und Sicherheit zu berücksichtigen» (m.w.H.; BGE 125 II 521 E 4a/bb; vgl. oben Rz. 100 lit. a);
c) einem Ausländer, «der keine Aufenthalts- oder Niederlassungsbewilligung besitzt und der die öffentliche Sicherheit und Ordnung stört oder gefährdet, darf – insbesondere zur Bekämpfung des widerrechtlichen Betäubungsmittelhandels –» eine Auflage gemacht werden (BGer 2A.501/2005 E 2.1);
d) arbeitsscheuer Kleinkrimineller, der unzählige Diebstähle und andere Delikte begangen hatte, … «hat dadurch, auch wenn die einzelnen Delikte nicht ausgesprochen schwer wiegen, die öffentliche Ordnung und Sicherheit insgesamt massiv beeinträchtigt» (BGer 2A.297/2006 E 3.2).

Verstoss gegen die öffentliche Sicherheit und Ordnung oder gegen strafrechtlich geschützte Rechtsgüter: 103
- zahlreiche Vorstrafen. Es «besteht eine nicht unerhebliche Wahrscheinlichkeit, dass der Beschwerdeführer weiterhin die öffentliche Sicherheit und Ordnung gefährden oder gegen strafrechtlich geschützte Rechtsgüter verstossen wird» (BGer 2A.539/2006 E 3.2; analog: BGer 2A.509/2005 E 3.1).

Verstoss gegen *hiesige strafrechtliche und moralische Normen und* die *öffentliche Ordnung:* 104
- durch mehrfache untauglich versuchte Gefährdung des Lebens und mehrfaches Vergehen gegen das Waffengesetz (Bestrafung mit 4 ½ Jahren Zuchthaus) (BGE 135 II 110 E 4.1); aber keine Ausweisung eines anerkannten Flüchtlings wegen guter Prognose (vgl. Rz. 102 lit. b).

Ordnungs- und sicherheits*politische* Gründe: 105
- Widerruf der Niederlassungsbewilligung einer mit einem Schweizer verheirateten Ausländerin, mit dem sie eine gemeinsame Tochter (Schweizerbürgerin) hat, wegen mehrfacher Verurteilungen wegen Betäubungsmittelhandels während ca. sieben Jahren zu insgesamt dreieinhalb Jahren Freiheitsstrafen (wovon knapp zwei Jahre vollzogen) (BGer 2C_541/2009 E 3.1 f.).

Schuldenwirtschaft und öffentliche Ordnung: 106
a) kein Verstoss: Unbestritten, dass Verlustscheine in der Höhe von CHF 200 000 und im Jahre 2005 Betreibungen von rund CHF 40 000 vorlagen. Die Wirtschaftslage gebe «auch aufgrund seiner Schulden und hängigen Betreibungen zu Bedenken» Anlass. Aber: Dem Beschwerdeführer werde «aufgrund seiner Schuldenwirtschaft kein selbständiger Verstoss gegen die öffentliche Ordnung vorgeworfen» (BGer 2C_289/2007 E 2.5).
b) Verstoss: Verschiedene strafrechtliche Verurteilungen. «Dadurch hat er zudem gezeigt, dass er nicht willens bzw. fähig ist, sich an die öffentliche Ordnung zu halten. *Dasselbe* (Hervorhebung hier) ergibt sich aus seinem liederlichen Finanzgebaren und seiner immer weiter zunehmenden Überschuldung» (BGer 2A.745/2005 E 2.2).
c) Verstoss: Unverschuldete Fürsorgeabhängigkeit stelle «allein keinen Verstoss gegen die öffentliche Ordnung» dar, «wohl aber das Nichtbezahlen von Schulden; dies gilt jedenfalls, wenn diese einen nicht unbedeutenden Umfang erreichen» (in casu: 1996 über CHF 100 000; BGE 122 II 385 E 2b). Vgl. Rz. 100 lit. d und Fall a hievor.

d) Aufhebung des Widerrufs der Niederlassungsbewilligung zu ergänzender Abklärung, ob 52 Betreibungen mit einer Gesamtsumme von rund CHF 198 500 und 35 Verlustscheine im Betrage von CHF 112 000 als schwerwiegender Verstoss gegen die öffentliche Ordnung zu beurteilen sei, d.h. ob sie auf Mutwilligkeit zurückzuführen seien (BGer 2C_273/2010 E 4.1 ff.).

107 Auf der einen Seite werden durch das Bundesgericht auch schwerste Verbrechen (z.B. BGer 2A.313/2005 E 3.1.2, vgl. Rz. 101 lit. d) als Verstoss ausschliesslich gegen die öffentliche Ordnung eingestuft, andererseits wiederholte Straftaten, die je für sich genommen keine Ausweisung zur Folge hätten, als Verstoss gegen die öffentliche Sicherheit und Ordnung eingereiht[204]. Dogmatisch eigenartig erscheint die Formulierung der Gefährdung der öffentlichen Sicherheit und Ordnung *oder* eines Verstosses gegen strafrechtlich geschützte Rechtsgüter. Durch das allgemeine Strafrecht geschützte Rechtsgüter gehören (mit wenigen Ausnahmen, bspw. Vermögensdelikte gegen Familiengenossen, Ehrverletzungsdelikte) zweifelsfrei in den Bereich der öffentlichen Sicherheit.

108 Bietet demnach die Umschreibung der öffentlichen Ordnung als präsumtiver Bestand des materiellen Polizeibegriffs im Bereich der positiven Rechtsordnung schon Schwierigkeiten, so verstärken sich diese durch die folgenden drei Unbestimmtheiten weiter[205]: Die Gesamtheit der *ungeschriebenen Normen* und deren Gültigkeit nach der *jeweils herrschenden Auffassung* als Voraussetzung für ein *gedeihliches oder doch geordnetes Zusammenleben.*

109 Von der Verfassungsmässigkeit her bedarf es nach dem Bestimmtheitsgebot[206] einer hinreichend präzisen Norm, die den Anforderungen der demokratischen Legitimation, der Rechtsgleichheit (Gleichbehandlungsinteresse), Berechenbarkeit (Legitimationsinteresse) und Voraussehbarkeit (Prävisionsinteresse) für staatliches Handeln, in diesem Kontext also polizeirechtlicher Beschränkungen, genügt[207]. Dieser Anforderung entsprechen alle drei Unbestimmtheiten nicht (verfassungsrechtliche Problematik)[208].

---

204 Nicht mehr Klarheit in den Begriffsinhalt der öffentlichen Ordnung bringt auch der Entscheid BGE 134 II 1, wenn festgehalten wird, der verpönte «Unwille» müsse «in der Regel in einem gesetzwidrigen Verhalten zum Ausdruck gekommen sein» (E 4.2); «eine Verletzung der im Gastland geltenden Ordnung (könne) auch in einer groben Missachtung von Regeln der Sittlichkeit oder zentraler gesellschaftlicher Werte liegen». Hier werden zwar *un*geschriebene Normen angesprochen – zum vorherigen Satz etwas widersprüchlich –, doch wird dann Bezug auf das notwendige überwiegende Interesse als entscheidender Massstab genommen (E 4.3 in fine).
205 Vgl. auch GUSY, Rz. 96.
206 Art. 5 Abs. 1 BV (Legalitätsprinzip), BGE 130 I 1 E 3.1, 5; RITTER, 197 ff.
207 Vgl. RITTER, 157 f.
208 Das BGer hat in BGE 133 II 136 (Star TV AG) E 7, festgehalten, dass eine durch die Rechtsprechung hinreichend konkretisierte gesetzliche Grundlage genüge. Gerade die hier dargestellte uneinheitliche Judikatur in Bezug auf die Inhalte der Begriffe von öffentlicher Ordnung und öffentlicher Sicherheit macht deutlich, dass auch die «durch die Rechtsprechung hinreichend konkretisierte gesetzliche Grundlage» mindestens für juristische Laien unzureichend sein kann und demnach dem Bestimmtheitsgebot nicht notwendigerweise gerecht wird.

Just diese Anforderungen an die gesetzte Rechtsordnung brachten und bringen es in zunehmendem Mass mit sich, dass eine Fülle spezialgesetzlicher Bestimmungen bis hin zu privatrechtlich erlassenen, aber allgemein (oder lokal) gültigen Normen[209] das Feld dessen, was bislang als allgemein akzeptierte *un*geschriebene Ordnung galt, immer kleiner wird und damit (darauf gestützten) polizeilichen Beschränkungen nicht (mehr) zugänglich ist. Die (zu einem bestimmten Zeitpunkt) «herrschende Auffassung» wird – gerade im direkt-demokratischen Staat – rechtlich positiviert[210], das Übrige kann sich nicht mehr auf eine herrschende Auffassung stützen (rechtstheoretische Problematik). Damit entsteht auch ein erhebliches Widerstandspotential gegenüber irgendwelchen Korrekturen, sofern nicht (und selbst wenn) eine als genügend legitimiert erachtete rechtliche Grundlage vorhanden ist. 110

In der pluralistischen Gesellschaft, die auch Minderheiten schützt, hält es zudem immer schwerer zu bestimmen, was zum einen wirklich herrschende Auffassung und zum andern, was zu einem geordneten oder gedeihlichen Zusammenleben unverzichtbar sei. Was wirklich herrscht, ist der Individualismus, der den Gehalt einer überwiegenden Auffassung *(«volonté générale»)* immer mehr aushöhlt. In einer Wechselwirkung zur erwähnten rechtstheoretischen Problematik werden mehr und mehr wegen der von HERSCH schon 1974 konstatierten *Unfähigkeit, Freiheit zu ertragen*[211]*,* Normen erlassen, die noch vor wenigen Jahren unnötig schienen[212] (soziologische Problematik). 111

Somit erweist sich auch die von der Lehre zumeist wiedergegebene Definition der *öffentlichen Ordnung* unter Respektierung des Legalitätsprinzips für einen materiellen Polizeibegriff als untauglich. 112

Die Ausdehnung dessen, was zum «Polizeiwesen» gehört, also was hinsichtlich öffentlicher Sicherheit *und Ordnung* zu schützen sei, wurde durch einen höchst- 113

---

209 Erlassen durch Organisationen der Schweizerischen Normenvereinigung (SNV), vgl. MOHLER, SBVR III/1, Rz. 191 f.
210 Vgl. z.B. das in der Volksabstimmung von 24. Februar 2008 revidierte Polizeigesetz der Stadt Chur, nach dem es zwischen 00.30 und 07.00 Uhr auf öffentlichen Strassen verboten ist, Alkohol zu trinken (Art. 14 Abs. 5 PolG Chur). Gleichzeitig wurde die rechtliche Grundlage für Videoüberwachungen im öffentlichen Raum (Art. 5 ff. PolV Chur) und Wegweisungen (Art. 12 Abs. 2 PolG Chur) geschaffen.
211 Vgl. FN 33.
212 Videoüberwachungen öffentlicher Plätze (z.B. Reglement über die Videoüberwachung auf öffentlichem Grund vom 3. Juli 2007 der Stadt St. Gallen [sRS 412.4]; Art. 12 PG Chur) und öffentlicher Verkehrsmittel (z.B. Art. 54 PBG) samt Datenschutzproblematik (z.B. BGE 133 I 77), Wegweisungsbestimmungen (Art. 12 PolG GR; Art. 13 PG Chur), Rayon- und Ausreiseverbote im Zusammenhang mit Sportveranstaltungen (Art. 24*c* BWIS; Art. 4 des Konkordats über Massnahmen gegen Gewalt anlässlich von Sportveranstaltungen, z.B. SGS BL 702.14), zeitliche oder altersabhängige Alkoholverbote (z.B. Art. 14 Abs. 5 PolG Chur; vgl. BaZ von 10. Januar 2008, 17, und 12. Januar 2008, 13), Strafbarkeit der Verunreinigung von Allmend durch Abfall etc. (Art. 25 PolG Chur), Kinderbetreuungsverordnungs-Vorschriften (URL: http://www.ejpd.admin.ch/content/dam/data/gesellschaft/gesetzgebung/kinderbetreuung/entw-kibev-d.pdf; zuletzt besucht: 1.8.2011), Hunderegelungen (Ablehnung eines BB über den Schutz des Menschen vor Tieren, AB 2010 N 2180), Fanprojekte etc.

richterlichen Entscheid aus dem Jahre 2002[213] wieder verstärkt: Danach werden zum «Polizeiwesen» «auch neuere Polizeiaufgaben wie die Raumplanung, der Umweltschutz und der Datenschutz tatsächlich dazu gezählt». Mit der *Raumplanung* dürfte der Polizeibegriff, so wie er seit JOSTS Arbeit[214] verstanden wird, sein «dogmatisches Bett» (JOST) definitiv verlassen haben. Auch mit BGE 97 I 499 (Griessen) steht dieses Urteil nicht unbedingt im Einklang.

114 Eine begrenzte Offenheit dessen, was zur öffentlichen Ordnung gehöre, legt auch der EuGH einem früheren Entscheid zu Grunde. Danach könnten «besondere Umstände, die möglicherweise die Berufung auf den Begriff der öffentlichen Ordnung rechtfertigen, von Land zu Land und im zeitlichen Wechsel verschieden sein, sodass insoweit den innerstaatlichen Behörden ein Beurteilungsspielraum innerhalb der durch den Vertrag gesetzten Grenzen zuzubilligen sei»[215].

115 Sind weder der *Schutz der öffentlichen Sicherheit und Ordnung* noch die *Gefahrenabwehr* für den Polizeibegriff wirklich determinierend, stellt sich die Frage, ob es einen eindeutigen *materiellen Polizeibegriff* gibt bzw. geben kann und ob es überhaupt einen braucht.

Die *öffentliche Sicherheit* ist auch anders als ausschliesslich durch *polizeiliche* Erlasse und Massnahmen zu wahren. Die *öffentliche Ordnung* – soweit sie über das gesetzte Recht hinausgeht – eignet sich nicht für polizeiliche Beschränkungen, sofern der Polizeibegriff (im Sinne des Nachtwächterstaates) nicht ins Uferlose ausgedehnt werden soll[216].

116 In der Literatur wird auch der materielle mit dem funktionalen Polizeibegriff kombiniert und dem formell-institutionellen Begriff gegenüber gestellt[217]. Der eng zu fassende materielle Polizeibegriff beschränke sich auf die Gefahrenabwehr und die Beseitigung von Störungen. Die Gefahrenabwehr lasse sich aber nicht immer klar von gestaltender Politik trennen[218]. Damit erweist sich der materielle Polizeibegriff auch in dieser Umschreibung als unscharf, zumal der Schutz der öffentlichen Sicherheit vor der unmittelbaren Gefahrenabwehr einsetzen kann (und muss). Umgekehrt lässt sich der institutionelle oder funktionale Polizeibegriff, orientiert am Schutz der öffentlichen Sicherheit, präzis eingrenzen (vgl. Rz. 128 ff.).

4. Kriterium der entschädigungslosen polizeirechtlichen Enteignung

117 Ebenso wenig hilft das Kriterium weiter, wonach eine (materielle) Enteignung aus polizeilichen Gründen entschädigungslos erfolgen dürfe. Abgesehen davon, dass die

---

213 BGE 128 I 327 E 2.3.
214 A.a.O., 65.
215 Urteil des EuGH vom 4. Dezember 1974 in der Rechtssache 41/74, van Duyn, Slg. 1974 1337, Rnr. 18, zit. nach BGE 129 II 215 E 6.2; vgl. dazu Rz. 91, FN 191.
216 Vgl. REINHARD, 10 ff.; UWE VOLKMANN, Polizeirecht als Sozialtechnologie, NVwZ 2009, Heft 4, 216 ff.
217 SCHWEIZER/SUTTER/WIDMER, Rz. 36.
218 SCHWEIZER/SUTTER/WIDMER, Rz. 37.

Verknüpfung von Enteignungs- und Polizeirecht in der Literatur seit langem kritisiert wird[219], belegen u.a. die Ausnahmen (d.h. entschädigungsberechtigte Enteignungen) im Falle

– eines Bauverbotes nicht nur wegen des Schutzes des Grundwassers, sondern auch aus raumplanerischen Gründen[220] und
– eines Verbotes einer bestehenden, nicht erst geplanten Nutzung entgegen dem öffentlichem Sicherheitsinteresse (Auszonung)[221]

unter Berücksichtigung der erneuten Ausweitung des Polizeibegriffes (Einbezug von Raumplanung, Umwelt- und Datenschutz, vgl. Rz. 113) dessen Untauglichkeit zur Begründung der Entschädigungslosigkeit. In beiden zitierten BGE aus dem Jahre 1980 wird der Ausdruck «Polizeibegriff (oder Polizeimassnahme) im engeren Sinn» verwendet, was mit der erweiterten Umschreibung kaum mehr übereinstimmt. In einem Entscheid von 2009[222] kommt das Bundesgericht wieder auf die enge Fassung zurück.

III. Schutz der Polizeigüter

1. Allgemeine Hinweise

Dementsprechend steht auch die Umschreibung des *Polizeigutes* selber zur Diskussion. Wenig hilfreich ist die Umschreibung, wonach Polizeigüter jene Rechtsgüter sind, von denen Gefahren abzuwenden die Polizei verpflichtet sei[223]. Das ist ein Zirkelschluss, denn die Definition verwendet den gerade zu definierenden Begriff: «Polizei», «polizeilich». Es wurde bereits dargetan, dass auch der Begriff der Gefahrenabwehr allein nicht taugt (oben Rz. 85 ff.). 118

> Das Bundesgericht hat festgestellt, dass das *Polizeigut* der *öffentlichen Sittlichkeit* mit den strafrechtlich geschützten Rechtsgütern nicht notwendigerweise identisch sei und auch ein Verhalten erfasse, das zwar nicht mit Strafe bedroht ist, jedoch den üblichen Massstäben zulässigen Verhaltens in eindeutiger Weise widerspreche[224]. Damit bezieht es sich auf eine (just im Bereich der Pornographie) angenommene herrschende Auffassung darüber, was geeignet sei, die ethische (oder moralische) Entwicklung von Jugendlichen zu beeinträchtigen, indem menschenverachtendes Verhalten im sexuellen Bereich als üblich, positiv und nachahmenswert dargestellt werde[225]. Die Schwierigkeiten zeigen sich schon allein in der Länge des Urteiltextes. 119

---

219 REINHARDT, 24 m.w.N.; MÜLLER/SCHEFER, 1034 ff.; TSCHANNEN/ZIMMERLI/MÜLLER, § 65, Rz. 28.
220 BGE 106 Ib 330 E 4.
221 BGE 106 Ib 330 E 5.
222 BGE 135 I 209: Eine Entschädigungspflicht kann bestehen, falls polizeilich motivierte Eigentumsbeschränkungen weiter gehen, als dies zur *Abwehr der ernsthaften und unmittelbaren Gefahr selber erforderlich* erscheint.
223 JOST, 25; REINHARD, 60; SALADIN, Grundrechte, 344.
224 BGE 133 II 136 E 5.3.1. Vgl. TSCHANNEN/ZIMMERLI/MÜLLER, § 54, Rz. 18.
225 A.a.O. E 7.

120 Es ist offenkundig, dass hier das Bestimmtheitsgebot (vgl. Rz. 109 f.) grosszügig interpretiert worden ist, so sehr auch das Ergebnis des Urteils begrüsst werden mag. Auch wenn definitorische Probleme beispielsweise hinsichtlich Pornographie bestehen, ist es Sache des Gesetzgebers, für die notwendige Rechtssicherheit zu sorgen[226], zumal es um die Beschränkung von Grundrechten geht.

121 Probleme bietet die oben zitierte Formulierung des Bundesgerichtes in dogmatischer Hinsicht auch in Bezug auf die *rechtliche Qualität der öffentlichen Sicherheit selber*, wenn festgestellt wird, «das Polizeigut der öffentlichen Sicherheit [sei] mit den strafrechtlich geschützten Rechtsgütern nicht notwendigerweise identisch...». Sie widerspricht der Feststellung (Rz. 88), dass öffentliche Sicherheit und Ordnung selber keine Rechtsgüter seien. Polizeigüter sind grundrechtlich oder gesetzlich geschützte Rechtsgüter, die mit der Möglichkeit polizeilicher Massnahmen *vor* einer Verletzung *besonders* bewahrt werden sollen. Zwar kann die öffentliche Sicherheit auch nicht strafrechtlich geschützte Rechtsgüter umfassen (bspw. im Bereich des Persönlichkeitsschutzes), doch bedarf es dann einer positivierten Norm oder einer Rechtslage, welche die Anwendung der polizeilichen Generalklausel rechtfertigt.

122 Sollen die *Polizeigüter* mit hinreichender Bestimmtheit umschrieben werden, ist auf rechtliche Bezugsgrössen abzustellen. Dafür eignet sich zunächst der *Sicherheitsbegriff* (Rz. 36, 92):
Polizeigüter sind die vom *Sicherheitsbegriff* erfassten *Rechtsgüter,* die durch hinreichende Rechtsnormen und durch Rechts- und Realakte der zuständigen Behörden (und beauftragten Organisationen[227]) verfassungskonform, gestützt auf konkrete gesetzliche Vorschriften, die polizeiliche Generalklausel oder den unmittelbaren Grundrechtsschutz zu schützen sind.

Dadurch

– werden die Rechtsgüter, die nötigenfalls auch durch freiheitsbegrenzendes staatliches Handeln (Erlasse, Rechts- und Realakte) zu schützen sind, grundrechtsbezogen institutionell und individuell umfassend, dogmatisch aber eindeutig beschrieben,

– wird das (passive) Gesetzmässigkeitsprinzip betont,

– wird der notwendige Bestimmtheitsgrad zur Umschreibung von Tatbeständen, die schützende und gleichzeitig möglicherweise freiheitsbegrenzende Massnahmen auslösen, erreicht und

– wird die Handlungspflicht zum Grundrechtsschutz deutlich[228] (aktives Gesetzmässigkeitsprinzip).

---

226 Es dürfte jedoch in bestimmten Lebensbereichen (bspw. der Sexualität) schwierig sein, Klarheit darüber herzustellen, was als menschenverachtend zu gelten habe und was nicht.
227 Vgl. dazu Rz. 143 f.
228 So bereits SALADIN, Grundrechte, 350, der die polizeiliche «Pflicht zum Schutze der verfassungsmässig gewährleisteten Güter und der verfassungsmässigen Ordnung überhaupt» stipulierte; dem stehe «ein Anspruch des Bürgers auf polizeiliches Tätigwerden» gegenüber. Diese

2. Legalitäts- und Opportunitätsprinzip

Bis vor kurzem ging die Lehre für das polizeiliche Handeln überwiegend vom Opportunitätsprinzip als polizeirechtlichem Grundsatz aus; die Polizei verfüge über ein grosses Entschliessungsermessen[229]. Heute ist die *Schutzpflicht aus grundrechtlicher Verpflichtung* unbestritten[230], sie ergibt sich auch aus verschiedenen Polizeigesetzen[231]. Dem ist auch in dogmatischer Hinsicht Rechnung zu tragen. Nach der hier vertretenen Auffassung ist das *Gesetzmässigkeitsprinzip* entsprechend den Funktionen der Grundrechte in eine *aktive* und eine *passive* Rechtsfigur aufzuteilen: Das *aktive* Gesetzmässigkeitsprinzip umfasst zunächst die Handlungs*pflicht* auf Grund gesetzlicher Aufträge oder gegebenenfalls der polizeilichen Generalklausel in einer (nicht nur auf den strafrechtlichen Begriff bezogenen) «tatbestandsmässigen» Situation. Sodann besteht eine direkte *grundrechtliche Schutzpflicht*, die Verpflichtung der Behörden zu schützendem Eingreifen, sofern ein existientielles Grundrecht konkret, unmittelbar und ernsthaft in Gefahr ist (vgl. Rz. 653, 780 ff.). Diese grundrechtliche *Schutzpflicht* selber umfasst auch das Eingriffs*recht*[232]. Zudem ergibt sich daraus auch die *prozessuale Garantie* als nachträgliche Schutzpflicht[233], d.h. die *Pflicht der unabhängigen Untersuchung* zumindest von aussergewöhnlichen Todesfällen[234], lebensgefährlichen oder anderen schweren Verletzungen und von Folter bzw. grausamer, unmenschlicher oder erniedrigender Behandlung (Art. 10 Abs. 3 BV)[235].

Ein *polizeiliches Opportunitätsprinzip* widerspräche der heutigen Rechtslage. Der ihm zugeschriebene Entscheidungsfreiraum ist innerhalb des Rahmens der *Handlungsverpflichtungen* eng. Der Polizei steht, sofern mehrere konkret gefährdete Polizeigüter gleichzeitig Massnahmen bedingen und die Kapazitäten nicht für alles Notwendige innert nützlicher Frist ausreichen, das *pflichtgemässe Entschliessungs-*

Verpflichtung in Bezug auf den Grundrechtsschutz geht nun deutlich aus Art. 35 Abs. 2 BV hervor, vgl. MOHLER, SBVR III/1, Rz. 32, 43, 59 ff.; RHINOW/SCHEFER, Rz. 1173 ff.; GRABENWARTER, § 20, Rz. 17, mit Bezug auf Art. 2 EMRK.
229 Statt vieler: TSCHANNEN/ZIMMERLI/MÜLLER, § 56, Rz. 1, 21 ff. m.w.N.; kritisch bereits: SALADIN, Grundrechte, 350, unter Hinweis auf die «Neuentdeckung der konstitutiv-institutionellen Funktion» der Grundrechte, 309; ferner: REINHARD, 61, 66, «das im klassischen Polizeirecht hervorgehobene Opportunitätsprinzip gilt nur im Bereich der Generalklausel», diese Eingrenzung erscheint mit Blick auf die Anwendungskriterien der polizeilichen Generalklausel (sachliche und zeitliche Dringlichkeit) allerdings eigenartig, in solchen Fällen besteht das Ermessen lediglich hinsichtlich der Priorisierung entsprechend den Gefährdungen unterschiedlicher Rechtsgüter. Mehr zu einer Pflicht neigend: HÄFELIN/MÜLLER/UHLMANN, Rz. 2445.
230 EGMR Bazorkina v. Russland, § 117; Iorga et autres c. Roumanie, §§ 64 ff.; MOHLER, Realakte, 470 m.w.N.
231 Z.B. § 2 Abs. 1 Ziff. 1 f. und 4 PolG BS.
232 Vgl. FN 228.
233 MOHLER, SBVR III/1, Rz. 39 m.w.N., 232.
234 MÜLLER/SCHEFER, 56, 78.
235 EGMR Mikheyev v. Russland, § 142 f., Entscheid Nr. 2 (Art. 3 EMRK).

ermessen zu, mehr nicht²³⁶. Ein anderweitiges Entschliessungsermessen (nach der klassischen Lehre) oder Einzelfallermessen (nach jüngerer Lehre²³⁷), d.h. ein quasi freies Ermessen, «ob» bei Gefahr im Verzug gehandelt werden soll, kommt ihr nicht zu.

125 Dasselbe gilt, wenn es um die Erteilung von Bewilligungen geht. Es gelten die *allgemeinen Grundsätze für Verwaltungsentscheide*²³⁸, sofern die massgebende Norm der Verwaltung einen *Ermessensentscheid im Einzelfall* einräumt; danach müssen *Ermessensentscheide*

– die Rechtsprinzipien (Grundrechtskonformität, Gesetzmässigkeit, öffentliches Interesse, Verhältnismässigkeit, Treu und Glauben) beachten sowie
– sachlich begründet (gestützt auf sorgfältige Sachverhaltsfeststellung und deren rechtliche Würdigung, keine sachfremden Einflüsse massgebend) und zweckorientiert (geeignet, dem Einzelfall angemessen) sein, wobei die Behörde das ihr zustehende Ermessen weder über- oder unterschreiten noch missbrauchen darf.

126 Das *passive Legalitätsprinzip* konkretisiert in erster Linie die Abwehrfunktion der Grundrechte; es verlangt für alle freiheitsbeschränkenden Eingriffe eine *gesetzliche Grundlage* (Art. 36 Abs. 1 BV; Vorbehalt- und Schrankenfunktion)²³⁹.

127 Daraus ergibt sich, dass ein eigentlicher *materieller Polizeibegriff entfällt*²⁴⁰.

B. Andere Polizeibegriffe

128 Nicht nur der fehlende präzise Gehalt eines materiellen Polizeibegriffs bietet Probleme, auch andere Polizeibegriffe sind wenig genau. Dabei zeigen sich in der Lehre begriffliche Unterschiede ebenso wie Überschneidungen. Die begriffliche Terminologie ist (noch) nicht gefestigt.

129 Mit *funktionellem Polizeibegriff* wird von einem Teil der Lehre der Schutz der öffentlichen Ordnung und Sicherheit durch Rechtsetzung und -anwendung als *Tätigkeiten*²⁴¹ verstanden²⁴². Der Terminus *Tätigkeiten* umfasst jedoch auch (staatliches) Handeln, das zwar dem Schutz der öffentlichen Sicherheit dienen kann, aber nicht einschränkend wirkt²⁴³; Einschränkungen von Rechtspositionen zeichnen polizeirechtliche Massnahmen aber oft gerade aus. Zudem gehören auch Tätigkeiten zu den Polizeiaufgaben, die zumindest nicht direkt mit dem Schutz der öffentlichen

---

236 SCHINDLER, Verwaltungsermessen, N. 425. ISENSEE/KIRCHHOF, § 147, Rz. 95, halten fest, das Entschliessungsermessen verdichte sich zu einer Handlungspflicht.
237 SCHINDLER, Verwaltungsermessen, N. 418 ff.
238 Vgl. HÄFELIN/MÜLLER/UHLMANN, Rz. 427 ff.; TSCHANNEN/ZIMMERLI/MÜLLER, § 26, Rz. 3 ff.
239 Zu Fragen der polizeilichen Generalklausel siehe unten Rz. 731 ff., 756 ff.
240 Vgl. REINHARD, 6 ff., 26; a.A. JOST, 126.
241 TSCHANNEN/ZIMMERLI/MÜLLER, § 53, Rz. 2.
242 HÄFELIN/MÜLLER/UHLMANN, Rz. 2431.
243 Vgl. Rz. 93.

Sicherheit in Zusammenhang gebracht werden können, so z.B. die Amtshilfe in zivilrechtlichen Angelegenheiten oder die Durchsetzung nicht sicherheitsrelevanter Normen der öffentlichen Ordnung.

REINHARD[244] unterstellte die Tätigkeiten zudem dem *formellem Polizeibegriff* und setzte ihn mit dem *institutionellen Polizeibegriff* gleich, allerdings mit der Einschränkung, es handle sich um die Summe aller Aufgaben, die von den *organisatorisch* als Polizeibehörden ausgeschiedenen Behörden wahrzunehmen seien[245].

I. Funktioneller oder institutioneller Polizeibegriff

1. Allgemeine Hinweise

Funktioneller und institutioneller Polizeibegriff bezeichnen indessen das Gleiche: Es geht um die Gesamtheit der zum *Schutz der öffentlichen Sicherheit* und *der positivierten öffentlichen Ordnung* zu erfüllenden *Aufgaben (Funktionen)*, die gestützt auf öffentliches Recht von den je zuständigen Instanzen – auf welcher Stufe auch immer – mit typischerweise Rechtspositionen beschränkenden Massnahmen zu erfüllen sind. Nicht zum funktionellen Polizeibegriff gehören demnach staatliche Massnahmen, die zwar auch dem Schutz der öffentlichen Sicherheit dienen, aber keinen einschränkenden Charakter haben, so z.B. die Aussen- und Aussenwirtschaftspolitik[246], Menschenrechts- und Entwicklungshilfebestrebungen im Ausland und (teilweise, d.h. nicht polizeiliche) Friedensförderungseinsätze. 130

Demnach werden vom *funktionellen oder institutionellen Polizeibegriff* alle Behörden erfasst, die auf Grund öffentlichen Rechts für die Gewährleistung (mindestens eines Teils) der *öffentlichen Sicherheit*[247] zur entsprechenden *Rechtsetzung* und zum *Erlass* von der *öffentlichen Ordnung* zuzurechnenden Normen befugt sind. Das sind die Parlamente (nach Art. 173 Abs. 1 lit. b und c i.V.m. Art. 163 BV auf Bundesstufe) und die Exekutiven für die den Gesetzen nachgeordneten Erlasse (Art. 182 Abs. 1, 185 Abs. 3 [Verordnungen] BV auf Bundesstufe für den Bundesrat). 131

Auf der Seite der Rechtsanwendung gehören alle *mit entsprechenden Kompetenzen ausgestatteten Organe bzw. Institutionen* dazu, die zu *hoheitlichen* einschränkenden[248] Rechts- oder Realakten, ermächtigt und beauftragt sind. 132

---

244 27.
245 Auch die organisationsrechtliche Abgrenzung vermag keine Klarheit zu bewirken: So nehmen bspw. das Bundesamt für Gesundheit und die kantonalen Gesundheitsämter gesundheitspolizeiliche, die Baubewilligungsbehörden bau- und feuerpolizeiliche, die FINMA finanzpolizeiliche Aufgaben wahr (vgl. Rz. 140).
246 Ausnahmen davon sind Embargomassnahmen, die bspw. auf Grund von Beschlüssen des UNO-Sicherheitsrates oder der Organisation für Sicherheit und Zusammenarbeit in Europa (OSZE/OSCE) getroffen werden, vgl. Art. 1 des BG über die Durchsetzung von internationalen Sanktionen (Embargogesetz).
247 Vgl. auch MOHLER, SBVR III/1, Rz. 69.
248 Auch die Leistungsverwaltung handelt mitunter hoheitlich, ohne – im polizeilichen Sinn – einzuschränken, vgl. ÜBERSAX, 397.

Die *Exekutiven* (Bundesrat, Regierungsrat, Gemeinderat) als oberste vollziehende Organe für sicherheitsrelevante Belange sind auch institutionelle Polizeibehörden[249]. Sie sind die vorgesetzten politischen Behörden der organisationsrechtlich als mit den polizeilichen Aufgaben betrauten oder direkt so bezeichneten *Verwaltungseinheiten* (oder ausgegliederten Institutionen[250]). Näheres dazu unter Rz. 749 ff.

133   Ebenso haben *richterliche Instanzen* – ausser der sitzungspolizeilichen Zuständigkeit[251] – Aufgaben und Kompetenzen zum Schutz der öffentlichen Sicherheit, so im Zusammenhang mit der Verwahrung[252] oder für Entscheide über die Anordnung bzw. Verlängerung von Wegweisungsverfügungen[253].

Nicht dazu zählt jedoch die rein justizielle *Überprüfung* von Verwaltungsentscheiden.

134   Auf der Verwaltungsstufe ist eine Vielzahl von Behörden, d.h. Departemente, Ämter, mit Aufgaben zum Schutz der öffentlichen Sicherheit und der positivierten öffentliche Ordnung betraut und befugt, *zu diesem Zweck* lenkende Verwaltungs-Verordnungen und rechtlich einschränkende Verfügungen zu erlassen[254]. Sie alle fallen unter den funktionellen oder institutionellen Polizeibegriff, gleichgültig, ob die Amtsbezeichnung den Begriff «Polizei» enthält oder nicht[255].

135   Die Gesetzgebung kann auch Instanzen ausserhalb der zentralen Verwaltung mit polizeirechtlichen Kompetenzen versehen, was in verschiedenen Sachbereichen auch geschehen ist[256].

---

249 Vgl. für den Bund Art. 185 Abs. 2, 184 Abs. 3 und 185 Abs. 3 [Verfügungen] BV, als kantonale Beispiele: Art. 90 lit. b und Art. 91 KV BE; § 74 Abs. 3 KV BL; § 109 KV BS; Art. 71 f. KV ZH.
250 Z.B. die Rheinschifffahrts- und Hafenpolizeibehörde nach Art. 8 des Staatsvertrages BL-BS über die Schweizerischen Rheinhäfen. Näheres dazu in MOHLER, Auslagerung, *passim*.
251 Art. 128 Abs. 1 ZPO, Art. 61 StPO.
252 Art. 56 ff. StGB.
253 Z.B. gemäss §§ 6 und 10 Gewaltschutzgesetz ZH; § 26c PolG BL; § 37d PolG BS. Dabei werden unterschiedliche Rechtswege vorgegeben bzw. Gerichtsinstanzen für die *Anordnung* der Wegweisung als zuständig erklärt: So gemäss § 9 Gewaltschutzgesetz ZH der (strafprozessrechtliche) Haftrichter, gemäss § 37e PolG BS das Zivilgericht, gemäss Art. 29 und 29a PolG BE das Verwaltungsgericht für die weggewiesene Person, das Zivilgericht für Schutz begehrende Personen.
254 Vgl. Bsp. für *Departements-VO:* VO des EJPD über die Leistungs- und Qualitätsanforderungen für forensische DNA-Analyselabors; VO des UVEK über Sicherheitsmassnahmen im Luftverkehr; VO des UVEK über die Beförderung gefährlicher Güter mit der Eisenbahn und mit Seilbahnen; VO des UVEK über die Inkraftsetzung der Rheinschifffahrtspolizeiverordnung; VO des EDI über grenzsanitätsdienstliche Massnahmen; VO des EDI zur Verhinderung der Einschleppung von neu auftretenden Infektionskrankheiten; Bsp. für *Ämter-VO:* VO des BAZL über die Prüfung von Luftfahrzeugen.
255 TSCHANNEN/ZIMMERLI/MÜLLER, § 53, Rz. 3 f.
256 Vgl. Art. 178 Abs. 3 BV; und bspw. § 111 Abs. 5 KV BS; § 80 KV BL; Bsp. für *VO dezentraler Organisationen:* Art. 21 Ziff. 2 EleG i.V.m. Art. 1 Abs. 2 VO über das Eidg. Starkstrominspektorat; Rheinzentralkommission (AS 1968 1255), Lotsen für den Rhein zwischen Basel und Mannheim/Ludwigshafen; Schweizerisches Seeschifffahrtsamt (Art. 9 Seeschifffahrtsgesetz [SSG]);

Funktionelle bzw. institutionelle polizeiliche Zuständigkeiten von Instanzen können im formellen oder materiellen Polizeirecht geregelt werden, was bei ungenügender Beachtung verfassungsrechtlicher Vorgaben zu komplexen, widersprüchlichen Rechtslagen führen kann (Näheres nachfolgend, Rz. 137 und 786 ff.).

2. Zu den Begriffen «staatlich», «hoheitlich» und «amtlich» im Besonderen

Während schon bisher der Begriff *«staatlich»* (vgl. Art. 35 Abs. 2 BV) durch die mannigfachen Formen von Auslagerungen öffentlicher Aufgaben seine Konturen verloren hat[257], so schien der Terminus *«hoheitlich»* deutlicher eingegrenzt, auch wenn für dessen Umschreibung – soweit überhaupt als eigenständige Handlungsform der Verwaltung anerkannt[258] – mehrere Kriterien zu finden sind. 136

Ein *hoheitlicher* Verwaltungsakt ist *öffentlich-rechtlicher Natur und einseitig*, also *nicht einvernehmlich*[259] *durchsetzbar*. Zuzufügen ist dem, dass *hoheitliche* Massnahmen *von einer Behörde selber* oder durch eine *von einer Behörde direkt beauftragten Organisation* zu erlassen sind[260]. Nur dadurch kann die Rechtsstaatlichkeit und die Rechtsweggarantie gewährleistet werden.

Diesen Anforderungen entsprechen die Regelungen im Bundesgesetz über die Sicherheitsorgane der Transportunternehmen im öffentlichen Verkehr[261] (BGST) nicht. Die Anbindung der Transportpolizei ist unklar, gemeint ist in erster Linie wohl eine polizeiliche Organisation der Schweizerischen Bundesbahnen (SBB)[262]. Die SBB sind aber keine Behörde, sondern eine spezialgesetzliche Aktiengesellschaft[263]. Nach Art. 5 Abs. 2 BGST sind sie zudem verpflichtet, die Leistungen ihrer Transportpolizei andern Transportunternehmen im öffentlichen Verkehr anzubieten. Diese wiederum können rein privatrechtliche Organisationen sein. Somit wirkte diese Transportpolizei, die einer nicht-behördlichen Organisation angehört, für ein rein privatrecht- 137

VO über den schweizerischen Fähigkeitsausweis zum Führen von Jachten zur See; Schweizerische Rheinhäfen (SRH; BL SGS 421.1; BS SG 955.400; vgl. MOHLER, Auslagerung, *passim*).

257 RHINOW/SCHEFER, Rz. 1154.
258 TSCHANNEN/ZIMMERLI/MÜLLER scheinen (§ 4, Rz. 3 ff.) auf die Unterscheidung zwischen hoheitlichen und nicht-hoheitlichen Verwaltungstätigkeiten grundsätzlich zu verzichten (vgl. dazu HÄFELIN/MÜLLER/UHLMANN, Rz. 26), führen sie aber als viertes Kriterium der Handlungsformen dennoch an (§ 27, Rz. 11); vgl. auch § 33, Rz. 4.
259 Das öffentlich-rechtliche Verhältnis allein macht ein Verwaltungshandeln noch nicht zu einem hoheitlichen, also einseitig durchsetzbaren Verwaltungsakt, da daneben der öffentlich-rechtliche *Vertrag* (im Gegensatz zur Verfügung) öffentliche Rechtsverhältnisse regelt (z.B. Dienstverhältnisse in Bund und Kantonen, Verträge mit privaten Sicherheitsunternehmen mit Übertragung gewisser polizeilicher Erfüllungsaufgaben). Vgl. BGE 135 II 38 E. 3.3.
260 RHINOW/SCHEFER, Rz. 1155, sprechen vom Gemeinwesen, das auch dann an die Grundrechte gebunden sei, wenn es im öffentlichen Interesse privatrechtlich tätig werde.
261 Zum Ganzen: MOHLER, BGST, *passim*.
262 Vgl. Ausführungen des Kommissionssprechers: AB 2009 N 121, AB 2010 N 1058.
263 Die SBB hielten selber bis zu einem Bundesgerichtsentscheid im Jahre 2006 die Rechtsform ihrer Organisation als privatrechtlicher Natur: BGE 132 III 470 E 3.3.

lich betriebenes Transportunternehmen. Damit ist m.E. sowohl die Hoheitlichkeit als auch das Gewaltmonopol zweifach durchbrochen.

Überdies fehlen jegliche Rechtsschutzbestimmungen, was in Anbetracht der vorgesehenen Wirkungsbereiche der vertraglich anzuheuernden Transportpolizeidienste in verschiedenen Kantonen für öffentliche oder private Transportunternehmen ein gravierender Mangel ist (Art. 29a BV)[264].

138 «Amtlich» (frz.: *officiel, d'office*, it.: *ufficiale*) ist nach derzeitiger Rechtslage indessen ein diffuser, nicht mehr tauglicher Begriff als Element einer öffentlich-rechtlichen Tätigkeit geworden; er grenzt nur noch von «privat» ab. Viele auch polizeiliche Tätigkeiten werden heute «amtlich» durch privatrechtliche oder spezialgesetzliche Unternehmen ausgeübt[265].

II. Organisationsrechtliche Polizeibegriffe

139 Die im täglichen Sprachgebrauch geläufigsten Polizeibegriffe sind organisationsrechtlicher Art (Kantons-, Stadt-, Gemeindepolizei, Sicherheits-, Kriminal-, Verkehrs-, Schifffahrts- oder Seepolizei usw.) ohne dabei mit diesen (territoriale und/oder sachliche) Aufgabengebiete bezeichnenden Ausdrücken vollständig oder genau zu sein.

140 Zum einen gibt es zahlreiche organisationsrechtlich definierte Behörden und Institutionen, die den Begriffsteil «Polizei» nicht enthalten, dennoch aber polizeirechtliche Aufgaben und Befugnisse haben. Mehrere unter ihnen wurden in den letzten Dezennien infolge einer sprachpsychologischen «Entpolizeilichung» umbenannt, so z.B. Gewerbepolizei in Gewerbeaufsicht oder -inspektorat, Baupolizei in Bauinspektorat, die eidgenössische Fremdenpolizei in Bundesamt für Migration oder (kantonale) Ausländerämter bzw. Einwohnerdienste u.Ä., Forstpolizei zu Forstdienst usw. Im rechtlichen Sinn habe sie indessen nach wie vor auch verwaltungspolizeiliche Aufgaben zu erfüllen.

141 Zum andern sind die Bezeichnungen für Abteilungen oder Dienste der *inkorporierten, d.h. der exekutiven Polizei* ungenau. Der umgangssprachliche Gebrauch lässt zunächst viele annehmen, die Polizei habe einen *umfassenden* Aufgabenbereich (zuständig für jede Art Störung der öffentlichen Ordnung) und eine dementsprechende Funktion (Korrekturbefugnisse). Zudem haben viele der täglichen polizeilichen Dienstleistungen eine Doppelfunktion, sie sind zugleich präventiv – im Sinne der Gefahrenabwehr – und repressiv – im Sinne der Rechtsdurchsetzung im weiteren und der Strafverfolgung im engren Sinn. So dienen Kontrollen einer Sicherheits- oder Verkehrspolizei in erster Linie der Prävention, ergibt sich jedoch der Verdacht auf Delikte, werden – durch die gleichen

---

264 Vgl. zur Notwendigkeit des Rechtsschutzes bei Auslagerungen BIAGGINI, Auslagerung, 168 f.
265 Vgl. z.B. Art. 23 Abs. 2 BWIS i.V.m. Art. 3 der VO über das Sicherheitswesen in Bundesverantwortung (VSB) und der VO über den Einsatz privater Sicherheitsfirmen durch den Bund (VES), die *Skyguide* als Flugsicherungsdienst nach Art. 40 und 48 des BG über die Luftfahrt (LFG) und Art. 2 ff. der VO über den Flugsicherungsdienst (VFSD).

Polizeiangehörigen – unmittelbar die ersten *strafprozessualen* (also kriminalpolizeilichen) Handlungen vorgenommen[266].

Kantons- und oft Gemeindepolizeien haben ferner, je nach gesetzlicher Ausgestaltung, auch *Behördefunktion,* sind also – im Unterschied zu Deutschland – nicht reine Ausführungsorgane anderer (Ordnungs-)Ämter, sondern auch *verfügungsberechtigt.* In die Zuständigkeit von Kantons- oder Gemeindepolizeidienste fallen etwa Verfügungen betr. gesteigerten Gemeingebrauch öffentlichen Raumes (z.B. Demonstrationen), Massenveranstaltungen (Sportanlässe mit grossen Zuschaueraufkommen), die Anwendung des Waffenrechts, Bewilligungen für das Abbrennen von Feuerwerk, Sondernutzung von Strassen u.a.m.

142

Selbst die bisher unbestrittene Abgrenzung, wonach privatrechtliche Sicherheitsorganisationen «weder unter den materiellen noch unter institutionellen (und damit auch nicht unter den formellen) Polizeibegriff» fallen[267], ist durch die Praxis überschritten worden. Näheres dazu in Rz. 1282 ff.

143

Eine Erscheinung jüngerer Zeit ist die Übertragung polizeilicher Aufgaben an eine spezialgesetzliche Aktiengesellschaft (skyguide AG für die Flugsicherung[268]) oder an öffentlich-rechtliche Anstalten (Schweizerische Rheinhäfen [SRH][269]; Finanzmarktaufsicht[270]).

144

§ 8 Die Gestalt des Polizeirechts

A. Dogmatische Zugehörigkeit

Das Polizeirecht als dem *öffentlichen Recht* angehörendes Rechtsgebiet umfasst v.a. (aber nicht nur) einschränkende Gesetzesbestimmungen[271], die dem Schutz von der *öffentlichen Sicherheit* zuzuordnenden Rechtsgütern und von *Treu und Glauben* im Geschäftsverkehr[272] dienen. Von der *öffentlichen Ordnung* erfasst das Polizeirecht nur

145

---

266 BGE 136 I 87 E 3.4 («Die verwaltungsrechtliche Polizeitätigkeit lässt sich indessen nicht leicht vom strafprozessualen, im Dienste der Strafverfolgung stehenden Aufgabenbereich unterscheiden. Die beiden Bereiche können sich überschneiden, können fliessend ineinander übergehen, etwa wenn ein Polizeifunktionär in Ausübung einer rein polizeilichen Tätigkeit auf allenfalls strafrechtlich relevante Sachverhalte trifft und entsprechende Massnahmen im Dienste der Strafverfolgung vorkehrt.»); dazu gehört bereits die Aufnahme weiterer Personendaten verdächtiger Personen (oder möglicher Zeugen) für das Erstellen eines entsprechenden (Kriminal-)Rapportes, der polizeirechtliche ebenso wie strafprozessuale Elemente enthalten kann.
267 SCHWEIZER/SUTTER/WIDMER, Rz. 40, die jedoch an dieser Stelle auf die Frage *behördlich beauftragter* privater Sicherheitsdienste nicht eingehen.
268 Vgl. Art. 40, 40*a* und 40*b* LFG und die VO über den Flugsicherungsdienst und die VO über die Wahrung der Lufthoheit.
269 Vgl. oben, Rz. 135.
270 BG über die Finanzmarktaufsicht (FINMAG [Art. 4]).
271 Verbote, Monopole, berufliche/individuelle, technische oder verfahrensmässige Zulassungsspezifikationen, fachliche, sachliche, örtliche, zeitliche Begrenzungen u. dgl.
272 TSCHANNEN/ZIMMERLI/MÜLLER, § 54, Rz. 19.

jene «Normen», die gesetzlich positiviert sind (vgl. Rz. 95 ff.). Verwirklicht werden die gesetzlichen Vorgaben durch nachrangige Erlasse (soweit nötig) sowie durch Rechts- und Realakte. Es wird auch als vorwiegend belastendes Recht bezeichnet, was jedoch einseitig von der Betrachtung der Rechtseinschränkung (grundrechtliche Abwehrfunktion) ausgeht und die Schutzfunktion ausblendet.

So empfinden diejenigen, die durch die Polizei vor einem Angriff Dritter geschützt werden, das Polizeirecht ebenso wenig als Belastung wie die Konsumenten die Lebensmittelvorschriften oder die Vorschriften über die Produktesicherheit und die Patienten die Zulassungsbestimmungen im Medizinalbereich. Das Polizeirecht belastet sie auch nicht, es dient ihnen, was dessen Zweck ist.

146 Polizeirecht gehört dogmatisch vorwiegend, aber durchaus nicht nur, zum *Verwaltungsrecht*[273]. Es bildet insgesamt eine nicht homogene Summe von Normen bzw. Normgehalten auf unterschiedlichen Rechtsstufen und in unterschiedlichen Rechtsgebieten[274].

147 Es ist aus materiellem und formellem Polizeirecht gebildet. Zum *materiellen Polizeirecht* gehören vom Gehalt her die *rechtlichen Grundlagen und Schranken der polizeilichen Aufgabenerfüllung* auf jeder Stufe (vgl. Art. 5 Abs. 1 BV), neben konkreten Normen also auch *Verfassungsprinzipien und – soweit relevant – ungeschriebenes Verfassungsrecht* (Rz. 73 ff.). Materielles Polizeirecht ist *grundrechtsrelevant*.

148 Dazu zählen insbesondere die einzelnen *Befugnisse und deren Grenzen* in Bezug auf Einschränkungen von Rechtspositionen.

149 *Formelles Polizeirecht* enthält *organisatorische Bestimmungen* und regelt *Verfahren*. Ihm werden auch die eigentlichen Polizeigesetze (z.B. Gesetz über die Kantons- oder Stadtpolizei, Polizeiorganisationsgesetz; BWIS) zugerechnet. Formelle Polizeigesetze enthalten inhaltlich demzufolge sowohl *materielles und formelles Polizeirecht* (z.B. ZAG).

150 In formellen Polizeigesetzen[275] (in einzelnen Kantonen ergänzt durch ein Polizeiorganisationsgesetz[276]) finden sich verschiedene Normtypen (Rz. 152), welche die Grundlagen für die Erfüllung der Aufgaben eines Polizeidienstes bilden. Teilweise werden Regelungen auf der Verordnungsstufe präzisiert[277].

---

273 TSCHANNEN/ZIMMERLI/MÜLLER, § 54, Rz. 2; vgl. dazu die trefflichen Beschreibungen der begrifflichen Komplexitäten von «Verwaltung» (§ 1, Rz. 3 ff.) und «Verwaltungsrecht» (§ 1, Rz. 20 ff.).
274 Vgl. unten Rz. 154 ff.
275 Vgl. z.B. Polizeigesetz des Kantons Basel-Landschaft oder dasjenige des Kantons Basel-Stadt.
276 Vgl. z.B. Polizeiorganisationsgesetz des Kantons Zürich.
277 Z.B. PolV BS.

Ebenso können im *formellen* Polizeirecht Kompetenzausscheidungen zwischen Kantons- und Gemeindepolizeien (innerkantonale Verbandskompetenzen) einschliesslich finanzieller Abgeltungen festgelegt werden[278].

B. Normtypen

Wie auf der Verfassungsebene (Rz. 67) finden sich auch auf der Gesetzesstufe unterschiedliche Normtypen mit entsprechend verschiedenen Funktionen. Zu nennen sind Vorschriften über den Rechtsrahmen (z.B. anwendbares Recht[279], Gewalt- bzw. Polizeimonopol[280]), allgemeine Auftragsbestimmungen (z.B. «Die Kantonspolizei sorgt für die Aufrechterhaltung der öffentlichen Ordnung…», Schutzpflichten), Subsidiaritätsvorbehalte (z.B. «Ohne konkreten gesetzlichen Auftrag wird die Polizei nur im Rahmen der Gefahrenabwehr tätig, sofern nicht eine andere Behörde zuständig ist oder diese nicht rechtzeitig handeln kann»)[281], Gesetzesvorbehalte für Eingriffe in Grundrechte, Datenbearbeitungsvorschriften, Normen über die Zusammenarbeit mit andern Behörden sowie die Rechts-, Amts- und Vollzugshilfe, Organisationsnormen, spezifische Kompetenzbestimmungen (Anordnungs- oder Genehmigungsvorbehalte Vorgesetzter), Personalrecht (einschliesslich Disziplinarwesen, soweit erforderlich), Rechtsschutzvorschriften (soweit nicht in einem andern Gesetz abschliessend geregelt), ev. auch Vorschriften über private Sicherheitsdienste.

Beeinträchtigungen von Grundrechten, welche in Polizeirechtsnormen geregelt werden, müssen in allen Teilen die *Anforderungen von Art. 36 BV* erfüllen[282], insbesondere in Bezug auf die Normhierarchiestufe, das Bestimmtheitsgebot (Vorhersehbarkeit) und das Verhältnismässigkeitsprinzip. Da die Polizeiarbeit zu einem sehr wesentlichen Teil aus Informations- bzw. Datenbearbeitung besteht und das Datenschutzgesetz des Bundes grundsätzlich nur für die Bundesbehörden und Private gilt[283], kommt den diesbezüglichen kantonalen Vorschriften als *spezifisches materielles Datenschutzrecht* besondere Bedeutung zu (vgl. Kapitel 8).

C. Rechtsgebiete

Wie wohl das Polizeirecht selber *öffentliches Recht* ist, also – im Gegensatz zum Zivilrecht – Rechtsverhältnisse zwischen dem Staat und den einzelnen Normadressaten unmittelbar regelt, findet sich Polizeirecht auch (zunehmend) in Gesetzen, die zum *Zivilrecht* gehören.

---

278 Vgl. z.B. § 7 Abs. 3 PolG BL; Art. 8 Abs. 2 und 3 sowie Art. 12 Abs. 3 PolG BE.
279 So Art. 1 und 2 ZAG, Art. 93 Abs. 3bis MG/Art. 6 VPA (vgl. dazu Rz. 1240 ff.).
280 Z.B. § 5 PolG BS: «Nur die Angehörigen des Polizeikorps sind befugt, polizeiliche Handlungen vorzunehmen und Zwang anzuwenden.»
281 MOHLER/SCHWEIZER, Rz. 11. Vgl. z.B. § 4 PolG BS.
282 Zu dessen Interpretation dient neben der Praxis des Bundesgerichts auch jene des EGMR z.B. zu Art. 8 EMRK (Rz. 522 *[«pressing social need»]*).
283 Art. 2 Abs. 1 DSG.

Z.B. Art. 28*b* Abs. 4 ZGB (Schutz der Persönlichkeit vor Gewalt und Nachstellungen), Art. 43*a* Abs. 3 und 4 ZGB (Datenschutz, Datenbekanntgabe an Behörden ausserhalb des Zivilstandswesens), Art. 256, 269 ff. ZGB (Verhinderung von Missbräuchen in Mietwesen), Art. 397*a* ff. ZGB (fürsorgerische Freiheitsentziehung; vgl. Rz. 2690); im Wirtschaftsrecht die berufs- und branchenspezifischen Einschränkungen und andere «wirtschaftspolizeiliche Massnahmen»[284].

155 Vermehrt werden polizeirechtliche Bestimmungen zur Verbrechens- und zur Missbrauchsbekämpfung im Sozialversicherungsrecht eingefügt (Art. 50*a* Abs. 1 lit. d, lit. e Ziff. 1 und Abs. 2 AHVG, Art. 66 IVG, Art. 96 f. UVG[285] i.V.m. Art. 28 ATSG).

D. Schnittstellen der Rechtsquellen bzw. Normenhierarchie

I. Die Normüberlagerungswirkungen des geltenden Rechts

156 Wie dargelegt, wird das Polizeirecht aus einer Vielzahl unterschiedlicher Rechtsquellen gebildet (Rz. 47 ff.). Diese entfalten ihre Wirkung indessen nicht sach- oder rechtsbereichspezifisch nebeneinander, sondern zumeist in einer hierarchischen Abstufung überlagernd.

1. Völkerrecht

157 Das Völkerrecht hat grundsätzlich Vorrang gegenüber Bundesgesetzen und kantonalem Recht, zwingendes Völkerrecht grundsätzlich auch gegenüber der Bundesverfassung (Art. 193 Abs. 4, 194 Abs. 2 BV[286]).
So bilden insbesondere die EMRK, der UNO Pakt II und die KRK für die Rechtsetzung Wegleitungen und Schranken. Ihre eigentlichen Grundrechts-Schutznormen sind *direkt anwendbar* (*self-executing*; Rz. 52).
Überdies wird auch internationales *soft law* von Gerichten als massgebend erachtet (Rz. 29, 65), was z.B. für die gesetzliche Festlegung der Selektionskriterien und für die Ausbildung von Polizeiangehörigen ebenso wie für die Zulassung Privater, denen polizeiliche Befugnisse übertragen werden sollen, zu beachten ist (vgl. Rz. 1348).

158 Neben den primär auf den Schutz der Grundrechte ausgerichteten völkerrechtlichen Kodifikationen hat das *multi- und bilaterale Vertragsvölkerrecht* in den letzten Jahren an Gewicht ausserordentlich stark zugenommen. Sie alle weiten den polizeirechtlichen Aufgabenkreis aus und verdichten ihn, liefern die Grundlagen für intensivierte Zusammenarbeitsformen oder sind – wie die Bestimmungen des SDÜ – teilweise direkt anwendbar. Näheres dazu in Kapitel 8.

---

284 REICH, Wirtschaftsfreiheit, N. 775 ff.; RHINOW/SCHEFER, Rz. 3115. Dazu gehören auch Bestimmungen z.B. des Konsumkreditgesetzes, Fusionsgesetzes oder des Börsengesetzes.
285 Vgl. BGE 135 I 169 E 4.2 ff., 5.7, der die verdeckte Ermittlung zur Überwachung einer versicherten Person bzw. zum Verhindern des Erbringens nicht geschuldeter Leistungen für zulässig erklärt (vgl. Rz. 446).
286 HANGARTNER, SGK zu Art. 193, Rz. 19.

2. Landesrecht

In der bundesstaatlichen Struktur mit der *gewollten ausgeprägten vertikalen Macht-* 159
teilung[287] kommt der *verfassungsrechtlichen Zuordnung* von Verbandskompetenzen
grosse Bedeutung zu[288]. Ihr wird durch den *Verfassungsvorbehalt* (Art. 3 BV, Rz. 194)
für die Gesetzgebung Rechnung getragen, was besonders im Polizeibereich von
Wichtigkeit ist. Im Zusammenhang mit der Auslegung, was als *implizite* Bundeskompetenz gelte (Rz. 56, 73), zeigen sich jedoch Rechtsetzungsentwicklungen (ZAG, MG, BGST, PBG, ZG, teilweise BWIS), die den Verfassungsvorbehalt nur ungenügend oder nicht beachten – und im Ergebnis zur gänzlichen Undurchsichtigkeit der polizeilichen Rechtsordnung führen.

Bundesrecht geht kantonalem Recht vor, jedoch nur sofern der Bund selber über 160
die entsprechende Gesetzgebungskompetenz verfügt (Art. 46 Abs. 1 BV; Rz. 645).
In Verbindung mit der zu geringen Beachtung des Verfassungsvorbehaltes und der
fehlenden Verfassungsgerichtsbarkeit für Bundesgesetze (Art. 190 BV) ergeben
sich Spannungen bzw. Risse in der bundesstaatlichen Kompetenzordnung (Rz. 206, 226 ff.), die zu Unsicherheiten führen.

Die Überschneidungen von Bundes- und kantonalem Polizeirecht zeitigen auch 161
Defizite in der Regelung des Rechtsschutzes, so bspw. bei Assistenzdiensteinsätzen
der Armee z.G. eines Kantons (Rz. 1272 ff.)[289], bei gemischten Patrouillen von kantonaler Polizei und GWK im Grenzraum[290].

Die Beachtung der *subsidiären Generalkompetenz der Kantone* ist bei der recht- 162
lichen Bewältigung neuerer Problemlagen nicht immer beachtet worden (z.B. die
Überwachung und die polizeiliche Betreuung öffentlicher Verkehrsmittel zur Verhinderung von Straftaten).

II. Konsequenzen für die Rechtsanwendung

Die Überlagerungen im innerstaatlichen Polizeirecht führen zu einer bisher 163
ungekannten Vielzahl von Akteuren mit polizeilichen Befugnissen in den einzelnen
Kantonen. Sie stützen sich auf unterschiedliche Gesetze des Bundes oder auf das
örtlich geltende kantonale Polizeigesetz oder auf ein Konkordat ab: das GWK auf
das ZG[291], die Armee bei Assistenzdiensteinsätzen z.G. eines Kantons auf das MG
oder auf kantonales Recht (Rz. 1240, vgl. aber auch Rz. 1265), bei Assistenzdiensteinsätzen z.G. von Bundesbehörden auf das ZAG und im eigenen Kernbereich, d.h.
zum Schutz der Armee und ihrer Einrichtungen, auf das MG, die Transportpolizei der

---

287 BUSER, Rz. 58; RHINOW/SCHEFER, Rz. 49.
288 SALADIN, Staaten, 176 ff., 186 f.
289 MOHLER, Realakte, 471.
290 SCHWEIZER/MOHLER, 129 ff.
291 Vgl. z.B. die Vereinbarung betr. Zusammenarbeit des GWK mit der Kapo Uri, Art. 2 Abs. 2 oder die Verwaltungsvereinbarung betr. Zusammenarbeit des GWK mit der Kapo Thurgau, Art. 3.

Transportunternehmen im öffentlichen Verkehr auf das ZAG mit Einschränkungen nach Art. 4 BGST[292] (auch wenn es sich um kantonale- oder kommunalrechtlich geregelte Transportunternehmen handelt).
Selbst für die kantonalen und kommunalen Polizeikorps ist nicht mehr ausschliesslich das eigene Polizeigesetz massgebend: Sofern sie polizeiliche Massnahmen im Zuständigkeitsbereich des Bundes (konkret im Ausländer- und Asylrecht) vornehmen, haben sie das ZAG anzuwenden (Art. 1 und 2 Abs. lit. b, c und d ZAG)[293].

164 Im *Datenbearbeitungs- und Datenschutzrecht,* für polizeiliche Belange von fundamentaler Bedeutung, haben bundesrechtliche Überlagerungen – teilweise, aber nicht ausschliesslich, im Zusammenhang mit der Umsetzung von Schengen-Besitzstands-Recht – zu unklaren und unübersichtlichen Rechtslagen geführt, so z.B. nach Art. 54 PBG (die Aufsicht über die Datenbearbeitung auch kantonalrechtlicher Transportunternehmen richtet sich nach dem DSG des Bundes), im Zusammenhang mit N-SIS (Rz. 1029) oder im novellierten Waffenrecht (Rz. 208). Näheres dazu in Kapitel 9.

165 Von überragender Bedeutung trotz vieler Ungereimtheiten und Unklarheiten ist es, die spezifischen Bestimmungen, die im Einzelfall für massgebend erachtet werden, *zumindest aus grundrechtlicher Perspektive* verfassungs- und EMRK-konform auszulegen und anzuwenden.

§ 9 Internationales Recht

A. Allgemeine Hinweise

166 Völkerrechtliche Grundsätze und Normen beeinflussen das Polizeirecht in so stark zunehmendem Mass, dass es nicht leicht fällt, den Überblick zu behalten. Es lassen sich verschiedene Typen von Kodifikationen mit unterschiedlichen Zielsetzungen und unterschiedlichen Methoden unterscheiden.
Spezielle völkerrechtliche Abkommen werden in Kapitel 8 behandelt.

167 Dazu kommen nicht kodifizierte Regeln *(soft law),* die Massstäbe für polizeiliche Leistungen zu setzen vermögen (Rz. 65, 157) oder auf die in Abkommen ausdrücklich verwiesen wird.

---

292 In Kraft seit 1.10.2011.
293 Das ZAG gilt auch für kantonale Behörden, die im Auftrag einer Bundesbehörde Personen mit Freiheitsbeschränkungen transportieren (Art. 2 Abs. 1 lit. d ZAG); das ZAG gilt demnach ebenso für die mit Häftlingstransporten beauftragte Securitas AG, soweit es sich um Personen handelt, die gemäss AuG, AsylG oder «im Zusammenwirken mit den Strafbehörden des Bundes ... im Bereich der Bundesgerichtsbarkeit» zu befördern sind (Art. 2 Abs. 1 lit. c ZAG), nicht aber, wenn Gefangene von einer kantonalen zu einer andern kantonalen Strafverfolgungsbehörde transportiert werden (vgl. zu den Gefangenentransporten Rz. 220).

So wird in Art. 8 Ziff. 2 RV-vI[294] festgehalten, «die Empfehlung R (87) 15 des Europarats über die Nutzung personenbezogener Daten im Polizeibereich (soll) beachtet werden».

Eine tabellarische Darstellung anhand ausgewählter Beispiele völkerrechtlicher Quellen nach Themen in Bezug auf ihre Reichweiten und ihre allenfalls mindestens teilweise direkte Anwendbarkeit ergibt folgendes Bild:

Normgehalt	weltweit	Europarat	EU	Schengen	bilateral	teilweise direkt anwendbar	Beispiele*
Grundrechte generell, Abwehr und Schutzfunktion	X					X	Zwingendes Völkerrecht
	X					X	UNO Pakt II
	X					X	Genfer Abkommen von 1949, Art. 3, mit Zusatzprotokollen
	X					X	KRK
		X				X	EMRK
Spezifischer Grundrechtsschutz		X		X			Datenschutzübereinkommen mit Zusatzprotokoll, RB-Datenschutz
Schutzverpflichtungen bzgl. Diplomaten etc.	X						Wiener Übereinkommen über die diplomatischen und konsularischen Beziehungen

* Die vollständigen Titel der Abkommen und Verträge sind im Verzeichnis der verwendeten rechtlichen Grundlagen aufgeführt.

---

294 RB 2006/960/JI, Schengen-Weiterentwicklung (Erwägung 14).

Normgehalt	weltweit	Europarat	EU	Schengen	bilateral	teilweise direkt anwendbar	Beispiele*
Rechtsharmonisierung mit Verpflichtungen zur *Verhinderung* von spezifischen Straftaten	X						UNTOC mit Zusatzprotokollen
	X						Übereinkommen gegen Korruption
	X						Übereinkommen gegen Geiselnahme
	X						Übereinkommen zur Bekämpfung terroristischer Bombenanschläge
		X					Strafrechtsübereinkommen über Korruption
				X		X	SDÜ mit Weiterentwicklungen
Internationale Zusammenarbeit, (polizeiliche[295]) Rechtshilfe	X						UNTOC mit Zusatzprotokollen
	X						Übereinkommen gegen Korruption
		X					Europäisches Rechtshilfeübereinkommen
					X		Zweiseitige Abkommen mit verschiedenen Ländern zur Bekämpfung von bestimmten Delikten
Internationale Zusammenarbeit, Rechts- und Amtshilfe			X				EU Übereinkommen über die Rechtshilfe in Strafsachen zwischen den MS der EU[296]
				X		X	SDÜ mit Weiterentwicklungen

* Die vollständigen Titel der Abkommen und Verträge sind im Verzeichnis der verwendeten rechtlichen Grundlagen aufgeführt.

---

295 Vgl. Art. 75*a* IRSG. Zur nicht restlos klaren Bedeutung von Art. 75*a* IRSG: BREITENMOSER/ WEYENETH, 160.
296 Vgl. Rz. 977, 995, 1119.

Normgehalt	weltweit	Europarat	EU	Schengen	bilateral	teilweise direkt anwendbar	Beispiele*
Zusammenarbeit, Amtshilfe			X				Europol-Abkommen
Operationelle Polizeizusammenarbeit				X		X	SDÜ
					X	X	Abkommen mit allen Nachbarstaaten
Operationelle Hilfe bei Grossereignissen mit Gefahren					X	X	Vereinbarungen mit einzelnen Nachbarstaaten
Nicht kodifiziert bzw. nicht justiziabel							
Menschenrechte	X						UNO Charta, Allg. Erklärung der Menschenrechte
Ethik		X					Recommendation Rec (2001)10 on the European Code of Police Ethics
Anwendung von Gewalt und Gebrauch von Feuerwaffen	X						Basic Principles on the Use of Force and Firearms by Law Enforcement Officials, 1990
Datenschutz		X					Recommendation R (87)15 Regulating the Use of Police Data in the Police Sector

* Die vollständigen Titel der Abkommen und Verträge sind im Verzeichnis der verwendeten rechtlichen Grundlagen aufgeführt.

B. Völkerrechtliche Organe (supranationale Rechtsarchitektur)

I. UNO

Die hier aufgeführten Organe der UNO sind auf die Durchsetzung des Schutzes der Menschenrechte und Grundfreiheiten in ihrer Abwehrfunktion ausgerichtet und daher für die polizeiliche Arbeit bedeutsam.

Im Rahmen der UNO bestehen drei Organe, die die Verstärkung des Schutzes der Menschenrechte zum Ziel haben:

1. Menschenrechtsrat

170 Der Menschenrechtsrat ist 2006 von der UNO Generalversammlung als intergouvernementales Gremium ins Leben gerufen worden[297]. Jede Person oder jedes Personenkollektiv ist befugt, eine Beschwerde einzureichen, sofern sie selber von einer Menschenrechtsverletzung betroffen ist oder davon direkte Kenntnis hat. Grundsätzlich soll zuvor jedoch der nationale Instanzenweg ausgeschöpft worden sein, ausser er erweise sich als unwirksam oder ineffizient. Delegationen des Rates besuchen einzelne Staaten zur Beurteilung der allgemeinen Situation in Bezug auf die Achtung und den Schutz der Menschenrechte, deren Ergebnisse in einem Bericht veröffentlicht werden[298]. Umgekehrt sollen die einzelnen Länder an den Menschenrechtsrat über die eigene regelmässige Überprüfung Bericht erstatten[299]. Eigentliche Sanktionen kann der Rat nicht aussprechen.

2. Ausschuss für Menschenrechte nach UNO Pakt II

171 Mit dem UNO Pakt II, Art. 28 ff., wurde ein Ausschuss für Menschenrechte gebildet. Berechtigt, in Mitteilungen darauf hinzuweisen, dass ein Staat die Bestimmungen des UNO Pakts II nicht durchführe, sind nach Art. 41 nur Mitgliedstaaten. Es besteht – mit einem komplizierten Procedere – eine Verpflichtung, Staatsberichte über getroffene Massnahmen und erzielte Fortschritte einzureichen (Art. 40)[300].

3. UNO-Unterausschuss zur Verhütung von Folter und anderer grausamer, unmenschlicher oder erniedrigender Behandlung oder Strafe («Unterausschuss für Prävention»)

172 Mit dem *Fakultativprotokoll zum Übereinkommen gegen Folter und andere grausame, unmenschliche oder erniedrigende Behandlung oder Strafe* wird ein *System von Besuchen eingerichtet*, die von unabhängigen internationalen und nationalen Gremien an Orten, an denen Personen die Freiheit entzogen ist, durchgeführt werden (Art. 1). Als *Orte des Freiheitsentzuges* gelten alle Einrichtungen für das *Festhalten* oder die *«Inhaftierung oder die Unterbringung einer Person in einer öffentlichen oder privaten Gewahrsamseinrichtung, die diese Person nicht nach Belieben ver-*

---

297 A/Res/60/251 vom 15. März 2006. Er ersetzt die vormalige Menschenrechtskommission.
298 Vgl. den bisher einzigen zur Schweiz publizierten Bericht (A/HRC/4/19/Add.2) vom 30. Januar 2007, in dem auch auf die Polizei betreffende einzelne Feststellungen eingegangen wird (Ziff. 49, 52, 67, 75 f., 90, 96; URL: http://daccess-dds-ny.un.org/doc/UNDOC/GEN/G07/105/59/PDF/G0710559.pdf?OpenElement; zuletzt besucht: 20.8.2011).
299 Vgl. Bericht des EDA vom 14. März 2008 (URL: http://www.eda.admin.ch/etc/medialib/downloads/edazen/topics/intorg/un/gemiss.Par.0215.File.tmp/UPR_Gesamt_de.pdf; zuletzt besucht: 20.8.2011).
300 Vgl. den Bericht des Menschenrechtsausschusses vom 29. Oktober 2009 (CCPR/C/CHE/CO/03), in deutscher Übersetzung (URL: http://www.ejpd.admin.ch/content/dam/data/staat_buerger/menschenrechte/schlussbem-staatenbericht-3-d.pdf; zuletzt besucht: 20.8.2011).

lassen darf, auf Grund der Entscheidung einer Justiz-, Verwaltungs- oder sonstigen Behörde» (Art. 4 Ziff. 2).

Von dieser Umschreibung werden auch Zellen oder geschlossene Warteräume in Polizeiwachen erfasst.

Sofern der besuchte Vertragsstaat darum ersucht, veröffentlicht der Untersuchungsausschuss den erstellten Bericht und die Feststellungen (Art. 16 Ziff. 2).
Dieses Prüfsystem entspricht weitgehend demjenigen des Europäischen Übereinkommens zur Verhütung von Folter und unmenschlicher oder erniedrigender Behandlung oder Strafe (Rz. 174).

4. Nationale Kommission zur Verhütung von Folter gestützt auf das Fakultativprotokoll

Gestützt auf dieses Fakultativprotokoll zur UNO-Antifolterkonvention hat der Bundesrat im Oktober 2009 eine *Nationale Kommission zur Verhütung von Folter* (NKVF, samt Sekretariat) gebildet und diese administrativ dem Generalsekretariat des EJPD zugeordnet[301]. Deren erste Berichte liegen vor[302].

173

II. Europarat

1. Kommission zur Verhütung der Folter (CPT)

Zu besseren Durchsetzung des Verbotes von Folter und unmenschlicher oder erniedrigender Behandlung oder Strafe nach Art. 3 EMRK ist mit dem Europäischen Übereinkommen zur Verhütung von Folter und unmenschlicher oder erniedrigender Behandlung oder Strafe (CPT) ein Europäischer Ausschuss geschaffen worden, dessen Angehörige die Mitgliedstaaten regelmässig oder nach Bedarf besuchen. Die Feststellungen werden in einem Bericht zusammengefasst und dem besuchten Staat zur Stellungnahme unterbreitet. Sofern dieser einverstanden ist, wird der Bericht publiziert[303]. Verweigert ein Staat die Zusammenarbeit oder die festgestellten Missstände zu verbessern, kann der Ausschuss mit Zweidrittelmehrheit beschliessen, eine öffentliche Erklärung abzugeben (Art. 10).

174

2. Bekämpfung der Korruption (GRECO)

Auch für die Bekämpfung der Korruption ist durch Art. 7 ff. des Zusatzprotokolls zum Strafrechtsübereinkommen mit der *Groupe d'État contre la corruption* (GRECO) ein Gremium geschaffen worden, das mit der Überprüfung der Wirksam-

175

---

301 Organisationsverordnung für das EJPD (OV-EJPD), neuer Abs. 4 von Art. 4 (AS 2009 5391). Vgl. dazu die Medienmitteilung vom 21. Oktober 2009 (URL: http://www.ejpd.admin.ch/content/ejpd/de/home/dokumentation/mi/2009/2009-10-210.html; zuletzt besucht: 20.8.2010).
302 NKVF-Berichte 2010/2011.
303 Vgl. z.B. CPT-Berichte 1991–2011 (Materialienverzeichnis).

keit der Korruptionsbekämpfung in den Mitgliedstaaten beauftragt ist. Auch diese Spezialistengruppe veröffentlicht ihre Berichte[304].

C. Umsetzung zwingenden Völkerrechts als grundrechtliche Schutzfunktion

176 Das zwingende Völkerrecht, *ius cogens*, wird bisher als absolute *Schranke* in der Rechtsetzung und -anwendung verstanden[305]. Dem entspricht zunächst die *grundrechtliche Abwehrfunktion*[306] (vgl. Rz. 406 ff., 420 ff.).

Zum *zwingenden Völkerrecht* gehört, *abstrakt* formuliert, nach Art. 53 WÜD[307] «eine Norm, die von der internationalen Staatengemeinschaft in ihrer Gesamtheit angenommen und anerkannt wird als eine Norm, von der nicht abgewichen werden darf und die nur durch eine spätere Norm des allgemeinen Völkerrechts derselben Rechtsnatur geändert werden kann». Aus dem «angenommen und anerkannt»[308] geht hervor, dass es sich um ein dynamisches Konzept handelt, das Ausweitungen und Verdichtungen zulässt[309]. *Konkret* wird der *Umfang des zwingenden Völkerrechts daher uneinheitlich* umschrieben. Auch die nachfolgende (eher weit gefasste) Nennung der unter das zwingende Völkerrecht fallenden Verbote stellt bloss den *Versuch einer Annäherung* dar[310]. In Art. 139 Abs. 3, 193 Abs. 4 und 194 Abs. 2 BV wird das zwingende Völkerrecht als Schranke schweizerischer (Verfassungs-)Rechtsetzung dreimal erwähnt (Rz. 157).

177 Es lassen sich verschiedene Schutzbereiche des zwingenden Völkerrechts unterscheiden: Kollektive Schutzobjekte, unterteilt in Staaten und Menschenkollektive, und die einzelnen Menschen, wobei sich Überschneidungen ergeben. Mit Ausnahme des Grundsatzes der persönlichen Verantwortung im Strafrecht (einschliesslich das Verbot von Kollektivstrafen)[311] und des Non-Refoulement-Gebotes[312] sind die unter dem Schutz des zwingenden Völkerrechts stehenden Rechtsgüter ausnahmslos auch als internationale Verbrechen mit strafrechtlichen Sanktionen bewehrt.

---

304 Vgl. GRECO-Bericht 2010 und 2011 über die Schweiz (Materialienverzeichnis).
305 Botschaft VE 96, 447.
306 Vgl. Botschaft VE 96, 446.
307 PIRAS/BREITENMOSER, 332 f.
308 Vergleichbar mit der «herrschenden Auffassung» darüber, was (innerstaatlich) zur öffentlichen Ordnung gehört (vgl. Rz. 96, 108 ff.).
309 THÜRER, Wandel, VR CH, Rz. 19; DERS., Verfassungsrecht, VR CH, Rz. 12 ff.
310 Deutlich stärker begrenzen DONATSCH/HEIMGARTNER/SIMONEK, 53, die nach Art. 53 WÜD zum zwingenden Völkerrecht gehörenden Normen.
311 BGE 133 II 450 E 7.3.
312 Das *Non-Refoulement-Gebot* untersagt, einen Menschen (direkt oder indirekt, Art. 5 Abs. 1 AsylG) in einen Staat auszuweisen oder an einen Staat auszuliefern, in dem ihm eine der vom zwingenden Völkerrecht verbotenen Massnahmen drohen könnte (Art. 33 Ziff. 1 FK). Absolut gilt es nur in Bezug auf die Gefahr eines Verstosses gegen das Folterverbot: BGE 135 II 110 E 2.2.2; BGer 2A.51/2006 E 2.2.

Das Gewalt- und Aggressionsverbot[313] zielt auf den Schutz von *Staaten*, die Verbote des Völkermordes[314], der Verbrechen gegen die Menschlichkeit[315] und der Kriegsverbrechen[316] schützen im zwischen- und innerstaatlichen Verhältnis *Kollektive* und *Einzelne* ebenso wie das Verbot der systematischen Diskriminierung[317] und das Verbot von Kollektivstrafen. Als *individuelle Schutzrechte* sind der Schutz von Leib und Leben[318], das Folterverbot, das Verbot der Sklaverei sowie alle vom Römerstatut erfassten Kriegsverbrechen und Verbrechen gegen die Menschlichkeit zu nennen[319]; werden solche Verbrechen indessen gegen ganze Volksgruppen begangen, ist auch dieses Kollektiv selber Schutzobjekt[320] (vgl. auch Rz. 8054).

Solche Verbrechen werden jedoch nicht nur von staatlichen Akteuren oder solchen im Auftrag eines Staates begangen, sondern auch von Kriminellen. Das gilt u.a. auch für ein weit verbreitetes Verbrechen als Teil der organisierten Kriminalität, den *Menschenhandel*, der vom EGMR *als Sklaverei qualifiziert* wurde (Rz. 421). Dadurch wird auch die *grundrechtliche Schutzfunktion* eine Verpflichtung aus zwingendem Völkerrecht, das entsprechende rechtsetzende[321], organisatorische und operationelle Massnahmen gebietet (Rz. 422 f.)[322].

D. Grundlagen und Grenzen der internationalen Zusammenarbeit

I. *Grundlagen*

Jede staatliche internationale Zusammenarbeit beruht grundsätzlich auf einer völkerrechtlichen Grundlage. Dies gilt insbesondere für alle Formen polizeilicher Kooperation, sei es in Form polizeilicher Rechts- oder Amtshilfe oder operationeller Art. «Grundsätzlich» besagt, dass es Ausnahmen gibt, so bspw. in Art. 67*a* Abs. 3 IRSG[323]. Näheres dazu in Kapitel 8.

178

---

313 Art. 2 Ziff. 3 und 4 der UNO Charta, Art. 5 Ziff. 1 lit. d Römerstatut, wobei die Tatbestandsmerkmale der Aggression noch nicht definitiv bestimmt sind.
314 Art. 5 Ziff. 1 lit. a und Art. 6 Römerstatut.
315 Art. 5 Ziff. 1 lit. b und Art. 7 Römerstatut.
316 Art. 5 Ziff. 1 lit. c und Art. 8 Römerstatut.
317 Nach Art. 33 FK wegen Rasse, Religion, Staatszugehörigkeit, seiner Zugehörigkeit zu einer bestimmten sozialen Gruppe oder seiner politischen Anschauungen.
318 PIRAS/BREITENMOSER, 335 ff., zählen das Verbot der Todesstrafe zum regionalen zwingenden Völkerrecht (mit einer kurzen Darlegung der Streitfrage, ob es *regionales* zwingendes Völkerrecht begrifflich gebe).
319 Ob die Kerngehalte *aller* Menschenrechte dazu zu zählen sind, wie RHINOW/SCHEFER, Rz. 3598, dartun, kann hier offen gelassen werden.
320 Vgl. die (ähnliche) Aufzählung bei PIRAS/BREITENMOSER, 334 f.
321 Auf die Diskussion, ob zwingendes Völkerrecht eine völkerrechtliche Begrifflichkeit sei oder darüber hinaus auch staats-, d.h. landesrechtliche Bedeutung habe (Beschränkung des Initiativrechts), wird hier nicht eingetreten.
322 So auch SCHWEIZER, SGK zu Art. 10, Rz. 31, 34.
323 «³Die Übermittlung von Beweismitteln an einen Staat, mit dem keine staatsvertragliche Vereinbarung besteht, bedarf der Zustimmung des Bundesamtes.» Dies betrifft die unaufgeforderte Übermittlung von Beweismitteln und Informationen (Marginale). Demzufolge ist die Übermitt-

179 Die Zusammenarbeit muss konkret von Bestimmungen eines völkerrechtlichen Vertrages (oder einer gesetzlichen Ausnahmebestimmung) getragen sein. Die Möglichkeiten werden durch das Spezialitätsprinzip gebildet (und begrenzt), wonach vertraglich vereinbarte Kooperationsformen in aller Regel zur Verhinderung *bestimmter* Delikte und deren Aufklärung oder grosser anderer Gefahren stipuliert sind.

So enthalten die Verträge über die polizeiliche Zusammenarbeit mit den Nachbarstaaten[324], das Zusatzprotokoll zum EÜRSt[325] und das SDÜ[326] Bezeichnungen derjenigen Straftaten, für die eine Nacheile, eine grenzüberschreitende Observation oder eine kontrollierte Lieferung zulässig ist. Zudem bestehen unterschiedliche Regelungen betreffend vorherige Zustimmung, Befugnisse im andern Land sowie zeitliche und geografische Beschränkungen; auch Schengen bewirkt keine Einheitlichkeit[327]. Zu datenschutzrechtlichen Grenzen Rz. 984, 992 ff.

180 Für jede Zusammenarbeit, in welcher Form auch immer, benötigt die Polizei die entsprechende gesetzliche Zuständigkeit in rechtlicher und sachlicher Hinsicht.

Eine gewisse Ausdehnung erfährt eine Zuständigkeitsgrenze z.B. durch Art. 2 lit. d ii RB-vI[328]: Zu den Informationen oder Erkenntnissen, die (nach Art. 7) der Mitteilungspflicht unterliegen, gehören «alle Arten von Informationen oder Angaben, die bei Behörden oder privaten Stellen vorhanden und für die Strafverfolgungsbehörden ohne das Ergreifen von Zwangsmassnahmen nach Artikel 1 Absatz 5 verfügbar sind». Näheres dazu in Rz. 985 ff.

II. Grenzen der internationalen Zusammenarbeit

1. Generelle Grenzen

181 Als Grenzen der Zusammenarbeit nennt Art. 1*a* IRSG die Hoheitsrechte, die Sicherheit, die öffentliche Ordnung und – etwas schwammig – andere wesentliche Interessen der Schweiz[329].

Wie schwierig dieser Grenzverlauf in Bezug auf Souveränität (Hoheitsrechte), (Rechts-)Sicherheit, öffentliche Ordnung (z.B. Verfahrensgrundrechte[330]) und andere wesentlichen Interessen der Schweiz, namentlich auch hinsichtlich des Datenschutzes, zu bestimmen ist, zeigen Rechtsetzung und Rechtsanwendung im Zusammenhang mit der UBS-Affäre[331]. Näheres zu den Schranken der Amts- und Rechtshilfe in Rz. 979 ff.

---

lung von Informationen ohne Zustimmung des Bundesamtes erlaubt, doch dürfe diese im empfangenden Staat nicht als Beweismittel Verwendung finden.

324 Mit Deutschland: SR 0.360.136.1, mit Österreich und dem Fürstentum Liechtenstein: SR 360.163.1, mit Frankreich: SR 0.360.349.1, mit Italien: SR 0.360.454.1.
325 SR 0.351.12.
326 ABl L 239 vom 22. September 2000, 19 (nicht nachgeführte Fassung).
327 Vgl. zum Ganzen MOHLER, Schengen/Polizei, 15 ff.
328 RB 2006/960/JI.
329 BREITENMOSER/WEYENETH, 168, 170 f.
330 BVGer A-7642/2010.
331 Vgl. z.B. BVGer B-1092/2009 (in dem Art. 1*a* IRSG nicht einmal erwähnt wird).

Abzulehnen ist die Zusammenarbeit per analogiam zu Art. 2 IRSG auch, wenn in einem andern Staat die Verfahrensgrundsätze entsprechend der EMRK oder dem UNO Pakt II nicht gewährleistet sind, einer Person im Zusammenhang mit der Zusammenarbeit direkt oder indirekt Diskriminierung «wegen ihrer Zugehörigkeit zu einer bestimmten sozialen Gruppe oder aus Gründen der Rasse, Religion oder Volkszugehörigkeit» drohen kann oder das Verfahren, in dessen Rahmen die Zusammenarbeit begehrt wird, andere schwere Mängel aufweist[332].

2. Datenschutz

Polizeiliche internationale Kooperation besteht zum überwiegenden Teil aus Informationsaustausch, mithin aus Datenbearbeitung. Für die Bekämpfung, namentlich die Verhütung besonders schwerer Delikte, erfolgt diese oft für die betroffenen Personen in nicht erkennbarer Weise, sofern dafür hinreichende spezifische gesetzliche oder vertragliche Grundlagen bestehen[333].

Die Datenbearbeitung im internationalen Rahmen hat den datenschutzrechtlichen Grundsätzen zu entsprechen, worunter insbesondere das Spezialitätsprinzip[334], die Protokollierung und Dokumentierung, Löschungsfristen, Auskunftsrecht der Betroffenen, die Aufsicht und der Rechtsschutz zählen. Diesem Schutzniveau wird nur entsprochen, sofern der Partnerstaat die Anforderungen der DSK und des Zusatzprotokolls[335] erfüllt (vgl. Rz. 992).

Ferner bestehen Massstäbe in Bezug auf die Information der betroffenen Person über ohne ihr Wissen erhobene Daten. Für eine diesbezügliche Zusammenarbeit müssen als Mindestanforderung die gesetzlichen Bestimmungen des Partnerstaates den Rechtsrahmen des DSK unter Beachtung der Praxis des EGMR[336] einhalten, auch wenn er vage ist und in der Praxis, teilweise aus plausiblen Gründen, Schwierigkeiten bereitet.

III. Der Schengen-Besitzstand

1. Grundlagen

Das SAA bringt die rechtlichen Grundlagen – begrenzt auf die Schengen-Staaten – für die bisher weitestgehende internationale polizeiliche Zusammenarbeit[337]. Dabei wacht der Gemischte Ausschuss über die mit der Praxis des Europäischen Gerichtshofes (EuGH) übereinstimmende Anwendung (Rechtsprechung) des Schengen-Besitzstandes (Art. 9 Ziff. 2 SAA); auch Anwendungsdifferenzen zwischen schweize-

---

332 BVGer D-4440/2006 E 6.2.
333 Vgl. Rz. 959, 992, 997, 1022, 1122.
334 BREITENMOSER/WEYENETH, 158.
335 In Bezug auf das DSK z.B. ausdrücklich Art. 126 Abs. 1 SDÜ.
336 EGMR Klass and others v. Germany, §§ 49 f.
337 Mit einer Ausnahme: v.a. für operationelle Kooperationen ermöglicht der schweizerisch-deutsche Polizeivertrag noch intensivere Zusammenarbeitsformen. Vgl. MOHLER, Schengen/Polizei, 17 ff., Vergleich der Möglichkeiten und Grenzen operationeller polizeilicher Zusammenarbeit nach den verschiedenen völkerrechtlichen Abkommen.

rischen Behörden und solcher anderer Mitgliedstaaten werden durch den Gemischten Ausschuss behandelt.

187 Das ursprüngliche Schengen-Übereinkommen von 1985 und das SDÜ von 1990 wurden (erstmals) mit dem Vertrag von Amsterdam in den rechtlichen Rahmen der EU, teilweise auch der EG, überführt (damaliges Dreisäulensystem)[338]. Diese beiden Schengen-Vertragswerke sowie die nachfolgenden Beschlüsse des Schengen-Exekutivausschusses wurden durch das Schengen-Protokoll zum Schengen-Besitzstand[339]. Für alle Mitgliedstaaten wurde dieser somit zum unmittelbar geltenden Recht[340]. Durch den Vertrag von Lissabon[341] wurde der Schengen-Besitzstand mit dem entsprechenden Protokoll[342] in den Rahmen der Europäischen Union einbezogen, wodurch das für die Belange der Justiz und des Inneren zuvor prägende Dreisäulenprinzip entfallen ist.

188 Für diese beiden Rechtsbereiche hat dies zur Folge, dass für die ins nationale Recht zu übernehmenden Weiterentwicklungen Mehrheitsbeschlüsse der zuständigen Gremien genügen[343]. Den Mitglied- und assoziierten Staaten bleibt jedoch nach Art. 72 AEUV[344] das «Reservat» des Schutzes der «inneren» Sicherheit und der öffentlichen Ordnung.

> Zwischen den sicherheitsbezogenen Zuständigkeiten der EU und denjenigen der einzelnen Mitgliedstaaten dürfte mit dem Raum der *Freiheit,* der *Sicherheit* und des *Rechts* (Art. 3 Abs. 2 EUV[345]) trotz des Subsidiaritätsprinzips (Art. 69 AEUV) eine nicht immer klare Grenze zu ziehen sein (vgl. auch Rz. 658).

2. Zusammenarbeit innerhalb des Schengen-Raumes

189 Die polizeiliche Zusammenarbeit wird durch das SDÜ von 1990[346] geregelt, insbesondere durch das 1. Kapitel des 3. Titels (Polizei und Sicherheit), Art. 39–47.

> Leider steht keine nachgeführte konsolidierte Fassung des SDÜ zur Verfügung, sodass die Ermittlung des aktuell gültigen Rechtstextes ausserordentlich schwer fällt. Art. 39 Abs. 1–3 und Art. 46 SDÜ sind durch den RB-vI wesentlich geändert worden, ohne dass

---

338 Botschaft Bilaterale II, 6067 f.
339 ABl C 340 vom 10. November 1997.
340 Derzeit noch mit Ausnahme von Bulgarien und Rumänien, teilweise auch Zypern sowie in Bezug auf die dem Vereinigten Königreich erlaubten Grenzpolizeikontrollen.
341 ABl C 115 vom 9. Mai 2008, 1 (konsolidierte Fassung).
342 Nr. 19, ABl C 83 vom 30. März 2010, 290.
343 MOHLER, Schengen-Besitzstand, 21 m.w.H.
344 (Lissabonner) Vertrag über die Arbeitsweise der Europäischen Union (ABl C 83 vom 30.3.2010, 47 [konsolidierte Fassung]).
345 (Lissabonner) Vertrag über die Europäische Union (ABl C 83 vom 30.3.2010, 13 [konsolidierte Fassung]).
346 ABl L 239 vom 22.9.2000 (bis dahin konsolidierte Fassung, heute keine zuverlässige Rechtsquelle mehr).

in Art. 12 des RB jedoch mit genügender Genauigkeit festgelegt worden ist, welche Teile dieser Bestimmungen geändert worden sind[347].

Ein Kernstück ist im IV. Titel des SDÜ geregelt: die Errichtung und der Betrieb des Schengener Informationssystems (SIS). Durch die rasche Erweiterung der EU- und damit Schengen-Staaten und die (auch) damit verbundene Zunahme der Datenmengen zeigten sich Kapazitätsprobleme, die mit einer neuen Architektur und Vergrösserung des gesamten Systems (mit Zwischenschritten[348]) bewältigt werden sollen.

Die datenrechtliche Umsetzung der SIS-Bestimmungen, die Errichtung und der Betrieb des (vom zentralen getrennten) nationalen SIS-Teil, N-SIS, werden im BPI geregelt.

190

3. Datenschutz

Das SDÜ verpflichtet die Mitglied- und assoziierten Staaten über das SIS hinaus zum Austausch zweckdienlicher Informationen. Mit dem RB-vI wurde dieser Austausch «zum Zwecke der Durchführung strafrechtlicher Ermittlungen oder polizeilicher Erkenntnisgewinnungsverfahren» (Art. 1 Ziff. 1) verstärkt. Die Straftaten, worauf der Informationsaustausch bezogen ist, sind im Anhang 1 zum SIaG aufgeführt[349].

191

Der RB-Datenschutz[350] unterwirft den Informationsaustausch, der sich nicht auf das SIS (mit seinen besonderen datenrechtlichen Bestimmungen) bezieht[351], strengen Regeln.

192

In Art. 13 wird vorgeschrieben, dass Personendaten, die von einem andern Mitgliedstaat bereitgestellt oder übermittelt wurden[352], nur dann an einen Drittstaat (Nicht-Schengen-Staat) oder an internationale Einrichtungen weitergeleitet werden dürfen, wenn – neben

---

347 «Verhältnis zu anderen Rechtsakten
 1. Die Bestimmungen des Artikels 39 Absätze 1, 2 und 3 und des Artikels 46 des Übereinkommens zur Durchführung des Übereinkommens von Schengen (1) werden, *soweit sie den in diesem Rahmenabschluss vorgesehenen Austausch von Informationen und Erkenntnissen für die Zwecke strafrechtlicher Ermittlungen oder polizeilicher Erkenntnisgewinnungsverfahren betreffen*, durch die Bestimmungen dieses Rahmenbeschlusses ersetzt» (Hervorhebung hier).
348 Vgl. Beschluss 2008/839/JI des Rates vom 24. Oktober 2008 (ABl L 299 vom 8.11.2008, 43) und Verordnung (EG) Nr. 1104/2008 des Rates vom 24. Oktober 2008 (ABl L 299 vom 8.11.2008, 1) über die Migration vom Schengener Informationssystem (SIS 1+) zum Schengener Informationssystem der zweiten Generation (SIS II).
349 Der Verweis in Art. 2 lit. e RB-vI auf RB 2002/584/JI ist für die Schweiz unbehelflich, da dieser *nicht* zum nach Art. 2 Ziff. 2 SAA übernommenen Schengen-Besitzstand gehört (betrifft den Europäischen Haftbefehl). MOHLER, Schengen-Besitzstand, 15.
350 RB 2008/977/JI (ABl L 350 von 30.12.2008, 60 [RB-Datenschutz]). BB von 19. März 2010 über die Genehmigung und Umsetzung … des RB 2008/977/JI (AS 2010 3417) und BG über die Umsetzung des RB 2008/977/JI (Änderung von sieben Gesetzen, AS 2010 3387).
351 Erwägung 39.
352 Mit dieser Formulierung werden nur Personendaten erfasst, die vor der Übermittlung an einen Drittstaat Gegenstand einer Schengen-internen Übermittlung waren, nicht aber solche, die ein Mitgliedstaat ausschliesslich allein beschafft und bearbeitet hat.

andern Einschränkungen – dieser Drittstaat oder diese internationale Einrichtung ein angemessenes Schutzniveau für die beabsichtigte Datenverarbeitung gewährleistet. Diese Voraussetzung entspricht wiederum dem Standard der DSK und ihrem ZP (Rz. 184).

193 Ebenso ist die Verwendung von Informationen und Erkenntnissen als Beweismittel in einem Gerichtsverfahren nur erlaubt, falls der Staat, der die Daten bereitgestellt oder ursprünglich zur Verfügung gestellt hat, ausdrücklich zustimmt[353]. Das bedeutet insbesondere, dass nachrichtendienstliche erhobene Daten als Beweismittel nicht verwertbar sind[354]. Hier greifen die Schranken von Art. 6 und 8 EMRK.

---

353 Art. 1 Ziff. 4 RB-vI.
354 Vgl. auch Art. 12 Abs. 2 lit. a SIaG.

4. Kapitel: Bundesstaatliche Ordnung, Polizeigesetzgebung und polizeiliche Sicherheitsleistungen

§ 10 Die Kompetenzregelung gemäss der Bundesverfassung von 1999

A. Die Verbandskompetenzen

«Aus der BV sodann lässt sich entnehmen, dass sie den Kantonen die Aufgabe» (der Sorge für die innere Sicherheit) «belässt und die Erfüllung zumutet»[355]. Da dem Bund Kompetenzen als begrenzte Einzelermächtigungen[356] gemäss dem Verfassungsvorbehalt zu Lasten des Bundes (Art. 3 BV)[357] nur auch mit einem Ständemehr erteilt werden können, kann aus dieser Verfassungslage ebenso geschlossen werden, dass sich die Kantone diese Aufgabe und deren Erfüllung selber zumuten. Verstärkt wird diese Kompetenzaufteilung durch die subsidiäre Generalkompetenz der Kantone[358].

194

Die Verfassungsbestimmungen über die Kompetenzaufteilung im Rahmen dessen, was als Wahrung der «inneren Sicherheit» (Art. 57 BV) bezeichnet wird, zeichnen sich jedoch durch Unklarheit aus. Der Begriff «Polizei» kommt in der BV nicht vor[359]. Schon allein diese Rechtstatsache gebietet grösste Zurückhaltung bei der Annahme polizeilicher Kompetenzen des Bundes. Dass die Polizeihoheit und somit die primäre Zuständigkeit und Verantwortung der Aufrechterhaltung oder Wiederherstellung der öffentlichen Sicherheit in ihren Territorien den Kantonen zukommt, ist grundsätzlich unbestritten[360].

195

Im Unterschied zu andern (teilweise auch bundesstaatlich organisierten) Staaten kennt die Schweiz kein bundeseigenes Gebiet (vergleichbar etwa dem District of Columbia für Washington in den USA), der Bund hat keine unmittelbare Polizeihoheit (auch nicht zur Verhütung von der Bundesgerichtsbarkeit unterliegenden Delikten) und keine Bundespolizei, abgesehen von der Bundeskriminalpolizei für die Ermittlung von bestimmten Delikten nach Strafprozessrecht.

196

I. Die Polizeihoheit der Kantone

Die Polizeihoheit der Kantone besteht aus deren Zuständigkeit, Verpflichtung und Verantwortung, im eigenen Territorium für die Aufrechterhaltung oder Wiederherstellung der öffentlichen Sicherheit und der gesetzlich positivierten öffentlichen Ordnung durch die erforderliche Rechtsetzung (soweit diese nicht als Verfassungsauftrag

197

---

355 EICHENBERGER. Komm. aBV, zu Art. 102 Ziff. 10, Rz. 156.
356 RHINOW/SCHEFER, Rz. 694; TSCHANNEN, Staatsrecht, § 19, Rz. 4.
357 HÄFELIN/HALLER/KELLER, Rz. 1052 ff.; RHINOW/SCHEFER, Rz. 604 f.; TSCHANNEN, Staatsrecht, § 19, Rz. 4.
358 HÄFELIN/HALLER/KELLER, Rz. 1049; RHINOW/SCHEFER, Rz. 707.
359 SCHWEIZER, SGK zu Art. 57, Rz. 9. Vgl. FN 115.
360 Botschaft VE 96, 237. BGE 125 I 227 E 11d, e; 117 Ia 202 E 5.

dem Bund zusteht) und durch die dafür nötigen Mittel zu sorgen (Rz. 145)[361]. Sie ist staatspolitisch und staatsrechtlich Wesenselement und Ausdruck der Machtteilung im Bundesstaat, formal auf dem Verfassungsvorbehalt zu Lasten des Bundes beruhend. Sie kann von ihren Trägern selbständig weder eingeschränkt noch gar (auch nur teilweise) aufgegeben werden. Verpflichtung und Verantwortung erlauben eine gewisse Freiheit in der Wahl der Mittel («certaine liberté quant aux choix des moyens»), die aber durch zahlreiche völker- und verfassungsrechtliche Vorgaben begrenzt ist[362]. Als Massstab dienen die völker(vertrags)rechtlichen, grundrechtlichen und gesetzlichen Schutzpflichten sowie das Verhältnismässigkeitsprinzip mit Unter- und Übermassverbot (Rz. 680, 695 ff.).

198   Von der kantonalen Polizeihoheit umfasst ist auch die Befugnis, im regionalen Rahmen völkerrechtliche Verträge mit den zuständigen Organen von Gebietskörperschaften zu schliessen (Art. 56 Abs. 1 BV[363]).

Die praktischen Möglichkeiten werden jedoch durch das dichter werdende Netz der vom Bund abgeschlossenen Verträge im Polizeibereich eingeschränkt. Der Gestaltungsspielraum der Kantone schwindet im Verhältnis zur EU bzw. der Schengen-Weiterentwicklung auch dadurch, dass der Verhandlungsgegenstand beschlossenes EU-Recht darstellt. Umgekehrt haben sie das Recht der Vorausinformation und der Teilnahme an den Verhandlungen (Art. 3 und 5 BGMK)[364].

199   Ausfluss der kantonalen Polizeihoheit ist die Verantwortung und Haftung der Kantone für das Eigentum des Bundes nach Art. 62*e* Abs. 1 RVOG. Art. 62*f* RVOG legt fest, dass der Bund das Hausrecht in seinen Gebäuden ausübe. Mit dieser Regelung ist die polizeiliche Zuständigkeit im öffentlichen Raum auch zum Schutz von Bundeseigentum festgeschrieben.

Art. 11 des vormaligen Garantiegesetzes[365] machte die Kantone für das Eigentum des Bundes gegenüber Störungen der öffentlichen Ordnung generell verantwortlich. Aus diesem Grund sorgten die Kantonspolizeien z.B. auch *innerhalb* der Bahnhöfe der SBB für Sicherheit.

II. Die Kompetenzen und Verantwortungen des Bundes

200   Aus der Verfassungsperspektive kommen dem Bund – im Kontext der «inneren» resp. öffentlichen Sicherheit – unmittelbar Kompetenzen zu für den Staatsschutz, soweit die ganze Schweiz oder erhebliche Teile davon betroffen sind (inhärente Zuständigkeit) oder ein Kanton sich – auch mit Hilfe der andern Kantone – nicht mehr schützen

---

361   BGE 125 I 227 a.a.O. Vgl. SALADIN, Komm. zu Art. 3 aBV, Rz. 132.
362   BGE 125 I 227 E 11e.
363   Vormals Art 9 aBV.
364   PFISTERER, SGK, Nachbemerkungen zu Art. 55 und 56, Rz. 9 ff.
365   BG vom 26. März 1934 über die politischen und polizeilichen Garantien zugunsten der Eidgenossenschaft (Garantiegesetz, GarG; ehemals SR 170.21; BS 1 52, letzte Änderung AS 2000 273 277; per 1.12.2003 aufgehoben [AS 2003 3594]).

(Art. 52 Abs. 2 BV) kann, umfassend für die Armee (Art. 58–60 BV) und die Gewährleistung der Luftraumhoheit und -sicherheit (inhärente Zuständigkeit), die Gesetzgebung im Zivilschutz (Art. 61 BV) und das Zollwesen (Art. 133 BV).

Auf Grund der Garantieverpflichtung[366] hat der Bund demnach die Aufgabe einzugreifen, «wenn die Ordnung in einem Kanton gestört oder bedroht ist und der betroffene Kanton sie nicht selber oder mit Hilfe anderer Kantone schützen kann»[367]. Es muss sich jedoch um eine schwerwiegende Störung oder mindestens um eine ebenso schwerwiegende Bedrohung der öffentlichen Sicherheit (massive Gewaltandrohungen oder -anwendungen, Unruhen, anderweitige gewaltsame Verhinderung der Ausübung verfassungsmässiger Funktionen und Abläufe) handeln[368]. Art. 52 Abs. 2 BV entspricht materiell grundsätzlich Art. 16 Abs. 1–3 aBV. Auch dieser allfällige Einsatz von Machtmitteln durch den Bund ist gegenüber der Selbsthilfe, wenn nötig mit dem Beistand anderer Kantone (vgl. auch Art. 44 Abs. 2 BV[369]), subsidiär[370]. 201

Art. 57 Abs. 1 der nachgeführten BV 1999 hält als Finalnorm fest, Bund und Kantone sorgten «im Rahmen ihrer Zuständigkeit für die Sicherheit des Landes und den Schutz der Bevölkerung». Damit ist verankert, dass mit dieser Verfassungsnorm und auch der Aufgabe, ihre Anstrengungen im Bereich der inneren Sicherheit zu koordinieren (Abs. 2), keine neuen Bundeskompetenzen geschaffen werden[371]. Die Zusammenarbeit beruht gerade auf den jeweiligen Zuständigkeiten[372]. Anzufügen ist, dass dieser Art. 57 BV nicht bloss eine Aktualisierung der alten Bundesverfassung im Sinne einer Nachführung darstellt, sondern dem Bund und den Kantonen, auch unter sich, eine zuvor in dieser Form nicht vorhandene Koordinationspflicht hinsichtlich der Wahrung der inneren Sicherheit, mithin auch der Aufrechterhaltung oder Wiederherstellung der öffentlichen Sicherheit auferlegt[373]. Eine Folge davon ist die Vereinbarung über die interkantonalen Polizeieinsätze (IKAPOL, Rz. 250 ff.) einschliesslich der Über- 202

---

366 Art. 51–53 BV im 4. Abschnitt, Bundesgarantien, des 2. Kapitels, Verhältnis von Bund und Kantonen (im 3. Titel: Bund, Kantone, Gemeinden).
367 Art. 52 Abs. 2 BV.
368 Biaggini, Komm. zu Art. 52, N. 8; Meyer, Rz. 99; Schweizer/Küpfer, SGK zu Art. 52, Rz. 16.
369 BGE 125 I 227 E 11c/aa; Knapp/Schweizer, SGK zu Art. 44, Rz. 23.
370 Biaggini, Komm. zu Art. 52, N. 8; Meyer, Rz. 99; Schweizer/Küpfer, SGK zu Art. 52, Rz. 16; Tschannen, Staatsrecht, § 18, Rz. 42.
371 Botschaft VE 96, 237; Biaggini, Komm. zu Art. 57, N. 2; Schweizer, SGK zu Art. 57, Rz. 2; Mohler/Schweizer, Rz. 10, 20, 16 ff.. Ähnlich Ruch, Sicherheit, VR CH, Rz. 9, der Art. 57 BV aber auch als Norm einstuft, die neue Bundeskompetenzen schaffen könne, soweit diese keine Kompetenzen der Kantone verdrängten.
372 An der grundsätzlichen Zuständigkeit der Kantone gar für die Grenzkontrollen hielt der Bundesrat auch in der Botschaft zum BG über die Ausländerinnen und Ausländer (Art. 9) fest (Botschaft AuG, 3776 zu E Art. 7 AuG).
373 Schweizer, SGK zu Art. 57, Rz. 2.

nahme der darin geregelten Kostentragung bei interkantonalen Polizeieinsätzen zu Gunsten des Bundes durch den Bund[374].

203 Demgegenüber ergibt sich, dass der Bund nach Art. 123 Abs. 1 BV (Zuständigkeit zur Gesetzgebung auf dem Gebiete des Straf- und Strafprozessrechts[375]) neben der parallelen Bundes-Strafgerichtsbarkeit[376] explizit über parallele kriminalpolizeiliche Kompetenzen verfügt, nicht aber über explizite sicherheitspolizeiliche (ausgenommen Aufgaben innerhalb von Bundesgebäuden, vgl. Rz. 199).

204 Aus dieser Konstellation ist abzuleiten, dass sicherheitspolizeiliche Befugnisse des Bundes einer unzweifelhaften Verfassungsgrundlage bedürfen; eine bloss wünschbare oder «pragmatische»[377], die strengen Regeln der vertikalen Kompetenzverteilung ungenügend beachtende Ausdehnung von Bundeskompetenzen ist nicht statthaft[378]. Dabei ist dreierlei von Bedeutung: Für die Annahme ungeschriebener Verfassungsgrundlagen (implizite oder inhärente Kompetenzen, Rz. 795) ist die gebotenen Zurückhaltung zu beachten, da mit der BV-Nachführung bisher ungeschriebenes Verfassungsrecht positiviert worden ist[379]. Zweitens muss die adhäsionsweise Beanspruchung einer grundsätzlich nicht zustehenden, impliziten Kompetenz *unausweichlich* sein, um die Kernkompetenz *überhaupt* wahrnehmen zu können (Rz. 795). Drittens vermögen weder Bundesgesetze noch Bundesbeschlüsse oder eine rein teleologische Auslegung (Schliessen vermeintlicher Lücken in der BV) Bundeskompetenzen zu begründen[380], geschweige denn Verträge oder Vereinbarungen zwischen dem VBS, EJPD und der KKJPD[381], z.B. in Form von Kernaussagen zum Einsatz der Armee im Rahmen der inneren Sicherheit»[382], oder Beschlüsse des Koordinationsmechanismus Sicherheitsverbund Schweiz.

---

374 Umgekehrt stellt der Bund für die den Kantonen zur Verfügung gestellten Truppen im Assistenzdienst (subsidiäre Sicherungseinsätze), auch wenn es sich *nicht* um in seiner Verantwortung liegende völkerrechtlich begründete Schutzmassnahmen (u.a. Schutz ausländischer Vertretungen) handelt, bisher keine Kosten in Rechnung, was Art. 43*a* Abs. 2 BV nicht entspricht.
375 Übertragung der Kompetenz zur Gesetzgebung auf dem Gebiet des Strafprozessrechts durch die Ergänzung der BV in der Abstimmung von 12. März 2000 (Justizreform; BBl 2000 2990).
376 Art. 23 f. StPO, gestützt auf die 1898 dem Bund übertragene Gesetzgebungskompetenz im Gebiet des (materiellen) Strafrechts (Art. 64bis aBV).
377 Vgl. den Wortlaut («Fragen der inneren Sicherheit pragmatisch gelöst») der Mitteilung über den vom Bundesrat am 19. Januar 2011 beschlossenen Konsultations- und Koordinationsmechanismus des Sicherheitsverbundes Schweiz (KKM SVS) (URL: http://www.news.admin.ch/message/?lang=de&msg-id=37277; http://kspd.net/de/Info/Uber_die_KSPD/Kurzportrait; zuletzt besucht: 20.8.2011).
378 HÄFELIN/HALLER/KELLER, Rz. 1053 (keine Generalklausel z.G. des Bundes); RHINOW/SCHEFER, Rz. 696 (keine schleichende Ausdehnung der Bundeskompetenzen zu Lasten der Kantone).
379 HÄFELIN/HALLER/KELLER, Rz. 1057, 1068; RHINOW/SCHEFER, Rz. 720 f.
380 HÄFELIN/HALLER/KELLER, Rz. 1054.
381 BGE 67 I 227 E 4; HÄFELIN/HALLER/KELLER, Rz. 1056; TSCHANNEN, Staatsrecht, § 19, Rz. 5.
382 Reglement Raumsicherung, 51.070.1 d der Armee, Seite V. Vgl. dazu MOHLER/GÄTTELIN/MÜLLER, 819 f. m.w.N.

Die derzeitige verfassungsrechtliche Lage hinsichtlich sicherheitspolizeilicher 205
Kompetenzen des Bundes, seien diese ziviler oder militärischer Art, kann wie folgt
zusammengefasst werden:
- die Polizeihoheit und somit die Zuständigkeit und Verantwortung für die Aufrechterhaltung oder Wiederherstellung der öffentlichen Sicherheit kommt den Kantonen zu (Rz. 194 ff.),
- dem Bund kommen nur jene Kompetenzen zu, die ihm in der Verfassung nach dem *Prinzip der begrenzten Einzelermächtigung* übertragen worden sind,
- *ungeschriebene* Bundeskompetenzen sind – insbesondere auch wegen der eben erfolgten Aktualisierung der BV – zurückhaltend auszulegen,
- der Bund hat eine *inhärente primäre* Kompetenz zur Wahrung in *Eigenverantwortung* seiner *eigenen Sicherheitsinteressen* sowie generell der inneren Sicherheit, sofern *das ganze Land* oder doch *wesentliche Teile* betroffen sind, und die Kantone die Lage in ihrem Gebiet nicht mehr zu meistern vermögen,
- eine *implizite* Bundeskompetenz auf Grund einer ausdrücklichen Sachkompetenz ergibt sich nur, sofern eine adhäsionsweise Befugnis *unausweichlich* erscheint, um die eigentliche Kompetenz *überhaupt* wahrnehmen zu können,
- die *Kompetenzverteilung* zwischen Bund und Kantonen ist *lückenlos* und *abschliessend*[383], eine rein teleologische Auslegung zur Schliessung vermeintlicher Lücken unzulässig, es gilt die *verfassungsrechtliche Bedingtheit* für Gesetze (BIAGGINI)[384],
- *Art. 57 BV* begründet keine (neuen) Bundeskompetenzen, sondern setzt die Kompetenzen der beiden Verbandsebenen voraus,
- *weder durch Bundesgesetze noch durch Verträge* oder anderweitige Vereinbarungen lassen sich Bundeskompetenzen begründen,
- aus *Gewohnheitsrecht* lassen sich keine Bundeskompetenzen ableiten (Rz. 223)[385],
- eine *Übertragung kantonaler Aufgaben an den Bund (durch einseitigen Akt oder Vertrag*[386]*) ist unzulässig*[387],
- auch für den *Vollzug völkerrechtlicher Verpflichtungen*, die Materien betreffen, welche in die Kompetenz der *Kantone* fallen, bleiben diese *für den Vollzug zuständig*[388].

Gegenüber dieser verfassungsmässigen Kompetenzregelung hat sich indessen seit 206
dem Inkrafttreten der nachgeführten BV beidseits, sowohl von den Kantonen wie vom

---

383 RHINOW/SCHEFER, Rz. 709.
384 MOHLER, Raumsicherung, 448 m.w.N.
385 TSCHANNEN, Staatsrecht, § 20, Rz. 15.
386 Mit Blick auf die tatsächlichen Entwicklungen in den vergangenen rund zwanzig Jahren müsste wohl hinzugefügt werden: auch nicht durch die «normative Kraft des Faktischen» mit notorischen Unterbeständen, die die kantonalen Aufgaben nicht mehr rechtskonform zu erfüllen vermögen.
387 SALADIN, Komm zu Art. 3 aBV; Rz. 164; TSCHANNEN, Staatsrecht, § 21, Rz. 15.
388 SALADIN, Komm. zu Art. 3 aBV, Rz. 166; TSCHANNEN, Staatsrecht, § 20, Rz. 45.

Bund her, ein mindestens ambivalentes Verhalten entwickelt. Es zeigen sich deutliche Risse in dieser bundesstaatlich grundlegenden Ordnung (Näheres dazu nachfolgend und in Rz. 226).

B. Die jüngere polizeirechtliche Gesetzgebung des Bundes, Vielfalt der in Anspruch genommenen Organkompetenzen

I. Risse in der grundlegenden Kompetenzregelung

207 Risse in der grundlegenden Kompetenzregelung offenbaren sich sowohl im spezifischen polizei-, als auch ebenso prominent im datenschutzrechtlichen Bereich[389]. Aus der jüngeren Bundesgesetzgebung sind konkret zu nennen[390]:

– Die Art. 96 Abs. 1 und 97 des Zollgesetzes[391], das sich primär auf den zur *Finanzordnung* gehörenden Art. 133 BV stützt[392], sprechen dem Grenzwachtkorps Sicherheitsaufgaben im Grenzraum zu; die nicht geglückte Formulierung ist in Verbindung mit Art. 9 des Bundesgesetzes über die Ausländerinnen und Ausländer (AuG) zu interpretieren, der festhält, dass (primär) die Kantone auf ihrem Gebiet die Personenkontrollen durchführen (Abs. 1) und der Bundesrat im Einvernehmen mit diesen die Personenkontrollen durch den Bund im Grenzraum regle. Daraus lässt sich keine allgemeine sicherheitspolizeiliche Aufgabenzuweisung ableiten; eine solche widerspräche der BV. Die auf Art. 97 ZG gestützten Verwaltungsvereinbarungen des Bundes mit Grenzkantonen über *sicherheitspolizeiliche* Leistungen des GWK finden daher weder in der BV noch auf der Gesetzesstufe eine Grundlage[393]. Diejenigen mit Nicht-Grenzkantonen widersprechen auch dem Zoll- und dem Ausländergesetz explizit[394];

---

389 RUDIN, SJZ 2009, 4 f.; vgl. auch RUDIN/STÄMPFLI, Weiterentwicklungen, 204; BGE 117 IV 451.
390 Vgl. dazu auch R. MÜLLER, 486 ff.; SEILER, ZSR 2010, 430.
391 Vgl. dazu Rz. 796 und SCHWEIZER/MOHLER, 117 ff.
392 Angeführt wird im Ingress zum ZG – neben Art. 101, Aussenwirtschaftspolitik, und Art. 121 Abs. 1 BV, Gesetzgebungskompetenz im Ausländerrecht – Art. 57 Abs. 2 BV, der auch in der Botschaft ZG, 675, erwähnt wird, obwohl nach einhelliger Auffassung in der Literatur Art. 57 BV keine Kompetenzen begründet (vgl. statt vieler BIAGGINI, Komm. zu Art. 57, N. 2; SCHWEIZER, SGK zu Art. 57, Rz. 1).
393 Es sei angefügt, dass Art. 44 Abs. 1 und 2 BV, welche die gegenseitige Unterstützung und die Zusammenarbeit, Rücksichtnahme und Beistand, ebenso wie die Amts- und Rechtshilfe stipulieren, *keine carte blanche* für Verbands- oder Organkompetenzen überschreitende Aktivitäten bildet. Im sicherheits- und polizeirechtlichen Bereich ist der Konnex mit Art. 57 Abs. 1 BV offensichtlich: Die Bindung an den Rahmen eigener Kompetenzen wird in Art. 57 Abs. 1 BV betont. Der Grundsatz partnerschaftlichen Zusammenwirkens in Art. 44 BV kommt im Gegenteil auch einem «Rechtsmissbrauchsverbot für Bund und Kantone gleich» (RHINOW/SCHEFER, Rz. 862).
394 Vgl. SCHWEIZER/MOHLER, 124 ff. Nebenbei sei angemerkt, dass die Verwaltungsvereinbarungen entgegen Art. 43*a* Abs. 2 BV nicht vorsehen (explizit Uri, Art. 8 der am 17.3.2009 vom Regierungsrat genehmigte Vereinbarung), dass die Kantone die Kosten der GWK-Leistungen tragen; vereinzelt wird festgehalten, der Kanton überweise 15% (Thurgau, Art. 14 der Vereinbarung von

- das Zwangsanwendungsgesetz schreibt auch kantonalen und kommunalen Polizeidiensten vor[395], beim zwangsweisen Vollzug von Bundesrecht (namentlich Ausländer- und Asylgesetz) diese bundes-polizeigesetzlichen Bestimmungen anzuwenden (vgl. Rz. 789);
- das Zwangsanwendungsgesetz ist – statt des Militärrechtes – auch bei subsidiären Sicherungseinsätzen der *Truppe zu Gunsten der Bundesbehörden* anwendbar[396]; nach der derzeitigen Praxis sind für die gleichen Einsätze von *Truppen zu Gunsten der Kantone* jedoch Art. 92 des Militärgesetzes und die Verordnung über die Polizeibefugnisse der Armee grundsätzlich massgebend (vgl. Rz. 788, 1264 ff.)[397];
- das Zwangsanwendungsgesetz gilt nach dessen Art. 2 Abs. 1 lit. e auch für Private, die von Behörden zur Anwendung dieses Gesetzes beigezogen werden[398]. Die Anforderungen an private Sicherheitsfirmen, denen Bundesbehörden die Ausführung einer Schutzaufgabe in der Schweiz (oder im Ausland) übertragen, werden in der (verfassungsunmittelbaren) Verordnung über den Einsatz privater Sicherheitsfirmen durch den Bund (VES) geregelt, obwohl diese auch in Kantonen tätig sein können, die auf Grund der kantonalen Polizeihoheit eine besondere Bewilligungspflicht mit strengeren Anforderungen als in Art. 5 Abs. 1 VES gesetzlich festgelegt haben (können)[399];
- das Bundesgesetz über die Sicherheitsorgane der Transportunternehmen des öffentlichen Verkehrs (BGST)[400] beansprucht die Kompetenz, den Sicherheitsdienst und die Transportpolizei auch privater bzw. Kantonen oder Gemeinden gehörender öffentlicher Verkehrsbetriebe zu regeln und diesen den «Einkauf» der entsprechenden polizeilichen Dienste bei der «SBB-Polizei» vorzugeben (Art. 5

---

1. April 2009) oder 20% (Graubünden, Art. 13 der Vereinbarung von 30. April 2008) der vom GWK erhobenen Bussgelder an den Bund.
395 R. Müller, 495.
396 Art. 92 Abs. 3bis MG.
397 Vgl. z.B. die Mitteilung des VBS von 7. Januar 2011 betr. Einsatz im Rahmen des WEF 2011, wonach die Truppe über die Polizeibefugnisse gemäss VPA verfüge (URL: http://www.vbs.admin.ch/internet/vbs/de/home/documentation/news/news_detail.37080.nsb.html; zuletzt besucht: 20.8.2011). Dies widerspricht Harmonisierungsbestrebungen (Linsi, 18).
398 Art. 91 ff. VE PolAG (vgl. FN 116) sieht nicht nur die Übertragung von «Schutzaufgaben», sondern auch von «sicherheitspolizeilichen Aufgaben nach diesem Gesetz» vor. Trotz der Feststellung in den Erläuterungen, 72, diese Bestimmungen seien mit denjenigen des Konkordates der KKJPD kohärent, ist eine Abstimmung mit dem von der KKJPD vorbereiteten Konkordat über private Sicherheitsfirmen (vgl. Rz. 1349) nicht ersichtlich.
399 In Art. 95 VE PolAG (FN 116, 399) werden die Anforderungen fast gleichlautend wie in Art. 5 VES umschrieben. Bemerkenswert ist die Bestimmung von Art. 7 Abs. 1 VST, wonach die im öffentlichen Verkehr eingesetzten Sicherheitsunternehmen die Voraussetzungen von Art. 5 Abs. 1 VES zu erfüllen haben *und* über eine Zulassung als Sicherheitsunternehmen nach kantonalem Recht verfügen müssen, soweit das kantonale Recht eine solche Zulassung vorsehe.
400 SR 745.2. Vgl. Mohler, BGST, Rz. 3 ff.

Abs. 2)[401]. In Bezug auf allfällige Zwangsmassnahmen wird auch für die privaten Sicherheitsdienste (Art. 4 Abs. 1 i.V.m. Abs. 5 und 6 BGST) das Zwangsanwendungsgesetz als anwendbar erklärt, obwohl dieses nach Art. 2 Abs. 1 lit. a nur für Behörden gilt, die bei der Erfüllung ihrer Aufgaben polizeilichen Zwang oder polizeiliche Massnahmen anwenden müssen, was für das BAV selber nicht zutrifft; Art. 2 Abs. 1 lit. e beschränkt sodann die Anwendbarkeit des ZAG auf Sicherheitsdienste im Auftrag von *Behörden* mit Zwangsmassnahmenkompetenzen, zu denen private Transportunternehmen nicht gehören[402,403];

- Art. 54 und 55 des Personenbeförderungsgesetzes greifen durch polizeirechtliche (Videoaufnahmen im öffentlichen Raum) und datenschutzrechtliche Bestimmungen in die diesbezüglichen kantonalen Kompetenzen ein[404];
- die Bestimmung in Art. 32*a* Abs. 2 des Waffengesetzes in der der Schengen Weiterentwicklung angepassten Fassung[405] auferlegt den Kantonen, ein elektronisches Informationssystem über den Erwerb von Feuerwaffen zu führen; Art. 32*b*–32*f* WG unterstellen die gesamte Datenbearbeitung durch die kantonalen Polizeibehörden dem Bundes-Datenschutzgesetz, ebenso wie Art. 32*g*–32*i* WG das Einsichts- und Beschwerderecht[406,407].

---

401 «Wir wollen ja nicht eine Vielzahl von kleinen Polizeitruppen; ... Man könnte sich höchstens vorstellen, dass neben den SBB allenfalls die BLS eine Transportpolizei unterhält.» (Kommissionssprecher AB 2010 N 1058).
402 MOHLER, BGST, Rz. 15 f.
403 Im Ingress der VST wird das ZAG nicht erwähnt, die Abstützung von Zwangsmassnahmen auf das ZAG erfolgt in Art. 3.
404 Vgl. Rz. 462; MOHLER, BGST, Rz. 20 ff.
405 Gemäss BB von 11. Dezember 2009 (AS 2010 2899).
406 Art 16 Abs. 2 DSG (eingefügt durch BB von 24. März 2006) befugt den Bundesrat, Kontrolle und Verantwortung für den Datenschutz besonders zu regeln, wenn Bundesorgane Personendaten zusammen mit kantonalen Organen oder Privaten bearbeiten.
407 Aus dieser Bestimmung des WG ergibt sich ein Widerspruch zu Art. 3 Abs. 2 SIaG – soweit es sich um einen Informationsaustausch mit Schengen-Staaten handelt –, der bestimmt, dass die Bearbeitung von Informationen nach dem SIaG dem Datenschutzrecht des Bundes und der Kantone unterliege. Bemerkenswert ist auch die Umschreibung der Strafverfolgungsbehörden des Bundes, zu denen (alle) Behörden gehören, «die gemäss *Bundesrecht* befugt sind, zur Verfolgung und Verhütung von Straftaten öffentliche Gewalt auszuüben und Zwangsmassnahmen anzuwenden». Diese Formulierung würde nach Art. 2 Abs. 1 lit. b DSG die Vermutung nahe legen, dass ausschliesslich Bundes-Datenschutzrecht massgebend sei. Anzumerken ist jedoch, dass der Bund nach Art. 107 Abs. 1 BV für die Gesetzgebung gegen den Missbrauch von Waffen, Waffenzubehör und Munition zuständig ist, und es sich bei den spezifisch waffenrechtlichen Datenbearbeitungsbestimmungen um *materielles* Datenrecht handelt. Demgegenüber fallen die Regelungen über Informations- und Einsichtsrechte wieder in den *formellen* Bereich des Datenschutzesrechts. Vgl. dazu auch Art. 37 DSG mit seiner «Brückenfunktion» (sofern kantonale Datenschutzbestimmungen keinen angemessenen Datenschutz durch kantonale Behörden gewährleisten, ist nach Art. 37 DSG das Bundesgesetz massgebend).

Bei diesen Rechtslagen handelt es sich durchwegs nicht um eine Kompetenzkumulation[408], wonach für den gleichen Sachverhalt mehrere einschlägige Gesetzgebungen kumulativ anwendbar sein können, da Polizeibefugnisse weder wahlweise noch ergänzend, sondern nur subsidiär erteilt werden dürfen. 209

II. Die Selbstbeschränkung der eigenen Polizeihoheit durch die Kantone

Die Kantone ihrerseits sind umgekehrt oft (zu) sehr schnell bereit, für polizeiliche Aufgabenbewältigungen den subsidiären Sicherungseinsatz von Truppen der Armee im Assistenzdienst anzufordern oder dem GWK sicherheitspolizeiliche Befugnisse, selbst ausserhalb eines Grenzraumes, zu übertragen (Rz. 207), sei es, weil deren Kapazitäten auch ohne ausserordentliche Lage oder dann bei anlassbezogenen Spitzenbelastungen vor der Ausschöpfung der polizeieigenen Mittel nicht ausreichen sollen (selbst für nicht sicherheitsbezogene Tätigkeiten, vgl. Rz. 1236)[409]. Das zeigte sich insbesondere bei den Botschaftsbewachungen anstelle der jeweils zuständigen kantonalen Polizeidienste; die zur Verfügung gestellten Truppenkontingente wurden jedoch wegen verfassungsrechtlicher Bedenken[410] gegenüber einem dauernden Militäreinsatz deutlich reduziert und nun zeitlich begrenzt[411]. Näheres zur Übertragung ziviler polizeilicher Aufgaben an die Armee in Kapitel 10. 210

Im Erläuternden Bericht zum Vorentwurf eines Bundesgesetzes über die polizeilichen Aufgaben des Bundes vom November 2009[412] wird die Grundsätzlichkeit der Zuständigkeitsordnung verlassen und «mit Art. 57 Abs. 2 BV … die Koordinationskompetenz des Bundes angerufen. Diese Norm begründet dann eine Rechtsetzungskompetenz z.G. des Bundes, wenn Sicherheitsbelange zu regeln sind, die mindestens teilweise in die Zuständigkeit des Bundes fallen und die aus dessen Sicht eine Koordination unter Einbezug oder Leitung des Bundes erfordern»[413]. Damit wird entgegen der herrschenden Lehre Art. 57 Abs. 2 BV zunächst zugeschrieben, er schaffe eine Bundeskompetenz. Ferner komme dem Bund auch die Leitung zu, wenn Sicherheitsbelange zu regeln seien, die mindestens teilweise in die Kompetenz des Bundes 211

---

408 Vgl. BGE 122 I 70 E 3b.
409 MOHLER, SBVR III/1, Rz. 204 f.; R. MÜLLER, 501 (These 14).
410 Vgl. SCHWEIZER ET AL., Gutachten VBS, 64.
411 BB von 13. März 2002 (BBl 2002 2801; Botschaft von 13. Februar 2002 dazu: 2002 2164), BB von 5. Oktober 2004 (BBl 2004 5513; Botschaft von 26. Mai 2004 dazu: BBl 2004 2871) und BB von 27. September 2007 (BBl 2008 169, Botschaft von 20. Mai 2007 dazu: BBl 2007 4885).
412 URL: http://www.fedpol.admin.ch/content/dam/data/pressemitteilung/2009/2009-11-271/erlaeuterungen_27-11-09d.pdf; zuletzt besucht: 20.8.2011.
413 Gleiche Formulierungen finden sich zuvor bereits im Bericht Sicherheitsfirmen, 646, in der Botschaft BWIS betr. Gewaltpropaganda und Hooliganismusbekämpfung (BBl 2005 5613, *5638*), in der Botschaft zum Zwangsanwendungsgesetz (BBl 2006 2489, *2515*) sowie in der Botschaft zu einer *Verfassungsbestimmung* betr. Hooliganismusbekämpfung (BBl 2007 6465, *6477*); die Weiterverfolgung einer solchen Verfassungsergänzung wurde wegen des in der Folge beschlossenen und von allen Kantonen genehmigten Konkordates hinfällig (vgl. Rz. 260).

fielen[414]. Darunter sind nach Art. 2 lit. a des Gesetzesentwurfes wohl auch sicherheitspolizeiliche Massnahmen zu verstehen, was einem Novum gleichkäme.

212 Durch die zahlreichen konkurrierenden Gesetzesbestimmungen entstehen in der Praxis rechtliche Gemengelagen, die zu erheblicher Rechtsunsicherheit für die Rechtsanwendenden und zur gänzlichen Undurchschaubarkeit für die Bevölkerung führen (z.B. Art. 4 BWIS, ZAG, MG, ZG, BGST und Art. 54 f. PBG; vgl. auch Rz. 787 ff. und 1241 ff.). Am schwersten fällt dabei ins Gewicht, dass vielfach der Rechtsmittelweg (so bei subsidiären Sicherungseinsätzen von Truppen der Armee[415], bei der Anwendung des Zwangsanwendungsgesetzes durch kantonale oder kommunale Polizeidienste (vgl. Rz. 789), bei Realakten des Grenzwachtkorps nach den erwähnten Verwaltungsvereinbarungen (Rz. 207)[416], sowie in Bezug auf datenschutzrechtliche Bestimmungen bei der Umsetzung der Schengen Weiterentwicklungen [Art. 14 SIaG, Art. 16 Abs. 8 lit. e i.V.m. Abs. 9 und 18 BWIS; vgl. auch Rz. 11–65 ff.]) nicht klar oder wie im BGST überhaupt nicht geregelt ist (vgl. Rz. 792, 1333, 1653).

213 Während noch Ende der 1990er Jahre die polizeilichen Aufgaben ausschliesslich durch die zuständigen Kantons-, Stadt- und (soweit vorhanden) Gemeindepolizeidienste erfüllt wurden, zeigt sich heute eine «Amerikanisierung des Polizeiwesens», d.h. eine von ihren Aufträgen, örtlichen Zuständigkeiten und Kompetenzen her unübersichtliche Vielfalt polizeilich tätiger Organe: neben den Kantons-, Stadt- und Gemeindepolizeien ist das Grenzwachtkorps in- und ausserhalb des Grenzraums (auch in nichtinternationalen Zügen) nicht nur im grenz-, sondern auch im sicherheitspolizeilichen Einsatz tätig, der Militärische Sicherheitsdienst wirkt als Unterstützung des GWK im Grenzdienst («Lithos»), und ebenso (allenfalls auch noch Miliztruppen) für die Bewachung ausländischer Vertretungen («Amba Centro»), die Transportpolizei und die diversen (privaten) Sicherheitsdienste öffentlicher Verkehrsbetriebe nicht nur in den Verkehrsmitteln selber, sondern auch in Bahnhöfen und an Stationen, sowie private Sicherheitsunternehmen im Auftrag des Bundes oder kantonaler bzw. kommunaler Behörden.

> De facto üben in Zügen und an Stationen – und damit verfassungsrechtlich nach wie vor im Zuständigkeitsbereich der Kantone – derzeit verschiedene bundesrechtlich geregelte Organe *sicherheitspolizeiliche Aufgaben* aus: Das Grenzwachtkorps und die Transportpolizei. Dazu kommen noch Angehörige der Militärischen Sicherheit für die militärpolizeiliche Überwachung von zureisenden Armeeangehörigen – und schliesslich die vom BGST vorgeschriebenen verschiedenen privaten Sicherheitsdienste.

---

414 Erläuternder Bericht (FN 413), 95.
415 Vgl. MOHLER, Realakte, 470 f. (F 2.e und 5).
416 SCHWEIZER/MOHLER, 129 ff.

C. Kantonale Polizeihoheit – ein Relikt aus dem 19. Jahrhundert?

I. Zunehmende Spannungen zwischen Rechtstruktur und Rechtswirklichkeit

Im Kommentar zu Art. 16 aBV (1874) schreibt Burckhardt, «die Sorge für die Aufrechterhaltung der öffentlichen Ordnung liegt nach der Verteilung der Kompetenzen zwischen Bund und Kantonen diesen letzteren ob»[417]. Das Organ, das dafür in den Kantonen verantwortlich war, die Polizei, wurde in der aBV lediglich in Art. 9 im Zusammenhang mit der beschränkten («ausnahmsweisen») Befugnis der Kantone, mit dem Ausland Staatsverträge abzuschliessen, erwähnt[418].

214

> Historisch geht diese Regelung darauf zurück, dass für die Sicherheit zu sorgen und über das Heer zu verfügen in die Kompetenz der Kantone fiel. «Das (…) war vor 1848 selbstverständlich.»[419]

Bereits in den letzten zwanzig Jahren des 20. Jahrhunderts zeigten sich in der Praxis Probleme mit der strikten Anwendung kantonaler Polizeihoheit, auch horizontal, d.h. zwischen den Kantonen.

215

> So lösten sich noch 1980 anlässlich der Eskorte eines Staatsgastes von Bern nach Genf an jeder Kantonsgrenze, teilweise mit Kreide auf der Fahrbahn markiert, die Schutzdetachemente der jeweils zuständigen Kantonspolizeien stafettenartig ab.
> Insbesondere die Überwachung der nun über weite Strecken erstellten Autobahnen verlangte nach praktikablen Lösungen, wonach die Polizeidienste mindestens direkt benachbarter Kantone auch im Nachbarkanton tätig werden konnten[420].
> Grosse Anlässe mit erhöhten Sicherheitsrisiken geboten, die regionale Zusammenarbeit grundsätzlich zu regeln, was zu vier regionalen Polizeikonkordaten führte, denen sich mit Ausnahme des Tessins und von Zürich alle Kantone anschlossen[421].
> Bestand ausserordentlicherweise ein Bedarf an materiellen oder personellen Mitteln der Polizei überregional und gegebenenfalls zusätzlich gar an der Unterstützung durch die Armee (wie bspw. für die Sicherheitsmassnahmen anlässlich des Zionistenkongresses

---

417 BURCKHARDT, 126.
418 Art. 9 BV 1874: «Ausnahmsweise bleibt den Kantonen die Befugnis, Verträge über Gegenstände der Staatswirtschaft, des nachbarlichen Verkehrs und der Polizei mit dem Auslande abzuschliessen; jedoch dürfen dieselben nichts dem Bunde oder den Rechten anderer Kantone Zuwiderlaufendes enthalten.» Art. 9 aBV vermittelte den Kantonen in Anbetracht der umfassenden (ursprünglich derogierenden) aussenpolitischen Kompetenz des Bundes nur ein Recht zu Verträgen untergeordneter Bedeutung; D. SCHINDLER, Komm. zu Art. 9 aBV, Rz. 3 ff.
419 BURCKHARDT, 114. Letzte Reste verfassungsrechtlich geregelter kantonaler Verfügungskompetenz über die (ehemals kantonalen) Truppenkörper wurden erst mit der Verfassungsrevision vom 28. November 2004 eliminiert (BBl 2005 951), *nachdem* die kantonalen Truppen durch eine Teilrevision des Militärgesetzes bereits Ende 2003 weggefallen waren (Änderung des Militärgesetzes vom 4. Oktober 2002, in Kraft ab 1. Januar 2004 (AS 2003 3957; BBl 2002 858). MOHLER, SBVR III/1, Rz. 151.
420 Vgl. z.B. die Vereinbarung BL-BS von 1983.
421 Z.B. Concordat réglant la coopération en matière de police en Suisse romande (VS RSV 133.91).

im August 1997 in Basel[422]), war die Rechtsgrundlage für entsprechende Hilfestellungen Art. 16 aBV. Es galten die Zwangsmassnahmeregelungen des Einsatzkantons.

216 Mit den zunehmend Kantonsgrenzen überschreitenden polizeilichen Aktivitäten erweist sich die bundesstaatliche Aufteilung der gesetzlichen Grundlagen insbesondere für polizeiliche Zwangsmassnahmen immer mehr als Erschwernis. Am deutlichsten hatte sich dies im zivilen Strafprozessrecht mit 26 kantonalen und zwei bundesrechtlichen Verfahrensgesetzen gezeigt. Nach der Annahme der Ergänzung von Art. 123 Abs. 1 BV, wonach auch das Strafprozessrecht «Sache des Bundes» sei[423], wurde die gesamtschweizerische Strafprozessordnung auf den 1. Januar 2011 in Kraft gesetzt.

217 Obwohl vom materiellen Recht her, namentlich durch die Grundrechtsordnung der BV und der EMRK, eine weitgehende materiell-rechtliche Angleichung der kantonalen Polizeigesetze stattgefunden hat, stand bisher eine Vereinheitlichung des materiellen Polizeirechts als Bundesrecht nicht zur Diskussion. Vor allem im völkerrechtlichen Zusammenhang führt das zu einer weiteren Komplizierung: So müssen die Kantone ihre polizeirechtlichen Regelungen für die Datenbearbeitung durch kantonale Behörden den Schengen-Anforderungen anpassen, soweit nicht spezifische Bundesgesetze (Strafgesetzbuch, Betäubungsmittelgesetz, Waffen-, Ausländer- und Asylgesetz) massgebend sind (Art. 7 BGMK)[424]. Auch für den direkten Informationsaustausch mit andern Schengen-Staaten ist eine kantonalrechtliche Grundlage angezeigt; das Schengen-Informationsaustausch-Gesetz gilt nach Art. 14 für die Kantone nur, sofern keine einschlägigen kantonalen Bestimmungen bestehen (vgl. Rz. 1017)[425].

218 Bund und Kantone beachten nach Art. 5 Abs. 4 BV das Völkerrecht. Durch das System der Adoption völkerrechtlicher Verträge werden diese Bundesrecht[426], das sich – sofern es sich nicht um direkt anwendbare Bestimmungen handelt – an die staatsleitenden Organe, d.h. Parlament und Regierung wendet[427]. Sie sind durch diese in entsprechenden Erlassen zu konkretisieren[428]. Das gilt im Polizeibereich auch für die Kantone, die nach Art. 7 BGMK verpflichtet sind, zur Umsetzung des internationalen Rechts die erforderlichen Anpassungen rechtzeitig vorzunehmen. In gleicher Weise haben sich die Kantone mit der Umsetzungs-Vereinbarung[429] dazu in die Pflicht genommen.

---

422 Vgl. Pressecommuniqué des Eidg. Militärdepartementes und des Eidg. Justiz- und Polizeidepartementes von 26. März 1998 (URL: http://www.admin.ch/cp/d/1997Mar26.102821.7507@idz. bfi.admin.ch.html; zuletzt besucht: 3.11.2010).
423 Volksabstimmung von 12. März 2000 (BBl 2000 2990, AS 2002 3148).
424 MOHLER, Schengen-Besitzstand, 19 ff.; RUDIN/STÄMPFLI, Weiterentwicklungen, 215 ff.
425 MOHLER, Schengen-Besitzstand, 16.
426 HÄFELIN/HALLER/KELLER, Rz. 1928; RHINOW/SCHEFER, Rz. 2644.
427 HANGARTNER, SGK zu Art. 5, Rz. 46.
428 THÜRER, Völkerrecht, VR CH, Rz. 24.
429 SR 362.1. Die rechtliche Bedeutung von Art. 9 Abs. 1 dieser Vereinbarung («Bund und Kantone gewährleisten die rechtzeitige Umsetzung von Rechtsakten oder Massnahmen») für die Kantone über deren Pflicht nach Art. 7 BGMK hinaus wird hier nicht diskutiert.

Das bundesstaatliche Modell schafft demnach im völkerrechtlichen Zusammenhang neben einem grossen Gesetzgebungsaufwand in den Kantonen zahlreiche Gelegenheiten für Rechtsunsicherheit durch eine bundesstaatliche Überkomplexität[430]. Die Verständlichkeit des Systems leidet[431], bietet umgekehrt aber die Vorzüge der Machtteilung.

Binnenrechtlich machen sich zwei Entwicklungen bemerkbar: Zum einen ist eine extensive Auslegung der Begriffe inhärente und implizite Kompetenzen als die beiden Arten ungeschriebener Bundeszuständigkeiten festzustellen; dies führt zu problematischen Überlagerungen bzw. zu einem mehrfachen Eindringen bundesgesetzlicher Regelungen in die Polizeihoheit der Kantone[432]. Zum andern steigt die Zahl der Konkordate, die gesamtschweizerisch lückenfüllende oder harmonisierungsbedürftige gesetzliche Regelungen anstreben[433],[434]:
Zu nennen sind

- der Rahmenvertrag zwischen der Schweizerischen Eidgenossenschaft und der Konferenz der Kantonalen Justiz- und Polizeidirektorinnen und -direktoren (KKJPD) einerseits sowie der Arbeitsgemeinschaft bestehend aus Schweizerische Bundesbahnen (SBB AG) und Securitas AG andererseits betreffend *interkantonale Häftlingstransporte* von 14. April 2000, abgelöst durch eine Verlängerung des Rahmenvertrages von 18. April 2005 und eine Verwaltungsvereinbarung zwischen dem Bund und der KKJPD von 3. Juni 2005[435];
- das Konkordat über Massnahmen gegen Gewalt anlässlich von Sportveranstaltungen von 15. November 2007[436];

---

430 RHINOW, Föderalismus, 70.
431 MOHLER, Schengen-Besitzstand, 24 f.
432 Vgl. SCHWEGLER, 14, der für weit verstandene «Annexkompetenzen» des Bundes in ihm übertragenen Sachbereichen eintritt.
433 In solchen Konstellationen wäre indessen zu prüfen, ob nicht Art. 43*a* BV anwendbar sei; vgl. RHINOW/SCHEFER, Rz. 604 und 1350. Nicht zu dieser Art Konkordat gehören die Vereinbarung über die interkantonalen Polizeieinsätze (IKAPOL, vgl. Rz. 250 ff.), die regionalen Konkordate über die polizeiliche Zusammenarbeit und das Konkordat Errichtung und Betrieb der interkantonalen Polizeischule Hitzkirch.
434 Derzeit wird durch die KKJPD geprüft, ob den Bundesbehörden beantragt werden soll, als gesamtschweizerisch einheitliche Lösung ein BG über die verdeckte Ermittlung (ausserhalb strafrechtlicher Ermittlungsverfahrens) zu erlassen. Es ist indessen darauf hinzuweisen, dass ein solches Gesetz keine Grundlage in der BV fände; zudem können die Kantone ihre Kompetenzen nicht vollständig aufgeben (RHINOW/SCHEFER, Rz. 901; was mit einem BG über verdeckte Ermittlungen im polizeirechtlichen Bereich der Fall wäre); vgl. auch SCHWEIZER/MOHLER, 124 m.w.H.
435 Alle Vereinbarungen und Reglemente nicht veröffentlicht (vgl. die Homepage der KKJPD, URL: http://www.kkjpd.ch; zuletzt besucht 20.8.2011). Da es sich um Zwangsmassnahmen handelt, sind sowohl die Reglementierung als Verwaltungsvereinbarung (Fehlen von Rechtssätzen), die mangelnde Bestimmtheit wie auch die fehlende Publizierung verfassungsrechtlich bedenklich. Vgl. MOHLER, SBVR III/1, Rz. 184 mit FN 459.
436 In Kraft seit dem 1. Januar 2010.

- Konkordat über private Sicherheitsdienstleistungen[437].

Näheres zur Frage der Verfassungsmässigkeit rein rechtsetzender Konkordate in Rz. 252 ff.

221 Dies alles führt zu einer zersplitterten und unübersichtlichen Rechtslage, welche die Rechtsanwendung deutlich schwieriger, den massgebenden Rechtsrahmen z.T. schwer erkennbar und damit den Rechtsschutz fraglich werden lässt (Rz. 205). Der Gesetzgeber ist aber vom übergeordneten Recht, der Verfassung, her verpflichtet, für einen angemessenen und wirksamen Rechtsschutz zu sorgen[438].

II. Kritik

1. Allgemeine Hinweise

222 In der Lehre wird diskutiert, ob – und bejahendenfalls inwiefern – sich Rechtsetzung und Rechtsanwendung methodisch unterschieden[439]. Sie werden mindestens dann zu einem Ganzen, wenn es darum geht, die Verfassung daraufhin zu interpretieren, wem – Bund oder Kantonen – welche Gesetzgebungskompetenz zukommt. Gerade im oft als Querschnittsmaterie bezeichneten Polizeirecht ist m.E. im Rechtsetzungsprozess, wie ihn Georg Müller mit zwei Varianten darstellt[440], nach der Problemanalyse oder Impulsgebung und vor der Zielsetzung die Frage nach der Gesetzgebungsbefugnis einzufügen. Das trifft für Bund und Kantone gleichermassen zu. Die Beantwortung der Frage nach der Rechtsetzungskompetenz ist (Verfassungs-) Rechtsauslegung[441], also -anwendung, gleichzeitig aber auch ein Schritt der Rechtsetzung selber. Von besonderer Bedeutung wird die Frage der Verfassungsrechtsauslegung, wenn von Bundesseite her ein Bundesgesetz an eine stillschweigende Gesetzgebungskompetenz geknüpft wird[442] oder wenn die Kantone entweder Eingriffe in die kantonale Polizeihoheit hinnehmen[443] oder allenfalls gar wünschen[444].

223 Diesbezüglich ist zu unterstreichen, dass die Kompetenzverteilung zwischen Bund und Kantonen durch den Verfassungsvorbehalt zu Lasten des Bundes und die subsidiäre Generalkompetenz der Kantone lückenlos und abschliessend geregelt ist[445].

---

437 Von der KKJPD am 12. November 2010 beschlossen (vgl. Rz. 599); zur Zeit der Drucklegung noch nicht in Kraft.
438 G. Müller, in: Peters/Schefer, 16 f.
439 Z.B. G. Müller, in: Peters/Schefer, 8 ff.
440 In: Peters/Schefer, 9 f.; G. Müller setzt diese Prüfung wohl stillschweigend voraus.
441 Zur Methodik der Verfassungsauslegung eingehend, Tschannen, Staatsrecht, § 4, Rz. 1 ff.
442 Vgl. Rz. 204.
443 Als Beispiel das BGST. Vgl. auch die Problematik von Raumsicherungseinsätzen der Armee: Mohler, Raumsicherung, 449 ff.
444 Beispiel in FN 435 zu einem allfälligen Nachfolgegesetz für das BVE auf Bundesstufe; R. Müller, 485 (in Bezug auf die 7 «Kernsätze» von KKJPD und VBS betr. die Raumsicherung).
445 Häfelin/Haller/Keller, Rz. 1057; Rhinow/Schefer, Rz. 709; Tschannen, Staatsrecht, § 19, Rz. 5.

Die vor wenigen Jahren erfolgte Nachführung der Bundesverfassung gebietet daher für die Anerkennung stillschweigender Bundeskompetenzen grosse Zurückhaltung[446], wobei der Grundsatz der begrenzten Einzelermächtigung nicht verletzt werden darf; der Bund hat, wie erwähnt, nur eine sehr begrenzte fragmentarische Kompetenz im sicherheitspolizeilichen Bereich (Rz. 194). Es ist insbesondere nicht statthaft, Bundeskompetenzen durch Lückenfüllung (z.B. ein Bundesgesetz über nicht vom Straf-, bzw. Strafprozessrecht geregelte verdeckte Ermittlungen) oder durch Vereinbarung (z.B. die Verträge der Oberzolldirektion mit verschiedenen Kantonen über sicherheitspolizeiliche Aufgaben des Grenzwachtkorps) herzuleiten[447]. Ebenso wenig taugt das Gewohnheitsrecht zur Begründung von Bundeskompetenzen[448].

> Eine gewohnheitsrechtliche Herleitung von Bundeskompetenzen im Polizeiwesen fällt schon deshalb ausser Betracht, weil die Kantone seit je her die Aufgabe hatten (und haben)[449], mit ihren Organen auch die Sicherheit der Rechtsgüter des Bundes zu gewährleisten (Schutz allfällig gefährdeter Repräsentantinnen und Repräsentanten des Bundes, Schutz der zivilen Gebäude, Polizei in den öffentlichen Verkehrsmitteln und in den Bahnhöfen der SBB, Aufgaben im Ausländerrechtsbereich, vgl. Rz. 199, 207, 74).

Die mehrfach anzutreffende Aussage[450], Art. 57 Abs. 2 BV begründe «dann eine Rechtsetzungskompetenz z.G. des Bundes, wenn Sicherheitsbelange zu regeln sind, die mindestens teilweise in die Zuständigkeit des Bundes fallen und die aus dessen Sicht eine Koordination unter Einbezug oder Leitung des Bundes erfordern»[451], widerspricht der herrschenden Lehre. Die Kriterien, wonach es *unausweichlich* sein muss, eine (grundsätzlich nicht zustehende) Kompetenz adhäsionsweise in Anspruch zu nehmen, um die Kernkompetenz *überhaupt* wahrnehmen zu können (Rz. 795), werden oft ignoriert.

224

Unter Beachtung des permanenten Einbezuges von Teilen der Armee für zivil-polizeiliche Aufgaben («Amba-Centro», «Lithos», weitere Assistenzdienste; vgl. Rz. 207), der bereits üblichen Aufgabenübertragungen an private Sicherheitsunternehmen sowie gesetzlicher Regelungen, wonach diese auch Zwangsmassnahmen anwenden dürfen (Rz. 1331 ff.), ist eine der BV in keiner Weise entsprechende *Zentralisierung*, eine gewisse *Militarisierung* und eine deutliche *Privatisierung* des Polizeiwesens festzustellen (Rz. 228, vgl. auch Rz. 213).

225

---

446 HÄFELIN/HALLER/KELLER, Rz. 1068; RHINOW/SCHEFER, Rz. 721.
447 HÄFELIN/HALLER/KELLER, Rz. 1062 f.; TSCHANNEN, Staatsrecht, § 19, Rz. 5. LINSI, 21, vertritt, dass dem GWK (und dem Bundessicherheitsdienst) «sachlich begrenzt» umfassende sicherheitspolizeiliche Befugnisse zukämen und begründet dies (10) mit der Formulierung in Bundesgesetzen. Dem widersprechen schon die einzelnen Vereinbarungen mit den Kantonen; die Verfassungsgrundlage wird ausgeblendet (vgl. SCHWEIZER/MOHLER, Schengen-Ausgleichsmassnahmen, 120 ff.).
448 HÄFELIN/HALLER/KELLER, Rz. 1061; TSCHANNEN, Staatsrecht, § 19 Rz. 5, § 20, Rz. 15.
449 Das gilt nach Art. 4 Abs. 1 BWIS selbst im Staatsschutz, solange und soweit nicht die Bundesbehörden Aufträge erteilen (Art. 7 BWIS).
450 Vgl. Rz. 204 und FN 414.
451 Vgl. Rz. 202 und FN 413.

226 Die in der politischen Argumentation gepriesene und verteidigte Polizeihoheit der Kantone ist in der Rechtswirklichkeit durch eine unbeabsichtigte Nebenwirkung der nachgeführten Bundesverfassung bzw. von deren Art. 57 Abs. 2 erheblich ausgedünnt worden. Was mit den Prinzipien der Kompetenzverteilung (Rz. 194 ff.) gerade verhindert werden soll, eine schleichende Ausdehnung von Bundeskompetenzen zu Lasten der Kantone[452], ist innert kurzer Zeit trotz bloss aktualisierter Verfassung nicht nur Tatsache geworden, sondern auch eine ebenso beschleunigende wie bedauerliche Rechtsentwicklung.

227 Dies alles ist nicht nur verfassungsrechtlich, sondern auch staatspolitisch in Bezug auf die Machtausübung (polizeiliche Zwangsmassnahmen) und die Machtteilung von eminenter Bedeutung. Die Rechtsordnung in einem der heikelsten gesellschaftlichen und staatlichen Bereiche, wo Rechtsstaatlichkeit in allen ihren Bezügen das grundlegende Charaktermerkmal des Staates bildet, gerät zu einem undurchdringlichen Dickicht für Rechtsanwendende und, insbesondere, für die Bevölkerung.

228 Sicherheits- und Polizeirecht haben sich vor allem in kritischen Situationen zu bewähren; sie sollten weder widersprüchlichen Auslegungen, insbesondere in Bezug auf Kompetenzen und alles, was den Grundrechtsschutz betrifft, zugänglich noch konfliktbeladen sein. Sicherheits- und polizeirechtliche Normen müssen auch und gerade in ausserordentlichen Lagen oder bei besonderer Dringlichkeit durch ihre Bestimmtheit ein Höchstmass an verfassungsmässiger Rechtssicherheit vermitteln[453].

Wer (welche Polizei, welche privaten Sicherheitsdienste [wie zu erkennen, von falschen allenfalls wie zu unterscheiden?]) *wo* (im öffentlichen, im halb-öffentlichen Raum [Züge, Bahnhöfe, Stationen, Stadien, Einkaufszentren])[454] *gestützt worauf* (Bundes-, interkantonaler, kantonaler oder kommunaler Rechtssatz) über *welche Kompetenzen* (Identitätskontrolle/Anhaltung, vorläufige Festnahme, Sicherstellungen, physische Zwangsmassnahmen bis Feuerwaffeneinsatz, Befragung/Datenbearbeitung, Bussen, Verlangen von Sicherheitsleistungen) verfügt, ist auch für gut orientierte Zeitgenossen nicht mehr eruierbar (Rz. 207 und 133 ff.).

2. Völkerrechtlich bedingte Umsetzungsprobleme

229 Die Übernahme völkerrechtlicher Verpflichtungen zur Verhinderung[455] verschiedenster Straftaten bedürfen für polizeirechtliche Massnahmen der hinreichenden gesetzlichen Grundlagen. Diese gehören grundsätzlich ins kantonale Polizeirecht. Die derzeitige

---

452 RHINOW/SCHEFER, Rz. 696.
453 MOHLER/SCHWEIZER, Rz. 3.
454 Zur Massgeblichkeit des öffentlichen Rechts des zuständigen Organs zur Regulierung des Verhältnisses zwischen öffentlichen Sachen im Gemeingebrauch, auch wenn sie Privateigentum sind, und deren Benutzern: BGer 6B_116/2011 E 3.1, 3.3.
455 Vgl. z.B. Art. 1 des UNO-Übereinkommens gegen die grenzüberschreitende organisierte Kriminalität (im Folgenden: UNTOC), Art. 2 des Zusatzprotokolls gegen die Schleusung von Migranten auf dem Land-, See- und Luftweg zur UNTOC, Art. 2 des Zusatzprotokolls zur Verhütung, Bekämpfung und Bestrafung des Menschenhandels, insbesondere des Frauen- und Kin-

«pragmatische» Interpretation der verfassungsrechtlichen Kompetenzregelung scheint in eine andere Richtung zu zielen. Ohne eine Änderung der BV würde sich diese als problematisch erweisen; eine Änderung der «Prioritätenordnung» (in Bezug auf sicherheitspolizeiliche Aufgaben) ist Sache des Verfassungsgebers[456].

Die Weiterentwicklung der Assoziierungsabkommen zu Schengen und Dublin als dynamische Rechtsverhältnisse zwischen der Schweiz und der EU hat schon bisher die bundesstaatlich bedingte Kompliziertheit der national nachzuvollziehenden Rechtsetzung bewiesen (Rz. 189 ff.)[457]. Die Ergänzung von Art. 39 Abs. 1–3 des Schengener Durchführungsübereinkommens (SDÜ)[458] durch den Rahmenbeschluss über den vereinfachten Informationsaustausch[459] mit der Einführung des polizeilichen Erkenntnisgewinnungsverfahrens (vgl. Rz. 180, 191, 985) bewirkte kompetenzenbedingt bereits gesetzgeberische Schwierigkeiten, die verfassungsrechtlich zumindest aussergewöhnlich sind (Art. 14)[460].

230

Zwischen einer Gesetzgebungskompetenzen übergreifenden Umsetzung ausschliesslich durch Bundesrecht und dafür gänzlich ungeeigneten rechtsetzenden Konkordaten fehlt eine Möglichkeit der harmonisierten Rechtsetzung auf der kantonalen Stufe. Zu denken

---

derhandels zur UNTOC, die Konvention des Europarates gegen den Menschenhandel, vgl. dazu Rz. 423 (FN 864).
Ferner sind von *polizeirechtlicher Bedeutung* zu nennen:
Art. 9 des Übereinkommens zur Bekämpfung der widerrechtlichen Inbesitznahme von Luftfahrzeugen, Art. 10 des Übereinkommens zur Bekämpfung widerrechtlicher Handlungen gegen die Zivilluftfahrt, Art. 3 f. des Übereinkommens über die Verhütung, Verfolgung und Bestrafung von Straftaten gegen völkerrechtlich geschützte Personen, einschliesslich Diplomaten, Art. 4 des Internationalen Übereinkommens gegen Geiselnahme, Art. 3 f. (und Art. 1 Anh. I) des Übereinkommens zum physischen Schutz von Kernmaterial, Art. 13 des Übereinkommens zur Bekämpfung widerrechtlicher Handlungen gegen die Sicherheit der Seeschifffahrt, Art. 18 (i.V.m. Art. 2) des Internationalen Übereinkommens zur Bekämpfung der Finanzierung des Terrorismus, Art. 1 des Übereinkommens zur Bekämpfung widerrechtlicher Handlungen gegen die Sicherheit fester Plattformen, die sich auf dem Festlandsockel befinden.

456 SALADIN, Komm. zu Art. 3 aBV, Rz. 132.
457 Vgl. dazu auch die Vereinbarung zwischen Bund und Kantonen betreffend Umsetzung, Anwendung und Entwicklung des Schengen/Dublin-Besitzstands (SR 362.1), die den Kantonen in bisher einmaliger Weise wesentliche Rechte und Pflichten bei der Umsetzung und Weiterentwicklung (Art. 6 ff.) bei der Gestaltung dieses speziellen aussenpolitischen (oder eher: euroinnenpolitischen) Dossiers überträgt.
458 In der Fassung gemäss Art. 1 Abs. 2 des Beschlusses des Rates 1999/435/EG von 20. Mai 1999 (ABl L 176 vom 10.7.1999, 1, ABl L 239 vom 22.9.2000, 1 [in der SR nicht publiziert]).
459 Rahmenbeschluss 2006/960/JJ des Rates über die Vereinfachung des Austausches von Informationen und Erkenntnissen zwischen den Strafverfolgungsbehörden der Mitgliedstaaten der Europäischen Union vom 18. Dezember 2006 (ABl L 386 vom 29.12.2006, 89). Notenaustausch: AS 2009 6917, Umsetzung ins schweizerische Recht durch das Schengen-Informationsaustausch-Gesetz (SIaG).
460 Vgl. MOHLER, Schengen-Besitzstand, 16.

wäre etwa an eine systematische Entwicklung von Musterlösungen, wie sie auch für andere polizeirechtliche Problemstellungen sinnvoll sein könnten[461].

231 Die Europäische Union wird als «Raum der Sicherheit» aus der Trilogie mit Freiheit und Recht Veränderungen in der Bedrohungslage durch Terrorismus und organisierte Kriminalität primär mit auf die Verhinderung von Schäden gerichteten polizeirechtlichen Weiterentwicklungen zu begegnen versuchen. Der Schweiz obliegt es danach, mit dem auf Bundesebene bereits komplizierten Übernahmeverfahren nach Art. 7 des Assoziierungsabkommens die nötigen gesetzlichen Ergänzungen oder Änderungen vorzunehmen. Die Dynamik des SAA/DAA wird nach der derzeitigen Kompetenzverteilung zusätzlich in den Kantonen für alle polizeirechtlichen Massnahmen ihren Niederschlag finden müssen[462] und mindestens teilweise zum Gegenteil einer Rechtsharmonisierung führen[463].

232 Ist die Durchschaubarkeit der Rechtsordnung, die Transparenz, nicht mehr gewährleistet, leidet aus staatspolitischer und staatsrechtlicher Perspektive nicht nur die Rechtssicherheit, sondern auch das Demokratieprinzip. Stimmbürgerinnen und Stimmbürger vermögen nicht mehr zu erkennen, ob vorgeschlagene gesetzliche Regelungen über polizeiliche Zwangsmassnahmen und die Befugnisse zu deren Anwendung ihrer vernunftgemässen Ansicht entsprechen. Die Rechtsordnung beruht in der Demokratie nicht einfach auf der Autorität einer durchaus dazu befugten gesetzgebenden Behörde, sondern auf der Akzeptanz einer verständlichen (vorgeschlagenen) Regelung[464]. Normative Ordnungen für die Gestaltung des Zusammenlebens, ganz besonders polizeilicher Befugnisse und deren Grenzen, müssen daher in ihrer Gesamtheit verständlich sein, damit sie auch kontrollierbar bleiben[465], ansonsten das Referendumsrecht von seinem Gehalt her ausgehöhlt wird.

233 Die demokratisch legitimierte Verfassung hat eine mehrfach stabilisierende Funktion[466]; so ist sie zunächst Grundordnung des Zusammenlebens namentlich in Bezug auf die Menschenrechte, verleiht und begrenzt Befugnisse an die dazu legitimierten

---

461 Es ist z.B. nicht einzusehen, weshalb Kantone, die kaum je mit Problemen der Gewaltanwendung bei Sportanlässen konfrontiert sind, durch das entsprechende Konkordat zu einer «Gesetzgebung auf Vorrat» verhalten werden (Rz. 220).
462 Vgl. die Rechtslage nach Aufhebung des BG über die verdeckte Ermittlung für solche Massnahmen vor Einleiten eines strafrechtlichen Ermittlungsverfahrens (Rz. 817 mit FN 1562).
463 Die *gesetzliche* Unmöglichkeit verdeckter Ermittlungen vor dem Einleiten eines strafrechtlichen Ermittlungsverfahrens dürfte, insofern es um die frühzeitige Informationsbeschaffung wegen schwerer Kriminalität geht, mit dem revidierten Art. 39 SDÜ (vgl. FN 460) nicht übereinstimmen. Dies kann bspw. dann der Fall sein, wenn auf Grund eines Informationsbegehrens eines Schengen-Staates über Verbindungen krimineller Organisationen – die ihr Wirkungsfeld im Ausland haben, die Schweiz aber als Rückraum benutzen, und deren Existenz hier noch unbekannt ist – Erkenntnisse zur Verhütung schwerer Verbrechen auch mit verdeckten Mitteln zu beschaffen wären.
464 J.P. MÜLLER, demokratische Verfassung, 18.
465 J.P. MÜLLER, demokratische Verfassung, 82.
466 Vgl. J.P. MÜLLER, demokratische Verfassung, 63.

Instanzen und ist Bezugspunkt und Massstab für die auf sie gestützten Rechtssätze. Sie ist ebenso, aber ausschliesslich, über das festgelegte Verfahren änderbar und nicht nach (einseitig artikuliertem) Bedarf uminterpretierbar[467].

> Weder genügt die Sicht der Bundesbehörden allein (vgl. Rz. 211) noch politische Absprachen (Rz. 204) oder der Wunsch kantonaler Organe (vgl. Rz. 267 [Nachfolgegesetz für das BVE]).

Umgekehrt ist die Verfassung Teil eines faktischen und rechtlichen europäischen und globalen Rahmens[468], der seinerseits ständig ändert. Aus Art. 2 Abs. 4 i.V.m. Art. 54 Abs. 2 und Art. 5 Abs. 4 BV gehen Ziel und Verpflichtung des Landes als kooperativer Staat[469] gegenüber der internationalen Gemeinschaft und Ordnung hervor[470]. Im vorliegenden Kontext sind in erster Linie der Schutz der Menschenrechte, das Beitragen an eine friedliche und gerechte internationale Ordnung, die Anerkennung des Vertragsvölkerrechts und der Vorrang des zwingenden Völkerrechts zu nennen. Gelingt das Erreichen dieser Ziele oder das Einhalten solcher Verpflichtungen aus strukturellen Gründen der verfassungsmässigen Kompetenzregelung[471] nicht mehr befriedigend oder nur zum Preis einer die Rechtssicherheit untergrabenden Kompliziertheit, sind die Strukturen zu überprüfen. Das trifft in diesem Zusammenhang auf die *Substanz der kantonalen Polizeihoheit* und damit auf die insgesamt *verfassungskonforme Auslegung* der verfassungsrechtlichen Kompetenzregelungen zu.

Eine vertiefte Diskussion darüber und ob der (vertikale) kooperative Föderalismus auch anders geregelt werden kann, ohne dadurch an den Grundfesten der just im Polizeiwesen notwendigen Machtteilung zu rütteln, tut not. Das zunehmende «Ausweichen» auf gesamtschweizerische Konkordate (vgl. Rz. 258 ff.) ist seinerseits problematisch. Wenn auch interkantonale rechtsetzende Verträge als Beitrag zur Rechtsharmonisierung gedacht sind, so führen solche Vertragsbestimmungen ihrerseits als weitere Rechtsquellen teilweise zu einer gewissen Rechtszersplitterung (vgl. Rz. 1347).

234

---

467 HÄFELIN/HALLER/KELLER, Rz. 1056; SALADIN, Komm. zu Art. 3 aBV, Rz. 132; TSCHANNEN, Staatsrecht, § 19, Rz. 5.
468 J.P. MÜLLER, demokratische Verfassung, 87.
469 RHINOW/SCHEFER, Rz. 234 f.
470 EHRENZELLER, SGK zu Art. 2, Rz. 25.
471 Vgl. RHINOW/SCHEFER, Rz. 3488.

§ 11 Die vierte Ebene: Verträge unter den Kantonen

A. Allgemeine Hinweise[472]

I. Die Vertragsarten

235 Im Unterschied zur BV von 1874 ermöglicht die BV von 1999 in weit stärkerem Ausmass den kooperativen Föderalismus[473] durch Verträge unter den Kantonen (Konkordate)[474]. Sie dienen der regionalen und gesamtschweizerischen Zusammenarbeit unter den Kantonen, der Koordination mit dem Bund und sollen, soweit sie grundsätzlich rechtsetzender Natur sind, der Rechtsharmonisierung dienen[475]. Ein Konkordat kann mehr als einem der genannten Zwecke dienen[476].

> Für den Polizeibereich ist die Möglichkeit interkantonaler Vereinbarungen von grosser Bedeutung, ermöglichen sie doch in erster Linie regional sowohl operationelle wie auch für die Schulung kostengünstige *Zusammenarbeitsformen*. Unmittelbar rechtsetzende Konkordate bestehen hinsichtlich von Massnahmen zur Bekämpfung von Gewalt anlässlich von Sportveranstaltungen und in Bezug auf die Zulassung zum Sicherheitsgewerbe.

236 Mit Verträgen unter den Kantonen können Vereinbarungen über alle Sach- und Rechtsbereiche getroffen werden, die in der Kompetenz der Kantone liegen, dürfen indessen nicht den Interessen des Bundes zuwiderlaufen[477] und keinesfalls Bundesrecht verletzen (Art. 48 Abs. 3 BV)[478]. Daher unterliegen diese der nachträglich derogatorischen Kraft des Bundesrechts (Art. 49 BV)[479], vorausgesetzt dem Bund

---

472 Eingehend: UHLMANN/ZEHNDER, passim.
473 Der Begriff ist aber nicht erst mit der BV 1999 zur Bedeutung gelangt; vgl. SALADIN, Komm. zu Art. 3 aBV, Rz. 18 ff.
474 ABDERHALDEN, SGK zu Art. 48, Rz. 1 ff.; BIAGGINI, Komm. zu Art. 48, N. 2 f.; HÄFELIN/ HALLER/KELLER, Rz. 1268. Vgl. BUSER, Rz. 237.
475 ABDERHALDEN, SGK zu Art. 48, Rz. 10 ff.; BIAGGINI, Komm. zu Art. 48, N. 5, 7; HÄFELIN/ HALLER/KELLER, Rz. 1282 f., 1293; RHINOW/SCHEFER, 874 ff.; TSCHANNEN, Staatsrecht, § 25, Rz. 4 f., 9 f.; UHLMANN/ZEHNDER, 10.
476 UHLMANN/ZEHNDER, 11.
477 ABDERHALDEN, SKG zu Art. 48, Rz. 33.
478 ABDERHALDEN, SGK zu Art. 48, Rz. 34; BIAGGINI, Komm. zu Art. 48, N. 12; HÄFELIN/HALLER/ KELLER, Rz. 1290; TSCHANNEN, Staatsrecht, § 25, Rz. 2; UHLMANN/ZEHNDER, 11 f.
479 ABDERHALDEN, SGK zu Art. 48, Rz. 34. Vgl. dazu Rz. 645 (Einschränkung der derogatorischen Kraft besonders im Polizeirechtsbereich). Mit Verwunderung nimmt man die Mitteilung der KKJPD von 12. November 2010 unter dem Titel «Sicherheitspolitik wird gemeinsame Aufgabe von Bund und Kantonen» zur Kenntnis, wonach eine neue politische Plattform als Führungsgremium geschaffen werde, da die Bereiche Terrorismus, organisierte Kriminalität, Natur- und zivilisationsbedingte Katastrophen in der gemeinsamen Verantwortung von Bund und Kantonen stünden (URL: http://www.kkjpd.ch/images/upload/101112%20Medienmitteilung%20d%20 clean.pdf; zuletzt besucht: 20.8.2011). Die Kompetenzordnung samt Pflicht zur Koordination *je im Rahmen ihrer Zuständigkeiten* nach Art. 57 BV scheint unbeachtet geblieben zu sein.

stehe die entsprechende Gesetzgebungskompetenz zu. Ebenso können sie die Kompetenzordnung zwischen Bund und Kantonen nicht ändern[480].

Unterschieden wird zwischen mittelbar und unmittelbar rechtsetzenden und rechtsgeschäftlichen Vereinbarungen[481]. Sie können zwei- oder mehrseitig (bi-, multi- oder omnilateral) abgeschlossen werden[482].

Verträge zwischen Kantonen, auch rechtsgeschäftliche, sind *öffentlich-rechtlicher Natur*[483].

Rechtsgeschäftliche Verträge können – soweit sie von untergeordneter Tragweite sind und insbesondere keine Befugnisse zur Beeinträchtigung von Rechten enthalten – als *Verwaltungsvereinbarungen* von der Exekutive oder der Verwaltung abgeschlossen werden.

237

Als Ausnahme davon haben jedoch Fach-Konferenzen kantonaler Direktoren (Regierungsräte) mitunter auch die privatrechtliche Form eines Vereins gewählt (vgl. Rz. 242 ff.).

Rechtsetzende Verträge können direkt anwendbare generell-abstrakte Normen schaffen (unmittelbar rechtsetzende Verträge, Näheres dazu Rz. 258 ff.) oder zum Erlass kantonaler Rechtssätze verpflichten (mittelbar rechtsetzende Verträge)[484].

238

II. Bundesrechtliche Einwirkungen

Nach Art. 48 Abs. 5 BV ist das interkantonale Recht zu beachten[485]. Die Formulierung lautet, bezogen auf die Kantone, gleich wie jene in Art. 5 Abs. 4 BV in Bezug auf das Völkerrecht. Dennoch können sie nicht gleich interpretiert werden.

239

Der Entwurf des Bundesrates lautete noch: «Interkantonales Recht geht entgegenstehendem kantonalem Recht vor»[486]. Schon in der Botschaft zur NFA[487] meldete der Bundesrat in einer nicht unbedingt widerspruchfreien Erläuterung an, der Grundsatz des Vorranges des interkantonalen Rechts gelte jedoch nicht vorbehaltlos; insbesondere gehe «interkantonales Recht gegenüber den vom Bund nach Artikel 51 Absatz 2 BV gewährleisteten Kantonsverfassungen nicht ohne weiteres vor», um danach festzustellen, «der

---

480 ABDERHALDEN, SGK zu Art. 48, Rz. 35; HÄFELIN/HALLER/KELLER, Rz. 1278. Zur Überprüfbarkeit von Konkordaten durch die politischen Behörden und zur justiziellen Überprüfbarkeit vgl. UHLMANN/ZEHNDER, 10 f.
481 UHLMANN/ZEHNDER, 12 ff.
482 ABDERHALDEN, SGK zu Art. 11; BIAGGINI, Komm. zu Art. 48, N. 6; TSCHANNEN, Staatsrecht, § 25, Rz. 11.
483 HÄFELIN/HALLER/KELLER, Rz. 1270.
484 ABDERHALDEN, SGK zu Art. 48, Rz. 14; BIAGGINI, Komm. zu Art. 48, N. 5; HÄFELIN/HALLER/KELLER, Rz. 1284 f.; RHINOW/SCHEFER, Rz. 877; TSCHANNEN, Staatsrecht, § 25, Rz. 10.
485 ABDERHALDEN, SGK zu Art. 48 f.; BIAGGINI, Komm. zu Art. 48, N. 16 f.; HÄFELIN/HALLER/KELLER, Rz. 1272; UHLMANN/ZEHNDER, 24.
486 Entwurf BB NFA (Neugestaltung des Finanzausgleichs und der Aufgaben zwischen Bund und Kantonen), Art. 48 Abs. 6.
487 BBl 2002 2463.

Vorrang des interkantonalen Rechts *gegenüber entgegenstehendem kantonalen Recht aller Stufen* gewährleistet die Bindungskraft des interkantonalen Rechts.» (Hervorhebung hier).

Diese absolute Formulierung wurde im Parlament abgeschwächt und mit dem Hinweis auf die unterschiedlichen Gewichte interkantonaler Vereinbarungen durch die jetzt geltende ersetzt[488].

Mit der Relativierung der Vorrangregel durch das Parlament dürften m.E. somit mindestens die Kantonsverfassungen interkantonalem Recht widerstehen[489].

240 Art. 48 Abs. 3 BV legt ebenso fest, dass Verträge zwischen Kantonen auch den Rechten anderer (d.h. einem Konkordat nicht beigetretener) Kantone nicht zuwiderlaufen dürfen[490]. Anderseits gehen Konkordatsbestimmungen über die gegenseitige Anerkennung von Fähigkeitszeugnissen nach Art. 4 Abs. 4 BGBM dem Binnenmarktgesetz vor.

241 Mehr der Vollständigkeit halber sei darauf verwiesen, dass eine Allgemeinverbindlicherklärung und Beteiligungspflicht nach Art. 48*a* BV das Polizeiwesen nicht umfasst; die Liste mit den neun erfassten Bereichen ist abschliessend[491].

B. Die einzelnen Verträge

I. Interkantonale Institutionen

1. Die Konferenzen der politischen Ebene

242 Interkantonale Konferenzen auf der Stufe der Exekutiven stützen sich auf entsprechende Verträge zwischen den Kantonen, wobei sich die Rechtsformen dieser Ver-

---

488 «Denn nicht jedes interkantonale Recht kann in jedem Fall kantonalen Verfassungen und Gesetzen vorgehen. Interkantonales Recht entsteht nämlich auch beispielsweise durch Vereinbarungen zwischen Kantonsregierungen oder auch durch Vereinbarungen von Amtsstellen, die Kantonsregierungen unterstehen, wie etwa Polizeikommandos. Auch Verwaltungsabkommen über die Zusammenarbeit bei der Erfüllung lokaler oder regionaler Aufgaben bilden interkantonales Recht. Es scheint offensichtlich, dass solche Vereinbarungen gegenüber Kantonsverfassungen, die immerhin vom Volk angenommen worden sind und überdies vom Bund, konkret von der Bundesversammlung, gewährleistet werden müssen, nicht auch Vorrang geniessen dürfen. Daher ist die Kommission der Auffassung, dass die Formulierung – wie sie auch für das Verhältnis von Völkerrecht und Landesrecht gilt – ‹die Kantone beachten das interkantonale Recht› angemessener ist. Es wird damit zum Ausdruck gebracht, dass es schwierig ist, dieses Verhältnis in generell-abstrakter Norm auf Stufe der Verfassung festzuhalten. Die Formulierung ‹beachten› scheint uns deshalb angemessener zu sein. Das will aber nicht bedeuten – das möchte ich klar unterstreichen –, dass die Konfliktregel im Verhältnis Völkerrecht/Landesrecht einfach mutatis mutandis auf das Verhältnis von interkantonalem Recht und kantonalem Recht angewendet werden kann.» (Votum Inderkum, Kommissionssprecher, AB 2002 S 863, AB 2003 N 859). Vgl. auch UHLMANN/ZEHNDER, 25 f.
489 Vgl. die Fragestellung bei TSCHANNEN, Staatsrecht, § 25, Rz. 2.
490 Eingehende Formvorschriften über Verträge der Kantone unter sich oder mit dem Ausland finden sich in Art. 61*c* und 62 RVOG sowie Art. 27*o* bis 27*t* RVOV.
491 BIAGGINI, Komm. zu Art. 48*a*, N. 9.

träge erstaunlich unterscheiden. So stützt sich die Konferenz der Kantonsregierungen (KdK) auf eine öffentlich-rechtliche Vereinbarung[492], bei der Erziehungsdirektorenkonferenz handelt es sich um das leitende Organ des Konkordates als multilateraler «Staatsvertrag» über die Schulharmonisierung[493], während die Konferenz der kantonalen Justiz- und Polizeidirektorinnen und -direktoren (KKJPD) explizit ein Verein ist[494], und die Konferenz der Schweizerischen Militär- und Zivilschutzdirektorinnen und -direktoren[495] sowie die Konferenz der Kantonalen Finanzdirektorinnen und -direktoren[496] implizit einfache Gesellschaften sind[497].

Die Konferenz der kantonalen Justiz- und Polizeidirektorinnen und -direktoren (KKJPD), gegründet 1905, bildet auf dem Gebiet von Polizei und Justiz das politische Koordinationsorgan der kantonalen Departementsvorsteherinnen und -vorsteher unter den Kantonen und dient als Ansprechpartner für den Bundesrat. 243

> Ihre Geschichte zeigt das intensive Bemühen um gemeinsame Lösungen für neue oder veränderte Problemlagen (z.B. Fremdenpolizei und Asylwesen anfangs 20. Jahrhundert, Politische Polizei und Staatsschutz, Nationalstrassen) und um qualitative Aspekte der Polizeiarbeit (Ausbildung [Schweizerisches Polizeiinstitut], Ausweiswesen und Datenschutz, Strassenverkehr, interkantonale und internationale Zusammenarbeit) ebenso wie die lange Zeit hartnäckige Verteidigung der kantonalen Polizeihoheit (Ablehnung einer Interkantonalen Mobilen Polizei 1964, einer Bundessicherheitspolizei 1978)[498].
> Sie hat fünf ständige Kommissionen[499], die der Bewältigung des erheblichen Geschäftsvolumens mit sachlich teilweise komplexen Problemstellungen dienen.
> Rechtsetzende Befugnisse kommen ihr jedoch nicht zu[500].

Seit dem Jahr 1960 besteht die Conférence latine des Chefs des Départements de justice et police (CLDJP)[501], die Konferenz der lateinischen Justiz- und Polizeidirektoren. Ihr gehören die Kantone Waadt, Wallis, Neuenburg, Genf, Jura und Tessin an. Diese *conférence intergouvernementale* ist als Verein nach Art. 60 ff. 244

---

492 Vom 8. Oktober 1993 (URL: http://www.kdk.ch/int/kdk/de/kdk/vereinbarung.ParagraphContainerList.ParagraphContainer0.ParagraphList.0002.File.pdf/Vereinbarung%20KdK%20 2006%20deutsch%20französisch%20italienisch.pdf, zuletzt besucht: 1.8.2011).
493 Vom 29. Oktober 1970 (Art. 5; URL: http://edudoc.ch/record/1987/files/1-1d.pdf, zuletzt besucht: 1.8.2011).
494 Art. 1 der Statuten von 9./10. November 1995/8. April 2010. (URL: http://www.kkjpd.ch/frameset.asp?sprache=d.pdf, zuletzt besucht: 7.2.2011).
495 Organisationsstatuten vom 7. Mai 1998 (URL: http://www.konferenzen.ch/pdf/mzdk/Organisationsstatut_MZDK.pdf, zuletzt besucht: 1.8.2011).
496 Statuten von 20. Mai 2010 (URL: http://www.fdk-cdf.ch/100520_statuten_def_d.pdf, zuletzt besucht: 1.8.2011).
497 Zur Frage des «faktischen Legitimationsdefizits» dieser Konferenzen (mit Ausnahme der auf ein förmliches Konkordat gestützten): Rhinow/Schefer, Rz. 889 f.
498 Gschwend/Schweizer, *passim*.
499 Strafvollzug und Anstaltswesen, Strassenverkehr, Strafrecht, Leitungsorgan der Kriminalkommission, Polizeiausbildung.
500 Gschwend/Schweizer, 175.
501 URL: http://www.cldjp.ch/index.html; zuletzt besucht: 1.8.11.

ZGB konstituiert. Ihre Ziele sind die gesetzliche, reglementarische und praktische Harmonisierung im Bereich von Justiz und Polizei, das Entwerfen interkantonaler Konventionen und die Sorge für deren Anwendung sowie das Bilden gemeinsamer Standpunkte in Konsultations- und Vernehmlassungsverfahren. Sie koordiniert insgesamt fünf Konkordate und fünf Fachkonferenzen[502].

245 Die Konferenz der städtischen Polizeidirektorinnen und -direktoren (KSPD)[503], ebenso ein Verein nach Art. 60 ff. ZGB, bildet eine rechtlich selbständige Sektion des Schweizerischen Städteverbandes. Sie vereinigt über 50 für die Bereiche Polizei und Sicherheit zuständige Mitglieder von Exekutiven auf der Stadt- bzw. Gemeindeebene und widmet sich primär den typisch urbanen Sicherheits- und Polizeiproblemen (z.B. Gewalt bei Sportveranstaltungen, öffentliche Ordnung) ebenso wie methodischen Fragen (z.B. community policing).

2. Die Konferenzen auf der Verwaltungsstufe

246 Als oberstes Gremium auf der operationellen und Verwaltungsebene erfüllt die Konferenz der kantonalen Polizeikommandanten der Schweiz (KKPKS) mannigfache Aufgaben der Koordination sowie der rechtlichen, methodischen, ausbildungsmässigen und technischen Weiterentwicklung. Die materielle Hauptarbeit wird in zahlreichen Kommissionen, Arbeitsgruppen und Delegationen geleistet, sie kann – ohne Vollständigkeit – in vier Bereiche (mit teilweise Überschneidungen) gegliedert werden:

– *Planung* (AG Strategie mit Untergruppen Polizei-Armee und Bevölkerungs- und Zivilschutz; Strategiegruppe «Integrierte Grenzverwaltung BFM», operationelle Planung, AG Einsatztaktik [z.B. Fussball/Eishockey, Taser], AG Transitgüter Strasse, KKM SVS [vgl. Rz. 60]),

– *Koordination laufender Aufgaben* (IKAPOL [AG OP/IKKS], Kriminalkommission, Mitwirkung in der Koordination gegen Menschenhandel und Menschenschmuggel sowie bei der Schweiz. Kriminalprävention: Kommission für internationale Angelegenheiten, AG *Disaster Victim Identification*),

– *Ausbildung und Forschung* (SPI, Delegierte in Schulräten interkantonaler Polizeischulen, Begleitgruppe Evaluation AT StGB, Forschungsbeirat BABS),

– *Technik und Logistik* (Schweiz. Polizeitechnische Kommission, AG Polizeiflug, Zusammenarbeit mit der REGA, Leitungsgruppe Harmonisierung Polizei-Informatik).

Die Zusammenarbeit mit der KKJPD wird durch die räumliche Nähe der beiden Generalsekretariate erleichtert.

247 Unter den Auspizien der CLDJP (Rz. 244) fungiert auch die *Conférence des commandants des polices cantonales de Suisse romande, de Berne et du Tessin*, dem auch der

---

502 Strafen und Massnahmen, Strafvollzug für Jugendliche, Asyl und Migration, Fremdenpolizei und polizeiliche Zusammenarbeit (im Rahmen des Konkordates von 1988 über die polizeiliche Zusammenarbeit in der welschen Schweiz).
503 URL: http://kspd.net/de/Info/Uber_die_KSPD/Kurzportrait; zuletzt besucht: 20.8.2011.

Kommandant der Stadtpolizei Lausanne angehört. Sie befasst sich mit den praktischen Problemen und der Koordination unter den Mitgliederdiensten. Zwei Fachgruppen (maintien de l'orde, GMO; analyse de la criminalité [CICOP (Concept Intercantonal de Coordination Opérationnelle et Préventive]) bilden Tätigkeitsschwerpunkte.

Analog der KSPD (Rz. 245) sind die operationellen Polizeichefs auf der Gemeindestufe in der Schweizerischen Vereinigung städtischer Polizeichefs (SVSP)[504], einem Verein, zusammen geschlossen. Ihr Arbeitsfeld beruht vorwiegend auf ihren Aufgaben zur Bewältigung problematischer gesellschaftlicher Verhaltensmuster in Städten und Agglomerationen (z.B. Jugend[gewalt]delinquenz, ethnische Spannungen, verdichtete Nutzung des öffentlichen Raumes zu allen Tages- und Nachtzeiten, Verkehrsfragen usw.). 248

3. Institutionen bestehend aus Partnern verschiedener Stufen

a) Das Schweizerische Polizeiinstitut

Das Schweizerische Polizei-Institut beruht auf einer privatrechtlichen Stiftung[505]; sie wurde 1946 errichtet. Dem Stiftungsrat gehören an: der Bund (vertreten durch das EJPD), Kanton und Stadt Neuenburg, KKJPD, KSPD, KKPKS, SVSP sowie der Verband schweizerischer Polizeibeamter (VSPB). Das Polizei-Institut ist das zentrale Organ für die Aus- und Weiterbildung auf allen Stufen. Es koordiniert und überwacht die (dezentrale) Berufsprüfung[506] und die höhere Fachprüfung für Polizistinnen/Polizisten mit eidgenössischem Diplom[507]. 249

> Mit der Einführung der eidgenössisch anerkannten Berufsprüfungen wurde eine Marktöffnung für den Polizeiberuf erzielt, wogegen zuvor kein Kanton die abgeschlossene Ausbildung in einem andern Kanton anzuerkennen verpflichtet war. Dadurch wurden die Anforderungen nach den Standards der bundesrechtlichen Regelungen vereinheitlicht.

Darüber hinaus organisiert das Polizei-Institut im jährlichen oder zweijährlichen Rhythmus eine Vielzahl von Kader- und Spezialistenausbildungen, die überwiegend von den Kadern der verschiedenen Kantons- und Stadtpolizeien durchgeführt werden.

b) Die Vereinbarung über die interkantonalen Polizeieinsätze IKAPOL

Gesamtschweizerisch wurde die Vereinbarung über die interkantonalen Polizeieinsätze (IKAPOL) abgeschlossen[508]. Sofern für eine polizeiliche Aufgabe in einem Kanton 250

---

504 URL: http://www.svsp.info/d/home.asp; zuletzt besucht: 1.8.2011.
505 URL: http://www.institut-police.ch/d/home.asp/1-0-12-1-1-0/5-0-19-2-1-1/6-0-48-3-1-0/; zuletzt besucht: 1.8.2011.
506 Polizist/Polizistin mit eidgenössischem Fachausweis gestützt auf BBG und BBV (Berufs-Nr. 84130, Prüfungsordnung von 7. Mai 2003; URL: http://www.bbt.admin.ch/bvz/hbb/index.html?detail=1&typ=HFP&item=399&lang=de; zuletzt besucht: 1.8.2011).
507 Polizistin/Polizist mit eidgenössischem Diplom (Prüfungsordnung von 10. Oktober 2007, a.a.O.).
508 Vom 6. April 2006, in Kraft seit 9. November 2006 (vgl. z.B. BL SGS 145.37).

die eigenen und die regionalen Polizeikräfte nicht ausreichen oder erschöpft sind (vgl. Art. 3 der Vereinbarung), kann das regionale Konkordat[509], dem der betreffende Kanton[510] angehört, die Unterstützung durch Polizeikorps der andern Regionen[511] sowie der Kantone Tessin und Zürich beantragen. Über ein solches Gesuch wird mit einem nicht sehr einfachen Verfahren (Art. 6–9 der Vereinbarung) entschieden. Die Kantone werden, sofern der Bedarf anerkannt wird, durch das zuständige gesamtschweizerische Organ zur Unterstützung «eingeladen»[512].

251 Der Ablauf gestaltet sich gemäss der Abbildung auf Seite 97[513]:

252 Die «Einladung» wird allerdings durch das entsprechende Gebot in Art. 44 Abs. 1 und 2 BV verstärkt, das – da sich ein Kanton mit einer (von seinen regionalen Nachbarn anerkannten) aussergewöhnlichen Situation konfrontiert sieht – zu einer gewissen Verpflichtung wird. Eine allfällige Ablehnung dieser Beistandspflicht, falls ein Kanton selber wegen einer entsprechend grossen Belastung auf alle seine eigenen Polizeiangehörigen angewiesen sein sollte, müsste auch Art. 5 Abs. 3 (Treu und Glauben) und Art. 44 Abs. 2 (Rücksichts- und Beistandspflicht) BV standhalten[514]. Hoheitliche Befugnisse im Sinne der Ermächtigung, Kantone verbindlich zur Entsendung von Polizeikräften zu verpflichten, kommen jedoch auch der GIP KKJPD nicht zu. Jedem Kanton bleibt auf Grund seiner (begrenzten) Souveränität nach Art. 3 BV ein (schmales) Entscheidungsermessen. Eine unbedingte (justiziable) Rechtspflicht zu positivem Handeln zu Gunsten eines andern Kantons lässt sich dem Bundesgericht zufolge aus Art. 44 BV nicht ableiten[515].

253 Im Falle nicht vorhersehbarer grosser Ereignisse (wie bspw. einer Katastrophe) wird aus den Arbeitsgruppen der gesamtschweizerischen Polizeizusammenarbeit (AG GIP, politische Stufe: KKJPD) und der Arbeitsgruppe Operationen (AG OP, operationelle Stufe: KKPKS) nach Art. 9 Abs. 3 der IKAPOL-Vereinbarung ein polizeilicher Krisenstab gebildet, der zu einer sofortigen Lagebeurteilung und Beschlussfassung zusammentritt.

254 Reichen alle verfügbaren Polizeikräfte nicht aus oder sind sie erschöpft, können gestützt auf Art. 57 Abs. 2 und Art. 58 Abs. 2 Satz 2 BV sowie Art. 1 Abs. 2 und 67 des Militärgesetzes und auf Antrag des IKAPOL-Koordinationsorganes Truppen der Armee im Assistenzdienst eingesetzt werden (Näheres dazu in Kapitel 10).

---

509 Vgl. Art. 9 Abs. 2 der Vereinbarung.
510 Die Kantone Tessin und Zürich stellen den Antrag direkt, da sie keinem der regionalen Konkordate angehören.
511 Vgl. Art. 4 lit. d der Vereinbarung.
512 Art. 6 Abs. 1 lit. i: «Einladung an die Kantone, Unterstützung zu leisten».
513 Adaptiert nach einer Darstellung von MARKUS REINHARDT, ehem. Kdt Kapo GR und Präsident KKPKS.
514 BIAGGINI, Komm. zu Art. 4, N. 3; RHINOW, Föderalismus, 67 f.
515 BGE 125 II 152 E 4c/bb; TSCHANNEN, Staatsrecht, § 23, Rz. 25 ff.

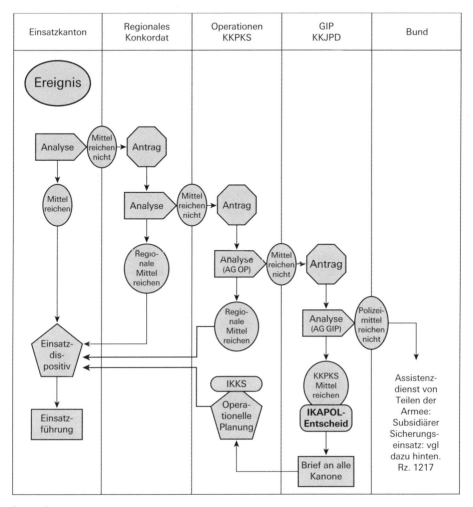

Legende:
AGOP: Arbeitsgruppe Operationen
GIP: Gesamtschweizerische interkantonale Polizeikooperation;
IKKS: Interkantonaler Koordinationsstab;
KKJPD: Konferenz der Kantonaler Justiz- und Polizeidirektorinnen und -direktoren;
KKPKS: Konferenz der Kantonalen Polizeikommandanten der Schweiz.

c) Die regionalen Polizeikonkordate

Im zweiten Satz von Art 48 Abs. 1 BV wird hervorgehoben, die Kantone könnten «namentlich Aufgaben von regionalem Interesse gemeinsam wahrnehmen». Dem entsprechen die regionalen Polizeikonkordate der Nordwest-, der Ost-, der West- und der Zentralschweiz, welche die operationelle polizeiliche Zusammenarbeit regeln, ebenso wie die regionalen Polizeischulen der Nordwest- und Zentral-, der Ost- sowie der Westschweiz.

255

d) Regionale Konkordate für die Polizeiausbildung

256 Besondere Konkordate bestehen zur Einrichtung und den Betrieb regionaler Polizeischulen.

Dem Konkordat für die Errichtung und den Betrieb einer *interkantonalen Polizeischule Hitzkirch*[516], von den Kantonsparlamenten genehmigt, sind elf Kantone (der Nordwest- und Zentralschweiz) beigetreten. Das Konkordat ist durchstrukturiert mit einer Konkordatsbehörde (Art. 7 ff.), die aus je einem Vertreter der Exekutive der Mitglieder besteht, einem Schulrat (Art. 10 ff.), dem die operationellen Chefs der beteiligten Polizeidienste sowie die Schulleitung angehören, einer Schuldirektion (Art. 13) und einer interparlamentarischen Geschäftsprüfungskommission (Art. 14 ff.), in der jedes Konkordatsmitglied Anspruch auf zwei Sitze hat. Ebenso besteht eine unabhängige Rekurskommission, die Beschwerden gegen Verfügungen der Konkordatsbehörde, des Schulrates und der Schuldirektion behandelt. Gegen ihre Entscheide kann Verwaltungsgerichtsbeschwerde an das Verwaltungsgericht des Kantons Luzern geführt werden (Art. 20), ausgenommen bei Beschwerden gegen einen Schulausschluss, die durch die Verwaltungsjustiz des anstellenden Kantons zu behandeln sind (Art. 20 Abs. 2).

257 Die Rechtsgrundlage zur Errichtung und den Betrieb einer Ostschweizer Polizeischule in Amriswil ist eine Verwaltungsvereinbarung[517] unter den sechs Kantonen der Ostschweiz sowie des Fürstentums Liechtenstein und den Städten Chur und St. Gallen (Art. 1). Die oberste Behörde wird aus den für die Polizei politisch Verantwortlichen (Exekutive) der Vertragsparteien (Art. 4) und die nachgeordnete Schulbehörde durch die Polizeikommandantinnen und -kommandanten (Art. 5) gebildet, während die hauptamtliche Schulleitung von der Kantonspolizei Thurgau gestellt wird (Art. 8). Das Finanzwesen richtet sich nach den Rechtsgrundlagen des Kantons Thurgau, dessen Finanzkontrolle die Rechnung auch revidiert (Art. 15). Beschwerden gegen Entscheide im Zusammenhang mit dem Prüfungswesen sind an die zuständige Behörde der anstellenden Vertragspartei zu richten (Art. 13).

II. Konkordate zur Rechtsharmonisierung

258 Innert kurzer Zeit sind von der KKJPD zwei interkantonale Verträge mit unmittelbar rechtsetzenden Bestimmungen vorgelegt worden: Das Konkordat über Massnahmen gegen Gewalt anlässlich von Sportveranstaltungen (Rz. 360)[518] und das Konkordat über die Zulassung privater Sicherheitsunternehmen (Rz. 263)[519].

259 Unmittelbar rechtsetzende Konkordate sind eine Form des kooperativen Föderalismus. Im Polizeibereich sind sie eine Folge der kantonalen Polizeihoheit bzw. der diesbezüglich beschränkten Rechtsetzungskompetenzen des Bundes ebenso wie eine Methode, diese Verfassungsrechtslage zu bewahren.
Dennoch haften ihnen auch Nachteile an: Die parlamentarischen Gestaltungsmöglichkeiten entfallen (soweit nicht zuvor der Konsultationsmechanismus spielt), die Kon-

---

516 Vgl. z.B. SGS BL 700.13.
517 Vom 1. April 2005, SH RB 354.114.
518 Vom 15. November 2007, in Kraft seit 1. Januar 2010 (vgl. z.B. BL SGS 702.14).
519 Vom 12. November 2010; bei Drucklegung dieses Buches noch nicht in Kraft.

kordate sind nur schwer änderbar, es besteht kein Kontrahierungszwang, angestrebte Rechtsharmonisierungen bleiben daher gegebenenfalls lückenhaft und führen zufolge der im Einzelfall interpretationsbedürftigen Vorrangregelung (Art. 48 Abs. 5 BV, Rz. 239) und der Schranke, wonach Konkordate den Rechten anderer Kantone nicht zuwiderlaufen dürfen (Art. 48 Abs. 3 BV, Rz. 240 f., vgl. auch Rz. 1349) zu fortbestehenden Unterschieden und möglicherweise zu Rechtsunsicherheit.

1. Konkordat über Massnahmen gegen Gewalt anlässlich von Sportveranstaltungen vom 15. November 2007

Da für die vor der Euro 08 erlassenen bundesrechtlichen Bestimmungen zur Bekämpfung von Gewalt anlässlich von Sportveranstaltungen keine verfassungsrechtliche Grundlage vorhanden war, wurde die entsprechende Ergänzung des BWIS[520] bis zum Inkrafttreten eines Konkordates mit der gleichen Zielsetzung befristet. 260

Das Konkordat hat die dem kantonalen Polizeirecht zuzurechnenden freiheitsbeschränkenden Regelungen (Rayonverbot, Art. 24*b* BWIS/Art. 4 Konkordat; Meldeauflage, Art. 24*d* BWIS/Art. 6 Konkordat; Polizeigewahrsam, Art. 24*e* BWIS/ Art. 8 Konkordat) wörtlich übernommen, mit einer Auflistung der Straftatbestände, die im Sinne des Konkordates als gewalttätiges Verhalten qualifiziert werden, und mit verfahrensrechtlichen Vorschriften ergänzt[521].

2. Konkordate über private Sicherheitsdienste

Die helvetisch harmonisierte Vielfalt zeigt sich jüngst an den Rechtsgrundlagen für private Sicherheitsdienste. 1996 haben sich die französischsprachigen Kantone auf ein entsprechendes Konkordat geeinigt (Rz. 267); auf den 1. Dezember 2007 setzte der Bundesrat die Verordnung über den Einsatz privater Sicherheitsdienste (VES) in Kraft, und Ende 2010 hat die KKJPD einem weiteren Konkordat über die Zulassung privater Sicherheitsdienste zugestimmt. 261
Eine Gegenüberstellung der Anforderungen findet sich in Kapitel 11, Rz. 1349.

a) Konkordat über die Sicherheitsunternehmen der LKJPD

Dem Konkordat der Kantone der Lateinischen Schweiz vom 18. Oktober 1996 über die Sicherheitsunternehmen[522] gehören Westschweizer Kantone an. 262

> Es wird ergänzt durch allgemeine Richtlinien sowie Reglemente über die Prüfung über die Kenntnisse der auf die Sicherheitsunternehmen anwendbaren Gesetzgebung, die Weiterbildung des Sicherheitspersonals, über den Einsatz von Hunden durch Sicherheitspersonal und über die Weitergabe von Tätigkeiten, die dem Konkordat über die Sicherheitsunternehmen unterliegen.

---

520 Aufhebung der diesbezüglichen Art. 24*b*, 24*d*, 24*e* und 24*h* (AS 2009 5091). Vgl. MOHLER, Sport und Recht, 80 f., 85, 90 f.
521 Vgl. Rz. 385.
522 In der Fassung von 3. Juli 2003 (URL: http://www.cldjp.ch/data/ces/konkordat-si.pdf; zuletzt besucht: 1.8.2011).

b) Konkordat über private Sicherheitsdienstleistungen der KKJPD

263 Da verschiedene deutschsprachige Kantone bisher über keine (genügenden) gesetzlichen Regelungen über die Zulassung privater Sicherheitsdienste und deren Möglichkeiten und Grenzen verfügten, hat die KKJPD am 12. November 2010 einem Konkordat über private Sicherheitsdienstleistungen zugestimmt[523] und den Kantonen zur Genehmigung empfohlen.

> Im Vergleich zu den Regelungen des Konkordates der Westschweizerkantone weist es wesentliche Differenzen auf. Da die Mitglieder des Westschweizer Konkordates an ihrem Vertragswerk festhalten wollten, empfahl die KKJPD, alle Kantone möchten innert zwei Jahren einem der Konkordate beitreten.

c) Rechtliche Gemengelage

264 Damit werden im besten Fall zwei verschiedene interkantonale Verträge – neben Regelungen von Kantonen, die keinem Konkordat beigetreten sind – Gültigkeit beanspruchen, deren Verhältnis zueinander und zu Kantonen, die keinem Konkordat beitreten, mit Blick auf die verfassungsrechtlichen Vorrangregelungen (Art. 48 Abs. 3 und 3 BV) unklar bleibt (vgl. Rz. 239 ff., 1350).

III. Vertragskombination sui generis

265 Etwas Besonderes ist der (nicht publizierte) «Rahmenvertrag betreffend interkantonale Häftlingstransporte in der Schweiz zwischen der Schweizerischen Eidgenossenschaft und der Konferenz der kantonalen Justiz- und Polizeidirektoren (als Auftraggeberinnen sowie der Arbeitsgemeinschaft, bestehend aus Schweizerische Bundesbahnen AG und Securitas AG (als) Auftragnehmerin» vom 14. April 2000, abgelöst[524] bzw. verlängert durch die «Verwaltungsvereinbarung über die Beiträge des Bundes an die interkantonalen Häftlingstransporte der Kantone beim Vollzug bestimmter Bundesgesetze zwischen der Schweizerischen Eidgenossenschaft und der Konferenz der kantonalen Justiz- und Polizeidirektoren (KKJPD)» vom 3. Juni 2005 sowie der «Vereinbarung über die Verlängerung des Rahmenvertrages betreffend interkantonale Häftlingstransporte in der Schweiz vom 14. April 2000 zwischen der Konferenz der kantonalen Justiz- und Polizeidirektorinnen und -direktoren (als Auftraggeberin) sowie der Arbeitsgemeinschaft JTS bestehend aus Schweizerische Bundesbahnen SBB AG und Securitas AG…(als) Auftragnehmerin» vom 18. April 2005.

> Im Grunde handelt es sich in der zweiten Version von 2005 um eine Verwaltungsvereinbarung zwischen den Kantonen, an der sich der Bund im Rahmen seiner Zuständigkeit beteiligt (Art. 48 Abs. 2 BV) und um einen Auftrag als verwaltungsrechtlicher Vertrag zwischen der KKJPD und der Arbeitsgemeinschaft. Anzumerken ist, dass es sich

---

523 Mit 28:7 Stimmen, URL: http://www.kkjpd.ch/images/upload/101112%20Medienmitteilung%20d%20clean.pdf; zuletzt besucht: 1.8.2011.

524 Die Ablösung seitens des Bundes erfolgte, da der in Ziff. 4 des Vertrages vom 14. April 2000 feste Anteil des Bundes von 45% vom jährlichen (Mindest-)Pauschalbetrag von CHF 6,15 Mio. nachträglich als Subvention beurteilt wurde, für die keine Rechtsgrundlage bestand.

bei den Gefangenentransporten um freiheitsbeschränkende Massnahmen handelt, für die als Rechtsgrundlage eine Verwaltungsvereinbarung mindestens in jenen Kantonen nicht genügen dürfte, deren kantonales Recht keine gesetzliche Bestimmung dieser Aufgabenübertragung konkret ermöglicht. Für Gefangenentransporte im Auftrag einer Bundesbehörde ist vom Bund mit Art. 2 Abs. 1 lit. d ZAG nachträglich[525] eine gesetzliche Grundlage geschaffen worden.

IV. Kritik und mögliche Lösungen de lege ferenda

Die bisherigen Bestrebungen zur Harmonisierung des Polizeirechts vermögen nicht zu befriedigen: Während das Konkordat über Massnahmen gegen Gewalt anlässlich von Sportanlässen erst in Angriff genommen wurde, nachdem die vor der EURO 08 erforderlichen polizeirechtlichen Bestimmungen – anerkanntermassen ohne verfassungsrechtliche Kompetenz – mit einer Ergänzung des BWIS erlassen worden waren, diese aber wieder korrigiert werden musste (Rz. 57), vermag das (noch nicht in Kraft getretene Konkordat über private Sicherheitsdienste (Rz. 258, 263) sein Ziel der Rechtsharmonisierung nicht zu erreichen. 266

Drei ähnlich gelagerte Probleme stehen an, die einer polizeigesetzlichen Regelung bedürfen, weswegen erneut der Ruf nach einer Bundeslösung laut wurde: im Zusammenhang mit verdeckten Ermittlungen im Internet zur Verhütung pädophiler Delikte[526], mit einem Verbot (Verhütung) der Prostitution Minderjähriger[527] zur Umsetzung der Konvention CETS 201 des Europarates sowie mit dem ausserprozessualen Zeugenschutz[528, 529]. 267

Zudem zeigen die Verwaltungsvereinbarungen von 2000 und 2005 über die interkantonalen Häftlingstransporte (Rz. 265), bei denen es um die Durchführung von Zwangsmassnahmen geht, dass zur Umgehung der hohen Anforderungen für den Erlass von 268

---

525 Das ZAG ist am 1. Januar 2009 in Kraft getreten.
526 NZZ von 30. Dezember 2010.
527 Gestützt auf das Übereinkommen des Europarates zum Schutz von Kindern vor sexueller Ausbeutung und sexuellem Missbrauch (CETS 201); Medienmitteilung des Bundesrates von 18. August 2011 (URL: http://www.ejpd.admin.ch/content/ejpd/de/home/dokumentation/mi/2011/2011-08-18.html; zuletzt besucht: 20.8.2011). Nach Art. 9 Abs. 2 und Art. 10 Abs. 1 des Übereinkommens sind auch Massnahmen zur Verhütung solchen Verhaltens zu treffen.
528 Vgl. den Erläuternden Bericht PolAG, 15 f. (vgl. FN 116).
529 BB vom 23.12.2011 (BBl 2012 131). Botschaft Zeugenschutzgesetz, 94, wonach es «aus verfassungsrechtlicher Sicht vertretbar (erscheint), davon auszugehen, dass dem Bund eine implizite Kompetenz (implied power) zukommt, für seine eigenen Verfahren eine Regelung zum Schutz gefährdeter Personen zu treffen». Die implizite Kompetenz wird mit der Zuständigkeit des Bundes auf dem Gebiet des Straf- und Strafprozessrechts verknüpft. Nach dieser Logik könnte die implizite Kompetenz des Bundes auf das ganze Sicherheits- und Polizeirecht ausgedehnt werden, da die Polizeigüter ganz überwiegend (auch) strafrechtlich geschützt sind. Dass es jedoch einer harmonisierten rechtlichen Grundlage bedarf, wird damit nicht bestritten, sondern ausdrücklich anerkannt.

Rechtssätzen Formen auf zu tiefer Stufe gewählt werden können, die Art. 36 Abs. 1 BV nicht entsprechen.

269 Es lassen sich andere Möglichkeiten zum Erlass materiellen Polizeirechts denken, die unter Beachtung der bundesstaatlich gebotenen Machtteilung systematisch zu klareren Rechtsstrukturen und damit zu vermehrter Rechtssicherheit führten als dies heute der Fall ist.
Vorstellbar sind – ohne Anspruch auf Vollständigkeit –

a) ein *materiell-rechtliches* Bundes-Polizeirahmengesetz unter Beibehaltung der Autonomie der Kantone in Bezug auf die Organisation, die operationelle Führung und politische Aufsicht,
b) eine Verbundlösung ähnlich den Zuständigkeitsregelungen hinsichtlich Bildung, Schulwesen, Berufsbildung und Hochschulen (Art. 61*a*–63*a* BV) oder
c) eine explizite Regelung durch die Übertragung ausdrücklich genannter einzelner Bundeszuständigkeiten[530] (wie sie etwa in den Bestimmungen im Gesundheitswesen, Art. 118 ff. BV, zu finden sind).

270 Organisation, Führung und Einsatz der Polizei, ebenso der Rechtsschutz durch die unteren Instanzen und die politische Aufsicht blieben in allen Varianten bei den Kantonen.

271 Besondere Aufmerksamkeit bei einer allfälligen Modifizierung der polizeirechtlichen Architektur wäre dem Subsidiaritätsprinzip im Verhältnis zu Aufgaben, die nur gesamtschweizerisch befriedigend bewältigt werden können, zu schenken. Allfällige parallele Kompetenzen bedürften der sorgfältigen Austarierung und Klarheit, um positive oder negative Kompetenzkonflikte ausgerechnet in anforderungsreichen Situationen zu vermeiden.

272 Allerdings sind Vorbehalte angezeigt: Die Polizeirechtsetzung des Bundes müsste verfassungsmässigen Vorgaben insbesondere in Bezug auf die Stufe der rechtsetzenden Erlasse[531] und die Beachtung der Verhältnismässigkeit[532] – anders als dies bei den erwähnten Beispielen der Fall ist – in hohem Masse entsprechen.
Zudem wäre m.E. die *Verfassungsgerichtsbarkeit*, mindestens als akzessorische Normkontrolle von Bundesgesetzen[533], *unverzichtbare Voraussetzung*[534]. Andernfalls resultierte eine Verschlechterung gegenüber der derzeitigen Situation bei der Prüfung der Verfassungsmässigkeit von Polizeigesetzen: Kantonale Polizeigesetze unterliegen (auch) der abstrakten Normkontrolle durch das Bundesgericht[535]. Die diesbezügliche

---

530 Vgl. R. Müller, 505.
531 So Art. 7–12 ZAV gegenüber Art. 16 ZAG; Art. 231 f. ZV gegenüber Art. 106 Abs. 1 ZG; Art. 16 Abs. 2 lit. c VPA im Verhältnis zu Art. 92 Abs. 3 MG; Art. 2 Abs. 7, Art. 4 Abs. 4 (und 6) BGST; Art. 9 und 14 VWL. Vgl. auch Rz. 640 mit FN 1276.
532 So Art. 54 PBG.
533 Vgl. Art. 190 BV, der diese bisher ausschliesst.
534 Vgl. Rz. 1579 mit FN 2806.
535 Art 82 lit. b BGG.

Unterstellung von Bundesgesetzen unter die Verfassungsgerichtsbarkeit (ausschliesslich) durch das Bundesgericht[536] führte zum erwünschten Schutz der verbleibenden Polizeihoheit der Kantone: Die (mindestens) akzessorische Normkontrolle diente dem *Machtausgleich im Bundesstaat* nach einem weiteren, wenngleich teilweise wohl unverzichtbaren Zentralisierungsschritt. Auch den *individuellen Rechtsbegehren* gegenüber Bundesgesetzen wäre besser gedient.

Ebenso vorstellbar sind andere Modelle, die polizeikräftemässig zu Lösungen führten, mit denen ausser in wirklichen ausserordentlichen Situationen auf den Einsatz von Truppen der Armee oder Sondereinsatzkräften verzichtet werden könnte. Dabei könnte auch die finanzielle Verantwortung besser auf Art. 43*a* Abs. 3 BV abgestimmt werden.

---

536 Nach der hier vertretenen Auffassung sollte es sich nur um eine *konzentrierte* Bundesgerichtsbarkeit gegenüber Bundesgesetzen handeln.

2. Teil: Materielles Polizeirecht

5. Kapitel: Rechtsgüterschutz aus polizeirechtlicher Perspektive

§ 12 Die Grundrechte und ihre Bedeutung für sicherheits- bzw. polizeirechtliches Handeln

A. Verfassungsrechtliche Bedingtheit des Polizeirechts

274 In der Literatur wird vertreten, verwaltungs- (und damit generell auch polizei-)rechtliches Verhalten nehme seinen Ausgang beim einfachen Recht, nicht in der Verfassung. Es sei nicht richtig, die «Anwendung von Gesetz und Verordnung sogleich unter das Licht eines zur Not auch herbeigezogenen Freiheitsrechts zu stellen [...]»[537]. Der unmittelbare Rekurs auf die Grundrechte sei damit nicht ausgeschlossen, stehe aber nicht im Vordergrund. Von Bedeutung seien zunächst die rechtsstaatlichen Garantien Rechtsgleichheit, Willkürverbot sowie Treu und Glauben, deren Missachtung zwar auch verfassungsmässiges Recht verletze, deren Anrufung aber wegen des modalen Charakters von Art. 8 und 9 BV methodisch nicht störe[538].

Damit stellt sich gleich die Frage nach dem Verhältnis zwischen den Menschenrechten und Grundfreiheiten und dem demokratischen Rechtsstaat. Nach der hier vertretenen Auffassung bilden die Menschenrechte und Grundfreiheiten das Fundament und liefern die Substanz für den Rechtsstaat, er verkörpert deren normatives Gebäude (Näheres dazu in Rz. 286 ff., 633). Die Grundrechte vermitteln einen unmittelbaren Rechtsanspruch[539].

Diese Relation wird nirgends klarer als in denjenigen Sach- und Rechtsbereichen, in denen der Staat selber versucht sein kann, die Menschenrechte und Grundfreiheiten – sei es durch eigenes Handeln oder durch Unterlassen – zu gefährden oder zu verletzen. Am deutlichsten wird dies – wie Geschichte und Aktualität mit Blick auf manche Länder lehren –, wenn Staaten – auch solche, die allgemein als Rechtsstaaten gelten – ihre öffentliche Sicherheit als bedroht beurteilen und diese Bedrohungen durch grundrechtlich fragwürdige Gegenmassnahmen zu bekämpfen trachten. Ein genaueres Hinschauen zeigt, wie nachfolgend mitunter dargelegt wird, dass auch in unserem Land grundrechtlichen Massstäben, selbst in der Rechtsetzung, nicht immer genügend nachgelebt wird. Daher gilt die erste Betrachtung der Bedeutung der Grundrechte für das Sicherheits- und Polizeirecht.

275 Nach der hier vertretenen Auffassung trifft die eingangs wiedergegebe Meinung, es sei nicht richtig, die Anwendung von Gesetz und Verordnung sogleich unter das Licht eines zur Not auch herbeigezogenen Freiheitsrechts zu stellen, für das Sicherheits- bzw. Polizeirecht – insbesondere im Zusammenhang mit der Prüfung jeglicher Zwangsanwendung – nicht zu. Die *modalen* Bestimmungen vermögen allein keine

---

537 TSCHANNEN/ZIMMERLI/MÜLLER, § 12, Rz. 4.
538 TSCHANNEN/ZIMMERLI/MÜLLER, § 12, Rz. 5.
539 So schon GIACOMETTI, Staatsrecht, 153 ff.

hinreichende Rechtsgrundlage für pflichtgemässe Interventionen zur Bewahrung – sei es in der Abwehr- oder in der Schutzfunktion – von Grundrechten zu vermitteln. Die *uneingeschränkt verfassungskonforme Anwendung* entsprechender Verfassungs- bzw. EMRK- und weiterer Menschenrechtsnormen, die *Freiheitsrechte durch positive Schutzmassnahmen gewährleisten* (Art. 35 BV), solche zu diesem Zweck aber auch beschränkt werden können, ist über Modalitätskriterien hinaus bei der Umsetzung von Gesetzesrecht *Grundlage der Rechtsstaatlichkeit*[540]. Dies gilt insbesondere im Zusammenhang mit der *Kerngehaltsgarantie* als Schrankenregelung[541] und der *polizeilichen Generalklausel* sowie mit der *Rechtsgrundlage der unmittelbaren grundrechtlichen Schutzfunktion* (vgl. Rz. 298 ff., 762 ff., *744 f.*), namentlich wenn beide Rechtsfiguren in ein- und derselben Situation massgebend sein sollten[542].

Das Gebot der verfassungskonformen Auslegung gilt auch für Erlasse, die selber keine Grundrechtsbeschränkung i.S.v. Art. 36 BV regeln, ebenso wie für Staatsverträge, wenn deren Umsetzung (auch) durch Dritte zu grundrechtlichen Beeinträchtigungen führen können (vgl. Rz. 309)[543].

276

B. Begriffliches zur grundrechtlichen Abwehr-, Schutz- und nachträglichen Schutzfunktion

Wie ambivalent auch in der Grundrechtsdogmatik *Termini* sein können, zeigt sich an der Umschreibung der grundrechtlichen Funktionen «Abwehr» und «Schutz», also der klassischen Abwehrfunktion gegen Grundrechtseingriffe des Staates und der Schutzfunktion gegenüber Gefährdungen von Grundrechten durch Dritte oder Naturgefahren[544]. Es ist offenkundig, dass auch die grundrechtliche *Abwehr*funktion dem Grundrechts*schutz* dient. Der Unterschied liegt in der *Aktionsweise,* dem *Handeln,* vom Erlass eines Rechtssatzes bis zu einem Realakt, bzw. im konkreten *Unterlassen* oder doch Begrenzen entsprechenden Tuns.

277

> Der Verzicht auf eine das Rauchen in öffentlichen Räumen verbietende Norm schützt die persönliche Freiheit aller Raucherinnen und Raucher (Schutz dieser Freiheit durch Unterlassen, Art. 10 Abs. 2 BV), der Erlass diejenige der Nichtraucher vor Eingriffen Dritter in ihre physische Unversehrtheit (ebenso Art. 10 Abs. 2 BV). Eine Verfügung oder eine mündliche Anordnung, eine Demonstration gar nicht oder nicht an einem gewünschten Ort zu einer gewünschten Zeit zu bewilligen, schränkt die Demonstrations-

278

---

540 Botschaft VE 96, 192. MÜLLER/SCHEFER, 53, 74 ff.; SCHWEIZER, Persönlichkeitsschutz, Rz. 32; SCHWEIZER, SGK zu Art. 10, Rz. 35 f.; SCHWEIZER/MÜLLER, 379 f.; EGMR K.U. v. Finland, §§ 42 ff., 46 ff.
541 SCHEFER, Kerngehalte, 141 ff.
542 So auch ausdrücklich BGE 128 I 327 E 4.3.2: «Im Einzelfall ist nach möglichen praktischen Lösungen für eine optimale Grundrechtsgewährung und -koordination zu suchen.»; vgl. die grundrechtlichen Anforderungen an die polizeiliche Generalklausel, dargestellt in EGMR Gsell c. Suisse; MOHLER, Generalklausel.
543 RHINOW/SCHEFER, Rz. 1179.
544 MÜLLER/SCHEFER, 74 f.

freiheit ein (Art. 16 und 22 BV) und schützt Passantinnen und Passanten vor Beeinträchtigung ihrer Bewegungsfreiheit (Art. 10 Abs. 2 BV) und wirtschaftliche Interessen (Art. 27 BV), allenfalls Eigentum (Art. 26 BV). Der Verzicht auf ein Verbot dieser Demonstration oder eine örtliche und/oder zeitliche Begrenzung schützt das Demonstrationsrecht und schränkt möglicherweise die Bewegungsfreiheit von Dritten erheblich ein[545]. Der Verzicht, eine unbewilligte und massiv den öffentlichen Verkehr störende Demonstration mit Kollektiveinsatzmitteln (bspw. Tränenreizstoff) aufzulösen, schützt zufällig im möglichen Wirkungsbereich anwesende Dritte vor *«chillling effects»*[546], die ihre persönliche Integrität erheblich beeinträchtigen können, die Androhung des Einsatzes oder der Einsatz solcher Mittel schützt dieselben und andere Leute vor weiterer Störung ihrer persönlichen Bewegungsfreiheit und der Wirtschaftsfreiheit durch rechtsmissbräuchlich Demonstrierende.

279 Trotz dieser Ambivalenz werden im Folgenden die in der Literatur und Judikatur durchwegs verwendeten Begriffe «Abwehrfunktion» und «Schutzfunktion», um keine (weitere) Verwirrung zu stiften, auch hier gebraucht.

280 Hinzuweisen ist unter dem Aspekt der *konstitutiv-institutionellen Funktion der Grundrechte* darauf, dass zwischen den Aufgaben zu deren Verwirklichung und zu deren Schutz zu unterscheiden ist[547]. Um die Geltung, die *Wirkung von Grundrechten* in Anspruch nehmen zu können, bedarf es der (positiven) Leistungen des Staates bzw. derjenigen, die staatliche Aufgaben wahrnehmen (Art. 35 Abs. 1 und 2 BV), so namentlich bei den sozialen Grundrechten (z.B. Art. 12, Recht auf Hilfe in Notlagen; Art. 19, Anspruch auf Grundschulunterricht), es besteht eine *Leistungspflicht*. Geht es darum, Grundrechte vor rechtswidrigen Eingriffen von Seiten Dritter *zu bewahren* oder sie nach einer Verletzung wieder herzustellen, obliegt dem Staat eine *Schutzpflicht*[548].

281 Allerdings gibt es auch Überschneidungen. BESSON zählt zu den Leistungspflichten den Erlass notwendiger Gesetze, so v.a. zur Wahrung der Verfahrensgrundrechte, aber auch strafrechtlicher Tatbestände *«afin de protéger certains biens juridiques»*[549], während der EGMR die Verhinderung von oder die Abschreckung vor Grundrechtsverletzungen durch die Gesetzgebung zu den Schutzpflichten zählt[550].

C. Grundrechtliche Abwehrfunktion

I. Allgemeine Hinweise

282 Die ursprüngliche Funktion der Grund- und Menschenrechte – auch heute von hervorragender Bedeutung – ist der *Schutz vor deren Beeinträchtigung durch den Staat*. Ihre Formulierung und Ausgestaltung folgte ganz wesentlich als Reaktion auf die

---

545 MÜLLER/SCHEFER, 434; BGE 132 I 256 (Brunnen).
546 MÜLLER/SCHEFER, 375 ff., 588 ff. Vgl. Rz. 876, 1493.
547 Zum Ganzen ausführlich BESSON, 62 ff.
548 MOHLER, SBVR III/1, Rz. 49, 70.
549 A.a.O, 62.
550 Z.B. EGMR K.U. v. Finland, § 42 ff.

Gräuel des nationalsozialistischen Reiches, der stalinistischen Staatsterrorherrschaft und des Zweiten Weltkriegs insgesamt[551]. Als erste Menschenrechtsverbürgung nach dem Zweiten Weltkrieg folgte die Allgemeine Erklärung der Menschenrechte der Vereinten Nationen[552]. Am 4. November 1950 unterzeichneten zwölf europäische Staaten die Europäische Menschenrechtskonvention in Rom als erstes *verbindliches* Vertragswerk, das bis heute 47 Staaten ratifiziert und damit als für ihr nationales Recht bindend erklärt haben.

In den letzten sechzig Jahren hat die Rechtsentwicklung in Bezug auf die Verschiedenartigkeit der grundrechtlichen Schutzbereiche ebenso wie auf die Stärke des Schutzes zu einer Ausdehnung und Intensivierung des Grundrechtsschutzes geführt. Dies wird durch einen Vergleich des ursprünglichen Grundrechtskatalogs der EMRK und den Garantien des UNO Pakts II von 1966 mit dem Grundrechtskatalog der Bundesverfassung von 1999 eindrücklich belegt. 283

Die *Dritt- oder Horizontalwirkung* der Grundrechte (Art. 35 Abs. 3 BV) bewirkte ihrerseits Befürchtungen, die Privatautonomie, beispielsweise die Vertragsfreiheit, werde dadurch grundrechtlich eingeschränkt[553]. Indessen ist mit KIENER/KÄLIN[554] festzuhalten, dass sich auch Abs. 3 von Art. 35 BV an die Behörden wendet, soweit die BV nicht ausnahmsweise unmittelbar anwendbares Recht enthält. Neue Formen von Aufgabenübertragungen an Private im Polizeibereich ebenso wie die Aufrechterhaltung der öffentlichen Sicherheit in öffentlich zugänglichen Räumen und die Kombination beider Fakten zeigen jedoch die Notwendigkeit grundrechtskonformer Regelungen, die rechtsstaatlich-demokratischen Prinzipien genügen. Diese Anforderungen werden nicht durchwegs erfüllt. Näheres dazu in Rz. 1305 ff. und 1313 ff. 284

Im Rahmen dieser Grundzüge wird die Erörterung grundrechtlicher Schranken auf Problemstellungen begrenzt, die am ehesten durch polizeirechtliche Erlasse *und* operationelle Massnahmen (Realakte) zu Beschränkungen von Grundrechten führen können. Es geht demnach um die nachfolgend aufgeführten Verfassungsartikel. Im Einzelnen werden die *Bestimmungen mit Querschnittscharakter* behandelt: Menschenwürde (Art. 7), die Rechtsgleichheit (Art. 8 Abs. 1 und 2), Schutz vor Willkür und Wahrung von Treu und Glauben (Art. 9); sodann folgen die *auf einzelne Grundrechts-Schutzbereiche zielenden Normen:* Recht auf Leben und auf persönliche Freiheit (Art. 10), Schutz der Kinder und Jugendlichen (Art. 11), Schutz der Privatsphäre (einschliesslich informationelle Selbstbestimmung; Art. 13), Meinungs- und Informationsfreiheit (Art. 16), Sprachenfreiheit (Art. 18), Versammlungsfreiheit (Art. 22), Schutz vor Ausweisung, Auslieferung und Ausschaffung (Art. 25), Eigentumsgaran- 285

---

551 GRABENWARTER, § 1, Rz. 1 m.w.H.
552 10. Dezember 1948, Paris.
553 Zusammenfassung bei KIENER/KÄLIN, Grundrechte, 46.
554 KIENER/KÄLIN, Grundrechte, 47.

tie (Art. 26), Wirtschaftsfreiheit (Art. 27), Koalitions- bzw. (begrenzte) Streik- (und Aussperr-)Freiheit (Art. 28 Abs. 3)[555].

II. Die Voraussetzungen für die Einschränkung von Grundrechten (Art. 5 und 36 BV)

286 Achtung und effektiver Schutz der Grundrechte sind unverzichtbare tragende Elemente des Rechtsstaates. Ebenso fundamental sind Prinzipien von Verfassungsrang, welche gewährleisten, dass Rechtsetzung, Rechtsanwendung und Rechtsschutz den Anforderungen eines demokratischen Rechtsstaates zu genügen vermögen. Diese Grundsätze werden im 6. Kapitel dargestellt.

287 Während Art. 5 BV die *Grundsätze des rechtsstaatlichen Handelns* (Gesetzmässigkeit, öffentliches Interesse, Verhältnismässigkeit, Treu und Glauben) festhält[556], konkretisiert Art. 36 BV diese Kriterien hinsichtlich der *Einschränkung von Grundrechten*[557].
Jegliche Grundrechtsbeschränkung bedarf einer genügend *voraussehbaren und bestimmten gesetzlichen Grundlage* (Art. 36 Abs. 1 BV).

288 Dem Gesetzgeber obliegen bei der Beachtung der *Verhältnismässigkeit* (Art. 5 Abs. 2, 36 Abs. 3 BV) besondere Sorgfaltspflichten, was insbesondere bei der Formulierung gesetzlicher Grundlagen für die Einschränkung von Grundrechten bedeutsam ist.

> So kann eine Befugnis beispielsweise der vorläufigen Festnahme oder der Bearbeitung auch besonders schützenswerter Daten zur Klärung einer nur allgemein umschriebenen Situation, die erhebliche oder schwere Grundrechtseingriffe nicht zu rechtfertigen vermag, weder dem Bestimmtheitsgebot noch der Verhältnismässigkeit genügen[558].

Damit wird auch zum Ausdruck gebracht, dass Grundrechte grundsätzlich keinen absoluten, aber einen qualifizierten Schutz geniessen[559]. Art. 36 BV bezieht sich auf die hier behandelten Freiheitsrechte[560], für welche ein Prüfprogramm aufgestellt wird:
- Vorhandensein einer gesetzlichen Grundlage, für schwerwiegende Eingriffe in einem Gesetz selbst (d.h. in einem formellen Gesetz; Abs. 1);
- Bestehen eines öffentlichen Interesses oder Schutz von Grundrechten Dritter (Abs. 2);
- Beachten des Verhältnismässigkeitsprinzips (Abs. 3);
- sowie die Unantastbarkeit des Kerngehaltes (Abs. 4).

---

555 Die Verfahrensgarantien (Art. 29 und 29*a* BV) und der Freiheitsentzug (Art. 31 BV) werden im 4. Teil besprochen.
556 Vgl. dazu auch Rz. 627 ff.
557 RHINOW/SCHEFER, Rz. 1183.
558 Näheres dazu in Rz. 462 ff.
559 BIAGGINI, Komm. zu Art. 36, N. 2.
560 SCHWEIZER, SGK zu Art. 36, Rz. 7.

Dieses Prüfprogramm ist indessen auf die Querschnittsrechte nicht «tel quel» anwendbar[561]. So gilt z.b. das Willkürverbot absolut, ein Prüfprogramm erübrigt sich[562]. Demgegenüber bedarf das Gleichbehandlungsgebot einer speziell gearteten Prüfung[563].

Schwerwiegende Grundrechtseingriffe müssen in einem Gesetze selbst, d.h. in einem formellen, also durch ein Parlament erlassenen Gesetz[564] vorgesehen sein. 289
Ausser dem *Vorhandensein einer Gesetzesnorm (Gesetzesvorbehalt)* verlangt die EMRK nach konstanter Praxis des EGMR als Voraussetzungen für Grundrechtseinschränkungen deren *Vereinbarkeit mit der Landesrechtsordnung*, deren *Zugänglichkeit* und *Vorhersehbarkeit* sowie deren Tauglichkeit zum Schutz gegen Willkür[565].

> Ausreichende *Zugänglichkeit* ergibt sich durch die Publikation eines Erlasses vor dessen Inkrafttreten im Amtsblatt, heute ebenso durch die beliebige Zugänglichkeit in der entsprechenden Rechtsammlung eines Kantons oder einer Gemeinde. Es genügt das «Wissen-können» ab Zeitpunkt des Erlasses. Umgekehrt genügt die Nichtveröffentlichung von Erlassen in den rechtlich bestimmten Publikationsorganen den rechtsstaatlichen Anforderungen nicht[566]. Erlasse werden grundsätzlich erst nach deren Veröffentlichung rechtswirksam[567]. 290

> Zur Verwirklichung des Gesetzesvorbehaltes verlangt das Legalitätsprinzip eine genügende *Bestimmtheit* der Rechtssätze[568]. Dies fördert die *Berechenbarkeit* und *Vorhersehbarkeit* und kommt wiederum der *Rechtssicherheit* ebenso wie der *Rechtsgleichheit* zu Gute[569]. Just im Polizeirecht bietet das Erfordernis der Bestimmtheit Schwierigkeiten, die von der Vielfalt der zu regelnden Sachverhalte herrühren. Je geringer diese Vielfalt und Komplexität von zu ordnenden Einzelfällen, je schwerer der als rechtmässig stipulierte Eingriff, desto höher werden die Anforderungen an den Bestimmtheitsgrad einer Norm[570]. Den Normadressaten muss eine faire Möglichkeit gegeben werden, ihr Verhalten nach solchen Bestimmungen zu richten, sich danach orientieren zu können (Orientierungssicherheit)[571]. 291

> Für *schwerwiegende Grundrechtseingriffe* ist es unzulässig, die Ausformulierung der Grundrechtseinschränkungen bloss in einer Verordnung, die nur auf einer Zulassungs- 292

---

561 BIAGGINI, Komm. zu Art. 36, N. 4.
562 KIENER/KÄLIN, S. 337.
563 BIAGGINI, Komm zu Art. 36, N. 4; KIENER/KÄLIN, 347.
564 In Bezug auf den Referendumsvorbehalt für ein formelles Gesetz kommt den Kantonen Verfassungsautonomie zu, d.h. Kantone sind nicht gehalten, Gesetze dem Referendum zu unterstellen (BGE 128 I 327 E 4.1); SCHWEIZER, SGK zu Art. 36, Rz. 30.
565 SCHWEIZER, SGK zu Art. 36, Rz. 14 m.w.H.
566 SCHWEIZER, SGK zu Art. 36, Rz. 14. Beispiele sind der *nicht publizierte Rahmenvertrag* betreffend interkantonale Häftlingstransporte (vgl. Rz. 220, 265) oder im Kanton Basel-Stadt die ebenso nicht publizierte Vereinbarung über die interkantonalen Polizeieinsätze (IKAPOL) vom 14. März 2006 (Stand 20.8.2011).
567 Vgl. Art. 8 PublG; § 5 Publikationsverordnung BS.
568 RITTER, 61.
569 BGE 136 I 87 E 3.1; 135 I 169 E 5.4.1; 132 I 49 E 6.2.
570 RITTER, 64, 92 ff.
571 RHINOW/SCHEFER, Rz. 1202; RITTER, 61.

norm oder auf minimalen Grundzügen in einem Gesetz beruht, zu regeln (vgl. für den Bund Art. 164 Abs. 2 i.V.m. Art. 164 Abs. 1 lit. b BV)[572].

293 Umgekehrt ist für *nicht schwerwiegende* Eingriffe ein *Rechtssatz* auf Stufe einer *Verordnung* genügend, sofern diese von einer *dazu befugten Behörde* erlassen worden ist, das massgebende Recht (des Kantons oder der Gemeinde) die Gesetzesdelegation vorsieht, das der Verordnung zu Grunde liegende formelle Gesetz die Grundrechtseinschränkung in allgemeiner Form zulässt und dieses wiederum vom Parlament erlassen worden ist[573].

III. Schutz des Kerngehaltes von Grundrechten

294 Art. 36 Abs. 4 BV hält fest, der *Kerngehalt der Grundrechte sei unantastbar*. So kurz und auf den ersten Blick klar dieser Satz ist, so kontrovers wird er in der Literatur ausgelegt. Zum einen wird postuliert, der Kerngehalt der jeweiligen Grundrechte entziehe sich jeder Güterabwägung und damit auch dem Prüfprogramm des Verhältnismässigkeitsprinzips[574], zum andern wird – beeinflusst v.a. durch Art. 19 Abs. 2 des Grundgesetzes der Bundesrepublik Deutschland – vertreten, unverhältnismässige Eingriffe in den *Wesens*gehalt eines Grundrechtes seien absolut verboten[575]. Das Bundesgericht hat sich indes weder für die eine noch für die andere Richtung entschieden[576].

295 Was zum Kerngehalt gehört, ist für jedes Grundrecht gesondert zu bestimmen und oft nicht präzis abgrenzbar[577]. Indessen gibt es – überwiegend vom Völkerrecht beeinflusste – Grundrechte, deren gesamter Schutzbereich sich mit dem Kerngehalt nach übereinstimmender Auslegung deckt, so das Verbot der Folter, unmenschlicher oder erniedrigender Behandlung oder Bestrafung (Art. 10 Abs. 3 BV)[578] oder das Refoulement-Verbot (Art. 25 Abs. 3 BV)[579].

---

572 BGE 131 II 13 E 6.3; SCHWEIZER, SGK zu Art. 36, Rz. 12; gl.M. BIAGGINI, Komm. zu Art. 36, N. 9, 13; RHINOW/SCHEFER, Rz. 1202–1205; dementsprechend sind die Voraussetzungen, Auflagen und Grenzen des polizeilichen Schusswaffeneinsatzes in einem Gesetz selbst zu regeln. Vgl. nun aber Art. 2 Abs. 7 BGST i.V.m. Art. 4 Abs. 2 VST; damit wird die Möglichkeit der Ausrüstung der Transportpolizei mit Feuerwaffen, die im Parlament keine Mehrheit fand, in der Verordnung zugelassen (mit dieser Feststellung wird zur sachlichen Frage der Bewaffnung nicht Stellung genommen).

573 BIAGGINI, Komm. zu Art. 36, N. 10, 13; RHINOW/SCHEFER, Rz. 1205 f.; SCHWEIZER, SGK zu Art. 36, Rz. 12 m.w.H.

574 So z.B. RHINOW/SCHEFER, Rz. 1092; SCHEFER, Kerngehalte, 73.

575 Vgl. SCHWEIZER, SGK zu Art. 36, Rz. 28; a.A. SCHEFER, HGR VII/2, § 208, RN 114, 117.

576 BGE 136 I 17 E 3.3; 126 I 112 E 3b. KIENER/KÄLIN, 60 f.; vgl. auch HÄFELIN/HALLER/KELLER, Rz. 326.

577 BIAGGINI, Komm. zu Art. 36, N. 24 f.; SCHWEIZER, SGK zu Art. 26, Rz. 28. Vgl. Hinweise zu einzelnen Grundrechten in Rz. 323 ff.

578 Vgl. Rz. 407 ff.

579 SCHWEIZER, SGK zu Art. 26, Rz. 28 m.w.H. Zur Relativität des Refoulement-Verbotes hinsichtlich eines «real risk» konventionswidriger staatlicher Sanktionen gegen Homosexuelle im Iran: BVGer C-2107/2010 E 7.4, 8.1; vgl. dazu die Kritk von NUFER/LIPP, *passim*.

Der Begriff der Kerngehalte von Grundrechten ist nicht identisch mit dem Begriff des auf spezifische Grundrechte bezogenen zwingenden Völkerrechts (ius cogens), auch wenn für einige der zum zwingenden Völkerrecht gehörenden Grundrechte bzw. Verbotsnormen Schutzbereich und Kerngehalt kongruent sind[580]. 296

Im polizeilichen Kontext sind primär das Recht auf Leben und persönliche Freiheit (Art. 10 BV) sowie der Schutz auf Privatsphäre (Art. 13 BV, einschliesslich Datenschutz) von Bedeutung. Grundsätzlich entzieht sich der Kerngehalt Güterabwägungen mit anderen grundrechtlichen Interessen, doch sind Lagen vorstellbar, in denen auch der absolute Kerngehaltsschutz eine «begrenzte, aber nicht zu übersehende Relativität» erfährt[581], so namentlich wenn Kerngehalte einander gegenüberstehen, was u.a. von RHINOW/SCHEFER[582] abgelehnt wird. Eine gewisse Relativierung ergibt sich aber auch daraus, dass der Kerngehalt selber je nach Grundrecht unterschiedlich umschrieben wird[583]. Grösste Zurückhaltung ist jedoch auch aus ethischen Gründen angezeigt[584]. 297

D. Grundrechtliche Schutzfunktionen

I. Unmittelbare Schutzfunktion zur Verhinderung von Grundrechtsverletzungen

1. Allgemeine Hinweise

Die Diskussion über die Aufgabe des Staates, die öffentliche Sicherheit aufrechtzuerhalten (oder wieder herzustellen), d.h. grundrechtlich, in anderer Weise verfassungsrechtlich (Rz. 613 ff.) oder straf- bzw. spezialgesetzlich geschützte Rechtsgüter durch entsprechende Massnahmen tatsächlich zu schützen, beschlägt Topoi, die von Fragen über Freiheit und Sicherheit bis hin zu staatstheoretischen Grundsatzüberlegungen reichen. Diese Diskussion nimmt seit einiger Zeit an Intensität zu. Dabei lassen sich, wenig überraschend, einander ablösende und sogar direkt gegenläufige Entwicklungen beobachten. Zu erwähnen sind etwa zunächst der Ausbau des Leistungs- und Vorsorgestaates mit Ausdehnung und Vertiefung der Grundrechtsdogmatik, namentlich die Fragen nach der Struktur von Freiheiten bzw. von deren (Schutz-)Bereichen[585] samt ihrer Wirkungsvarianten[586], dann das oszillierende Verständnis des Subsidiaritätsprinzips als Staatsmaxime im *Verhältnis zwischen den Einzelnen bzw. der Gesellschaft* 298

---

580 Vgl. die Verbrechen gegen einzelne Personen, die in den Zuständigkeitsbereich des Internationalen Strafgerichtshofes fallen, so namentlich die Verbrechen gegen die Menschlichkeit (Art. 7 Römerstatut).
581 SCHWEIZER, SGK zu Art. 36, Rz. 29. Zum Sonderfall des «finalen Rettungsschusses» siehe Rz. 376.
582 Rz. 1092 f.
583 BIAGGINI, Komm. zu Art. 36, N. 24, der darauf hinweist, es sei noch nicht gesichert, dass alle Grundrechte einen Kerngehalt aufwiesen.
584 SEELMANN, Menschenwürde, 177.
585 Vgl. etwa MARTINS, 456, 461 ff. m.w.H.
586 SCHEFER, Kerngehalte, 248 f.

und dem Staat[587,588], ferner die *Reibungen zwischen Grundrechtsgeltung und Demokratieprinzip* oder, konkreter, die Spannungen zwischen staatlichen Regulierungen zur Bekämpfung von Exzessen im Markt und quasi autonomen Markt»gesetzen» oder grundrechtliche versus demokratische Entscheidungen zur Religionsfreiheit, z.B. betreffend die Einschränkung religiöser Symbole[589]. Auch wenn daraus Anzeichen zu erkennen sind, dass ein kollektiv ausgeweitetes Freiheits- bzw. Grundrechtsverständnis unter Druck gerät[590], ist im Folgenden von der aktuellen Rechtslage, namentlich auf Grund der EGMR und Bundesgerichts-Judikatur, auszugehen.

2. Die Ablösung des Opportunitätsprinzips durch das grundrechtlich bedingte Entschliessungsermessen

a) In der Rechtsanwendung

299 Das nach wie vor für den polizeilichen Rechtsgüterschutz postulierte Opportunitätsprinzip[591] kontrastiert mit der Aufgabe des Staates, grundrechtlich geschützte Rechtsgüter durch aktives Handeln zu schützen. Nach Auffassung von TSCHANNEN/ZIMMERLI/MÜLLER verfügt die Polizei gemäss dem *Opportunitätsprinzip* über einen weiten *Ermessensspielraum,* ob und gegebenenfalls wie sie in einer bestimmten Situation – zumindest im Rahmen der Gefahrenabwehr – aktiv werde. Dieses weite Ermessen, verankert an der Opportunität eines Handelns, genügt den heutigen, rechtsstaatlichen Anforderungen an die Polizeigesetzgebung nicht mehr. So hat der EGMR das Opportunitätsprinzip mit seiner Praxis zur *grundrechtlichen Schutzfunktion* in Bezug auf Art. 2, 3, 4 und 8 EMRK, welche den Art. 10 und 13 BV entsprechen, aufgehoben (vgl. dazu auch Rz. 341)[592]. Auf Grund dieser Grundrechtspflicht handelt es sich nicht mehr um die Frage nach purer Opportunität, ob im Sinne des freien Entschliessungsermessens[593] überhaupt agiert werden soll, sondern nur nach dem *einschränkenden Rechtsfolgeermessen*[594].

300 Die Ermessenslehre ist in Bewegung. Nach der hier vertretenen Auffassung handelt es sich im Polizeirecht beim *Tatbestandsermessen* um die *auf Fähigkeiten gestützte Befugnis* zu beurteilen, ob eine Gefahrenlage einem *rechtlich umschriebenen Tatbestand* entspricht, d.h. ob ein konkreter Sachverhalt oder eine Entwicklung eine ernste und

---

587 Vgl. Art. 6 und – komplementär – Art. 41 Abs. 1 [Ingress], bzw. 5a und 43a BV.
588 Eingeschlossen darin auch die Auslagerung oder doch Übertragung bisher hoheitlicher (Kern-) Aufgaben des Staates an private Leistungserbringer selbst unter Einbezug unmittelbar grundrechtsrelevanter Interventionen als Teilgehalte des Gewaltmonopols (Polizeidienste, Haftbetrieb).
589 Vgl. BIAGGINI, Entwicklungen, 4 f.
590 MARTINS, 460.
591 So TSCHANNEN/ZIMMERLI/MÜLLER, § 56, Rz. 21–27.
592 EGMR Pretty v. United Kingdom, § 38; Rantsev v. Cyprus and Russia, §§ 149, 160, 208, 218 f., 285 ff., 293, 296 ff., 307 ff. Vgl. SCHEFER, Kerngehalte, 412; MOHLER/GÄTTELIN/MÜLLER, 828.
593 So TSCHANNEN/ZIMMERLI/MÜLLER, § 26, Rz. 7.
594 SCHINDLER, Befangenheit, 72.

unmittelbar drohende Gefahr für ein Rechtsgut bedeutet (oder anderweitig eine gesetzlich vorgesehene Massnahme nötig macht). Wird auf eine solche Gefahrenlage erkannt (was somit als Tatbestandsmässigkeit der Situation beurteilt wird), ist im Rahmen des *Rechtsfolgeermessens* zu entscheiden, ob dieses Rechtsgut ein *Grundrecht* oder gar ein *fundamentales Grundrecht* darstellt oder ob eine Gefahr für die anderweitig verfassungsrechtlich geschützte Sicherheit (Rz. 613 ff.) vorliegt sowie ob gesetzliche Grundlagen für entsprechende Gefahrenabwehrmassnahmen in diesem Zusammenhang bestehen oder nicht[595]. Gestützt auf diesen Befund folgt – weiterhin als Teil des Rechtsfolgeermessens – die Entscheidung, ob eine Intervention zu erfolgen habe oder nicht, wofür die Prüfung, ob eine gesetzliche Grundlage oder ein Fall der polizeilichen Generalklausel (Rz. 731, 759 ff.) vorliegt oder ob eine unmittelbare grundrechtliche Schutzpflicht (Rz. 799 ff.) besteht von Bedeutung ist.

Alle Verwaltungsbehörden und ihre Angehörigen, insbesondere die Sicherheitsorgane, sind direkt gehalten, zur Verwirklichung der Grundrechte beizutragen (Art. 35 Abs. 2 BV) resp. deren Schutz (mindestens des Kerngehaltes) soweit möglich zu gewährleisten. Der EGMR hielt fest, dass die Behörden alles zu unternehmen haben, was vernünftiger- und verhältnismässigerweise zur Vermeidung einer konkreten und unmittelbaren ernsten Gefahr, die ihnen bekannt war oder hätte bekannt sein müssen, erwartet werden kann[596]. Diese Pflicht beschränkt sich nicht auf den Schutz einer Person, die als mögliches Opfer identifiziert worden war oder hätte identifiziert werden können[597], sondern gilt generell für den Schutz der Gesellschaft[598]. Dies entspricht der direkten, einen subjektiven Anspruch begründenden *justiziablen* Schicht eines entsprechenden Grundrechts[599]. 301

> Eine Schutzpflicht ergibt sich auch bei erkennbaren Suizidabsichten von Personen in einem Ausnahmezustand[600] (vgl. Rz. 312). 302

b) Für Rechtsetzung und Justiz

Die grundrechtlichen Schutzanforderungen beschränken sich jedoch nicht auf verwaltungsrechtliche Dimensionen der Rechtsanwendung, sondern nehmen auch den Gesetzgeber ebenso wie die Justiz in die Pflicht[601]. 303

> Im Zusammenhang mit dem Schutz vor Gefahren einer Kehrrichtdeponie befand der EGMR, die notwendigen gesetzlichen Vorschriften seien nicht hinreichend erlassen wor- 304

---

595 Vgl. BESSON, 85.
596 EGMR Mastromatteo v. Italy (GC), § 74; Kassationsgericht des Kantons Zürich, Urteil vom 17. Juni 1987, in: ZBl 1987, 545 ff. (Rote Zora). Interessant sind die Erwägungen des Gerichtes in Bezug auf die notwendigen polizeilichen Kapazitäten einer grossen Stadt und die damals an diesen Ausführungen geübte Kritik in der Literatur. Zur Schutzpflicht der Exekutive einschliesslich Verwaltung bzw. Polizei: BESSON, 82; BGE 132 I 256 (Brunnen) E 4.3.
597 Vgl. FN 730.
598 EGMR Osman v. UK, § 115 («Article 2 § 1 [of the Convention] enjoins the State ... also to take appropriate steps to safeguard the lives of those within its jurisdiction»).
599 RHINOW/SCHEFER, Rz. 1132.
600 BGer 5A_243/2008 E 2, 4.
601 Vgl. das wegleitende EGMR-Urteil Rantsev v. Cyprus and Russia.

den, wodurch Art. 2 EMRK (Recht auf Leben) verletzt worden sei[602]. Gemäss der grundrechtsdogmatischen Schichtentheorie von JÖRG PAUL MÜLLER entspricht dieses Urteil der *programmatischen* Schicht[603], die sich in erster Linie an den Gesetzgeber richtet. Diese Gesetzgebungspflicht erweist sich damit indessen ebenso als gerichtlich durchsetzbar[604], was in diesem Punkt mit der Schichtentheorie nicht mehr übereinstimmt.

305 Auch das Recht auf Achtung des Privat- und Familienlebens (Art. 8 EMRK bzw. Art. 13 Abs. 1 BV) gebietet den Schutz durch die zuständigen staatlichen Organe vor der Beeinträchtigung durch gesundheitsschädliche bzw. unzumutbare Umwelteinflüsse. Der EGMR entschied, die nationalen Behörden hätten die gesetzlichen Vorschriften in Bezug auf den Betrieb einer Kehrrichtverbrennungsanlage nicht richtig angewandt und die lokalen Behörden trölerische Einsprachen an Gerichte erhoben, aber auch den Schutz einer Wohnungsmieterin durch Grundrechtsverletzungen Dritter nicht wahrgenommen, was zu einer Verurteilung wegen Verletzung von Art. 8 EMRK führte[605]. Die grundrechtskonforme Gesetzesauslegung betrifft in diesem Fall die *flankierend oder indirekt-justiziable Schicht* eines Grundrechts[606].

---

602 EGMR, Öneryildiz v. Turkey, § 109 («the regulatory framework proved defective») und Dispositiv # 2 («violation of Article 2 of the Convention in its procedural aspect, on account of the lack of adequate protection by law safeguarding the right to life»).

603 Ausgangspunkt der «Schichtentheorie» ist das *konstitutiv-institutionelle Grundrechtsverständnis*, im Gegensatz zum rein *negatorischen*. Nach dem negatorischen Verständnis vermitteln die Grundrechte ausschliesslich einen *Anspruch auf Abwehr von Grundrechtsbeeinträchtigungen durch den Staat*. Demgegenüber enthält das konstitutiv-institutionelle Grundrechtsverständnis *zusätzlich* einen *Anspruch auf Schutz des Staates gegenüber Grundrechtsbeeinträchtigungen durch Dritte* (bzw. einen Leistungsanspruch im Zusammenhang mit sozialen Grundrechten). Das konstitutiv-institutionelle Verständnis umfasst aber auch das negatorische, also den Abwehranspruch gegenüber dem Staat. Der EGMR stützt sich stark auf das konstitutiv-institutionelle Grundrechtsverständnis. Die Schichtentheorie unterscheidet *drei Grundrechtsschichten:* eine *direkt anspruchsbegründende bzw. justizielle* Schicht (eine behauptete Grundrechtsverletzung durch Versagen des Schutz- oder Leistungsanspruches unterliegt der gerichtlichen Prüfung), eine *flankierende* Schicht (diese gebietet die *grundrechtskonforme Auslegung von Erlassen*) und eine *programmatische* Schicht, die sich an den Gesetzgeber wendet *(Gebot des Erlasses grundrechtskonformer Gesetze)*.

604 BGE 126 II 300, 314 f.; vgl. RHINOW/SCHEFER, Rz. 1132; BESSON, 81; BIAGGINI, Komm. zu Art. 35, N. 7; SCHWEIZER, SGK zu Art. 35, Rz. 14. Die Gesetzgebungspflicht wird im Zusammenhang mit der Umschreibung der Anwendbarkeit der polizeilichen Generalklausel vom EGMR unterstrichen und implizit auch in zeitlicher Hinsicht definiert: EGMR Gsell c. Suisse, §§ 58 f.

605 EGMR López Ostra v. Spain, § 45 ff.; gleich Deés v. Hungary, §§ 22 ff. (Verletzung von Art. 8 EMRK durch Strassenlärm); Hajduová v. Slovakia, §§ 50 ff. (häusliche Gewalt); Sandra Janković v. Croatia, §§ 44 ff., 55 ff. (Drohungen gegenüber einer Wohnungsmieterin).

606 RHINOW/SCHEFER, Rz. 1134; SCHEFER, Kerngehalte, 33 (in Bezug auf die Auslegung von Art. 7 BV durch Gerichte); BESSON, 82 (generell für Gerichte).

3. Beschränkung der grundrechtlichen Schutzfunktion

Das bedeutet umgekehrt nicht, dass dieser direkt grundrechtlich begründete Schutz absolut sein soll oder könnte[607]. Der EGMR schränkt diese Pflicht in vierfacher Hinsicht ein:

- die Gefahr, von der die zuständigen Behörden Kenntnis haben oder haben müssten, muss konkret und unmittelbar sein («*real and immediate risk*»)[608],
- der hypothetische Kausalverlauf einer Intervention zum Grundrechtsschutz sollte nach allgemeiner Lebenserfahrung den beabsichtigen Erfolg *in casu* zeitigen, d.h. die Gefahr bannen oder doch mindern können[609],
- der Anspruch auf Schutz muss «vernünftigerweise» erwartet werden können bzw. möglich sein (Kapazitäts- und Zumutbarkeitsfrage)[610],
- die Intervention muss ihrerseits dem Grundrechtsschutz des von einer Intervention Betroffenen (Abwehrfunktion) Rechnung tragen (Güterabwägung)[611].

Während die Kriterien der unmittelbaren und konkreten Gefahr, der Geeignetheit einer Intervention im Einzelfall und der Güterabwägung aus üblichen Prüfprogrammen (Generalklausel, Verhältnismässigkeitsprinzip) hinlänglich bekannt sind und keine besonderen Probleme bieten, bedürfen die Voraussetzungen für einen *Anspruch auf Schutz* genauerer Klärung[612].

> Es kann nicht darum gehen, grundrechtlich indizierten Schutz durch den Staat jederzeit und überall zu gewährleisten. Umgekehrt ist die Fähigkeit, entsprechenden Schutz zu bieten, in erster Linie nach den verfassungs- und konventionsrechtlichen Vorgaben zu gestalten, d.h. es sind die nötigen Aufwendungen – qualitativ und quantitativ – vorzusehen. Was «vernünftigerweise» erwartet werden kann, richtet sich nach örtlich und zeitlich definierten Analysen der Risiken für die öffentliche Sicherheit[613] und mit zweckdienlich definierten Kriterien für deren Aufrechterhaltung. Rechtlich nicht vertretbar sind (finanzielle) Einschränkungen der sicherheitsmässigen Grundversorgung[614], die wesentliche Teile der Bevölkerung mindestens zu gewissen Zeiten oder an gewissen Orten in ihrer persönlichen (Bewegungs-)Freiheit aus Furcht vor Verletzungen ihrer Integrität einschränken. Das Primat der (Budget-)Politik findet an den grundrechtlichen Schutzpflichten seine Grenzen[615].

---

607 Ausführlich Besson, 86 ff.; Isensee/Kirchhof, § 147, Rz. 78.
608 Vgl. EGMR Osman v. UK (GC), § 116; Besson, 84.
609 EGMR Rantsev v. Cyprus and Russia, § 219 m.w.N.
610 Besson, 84 f., 86.
611 EGMR Osman v. UK, § 118 ff., Rantsev v. Cyprus and Russia, §§ 286 f.
612 Das BGer hat die Lehre von den grundrechtlichen Schutzpflichten als lange, konstante Praxis des EGMR nur «behutsam» (Biaggini, Entwicklungen, 26) aufgenommen, BGE 126 II 300 E 5; 134 IV 297 E 4.3.5; BGer 2C_166/2009 E 2.3.2.1.
613 EGMR Makaratzis v. Greece, § 71 ff.; zum Sicherheitsbegriff vgl. Rz. 36, 92, 99 ff. Mohler, SBVR III/1, Rz. 15 ff., 48 f.; Ruch, Sicherheit, SBVR, Rz. 8, 10.
614 Mohler/Gättelin/Müller, 817, 828.
615 Mohler, SBVR III/1, Rz. 168.

309 Die Schutzpflicht erschöpft sich auch nicht im Erlass (straf-)rechtlicher Bestimmungen[616], sondern umfasst auch operationelles Handeln[617], sei es ausgelöst durch Verfügungen[618] (u.a. gerichtliche) oder unmittelbare polizeiliche Interventionen[619]. Das bedingt die notwendigen Ressourcen.

310 Schwieriger zu umreissen ist die Grenze der Zumutbarkeit der Risikoübernahme zur Erfüllung der Schutzpflicht. Wie wohl von Angehörigen der Sicherheitsdienste (von der Polizei bis zu Angehörigen alpiner Rettungsequipen) auf Grund ihrer Geeignetheit und Ausbildung für entsprechende Dienste eine überdurchschnittliche Risikobereitschaft vorausgesetzt werden darf, kann auch von ihnen keine Selbstaufopferung erwartet werden (vgl. auch Rz. 377). Dabei kann differenziert werden, ob sich zu rettende Personen durch bewusstes Eingehen hoher Risiken selber in eine Gefahrenlage gebracht haben oder ob sie ohne eigene Verantwortung gefährdet oder verletzt worden sind.

311 Schutzpflichten können auch infolge tatsächlicher Entwicklungen oder nicht grundrechtskonformer Auslegung von Erlassen oder mangelnder Umsetzung völkerrechtlicher Obliegenheiten entstehen[620].

312 Die Grenzen der Schutzpflicht zu Gunsten des Rechts auf Leben (Art. 10 BV) werden beim Suizid sichtbar. Bereits die Formulierung «Recht auf Leben» in der Marginalie deutet die inhärente Problematik an. Nach der Judikatur sowohl des EGMR wie des Bundesgerichts umfasst das Selbstbestimmungsrecht über die eigene Persönlichkeit gemäss Art. 8 Abs. 1 EMRK bzw. Art. 10 Abs. 2 BV auch die Befugnis, über Art und Zeitpunkt der Beendigung des eigenen Lebens entscheiden zu können[621]. Diese Befugnis setzt indessen voraus, dass die betreffende Person fähig *und* in der Lage ist, den entsprechenden Willen frei zu bilden und danach – auch in einer kritischen Lebensphase – zu handeln[622]. Demnach ist es der Polizei geboten, jemanden am Begehen eines Suizides zu hindern, wenn auf Grund der (momentanen) Umstände, beispielsweise eine depressiv-suizidale Verstimmung[623], eine heftige Gemütsbewegung oder eine vermeintliche Ausweglosigkeit einer Situation, vermutet werden muss, dass die Person nicht in der Lage ist, ihren Willen davon unbeeinflusst zu bilden. Dasselbe gilt, wenn sich eine Person z.B. vor einem Sprung in die Tiefe unschlüssig zeigt. In solchen Fällen zeigen sich die betreffenden Personen als verletzlich und deshalb schutzbedürftig[624].

---

616 EGMR K.U. v. Finland, § 42 f.
617 EGMR Osman, a.a.O, § 115.
618 EGMR López Ostra v. Spain, § 16/56.
619 EGMR Acar and others v. Turkey, § 84; Kass.Ger. ZH, Urteil vom 17. Juni 1987.
620 SCHWEIZER, SGK zu Art. 10, Rz. 36, und zu Art. 35, Rz. 14.
621 BGer 2C_839/2008 E 1.2; BGE 133 I 58 E 6.1, 6.2.1 (rezeptfreie Natrium-Pentobarbital-Abgabe).
622 Näheres zum Ganzen in MÜLLER/SCHEFER, 152 ff. m.w.N.
623 EGMR Lütfi Demirci et autres c. Turquie, § 33 ff.
624 EGMR Pretty v. United Kingdom, § 72 f.; ISENSEE/KIRCHHOF, § 147, Rz. 104.

II. Die nachträgliche Schutzfunktion: Die Pflicht zur Untersuchung von Grundrechtsverletzungen

In konstanter Praxis auferlegt der Europäische Gerichtshof für Menschenrechte den Mitgliedstaaten die Pflicht, Grundrechtsverletzungen nicht nur nach Möglichkeit zu verhüten, sondern gestützt auf Art. 1 EMRK auch *nachträglich zu untersuchen*[625]. Die zunächst (und insbesondere) am Recht auf Leben ausgebildete nachträgliche Untersuchungspflicht ist jedoch nicht auf das Recht auf Leben und körperliche und psychische Unversehrtheit (Art. 10 Abs. 1 und 2 BV, Art. 2 EMRK), das Verbot der Folter und der unmenschlichen oder erniedrigen Behandlung oder Bestrafung (Art. 10 Abs. 3 BV, Art. 3 EMRK) beschränkt, sondern auch auf das Verbot der Sklaverei (Art. 4 EMRK[626]) und den Schutz der Privatsphäre (Art. 13 Abs. 1 BV, Art. 8 EMRK[627]) anwendbar.

Das Bundesgericht hat eine Verletzung der nachträglichen Untersuchungspflicht i.S.v. Art. 3 und 13 EMRK zum ersten Mal 2005 festgestellt[628].

313

Die Pflicht nachträglicher Untersuchungen ist mit hohen Anforderungen verknüpft, die je nach geschütztem Grundrecht leicht variieren können.

314

Bei einem *aussergewöhnlichen Todesfall* ist für die Pflicht zur Einleitung einer Untersuchung *nicht* massgebend, ob ein staatlicher Bediensteter den Tod verursacht oder nicht, oder ob jemand eine Anzeige erstattet hat. Vielmehr hat die zuständige Behörde ex officio eine Untersuchung durchzuführen[629].

315

Ebenso spielt keine Rolle, ob das Verhalten, das mit der Todesursache in Verbindung steht, *intendiert oder nicht intendiert* war[630].

316

Die Untersuchungspflicht besteht gleichermassen, ob die beanstandete Grundrechtsverletzung durch ein aktives Tun «des Staates» oder durch Dritte[631] oder aber durch ein Unterlassen und damit durch eine mögliche Verletzung einer Schutzpflicht erfolgte[632].

317

Die Untersuchung muss «effektiv» sein, d.h. die *durchgeführten Untersuchungshandlungen* müssen geeignet sein, die verantwortlichen Personen zu identifizieren; Kriterium ist nicht der Untersuchungserfolg, massgebend ist das Bemühen, d.h. Aufwand, eingesetzte Mittel und Methoden[633]; diese müssen vollständig, unvoreingenom-

318

---

625 EGMR Scavuzzo-Hager et autres c. Suisse, § 75; MÜLLER/SCHEFER, 55 (Aufklärung Todesumstände), 77 (Abklärung von Misshandlungen); SCHWEIZER, SGK zu Art. 35, Rz. 19.
626 Als Sklaverei wird auch der Menschenhandel qualifiziert, EGMR Rantsev v. Cyprus and Russia, §§ 281 f., 298.
627 EGMR K.U. v. Finland, §§ 42 f., 45 ff.
628 BGE 131 I 455 E 2.1 f.
629 EGMR Scavuzzo-Hager et autres c. Suisse, §§ 50, 75 f.
630 EGMR Giuliani and Gaggio v. Italy, § 204; Scavuzzo-Hager et autres c. Suisse, §§ 50, 53.
631 EGMR Šečić v. Croatia, § 52.
632 EGMR Giuliani and Gaggio v. Italy, § 205; Scavuzzo-Hager et autres c. Suisse, § 115; Šečić v. Croatia, § 59; Osman v. U.K., § 69.
633 EGMR Giuliani and Gaggio v. Italy, § 210; Scavuzzo-Hager et autres c. Suisse, § 76 m.w.H.

men und sehr genau sein[634]. Zu untersuchen sind gegebenenfalls auch die *gesamten Umstände, wozu Planung und Führung* gehören[635].

319 Die *Untersuchungsorgane müssen unabhängig* sein. Das schliesst zunächst alle Bediensteten, die selber in irgendeiner Form mit dem Geschehen, das zur zu untersuchenden Grundrechtsverletzung führte, von Untersuchungshandlungen aus[636]. Sie müssen überdies *«objektiv» unabhängig* sein, d.h. es darf keine institutionelle oder hierarchische Verbindung bestehen[637].

> Im Fall Ramsahai gegen die Niederlande befand die Grosse Kammer des EGMR auch, dass der Einsatz von Angehörigen der gleichen Polizei, zu der die zur Untersuchung Anlass gebenden Polizisten gehören, gegen die Unabhängigkeitsanforderung verstosse, selbst wenn die Untersuchung von einer an sich unabhängigen Oberbehörde geleitet werde[638].

320 Darüber hinaus haben die Untersuchungsorgane auch der *«praktischen»* bzw. *«subjektiven Unabhängigkeit»* zu genügen[639]. Probleme werden daher vom EGMR darin gesehen, wenn zwischen der die Untersuchung leitenden Staatsanwaltschaft und der zur Untersuchung Anlass gebenden Polizei *nahe Arbeitsbeziehungen* bestehen[640]. Im gleichen Fall sah die Grosse Kammer denn auch Probleme darin, dass der die Untersuchung leitende Staatsanwalt üblicherweise für die Fälle, die von der involvierten Polizeistation stammen, zuständig war[641].

> Dies dürfte zur Folge haben, dass wegen des der schweizerischen Strafprozessordnung zu Grunde liegenden Staatsanwaltschaftsmodells II[642] den Staatsanwaltschaften der Kantone für die Untersuchung beanstandeter Grundrechtsverletzungen durch die Polizei oder andere Organe der Strafverfolgung des betreffenden Kantons das notwendige Mass an Unabhängigkeit vom EGMR aberkannt werden könnte.

321 Als im Widerspruch zu einer effektiven Untersuchung wird sodann beurteilt, wenn involvierte Bedienstete nicht unverzüglich getrennt und befragt werden, sodass die Möglichkeit der Kollusion besteht (auch wenn es hinterher keine Anzeichen dafür gegeben hat)[643].

---

634 EGMR Giuliani and Gaggio v. Italy, § 207 m.w.H.
635 EGMR Giuliani and Gaggio v. Italy, § 206 m.w.H.
636 EGMR Giuliani and Gaggio v. Italy, § 209; Scavuzzo-Hager et autres c. Suisse, § 78, 81 f.;
637 EGMR Giuliani and Gaggio v. Italy, § 209.
638 EGMR Ramsahai v. The Netherlands, §§ 295 f.
639 GRABENWARTER, § 20, Rz. 18.
640 EGMR Ramsahai v. The Netherlands, §§ 344.
641 EGMR Ramsahai v. The Netherlands, §§ 345. Zu einer Verurteilung kam es nicht, da der betreffende Staatsanwalt einem «Chief Public Prosecutor» unterstellt war, der seinerseits in solchen Fällen ein Beratungsgremium zu konsultieren hat (a.a.O., § 259).
642 Botschaft StPO, 1085, 1105 ff. (Unterstellung der Polizei bezüglich Ermittlungen), 1378 (gesamte Verantwortung für Ermittlung, Untersuchung ... in der Hand der Staatsanwaltschaft).
643 EGMR Ramsahai v. The Netherlands, § 330. Im angeführten Urteil werden noch mehrere weitere nicht oder (zu) spät durchgeführte Untersuchungshandlungen als Unterlassungen und damit als Verstoss gegen die grundrechtlich gebotenen Untersuchungspflichten qualifiziert.

Sodann besteht der EGMR darauf, dass die *Kausalität zwischen dem in Frage stehenden Verhalten und der Grundrechtsverletzung*, namentlich bei allfälligen *Unterlassungen* in Bezug auf die Schutzpflicht, vollständig geprüft wird, wozu auch die Beurteilung der *hypothetischen Kausalität* für den Fall, dass Handlungspflichten und -möglichkeiten erkannt worden wären (und gehandelt worden wäre), gehört[644].

322

§ 13 Die unmittelbar polizeirechtsrelevanten Grundrechte der Bundesverfassung

A. Menschenwürde (Art. 7 BV)

Der *Schutz der Menschenwürde* ist seit dem Ende des Zweiten Weltkrieges *in kodifizierter Form ein vorrangiges Anliegen des Völkerrechts*[645].
Was Menschenwürde bedeutet, was ihr Gehalt ist, lässt sich positiv nicht einfach fassen; verschiedene vor-rechtliche Konzepte, die von unterschiedlichen Ansätzen ausgehen, werden diskutiert und diese Diskussionen bleiben kontrovers[646]. SEELMANN erkennt in der Menschenwürde eine Art «Scharnierfunktion» zwischen Moral und Recht[647]. Die Menschenwürde hat eine *Brückenfunktion zur Ethik*. So könnte – für die Praxis stark vereinfacht ausgedrückt – der Gehalt bzw. der *Schutzbereich der Würde* mit dem umschrieben werden, was die *Ethik respektive ethische Forderungen* unseres Kulturraumes *im zwischenmenschlichen Bereich* zu tun oder lassen gebieten[648,649]. In Anlehnung an den für das ärztliche Wirken geltenden *hippokratischen Eid*[650] kann für das polizeiliche Handeln gefordert werden, dass sich jeder und jede stets davor zu hüten hat, die eigenen Fähigkeiten bzw. die Machtposition absichtlich zum Schaden anderer oder in anderweitig unrechter Weise anzuwenden[651]. Somit ergibt sich die

323

---

644 EGMR Scavuzzo-Hager et autres c. Suisse, § 85.
645 Allgemeine Erklärung der Menschenrechte, Präambel, Art. 1, 22, 23; EMRK, Art. 3, 9; UNO-Pakt II, Präambel, Art. 10; Übereinkommen gegen Folter und andere grausamen, unmenschliche oder erniedrigende Behandlung oder Strafe, Präambel; Übereinkommen über die Rechte des Kindes, Präambel, Art. 23, 28, 37, 39, 40; angemerkt sei, dass die Organisation der Islamischen Konferenz im Jahre 2000 die Kairoer Erklärung der Menschenrechte im Islam annahm, die der Schari'ah den Vorrang gibt; vgl. auch J.P. MÜLLER, HGR VII/1, § 201, RN 13 f.; HALLER, HGR VII/2, § 209, RN 10.
646 SEELMANN, Rechtsphilosophie, § 12, 4 ff.; DERS., Menschenwürde, 166 ff.
647 SEELMANN, Menschenwürde, 171 ff.
648 Diese für die Praxis gedachte Umschreibung ist eine starke Verkürzung; sie geht von der sozialen Anerkennung aus, was zur Paradoxie einer zuweisbaren und auch wieder aberkennbaren Grösse führt (SEELMANN, Menschenwürde, 167). Vgl. auch MOHLER, Ethik, 204 ff.
649 Ethik ist Pflicht- und Prüfungsfach in der polizeilichen Grundausbildung: Schweizerisches Polizeiinstitut, Berufsprüfungen (URL: http://www.institut-police.ch/d2wfiles/document/818/4003/0/Reglement%20Berufsprüfung.pdf; zuletzt besucht: 11.03.2010).
650 Vgl. SEELMANN, Menschenwürde, 168: «*neminem laede*» (schade niemandem).
651 Das bedeutet nicht, dass rechtmässige Beschränkungen von Grundrechten (bspw. vorläufige Festnahme, vorläufiges Sicherstellen von verbotenen Gegenständen etc.) unethisch seien; sie

Umschreibung der Menschenwürde eher in negativer Form, also durch deren Beeinträchtigungen[652], womit ihre Konturen deutlicher werden.

324 Die bundesgerichtliche Praxis bietet für die Auslegung der verfassungsrechtlichen Bedeutung der Menschenwürde – nach deren Aufnahme als erste Norm des Grundrechtskataloges in die BV – verschiedene Möglichkeiten an: Zum Ersten die *Anerkennung als selbständigen Leitsatz für jede staatliche Tätigkeit*[653], zum Zweiten einen *selbständigen Aspekt in Verbindung mit der persönlichen Freiheit*[654] und *dem innersten Kern als Grundlage der Freiheitsrechte für deren Auslegung und Konkretisierung* und zum Dritten die eines *Auffanggrundrechts*[655,656].

325 Die Verletzung der Menschenwürde konkretisiert sich damit zunächst im *subjektiv negativen* Verhalten, in absichtlichen Schikanen, im mangelnden Respekt gegenüber andern Menschen, in der fehlenden Anerkennung der Andersartigkeit, in der Herabminderung der Selbstachtung anderer Menschen[657] sowie in der Praxis auch ganz einfach durch Missachtung der üblichen Anstandsregeln beispielsweise im kommunikativen Umgang. Soweit Einwirkungen auf das physische und seelische Wohlbefinden über das Unvermeidliche einer rechtlich korrekt durchgeführten (Zwangs-) Massnahme hinausgehen, können sie das Verbot der unmenschlichen oder erniedrigenden Behandlung (Art. 10 Abs. 3 BV) verletzen (Näheres dazu Rz. 405 ff.).

326 So kann das Duzen einer Person, die kein Kind mehr ist, während einer Identitätsüberprüfung bereits herabwürdigend sein, ebenso ist es ein Verhalten, einen Menschen «wie Luft zu behandeln», das Unterlassen oder ungebührliche Verzögern des Beantwortens berechtigter Fragen, das Unterlassen der Begründung einer Massnahme, «schnoddrige» Antworten, rassistisch gefärbte Bemerkungen usw. Die schlechte Behandlung muss jedoch eine gewisse minimale Schwere erreichen, um relevant zu sein. Diese Schwere ist auf Grund der Gesamtumstände zu beurteilen; massgebend kann u.a. sein, ob die schlechte Behandlung absichtlich oder wiederholt erfolgt und so der betroffenen Person eine Empfindung der Erniedrigung verpasst wird[658].

327 Herabwürdigend und damit die Menschenwürde verletzend kann eine das unmittelbar Notwendige überschreitende Massnahme sein[659] wie z.B. die Fesselung («Handschellen») einer weder aggressiven noch fluchtgefährlichen Person[660]; Schläge oder andere physische Einwirkungen, die weder in Notwehr noch zur Erfüllung eine polizeilichen

---

dienen – korrekt ausgeführt – ihrerseits dem Schutz von Grundrechten bzw. anderweitig verfassungsmässigen Schutzzielen.

652 AUBERT/MAHON, Art. 7, N. 5; BIAGGINI, Komm. zu Art. 7, N. 6; MASTRONARDI, SGK zu Art. 7, Rz. 37, 41; MÜLLER/SCHEFER, 3 f.
653 BGE 127 I 6 E 5b.
654 BGE 130 I 16 E 5.2.
655 BGE 132 I 49 E 5.1.
656 BIAGGINI, Komm. zu Art. 7, N. 7; AUER/MALINVERNI/HOTTELIER, N. 314; KIENER/KÄLIN, 113; MASTRONARDI, SGK zu Art. 7, Rz. 15.
657 SEELMANN, Menschenwürde, 176 m.w.N.
658 EGMR Garabyev v. Russia, § 75.
659 EGMR Rachwalski and Ferenc v. Poland, §§ 59 ff.
660 Ausgenommen, es gelte auch das Verschwindenlassen von Beweismaterial u. dgl. zu verhindern.

Aufgabe unvermeidlich sind; unnötige Publizität polizeilicher Massnahmen gegenüber einer Person (bspw. Abführen einer festgenommenen Person vor Passanten/Gaffern, obwohl diskretere Möglichkeiten bestünden, Veröffentlichung von Polizeifotos [sog. «*mugshots*»]); Kleiderdurchsuchungen bis auf die Unterwäsche oder vollständiges Entkleiden, wenn dafür nicht zwingende Gründe vorliegen[661]; keine oder verspätete medizinische Betreuung von Personen in Polizeigewahrsam, falls Krankheitssymptome feststellbar sind[662] usw.

Alle von den Behörden zu verantwortenden Umstände, die in den betroffenen Menschen ein tiefes Gefühl der Verletzlichkeit, der Ohnmacht und der Beleidigung hervorrufen, werden vom EGMR im Rahmen von Art. 3 EMRK als erniedrigend beurteilt[663], es sei denn, es handle sich dabei um eine unvermeidliche Folge korrekt durchgeführter Massnahmen bzw. eine Empfindung über örtliche Gegebenheiten, die den Anforderungen resp. Standards des Europäischen Komitees zur Verhütung von Folter und unmenschlicher oder erniedrigender Behandlung und Strafe (CPT)[664] entsprechen. 328

Selbstverständlich ist, dass die Massstäbe von BV und EMRK massgebend sind, auch wenn es um Menschen geht, deren Heimatland diese nicht kennen bzw. beachten[665]. 329

Der Anspruch auf menschenwürdige Behandlung kann selbst durch unflätiges oder noch schlimmeres Verhalten nicht verwirkt werden[666]. 330

Die Menschenwürde ist ein verfassungsrechtliches Fundamentalprinzip und dient der Ermittlung des Schutzbereiches ebenso wie der Kerngehalte anderer Grundrechte sowie der Beurteilung der Schwere eines Eingriffes[667]. Dementsprechend beziehen sich die Anforderungen der *Ethik im Polizeiberuf* (Rz. 24 ff., 323) nicht bloss auf einzelne Aspekte. Ihre Tragweite genügt erst, wenn *alles* Polizeiliche auf Menschenwürde, verantwortliche Freiheit und Gerechtigkeit ausgerichtet wird[668]. 331

B. Rechtsgleichheit und Diskriminierungsverbot (Art. 8 BV)

I. Gleichbehandlungsgebot

Dem *Rechtsgleichheitsgebot* kommt, wie der Menschenwürde, umfassende verfassungsrechtliche Bedeutung zu[669]. Es ist unmittelbarer Ausfluss der Gerechtigkeit, die 332

---

661 EGMR Wieser v. Austria, § 40; TSCHANNEN/ZIMMERLI/MÜLLER, § 55, Rz. 16.
662 Dazu gehört die entsprechende Sorgfalt bei der Beobachtung; massgebend ist die Möglichkeit des Erkennens.
663 EGMR Rachwalski and Ferenc v. Poland, § 61.
664 CPT-Standards 2002 (2009), z.B. 7 f., Rz. 42 f. Vgl. auch EGMR Testa v. Croatia, §§ 44, 57.
665 Dasselbe gilt auch für Menschen, die der Einsichtsfähigkeit in eine Anerkennung von Menschenwürde bspw. wegen einer geistigen Behinderung nicht fähig sind.
666 EGMR Frerot c. France, § 35; SCHEFER, Kerngehalte, 11.
667 Als eigenständig einklagbares Grundrecht wurde Art. 7 BV bisher nur in Ausnahmefällen i.S. eines Auffanggrundrechts anerkannt: BIAGGINI, Komm. zu Art. 7, N. 7 ff.; HALLER, HGR VII/2, § 209, RN 16 f.; MASTRONARDI, SGK zu Art. 7, Rz. 15. BGE 132 I 49 E 5.1.
668 Das BGer stützt sich u.a. auf die Resolution des Europarates über die Polizei mit ihren deontologischen Forderungen: BGE 109 Ia 146 E 4b.
669 AUER/MALINVERNI/HOTTELIER, N. 1018; WEBER-DÜRLER, HGR VII/2, § 210, RN 2.

ihrerseits durch das Legalitätsprinzip konkretisiert wird[670]. Im polizeilichen Kontext sind von Art. 8 BV die Absätze 1 und 2 von zentraler Bedeutung.

333 Trotz des Wortlauts von Art. 8 Abs. 1 BV sind natürliche und juristische Personen[671], u.U. auch Gemeinden[672], Trägerinnen dieses Grundrechts[673]. Anwendung findet das Gebot sowohl in der Rechtsetzung wie in der Rechtsanwendung.

334 Das Rechtsgleichheitsgebot gilt nicht absolut. Grundsätzlich ist «Gleiches gleich und Ungleiches ungleich» (nach ARISTOTELES) zu behandeln, auch wenn dieser Satz heute einer Leerformel nahe kommt[674]. So sind in Erlassen Typisierungen zulässig[675]. Art. 8 BV enthält ebenso ein *Differenzierungsgebot*, wonach ungleiche Situationen ihren sachlichen Unterschieden gemäss und mit Blick auf den *Regelungszweck* ungleich zu behandeln sind[676]. Ungleiche Behandlungen sind erlaubt, wenn sich diese *aus ernsthaften sachlichen Gründen* aufdrängen und auf eine *verfassungskonforme Rechtsnorm samt entsprechender Auslegung* stützen[677]. Umgekehrt formuliert will das Differenzierungsgebot vermeiden, dass durch eine starre Gleichbehandlung von *in wesentlichen Aspekten ungleicher Gegebenheiten* das Gleichbehandlungsgebot selber verletzt würde. Die Schwierigkeiten und die notwendige Sorgfalt für die Beurteilung werden deutlich, wenn beispielsweise nur durch eine Ungleichbehandlung Grundrechte Dritter geschützt werden können, selbst wenn sich die ursprünglichen Ausgangslagen im Wesentlichen gerade nicht unterscheiden (vgl. Bsp. in Rz. 337).

335 Im föderalistischen Staat gilt das *Gleichbehandlungsgebot* – insofern es sich nicht um rechtsetzende oder rechtsanwendende Bundesbehörden handelt – konkret nicht über die Kantons- oder Gemeindegrenze hinaus, d.h. es *bezieht sich auf die je zuständige Gebietskörperschaft*[678].

336 In Bezug auf die Gemeinden ist das Gleichbehandlungsgebot auch bei Verträgen über polizeiliche Leistungen zwischen Kantonen und ihren Gemeinden massgebend.

337 Grundlegende Bedeutung hat das Gleichbehandlungsgebot sowohl in Rechtsetzung[679] wie Rechtsanwendung im gesamten Bewilligungswesen, beispielsweise bei Bewilligungen für die Benützung öffentlichen Bodens[680], einschliesslich Demonstrationsbewilligungen (Kommunikationsfreiheit). Dabei kann es zu (mehrfachen)

---

670 Zum Ganzen BIAGGINI, Komm. zu Art. 8, N. 5 ff.; MÜLLER/SCHEFER, 651 ff.; SCHWEIZER, SGK zu Art. 8, Rz. 11 ff.
671 AUER/MALINVERNI/HOTTELIER, N. 1023 f.
672 BGE 135 I 43 E 1.3; 132 I 256 (Brunnen) E 3 4.1.
673 BIAGGINI, Komm. zu Art. 8, N. 6.
674 BIAGGINI, Komm. zu Art. 8, N. 10; WEBER-DÜRLER, HGR VII/2, § 210, RN 10.
675 SCHWEIZER, SGK zu Art. 8, Rz. 23, 35 ff.
676 AUER/MALINVERNI/HOTTELIER, N. 1034; SCHWEIZER, SGK zu Art. 8, Rz. 22.
677 BIAGGINI, Komm. zu Art. 8, N. 15 f.; SCHWEIZER, SGK zu Art. 8, Rz. 22.
678 AUER/MALINVERNI/HOTTELIER, N. 1056 f.; SCHWEIZER, SGK zu Art. 8, Rz. 24.
679 AUER/MALINVERNI/HOTTELIER, N. 1030 ff.
680 Beispiele bei MÜLLER/SCHEFER, 426.

Grundrechtskollisionen kommen, auch wenn ideellen Grundrechten[681] gegenüber wirtschaftlichen Interessen *a priori* ein gewisser Vorrang einzuräumen[682] ist: Einerseits hat der Staat bei Bewilligungen z.B. die Wettbewerbsneutralität zu beachten, andererseits können rechtsgleich erteilte Bewilligungen für mehrere Demonstrationen auf bestimmten Routen (mit der vom Bundesgericht als genügend beurteilten Appellwirkung[683]) für Bevölkerung und Marktteilnehmer an diesen Strassenzügen und Plätzen zu erheblichen (wirtschaftlichen) Nachteilen führen, wenn das Publikum wegen der wiederholten Demonstrationen mit notorischen Beeinträchtigungen seiner persönlichen Freiheit ausbleibt[684].

Wie bereits festgestellt (Rz. 299), ist das verwaltungsrechtliche *Opportunitätsprinzip* als Grundlage für die polizeiliche Aufgabenerfüllung durch die grundrechtlichen Schutzpflichten und durch einfach-gesetzliche Aufgaben obsolet geworden[685]. Eine weitere Begrenzung der polizeilichen Entscheidungsspannweite ergibt sich durch die Rechtsprinzipien: das *Gleichbehandlungsgebot*, das *Willkürverbot* (Rz. 350 ff.), das *Verhältnismässigkeitsprinzip* sowie *Treu und Glauben* (Rz. 356)[686]. Die Polizei – wie die gesamte Verwaltung – ist somit weitgehend in ihrem Handeln oder Nichthandeln rechtlich eingebunden und hat nach sachlichen, den massgebenden Vorschriften nicht fremden Erwägungen unter «Würdigung aller Umstände», insbesondere «wichtiger Gründe»[687] zu entscheiden, ob und gegebenenfalls wie sie handelt, nicht aber nach unerheblichen Motivlagen[688]. Dies entspricht dem *pflichtgemässen Ermessen* auch dann, wenn eine Handlungspflicht besteht, aber nicht alle Aufgaben gleichzeitig erfüllt werden können; eine Abgrenzung gegenüber dem Legalitätsprinzip ergibt sich dadurch nicht[689].

338

Das verwaltungsrechtliche Opportunitätsprinzip kann daher auch von der Politik nicht herangezogen werden, um zu geringe Bestände der Sicherheitskräfte für die notwendige

339

---

681 Vom Schutzbereich der Meinungsäusserungs- und Versammlungsfreiheit werden grundsätzlich nur ideelle Inhalte erfasst. Ideelle Aussagen übersteigende Äusserungen, die (auch) kommerziellen Zwecken dienen, fallen in den Schutzbereich der Wirtschaftsfreiheit, BGer 1P.104/2000 E 3a.
682 BGE 126 I 133 E 4d, was allerdings der – auch nicht unumstrittenen – Regel, wonach alles Verfassungsrecht grundsätzlich gleichwertig sei (vgl. z.B. J.P. Müller, Jusletter 1.3.2010, Rz. 7) widerspricht.
683 BGE 127 I 164 E 3c.
684 Es geht hier nicht um die Frage der Bewilligung *einer* Demonstration an einem beliebigen Samstag, sondern darum, ob Woche für Woche an gleichen Tagen während beliebter Einkaufszeiten auf gleichen Strecken oder an besonderen Tagen (bspw. 24. Dezember) Demonstrationen zu bewilligen seien oder nicht, vgl. BGer 1P.104/2000 E 4c; kritisch MÜLLER/SCHEFER, 431.
685 SCHINDLER, Verwaltungsermessen, Rz. 425; a.A. TSCHANNEN/ZIMMERLI/MÜLLER, § 56, Rz. 21 ff.
686 BGer 1C_232/2008 E 5.1.
687 SCHWEIZER, SGK zu Art. 8, Rz. 40.
688 SCHINDLER, Verwaltungsermessen, Rz. 429 ff.
689 In diesem Sinne ist auch der von TSCHANNEN/ZIMMERLI/MÜLLER (§ 56, Rz. 27) als Idealtypus des Opportunitätsprinzips angesehene Art. 11 des Polizeigesetzes des Kantons Uri zu verstehen.

polizeiliche Grundversorgung rechtlich zu legitimieren. Dies hat bereits das Kassationsgericht des Kantons Zürich in einem zu Unrecht kritisierten Entscheid von 1987 festgehalten[690]. Umgekehrt kann von den Behörden nichts Unmögliches oder Unverhältnismässiges verlangt werden (vgl. Rz. 306 ff.)[691].

340 Diese Verpflichtung gilt für die Gewährleistung der öffentlichen Sicherheit auf einem von einer Mehrheit der Bevölkerung akzeptierten Niveau, bis hin zur Überwachung des (auch ruhenden) Verkehrs, um den geltenden Vorschriften mit der dafür nötigen Interventionsmöglichkeit und Kontrolldichte Nachachtung zu verschaffen. Dies ist nicht nur eine quantitative, sondern auch eine qualitative Anforderung in Bezug auf die eingesetzten Kräfte und deren fachlichen und rechtlichen Kompetenzen[692], was nicht nur auf Spezialformationen, sondern auch den polizeilichen Alltag zutrifft.

341 Dem Gleichbehandlungsgebot unterliegt auch die *Informationstätigkeit der Polizei*[693]. Einschränkungen etwa in der Form von Akkreditierungsregelungen sind zulässig, sofern sie auf eine gesetzliche Grundlage gestützt sind, die den verfassungsrechtlichen Voraussetzungen von Grundrechtseinschränkungen genügen[694]. Der Ausschluss einzelner Medienschaffender vom Informationsfluss der Behörden kann gerechtfertigt sein, wenn ein Medienangehöriger erteilte Informationen missbraucht (Vertrauens- oder Rechtsmissbrauch[695]) oder bewusst unrichtig wiedergibt und so die Erfüllung der Informationspflicht (samt den Anforderungen an die sachliche Richtigkeit[696]) der Behörden durchkreuzt.

342 Eine den vorne (Rz. 337 f.) wiedergegebenen Grundsätzen pflichtgemässen Ermessens zuwider laufende Entscheidung in vereinzelten Fällen lässt *keinen Anspruch auf Gleichbehandlung im Unrecht* entstehen[697].

Die einem Gesuchsteller *zu Unrecht* erteilte Bewilligung, an einem bestimmten (ungeeigneten, aber begehrten) Ort einen Informationsstand aufzustellen, vermittelt andern Interessierten keinen Rechtsanspruch auf eine gleiche Bewilligung an einem andern Tag.

Ausnahmsweise wird ein Anspruch auf Gleichbehandlung im Unrecht vom Bundesgericht anerkannt, falls eine rechtsanwendende Behörde eine ständige rechtswidrige Praxis verfolgt und zu erkennen gibt, dass sie auch in Zukunft davon nicht abzuweichen gedenke[698].

---

690 ZBl 88/1987, 545 ff.
691 EGMR Mastromatteo v. Italy, § 68.
692 EGMR Rantsev v. Cyprus and Russia, § 287.
693 MÜLLER/SCHEFER, 536.
694 BGE 104 Ia 88 E 12b.
695 BGE 104 Ia 88 E 12b.
696 Art. 180 Abs. 3 BV/Art. 10*a* und 11 RVOG; als kantonales Beispiel § 75 KV BS. Vgl. MÜLLER/SCHEFER, 537 m.w.N.
697 BGE 127 I 1 E 3a; AUER/MALINVERNI/HOTTELIER, N. 1068; BIAGGINI, Komm. zu Art. 8, N. 14; KIENER/KÄLIN, 354; SCHWEIZER, SGK zu Art. 8, Rz. 42.
698 BGE 136 I 65 E 5.6; BIAGGINI, Komm. zu Art. 8, N. 14; KIENER/KÄLIN, 354; SCHWEIZER, SGK zu Art. 8, Rz. 42; HÄFELIN/MÜLLER/UHLMANN, Rz. 518 ff.; TSCHANNEN/ZIMMERLI/MÜLLER, § 23, Rz. 18 ff.

II. Diskriminierungsverbot

Das *Diskriminierungsverbot*[699] untersagt eine qualifizierte, d.h. *ungerechtfertigte* Form der Ungleichbehandlung in (nahezu[700]) absoluter Weise. Geschützt werden Personen, die einer *benachteiligten Gruppe* angehören[701]: 343

> «Eine Diskriminierung liegt vor, wenn eine Person ungleich behandelt wird allein aufgrund ihrer Zugehörigkeit zu einer bestimmten Gruppe, welche historisch oder in der gegenwärtigen sozialen Wirklichkeit tendenziell ausgegrenzt oder als minderwertig behandelt wird. Die Diskriminierung stellt eine qualifizierte Ungleichbehandlung von Personen in vergleichbaren Situationen dar, indem sie eine Benachteiligung von Menschen bewirkt, die als Herabwürdigung oder Ausgrenzung einzustufen ist, weil sie an Unterscheidungsmerkmalen anknüpft, die einen wesentlichen und nicht oder nur schwer aufgebbaren Bestandteil der Identität der betroffenen Personen ausmachen. Insofern beschlägt das Diskriminierungsverbot auch Aspekte der Menschenwürde nach Art. 7 BV»[702].

Die Aufzählung der Merkmale, der «sensiblen Kriterien»[703] ist nicht abschliessend[704]. Es wird auch keine Diskriminierungsabsicht vorausgesetzt[705]. Indessen muss zwischen der Ungleichbehandlung und dem Unterscheidungskriterium ein Kausalzusammenhang bestehen[706]. 344

Als *direkte Diskriminierung* wird ein Erlass, Rechts- oder Realakt qualifiziert, der eine Differenzierung enthält, die ausdrücklich an einem verpönten Merkmal anknüpft und daher eine Ungleichbehandlung bewirkt, die nicht mit einer qualifizierten Begründung (Rz. 347) gerechtfertigt werden kann. 345

Die *indirekte* Diskriminierung definiert das Bundesgericht wie folgt: 346

> Eine *indirekte oder mittelbare Diskriminierung* liegt demgegenüber vor, wenn eine Regelung, die keine offensichtliche Benachteiligung von spezifisch gegen Diskriminierung geschützten Gruppen enthält, in ihren tatsächlichen Auswirkungen Angehörige einer solchen Gruppe besonders benachteiligt, ohne dass dies sachlich begründet wäre[707].

Ob eine Diskriminierung vorliegt, kann mit folgenden Schritten geprüft werden: 347

– Liegt eine *benachteiligende rechtsungleiche* Behandlung vor (direkte Diskriminierung)? Oder: Benachteiligt eine unterschiedslos geltende Regelung Angehö-

---

699 Vgl. zum Ganzen MÜLLER/SCHEFER, 684 ff.; PETERS, HGR VII/2, § 211.
700 BIAGGINI, Komm. zu Art. 8, N. 22; KIENER/KÄLIN, 363; SCHWEIZER, SGK zu Art. 8, Rz. 44. Zur möglichen Rechtfertigung siehe Rz. 347.
701 BIAGGINI, Komm. zu Art. 8, N. 18.
702 BGE 134 I 49 E 3.1; 132 I 49 E 8.1 m.w.H. Zu den Diskriminierungsmotiven ausführlich: AUER/MALINVERNI/HOTTELIER, N. 1080 ff.
703 PETERS, HGR VII/2, § 211, RN 28 ff.
704 AUER/MALINVERNI/HOTTELIER, N. 1083.
705 BIAGGINI, a.a.O.
706 SCHWEIZER, SGK zu Art. 8, Rz. 46.
707 BGE 135 I 49 E 4.1 m.w.H.; 134 I 56 E 5.1. AUER/MALINVERNI/HOTTELIER, N. 1103.

rige einer solchen Gruppe besonders, ohne dass dies sachlich zu begründen wäre (indirekte Diskriminierung)?
– Knüpft die Benachteiligung an ein *verpöntes Merkmal* (Abs. 2 von Art. 8 BV [nicht abschliessend]) an?
– Ist die Ungleichbehandlung *ungerechtfertigt*, weil *keine* qualifizierten (triftigen) Gründe zur Erreichung eines *legitimen Zieles* vorliegen und die Benachteiligung unverhältnismässig ist?

Sind alle drei Fragen zu bejahen, liegt eine Diskriminierung vor[708].

348 Eine Benachteiligung einer Person, die zu einer erwähnten Gruppe gehört, kann (nur) mit besonders qualifizierten Gründen gerechtfertigt werden (vgl. 3. Punkt des Prüfprogrammes, vorstehend) sofern die Ungleichbehandlung «ein gewichtiges und legitimes öffentliches Interesse verfolgt, als geeignet und erforderlich betrachtet werden kann und sich gesamthaft als verhältnismässig erweist»[709]. In Bezug auf die Verhältnismässigkeit wird namentlich das *öffentliche Interesse* an einer *Ungleichbehandlung* der *individuellen Zumutbarkeit der Benachteiligung* gegenübergestellt.

349 Dementsprechend kann beispielsweise Angehörigen bestimmter Staaten, die aus Konfliktgebieten stammen und bei denen eine erhöhte Gefahr gewalttätiger Auseinandersetzungen nicht ausgeschlossen werden kann, zur besseren Gewährleistung der öffentlichen Sicherheit jeglicher Umgang mit Feuerwaffen verboten werden, ohne dadurch das Diskriminierungsverbot zu verletzen[710].

Keine indirekte Diskriminierung liegt nach der hier vertretenen Auffassung vor, wenn beispielsweise für den Polizeiberuf in vernünftigem Mass bestimmte körperliche Eigenschaften und, insbesondere, Fähigkeiten, die für eine erfolgreiche Grundausbildung Voraussetzung sind, verlangt werden, auch wenn dadurch Personen mit Migrationshintergrund anteilsmässig (z.B. wegen im Durchschnitt zu geringer Körpergrösse) vermehrt nicht berücksichtigt werden können[711]. Das *öffentliche Interesse* an durchwegs gut ausgebildeten und entsprechend befähigten Polizeiangehörigen überwiegt mit Blick auf die anspruchsvolle Aufgabe gerade mit Bezug auf grundrechtliche Anforderungen.

C. Schutz vor Willkür[712] und Wahrung von Treu und Glauben (Art. 9 BV)

I. Das Willkürverbot

350 Das Gleichbehandlungsgebot (Rz. 332 ff.), das immer nur Relationen betrifft und nicht absolut gilt, findet seine *absolute* Grenze im *Willkürverbot*[713]. Das Willkürverbot

---

708 Zu den Prüfprogrammen: BIAGGINI, Komm. zu Art. 8, N. 26; KIENER/KÄLIN, 364 f., 367 f.
709 BGE 135 I 49 E 6.1 m.w.H.
710 Art. 7 des Waffengesetzes und Art. 12 der Waffenverordnung.
711 A.A. SCHEFER, Kerngehalte, 497 m.w.H.
712 Das Wort *Willkür* ist zusammengesetzt aus *Wille* und *Kür*, Kür im Sinne von Wahl (küren), begrifflich als Ausdruck für ungebundenen, keiner Vorschrift gehorchenden Willen; vgl. AUBERT, HGR VII/2, § 228, RN 1.1.
713 Art. 36 BV ist als Schrankenregelung für eine grundrechtliche Einschränkung im Verhältnis zum Willkürverbot nicht anwendbar, AUBERT, HGR VII/2, § 228, RN 19.

gehört zu den elementaren Anforderungen der Rechtsstaatlichkeit, gilt für die Rechtsetzung ebenso wie für die Rechtsanwendung und schützt natürliche und juristische Personen gleichermassen[714]. Es richtet sich nicht nur an staatliche Organe, sondern an alle, *die staatliche (und kommunale) Aufgaben wahrnehmen, also auch an Private* mit entsprechendem Auftrag (Art. 35 Abs. 2 BV)[715]. Der Anspruch auf willkürfreie Behandlung ist ein selbständiges Grundrecht, das zur öffentlich-rechtlichen Beschwerde (Art. 95 lit. a und c BGG) ebenso wie unter Umständen zur subsidiären Verfassungsbeschwerde (Art. 113 ff. BGG) legitimiert[716].

Willkür liegt dann vor, wenn ein Erlass oder Entscheid «sich nicht auf ernsthafte sachliche Gründe stützen lässt oder sinn- und zwecklos»[717] ist, weiter eine Rechtsanwendung «krass unbillig»[718] oder «offensichtlich unhaltbar ist, mit der tatsächlichen Situation in klarem Widerspruch steht, eine Norm oder einen unumstrittenen Rechtsgrundsatz krass verletzt oder in stossender Weise dem Gerechtigkeitsgedanken zuwiderläuft»[719]. 351

Das Willkürverbot soll ein *Mindestmass an Gerechtigkeit* gewährleisten. Es geht dabei um die Verhinderung von *qualifiziertem Unrecht*. Kein Verstoss gegen das Willkürverbot liegt demnach vor, wenn eine andere Lösung oder Würdigung eines Sachverhaltes zwar vertretbar erscheint oder gar vorzuziehen wäre, der konkrete Entscheid jedoch nicht auf einer schlechterdings unhaltbaren oder widersprüchlichen Beweiswürdigung beruht[720]. 352

So ist Nichtentgegennahme einer Strafanzeige, weil die anzeigende Person nur umständlich einen Sachverhalt schildern kann oder fremdsprachig ist, willkürlich, ebenso die Aufnahme eines Kandidaten in die Polizeigrundausbildung, obwohl er die Aufnahmeprüfung nicht bestanden hat (Verfügung auf offenkundiger Aktenwidrigkeit beruhend)[721], nur weil der Polizeiberuf zur Tradition der Familie gehört. 353

Die Willkürlichkeit muss sich schliesslich im Ergebnis niederschlagen, nicht nur in den Motiven[722]. 354

Staatliche Willkür ist ein grober Verstoss gegen die Rechtsstaatlichkeit. Willkür darf weder leichthin angenommen, noch sanktionslos «durchgelassen» werden. Zu beachten ist, dass eine willkürliche Rechtsanwendung den strafrechtlichen Tatbestand des 355

---

714 MÜLLER/SCHEFER, 5.
715 BIAGGINI, Komm. zu Art. 9, N. 2: Gerade die Auslagerung selbst hoheitlicher Aufgaben an Private weisen auf die Notwendigkeit der Ausdehnung der Adressaten über den Wortlaut von Art. 9 BV hinaus hin (vgl. z.B. Art. 2 Abs. 1 lit. e des Zwangsanwendungsgesetzes oder Art. 1 Abs. 1 und 2 der VO über das Eidgenössische Starkstrominspektorat); zurückhaltend: MÜLLER/SCHEFER, 8.
716 MÜLLER/SCHEFER, 18; ROHNER, SGK zu Art. 9, Rz. 7, 17.
717 BGE 134 I 23 E 8; 131 I 1 E 4.2.
718 BGer 1B_211/2009 E 2.3.
719 BGer 1C_66/2009 E 1; KIENER/KÄLIN, 334 f.
720 BGer 6B_937/2009 E 2.4.
721 ROHNER, SGK zu Art. 9, Rz. 22.
722 BGer 5A_707/2007 E 3.2.3; BGE 132 III 209 E 2.1.

Amtsmissbrauchs (Art. 312 StGB) erfüllen kann, sofern dabei (auch) die entsprechenden subjektiven Tatbestandselemente gegeben sind[723,724].

II. Wahrung von Treu und Glauben

356 Art. 9 BV verbietet nicht nur behördliche Willkür, sondern verleiht jeder Person auch den Anspruch, vom «Staat» nach Treu und Glauben behandelt zu werden[725]. Während der Grundsatz von Treu und Glauben in Art. 5 Abs. 3 BV als programmatisches Verfassungsprinzip sämtliche staatlichen Organe und Private (vgl. auch einfachgesetzlich Art. 2 ZGB) zu entsprechendem Verhalten verpflichtet, begründet Art. 9 BV einen *grundrechtlichen (Abwehr-)Anspruch* des Individuums gegenüber staatlichen Organen[726].

357 Die Tragweite des *Vertrauensschutzes* umfasst die Rechtsanwendung wie die Rechtsetzung[727]; hinsichtlich der Rechtsetzung ist dieses Prinzip insbesondere in Bezug auf das Rückwirkungsverbot von Bedeutung[728].

358 In seinen Schutzbereich fällt nicht nur hoheitliches Handeln, sondern der *gesamte Rechtsverkehr* zwischen Behörden und Privaten[729], wozu namentlich auch vertragliche Beziehungen gehören.

359 Unter Berücksichtigung der zunehmenden Auslagerung staatlicher einschliesslich hoheitlicher Aufgaben an Private, sind unter «staatlichen Organen» *auch Private, soweit diese in behördlichem Auftrag tätig* werden (Art. 35 Abs. 2 BV), zu subsumieren.

360 Praktische Bedeutung im polizeirechtlichen Kontext erlangen Treu und Glauben in der Rechtsanwendung vor allem bei (Rechts-)Auskünften, aber auch im Zusammenhang mit polizeilichen Schutzmassnahmen und Informationspflichten[730].

361 Jemand muss sich indessen zu Recht auf den Vertrauensschutz berufen können, Auskünfte müssen sich auf eine *konkrete Sachlage und Person* beziehen, generelle Ansichtsäusserungen sind nicht tangiert. Die Person muss auch entsprechende, nicht mehr korrigier-

---

723 BGE 127 IV 209, 213 f.
724 Zur Beschwerdefähigkeit einer als willkürlich beurteilten Verfügung: BIAGGINI. Komm. zu Art. 9, N. 10 ff.; ROHNER, SGK zu Art. 9, Rz. 24 ff.
725 AUER/MALINVERNI/HOTTELIER, N. 1065 *(la protection de la confiance...une assurance qu'on reçoit des autorités).*
726 AUBERT, HGR VII/2, § 228, RN 44; BIAGGINI, Komm. zu Art. 9, N. 13; KIENER/KÄLIN, 338; ROHNER, SGK zu Art. 9, Rz. 42; RHINOW/SCHEFER, Rz. 1989 ff.
727 AUBERT, HGR VII/2, § 228, RN 55; BIAGGINI, Komm. zu Art. 9, N. 19.
728 KIENER/KÄLIN, 343.
729 KIENER/KÄLIN, 342 f.
730 Im Urteil 1C_510/2010 E 5.1 ff. erachtete das BGer als Verstoss gegen Treu und Glauben, dass eine schweizerische Vertretung in einem Gaststaat gegenüber einer Person, die in diesem Staat Opfer eines Raubüberfalles und verletzt worden ist, entgegen den ergangenen Weisungen dieses Opfer nicht gemäss OHG über die grundsätzliche Anspruchsberechtigung informiert hatte. Vgl. betr. die Rechtswirkung verwaltungsinterner Weisungen (Pflicht) Rz. 834 ff.

bare Dispositionen getroffen haben, um aus dem Vertrauensschutz einen Rechtsanspruch ableiten zu können.

Als Vertrauensgrundlage in Betracht kommen namentlich Urteile, Verfügungen, verwaltungsrechtliche Verträge, spezifische Auskünfte und Zusicherungen. 362

Ein besonderer, wichtiger Anwendungsfall des Vertrauensschutzes sind Rechtsmittelbelehrungen. Wegen einer unrichtigen Rechtsmittelbelehrung soll niemand ein gesetzlich vorgesehenes Rechtsmittel verlieren, sofern deren Unrichtigkeit nicht leicht erkennbar ist[731]. Das Bundesgericht folgt jedoch m.E. einer den Vertrauensschutz zu sehr einschränkenden Praxis, wenn es die leichte Erkennbarkeit bejaht, soweit die Unrichtigkeit der Rechtsmittelbelehrung durch ein Konsultieren der massgebenden Verfahrensbestimmung ausfindig machbar gewesen wäre. Diese Strenge traf eine Beschwerdeführerin, die von einem kantonalen Obergericht über eine in einem neuen Gesetz kurz zuvor verkürzte Frist falsch informiert worden war[732]. In einem jüngeren Fall, in dem die Beschwerdeführer nicht anwaltlich vertreten waren, scheint diese Rigidität zu Gunsten der falsch belehrten Rechtsuchenden gemildert worden zu sein[733]. 363

Es stellt sich in Bezug auf kurze Rechtsmittelfristen im Zusammenhang mit häuslicher Gewalt ohnehin die Frage, wie jemand, der – möglicherweise der örtlich geltenden Amtssprache nicht mächtig – ohne Zugang zu eigenen Unterlagen innert weniger Tage eine schriftlich begründete Einsprache einreichen können soll[734]. 364

Wurden Schutzmassnahmen abgesprochen, darf darauf vertraut werden, dass die Polizei diese qualitativ und quantitativ genügend vornimmt. Teilt jemand der Polizei eine bedrohliche Situation mit, darf erwartet werden, dass die Polizei sich so rasch als möglich der Sache annimmt, auch wenn nicht ausdrücklich Hilfe verlangt wurde[735]. 365

D. Recht auf Leben und auf persönliche Freiheit (Art. 10 BV)

I. Schutz des Lebens (Abs. 1)

Der *Schutz des Lebens* ist ein umfassendes Individualrecht, auch ein primäres Grundrecht, das für die Gewährung der andern Grundrechte Voraussetzung, ihnen also quasi 366

---

731 Vgl. Art. 49 BGG und Art. 38 VwVG; BGE 135 III 374 E 1.2.2.1.
732 BGer 5A_401/2007 E 4.2.
733 BGE 135 III 374 E 1.2.2.2.
734 MÜLLER/SCHEFER, 185 (FN 22). § 37e des Polizeigesetzes des Kantons Basel-Stadt: «Die weggewiesene Person kann innert 5 Tagen seit der Eröffnung [...] schriftlich und begründet Beschwerde erheben.» Beim Wegfall einer automatischen richterlichen Überprüfung einer schwerwiegenden Freiheitsbeschränkung durch eine Verwaltungsbehörde dürfte die kurze Frist grundrechtlichen Anforderungen nicht genügen; zum Vergleich die entsprechenden Regelungen in Genf (*Loi sur les violences domestiques*, art. 11: 6 Tage [«par simple déclaration écrite»]), St. Gallen (Art. 43^{quater} des Polizeigesetzes: *ex officio*-Prüfung der Verfügung durch den Haftrichter innert 24 Stunden) und Zürich (§§ 5 und 8 des Gewaltschutzgesetzes: schriftlich begründetes Gesuch um gerichtliche Beurteilung innert 5 Tagen). Vgl. Rz. 873.
735 Vgl. umgesetzte Drohung mit einem Gewaltverbrechen NZZ vom 17. August 2011, 13.

«vorgelagert» ist[736]. Geschützt sind alle *natürlichen* Personen[737], uneingeschränkt und voraussetzungslos, ungeachtet ihres körperlichen und geistigen Zustandes. Auch *das werdende Leben* ist geschützt (Art. 119 BV)[738].

> Polizeiliche Massnahmen gegenüber Schwangeren dürfen *das werdende Kind nicht gefährden*. Sollte der Polizeigewahrsam einer Schwangeren unumgänglich sein, ist mit zeitgerechter medizinischer Betreuung dem pränatalen Gesundheitsschutz Rechnung zu tragen.

367 Die *ursprüngliche* Bedeutung des Rechts auf Leben liegt in der Abwehrfunktion, im Schutz vor lebensbedrohlichen oder -vernichtenden Eingriffen des Staates[739]. Dazu zählt hierzulande auch das absolute Verbot der Todesstrafe (Art. 10 Abs. 1 Satz 2 BV)[740].

368 > Das Verbot der Todesstrafe entfaltet unter Berücksichtigung des Protokolls Nr. 13 zur EMRK über die vollständige Abschaffung der Todesstrafe[741] und des Zweiten Fakultativprotokolls zum UNO Pakt II[742] auch dahin Wirkung (wenn auch mittelbar), dass niemand in ein Land, in dem die Todesstrafe droht, ausgeliefert, ausgeschafft oder zurückgeführt werden soll (sog. non-refoulement-Gebot)[743].

369 Im polizeilichen Kontext von besonderer Bedeutung ist das Recht auf Leben im Zusammenhang mit der *Anwendung von Gewalt*. Jegliche Gewaltanwendung gegenüber gefährlichen Personen muss primär darauf gerichtet sein, deren Leben zu schonen, sie widerstands- und/oder fluchtunfähig zu machen, was sich selbstverständlich auch aus dem Verhältnismässigkeitsprinzip ergibt. Ebenso ist das Leben Dritter wenn immer möglich zu schützen.

> Beim Einsatz von Feuerwaffen ist die Gefahr für Dritte durch allfällige *Ricochets* (abprallende Projektile) zu beachten.

370 > Dennoch ist der *Schutz des Lebens nicht absolut*, auch wenn die Regelung in Art. 10 Abs. 1 BV im Vergleich zum Ausnahmenkatalog in Art. 2 Ziff. 2 EMRK deutlich strikter

---

736 AUER/MALINVERNI/HOTTELIER, N. 281 *(«la plus élémenaire des libertés»)*; KIENER/KÄLIN, 118; RHINOW/SCHEFER, Rz. 1263.

737 Näheres zum Beginn des Lebens bzw. zum Schutz von Embryos siehe BIAGGINI, Komm. zu Art. 10, N. 9; RHINOW/SCHEFER, Rz. 1266 m.w.N.; SCHWEIZER, SGK zu Art. 10, Rz. 15. Kritisch abwartend: MÜLLER/SCHEFER, 46 ff.

738 Ausführlich REUSSER/SCHWEIZER, SGK zu Art. 119, Rz. 11; ferner ISENSEE/KIRCHHOF, § 147, Rz. 58 ff., 78.

739 AUER/MALINVERNI/HOTTELIER, N. 283.

740 AUER/MALINVERNI/HOTTELIER, N. 305 ff.

741 SR 0.101.093.

742 SR 0.103.22.

743 Zu bundesgerichtlichen Ausnahmen unter Vorbehalten vgl. BIAGGINI, Komm. zu Art. 10, N. 15; KIENER/KÄLIN, 119 f., 316. (Seit 2003 hält der UNO Menschenrechtsausschuss fest, es seien alle Staaten, die die Todesstrafe auf nationaler Ebene abgeschafft haben, unabhängig davon, ob sie den UNO Pakt II und das Zweite Fakultativprotokoll dazu ratifiziert haben, verpflichtet, das Recht auf Leben aller Personen unter ihrer Herrschaftsgewalt zu schützen.) Vgl. ferner PIRAS/ BREITENMOSER, *passim*.

ist. So kann eine auch absichtliche Tötung in *Notwehr oder Notwehrhilfe* rechtmässig sein, wenn keine andere Möglichkeit der Abwehr eines *unmittelbar lebensbedrohlichen Angriffes* mehr gegeben war[744]. Für die Annahme einer solche Ausnahmesituation sind die Anforderungen daran allerdings so hoch, als zuvor – soweit möglich – versucht werden muss, schon das *Entstehen* einer unmittelbar lebensbedrohlichen Situation mit entsprechend gezieltem taktischem Vorgehen zu verhindern.

Zur *Verhinderung der Flucht*[745] einer festgenommenen Person ist die Anwendung potentiell tödlicher Gewalt nur zu rechtfertigen, wenn diese Person von ihrer Gefährlichkeit her eine unmittelbare Gefahr i.S.v. Art. 10 BV (Leben, schwere Körperverletzung, Freiheit [Geiselnahme], sexuelle Integrität [Vergewaltigung]) für Dritte darstellt und diese Gefahr nicht anders abgewendet werden kann[746].

371

Ein Spezialfall ist der *gezielte Todesschuss* bzw. der sog. «finale Rettungsschuss»: Diese Situation unterscheidet sich von allen andern Fällen der Notwehr oder Notwehrhilfe (Rz. 370) subjektiv und objektiv dadurch, dass von vornherein der *Eventualvorsatz* (sog. *dolus eventualis*), das (auch) In-Kauf-Nehmen des Todeseintrittes, entfällt und bei entsprechender Anwendung dieser Taktik und Technik der augenblickliche Todeseintritt in einer spezifischen Weise unausweichlich ist. Die polizeitaktische Vorgabe an das Präzisionsschützenteam geht in einer derart zugespitzten Geiselnahmesituation dahin, den Geiselnehmer so zu töten, dass der Todeseintritt nicht zu einer Verkrampfung, damit zu einer unwillkürlichen Betätigung des Abzuges der Feuerwaffe und so zum sicheren

372

---

744 KIENER/KÄLIN, 120; SCHWEIZER, SGK zu Art. 10, Rz. 14 (wobei der *polizeiliche Notstand*, also eine Grundrechtsbeschränkung, die sich entgegen dem Störerprinzip nicht gegen die Person richtet, welche die Gefahr bewirkt, *keine Rechtfertigung für eine beabsichtigte Tötung* zu liefern vermag. Der polizeiliche Notstand entspricht *nicht* der in Art. 2 Ziff. 2 lit. c EMRK umschriebenen Situation [Aufruhr, Aufstand]).

745 Die oft anzutreffende Standardformulierung *«wenn dienstliche Aufgaben nicht anders erfüllt werden können»* als eine der Voraussetzungen für den Feuerwaffeneinsatz *stellt kein selbständiges Kriterium* dar: Entweder leistet eine Person in einer lebensbedrohlichen Art Widerstand oder bedroht Dritte lebensgefährlich (Geiselnahme), um einer Festnahme zu entgehen, oder versucht, sich als höchst gefährlich einzustufende Person durch Flucht der Festnahme oder dem Polizeigewahrsam bzw. der Haft zu entziehen (vgl. die mit diesem Kriterium zusätzlich verbundenen Auflagen in § 48 Abs. 1 Ziff. 3 lit. a, b und d PolG BS; vgl. dazu die bundesgerichtliche Bestätigung dieser Normierung in BGE 136 I 87 E 4.4.). Demgegenüber ist Art. 16 Abs. 2 lit. c Ziff. 1 der Verordnung über die Polizeibefugnisse der Armee zu weit gefasst (vgl. die nicht überzeugende Begründung in der Botschaft ZAG, 2504, 2515; ferner die Kritik bei SEILER, ZSR 2010, 416). Der ebenso weit gefasste Art. 11 des Zwangsanwendungsgesetzes wird durch Art. 11 Abs. 3 der ZAV wieder eingeschränkt. Unklar und zu weit gefasst ist die Waffengebrauchsbestimmung in Art. 106 Abs. 1 lit. c und Abs. 2 des Zollgesetzes (SR 631.0) i.V.m. Art. 232 Abs. 1 lit. a ZV. Gl.M. in Bezug auf das ZAG (und damit das ZG): SEILER, a.a.O. Zusätzliche Unklarheit schafft sodann Art. 101 Abs. 1bis ZG, wonach das Zwangsanwendungsgesetz gelte, soweit das Zollgesetz keine Bestimmungen enthalte: Das durch Art. 11 Abs. 3 ZAV allgemeine Zwangsanwendungsrecht des Bundes ist damit gegenüber der grundrechtlich fragwürdigen Regelung des Zollrechtes subsidiär. Umgekehrt gilt das ZAG gegenüber den militärrechtlichen Bestimmungen für Assistenzdiensteinsätze im Inland prioritär (vgl. dazu SCHINDLER, Schusswaffeneinsatz, 97). Beide Varianten der Relevanz des ZAG vermögen für die Praxis nicht zu befriedigen.

746 BGE 136 I 87 E 4; 111 IV 113 E 5.

Tod der Geisel, sondern zu einer sofortigen Lähmung des Täters führt. Ausschliesslich in einer solchen Geiselnahmesituation und nach erfolglosem Ausschöpfen aller andern Möglichkeiten ist eine gezielte Tötung als *ultissima ratio* nicht verfassungswidrig und auch strafrechtlich gerechtfertigt[747].

II. Schutz der körperlichen und geistigen Unversehrtheit (Abs. 2, 2. Satzteil)

373 Analog zum Schutz des Lebens nach Abs. 1 wird die *geistige und körperliche Unversehrtheit* (Abs. 2, 2. Satzteil) sowie die *persönliche Entscheidungs- und die Bewegungsfreiheit* (1. Satzteil; Näheres dazu Rz 379 ff.) geschützt. Diese Norm ist eine verfassungsrechtliche Grundgarantie zum Schutz der Persönlichkeit. Der Persönlichkeitsschutz «umfasst all jene Freiheiten, die elementare Erscheinungen der Persönlichkeitsentfaltung darstellen und ein Mindestmass an persönlicher Entfaltungsmöglichkeit erlauben»[748]. Geschützt werden natürliche, nicht aber juristische Personen[749].

374 Ausländerinnen und Ausländer sind u.U. bezüglich der Bewegungsfreiheit (Wohnsitznahme) oder medizinischer Untersuchungen einschränkenden gesetzlichen Normen unterworfen, geniessen im Übrigen aber ebenso den Schutz von Art. 10 Abs. 2 BV[750].

375 Dieser Normteilgehalt von Abs. 2 schützt vor jeglichen Eingriffen in die körperliche und psychische Integrität, seien sie schmerzhaft oder schmerzlos, gesundheitsgefährlich oder nicht[751], so (im Verhältnis zu Art. 13 Abs. 1 BV zumindest als Auffanggrundrecht) wohl auch vor negativen Umwelteinflüssen durch erhebliche Luftverunreinigungen oder Lärm[752], nicht aber vor jeglichem Missbehagen physischer oder psychischer Art[753]. Physische und psychische Beeinträchtigungen können ineinander übergehen. Eine Überschneidung dieses Schutzbereiches kann sich mit demjenigen von Art. 10 Abs. 3 BV (Verbot der Folter und der unmenschlichen oder erniedrigenden Behandlung) ergeben (Rz. 405 ff.).

376 Massgebend ist dieses Grundrecht insbesondere bei jeglicher Anwendung von polizeilichen Massnahmen und polizeilichem Zwang. Insoweit die gesetzlichen Voraussetzungen für freiheitsbeschränkende Eingriffe gegeben sind, ist jegliches Übermass untersagt (zum Verhältnismässigkeitsprinzip: Rz. 672 ff.). Übermässig sind unnötig heftige, schmerzhafte Polizeieingriffe, zu eng und somit schmerzhaft angelegte Schliesszangen («Handschellen»), längere unbequeme, Schmerzen verursachende Stellungen, weiter

---

747 Bisher einziger Gerichtsentscheid in der Schweiz: KGer GR (2002, Nr. 10). BIAGGINI, Komm. zu Art. 10, N. 11; HALLER, HGR VII/2, § 209, RN 19; KIENER/KÄLIN, 121; J.P. MÜLLER, GR, 14 f.; SCHWEIZER, SGK zu Art. 10, Rz. 14; a.A. MÜLLER/SCHEFER, 49.
748 BGer 1P.10/2006 E 2.1; BGE 128 II 259 E 3.2. Vgl. AUER/MALINVERNI/HOTTELIER, N. 312 f.
749 AUER/MALINVERNI/HOTTELIER, N. 325: «sauf lorsqu'elles sont touchées dans leur honneur»; KIENER/KÄLIN, 127.
750 Zur EMRK-Konformität des Ausländerrechts vgl. GRABENWARTER, § 24, Rz. 156 ff., § 23, Rz. 53.
751 AUER/MALINVERNI/HOTTELIER, N. 326; MÜLLER/SCHEFER, 71.
752 SCHWEIZER, SGK zu Art. 10, Rz. 8, 17; BREITENMOSER, SGK zu Art. 13, Rz. 4 f. und 8. Vgl. dazu auch BGer 1C_437/2007 E 2.6.
753 BGE 132 I 49 E 5.2.

nicht notwehr- oder notwehrhilfebedingte Schläge, unsachgemässe Einsätze von Schlagstöcken (einschliesslich «Tonfa») mit entsprechend schmerzenden Wirkungen oder Verletzungsfolgen und schliesslich der Einsatz von nicht lethalen oder potentiell tödlichen Waffen, sofern sie nicht durch Notwehr, Notwehrhilfe oder Notstand u.a.m. auch im Mass als unausweichlich gerechtfertigt werden können.

Die durch Art. 10 Abs. 2 i.V.m. Art. 36 Abs. 3 BV (Verhältnismässigkeit) bezüglich Einsatz von Gewaltmitteln gegen Personen *an die Reglementierung*[754], *Ausbildung und das Training aller Polizeiangehörigen gestellten Anforderungen sind hoch*[755]. Zu dieser Ausbildung gehört insbesondere die Erlangung der Fähigkeiten, eine Situation (grund-)rechtlich zu beurteilen, (taktische) Möglichkeiten zum Vermeiden von Notwehrsituationen erkennen und umsetzen oder Alternativen für eine Problemlösung erwägen zu können[756]. Dazu gehören auch eine allen – auch internen – Umständen angemessene Planung und Führung[757] ebenso wie die Pflicht der *Fürsorge für die eigenen Kräfte*, d.h. das *Vermeiden unnötiger Risiken für deren Unversehrtheit* durch entsprechende Organisation und Ausrüstung (vgl. auch Rz. 310). 377

Als Beispiel einer Verletzung (u.a.) von Art. 10 Abs. 2 i.V.m. Art. 36 Abs. 2 und 3 BV diene folgender Sachverhalt[758]: 378

Nach einem verbalen Streit mit seiner Ehefrau drohte ein alkoholisierter Mann A., er werde sich umbringen, und hielt sich ein Rüstmesser an die Brust. Die Frau begab sich mit der kleinen Tochter unbehelligt zu den Nachbarn, von wo sie der Polizei telefonierte. Dem darauf erschienenen Ortspolizisten öffnete A. kurz die Tür, schrie ihn an, fuchtelte mit einem Fleischmesser und schlug die Türe zu. In der Wohnung war sonst niemand. Von der Terrasse der Wohnung aus, wo er mehrfach erschien, forderte A. einen von ihm herbeigerufenen Freund auf, zu ihm zu kommen, wozu dieser auch bereit war. Mittlerweile hatten sich verschiedene Polizeifunktionäre ebenso wie Zuschauer vor dem Haus eingefunden; zudem war die Interventionseinheit der Kantonspolizei aufgeboten worden. Trotz des relativ langen Zeitablaufes bis zur Einsatzbereitschaft dieser Gruppe wurden keine Massnahmen bezüglich der Suiziddrohung getroffen (z.B. Beizug eines Polizeipsychologen oder Psychiaters, Sprungmatratze unter Balkon). Dem Freund untersagte die Polizei den Zutritt zur Wohnung und entschied, die Wohnung zu stürmen, trotz Ablehnung dieses Vorgehens durch den Freund und die Ehefrau, die – wie sie angab – auch zuvor nie bedroht oder gar tätlich angegriffen worden war. Nach dem gewaltsamen Zutritt der Interventionsgruppe (in Schutzausrüstung) trat A. von der Terrasse kommend mit einem Rüstmesser in als aggressiv empfundener Weise auf den vordersten Polizisten zu. Dieser feuerte aus der Dienstpistole zwei Schüsse ab, die A. im Unterleib trafen. Gleichzeitig traf ein Kollege zweimal mit einem Taser dessen Körper. Lebensgefährliche Verletzungen erheischten eine Notoperation. A. dürfte bleibende Nachteile davontragen.

---

754 EGMR Alikaj et autres c. Italie, § 73.
755 GRABENWARTER, § 20, Rz. 17.
756 MOHLER, Ethik, 212.
757 EGMR Ergi v. Turkey (1998), §§ 79 ff.; BGE 128 I 327 E 4.2.; vgl. ferner die ER-Polizeiresolution 1979 und die Resolution UN GA 45/120 (1990).
758 Die strafrechtliche Relevanz des Vorgehens wird hier nicht diskutiert.

III. Recht auf persönliche Freiheit und Bewegungsfreiheit (Abs. 2, 1. Satzteil)

1. Allgemeine Hinweise

379 Der Schutz vor willkürlichem Freiheitsentzug durch die Obrigkeit ist eines der ältesten Freiheitsrechte[759]. Der sachliche Schutzbereich gewährleistet als eine *Grundgarantie*, ohne ungerechtfertigte staatliche Einschränkungen das tun zu können, was *elementare Bedürfnisse der Persönlichkeitsentfaltung* bezüglich Bewegungsfreiheit oder Kommunikation mit andern ausdrücken[760]. Der Schutz ist wiederum sowohl durch die Rechtsetzung als auch die Rechtsanwendung zu gewährleisten.

380 Der Schutzbereich von Art. 10 Abs. 2 BV führt zu mehreren *Überschneidungen* mit andern in die BV aufgenommen Grundrechten, so zu Art. 7 (Menschenwürde), Art. 8 (Diskriminierungsverbot), Art. 11 (spezieller Schutz von Kindern und Jugendlichen), Art. 13 Abs. 1 (Schutz der Privatsphäre), Art. 16 (Meinungs- und Informationsfreiheit) und Art. 31 BV (Freiheitsentzug); Berührungen ergeben sich ebenso mit Art. 13 Abs. 2 (Missbrauch von Daten bzw. informationelle Selbstbestimmung), Art. 27 (Wirtschaftsfreiheit) und Art. 29 (Verfahrensgarantien)[761].

381 Das Bundesgericht hat in einem abstrakten Normkontrollverfahren (Gesetz über die Prostitution des Kantons Genf)[762] festgestellt, dass die Verpflichtung von Prostituierten, Betreibern von Salons oder Escort-Agenturen, die Aufnahme und Beendigung der Gewerbetätigkeit ebenso wie Personalwechsel der zuständigen Behörde mitzuteilen in verfassungswidriger Weise weder das Diskriminierungsverbot (gegenüber andern Gewerben), noch die Privatsphäre und die Wirtschaftsfreiheit verletze und auch nicht gegen Bundesrecht verstosse; zur Begründung führt das Gericht den Zweck des Gesetzes an, wonach die Bestimmungen dazu dienten, die Prostituierten vor unmenschlicher Behandlung, Drohungen, Gewalttätigkeiten, Wucher und Zuhälterei zu bewahren, ihre Gesundheit und eine allfällige berufliche Umorientierung zu fördern sowie die öffentliche Ordnung sicherzustellen. Im Wesentlichen werden grundrechtliche Schutzpflichten angeführt.

382 Nach grundrechtlich-rechtsstaatlichen Kriterien sind Freiheitsbeschränkungen durch den *Gesetzgeber* nur zulässig, soweit sie «in einer demokratischen Gesellschaft *notwendig* (Art. 8 Abs. 2 EMRK)» sind[763]. Die konkrete gesetzliche Vorschrift, welche die Einschränkung der persönlichen Freiheit erlaubt, muss aber nicht nur in einer demokratischen Gesellschaft u.a. zum Schutz der nationalen Sicherheit und der

---

759 Vgl. *Magna Charta* von 1215; *Habeas Corpus (Amendment) Act* des Englischen Parlamentes von 1679, der die absolutistische Gewalt des Königs (Charles II.) in Bezug auf Freiheitsentzüge brach. Unmittelbaren Niederschlag gefunden hat der *«Habeas Corpus»*-Grundsatz in der US Verfassung von 1787 in Article One, Section 9, clause 2 und in Art. 104 des Grundgesetzes der Bundesrepublik Deutschland. Vgl. auch AUER/MALINVERNI/HOTTELIER, N. 344.
760 BGE 127 I 6 E 5a; AUER/MALINVERNI/HOTTELIER, N. 313; KIENER/KÄLIN, 128; MÜLLER/SCHEFER, 83 f.
761 Vgl. BIAGGINI, Komm. zu Art. 10, N. 17.
762 BGE 137 I 167, *passim*.
763 EGMR Rantsev v. Cyprus and Russia, § 277; GRABENWARTER, § 18, Rz. 14 ff.

öffentlichen Ordnung notwendig (öffentliches Interesse[764]), sondern auch *genügend bestimmt* sein, um willkürliche oder übermässige Freiheitsbeschränkungen auszuschliessen[765]. Das Bundesgericht anerkennt allerdings, dass das *Bestimmtheitsgebot* gerade für das Polizeirecht wegen der Besonderheit des Regelungsbereiches auf besondere Schwierigkeiten stosse[766] (zum Bestimmtheitsgebot: Rz. 646 ff.).

Der EGMR hielt Teile des *Terrorism Act 2000*[767] des Vereinigten Königreiches für *konventionswidrig*, da die Polizei ermächtigt wurde, Personen und Fahrzeuge *ohne Verdachtsmomente* in einem (zuvor) bestimmten Zeitraum und örtlichen Gebiet anzuhalten und zu durchsuchen, sofern ein höherer Polizeioffizier solches Vorgehen als *«expedient»* (ratsam, tunlich, vorteilhaft) beurteilte und eine entsprechende Anordnung traf[768]. 383

Voraussetzung einer Freiheitsbeschränkung ist zudem, dass die zugrunde liegende Norm sinngemäss ausgelegt und, gegebenenfalls, durch die *örtlich zuständige Behörde* ausgesprochen wird[769]. 384

Das Bundesgericht hat gestützt auf Art. 24*b* Abs. 3 BWIS[770] festgehalten, dass ein Rayonverbot wegen gewalttätigen Verhaltens – abgesehen vom Wohnsitzkanton der betroffenen Person – nur von demjenigen Kanton angeordnet werden könne, in welchem sich dieses Verhalten manifestierte[771] (Näheres zur Frage von Wegweisungen in Rz. 551 ff.). 385

In der polizeilichen Praxis ist der Schutz der persönlichen Freiheit bereits für die Kriterien einer Identitätsüberprüfung massgebend[772]. Es bedarf dafür eines hinreichenden Grundes, also mindestens der begründeten Annahme, die Person sei zur Fahndung aus- 386

---

764 AUER/MALINVERNI/HOTTELIER, N. 350, 374.
765 AUER/MALINVERNI/HOTTELIER, N. 349.
766 BGE 136 I 87 E 3.1.
767 *Terrorism Act 2000* c. 11, Section 44.
768 Gillan and Quinton v. United Kingdom, §§ 83 ff.: Der EGMR betrachtete auch den *Code A* des *Police and Criminal Evidence Act 1984 c. 60*, welcher der Polizei vorschreibt, das für eine Anhaltung ein Anfangsverdacht gegeben sein müsse, für nicht genügend, um eine konventionskonforme Anwendung des *Terrorism Act 2000* zu gewährleisten. Die Wortwahl (*«expedient»*) verhindere eine Prüfung der Verhältnismässigkeit.
769 BGE 136 I 87 E 2.
770 Dieser BWIS-Artikel wurde per Ende 2009 wieder aufgehoben und ist durch Art. 4 des am 1. Januar 2010 in Kraft getretenen Konkordates über Massnahmen gegen Gewalt anlässlich von Sportveranstaltungen abgelöst worden (Rz. 262).
771 Die Massnahmen sollen nach einer Mitteilung der KKJPD bereits verschärft werden, so – anders als nach der derzeitigen Grundlage von Art. 6 Abs. 3 (vgl. BGer 1C_453/2009 E 2.3) – mit einem landesweiten Rayonverbot und einer strengeren Handhabung der Meldeauflage (NZZ, 20. August 2011, 12). Ebenso wird eine Bewilligungspflicht für Fussball- und Eishockeyspiele befürwortet, was keiner Konkordatsregelung bedarf (vgl. z.B. § 66 PolG BS). Ob eine ebenso ins Auge gefasste «Einführung eines Kombitickets für Hochrisikospiele, mit dem Gästeanhänger auf Extrazüge gezwungen werden können» mit Blick auf nicht «Hooligans» zuzurechnenden Personen in grundrechtlicher Hinsicht dem Verhältnismässigkeitsprinzip entspräche, ist zu bezweifeln.
772 KIENER/KÄLIN, 136.

geschrieben[773], oder eines objektiven (plausiblen) Anfangsverdachtes einer Widerhandlung[774]. Die Identitätskontrolle – ohne jede weitere Einschränkung – ist die geringste Form einer Freiheits*beschränkung* i.S.v. Art. 10 Abs. 2 BV (*nicht* identisch mit einem Freiheits*entzug*; vgl. Rz. 1508 ff.), sie tangiert dessen Schutzbereich, wenn auch nur leicht. Daher darf sie trotzdem nicht voraussetzungslos durchgeführt werden[775].

387 Nach einer ersten Intervention, z.B. einer Identitätsüberprüfung, ist das weitere Vorgehen immer wieder der *Verhältnismässigkeitsprüfung* zu unterziehen[776]. So sind moderne Kommunikationsmittel am Ort der Kontrolle einzusetzen, wenn jemand seine Identität nicht nachweisen kann[777]. Erst wenn weitere, konkrete Zweifel an der Identität bestehen und die Prüfung aus Gründen des Persönlichkeitsschutzes der kontrollierten Person sich als unmöglich erweist, ist eine Überprüfung auf der Polizeiwache verhältnismässig.

388 Das Gleiche gilt für den Polizeigewahrsam, d.h. dem wegen gesetzlich festgelegter Gründe *polizeilich* kurzfristigen, für wenige Stunden *angeordneten Freiheitsentzug*[778]. Die in Gewahrsam genommene Person kann sich auf Art. 10 Abs. 2, (noch) nicht aber auf die verfassungs- und menschenrechtlichen Schranken nach Art. 31 Abs. 1–3 BV, jedoch auf Art. 31 Abs. 4 BV (weder strafrechtlich noch durch ein Gericht verfügter Freiheitsentzug) berufen[779].

389 Zu unterscheiden ist zwischen einer blossen Personenkontrolle an Ort und Stelle, dem *Verbringen in eine Dienststelle* (Anhaltung, z.B. zur Identitätsüberprüfung bei Unklarheiten oder zum Prüfen auf verbotene Gegenstände und Stoffe), dem kurzfristigen auferlegten *Warten* in einem Warteraum (bis zum rasch zu erwartenden Vorliegen der Ergebnisse unmittelbar veranlasster Abklärungen) einerseits[780] und dem *Polizeigewahrsam* andererseits. Die erstgenannten Massnahmen sind (in ihrer Intensität zunehmende) Freiheits*beschränkungen*, der Polizeigewahrsam stellt einen Freiheits*entzug* dar.

---

773 Der (Real-)Akt des Ausschreibens einer tatverdächtigen Person ist im Strafprozessrecht geregelt (Art. 210 f. StPO), wogegen die Personenkontrolle – ohne *vorherige* Identifikation der Person – sich auf Polizeirecht stützt. Stellt sich heraus, dass die kontrollierte Person zur Fahndung ausgeschrieben ist, richtet sich das weitere Vorgehen wieder nach dem Strafprozessrecht.

774 BGE 137 I 167 E 7.3.3; BGE 109 Ia 146 E 4b: «L'interpellation de police doit répondre à des raisons objectives minimales, telles l'existence d'une situation troublée, la présence de l'intéressé dans le voisinage de lieux où vient de se commettre une infraction, sa ressemblance avec une personne recherchée, son insertion dans un groupe d'individus dont il y a lieu de penser, à partir d'indices si faibles soient-ils, que l'un ou l'autre se trouverait dans une situation illégale impliquant une intervention policière»; BGE 132 I 49 E 6.3; AUER/MALINVERNI/HOTTELIER, N. 352; SCHWEIZER, SGK zu Art. 10, Rz. 23.

775 BGE 124 I 85 E 2b.

776 AUER/MALINVERNI/HOTTELIER, N. 353.

777 BGE 136 I 87 E 5.3 (ausdrücklich, dass für Schweizer Staatsangehörige keine Pflicht besteht, ständig einen Ausweis auf sich zu tragen).

778 Vgl. bspw. § 37 Abs. 1 Ziff. 1 und 2 PolG BS; § 27 Abs. 1 PolG BL. Art. 5 Ziff. 1 lit. b EMRK ist eng auszulegen: BGE 137 I 31 7.4.

779 BGE 137 I 31 7.4 ff.; 136 I 87 E 6.5.2; MÜLLER/SCHEFER, 85.

780 BGE 136 I 87 E 6.5.3.

Abzugrenzen sind diese polizeirechtlichen Einschränkungen der persönlichen Freiheit 390
von der *vorläufigen Festnahme,* die zwar auch eine polizeiliche Massnahme darstellt,
aber auf dem Strafprozessrecht (Art. 217 StPO) gründet.

Umgekehrt sollten aber die unbestreitbaren Schwierigkeiten genügend bestimmter 391
Gesetzgebung im Polizeirecht auch nicht als Argument missbraucht werden, sich
nicht um hinreichend genau umschriebene Voraussetzungen bezüglich Freiheitsbeschränkungen zu bemühen[781]. Namentlich sind Widersprüche in der Rechtsetzung
zu vermeiden[782].

So hat das Bundesgericht das spezifischen Gewohnheiten folgende, mit Alkoholkonsum verbundene Zusammensein als Teil der verfassungsrechtlichen Persönlichkeitsentfaltung zu Art. 10 Abs. 2 BV zugeordnet und damit entsprechende Wegweisungen den Anforderungen von Art. 36 Abs. 1 BV unterstellt[783]. Demzufolge sind beispielsweise die Kriterien für eine verfassungskonforme Wegweisung einschränkend und genau zu umschreiben. 392

Die persönliche Freiheit und die Bewegungsfreiheit sind jedoch nicht mit einer allgemeinen Handlungs- bzw. Anwesenheits- und Ortsveränderungsfreiheit gleichzusetzen. Weder wird jeder beliebige Ortsveränderungswunsch noch jegliches Missbehangen geschützt[784]. 393

Dementsprechend fallen Verkehrsregeln, von Geschwindigkeitsbeschränkungen bis zu Fahrverboten, sofern sie konform mit Art. 5 BV erlassen worden sind, nicht in den Schutzbereich von Art. 10 Abs. 2 BV. Auch entsprechend angeordnete Absperrmassnahmen bei Unglücksfällen, Bränden oder Naturereignissen mit einem Gefährdungspotential werden nicht erfasst[785]. 394

Ebenso wenig schützen Art. 10 Abs. 2 BV noch Art. 8 EMRK Drogenkonsum (i.S. einer Handlungsfreiheit) als elementaren Teil der Persönlichkeitsentfaltung[786]. 395

Schliesslich sei ergänzt, dass die Verpflichtung uniformierter Polizeiangehöriger zum 396
Tragen von Namensschildern den Schutzbereich von Art. 10 Abs. 2 BV (und Art. 8
EMRK bzw. Art. 13 Abs. 1 BV) berührt, insgesamt aber keinen schweren Eingriff
darstellt und – mit entsprechenden Ausnahmen in der Reglementierung – als verhältnismässig gilt[787].

2. Zur Problematik der Bekämpfung häuslicher Gewalt insbesondere

Den polizeirechtlichen Massnahmen zur *Bekämpfung häuslicher Gewalt* liegt der 397
grundrechtliche *Schutz der persönlichen Freiheit i.S.v. Art. 10 Abs. 2 BV,* wohl nur

---

781 SCHWEIZER/MÜLLER, 386 ff.
782 Siehe oben FN 745.
783 BGE 132 I 49 E 5.2.
784 KIENER/KÄLIN, 136; MÜLLER/SCHEFER, 83 m.w.N.
785 BGE 128 I 327 E 4.3.2.
786 BGer 6B_946/2008 E 3.
787 BGE 124 I 85 E 3b.

in Ausnahmefällen der Schutz des Rechts auf Leben oder vor Folter[788], zu Grunde. Es handelt sich bei solchen Normen in Polizei- (oder Spezial-)Gesetzen um die *Ausgestaltung der indirekten Dritt- oder Horizontalwirkung* dieses Grundrechts i.S.v. Art. 35 Abs. 3 BV (vgl. Rz. 284). Gerade dieses offenkundige Schutzbedürfnis zeigt, dass die Kritiker der Drittwirkung von Grundrechten verkennen, dass es Fallkonstellationen gibt, in denen der zivil- und strafprozessrechtliche Schutz zu spät käme[789].

398 Allerdings ergeben sich für die gesetzliche Regelung dogmatisch wie praktisch erhebliche Probleme. Zum einen werden durch die der Polizei übertragenen Interventionspflichten, sofern die Situation nicht ohnehin die Anordnung von Polizeigewahrsam rechtfertigt[790], Kompetenzen des richterlichen Eheschutzes tangiert[791]. Zum Zweiten führte die Umsetzung der durch Art. 28*b* Abs. 4 ZGB den Kantonen auferlegten Pflicht, eine Stelle zu bezeichnen, die im Krisenfall die sofortige Ausweisung der verletzenden Person aus der gemeinsamen Wohnung verfügen kann, und das dafür notwendige Verfahren zu regeln, zu Parallelverfahren im öffentlichen Recht[792], welche ihrerseits verfassungsrechtliche Vorgaben u.U. nicht genügend Rechnung tragen (z.B. unklare unterschiedliche Verfahrensregelungen einerseits in Bezug auf die Anordnung der verwaltungsrechtlichen Massnahme selber durch einen [strafrechtlichen] Haftrichter, andererseits Art der Durchführung [bspw. rechtliches Gehör bei der Anordnung] derselben auf dem Verwaltungsverfahrensweg). Dabei wurde nach der hier vertretenen Auffassung die *Subsidiarität des Polizeirechts* zu wenig beachtet[793]. Zum Dritten können die Möglichkeiten der Beweiswürdigung für einen gravierenden Eingriff in die persönliche Freiheit und die Privatsphäre (Art. 10 Abs. 2 und Art. 13 Abs. 1 BV) auf Seite der weggewiesenen Person u.U. ungenügend sein[794].

399 Mehrere Polizeigesetze berücksichtigen die mögliche Unsicherheit der Beweislage mit einer «Kann-Vorschrift», setzen jedoch eine Gefährdung oder eine Drohung mit einer Gefährdung für die Anordnung der Massnahme voraus, was zu einem inhaltlichen Widerspruch führt[795]. Wird eine Wegweisung verfügt, entfällt indessen nach verschiedenen Polizeigesetzen nicht nur die Prüfung, ob eine mildere Massnahme

---

788 Vgl. EGMR Opuz c. Turquie, *passim*.
789 KIENER/KÄLIN, 47.
790 Was in zahlreichen Polizeigesetzen dann der Fall ist, wenn Personen andere ernsthaft gefährden (z.B. § 37 Abs. 1 Ziff. 1 PolG BS).
791 Vgl. Art. 28*b* ff. i.V.m. Art. 172 Abs. 3 ZGB und Art. 271 ff. ZPO.
792 BGE 134 I 140 E 4.3 f.
793 MOHLER/SCHWEIZER, Rz. 11.
794 So hält der Ratschlag BS häusliche Gewalt zur Änderung des PolG BS (13, 17) fest, eine Wegweisungs- oder Rückkehrverbotsverfügung impliziere keinen strafrechtlichen Tatverdacht, was mit dem Grundrechtsschutz der von darauf gestützten freiheitsbeschränkenden Massnahmen betroffenen Person kaum in Übereinstimmung zu bringen sein dürfte.
795 Die vormalige Formulierung von *art. 8 al. 1 LVD* GE war präziser: «*Lorsque la commission d'actes de violences domestiques apparaît vraisemblable*» und machte die Wegweisung davon abhängig, dass kein milderes Mittel zur Verfügung stand (Änderung in Kraft seit 31.8.2010).

in Frage käme, sondern auch eine fallbezogene Festlegung von deren Dauer[796], mithin deren Bemessung nach dem Verhältnismässigkeitsprinzip – zumindest in Bezug auf die weggewiesene Person. Mehrere Kantone sehen jedoch keine Minimaldauer für eine Wegweisung vor[797], was dem Verhältnismässigkeitsprinzip Rechnung trägt. Zwischen den beiden «Extremvarianten» einer festgelegten hohen Minimaldauer und keiner liegt bspw. Art. 8 Abs. 3 i.V.m. Art. 9 Abs. 2 des Genfer *Loi sur les violences domestiques*, der eine von einem Polizeioffizier zu bestimmende Frist der Wegweisung von 10 bis 30 Tagen vorsieht.

Die polizeiliche Intervention ist als *«superprovisorische»* Massnahme zu betrachten. Damit stellt sich die Frage, ob gesetzliche Festlegungen der *Minimaldauer* einer Wegweisung zwischen mindestens 10 und – in einigen Kantonen – von kategorisch 12 oder 14 Tagen dem Verhältnismässigkeitsprinzip entspricht oder ob eine Begrenzung bis längstens zur nächstmöglichen richterlichen Anhörung der Verhältnismässigkeit und dem superprovisorischen Charakter der Massnahme nicht besser gerecht würde. 400

Auch die Form der Wegweisung bzw. des Rückkehrverbotes ist in den verschiedenen Gesetzen (und den Materialien dazu) unterschiedlich ausgestaltet. So äussert sich z.B. § 37*a* PolG BS nicht dazu[798]. Anders schreibt Art. 9 Abs. 1 und 2 LVD GE das zu befolgende Procedere, namentlich die Gewährung des rechtlichen Gehörs und die Rechtsmittelbelehrung im Einzelnen vor. 401

Die Wegweisung selber wird vom Bundesgericht nicht als Eingriff in ein «civil right» i.S.v. Art. 6 EMRK anerkannt, wohl aber der damit möglicherweise verbundene Verlust des guten Rufes (Art. 28 ZGB, Art. 173 ff. StGB), woraus sich der Anspruch auf ein faires Verfahren gemäss Art. 6 Ziff. 1 EMRK ergibt[799]. Der Anspruch auf rechtliches Gehör, d.h. das Recht des Betroffenen, sich *vor* Erlass eines in seine Rechtsstellung eingreifenden Entscheides zur Sache zu äussern, ist verfassungsmässiges Grundrecht (Art. 29 Abs. 2 BV)[800].

---

796 Art. 29*a* PolG BE: 14 Tage; § 26*a* Abs. 2 PolG BL: 12 Tage (Vorlage BL häusliche Gewalt, Ziff. 6.1 Abs. 2); § 37*a* Abs. 1 PolG BS: 12 Tage (Ratschlag BS häusliche Gewalt, 18); § 3 Abs. 3 GSG ZH: 14 Tage (vgl. auch Vorlage zum GSG, Ziff. IV/II zu Abs. 3).
797 Art. 16 PolG GL; Art. 3 des Gesetzes über den Schutz bei häuslicher Gewalt OW; Art. 37bis Abs. 1 des Gesetzes über die Kantonspolizei SO; Art. 24a Abs. 1 PolOrgG SH; § 19*b* Abs. 2 PolVo SZ.
798 Auch der Ratschlag (18 f.) enthält keine explizite Formulierung, wonach eine formelle Verfügung notwendig sei; das kann nur aus der obligatorischen Verknüpfung mit der Strafdrohung wegen Ungehorsams gegen eine amtliche Verfügung geschlossen werden. In der Vorlage BL häusliche Gewalt, Ziff. 6.1 Abs. 2 wird – ohne dass dies im Gesetzestext aufschiene – eine formelle Verfügung verlangt.
799 BGE 134 I 140 E 5.2.
800 Im zitierten Entscheid (BGE 134 I 140) wird der grundrechtliche Anspruch auf rechtliches Gehör ausdrücklich bestätigt. Obwohl dessen Gewährung *vor* der Wegweisung gerade bestritten wurde, verneint das BGer mit einer eigenartig unvollständigen Erwägungsfolge (E 5.3–5.7) aber die Verletzung dieses Rechts, was aus grundrechtlicher Sicht nicht zu befriedigen vermag. Es

402　Verschiedene Polizeigesetze sehen im Rechtsschutzverfahren eine Frist von fünf Tagen vor, während der eine Beschwerde schriftlich und begründet einzureichen ist. Das kann einer kaum erfüllbaren Verwirkungsfrist gleichkommen (kein Zugang zu eigenen Unterlagen und Mitteln, Fremdsprache, Formulierungsprobleme, keine Mittel für Rechtsbeistand, Frist zu kurz für Gewährung eines unentgeltlichen Rechtsbeistandes [Art. 29 Abs. 3 BV] vgl. Rz. 364).

403　Sehr unterschiedlich sind im Vergleich die Rechtswege bzw. die erste justizielle Instanz zur Prüfung einer Wegweisung ausgestaltet. Die polizeiliche Wegweisung und allfällige weitere angeordnete Massnahmen gehören zum *Verwaltungsrecht*, was eine *verwaltungsgerichtliche* Überprüfungsmöglichkeit impliziert. Indessen finden sich neben dem verwaltungsgerichtlichen Verfahren (bspw. vor einem Bezirksgericht [etwa BL]) Regelungen, nach denen eine zivilgerichtliche Instanz (z.B. BS[801]) oder der (strafrechtliche) Haftrichter (ZH[802]) als zuständig erklärt werden.

Die Kantone haben sich bei der Ausgestaltung der Verfahrensvorschriften an das Bundesgerichtsgesetz zu halten. Dazu gehört nach Art. 86 Abs. 2 BGG, dass ein *oberes* kantonales Gericht den beim Bundesgericht anfechtbaren Entscheid trifft[803].

404　So sehr die Bekämpfung häuslicher Gewalt (auch bei fehlendem oder zurückgezogenem Strafantrag[804]) von grosser Wichtigkeit ist[805], so sollten umgekehrt die Grundrechtsgarantien der von Massnahmen Betroffenen ebenso konsequent eingehalten werden[806].

IV. Verbot der Folter und jeder anderen Art grausamer, unmenschlicher oder erniedrigender Behandlung oder Bestrafung (Abs. 3)

1. Allgemeine Hinweise

405　Das Verbot von Art. 10 Abs. 3 BV stimmt in Bezug auf den *Verbotsinhalt* mit Art. 3 der EMRK[807] und auch wörtlich mit Art. 7 Satz 1 UNO Pakt II[808] sowie Art. 37 lit. a

---

　　　wird nicht geprüft, ob das zürcherische Gewaltschutzgesetz in dieser Hinsicht verfassungskonform ist.
801　§ 37*e* PolG BS.
802　§ 8 Abs. 2 GSG ZH.
803　BGE 134 I 125 E 2 3.5; das BGer hat entschieden, dass gegen Gewaltschutzmassnahmen gestützt z.B. auf das zürcherischen Gewaltschutzgesetz die Beschwerde in öffentlich-rechtlichen Angelegenheiten zum Tragen kommt, da die Beschwerde «weder an die Eröffnung eines Strafuntersuchungsverfahrens gebunden, noch an die Einleitung eines Zivilverfahrens, namentlich eines Eheschutzverfahrens geknüpft ist» (E 2).
804　EGMR Opuz c. Turquie, §§ 139, 143, 145, 168.
805　EGMR Opuz c. Turquie, §§ 132, 136 ff., 144, 147 ff., 172 ff.: Der EGMR verurteilte *in casu* die Türkei auch wegen Verletzung des Folterverbotes (Art. 3 EMRK); weiter Bevacqua and S. v. Bulgaria, § 77 ff.
806　EGMR Opuz c. Turquie, § 129.
807　In Art. 3 EMRK wird das Adjektiv «grausam» nicht verwendet; vgl. auch Art. 25 Abs. 3 BV, in dem das Adjektiv «erniedrigend» nicht aufgeführt ist, was wohl auf einem redaktionellen Versehen beruht (vgl. Botschaft VE 96, 171; AB Verfassungsreform S 44).
808　AUER/MALINVERNI/HOTTELIER, N. 331.

der Kinderrechtskonvention[809] überein. Im Besonderen setzt die UNO-*Folterkonvention von 1984* materiell-rechtlich Massstäbe über den Verbotsinhalt und die Pflichten der Mitgliedstaaten bezüglich Prävention. In Wahrnehmung der grundrechtlichen Schutzfunktion hat der Europarat das *Europäische Übereinkommen zur Verhütung von Folter und unmenschlicher oder erniedrigender Behandlung oder Strafe* vom 26. November 1987[810] abgeschlossen, das ausnahmslos alle Mitgliedstaaten ratifiziert haben. Die europäische Anti-Folter-Konvention liefert vor allem die völkerrechtlichen Grundlage für die *Durchsetzung* von Art. 3 EMRK mittels Besuchen durch eine Kontrollkommission[811] im Sinne der Prävention, wobei während solcher Besuche in Gesprächen mit Gefangenen auch ermittelt wird, ob es zu Verletzungen von Art. 3 EMRK gekommen sei[812].

Die Frage der *Adressaten* des Folterverbotes wird in der Literatur noch kontrovers diskutiert: Während BIAGGINI[813] vom Begriffspaar «Behandlung» und «Bestrafung» darauf schliesst, dass «nur» alles staatliche Handeln dem Verbot unterworfen sei[814], halten AUBERT ET AL.[815], MÜLLER/SCHEFER[816] und SCHWEIZER[817] fest, das Verbot erfasse *Folter von Seiten des Staates und von Privaten*. Der Schutzbereich des verfassungsrechtlichen Verbotes geht m.E. über nur staatliche Akteure hinaus; der konstitutiv-institutionelle Charakter der Grundrechte (Rz. 280) zielt auf deren Schutz, woher auch die Gefahr drohe[818]. Die Differenz ist mit Blick auf den heutigen Terrorismus nicht rein akademischer Natur (vgl. Rz. 408 f.). 406

Das Verbot der Folter, grausamer, unmenschlicher oder erniedrigender Behandlung *gilt* als Kerngehalt der körperlichen und geistigen Unversehrtheit[819] *absolut*[820]. Es 407

---

809 SR 0.107; vgl. zu KRK Rz. 426 ff.
810 CPT (SR 0.106).
811 URL: http://www.cpt.coe.int/en/about.htm (zuletzt besucht: 23.8.2011).
812 CPT Bericht 2008, §§ 15 ff.; vgl. Rz. 174 und 172 f.
813 Art. 10 N. 27.
814 So auch GRABENWARTER, § 20, Rz. 21.
815 N. 337 f.
816 59.
817 SGK zu Art. 10, Rz. 31.
818 Darauf weist auch die Argumentation in der Botschaft zum VE 96, 149, in Bezug auf den Einbezug des Schutzes der «Kinder vor körperlicher Bestrafung und erniedrigender Behandlung innerhalb und ausserhalb der Familie» hin; vgl. auch den Unterschied des Schutzbereiches von Art. 10 Abs. 1 BV und Art. 2 EMRK: MÜLLER/SCHEFER, 45 f. Es wäre auch widersinnig, den von Privaten betriebenen Menschenhandel als Sklaverei (Art. 4 EMRK) zu qualifizieren (was im Einzelnen einer Folter mindestens sehr nahe kommen kann) und aus dem konstitutiv-institutionellen Charakter den staatlichen Behörden eine (intensive) Schutzpflicht aufzuerlegen (EGMR Rantsev v. Cyprus and Russia), diesen Schutz aber gegen Privaten, die quasi «unmittelbar foltern», abzulehnen.
819 BIAGGINI, Komm. zu Art. 10, N. 25; KIENER/KÄLIN, 142.
820 AUER/MALINVERNI/HOTTELIER, N. 337; GRABENWARTER, § 20, Rz. 20. Absolut gilt gestützt auf Art. 3 EMRK auch das *Auslieferungs- und Ausschaffungsverbot*: EGMR Ismoilov and Others v. Russia, § 126.

gehört zum *zwingenden Völkerrecht (ius cogens)* und ist *notstandsfest*, d.h. es darf weder im Kriegsfall, in internationalen oder nicht internationalen bewaffneten Konflikten noch in einem andern Staatsnotstand verletzt werden, daher ist es auch fester Bestandteil der Genfer Konventionen und der Zusatzprotokolle[821]. Selbst unter schwierigsten Umständen wie beispielsweise bei der Bekämpfung des Terrorismus duldet das Verbot gemäss herrschender Lehre keine Einschränkungen[822].

408 Mittlerweile gehören terroristische Methoden gegen eine Vielzahl von Menschen zu den grauenhaftesten Verletzungen des Folterverbotes; gilt das Folterverbot jedoch wie andere Grundrechtsgarantien auch gegenüber Privaten («Dritten», Rz. 406), stellt sich die Frage nach der Tragweite der grundrechtlichen *Schutzfunktion* zur Abwehr der Folterung Zahlloser u.U. neu. Wohnt auch einem absoluten grundrechtlichen Verbot eine Schranke («Schrankenschranke») inne oder werden Entscheide zur Lösung solcher Dilemmata ausserrechtlichen Dimensionen zugewiesen?

409 Es sind im Zusammenhang mit Öko- oder Bioterrorismus Szenarien denkbar[823], die für eine Vielzahl von Menschen zu einem grausam schmerzhaften Tod, Siechtum und/oder genetischen Schäden (mit ebenso schlimmen, einer Folter gleichkommenden Folgen für nächste Generationen) führen können[824]. Die Verletzung des Folterverbotes für die (direkt und indirekt) Betroffenen ist offenkundig, ebenso eine *Pflicht des Staates*, mögliche Opfer davor *zu schützen*. Ob solche Extremsituationen einer *rechtlichen* Regelung zugänglich sein können, wird kontrovers diskutiert[825]; es ist – wegen der Gefahr des Missbrauchs – zu bezweifeln. Die Problematik wird dadurch aber nicht gelöst, sie kann nur verschärft werden. Im Urteil *Gäfgen v. Germany* hat der EGMR die Absolutheit des Verbotes der Folter, der unmenschlichen, grausamen oder erniedrigenden Behandlung wiederholt bestätigt mit dem Hinweis, es gelte auch, wenn *«the life of the nation»* bedroht sei[826]. Andererseits dürfte eine derartige Lage einem *Staatsnotstand* gleichzusetzen sein, womit diejenigen, die für die bestmögliche Bewältigung einer solch' extremen Lage zuständig und verantwortlich sind, nur auf einer überrechtlichen, von der *Verantwortungsethik* geprägten Ebene entscheiden *müssen*[827].

---

821 Genfer Abkommen (SR 0.518.12 ff.) je Art. 3, sowie der Zusatzprotokolle I (Art. 75) und II (Art. 4 Ziff. 2).
822 GRABENWARTER, § 20, Rz. 20; HALLER, HGR VII/2, § 209, RN 63; EGMR Saadi v. Italy, § 127; BIAGGINI, Komm. zu Art. 10, N. 25; KIENER/KÄLIN, 142; MÜLLER/SCHEFER, 57; SCHWEIZER, SGK zu Art. 10, Rz. 29.
823 Wie z.B. der Saringas-Anschlag am 20. März 1995 auf eine Untergrundbahnstation in Tokyo.
824 Wie z.B. das mit TCDD versetzte «Agent orange», das als Entlaubungsmittel im Vietnamkrieg von den US-Streitkräften eingesetzt worden ist.
825 Zur Diskussion in Deutschland über die Problematik in terroristischen Extremfällen: Disputation zwischen WINFRIED BRUGGER und BERNHARD SCHLINK, HFR 2002, 45 ff.
826 §§ 87, 107.
827 Vgl. GRABENWARTER, § 20, Rz 21, und MÜLLER/SCHEFER, 67, mit Literaturhinweisen zu dieser Diskussion.

2. Zur Bedeutung «grausamer», «unmenschlicher» und «erniedrigender» Behandlung

Was unter «Folter», «grausamer», «unmenschlicher» und «erniedrigender» Behandlung oder Bestrafung zu verstehen ist, kann überwiegend der – leider – reichhaltigen Judikatur des Strassburger Gerichtshofes (aus der auch Art. 10 Abs. 3 BV weitgehend seinen Gehalt gewinnt) entnommen werden[828]. Die Umschreibung von «Folter» in Art. 1 FoK hat durch die EGMR-Praxis eine Präzisierung und gegenüber den andern verbotenen Behandlungs- und Bestrafungsweisen eine Differenzierung erfahren. Demnach bedeutet «Folter» die absichtliche und zweckgerichtete Zufügung *schwerster körperlicher und psychischer Leiden*. Der verfolgte Zweck liegt in der Brechung des Willens der gefolterten Person, um sie zu einem bestimmten Verhalten, so (meist) zur Preisgabe von Informationen, zu zwingen oder für etwas zu bestrafen[829]. Ein bestimmter *Zweck* ist für alle verpönten Verhaltensweisen gemäss Art. 10 Abs. 3 BV – im Unterschied zu Art. 1 FoK – m.E. nicht begriffsnotwendig[830], da nicht einzusehen ist, weshalb foltern oder anderweitig grausam, unmenschlich oder erniedrigend aus rein sadistischen Motiven nicht darunter fallen soll.

410

Als Folter i.S. der *schwersten* physischen oder psychischen Verletzung gilt eine Vergewaltigung[831], ferner äusserst schmerzhafte oder bleibende Schäden verursachende körperliche Eingriffe, erzwungene Haltungen und Positionen, Verstümmelungen, aber auch nicht direkte körperliche Einwirkungen durch Schall, Licht oder Dunkelheit, extreme Temperaturen sowie massives In-Angst- und seelische Not versetzen (z.B. betr. Schicksal von nächsten Angehörigen) u. dgl.[832].

411

> Die Drohung, nächste Angehörige umzubringen oder zu foltern, ist eine häufige Methode der Einschüchterung von Opfern des Menschenhandels, um sie vor einer Flucht oder einer Anzeige bei der Polizei abzuschrecken[833].

Während – wie erwähnt – das Adjektiv «grausam» in Art. 7 UNO Pakt II (wie in Art. 10 Abs. 3 BV) genannt wird, ist dies in Art. 3 der EMRK nicht der Fall. Gestützt auf diese Formulierung (ohne das Adjektiv «grausam») unterscheidet der EGMR zwischen Folter einerseits und inhumaner oder erniedrigender Behandlung oder Strafe andererseits. Dadurch wird «grausam» zu einem Definitionsmerkmal von Folter[834].

412

---

828 Vgl. AUER/MALINVERNI/HOTTELIER, N. 332 ff.
829 KIENER/KÄLIN, 142.
830 Gl.M.: MÜLLER/SCHEFER, 58 f.; *a.A.* BIAGGINI, Komm. zu Art. 10, N. 27.
831 EGMR Aydin v. Turkey, § 83; ausdrücklich genannt in Art. 4 Ziff. 2 lit. e des Protokolls II (FN 821) und in Art. 7 Ziff. 1 lit. g Römerstatut.
832 Vgl. die Beispiele aus der Judikatur des EGMR bei GRABENWARTER, § 20, Rz. 22; ferner bei MÜLLER/SCHEFER, 59.
833 Vgl. z.B. IOM's approach to Counter-trafficking (URL: http://www.iom.int/jahia/Jahia/counter-trafficking; zuletzt besucht: 23.8.2011).
834 EGMR Selmouni v. France, §§ 92, 96, 101, 105. So auch BIAGGINI, Komm. zu Art. 10, N. 26. Anders abgrenzend MÜLLER/SCHEFER, 61 ff.

413 Als «unmenschlich» wird eine Behandlung oder Strafe bezeichnet, die *schwere physische oder psychische Leiden* verursacht. Dabei muss die Einwirkung auf das körperliche oder seelische Wohlbefinden über das unvermeidliche Mass eines «legitimen Freiheitsentzuges» hinausgehen[835]. Typischerweise können vier verschiedene Arten von Methoden oder Umständen unterschieden werden:

- eigentliche Misshandlungen (namentlich auch Verhörmethoden),
- ungenügende oder keine Betreuung oder medizinische Versorgung,
- die Dauer bestimmter Massnahmen einschliesslich des eigentlichen Freiheitsentzuges *und*
- die örtlichen Gegebenheiten eines Festhalteortes[836] selber.

In einer reichen Kasuistik stellt der EGMR dabei auf die Gesamtumstände ab, wobei das Alter, in bestimmten Fällen das Geschlecht sowie der physische und psychische Gesundheitszustand von Bedeutung sind[837]. Allerdings kann – wie bei Folter – eine einzelne Misshandlung allein auch unmenschlich sein[838].

414 *Erniedrigend* ist eine Behandlung bzw. Unterbringung dann, wenn sie bei der betroffenen Person Angst, psychische Qual oder ein Minderwertigkeitsgefühl auslöst, das *ein Empfinden* der Demütigung, lächerlich gemacht zu werden, der Herabminderung oder Entwürdigung bewirkt[839].

3. Aus der Praxis

415 In den CPT-Berichten[840] wird generell nicht zwischen Folter, unmenschlicher oder erniedrigender Behandlung unterschieden[841]; festgestellte Verletzungen von Art. 3 EMRK werden unter «*mauvais traitement*» oder «*ill-treatment*», also wörtlich schlechte Behandlung oder eben auch Misshandlung, zusammengefasst. Die Berichte über die Besuche in der Schweiz machen deutlich, dass zwar wenige, aber dennoch

---

835 EGMR Beganović v. Croatia, § 44. MÜLLER/SCHEFER, 61.
836 In den letzten CPT-Berichten haben die Verhältnisse bzgl. Polizeizellen oder Haftanstalten in der Schweiz zu keinen Bemerkungen (mehr) Anlass gegeben. Daher erscheint der Verweis des BGer in 2C_413/2008 E 2.2.3 auf EGMR Testa v. Croatia (2008) als Vergleich für unmenschliche Bedingungen (Zelle von 12 m^2 für fünf Gefangene; Strafverbüssung von 6.4.2005 bis 12.4.2006 mit chronischer Hepatitis, deretwegen die Gefangene einmal ohne weitere Behandlung untersucht worden war) m.E. als zweifelhaft: Massgebend sind Grenzfälle, nicht auch für jeden Laien offenkundig unhaltbare Zustände. Vgl. M. MÜLLER, Rechtsverhältnisse, 146 f. (Beachtung der psychischen Befindlichkeit auch durch die Raumverhältnisse).
837 EGMR Beganović v. Croatia, § 65; GRABENWARTER, § 20, Rz. 23 f.; MÜLLER/SCHEFER, 61 ff.
838 EGMR Aydin v. Turkey, § 183; SCHWEIZER, SGK zu Art. 10, Rz. 30.
839 Beganović v. Croatia, § 65; MÜLLER/SCHEFER, 63 f.
840 URL: http://www.cpt.coe.int/en/docsannual.htm (zuletzt besucht: 23.8.2011).
841 Demgegenüber wird der EGMR hinsichtlich der Qualifikation einer Misshandlung als *Folter* zunehmend strenger: EGMR Slawomir Musial v. Poland, § 66; bereits 1999 Selmouni v. France, § 101.

um diese zu viele Verletzungen von Art. 3 EMRK, mithin des Verbotes von Art. 10 Abs. 3 BV, festgestellt wurden[842].

> Zu Beanstandungen führte u.a.: das Würgen, um dadurch einen Festgenommenen zum Erbrechen zuvor geschluckter Betäubungsmittel zu bringen; Schläge auf eine während der Festnahme zu Boden gedrückt und mit Füssen so festgehaltene Frau; das Verpassen von Ohrfeigen, Faustschlägen und Fusstritten in einem Polizeifahrzeug, was mehrfache grossflächige Hämatome zur Folge hatte; Zurückreissen der Arme eines am Boden auf dem Bauch liegenden Festgenommenen mit anschliessender zu enger Fesselung (starke Schmerzen in den Schultern mit erheblicher Bewegungseinschränkung); Anziehen der Schliesszangen bis zum Verlust des Gefühls in den Daumen; Kniestiche in die Genitalien eines Jugendlichen; Hieb mit einem Schlagstock und anschliessender Strangulation (vorübergehende Bewusstlosigkeit, Haematom und Schwellung im Bereich des Scheitelbeines); übertriebene Gewaltanwendung durch fünf Polizeiangehörige bei der Festnahme, auf den Boden gedrückte Beine in übermässig schmerzhafter Festhalteposition (Hautabschürfungen, Quetschung am Ellbogen); Biss eines bereits am Boden liegenden Festgenommenen durch einen Polizeihund[843]. 416

Besonderes zu beachten ist die *medizinische Versorgung und Betreuung*, sofern Anzeichen einer Krankheit oder eines psychischen Ausnahmezustandes festzustellen sind[844]. Feststellbar bedeutet, dass die Betreuenden wissen könnten (*«ought to have known»*, aus nachträglicher Sicht in der Untersuchung; hätten wissen müssen). Der EGMR unterscheidet in Bezug auf die Vereinbarkeit des Gesundheitszustandes einer inhaftierten Person und dem Freiheitsentzug drei Elemente: a) der klinische Zustand der Person, b) die Angemessenheit der medizinischen Versorgung und Betreuung im Freiheitsentzug und c) die Ratsamkeit (wohl eher: Zumutbarkeit) der Aufrechterhaltung der Haft unter Berücksichtigung des Krankheitszustandes[845]. 417

Wichtig ist, dass die Behörden einer *qualifizierten Untersuchungspflicht* (nachträgliche grundrechtliche Schutzpflicht) unterliegen, wenn jemand in vertretbarer Weise behauptet, in einer Art. 3 EMRK bzw. Art. 10 Abs. 3 BV widersprechenden Weise behandelt (bzw. medizinisch nicht behandelt) oder untergebracht worden zu sein[846]. 418

Wird eine Verletzung des Verbotes der Folter oder anderer unmenschlicher oder erniedrigender Behandlung während eines *Sonderstatusverhältnisses*[847] in vertretbarer Weise behauptet, liegt – analog zu Art. 2 EMRK bzw. Art. 10 Abs. 1 und 2 BV – die *Beweislast beim Staat* (*Beweislastumkehr* als prozessuale Verstärkung des Grundrechtsschutzes)[848]. 419

---

842 Vgl. CPT Bericht 2008, § 177 f.
843 Die geschilderten Misshandlungen wurden alle durch medizinische Befunde bestätigt und zuvor bereits durch eine vom Grossen Rat des Kantons eingesetzte Kommission aktenkundig gemacht.
844 EGMR Slawomir Musial v. Poland, § 86 f.
845 EGMR Slawomir Musial v. Poland, § 88.
846 EGMR Denis Vasilyev v. Russia, §§ 153 ff.; Sečić v. Croatia §§ 52 ff.; BGE 131 I 455 E 1.2.5 und 2.2.
847 In diesem Kontext z.B. Polizeigewahrsam.
848 EGMR Mammadov v. Azerbaijan, § 62; Mikheyev v. Russia, §§ 102 f.

4. Sklaverei und Menschenhandel

420 Das Verbot von *Sklaverei und Menschenhandel* fehlt – im Gegensatz etwa zur europäischen Grundrechts-Charta[849] oder dem Deutschen Grundgesetz[850] – in der BV[851], obwohl auch in der Schweiz, sei sie Ziel- oder Transitland, bei einer sehr grossen Dunkelziffer eine jährlich hohe Zahl von Menschenhandel-Verbrechen anzunehmen ist[852]. Auch wenn das Strafgesetzbuch eine grosse Zahl von Tatbeständen enthält, die der Bekämpfung des Menschenhandelns, namentlich im Zusammenhang mit sexueller Ausbeutung, dienen, bleibt die Zahl der untersuchten Fälle und der Verurteilungen minimal[853].

421 Im Urteil *Rantsev v. Cyprus and Russia* (2010) hat der EGMR einen Grundsatzentscheid gefällt und im zur Beurteilung stehenden Fall die Bedeutung von *Menschenhandel zur sexuellen Ausbeutung* als Verletzung von Art. 3 EMRK, des Verbotes von *Sklaverei und Zwangsarbeit*, unterstrichen[854,855]. Da das *Sklavereiverbot* zum *zwingenden Völkerrecht* gehört (Rz. 50, 176 ff.), ergeben sich daraus Pflichten rechtsetzender und operationeller Art, um diese oft schwer erkennbaren Delikte wirkungsvoll bekämpfen zu können (vgl. dazu Rz. 443 ff.).

422 Unter anderen gestützt auf das UNO Übereinkommen zur Bekämpfung der grenzüberschreitenden organisierten Kriminalität («Palermo Protokoll»)[856] und dessen zweites Zusatzprotokoll[857] auferlegt der Gerichtshof den Herkunfts-, Transit- und Zielländern rigorose *Pflichten zur Verhinderung* und zur *nachträglichen Aufklärung von Menschenhandel* sowohl in *verwaltungs- und strafrechtlicher wie in operationeller* Form[858]. So verlangt der EGMR, dass bereits bei der Einreise (insbesondere von Artistinnen-, Tänzerinnen-Visa) Abklärungen in Bezug auf möglichen Menschen-

---

849 GRC Art. 5 (Sklaverei in Abs. 1, Zwangs- und Pflichtarbeit in Abs. 2 und Menschenhandel in Abs. 3).
850 Art. 12 Abs. 2 und 3.
851 Schweizer, SGK zu Art. 10, Rz. 34.
852 Bericht Menschenhandel, 16 ff.
853 Bericht Menschenhandel, 16. Vgl. NZZ vom 2. Dezember 2010, 19.
854 EGMR Rantsev v. Cyprus and Russia, §§ 282, 289 (generell), 293, 298 (betr. Zypern als Zielland), 309 (betr. Russland als Herkunftsland). Die UNO-Menschenrechtskommission hat bereits 1997 vertreten, dass namentlich der Frauenhandel zur Zwangsprostitution unter Art. 8 UNO Pakt II zu subsumieren sei (CCPR/C/79/Add. 77, 5 May 1997; URL: http://www.unhcr.org/refworld/country„HRC,MAC,4562d8cf2,3ae6b026c,0.html; zuletzt besucht: 23.8.2011). Im Römerstatut werden in Art. 7 Ziff. 1 lit. g u.a. Vergewaltigung, sexuelle Sklaverei und Nötigung zur Prostitution als Verbrechen gegen die Menschlichkeit subsumiert; vgl. Schefer, Kerngehalte, 470.
855 Müller/Schefer, 1078 f., sehen in Sklaverei und Zwangsarbeit (auch) einen Verstoss gegen den Kerngehalt der Wirtschaftsfreiheit.
856 SR 0.311.54.
857 Zur Verhütung, Bekämpfung und Bestrafung des Menschenhandels, namentlich des Frauen- und Kinderhandels (SR 0.311.542).
858 Vgl. auch Schefer, Kerngehalte, 250.

handel vorgenommen werden[859], Anzeichen[860] von Zwangsprostitution unverzüglich geprüft und allfällige Schutzmassnahmen getroffen werden (§§ 286, 296, 298) und im Falle von Delikten eine eingehende Untersuchung durch eine unabhängige Instanz i.S. der nachträglichen oder prozeduralen Grundrechts-Schutzpflicht durchgeführt wird (§§ 233, 242)[861]. Für alle staatlichen Massnahmen gelten *Handlungspflicht und Offizialmaxime,* es bedarf keiner Anzeigen oder Anträge[862].

Ebenso in Verbindung mit dem «Palermo Protokoll» auferlegt der EGMR die nachträglichen Untersuchungspflichten in gleichem Masse Herkunfts-, möglichen Transit- und Zielländern mit der *Verpflichtung zu umfassender Rechtshilfe* auch für im Ausland begangene Tatanteile[863]. Zudem werden Anforderungen an eine hinreichende *Spezialausbildung* der Polizei und Strafverfolgungsbehörden gestellt[864].

423

E. Schutz der Kinder und Jugendlichen (Art. 11 BV)

Im Folgenden wird lediglich auf die *Schutz- (bzw. Abwehr-),* nicht aber auf die Leistungs- bzw. Förderungsfunktion[865] dieses erst in der parlamentarischen Debatte eingefügten speziellen Grundrechts für Kinder und Jugendliche eingegangen[866]. Dieser Teil der Bestimmung verleiht allen *Kindern und Jugendlichen* bis zum zurückgelegten 18. Altersjahr[867] *besonderen Schutz vor Grundrechtseingriffen* (persönlicher Schutzbereich), ohne dadurch einen weiteren sachlichen Schutzbereich zu schaffen: In Bezug auf junge Menschen bis zu dieser Altersgrenze werden die andern Grundrechte gemäss BV konkretisiert, d.h. qualitativ verstärkt[868,869], namentlich Art. 7 (Menschen-

424

---

859 EGMR Rantsev v. Cyprus and Russia, §§ 293, 297.
860 In Bezug auf die Wahrnehmung von Anzeichen: Erkennen oder «hätten erkennen sollen», dass ein wirkliches und unmittelbares Risiko besteht (§§ 219 f., 222, 249, 286).
861 Vgl. dazu auch SCHEFER, Kerngehalte, 250.
862 EGMR Rantsev v. Cyprus and Russia, §§ 232, 288.
863 Idem, §§ 289, 308.
864 Idem, §§ 296, 298. Der Bundesrat hat wichtige Schritte unternommen, um diesen Anforderungen besser gerecht werden zu können: Botschaft zur Genehmigung und Umsetzung des Übereinkommens des Europarates über die Bekämpfung des Menschenhandels und zum Entwurf zu einem BG über den ausserprozessualen Zeugenschutz (vgl. Botschaft Zeugenschutzgesetz); BB vom 28.12.2011 (BBl 2012, 131). Auch die Spezialausbildung ist aufgenommen worden (Botschaft Zeugenschutzgesetz, 17, 20, 39). Die Zahl von 50 erfassten Fällen von Menschenhandel (Art. 182 StGB) im Jahre 2009 erscheint jedoch immer noch tief (PKS 2009).
865 Vgl. zu den Leistungsfunktionen auch Art. 19 und 67 BV.
866 Zur Entstehungsgeschichte: REUSSER/LÜSCHER, SGK zu Art. 11, Rz. 2–6; KIENER/KÄLIN, 379 f.
867 Art. 14 ZGB: Mündigkeit; Art. 1 KRK: «…Kind [ist] jeder Mensch, der das achtzehnte Lebensjahr noch nicht vollendet hat, soweit die Volljährigkeit nach dem auf das Kind anzuwendende Recht nicht früher eintritt.» Ist schon diese Formulierung in sich widersprüchlich, fragt sich, ob die Bezeichnung «Kind» für Jugendliche bis zum 18. Altersjahr nicht selber erniedrigend ist.
868 BIAGGINI, Komm. zu Art. 11, N. 4; KIENER/KÄLIN, 381.
869 Ob diese einerseits generell auf 18 Jahre fixierte, andererseits widersprüchliche Rechtssituationen bewirkende Regelung sinnvoll sei, darf bezweifelt werden. So besteht bereits eine Differenz

würde), Art. 10 Abs. 2 und 3 (körperliche und geistige Unversehrtheit; erniedrigende Behandlung)[870] und Art. 29 ff. BV (Verfahrensgarantien)[871].

425 Wie andere Grundrechtsnormen bezieht sich Art. 11, auch in der Abwehrfunktion, auf die *Rechtsetzung und Rechtsanwendung*[872].

426 Im *polizeirechtlichen* Zusammenhang ist – über die andern Grundrechte des Persönlichkeitsschutzes hinaus – Art. 11 Abs. 1 BV in seiner *Abwehrfunktion* insbesondere durch die diesbezüglichen Bestimmungen der KRK zu interpretieren[873]. Dabei sind namentlich Art. 15 KRK (Versammlungsfreiheit Minderjähriger) und Art. 37 KRK (Strafverfahrensrechte), soweit sie nicht von den andern Grundrechtsansprüchen gedeckt werden, von Bedeutung. So müssen Minderjährige im Freiheitsentzug zwingend von Erwachsenen getrennt werden[874] und sind den altersgemässen Bedürfnissen entsprechend zu behandeln (Art. 37 lit. c KRK).

427 Das *Trenngebot* ist im Falle vorläufigen Polizeigewahrsams von Erwachsenen und Jugendlichen bereits *vor* einem allfälligen Unterbringen in Arrest- oder Gefängniszellen, also *bei einer notwendigen Triage*, zu befolgen[875].

Im Sinne der altersgemässen Behandlung sollen Kinder unter der Grenze der Strafmündigkeit von 10 Jahren[876] auch von Jugendlichen getrennt werden, es sei denn, sie befänden sich in Begleitung ihrer Eltern[877]. Ebenso ist es gegebenenfalls angezeigt, Jugendliche knapp über dem Strafmündigkeitsalter von solchen an der Erwachsenenaltersgrenze durch unterschiedliche Verfahrensabläufe zu trennen, wobei im Einzelfall auf Grund individueller Gegebenheiten zu entscheiden ist (Verhältnismässigkeitsprinzip).

428 Schwieriger gestaltet sich die Frage der Information der Erziehungsberechtigten von in Gewahrsam genommen Minderjährigen.

---

in Bezug auf die politische Mündigkeit nach Bundes- und nach kantonalem Recht und zwischen der zivilrechtlichen und der politischen Mündigkeit bspw. im Kanton Glarus (16 Jahre, Art. 56 KV GL), gleichgerichtete Bestrebungen gibt es auch in andern Kantonen. Wenig Übereinstimmung mit der Altersgrenze von 18 ergibt sich z.B. in Bezug auf Alkoholregelungen und -verhalten; zudem zeigt die (Gewalt-)Kriminalitätslage auf unerfreuliche Entwicklungen just bei Minderjährigen (vgl. PKS 2009, 8).

870 REUSSER/LÜSCHER, SGK zu Art. 11, Rz. 11.
871 REUSSER/LÜSCHER, SGK zu Art. 11, Rz. 10.
872 Z.B. Art. 19, 33 KRK; BIAGGINI, Komm. zu Art. 11, N. 4; MÜLLER/SCHEFER, 808; REUSSER/LÜSCHER, SGK zu Art. 11, Rz. 10 f.
873 KIENER/KÄLIN, 380; MÜLLER/SCHEFER, 803.
874 Art. 6 Abs. 1 des BG über das Jugendstrafrecht (JStG); BGE 133 I 286 E 3 und 4.
875 Bericht SD BS, 26.
876 Art. 4 JStG.
877 Vorläufige Festnahme von 427 Anhängern (darunter Väter mit ihren Kindern) des FC Basel am 5. Dezember 2004 in Zürich-Altstätten (NZZ vom 7. Dezember 2004, 53).

Handelt es sich um Kinder (unter 10 Jahren), sind die gesetzlichen Vertreter (so rasch als möglich) zu benachrichtigen[878]. Die vom CPT 2008[879] stipulierte Verpflichtung der Behörden, unverzüglich nachdem einer minderjährigen Person die Freiheit entzogen worden ist, eine nahe stehende erwachsene Person oder eine Vertrauensperson zu benachrichtigen, berücksichtigt den Gehalt von Art. 12 KRK nicht. M.E. haben die Behörden im Widerspruchsfall auf Grund der gesamten Umstände, des Alters und v.a. der Reife der minderjährigen Person über eine Benachrichtigung der gesetzlichen Vertreter zu entscheiden[880].

Umgekehrt sind die Erziehungsberechtigten oder ein Nahestehender auf Verlangen einer minderjährigen Person unverzüglich zu benachrichtigen, wenn diese polizeilich in Gewahrsam genommen worden ist.

Die *Schutzfunktion* von Art. 11 ist etwa von Bedeutung, sollten Kinder von Erziehungsberechtigten misshandelt (Art. 9 KRK) oder rechtswidrig ins Ausland verbracht werden (Entführung, Art. 11 KRK), zur Verhinderung häuslicher Gewalt oder zum Schutz von Kindern vor (Kinder-)Pornographie oder pädophilen Anbahnungsversuchen[881]. 429

Auf Grund ernsthafter Verdachtsmomente für Gewaltanwendung oder Entführungsabsichten hat die Polizei auch ohne Verfügung oder Urteil der grundrechtlichen Schutzpflicht gegenüber den Minderjährigen nachzukommen. Bei Anzeichen von Misshandlung können auch Massnahmen gemäss Art. 28b Abs. 4 ZGB in Verbindung mit den entsprechenden kantonalen polizeirechtlichen Bestimmungen zum Zuge kommen.

Ob Ansprüche aus Art. 11 BV allein (ohne Verbindung mit andern Grundrechten wie Menschenwürde, persönliche Freiheit, Privatsphäre) wegen dessen Mischform von Grund- und Sozialrecht direkt justiziabel seien, wird in der Literatur kontrovers diskutiert. Im Rahmen der Schutz- bzw. Abwehrfunktion von Abs. 1 ergeben sich spezifische, ausschliesslich auf Minderjährige zugeschnittene Rechtspositionen[882]. Das Bundesgericht hat – als Voraussetzung für die Justiziabilität – auch einzelne Bestimmungen der KRK als direkt anwendbar *(self executing)* bezeichnet. Das trifft z.B. auf 430

---

878 Art. 4 JStG.
879 Bericht, 101, mit dem Hinweis, dass Art. 214 Abs. 2 StPO, wonach von einer Benachrichtigung abgesehen werde, falls die betroffene Person sie ausdrücklich ablehne, sei auf Minderjährige nicht anwendbar.
880 Vgl. die im Ergebnis ähnliche Stellungnahme des Bundesrates vom 13. November 2008 zum CPT Bericht 2008, Ziff. 52; Bericht SD BS, 32; REUSSER/LÜSCHER, SGK zu Art. 11, Rz. 8.
881 Vgl. EGMR K.U. v. Finland, §§ 42 ff., 46 ff.: Der EGMR beurteilte das Fehlen genügender Straftatbestände betr. Kinderpornographie und pädophile Kontaktversuche als Verletzung von Art. 8 EMRK.
882 BGE 135 I 153 E 2.2.2.

die von Erwachsenen getrennte Unterbringung Minderjähriger in Hafträumen zu[883,884] (nun auch zwingend nach Art. 6 Abs. 2 JStG vorgeschrieben).

F. Schutz der Privatsphäre (Art. 13 BV)

I. Allgemeine Hinweise

431 Art. 13 BV ist ein zentrales Grundrecht für den *Persönlichkeitsschutz*, das durch die Verwendung ähnlicher, dennoch aber nicht identischer Begriffe (Privatsphäre, Privat-, Familienleben) nicht einfach zu fassen ist und mit – in diesem Kontext – Art. 7 und 10 Abs. 2 BV mannigfache Berührungspunkte oder gar Überschneidungen aufweist[885]. Während Art. 10 Abs. 2 BV primär die physische und psychische Integrität schützt, ist Art. 13 Abs. 1 BV in erster Linie auf die *Lebensgestaltung* des Menschen als *soziales Wesen* ausgerichtet[886]. Der Schutzbereich von Art. 13 Abs. 1 BV ist inhaltlich (und wörtlich fast) deckungsgleich mit Art. 8 Ziff. 1 EMRK[887], dessen Interpretation durch den EGMR jedoch weit in den Schutzbereich von Art. 10 Abs. 2 BV hinein- und über diesen und Art. 13 Abs. 1 BV hinausreicht[888].

432 Der Schutz der Privatsphäre in Form des Privat- und Familienlebens war (und ist weiterhin) primär ein Abwehrrecht, hat jedoch mit der konstitutiv-institutionellen Bedeutung der Grundrechte auch eine wesentliche *Schutzfunktion* erhalten, so nach der EGMR-Interpretation von Art. 8 EMRK z.B. gegenüber (potentiell) schädlichen Umwelteinflüssen (natürliche und technologische Gefahren, Luftverschmutzung, Lärm)[889]; Beeinträchtigungen durch negative Umwelteinflüsse können hierzulande jedoch auch in den Schutzbereich der persönlichen Freiheit fallen (Art. 10 Abs. 2 BV, vgl. Rz. 375)[890].

---

883 BGE 133 I 286 E 3.3. In diesem Fall war der direkte Bezug auf Art. 37 lit. c KRK nur nicht möglich, da ein Vorbehalt zu dieser Bestimmung bezüglich ausnahmsloser Trennung Jugendlicher von Erwachsenen auch nach Inkrafttreten des JStG am 1. Januar 2007 noch nicht zurückgezogen worden war.
884 MÜLLER/SCHEFER, 807; REUSSER/LÜSCHER, SGK zu Art. 11, Rz. 25; a.A. BIAGGINI, Komm. zu Art. 11, N. 5.
885 AUER/MALINVERNI/HOTTELIER, N. 379 f.; BIAGGINI, Komm. zu Art. 13, N. 2; BREITENMOSER, SGK zu Art. 13, Rz. 9.
886 BGer 1C_448/2008 E 3.1: «Staatliche Organe werden mit dieser Bestimmung unter anderem verpflichtet, die Würde, die Ehre und den guten Ruf einer Person nicht zu verletzen». KIENER/KÄLIN, 147; MÜLLER/SCHEFER, 140 (überlappende Schutzbereiche von Art. 10 Abs. 2 und 13 BV).
887 BREITENMOSER, SGK zu Art. 13, Rz. 2.
888 MÜLLER/SCHEFER, 138.
889 EGMR Deés v. Hungary, §§ 22 ff.; H.K. and Others v. Slovakia, §§ 46 ff.; Guerra and Others v. Italy, §§ 58 ff.; López Ostra v. Spain, §§ 51 ff. (§ 289, 308); AUER/MALINVERNI/HOTTELIER, N. 385; BREITENMOSER, SGK zu Art. 13, Rz. 6 f., 17; GRABENWARTER, § 21, Rz. 28, § 22, Rz. 53 ff.
890 Vgl. BREITENMOSER, SGK zu Art. 13, Rz. 7

Art. 13 BV ist sowohl für die Rechtsetzung wie für die Rechtsanwendung von grosser Bedeutung[891]. 433

Im Rahmen von Art. 8 Abs. 2 EMRK werden vom EGMR für *Eingriffe in die Privatsphäre* hohe Anforderungen an die *Rechtsetzung* in Bezug auf die Qualität eines Gesetzes, an seine Bestimmtheit und Vorhersehbarkeit, seine Rechtsstaatlichkeit in Bezug auf die Unabhängigkeit der anordnenden und kontrollierenden Behörde von Eingriffen, an die Regelung der Mitteilungspflicht[892] und an den Rechtsschutz gestellt[893]. 434

Eine *verfahrensrechtliche Bedeutung* enthalten auch Teile von Art. 13 BV sowie Art. 8 EMRK, indem für *bestimmte Eingriffe in die Privatsphäre* (bspw. in die Kommunikation) die Ermächtigung einer zur Prüfung des Vorliegens der gesetzlichen Voraussetzungen und der Verhältnismässigkeit hinreichend informierte richterliche oder anderweitig unabhängige Behörde vorausgesetzt wird (Näheres dazu Rz. 443 ff.)[894]. 435

II. Schutzbereiche von Abs. 1

1. Allgemeine Hinweise

Der persönliche Schutzbereich erfasst *natürliche Personen,* doch *Teilgehalte* gelten auch für *juristische Personen.* 436

Zu diesen auch für juristische Personen zutreffenden Teilgehalten gehören das Brief-, Post- und Fernmeldegeheimnis, aber beispielsweise auch die Geschäftsräume[895] einer Familienaktiengesellschaft, soweit sie von privaten Wohnräumen nicht getrennt werden können oder in ihnen auch private Aktivitäten unternommen werden[896].

---

891 BIAGGINI, Komm. zu Art. 13, N. 3.
892 Die Frage, wie weit und wie lange eine nachträgliche Information des oder der Überwachten unterbleiben kann, hängt vom Einzelfall ab, kann aber nicht endlos hinausgeschoben werden. Die Gerichte haben dafür unterschiedliche Formulierungen verwendet. In BGE 109 Ia 300 E 12b hielt das BGer fest: «Soweit und solange eine Benachrichtigung der Betroffenen über durchgeführte Überwachungsmassnahmen deren Zweck gefährden, kann demnach davon abgesehen werden.» Im EGMR Association for European Integration and Human Rights and Ekimdzhiev v. Bulagaria, § 90, hielt der Gerichtshof fest, *«as soon as notification can be made without jeopardising the purpose of the surveillance after its termination, information should be provided to the persons concerned».* Vgl. auch EGMR Klass v. Germany, § 59, und SCHWEIZER, Int. Komm. zu Art. 13, Rz. 87.
893 EGMR Bykov. v. Russia, §§ 74 ff.; Association for European Integration and Human Rights and Ekimdzhiev v. Bulgaria, §§ 69, 71, 74 ff., 93.
894 EGMR Iordachi and Others v. Moldova, § 40.
895 Zur Abgrenzung zwischen privatem und beruflichem Bereich bei einem Anwalt, der in seiner Kanzlei auch Unterlagen zu privaten Angelegenheiten aufbewahrt: EGMR Niemietz v. Germany, §§ 27 ff.; GRABENWARTER, § 22, Rz. 47.
896 AUBERT/MAHON, Art. 13, N. 4; BREITENMOSER, SGK zu Art. 13, Rz. 29; KIENER/KÄLIN, 147; MÜLLER/SCHEFER, 189; RHINOW/SCHEFER, Rz. 1397. Im Urteil des EGMR Khadimov v. Russia, §§ 127 ff., betont der Gerichtshof die «dynamische Interpretation von Art. 8», wonach unter dem Begriff «home» auch Geschäftsräume fallen können, doch seien einer (zu) breiten Interpretation Grenzen zu setzen, weshalb auf die Umstände im Einzelfall abzustellen sei.

437 Der *persönliche Schutzbereich* wird durch ein *subjektives Element,* das Interesse an der Geheimhaltung von Äusserungen oder Verhaltensweisen, erweitert. Diese Erweiterung ist für die Abgrenzung der Privatsphäre im öffentlichen Raum von Bedeutung (dazu Rz. 442).

438 Der *sachliche Schutzbereich der Wohnung* wird durch die Judikatur weit ausgelegt. Dazu werden auch Räumlichkeiten oder «umfriedete» Areale gezählt, sofern sie permanent oder vorübergehend eine (gewisse) Privatsphäre sichern sollen, so Balkone, ein sichtbehindernd eingezäunter Garten, eine zum Wohnhaus gehörende Garage, ein Hotelzimmer[897], ein Zelt oder Wohnwagen, nur sehr bedingt auch ein Auto[898]. Grundrechtsträger sind Eigentümer ebenso wie Mieter[899].

439 Der Anspruch auf Unverletzlichkeit der Wohnung gilt dem Schutz der persönlichen Entfaltung im privaten Raum. Dieser Schutzanspruch kann nicht auf das Auto, das hauptsächlich als Fortbewegungsmittel dient (im Gegensatz etwa zum Wohnwagen), ausgedehnt werden. Die meist gute Einsehbarkeit des Innenraums des Autos (abgesehen vom Kofferraum), das im dicht genutzten öffentlichen Raum benützt wird und damit auch selber eine Gefahr darstellen kann, machen den Unterschied zum Wohnraum deutlich. Schon dies macht auf Grund des Strassenverkehrsrechts Kontrollen nötig. Darüber hinaus ist notorisch, dass Autos zur Begehung von Straftaten und zum Transport von Deliktsgut oder verbotener Sachen dienen; dies erhöht das öffentliche Interesse an Kontrollen. Indessen bedarf es genügend bestimmter gesetzlicher Grundlagen, um ohne richterliche Ermächtigung Autos – als Beeinträchtigung der Privatsphäre (nicht aber «Wohnung») – durchsuchen zu können[900].

440 Kontrovers diskutiert wird in der Literatur indessen, ob auch *nicht rechtmässige Besetzer* den Schutz von Art. 13 Abs. 1 BV beanspruchen können[901]. Unter Berücksichtigung von Art. 5 Abs. 3 BV, wonach auch Private nach Treu und Glauben zu handeln haben, und Art. 2 Abs. 2 ZGB, wonach der offenbare Missbrauch des Rechts keinen Schutz findet, haben Besetzer *keinen Anspruch auf den Schutz* der von ihnen in Beschlag genommenen Wohnung[902].

441 Auch der *Begriffsinhalt des Privatlebens* ist auslegungsbedürftig. Der grundrechtliche Schutz soll generell vor staatlichen Einflussnahmen schützen. Geschützt ist der *Geheim- und Intimbereich,* die eigene Lebensgestaltung, insbesondere die *soziale*

---

897 Nicht als «Wohnung» qualifiziert wurde jedoch ein Umkleideraum für Künstler in einem Konzertgebäude: EGMR Hartung v. France (décision sur la recevabilité), 4 f.
898 BREITENMOSER, SGK zu Art. 13, Rz. 31; MÜLLER/SCHEFER, 187 f.
899 BREITENMOSER, SGK zu Art. 13, Rz. 30; MÜLLER/SCHEFER, 188.
900 Vgl. Art. 30 f., 54 Abs. 1, 57*b* SVG, Art. 249 StPO, Art. 23 VE PolAG (Sicherstellen von Gewaltpropagandamaterial); MÜLLER/SCHEFER, 191 f.
901 Ablehnend BIAGGINI, Komm. zu Art. 13, N. 9; BREITENMOSER, SGK zu Art. 13, Rz. 30 m.w.N.; unterscheidend, ob die Besetzer darauf vertrauen konnten, ihre Räume seien vor nicht erwünschtem Eindringen geschützt: MÜLLER/SCHEFER, 188.
902 Der Ausdruck «Besetzer» kann unscharf sein: Falls vormalige Mieter eine Kündigung angefochten haben, gelten sie bis zum rechtskräftigen Entscheid darüber und gegebenenfalls einem Exmissionsbefehl nicht als Besetzer, auch wenn der Eigentümer sie als solche betrachtet.

Interaktion einschliesslich die sexuelle Selbstbestimmung⁹⁰³. Zur Unterscheidung vom Schutzbereich von Art. 10 Abs. 2 BV hält das Bundesgericht fest, Art. 13 BV schütze «in besonderer Weise die verschiedenste Aspekte umfassende Privatsphäre mit ihren spezifischen Bedrohungsformen»⁹⁰⁴.

Diffizil ist die Abgrenzung der *Privatsphäre im öffentlichen Raum* durch den Einbezug des subjektiven Elementes (Rz. 437): Äusserungen und Verhaltensweisen fallen zunächst nicht in den Schutzbereich von Art. 13 BV, sofern sie öffentlich erkenn-, einseh- und hörbar sind⁹⁰⁵. Besteht jedoch ein dem objektiven Verhalten nicht offenkundig entgegenstehendes *Interesse an Vertraulichkeit*⁹⁰⁶, weitet sich der Schutz entsprechend aus. Dienen Äusserungen oder Handlungen (z.B. eine Begrüssung) in der Öffentlichkeit dem persönlichen Kontakt, zählen sie zur Lebensgestaltung, zu den wesentlichen Ausdrucksmöglichkeiten der Persönlichkeit und somit zur Privatsphäre⁹⁰⁷.

442

Die Schwierigkeiten werden durch die jüngste bundesgerichtliche Rechtsprechung zur verdeckten Ermittlung noch verstärkt (dazu nachfolgend). Neben dem grundrechtlichen ist der strafrechtliche Schutz nicht zu übersehen⁹⁰⁸.

2. Verdeckte Ermittlungen im Besonderen

Im Zusammenhang mit *Fahndungstätigkeiten, Observationen* und deren verstärkter Form der *verdeckten Ermittlung* ergibt sich aus drei im Folgenden besprochenen Urteilen von 2009 und 2010 derzeit eine im Ergebnis für die Praxis *unklare Rechtslage*. Mit dem Inkrafttreten der Schweizerischen Strafprozessordnung ist das Bundesgesetz über die verdeckte Ermittlung⁹⁰⁹ auf den 31. Dezember 2010 aufgehoben worden⁹¹⁰, sodass solche speziellen Methoden vor Einleiten eines strafrechtlichen Ermittlungsverfahrens nicht mehr zulässig sind. Dies hat logischerweise (auch mit Blick auf schwere Kriminalitätsformen, wie bspw. den Menschenhandel, die mindestens zu deren Verhütung nur im Vorfeld mit solchen Methoden aufgedeckt werden können) vorderhand zu Unsicherheit und Verwirrung geführt⁹¹¹.

443

---

903 EGMR P.G. and J.H. v. The UK, § 56; AUER/MALINVERNI/HOTTELIER, N. 384; BIAGGINI, Komm. zu Art. 13, N. 5; KIENER/KÄLIN, 148; BREITENMOSER, SGK zu Art. 13, Rz. 16; MÜLLER/SCHEFER, 138 ff.
904 BGE 133 I 77 E 3.2; vgl. MÜLLER/SCHEFER, 139 ff.
905 BREITENMOSER, SGK zu Art. 13, Rz. 12.
906 Als Beispiele nennt der EGMR im Fall P.G. and J.H. v. UK, § 57, die systematische oder permanente Registrierung einer bestimmten Person im öffentlichen Raum durch Videokameras oder das Fotografieren rein privaten Verhaltens.
907 BREITENMOSER, SGK zu Art. 13, Rz. 14, 18.
908 BSK StGB II-VON INS/WYDER, Art. 179 ff. StGB, 919 ff.; demgegenüber bleibt die Anwendung von Art. 28 ff. ZGB für Handlungen des Staates gegenüber Privaten versagt (BSK ZGB I-MEILI, Art. 28 ff. ZGB, 265 ff.).
909 BVE, AS 2004 1409.
910 Art. 446 StPO i.V.m. Anhang 1, Ziff. I, 2.
911 Vgl. NZZ vom 7. Dezember 2010, 13.

444　　Im Entscheid 134 IV 266 hat das Bundesgericht auf Grund einer einlässlichen Auseinandersetzung mit dem BVE, der dazugehörigen Botschaft und der parlamentarischen Beratung den Begriff der verdeckten Ermittlung abgesteckt, ohne allerdings den dafür massgebenden grundrechtlichen Schutz der Privatsphäre zu erwähnen. Es hat dabei festgestellt, verdeckte Ermittlung sei das Anknüpfen von Kontakten durch Polizeiangehörige zu verdächtigen Personen, die darauf abzielen, *die Begehung* einer strafbaren Handlung festzustellen und zu beweisen, wobei die Polizeiangehörigen nicht als solche erkennbar sind» (E 3.6.1). Der Anwendungsbereich des BVE müsse sich nach *klaren einfachen Kriterien* bestimmen lassen, weshalb sich das Kriterium der gewissen Täuschungs- oder Handlungs- und Eingriffsintensität als äusserst vage nicht eigne (E 3.6.3). Aus diesen Gründen sei *«jedes Anknüpfen von Kontakten mit einer verdächtigen Person zu Ermittlungszwecken durch einen nicht als solchen erkennbaren Polizeiangehörigen eine verdeckte Ermittlung im Sinne des BVE»* und falle unter dessen Anwendungsbereich (E 3.7). Ein «solches Anknüpfen von Kontakten, unabhängig von der Täuschungs- und/oder Eingriffsintensität des polizeilichen Vorgehens, [sei] nur unter den im BVE genannten Voraussetzungen zulässig»[912].

445　　In Bestätigung dieses Urteils führte das Bundesgericht[913] wenig später präzisierend aus: «Im Lichte der Rechtsprechung können auch einfache, isolierte Scheingeschäfte zwischen nicht als solchen erkennbaren Polizeiangehörigen und Zielpersonen im Allgemeinen und sog. Betäubungsmittelscheinkäufe im Besonderen verdeckte Ermittlungen im Sinne des BVE sein.» Daraus könne aber nicht abgeleitet werden, «dass jedes kurze Gespräch eines nicht als solchen erkennbaren Polizeiangehörigen mit einem Verdächtigen oder mit einer zum Umfeld des Verdächtigen gehörenden Person zu Ermittlungszwecken eo ipso und ungeachtet der konkreten Umstände als verdeckte Ermittlung im Sinne des BVE zu qualifizieren» sei (E 3.4).

446　　Im Falle der *(in casu) hoheitlich* handelnden Unfall-Versicherungsgesellschaft, die zur Prüfung der behaupteten Arbeitsunfähigkeit eine gezielte Observation eines Versicherungsnehmers durch eine Privatdetektei (selber) angeordnet hatte, hat das Bundesgericht indessen festgestellt, «die regelmässige Observation versicherter Personen durch Privatdetektive stellt jedenfalls dann einen relativ geringfügigen Eingriff in die grundrechtlichen Positionen der überwachten Personen dar», wenn damit Tatsachen im öffentlichen

---

912　Das BVE galt in Strafverfahren des Bundes und der Kantone (Art. 2), liess aber eine Möglichkeit von verdeckten Ermittlungen ausserhalb von Strafverfahren (Art. 1, «aufklären», Systematik: «2. Abschnitt: Einsatz im Strafverfahren») zu.
　　Fraglich ist indessen, ob die zuständigen *kantonalen Verwaltungsbehörden* bspw. durch Fahrten in Taxis die Einhaltung der massgebenden Erlasse, namentlich der Tarifordnung, oder die Einhaltung des Verbots von Alkoholverkauf an Jugendliche durch Testkäufe kontrollieren dürfen, oder ob dieses Vorgehen verdeckten *strafrechtlichen* Ermittlungen (mit der Beschränkung auf schwere Straftaten, analog ehemals Art. 4 BVE) gleichzustellen sei. In BGer 6B_272/2009 hat das BGer die Frage aus formellen Gründen offen gelassen (vorangegangen war ein Freispruch des KGer BL vom 10.2.2009, da das Beweismittel des Testkaufs als Verstoss gegen das BVE aus dem Recht gewiesen worden war). Es fragt sich somit, ob eine Gleichstellung verdeckter *verwaltungsrechtlicher* Kontrollmassnahmen mit *strafrechtlichen* (Vor-)Ermittlungen nicht dazu führte, dass sonst kaum nachweisbare Verstösse gegen entsprechende Bestimmungen sanktionslos (Bewilligungen) hingenommen werden müssten.
913　BGer 6B_837/2009 E 3.3.

Raum, die «von jedermann wahrgenommen werden können (bspw. Gehen, Treppensteigen, Autofahren, Tragen von Lasten oder Ausüben sportlicher Aktivitäten), systematisch gesammelt und erwahrt werden» und nicht in die Intimsphäre der überwachten Person eingreifen[914]. Anzufügen ist dem, dass vorliegend eine *Hilfsperson des Privatdetektivs im Ladengeschäft des Versicherten ein Kaufinteresse vorgetäuscht hatte* und von ihrer Unterhaltung mit dem Observierten in dessen Ladengeschäft auch eine kurze Videosequenz aufnahm[915].

Wird auf diese bewusst weite Definition der verdeckten Ermittlung abgestellt, so ist nicht ersichtlich, weshalb im Fall des Verdachts auf Versicherungsbetrug keine verdeckte Ermittlung vorliegen soll, wenn die *Hilfsperson des Privatdetektivs* mit dem Aufsuchen des Ladengeschäftes des Versicherungsnehmers und dem Simulieren einer Kaufabsicht ein aktives zielgerichtetes Verhalten an den Tag legte (und mit einer Videoaufnahme noch unterstrich). Die Tatsache, dass es sich nicht um eine Polizeiangehörige oder vorübergehend von einer Polizei «für eine polizeiliche Aufgabe angestellte» Person (Art. 5 Abs. 2 lit. b ehem. BVE) handelt, kann zumindest aus grundrechtlicher Sicht nicht massgebend sein, ob eine verdeckte Ermittlung vorliegt oder nicht, ansonst die gesetzlichen Anforderungen leicht umgangen werden könnten. 447

Umgekehrt bedeutet diese weite Umschreibung der verdeckten Ermittlung, dass Angehörige des (zivilen) polizeilichen Fahndungsdienstes nur dann nicht als verdeckte Ermittler gelten, wenn sie beispielsweise im Rahmen einer Observation *von einer Zielperson angesprochen* werden (den direkten Kontakt also nicht selber suchen) und in einem kurzen Gespräch *auf Vorbringen des Gegenübers nicht eingehen* (E 3.4)[916] oder das Ansprechen einer Person ausschliesslich der Überprüfung ihrer Identität, nicht aber weiteren Ermittlungen hinsichtlich des Begehens oder begangener Delikte dient. Das kann bedeuten, dass sich Polizeiangehörige in solchen Fällen sogleich zu entfernen haben, was nach kurzer Zeit als Verhaltensmuster erkannt wird und zu ihrer verbreiteten Identifikation als Polizisten führt. 448

Zur Abgrenzung vom gewöhnlichen Fahndungsdienst ist darauf hinzuweisen, dass Kontaktaufnahmen durch die Polizeiangehörigen zu jeglichen Kontrollen die Legitimation mit dem Dienstausweis vorauszugehen hat. 449

Die vom Bundesgericht angestrebte einfache, klare Regelung (vgl. Rz. 444) wird jedoch mit dem einzigen Kriterium des Anknüpfens eines Kontaktes zu Ermittlungszwecken nicht erreicht, im Gegenteil[917]: Zum einen kann es sich um eine reine Beweisfrage handeln, wer mit wem zu sprechen begonnen hat (die bei Unlösbarkeit der Frage gemäss *in dubio pro reo* immer zu Gunsten der später beschuldigten Person ausgeht). Sodann hat *die betreffende Person selber entschieden*, sich gegenüber einer oder einem ihr Unbekannten in einer Art zu äussern, die ihr zum Nachteil gereichen kann. Ihr *Geheimhaltungsinteresse* wird von ihr selber eingeschränkt. *Hier* kann die Grenze zwischen dem öffentlichen Interesse an der Abwehr gefährlicher Straftaten und dem Schutz der Privatsphäre im öffentlichen Raum also nicht liegen. Sofern nicht – wie in der Literatur postu- 450

---

914 BGE 135 I 169 E 4.3, 5.4.2.
915 Vgl. auch die Kritik bei KÄLIN ET AL., Rechtsprechung, 969 f.
916 Vgl. auch BGer 6B_568/2009 E 3.
917 BGer 6B_837/2009 E 3.5 f.

liert[918] – auf die Täuschungs-, Handlungs- und Eingriffsintensität abgestellt werden soll, erscheint das Kriterium der *Eindringtiefe in die Privatsphäre* (bzw. in die persönliche Freiheit) als unverzichtbar, da weder Art. 10 Abs. 2 noch Art. 13 Abs. 1 BV eine allgemeine Handlungsfreiheit garantieren oder vor jeglicher Beeinträchtigung der persönlichen Freiheit oder Privatsphäre schützen[919]. Geschützt werden ja nur Verhaltensweisen, wenn sie zu den *elementaren Ausdrucksmöglichkeiten der menschlichen Persönlichkeit* gehören[920]. Dieser Schutzbereich ist m.E. nicht tangiert, soweit zivile Polizeiangehörige – selbstredend ohne beim Gegenüber einen Tatentschluss zu provozieren – einen durch Aussagen einer Person aufgekommenen Anfangsverdacht durch ein anschliessendes Gespräch zu verdichten oder zu entkräften suchen.

3. Privatsphäre im Sonderstatusverhältnis

451 Nach übereinstimmender Lehre und Praxis erstreckt sich der Schutzbereich von Art. 13 BV bis zu einem gewissen Grad auch auf *Polizei-, Gefängnis- oder Anstaltszellen* (Sonderstatusverhältnis), sowohl was die Abwehr von Eingriffen[921] als auch was Leistungs-Gewährleistungspflichten[922] angeht[923]. Erfasst wird ebenso die Grösse bzw. der Zustand von Zellen im Zusammenhang mit der psychischen Befindlichkeit[924], auch in Bezug auf besondere Bedürfnisse beispielsweise von Personen mit Behinderungen[925].

452 Die Überwachung von (vorläufig) Festgenommenen oder Personen im Polizeigewahrsam in Polizeizellen und die Aufzeichnung der *Videosignale* stellt einen Sonderfall einer *echten Grundrechtskonkurrenz*[926] unter dem Aspekt des Schutzes der *persönlichen Freiheit* ebenso wie der *Privatsphäre* und der *staatlichen Schutzpflicht* dar (kein Subsidiaritätsverhältnis zwischen den Grundrechtsansprüchen): Einerseits ist die Videoüberwachung ein Eingriff in die persönliche Freiheit bzw. (auch in einer Zelle) der Privatsphäre, andererseits soll die Videoüberwachung dazu dienen, den (physischen und psychischen) Gesundheitszustand der Zelleninsassen pflichtgemäss zu prüfen, um bei sich abzeichnenden Veränderungen rechtzeitig allfällige Massnahmen ergreifen zu können (vgl. die Standardformulierung des EGMR: «…hätten wissen [erkennen] können…»).
Unzulässig ist – ohne besonderen Grund – die permanente und insbesondere geheime[927] Videoüberwachung.

---

918 Z.B. HANSJAKOB, Art. 286 StPO, N. 20; KNODEL, Art. 286 StPO, N. 7 ff.
919 BGE 133 I 58 E 6.1; MÜLLER/SCHEFER, 138 f.; RHINOW/SCHEFER, Rz. 1314.
920 BREITENMOSER, SGK zu Art. 13, Rz. 18.
921 BREITENMOSER, SGK zu Art. 13, Rz. 19 ff.; MÜLLER/SCHEFER, 187; RHINOW/SCHEFER, Rz. 1231, 1285.
922 Eingehend MÜLLER/SCHEFER, 118 ff.; KIENER/KÄLIN, 272 f.
923 M. MÜLLER, Rechtsverhältnis, 136 f., sieht die Fürsorgeverpflichtung als Gegenstück zur «Unterwerfung» unter das besondere Rechtsverhältnis.
924 M. MÜLLER, Rechtsverhältnisse, 253. Vgl. auch FN 836.
925 EGMR Price v. The U.K., §§ 27 ff.; M. MÜLLER, Rechtsverhältnisse, 253 (grundrechtlich sensibler Schutz).
926 BGE 137 I 167 E 3.7; J.P. MÜLLER, Verfassungsrecht VR CH, Rz. 22 ff.
927 EGMR Allan v. The U.K., §§ 34 ff.

Obwohl die Aufzeichnung samt Aufbewahrung dieser Aufzeichnungen einem zusätzlichen Grundrechtseingriff gleichkommt, kann sie nach einem («in vertretbarer Weise behaupteten») Vorfall gerade zu unentbehrlich dafür sein, der eingehenden Untersuchung als Beweismittel zur Erfüllung der nachträglichen Schutzpflicht nachzukommen. Besteht kein besonderer Anlass für eine Besorgnis über den Gesundheitszustand, wird eine periodische (wohl etwa stündliche) kurze Prüfung mittels Videokamera genügen. Sind umgekehrt Zweifel am Gesundheitszustand nicht von der Hand zu weisen, ist eine permanente Überwachung angezeigt; dann sind die Zelleninsassen darüber mit Grundangabe zu informieren[928]. Aufbewahrungsvoraussetzungen und -fristen sind gestützt auf einen Erlass reglementarisch festzulegen[929]. Fehlt ein die Schutz- und Fürsorgepflicht konkretisierender Erlass, kann die Verwaltungsbehörde die in den Grundrechten enthaltenen justiziablen Pflichtmassnahmen direkt aus der BV ableiten und «operationalisieren»[930].

453

4. Zur Frage des Richtervorbehalts

Unterschiedlich wird in der Literatur die Frage beurteilt, ob Art. 13 Abs. 1 BV einen eigentlichen *Richtervorbehalt* für Eingriffe stipuliere[931]. Dass *schwerwiegende* Eingriffe in die Privatsphäre (Hausdurchsuchungen, elektronische Überwachungsmassnahmen[932]) einer *richterlichen Ermächtigung* bedürfen, ist gestützt auf Art. 35 Abs. 1 und 2 BV unzweifelhaft, weil nur die richterliche Überprüfung bzw. Genehmigung die Lückenhaftigkeit der Gesetzgebung ausgleichen kann. Die richterliche Ermächtigung vorzuschreiben, ist Aufgabe des Gesetzgebers. In der Rechtsanwendung ist indessen stets darauf zu achten, dass dem Vorbehalt justizieller Anordnung oder Genehmigung auch nachgelebt wird.

454

Im Polizeirecht stellt sich das Problem des Richtervorbehalts insofern nicht, als Beeinträchtigungen der Privatsphäre nach Art. 13 Abs. 1 BV ausserhalb eines strafrechtlichen Ermittlungsverfahrens nur zulässig sind, wenn dafür erstens eine genügend bestimmte gesetzliche Grundlage vorhanden ist und diese sich zweitens auf *sachliche* (Schwere des Deliktsverdachts, Gefährlichkeit der gesuchten Person) und *zeitliche Dringlichkeit* beschränken.

455

III. Schutzbereich von Abs. 2 (Datenbearbeitung)

1. Allgemeine Hinweise

Die *Erfüllung polizeilicher Aufgaben* in jedem Sach- und Rechtsbereich und in jeder Form besteht (wie in andern staatlichen und privatwirtschaftlichen Tätigkeitsfeldern) heute *wesentlich und permanent aus der Bearbeitung von zumeist personenbezogenen Daten*. Diese Datenbearbeitungen und Datensammlungen samt deren Verknüp-

456

---

928 Vgl. NZZ v. 20. November 2010, 13 («tot in Gefängnis aufgefunden»).
929 Vgl. auch Art. 235 Abs. 1 StPO.
930 M. MÜLLER, Rechtsverhältnis, 257.
931 Für BIAGGINI, Komm. zu Art. 13, N. 9, fraglich; strikte bejahend (abgesehen von Fällen mit «Gefahr im Verzug»): MÜLLER/SCHEFER, 187 f., 193 ff.; mindestens teilweise bejahend: BREITENMOSER, SGK zu Art. 13, Rz. 8.
932 KLEY, HGR VII/2, § 214, RN 13.

fungen bedeuten neben den Vorteilen, deretwegen sie vorgenommen und angelegt werden, auch Risiken für den Schutz der Persönlichkeit der erfassten Personen, für ihre informationelle Selbstbestimmung. Der Datenschutz ist daher zu einer zentralen staatlichen Aufgabe geworden, was sich u.a. in verschiedenen speziellen völkerrechtlichen Kodifikationen niederschlägt. Einige kantonale Polizeigesetze tragen dem durch verschiedene, teils ausführliche Datenschutzbestimmungen Rechnung[933].
An dieser Stelle folgen nur einige allgemeine Hinweise (Weiteres in Kapitel 9).

457 Gemäss dem Wortlaut von Art. 13 Abs. 2 BV hat jede Person Anspruch auf Schutz vor dem *Missbrauch* ihrer persönlichen Daten. Die Formulierung ist – nach (fast) einhelliger Lehre und Rechtsprechung – zu eng[934]. Geschützt ist das Recht auf *informationelle Selbstbestimmung*[935], also auf Einwilligung oder Widerspruch gegenüber der Bearbeitung eigener Daten durch andere.

458 Der *Schutz richtet sich gegen jede nicht rechtmässige Datenbearbeitung*, sei es durch staatliche Stellen oder durch Private[936]. Demgegenüber heisst es in der Botschaft VE 96[937], im Privatrecht erfolge die Regelung des Datenschutzes gestützt auf die Kompetenz des Bundes zur Rechtsetzung im Privatrecht in Art. 122 BV. Der grundrechtliche Schutz gegen die überhand nehmenden Dateien persönlicher Daten im Wirtschaftsleben kann indessen nicht allein durch die Gesetzgebung im Zivilrecht sichergestellt werden.

459 Jüngste Erkenntnisse über das Sammeln gar von Internet-Kommunikationen Privater durch *Google* anlässlich der Aufnahmen für «*Google Street View*» machen deutlich, dass auch öffentlich-rechtliche Bestimmungen nötig sind. Wortlaut und Zweck von Art. 13 Abs. 2 BV stehen – wie bei andern Grundrechten – der Annahme auch der *grundrechtlichen Schutzfunktion* nicht entgegen. Der EGMR legt Art. 8 EMRK diesbezüglich jedenfalls in ständiger Rechtsprechung unter Bezugnahme auf die DSK[938] auch eine Schutzfunktion zu Grunde[939].

---

933 So z.B. §§ 37-44 PolG ZG.
934 AUER/MALINVERNI/HOTTELIER, N. 386, scheinen sich auf den Wortlaut von Art. 13 Abs. 2 BV («Missbrauch») zu konzentrieren, mit dem Hinweis allerdings, dass Art. 1 DSG einen weiteren Schutzbereich umfasse.
935 BIAGGINI, Komm. zu Art. 13, N. 11, 13; KIENER/KÄLIN, 158; MÜLLER/SCHEFER, 164, 168; SCHWEIZER, SGK zu Art. 13, Rz. 39; STÄMPFLI, 154. Vgl. aber die Kritik an dieser weiten Auslegung bei GÄCHTER/EGLI, Rz. 21 ff.
936 SCHWEIZER, SGK zu Art. 13, Rz. 39; BIAGGINI, Komm. zu Art. 13, N. 11, schränkt die Schutzrichtung auf staatliche Datenbearbeitungen ein, erwähnt jedoch in N. 16 eine grundrechtliche Schutzpflicht; ebenso beziehen MÜLLER/SCHEFER, 167, den grundrechtlichen Schutz von Art. 13 Abs. 2 BV ausschliesslich auf *staatliche* Datenbearbeitungen.
937 153.
938 SR 0.235.1; Z.B. EMRK S. and Marper v. UK, § 30; Uzun v. Germany, § 46.
939 EGMR A. v. Croatia, § 59; Copland v. The U.K., §§ 44 ff.

Explizit überträgt die DSK des Europarates von 1981, die in Art. 1 implizit auf die EMRK verweist (Schutz der Rechte und Grundfreiheiten als Zweck), in Art. 2 lit. d[940] und Art. 3 Ziff. 1[941] den Vertragsstaaten konkret eine Schutzpflicht.

Für die Schweiz zumindest im Bereich der polizeilichen und justiziellen Zusammenarbeit ist eine *Europäisierung des Datenbearbeitungs- und Datenschutzrechts* festzustellen. Grundlegender Massstab ist Art. 8 EMRK[942]. Zur Verwirklichung dieses Massstabes bestehen einerseits die DSK samt ZP (Rz. 1149), andererseits die datenrechtlichen Bestimmungen der EU, namentlich im Schengen-Zusammenhang (Rz. 464 f., 1151 ff.). Während das Europaratsübereinkommen von 1981 und Art. 1 des Zusatzprotokolls (2001) betr. Aufsichtsbehörden auch für die nationale Datenbearbeitung gilt, sind die EU bezogenen (für die Schweiz völkerrechtlichen) Vertragsbestimmungen nur für den grenzüberschreitenden Datenverkehr anwendbar[943].

460

2. Gesetzgebungskompetenzen

Die grundsätzliche Zuständigkeit im Datenschutz folgt der Kompetenzverteilung zwischen Bund und Kantonen[944]. Daher gilt das *öffentliche Datenschutzrecht* des Bundes nur für die Bundesbehörden (und die Privaten, Art. 122 Abs. 1 BV), das kantonale Datenschutzrecht demgegenüber für die Kantone und die Gemeinden, da die Kantone eine verfassungsrechtlich gewährleistete Eigenständigkeit bezüglich Organisation und Verfahren ihrer öffentlichen Organe haben (Art. 47 BV)[945]. Diese Abgrenzung gilt prinzipiell auch für kantonale Behörden, wenn sie Bundesrecht vollziehen[946], unter Vorbehalt von Art. 37 DSG.

461

Die Gesetzgebung des Bundes hat diese klare Abgrenzung in den letzten Jahren allerdings zu Lasten der kantonalen Kompetenzen mehrfach in verfassungswidriger Weise verwischt.

462

So unterwirft z.B. Art. 54 des Personenbeförderungsgesetzes auch rein kantonale oder städtische Transportunternehmen dem Datenschutzrecht und der datenschutzrechtlichen Aufsicht des Bundes[947], ebenso das Waffengesetz die Handhabung der Waffendateien in den Kantonen (vgl. Rz. 7013).

463

---

940 «In diesem Übereinkommen ... d. bedeutet «Verantwortlicher für die Datei/Datensammlung» die natürliche oder juristische Person, die Behörde, die Einrichtung oder jede andere Stelle...».
941 «Die Vertragsparteien verpflichten sich, dieses Übereinkommen auf automatisierte Dateien/ Datensammlungen und automatische Verarbeitungen von personenbezogenen Daten im öffentlichen und *privaten* Bereich anzuwenden.» (Hervorhebung hier).
942 Vgl. die materiell korrespondierende Bestimmung in Art. 17 UNO Pakt II.
943 Vgl. Art. 72 AEUV und Art. 1 Abs. 2 des RB 2008/977/JI (RB-Datenschutz).
944 Zur grundsätzlichen Problematik der unterschiedlichen Kompetenzverteilung im Datenschutz: RUDIN, SJZ 2009, 1 ff.; SCHWEGLER, 6 f.
945 Art. 2 Abs. 1 des BG über den Datenschutz.
946 SCHWEGLER, 7.
947 Begründet wird diese Regelung ausschliesslich mit der Einheitlichkeit der Datenbearbeitungsgrundsätze, Zusatzbotschaft zur Bahnreform 2 (BBl 2007 2681, 2727); die Frage nach der Gesetzgebungskompetenz wird gar nicht gestellt.

3. Schengen-spezifische Datenschutzbestimmungen

464 Die Zusammenarbeit im Rahmen des Schengen-Assoziierungsabkommens (SAA) erfolgt überwiegend durch die Inanspruchnahme des Schengen-Informationssystems (SIS) bzw. durch den ergänzenden oder davon unabhängigen direkten Austausch zumeist personenbezogener Daten. Daher bestehen zur Regelung dieser komplexen Vorgänge, die – soweit es sich um personenbezogene Daten handelt – ausnahmslos das informationelle Selbstbestimmungsrecht tangieren, ausführliche Datenbearbeitungs- und -schutzvorschriften der EU. Diese sind Teil des Schengen-Besitzstandes (Rz. 186 ff., 985 ff.), der von der Schweiz nach Art. 3 SAA umzusetzen und anzuwenden ist, auch in der Form von Weiterentwicklungen (Art. 2 Ziff. 3 und Art. 6 ff. SAA).

465 Die Umsetzung der spezifischen Rahmenbeschlüsse über den vereinfachten Informationsaustausch (Rz. 943 f., 985) und über den Datenschutz bei der polizeilichen und justiziellen Zusammenarbeit (Rz. 992 ff.) ist auf Bundesebene durch das Schengen-Informationsaustausch-Gesetz (SIaG), Art. 355c StGB, Art. 32d WG und teilweise durch das Bundesgesetz über die polizeilichen Informationssysteme (BPI) erfolgt. Das entbindet die Kantone zufolge ihrer Eigenständigkeit und Organisationsautonomie indessen nicht von der Aufgabe, für Schengen-spezifische Datenbearbeitungen durch die kantonalen Polizei- bzw. Strafverfolgungsbehörden das nötige kantonale Recht dafür zu erlassen.

Näheres auch zum Schengen bezogenen Datenschutzrecht in Kapitel 8 und 9.

G. Meinungs- und Informationsfreiheit (Art. 16 BV)

I. Allgemeine Hinweise

466 Die Meinungs- und Informationsfreiheit in Art. 16 BV ist sowohl Haupt- wie *Auffanggrundrecht aller Kommunikationsgrundrechte* in der Bundesverfassung[948]. Sie entspricht Art. 10 EMRK und Art. 19 UNO Pakt II[949]. Abs. 2 und 3 von Art. 16 BV konkretisieren die allgemein formulierte Gewährleistung in Abs. 1 als dafür wesentliche geschützte Tätigkeiten. Sie konturieren den Schutzbereich, ohne ihn auszudehnen[950].

467 Die polizeiliche Arbeit berührt den Schutzbereich der *Kommunikationsfreiheit* in mannigfacher Weise, so etwa bei Observation von Personen, bei Demonstrationen oder andern politischen Manifestationen, im Umgang mit vorläufig festgenommenen Personen, aber auch betriebsintern.

> So beeinträchtigen grundsätzlich bereits das absichtliche Mithören (ohne Aufnahmegeräte) des Gesprächs einer observierten Person, die Prüfung (und ev. Beschlagnahme) von Flugblättern oder von Transparenten anlässlich einer Demonstration, das Mithören von Gesprächen zwischen angehaltenen und allenfalls kollektiv zu einer Wache transportierten Personen den Schutzbereich der Kommunikationsfreiheit. Das gilt auch für

---

948 KLEY/TOPHINKE, SGK zu Art. 16, Rz. 2 f.; MÜLLER/SCHEFER, 437.
949 BIAGGINI, Komm. zu Art. 16, N. 2; MALINVERNI, HGR VII/2, § 216, RN 29; PEDUZZI, 66, 69.
950 BIAGGINI, Komm. zu Art. 16, N. 3; KLEY/TOPHINKE, SGK zu Art. 16, Rz. 3.

nicht dienstlichen Zwecken dienende Gespräche unter Polizeiangehörigen im Dienst, die von der Kommunikationsfreiheit geschützt sind[951].

1. Persönlicher Schutzbereich

Das Grundrecht steht ausnahmslos allen natürlichen und juristischen Personen, unabhängig von ihrer Nationalität, zu[952]. 468

Die Meinungs- und Informationsfreiheit schützt gleichzeitig *private Interessen* der Personen im persönlichen Schutzbereich wie, auf einer programmatischen resp. konstitutiv-institutionellen Ebene, auch *öffentliche Interessen* als *Voraussetzung jeder demokratischen Meinungs- und Willensbildung*[953,954]. 469

2. Sachlicher Schutzbereich

Zum *sachlichen Schutzbereich* gehört zunächst die Meinungsfreiheit im engeren Sinn[955], welche die Möglichkeit der Bildung von Meinungen voraussetzt[956]. Umfasst werden sodann Auffassungen, alle Arten menschlicher Empfindungen und Gefühle, aber auch Mitteilungen von Tatsachen, Vermutungen, Beurteilungen, grundsätzlich auch unbewiesene oder unwahre Tatsachenbehauptungen, gar provozierende oder schockierende Äusserungen[957]. 470

Die Qualifikation des Meinungs- und Informationsgrundrechts auch als Auffanggrundrecht bedeutet, dass durch den Schutz von Art. 16 BV «nur» diejenigen Meinungsäusserungen erfasst werden, die nicht durch ein spezifisches Kommunikationsgrundrecht (so v.a. Art. 15, Glaubens- und Gewissensfreiheit; Art. 17, Medienfreiheit; Art. 20, Wissenschaftsfreiheit; Art. 21, Kunstfreiheit; Art. 33, Petitionsrecht; Art. 34, politische Rechte [freie Willensbildung]) geschützt sind[958]. 471

Nach der Rechtsprechung des Bundesgerichts werden sodann vom Schutzbereich des Art. 16 BV – im Gegensatz zur Rechtsprechung des EGMR[959] – lediglich *ideelle*

---

951 BGE 136 I 332 E 3.2.2, 3.3.6.
952 Biaggini, Komm. zu Art. 16, N. 5; Kley/Tophinke, SGK zu Art. 16, Rz. 12; Müller/Schefer, 519; Peduzzi, 228 ff., 232 ff.
953 Kiener/Kälin, 181; Kley/Tophinke, SGK zu Art. 16, Rz. 15; Müller/Schefer, 517; Peduzzi, 52.
954 Zu den Fragen der ungehinderten Informationsbeschaffung und zum Öffentlichkeitsprinzip: Biaggini, Komm. zu Art. 16, N. 8 ff.; Kiener/Kälin, 202 ff.; Kley/Tophinke, SGK zu Art. 16, Rz. 28 ff.; Müller/Schefer, 519 ff.
955 Zum Ganzen: Peduzzi, 46 f.
956 Niemandem darf durch Indoktrination oder andere Mittel, welche die freie Meinungsbildung beeinflussen (wie bspw. die gezielte Unterdrückung von Informationen), eine bestimmte Meinung aufgezwungen werden; Kley/Tophinke, SGK zu Art. 16, Rz. 9.
957 Biaggini, Komm. zu Art. 16, N. 6; Malinverni, HGR VII/2, § 216, RN 31; Müller/Schefer, 358.
958 Kley/Tophinke, SGK zu Art. 16, Rz. 3.
959 BGer 4A_440/2008 E 5.2.

Inhalte erfasst, während Äusserungen, die auf wirtschaftliche Aktivitäten gerichtet sind, durch die Wirtschaftsfreiheit (Art. 27 BV) geschützt werden[960].

472 Geschützt werden insbesondere auch kritische Äusserungen an die Adresse von Behörden, Behördenmitgliedern oder andern Politikerinnen und Politiker bzw. öffentlich exponierter Personen[961]. Zensurierende Massnahmen sind verpönt[962]. Selbst ehrverletzende Äusserungen werden vom Schutzbereich umfasst[963]. Die Durchsetzbarkeit des Persönlichkeitsschutzes ist dem Verwaltungs-, dem Zivil- (Art. 28 ff. ZGB) und Strafrecht (Art. 173 ff. StGB) zugeordnet[964] und somit im gerichtlichen Verfahren zu realisieren.

473 Die Ausübung des Grundrechts auf freie Meinungsäusserung ist aber auch mit Verantwortung[965] verbunden. Spezifische zulässige Einschränkungen der Meinungsäusserungsfreiheit werden *von Art. 20 UNO Pakt II* direkt erwähnt: So sind Kriegspropaganda[966] ebenso wie «Eintreten für nationalen, rassischen oder religiösen Hass, durch das zu Diskriminierung, Feindseligkeit und Gewalt aufgestachelt wird» durch Gesetze zu verbieten[967]. Aber auch andere Beschränkungen sind im Rahmen von Art. 36 BV und bezüglich elektronischer Medien nach Art. 93 BV möglich (dazu

---

960 KLEY/TOPHINKE, SGK zu Art. 16, Rz. 7; zur nicht immer einfachen Abgrenzung: KIENER/KÄLIN, 184, und insbes. MÜLLER/SCHEFER, 564 f. Vgl. auch BIAGGINI, Komm. zu Art. 16, N. 6 (unerheblich, ob vom Schutzbereich von Art. 16 oder 27 BV erfasst, sofern die Anforderungen an Einschränkungen nicht wesentlich differieren).
961 PEDUZZI, 81, differenziert zwischen Kritik an politischen Behörden und jener an der Justiz.
962 BIAGGINI, Komm. zu Art. 17, N. 16. Fraglich daher BGer 1C_440/2007 (mit einem doch eher gewagten Bezug auf J.P. Müller, GR). Noch weiter geht das Urteil BGer 1C_434/2007, in dem die Beschlagnahme von Flugblättern durch die Kantonspolizei, die davon ausgehen durfte, «dass das Flugblatt den Tatbestand der Ehrverletzung erfüllen könnte» (sic!), als BV- und EMRK-konform beurteilte. Insgesamt wurde diese *Vorzensur* des Flugblattes mit kritischem Inhalt gegenüber dem BGer und einem Bundesrichter als Eingriff in die Meinungsäusserungsfreiheit von geringer Tragweite beurteilt und die Beschwerde abgewiesen, da der Beschwerdeführer die Flugblätter nach zwei Wochen zurückerhalten habe und daher «seine Kritik am betroffenen Bundesrichter und an der bundesgerichtlichen Rechtsprechung tatsächlich äussern konnte». Der gesetzliche Auftrag, «eine Gefahr für die öffentliche Sicherheit und Ordnung abzuwehren» (Art. 21 Abs. 1 lit. a PolG GR), genügte dem BGer als gesetzliche Grundlage, da der Beschwerdeführer diese Bestimmung nicht in Frage gestellt habe. Nur ein Jahr später bezeichnete das BGer diese Formulierung als «Schlagwort», die (im Zusammenhang mit Videoüberwachungen) keine Zweck-Mittel-Relation zulasse (BGE 136 I 87 E 8.3).
963 MÜLLER/SCHEFER, 391.
964 Siehe dazu BSK ZGB I-MEILI, Art. 28 ff. ZGB und BSK StGB II-RIKLIN, Art. 173 ff. StGB.
965 Art. 19 Abs. 2 UNO Pakt II.
966 Vgl. BIAGGINI, Komm. zu Art. 17, N. 16. Die Schweiz hat sich vorbehalten, «keine neuen Vorkehren zum Verbot von Kriegspropaganda zu ergreifen».
967 Zur Frage, ob solche ebenso wie revisionistische Äusserungen vom Schutzbereich umfasst sind: MÜLLER/SCHEFER, Rz. 384 ff. Mindestens die Trennung der Verbote in Art. 20 UNO Pakt II von Art. 19 Abs. 3 (Einschränkungsvoraussetzungen) spricht für eine engere Grenze des Schutzbereichs.

Rz. 476 ff.)⁹⁶⁸. Der entsprechende strafrechtliche Schutz wird durch Art. 261bis StGB gewährleistet.

Geschützt sind *alle Ausdrucks- bzw. Kommunikationsmittel und -formen*, d.h. das gesprochene und geschriebene Wort, Zeichnungen, Karikaturen, jegliche Bild- und Tonträger einschliesslich der Empfangs- oder der Verbreitungsmittel bzw. -techniken, sodann Gesten, Symbole, Spruchbänder, Fahnen, Verkleidungen (auch Maskierungen, Bedeckungen, sofern gezielt als Ausdrucksmittel⁹⁶⁹ und nicht als Unkenntlichmachen zum Begehen von Straftaten⁹⁷⁰), Strassentheater u.a.m.⁹⁷¹, soweit damit eine *erkennbare Meinungsäusserung beabsichtigt* ist⁹⁷². 474

Umgekehrt kann niemand zur Äusserung einer Meinung verhalten werden⁹⁷³.

Die BV kennt *kein eigenständiges Demonstrationsrecht*⁹⁷⁴. Das Kundgebungs- oder Demonstrationsrecht wird aber durch Art. 22 (Versammlungsfreiheit) i.V.m. Art. 16 BV geschützt. Näheres dazu unter Art. 22 BV (Rz. 498 ff.). 475

II. Einschränkungen

Auch die Meinungs- und Informationsfreiheit ist *kein schrankenloses Grundrecht*. Gerade wegen des öffentlichen Interesses an freier Information und Meinungsbildung und deren Bedeutung für ein demokratisches Staatswesen sind die Anforderungen an deren Beschränkung im Rahmen von Art. 36 BV jedoch hoch anzusetzen⁹⁷⁵. Das öffentliche Interesse an der Beschränkung der freien Meinungsäusserung und Informationsbeschaffung oder der Schutz von Grundrechten Dritter⁹⁷⁶ muss das Interesse der betroffenen natürlichen oder juristischen Personen *und* das öffentliche Interesse an diesem Grundrecht selber übersteigen. 476

Das Zensurverbot, obwohl von Art. 17 Abs. 2 BV systematisch unter den Titel der Medienfreiheit gestellt, gilt für alle Kommunikationsgrundrechte⁹⁷⁷,⁹⁷⁸. Als Zensur 477

---

968 Ausführlich zu Einschränkungen rassistischer Kommunikation: PEDUZZI, 191 f., 257 ff.
969 BGE 117 Ia 472 E 3c; MALINVERNI, HGR VII/2, § 216, RN 32.
970 BGE 117 Ia 472 E 3g, h.; BGer 1P.53/2001 E 5b.
971 BIAGGINI, Komm. zu Art. 16, N. 7; KIENER/KÄLIN, 183; KLEY/TOPHINKE, SGK zu Art. 16, Rz. 11 je m.w.N.
972 MÜLLER/SCHEFER, 359 ff.
973 KLEY/TOPHINKE, SGK zu Art. 16, Rz. 10. Näheres und differenzierend bei PEDUZZI, 241 ff.
974 Statt vieler: BIAGGINI, Komm. zu Art. 16, N. 3.
975 EGMR Sunday Times v. UK, §§ 52 ff.; Verein gegen Tierfabriken Schweiz (VgT) v. Switzerland, § 92; BIAGGINI, Komm. zu Art. 16, N. 12, 14 und zu Art. 17, N. 12 ff.; ausführlich GRABENWARTER, § 23, Rz. 12 ff.; KIENER/KÄLIN, 190 ff.; KLEY/TOPHINKE, SGK zu Art. 16, Rz. 13 f.; MÜLLER/SCHEFER, 451.
976 KIENER/KÄLIN, 194.
977 BIAGGINI, Komm. zu Art. 16, N. 12 und zu Art. 17, N. 15; KLEY/TOPHINKE, SGK zu Art. 16, Rz. 17; PEDUZZI, 245.
978 BGer 1C_312/2010: Die Verweigerung der Vermietung eines Theatersaales im Besitz (Verwaltungsvermögen) eines Gemeinwesens wegen befürchteter antisemitischer Äusserungen

gilt die *systematische Inhaltskontrolle* von irgendwelchen Ausdrucksmitteln bzw. Ton- oder Bildträgern[979]. Als *Kerngehalt* (Art. 36 Abs. 4 BV) der Meinungs- und Informationsfreiheit wird insbesondere das Verbot der *Vorzensur* bezeichnet[980]. Ausnahmsweise ist die Vorzensur im Einzelfall zulässig, nämlich wenn das Verbot einer Äusserung für den Schutz unmittelbar bedrohter elementarer Rechtsgüter als unverzichtbar erscheint[981].

478 Gemäss *Art. 13a BWIS* haben Polizei- und Zollbehörden Material jeder Art, Menge und Beschaffenheit sicherzustellen, «das Propagandazwecken dienen kann und dessen Inhalt *konkret und ernsthaft zur Gewalttätigkeit gegen Menschen oder Sachen* aufruft». Soweit diese Norm auf einer systematischen Kontrolle von Druckerzeugnissen, Bild- oder Tonträgern an der Grenze beruht, weckt sie in der Literatur als Kerngehaltsverletzung von Art. 16 i.V.m. Art. 17 Abs. 2 BV Bedenken[982].

479 Im Übrigen sind *Einschränkungen der Meinungsäusserungsfreiheit* in engen Grenzen und im Rahmen von Art. 36 BV zulässig, selbst wenn sie die Folge systematischer Kontrollen (bspw. im Internet) sind. Als zusätzliches Kriterium für die Zulässigkeit solcher Einschränkungen werden die durch den Inhalt der Äusserung bzw. Publikation *konkreten erheblichen Schädigungsmöglichkeiten* genannt[983]. Zu diesen gehören im Zusammenhang mit dem Jugendschutz spezifische Gewalt- und pornographische Inhalte[984], pädophile Anbahnungsversuche im Internet oder, im generellen gesellschaftlichen Kontext, schwere Verletzungen religiöser Gefühle und Überzeugungen[985] sowie rassistische Inhalte[986].

480 *Nicht als Vorzensur* gilt indessen die *Prüfung im Einzelfall* von Material, von dem die zuständigen Behörden Kenntnis und darauf gestützt einen ausreichenden Verdacht für das Vorliegen von Inhalten gemäss Art. 13*a* Abs. 1 BWIS erhalten haben. Bestätigt

---

des auftretenden Darstellers ohne konkrete Gefahr einer erheblichen Störung der öffentlichen Sicherheit, stellt eine Verletzung der Meinungsäusserungsfreiheit im Sinne einer Vorzensur dar (E. 4.2, 5.1). Massnahmen zur Wahrung der öffentlichen Sicherheit und Ordnung (Ordnungsdienst), mit Kostenauflage, können angeordnet werden (E. 5.3).

979 Vgl. SCHEFER, Kerngehalte, 462 ff.; PEDUZZI, 247 f.
980 D.h. der vorgängigen, systematischen Inhaltskontrolle; KIENER/KÄLIN, 218, 220.
981 RHINOW/SCHEFER, Rz. 1559; SCHEFER, Kerngehalte, 464 (Anleitung zum Bau einer kleinen Atombombe).
982 MÜLLER/SCHEFER, 422 m.w.N.; DIES., 566 f., kritisch in Bezug auf mögliche vorzensurartige Einschränkungen der Kunstfreiheit (Art. 17 BV).
983 MÜLLER/SCHEFER, 383.
984 MÜLLER/SCHEFER, 390; eingehend: PEDUZZI, 280.
985 Vgl. Art. 261 StGB; MÜLLER/SCHEFER, 388.
986 Vgl. Art. 261bis StGB; MÜLLER/SCHEFER, 384 ff. Abgesehen von pornografischen und brutalen Gewaltdarstellungen, die keine eigentliche Meinungsäusserungen darstellen und somit m.E. ausserhalb des Schutzbereichs liegen, kann hier offen gelassen werden, wo gegebenenfalls die Grenze der Meinungsäusserungsfreiheit gegenüber Äusserungen in religiösem Kontext zu ziehen sei (z.B.: Karikaturen).

sich der Verdacht, ist gestützt auf diese Gesetzesbestimmung auch die Sicherstellung zulässig[987].

H. Sprachenfreiheit (Art. 18 BV)

I. Allgemeine Hinweise

Im vorliegenden Zusammenhang wird die Sprachenfreiheit nur begrenzt auf generelle Einschränkungen und auf den Verkehr mit Behörden behandelt. 481
Globalisierung und Migration haben die Umsetzung dieses Grundrechtes nicht einfacher gemacht; im Vergleich mit verschiedenen andern Staaten wird auch deutlich, dass zahlreiche Aspekte der Sprachenfreiheit nur mit den dafür nötigen finanziellen Mitteln zu verwirklichen sind[988].

Völkerrechtlich enthält die EMRK *keine besondere Norm,* die die Sprachenfreiheit als Individualrecht schützt[989]. Sie lässt das Kriterium der Sprache als Recht der Verständigung aber nicht schutzlos: Art. 14 EMRK verpflichtet die Signatarstaaten, den «Genuss der in dieser Konvention anerkannten Rechte und Freiheiten ohne Diskriminierung insbesondere wegen ... der Sprache ... zu gewährleisten». Umgekehrt formuliert bedeutet diese Gewährleistungspflicht ein *Verbot der Diskriminierung wegen der Sprache*[990]. Den gleichen Schutz vor einer sprachbedingten Diskriminierung gewährleistet Art. 26 UNO Pakt II. 482

Art. 18 BV steht hinsichtlich verfahrensrechtlicher Grundrechte in einem engen, *komplementären Zusammenhang mit Art. 29 BV,* den allgemeinen Verfahrensgarantien. 483

II. Persönlicher Schutzbereich

Die Sprachenfreiheit ist Grundrecht aller *natürlichen Personen* ungeachtet ihrer Nationalität[991]. Ob sich auch juristische Personen darauf berufen können, hat das Bundesgericht bisher nicht entschieden, doch in der Literatur wird überwiegend die Meinung vertreten, auch sie könnten sich «grundsätzlich» darauf berufen[992]. 484

---

987 Vgl. die Bestimmtheit dieser Norm im Vergleich zu «Abwehr einer Gefahr für die öffentliche Sicherheit und Ordnung» (FN 962).
988 Vgl. auch MÜLLER/SCHEFER, 305 f.
989 KÄGI-DIENER, SGK zu Art. 18, Rz. 7 m.w.N.
990 AUER/MALINVERNI/HOTTELIER, N. 637.
991 AUER/MALINVERNI/HOTTELIER, N. 658; BIAGGINI, Komm. zu Art. 18, N. 5; KÄGI-DINER, SGK zu Art. 18, Rz. 18; KIENER/KÄLIN, 259; MÜLLER/SCHEFER, 295.
992 AUER/MALINVERNI/HOTTELIER, a.a.O.; BIAGGINI, a.a.O.; KÄGI-DIENER, SGK zu Art. 18, Rz. 20 (unter Hinweis auf die corporate identity), KIENER/KÄLIN, a.a.O.; MÜLLER/SCHEFER, a.a.O.

III. Sachlicher Schutzbereich

485 Grundrechtlich geschützt ist nicht nur die Muttersprache, sondern sind auch andere «nahe stehende» Sprachen, ebenso wohl die Gebärdensprache[993] von sprachlich Behinderten.

IV. Einschränkungen

486 Auch wenn der sachliche Schutzbereich weit reicht[994], ist er nicht schrankenlos. Einschränkungen müssen – wie grundsätzlich für alle Grundrechte – den Anforderungen von Art. 36 BV genügen[995]. Einschränkungen des *privaten* Sprachgebrauchs sind indessen von vornherein unzulässig (Kerngehalt des Grundrechts)[996].

So kann bspw. fremdsprachigen polizeilich Angehaltenen nicht verboten werden, unter sich in ihrer Muttersprache zu reden. Soll das verhindert werden, sind sie zu trennen[997].

487 Einschränkungen ergeben sich durch das *Territorialprinzip* nach Art. 70 Abs. 2 BV, der die Kantone ermächtigt, *Amtssprachen* zu bestimmen[998]. Verfahrensrechtlich bestehen jedoch enge Grenzen hinsichtlich der Auflage, im Verkehr mit Behörden, namentlich der Polizei und andern Strafverfolgungsbehörden, in einer der Amtssprachen zu sprechen (Näheres nachfolgend).

V. Verfahrensrechtliche Leistungspflicht

488 Art. 31 Abs. 4 BV gewährleistet jeder Person, der die Freiheit nicht von einem Gericht entzogen wird, *jederzeit* ein Gericht anzurufen (Rz. 1507 ff.). Von diesem Recht kann nur Gebrauch machen, wer davon weiss. Demzufolge sollte fremdsprachigen Personen, die in *Polizeigewahrsam* genommen werden, ohne dass im Zusammenhang mit einem strafrechtlichen Ermittlungsverfahren eine vorläufige Festnahme (Art. 5, 217 ff. StPO) zur Diskussion steht[999], von diesem Recht in geeigneter Form Kenntnis gegeben werden (Art. 29 Abs. 2 BV; Rz. 1428 ff.).

---

993 Vgl. Art. 12 der Verfassung des Kantons Zürich: «Die Sprachenfreiheit umfasst auch die Gebärdensprache».

994 BIAGGINI, Komm. zu Art. 18, N. 4, postuliert, dass «grundsätzlich jede Sprache, deren sich jemand bedienen will», vom sachlichen Schutzbereich erfasst werden soll (was im BGE 122 I 236 E 2b offen gelassen worden ist).

995 BIAGGINI, Komm. zu Art. 18, N. 6; KIENER/KÄLIN, 261; MÜLLER/SCHEFER, 297 f.

996 AUER/MALINVERNI/HOTTELIER, N. 626; BIAGGINI, Komm. zu Art. 18, N. 6; KÄGI-DIENER, SGK zu Art. 18, Rz. 17; KIENER/KÄLIN, 261.

997 Anders kann in der *Untersuchungshaft* die *Kollusionsgefahr* zu einer Einschränkung im Rahmen des *Sonderstatusverhältnisses* führen, wenn Familienangehörige oder nahe Freunde (andere Personen fallen nicht unter den vom Schutz erfassten engen privaten Bereich) mit einem Untersuchungsgefangenen in ihrer Heimatsprache reden wollen; vgl. KÄGI-DIENER, SGK zu Art. 18, Rz. 17.

998 AUER/MALINVERNI/HOTTELIER, N. 668; BIAGGINI, Komm. zu Art. 18, N. 6.

999 Diesbezüglich ist Art. 31 Abs. 2 BV massgebend.

Die sprachliche Verständlichkeit ist hierfür entscheidend. Indessen kann nicht erwartet werden, dass diese Rechtsbelehrung innert so kurzer Zeit in jeder Sprache möglich ist (Rz. 339).

Umgekehrt ist durch entsprechendes Bemühen zu verhindern, dass es zu einer Diskriminierung (Rz. 482) oder einer Rechtsverweigerung (Rz. 1410 ff.) kommt.

Als geeignet könnte sich ein Merkblatt i.S. einer Erläuterung (mit den nötigen Angaben über die Erreichbarkeit des zuständigen Gerichts) erweisen, das zumindest in denjenigen Sprachen abgefasst ist, die von relevanten Bevölkerungsgruppen mit Migrationshintergrund im Land und von Reisenden aus vielfach vertretenen Ländern gesprochen werden.

489

I. Versammlungsfreiheit (Art. 22 BV)

I. Allgemeine Hinweise

Die Versammlungsfreiheit, polizeirechtlich von grosser Bedeutung, bildet die oft sehr schmale Trennlinie zwischen *grundrechtlichen Ansprüchen im demokratischen Rechtsstaat* und der *Aufrechterhaltung der öffentlichen Sicherheit und der gesetzlich positivierten öffentlich Ordnung*.

490

Geradezu exemplarisch treffen die *Verhältnisbegriffe Freiheit und Sicherheit* (Rz. 11 ff.) in direkter Relation aufeinander. Dass die Sicherheit der Freiheit dient, gilt auch in diesen Zusammenhängen unbestrittenermassen. Komplex werden können konkrete Situationen jedoch, wenn die Freiheit Unbeteiligter durch mangelnde Sicherheit gefährdet wird, weil andere in grenzwertiger Art von ihrem Grundrecht auf Versammlungsfreiheit Gebrauch machen (wollen). Dann steht die *Freiheit im konstitutiv-institutionellen wie im individualrechtlichen Sinn* für die Unbeteiligten in Gefahr, bei einer nur geringfügig stärkeren Beschränkung der Versammlungsfreiheit jedoch derjenigen, die gerade dieses Recht beanspruchen.

Art. 22 BV entspricht materiell Art. 11 EMRK und Art. 21 UNO Pakt II, deren Garantien nicht über die Bedeutung von Art. 22 BV hinausreichen[1000]. Geschützt wird das Recht, sich *friedlich* mit andern zu versammeln, ebenso wie das Recht, einer Versammlung fernzubleiben[1001].

491

1000 BGE 132 I 256 (Brunnen) E 3.
1001 Ausdrücklich in Abs. 2 von Art. 22 BV; BGE 132 I 256 E 3; Rhinow/Schefer, Rz. 1689; Zimmerli, HGR VII/2, § 219, RN 8 ff.

492 Unter *Versammlung* wird die *physische*[1002] *organisierte Zusammenkunft mehrerer (wenigstens zweier) Personen für eine begrenzte Zeitspanne* verstanden[1003]. *Zufällige Ansammlungen* (Warteschlangen, Zuschauer bei Unfällen oder andern zufälligen Ereignissen) fallen nicht darunter[1004].

493 An den *Organisationsgrad* oder *die Planung einer Versammlung* dürfen jedoch keine hohen Anforderungen gestellt werden. Insbesondere bedarf es keinerlei festgelegter organisatorischer Strukturen. Ein der Versammlung zugrunde liegender gemeinsamer Zweck, etwa der Gedankenaustausch oder der Ausdruck einer bestimmten Meinung, genügen[1005]. Daher geniessen auch Spontankundgebungen[1006] den Schutz von Art. 22 BV.

494 Träger sind in erster Linie *natürliche Personen* ohne grundsätzliche Einschränkungen wie beispielsweise aufgrund ihrer Nationalität[1007]. Sofern sie selber Organisatoren sind, können auch *juristische Personen* (z.B. Vereine) Grundrechtsträger sein[1008].

495 In den Schutzbereich fallen *Versammlungen mit einem kommunikativen Zweck,* sofern dieser nicht ausschliesslich kommerziellen Inhalts ist[1009]. Dazu dürften ebenso Sportveranstaltungen[1010] zählen, da besonders unter den Zuschauern (oft angestrebte) kommunikative Interaktionen, ob unter Einzelnen über Spielzüge oder Akteure oder kollektiv durch Beifalls- oder Missfallenskundgebungen, zu einem wesentlichen Bestandteil des Besuchs von beispielsweise Fussball- oder Eishockeyspielen gehören.

496 Im Urteil BGE 137 I 31 E 6.1 unterscheidet das Bundesgericht zwischen «beliebige(n) Gruppen» von Besuchern von Sportveranstaltungen, die von der Versammlungsfreiheit nicht geschützt würden, und Gruppierungen, die sich «zum gemeinsamen Besuch von Sportveranstaltungen zusammenfinden, möglicherweise Hin- und Rückreise gemeinsam unternehmen und insoweit gewissermassen organisiert auftreten», für welche die

---

1002 Video-Konferenzen, Zusammenfinden in «chatrooms», «Facebook» etc. fallen m.E. nicht darunter, sie werden durch andere Grundrechte, insbesondere die Meinungs- und Medienfreiheit (vgl. Art. 16, 17 Abs. 1 BV: andere Formen der fernmeldetechnischen Verbreitung von Darbietungen und Informationen) sowie durch Art. 13 Abs. 1 BV und Art. 8 EMRK geschützt. BIAGGINI, Komm. zu Art. 22, N. 8; GRABENWARTER, § 23, Rz. 62; wohl gl.M. KIENER/KÄLIN, 226; in Bezug auf Art. 17 Abs. 1 BV ablehnend PEDUZZI, 159 ff., 170 f.; offen gelassen: RHINOW/SCHEFER, Rz. 1694; anders noch (i.S. der Schutzbereichsausweitung auf virtuelle Versammlungen): SCHEFER, Ergänzungsband, 211.
1003 BIAGGINI, Komm. zu Art. 22, N. 4; KIENER/KÄLIN, 225; MÜLLER/SCHEFER, 571; RHINOW/ SCHEFER, Rz. 1550.
1004 BIAGGINI, Komm. zu Art. 22, N. 4; KIENER/KÄLIN, 225; ROHNER, SGK zu Art. 22, Rz. 6.
1005 BGE 132 I 49 E 5.3.
1006 KIENER/KÄLIN, 225; MÜLLER/SCHEFER, 579.
1007 EGMR Cisse v. France, § 50 (auch «sans papiers» mit illegalem Aufenthalt werden geschützt). BIAGGINI, Komm. zu Art. 22, N. 11; RHINOW/SCHEFER, Rz. 1689; ROHNER, SGK zu Art. 22, Rz. 10 f.
1008 Botschaft VE 96, 166.
1009 MÜLLER/SCHEFER, 580; ROHNER, SGK zu Art. 22, Rz. 6.
1010 So auch Botschaft VE 96, 166; skeptisch MÜLLER/SCHEFER, 580.

Anwendung der Versammlungsfreiheit im Einzelfall nicht auszuschliessen sei. Diese Differenzierung ist nicht nur rein rechtlich fragwürdig (es können auch nicht gemeinsam Reisende aus verschiedenen Orten den gemeinsamen Besuch einer Sportveranstaltung verabreden), sondern für die Praxis gänzlich untauglich. Wie soll diese Unterscheidung an Ort und Stelle in Hunderten oder Tausenden anströmender Veranstaltungsbesucher vorgenommen werden? Auch Inhaber von Dauerkarten, die einzeln anreisen, beabsichtigen oft, sich ohne konkrete Vereinbarung mit andern Abonnementsinhabern zu treffen. Zudem bilden erfahrungsgemäss gerade jene Personen, die den potentiellen, bereits früher zweifelsfrei identifizierten (nachweislichen) Störern (Hooligans) zuzurechnen sind und daher Zielpersonen der restriktiven Massnahmen sein können, Gruppen. Die bundesgerichtliche Unterscheidung kann somit dazu führen, dass sich just in Gruppen reisende gewaltbereite bekannte Störer auf die Versammlungsfreiheit berufen könnten (um sie dann zu missbrauchen), anständige Matchbesucher aber nicht. Die Rechtmässigkeit einer polizeilichen Massnahme ist in erster Linie bei deren Umsetzung gefordert, was klare Kriterien voraussetzt; sie ist nicht bloss erst nachträglich zu überprüfen.

497 Nur schwerlich dürften auch gesellschaftlichen Bällen oder anderweitigen Tanzveranstaltungen kommunikative Inhalte abzusprechen sein[1011].
Nicht in den Schutzbereich fällt umgekehrt das *bloss zufällige Aufeinandertreffen* und nachfolgende «Herumhängen» mehrerer Leute im öffentlichen Raum ohne einen besonderen kommunikativen Inhalt[1012].

498 Geschützt sind Versammlungen *auf öffentlichen Plätzen und Strassen* ebenso wie auf *privatem Boden im Freien oder in geschlossenen Räumen*[1013]. Für die Benützung von öffentlichem Grund für die Durchführung von Versammlungen besteht gemäss konstanter Bundesgerichtspraxis ein *«bedingter Leistungsanspruch»* des Staates (Gemeinde) in der Form eines zügigen Gesuchprüfungsverfahrens[1014], des Zurverfügungstellens geeigneter Plätze, soweit vorhanden[1015], und der Kooperation mit den Organisierenden[1016]. Zum öffentlichen Grund gehören z.B. auch Gemeindesäle[1017]. Plätze und Strassen im Privateigentum können je nach Art und Widmung für den

---

1011 MALINVERNI, Komm. zu (Art. 56) Versammlungsfreiheit aBV, Rz. 9; vgl. auch MOHLER, Zutrittskontrollen, 76, FN 39; a.A. KIENER/KÄLIN, 225 (in Bezug auf Fussballspiele); MÜLLER/SCHEFER, 580 (teilweise in Bezug auf Fussballspiele, ganz in Bezug auf Tanzveranstaltungen, vgl. aber 581 betr. «Love Parade»).
1012 Eine Wegweisung bspw. ist deshalb aber nicht grundrechtlich bedeutungslos, denn die persönliche Freiheit i.S.v. Art. 10 Abs. 2 BV kann durchaus beeinträchtigt sein. Vgl. MÜLLER/SCHEFER, 580, die den Schutzbereich der Versammlungsfreiheit etwas enger ziehen. M.E. kann das vereinbarte Zusammentreffen auch ohne zuvor bestimmten Gedankenaustausch durchaus Versammlungscharakter haben, denn auch die Nähe zu Gleichgesinnten kann – non-verbal – eine Form von Kommunikation annehmen.
1013 BIAGGINI, Komm. zu Art. 22, N. 5, 8; KIENER/KÄLIN, 226; MÜLLER/SCHEFER, 578, 588; RHINOW/SCHEFER, Rz. 1690.
1014 BGer 1P.53/2001 E 2d/aa und bb.
1015 BGer 1C_140/2008 E 5; BGE 132 I 256 (Brunnen) E 3; 127 I 164 (Davos) E 3b.
1016 ROHNER, SGK zu Art. 22, Rz. 14.
1017 BIAGGINI, Komm. zu Art. 22, N. 7 m.w.N.; ROHNER, SGK zu Art. 22, Rz. 14.

Gemeingebrauch auch dazu zählen; die Eigentumsverhältnisse allein sind nicht massgebend[1018].

499 Die *Bedingtheit* des Leistungsanspruchs ergibt sich in örtlicher und zeitlicher Hinsicht aus der Pflicht zur Berücksichtigung anderer Interessen durch die Bewilligungsbehörde, so namentlich eine besondere Zweckbestimmung oder ein besonderer Charakter eines Platzes[1019], die Unverträglichkeit mit einer traditionellen Veranstaltung von einer gewissen Bedeutung am gewünschten Ort, Interessen der Allgemeinheit und der Anwohner und Geschäftsinhaber[1020], des Verkehrs oder der Vermeidung übermässiger Immissionen[1021].

> Ist nicht die (Kantons- oder Gemeinde-)Polizei oder deren vorgesetzte politische Behörde selber Bewilligungsinstanz, erweist sich die Mitwirkung der Polizei für die Berücksichtigung anderer Rechtsansprüche und die *reale Durchsetzungsfähigkeit einer geordneten Inanspruchnahme* der Versammlungsfreiheit als unerlässlich.

500 Zur Versammlungsfreiheit gehören die Planung und Organisation ebenso wie die Anreise[1022].

Auch wenn in Art. 22 BV der Ausdruck «friedlich» (Art. 11 EMRK, Art. 21 UNO Pakt II) nicht vorkommt, so sind grundsätzlich dennoch *nur friedliche Versammlungen* vom Schutzbereich erfasst, was sich ohne Weiteres aus den demokratischen Rechten mit weitgehender Beteiligungsmöglichkeit der Stimmbürgerinnen und Stimmbürger am politischen Gestaltungs- und Entscheidungsprozess ergibt[1023].

501 Die Versammlung dauert bis zu ihrem erklärten oder tatsächlichen Ende[1024]. Die an einer *friedlichen* Versammlung Teilnehmenden müssen diese auch *ohne Behelligung* (durch staatliche Organe oder Private) wieder *verlassen* können[1025]. Finden sich

---

1018 BGE 127 I 164 (Davos) E 5b/bb m.w.N.
Es dürfte indessen wesentlich sein, ob ein dem Gemeingebrauch (mindestens teilweise) gewidmetes Privatareal einem Gemeinwesen oder Privaten (natürlichen oder juristischen Personen) gehört. Insbesondere, falls das Areal Privaten gehört, ist eine Interessenabwägung angezeigt (vgl. MÜLLER/SCHEFER, 588). Vgl. auch BGer 6B_116/2011 E 3.1, 3.3.
1019 BGE 124 I 267 (Klosterplatz Einsiedeln) E 3c.
1020 Näheres dazu im Zusammenhang mit Demonstrationsrouten unter Wirtschaftsfreiheit (Rz. 591).
1021 BGE 132 I 256 (Brunnen) E 3. Vgl. dazu Rz. 672 ff. (Verhältnismässigkeitsprinzip).
1022 BIAGGINI, Komm. zu Art. 22, N. 9; ROHNER, SGK zu Art. 22, Rz. 18.
1023 Kernstück des «ordre public européen» ist die demokratische Gesellschaft (Präambel der EMRK, EGMR Ahmed v. UK, § 52); das Finden einer Balance zwischen konfligierenden Grundrechten ist hierbei von fundamentaler Bedeutung (Ahmed v. UK, § 61 ff.; SCHWEIZER, Handbuch, 88, Ziff. 22). BGE 135 I 153 E 2.2.1; BIAGGINI, Komm. zu Art. 22, N. 10; MÜLLER/ SCHEFER, 582 f.; ROHNER, SGK zu Art. 22, Rz. 16; ZIMMERLI, HGR VII/2, § 219, RN 14.
1024 Im Urteil Cisse v. France, §§ 51 ff., erklärte der EGMR, dass die polizeiliche Evakuation einer von «sans papiers» während zwei Monaten – ohne Einwändung der zuständigen Organe – besetzten Kirche nicht «unvernünftig» war, da die Besetzer lange genug ihr Anliegen hätten kund tun können, und verneinte eine Verletzung von Art. 11 EMRK.
1025 Ähnlich MÜLLER/SCHEFER, 586.

Teilnehmende nach Auflösung einer Versammlung erneut in entsprechender Weise zusammen, handelt es sich um eine neue Versammlung[1026].

II. Schutzpflichten

Das Bundesgericht hat schon 1886 und 1894 in zwei Fällen unmissverständlich eine Pflicht des Staates zum Schutz der Versammlungsfreiheit insbesondere seitens der Polizei festgehalten.

502

«Die Ausübung eines verfassungsmässigen Rechtes darf nun aber gewiss nicht deshalb beschränkt oder aufgehoben werden, weil Dritte dessen berechtigte Ausübung zum Anlass der Begehung rechtswidriger Handlungen machen; die verfassungsmässige Vereins- und Versammlungsfreiheit darf nicht deshalb aufgehoben werden, weil Dritte diese missachten und dadurch zu Störungen der öffentlichen Ruhe und Ordnung Anlass geben. Es mag ja zugegeben werden, dass die Polizei, kraft ihrer Aufgabe, die öffentliche Ordnung aufrecht zu halten und Leben und Eigentum der Bürger zu schützen, berechtigt ist, etwa eine einzelne Versammlung aufzuheben, sofern sie nicht im Stande ist, durch andere Mittel die Ordnung aufrecht zu halten und die Theilnehmer an der betreffenden Versammlung zu schützen. Dagegen geht es nicht an, dass die Staatsgewalt sich ihrer Aufgabe, die durch Dritte gefährdete Ausübung der Vereins- und Versammlungsfreiheit zu schützen, dadurch entledige, dass sie die betreffenden bedrohten Versammlungen einfach verbietet. Die verfassungsmässige Gewährleistung muss auch *dann* und *gerade dann* ihre Wirksamkeit äussern, wenn es sich um Vereine oder Versammlung handelt, welche dem Publikum in seiner Majorität oder der Regierungsgewalt nicht sympathisch sind; gerade in solchen Fällen hat sich die verfassungsmässige Garantie des individuellen Rechts des Bürgers praktisch zu bewähren.»[1027]

503

Noch deutlicher wurde das Bundesgericht in einem Tessiner Fall 1894, als es dem Regierungsrat (unter Hinweis auf den eben zitierten Entscheid von 1886) gestützt auf Art. 50 aBV (Religionsfreiheit) und die (noch ungeschriebene) Versammlungsfreiheit[1028] folgendes Verdikt zukommen liess:

504

«Il ricorso è ammesso, con obbligo al Consiglio di Stato del Ticino di provvedere coi mezzi opportuni affinchè il culto evangelico possa essere celebrato liberamente e senza molestia in tutto il territorio del cantone.»[1029]

Mit einem Urteil von 1970[1030] hat das Bundesgericht in jüngerer Zeit (ohne Erwähnung der Urteile, die fast 100 Jahre früher bereits ergangen waren) die Versamm-

505

1026 ROHNER, SGK zu Art. 22, Rz. 13.
1027 BGE 12 93, 109. Demgegenüber wird in der Literatur zu Unrecht festgehalten, das BGer habe das ungeschriebene Grundrecht der Versammlungsfreiheit erst 1970 anerkannt (BIAGGINI, Komm. zu Art. 22, N. 1; KIENER/KÄLIN, 223; RHINOW/SCHEFER, Rz. 1687; ROHNER, SGK zu Art. 22, Rz. 1 ff.).
1028 BGE 20 274, 281: «Tanto *per il diritto di associazione*, quando per la libertà di culto e di coscienza, è precisamente quanto si tratta di confesioni e di persone non simpatiche alla maggioranza del pubblico che la garanzia costituzionale deve manifestarsi nella sua efficacia; ...»
1029 BGE 20 274, 283.
1030 BGE 96 II 219 E 4.

lungsfreiheit als ungeschriebenes Grundrecht anerkannt. Nach einhelliger Lehre und konstanter EGMR- und Bundesgericht-Praxis besteht neben der Leistungspflicht (vgl. Rz. 498 f.) auch ein *Anspruch auf Schutz einer Versammlung gegenüber Störungen Dritter*[1031].

506 Dieser Schutzanspruch kann jedoch ebenso nicht absolut sein. Der EGMR verwendet regelmässig die Wendung *vernünftige und angemessene («reasonable and appropriate») Massnahmen,* die zur Gewährleistung einer friedlichen Demonstration zu ergreifen seien, mit dem Hinweis, dass sich dies auf die Mittel und nicht auf die erzielten Ergebnisse beziehe[1032]. Etwas anders spricht das Bundesgericht von einem «ausreichenden Polizeischutz»[1033]. «Ausreichend» impliziert eine Prognose und spricht auch, im Unterschied zum EGMR, das Resultat an. Ob die polizeilichen Massnahmen ausreichend (oder umgekehrt allenfalls überdimensioniert) waren, zeigt sich erst hinterher[1034] (Näheres in Rz. 522 f.).

III. Demonstrationen im Besonderen

1. Sachlicher Schutzbereich

507 Wie erwähnt, kennt die BV kein separates Demonstrationsgrundrecht[1035]. Das Demonstrationsrecht wird durch Art. 22 i.V.m. Art. 16 BV aber dennoch gewährleistet[1036].
Der Schutzanspruch bezieht sich auch hier auf *friedliche* Kundgebungen[1037].

1031 EGMR Biçici v. Turkey (2010), § 54; Éva Molnár v. Hungary (2009), § 27; Balçik and others v. Turkey (2008), § 46; Plattform «Ärzte für Leben» v. Austria (1988), §§ 32 ff.; BGE 132 I 256 (Brunnen) E 3, 4.2 f.; 127 I 164 (Davos) E 3b; 124 I 267 E 3a; BIAGGINI, Komm. zu Art. 22, N. 7; KIENER/KÄLIN, 189, 228; MÜLLER/SCHEFER, 589; ROHNER, SGK zu Art. 22, Rz. 14 m.w.N.; ZIMMERLI, HGR VII/2, § 219, RN 25 f.
1032 Z.B. EGMR Plattform «Ärzte für Leben», § 34.
1033 BGE 132 I 256 E 3.
1034 Vgl. die nachträgliche Kontroverse über die polizeilichen Massnahmen im Zusammenhang mit dem «Harassenlauf» vom 1. Mai 2010, BaZ vom 7. Mai 2010 (Debatte im Landrat BL).
1035 So aber die Kantonsverfassungen BL in § 6 Abs. 2 lit. d und BS in § 11 Abs. 1 lit. m; Art. 19 Abs. 2 der Verfassung des Kantons Bern enthält im Kapitel 2.1, Grundrechte, ein Recht auf Kundgebungen auf öffentlichem Grund, das durch Gesetz oder Gemeindeerlass einer Bewilligungspflicht unterstellt werden kann, wobei Kundgebungen zu bewilligen seien, wenn «ein geordneter Ablauf gesichert und die Beeinträchtigung der andern Benutzerinnen und Benutzer zumutbar erscheint». Ferner wird die Demonstrationsfreiheit in den KV FR, JU, NE und VD erwähnt. BUSER, Rz. 69. Vgl. ZIMMERLI, HGR VII/2, § 219, RN 2.
1036 In der Botschaft zu VE 96, 166, wird mit der Formulierung, die Versammlungsfreiheit könne nur für friedliche Versammlungen und Demonstrationen angerufen werden, der Bezug auf Art. 16 BV als nicht (mehr) nötig dargestellt. BGer 1C_140/2008 E 5; BGE 132 I 256 (Brunnen) E 3 m.w.N.; BIAGGINI, Komm. zu Art. 22, N. 6; KIENER/KÄLIN, 228; MÜLLER/SCHEFER, 581 m.w.N.; RHINOW/SCHEFER, Rz. 1692; ROHNER, SGK zu Art. 22, Rz. 19.
1037 Vgl. Botschaft VE 96, a.a.O.

Schwierigkeiten bieten die von Lehre und Rechtsprechung entwickelten Kriterien mitunter für die Einschätzung in der Praxis, ob eine künftige (bewilligte oder unbewilligte) Demonstration nach den vorliegenden Informationen und Indizien (noch) als *friedlich* gedacht sei.

Dabei spielt die Wortwahl eine wesentliche Rolle. Einigkeit herrscht darüber, dass Demonstrationen mit dem *Ziel, Gewalttaten gegen Menschen oder Sachen zu begehen*, *nicht* von der Versammlungsfreiheit gemäss Art. 22 BV bzw. Art. 11 EMRK *geschützt* sind, also ausserhalb des Schutzbereichs liegen. Bereits hier aber zeigen sich Differenzen: 508

MÜLLER/SCHEFER[1038] halten u.a. fest, die «Zusammenrottung mit dem Ziel der empfindlichen Schädigung von Personen und Sachen (fällt) nicht unter den Schutzbereich des Grundrechts». Hier fragt sich, ob eine «Zusammenrottung» überhaupt unter den Begriff der Versammlung fallen kann; jedenfalls hat sie nach dem üblichen Wortgebrauch nicht unbedingt einen (für das Grundrecht nötigen) kommunikativen Zweck. Wie sind «empfindliche Schädigungen von Personen» zu umschreiben? Genügt eine Tätlichkeit (z.B. Boxhieb), die zu einem Bluterguss führt, oder braucht es eine Verletzung, die spitalarztliche Behandlung nötig macht? Weiter: «Nur krasse Fälle der Gewalttätigkeit dürfen dazu führen, Versammlungen von vornherein vom Schutzbereich der Versammlungsfreiheit auszunehmen, so wenn eine Gruppe ohne erkennbares Ziel der Meinungsbildung oder anderer Kommunikation aktiv und aggressiv auf Personen und Sachen einwirkt»[1039]. Auch diese Formulierung macht *Grundrechtskollisionen* und zugleich die Grenzen des Grundrechtsschutzes deutlich: Wie erheblich muss die Beeinträchtigung der persönlichen Freiheit (Art. 10 Abs. 2 BV) und der Eigentumsgarantie (Art. 26 BV) sein, damit die *Gewalttätigkeit* anlässlich einer Demonstration den Schutz der Versammlungsfreiheit aufhebt? Daraus ergibt sich eine sehr weit gefasste Grenzziehung des Schutzbereichs der Versammlungsfreiheit zu Lasten anderer individueller Grundrechte just meist von solchen Grundrechtsträgern, welche die öffentliche Sicherheit und positivierte öffentliche Ordnung gerade nicht verletzen. Dies kann dem *Prinzip praktischer Konkordanz* zuwiderlaufen[1040]. 509

Nicht übersehen werden sollte, dass in der Praxis Gewaltanwendungen anlässlich einer Demonstration gerade *Teil der Kommunikation* der Anliegen resp. der auf diese Weise *verstärkten Appellwirkung* sind[1041]. Nicht zu bestreiten ist, dass Demonstrationen mit (zumindest) erheblichen Sachbeschädigungen in den Medien und in der Politik einen grösseren Widerhall finden als solche ohne, womit zunächst das illegale, grundsätzlich von der Versammlungsfreiheit gerade nicht geschützte (Teil-)Verhalten zu einem weiter gehenden Transport der Meinung der Demonstrierenden führt. 510

1038 583.
1039 MÜLLER/SCHEFER, 584.
1040 Näheres zum Prinzip praktischer Konkordanz: MARTIN, 224 ff. m.w.N.
1041 Bezeichnend in dieser Hinsicht die Formulierung des BGer in BGE 127 I 164 (Davos) E 4b: «Weltweit haben sich die Globalisierungsgegner vermehrt und vor allem auch *gewalttätig zu Wort gemeldet.*»

511 Umgekehrt hält BIAGGINI[1042] unter Verweis auf einen älteren Bundesgerichtsentscheid[1043] in dessen Wortlaut fest, «die öffentliche Ordnung (lasse) keinen Raum für Meinungskundgebungen, die mit rechtswidrigen Handlungen wie Beschmieren und Bekleben von Schaufenstern, Einschlagen von Scheiben, Beschädigung von Autos, Stilllegung des Strassenverkehrs, Belästigung von Passanten etc. verbunden sind». Diese Umschreibung weist auf einen bezüglich der Abgrenzung zu illegalem Verhalten eher engen Schutzbereich der Versammlungsfreiheit hin. Dies gilt insbesondere, wenn die einzelnen nicht gedeckten Verhaltensweisen alternativ zu verstehen sind.

512 Das *Bundesgericht* hat sich in mehreren Entscheiden zum Schutzbereich der Versammlungs- bzw. Demonstrationsfreiheit und dessen Grenzen geäussert.

Die Strafrechtliche Abteilung hielt mit Urteil vom 3. April 2008[1044] betreffend einer Blockade der Autobahn als Streikmassnahme fest, die Versammlung der Bauarbeiter im Bareggtunnel könne als Versammlung im verfassungsrechtlichen Sinn qualifiziert werden, woraus aber nicht folge, dass diese rechtmässig gewesen sei. Die Blockadeaktion mit ca. 30 gemieteten Bussen, durch die medienwirksam ein unüberwindliches Hindernis errichtet und dadurch kilometerlange Staus provoziert worden seien, hätten die Organisatoren nicht bloss in Kauf genommen, sondern vielmehr angestrebt. Dadurch sei «die allfällige Versammlung der Bauarbeiter im Rahmen der gesamten von den Beschwerdeführern geplanten und organisierten Aktion in den Hintergrund» getreten, und die Blockade «auch unter der gebotenen Berücksichtigung des Grundrechts der Versammlungsfreiheit unrechtmässig» gewesen[1045].

Daraus lässt sich zunächst ableiten, dass es nicht notwendigerweise des Kriteriums von Gewaltanwendungen bedarf, um den Schutzbereich der Versammlungsfreiheit abzustecken, und dass die Absicht der Organisatoren von Bedeutung ist[1046].

513 Damit bestätigte das Bundesgericht die vorgenommene *Grundrechts-Kollisionsregelung* in BGE 132 I 256, wonach die Bewilligungsbehörde «die zweckmässige Nutzung der vorhandenen öffentlichen Anlagen im Interesse der Allgemeinheit und der Anwohner und die mit einer Kundgebung verursachte Beeinträchtigung von Freiheitsrechten unbeteiligter Dritter mit- [zu] -berücksichtigen» habe. Zu diesen Interessen zählen namentlich «solche des öffentlichen und privaten Verkehrs, der Vermeidung von übermässigen Immissionen, der Aufrechterhaltung der Sicherheit und der Abwendung unmittelbarer Gefahren von Ausschreitungen, Krawallen und Gewalttätigkeiten sowie Übergriffen und Straftaten jeglicher Art». Knapp wird in diesem Urteil zusammengefasst, die öffentliche Ordnung lasse «keinen Raum für Meinungskundgebungen, die mit rechtswidrigen Handlungen verbunden sind oder einen gewalttätigen Zweck verfolgen»[1047].

1042 Komm. zu Art. 22, N. 10.
1043 BGE 111 Ia 322 E 6a: «Keinesfalls zum Begriff der Demonstration gehört aber Randalieren.»
1044 BGE 134 IV 216 E 5.2 ff.
1045 Vgl. das Urteil des Bundesverfassungsgerichtes 1 BvR 388/05 (2011) zum Verhältnis zwischen der Versammlungsfreiheit und der Rechtswidrigkeit Dritte nötigenden Verhaltens.
1046 In diesem Zusammenhang stellt sich die Frage, ob die Grenze des Schutzbereichs der Versammlungsfreiheit oder die Kollision mit andern Freiheitsrechten Unbeteiligter (kilometerlange Staus) für den Entscheid wesentlicher war.
1047 E. 3. Kritisch dazu MÜLLER/SCHEFER, 583 f. Mindestens formal bedeutet diese Formulierung, dass Kundgebungen, die mit rechtswidrigen Handlungen verbunden sind, nicht geschützt

Diese Formulierung führt zur Folgerung, dass an andere polizeiliche Gründe (z.B. Verkehr, übermässige Immissionen) als mögliche Gründe für eine Verweigerung einer Bewilligung weniger strenge Anforderungen gestellt werden als an die Gefahr von Ausschreitungen, die demnach unmittelbar sein muss.

2. Beschränkungen qua Bewilligungspflicht

Versammlungen resp. Demonstrationen *auf öffentlichem Grund* dürfen einer *Bewilligungspflicht* unterstellt werden, was bereits den Schutzbereich des Grundrechts tangiert; daher bedarf es dafür einer gesetzlichen Grundlage (Art. 36 BV)[1048]. Materiell liegen die Gründe hiefür (Art. 5 Abs. 1 und 2 BV) im üblicherweise gesteigerten Gemeingebrauch und den damit meist notwendigerweise verbundenen Vorkehrungen (bspw. Verkehrsbeschränkungen, sofern erheblich mit Vorankündigung) ebenso wie in der Beurteilung, ob spezielle polizeiliche Massnahmen zum Schutz einer bewilligten Demonstration oder zur Verhinderung bzw. Eindämmung von Ausschreitungen nötig seien.

514

Es besteht kein Anspruch auf die Durchführung einer Demonstration an einem bestimmten Ort, wenn sachliche Gründe gegen diese Örtlichkeit oder Route sprechen[1049].
Unzulässig ist es, für eine Bewilligung die Namen der Sprechenden im Voraus bekannt geben zu müssen[1050].

515

Versammlungen auf privatem Boden bedürfen keiner Bewilligung. *Beschränkungen* oder gar *Verbote* sind *nur bei einer konkreten und unmittelbaren Gefahr* für die Sicherheit, die entweder der Versammlung droht oder von ihr (für die öffentliche Sicherheit, die positivierte öffentliche Ordnung oder die Grundrechte Einzelner) ausgeht, zulässig[1051,1052].

516

---

werden, einen Widerspruch zu EGMR Cisse v. France (FN 1007), §§ 37 ff., in dem auch den Besetzern einer Kirche das Versammlungsrecht zugesprochen wurde.

1048 EGMR Éva Molnár v. Hungary §§ 35, 37; BGE 132 I 256 (Brunnen) E 3 f.; 127 I 164 (Davos) E 3; Biaggini, Komm. zu Art. 22, N. 13; Peduzzi, 249 f.; Rohner, SGK zu Art. 22, Rz. 21; Rhinow/Schefer, Rz. 1700 ff.
1049 Rhinow/Schefer, Rz. 1577.
1050 BGE 107 Ia 292 E 4; Müller/Schefer, 586; Rohner, SGK zu Art. 22, Rz. 17.
1051 Rohner, SGK zu Art. 22, Rz. 30; Müller/Schefer, 588; Zimmerli, HGR VII/2, § 219, RN 32.
1052 Eine Gruppierung lud im Vorfeld einer Demonstration zu einer Versammlung in einen Raum im 1. Stock einer staatlichen Liegenschaft in Basel ein, den sie erlaubterweise für Vereinszwecke benützte. Die Tragkraft der Gebäudekonstruktion war jedoch nicht für eine Belastung von rund 500 Personen ausgelegt, sodass die Baubehörde vor akuter Einsturzgefahr warnte. Trotz entsprechendem Hinweis und Angebot eines Ersatzsaales mit genügender Kapazität weigerten sich die Organisatoren, das Lokal zu verlassen. Um der Gefahr schwerer Verletzungen zuvorzukommen, löste die Polizei die Versammlung auf. Es folgten die Blockierung einer (Tram-)Durchgangsstrasse und Ausschreitungen.

517 Indessen kann für Veranstaltungen in *nicht unbeschränkt öffentlich zugänglichen Räumen*[1053] (z.B. Stadien, vgl. Rz. 1362 ff.), die bei einem *grossem Zuschaueraufmarsch* besondere Sicherheitsmassnahmen der Behörden erforderlich machen, eine Bewilligungspflicht *in einer genügend bestimmten (d.h. die Bewilligungspflicht eingrenzenden) Gesetzesnorm* vorgesehen werden. Hier übersteigt in aller Regel das öffentliche Interesse, das Interesse der Veranstalter und dasjenige der Besucherinnen und Besucher an der Sicherheit aller das Interesse an der ungehinderten Versammlungsfreiheit. Dementsprechend können Auflagen im Rahmen der Verhältnismässigkeit (Art. 36 Abs. 3 BV) gemacht werden[1054]. Zudem ist die Sicherheitsgewährleistung an Orten, die der Allgemeinheit offen stehen, zu denen die halb-öffentlichen Räume (mit gewissen Einschränkungen) gehören, auch grundsätzlich Sache der Polizei[1055].

518 Die *öffentliche Sicherheit* postuliert aber nicht nur den Schutz fundamentaler Rechtsgüter wie die körperliche Unversehrtheit und die Eigentumsgarantie (Art. 10 Abs. 1 und 2 und Art. 26 BV, je mit den entsprechenden zivil- und strafrechtlichen Normen zu deren Konkretisierung[1056]), sondern auch der staatlichen Institutionen mit allen rechtlich geregelten Zuständen und Verfahren (vgl. Rz. 92). Das Bundesgericht nennt als polizeiliche Interessen exemplifikativ die zweckmässige Nutzung des «öffentlichen und privaten Verkehrs, die Vermeidung übermässiger Immissionen, die Aufrechterhaltung der Sicherheit», die «Abwendung unmittelbarer Gefahren von Ausschreitungen, Krawallen und Gewalttätigkeiten sowie von Übergriffen und Straftaten jeglicher Art»[1057].

519 Auch diese Formulierungen sollten allerdings nicht in dem Sinne verabsolutiert werden, dass bereits die mindeste Störung des öffentlichen oder privaten Verkehrs oder jede «Straftat» zur Einschränkung der Versammlungsfreiheit berechtigt[1058]. So gelten als Straftaten Verbrechen und Vergehen[1059], nicht aber Übertretungen[1060]. Alle genannten Verstösse gegen die Rechtsordnung bedürfen einer gewissen Schwere, sei es in qualitativer, quantitativer oder zeitlicher Hinsicht, um eine Beschränkung oder gar ein Verbot einer Versammlung zu rechtfertigen[1061]. Im Rahmen der Prüfung der *Verhältnismässigkeit* ist insbesondere auch umgekehrt zu beurteilen, ob die von Seiten Demonstrierender konkret befürchteten Rechtsbrüche (vgl. Rz. 521 ff.) *der Allgemeinheit oder einzelnen*

1053 Vgl. MOHLER, Zutrittskontrollen, 74 f. m.w.N.
1054 Vgl. § 66 PolG BS: Veranstaltungen auf Privatareal mit mehr als 20 000 erwarteten Personen sind bewilligungspflichtig (Abs. 1); für Veranstaltungen mit weniger als 20 000 erwarteten Personen bedarf es einer Bewilligung nur, wenn eine Gefahr für Leib und Leben eintreten, beträchtlicher Sachschaden entstehen oder umfangreiche verkehrspolizeiliche Massnahmen erforderlich sein können (Abs. 2). Ferner: MOHLER, Zutrittskontrollen, 75 ff.
1055 MOHLER, a.a.O. m.w.N.
1056 Art. 27 ff. ZGB, Art. 41 ff. OR, verschiedene Straftatbestände betreffend Leib und Leben, Vermögen, Eigentum und Freiheit.
1057 BGE 132 I 256 (Brunnen) E 3.
1058 Kritik an der Praxis des BGer bis BGE 127 I 164 (Davos) bei KIENER/KÄLIN, 227.
1059 Art. 10 StGB.
1060 Art. 103 StGB («Taten»).
1061 MARTIN, 84.

davon Betroffenen noch zumutbar und allenfalls begangene Rechtsverletzungen der nachträglichen zivil- und strafgerichtlichen Beurteilung zu überlassen sind.

Umgekehrt findet der Begriff «friedlich» nicht erst dort seine Grenze, wo «die Gewalt an Personen und Sachen zur reinen Zerstörungslust der Mehrheit der Teilnehmenden wird, welche jegliche meinungsbildende Komponente ausschliesst»[1062]. Zwischen diesem sehr weit reichenden Schutzbereich der Versammlungsfreiheit und der engen Grenzziehung, wonach nicht jeder strafrechtliche Verstoss eine Versammlung unfriedlich werden lasse[1063], liegt eine derart grosse Differenz, dass die beiden zusammen genommen nicht als Massstäbe taugen. Es ist insbesondere nicht einzusehen, weshalb die Grundrechte von betroffenen Dritten auf persönliche Freiheit oder in Bezug auf die Eigentumsgarantie derart eingeschränkt werden sollen. Dies führte zu einer einseitigen Anwendung des Verhältnismässigkeitsprinzips – und damit auch zu einer unverhältnismässigen Lösung einer Grundrechtskollision – und könnte im Einzelfall aus der Perspektive von Geschädigten als Verstoss gegen Art. 9 BV (neben Art. 10 Abs. 1 BV) verstanden werden[1064].

520

Auch in den Urteilen des EGMR finden sich keine Formulierungen, die *erhebliche* Gewalttaten verlangten, damit der Schutz friedlicher Versammlungen *(peaceful assemblies)* entfalle. Die Grenze wird enger gezogen: Anstiftung oder Aufwiegelung zu Gewalt *(incitement to violence)*[1065], gewalttätig werden *(engage in violent acts)*[1066] oder Gewaltanwendung *(recourse to violence)*[1067], gar das Begehen verwerflicher (oder tadelnswerter: *reprehensible)* Handlungen[1068] genügen dem Gerichtshof, dass eine Versammlung nicht mehr als friedlich zu beurteilen ist. Umgekehrt macht er deutlich, dass eine Demonstration ein *gewisses Mass an Störung der geordneten Verhältnisse (ordinary life)* wie auch Störungen des Verkehrs bewirken kann, was zu tolerieren sei[1069].

521

Im Rahmen der *Verhältnismässigkeitsprüfung* dürfte das *pflichtgemässe Ermessen* der rechtsanwendenden Behörde die Schutzwirkung der Versammlungsfreiheit dort begrenzen, wo ein *rechtswidriges Verhalten von Demonstrierenden (oder einem Teil von ihnen) gesamthaft*[1070] *sowohl objektiv* die öffentliche Sicherheit oder gesetzlich positivierte Ordnung[1071] erheblich, d.h. mit nicht mehr als Bagatellen zu wertenden Straftaten, stört, *und* wo dieses auch für die in concreto betroffenen Personen *unzumutbar* ist; das dürfte

522

1062 MARTIN, a.a.O.
1063 MARTIN, a.a.O.
1064 BGE 127 I 38 E 2a; BIAGGINI, Komm. zu Art. 9, N. 6.
1065 EGMR Sergey Kuznetsov v. Russia, § 45.
1066 EGMR Saya and others v. Turkey, § 46; Uzunget and others v. Turkey, § 53.
1067 EGMR Radko & Paunkovski v. FYROM, § 76: im Kontext der Begründung: «...*through dialogue, without recourse to violence,* ...» (ohne Gewaltanwendung).
1068 EGMR Ashughyan v. Armenia, §§ 90, 93, 98, 101.
1069 EGMR Ashughyan v. Armenia, §§ 90, 100.
1070 EGMR Radko & Paunkovski v. FYROM, § 71.
1071 Zu denken ist bspw. an die unzumutbare Dauer der Blockierung des Betriebs der öffentlichen Verkehrsmittel, ohne dass durch das Verhalten der Störer jedoch die öffentliche Sicherheit im engeren Sinn oder die Sicherheit Einzelner betroffen ist (Rz. 539).

der vom EGMR immer wieder verwendeten Wendung *«pressing social need»* für eine Beschränkung entsprechen[1072].

523   Die Beurteilung muss sich auf *konkrete Informationen bzw. Hinweise* stützen, die eine unmittelbare Gefahr von erheblichen Rechtsbrüchen indizieren[1073]. Ein theoretisches Risiko für Auseinandersetzungen[1074] ebenso wie kämpferische Töne in der Ankündigung einer Demonstration oder schockierende Aussagen[1075] genügen nicht für die Annahme bevorstehender Gewalttätigkeiten oder anderer erheblicher Rechtsbrüche[1076]. Es müssen objektivierbare Fakten, die unbestreitbar auf das Risiko erheblicher rechtswidriger Verhaltensweisen hinweisen, vorliegen[1077]. Dabei sind sprachliche Verklausulierungen (bspw. in SMS), insbesondere solche, die in gewaltbereiten Kreisen auch im Zusammenhang mit früheren Demonstrationen, bei denen es zu Ausschreitungen kam, zu prüfen und zu entschlüsseln. Auch dürfen entsprechende deliktische Verhaltensweisen (losgelöste Einzeltaten oder bei Kundgebungen), die den Organisatoren oder dem (notorischen) Teilnehmerkreis einer Demonstration zuzurechnen sind, in der Gesamtbeurteilung berücksichtigt werden[1078].

524   Die *Beschränkungen* müssen im Rahmen des Ausgleichs kollidierender Interessen und (Grund-)Rechte selber *verhältnismässig* sein. Da es keinen absoluten Anspruch für eine Bewilligung zur Benützung öffentlichen Grundes gibt (vgl. Rz. 498 f.), können die Behörden eine Bewilligung mit dem Einhalten verfügter Auflagen in Bezug auf Zeit oder Ort der Versammlung oder eine Demonstrationsroute abhängig machen. Werden innert einer Zeitspanne von einigen Wochen immer wieder Gesuche für die gleichen (als besonders geeignet betrachteten) Strassenzüge zu gleichen Tageszeiten (oft Samstag-Nachmittage) gestellt, was immer wieder zu spürbaren Einschränkungen der Geschäftstätigkeit an diesen Orten führt, ist ein Ausgleich zwischen der angestrebten Appellwirkung auf der einen Seite und der Wirtschaftsfreiheit (vgl. Rz. 337, 591 f.) der Betroffenen auf der andern Seite zu suchen. Dabei sind solche Beschränkungen, sofern angezeigt, unter mehreren unterschiedlichen Organisatoren ebenso in ausgleichender Weise aufzuerlegen.
Eine Bewilligung kann auch eine zumutbare *Mitwirkung der Kundgebungsteilnehmer* bei der Gewährleistung von Sicherheit voraussetzen[1079].

525   Ein *Vermummungsverbot* ist zulässig, sofern es in einem genügend bestimmten Gesetz vorgesehen und nicht ausnahmslos anzuwenden ist. Sein Ziel kann nur darin liegen zu verhindern, dass man sich – aufgrund seiner Vermummung – nach begangenen Rechtsbrüchen der strafrechtlichen Verantwortung entziehen kann. Im Einzelfall kann das Ver-

---

1072 Vgl. z.B. EGMR Ahmed v. UK, § 55; Christian Democratic People's Party v. Moldowa, § 27 ff.; Stankov v. Bulgaria, § 87.
1073 MÜLLER/SCHEFER, 584 m.w.N.
1074 EGMR Christian Democratic People's Party v. Moldowa, § 28.
1075 EGMR Christian Democratic People's Party v. Moldowa, § 27; Radko & Paunkovski v. FYROM, § 76; Stankov v. Bulgaria, § 86.
1076 EGMR Radko & Paunkovski v. FYROM, §§ 75 f.
1077 EGMR Stankov v. Bulgaria, § 78 (in diesem Fall: «...had violent intentions...»), § 111 («real foreseeable risk»).
1078 EGMR Radko & Paunkovski v. FYROM, § 71; BGE 132 I 256 (Brunnen) E 42 ff. Vgl. die Feststellungen im Bericht SD BS, Ziff. 2.1.1 (6 f.).
1079 BGE 132 I 256 E 3, 4, 4.1, 4.4.3.

mummungsverbot dann einen Eingriff in den Schutzbereich der Versammlungsfreiheit oder der persönlichen Freiheit darstellen, wenn das Tragen beispielsweise einer Gasmaske als Symbol für die Meinungsäusserung oder eines Kopftuches als religiöses Zeichen zu betrachten ist (vgl. Rz. 474)[1080].

Für ein *Verbot einer Kundgebung* – als *ultima ratio*[1081] – müssen *schwerwiegende Gründe* vorliegen: Die Möglichkeiten, insbesondere die Ressourcen – nötigenfalls selbst mit Verstärkung – der Polizei müssen als ungenügend beurteilt werden, um einerseits eine Kundgebung vor Störungen durch oder gewaltsame Auseinandersetzungen mit Gegendemonstranten zu schützen, andererseits um gravierende Ausschreitungen der Kundgebungsteilnehmer selber verhindern zu können.
Gleiches gilt für ein Verbot von andern Veranstaltungen wie z.B. Fussballspielen, wobei sich in diesen Zusammenhängen noch deutlich verschärfte Grundrechtskonkurrenzen und -kollisionen ergeben können. 526

Ebenso ist zu prüfen, ob *Möglichkeiten der Durchsetzung eines Verbotes mit verhältnismässigen Mitteln* überhaupt gegeben sind. Dabei müssen nicht nur die Folgen *gezielter Interventionen*, sondern auch unerwünschte Nebenwirkungen *(chilling effects)* bei Unbeteiligten in Rechnung gestellt werden[1082]. 527

Die Bewilligungs- (oder auch Melde-)Pflicht im Zusammenhang mit Veranstaltungen im öffentlichen Raum darf jedoch nicht so ausgelegt werden, dass *Spontandemonstrationen* verunmöglicht würden[1083]. 528

Der EGMR hat dabei seine Formulierung, wonach – strikt ausgelegt – das Fehlen einer Bewilligung bzw. vorherigen Ankündigung einer Kundgebung *nie* allein ein hinreichender Grund für die Auflösung einer friedlichen Demonstration sein könne und daher eine unverhältnismässige Beschränkung der Versammlungsfreiheit darstelle[1084] in einem späteren Urteil modifiziert: Das alleinige Fehlen der Bewilligung oder allenfalls Meldung einer (Spontan-)Demonstration könne nicht die genügende Grundlage für die Auflösung einer Kundgebung sein. Um die Versammlungsfreiheit (gegen Störungen anderer) zu schützen und berechtigte Interessen Dritter zu respektieren ebenso wie um die öffentliche Sicherheit aufrecht zu erhalten, also konfligierende Interessen ausbalancieren zu können, seien entsprechende Administrativvorschriften üblich und also solche nicht als Verstoss gegen Art. 11 EMRK zu verstehen, solange sie keine versteckten Hindernisse dieser Versammlungsfreiheit darstellten[1085]. Gleich entschied das Bundesgericht bezüglich des Ortspolizeireglementes von Thun, wonach bei einer friedlich verlaufenen Kund- 529

1080 MÜLLER/SCHEFER, 589 f.; ZIMMERLI, HGR VII/2, § 219, RN 19.
1081 BIAGGINI, Komm. zu Art. 22, N. 13; ROHNER, SGK zu Art. 22, Rz. 27.
1082 Die Verhinderung einer unbewilligten Demonstration mehrerer Hundert «unbeugsamer» Kundgebungsteilnehmer an einem Samstagnachmittag, zudem am 24. Dezember, in einer Innenstadt dürfte sich mit den «klassischen» Mitteln als schier unmöglich erweisen, da der Einsatz z.B. von Tränenreizstoff insbesondere wegen der unvermeidlichen schweren Beeinträchtigung einer grossen Anzahl Dritter (selbst wenn diese die Demonstration lautstark ablehnen) unmöglich ist.
1083 EGMR Éva Molnár v. Hungary, § 38; Bukta and others v. Hungary, § 36; BGer 1C_140/2008 E 6.
1084 EGMR Bukta and others v. Hungary, § 36.
1085 EGMR Éva Molnár v. Hungary, § 37; Balçik and others v. Turkey, § 49.

gebung, für die keine Bewilligung eingeholt (und auch keine Meldung erstattet) worden ist, die Strafbarkeit der Teilnahme (an einer nicht bewilligten Demonstration) entfalle, da auf Grund einer nachträglichen summarischen Prüfung die Bewilligung zu erteilen gewesen wäre (unter Verweis auf EGMR Bukta and others v. Hungary)[1086].

3. Andere Beschränkungen

530 Die an einer *friedlichen Demonstration* Teilnehmenden dürfen *in keiner Weise registriert werden*. Dies gilt für jede Art der Identitätserfassung, sei es mittels Erkennen durch Polizeibedienstete, Fotografien oder Videoaufnahmen mit genügendem Auflösungsvermögen[1087]. Auch diejenigen Personen, die ein Gesuch einreichen, dürfen nicht in eine Datei aufgenommen werden, es sei denn, sie seien bei früheren Kundgebungen wegen Beteiligung (Organisation, Täterschaft oder Teilnahme) an erheblichen Rechtsbrüchen registriert worden.

531 Datenbearbeitungen zu präventiven oder Strafverfolgungszwecken der Sicherheits- oder Kriminalpolizei stützen sich insgesamt auf und unterliegen den Beschränkungen von vier verschiedenen Gesetzgebungen, drei des Bundes[1088] und einer kantonalen: dem Bundesgesetz über die Massnahmen zur Wahrung der inneren Sicherheit mit dem Bundesgesetz über den Datenschutz, dem Strafprozessrecht und dem kantonalen Polizeirecht. Alle vier stimmen in Bezug auf den Datenschutz hinsichtlich grundrechtlicher Voraussetzungen, Bedingungen und Auflagen materiell-rechtlich überein. In der Praxis macht dies deren richtige Anwendung mit überraschend schnell ändernden Szenarien indessen nicht immer einfacher, können doch je nach Beurteilung des Verhaltens oder der Zugehörigkeit einer Person zu einer Gruppe drei verschiedene (BWIS, StPO und kantonales PolG) als gesetzliche Grundlage für eine Personenkontrolle in Fragen kommen.

532 Es ist demnach zu differenzieren, ob Personendaten für *präventive* oder *Strafverfolgungszwecke* erhoben werden sollen. In *präventiver* Hinsicht müssen auf Bundesstufe spezifische Gesetze (z.B. BWIS, ZG, PBG), auf der kantonalen Ebene das kantonale Polizeigesetz oder spezielle Gesetze die nötige Rechtsgrundlage liefern, für repressive Zwecke ist der strafprozessuale Rahmen massgebend, wobei auch kantonale Polizeigesetze Rechtsgrundlagen für strafrechtliche vorläufige Festnahmen enthalten. Doch auch hier kann die Rechtsgrundlage während ein und derselben Personenkontrolle ändern: Anlässlich der zunächst rein präventiven Identitätsprüfung stellt sich heraus, dass die kontrollierte Person zur Festnahme ausgeschrieben ist.

533 In jedem Fall ist im Polizeirapport festzuhalten, gestützt auf welche Gesetzesgrundlage die Freiheitsbeschränkung erfolgt ist (Aktenführungspflicht, Rz. 1442 ff.).

534 Personendaten dürfen – das Vorliegen einer gesetzlichen Grundlage vorausgesetzt – insoweit bearbeitet werden, als dies für die Erfüllung der spezifischen polizeilichen

---

1086 BGer 1C_140/2008 E 7.2.
1087 MÜLLER/SCHEFER, 586 f.; ZIMMERLI, HGR VII/2, § 219, RN 20; Bericht SD BS, 10 ff.
1088 Das ZNDG verweist in Art. 6 auf die Massgeblichkeit des BWIS.

Aufgaben erforderlich[1089] und geeignet ist (Verhältnismässigkeitsprinzip). *Vor* jeder Erhebung von Daten ist daher festzustellen, ob diese und in welchem Umfang rechtens sei. Dabei sind einerseits die *Handlungsfähigkeit der Polizei* zu gewährleisten, andererseits die *Persönlichkeitsrechte der Betroffenen* einschliesslich des *Verhältnismässigkeitsprinzips* (welche Fragen dürfen ausser denjenigen nach den Personalien gestellt werden?[1090]) zu respektieren.

4. Foto- und Videoaufnahmen im Besonderen[1091]

Foto- oder Video- Übersichtsaufnahmen, die *keine direkte oder indirekte Identifikation* von Personen ermöglichen, fallen nicht in den Schutzbereich von Art. 13 Abs. 2 BV und somit nicht unter das Datenschutzrecht (Rz. 1170). 535

Dazu gehören Geräte, die erlauben, das Geschehen auf Strassen oder Plätzen als Ganzes (ohne Identifikationsmöglichkeiten) zu beobachten, um (anstelle beobachtender Polizeidienstangehöriger) rasch beurteilen zu können, ob Massnahmen irgendwelcher Art zu ergreifen seien.

Aufnahmen bzw. Aufnahmemöglichkeiten, die sich zur Identifikation eignen und dafür eingesetzt werden sollen, bedürfen einer Grundlage in einem formellen, genügend bestimmten Gesetz (Art. 36 Abs. 1 BV). Eine genügende Bestimmtheit dürfte darin liegen, dass es für den Einsatz dieser Mittel einer *konkreten Gefahr von Gewalt- oder andern nötigenden Straftaten* (Köperverletzungen, Sachbeschädigungen, vorsätzliche Störungen des öffentlichen oder privaten Verkehrs, Landfriedensbruch) bedarf (Gesetzesvorbehalt)[1092]. Vgl. Rz. 1174 f. 536

Erweisen sich gemachte Aufnahmen hinterher als unnötig, da sich die Gefahr nicht verwirklicht hat, oder werden sie für die Strafverfolgung nicht mehr gebraucht, müssen sie gelöscht oder vernichtet werden[1093].

5. Auflösung von Kundgebungen

Kommt es zu Ausschreitungen, gelten für die Beurteilung, ob eine Auflösung gerechtfertigt und mit verhältnismässigen Mitteln durchsetzbar sei, die gleichen Massstäbe wie für die Einschränkung der Versammlungsfreiheit durch das Erfordernis von Bewilligungen dargelegt (vgl. Rz. 514 ff.). 537

1089 Die Erforderlichkeit kann wiederum mit der EGMR-Umschreibung «nötig in einer demokratischen Gesellschaft» (*«necessary in a democratic society»*) präzisiert werden; ausführlich dazu EGMR Kennedy v. UK, § 130, 153 ff.
1090 Z.B. woher und wohin des Wegs, Frage nach den erhaltenen Informationen in Bezug auf die Versammlung oder Demonstration (von wem, wie, wann) oder nach mitgeführten Gegenständen.
1091 Vgl. Zum Ganzen: L. MÜLLER, *passim*.
1092 BGE 136 I 87 E 8.2 ff. Vgl. Bericht SD, 10 f.; § 58 Abs. 1 PolG BS.
1093 Vgl. z.B. § 58 Abs. 2 PolG BS; EGMR Segerstedt-Wiberg and others v. Sweden, § 107.

538 Wann aber verliert eine Kundgebung den *friedlichen Charakter?* Rechtsbrüche einzelner Teilnehmer, die für die Demonstration nicht prägend sind, genügen nicht[1094]. Umgekehrt erscheint der völlige Verlust der meinungsbildenden Komponente[1095] vom Schutzbereich als nicht mehr gedeckt und findet auch in der EGMR-Rechtsprechung keine Bestätigung[1096].

539 Eine Blockade des öffentlichen oder privaten Verkehrs z.B. kann erhebliche Grundrechtsbeschränkungen Betroffener bewirken, wobei diese Form der Kundgebung gewissen Anliegen gerade verstärkt Ausdruck verleihen und damit Teil des Appells sein soll (vgl. Rz. 512).

540 Ob eine für die Demonstration repräsentative Zahl von Akteuren für Rechtsbrüche[1097] massgebend sein kann, ist fraglich. Bei welchem Prozentsatz beginnt die Repräsentativität? Wenn der sog. «schwarze Block» bestehend aus 20 bis 30 Leuten aus dem Schutz der Masse von friedlich Demonstrierenden heraus und wieder in dieser untertauchend schwere Sachbeschädigungen mit grossen Schäden (Tausende von Franken im Einzelfall, fünf- und sechsstellige Beträge zusammengerechnet) begeht, sind sie für die Gesamtzahl kaum repräsentativ, ändern aber den *Charakter der Kundgebung* grundlegend. Ob diese Zerstörungen mit dem Anliegen der Demonstration in Verbindung gebracht werden können oder nicht, spielt dann ebenso keine Rolle mehr: Von einer friedlichen Versammlung, auf welche die demokratische Ordnung ein Grundrecht vermittelt, kann diesfalls keine Rede mehr sein.

541 Auch eine *übermässige Dauer* einer Kundgebung kann Grund für eine Auflösung bilden, sofern die Demonstrierenden ihr Anliegen genügend kundtun konnten, die Beeinträchtigungen durch die Polizei nicht mehr zu begrenzen und daher unzumutbar geworden waren[1098]. Dabei spielen Zeit und Ort der Demonstration eine massgebende Rolle[1099]. So führt die Blockierung einer Hauptverkehrsader oder eines -platzes, namentlich zu Stosszeiten, bedeutend rascher zu einer unverhältnismässigen Beeinträchtigung der Grundrechte zahlloser Dritter als wenn die Kundgebung auf einer vom öffentlichen und privaten Verkehr weitgehend freien Fläche abgehalten wird.

542 Entscheidend ist, ob einerseits der *Gesamtcharakter* einer Demonstration nach objektiver Beurteilung aller Faktoren die *Form einer friedlichen Kundgebung verloren* hat und

---

1094 MÜLLER/SCHEFER, 585; ROHNER, SGK zu Art. 22, Rz. 16.
1095 MÜLLER/SCHEFER, 585.
1096 EGMR Éva Molnár v. Hungary, § 42 ff. Dass die EMRK subsidiär zu den nationalen Rechtsordnungen nur – aber immerhin – einen Minimalstandard des Grundrechtsschutzes in den Mitgliedländern des Europarates bildet (SCHWEIZER, HGR VI/1, § 138, RN 28), bedeutet, dass die einzelnen Staaten einen höheren Schutz bzw. grösseren Schutzbereich vorsehen können. Insofern können selbstverständlich strengere Massstäbe angelegt werden. Nur steht die Versammlungsfreiheit zu andern Grundrechten in einem quasi reziproken Verhältnis; je nach Ausdehnung ihres Schutzbereiches könnten umgekehrt die andern Freiheitsrechte unter diesem Minimalstandard eingeschränkt werden.
1097 MÜLLER/SCHEFER, 585.
1098 EGMR Éva Molnár v. Hungary, § 13, 42 f.; Cisse v. France, §§ 51 ff.; PEDUZZI, 190.
1099 BGE 132 I 256 (Brunnen) E 4.1.

die *Grundrechtsbeeinträchtigungen Dritter unzumutbar* geworden sind, andererseits ob sich deren *Unzumutbarkeit aus der Dauer der Beschränkungen* ergibt.

Muss eine Demonstration aufgelöst werden, ist dies mit geeigneten Mitteln (z.B. Lautsprecher, Megaphon) den Demonstrierenden anzukündigen, um allen, welche die Aufforderung, die Demonstration aufzulösen, befolgen wollen, Gelegenheit zu geben, dies zu tun. 543

6. Schutzpflichten

In einem direkten Verhältnis zu allfälligen Beschränkungen der Versammlungsfreiheit, sei es durch Auflagen, ein Verbot als *ultima ratio* (vgl. Rz. 526 f.) oder die Auflösung einer Kundgebung stehen die *polizeilichen Schutzpflichten*. Diese haben in verschiedene Richtungen zu zielen: 544

Ausgehend von der Versammlungsfreiheit besteht zunächst die Pflicht, *friedliche Kundgebungen* im Rahmen des Möglichen vor Störungen oder gar Angriffen *zu schützen*. Verursacher solcher Störungen sind meist Gegendemonstranten, welche die Polizei zu trennen hat[1100], können aber auch Einzelne sein, die selber keine Gegendemonstration bilden. 545

Die Verhinderung einer Manifestation bestimmter Kreise zum Schutz der öffentlichen Sicherheit und gesetzlich positivierten öffentlichen Ordnung ist im Rahmen der rechtlichen Voraussetzungen ausschliesslich Aufgabe der Polizei (hoheitlicher Akt, Gewaltmonopol); für eine Gegendemonstration mit diesem Zweck kann die Meinungs- und Versammlungsfreiheit nicht in Anspruch genommen werden[1101]. Der EGMR führte dazu aus, dass in einer Demokratie das Recht zu einer Gegendemonstration nicht auch das Recht umfasse, eine Demonstration mit gegenteiligen Meinungsäusserungen zu verhindern[1102]. 546

Das bedeutet, dass es Aufgabe der Polizei ist, die Durchführung einer Demonstration im Rahmen des Schutzbereichs der Meinungs- und Versammlungsfreiheit vor Gegendemonstration zu schützen. Auch hiefür sind die Anforderungen an das Genügen der Aufgabenerfüllung hoch: Die Polizeikräfte müssen einen wirksamen Schutz bieten können, haben dabei jedoch selbstverständlich die Verhältnismässigkeit zu beachten[1103]. 547

Umgekehrt sind die *Rechte Dritter* vor übermässigen Beeinträchtigungen durch Demonstrationen, sei es in Form von Gewalt gegen Personen und Sachen oder in Form der persönlichen Freiheit durch übermässige Verkehrserschwerungen zu schützen[1104]. 548

Erweist sich die Verwendung kollektiver Einsatzmittel wie Tränenreizstoff, Wasserwerfer oder Gummischrot als notwendig, ist – neben der Verhältnismässigkeit in Bezug auf die Zielpersonen(-gruppen) – dem Verhindern oder doch dem bestmöglichen Vermindern von unerwünschten Beeinträchtigen Dritter grösste Beachtung zu schenken (Rz. 527 mit FN 1082). 549

1100 EGMR Christian Democratic People's Party v. Moldowa, § 28.
1101 BGE 132 I 256 E 4.2.
1102 EGMR Plattform «Ärzte für das Leben» v. Austria, § 32. Mit Hinweis auf diesen EGMR-Entscheid: BGE 132 I 256 E 4.3.
1103 EGMR Commission on Plattform Ärzte für das Leben v. Austria, §§ 9 ff.
1104 ROHNER, SGK zu Art. 22, Rz. 26; MÜLLER/SCHEFER, 580.

550 Schliesslich gelten Schutzpflichten auch gegenüber den im Einsatz stehenden Bediensteten staatlicher oder privater Organisationen (Feuerwehr, Rettungs- und Ambulanzpersonal) und der Polizeiangehörigen selber.

IV. Wegweisungen

551 In den letzten Jahren sind neben den Normen über die Massnahmen gegen Gewalt anlässlich von Sportveranstaltungen[1105] mit dem Rayonverbot[1106] in verschiedenen Kantonen spezielle Bestimmungen über Wegweisungen in Polizeigesetzen aufgenommen worden. Dabei finden sich unterschiedliche Formulierungen. Von Interesse sind hier im Zusammenhang mit der Versammlungsfreiheit nur diejenigen Gesetzesregelungen, die sich auf *Ansammlungen* beziehen, die für eine bestimmte Zeit an einem bestimmten Ort verboten werden können.

552 Sofern Bestimmungen über Wegweisungs-, Fernhalte- oder Platzverweisverfügungen das Kriterium der Ansammlung nicht enthalten, sind sie unter dem Grundrecht der persönlichen Freiheit (Art. 10 Abs. 2 BV) und ev. des Schutzes der Privatsphäre (Art. 13 Abs. 1 BV) zu prüfen[1107].

553 Mit Bezug auf *Ansammlungen* von Personen, die bei Erfüllen weiterer relevanter Tatbestände *als Zugehörige einer solchen Ansammlung* weggewiesen werden können, seien

---

1105 Ursprünglich für die Fussball-Europameisterschaften 2008 und die Eishockey-Weltmeisterschaften 2009 in verfassungswidriger Weise befristet im BWIS (Art. 24*a* ff.), seit 1. Januar 2010 im Konkordat über Massnahmen gegen Gewalt bei Sportveranstaltungen vom 15. November 2007, vgl. z.B. SGS BL 702.14 (vgl. Rz. 260).
1106 Art. 4 des Konkordates.
1107 Vgl. z.B. § 26 PolG BL, §§ 42 und 42*a* PolG BS.

beispielsweise die Polizeigesetze der Kantone Bern[1108], Genf[1109] und Zürich[1110] erwähnt. Das Bundesgericht hat sich auf Grund von angefochtenen Verfügungen im Verfahren der konkreten Normenkontrolle eingehend mit der Berner Regelung auseinandergesetzt[1111]. Es hat dabei zunächst festgehalten, dass mit diesen Wegweise- und Fernhalteverfügungen die persönliche *Bewegungs*freiheit *nicht berührt* sei, da den betroffenen Personen weder das Betreten des genannten Perimeters noch der Zugang zu den Zügen und Bahnhofeinrichtungen verwehrt werde. Darüber hinaus sei aber das gewissen Gewohnheiten folgende und *mit Alkoholkonsum verbundene* Zusammensein als Teil der verfassungs-

---

1108 Art. 29 Wegweisung, Fernhaltung
«Die Polizei kann Personen von einem Ort vorübergehend wegweisen oder fernhalten, wenn
a) ...
b) der begründete Verdacht besteht, dass sie oder andere, die der gleichen Ansammlung zuzurechnen sind, die öffentliche Sicherheit und Ordnung gefährden oder stören; ...»

1109 Chapitre IV A Mesures d'éloignement
«Art. 22A Motifs
La police peut éloigner une personne d'un lieu ou d'un périmètre déterminé, si :
a) elle-même ou un rassemblement de personnes auquel elle participe menace l'ordre ou la sécurité publics;
b) elle-même ou un rassemblement de personnes auquel elle participe importune sérieusement des tiers; ...
Art. 22B Décision
¹ La police peut signifier verbalement une mesure d'éloignement valable 24 heures et conduire la personne hors du lieu ou du périmètre concerné.
² Lorsque les circonstances le justifient, notamment parce que la personne a violé une mesure d'éloignement signifiée verbalement, la police peut la conduire dans un poste ou un bureau de police pour lui notifier une décision écrite.
³ La décision écrite, prononcée par un officier de police, doit mentionner:
a) la durée de la mesure d'éloignement, qui ne peut excéder 3 mois;
b) la désignation exacte du lieu ou du périmètre interdit;
c) une description sommaire du comportement justifiant la décision;
d) le fait que la décision est signifiée sous la menace des peines de l'article 292 du code pénal;
e) l'indication selon laquelle la décision peut, dans les 30 jours, faire l'objet d'un recours au Tribunal administratif;
f) l'indication selon laquelle la décision est toutefois exécutoire nonobstant recours.
Art. 22C Effet suspensif
La décision écrite est immédiatement exécutoire nonobstant recours. L'article 66, alinéa 2, de la loi sur la procédure administrative, du 12 septembre 1985, est réservé.»

1110 «§ 33. Die Polizei darf eine Person von einem Ort wegweisen oder für längstens 24 Stunden fernhalten,
a. ...
b. wenn die Person oder eine Ansammlung von Personen, der sie angehört, Dritte erheblich belästigt, gefährdet oder unberechtigterweise an der bestimmungsgemässen Nutzung des öffentlich zugänglichen Raumes hindert, ...»

1111 BGE 132 I 49; Wortlaut der Verfügung: «Oben genannten Personen wird verboten, sich am oben bezeichneten Ort [Perimeter A] in *Personenansammlungen* aufzuhalten, in welchen *Alkohol konsumiert* wird. Das Verbot gilt für eine Dauer von 3 Monaten seit Eröffnung der Verfügung.»

rechtlichen Persönlichkeitsentfaltung zu betrachten und diesbezüglich Art. 10 Abs. 2 BV zuzuordnen.

554 Zur Prüfung der *genügenden Bestimmtheit* einer gemäss Art. 36 Abs. 1 BV *notwendigerweise formell-gesetzlichen*, an sich (unvermeidlich) offenen Formulierung der *Gefährdung oder Störung der öffentlichen Sicherheit und Ordnung* verweist das Gericht im vorliegenden Fall auf *sechs Kriterien:* So sei der Bezug auf das Polizeirecht, mithin auf die *nicht grenzenlose Gefahrenabwehr* (1) offenkundig, es bedürfe eines «*begründeten Verdachts* (2)», der über den blossen, einfachen Verdacht hinausgehe und schliesslich seien mit der Formulierung «von einem *bestimmten Ort* (3) *vorübergehend* (4)» in Verbindung mit einer «*Ansammlung* (5), *die mit Alkoholkonsum* verbunden (6) sei,» die Massnahme recht präzise umschrieben und eingegrenzt[1112].

555 Die Anwendung einer solchen Massnahme muss zudem einer wirksamen *justiziellen Prüfung* und allfälliger Korrekturen (Verhältnismässigkeit, Rechtsgleichheit bzw. Willkürverbot) zugänglich sein[1113], wodurch dem Bestimmtheitsgebot ebenso Nachachtung verschafft werde.

Das Zusammenfinden in Gruppen, die erheblich dem Alkohol zusprechen und damit verbunden Passanten anpöbeln oder aktiv behindern, unkontrolliert Abfall und Unrat hinterlassen, umher schreien und anderweitig Lärm verursachen, insgesamt ein Verhalten an den Tag legen, das vielfach Anstoss erregt sowie Verunsicherung oder Angstgefühle hervorruft, Leute gar zu Umwegen oder zur Benützung anderer Bahnhofzugänge veranlasst, störe die öffentliche Sicherheit und Ordnung. Solchen Zuständen mit geeigneten Massnahmen zu begegnen, liege daher *im öffentlichen Interesse*. Strafrechtlich relevante Verhaltensweisen seien dafür nicht erforderlich[1114]. Wie weit damit Anteile einer nicht positivierten öffentlichen Ordnung, d.h. auch Anstandsregeln, als Teil des öffentlichen Interesses zur Abgrenzung des grundrechtlichen Schutzbereiches Verwendung fanden, mag hier offen bleiben.

556 Mit der Bejahung des öffentlichen Interesses an der Einschränkung solchen Verhaltens wird im Rahmen der Prüfung der *Verhältnismässigkeit* auch die *Erforderlichkeit* der örtlich und zeitlich begrenzten Verbote bejaht, wobei die Bedeutung der *Örtlichkeit* (hier Bahnhof) hervorgehoben wird. *Mildere Massnahmen* als die gegen die Störer der öffentlichen Sicherheit und Ordnung verhängten Wegweisungs- und Fernhalteverfügungen seien *nicht ersichtlich*.

557 Ebenso wird die Zumutbarkeit der Einschränkungen bejaht, da diese insgesamt nicht schwer wiegten und der Eingriff nur auf *mit Alkoholgenuss verbundene* Zusammentreffen im umschriebenen Perimeter ziele[1115].

558 Das Urteil zeigt dennoch, dass die *Anforderungen an die grundrechtliche Verfassungsmässigkeit* gesetzlicher Bestimmungen über *Wegweisungs- oder Fernhaltemassnahmen* für *Rechtsetzung und Rechtsanwendung hoch* angesetzt werden, sofern als deren Grund der Schutz der öffentlichen Sicherheit und Ordnung (in einem andern Urteil als

---

1112 BGE 132 I 49 E 6.3.
1113 A.a.O.
1114 BGE 132 I 49 E 7.1.
1115 BGE 132 I 49 E 7.2.

«Schlagwort» bezeichnet[1116]) fungiert und nicht *konkret* eine (unmittelbare) Gefährdung Dritter, eine ernsthafte Drohung mit einer Gefährdung oder aber (allenfalls qualifizierte) tätliche Auseinandersetzungen.

K. Eigentumsgarantie (Art. 26 Abs. 1 BV)

Das Grundrecht der Eigentumsgarantie bezieht sich nicht auf menschliche Eigenschaften, Fähigkeiten oder Verhaltensweisen, sondern auf ein von der Rechtsordnung geschaffenes Rechtsinstitut[1117], dem allerdings neben dem wirtschaftlichen und gesellschaftspolitischen Aspekt[1118] auch eine wesentliche persönlichkeitsbezogene Funktion (z.B. auch emotionaler Gehalt eines Gegenstandes) zukommt[1119].

Berührungspunkte zu andern Grundrechten bestehen zur Rechtsgleichheit (Art. 8 BV), zu Treu und Glauben (Art. 9 BV), zur Privatsphäre (Art. 13 Abs. 1 BV) und zur Wirtschaftsfreiheit (Art. 27 BV).

I. Persönlicher Schutzbereich

Grundrechtsträger sind natürliche und juristische Personen (gleich welcher Nationalität[1120]), auch juristische Personen des öffentlichen Rechts, sofern sie wie eine Privatperson von allfälligen Beschränkungen betroffen sind[1121].

II. Sachlicher Schutzbereich

Geschützt im *polizeirechtlichen* Zusammenhang sind

– das Eigentum im sachenrechtlichen Sinn, also Grund und Boden ebenso wie bewegliche Sachen (Fahrnis),
– Tiere (auch wenn sie gemäss Art. 641*a* ZGB keine Sachen sind, so gelten – besondere Regelungen für Tiere vorbehalten – für sie die auf Sachen anwendbaren Vorschriften),
– die beschränkten dinglichen Rechte (Art. 730 ff. ZGB) und der Besitz,
– obligatorische Rechte (z.B. aus Arbeitsverhältnissen, Darlehensverträgen, Mietverhältnissen) und

---

1116 Vgl. FN 962.
1117 BIAGGINI, Komm. zu Art. 26, N. 4; DERS., HGR VII/2, § 221, RN 1 f.; RHINOW/SCHEFER, Rz. 1781; VALLENDER, SGK zu Art. 26, Rz. 13.
1118 VALLENDER, SGK zu Art. 26, Rz. 79 ff.
1119 AUER/MALINVERNI/HOTTELIER, N. 783 ff.; MÜLLER/SCHEFER, 1008, 1017; RHINOW/SCHEFER, Rz. 1784.
1120 MÜLLER/SCHEFER, 1019; VALLENDER, SGK zu Art. 26, Rz. 26 f. Ausländerrechtliche Beschränkungen für den Grundstückserwerb werden hier nicht behandelt.
1121 AUER/MALINVERNI/HOTTELIER, N. 816 ff.; BIAGGINI, Komm. zu Art. 26, N. 17; KIENER/KÄLIN, 285; MÜLLER/SCHEFER, 1019.

- Immaterialgüterrechte (geistiges Eigentum, Schutz von Patentrechten)[1122].

563 Geschützt sind – bei einer bisher zögerlichen Bundesgerichtspraxis[1123] – nicht nur rechtliche, sondern auch *faktische Interessen* mindestens insoweit, als diese für die mehr oder weniger ungehinderte Ausübung des Eigentumsrechts massgebend sind. Faktische Interessen sind demzufolge z.b. bei allfälligen Beschränkungen des Verkehrs zu berücksichtigen (Zugänglichkeit)[1124].

564 Von den drei Elementen der Eigentumsgarantie, der Bestandesgarantie, der Institutsgarantie und der Wertgarantie (Art. 26 Abs. 2 BV[1125]) interessieren im vorliegenden Zusammenhang v.a. die beiden Ersten:

565 Die *Bestandesgarantie* schützt die Berechtigten vor ungerechtfertigten Eingriffen des Staates in das Eigentum. Eigentümer haben ein (subjektives) Recht, dass der Staat ihre vermögenswerten Rechte – auch vorübergehend – unangetastet lässt; sie gewährleistet ihre Nutzung, Verwendung und Verwertung oder Veräusserung[1126]. In unmittelbar polizeilichem Zusammenhang entfaltet die Bestandesgarantie ihre Wirkung beispielsweise bei vorläufig sichergestellten Gegenständen, die entsprechend sorgfältig unter tunlicher Vermeidung eines Wertverlustes bis zu einem justiziellen Entscheid oder einer selbständigen Rückgabe an die oder den Berechtigten aufzubewahren sind[1127].

566 Die *Institutsgarantie* schützt den Kern des Eigentumsrechts als grundsätzliches Institut der schweizerischen Rechtsordnung; sie ist *dem Kerngehalt der Freiheitsrechte gleichzusetzen* (vgl. Rz. 294 ff.). In qualitativer Hinsicht bedeutet sie das Verbot der Aushöhlung der Substanz des Eigentums[1128]; sie bildet zusammen mit der Wirtschaftsfreiheit auch die verfassungsrechtliche Verankerung einer liberalen Staats- und Wirtschaftsordnung[1129].

Obwohl sich die Institutsgarantie primär an den Gesetzgeber richtet, kann ihr auch eine subjektive justiziable Komponente zukommen[1130], so wenn z.B. ein Gegenstand durch

---

1122 BIAGGINI, Komm. zu Art. 26, N. 12; KIENER/KÄLIN, 285 f.; MÜLLER/SCHEFER, 1014; RHINOW/SCHEFER, Rz. 1787 ff.; VALLENDER, SGK zu Art. 26, Rz. 15.
1123 Vgl. die Darstellung bei BIAGGINI, Komm. zu Art. 26, N. 15 und MÜLLER/SCHEFER, 1018.
1124 BIAGGINI, Komm. zu Art. 26, N. 21; DERS. HGR VII/2, § 221, RN 11; MÜLLER/SCHEFER, 1018 f.; RHINOW/SCHEFER, Rz. 1798 (indirekte Reflexwirkung); VALLENDER, SGK zu Art. 26, Rz. 16 f.
1125 Entschädigungspflicht unter bestimmten Voraussetzungen bei Eingriffen in das Eigentum. Diese Fragen werden hier nicht behandelt.
1126 BGE 131 I 333 E 3.1; AUER/MALINVERNI/HOTTELIER, N. 801; KIENER/KÄLIN, 286; RHINOW/SCHEFER, Rz. 1797; VALLENDER, SGK zu Art. 26, Rz. 30.
1127 So kann die Bestandesgarantie z.B. namhafte Anforderungen an Ort und Art der Verwahrung sichergestellter Fahrzeuge (auch Schiffe) stellen (Schutz vor Diebstahl, Sachbeschädigungen, Witterungseinflüssen).
1128 AUER/MALINVERNI/HOTTELIER, N. 804; BIAGGINI, Komm. zu Art. 26, N. 23, 44; KIENER/KÄLIN, 286, 295 f.; MÜLLER/SCHEFER, 1039 f.; RHINOW/SCHEFER, Rz. 1792 ff.; VALLENDER, SGK zu Art. 26, Rz. 32.
1129 Vgl. MÜLLER/SCHEFER, 1009.
1130 BIAGGINI, Komm. zu Art. 26, N. 44.

einen staatlichen Eingriff *vernichtet* wird, obwohl weniger weitgehende Massnahmen den rechtlich geforderten Zweck erfüllten (vgl. Rz. 576, 578 f.).

Die *Abgrenzung des sachlichen Schutzbereichs* zu verbotenen Gegenständen oder widerrechtlichem Besitz[1131] ist teilweise schwierig zu bestimmen, wenn auch zunächst offenkundig scheint, dass Diebesgut nicht vom Eigentumsschutz umfasst werden soll[1132]. Indessen fällt nach der jüngeren Bundesgerichtspraxis «Eigentum an widerrechtlichen Gütern im Sinne des Strafgesetzbuches»[1133] nicht *a priori* aus dem Schutzbereich (vgl. Rz. 575). 567

Bei gewissen Waren (wie z.B. Hanfpflanzen oder Messern) kommt es auf deren konkrete Beschaffenheit an, um zu entscheiden, ob sie vom Schutzbereich erfasst werden oder nicht.

III. Leistungspflicht?

Eine Leistungspflicht[1134] des Staates abgeleitet aus der Eigentumsgarantie – abgesehen von der aus der Wertgarantie fliessenden Entschädigungspflicht gemäss Abs. 2 von Art. 26 BV – wird in der Lehre durchwegs verneint[1135]. Dabei werden Leistungs- und Schutzpflicht trotz ihrer Unterschiedlichkeit oft als dasselbe behandelt (zur Unterscheidung vgl. Rz 280 f.). 568

Indessen besteht im Rahmen der Versammlungs- bzw. Demonstrationsfreiheit ein *bedingter Leistungsanspruch* in Bezug auf staatliches oder kommunales *Eigentum* (Verwaltungsvermögen) wie Gemeindesäle[1136] oder dem Gemeingebrauch von dem öffentlichen Gemeingebrauch gewidmetem Arealen (Strassen, Plätze), die im Eigentum einer Gemeinde stehen[1137] und gegebenenfalls zur Verfügung zu stellen sind. 569

IV. Schutzpflicht

Auch die Eigentumsgarantie bewirkt durch die grundrechtliche Schutzfunktion Schutzpflichten des Staates. Diese ist wie immer an bestimmte Voraussetzungen gebunden (vgl. Rz. 307 ff.). So ist es Aufgabe der Polizei, *unter diesen Vorausset-* 570

1131 Vgl. die Formulierung in BGE 119 Ia 28, 31 E 2: «…dans les circonstances de l'espèce, le refus de l'expulsion forcée ne serait pas contraire au droit constitutionnel».

1132 Bereits bei vertretbaren Sachen (z.B. Geldscheine oder «Münz»; vgl. Art. 727 ZGB), welche sich mit nicht deliktisch erworbenen Sachen vermischen können, bereitet diese Abgrenzung durch die Rechtsprechung oft praktische Probleme, vgl. BGer 1B_303/2009 E 4.1 f.; 1P.97/2003 E 3 f.

1133 Vgl. KIENER/KÄLIN, 286. Auch die Abgrenzung «Strafgesetzbuch» dürfte nicht zutreffen, sind doch Tatbestände aus dem Nebenstrafrecht (z.B. Waffen-, Betäubungsmittelgesetz) in dieser Hinsicht ebenso relevant. AUER/MALINVERNI/HOTTELIER, N. 814, weisen auch auf *«des lois complémentaires»* zum StGB hin.

1134 Bspw. eine Pflicht zur Erschliessung von Grundstücken.

1135 BIAGGINI, Komm. zu Art. 26, N. 6; RHINOW/SCHEFER, Rz. 1807; VALLENDER, SGK zu Art. 26, Rz. 18.

1136 BGE 127 I 164 (Davos) E 3b.

1137 BGer 1P.53/2001 E 4d; BGE 127 I 164, 169 f. (Leistungselement) E 3b.

zungen Eigentümer vor Diebstahl zu schützen und nicht nur hinterher eine Beweisaufnahme im Rahmen der Strafverfolgung durchzuführen[1138]. Sind beispielsweise Taschen- und Entreissdiebstähle oder Sachbeschädigungen durch Vandalismus zu gewissen Zeiten an enger umschriebenen Orten notorisch häufig, hat die Polizei diesen Eigentumsbeeinträchtigungen mit gezielten Verhütungsmassnahmen zu begegnen. Dies stellt eine Form der Aufrechterhaltung der öffentlichen Sicherheit dar (vgl. Rz. 46, 122 f., 298 ff., 613 ff.)[1139].

571 So ist es Pflicht der Polizei, etwa eine Liegenschaft, der – wie die Behörde weiss oder wissen müsste – eine konkrete und unmittelbare Gefahr einer erheblichen Beschädigung droht, diese nach Möglichkeit, d.h. mit Mitteln, die vernünftiger- und verhältnismässigerweise erwartet werden können, zu schützen[1140].

572 Das gilt namentlich hinsichtlich des Grundbesitzes. Das Bundesgericht hat in einem Genfer Fall dazu Folgendes festgehalten:

«Or, *selon les conceptions les plus récentes* sur *le rôle* et *la portée des droits fondamentaux,* ce *devoir d'intervention existe* en *principe de façon générale,* en rapport avec chacun de ces droits - y compris, donc, le droit de propriété –, *parce que la possibilité effective de les exercer paisiblement est une composante de l'ordre public* dont la sauvegarde incombe a l'État; la police, qui est spécialement chargée du maintien de l'ordre, doit donc agir lorsqu'une personne est entravée ou menacée dans l'exercice d'un droit fondamental.»[1141]

573 Anzumerken ist, dass für die Gewährleistung der Eigentumsgarantie im Zusammenhang mit einer Liegenschaft durch eine polizeiliche Intervention ein *Strafantrag* wegen Hausfriedensbruchs (Art. 286 StGB) *keine Vorbedingung* darstellt. Der Strafantrag ist eine Prozessvoraussetzung im Strafrecht, mehr nicht. Die Berechtigten sind in ihrer Entscheidung frei, ob überhaupt und allenfalls gegen wen sie Strafantrag stellen wollen; ihr Entscheid ist auch nicht begründungsbedürftig[1142].

1138 Vgl. BIAGGINI, HGR VII/2, § 221, RN 16.
1139 Die Literatur zeigt sich indessen nach wie vor zurückhaltend gegenüber einer Schutzpflicht: Vgl. die Formulierungen bei MÜLLER/SCHEFER, 74 f., mit einem Hinweis auf BGE 119 Ia 28; bei VALLENDER, SGK zu Art. 26, Rz. 19, mit einem Verweis auf den ersten BGE (126 II 300), der eine grundrechtliche Schutzpflicht überhaupt anerkannte.
1140 Vgl. Rz. 308.
1141 BGE 119 Ia 28 E 2; interessant ist, dass das BGer im gleichen Entscheid kurz vor der zitierten Stelle jedoch eine staatliche Leistungspflicht aus der Eigentumsgarantie ablehnte («Selon la jurisprudence relative à l'art. 22ter Cst. [aBV], la garantie constitutionnelle de la propriété est destinée à défendre l'individu contre les atteintes que les pouvoirs publics pourraient porter à sa situation patrimoniale; elle ne lui permet en principe pas d'exiger d'eux une prestation, qui consisterait en l'espèce dans l'expulsion de squatters» E 2). Vgl. KIENER/KÄLIN, 287; MÜLLER/SCHEFER, 1020; RHINOW/SCHEFER, 1807.
1142 BGer 6B_913/2009 E 4.2.

V. Beschränkungen

Beschränkungen des Eigentums sind im strengen Rahmen von Art. 36 BV (Rz. 287 ff.) möglich; sie können durch Rechts- und Realakte erfolgen, sei es in Form eines Erwerbsverbotes[1143], einer (vorläufigen) Wegnahme[1144] oder Enteignung (gerichtliche Sequestrierung). 574

Verbotene Gegenstände dürfen ohne Verletzung von Art. 36 BV nur dann sichergestellt werden, wenn dafür eine hinreichende gesetzliche Grundlage vorhanden und die Sicherstellung im öffentlichen Interesse und verhältnismässig ist[1145]. Wie bereits (Rz. 564 und 566) erwähnt, sind eingezogene Gegenstände bis zur Rückgabe oder einem anders lautenden gerichtlichen Entscheid werterhaltend aufzubewahren. 575

Entsprechende Zurückhaltung ist auch geboten bei sofort zu vollziehenden Entscheiden, wonach ein Tier getötet oder ein gefährlicher Gegenstand vernichtet werden muss. Das gilt insbesondere, wenn dafür die polizeiliche Generalklausel angerufen wird. 576

> So erstaunt ein nicht veröffentlichter Entscheid des Bundesgerichts[1146], das die sofortige Tötung eines sehr aggressiven Hundes, der eine Velofahrerin gebissen hatte und nur durch Spezialisten der Kantonspolizei eingefangen und in einen Zwinger verbracht werden konnte, als mit Art. 36 BV vereinbar beurteilte, obwohl der Hund niemanden mehr anzugreifen vermochte und auch ohne Gefährdung des Zwingerpersonals bis zur baldigen Rückkehr seines Eigentümers hätte gefüttert werden können[1147].

Beschränkungen können gegenüber Eigentümern *halb-öffentlicher Areale* wie Stadien, allgemein zugänglichen Teilen von Einkaufszentren oder Verkehrsanlagen (Bahnhöfe) im Rahmen von Art. 36 BV geboten sein, wenn die öffentliche Sicherheit nicht anders zu gewährleisten ist, sich die Berechtigten mit Einschränkungen jedoch nicht oder mit zunehmendem Zeitablauf nicht mehr einverstanden erklären. 577

> In solchen Fällen ist das Abwägen des öffentlichen Interesses (Schadenpotential und Eintretenswahrscheinlichkeit: Risiko, vgl. Rz. 17) gegenüber den Interessen der am Eigentum Berechtigten (auch in Form der Versammlungs- und Wirtschaftsfreiheit) besonders sorgfältig und belegbar vorzunehmen.

1143 Z.B. durch das Verbot des Erwerbs und des Besitzes von Waffen durch Angehörige bestimmter Staaten: Art. 7 des Waffengesetzes i.V.m. Art. 12 der Waffenverordnung.
1144 Vgl. z.B. § 32 PolG BL; § 52 PolG BS; Art. 40 PolG BE; §§ 38 ff. PolG ZH.
1145 BGE 135 I 209 E 3.3.1.
1146 BGer 2C_166/2009.
1147 Vgl. MOHLER, Generalklausel, Rz. 20 ff. In offensichtlich verfassungswidriger Weise interpretierte die Zürcher Kantonstierärztin das Tierschutzgesetz, wonach ein Tier nicht ohne Artgenossen gehalten werden dürfe, und ordnete, obwohl sich dieses Lama seit Jahren mit einem Esel gut vertrug, dessen Schlachtung an (Tagesanzeiger vom 24. Juli 2010).

VI. Entschädigung bei polizeilich motivierten Eigentumsbeschränkungen

578 Grundsätzlich sind polizeilich motivierte Eigentumsbeschränkungen «im engeren Sinn» entschädigungslos zu dulden[1148]. In einem Entscheid aus dem Jahr 2009[1149] hat das Bundesgericht seine diesbezüglich einschränkende Praxis noch verdeutlicht: Entschädigungslos sind Eigentumsbeschränkungen nur zu dulden, als sie sich im Rahmen der Verhältnismässigkeit für das Erreichen eines sicherheitsmässig begründeten Zieles als *erforderlich* erweisen[1150]. Der Sicherungszweck der Eigentumsbeschränkung darf nicht durch ein pönales Element ergänzt werden[1151]. Umgekehrt besteht ein (wertmässiges) Interesse des Berechtigten auf Entschädigung gemäss Art. 26 BV nur insofern, als der zu erwartende Erlös die Aufbewahrungs- und Verwertungskosten wesentlich übersteigt[1152].

579 Das gilt beispielsweise auch für waffenrechtlich verbotene Gegenstände, wenn für diese «ein legaler Markt besteht, d.h. eine hinreichende Zahl von Abnehmern, die für deren Erwerb und Besitz über eine allenfalls erforderliche Ausnahmebewilligung verfügt»[1153].

L. Wirtschaftsfreiheit (Art. 27 BV)

580 Die BV regelt die Wirtschaftsfreiheit (Handels- und Gewerbefreiheit nach Art. 31 aBV) mit mehreren Bestimmungen: in Art. 27 als Grundrecht und in Art. 94 ff. mit Vorgaben in Bezug auf die bundesstaatliche Funktion der Wirtschaftsfreiheit (Binnenmarkt) und die Grenzen der Freiheit (Beschränkungen hinsichtlich volkswirtschaftlich oder sozial schädlicher Auswirkungen) sowie zu Gunsten des Konsumentenschutzes. Insoweit ist dieses Normengefüge auch polizeilich von erheblicher Bedeutung[1154].

1148 BIAGGINI, Komm. zu Art. 26, N. 34; KÄLIN ET AL., 980 f.; KIENER/KÄLIN, 299; MÜLLER/SCHEFER, 1034 f.; TSCHANNEN/ZIMMERLI/MÜLLER, § 65, Rz. 25; RHINOW/SCHEFER, 1821; VALLENDER, SGK zu Art. 26, Rz. 61 ff.
1149 BGE 135 I 209.
1150 BIAGGINI, HGR VII/2, § 221, RN 44. Die Gefahr kann vom betroffenen Eigentum (z.B. baufälliges Haus), allenfalls in den Händen des Besitzers (z.B. Waffe, gefährliches Tier) ausgehen oder aber es kann eine Gefahr für das Eigentum bestehen (Haus in Lawinenzone).
1151 BGE 135 I 209 E 3.3.2 ff.
1152 BGE 135 I 209 E 4.1.
1153 BGE 135 I 209 E 4.2. Vgl. Art. 31 Abs. 2 und 3 WG. Der Satz müsste wohl heissen: «...von Abnehmern, die für deren Erwerb und Besitz über allenfalls erforderliche Ausnahmebewilligungen verfügen.»
1154 Vgl. zum Ganzen REICH, Wirtschaftsfreiheit, insbes. 366 ff.; RHINOW/SCHEFER, Rz. 3115 ff.

I. Persönlicher Schutzbereich

Unbeschränkt in den Schutzbereich von Art. 27 BV fallen alle *schweizerischen natürlichen* – sowohl selbständig- wie unselbständig Erwerbende[1155] – *und juristischen Personen*[1156]. 581

Ebenso sind *ausländische natürliche Personen* durch Art. 27 BV geschützt, sofern sie eine Niederlassungsbewilligung oder einen staatsvertraglich[1157] oder gesetzlich verankerten Anspruch auf eine Arbeitsbewilligung haben[1158]. Umgekehrt können sich ausländische Staatsangehörige mit einem stärker eingeschränkten Status (z.B. Aufenthaltsbewilligung ohne Anspruch auf Verlängerung[1159]) nicht auf Art. 27 BV berufen[1160]. 582

> Auch Beamte bzw. Bedienstete von Staat und Gemeinde geniessen für nebenberufliche Tätigkeiten grundsätzlich den Schutz der Wirtschaftsfreiheit, wobei wichtige öffentliche Interessen weitreichende Beschränkungen zu rechtfertigen vermögen[1161]: Gründe können im Interesse einer vollen Leistungsfähigkeit liegen, aber auch in der Unverträglichkeit einer privatwirtschaftlichen Tätigkeit mit der beruflichen Aufgabe oder der Stellung im öffentlichen Anstellungsverhältnis. Mit der zunehmenden Übertragung staatlicher Aufgaben an Private werden berufliche Überlagerungsverbote, insbesondere im Polizeibereich, zu beachten sein: So könnte beispielsweise die nebenberufliche Tätigkeit eines Mitarbeiters oder einer Mitarbeiterin im (kriminalpolizeilichen) Nachrichtendienst in einer Firma mit ähnlicher Geschäftstätigkeit zu erheblichen datenschutzrechtlichen Problemen, aber auch zu widersinnigen «Konkurrenzproblemen» führen[1162]. 583

Ausländisch beherrschte juristische Personen mit Sitz in der Schweiz oder – gestützt auf das FZA, das auch für Gesellschaften gilt – *mit Sitz in der EU,* werden von der Wirtschaftsfreiheit auch erfasst[1163]. 584

1155 AUER/MALINVERNI/HOTTELIER, N. 925 f., 936; KIENER/KÄLIN, 305; RHINOW/SCHEFER, Rz. 3216.
1156 BIAGGINI, Komm. zu Art. 27, N. 18; DERS., HGR VII/2, § 222, RN 10 f.; KIENER/KÄLIN, 305; MÜLLER/SCHEFER, 1064; RHINOW/SCHEFER, Rz. 3215; VALLENDER, SGK zu Art. 27, Rz. 39.
1157 Vgl. insbesondere das Freizügigkeitsabkommen mit der EU (FZA, SR 0.142.112.681) und das Protokoll vom 27. Mai 2008 betr. das FZA im Hinblick auf die Aufnahme der Republik Bulgarien und Rumänien als Vertragsparteien infolge ihres Beitritts zur EU (SR 0.142.112.681.1).
1158 Ausführlich AUER/MALINVERNI/HOTTELIER, N. 928 ff.; BIAGGINI, Komm. zu Art. 27, N. 18; KIENER/KÄLIN, 305; MÜLLER/SCHEFER, 1065; RHINOW/SCHEFER, Rz. 3215.
1159 Vgl. Art. 33 AuG.
1160 BGE 123 I 19 E 2. Vgl. die Kritik von BIAGGINI, HGR VII/2, § 222, RN 40.
1161 Vgl. auch BIAGGINI, Komm. zu Art. 27, N. 14.
1162 Vgl. STEPHAN BLANCKE, Drehtür in der Grauzone, NZZ vom 3. August 2010, 7.
1163 BGE 131 I 223 E 1.1 (offen gelassen, ob dies auch mit Bezug auf die WTO-Abkommen gilt). BIAGGINI, Komm. zu Art. 27, N. 19; DERS., HGR VII/2, § 222, RN 42; MÜLLER/SCHEFER, 1065; VALLENDER, SGK zu Art. 27, Rz. 43 f.

II. Sachlicher Schutzbereich

585 Geschützt wird jede individuelle oder kollektive *privatwirtschaftliche Tätigkeit*, die einen Gewinn oder ein Erwerbseinkommen, auch einen bloss selbsttragenden Betrieb anstrebt[1164], sei es in der Produktion oder Verarbeitung von Gütern oder als Dienstleistung. Die Erwerbstätigkeit kann hauptberuflich, nebenberuflich, gelegentlich oder bloss vorübergehend ausgeübt werden[1165], was – *mutatis mutandis* – auch für Betriebe gilt[1166,1167].

586 Unter gewissen Umständen können auch *faktische Interessen* an der Wirtschaftsfreiheit unter deren Schutz fallen, so z.B. wenn die Ausübung einer wirtschaftlichen Tätigkeit durch (wiederholte) Störungen Privater, denen mit zivilrechtlichen Mitteln nicht beizukommen ist, beeinträchtigt oder gar verunmöglicht wird (vgl. Rz. 591).

587 Nicht in den Schutzbereich von Art. 27 BV fällt nach der Praxis des Bundesgerichts das *Betteln*. Auch ein absolutes Bettelverbot wurde daher von ihm – auch mit Blick auf Art. 10 Abs. 2 und Art. 36 BV – als verfassungsmässig beurteilt[1168].

Es stellen sich hinsichtlich eines *absoluten* Bettelverbotes jedoch auch andere grundrechtliche Fragen, namentlich der Vereinbarkeit mit Art. 8 und 10 EMRK oder Art. 12 BV sowie spezifisch mit der Verhältnismässigkeit[1169].

III. Gleichbehandlungsgebot

588 Das nach übereinstimmender Praxis und Lehre über das Rechtsgleichheitsgebot von Art. 8 BV hinausgehende *Gleichbehandlungsgebot* gemäss Art. 27 BV ist auf direkte Konkurrenten beschränkt[1170]. Im polizeilichen Zusammenhang spielt es insbesondere bei der Bewilligung des Gebrauchs knapper Ressourcen (z.B. Standplätze) eine Rolle. So dürfen nicht immer dieselben – wenn auch bewährten – Bewilligungsnehmer zu Lasten neuer Bewerber bevorzugt werden, soweit andere Bewerber zu den direkten Konkurrenten gehören[1171]. Als verfassungswidrig, d.h. grundsatzwidrig (Art. 94 BV), erweist sich namentlich «ein eigentlicher *numerus clausus,* da eine solche Regelung

---

1164 AUER/MALINVERNI/HOTTELIER, N. 939 ff.
1165 BIAGGINI, Komm. zu Art. 27, N. 8; KIENER/KÄLIN, 306.
1166 BGE 132 I 97 E 2.1; BIAGGINI, Komm. zu Art. 27, N. 8; KIENER/KÄLIN, 306; MÜLLER/SCHEFER, 1053 f.; RHINOW/SCHEFER, Rz. 3193 ff.; VALLENDER, SGK zu Art. 27, Rz. 7 f.
1167 Nicht behandelt werden hier die Teilgehalte der Berufswahlfreiheit, der Berufszugangsfreiheit, der Berufs- und Geschäftsausübungsfreiheit.
1168 BGE 134 I 214 E 3.
1169 Kritisch zum erwähnten BGE D. MÖCKLI, 537 ff. m.w.H.
1170 BGer 2C_564/2009 E 6.2; AUER/MALINVERNI/HOTTELIER, N. 949; BIAGGINI, Komm. zu Art. 27, N. 23 ff.; DERS., HGR VII/2, § 222, RN 30; KIENER/KÄLIN, 309 f.; MÜLLER/SCHEFER, 1056; RHINOW/SCHEFER, 3204 ff.; VALLENDER, SGK zu Art. 27, Rz. 26 ff.
1171 BGE 132 I 97 E 3.

gegen die Grundsätze der Rechtsgleichheit bzw. der Gleichbehandlung der Gewerbegenossen und der Verhältnismässigkeit verstösst»[1172].

Auch dieses Gleichbehandlungsgebot gilt nicht absolut. So darf die Qualität der anspruchberechtigten Bewerber berücksichtigt werden[1173], ebenso z.B. kulturelle Kriterien[1174], doch ergibt sich daraus kein Anspruch auf eine Art Besitzstandsgarantie der Inhaber von Bewilligungen. Auch eine allfällige Warteliste weiterer Bewerber darf nicht zu exzessiven Wartezeiten führen, sondern muss eine gewisse Rotation gewährleisten[1175]. Daraus folgt, dass die Zuteilung beispielsweise von Standplätzen von Amtes wegen regelmässig zu überprüfen ist[1176]. 589

IV. Schutzpflicht

Grundsätzlich gibt die Wirtschaftsfreiheit keinen Anspruch auf staatliche Leistungen[1177], abgesehen von einem bedingten Anspruch auf gesteigerten Gemeingebrauch geeigneter öffentlicher Areale für bestimmte, darauf angewiesene Gewerbe[1178]. 590

In Bezug auf *faktische Interessen* können dem Staat indessen *Schutzpflichten* erwachsen, so z.B. wenn sich – wegen des Anspruchs auf Appellwirkung im Zusammenhang mit dem (abgeleiteten) Demonstrationsrecht – eine intensiv begehrte «Demonstrationsroute» herausbildet, die, namentlich an Samstagen, regelmässig zu erheblichen Beeinträchtigungen der Geschäftstätigkeit der an diesen Strassenzügen gelegenen Geschäften führt. 591

Es verstösst in Bezug auf die *faktische Einschränkung der Wirtschaftsfreiheit* (durch Dritte) gegen das Verhältnismässigkeitsprinzip, immer die gleichen Betroffenen unter diesen Verhältnissen leiden zu lassen. Diese haben einen Anspruch, von solchen Beeinträchtigungen nicht mehr betroffen zu werden als vergleichbare andere[1179]. Sofern keine mehr oder weniger gleichwertige Örtlichkeiten für Demonstrationen zur Verfügung stehen, besteht die Problematik darin, einerseits im Rahmen der Rechtsgleichheit für die unterschiedlichen Demonstrationsgesuchsteller, zweitens für die von Demonstrationen und notwendigen polizeilichen Massnahmen unvermeidlich betroffenen Geschäfte und drittens für das weitere Publikum zu tragbaren, ausgewogenen Lösungen zu kommen (vgl. Rz. 337). 592

1172 BGer 2C_61/2009 E 4.1 f.
1173 Vgl. BGE 128 I 136 E 4.2.
1174 MÜLLER/SCHEFER, 1057 f. mit weiteren Beispielen aus der BGer-Praxis.
1175 BGE 132 I 97 E 2.2.
1176 BIAGGINI, Komm. zu Art. 27, N. 27 m.N. weiterer BGE.
1177 VALLENDER, SGK zu Art. 27, N. 9. Kritisch AUER/MALINVERNI/HOTTELIER, N. 952, mit dem – m.E. richtigen – Hinweis, dass nicht zwischen erforderlichen institutionellen (z.B. Gesetzgebung, Gerichte) Leistungen und solchen z.G. Einzelner unterschieden werde.
1178 BIAGGINI, Komm. zu Art. 27, N. 16 f.; KIENER/KÄLIN, 308 f.; RHINOW/SCHEFER, Rz. 3211; VALLENDER, SGK zu Art. 27, Rz. 32 f.
1179 Auf die Frage der Sonderopfer oder Sonderlasten wird hier nicht eingetreten.

V. Beschränkungen[1180]

593 *Beschränkungen* der Wirtschaftsfreiheit unterliegen *zwei verschiedenen Schranken:* zum einen dürfen sie nicht grundsatzwidrig ausfallen (Art. 94 Abs. 1 und 4 BV)[1181], zum andern sind für nicht grundsatzwidrige Einschränkungen die Kriterien von Art. 36 BV zu beachten, wobei zusätzlich das Gebot der Gleichbehandlung der Gewerbsgenossen zu berücksichtigen ist[1182].

594 Die als *öffentliche Interessen* in Frage kommenden Sach- und Rechtsbereiche sind neben denjenigen der öffentlichen Sicherheit, also der Gefahrenabwehr, sehr zahlreich[1183]. In einem direkten Bezug zur *öffentlichen Sicherheit* stehen etwa Anliegen der Gesundheit (Warnungen), des Umweltschutzes, des Schutzes von Treu und Glauben wie auch *Fragen der öffentlichen Ordnung* (z.B. Plakatiermonopole, Regelungen der Polizeistunde), nicht aber sozialpolitische Ziele (vgl. Rz. 84, 113).

595 Gemäss konstanter Praxis des Bundesgerichts stellt eine *Bewilligungspflicht* für die Ausübung eines Berufes oder Gewerbes[1184] einen *schweren Eingriff in die Wirtschaftsfreiheit* dar. Demzufolge bedarf es dafür einer Grundlage in einem Gesetz selbst, eine Verordnung genügt nicht[1185].

596 Zu den klassisch polizeilichen Beschränkungen im weiteren Sinn gehören Regulierungen, die für die Ausübung bestimmter Berufe oder Gewerbe ein Fähigkeitszeugnis voraussetzen (so neben den dafür typischen Berufen Arzt/Ärztin und Anwalt/Anwältin z.B. Sicherheitsunternehmen oder Detekteien)[1186]. Darunter können branchenspezifisch auch Unbedenklichkeitsvoraussetzungen für eine Bewilligung (Vorstrafenlosigkeit in Bezug auf bestimmte Delikte[1187], ev. keine Verlustscheine) fallen.

597 Zu beachten sind für die *Verfassungsmässigkeit von Kriterien für die Bewilligungserteilung* oder *-verweigerung* bspw. im Taxiwesen – neben binnenmarktrechtlichen Vorgaben (dazu nachfolgend Rz. 598 ff.) – die Freizügigkeitsregelungen (FZA), Preisvorschriften ebenso wie die Effektivität (und damit die Verhältnismässigkeit: Geeignetheit) von Lenkungsmassnahmen (für an sich verfassungsmässig erwünschte Ziele)[1188].

1180 Nicht behandelt werden hier die Monopole.
1181 AUER/MALINVERNI/HOTTELIER, N. 958 ff.; BIAGGINI, Komm. zu Art. 27, N. 31; KIENER/KÄLIN, 314 f., 317; MÜLLER/SCHEFER, 1067 f.; VALLENDER, SGK zu Art. 27, Rz. 52 ff.
1182 MÜLLER/SCHEFER, 1074.
1183 Vgl. die Aufzählung je mit BGE-Hinweisen bei MÜLLER/SCHEFER, 1075 f.
1184 AUER/MALINVERNI/HOTTELIER, N. 979.
1185 BGer 6B_593/2010 E 4.3; 2C_564/2009 E 7.1.
1186 KIENER/KÄLIN, 319 f., 320.
1187 Vgl. z.B. § 63 Abs. 1 PolG BS («gut beleumdet»).
1188 REICH, Taxigewerbe, *passim*.

VI. Bundesstaatliche Binnenmarktregelung

Die Wirtschaftsfreiheit hat eine grundlegende bundesstaatliche Binnenmarktfunktion[1189].
Dazu gehört nach dem Herkunftsortsprinzip (sog. «Cassis de Dijon»-Prinzip) die Anerkennung von Bewilligungen, welche die einzelnen Kantone (respektive EU-Mitgliedstaaten) ausgestellt haben, in allen andern Kantonen (bzw. in der Schweiz überhaupt) ebenso (Äquivalenzvermutung)[1190]. Auf der Gesetzesstufe wird dies durch das Binnenmarktgesetz[1191] (und für den Aussenhandel durch das Bundesgesetz über die technischen Handelshemmnisse; THG[1192]) konkretisiert[1193].

598

Aber auch dieser Teilgehalt der binnenmarktrechtlichen Geltung kann eingeschränkt werden. Die Voraussetzungen dazu sind in Art. 3 Abs. 1, 3 und 4 BGBM festgehalten.

599

Die Anforderungen im Konkordat über private Sicherheitsdienstleistungen vom 12. November 2010[1194] sind teilweise deutlich tiefer als in gewissen Regelungen einzelner Kantone (und des ergänzten Konkordates der französischsprachigen Kantone von 1996 in der Fassung von 2003[1195]). Näheres dazu in Rz. 1349.

Von den in der Schweiz wirkenden Sicherheitsfirmen sind im Ausland tätige Militärfirmen *(Private Military Companies, PMC)*, die ihren Sitz oder eine Zweigniederlassung in der Schweiz haben, zu unterscheiden. Während die Rechtsetzung für Sicherheitsfirmen, die *«quasi polizeiliche»* Dienstleistungen – hier oder im Ausland – anbieten, auf Grund der kantonalen Polizeihoheit auch in die Kompetenz der Kantone fällt, trifft dies für *Militärfirmen, die im Ausland tätig sind,* nicht zu. Zunächst ist nach Art. 60 Abs. 1 BV die *Militärgesetzgebung* Sache des Bundes. Darüber hinaus ist dieser gestützt auf seine aussenpolitische Primärzuständigkeit (Art. 54 Abs. 1, Art. 173 Abs. 1 lit. a BV [Wahrung der Neutralität]) dafür zuständig, wobei ihm Art. 107 Abs. 2 BV (Kriegsmaterial[1196]) auch die Pflicht auferlegt ist, die nötigen Vorschriften zu erlassen. Auch allfällige Verbote solcher Firmen wären verfassungskonform[1197].

600

1189 Auer/Malinverni/Hottelier, N. 909 ff., 918 ff.; Biaggini, Komm. zu Art. 27, N. 4, 21 f.; Kiener/Kälin, 304; Müller/Schefer, 1049 ff.; Rhinow/Schefer, Rz. 3184 ff.
1190 Müller/Schefer, 1050 ff.
1191 BGBM, SR 943.02.
1192 Siehe insbesondere Art. 16*a* ff.
1193 Zur Sicherung des freien Marktzugangs und verbleibender verdeckter Marktzutrittsschranken: Reich, Taxigewerbe, Rz. 29 ff.
1194 Als Entwurf veröffentlicht unter URL: http://www.kkjpd.ch/images/upload/100920%20Konkordatsentwurf%20Sicherheitsdienstleistungen%20d%20clean.pdf; zuletzt besucht: 13.11.2010.
1195 URL: http://www.cldjp.ch/data/ces/convention-ces-de.pdf; zuletzt besucht: 13.11.2010.
1196 Vgl. Art. 25 des BG über das Kriegsmaterial i.V.m. dem BG über die Durchsetzung von internationalen Sanktionen (Embargogesetz).
1197 Ein Verbot wäre unter Beachtung von Art. 36 BV eine grundsatz*konforme* Einschränkung, da dieses einem expliziten öffentlichen Interesse der schweizerischen Aussenpolitik (Glaubwürdigkeit) entspräche. Zudem wäre ein Verbot selbst dann zulässig, wenn es als grundsatz*widrig* betrachtet würde, da die Abweichung in der BV selbst vorgesehen ist (Art. 94 Abs. 4 i.V.m. Art. 107 Abs. 2 BV; zur Frage der nicht ausdrücklich formulierten, impliziten Abweichungskompetenz: Vallender, SGK zu Art. 27, Rz. 61 ff.). Vgl. Rhinow/Schefer, Rz. 3233–3240.

M. Streikfreiheit (Art. 28 Abs. 3 BV)

601 Fragen zu Streiks werden hier nur soweit behandelt, als sie im Rahmen der verfassungsrechtlich gewährleisteten Streik- und Aussperrungsfreiheit polizeirechtlich von Bedeutung sind[1198]. Diskutiert wird damit die Verfassungsbestimmung ausschliesslich im *vertikalen* Verhältnis zwischen dem Staat und Streikenden. In diesem Zusammenhang wird – einmal mehr – die *Subsidiarität des Polizeirechts* deutlich[1199].

602 Streik ist zunächst die «kollektive Verweigerung der geschuldeten Arbeitsleistung zum Zwecke der Durchsetzung von Forderungen nach bestimmten Arbeitsbedingungen gegenüber einem oder mehreren Arbeitgebern»[1200]. Entsprechend dem Wortlaut von Art. 28 Abs. 3 BV wird zwischen zulässigen und unzulässigen bzw. (zivilrechtlich) verbotenen Streiks unterschieden[1201].

Das Streikrecht wird mit starken Referenzen ans jeweilige nationale Recht auch von Art. 8 Abs. 1 lit. c und d UNO Pakt I sowie von Art. 11 Abs. 1 EMRK (Versammlungsfreiheit) anerkannt[1202].

603 Wiewohl sich die Lehre – auch in ihrer Auseinandersetzung mit der bundesgerichtlichen Rechtsprechung – noch uneins ist, ob und inwieweit das Streikrecht im horizontalen Verhältnis des Arbeitsvertragsrechts Grundrechtscharakter habe, besteht Einigkeit darin, dass die Streikfreiheit im vertikalen Verhältnis zwischen dem Staat und Streikenden Grundrechtsqualität aufweist[1203].

I. Persönlicher Schutzbereich

604 Das Streikrecht steht jeder Arbeitnehmerin und jedem Arbeitnehmer ohne Rücksicht auf Nationalität und ausländerrechtlichem Status zu, dazu ihren Organisationen (Gewerkschaften)[1204]. Ob es nicht individuell, sondern nur im Kollektiv beansprucht werden kann, ist in der Lehre umstritten[1205].

1198 Polizeilich relevante Aussperrungen scheinen bisher nicht Gegenstand veröffentlichter Bundesgerichtsurteile geworden zu sein (vgl. auch BIAGGINI, Komm. zu Art. 28, N. 12).
1199 MOHLER/SCHWEIZER, Sicherheitspolitik, Rz. 11.Vgl. auch Rz. 398.
1200 BGE 134 IV 216 E 5.1.1; PORTMANN/STÖCKLI, N. 1035.
1201 BIAGGINI, Komm. zu Art. 28, N. 14, 18; DERS., HGR VII/2, § 223, RN 42; KIENER/KÄLIN, 330 f.; MÜLLER/SCHEFER, 1096 ff.; PORTMANN/STÖCKLI, N. 1042 ff., 1054 ff.; RHINOW/SCHEFER, Rz. 3356 ff.; VALLENDER/HETTICH, SGK zu Art. 28, Rz. 25 ff.
1202 GRABENWARTER, § 23, Rz. 77.
1203 AUER/MALINVERNI/HOTTELIER, 1608 f.; BIAGGINI, Komm. zu Art. 28, N. 15; KIENER/KÄLIN, 328; RHINOW/SCHEFER, Rz. 3369 f. A.A. MÜLLER/SCHEFER, 1094 (kollektiv auszuübendes Individualgrundrecht).
1204 BIAGGINI, Komm. zu Art. 28, N. 9; KIENER/KÄLIN, 329; MÜLLER/SCHEFER, 1095; VALLENDER/HETTICH, SGK zu Art. 28, Rz. 29.
1205 Für ein auch einzeln zu beanspruchendes Individualrecht z.B. BIAGGINI, HGR VII/2, RN 41; für nur kollektiv zu beanspruchendes Recht: KIENER/KÄLIN, 328 f.; MÜLLER/SCHEFER, 1094; VALLENDER/HETTICH, SGK zu Art. 28, Rz. 29. Umgekehrt steht einem einzelnen Arbeitgeber das Recht der Aussperrung zu (BIAGGINI, Komm. zu Art. 28, N. 9). Die Grundrechtsqualität

II. Zum Vertikalverhältnis des Streikrechts

Das Streikrecht ist die letzte Stufe *(ultima ratio)* einer arbeitsvertraglichen, also zivilrechtlichen Auseinandersetzung[1206]. Der *Staat* hat sich daher *neutral* zu verhalten[1207].

Ob ein Streik zivilrechtlich (im Horizontalverhältnis) als zulässig oder unzulässig, d.h. «verboten»[1208] beurteilt wird, ist polizeilich nicht relevant[1209]. Massgebend für eine polizeiliche Intervention ist einerseits die Rechtmässigkeit von Streikaktionen im Sinne des öffentlichen Rechts, andererseits im Sinne des Strafrechts.

> Bei Streikaktionen, die zu Behinderungen der öffentlichen Ordnung, namentlich des Verkehrs führen, müssen die Anliegen der Streikenden im Rahmen der Verhältnismässigkeit[1210] für betroffene Dritte erkennbar sein[1211], andernfalls sie vom verfassungsrechtlichen Anspruch auf Streik nicht gedeckt sind.

> Vermehrt besteht ein Grund für eine den Verhältnissen angepasste Intervention, wenn die Streikaktionen selber oder unvermeidliche Folgen davon zu einer Beeinträchtigung der öffentlichen Sicherheit führen.

> Nicht tolerierbar sind Nötigungen (Art. 181 StGB), namentlich im Zusammenhang mit Streikposten, welche Arbeitswillige der bestreikten Firma (oder Firmen) nötigen oder zu nötigen (und nicht nur zu überzeugen) versuchen, der Arbeit fern zu bleiben[1212]. Allerdings ist auch hier zu differenzieren: Unzulässig ist seitens von Arbeitgebern, nicht streikende Arbeitnehmer per Weisung zu zwingen, die ausgebliebene Arbeit der streikenden Kollegen zu verrichten (sog. unmittelbare Streikarbeit); auf diese Weise würden die nicht streikenden Arbeitnehmer dazu gezwungen, den Zweck des rechtmässigen Streiks ihrer Kollegen zu vereiteln[1213]. Wird im Falle von unmittelbarer Streikarbeit gewissen Arbeitswilligen von den Streikposten der Zugang zum Firmenareal verwehrt, hat die zuständige

---

(mindestens) im Vertikalverhältnis (Streik*freiheit* [vgl. zur differenzierenden Terminologie KIENER/KÄLIN, 328f. m.w.N.] kombiniert mit der Einschränkung im Horizontalverhältnis, wonach das Streik*recht* nur im Kollektiv ausgeübt werden kann, führt im Ergebnis dazu, dass ein einzelner Arbeitnehmender zwar nicht individuell streiken, wegen arbeitsvertraglichen Sanktionen des Arbeitgebers zufolge der Teilnahme an einem Streik jedoch einen individuellen grundrechtsgestützten Klaganspruch hat.

1206 PORTMANN/STÖCKLI, N. 1045 f.
1207 BIAGGINI, Komm. zu Art. 28, N. 19; DERS., HGR VII/2, § 223, RN 45; KIENER/KÄLIN, 330.
1208 Als unzulässig gelten nach überwiegender Lehre politisch motivierte Streiks, Solidaritätsstreiks und «wilde Streiks» (d.h. solche, die nicht von einer tariffähigen Organisation getragen werden); vgl. statt vieler, BIAGGINI, Komm. zu Art. 28, N. 18, und AUER/MALINVERNI/HOTTELIER, N. 1616 f.
1209 Vgl. RHINOW/SCHEFER, Rz. 3371, wonach «die Polizei nicht gegen einen (rechtmässigen) Streik vorgehen» dürfe, was m.E. formulierungsmässig einen zu weiten Rahmen für polizeiliche Interventionen absteckt: Die Rechtmässigkeit i.S.v. Art. 28 Abs. 3 BV kann durch die Polizei gar nicht geprüft werden.
1210 VALLENDER/HETTICH, SGK zu Art. 28, Rz. 28.
1211 BGE 134 IV 216 E 5.3.2.
1212 BGE 134 IV 216 E 5.1.2, auch mit Ausführungen zur verfassungsmässigen, d.h. einschränkenden Auslegung des Tatbestandes: E 4.3 ff.
1213 PORTMANN/STÖCKLI, N. 194.

staatliche Behörde[1214] (oder stellvertretend die Polizei) die Aufgabe, die Firmenleitung auf die Rechtslage hinzuweisen.
Selbstredend sind Straftaten vom Streikrecht nie gedeckt[1215].

609 In Bezug auf Hausfriedensbruch (Art. 186 StGB) ist indessen eine genaue Prüfung vor einer allenfalls auf einen diesbezüglichen Strafantrag gestützten Intervention notwendig: Da ein Streik das arbeitsvertragliche Verhältnis nicht auflöst, sondern bloss suspendiert[1216], ist damit für die Streikenden nicht automatisch ein Hausverbot verbunden. Streikaktionen können auch in Form von Protestversammlungen in einem Firmengebäude oder auf einem -areal, von Bummelstreiks oder von «Dienst nach Vorschrift», beide an den jeweiligen Arbeitsplätzen, durchgeführt werden. Abgesehen davon, dass ein Strafantrag wegen Hausfriedensbruch keine Voraussetzung für eine polizeiliche Intervention zum Schutz der Eigentumsgarantie (und/oder der Wirtschaftsfreiheit) darstellt (Rz. 573), ist die Rechtswidrigkeit des Verweilens von Streikenden auf einem Firmengelände vor einem Eingreifen in jedem Fall zu belegen.

III. Bestreikung von Unternehmen in staatlichem Eigentum im Besonderen

610 Besonders diffizil wird es für die der Neutralität bei Streiks verpflichtete Polizei, wenn ein staatlicher Betrieb bestreikt wird, ungeachtet der Rechtsform dieses Unternehmens. Es macht polizeirechtlich keinen Unterschied, ob es sich um eine öffentlich-rechtliche Institution oder eine spezialgesetzliche, gemischtwirtschaftliche oder privatrechtliche Gesellschaft handelt. Dieses Recht wird heute – wenn auch teilweise noch zögerlich – anerkannt[1217]. Die der Polizei vorgesetzte Exekutive ist damit Partei. Die Polizei hat dennoch die Neutralität zu bewahren und sich daher unmittelbar gestützt auf die BV gegen Weisungen der politischen Behörde, die durch die Interessen der Arbeitgeberseite motiviert sind, zu wehren.

Im November 2000 wurde die Zentralwäscherei AG in Basel (im Eigentum des Kantons) von einer Gewerkschaft bestreikt. Die Regierung verlangte von der Polizei wegen der Unverzichtbarkeit der Wäscheversorgung der Spitäler die sofortige Auflösung des Streiks. Eine Nachfrage der Polizei bei Spitälern ergab, dass der Wäscheaustausch mit

---

1214 Vgl. z.B. das BG über die eidgenössische Einigungsstelle zur Beilegung von kollektiven Arbeitsstreitigkeiten, auch mit dem Verweis auf die kantonalen Einigungsämter.
1215 BIAGGINI, Komm. zu Art. 28, N. 19; PORTMANN/STÖCKLI, N. 1064 f.
1216 BIAGGINI, Komm. zu Art. 28, N. 15 m.w.N.; KIENER/KÄLIN, 331; MÜLLER/SCHEFER, 1099; RHINOW/SCHEFER, Rz. 3375; VALLENDER/HETTICH, SGK zu Art. 28, Rz. 25.
1217 BIAGGINI, Komm. zu Art. 28, N. 20; DERS., HGR VII/2, § 223, RN 46; VALLENDER/HETTICH, SGK zu Art. 28, Rz. 34, bejahen ein Streikrecht für Angestellte im *Verhältnis zum Arbeitgeber «Staat»*. Vgl. auch Art. 2 f. des Übereinkommens Nr. 87 über die Vereinigungsfreiheit und den Schutz des Vereinigungsrechts (ILO-Übereinkommen No. 87, SR 0.822.017.7); *a.A.* MÜLLER/ SCHEFER, 1100, die ein Streikrecht gegenüber Arbeitsbedingungen, die in einem Gesetz, also im demokratischen Prozess festgelegt worden sind, ablehnen. Allerdings können sich in der Praxis Arbeitsbedingungen ergeben, die der Gesetzgeber nicht vorgesehen haben dürfte (z.B. Überzeitverpflichtungen ohne reale Abbaumöglichkeiten auf lange Zeit).

andern Dienstleistern funktioniere, weshalb die Polizei eine Intervention ablehnte. Nach weiteren Verhandlungen zwischen den Sozialpartnern wurde der Streik abgebrochen[1218].

IV. Beschränkung des Streikrechts für bestimmte Kategorien von Personen

Gemäss Art. 28 Abs. 4 BV kann durch Gesetz bestimmten Kategorien von Personen zu streiken verboten werden. Dazu gehören Angehörige von staatlichen oder privaten Organisationen, die wesentliche Dienste, so u.a. für die öffentliche Sicherheit (z.B. Polizei, Feuerwehr) und Gesundheit (Krankenpflege)[1219], aber auch für die *Gewährleistung der gesamten Infrastruktur* unerlässliche Dienste erbringen. Mit der zunehmenden Auslagerung von bis vor Kurzem staatlicher Leistungserbringer (z.B. Energieversorgung, Spitäler; gegebenenfalls privatrechtliche Anstellungsbedingungen) lassen sich Einschränkungen nicht mehr nur auf Angehörige von Teilen der Zentralverwaltung oder öffentlich-rechtlicher Anstalten von Bund, Kantonen oder Gemeinden begrenzen, auch Angehörige des Privatsektors können, sofern eine Firma «wesentliche Dienste» erbringt, unter die Ausnahmeregelung des Streikverbots fallen[1220]. Das Streikverbot muss in jedem Fall im Gesetz geregelt sein.   611

Als Kriterium für *wesentliche Dienste («essential services»)*, deren Erbringer durch Gesetz (Art. 36 BV) ein (mindestens teilweises) Streikverbot auferlegt werden kann, gilt eine konkrete und unmittelbare Gefahr (*«clear and imminent threat»*) für das Leben, die öffentliche Sicherheit und die Gesundheit der ganzen oder eines Teils der Bevölkerung, falls diese entfallen. Unter Umständen kann auch die Dauer eines Streiks bzw. des Ausfalls zu einer ein Streikverbot rechtfertigenden Gefahr werden. Damit das Streikrecht nicht mit einer zu grosszügigen Subsumption von «wesentlich für Leben, Sicherheit und Gesundheit» ausgehöhlt wird, müssen diese in Bezug auf die Verhinderung solcher Gefahren «wesentlich im eigentlichen Sinn sein» (*«genuinely essential»*)[1221]. Umgekehrt kann ein Streikverbot nicht mehr auf die «Blaulichtdienste» begrenzt werden.   612

1218 Vgl. BaZ vom 30. November 2000, 1.
1219 In Art. 9 Abs. 1 des ILO-Abkommens No. 87 (FN 1217) stipuliert dies selber einen speziellen Vorbehalt des nationalen Rechtes für Heer und Polizei.
1220 AUER/MALINVERNI/HOTTELIER, N. 1626.
1221 ILO, Freedom of Association, Ziff. 581–584.

§ 14 Nicht unmittelbar grundrechtlich geschützte Rechtsgüter

A. Schutz der verfassungsmässigen Ordnung

I. Allgemeine Hinweise

613 Die Grundrechte und ihre Bedeutung für das sicherheits- und polizeirechtliche Handeln wurden bei der Behandlung des Rechtsgüterschutzes aus polizeirechtlicher Perspektive bewusst dem Schutz anderer Rechtsgüter und den rechtsstaatlichen Prinzipien vorangestellt (vgl. Rz. 274 f.), «denn wie sich im Rahmen der historischen Diskussion ergeben hat, sind die Menschenrechte das normative Fundament der Demokratie. Die Demokratie ist die institutionalisierte prozedural verwirklichte Organisation menschlicher Selbstzweckhaftigkeit, Gleichberechtigung und Autonomie»[1222]. In unzähligen Entscheiden weist der EGMR auf diesen Zusammenhang hin: «*...the rule of law, one of the fundamental principles of a democratic society, is inherent in all the Articles of the Convention*»[1223].

614 Daraus ergibt sich indessen nicht nur ein mindestens theoretisch harmonisches Gefüge von den Grundrechten über die Rechtsetzung bis hin zur Rechtsanwendung, sondern auch ein zweifaches Spannungsfeld. Soweit *«demokratisch»* mit dem rein quantitativen Kriterium einer Mehrheit legitimierter Angehöriger gesetzgebender Gremien definiert wird, können sich zwischen grundrechtlichen Anforderungen und Mehrheitsentscheiden Differenzen ergeben[1224]. Das zweite Spannungsfeld kann bei einer möglichen *Überforderung der Gesellschaft durch überdehnte primär soziale Individualrechte* entstehen[1225].

615 Umgekehrt ist der *Rechtsstaat* der einzige *Garant* für die Achtung, Einhaltung und Durchsetzung der Grundrechte. Er trägt die *völkerrechtliche Pflicht* der Einhaltung des zwingenden Völkerrechts (Rz. 176 ff.) ebenso wie des Vertragsvölkerrechts[1226] (Art. 5 Abs. 4 BV), mithin der Menschenrechte, einschliesslich der sog. menschlichen Sicherheit *(human security)*, und Grundfreiheiten[1227].

616 Die *verfassungsmässige Ordnung des Rechtsstaates* ist selber somit *prominentes Schutzobjekt*. Aus der BV fliesst, dass die Eidgenossenschaft, also Bund und Kantone (Art. 1 BV), die Freiheit und die Rechte des Volkes und die Unabhängigkeit des

---

1222 MAHLMANN, § 29, Rz. 1.
1223 EGMR The former king of Greece and others v. Greece, § 79.
1224 Als Beispiele seien die angenommenen Initiativen für die lebenslange Verwahrung von nicht therapierbaren, extrem gefährlichen Sexual- und Gewalttätern (BBl 2004 2199) und für die Ausschaffung krimineller Ausländer (Abstimmung vom 28. November 2010) erwähnt.
1225 Vgl. Kritik im BGE 137 I 86 E 7.3.3.1 (vom EGMR stipulierter Anspruch, in jedem Fall zu prüfen, ob die landesrechtliche zweijährige Beobachtungs- und Behandlungsfrist vor von der Versicherungsgemeinschaft zu bezahlenden Geschlechtsumwandlungen eingehalten werden müsse).
1226 Art. 26 f. WÜV.
1227 SCHWEIZER/SCHEFFLER/VAN SPYK, Gutachten VBS, 111.

Landes schützen, die Unabhängigkeit und die Sicherheit des Landes wahren (Art. 2 Abs. 1 BV) bzw. für die Sicherheit des Landes sowie den Schutz der Bevölkerung, als «innere Sicherheit» bezeichnet, sorgen (Art. 57 BV). Die Umschreibung im Zweckartikel (Abs. 1) enthält in seiner normativen Funktion und in Verbindung mit der Koordinationspflicht von Art. 57 *verpflichtende Aufträge*[1228].

Im Grunde handelt es sich um drei Aufträge, die zwar ein Ganzes bilden, in ihrer Umsetzung aber auch gegenläufige Interessen tangieren können. Die Freiheit und die Rechte des Volkes verweisen auf die *Grundrechte* (Art. 7–36 BV) und die *Bürger- und politischen Rechte* (Art. 37–40 BV). Die «Sicherheit des Landes» (in Art. 2 Abs. 1 und Art. 57 Abs. 1 BV gleichlautend) ist als *Sicherung des Territoriums als Lebensraum und der Bewahrung seiner Institutionen mit allen rechtlich geregelten Zuständen und Verfahren* gegenüber machtpolitischen Bedrohungen zu verstehen[1229]. Die Unabhängigkeit des Landes bzw. der Entscheidungsträger ist sowohl gegenüber machtpolitischen wie auch gegenüber kriminellen Bedrohungen zu bewahren (Rz. 87)[1230].

617

Der Staat hat damit zum Einen die *Aufgabe, sich selber zu schützen,* um seiner andern *Aufgabe als Garant für die Grundrechte* «des Volkes» nachkommen zu können. Zusammengefasst bilden sie eine *Kernaufgabe des Staates*[1231].

618

Der Sicherung der auch rechtsstaatlich intakten Funktionsfähigkeit des Staates samt seiner Infrastruktur kommt indirekt somit auch *grundrechtliche Bedeutung* zu: Ist die Funktionstüchtigkeit aus welchen Gründen auch immer eingeschränkt, können auch fundamentale Grundrechte gefährdet sein.
Diese Sicherheit ist jedoch – es sei wiederholt (Rz. 93) – bei weitem nicht nur Aufgabe polizeirechtlicher Regelungen und polizeilicher Anstrengungen.

619

II. Normative Regelungen

Eine verfassungsrechtliche *Norm mit einem Schutzbereich* analog den Individualgrundrechten *kennt die BV nicht,* anders als etwa Art. 20 GG[1232]. Bund und Kantone kommen ihren Aufgaben aus Art. 2 und 57 f. BV in der Gesetzgebung nach, so durch

620

1228 Vgl. EHRENZELLER, SGK zu Art. 2, Rz. 10, 14.
1229 Vgl. RUCH, Sicherheit, VR CH, § 56, Rz. 4, und Rz. 36 f., 92 (Sicherheitsbegriff).
1230 MOHLER, SBVR III/1, Rz. 69; SCHWEIZER/SCHEFFLER/VAN SPYK, Gutachten VBS, 111.
1231 MOHLER, SBVR III/1, Rz. 21 m.w.N.
1232 «Art. 20
(1) Die Bundesrepublik Deutschland ist ein demokratischer und sozialer Bundesstaat.
(2) Alle Staatsgewalt geht vom Volke aus. Sie wird vom Volke in Wahlen und Abstimmungen und durch besondere Organe der Gesetzgebung, der vollziehenden Gewalt und der Rechtsprechung ausgeübt.
(3) Die Gesetzgebung ist an die verfassungsmässige Ordnung, die vollziehende Gewalt und die Rechtsprechung sind an Gesetz und Recht gebunden.
(4) Gegen jeden, der es unternimmt, *diese* Ordnung zu beseitigen, haben alle Deutschen das Recht zum Widerstand, wenn andere Abhilfe nicht möglich ist.» (Hervorhebung hier.)

Art. 1 und 4 BWIS sowie insbesondere durch zahlreiche Tatbestände des Strafgesetzbuches (12.–19. Titel des 2. Buches).

621 Der Schutz wesentlicher Elemente der verfassungsmässigen Ordnung im Strafrecht bedeutet unter Beachtung des für die exekutive Polizei massgebenden Subsidiaritätsprinzips, dass sie zur *Verhinderung* der Verletzung dieser strafrechtlich geschützten Rechtsgüter vor dem Einsetzen von Verhaltensweisen, die von den entsprechenden Tatbeständen erfasst werden, nur intervenieren darf, wenn auf dem strafprozessrechtlichen Weg die Gefahr nicht oder nicht rechtzeitig zu bannen ist[1233].

622 Für den Schutz der verfassungsmässigen Ordnung in anderer Weise, insbesondere hinsichtlich der *Früherkennung* von gefährdenden Verhaltensweisen, sind die Bestimmungen des BWIS massgebend[1234].

B. Schutz von Rechtsgütern durch nicht verfassungsrechtliche Normierungen

I. Völkerrechtliche Verpflichtungen

623 Besondere Schutzverpflichtungen ergeben sich aus *völkerrechtlichen Vereinbarungen*. Was den Schutz internationaler Organisationen, von völkerrechtlich geschützten Personen und Objekten (insbesondere Gebäuden) betrifft, soweit dieser das Mass dessen, was aus dem Grundrechtsverständnis hervorgeht, übersteigt, fliessen die diesbezüglichen Pflichten aus verschiedenen Abkommen[1235].

Auch diese Schutzpflichten gelten insofern *nicht absolut*, als sie zu Anstrengungen verpflichten, nicht aber zu entsprechenden Erfolgen (im Sinne der tatsächlichen Verhinderung jeder Verletzung der geschützten Personen oder Objekte)[1236].

624 Gleiches gilt auch für den Schutz besonders wertvoller Kulturgüter[1237]; es handelt sich um höchstwertiges Kulturgut und ist ebenso völkerrechtlich geschützt, dennoch aber kein grundrechtlich geschütztes Gut, insofern nicht gerade die Institutsgarantie als Teil- respektive Kerngehalt der Eigentumsgarantie in Frage steht[1238]. Der strafrechtliche Tatbestand der Sachbeschädigung[1239] ist diesbezüglich unbehelflich. Für die *Verhinderung* von Schädigungen bedarf es einer Norm in einem Polizei- oder Spezialgesetz, in unvor-

---

1233 MOHLER/SCHWEIZER, Rz. 11.
1234 SCHWEIZER/SCHEFFLER/VAN SPYK, Gutachten VBS, 144. Vgl. auch den VE PolAG; dieser Gesetzesentwurf enthält ebenso Bestimmungen, die zu Teilen dem Schutz der verfassungsmässigen Ordnung gelten (Art. 4 f.).
1235 So etwa das Wiener Übereinkommen über diplomatische Beziehungen, über konsularische Beziehungen, über Sondermissionen, Art. 4 des Übereinkommens über die Verhütung, Verfolgung und Bestrafung von Straftaten gegen völkerrechtlich geschützte Personen, einschliesslich Diplomaten.
1236 SCHWEIZER/SCHEFFLER/VAN SPYK, Gutachten VBS, 141 f. Vgl. dazu auch Art. 6 VE PolAG.
1237 So z.B. die ins Verzeichnis des Weltkulturerbes der UNESCO aufgenommenen Bauten oder Landschaften.
1238 Vgl. Rz. 559 ff.
1239 Art. 144 StGB.

hersehbaren Situationen dient die polizeiliche Generalklausel als Gesetzessubstitution (vgl. Rz. 757 ff.).

II. Binnenrechtliche Schutzaufgaben

Bund und Kantonen steht es zu, im verfassungsmässigen Rahmen *weitere Rechtsgüter* auch mit polizeirechtlichen Erlassen und diesen entsprechenden Massnahmen zu schützen bzw. schützen zu lassen, so beispielsweise die Umwelt allgemein[1240] und Tiere im Besonderen[1241], ebenso im Baurecht und in der Technologie oder im Rahmen des Kultur- und Denkmalschutzes.

625

Die Gefährdung der «öffentlichen Sicherheit und Ordnung» als gesetzliche Voraussetzung für polizeiliche Interventionen, die zu Beschränkungen von Grundrechten führen, vermag jedoch den Anforderungen an die Bestimmtheit der dafür massgebenden Norm nicht (mehr) zu entsprechen (Rz. 558), auch wenn «das Bestimmtheitserfordernis wegen der Besonderheit des Regelungsbereichs auf besondere Schwierigkeiten»[1242] stösst.

626

Für die Eindämmung von Verhaltensweisen, die spezifisch als Gefährdung der *öffentlichen Ordnung* betrachtet werden, welche die Gesamtheit der *un*geschriebenen Ordnungsvorstellungen umfasst (Rz. 96 ff.), genügt daher diese Sammelbezeichnung den Anforderungen nicht. Ihre Unbestimmtheit führt zu einer zu grossen Ungewissheit über das nicht mehr erlaubte Verhalten einerseits (Berechenbarkeit, Vorhersehbarkeit, Rz. 289 ff., 433) und zu übermässig weit gehenden Möglichkeiten polizeilicher Einschränkungen andererseits[1243].

Polizeiliche Massnahmen zur Verhinderung von Verhaltensweisen, die die öffentliche Sicherheit oder Ordnung gefährden oder stören, sind daher an genauer umschriebene tatbestandsmässige Voraussetzungen zu knüpfen[1244]. Was als Störung der *öffentlichen*

1240 Vgl. etwa Art. 1 Abs. 1 lit. a PolG BE; § 3 Abs. 1 lit. a PolG BL; § 2 Abs. 1 Ziff. 1 PolG BS; § 3 Abs. 2 lit. c PolG ZH.
1241 Vgl. z.B. § 3 Abs. 1 lit. a PolG BL; § 3 Abs. 2 lit. c PolG ZH. Vgl. auch Art. 120 Abs. 2 BV.
1242 BGE 132 I 49 E 6.2.
1243 BGE 136 I 87 E 8.3. In BGE 132 I 49 E 6.3 liess das BGer den zwar unbestimmt gehaltenen Begriff «des Schutzes der öffentlichen Ordnung und Sicherheit» (noch) gelten, jedoch nur in Verbindung mit den zusätzlichen Erfordernissen eines begründeten Verdachts, der über den blossen, einfachen Verdacht hinausgehe, und einer Ansammlung, die in zeitlicher und sachlicher Hinsicht recht präzise umschrieben und damit eingegrenzt sei.
1244 Vgl. § 42a PolG BS (befristeter Platzverweis für maximal 72 Stunden, wenn diese Person «1. Dritte gefährdet oder Dritten mit einer ernsthaften Gefährdung droht; 2. durch ihr Verhalten die unmittelbare Gefahr einer gewalttätigen Auseinandersetzung schafft»; «in schwerwiegenden Fällen, namentlich wenn eine Person 1. Dritte in ihrer körperlichen Integrität verletzt; 2. gefährliche Gegenstände oder Waffen mit sich führt; 3. an einer gewalttätigen Auseinandersetzung aktiv teilnimmt», kann die Polizei eine Wegweisung für höchstens einen Monat verfügen. § 33 lit. b PolG ZH (Wegweisung von Personen für längstens 24 Stunden, «b. wenn die Person oder eine Ansammlung von Personen, der sie angehört, Dritte erheblich belästigt, gefährdet oder unberechtigterweise an der bestimmungsgemässen Nutzung des öffentlich zugänglichen Raumes hindert, …».

Ordnung, die *keine Störung der öffentlichen Sicherheit* bedeutet, eine polizeiliche Intervention, mithin eine (wenn auch leichte) Beeinträchtigung von Grundrechten, zur Folge haben kann oder soll, ist in einem Rechtssatz (gegebenenfalls in einer Verordnung) näher, wenn auch in einer allgemeinen Form, zu umschreiben.

6. Kapitel: Rechtsstaatliche Grundlagen für die polizeiliche Aufgabenerfüllung

§ 15 Verfassungsprinzipien

A. Allgemeine Hinweise

Von den verfassungsgestaltenden Prinzipien steht als Grundlage der polizeilichen Aufgabenerfüllung die *freiheitliche und rechtsstaatliche Demokratie* im Vordergrund[1245]. Art. 5 BV legt die Grundsätze rechtsstaatlichen Handelns in Form der *Gesetzmässigkeit* (Abs. 1), der weiter gefassten *Rechtmässigkeit*, geprägt durch das notwendige *öffentliche Interesse und die Verhältnismässigkeit* (Abs. 2), des Handelns nach *Treu und Glauben* (Abs. 3) und der Beachtung des *Völkerrechts* (Abs. 4) fest[1246]. Staatliches Handeln umfasst alle drei Funktionen, *Rechtsetzung, Rechtsvollzug* (Rechtsanwendung insbesondere durch die Verwaltung) und *Rechtsprechung* (Rechtsanwendung in der Entscheidung von Streitverfahren durch die Gerichte)[1247].

627

Die in Art. 5 BV festgeschriebenen Grundsätze sind nicht isoliert zu betrachten, sondern – insbesondere was das polizeiliches Handeln angeht – v.a. *im Zusammenhang mit den Grundrechten*[1248] zu sehen (Art. 7 ff., 35 und 36 BV; vgl. vorne § 13). Art. 5 BV vermittelt, da es sich um Verfassungsgrundsätze handelt, jedoch keinen Anspruch auf eine bestimmte Ausgestaltung des Rechtsschutzes mittels bspw. subsidiärer Verfassungsbeschwerde[1249].

628

Die Aufzählung der Grundsätze rechtsstaatlichen Handelns in Art. 5 BV ist nicht abschliessend[1250]. Von grösster Bedeutung sind die in dieser Bestimmung teilweise aufgenommenen, aber in der ganzen BV nicht abschliessend ausdrücklich erwähnten *Strukturprinzipien* der Verfassung, mithin des schweizerischen Staatswesens. Als die prägenden vier Strukturprinzipien gelten das *Demokratieprinzip*, das *Rechtsstaatsprinzip*, das *Sozialstaatsprinzip* und das *Bundesstaatsprinzip*[1251].

629

Diese Strukturprinzipien sind keine fest gefügten Verfassungsrechtsnormen, sondern Leitgedanken[1252], die einerseits «Kernstücke zur Verfassungslegitimierung geworden»[1253] sind, aber auch «normative Kraft» beanspruchen und als «Auslegungshilfe die

630

1245 Zu Fragen der bundesstaatlichen Kompetenzverteilung Näheres im 4. Kapitel.
1246 HÄFELIN/HALLER/KELLER, Rz. 21, 171 ff.; RHINOW/SCHEFER, Rz. 193 ff.; TSCHANNEN, Staatsrecht, § 6, Rz. 21 f., 29.
1247 BIAGGINI, Komm. zu Art. 5, N. 3; HANGARTNER, SGK zu Art. 5, Rz. 3.
1248 BGE 130 I 388 E 4; HÄFELIN/HALLER/KELLER, Rz. 21, 173 f.
1249 BGE 130 I 388 a.a.O.; HANGARTNER, SGK zu Art. 5, Rz. 2; RHINOW/SCHEFER, Rz. 2626.
1250 HANGARTNER, SGK zu Art. 5, Rz. 4.
1251 BIAGGINI, Komm. BV, Einleitung, N. 16 f.; EICHENBERGER, Komm. aBV, Verfassungsrechtliche Einleitung, Rz. 89 ff.; TSCHANNEN, Staatsrecht, § 6, Rz. 1 ff.
1252 HÄFELIN/HALLER/KELLER, Rz. 168 f.
1253 EICHENBERGER, a.a.O., Rz. 95.

Konkretisierung und Weiterentwicklung des positiven Verfassungsrechts» – und damit auch des darauf gestützten einfachen Rechts und der Rechtsanwendung – bestimmen[1254].

631 Strukturprinzipien sind nicht aus einer feststehenden Summe verschiedener Elemente zusammengesetzt, sondern können unterschiedlich dicht gefügt sein[1255].

Aus *polizeirechtlicher* Perspektive können jedoch bestimmte Teilgehalte von Strukturprinzipien als besonders bedeutungsvoll bezeichnet werden (wobei die Wichtigkeit im Gesamten hier nicht erwähnter Elemente durch diese Aufzählung keineswegs geschmälert werden soll):

632 a) in Bezug auf die Demokratie
 – das Rechtsetzungsprimat des Parlaments (Legalitätsprinzip als demokratische Funktion)
 – die Verantwortlichkeit der Staatsorgane
 – die grundsätzliche Öffentlichkeit des Staatshandelns
 – die Kommunikationsgrundrechte[1256]

633 b) in Bezug auf das Rechtsstaatsprinzip[1257]
 – in formeller Hinsicht:
  – das Legalitätsprinzip (Art. 5 Abs. 1 BV) mit der Bindung des nachgeordneten an das übergeordnete Recht[1258]
  – die Gewaltenteilung als Mittel der Machtbegrenzung und gegen Machtmissbrauch
  – die Gewährleistung eines wirksamen justiziellen Rechtsschutzes einschliesslich Verfahrensgarantien
 – in materieller Hinsicht:
  – Achtung des Völkerrechts
  – Respektierung der Grundrechte, v.a. der Menschenwürde als grundlegende Legitimationsbasis des Staates[1259], und anderer Rechtspositionen
  – Einhaltung des Verhältnismässigkeitsprinzips
  – Voraussetzung des öffentlichen Interesses für staatliches Handeln
  – Gleichbehandlungsgebot, Schutz vor Willkür, Wahrung von Treu und Glauben
  – Staatshaftungsregelung

1254 TSCHANNEN, § Staatsrecht, 6, Rz. 6.
1255 Vgl. in Bezug auf die Anforderungen des Demokratieprinzips für die Gewährleistung von Kantonsverfassungen TSCHANNEN, Staatsrecht, § 18, Rz. 10 ff.
1256 Vgl. TSCHANNEN, Staatsrecht, a.a.O.
1257 Überwiegend nach TSCHANNEN, Staatsrecht, § 6, Rz. 24 f., § 7, Rz. 14. FULLER, 38 f., umschreibt das Prinzip mit Negativkriterien, die *nicht* gegeben sein dürfen, ohne dass der Rechtsstaat an existentiellen Mängeln leide: a) überhaupt keine Regelungen (in einem bestimmten Gebiet), b) Fehlen der Publizierung der Rechtssätze (Vorhersehbarkeit der Verhaltensregeln), c) Missbrauch rückwirkender Gesetzgebung, d) unverständliche Regelungen, e) widersprüchliche Regelungen, f) Verstoss gegen überfordernde Regelungen (*nemo ultra posse obligetur*), g) übermässig häufige Gesetzesänderungen (Unmöglichkeit des Kennens der gerade gültigen Regelung), h) mangelnde Übereinstimmung zwischen publizierten Regelungen und deren Umsetzung in der Praxis. Vgl. dazu den Hinweis bei MAHLMANN, § 31, Rz. 31 ff.
1258 Viele Kantonsverfassungen enthalten gleiche oder ähnlich Formulierungen wie in Art. 6 BV (vgl. Rz. 26).
1259 RHINOW/SCHEFER, Rz. 176.

c) in Bezug auf das Bundesstaatsprinzip: 634
- Schutz der verfassungsmässigen Ordnung der Kantone
- Beachtung der verfassungsmässigen Verbands- und Organ-Kompetenzteilung
- Erfüllung der mit den Kompetenzen verbundenen Aufgaben als Verpflichtung[1260]
- Zusammenarbeit und gegenseitige Unterstützung je im Rahmen der eigenen Kompetenzen

Zusammen mit den Grundrechten und der bundesstaatlichen Staatsstruktur dienen die erwähnten Grundsätze «der Eindämmung jeglicher staatlicher Macht im Interesse der Freiheitsrechte»[1261]. Diese überragende Zweckbestimmung gewinnt insbesondere im Bereich der Polizei Bedeutung, ist doch die exekutive Polizei (vgl. Rz. 28) der einzige Teil der Verwaltung auf allen drei bundesstaatlichen Stufen, der – sofern die entsprechenden Voraussetzungen vorliegen – nicht nur befugt, sondern auch verpflichtet ist, im öffentlichen Interesse oder zum Schutz von Grundrechten Dritter ohne Vorliegen einer rechtskräftigen Verfügung oder eines vollstreckbaren Urteils direkt und unmittelbar Grundrechtspositionen zu beschränken[1262]. 635

Eine wesentliche Grösse des *Rechtsstaatsprinzips*, genauer der *Rechtssicherheit*, ist die *Voraussehbarkeit staatlicher Massnahmen* (vgl. Rz. 291)[1263]. Bestandteil dessen ist die Pflicht, Erlasse zu publizieren. Erst mit der Veröffentlichung eines Erlasses kann dieser Rechtswirkung entfalten[1264]. Die *Publikationspflicht* in Verbindung mit der Normenbestimmtheit (Rz. 291, 646) führt zur geforderten *Transparenz der Rechtsordnung*[1265]. 636

Dies gilt grundsätzlich auch für Konkordate, in denen polizeirechtliche Normen enthalten sind[1266]. Es bedingt aber auch, dass interkantonale Vereinbarungen, wenn sie *Inhalte* regeln, die zum *materiellen Gesetzesbegriff*[1267] gehören, in der richtigen Form beschlossen werden[1268]. 637

Im Zusammenhang mit dem für das schweizerische Recht massgebenden *Schengen-Besitzstand* wird die Technik der Verweise nach Art. 5 Abs. 2 lit. b i.V.m. Art. 11 Abs. 1 des Publikationsgesetzes – insofern nicht Schweizer Gesetzes- und Verordnungstexte geändert (und publiziert) werden – dieser Anforderung nach Transparenz in keiner 638

1260 RHINOW/SCHEFER, Rz. 77.
1261 RHINOW/SCHEFER, Rz. 193; TSCHANNEN, Staatsrecht, § 6, Rz. 22.
1262 SALADIN, Grundrechte, 350.
1263 Näheres zum Kriterium der Vorhersehbarkeit im Zusammenhang mit der polizeilichen Generalklausel: Rz. 730 ff.
1264 HANGARTNER, SGK zu Art. 5, Rz. 16; RHINOW/SCHEFER, Rz. 2611.
1265 RHINOW/SCHEFER, Rz. 2612. Vgl. auch Rz. 290.
1266 Im Kanton Basel-Stadt bspw. ist jedoch die Vereinbarung über die interkantonalen Polizeieinsätze (IKAPOL) vom 6. April 2006 (Konkordat in Kraft seit 9. November 2006) nicht publiziert (Stand: 26.8.2011).
1267 Vgl. dazu HANGARTNER, SGK zu Art. 5, Rz. 15.
1268 Nicht dieser Anforderung entspricht der Rahmenvertrag betreffend *interkantonale Häftlingstransporte* in der Schweiz bzw. die Vereinbarung über dessen Verlängerung, vgl. Rz. 265. Weiteres zur Normstufe in Rz. 292 f. und 641.

Weise gerecht, da in der Systematischen Sammlung des Bundesrechts lediglich die nichts sagenden Notenaustausche abgedruckt sind, derweil das Finden des massgebenden Rechtstextes im (elektronischen) Amtsblatt der Europäischen Union – selbst für Behörden – schwierig ist[1269].

B. Legalitätsprinzip (Art. 5 Abs. 1 BV)

639 Art. 5 Abs. 1 BV, wonach *Grundlage und Schranke allen staatlichen Handelns das Recht* ist, bezieht sich auf «alles, was Recht ist», d.h. unabhängig von der Normstufe (Verfassung, Gesetz, Verordnung), von seiner Rechtsquelle (nationales, kantonales oder Völkerrecht) und ob es sich um geschriebenes oder ungeschriebenes Recht handelt[1270]. Dieser weit gefasste Rechtsrahmen bedeutet jedoch nicht etwa Beliebigkeit, sondern einerseits der Bezug auf alle in der und für die Schweiz rechtlich relevanten Vorgaben[1271], andererseits die *rechtliche Einschränkung von Interventionen* (Schranke)[1272] gestützt auf unvermeidlich nicht besonders präzis gefasst polizeirechtliche Befugnisnormen[1273].

I. Vorrang des Gesetzes, Verfassungs- bzw. Gesetzesvorbehalt

640 Das Legalitätsprinzip stipuliert den Vorrang und den Vorbehalt des Gesetzes[1274]. *Vorrang* des Gesetzes bedeutet, dass formelles *Verfassung- und Gesetzesrecht* nachgeordnetem (Verordnungs-)Recht, aber auch ungeschriebenem Recht – soweit es sich nicht um Verfassungsprinzipien handelt – vorgeht und dass sich die rechtsanwendenden Behörden an das Gesetz zu halten haben (Rechtsbindung)[1275]. Umgekehrt darf Verordnungsrecht nicht über die Regelung im übergeordneten Gesetz hinausgehen[1276].

1269 MOHLER, Schengen/Polizei, 24; DERS., Schengen-Besitzstand, 21 f. Primäres Schengenrecht wird durch korrigierende, ergänzende oder aufhebende Erlasse fortentwickelt, was seinerseits mit der Verweistechnik geschieht, sodass u.U. mehrere quasi übereinander gelagerte «Schichten» eines Rechtstextes zu prüfen sind, um zu geltenden Formulierungen vorzustossen. Offizielle konsolidierte Fassungen gibt es bisher nicht, inoffizielle sind meist nach kurzer Zeit nicht mehr (ganz) aktuell.
1270 HANGARTNER, SGK zu Art. 5, Rz. 14 ff.; RHINOW/SCHEFER, Rz. 2608.
1271 HANGARTNER, SGK zu Art. 5, Rz. 10.
1272 Vgl. RHINOW/SCHEFER, Rz. 2615.
1273 BGE 109 Ia 146 E 4, in dem das BGer die Massgeblichkeit der Resolution 690/1979 des Europarates über die Polizei (URL: http://assembly.coe.int/Documents/AdoptedText/ta79/FRES690.htm; zuletzt besucht: 25.8.2011), d.h. die Einhaltung ethischer Regeln in Bezug auf die Respektierung der persönlichen Freiheit feststellte, auch wenn die Verletzung dieser Regeln keine Grundlage für eine öffentlich-rechtliche Beschwerde sei; BGE 128 I 327 E 4.2, 4.3.3 (ausdrückliche Verpflichtung der Polizeiorgane auf die Einhaltung des Verhältnismässigkeitsprinzips notwendig); BGE 136 I 87 E 3.1 f. Vgl. dazu REINHARD, 153; SCHWEIZER/MÜLLER, 380 ff.
1274 RHINOW/SCHEFER, Rz. 2609.
1275 BIAGGINI, Komm. zu Art. 5, N. 12; TSCHANNEN/ZIMMERLI/MÜLLER, § 19, Rz. 9.
1276 HÄFELIN/HALLER/KELLER, Rz. 669. Beispiele für Verordnungen, die dem zu Grunde liegenden Text nicht entsprechen in Rz. 272 (FN 531). Vgl. SCHWEIZER/MOHLER, 127 f.

Polizeiliche Eingriffe in Rechtspositionen bedürfen dementsprechend einer gesetzlichen Grundlage in einem *Rechtsatz* (generell-abstrakte Norm), der dem *Gewaltenteilungsprinzip* entsprechend *demokratisch legitimiert* und formell rechtmässig, d.h. in einem seinerseits gesetzmässigen Verfahren erlassen worden ist und selber die *verfassungsrechtlichen Vorgaben* respektiert, also v.a. das *Verhältnismässigkeitsprinzip* beachtet und *genügend bestimmt* ist[1277]. 641

Im *Bund* sind die *wichtigen rechtsetzenden Bestimmungen* in der Form von Bundesgesetzen zu erlassen (Art. 164 Abs. 1 BV), wozu namentlich die Einschränkungen von verfassungsmässigen Rechten gehören *(Gesetzesvorbehalt)*. Während Art. 164 BV für die Bundesbehörden massgebend ist, auferlegt Art. 36 BV in Bezug auf die Einschränkung von Grundrechten den Gesetzesvorbehalt auch den Kantonen und Gemeinden. 642

Wichtige rechtsetzende Bestimmungen dürfen daher *nicht* an die Verordnungsebene (Exekutive) *delegiert* werden[1278]. Dies entspricht dem aus dem Demokratieprinzip hervorgehenden *materiellen Gesetzesvorbehalt*[1279]. Dazu gehören *schwerwiegende Eingriffsbefugnisse*, die in einem *formellen Gesetz* geregelt sein müssen, das Kompetenzen ebenso wie die Voraussetzungen, Art und Mittel für Einschränkungen in genereller Weise als Grundlage und Schranke für deren Ausübung so genau als möglich umschreibt (materieller Gesetzesbegriff[1280]). Das gilt insbesondere für Bestimmungen über den Einsatz von Waffen und andere Mittel der Ausübung physischer Gewalt, die schwere Beeinträchtigungen der physischen und psychischen Integrität zur Folge haben können. Auf Bundesebene wird diesen Anforderungen z.T. nicht oder nicht in genügendem Mass nachgekommen[1281]. 643

Dem ist auch bei der Gestaltung von *interkantonalen Vereinbarungen* Rechnung zu tragen; Regelungen auf Gesetzesstufe bedürfen der Form des Konkordates, zu dessen Beitritt es in der Regel eines Parlamentsbeschlusses in den Kantonen bedarf (Näheres dazu in Rz. 258 ff.).

1277 Tschannen, Staatsrecht, § 45, Rz. 11.
1278 BGE 131 II 13 E 6.3.
1279 Vgl. Art. 164 BV und auf Kantonsebene etwa § 83 KV BS; § 63 Abs. 1 i.V.m. §§ 30 lit. b und 31 Abs. 1 lit. c KV BL; Art. 38 KV ZH.
1280 Rhinow/Schefer, Rz. 197.
1281 Im Widerspruch zum *Vorrang des Gesetzesrechts* steht bspw. Art. 16 Abs. 2 lit. c VPA im Verhältnis zu Art. 92 Abs. 3 MG, der bedeutend enger gefasst ist. Ebenso dehnen die Bestimmungen der Art. 7–12 ZAV die Eingriffsbefugnisse gegenüber den nach Art. 16 ZAG vom Bundesrat vorzugebenden Einschränkungen der für die jeweiligen Aufgaben zulässigen Hilfsmittel und Waffen in genereller Weise aus; in gleicher Art gehen Art. 231 und besonders Art. 232 ZV in Bezug auf den Waffeneinsatz deutlich über Art. 106 Abs. 1 ZG hinaus; vgl. Schweizer/Mohler, 127 f. Im Weiteren entspricht die luftpolizeiliche Regelung des Abschusses eines (Verkehrs-)Flugzeuges in Art. 9 Abs. 3 und 14 Abs. 1 VWL den Anforderungen von Art. 36 Abs. 1 BV nicht (vgl. Motion Lang 08.3375 vom 12.06.2008, Antwort BR 10.09.2008, am 18.6.2010 abgeschrieben, da seit mehr als 2 Jahren hängig; URL: http://www.parlament.ch/D/Suche/Seiten/geschaefte.aspx?gesch_id=20083375; zuletzt besucht: 20.8.2011); Mohler, SBVR III/1, Rz. 160 (FN 401).

644 Den *Kantonen* ist es demgegenüber freigestellt, ob sie für die einfache Gesetzgebung Volksrechte wie das Gesetzesreferendum einführen wollen. Art. 51 Abs. 1 BV schreibt ihnen jedoch vor, sich eine demokratische Verfassung zu geben. Dies bedeutet – im Sinne von Minimalanforderungen –, dass die Verfassung und jede *Verfassungsänderung* der Zustimmung der Stimmberechtigten bedarf, dass deren Mehrheit eine Verfassungsrevision einleiten können muss, dass das Parlament direkt vom Volk gewählt wird (Art. 34 BV) und die kantonale Organisationsstruktur die Gewaltentrennung zu befolgen hat[1282].

645 Zu den zwingenden verfassungsrechtlichen Vorgaben gehören ebenso die *bundesstaatlichen Kompetenzausscheidungen*. Bund und Kantone haben sich an die Kompetenzordnung zu halten, ansonsten ein Verstoss gegen Art. 3 BV bzw. den *Verfassungsvorbehalt* vorliegt. So gilt Art. 49 Abs. 1 BV, wonach Bundesrecht entgegenstehendem kantonalen Recht vorgeht («Bundesrecht bricht kantonales Recht»), nur, insofern der Bund auch über die notwendige Gesetzgebungskompetenz verfügt[1283,1284]. Eine Gesetzgebungskompetenz des Bundes im Polizeibereich umfasst ihrerseits nur bei ausdrücklicher Organkompetenz auch dessen Gesetzesanwendungsbefugnis; grundsätzlich kommt diese Zuständigkeit den Kantonen zu (Vollzug von Bundesrecht, Art. 46 Abs. 1 BV).

II. Normbestimmtheit

646 Die *Normbestimmtheit* ist wesentlicher Teil des Legalitätsprinzips. Ob eine Norm genügend bestimmt, d.h. präzis formuliert ist, bemisst sich daran, ob «der Bürger sein Verhalten danach richten und die Folgen eines bestimmten Verhaltens mit einem den Umständen entsprechenden Grad an Gewissheit erkennen kann»[1285]. In einem früheren Entscheid hat das Bundesgericht ausgeführt, in ein Individualrecht eingreifende Normen müssen einen optimalen Grad der Bestimmtheit aufweisen und dürfen *nicht unnötig wesentliche Wertungen der Gesetzesanwendung überlassen*[1286]. Die Aufgabe der Polizei und die Begriffe der öffentlichen Sicherheit und Ordnung liessen sich aber kaum abstrakt umschreiben. Daher komme dem Verhältnismässigkeitsprinzip für das Handeln der Polizeiorgane besonderes Gewicht zu[1287]. Das gilt namentlich bei Regelungen im Zusammenhang mit grossen Veranstaltungen[1288].

1282 BUSER, Rz. 405; TSCHANNEN, Staatsrecht, § 18, Rz. 12 ff. m.w.N.
1283 RHINOW/SCHEFER, Rz. 745 f.; TSCHANNEN, Staatsrecht, § 22, Rz. 18 (mit Hinweis auf die fehlende Verfassungsgerichtsbarkeit).
1284 In mehrfacher Hinsicht verletzt das BG über die Sicherheitsorgane der Transportunternehmen des öffentlichen Verkehrs die verfassungsrechtliche Kompetenzzuordnung (MOHLER, BGST, *passim* (vgl. Rz. 137. Kritisch ebenso R. MÜLLER, 488 f.) ebenso wie die Umsetzung von Art. 97 ZG (Verträge der OZD mit einzelnen Kantonen über rein sicherheitspolizeiliche Tätigkeiten des GWK in und ausserhalb des Grenzraums (Rz. 207, 210, 213; SCHWEIZER/MOHLER, 120 ff.)
1285 BGE 117 Ia 472 E 3e; EGMR Gsell c. Suisse, § 52; SEILER, ZSR 2010, 489.
1286 BGE 109 Ia 273 E 4d.
1287 BGE 136 I 87 E 3.1 f.; 128 I 327 E 4.3.3.
1288 BGE 136 I 87 E 3.1 f.; 128 I 327 E 4.3.1.

Daraus ist zu folgern: Je weniger bestimmt eine *Rechtsgrundlage* ist, desto grösser wird das Gewicht der Verhältnismässigkeit (Rz. 672 ff.).

So wäre beispielsweise auch eine Vorschrift, wonach grössere Teile einer Stadt zur Aufrechterhaltung der öffentlichen Sicherheit ohne sachliche, räumliche und zeitliche Einschränkungen durch Videoanlagen, welche die Identifizierung von Personen ermöglichen, als verfassungswidrig zu bezeichnen[1289]. 647

Zu den «klassischen» Einschränkungen, die entsprechender Gesetzesgrundlagen bedürfen, gehören zunächst jene in Form von *Rechtsakten*, d.h. Verfügungen (Bewilligungen und Bewilligungsentzüge, Einschränkungen oder Verbote) im öffentlichen Interesse zum Schutz der öffentlichen Sicherheit (Rz. 88 ff.), der Umwelt, der Gesundheit, auch von Ruhe und Sittlichkeit sowie von Treu und Glauben im Geschäftsverkehr[1290]. 648

Zu diesen einer rechtlichen Grundlage bedürfenden Massnahmen zählen auch *Realakte* (vgl. Kapitel 7), also unmittelbare Eingriffe in ein Recht, sofern die dafür nötige tatbestandsmässige Situation (Rz. 123, 300) als gegeben beurteilt wird. Auch sie sind nur im öffentlichen Interesse erlaubt und haben verhältnismässig zu sein. 649

III. Passives und aktives Legalitätsprinzip

Das Legalitätsprinzip als *Grundlage und Schranke* rechtmässigen Handelns erscheint so in einer *«passiven»* Form: Nur was rechtlich gestützt ist, *darf* gemacht werden. 650

Das Legalitätsprinzip gebietet aber auch die *Rechtsdurchsetzung*, den Schutz von Rechten. Dieser Schutz von Rechten besteht indessen nicht nur im Sinne des Rechtsschutzes zur Prüfung durch Aufsicht oder Rechtsmittel in einem verwaltungsinternen oder -gerichtlichen Verfahren, ob ein Verwaltungsakt eine genügende Rechtsgrundlage hatte[1291], sondern *verhält die Verwaltung auch zum aktiven Handeln* für das Erreichen eines gesetzlich vorgegeben Zieles (z.B. «schützt die Umwelt») oder zu anderweitig vorgeschriebenen Handlungen und damit zum Erlass einer Verfügung oder zu einem Realakt. Das Legalitätsprinzip erscheint also auch in einer *«aktiven»* Bedeutung und bestimmt, unter welchen Voraussetzungen (auf Grund welcher Tatbestände) die Verwaltung handeln *muss*. Das Opportunitätsprinzip im Sinne des freien Ermessens, ob überhaupt gehandelt werden soll, besteht in solchen Rechtslagen nicht[1292]. 651

Ebenso ist die Polizei aus dem *materiellen Schutzanspruch einzelner Grundrechte* unmittelbar verpflichtet, in einer *tatbestandsmässigen Situation* zu handeln 652

1289 BGE 136 I 87 E 8.3.
1290 Häfelin/Haller/Keller, Rz. 672 ff.
1291 Rhinow/Schefer, Rz. 2609.
1292 Hangartner, SGK zu Art. 5, Rz. 33; Schindler, Verwaltungsermessen, N. 425, der ein polizeiliches Opportunitätsprinzip ablehnt, da es nichts anderes ausdrücke als das polizeiliche (pflichtgemässe) Ermessen, abgesehen davon, dass es sich um einen Begriff aus dem Strafrecht handle; a.A. Tschannen/Zimmerli/Müller, § 56, Rz. 21 ff.

(Rz. 298 ff.)[1293]; die Schutzfunktion der Grundrechte lässt gemäss ständiger Praxis des EGMR[1294] *im Falle einer ernsten unmittelbaren und konkreten Gefahr für das bedrohte Grundrecht,* die es abzuwehren gilt, keinen freien Ermessensspielraum im Sinne des Opportunitätsprinzips. Vielmehr hat sich die Polizei im Rahmen des *Rechtsfolgeermessens* für eine geeignete Massnahme zu entscheiden. Aus Art. 36 Abs. 1 BV selber ergibt sich indessen keine staatliche Handlungspflicht, sondern lediglich die Rechtfertigung, Grundrechte zum «Schutz von Grundrechten Dritter» einzuschränken[1295].

653 Die Verbindung von grundrechtlicher Schutzpflicht und verfassungsmässiger Befugnis, Grundrechte zum «Schutz von Grundrechten Dritter» einzuschränken, weist auf die ausgleichende Aufgabe des Staates hin; es geht darum, die Missachtung von Grundrechten der Einen durch Andere (Private) unter bestimmten Voraussetzungen zu verhindern oder – im Polizeilichen realitätsnäher ausgedrückt – das «Recht des Stärkeren», das Faustrecht, nach Möglichkeit nicht erst im Nachhinein durch das Strafrecht zu unterdrücken[1296].

C. Öffentliches Interesse und Verhältnismässigkeitsprinzip (Art. 5 Abs. 2 BV)

I.   Öffentliches Interesse[1297]

1.   Zur Verbindung von Staat und Gesellschaft hinsichtlich öffentlichem Interesse

654 Alles *staatliche* Handeln muss nach Abs. 2 von Art. 5 BV im *öffentlichen Interesse* liegen. Art. 36 Abs. 2 BV schreibt gleichermassen vor, dass Einschränkungen von Grundrechten u.a. durch ein öffentliches Interesse gerechtfertigt sein müssen. So einfach sich diese Sätze einerseits als allgemeine Rechtfertigung staatlichen Handelns überhaupt (Art. 5 Abs. 2 BV)[1298], andererseits als Rechtfertigung für Grundrechtsbeschränkungen (Art. 36 Abs. 2 BV)[1299] zunächst anhören, so schwierig kann es sein abzugrenzen, was vom Begriff des öffentlichen Interesses umfasst wird und was nicht. Das *öffentliche Interesse* ist *kein präziser* (Verfassungs-)Begriff[1300]. In Abs. 2 von Art. 5 BV wird die fundamentale *staatspolitische und staatsrechtliche Beziehung von «Staat» und «Gesellschaft»* angesprochen: Auch wenn sie zusammen eine Einheit bilden, die wiederum «Staat» genannt wird, sind sie nicht identisch, aber auch nicht

---

1293 REINHARD, 78.
1294 Vgl. dazu u.a. Rz. 300 ff., 317 ff., 421, 429, mit einschlägigen Urteilen des EGMR.
1295 MARTIN, 99.
1296 Dies entspricht z.B. den Bestimmungen in Bezug auf die Bekämpfung häuslicher Gewalt (vgl. dazu vorne, Rz. 397 ff.).
1297 Zum Ganzen eingehend: WYSS, öff. Interesse, passim.
1298 WYSS, öff. Interesse, 13 ff.
1299 WYSS, öff. Interesse, 197 ff.
1300 WYSS, öff. Interesse, 4, 8, *16,* 565.

gegensätzlich[1301]. Naheliegend umschreibt das öffentliche Interesse jene Interessen, die *verfassungsrechtlich legitimiert* sind.

Was die *«Gesellschaft» als Teil des «Staates»* betrifft, haben sich namentlich durch grundrechtliche Entwicklungen und völkerrechtliche Überlagerungen, aber auch durch wirtschaftliche Verflechtungen, Einwanderung und Tourismus im Vergleich zu eher traditionellen funktionalen Umschreibungen als «öffentlich-rechtliche *Gebietskörperschaft*, die auf einem *gemeinschaftlichen Zusammenhalt* beruht»[1302], Verschiebungen ergeben. Die *Öffentlichkeit* im Sinne der Bevölkerung als Grundlage für die *Benennung der Interessierten* hat eine Erweiterung der Bedeutung erfahren und stimmt nicht mehr mit traditionellen, nationalstaatlich mitgeprägten Auslegungen überein.

655

So wird im Polizeivertrag CH–D und im Vertrag CH–A/FL (Rz. 1088, 1092) von gemeinsamen Sicherheitsinteressen gesprochen, denen bei der Erarbeitung polizeilicher Konzepte und der Durchführung polizeilicher Massnahmen angemessen Rechnung zu tragen sei.

Art. 1 der Europäischen Menschenrechtskonvention verpflichtet die Vertragsstaaten, «allen ihrer Hoheitsgewalt unterstehenden Personen» die nachfolgend in ihr umschriebenen Rechte und Freiheiten zuzusichern. Die «Hoheitsgewalt», in den romanischen Sprachen mit «juridiction» und «giurisdizione» noch etwas prägnanter ausgedrückt, reicht für bestimmte Rechte und Pflichten über das eigentliche Staatsgebiet hinaus. Daraus ergibt sich eine erste Loslösung vom rein geografischen Gebiet eines Staates[1303].

656

So wurde bspw. mit der Genehmigung des Schengen/Dublin-Assoziierungsabkommens in der Referendumsabstimmung vom 17. Dezember 2004[1304] das öffentliche Interesse des schweizerischen Souveräns daran dokumentiert, dass dieses Interesse an den vertraglichen Regelungen über die Aufrechterhaltung der öffentlichen Sicherheit (einschliesslich polizeiliche und justizielle Zusammenarbeit) und über das Asylwesen auf die andern Schengen-Staaten ausgedehnt wird. Umgekehrt haben alle Schengen-Staaten (einzeln) nach ihrem Recht der Ausweitung ihres öffentlichen Interesses auf dasjenige der Schweiz Ausdruck gegeben. Gestützt auf diese Wechselwirkung ist das staatliche Handeln schweizerischer Behörden (auch) von diesem *erweiterten öffentlichen Interesse* getragen[1305], und umgekehrt besteht in unserm Land ein öffentliches Interesse daran, dass die andern Schengen-Staaten das Unsrige ebenso einbeziehen. Insbesondere die Geltung der Grundrechte, ihre Verwirklichung durch die Schutzfunktion, macht an der Landesgrenze nicht halt[1306].

657

1301 Vgl. HAFNER, 290 f.; HALLER/KÖLZ/GÄCHTER, 21 f.; HANGARTNER, SGK zu Art. 5, Rz. 32; RHINOW/SCHEFER, Rz. 239; eingehend WYSS, öff. Interesse, 5 ff.
1302 Vgl. RHINOW/SCHEFER, Rz. 239.
1303 Zur damit verbundenen Problematik bei internationaler Rechts- und Amtshilfe (und Auslieferungen) vgl. Rz. 970 ff.
1304 BBl 2005 5183.
1305 Vgl. die FRONTEX- und RABIT-Weiterentwicklungen des Schengen-Besitzstandes.
1306 Zum Grundrechtsschutz als öffentliches Interesse innerhalb der EU: WYSS, öff. Interesse, 461 ff.

658   Verdeutlicht wird dies ebenso durch das Europol-Abkommen[1307] und EU-Erlasse, die zur Schengen-Weiterentwicklung gehören. Der Rahmenbeschluss 2006/960/JI über den vereinfachten Informationsaustausch dient dem übergeordneten Ziel, den *Bürgern der Europäischen Union* in einem Raum der Freiheit, der Sicherheit und des Rechts ein hohes Mass an Sicherheit zu bieten (Erw. 1). Dementsprechend sind nach Art. 39 Abs. 1–3 und Art. 46 des Schengen Durchführungsübereinkommens in der Fassung des erwähnten Rahmenbeschlusses zu diesem Zweck den andern Schengen-Staaten u.a. austausch*pflichtige* Informationen und Erkenntnisse spontan zu übermitteln, wobei die Bedingungen gemäss Art. 3 Ziff. 3 in diesem Rahmen nicht strenger sein dürfen als für das Zurverfügungstellen und Anfordern von Informationen auf nationaler Ebene[1308]. Die «Jurisdiction» in Bezug auf die Rechtmässigkeit des Informationsaustauschs umfasst – gemessen am innerstaatlichen Massstab – alle Schengen-Staaten und damit deren öffentliche Interessen (Näheres zu den Rechtsprinzipien daraus: Rz 985 ff.)[1309].

659   Aus diesen völkerrechtlichen Normen ergibt sich, dass das *öffentliche Interesse* oft auch nicht mehr durch die *nationale* «Jurisdiction» begrenzt ist. Das öffentliche Interesse, das u.a. durch die öffentliche Sicherheit[1310] gebildet wird[1311], erstreckt sich in diesem Zusammenhang auf die gesamte Bevölkerung der Schengen-Staaten.

660   Vergleichbar sind die Verpflichtungen aus dem *Römer Statut des Internationalen Strafgerichtshofes* und aus andern der Bekämpfung verschiedener Verbrechen dienenden Konventionen[1312]. Das öffentliche Interesse hierzulande umfasst auch das Interesse, die der völkerrechtlichen Verbrechen Verdächtigen im Sinne der friedlichen und gerechten internationalen Ordnung (Art. 2 Abs. 4 BV) der zuständigen Strafjustiz zu überstellen.

661   Zu erwähnen ist aber ebenso der konsularische Schutz, ferner eigentliche Unterstützungs- oder Rückführungsbemühungen nach Katastrophen[1313] oder völkerrechtswid-

---

1307   SR 0.362.2 (vgl. Art. 2: «Austausch von strategischen und operativen Informationen»).
1308   Art. 3 Ziff. 3; Näheres zum Ganzen: MOHLER, Schengen-Besitzstand, 14 f., und zu den Auswirkungen auf den Rechtsschutz bei Amts- und Rechtshilfe in Rz. 970 ff.
1309   Art. 355c StGB («Die Polizeiorgane des Bundes und der Kantone vollziehen die Bestimmungen der *Schengen*-Assoziierungsabkommen nach Massgabe des *innerstaatlichen* Rechts.») Vgl. LOBSIGER, Umsetzung, 191.
1310   Zur öffentlichen Sicherheit wird der Schutz der Polizeigüter gezählt (vgl. Rz. 118 ff.), der nach der bundesgerichtlichen Rechtsprechung *im öffentlichen Interesse* ist; BGE 132 I 49 E 7.1; so auch HAFNER, 292.
1311   WYSS, öff. Interesse, 285.
1312   Als Beispiel seien hier nur das Strafrechtsübereinkommen über Korruption (SR 0.311.55), dessen Zusatzprotokoll (SR 0.311.551) und das Übereinkommen der Vereinten Nationen gegen Korruption erwähnt, die auch der Bekämpfung der aktiven und passiven Bestechung in- und *ausländischer* Amtsträger und solcher *internationaler* Organisationen ebenso wie in- und *ausländischer* Schiedsrichter und Schöffen dienen.
1313   Z.B. die Hilfe an Ort für die von der Tsunami-Welle in Thailand vom 26. Dezember 2004 Betroffenen aus der Schweiz.

rige Freiheitsentzüge im Ausland[1314]. Zweifellos entsprechen alle diese Aktivitäten dem öffentlichen Interesse[1315].

Zu erinnern ist ferner daran, dass die Menschenrechte unabhängig von der Nationalität der Rechtsträger gelten und auch bei grenzüberschreitendem staatlichem Handeln zu schützen sind[1316]. 662

Umgekehrt bezieht sich der *gemeinschaftliche Zusammenhalt* im Land auf immer weniger Themen selbst verfassungsprägender Art, auch wenn diese beispielsweise Fragen der öffentlichen Sicherheit und damit des öffentlichen Interesses betreffen; politische Entscheidungen werden mitunter von einem Zufallsmehr (wechselnder «Koalitionen») getroffen[1317]. 663

2. Zum Inhalt des öffentlichen Interesses

Öffentliche Interessen zielen auf die Anliegen der *Allgemeinheit*[1318], dies können Interessen des Staates als der Allgemeinheit dienende Körperschaft[1319] oder Interessen der *«Gesellschaft»*, vertreten durch einzelne oder Gruppierungen sein. 664

Zu den zu wahrenden *Interessen des Staates* (bzw. der völkervertragsrechtlich miteinbezogenen Staaten) selber gehören dessen *Institutionen* (funktionsfähige Behörden)[1320] mit allen *rechtlich geregelten Zuständen und Verfahren* (Rz. 36, 92, 613 ff.), seine *Einrichtungen* (Gebäude und weitere Anlagen), die Infrastruktur (auch privatrechtlich organisierter Unternehmen ganz oder teilweise in Besitz des Staats oder beliehener Privater), ebenso wie jene Interessen gemäss Verfassungsaufträgen (vgl. Rz. 669 f.). 665

Interessen Einzelner oder von Gruppierungen sind von öffentlichem Interesse, soweit deren Berücksichtigung nicht Partikularinteressen, d.h. privaten Interessen dient[1321], also gegen das Rechtsgleichheitsgebot verstösst[1322]. Einzelne werden dann zu Vertretern 666

1314 Erinnert sei an die Anstrengungen zur Rückführung der vom 19. Juli 2008 bis 24. Februar bzw. 13. Juni 2010 in Libyen gefangen gehaltenen Schweizer.
1315 Das schweizerische Recht anzuwenden, wird gar dann (erfolgreich) versucht, wo sein Herrschaftsbereich faktisch und rechtlich nicht mehr gegeben war: vgl. die am 2. September 2010 erfolgte Auslieferung des kosovarischen Bürgers durch Kosovo an die Schweiz, der des Mordes an einem St. Galler Lehrer im Jahre 1999 beschuldigt war.
1316 GRABENWARTER, § 17, Rz. 12; MOHLER, Piratenbekämpfung, Rz. 8.
1317 Hingewiesen sei auf die (punkto Volksmehr knappe) Ablehnung des Beitrittes zum EWR (16. Dezember 1992), die stark abnehmende Zahl Militärdienst leistender Wehrpflichtiger, die Annahme der Änderung des BG über die Ausweise für Schweizer Staatsangehörige mit 50,1 % Ja-Stimmen (BBl 2009 7542) am 17. Mai 2009 (Weiterentwicklung des Schengen-Besitzstandes) oder auf politische Bestrebungen, das Schengen-Assoziierungsabkommen wieder aufzukündigen.
1318 Nach Rousseau «volonté générale» *(salus publica)*; vgl. HAFNER, 294.
1319 Vgl. dazu den Sicherheitsbegriff, vorne Rz. 92.
1320 Zur Abgrenzung von Eigeninteressen staatlicher Organe: WYSS, öff. Interesse, 18, 329 ff.
1321 *Das* öffentliche Interesse ist auch nicht die Summe aller Partikularinteressen; HAFNER, 294, 297.
1322 Vgl. HANGARTNER, SGK zu Art. 5, Rz. 32, 34; RHINOW/SCHEFER, Rz. 2631.

des Interesses der Öffentlichkeit, wenn ihnen *grundsätzlich allen zustehende Rechte* zu gewähren oder solche zu schützen sind, praktisch ausgedrückt: wenn die Beeinträchtigung Jede und Jeden treffen könnte oder der Schutzanspruch allen zusteht.

667 Staatsaufgaben und öffentliches Interesse sind jedoch nicht identisch: Nicht alles, was von öffentlichem Interesse ist, muss auch eine Staatsaufgabe sein[1323]. Dies ist insofern von Bedeutung, als Private, die im zulässigen Rahmen, also *ohne* Eingriffe in Grundrechte Dritter, auch im öffentlichen Raum, bspw. bei einem grossen Anlass, für Sicherheit sorgen und damit durchaus im Allgemeininteresse der Teilnehmenden tätig sind, noch nicht zu Trägern einer staatlichen Aufgabe werden[1324].

668 Besteht jedoch ein Auftrag einer staatlichen Behörde oder bspw. auch nur eine Absprache mit der zuständigen Polizeibehörde, wonach eine private Organisation in einem bestimmten Gebiet Sicherheitsaufgaben wahrnehme[1325], greift die Grundrechtsbindung nach Art. 35 Abs. 2 BV uneingeschränkt. Der Begriff «staatliche Aufgaben» ist weit zu fassen[1326].

669 Das öffentliche Interesse muss sich, damit eine bestimmte Aufgabe zur staatlichen wird, auf die *Gesamtheit der Aufgabenerfüllung* beziehen. Es geht nicht nur um die Erreichung eines rechtlich vorgegeben Zieles, das im öffentlichen Interesse, im Gemeinwohl, steht, sondern auch um die *Art und Weise,* wie dieses Ziel erreicht werden soll. Erfüllt der Staat eine gesetzlich vorgegebene (und damit im öffentlichen Interesse stehende) Aufgabe, setzt dies das Recht voraus, die Erfüllung dieser Aufgabe anzustreben[1327].

670 Das öffentliche Interesse kann aber – und dies gerade im Polizeilichen – zumeist weiter gehen: Von *grossem öffentlichen Interesse* ist die *rechtmässige Durchführung,* was besonders für *eingriffsintensive Sicherheitsaufgaben* zutrifft[1328]. Diesem Interesse dient das *Gewaltmonopol,* d.h. die bestmögliche *Gewährleistung rechtsstaatlichen Vorgehens*[1329] im Verein mit dem *Verhältnismässigkeitsprinzip* und mit direkten *Rechtsschutzmöglichkeiten* und *demokratisch legitimierter Aufsicht*[1330]. Das oft ins Feld geführte öffentliche Interesse an einer effizienteren, d.h. v.a. kostengünstigeren (genauer: geringere Primärausgaben verursachenden) Erfüllung bisher von der Ver-

---

1323 RHINOW/SCHEFER, Rz. 683; WYSS, öff. Interesse, 40 ff.
1324 HAFNER, 381 f.
1325 So z.B. im Rahmen einer behördlich bewilligten Sondernutzung der abgesperrten Umgebung eines Sportstadions, in der private Dienste in Absprache mit der staatlichen Behörde, aber im Auftrag des Stadioneigentümers, Veranstalters oder Ausrichters Sicherheitsaufgaben wahrnehmen; MOHLER, Sport und Recht, 89.
1326 BIAGGINI, Komm. zu Art. 35, N. 10 f.; SCHWEIZER, SGK zu Art. 35, Rz. 22 f.
1327 HAFNER, 301, 303 f.
1328 GUERY, 288 f.
1329 Nur etwas unbestimmt WYSS, öff. Interesse, 47, 337.
1330 BIAGGINI, Auslagerung, 159 f.; KÄLIN/LIENHARD/WYTTENBACH, 16 ff.; LIENHARD, 1164 f., 1170; MOHLER, Sicherheitsunternehmen, 35.

waltung (konkret: der Polizei) wahrgenommener Aufgaben durch Private[1331] kann daher nicht allein massgebend sein[1332].

Im öffentlichen Interesse liegt umgekehrt auch eine Begrenzung. Wenn Private ohne in ein «staatliches Reservat» (Gewaltmonopol) einzudringen, eine Aufgabe von öffentlichem Interesse erfüllen können, soll sie der Staat nicht konkurrenzieren. So sollen bspw. Selbstverteidigungskurse von der Polizei nicht kommerziell angeboten werden[1333]. 671

II. Verhältnismässigkeitsprinzip

1. Geltungsbereich

Das *Verhältnismässigkeitsprinzip hat zentralen Stellenwert* für *alles* staatliche Handeln[1334]. Entwickelt wurde diese für die *Rechtsverwirklichung* fundamentale dogmatische Rechtsfigur in der Neuzeit (vgl. Rz. 20 ff.) an der Beschränkung von Grundrechten[1335]. Zusammen mit dem Legalitätsprinzip ist das *Verhältnismässigkeitsprinzip* der wichtigste Massstab der Rechtmässigkeit für alles polizeiliche Wirken in Rechtsetzung und Rechtsanwendung[1336]. Nicht nur das gesetzte (positivierte) Recht, auch die Verhältnismässigkeit ist dessen *Grundlage und Schranke* (insofern enthält Art. 5 Abs. 1 BV eine verkürzte diesbezügliche Aussage). 672

Der Grundsatz der Verhältnismässigkeit ist *für alles staatliche Wirken im Bereich des öffentlichen Rechts* ein *Grundprinzip auf Verfassungsstufe;* er ist aber nicht ein Grundrecht[1337]. Dessen Verletzung gerichtlich geltend machen zu können, hängt von der Rechtsquelle, dem Anfechtungsobjekt und der Beschwerdeart vor Bundesgericht ab (vgl. Rz. 708 f.). 673

2. Teilgehalte bzw. Prüfprogramm

a) Generelle Hinweise

In der Lehre wird das Verhältnismässigkeitsprinzip und damit das Prüfprogramm, ob die Verhältnismässigkeit in Bezug auf einen Erlass, einen Rechts- oder Realakt gegeben sei, einheitlich mit drei Teilgehalten in der immer gleichen Reihenfolge dargestellt: *Geeignetheit der Mittel, Erforderlichkeit der Beschränkung* von Rechtspositionen und der *Zumutbarkeit* (nach älterer Terminologie: «Verhältnismässigkeit im engeren Sinn»)[1338]. 674

1331 HAFNER, 304, 307.
1332 Vgl. zu dieser Problematik GAMMA, 221 ff.
1333 Im gleichen Sinn: HAFNER, 296.
1334 SCHWEIZER, SGK zu Art. 36, Rz. 27.
1335 HANGARTNER, SGK zu Art. 5, Rz. 35; TSCHANNEN, Staatsrecht, § 7, Rz. 110.
1336 BGE 135 V 172 E 7.3.3.
1337 BGer 2C_217/2010 E 4.1; HÄFELIN/MÜLLER/UHLMANN, Rz. 583 f.
1338 Vgl. als gesetzliche Ausformulierung z.B. § 4 PolG ZG. BIAGGINI, Komm. zu Art. 5, N. 20 f., zu Art. 36, N. 23; HANGARTNER, SGK zu Art. 5, Rz. 36 ff; HÄFELIN/MÜLLER/UHLMANN, Rz. 586 ff.; KIENER/KÄLIN, 103 ff.; J.P. MÜLLER, Komm. aBV, Einleitung zu den GR,

675   Diesem Schema zufolge wird mit der *Geeignetheit* geprüft, ob mit einem möglichen Mittel das *Ziel oder der Zweck* im öffentlichen Interesse *überhaupt erreicht* werden kann: Die Frage geht nach der Zwecktauglichkeit oder Zielkonformität[1339]. Mit der *Erforderlichkeit* wird die Frage gestellt, ob das beabsichtigte auch, nach verschiedenen Unterkriterien, *das mildeste Mittel* für das Erreichen des Zieles und *in diesem Mass auch erforderlich sei*[1340]. Mit der *Zumutbarkeit* wird sodann geprüft, ob die Rechtseinschränkung für die Betroffenen *insgesamt im Verhältnis zum angestrebten Zweck* im öffentlichen Interesse vernünftig, massvoll, tragbar sei (die «Verhältnismässigkeit im engeren Sinn»)[1341].

676   Diese Prüfkriterienfolge verwendet – mit Ausnahmen[1342] – auch das Bundesgericht. Mit Blick auf die Entwicklung des Verhältnismässigkeitsprinzips am (Grund-)Rechtseingriff einerseits und in Verbindung mit dessen Bezug zum überwiegenden *öffentlichen Interesse* (oder der Schutzpflicht gegenüber Grundrechten Dritter, die selber aber auch öffentliches Interesse darstellen[1343]) andererseits ist die *Positionierung des öffentlichen Interesses* im Zusammenhang mit dem Prüfprogramm noch nicht gefestigt[1344].

677   Mit der Formel des *überwiegenden* öffentlichen Interesses wird auch klar gestellt, dass nicht allein die Feststellung, es bestehe (irgend) ein öffentliches Interesse an der Erhaltung oder Verwirklichung eines bestimmten Rechtszustands, genügt, sondern dass dieses öffentliche Interesse selber auch zu gewichten ist. Diese *Gewichtung* hat nicht erst bei der Prüfung der Zumutbarkeit, sondern *aller* drei Teilgehalte zu erfolgen[1345].

Rz. 145 ff.; RHINOW/SCHEFER, Rz. 1221 ff. mit Vorbehalten gegenüber der strikten Unterscheidung von Geeignetheit und Erforderlichkeit im Verhältnis zum öffentlichen Interesse; SCHEFER, Beeinträchtigung, 82; SCHWEIZER, SGK zu Art. 36, Rz. 22 ff.; TSCHANNEN, Staatsrecht, § 7, Rz. 10 ff.; TSCHANNEN/ZIMMERLI/MÜLLER, § 21, Rz. 1 ff.

1339 So KIENER/KÄLIN, 104 f.; vgl. statt vieler auch HANGARTNER, SGK zu Art. 5, Rz. 37; J.P. MÜLLER, Komm. zu aBV, a.a.O, Rz. 147; SCHEFER, Beeinträchtigung, 83; SCHWEIZER, SGK zu Art. 36, Rz. 23.

1340 BIAGGINI, Komm. zu Art. 5, N. 21, zu Art. 36, N. 23; KIENER/KÄLIN, 105; HANGARTNER, SGK zu Art. 5, Rz. 38; J.P. MÜLLER, Komm. aBV, a.a.O., Rz. 148; SCHWEIZER, SGK zu Art, 36, Rz. 24.

1341 BIAGGINI, Komm. zu Art. 5, N. 21; HANGARTNER, SGK zu Art. 5, Rz. 39; KIENER/KÄLIN, 107; J.P. MÜLLER, Komm. aBV, Rz. 149; SCHEFER, Beeinträchtigung, 84 f.; SCHWEIZER, SGK zu Art. 36, Rz. 25.

1342 Z.B. BGE 135 V 172 E 7.3.3, in dem das Kriterium der Erforderlichkeit *vor* jenem der Geeignetheit angeführt wird.

1343 WYSS, öff. Interesse, 5, 204, 246.

1344 So auch HANGARTNER, SGK zu Art. 5, Rz. 36, der vertritt, dass die Abgrenzung des Verhältnismässigkeitsprinzips zum öffentlichen Interesse eine Frage der Konvention sei; HÄFELIN/MÜLLER/UHLMANN, Rz. 582, und SCHEFER, Beeinträchtigung, 85, je mit Verweis auf die diesbezüglich nicht sonderlich präzise Praxis des BGer (vgl. z.B. BGE 136 I 87 E 3.2; 136 I 29 E 4.2; 131 I 91 E 3.3).

1345 KRAMER, 246 f., spricht der Interessenabwägung jegliche rechtliche Tauglichkeit für Ermessensentscheide ab, da sie «nicht über die rechtsstaatliche Selbstverständlichkeit des «*audiatur et altera pars*» hinausgelang(e)», weshalb es dem Richter nicht erspart bleibe, selbst Gewichtungen vorzunehmen und diese Präferenzen zu begründen. Diese Sicht scheint auf zivilrechtliche Gegenüberstellungen ausgerichtet und begrenzt zu sein; sie taugt für das öffentliche,

Daher ist m.E. *das gewichtete öffentliche Interesse* als Ausgangskriterium in Bezug zu allen andern Kriterien zu setzen. Dies führt zu *Konkurrenzen und Kollisionen;* Kollisionen sind wenn möglich nach dem Prinzip der praktischen Konkordanz (Rz. 27) zu lösen.

678

Das öffentliche Interesse *kann* durch den *Zweck* eines Gesetzes oder einer Verordnung (Zweckartikel) bestimmt sein[1346].

679

Nicht zu übersehen ist, dass ebenso ein *grundsätzliches öffentliches Interesse an geringst möglichen Beschränkungen* sowohl in der Rechtsetzung wie der Rechtsanwendung (Übermassverbot) besteht[1347], was insbesondere bei der Geeignetheit von Massnahmen zu berücksichtigen ist.

680

Sowohl hinsichtlich der Rechtsetzung wie insbesondere der Rechtsanwendung zum Schutz eines Rechtsgutes oder mehrerer Rechtsgüter, die zur öffentlichen Sicherheit gehören, stellt sich m.E. *vorab* jedoch die Frage der *Erforderlichkeit eines Eingriffes überhaupt.*

681

Diese Prüffolge mit der *Erforderlichkeit* beginnen zu lassen, erscheint unter Berücksichtigung der mancherorts festzustellenden Tendenz zu vermehrt generellen Beschränkungen, um Unordnung und Disziplinlosigkeiten («littering», «incivility») zu bekämpfen, zunächst für die Rechtsetzung angezeigt. In dogmatischer Hinsicht führt sie zu einer deutlichen Trennung der *grundsätzlichen* (auch generellen) Frage der Notwendigkeit bzw. der *Erforderlichkeit*, ein bestimmtes öffentliches Interesse mit Grundrechtsbeschränkungen verfolgen zu müssen. Diese Prüffolge entspricht der in Art. 8, 9, 10 und 11 je Abs. 2 EMRK stipulierten Anforderung an die Rechtmässigkeit von Grundrechtsbeschränkungen, wonach diese «in einer demokratischen Gesellschaft notwendig» («*pressing need in a democratic society*», «*nécessaire dans une société démocratique*»[1348]) sein müssen. Ein Entscheid über die *Erforderlichkeit* einer Massnahme wird im Rahmen des *Entschliessungsermessens* gefällt.

682

Damit könnte dem Spannungsfeld zwischen Sicherheit und (positivierter) Ordnung auf der einen sowie freiheitliche(re)n Regelungen auf der andern Seite vertieft Beachtung geschenkt werden[1349], was dem demokratischen Rechtsetzungsprozess gut ansteht, auch

---

namentlich das Polizeirecht schon deshalb nicht, weil die verschiedenen zu treffenden Ermessensentscheide (Tatbestands-, Entscheidungs-, Rechtsfolgen- und Auswahlermessen), die rechtsstaatlichen Anforderungen genügen müssen, durch die *hic et nunc* in der Verantwortung stehenden Polizeiangehörigen unverzüglich zu treffen sind und nicht nur hinterher dem Gericht überlassen werden können.

1346 Wyss, öff. Interesse, 24.
1347 Vgl. Wyss, öff. Interesse, 231 ff.
1348 Vgl. z.B. EGMR S. and Marper v. U.K., § 101.
1349 Nachdem die Verwaltung des Kantons Basel-Stadt im Oktober 2009 nach Rücksprache mit der Fachstelle «Integration» den Aushang eines Plakates zur Anti-Minarett-Initiative, das als rassistisch eingestuft worden war, verboten hatte, ergänzte der Regierungsrat des Kantons Basel-Stadt mit Beschluss vom 21. September 2010 die massgebende Plakatverordnung um einen *Abs. 5* des § 5, wonach «bei politischen Abstimmungen und Wahlen der Meinungsäus-

wenn die abstrakte Normkontrolle wiederum zu einer Spannung zwischen demokratischen und rechtsstaatlichen Kriterien führen kann[1350].

683 Bei der Frage, ob in einer gegebenen Lage durch einen *Realakt* interveniert werden muss, geht es in der Rechtsanwendung vorab um die Beurteilung, ob diese eine tatbestandsmässige Situation darstellt (Tatbestands- und Entschliessungsermessen). Wird die Erforderlichkeit bejaht, führt die anschliessende Prüfung der *Geeignetheit* (in persönlicher, sachlicher, räumlicher und zeitlicher Hinsicht) zur *Konkretisierung einer Massnahme* im Verhältnis zum angestrebten Ziel im öffentlichen Interesse. Dieser Entscheid stützt sich auf das *Auswahlermessen* (vgl. Rz. 688 ff.). Hier ergibt sich eine teilweise Überschneidung mit dem *Störerprinzip* (dazu hinten, Rz. 711 ff.). Mit der Beurteilung der *Zumutbarkeit* schliesslich folgt die *Individualisierung* (wo angezeigt) des Bezuges zwischen dem öffentlichen Interesse und der Eingriffswirkung auf den oder die Einzelnen (Rz. 698 f.).

b) Zur Erforderlichkeit

684 Kann das angestrebte Ziel auch ohne jegliche Grundrechtsbeschränkung erreicht werden, bleibt das öffentliche Interesse an diesem Ziel bestehen, doch ist zu dessen Verwirklichung keinerlei Eingriff in (Grund-)Rechtspositionen nötig. Das öffentliche Interesse ist demnach in Bezug auf das *Ziel* und hernach mit dem Kriterium eines allenfalls nötigen *Eingriffes getrennt zu beurteilen*[1351]. Diese Unterscheidung bedeutet, dass dem Staat durchaus die Pflicht obliegen kann, ein öffentliches Interesse, sei es durch Rechtsetzung oder im konkreten Fall durch die Rechtsanwendung, zu verfolgen, ohne dass es dazu notwendigerweise der Grundrechtsbeschränkungen bedarf.

685 So ist die Verkehrssicherheit, das Vermeiden von Unfällen, zweifellos von grossem öffentlichem Interesse, das aber nicht nur mit Einschränkungen und Pflichten, sondern z.B. auch durch bessere Verkehrsführungen, Entflechtung von Unfallherden und durch Präventionsmassnahmen (Schulung, Überzeugung) zu verfolgen ist.

686 Auch *in zeitlicher Hinsicht* kann sich bspw. eine generelle Verkehrsbeschränkung als unnötig erweisen, wenn sie nur zu Spitzenzeiten sinnvoll ist[1352], eine Intervention sich erübrigen, wenn mit einer vertretbaren Toleranz der Verkehr während kurzer Zeit durch eine Demonstration behindert wird (ohne dass dadurch der Schutzbereich von Grund-

---

serungsfreiheit ein besonderes Gewicht» beigemessen werden kann. Dadurch hätte das Verbot unterbleiben können.

1350 Klage beim EGMR betr. den durch die Referendumsabstimmung vom 29. November 2009 (AS 2010 2161) eingefügten Abs. 3 von Art. 72 BV, wonach der Bau von Minaretten verboten ist. Vgl. MAHLMANN, § 20, RN 21 ff. (Verhältnis von Demokratieprinzip und ethischen Wertungen in der Normanwendung). Die deliberative Demokratie (WYSS, öff. Interesse, 38 f.) gewährleistet nicht notwendigerweise eine nach rechtsstaatlichen Kriterien bessere Gesetzgebung (vgl. Ergänzung des PolG der Stadt Chur; FN 1410).

1351 Anders RHINOW/SCHEFER, Rz. 1223, wonach «an einer ungeeigneten oder unnötigen Massnahme (…) in concreto kein legitimes öffentliches Interesse bestehen» könne.

1352 Auch Verkehrsbeschränkungen aus ökologischen Gründen unterliegen dem Verhältnismässigkeitsprinzip.

rechten von Verkehrsteilnehmern, etwa der persönlichen Freiheit, in einer relevanten Weise tangiert wird).

Ergibt bereits die Prüfung der Erforderlichkeit auf der abstrakten Ebene, dass ein bestimmtes öffentliches Interesse (oder ein Grundrecht Dritter) *ohne* Beschränkungen hinreichend befriedigt (bzw. geschützt) werden kann, wird dadurch der rechtlich bestmögliche Weg aufgezeigt. Erscheint umgekehrt eine Beschränkung zum Erreichen des Zieles grundsätzlich erforderlich, d.h. *unvermeidlich,* sind die dafür nötigen Möglichkeiten (Mittel) zu prüfen. 687

c) Zur Geeignetheit

Die Eignung der vorzusehenden Mittel zur Zielerreichung misst sich *konkretisierend* an den Kriterien der *Zielerreichung,* der *Reichweite* und der *Intensität* des Mitteleinsatzes. An dieser Stelle zeigt sich anschaulich der Einfluss der Abwehr- und der Schutzfunktion der Grundrechte. 688

> Die Massnahmen müssen so genau als möglich *auf das Ziel gerichtet,* zu dessen Erreichung *insgesamt überhaupt tauglich, also geeignet* sein. 689
> Ein Verbot, alkoholische Getränke an Jugendliche unter einer bestimmten Altersgrenze zu verkaufen, ist wirkungslos, wenn dessen Befolgung nicht überprüft und damit durchgesetzt werden kann[1353]. Ein Verbot des Verkaufs von Feuerwerkskörpern ist – mindestens im Grenzraum – wirkungslos, wenn im benachbarten Ausland diese ohne Einschränkung zu erwerben sind und kein Einfuhrverbot besteht (das praktisch auch kaum durchgesetzt werden könnte).

> Zu bedenken ist, dass jede (neue) gesetzliche Beschränkung, ob Verbot oder Pflicht, zu einer (zusätzlichen) *Vollzugsaufgabe* führt. Kann diese realistischerweise nicht in genügend wirkungsvoller Weise vorgenommen werden, so wird das Ziel mit einer solchen Massnahme (Erlass oder Verfügung) – auch wenn (freiwilliger) Rechtsgehorsam bis zu einem gewissen Grad erwartet werden darf – meist weitgehend verfehlt, was deren Geeignetheit grundsätzlich in Frage stellt[1354]. 690

Das Kriterium der *Reichweite* betrifft die konkrete *persönliche, sachliche, räumliche und zeitliche Dimension.* Die Massnahmen sind – soweit von der Problemstellung her sinnvoll – nach diesen Teil-Kriterien kombiniert zu bestimmen. 691

> In *persönlicher* Hinsicht sind primär Beschränkungen auf (*alle* potentiellen) *Störer*[1355] auszurichten, aber auf diesen Personenkreis auch einzugrenzen. Diesem Gebot widerspricht z.B., alle Besucher eines Fussballspieles in einem Stadion als Störer zu betrachten, um sie dadurch – vermeintlich ohne Verstoss gegen die Anforderung eines genügenden 692

1353 Vgl. Urteil des KGer BL vom 10. Februar 2009, Ziff. 2.3.1 ff., wonach ein Testkauf als verdeckte Ermittlung zu beurteilen ist; da das (ehem.) BG über die verdeckte Ermittlung diese nur für bestimmte Delikte (Straftatenkatalog) zuliess (vgl. dazu Rz. 443 ff.). Nicht beantwortet wurde die Frage der Zulässigkeit von Testkäufen als rein administrative Kontrollmassnahme, die zu keiner strafrechtlichen (möglicherweise aber zu einer verwaltungsrechtlichen) Sanktion führt.
1354 Vgl. HÄFELIN/MÜLLER/UHLMANN, Rz. 590, m.w.H.
1355 Näheres zum Störerprinzip hinten, Rz. 711 ff.

Verdachts – einer die persönliche Freiheit beschränkenden intensiven Kleiderdurchsuchung zu unterziehen[1356]. Die Eingrenzung auf das in persönlicher Hinsicht Gebotene, aber auch Notwendige bietet mitunter Probleme, sei es, wenn ganze Personenkategorien (bspw. Nationalitäten[1357]) anvisiert werden oder sich die Notwendigkeit in Bezug auf eine bestimmte Person nicht überprüfen oder bei negativem Befund nicht (oder nur schwer) ändern lässt[1358].

Um eine erwiesenermassen sehr gefährliche gewalttätige Personen dingfest zu machen, ist der Einsatz unbewaffneter Kräfte von vorneherein ungeeignet; umgekehrt kann der Gebrauch einer Faustfeuerwaffe, um eine solche Person an der Flucht zu hindern, zwar als erforderlich, wegen der zu grossen unvermeidbaren Gefahr der schweren Verletzung Unbeteiligter aber dennoch als ungeeignet erscheinen.

693 Wenn die Verkehrssicherheit an einem bestimmten Ort mit einem Überholverbot in genügendem Mass erreicht wird, ist eine herabgesetzte Geschwindigkeitsbegrenzung *sachlich* verfehlt. In Kombination mit der *Intensität einer Massnahme* erweist sich das Verbot einer Veranstaltung als ungeeignet, wenn eine Bewilligung mit Auflagen für das Erreichen des angestrebten Niveaus der öffentlichen Sicherheit oder der positivierten öffentlichen Ordnung *sachlich* genügt.

So muss insbesondere bei Realakten, die erhebliche Grundrechtsbeeinträchtigungen zur Folge haben können, mit aller Sorgfalt das mildeste gewählt werden, das Erfolg verspricht.

Auch wenn sich der Einsatz von Waffen in einer Notwehr- oder Notwehrhilfelage aufdrängt, ist diese Massnahme nur gerechtfertigt, soweit sie darauf zielt, den Angreifer schiess- bzw. widerstandsunfähig zu machen, nicht aber mehr; davon hängt auch die Wahl der Mittel ab.

In diesen typisierten Fällen erscheint eine Einschränkung erforderlich: Es eignet sich zur grösstmöglichen Bewahrung von Grundrechten sachlich nur diejenige mit der geringsten Eingriffs*intensität*.

694 Wenn ein Stadionverbot für das Fernhalten einer Person, die sich in Stadien als gefährlicher Störer erwiesen hat, notwendig ist, schiesst ein Rayonverbot *räumlich* über das Ziel hinaus und ist daher aus der Perspektive des Grundrechtsschutzes auch ungeeignet.

695 Offenkundig ist die *zeitliche Dimension* einer Beschränkung. Sie muss, um geeignet zu sein, lange genug dauern, um das Ziel des öffentlichen Interesses, also z.B. die Vermeidung einer Gefahrenlage, zu erreichen (Kriterium des *Untermassverbotes*). Sie darf umgekehrt aber nicht über dieses Notwendige hinaus dauern, da umgekehrt ein öffentliches Interesse an der Aufhebung der Beschränkung besteht; demzufolge kann sich auch eine zu lange dimensionierte Einschränkung als ungeeignet erweisen (Kriterium des *Übermassverbotes*).

1356 So argumentieren BURGER-MITTNER/BURGER, 86.
1357 Vgl. Art. 12 der Waffenverordnung, wo der verfassungskonformen Auslegung der Bestimmung, nach welcher jeder Erwerb oder Besitz von Waffen für Angehörige aufgelisteter Nationalitäten verboten ist, durch die Möglichkeit von Ausnahmebewilligungen Rechnung getragen wird.
1358 Vgl. die Verordnung über Massnahmen gegenüber Personen und Organisationen mit Verbindungen zu Osama bin Laden, der Gruppierung «Al Qaïda» oder den Taliban (SR 946.203) und BGE 133 II 450 E 10.2. Vgl. SCHÖNDORF-HAUBOLD, Rnr. 241, zum De-Listing-Verfahren.

Allemal geht es – theoretisch einfach – um dasselbe: Die Massnahme muss insgesamt das 696
gesetzte Ziel erreichen (können), darf aber umgekehrt nicht – auch wenn nicht intendiert
– über dieses eigentliche Ziel, z.B. die eigentliche Störung, hinausschiessen: Es geht
um die Befolgung des u.U. schmalen Pfades zwischen dem *Übermassverbot* und dem
Untermassverbot[1359], bezogen auf das überwiegende *öffentliche Interesse* an der generell
(gesetzlich) oder im Einzelfall (Verfügung, Realakt) letztlich so gearteten Bewahrung
und Einschränkung von Grundrechten.

Auf den Feuerwaffengebrauch bezogen bedeutet dies, dass die Gefahr, die von einer Person ausgeht, von einer vergleichbaren Schwere wie die möglichen Folgen eines Schusses
aus einer Feuerwaffe sein muss. Dadurch wird der polizeiliche Feuerwaffeneinsatz bspw.
auf einen Tatverdächtigen, der keine vergleichbare Gewalt androht, ausgeschlossen[1360].

Im Zusammenhang mit dem Untermassverbot ist daran zu erinnern, dass es absolute 697
Sicherheit nicht gibt und deshalb auch ein vollständiger Grundrechtsschutz unmöglich ist. Es handelt sich auch nicht um eine Frage des tatsächlichen Erfolges, sondern
um den zur Erzielung des Erfolges betriebenen Aufwand, u.a. der *eingesetzten Mittel*
oder mit den Worten des EGMR, was mit diesen vernünftiger- und realistischerweise
erwartet werden kann[1361].

Zusammengefasst umfasst das Kriterium der *Geeignetheit* unter Berücksichtigung
des *öffentlichen Interesses an der Rechtmässigkeit einer Massnahme* Übermass- und
Untermassverbot gleichermassen: Ungeeignet ist eine Massnahme, wenn diese «übers
Ziel hinausschiesst», also stärker eingreift als es notwendig ist, um ein rechtswidriges
Verhalten zu beenden oder einen unrechtmässigen Zustand zu beheben bzw. unnötigerweise auch Dritte trifft; ungeeignet ist sie ebenso, wenn sie das anzustrebende Ziel
der Wiederherstellung des Rechts nicht zu erreichen vermag.

d) Zur Zumutbarkeit

Werden Erforderlichkeit und Geeignetheit einer Massnahme zur Wahrung oder 698
(Wieder-)Herstellung eines Rechtszustandes im öffentlichen Interesse bejaht, ist
drittens zu prüfen, ob die Wirkung des Eingriffs in (Grund-)Rechtspositionen für die
Betroffenen in einem tragbaren, vernünftigen Verhältnis steht und damit zumutbar
ist[1362] (auf diese Person bezogenes *Rechtsfolgeermessen*). Das öffentliche Interesse
selber ebenso wie die grundsätzlich zu dessen Erfüllung als geeignet beurteilte (und

---

1359 Vgl. EGMR Osman v. United Kingdom, § 121; HÄFELIN/MÜLLER/UHLMANN, Rz. 593 und
HANGARTNER, SGK zu Art. 5, Rz. 58 (beide im Zusammenhang mit der Erforderlichkeit);
SCHEFER, Kerngehalte, 71; TSCHANNEN/ZIMMERLI/MÜLLER, § 21, Rz. 4, die das Übermassverbot dem Kriterium der Erforderlichkeit, das Untermassverbot demjenigen der Eignung
zuordnen. Vgl. auch WEBER-DÜRLER, Grundrechtseingriff, 81.
1360 BGE 111 IV 113 E 5; das BGer führt darin aus: «Das Risiko erheblicher Körperverletzungen
steht beispielsweise in einem Missverhältnis zum Interesse an der raschen Abklärung des Verdachts von Vermögensdelikten, die ohne Gewalt oder Drohung erfolgten.» Vgl. Wyss, öff.
Interesse, 231 ff.
1361 Vgl. z.B. EGMR Kalender c. Turquie, § 49.
1362 RHINOW/SCHEFER, Rz. 1224 ff.

daher auch im öffentlichen Interesse stehende) Massnahme müssen das individuelle Interesse an Unversehrtheit dieser Rechtsgüter überwiegen und dürfen sie höchstens in einem erträglichen Mass einschränken. Auch dieses individuelle Interesse kann Teil des öffentlichen Interesses sein, insoweit die in Frage stehende Massnahme jedermann treffen könnte und die betroffene Person quasi die Allgemeinheit darstellt (Rz. 666, 676).

699 Die Frage der Zumutbarkeit stellt sich primär in Bezug auf die von einer Massnahme direkt anvisierten Personen, kann aber auch für die Beurteilung unvermeidlicher Nebenwirkungen (*«chilling effects»*; vgl. nachfolgend Rz. 701, 721) massgebend sein. Dies trifft namentlich dann zu, wenn die beabsichtigte Wirkung auf Zielpersonen (bspw. Tränenreizstoff auf gewalttätige Demonstranten) als erforderlich, geeignet und (gegenüber renitenten Störern) zumutbar erscheint, nicht so aber gegenüber unvermeidlicherweise ebenso betroffenen Dritten. Demzufolge ist die Wirkung einer solchen Massnahme räumlich und allenfalls zeitlich entsprechend einzuschränken.

700 Die Zumutbarkeit wird jedoch auch von der Sozialadaequanz beeinflusst und ist dem Wandel der allgemeinen «Auffassung zu den unerlässlichen Voraussetzungen eines gedeihlichen Zusammenlebens» unterworfen[1363].

e) Verhältnisse: Das Geflecht der Relationen

701 Lange wurde das Verhältnismässigkeitsprinzip bloss auf die Relation zwischen der Wirkung einer Massnahme auf die davon Betroffenen und dem Massnahmenzweck, also zwischen dem «Staat» und Adressaten der Massnahme, bezogen[1364]. Diese quasi bipolare Betrachtungsweise ist einer weit differenzierteren Beurteilung gewichen. Eine ganze Reihe von Rechtsinteressen ist zu berücksichtigen. Das Bundesgericht hat in einem Entscheid im Jahre 2002 erstmals deutlich festgestellt, es könnten «sich unterschiedlichste Grundrechtsinteressen von Veranstaltern, Teilnehmern, interessierten Dritten und Unbeteiligten gegenüberstehen»[1365]. In Bezug auf die Unbeteiligten (Dritte) sind die unvermeidlichen Nebenfolgen (*«chilling effects»*[1366]) einzubeziehen. Beizufügen ist dem, dass nach der hier vertretenen Ansicht ebenso *die Rechtsordnung als Ganzes* und – auch im Zusammenhang mit der Frage auf der abstrakten Ebene, ob eine Rechtsbeschränkung überhaupt notwendig sei – die Zeitverhältnisse zu berücksichtigen sind. Bildlich dargestellt ergibt dies unter Einbezug des je zu beurteilenden *öffentlichen Interesses* ein *komplexes Beziehungsgeflecht,* nach dem die verschiedenen Kriterien einander gegenüberzustellen sind:

[1363] JOST, 63.
[1364] Zum Störerprinzip vgl. Rz. 711 ff.
[1365] BGE 128 I 327 E 4.3.2.
[1366] SCHEFER, Beeinträchtigung, 28.

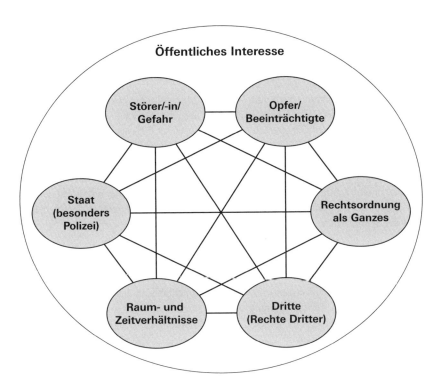

Auffallen mag zunächst, dass «Staat (besonders Polizei)» und «Rechtsordnung als Ganzes» als zwei separate Beziehungspunkte aufgeführt werden. Die Interessenlagen sind jedoch nicht notwendigerweise identisch. Eigeninteressen staatlicher Organe sind nicht deckungsgleich mit dem öffentlichen Interesse[1367]. Indessen gehören zu den zu beachtenden Interessen des Staates die konkret zur Verfügung stehenden und möglichen Mittel im Verhältnis zu einer zu lösenden Aufgabe ebenso wie Grundrechtsinteressen der für eine Massnahme benötigten staatlichen Bediensteten, namentlich der sog. «Blaulichtdienste». Zudem besteht ein öffentliches Interesse bspw. an einem auch künftig noch verkraftbaren Aufwand zur Ermöglichung bestimmter Veranstaltungen ebenso wie daran, weitere rechtlich relevante Implikationen wie insbesondere mögliche Präjudizwirkungen zu berücksichtigen.

Die einander möglicherweise entgegenstehenden Interessen führen zu einer (allenfalls grundrechtlichen) Konkurrenz- oder Kollisionslage, die eine Gewichtung der einzelnen Interessen und darauf gestützt eine Priorisierung bedingt.

702

> Verursacht eine Veranstaltung mit vielen Besuchern nur kurze Zeit über den bewilligten Zeitpunkt hinaus Musiklärm, der von Anwohnern als Störung der Nachtruhe empfunden wird und daher nach deren sofort vorgebrachten Begehren unverzüglich zu unterbinden sei, sind die Interessen der Störer (Veranstalter), der Beeinträchtigten (Anwohner), von Dritten (Veranstaltungsbesucher mit bezahlten Eintritten und weiteren Anwohnern, die

---

1367 Vgl. Rz. 338, 665.

noch nicht reklamiert haben), die Rechtsordnung als Ganzes (Präjudizwirkung) und die Zeitverhältnisse (z.B. kurze Dauer) einander gegenüberzustellen und abzuwägen. Dabei sind auch die möglichen Folgen einer unverzüglichen Intervention (Widerstand wegen empfundener Unverhältnismässigkeit des Eingriffs) zu berücksichtigen.

703 Wehrt sich eine Person gegen eine staatliche Massnahme, verschanzt sie sich in einem Haus und droht mit Gewalt, kann sich aus Sicherheitsgründen das Absperren eines möglicherweise grösseren Gebietes als notwendig erweisen. Es stehen sich das Interesse an der Durchsetzung der Rechtsordnung, des Störers an einer möglichst geringen Beeinträchtigung seiner v.a. körperlichen Integrität (Art. 10 Abs. 1 und 2 BV), Dritter (die das abgesperrte Gebiet ungehindert benützen wollen oder gar in ihrem Recht auf Privatsphäre beeinträchtigt sind), der Interventionskräfte selber an einer möglichst risikoarmen Erfüllung der Aufgabe und die Zeitverhältnisse einander gegenüber. In solchen Fällen hat der *Schutz existentieller Grundrechte* (Art. 10 Abs. 1 BV) *Vorrang*.

704 Noch stärker zugespitzt werden die Verhältnisse bei Geiselnahmen, wenn existentielle Grundrechte mehrerer Personen in unterschiedlichen Rechtslagen (Geisel, Geiselnehmer) kollidieren, ohne dass die andern Interessen vernachlässigt werden dürfen. Auch die Wertung von Wirkungen einzelner Grundrechtsbeschränkungen variiert, mitunter zeitabhängig, von der Gewichtung anderer grundrechtlicher Aspekte (z.B. Schutz der körperlichen Unversehrtheit gegenüber Einschränkung der persönlichen Freiheit infolge von Absperrmassnahmen)[1368].

705 Daraus ergibt sich, dass die Teilgehalte des Verhältnismässigkeitsprinzips nicht ausschliesslich in einer zweiseitigen Beziehung zwischen dem «Staat» und der mit einer (Grund-)Rechtsbeeinträchtigung anvisierten Person(en) zu prüfen sind.

Wenn sich unterschiedlich zu gewichtende Rechtsinteressen gegenüberstehen, wenn es durch ein staatliches Handeln oder Unterlassen zu Beeinträchtigungen fundamentaler Grundrechtspositionen oder anderer hochwertiger Rechtsgüter kommen kann, sind die einander entgegenstehenden Interessen miteinander *und* mit dem öffentlichen Interesse in Beziehung zu setzen ist nach der entsprechenden *Gewichtung* auch die notwendige *Priorisierung* innerhalb des gesamten Verhältnismässigkeits-Prüfprogrammes vorzunehmen[1369].

Bei weniger gravierenden Interessenkollisionen mag bereits die Erforderlichkeit, wenn auch streng rechtlich gegeben (z.B. Unterbinden des Nachtlärms), in Anbetracht der Zeitverhältnisse *in concreto* verneint werden. Die Geeignetheit von Massnahmen und deren Zumutbarkeit sind nicht nur in Bezug auf den Störer, sondern unter Berücksichtigung der Auswirkungen der Störung selber in systematischer Weise auch bezüglich der *Nebenwirkungen möglicher Massnahmen* auf Opfer und Dritte mit Einbezug des Zeitablaufs zu beurteilen.

706 Bei polizeilichen Einsätzen untersteht die gesamte Aktion, also auch die Planung und Steuerung, nicht nur quasi der «letzte Akt», dem Verhältnismässigkeitsprinzip[1370].

1368 Vgl. Fall Kneubühl in Biel, in: Der Bund vom 18. September 2010. Vgl. WEBER-DÜRLER, Grundrechtseingriff, 81.
1369 BGE 132 I 256 E 3.
1370 EGMR Giuliani and Gaggio, § 249; Makaratzis v. Greece, § 59 f.

So verleiht das (strafrechtlich legitimierende) *Notwehrrecht (défense légitime) keine carte blanche* für die Anwendung physischer Gewalt. Innerhalb des gesetzlich erlaubten Rahmens des Feuerwaffengebrauchs müssen interne Regulierungen mit Blick auf das Recht auf Leben (Art. 10 Abs. 1 BV, Art. 2 EMRK) u.a. vor einem Missbrauch von Gewalt Schutz gewährleisten[1371].

> Dies bedeutet, dass *alle* taktischen Massnahmen im Rahmen eines Einsatzes – auch wenn solche selber in einer gesetzlichen Bestimmung erwähnt sind – auf den Schutz der Grundrechte ausgerichtet sein müssen. Ist Widerstand oder gar Gewalt von Seiten des Störers nicht auszuschliessen, ist die Taktik darauf auszurichten, Notwehrsituationen nach Möglichkeit zu vermeiden[1372].

Daher ist bei Grundrechtskollisionen, nach dem *Prinzip der praktischen Konkordanz*, zunächst zu prüfen, ob eine Lösung der Kollisionsproblematik ohne Grundrechtseingriff möglich ist[1373].   707

> Wünschen z.B. Veranstalter einer Demonstration diese zu einem bestimmten Zeitpunkt an einem bestimmten Ort beginnen oder durchziehen zu lassen, an dem dort dann für noch eine halbe Stunde Markt gehalten wird, lassen sich oft Lösungen finden, die ohne Eingriffe in Rechtspositionen mehrere öffentliche Interessen (Rechtsgüter der öffentlichen Sicherheit und [positivierten] öffentlichen Ordnung, Grundrechte Dritter) erfolgreich zu berücksichtigen erlauben.
> Kann ein Widerspenstiger durch Zureden zur Aufgabe seines Widerstandes gebracht werden, ist jeder physische Zwang von vorneherein unnötig.
> Ist für die Feuerwehr im Notfall eine ungehinderte Zufahrt zu denkmalgeschützten Liegenschaften freizuhalten, darf der für Veranstaltungen auf öffentlichem Grund gewährte Raum eingeschränkt werden.

Zur Rettung von Menschenleben sind andere Interessen geringer zu gewichten.

3. Anfechtbarkeit der Verletzung des Verhältnismässigkeitsprinzips

Die *Möglichkeiten der Rüge* einer Verletzung des Verhältnismässigkeitsprinzips erscheinen aus Gründen des Föderalismus (unnötig) kompliziert. Handelt es sich um Entscheide (von kantonalen oder Bundesbehörden) in *Anwendung von Bundesrecht,* kann die Verletzung der Verhältnismässigkeit als Verletzung von Bundesrecht in letzter Instanz mit der *Beschwerde in öffentlich-rechtlichen Angelegenheiten*[1374] beanstandet werden[1375].   708

1371 EGMR Giuliani and Gaggio, § 205 f.
1372 Vgl. das gegenteilige Beispiel in Rz. 378.
1373 Vgl. MARTIN, 224 ff., die allerdings diese Kollisionslösung im dritten Teilgehalt der Zumutbarkeit ansiedelt.
1374 Nicht aber mit der subsidiären Verfassungsbeschwerde (Art. 113 ff. BGG); HÄFELIN/MÜLLER/UHLMANN, Rz. 584; J.P. MÜLLER, HGR VII/2, § 202, 25 (FN 62); RHINOW/SCHEFER, Rz. 2633.
1375 BGE 134 I 153 E 4.1 f.; vgl. dazu J.P. MÜLLER, HGR VII/2, a.a.O.

709 Wird ein kantonaler *Erlass* selber als unverhältnismässig gerügt, prüft das Bundesgericht – soweit nicht Grundrechte tangiert sind (Art. 36 Abs. 3 BV) – lediglich, ob «das Gebot der Verhältnismässigkeit offensichtlich missachtet worden ist und damit zugleich ein Verstoss gegen das Willkürverbot gemäss Art. 9 BV vorliegt»[1376]. Desgleichen ist die Kognition des Bundesgerichts bei der Überprüfung von *Entscheiden und Realakten* basierend auf einfach-gesetzlichem kantonalem Recht *ausserhalb des Schutzbereiches der Grundrechte* (Art. 36 BV) auf den *Gesichtspunkt des Willkürverbotes* beschränkt[1377]. Demzufolge kann die Missachtung der Verhältnismässigkeit gestützt auf kantonales Recht nur im direkten Zusammenhang mit einem Grundrecht, bspw. der persönlichen Freiheit (Art. 10 Abs. 2 BV), dem Schutz der Privatsphäre (Art. 13 Abs. 1 BV) oder der Meinungsäusserungs- und Versammlungsfreiheit (so z.B. in der Form des Demonstrationsrechts, Art. 16 i.V.m. Art. 22 BV) oder einem andern Rechtsanspruch geltend gemacht werden[1378].

710 Die beschränkte Kognition des Bundesgerichts entbindet die kantonalen Behörden indessen nicht von der Beachtung des Verhältnismässigkeitsprinzips; die Rechtsbindung gilt uneingeschränkt[1379]. In Bezug auf die Einhaltung der Verhältnismässigkeit *im Schutzbereich der Grundrechte* beurteilt das Bundesgericht die Verhältnismässigkeit eines Erlasses oder des staatlichen Handelns bzw. Unterlassens frei[1380].

III. Störerprinzip

1. Allgemeine Hinweise

711 Das Störerprinzip ist ein allgemeiner Grundsatz zunächst des materiellen Polizeirechts, wonach sich Massnahmen zur Aufrechterhaltung oder Wiederherstellung der öffentlichen Sicherheit und (positivierten) Ordnung grundsätzlich gegen den- oder diejenigen zu richten haben, welche eine Gefahr oder Störung *verursachen* oder *verursacht haben*[1381]. Anknüpfungspunkt ist die *polizeirechtliche Verantwortlichkeit,* nicht ein strafrechtliches Verschulden[1382].

1376 BGE 134 I 153 E 4.2.1.
1377 BGer 2C_233/2010 E 1.3; BGE 134 I 153 E 4.2.2; vgl. auch TSCHANNEN/ZIMMERLI/MÜLLER, § 21, Rz. 21 ff.
1378 Vgl. in Bezug auf die Rechtsetzung BGE 136 I 87 E 8.3.
1379 TSCHANNEN/ZIMMERLI/MÜLLER, § 2, Rz. 4. Beizufügen ist, dass im kantonalen verwaltungsinternen Verfahren die volle Kognition von Rechts- und Sachverhaltsfragen die Regel ist, während sich die kantonalen Verwaltungsrechtspflegebehörden gelegentlich mit einer faktischen Willkürprüfung begnügen.
1380 BGE 134 I 153 E 4.2.1.
1381 HÄFELIN/MÜLLER/UHLMANN, Rz. 2488; REINHARD, 175.
1382 GUSY, Rz. 324 f.; HÄFELIN/MÜLLER/UHLMANN, Rz. 2490; REINHARD, a.a.O.; TSCHANNEN/ZIMMERLI/MÜLLER, § 56, Rz. 28.

In Literatur und Judikatur finden sich unterschiedliche dogmatische Zuordnungen des   712
Störerprinzips: So wird es aus dem Verhältnismässigkeitsprinzip abgeleitet[1383] oder als
allgemeiner Rechtsgrundsatz[1384], als (grundrechtlicher) Schrankenaspekt (im Zusammenhang mit der Versammlungsfreiheit)[1385] oder, die Abweichung davon, als besonderer
Anwendungsfall der polizeilichen Generalklausel[1386] dargestellt. Jedenfalls stellt es aber
eine Beziehung zwischen einzelnen Personen und der Allgemeinheit, der Öffentlichkeit, mithin dem öffentlichen Interesse her. Ohne Art. 6 BV, die individuelle und gesellschaftliche Verantwortung jeder Person, überzubewerten[1387], lässt sich eine Verbindung
zwischen dieser Verfassungsnorm und dem Störerprinzip feststellen (auch wenn das
Störerprinzip schon lange vor dem erst in der parlamentarischen Beratung eingefügte
Art. 6 BV 1999 galt): Freiheit setzt Verantwortung voraus, Verantwortung auch gegenüber der Allgemeinheit mindestens insofern, als die eigene Freiheit an der Grenze zur
Freiheit der Nächsten endet. Das Übertreten dieser Grenze führt im Sinne der (Mit-)
Verantwortung zu einer Pflicht des Ausgleichs in Bezug auf das gestörte Gemeinwohl.
Im konkreten Fall bedeutet diese polizeiliche Verantwortung auch die Pflicht, die *Kosten
für die Beseitigung der Störung* zu tragen, was dem (über das Polizeirechtliche hinausgehenden) Verursacherprinzip entspricht[1388].

Der (auch) durch das Störerprinzip vermittelte *grundrechtliche Schutz überhaupt* vor   713
ungerechtfertigten Eingriffen oder *Auflagen* wird mit der *Frage der Geeignetheit einer
Massnahme in persönlicher Hinsicht* relevant. Das *Störerprinzip* schiebt sich – soweit
es um hoheitliche Massnahmen geht – in das *Prüfprogramm der Verhältnismässigkeit*
ein. Nach der Bejahung der grundsätzlichen Erforderlichkeit einer Massnahme zum
Schutz von Rechtsgütern im öffentlichen Interesse (oder von Grundrechten Dritter)
ist die *Geeignetheit in persönlicher Hinsicht* zu prüfen, also ob die Massnahme wirklich diejenigen (und nur diejenigen) trifft, von denen die Störung ausgeht[1389]. Es ist
nach einer Bejahung der Geeignetheit eines Mittels bzw. Vorgehens jedoch erneut bei
der Zumutbarkeit zu prüfen.

Das *Störerprinzip* ist indessen ein *allgemeiner, über das Verwaltungsrecht hinaus-*   714
gehender Grundsatz, der demzufolge nicht nur für polizeiliche Bezüge gilt.

1383   BGer 1C_360/2008 E 3.2.2; REINHARD, 176; HÄFELIN/MÜLLER/UHLMANN, Rz. 2488; MOOR,
       Rz. 65; TSCHANNEN/ZIMMERLI/MÜLLER, § 56, Rz. 29.
1384   HÄFELIN/HALLER/KELLER, Rz. 545 f. (im Zusammenhang mit der Versammlungsfreiheit);
       ähnlich REINHARD, 175.
1385   RHINOW/SCHEFER, Rz. 1701.
1386   LIENHARD/HÄSLER, Rz. 59.
1387   Vgl. zu Art. 6 BV: HÄBERLE, SGK zu Art. 6, Rz. 10 ff.; RHINOW/SCHEFER, Rz. 73, 2648 ff.
1388   GUSY, a.a.O.; REINHARD, 191.
1389   *Gleich*: TSCHANNEN/ZIMMERLI/MÜLLER, § 56, Rz. 29. Dem *widerspricht* die Auffassung von
       BURGER-MITTER/BURGER, 86 (vgl. Rz. 692), die *alle Besucher* eines Fussballspiels nach dem
       Betreten des Stadions *als Störer* betrachten, damit diese – ohne einen genügenden Anfangsverdacht – einer intensiven Kleiderdurchsuchung bis auf die Unterwäsche unterzogen werden
       könnten. Diese Konstruktion käme aber einer Pervertierung des Störerprinzips gleich, was zu
       verfassungswidrigen Eingriffen führte. Vgl. MOHLER, Zutrittskontrollen, *passim*.

So stützen sich verschiedene zivilrechtliche Normierungen auf das Störer- als Verursacherprinzip, das – entsprechend der generellen Subsidiarität polizeilicher Zuständigkeit – auch ohne Polizei massgebend ist[1390]. Das Gleiche gilt für Raumplanungs-[1391] und Umweltschutznormen[1392].

2. Zur Störertypologie

715 Das Störerprinzip bezieht sich *primär* auf die mit einer Massnahme *direkt anvisierten Personen*, die als *Verursacher* einer Gefahr oder eines Schadens in Erscheinung treten. Es dient somit zunächst auch der *Abgrenzung von Nicht-Störern*[1393]. Nicht-Störer haben, abgesehen vom polizeilichen Notstand (Rz. 725)[1394], keine ihre Grundrechte tangierenden Duldungspflichten.

Literatur und Judikatur unterscheiden drei Störertypen: *Verhaltensstörer, Zustandsstörer und Zweckveranlasser.*

a) Verhaltensstörer

716 Als *Verhaltensstörer* (frz.: perturbateur par comportement) wird bezeichnet, wer *durch eigenes Tun oder Unterlassen oder dasjenige von Dritten unter seiner oder ihrer Verantwortung* eine Gefahr oder Störung verursacht[1395]. Zur Verantwortung für Dritte gehört die Verantwortung der Erziehungsberechtigten für Kinder oder Jugendliche, soweit sie der erzieherischen Betreuung bedürfen[1396], ebenso jene von Vorgesetzten für weisungsgebundene Unterstellte (soweit diese die Möglichkeit der Schadenverursachung nicht auch selber zu erkennen vermögen)[1397].

Das Unterlassen setzt eine Handlungspflicht voraus, die – analog den Kriterien im Strafrecht – durch ein *vorangegangenes*, nachträglich als störend zu beurteilendes Tun (Ingerenz), eine *gesetzliche oder eine vertragliche Pflicht* begründet wird[1398].

1390 Erwähnt seien beispielsweise Art. 29 Abs. 2 ZGB (Namenschutz, Anmassung eines Namens), Art. 647e ZGB (Miteigentum, Beeinträchtigung durch Verschönerungen), Art. 685 Abs. 1 ZGB (Beeinträchtigungen durch Graben und Bauten), Art. 701 ZGB (Abwehr von Gefahr und Schaden als Ausnahmeregelung in Bezug auf das Störerprinzip, Parallelbestimmung zum polizeilichen Notstand), Art. 706 ZGB (Abgraben von Quellen, Schadenersatz); Art. 59 OR (Sichernde Massregeln betr. drohendem Schaden durch Gebäude oder Werke).
1391 Vgl. z.B. Art. 16b (Benutzungsverbot und Beseitigung) des BG über die Raumplanung.
1392 Art. 10 (Katastrophenschutz) des BG über den Umweltschutz.
1393 Vgl. EGMR Gsell c. Suisse, §§ 21, 31, 60; HÄFELIN/MÜLLER/UHLMANN, Rz. 2502a.
1394 Vgl. als Parallelen dazu Art. 701 ZGB oder Art. 20 USG.
1395 HÄFELIN/MÜLLER/UHLMANN, Rz. 2490; LISKEN/DENNINGER, E, Rz. 69 f.; REINHARD, 184; TSCHANNEN/ZIMMERLI/MÜLLER, § 56, Rz. 31.
1396 Vgl. Art. 333 Abs. 1 ZGB (Verantwortlichkeit des Familienhauptes; eine Norm, die auch für die Haftung der Erziehungsberechtigten für von Minderjährigen verursachte Schäden bspw. in Stadien oder Transportmitteln massgebend ist).
1397 REINHARD, 185.
1398 Die im Strafrecht im Zusammenhang mit Unterlassungsdelikten auch diskutierte Monopolstellung als Auslöser einer Handlungspflicht entfällt in diesem Zusammenhang, da die Person in der allfälligen Monopolstellung die Gefahr für den Schaden gerade nicht verursacht hat.

Ebenso sind Halter und Züchter von Tieren für Schäden oder Störungen, die von diesen angerichtet werden oder ausgehen, im Sinne von Verhaltensstörern verantwortlich.
Der Geschäftsführer eines Betriebes kann selbst dann Verhaltensstörer sein, wenn der Eigentümer als Zustandsstörer qualifiziert wird[1399].

b) Zustandsstörer

«Als *Zustandsstörer* (frz.: perturbateur par situation) gilt (…), wer die rechtliche oder tatsächliche Herrschaft über eine Sache hat, welche die öffentliche Ordnung und Sicherheit unmittelbar stört oder gefährdet.»[1400] Massgebend ist, wer die Entscheidungsmacht über die Sache hat, von der eine Störung ausgeht oder ein Schaden verursacht worden ist. Darunter fallen Eigentümer, Mieter, Pächter, Verwalter oder auch Verantwortliche von Einzelfirmen[1401].

717

c) Zweckveranlasser

Zweckveranlasser (auteurs indirects) sind diejenigen, die durch ihr Verhalten bewirken, dass *andere* die öffentliche Sicherheit oder die (positivierte) Ordnung stören[1402] und dies «bewusst in Kauf» nehmen[1403].

718

Diese Umschreibung des Zweckveranlassers ist in der Lehre umstritten[1404]. Einerseits benützt sie einen aus dem Strafrecht entliehenen subjektiven Tatbestand (Eventualvorsatz: Störung bewusst in Kauf nehmen), andererseits wird so die Unmittelbarkeit (vgl. nachfolgende Rz.) unterlaufen. Der so definierte Kreis der verantwortlichen Zweck-

719

1399 BGer 6B_642/2008 E 2 (vgl. FN 1401): «… alors que celui qui a la responsabilité de son exploitation sera vu comme un perturbateur par comportement. En effet, ce dernier est la personne qui crée un dommage ou un danger en raison de son propre comportement ou de celui d'un tiers placé sous sa responsabilité, en provoquant de la sorte une situation contraire à l'ordre public».
1400 BGer 1C_360/2008 E 3.2 m.w.H.
1401 BGE 136 I 1 E 4.4.3, in dem diejenigen, die Hunde einer gesetzlich verbotenen Rasse erwerben, züchten oder mit solchen in den betreffenden Kanton ziehen wollen, und potentielle Halter diejenigen Personen seien, «welche einen allfälligen polizeiwidrigen Zustand unmittelbar zu verantworten» hätten. Im gleichen Sinn: BGer 6B_642/2008 E 2 (vgl. FN 1399): «Dans ce contexte, le propriétaire d'une installation dangereuse pour le bien juridiquement protégé, en l'occurrence la qualité des eaux, peut être considéré comme un perturbateur par situation en cas de violation de la loi…»
1402 BGE 132 I 256 (Brunnen) E 4.6: Das BGer beurteilte das Verbot einer Demonstration (antifaschistische Platzkundgebung) in Brunnen für verfassungsmässig, da deren Durchführung zum Aufmarsch rechtsextremer Kreise und damit zu einer polizeilich kaum mehr zu bewältigenden Gefahrenlage geführt hätte. Andere Beispiele für die Verantwortung von Zweckveranlassern: Aufstellen eines Zigarettenautomaten oder eines Kioskes an verkehrlich heikler Lage.
1403 BGE 90 I 1 E 1a.
1404 HÄFELIN/MÜLLER/UHLMANN, Rz. 2497 ff.; TSCHANNEN/ZIMMERLI/MÜLLER, § 56, Rz. 34.

veranlasser lässt den Störerbegriff konturenlos werden und führt zu Härten[1405]. Eine mit andern Rechtsprinzipien konforme Eingrenzung kann darin gefunden werden, dass derjenige *als Zweckveranlasser gilt*, für den – auf Grund *eigenen* Setzens von Gegebenheiten bzw. Zuständen – eine durch andere bewirkte Gefahr oder Störung *voraussehbar* war *und* der die *rechtliche und faktische Möglichkeit zu deren Vermeidung oder Beseitigung* hat(te). Zudem ist zu verlangen, dass der polizeirechtswidrige Zustand nicht in einem ordentlichen Bewilligungs- bzw. Entzugsverfahren durch die zuständige Behörde hätte vermieden oder behoben werden können.

Das Kriterium der Voraussehbarkeit setzt voraus, dass ein Zweckveranlasser um die Möglichkeit der Störung oder Gefahr durch andere wusste oder hätte wissen müssen. Eine darüber hinaus gehende Verpflichtung dürfte gegen das alte Axiom «*nemo ultra posse obligatur*» (niemand kann zu Unmöglichem verpflichtet werden) – auch im Sinne der Grenze der Mitverantwortung nach Art. 6 BV – verstossen[1406].

3. Unmittelbarkeitstheorie

720 Für die Beurteilung der *Verursachung einer Störung* gilt die *Unmittelbarkeitstheorie*[1407]: Zugerechnet wird die Verursachung jenen, die eine Gefahr oder einen Schaden *unmittelbar, direkt* bewirkt haben[1408]. Das trifft für die Zweckveranlasser gerade nicht zu.

Die bei Zweckveranlassern nicht gegebene Unmittelbarkeit einer Störung kann durch die Kombination von Kriterien nach dem Fairnessprinzip kompensiert werden: Als direkter Ausfluss der Unmittelbarkeit muss der veranlasste Zweck selber die Störung praktisch unvermeidlich zur Folge haben und darf nicht für zweckfremde Störungen missbraucht werden; ferner müssen die unvermeidlichen Folgen vorhersehbar sein und mit eigenen rechtlichen und faktischen Möglichkeiten des Zweckveranlassers verhindert oder beseitigt werden können; zudem darf die Verhinderung oder Beseitigung der Störung nicht zu den primären Pflichten der zuständigen Behörden gehören oder es muss diesen ebenso vorhersehbar an rechtlichen und faktischen Einwirkungsmöglichkeiten fehlen.

1405 Vgl. BGE 127 I 60 E 5c, wonach der Eigentümer eines an eine ausländische Botschaft vermieteten Hauses, das unmittelbar neben der Botschaft selber lag und dessen Verwendung durch das Botschaftspersonal ohne Zutun des Vermieters später geändert wurde und zu einer zonenwidrigen Nutzung führte, als Zustandsstörer zu Recht haftbar gemacht worden sei.

1406 Vgl. HÄBERLE, SGK zu Art. 6, Rz. 14.

1407 Auf die Aequivalenz- und die Adaequanztheorie, die in diesem Zusammenhang beide keine befriedigenden Abgrenzungen zu vermitteln vermögen, wird hier nicht eingetreten; vgl. zum Ganzen: REINHARD, 178 f.

1408 BGE 118 Ib 407 E 4c; HÄFELIN/MÜLLER/UHLMANN, Rz. 2488; REINHARD, 179 ff. In BGE 135 I 130 (Neuenburg) E 6, prüft das Bundesgericht die Frage der (teilweisen) Überwälzung der Kosten für Polizeieinsätze bei Fussball- und Eishockeyspielen auf die Stadioneigentümer bzw. Sportorganisationen nicht unter dem Gesichtspunkt des Störerprinzips, sondern nur unter den (geltend gemachten) Aspekten der Wirtschaftsfreiheit und des Legalitätsprinzips.

Keine Rolle spielt, ob den Verursacher ein *Verschulden* trifft, es genügt, dass der Störer direkt ursächlich für Gefahr oder Schaden ist[1409].

4. Zur Abgrenzungsfunktion gegenüber Nicht-Störern (Dritten) im Besonderen

Dem Störerprinzip kommt neben dem Fokus auf die als Verursacherin einer Gefahr oder Störung identifizierte Person zudem eine weitere wesentliche Funktion in Bezug auf die Abgrenzung zu *Nicht-Störern* zu: Lässt eine auf Störer gezielte notwendige, geeignete und diesen gegenüber zumutbare und daher gerechtfertigte Massnahme (bspw. Tränenreizstoff gegen militante Demonstranten oder Hooligans) auch unvermeidliche *unzumutbare Nebenwirkungen auf (viele) Nicht-Störer* erwarten, gebietet das Störer- als Teil des Verhältnismässigkeitsprinzips (Interessenkonkurrenz, Rz. 692) – je nach Bedeutung des öffentlichen Interesses an einer (raschen) Wiederherstellung der öffentlichen Sicherheit und (positivierten) Ordnung – entweder den Verzicht auf *diese* Massnahme oder deren Aufschub, bis sich die Nicht-Störer einer entsprechenden Aufforderung folgend aus dem Wirkungsbereich entfernt haben oder nur noch solche darin verweilen (Gaffer), die eine Beeinträchtigung bewusst in Kauf nehmen.

721

> Diese Schrankenfunktion gilt grundsätzlich auch für die Rechtsetzung. Mit einer gesetzlichen Bestimmung (die ihrerseits möglicherweise gegen das Gebot der Verhältnismässigkeit nach Art. 5 Abs. 2 BV verstösst) kann das Störerprinzip diesbezüglich in seiner Wirkung eingeschränkt oder gar aufgehoben werden, wenn bspw. ein Verhalten verboten wird, das selber weder eine Störung darstellt noch notwendigerweise eine Gefahr bedeutet[1410].

722

5. Mehrzahl von Störern

Bei einer Mehrzahl von Störern ergibt sich eine *polizeirechtliche Haftungskonkurrenz*[1411]. Die zuständige Behörde kann alternativ oder kumulativ einem oder mehreren Störern die Pflicht zur Wiederherstellung des ordnungsgemässen Zustandes auferlegen[1412], hat sich aber beim Ausüben ihres Rechtsfolgeermessens (Rz. 299 f., 698) an den gesamten rechtlichen Rahmen zu halten[1413].

723

1409 BGer 6B_642/2008 E 2: «Ainsi, même indépendamment de toute faute, le perturbateur par comportement doit répondre de la mise en danger du bien juridiquement protégé». BGE 127 I 60 E 5c; Reinhard, 184; Häfelin/Müller/Uhlmann, Rz. 2492; Tschannen/Zimmerli/Müller, § 56, Rz. 32.
1410 Vgl. Art. 14 PolG der Stadt Chur: Verbot des Konsums von alkoholischen Getränken auf öffentlichem Grund im Siedlungsgebiet zu bestimmten Zeiten (Abs. 5), wobei das Mitführen von angebrochenen Trinkbehältnissen als Konsum gilt (Abs. 3).
1411 Häfelin/Müller/Uhlmann, Rz. 2503.
1412 Tschannen/Zimmerli/Müller, § 56, Rz. 35.
1413 Häfelin/Müller/Uhlmann, a.a.O.

Das Bundesgericht hat in einem Fall von Gewässerverschmutzung sowohl den Eigentümer eines Werkes als Zustandsstörer als auch den Betriebsleiter als Verhaltensstörer für verantwortlich gehalten[1414].

724 Massgebend für die Bestimmung der Pflichtigen ist in erster Linie der *Unmittelbarkeitsgrundsatz*, woraus sich ergibt, dass bei einer Konkurrenz zwischen Zustandsstörer (bspw. Eigentümer) und Verhaltensstörer (z.B. Betreiber) in erster Linie der Zweitgenannte in Pflicht zu nehmen ist[1415]. Ferner ist zu berücksichtigen, wer von mehreren möglichen Störern *rechtlich und faktisch die bessere oder raschere Möglichkeit* zur Behebung des rechtswidrigen Zustandes hat.

Dabei spielen auch Unterordnungsverhältnisse eine Rolle: Ein Betriebsangestellter, der keine Entscheidungsbefugnisse hat, kann nicht als Verhaltensstörer zu Massnahmen verpflichtet werden, die seine Kompetenzen übersteigen. In einem derart gelagerten Fall ist wiederum auf die entscheidungsberechtigten Kader der Betriebsleitung zu greifen[1416].

6. Der polizeiliche Notstand

725 Der polizeiliche Notstand bezeichnet eine *Lage,* in der es der Polizei *unmöglich* ist, die öffentliche Sicherheit oder (positivierte) Ordnung mit Interventionen, die allein gegen den oder die Störer gerichtet sind, aufrechtzuerhalten oder wiederherzustellen; in einer solchen Situation ist es ihr daher erlaubt, im Rahmen des Verhältnismässigkeitsprinzips auch Massnahmen zu ergreifen, die unbeteiligte Dritte treffen[1417].

726 Die Rechtsfigur des polizeilichen Notstandes wird in der Literatur dogmatisch unterschiedlich eingeordnet (in der bundesgerichtlichen Judikatur kommt sie kaum vor). So wird der polizeiliche Notstand als besonders gewichteter Fall der polizeilichen Generalklausel[1418] oder (wie hier) als Voraussetzung für die Abweichung vom Störerprinzip[1419] bezeichnet.

727 Strikte zu trennen ist der *polizeiliche Notstand* von einem *Staatsnotstand*[1420], welcher in der als eine Friedensordnung konzipierten BV nicht geregelt ist, und nur in ausserordentlichen Lagen, wenn die Existenz der Schweiz als Ganzes und das Überleben der Bevölkerung bedroht ist, Parlament und Bundesrat zu allen notwendigen auch extrakonstitutionellen Massnahmen befugt und verpflichtet[1421]. Demgegenüber haben

---

1414 BGer 6B_642/2008 E 2.
1415 So auch BGer 6B_642/2008 a.a.O: «*En effet, ce dernier* (d.h. *le perturbateur par comportement,* der Verhaltensstörer) *est la personne qui crée un dommage ou un danger en raison de son propre comportement.*»
1416 BGer 6B_642/2008 a.a.O.
1417 Vgl. TSCHANNEN/ZIMMERLI/MÜLLER, § 56, 13.
1418 So TSCHANNEN/ZIMMERLI/MÜLLER, § 56, Rz. 11.
1419 So HÄFELIN/MÜLLER/UHLMANN, Rz. 2519 f. (als Besonderheit des Polizeinotstandes).
1420 REINHARD, 165.
1421 SCHOTT/KÜHNE, 422; TSCHANNEN, Staatsrecht, § 10, Rz. 12 ff.; TSCHANNEN, SGK zu Art. 165, Rz. 10 f.; TSCHANNEN/ZIMMERLI/MÜLLER, § 56, Rz. 12. Vgl. auch Schema in Rz. 733.

sich alle Massnahmen im Rahmen des *polizeilichen Notstandes* an die *verfassungsmässigen Beschränkungen* zu halten.

Es ist durchaus möglich, dass sich ein *polizeilicher Notstand* auch in einer Situation, die gestützt auf die *polizeiliche Generalklausel* zu bereinigen ist, ergeben kann. Dennoch erscheint der polizeiliche Notstand nicht als Unterfall der Generalklausel, da einerseits eine Abweichung vom Störerprinzip auch in gesetzlich geregelten Fällen notwendig sein kann[1422] und andererseits die polizeiliche Generalklausel die rechtliche Grundlage für ein Vorgehen auch oder gerade gegen Störer liefert.

728

Ob ein polizeilicher Notstand angenommen werden darf und wie in einem solchen Fall vorzugehen ist, richtet sich nach dem Verhältnismässigkeitsprinzip[1423]. In erster Linie ist die *Erforderlichkeit der Inanspruchnahme des polizeilichen Notstandes* zu prüfen.

729

> Hier geht es um die Frage, ob keinerlei andere Mittel für den Schutz des gefährdeten Rechtsgutes ohne Beeinträchtigung von Rechten Dritter zur Verfügung stehen *und*, sofern dies nicht der Fall ist, ob das zu schützende Rechtsgut mindestens so hochwertig einzuschätzen ist, dass es das Interesse am Schutz der Rechte der Dritten (eindeutig) überwiegt.
> Wird auch dies bejaht, ist das weitere Prüfprogramm des Verhältnismässigkeitsprinzips anzuwenden (vgl. Rz. 688 ff.).

§ 16 Polizeiliches Handeln in Abweichung von der positiven Rechtsordnung

A. Vorbemerkungen

Massnahmen im Sinne (grund-)rechtlicher Beschränkungen, die auf keinen Rechtssatz gestützt werden können, sind unter bestimmten Voraussetzungen begrenzt möglich. Den rechtlichen Rahmen dafür bilden einerseits die *polizeiliche Generalklausel*, sodann in Fällen unmittelbarer und ernster Bedrohung existentieller Grundrechte (auch direkt) *die grundrechtliche Schutzpflicht* und schliesslich das *Notrecht*. Notrecht steht jedoch – im Gegensatz zur polizeilichen Generalklausel und der direkten Anwendung der grundrechtlichen Schutzfunktion – «neben dem ordentlichen Ver-

730

1422 Vgl. z.B. § 51 Abs. 1 und 2 PolG BS: «Betreten von Grundstücken und Durchsuchen von nicht öffentlichen Räumen
   [1] Wenn es zur Erfüllung der polizeilichen Aufgaben notwendig ist, darf die Kantonspolizei auch nicht öffentliche Räume und private Grundstücke betreten.
   [2] Die Kantonspolizei kann solche Räume ohne Einwilligung der berechtigten Person nur durchsuchen
   1. zur Abwehr einer gegenwärtigen erheblichen Gefahr
   2. wenn Verdacht besteht, dass sich dort eine gesuchte Person befindet, die in Gewahrsam genommen werden darf.»
1423 REINHARD, 196.

fassungsrecht» und bedarf «eigener legitimierender Begründung»[1424] (verfassungsmässig nicht geregelter Staatsnotstand[1425]).

731 Die Rechtsfigur der polizeilichen Generalklausel ist in den letzten Jahren in Judikatur und Literatur zunehmend kontrovers behandelt worden. Dabei werden sowohl die *Voraussetzungen für die Anwendbarkeit* der polizeilichen Generalklausel wie auch deren *Anwendungsbereiche* und somit die *Abgrenzung zum Notverordnungsrecht* des Bundesrates unterschiedlich diskutiert.

732 Beigetragen dazu haben prominente Fälle, welche die Geschäftsprüfungsdelegation des Parlamentes untersuchte oder von Gerichten des Bundes zu beurteilen waren: So die Anordnungen des Bundesrates vom 14. November 2007 bzw. 24. Juni 2009, die in einem laufenden Strafverfahren beschlagnahmten Akten im Fall Tinner (Urananreicherung, Pläne für den Bau von Kernwaffen) ebenso wie die später zum Vorschein gekommenen Kopien davon (in den Verfahrensakten durch «Platzhalter» zu ersetzen und) zu vernichten[1426]; ferner die Verordnung des Bundesrates über die Rekapitalisierung der UBS AG vom 15. Oktober 2008[1427] und der Beschluss des Bundesrates vom 19. Dezember 2008, mit dem er die Finanzmarktaufsicht (FINMA) ersuchte, «alle notwendigen Massnahmen zu treffen, um einen solchen Schritt zu verhindern» (gemeint waren Massnahmen zur Verhinderung der Androhung von unilateralen, für die UBS AG existenzgefährdenden Zwangsmassnahmen durch das U.S.-amerikanische *Department of Justice* mit der Herausgabe von Bankkundendaten durch die UBS[1428], was «die Funktionsfähigkeit der schweizerischen Finanzmärkte schwer beeinträchtig[t]» hätte[1429].
In allen hier erwähnten Fällen wurde das Vorgehen des Bundesrates überwiegend kritisiert.

B. Abgrenzungsfragen

733 Vor näheren Ausführungen zur polizeilichen Generalklausel werden zunächst die unterschiedlichen, wenn oft auch ähnlich bezeichneten *Rechtsinstitute im Zusammenhang mit aussergewöhnlichen Situationen* nebeneinander dargestellt[1430].

734 Die uneinheitliche Terminologie der BV in Bezug auf nicht normale Lagen, der Geltungsbereich der polizeilichen Generalklausel, der Verzicht auf eine verfassungsrechtliche Regelung des Staatsnotstandes und völkerrechtliche Bestimmungen (UNO

1424 Botschaft VE 96, 419. Vgl. RHINOW/SCHEFER, Rz. 24.
1425 SCHWEIZER ET AL., Gutachten VBS, 112.
1426 Vgl. zum Ganzen: SCHOTT/KÜHNE, 409 ff., 423 ff.; Bericht der Geschäftsprüfungsdelegation der Eidgenössischen Räte vom 19. Januar 2009, Fall Tinner (BBl 2009 5007).
1427 AS 2008 4741; vgl. zum Ganzen: SCHOTT/KÜHNE, 409 ff., 432 ff.
1428 Vgl. BVGer B-1092/2009 E 8.2.1 ff.; vgl. dazu MÜLLER/JENNY, Notrecht, 105 f.
1429 Medienmitteilung des Bundesgerichts über sein Urteil 2C_127/2010 vom 15. Juli 2011 (URL: http://www.bger.ch/index/press/press-inherit-template/press-mitteilungen.htm?id=tf1; zuletzt besucht: 26.8.2011).
1430 Einzelne Elemente sind mit einer grafischen Darstellung von RAINER J. SCHWEIZER für eine Anhörung zum Armeebericht durch die SiK-S am 18. Oktober 2010 harmonisiert.

6. Kapitel: Rechtsstaatliche Grundlagen für die polizeiliche Aufgabenerfüllung

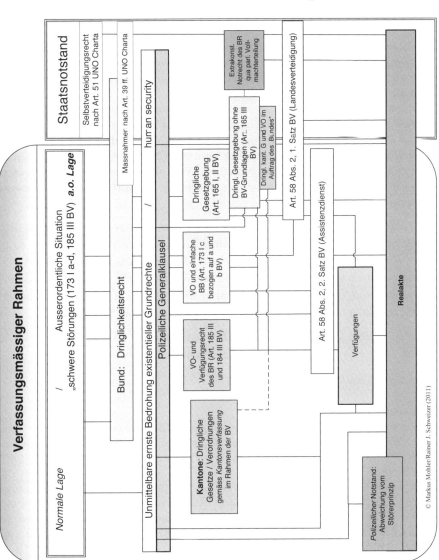

* Der Bund kann Kantone nach Art. 46 Abs. 1 BV verpflichten, dringliches Bundesrecht auch ohne entsprechende materiellrechtliche kantonale Verfassungsgrundlage umzusetzen (vgl. auch Rz. 738, 740, 752).

Charta, UNO Pakt II und EMRK) ergeben ein kompliziertes Geflecht von Rechtsgrundlagen und Schranken zur Ermöglichung notwendiger Rechts- und Realakte für den Schutz des Staates, seiner Bevölkerung und seiner existentiell unverzichtbaren Einrichtungen sowie grund- und verfassungsrechtlich geschützter Rechtsgüter. Klar abgegrenzt ist lediglich die nach Art. 173 Abs. 1 lit. c BV dringliche *verfassungskonforme* Erlasskompetenz der Bundesversammlung und die in Art. 140 Abs. 1 lit. c und Art. 165 Abs. 3 BV verfassungssuspendierende Gesetzgebung von der extra-konstitutionellen Rechtsetzung[1431] in einem *de facto*-Staatsnotstand. Ein solcher kann auch durch nicht machtpolitisch oder kriminell ausgelöste Katastrophen entstehen.

735   Polizeinotverordnungen des Bundesrates nach Art. 185 Abs. 3 (und 184 Abs. 3) BV haben die Verfassung zu respektieren. Ob die Kompetenz die weitere Rechtskonformität bloss *praeter* und erforderlichenfalls nicht auch *contra legem* umfasst, ist in der Literatur umstritten[1432].

Rechtsetzung *ohne* BV-Grundlage, auch etwa als «Notstandsverfassung» bezeichnet, ist ausschliesslich Sache des Bundes (zu den kantonalen Möglichkeiten: Rz. 755).

Das *Verhältnismässigkeitsprinzip* ist in jedem Fall – auch für die extra-konstitutionelle Rechtsetzung – massgebend, namentlich hinsichtlich der *Erforderlichkeit* solcher Rechtsetzung. Das bedeutet auch, dass ordentliches Verfassungs- und Gesetzesrecht insofern weiter gilt, als es nicht durch die ausserordentliche Rechtsetzung notwendigerweise derogiert wird.

736   Erlasse, die nicht in einem den Anforderungen des Demokratie- (einschliesslich Gewaltenteilungs-[1433]) und Rechtsstaatsprinzips entsprechenden Verfahren in Kraft gesetzt werden[1434], und Rechts- oder Realakte, die sich *nicht* auf Gesetze und Verordnungen stützen können, die im *ordentlichen* Verfahren erlassen wurden, sind *aussergewöhnliche Rechtssituationen* (diese sind wiederum nicht identisch mit ausserordentlichen [oder nicht verfassungskonformen «besonderen»[1435]] Lagen)[1436].

737   Von allen andern aussergewöhnlichen Rechtssituationen abzugrenzen ist – wie erwähnt – der verfassungsrechtlich nicht geregelte Staatsnotstand (Rz. 727)[1437].

1431 RHINOW/SCHEFER, Rz. 21, 24, 3695.
1432 RHINOW/SCHEFER, Rz. 2702, für die engere, SAXER, SGK zu Art. 185, Rz. 42, für die weiter gefasste Befugnis. Der BRB vom 8. Dezember 2008 betr. Herausgaben von Bankkundendaten via FINMA durch die UBS war in Bezug auf das Bankengesetz zweifellos *contra legem*; vgl. FN 1429).
1433 Vgl. dazu MASTRONARDI, SGK, Vorbem. zu Art. 143–191c, Rz. 18 ff.; TSCHANNEN, Staatsrecht, § 27, Rz. 1 ff. Zu unterscheiden sind die rechtsetzenden (Gesetze, Bundesbeschlüsse und Verordnungen [auf Bundesebene auch der Bundesversammlung]) und die nicht rechtsetzenden Beschlüsse (auf Bundesebene Bundesbeschluss und einfacher Bundesbeschluss, Art. 163 Abs. 2 BV).
1434 Zu den Prinzipien: RHINOW/SCHEFER, Rz. 49, 193, 198 ff., 2592 f.
1435 Vgl. Rz. 1206.
1436 Der mit dem SIPOL B 2000 eingeführte Begriff der *besonderen Lage* kommt weder in der BV noch im MG vor. Vgl. Rz. 742 mit FN 1446 und Rz. 1192 f.
1437 Der Staatsnotstand wird hier nicht weiter diskutiert.

I. Die Kompetenzregelung auf Bundesebene

1. Die Kompetenzen des Parlaments

Dem Parlament stehen zwei unterschiedliche Befugnisse zu: Einerseits kommt der Bundesversammlung die *dringliche Gesetzgebung* nach Art. 165 BV zu (in Abs. 1 und 2 *mit,* in Abs. 3 *ohne* BV-Grundlage [sog. extrakonstitutionelles Dringlichkeitsrecht])[1438]. «Extrakonstitutionell» als Durchbrechung des *formellen* Bundes- oder Kantonsverfassungs-Begriffs bedeutet, dass ein nach dieser Verfassungskompetenznorm erlassenes dringliches Bundesgesetz *keine materielle Verfassungsgrundlage* und der Bund *keine oder nur eine beschränkte Verbandskompetenz* zur Legiferierung hat, entbindet jedoch ein solches Gesetz nicht von den anderweitigen Anforderungen an die Verfassungskonformität, namentlich in Bezug auf Art. 36 BV[1439].

738

> Die materiell- und verfahrensrechtlich unterschiedlichen dringlich erklärten Bundesgesetze nach Art. 165 Abs. 1 f. (verfassungskonform) oder Abs. 3 BV (ohne Verfassungsgrundlage) verweisen auch auf einen *unterschiedlichen Gehalt der Dringlichkeit:* Während sich nach Abs. 1 die Dringlichkeit ausschliesslich auf die rasch notwendige Lösung eines Problems bezieht, muss nach Abs. 3 auch nachgewiesen werden, «dass gerade der Ausbruch aus der Verfassungsordnung notwendig, unumgänglich, dringlich ist, um der gesellschaftlichen, wirtschaftlichen, staatlichen Notlage zu begegnen»[1440].

739

Die Befugnis zur dringlichen Gesetzgebung durch die Bundesversammlung verweist somit darauf, unter solchen Umständen auch ausserhalb ihrer Rechtsetzungsbefugnisse im kantonalen Zuständigkeitsbereich zu legiferieren[1441].

740

Zum Zweiten verleiht Art. 173 Abs. 1 BV der Bundesversammlung die *Organkompetenz* instrumenteller Art, zur Wahrung der *äusseren Sicherheit, Unabhängigkeit* und *Neutralität* (lit. a) nicht auf unbegrenzte Dauer angelegte *Massnahmen* (z.B. Einleitung eines dringlichen Gesetzgebungsverfahrens, Ausgabenbeschlüsse, Aufträge an den Bundesrat) sowie zur Wahrung der *inneren Sicherheit* der gesamten Schweiz (lit. b) in gleicher Weise zu ergreifen[1442]. In Bezug auf die Wahrung der äusseren *Sicherheit*[1443] ist der *Bund primär* (aber nicht ausschliesslich)[1444] zuständig, wogegen

741

1438 RHINOW/SCHEFER, Rz. 2680 ff.; SCHEFER, Kerngehalte, 160 ff.; TSCHANNEN, Staatsrecht, § 34, Rz. 70.
1439 *Eingehend:* SCHEFER, Kerngehalte, 159 ff.; DERS., Beeinträchtigung, 64 f.; J.P. MÜLLER, Dringlichkeitsrecht, 32; TSCHANNEN, SGK zu Art. 165, Rz. 18. *Ähnlich:* BIAGGINI, Komm. zu Art. 165, N. 11.
1440 J.P. MÜLLER, Dringlichkeitsrecht, 23 (Art. 89bis aBV entspricht materiell dem heutigen Art. 165 BV, Botschaft VE 96, 390 [im BV-Entwurf Art. 155]).
1441 SCHOTT/KÜHNE, 414.
1442 SAXER, SGK zu Art. 173, Rz. 2 ff. und 19 ff.
1443 Der Verfassungstext hält an der überholten Unterscheidung zwischen äusserer und innerer Sicherheit fest, weshalb hier entsprechend darauf eingegangen wird.
1444 SAXER, SGK zu Art. 173, Rz. 3, postuliert, der Bund sei für die *äussere Sicherheit* (im Unterschied zur gesamten Aussenpolitik) *ausschliesslich* zuständig, wiewohl er namentlich mit Bezug auf den Terrorismus ebenso festhält, die Unterscheidung zwischen äusserer und innerer

er hinsichtlich der *inneren Sicherheit*, gestützt auf Art. 57 BV, bloss über eine *subsidiäre* Zuständigkeit verfügt, es sei denn, seine eigene Sicherheit (z.b. Bundesbehörden oder deren Einrichtungen), diejenige des ganzen Landes oder doch mehrerer Kantone sei in schwerwiegender Weise gefährdet (inhärente Zuständigkeit)[1445].

742 Zur Erfüllung von Aufgaben gemäss Art. 173 lit. a und b BV legt lit. c die verfassungsmässige Grundlage für *Verordnungen und einfache Bundesbeschlüsse* (Art. 163 Abs. 2 BV), soweit solche auf Grund «ausserordentlicher Umstände»[1446] notwendig sind. Nach herrschender Lehre ist die Bundesversammlung mit diesem *intrakonstitutionellen Notverordnungs- und Notverfügungsrecht* dabei *an die BV ebenso wie an das der BV nachgeordnete Bundesrecht* (mit Ausnahme der Verordnungen und Verfügungen des Bundesrates nach Art. 185 Abs. 3 BV) *gebunden*[1447]. Diese Beschlüsse sind gesetzesvertretender oder gesetzesergänzender Natur (Ergänzendes dazu in Rz. 750).

743 Ob unter ausserordentlichen Umständen eine gesetzesvertretende Notverordnung nach Art. 173 Abs. 1 lit. c BV, wenn die Zeit für eine Gesetzesvorlage für ein dringliches Bundesgesetz nach Art. 165 BV nicht reicht, als jüngerer und spezieller Erlass nicht andere Gesetze (in der Dauer begrenzt) derogieren kann, wird hier nicht weiter diskutiert.

744 Auch wenn zeitlich keine maximale Geltungsdauer festgelegt ist, bemisst sich diese indessen am Bestehen *aussergewöhnlicher Umstände*[1448].

745 Die *Bindung an die BV* bedeutet auch, dass die Kompetenz zu solchen Erlassen *in Bezug auf Gefährdungen der Sicherheit im Innern des Landes nur subsidiär* besteht, d.h. sofern die Bedrohungen bundesrechtlich von Bedeutung sind.

746 Die Massgeblichkeit der Verfassung bzw. der Verfassungsgrundsätze verweist auch auf die *Grundrechtsbindung* und somit auf die *Anwendbarkeit von Art. 36 BV*[1449].

> Sicherheit sei teilweise überholt. Die Kantone tragen gerade bei der Terrorismusbekämpfung eine erhebliche Mitverantwortung und sind im Rahmen ihrer Polizeihoheit sowohl für die notwendige Aufklärung als auch für allfällige Interventionen zur Gefahrenabwehr selber ebenso zuständig. Dass Art. 224, 226–226ter, 260bis und 260ter StGB der strafrechtlichen Bundesgerichtsbarkeit unterstehen (vgl. Art. 336 Abs. 1 lit. d und g StGB), ändert daran nichts. Siehe dazu auch Art. 39 des Schengen Durchführungsübereinkommens in der Fassung des RB-vI 2006/960/JI (gestützt auf den RB 2002/584/JI [ABl L 190 vom 18.7.2002, 1, Art. 2 Abs. 2: «Terrorismus»], Art. 2 lit. a, c, d i.V.m. Art. 7 Abs. 1 sowie Art. 3 Abs. 1, 7 ff. und 14 SIaG).

1445 SAXER, SGK zu Art. 173, Rz. 21 ff.
1446 Die Terminologie der BV hinsichtlich ausserordentlicher Situationen ist nicht kohärent. So sind «ausserordentliche Umstände» m.E. nicht mit «ausserordentlichen Lagen», so in Art. 58 Abs. 2 BV, gleichzusetzen, sie können auch eine «Notlage», in denen der Zivilschutz nach Art. 61 Abs. 2 BV eingesetzt werden kann, umfassen, ebenso «schwerwiegende Störungen der öffentlichen Sicherheit» in grossen Teilen des Landes, denen die Behörden der Kantone allein nicht mehr beikommen.
1447 BIAGGINI, Komm. zu Art. 173, N. 7, 15; SAXER, SGK zu Art. 173, Rz. 13.
1448 SAXER, SGK zu Art. 173, Rz. 42.
1449 SAXER, SGK zu Art. 173, Rz. 47; SCHEFER, Kerngehalte, 162 ff.; SCHOTT/KÜHNE, 416; ähnlich wohl BIAGGINI, Komm. zu Art. 173, N. 15.

2. Die Kompetenzen des Bundesrates

Nach Art. 185 Abs. 3 BV steht es dem Bundesrat zu, verfassungsunmittelbare Verordnungen und Verfügungen[1450] zu erlassen, «um eingetretene oder unmittelbar drohende schwere Störungen der öffentlichen Ordnung oder der inneren oder äusseren Sicherheit zu begegnen. Solche Verordnungen sind zu befristen.» Aus dem Wortlaut bereits ergeben sich zwei Voraussetzungen, sachliche *und* zeitliche Dringlichkeit (kumulativ), sowie eine Auflage: die Befristung[1451].

747

In Bezug auf die Anforderung der *sachlichen Dringlichkeit* ist auf den Unterschied in der Formulierung von Art. 36 Abs. 1 Satz 3 BV hinzuweisen, ebenso wie auf den weiter gesteckten Anwendungsbereich als die *polizeiliche* Generalklausel[1452], die ausschliesslich auf den Schutz von *Polizei*gütern bezogen ist (Rz. 756 ff.). Die bundesrätliche Befugnis nach Art. 185 Abs. 3 BV kann ein Anwendungsfall der polizeilichen Generalklausel sein, muss es aber nicht[1453].

748

> Eine Verordnung gemäss Art. 185 Abs. 3 BV tritt nach Art. 7d RVOG längstens nach sechs Monaten ausser Kraft, sofern der Bundesrat innert dieser Frist der Bundesversammlung nicht entweder den Entwurf einer gesetzliche Grundlage für den Inhalt der Verordnung oder einer Verordnung der Bundesversammlung nach Art. 173 Abs. 1 lit. c BV, der die seine ersetzt, unterbreitet hat. Die bedeutend kürzere maximale Geltungsdauer einer Verordnung des Bundesrates nach Art. 185 Abs. 3 BV gegenüber derjenigen nach Art. 184 Abs. 3 BV (Rz. 754) wird mit der parallelen Kompetenz der Bundesversammlung in Fragen der inneren und äusseren Sicherheit begründet, wogegen die aussenpolitischen Kompetenzen des Bundesrates weiter reichen[1454].

749

Indessen ist «öffentliche Ordnung» just mit Blick auf den untauglichen materiellen Polizeibegriff (vgl. Rz. 83 ff.) präzisierend auszulegen[1455]. Die sachliche Dringlichkeit ergibt sich aus den Umschreibungen der Abs. 1 und 2 von Art. 185, d.h. sie liegt

750

1450 Über getroffene Verfügungen gemäss Art. 184 Abs. 3 oder 185 Abs. 3 BV hat der Bundesrat nach Art. 7e Abs. 2 RVOG die zuständigen Organe der Bundesversammlung innert 24 Stunden (!) nach seinem Beschluss zu informieren.
1451 BIAGGINI, Komm. zu Art. 185, N. 10; SAXER, SGK zu Art. 185, Rz. 40, 44; SCHOTT/KÜHNE, 417 f.
1452 SCHOTT/KÜHNE, 438.
1453 SAXER, SGK zu Art. 185, Rz. 41; a.A. TSCHANNEN, Staatsrecht, § 46, Rz. 25. Eine förmliche zeitliche Begrenzung ist kein Strukturmerkmal der polizeilichen Generalklausel. Sie ist als Gesetzessurrogat rechtsstaatlich hinreichend, bis sich die unvorhergesehene Lage, deretwegen sie zur Anwendung gelangte, normalisiert hat bzw. die Gefahr abgewendet werden konnte oder ein entsprechender Rechtssatz im ordentlichen Verfahren erlassen worden ist.
1454 Bericht der SPK-N zur Wahrung der Demokratie, 1582 f.
1455 Weder in Art. 159 VE 96 noch in der Botschaft zum VE 96 (418 f.) kommt die «öffentliche Ordnung» vor, sie wurde durch den Entwurf der Verfassungskommission des Nationalrates (E VK-NR Art. 173 Abs. 3), nicht aber des Ständerates eingefügt (ohne Debatte dazu in den Räten, AB Verfassungsreform N 115, 367 f.; AB S 144, 194 f.). In BGE 136 I 87 E 8.3 spricht das BGer vom «Schlagwort der Wahrung der öffentlichen Ordnung und Sicherheit»; BIAGGINI, Komm. zu Art. 185, N. 11; SAXER, SGK zu Art. 185, Rz. 41.

dann vor, sofern *Sicherheit und Unabhängigkeit*[1456] des Landes schweren eingetretenen oder unmittelbar drohenden Störungen ausgesetzt sind.

751 Durch die Bestimmung von Art. 185 Abs. 3 BV erhält der Bundesrat eine zur Bundesversammlung (Art. 173 Abs. 1 lit. c BV) *konkurrierende* Kompetenz. Er ist beim Erlass solcher Verordnungen oder Verfügungen ebenso an das materielle Verfassungsrecht gebunden[1457].

752 Immerhin ist nicht auszuschliessen, dass eine Verordnung des Bundesrates nach Art. 185 Abs. 3 BV die Polizeihoheit der Kantone tangieren muss, um zeitgerecht und durchgehend die beabsichtigte Wirkung zu erzeugen.

753 Dass die Verordnungen und Verfügungen im öffentlichen Interesse und verhältnismässig sein müssen, ergibt sich – mit weiteren Anforderungen – bereits aus Art. 5 BV[1458]. Sie können auch nicht *contra legem* (gegen den Sinn bestehender Gesetze einschliesslich Staatsverträge), sondern nur *praeter legem* (über die Überlegungen des Gesetzgebers hinaus) erlassen werden[1459].

754 Verfassungsunmittelbare Verordnungen und Verfügungen nach Art. 184 Abs. 3 BV kann der Bundesrat zur Wahrung der wichtigen Interessen des Landes im Verhältnis zum Ausland ergreifen. Auch diese sind *an die BV gebunden* und dürfen Vorschriften *nicht contra legem,* wohl aber *praeter legem*[1460] enthalten. Zur zeitlichen Dringlichkeit äussert sich der Verfassungstext nicht, doch ergibt sich zunächst, dass das ordentliche Gesetzgebungsverfahren zur Erzielung des Zweckes zu lange dauerte[1461]. Zudem gebietet die Verfassungsbindung in Bezug auf die Einschränkung von Grundrechten die Beachtung von Art. 36 BV, wodurch die massgebenden Anforderungen deutlich stipuliert sind[1462].

Die Verordnung ist auf längstens *vier Jahre* zu befristen (Art. 7c Abs. 2 RVOG), deren Geltungsdauer kann einmal um höchstens sechs Monate verlängert werden, «wenn der Bundesrat bis dahin der Bundesversammlung keinen Entwurf einer gesetzlichen Grundlage für den Inhalt der Verordnung unterbreitet»[1463].

1456 Die *Neutralität* als Anlass für verfassungsunmittelbare Verordnungen (ebenso nach Art. 173 Abs. 1 lit. a und c BV führte im NR zu einer längeren Debatte; sie wurde primär wegen des Prinzips der Nachführung und der tiefen (emotionalen) Verwurzelung in der Bevölkerung beibehalten (AB Verfassungsreform N 92 ff.).
1457 RHINOW/SCHEFER, Rz. 2701; SAXER, SGK zu Art. 185, N. 42 f.
1458 Vgl. BIAGGINI, Komm. zu Art. 185, N. 10; SAXER, SGK zu Art. 185, Rz. 43.
1459 SAXER, SGK zu Art. 185, Rz. 42; SCHOTT/KÜHNE, 420. Vgl. aber Rz. 732 mit FN 1429 (der BRB vom 19. Dezember 2008 war jedoch keine Verordnung).
1460 Vgl. KRAMER, 139; BIAGGINI, in: Peters/Schefer, 40 f., 47 ff.
1461 TSCHANNEN, Staatsrecht, § 46, Rz. 30.
1462 BIAGGINI, Komm. zu Art. 184, N. 13; SAXER, SGK zu Art. 184, Rz. 18 f., 22.
1463 Art. 7c RVOG (in Kraft seit 1. Mai 2011; BG vom 17. Dezember 2010 über die Wahrung von Demokratie, Rechtsstaat und Handlungsfähigkeit in ausserordentlichen Lagen, AS 2011 1381).

II. Kompetenzregelungen auf der kantonalen Ebene

Den Kantonen steht es ebenso zu, in ihren Verfassungen *dringliche Rechtsetzungsverfahren* vorzusehen[1464]. Soweit Kantonsverfassungen Kompetenzbestimmungen zum Abweichen vom ordentlichen Rechtsetzungsverfahren enthalten, sind solchermassen beschlossene Erlasse jedoch an den Rahmen der BV gebunden. Sofern Kantonsverfassungen keine diesbezüglichen Normen enthalten, können sich die zuständigen Behörden gegebenenfalls auf die polizeiliche Generalklausel stützen. Diese Möglichkeit kann sich aus von den zuständigen Bundesbehörden angeordneten Massnahmen ergeben, wenn dadurch die Kantone im Sinne von Art. 46 Abs. 1 BV verpflichtet werden, dringliches kantonales Recht als Vollzugsaufgabe zu erlassen (vgl. Rz. 740, 752).

755

C. Die polizeiliche Generalklausel

I. Die polizeiliche Generalklausel als Regelungsstruktur

Die polizeiliche Generalklausel ist somit abzugrenzen nicht nur vom staatlichen Notstand, sondern auch von der dringlichen Gesetzgebung und den parlamentarischen Massnahmen- und Erlassbefugnissen nach Art. 173 Abs. 1 lit. a–c BV ausserhalb der ordentlichen Rechtsetzungsverfahren. Ebenso ist die Ermächtigung des Bundesrates zu verfassungsunmittelbaren Verordnungen und Verfügungen nach Art. 185 Abs. 3 BV *nicht deckungsgleich* mit der polizeilichen Generalklausel.

756

Die polizeiliche Generalklausel ist die verfassungskonforme *Substitution* einer fehlenden *Gesetzesgrundlage* für Massnahmen einschliesslich *Grundrechtseingriffe* unter bestimmten Voraussetzungen. Sie kann – unter den gleichen Voraussetzungen – auch als Rechtfertigung für Eingriffsverwaltungshandeln ausserhalb grundrechtlicher Schutzbereiche herangezogen werden und ev. die Einwilligung der Berechtigten in eine Rechtsbeschränkung ersetzen[1465].

757

Ihre *Besonderheit* als Grundlage für eine Abweichung vom Legalitätsprinzip liegt nicht in ihrem *Regelungsbereich,* sondern in ihrer auf die bestmögliche Respektierung des Legalitätsprinzips ausgerichteten *Regelungsstruktur*[1466].

758

Das Bundesgericht hat sich seit 1995 wiederholt mit der polizeilichen Generalklausel befasst und ist zu im Einzelnen unterschiedlichen, zuletzt auch vom Bisherigen deutlich abweichenden Anforderungen für deren rechtmässige Anwendbarkeit gelangt. Es zeigt sich, dass die nicht immer gleichen Formulierungen, selbst wenn das Gleiche wie in einem früheren Entscheid gemeint sein sollte, zu dogmatischen Differenzen führen können (vgl. dazu Rz. 769).

759

1464 GIACOMETTI, Staatsrecht, 505 ff., 521 ff.
1465 Zu den Grenzen der Möglichkeit der Einwilligung in Grundrechtsverletzungen vgl. SCHEFER, Beeinträchtigung, 72; DERS., Kerngehalte, 11.
1466 REICH, Wirtschaftsfreiheit, N. 699.

760 Unbestrittenermassen stellt die polizeiliche Generalklausel eine *Abweichung vom Legalitätsprinzip* dar (Art. 5 Abs. 1 BV). Dieses verlangt «eine hinreichende und angemessene Bestimmtheit der anzuwendenden Rechtssätze im Dienste des Gesetzesvorbehalts, der Rechtssicherheit (Berechenbarkeit und Vorhersehbarkeit) und der rechtsgleichen Rechtsanwendung»[1467]. Der Rechtsanwendung als Teil der Rechtsverwirklichung kommt somit wesentlich auch eine demokratische Funktion[1468] zu, die durch eine pragmatisierende Interpretation des Legalitätsprinzips nicht verringert werden sollte[1469].

761 Diese Pragmatik führte nicht nur zu einer unerwünschten Verlagerung von Kompetenzen, sondern auch zu einer möglicherweise vermeidbaren Beeinträchtigung von gesetzlich nicht (genügend) gestützten Grundrechtsbeschränkungen, ebenso wie zu einer Verschiebung von Verantwortung mit – nachträglicher – Schuldzuweisung an die Praktiker, sollte die Massnahme hinterher als rechtswidrig beurteilt werden.
Aus dem Sinn von Art. 36 Abs. 1 BV geht zudem hervor, dass die Anforderungen an die gesetzlichen Grundlagen steigen, je stärker das staatliche Handeln auf Rechtspositionen der Einzelnen wirkt[1470].

II.   Zum Kriterienkatalog der Anwendbarkeit der polizeilichen Generalklausel

762 In seinem diesbezüglich ausführlichen Entscheid aus dem Jahre 1995[1471] stellt das höchste Gericht Kriterien für die Anrufbarkeit der polizeilichen Generalklausel auf:
1. a) ein *fundamentales Rechtsgut* ist gefährdet oder
   b) die *öffentliche Ordnung* ist in Gefahr,
2. die *Gefahr ist schwer und unmittelbar,*
3. der Gefahr ist *mit gesetzlichen Mitteln nicht* beizukommen,
4. *sofortiges Handeln* ist erforderlich,
5. es handelt sich um einen *echten, unvorhersehbaren Notfall.*

763 Ein *fundamentales Rechtsgut* kann nicht mit dem Sammelbegriff der «öffentlichen Ordnung» als Schutzgut gleichgestellt werden, abgesehen davon, dass weder die öffentliche Ordnung noch die öffentliche Sicherheit selber polizeiliche Schutzgüter, sondern Sammelbegriffe für solche sind[1472]. Indessen kann ein *spezifischer,* für das störungsfreie Funktionieren *unverzichtbarer* Prozess oder Ablauf gesellschaftlicher Interaktionen – deren Verunmöglichung zu schweren wirtschaftlichen oder anderwei-

---

1467 BGE 136 I 87 E 3.1. Vgl. Deutsches Bundesverfassungsgericht 2 BvR 882/09, Rz. 72 ff.
1468 SCHWEIZER/MÜLLER, 380; MÜLLER/JENNY, Generalklausel, 17, bezeichnen deren Bedeutung im Zusammenhang mit dem Kriterium der Unvorhersehbarkeit als einen «in der Schweiz weit verbreiteten demokratischen Reflex».
1469 SCHWEIZER/WIDMER, Rz. 36; TSCHANNEN/ZIMMERLI/MÜLLER, § 56, Rz. 8.
1470 SCHWEIZER/WIDMER, a.a.O.
1471 BGE 121 I 22 E 4b/aa.
1472 Vgl. Rz. 88 ff.

tigen Schäden ebenso wie zu Unruhen führen könnte – als massgebender *Teil der Rechtsordnung* ein solches Schutzgut darstellen[1473].

1. Zur bundesgerichtlichen Praxis

Teilweise wird in Urteilen nicht das ganze vom Gericht selber aufgestellte Prüfprogramm durchgeführt, so beispielsweise wenn das «ärztliche Vorgehen ... trotz fehlender Rechtsgrundlage sich nicht als verfassungswidrig (erweise), soweit es in sachlicher und zeitlicher Hinsicht zum Schutz von Leib und Leben erforderlich war»[1474].

Im später vom EGMR korrigierten[1475] Urteil Gsell des Bundesgerichts, in dem zu entscheiden war, ob gestützt auf die polizeiliche Generalklausel einem Journalisten der Zugang nach Davos während des WEF wegen der als ernst und gravierend eingestuften Gefährdungslage verweigert werden durfte, stellte das Gericht die Beschränkung der Anwendbarkeit der Generalklausel auf «echte und unvorhersehbare sowie gravierende Notfälle» nicht in Frage[1476], sondern verneinte die Vorhersehbarkeit der Gefährdungslage in der in Frage stehenden typischen Form, obwohl es zahlreiche schwere Ausschreitungen an vergleichbaren Anlässen im Ausland und unfriedliche Demonstrationen anlässlich des WEF in Davos, schon zwei Jahre zuvor, aufzählte[1477].

Am Kriterium der Unvorhersehbarkeit hält das Bundesgericht (zumindest indirekt) auch in einem Fall der Anpassung einer Verordnung (Düngemittelverordnung, Tierschutz, öffentliche Gesundheit) an geänderte Verhältnisse fest[1478]. Damit anerkannte das Bundesgericht auch das *Optimierungsgebot* für den Gesetzgeber[1479].

> Aus den grundrechtlichen Schutzpflichten ergibt sich das Gebot, das gesetzte Recht erkannten neuen oder veränderten Gefahren anzupassen, d.h. zu optimieren, um geeignete Massnahmen zu deren Verhütung oder Abwehr zu ermöglichen oder früher erlassene Einschränkungen zu vermindern bzw. aufzuheben[1480]. Das Optimierungsgebot kann auch aus der polizeilichen Generalklausel (Art. 36 Abs. 1, Art. 185 Abs. 3 BV) ebenso wie aus deren Beschränkung auf nicht vorhersehbare Entwicklungen abgeleitet werden[1481].

1473 So zumindest dürfte das Bundesgerichtsurteil vom 15. Juli 2011 (UBS) nach dem damals erschienenen Communique (FN 1429) zu interpretieren sein.
1474 BGE 126 I 112 E 4b («medikamentös und räumliche Reizabschirmung ... angesichts der Intensität seines akut angetriebenen und impulsiven Zustands sowie der damit einhergehenden Fremdgefährdung sachgerecht»). Kritisch dazu: M. MÜLLER, ZBJV 2000, 736 ff., 752 f.; diese Beurteilung wurde in BGE 127 I 6 E 7a jedoch wieder «relativiert»; vgl. auch SCHEFER, Beeinträchtigung, 62 (FN 51).
1475 EGMR Gsell c. Suisse (8. Oktober 2009).
1476 BGE 130 I 369, 381 E 7.3.
1477 Vgl. dazu MÜLLER/JENNY, Notrecht, 102 ff.; MOHLER, Generalklausel, Rz. 8 ff., 14 ff.
1478 BGE 132 II 449 E 4.2.
1479 Vgl. MOHLER, SBVR III/1, Rz. 63 ff., 237 m.w.H.
1480 EGMR K.U. v. Finland, § 48; BGer 2P.146/2005 E 2.2, 4.2.
1481 RHINOW/SCHEFER, Rz. 1210.

768 Erneut wiederholt das Bundesgericht die Kriterien für die Anwendbarkeit der polizeilichen Generalklauseln anlässlich der abstrakten Überprüfung des Polizeigesetzes des Kantons Zürich: «Die polizeiliche Generalklausel ist nach der Rechtsprechung auf echte und unvorhersehbare sowie gravierende Notfälle ausgerichtet, beschränkt sich auf Fälle, wo keine gesetzlichen Mittel vorhanden sind, um einer konkreten Gefahr zu begegnen. Sie kann nicht angerufen werden, wenn typische und erkennbare Gefährdungslagen trotz deren Kenntnis nicht normiert werden.»[1482]

769 Im Gegensatz dazu hat das gleiche Gericht zwei Monate später (und ohne Erwähnung des in der Zwischenzeit publizierten Urteils des EGMR betr. BGE 130 I 369) festgehalten, «der Anwendungsbereich der polizeilichen Generalklausel (sei) auf echte und unvorhersehbare Notfälle zu beschränken ...; ihre Anrufung (sei) grundsätzlich ausgeschlossen, wenn typische und erkennbare Gefährdungslagen trotz Kenntnis der Problematik nicht normiert wurden (Hinweise auf Judikatur und Literatur). Handelt es sich bei der Gefährdung um eine solche von Leib und Leben, somit um einen Fall ‹ernster, unmittelbarer und nicht anders abwendbarer Gefahr› (Art. 36 Abs. 1 Satz 3 BV), ist dieses zusätzliche Kriterium indes nicht sachgerecht (vgl. KIENER/KÄLIN, a.a.O., S. 95). Ein Untätigsein des Gesetzgebers darf – wie vorliegendenfalls – dem möglichen Opfer einer ernsthaften und konkreten Gefährdung durch private Gewalt nicht zum Nachteil gereichen, zumal in diesem Bereich staatliche Schutzpflichten bestehen.»[1483]
Damit wird die Anwendbarkeit der polizeilichen Generalklausel an einem Rechts- bzw. Regelungs*bereich* als massgebendes Kriterium verankert und nicht an der Regelungs*struktur* geprüft.

770 Dreierlei fällt in diesem Urteil auf: a) Es wurde eine unmittelbare Gefahr für die Gesundheit und das Leben als zweifellos fundamentale Rechtsgüter angenommen, obwohl der Hund in einen Zwinger gesperrt niemandem mehr etwas anhaben konnte; b) die Zeit zur Anpassung der kantonalen Rechtsordnung betrug, von der Änderung der Tierschutzverordnung durch den Bundesrat an gerechnet, über ein Jahr; c) die rechtlichen Fragen, ob (Rechtsfolgeermessen) und wie (Auswahlermessen) allenfalls zu intervenieren sei, wurde auf Grund einer faktisch nicht zu treffenden Gefahreneinschätzung (Tatbestandsermessen) und eines (stillschweigend) hingenommenen Untätigseins des Gesetzgebers als «nicht sachgerecht» bezeichnet.

771 Nicht zu übersehen ist die gelegentliche Vermischung *rechtlicher Voraussetzungen* als *Rechtsfrage* mit der *faktischen Lagebeurteilung* als Frage der *Sachverhaltseinschätzung* bei der Prüfung der Rechtmässigkeit der Anwendung der polizeilichen Generalklausel[1484].

1482 BGE 136 I 87 E 3.1. So auch noch M. MÜLLER, ZBJV 2000, 753 f.; DERS., Rechtsverhältnis, 265 f.
1483 BGer 2C_166/2009 E 2.3.2.1. Vgl. dazu MÜLLER/JENNY, Notrecht, 104; MOHLER, Generalklausel, Rz. 15.
1484 So z.B. auch in BGE 130 I 369 E 7.3.

Gleich entschied das Bundesgericht im Fall Rappaz[1485]: «... *le pouvoir exécutif peut se fonder sur la clause générale de police même si la situation n'est pas atypique et imprévisible, en tout cas parce que l'État a, en la matière, une obligation d'agir».* 772

In diesem Fall bestand wohl ohne Zweifel eine unmittelbare Lebensgefahr und damit eine ebenso unmittelbare grundrechtliche Schutzpflicht. Da die polizeiliche Generalklausel jedoch auch in Fällen ohne unmittelbare Bedrohung existentieller Grundrechte und sogar ausserhalb des grundrechtlichen Schutzbereichs Anwendung finden kann, erscheint der hier wiedergegebene anscheinend *generelle* Verzicht auf das Kriterium der atypischen, nicht voraussehbaren und daher nicht gesetzlich geregelten Sachlage als unzulässiger Einbruch in das Legalitätsprinzip.

Innert verhältnismässig kurzer Zeit ist aus vier höchstrichterlichen Urteilen eine – auch in der jeweiligen Begründung – unbefriedigende und im Ergebnis unklare Praxis mit Bezug auf die Voraussetzung der unvoraussehbaren, atypischen Lage als Kriterium für die Anwendbarkeit der polizeilichen Generalklausel – d.h. eines Grundrechtseingriffs ohne genügende gesetzliche Grundlage – festzustellen, wobei der EGMR-Entscheid im Fall Gsell keine Erwähnung fand: 773

Urteil	Fall	Kammer	Kriterium der atypischen, nicht voraussehbaren Lage als Kriterium der Anwendbarkeit der pol. Generalklausel massgebend	Bemerkung
130 I 369 (7.7.2004)	WEF/Gsell*	I. öff.-rechtl. Abt.	ja	Voraussehbarkeit der Gefahrenlage anl. WEF verneint.
132 II 449 (20.11.2006)	Düngemittelverordnung	II. öff.-rechtl. Abt.	ja	
136 I 87 (30.9.2009)	Polizeigesetz Kanton Zürich	I. öff.-rechtl. Abt.	ja	
EGMR 12675/05 (8.10.2009) 8.1.2010	WEF/Gsell*		ja	Voraussehbarkeit der Gefahrenlage bejaht; Ablehnung der Anwendbarkeit der pol. Generalklausel (§ 61)

1485 BGE 136 IV 97 E 6.3.2.
  * Der BGE 130 I 369 wurde vom EGMR (Nr. 12675/05) in Bezug auf die Vorhersehbarkeit einer entsprechenden Situation und damit die Notwendigkeit einer konkreten Gesetzesgrundlage anders beurteilt.

Urteil	Fall	Kammer	Kriterium der atypischen, nicht voraussehbaren Lage als Kriterium der Anwendbarkeit der pol. Generalklausel massgebend	Bemerkung
2C_166/2009 (30.11.2009)	Euthanasie eine Hundes	II. öff.-rechtl. Abt.	nein	keine Erwähnung des EGMR-Entscheides i.S. Gsell
136 IV 97 (26.8.2010)	Rappaz, Zwangsernährung	Strafrechtl. Abt.	nein	keine Erwähnung des EGMR-Entscheides i.S. Gsell

774 Demzufolge ist m.E. zu differenzieren[1486]:

a) die polizeiliche Generalklausel, als Regelungs*struktur*, ist auf den Schutz wichtiger Polizeigüter, nicht aber ausschliesslich auf die Bewahrung (existentieller) Grundrechte ausgerichtet[1487];

b) es muss eine *sachliche Dringlichkeit*, d.h. eine *ernsthafte, unmittelbar drohende Gefahr* bestehen (Tatbestandsermessen);

c) es muss eine *zeitliche Dringlichkeit* gegeben sein (Tatbestandsermessen);

1486 Rechtsvergleichend unterscheidet sich die polizeiliche Generalklausel nach deutschem Recht stark von der gleichnamigen schweizerischen Rechtsfigur. Zwar setzt deren Anwendung in Deutschland auch eine konkrete Gefahr voraus, doch bestehen Anwendungseinschränkungen, sofern das einschlägige Polizeigesetz durch eine *spezielle Rechtsmaterie* verdrängt wird (bspw. Ausländerrecht, Baurecht, Gewerberecht) oder wenn das Polizeigesetz *spezielle Befugnisnormen* (Standardbefugnisse) enthält. Strittig ist in Deutschland, ob die polizeiliche Generalklausel gerade bei *atypischen Situationen* anwendbar sei, da sich solche bloss als eine veränderte Bewertung bekannter Gefahrensituationen erwiesen. Die Anwendungsvoraussetzungen sind durch den Vorrang der Standardermächtigungen und durch «eine Vielzahl rechtlich ausdifferenzierter und tatsächlich wirksamer Befugnisse» eingeschränkt. Das deutsche Recht stellt demnach nicht auf typisierte Situationen (Lagen) ab, sondern auf *typisierte Eingriffsbefugnisse*. Vgl. zum Ganzen: LISKEN/DENNINGER, F, 779 ff. Diese Standardbefugnisse als typisierte Eingriffsbefugnisse können bei konkreten Gefahren für die öffentliche Sicherheit schwierige (und langwierige) Entscheidungsabläufe provozieren, während denen es zu einer Verschärfung der Situation kommen kann.

1487 Die Befugnisse des Bundesrates nach Art. 184 Abs. 3 und Art. 185 Abs. 3 BV können bezüglich Gefahren für eine weiter gefasste öffentliche (positivierte) Ordnung des ganzen Landes darüber hinausgehen. A.A. MÜLLER/JENNY, Notrecht, 101 (FN 4); noch in diesem Sinn MÜLLER, ZBJV, 753 f.

d) als notwendig erachtete sofortige Massnahmen zur Gefahrenabwehr lassen sich *nicht auf bestehende gesetzliche Grundlagen stützen* (Rechtsfolgeermessen);
e) die *Gefahr* bedroht ein wichtiges Polizeigut in einer gesetzlich nicht geregelten *unvorhersehbaren, echten und atypischen (Not-)Lage* (Rechtsfolgeermessen)[1488] oder

sie betrifft ein *fundamentales Grundrecht,* was – selbst in vohersehbaren Lagen – zu einer *unmittelbaren Schutzpflicht* (Interventionsgebot) führt (Rechtsfolgeermessen; vgl. Rz. 299).

Die *unmittelbare grundrechtliche Schutzpflicht* sagt selber, abgesehen von ihren Voraussetzungen und dem Gebot der Verhältnismässigkeit, nichts aus über die zu wählende Regelungsform ihrer Umsetzung.

2. Zum Kriterium der Unvorhersehbarkeit im Besonderen

Die Beschränkung des Anwendungsbereichs der polizeilichen Generalklausel auf die Abwehr von Gefahren für ausschliesslich fundamentale, existentielle Rechtsgüter (wie von MÜLLER/JENNY postuliert) verunmöglichte den Schutz von auch wichtigen, dennoch aber nicht existentiell unmittelbar bedeutsamen Polizeigütern vor ernsten und unmittelbaren Gefahren wie bspw. der öffentlichen Gesundheit[1489], der Umwelt oder der Sittlichkeit[1490].

> Als in den frühen 1980er Jahren unvermittelt Videobänder, die grausamste Gewaltdarstellungen enthielten, aufkamen und im Handel – auch ohne Beschränkung für Jugendliche – frei erhältlich waren, wurde dies als ernste und unmittelbare Gefahr für die Sittlichkeit i.S. einer unerträglichen Verrohung (in Form einer Beeinträchtigung der psychischen Gesundheit bzw. nach heutigen Verfassungswortlaut: der psychischen Integrität als in casu *nicht notwendigerweise existentieller* Grundrechtsbedrohung) empfunden. Gestützt auf die polizeiliche Generalklausel erliess der Regierungsrat des Kantons Basel-Stadt zunächst eine Verordnung (Verbot des Handels), die bis zum Inkrafttreten einer kantonalen oder bundesrechtlichen Gesetzesbestimmung[1491] terminiert war.

Art. 36 Abs. 1 Satz 3 BV regelt die verfassungsmässigen Anforderungen an die polizeiliche Generalklausel ausschliesslich für die Beschränkung von Grundrechten[1492]; eine weitergehende Regelung in Bezug auf andere polizeiliche Schutzgüter ist ihr nicht zu entnehmen.

1488 BVGer B-1092/2009 E 12.1. Vgl. auch J.P. MÜLLER, Komm. aBV, Einleitung zu den Grundrechten, Rz. 122.
1489 BGE 131 II 670 E 3.1 unter Hinweis auf die spezialgesetzliche polizeiliche Generalklausel des Art. 10 des BG über die Bekämpfung übertragbarer Krankheiten (Epidemiengesetz).
1490 MOHLER, Generalklausel, Rz. 26 (mit einer noch etwas weniger präzisen Formulierung); a.A. MÜLLER/JENNY, Notrecht, 109; DIES., Generalklausel, 18.
1491 Art. 134 StGB, erlassen 1989, in Kraft seit 1. Januar 1990.
1492 SCHEFER, Beeinträchtigung, 61.

779 MÜLLER/JENNY erkennen im Kriterium der Unvorhersehbarkeit eine praxisuntaugliche Voraussetzung für die Anwendung der polizeilichen Generalklausel[1493], da dadurch existentielle Rechtsgüter wegen der Nachlässigkeit des Gesetzgebers nicht geschützt werden könnten[1494].

Geht es aber um den *Schutz eines existentiellen Grundrechtes*, d.h. des Lebens[1495], der physischen oder psychischen Integrität vor schweren Schädigungen[1496], der Freiheit (Festnahme, Geiselnahme), der sexuellen Unversehrtheit oder der existenzbedrohenden Zerstörung von Eigentum (i.S. der Institutsgarantie) greift dogmatisch die *unmittelbare grundrechtliche Schutzpflicht* (vgl. Rz. 298 ff.)[1497].

780 Aus dem *Anspruch* auf Schutz des Staates vor *unmittelbaren* Gefahren für *existentielle* Grundrechte ergibt sich – neben der Verpflichtung des Gesetzgebers zum Erlass der nötigen Bestimmungen – ein *unmittelbares Handlungs- bzw. Interventionsgebot* für die staatlichen Organe in der *Rechtsanwendung*[1498]. Da die *grundrechtliche* Schutzpflicht nichts über die dafür zu wählende Rechtsform aussagt, kann in diesen – und *nur* in diesen – Fällen die polizeiliche Generalklausel unter Verzicht auf das Kriterium der atypischen, nicht voraussehbaren Lage zur Anwendung kommen[1499].

781 Die schweizerische Doktrin zielt durch den Gesetzesvorbehalt von Art. 36 Abs. 1 BV für die Beschränkung von *Grundrechten* indessen auf einen deutlichen Ausgleich zwischen Abwehr- und Schutzfunktion der Grundrechte[1500]: Während der EGMR in Anbetracht der verschiedenen Gesetzgebungsverfahren in den Mitgliedstaaten des Europarates nicht

---

1493 MÜLLER/JENNY, Generalklausel, 18; DIESS., Notrecht, 105.
1494 MÜLLER/JENNY, Notrecht, 104, 108.
1495 MÜLLER/SCHEFER, 53 f.
1496 MÜLLER/SCHEFER, 74 f.
1497 Fundamentale oder existentielle Grundrechte sind m.E. eng einzugrenzen, vgl. BVGer B-1092/2009 E 12.1. *A.A.* MÜLLER/JENNY, Notrecht, 105, welche vertreten, dazu gehörten alle Rechtsgüter, die «für Individuen und Staatswesen mittelbar oder unmittelbar von existentieller Bedeutung sind» (Generalklausel, 14). Im Fall Gsell (BGE 130 I 369) war auf Grund der realen Umstände nach der hier vertretenen Auffassung keine existentielle Gefahr weder für das Staatswesen noch für Personen gegeben. Wären bei dieser Personenkontrolle indessen irgendwelche gefährlichen Gegenstände zum Vorschein gekommen, hätten gesetzliche Grundlagen für nötige Massnahmen bestanden (Polizeigesetz und/oder Strafprozessordnung). Auch im Fall der Euthanasie eines Hundes (BGer 2C_166/2009, vgl. Rz. 769) kann mit dem Hund im Zwinger nicht von einer existentiellen Gefahr für die Angestellten des Tierheimes gesprochen werden.
1498 Vgl. etwa MÜLLER/SCHEFER, 53 f. m.w.H. Diese unmittelbare grundrechtliche Schutz*pflicht* auch als Eingriffs*befugnis* für die Behörde entspricht der von M. MÜLLER, ZBJV 2000, 752 f., 754, bereits im Anschluss an den kritisierten BGE 126 I 112 ff. angetönten rechtsdogmatischen Begründung für ein Eingriffsrecht in Extremsituationen. Ebenso DERS., Rechtsverhältnis, 266, wonach in eng umgrenzten Fällen der unmittelbare Rückgriff auf den Grundrechtsschutz ein «rechtsstaatlich durchaus gangbarer Weg» sei.
1499 Der Hinweis bei SEILER, ZSR 2010, 425, auf dieses Urteil bezieht sich nur auf die grundrechtliche Schutzpflicht und äussert sich nicht zur Frage der Vorhersehbarkeit.
1500 Vgl. die analoge Rechtssituation in Deutschland: ausführlich Bundesverfassungsgericht 2 BvR 882/09, insbesondere Rz. 39 f., 50, 72 ff.

zwischen einem im Sinn der BV *formellen Gesetz* («Gesetz selbst», durch das Parlament erlassen) und einem bloss materiellen Gesetz (Verordnung) unterscheidet[1501], ist diese Differenz hierzulande wegen des Rechtsstaats- und Demokratieprinzips just zum Schutz der Einzelnen vor (nicht vorhersehbaren) staatlichen Eingriffen von Bedeutung[1502]. Dies führt aber *nicht* zu einer Schutzlosigkeit für existentielle Grundrechte gegenüber ernsten und unmittelbaren Gefahren für existentielle Grundrechte.

Demgegenüber richtet sich das Vorliegen eines Schutzanspruches bzw. staatlichen Handlungsgebotes nach der Praxis des EGMR, soweit nicht die spezifische Regelung der Schweiz zur Diskussion steht, diesbezüglich nach der Voraussetzung des (ausschliesslich) *materiellen Kriteriums* der Verhältnismässigkeit (Güterabwägung)[1503,1504].

§ 17 Rechtsgrundlagen für die verschiedenen polizeilichen Funktionen und Massnahmen

A. Allgemeine Hinweise

Die Erfüllung *polizeilicher Aufgaben*, d.h. in erster Linie der *Schutz von Rechtsgütern, die zur öffentlichen Sicherheit und (positivierten) Ordnung* gehören und damit eine Form der *Verwirklichung von Sicherheitsrecht* darstellen, bedarf unterschiedlicher Wirkungsweisen und damit Funktionen. Sowohl was die Gliederung als auch was die Bedeutung der oft verwendeten Begriffe angeht, herrscht eine verwirrliche Vielfalt. Diese hängt schon damit zusammen, dass die einstmals einfache begriffliche Unterscheidung zwischen Planung, Wohlfahrt (Sozialgestaltung) und Gefahrenabwehr (Polizei) diffus, ja in dieser Art unbrauchbar geworden ist[1505]. 782

Es lassen sich *Funktionen* nach der *Art der Aufgaben*, dem *zeitlichen Bezug zu einer Gefährdung oder Störung*, der *Grundformen von sicherheitsbezogenen Massnahmen* und den *rechtlichen Handlungsformen* definieren[1506]. Oft wird auch, etwas vereinfachend, zwischen Prävention und Repression unterschieden (Näheres dazu in Rz. 807, 814 ff.). 783

1501 Die EMRK geht von einem einheitlichen Gesetzesbegriff aus mit einer rechtsstaatlichen und einer demokratischen Komponente. In demokratischer Hinsicht genügt – in Anbetracht der unterschiedlichen einzelstaatlichen Regelungen – eine Rückbindung einer Eingriffslegitimation an einen parlamentarischen Akt; GRABENWARTER, § 18, Rz. 7.
1502 MOHLER, SBVR III/1, Rz. 37, 168, 229.
1503 Vgl. dazu vorne Rz. 781.
1504 Der EGMR stützte sich bei der Beurteilung im Fall Gsell (FN 1476) zu Recht auf die strengere schweizerische Rechtslage. Hätte er umgekehrt entschieden, wäre dies einer (unzulässigen) Relativierung von Art. 36 Abs. 1 BV gleichgekommen.
1505 Vgl. HÄFELIN/MÜLLER/UHLMANN, Rz. 2432, 2473; JOST, 16 f.; TSCHANNEN/ZIMMERLI/MÜLLER, § 53, Rz. 6.
1506 Vgl. HÄFELIN/MÜLLER/UHLMANN, Rz. 2431 f., 2450 ff., 2462 ff. («eine Klärung der verfassungsmässigen Kompetenzordnung wäre zu überlegen», 2464), 2523 ff.; JOST, 67 ff., 82 ff., 92 ff., 101 ff.; REINHARD, 44 ff., 52 ff., 113 ff., 132 ff., 146 ff., 202 ff.; TSCHANNEN/ZIMMERLI/ MÜLLER, § 53, Rz. 4 f., 11 ff., 22 ff., § 54, Rz. 11 f., 21 ff., 38 ff., § 55 Rz. 1 ff., 7, 10 ff., 21.

784 Zu unterscheiden ist zwischen abstrakten und konkreten Gefahren, was allerdings nicht immer leicht fällt. Als *abstrakt* gilt eine Sachlage, die nach der allgemeinen Lebenserfahrung oder Beurteilung von Fachleuten als *mögliche* Bedrohung für Rechtsgüter identifiziert worden ist und durch eine (negative) Entwicklung oder Einflussnahme (Auslösung) zu einem Schaden für geschützte Rechtsgüter führen kann.

785 *Konkretisiert* wird demgegenüber eine abstrakte *Gefahr* dadurch, dass deren Realisierung nicht nur möglich ist, sondern durch einen *Geschehensablauf* oder eine grundsätzlich nahe Möglichkeit der (negativen) intendierten oder nicht intendierten *Wirkung*[1507] auf die Sachlage einen mindestens nicht vernachlässigbaren *Wahrscheinlichkeitsgrad* erreicht hat[1508]. Die abstrakte Gefahr wird dadurch zur konkreten Gefährdung, zum Risiko (Näheres zu Gefährdung und Risiko in Rz. 17).

786 Die für die Vorkehrungen und Massnahmen zur Vermeidung oder Minimierung von Gefahren nötigen *Rechtsgrundlagen* werden (grundsätzlich) nach den bundesstaatlichen Kompetenzregelungen und den Anforderungen von Rechtsstaats- und Demokratieprinzip (einschliesslich Gewaltenteilung) geschaffen (Rechtssätze[1509]). Dazu gehören nicht nur die Generierung nationaler und kantonaler Erlasse, sondern auch die Übernahme völkerrechtlicher Bestimmungen im monistischen System[1510] mit unterschiedlichen Vorrang-[1511] und Anwendbarkeitsregeln[1512].

1507 Eine «nicht intendierte Einflussnahme» bezeichnet ein Verhalten, das im Strafrecht gegebenenfalls als *fahrlässig* bezeichnet wird.

1508 M.E. fraglich erscheint die von LISKEN/DENNINGER, F, 78, vertretene Abgrenzung zwischen abstrakter und konkreter Gefahr, die sich nicht durch den Grad der Wahrscheinlichkeit ergebe, sondern durch den Bezugspunkt der Gefahrenprognose. Dieser Bezugspunkt ist immer derselbe: der Zeitpunkt der Einschätzung einer einmal erkannten (abstrakten) Gefahr oder eines konkreten Risikos mit dem dann zur Verfügung stehenden Wissen. Just zu diesem Zeitpunkt wird beurteilt, ob die Gefahr noch abstrakt ist oder es sich um eine konkrete Gefährdung, ein Risiko handle.

1509 REINHARD, 146.

1510 HÄFELIN/HALLER/KELLER, Rz. 1913; RHINOW/SCHEFER, Rz. 3612; TSCHANNEN, Staatsrecht, § 9, Rz. 4 ff.

1511 HÄFELIN/HALLER/KELLER, Rz. 1917 ff.; RHINOW/SCHEFER, 3634 ff.; TSCHANNEN, Staatsrecht, § 9, Rz. 10 ff.

1512 HÄFELIN/HALLER/KELLER, 1894; RHINOW/SCHEFER, Rz. 3645 ff.; TSCHANNEN, Staatsrecht, § 9, Rz. 7 ff. Insbesondere sei an die direkte Anwendbarkeit einzelner (*«self-executing»*) Bestimmungen und an Vorwirkungen von Staatsverträgen oder Übereinkommen (vgl. Art. 18 WÜV, Art. 7*b* RVOG) hingewiesen. Konkrete Beispiele: Übernahme der Entscheidungen 2007/599/EG hinsichtlich der Annahme der strategischen Richtlinien für den Aussengrenzfonds (SR 0.362.230.033) und der Entscheidung 2008/456/EG mit Durchführungsbestimmungen zum Aussengrenzfonds (SR 0.362.380.034; beides Notenaustausche im Rahmen der Weiterentwicklung des Schengen-Besitzstandes), Notenaustausche vom 28. März 2008, vorläufig angewendet ab 20. März 2010, genehmigt durch BB vom 1. Oktober 2010, mit Referendumsvorbehalt.

Selbst wenn diese Kompetenzordnung beachtet wird (bspw. Schengen Assoziierungsabkommen[1513]), insbesondere aber, wenn in einer der verfassungsrechtlichen Kompetenzzuweisung nicht konformen Weise Polizeirecht erlassen wird (ZAG, ZG, MG, BGST, Rz. 207, 795), ergeben sich in der Rechtsanwendung durch konkurrierende gesetzliche Bestimmungen von Bund und Kantonen teilweise *komplizierte und unübersichtliche Rechtslagen*[1514]; sie sind die Folge einer Inanspruchnahme von polizeilichen (und anderen damit unmittelbar verbundenen) Gesetzgebungskompetenzen durch den Bund nach unterschiedlichen Kriterien (Ausführende, einzelne Aufgaben, Zwangsanwendung, Datenschutz).

787

> Beispiele: Nach Art. 92 Abs. 3bis des *Militärgesetzes* ist für die Truppe bei Assistenzdienst im Inland zu Gunsten ziviler Behörden des Bundes das Zwangsanwendungsgesetz des Bundes (und also nicht das Militärgesetz mit der Verordnung über die Polizeibefugnisse der Armee[1515]) anwendbar. Trotz der Polizeihoheit der Kantone gibt es indessen bei subsidiären Sicherungseinsätzen (Assistenzdienst) zu Gunsten eines Kantons keine Parallelbestimmung, die das entsprechende kantonale Polizeigesetz zur Rechtsgrundlage macht[1516]. Es wird ermöglicht, militärisches Bundesrecht für die Aufgabe im zivilen Bereich für massgebend zu erklären[1517], was der grundsätzlichen Kompetenzregelung widerspricht[1518].

788

> Das *Zwangsanwendungsgesetz des Bundes* gilt gemäss seinem Art. 1 im Zuständigkeitsbereich des Bundes, wozu primär das Asyl-, das Ausländer- und das Staatsschutzrecht gehören. Dies bedeutet, dass kantonale oder städtische Polizeiorgane anlässlich einer Identitätskontrolle, bei der sich die kontrollierte Person widerspenstig zeigt und Zwangsmassnahmen erforderlich macht, je nach (möglicherweise noch nicht eruierter) Nationalität kantonales Polizeirecht (sofern es sich um schweizerische Staatsangehörige) oder das Zwangsanwendungsgesetz (im Falle von Ausländern) anzuwenden hat[1519].

789

1513 So etwa in der Umsetzung des RB-vI durch das SIaG, der EU-Waffenrichtlinie durch das Waffengesetz, das Auskunftsrecht in den Kantonen über im SIS gespeicherte Daten (vgl. Rz. 1029).
1514 So auch HÄFELIN/MÜLLER/UHLMANN, Rz. 2464 f.
1515 Vgl. Rz.1241, 1258, 1264.
1516 Eine Begründung dafür findet sich in der Botschaft ZAG, 2495, nicht, was in einem gewissen Widerspruch zu den Ausführungen über die Notwendigkeit der Zusammenfassung und materiellen Harmonisierung der Regelungen über den Einsatz polizeilichen Zwanges steht.
1517 Art. 3 Abs. 2 und Art. 6 VPA, vgl. Rz. 1250, 1271 und z.B. das Mediencommuniqué des VBS vom 11.10.2010 (URL: http://www.vbs.admin.ch/internet/vbs/de/home/documentation/news/news_detail.35527.nsb.html; zuletzt besucht: 14.10.2010).
1518 SALADIN, Komm. zu Art. 3 aBV, Rz. 30, 57, 92 (die kantonale Polizeihoheit kann nicht durch eine Bestimmung in einer Verordnung des Bundes, die durch das ihr zu Grunde liegende Gesetz nicht einmal gedeckt ist, derogiert werden). Zur Kritik an der rechtlich unübersichtlichen Lage bezüglich der Anwendung von polizeilichem Zwang, namentlich auch dem Schusswaffengebrauch vgl. MOHLER/SCHWEIZER, Sicherheitspolitik, Rz. 36 f. U.a. enthält die VPA Schusswaffengebrauchsbestimmungen, die nach Art. 36 Abs. 1 BV in einem formellen Gesetz zu regeln sind; sie gehen überdies über die Grundlagenbestimmung in Art. 92 Abs. 3 MG hinaus.
1519 Selbst ausserhalb des Ausländer- und Asylrechts, bspw. bei Häftlingstransporten im Auftrag des Bundes, stütze sich die Anwendbarkeit des ZAG auf eine «verfahrensrechtliche Grundzuständigkeit des Bundes» ab (Botschaft ZAG, 2515).

790 Es gilt zusätzlich für die kantonalen (oder städtischen) Polizeidienste, sofern diese «im Zusammenwirken mit den Strafbehörden des Bundes polizeiliche Aufgaben im Bereich der Bundesstrafgerichtsbarkeit wahrnehmen»[1520].

791 Das BG über die Wahrung der inneren Sicherheit legt in Art. 4 eine *parallele und* eine *konkurrierende* Zuständigkeit zwischen den Kantonen, die in ihrem Gebiet für die innere Sicherheit in erster Linie verantwortlich sind (Abs. 1) und dem Bund, soweit er nach Verfassung und Gesetz Verantwortung trägt (Abs. 2), fest. Gestützt auf Art. 5 und 17 der Verordnung über den Nachrichtendienst des Bundes[1521] kann dieser kantonalen Polizeidiensten Aufträge erteilen, Abklärungen und Identitätsfeststellungen (auch eingegrenzt auf bestimmte Personen) vorzunehmen. Es ist unklar, ob bei Widerstand das ZAG oder das kantonale Polizeigesetz anwendbar ist.

792 Vergleichbare Situationen können sich auch bei konkurrierender Gesetzgebungskompetenz, bspw. im Umweltrecht, ergeben, sofern Zwangsmassnahmen nötig sein sollten. Das BG über die Sicherheitsorgane der Transportunternehmen im öffentlichen Verkehr[1522] greift in unzulässiger Art in die Polizeihoheit der Kantone ein[1523].

B. Funktionen nach Art der Aufgaben

I. Funktion Rechtsetzung

1. Verbandszuständigkeit

793 Die Art der Aufgaben führt in der bundesstaatlichen Rechtsstruktur zunächst zur Bestimmung der *Verbandszuständigkeit*[1524]. Aufgaben von strategischer Bedeutung auf nationaler Ebene, namentlich auch mit aussenpolitischen Bezügen, sowie gesamtschweizerisch zu lösende Aufgaben legt der *Verfassungsgeber* in die Kompetenz des Bundes.

794 Zu den Aufgaben von gesamtstrategischer Bedeutung gehören bspw. die *sicherheitspolitischen Beurteilungen* durch die zuständigen Bundesbehörden[1525]; inwieweit diese zu *verbindlichen Rechtsgrundlagen* führen, hängt von der Form der parlamentarischen Beschlüsse ab. *Völkerrechtliche Regelungen* im polizeilichen Aufgabenbereich fallen

---

1520 Art. 2 Abs. 1 lit. c ZAG in der Fassung vom 19. März 2010 (BG über die Strafbehörden des Bundes, Strafbehördenorganisationsgesetz, StBOG).
1521 V-NDB, SR 121.1.
1522 Vgl. FN 40.
1523 Vgl. Rz. 159, 163, 212 ff.
1524 Vgl. Schweizer, SGK, Vorbemerkungen zur Sicherheitsverfassung, Rz. 11 ff.; Tschannen/Zimmerli/Müller, § 54, Rz. 33 ff.
1525 Zuletzt: Bericht des Bundesrates an die Bundesversammlung über die Sicherheitspolitik der Schweiz vom 23. Juni 2010; vgl. bezüglich Polizeiaufgaben 5142, 5150, 5159, 5164, 5192 f., 5198, 5204 ff.; Armeebericht 2010 vom 1. Oktober 2010.

hauptsächlich, aber nicht ausschliesslich[1526], ebenso in den Zuständigkeitsbereich des Bundes[1527,1528].

Die Verbandskompetenz richtet sich sodann nach den einzelnen *verfassungsrechtlichen Gesetzgebungszuständigkeiten*. Dabei handelt es sich um *begrenzte Einzelermächtigungen* (Rz. 194). Neben den *ausdrücklichen Bundeskompetenzen* sind auch solche *stillschweigender Art* anerkannt[1529]. Unterschieden wird zwischen *inhärenten* und *impliziten Zuständigkeiten*. Als *inhärente Zuständigkeiten* werden – im hier interessierenden Zusammenhang – jene bezeichnet, die dem Bund als Staatswesen zur Wahrnehmung der *Eigenverantwortung* für die Aufrechterhaltung *seiner Sicherheit* notwendigerweise zukommen[1530]. Dies ist dann anzunehmen, wenn es um die Schweiz als Ganzes oder doch grössere, mehrere Kantone umfassende Teile geht. *Implizite Zuständigkeiten des Bundes* ergeben sich demgegenüber, wenn auf Grund einer ausdrücklichen Sachkompetenz (bspw. Art. 87 BV, Eisenbahnen und andere Verkehrsträger) eine adhäsionsweise Befugnis *unausweichlich* erscheint[1531], damit die eigentliche Sachkompetenz *überhaupt* wahrgenommen werden kann[1532]. Erhebliche Irritationen haben sich in den letzten Jahren durch eine deutlich extensive (und keineswegs «nachführungskonforme») Auslegung dieser impliziten Bundeszuständigkeiten ergeben (u.a. Grenzwachtkorps mit sicherheitspolizeilichen Aufgaben[1533] (vgl. Rz. 207).

795

1526 Art. 56 BV (Art. 9 aBV); MOHLER, SBVR III/1, Rz. 78 ff.; PFISTERER, SGK zu Art. 56, Rz. 18 ff., 34 ff. Vgl. z.B. Vereinbarung zwischen dem Regierungspräsidium Freiburg und dem Kanton Basel-Stadt über die gegenseitige Information bei Gefahren und Schäden, die sich auf das Hoheitsgebiet des Nachbarstaates auswirken können, vom 9. April 1990 (SG BS 576.900) und in gleicher Weise mit dem Präfekten des Departement Haut-Rhin, vom 24. Dezember/25. November 1987 (SG BS 576.950).

1527 Vgl. z.B. das SAA, das Europol Abkommen (Rz. 8121 ff.), die Übereinkommen zur Bekämpfung bestimmter Kriminalitätsformen (Rz. 8128 ff.) und die bilateralen Abkommen mit einzelnen Ländern über die polizeiliche Zusammenarbeit (SR 0.360.xxx,; Rz. 8156 ff.).

1528 Die bundesstaatliche Zuständigkeitsregelung führt mitunter auf der Gesetzesstufe zu auffälligen Neuerungen, so bspw. in Art. 14 des Schengen-Informationsaustauschgesetzes (SIaG, FN 199), wonach die Kantone dieses Gesetz anwenden, «soweit keine kantonalen Bestimmungen zum Informationsaustausch mit den andern Schengen Staaten bestehen», oder durch eine Schengen-Weiterentwicklung bedingte Änderung des Waffengesetzes, die den Kantonen die Führung einer polizeilichen waffenspezifischen Datenbank auferlegt und zugleich die zuständigen kantonalen Behörden dem Datenschutzgesetz des Bundes unterwirft. Vgl. MOHLER, Schengen-Besitzstand, 20, 24 f.

1529 RHINOW/SCHEFER, Rz. 720.

1530 BGE 117 Ia 202 E 4a; EICHENBERGER, Komm. zu Art. 102 Ziff. 10 aBV, Rz. 149; LINSI, 468.

1531 MOHLER/SCHWEIZER, Sicherheitspolitik, Rz. 28 ff.

1532 Das Kriterium der Unausweichlichkeit ist bspw. für die Sicherheit im öffentlichen Verkehrswesen schon deshalb nicht gegeben, da bisher die Kantone und Städte für diese Sicherheit sorg(t)en.

1533 SEILER, ZSR 2010, 430. Vgl. Vorsteher EFD AB 2010 N 368 (Geschäft 10.5153); BaZ vom 25. Februar 2010 («Revierkampf zwischen Polizisten und Zöllnern»); NZZaS vom 7. März 2010 («Kantone attackieren Grenzwachtkorps»).

796 Wiewohl die Abgrenzung von Verbandsbefugnissen für Rechtsetzung und Rechtsanwendung je nach Betrachtungsweise als hinderlich betrachtet wird, ist sie dennoch als formelles Verfassungsrecht bindend, was in den letzten Jahren mitunter nicht immer genügend beachtet wurde[1534].

> So finden bspw. die auf Art. 97 ZG gestützten Verwaltungsvereinbarungen des Bundes mit Grenzkantonen über *sicherheitspolizeiliche* Leistungen des GWK daher weder in der BV noch auf der Gesetzesstufe eine Grundlage[1535]. Diejenigen mit Nicht-Grenzkantonen widersprechen auch dem Zoll- und dem Ausländergesetz explizit[1536].

1534 So die Novelle der inzwischen wieder aufgehobenen Art. 24*b, d, e* und *h* BWIS. Ebenso ist der Einsatz militärischer Verbände für polizeiliche *Ordnungs- oder Infrastruktur*aufgaben bei Volksfesten oder Sportanlässen aus mehreren Gründen nicht verfassungsgemäss (nicht von nationaler Bedeutung für einen Armeeeinsatz und ein Verstoss gegen Art. 4 EMRK [Schweizer, Dienstpflicht, 13, 15]; vgl. dazu den diesbezüglichen Leistungsausweis des VBS für das erste Halbjahr 2010: 14 600 Diensttage für vier Ski-Weltcuprennen, Trachten-, Schützen- und Schwingfest; Communiqué vom 28.7.2010, URL: http://www.news.admin.ch/message/?-lang=de&msg-id=34419; zuletzt besucht: 27.8.2011). Vgl. auch weitere Beispiele in Rz. 788.
1535 Diese Verwaltungsvereinbarungen zwischen der Eidgenössischen Zollverwaltung (EZV) und einzelnen Kantonen über den Einsatz des Grenzwachtkorps über «polizeiliche Aufgaben im Grenzraum» (Art. 97 ZG) oder gar ausserhalb des Grenzraumes oder – auch als Verletzung des Zollgesetzes – mit Nicht-Grenzkantonen haben keine Verfassungsrundlage. Kein Wort wird in der Botschaft ZG, 586, zur Frage der BV-Grundlage für Vereinbarungen zwischen dem Bund und einzelnen Kantonen verloren, also nicht auf den dem entgegenstehenden Art. 48 Abs. 2 BV verwiesen (Näheres in Schweizer/Mohler, Schengen-Ausgleichsmassnahmen, 120 ff.). Die Stellungnahme der EZV, es könne nicht Ziel der Verfassung sein, eine sinnvolle Zusammenarbeit zwischen Bund und Kantonen zu verhindern (Bericht der Parl. Verwaltungskontrolle EZV 2010, 17) ist unbehelflich, wenn die BV für Verträge zwischen dem Bund und einzelnen Kantonen (ausdrücklich) keine Grundlage liefert. Durch diese Vereinbarungen wird auch die Gleichstellung der Kantone unterlaufen (vgl. Rhinow/Schefer, Rz. 705).
Es sei angefügt, dass Art. 44 Abs. 1 und 2 BV, welche die gegenseitige Unterstützung und die Zusammenarbeit, Rücksichtnahme und Beistand, ebenso wie die Amts- und Rechtshilfe stipulieren, *keine carte blanche* für Verbands- oder Organkompetenzen überschreitende Aktivitäten bildet. Im sicherheits- und polizeirechtlichen Bereich ist der Konnex mit Art. 57 Abs. 1 BV offensichtlich: Die Bindung an den Rahmen eigener Kompetenzen wird in Art. 57 Abs. 1 BV betont. Der Grundsatz partnerschaftlichen Zusammenwirkens in Art. 44 BV kommt im Gegenteil auch einem «Rechtsmissbrauchsverbot für Bund und Kantone gleich» (Rhinow/Schefer, Rz. 862).
1536 Vgl. Schweizer/Mohler, Ausgleichsmassnahmen, 124 ff. Nebenbei sei angemerkt, dass die Verwaltungsvereinbarungen entgegen Art. 43*a* Abs. 2 BV nicht vorsehen (explizit Uri, Art. 8 der am 17. März 2009 vom Regierungsrat genehmigten Vereinbarung), dass die Kantone die Kosten der GWK-Leistungen tragen; vereinzelt wird festgehalten, der Kanton überweise 15% (Thurgau, Art. 14 der Vereinbarung vom 1. April 2009) oder 20% (Graubünden, Art. 13 der Vereinbarung vom 30. April 2008) der vom GWK erhobenen Bussgelder an den Bund.

2. Organkompetenz

a) Allgemeine Hinweise

Da der Schutz von Rechtsgütern, die zur öffentlichen Sicherheit und (positivierten) Ordnung gehören, durch stufengerechte *hoheitliche Vorkehrungen* oft (aber nicht notwendigerweise) mit direkten oder indirekten Beschränkungen von Rechtspositionen unterschiedlicher Art verbunden sind, kommt, als Ausfluss des Demokratieprinzips, konkretisiert durch die Gewaltentrennung, der *Respektierung der Organkompetenz* gemäss Bundes- oder kantonaler Verfassung grosse Bedeutung zu. 797

Das Rechtsstaatsprinzip (Art. 5 BV) fordert, dass alles staatliche Handeln rechtlich *gestützt* und entsprechend den vier Kriterien von Abs. 1–4 *begrenzt* ist (Rz. 639 ff.). Das bedeutet, dass es für polizeiliche Massnahmen jeglicher Art eines vom zuständigen Organ erlassenen *Rechtssatzes* bedarf[1537], ausgenommen in Fällen der Anwendbarkeit der polizeilichen Generalklausel oder wenn es um den sofort notwendigen Schutz eines existentiellen Grundrechts geht (vgl. Rz. 774 ff.). Gesetzgeberisch massgebend für mögliche *Einschränkungen von Grundrechten* sind auf allen Stufen von Bund, Kanton und Gemeinde *Art. 5 und 36 BV*. 798

Die Organkompetenz hängt somit in erster Linie von den zur Diskussion stehenden *Grundformen der Vorkehrungen* ab (dazu Rz. 825 ff.): So bedürfen z.B. Monopole als schwerstmöglicher Eingriff in das Grundrecht der Wirtschaftsfreiheit auf Bundesebene einer Spezialgrundlage in der BV (Art. 94 Abs. 4 BV, also der Genehmigung des Souveräns), während auf Kantonsebene neue Monopole der Schrankenregelung gemäss Art. 36 BV unterliegen und weiteren Bedingungen zu genügen haben[1538], namentlich nicht grundsatzwidrig[1539] sein dürfen. 799

Neben den für die Organkompetenz hauptsächlich massgebenden Grundformen der Vorkehrungen (dazu nachfolgend) können Verfassungsnormen von Bund und Kantonen für sicherheitsorientierte Massnahmen einzelnen Organen, namentlich der Exekutive, aus deren Gesamtverantwortung *subsidiär* Kompetenzen übertragen (für den Bundesrat bspw. Art. 185 BV). 800

Das Gebot, «es sei jeweils die Rechtsordnung als Ganzes anzuwenden und nicht nur eine Norm oder ein Gesetz»[1540], bietet – auch mit Bezug auf die gewählten Organkompetenzen – u.a. bei *interkantonalen Vereinbarungen* systemische Probleme, indem zunächst die Kantonsparlamente bspw. betreffend Zwangsmassnahmen (nach dem ebenso monistischen Modell) keine gestaltenden Möglichkeiten haben (soweit nicht zuvor ein kantonal geregelter Konsultationsmechanismus spielt[1541]); ferner kann die gewählte Organkompetenz Art. 36 Abs. 1 BV widersprechen, z.B. wenn es um die Regelung von Grund- 801

[1537] REINHARD, 146 ff.
[1538] BGE 124 I 11 E 7a ff.; RHINOW/SCHEFER, Rz. 9190 f.
[1539] HÄFELIN/MÜLLER/UHLMANN, Rz. 2577.
[1540] RHINOW, in: Peters/Schefer, 96.
[1541] MÖCKLI, 5 ff.

rechtseingriffen geht[1542] oder das Gewaltmonopol missachtet, die geforderte Bestimmtheit für Normen nicht erreicht werden und keine Rechtmittelregelung enthalten ist[1543]. Solche Mängel sind gelegentlich auch bei eigentlichen Gesetzen zu beobachten[1544].

802 Polizeiliche Normen sind oft *belastende Rechtssätze*, weshalb sie trotz aller Schwierigkeiten nicht unnötigerweise die Bestimmung über die Voraussetzungen für Eingriffe, über zu treffende Massnahmen und deren Intensität oder anderweitige Wertungen der Gesetzesauslegung bei der Rechtsanwendung überlassen sollten[1545]. Eindrückliche Beispiele der Unterschiede in polizeirechtlichen Erlassen, von nahezu generalklauselartig bis zu ausführlicher Bestimmtheit, zeigen die Bestimmungen in den einschlägigen kantonalen Gesetzen betreffend die Bekämpfung häuslicher Gewalt, die alle massive Einschränkungen von Grundrechten ermöglichen[1546].

b) Die besondere Kompetenz der Exekutive

803 Sind zur Wahrung oder Wiederherstellung der inneren bzw. öffentlichen Sicherheit in sachlicher und zeitlicher Hinsicht Massnahmen dringlich, welche die *rechtlichen Befugnisse* der Verwaltung, namentlich der Polizei, übersteigen, kommen der Exekutive auf allen drei Stufen – Bund, Kanton und Gemeinde – die für die Bewältigung der Situation unabdingbaren Kompetenzen im Rahmen der jeweiligen Verfassung[1547] oder Gemeindeordnung zu.

804 Auf Bundesebene wird diese besondere Verantwortung und Kompetenz der *Exekutive* als *oberste Polizeibehörde* durch die ihr nach Art. 185 Abs. 3 BV verliehene Befugnis unter bestimmten Voraussetzungen verfassungsunmittelbare (selbständige) *Verordnungen* zu erlassen und *Verfügungen* zu treffen, zum Ausdruck gebracht. Sie erlaubt dem Bundesrat ein rasches situationsbezogenes Handeln. Näheres dazu in Rz. 749 ff.

805 Entsprechende Regelungen in kantonalen Verfassungen oder Gemeindeerlassen vorausgesetzt, gilt Analoges auf diesen Stufen. Fehlen solche Kompetenznormen, kann sich die Exekutive im Falle entsprechender Dringlichkeit auf die polizeiliche Generalklausel berufen (Rz. 755).

1542 So die Verwaltungsvereinbarungen zwischen der Eidg. Zollverwaltung und einzelnen Kantonen über den Einsatz des Grenzwachtkorps (auch) für sicherheitspolizeiliche Aufgaben einschliesslich Zwangsmassnahmebefugnisse (vgl. vorne FN 1534 f. m.w.H.).
1543 Vgl. Rz. 212.
1544 A.a.O.
1545 SCHWEIZER/MÜLLER, 387 m.w.H.
1546 Vgl. Rz. 397 ff.
1547 Extrakonstitutionelle Massnahmen im (nicht geregelten) *Staatsnotstand* zu ergreifen, steht nur den Bundesbehörden zu, es sei denn, diese delegierten gewisse Kompetenzen an die Kantone.

II. Funktionen im zeitlichen Verhältnis zu abstrakter Gefahr oder zu konkreter Gefährdung (Risiko)

1. Rechtsetzung

Oft werden polizeirechtliche bzw. polizeiliche Massnahmen zur Verhinderung des Entstehens einer Gefahr, zur Gefahrenminimierung oder Gefahrenabwehr[1548] alternativ in *Prävention, Gefahrenabwehr und Repression* unterteilt. Abgesehen davon, dass sich diese Charakteristika von Massnahmen nicht notwendigerweise gegenseitig ausschliessen, vermag die Unterteilung auch sonst nicht zu befriedigen. Zu unterscheiden sind *Präservation* (bewahren, unter Schutz stellen), *Prävention* (zuvorkommen), *Präemption*[1549] *(unmittelbare Gefahrenabwehr) und die verwaltungs- sowie strafrechtliche Repression*.

806

Die beiden Termini «präventiv» und «repressiv» werden oft so verwendet, als schlössen sie sich, bzw. die je damit gemeinten Massnahmen gegenseitig aus. Dies trifft jedoch schon etymologisch nicht zu: Die aus dem Lateinischen stammenden Wörter bedeuten übersetzt zuvorkommen (prae-venire) und zurückdrängen (re-primere). Dem Begehen eines Deliktes zuvorzukommen, kann auch durch das Zurückhalten der (angenommenen) Täterschaft (durchaus noch ohne strafrechtliche Sanktion) erfolgen.

807

> Gemeinhin wird rechtssoziologisch das *Strafrecht als repressiv* bezeichnet. Indessen hat das Strafrecht auch die Funktion der (je nach Theorie) negativen oder positiven *Prävention*, der Deliktsverhütung[1550].

Dasselbe gilt *mutatis mutandis* auch in Bezug auf *belastende polizeiliche Vorkehrungen* und Massnahmen. Verbote, verwaltungsrechtliche Sanktionen, Bewilligungspflichten bedürfen eines *öffentlichen Interesses* (Rz. 654 ff.), das im Schutz wesentlicher Rechtsgüter liegt (vgl. Rz. 828).

808

Zielsetzung und Wirkung der dafür notwendigen Massnahmen sind in diesem Sinne im Einzelfall konträr. Am augenfälligsten wird diese Aporie beim Polizeigewahrsam, um dadurch der in Gewahrsam genommenen Person zuvorzukommen, einen Schaden zu bewirken[1551]. In der Praxis kann eine Intervention auch *zugleich* polizeirechtlich-präventiv und polizei- oder strafprozessrechtlich-repressiv begründet sein, so wenn bspw. ein Schläger, der bereits einen Menschen verletzt hat und weiter auf ihn eindrischt, durch polizeilichen (präventiven) Zwang daran gehindert und strafprozessrechtlich durch die gleiche Zwangsanwendung vorläufig festgenommen wird[1552].

809

1548 Näheres zu «Risiko» in Rz. 17.
1549 Zusammenzug aus dem Lateinischen *prae* (vor) und *emptio* (Kauf), ein Vorkauf(-recht), eine Vorwegnahme.
1550 STRATENWERTH, Strafrecht AT I, § 2, N. 21 f., 24.
1551 Anders das BGer, das im Urteil 137 I 31 E 4.3 den repressiven Charakter des Polizeigewahrsams verneint und «repressiv» mit «pönal» gleichsetzt.
1552 Vgl. z.B. §§ 2 Abs. 2 und 24 Abs. 2 PolG ZH.

810 Soweit die Gefahr ernster unmittelbarer schwerer Grundrechtsverletzungen abzuwehren ist, geht das Polizeirecht dem Strafprozessrecht vor, so namentlich zur Befreiung von Geiseln.

811 Eine Trennung zwischen Prävention und Repression ist also nur zutreffend, soweit präventive Vorkehren oder Massnahmen *ohne belastende* Normen und *ohne beschränkende* Massnahmen möglich sind. In allen andern Fällen *polizeirechtlicher* Art überlagern sich Prävention bzw. Präemption und verwaltungsrechtliche Beschränkungen oder pönale Repression.

812 Soweit «polizeirechtlich» *hoheitliche Vorkehrungen* (vgl. Rz. 136 ff.) zum Erhalt eines rechtlichen oder tatsächlichen Zustandes mit zu diesem Zweck notwendigen *Beschränkungen* in Form von Verboten, Einschränkung von Rechten oder Auferlegung von Pflichten und Auflagen zum Inhalt hat, beginnt die Skala solcher Bestrebungen mit der *Präservation*, d.h. dem *Bewahren bestimmter Zustände*. Die Präservation ist *objektorientiert*.

Dazu gehören, gestützt auf Art. 78 BV, in Bezug auf *tatsächliche Verhältnisse* die Normierungen für besonders geschützte Landschaften[1553] und die Tier- und Pflanzenwelt sowie den Schutz von Natur- und Kulturdenkmälern[1554].

813 In *rechtlicher Hinsicht* können die Normen, welche *zwingendes Völkerrecht (ius cogens)* darstellen, der *Präservation* zugerechnet werden: Das sind diejenigen Fundamentalnormen der zwischen- und innerstaatlichen Weltordnung, die absoluten Schutz geniessen, notstandsfest sind und auch durch eine Verfassungsrevision nicht verletzt werden dürfen[1555].

814 Die *Prävention* umfasst alle Vorkehrungen, die auf das *Vermeiden der Entstehung einer Gefährdung* gerichtet sind. Vorkehrungen oder Massnahmen können von der angestrebten *Wirkung* her *ursachen-, umstände- oder schutzobjektorientiert* – oder Kombinationen davon – sein[1556], auch wenn die *Zielsetzung* immer auf den Schutz eines Grundrechts ausgerichtet ist.

815 *Ursachen- bzw. gefahrorientiert* ist bspw. die Vermeidung des Ausfalls kritischer Infrastruktur-Systeme (Lawinenverbauungen, Redundanzen, Rückfallebenen) oder das Verbot des Organhandels (Art. 119a Abs. 3 BV). *Umständeorientiert* sind Reise- oder andere Beschränkungen wegen einer Epidemiengefahr[1557] oder die Sperrung von Ret-

---

1553 Z.B. das BG über den Schweizerischen Nationalpark im Kanton Graubünden (Nationalparkgesetz) mit der VO über den Schutz des Schweizerischen Nationalparks des Kantons Graubünden (Nationalparkordnung).
1554 BG über den Natur- und Heimatschutz; vgl. z.B. das Gesetz über den Denkmalschutz des Kantons Basel-Stadt mit weitgehenden Eingriffsmöglichkeiten (bspw. vorsorglicher Massnahmen in Bezug auf noch nicht im Denkmalregister eingetragener «Denkmäler», § 24, und Enteignung, § 25).
1555 Art. 139 Abs. 2, 193 Abs. 4 BV. RHINOW/SCHEFER, Rz. 3597 f.; THÜRER, Verfassungsrecht und Völkerrecht (§ 11 VR CH), Rz. 12 ff.
1556 MOHLER, SBVR III/1, Rz. 43, 58.
1557 BGE 131 II 670 E 3.1.

tungsachsen. *Objektorientiert* sind Härtungen von Gebäuden oder Infrastrukturanlagen sowie der Personenschutz.

Mehrfach orientiert sind Vorschriften in Bezug auf Vorkehrungen gegenüber Erdbeben (Bauvorschriften, verschärfte Bauvorschriften für Lifeline-Objekte, Verpflichtung zu Redundanzen) sowie gegenüber Terrorakten oder Massnahmen zum Schutz einer Person vor sich selber wie die fürsorgerische Freiheitsentziehung (Art. 397*a* ff. ZGB [vgl. Rz. 2690]), ein zum Selbstschutz angeordneter Polizeigewahrsam[1558] oder unter bestimmten Voraussetzungen die Zwangsernährung eines Strafgefangenen[1559]. 816

Die *ersten Präventions*vorkehrungen zum Schutz vor einer *möglichen Gefahr* bestehen entweder in *direkten Einschränkungen* oder in der *Ermöglichung von konkreten Massnahmen* im Verfassungsrecht und in der *Gesetzgebung*. Sie gehören in der polizeilichen Perspektive zur staatspolitischen bzw. strategischen Ebene. Um dem Demokratieprinzip so weit als möglich gerecht zu werden und somit das ordentliche Gesetzgebungsverfahren anwenden zu können, ist die *frühestmögliche* Erkennung und Beurteilung *möglicher* Gefahren und deren (allfälliger) Bekämpfung zu gewährleisten, die in der deliberativen Demokratie eine breite Diskussion über festgestellte Risiken und Gegenmassnahmen sowie deren Methoden, also über das Spannungsfeld zwischen Sicherheit und Freiheit, zulässt[1560]. Voraussetzung dafür ist eine sachgerechte und umfassende Information. 817

Die Bundesversammlung hat bspw. den Entwurf zu einer Revision des Bundesgesetzes zur Wahrung der innern Sicherheit (sog. Revision «BWIS II»[1561]) an den Bundesrat zurückgewiesen[1562].

Je grösser das Schadenpotential einer Gefahr eingeschätzt wird und je *stärker einschränkend* allfällige Gegenmassnahmen ausfallen können, desto höher entsteht auf der staatspolitischen Ebene die *Pflicht*, Verfahren für Erlasse zu deren (allfälliger) Bekämpfung einzuleiten, und *desto früher* ist sie zu erfüllen[1563]. 818

Durch die Gesetzgebung sind die *zuständigen Organe*, die *Grundformen einzelner Massnahmen* und die *Voraussetzungen für deren Anwendbarkeit* zum Schutz von Polizeigütern festzulegen. 819

2. Rechtsanwendung

Zur *Prävention von (konkreten) Gefährdungen* bestimmen die *einschlägigen Gesetze*, namentlich in Spezialgebieten wie Baurecht, öffentliche Gesundheit, Verkehr u.a.m, 820

1558 Z.B. nach § 32 Abs. 1 lit. a PolG BE.
1559 BGer 6B_599/2010 E 6.
1560 MOHLER, SBVR III/1, Rz. 224, 236 f.
1561 BBl 2007 5037, 5139.
1562 AB 2009 S 19 ff.; AB 2008 N 672 ff.; Gesetzgebungsprobleme in den Kantonen betr. verdeckte Ermittlungen mit der Aufhebung des BG über die verdeckten Ermittlungen auf den 1. Januar 2011; vgl. NZZ vom 22. Oktober 2010, 11.
1563 MOHLER, SBVR III/1, Rz. 59 ff. m.w.H.

bei der allgemeinen Gefahrenwehr das Polizeirecht, die Rechtsgrundlagen für notwendige Massnahmen (Rechts- und Realakte) – unter Vorbehalt der polizeilichen Generalklausel und der unmittelbaren grundrechtlichen Schutzpflicht (Rz. 774, 780 f.) – und die im Einzelnen zuständigen Organe.

821 Alle diese Massnahmen haben zum Ziel, das *Umschlagen* einer *konkreten Gefährdung* in einen *Schaden* zu verhindern oder doch, wenn dies nicht (mehr) gelingt, eintretenden Schaden so gering als möglich zu halten *(Präemption)* und, soweit möglich, den rechtmässigen Zustand *wieder herzustellen. Sie sind operationeller* Art[1564].

Auf die *Gefahrenursache* bezogen fallen bspw. darunter: die Festnahme einer Person im Verdacht, eine Körperverletzung zu begehen oder ein Kind zu entführen; die kontrollierte Auslösung einer Lawine; die Identifizierung (und allfällige Überwachung) von Personen, die nach konkreten Informationen zu schliessen schwere Straftaten vorbereiten. Direkt auf das *zu schützende Rechtsgut* bezogen sind Nahschutzmassnahmen für eine gefährdete Person[1565] und die Bewachung von Objekten. Zu den *umständeorientierten* Massnahmen gehören Umleitungen zur Vermeidung des Annäherns an Gefahrenstellen bzw. zur Vermeidung von Massierungen (Verkehrsstaus mit erhöhter Unfallgefahr) oder zur Freihaltung von Rettungsachsen ebenso wie vorübergehende Schliessungen oder Evakuationen von Gebäudeteilen.

822 Für das Bestimmen der *Schwelle, die für das Ergreifen von Vorkehrungen oder Massnahmen* massgebend ist, ist zu berücksichtigen, dass sich die beiden Faktoren (Eintretenswahrscheinlichkeit und Schadenpotential) auch reziprok verhalten können: Je grösser der potentielle Schaden – unter Berücksichtigung von möglichen Gegenmassnahmen –, desto geringer muss die Eintretenswahrscheinlichkeit sein und umgekehrt: Je häufiger (Grund-)Rechtsverletzungen zu erwarten sind, desto niedriger sind die Anforderungen an das Verletzungspotential, um Ansprüche an den Staat für Vorkehren oder Massnahmen entstehen zu lassen[1566].

III. Grundlagen und Grundformen sicherheitsbezogener Vorkehrungen und Massnahmen

1. Rechtssätze und andere Erlasse

823 Grundformen und zugleich Grundlagen sicherheitsbezogener, polizeirechtlich bedeutungsvoller Vorkehrungen sind vorab *Rechtssätze* auf verschiedenen Stufen (Völkerrecht, Verfassung, Gesetz, Verordnung)[1567]. Es können für den Bund auch *nicht rechtsetzende Erlasse* (Bundesbeschlüsse, einfache Bundesbeschlüsse[1568]) sein[1569];

1564 Zur operationellen Ebene können auch Verordnungen gehören, soweit sie auf die Abwehr bestimmter Gefahren gerichtet sind (Taliban-Verordnung, UBS-Verordnung).
1565 Unmittelbarer Schutz durch mehrere dafür speziell ausgebildete Sicherheitskräfte u.U. mit weiter reichenden sicherheitsorientierten Vorkehrungen.
1566 MOHLER, SBVR III/1, Rz. 55.
1567 HÄFELIN/MÜLLER/UHLMANN, Rz. 383 ff.; RHINOW/SCHEFER, Rz. 2674.
1568 Vgl. die Übersicht in RHINOW/SCHEFER, Rz. 2671.
1569 Art. 163 Abs. 2 i.V.m. Art. 141 lit. c BV.

ähnliche Formen finden sich in Kantonsverfassungen, so z.B. Aufträge an den Regierungsrat[1570]. Einzelne Kantone kennen Dekrete als nicht dem Referendum unterstehende rechtsetzende Erlasse des Kantonsparlamentes[1571].

Monopole – als schwerste Eingriffe in die Wirtschaftsfreiheit – bedürfen einer Verfassungsgrundlage (Art. 94 BV, Rz. 799). 824

Polizeiliche Monopole («Polizeimonopole»[1572]) müssen einem *sicherheitsorientierten,* nur mit diesem stärksten Eingriff in die Wirtschaftsfreiheit zu erreichenden Ziel dienen (Grundsatzabweichung, Art. 94 Abs. 4 BV).

Beispiele für sicherheitsbezogene Monopole sind das (feuerpolizeiliche) Kaminfegermonopol[1573] oder (umweltschutzpolizeiliche) Monopole in der Abfallentsorgung[1574].

Vom materiellen Verfassungsrecht her besteht ein ungeschriebenes *Gewaltmonopol des Staates*[1575], das durch Aufgabenübertragungen an private Firmen indessen verschiedentlich ausgehöhlt wird (vgl. Rz. 1282 ff.)[1576]. 825

In vielen *Sachbereichen* (z.B. Umweltschutz, Gesundheitswesen, Verkehr, Technologie, Medizinische Forschung) enthält *die BV selber* sicherheitsorientierte Normen[1577]. Konkretisiert werden sie in den einschlägigen Gesetzen durch *polizeirechtliche Beschränkungen* zur Vermeidung abstrakter oder konkreter Gefahren. 826

Darunter fallen verschiedenartige *Bewilligungspflichten* in vielen Sach- und Rechtsgebieten (nachfolgend Rz. 828).

Im Zusammenhang mit andern *schweren Grundrechtseingriffen* legt der Gesetzgeber allenfalls *besondere Genehmigungsinstanzen* fest[1578]. 827

So gebietet das BG betreffend die Überwachung des Post- und Fernemeldeverkehrs in Art. 7 als Genehmigungsbehörden richterliche Instanzen (in Bund und Kantonen), was

---

1570 Vgl. z.B. Art. 80 Abs. 1 KV BE.
1571 Die Befugnis zum Dekretieren bedarf jedoch i.d.R. einer entsprechenden Kompetenzbestimmung in einem Gesetz, weshalb Dekrete als dringliche Rechtsetzung nur bedingt, falls überhaupt, geeignet sind; z.B. Art. 74 Abs. 1 KV BE, § 63 Abs. 3 KV BL.
1572 HÄFELIN/MÜLLER/UHLMANN, Rz. 2458 ff.
1573 BGer 2C_621/2010 E 1.1: Gewisse traditionelle Monopole (Kaminfeger, Elektroinstallationen) sind allerdings umstritten, da die bei deren Errichtung vorhandenen Gefahren durch andere Technologien so weit gebannt sind, dass auch eine Bewilligungspflicht zur Gewährleistung der nötigen Qualität reicht; vgl. HÄFELIN/MÜLLER/UHLMANN, Rz. 2461. Zulässigkeit eines Gemeindemonopols für Plakatanschläge auch auf privatem Grund: BGE 128 I 3 E 3e.
1574 Art. 31*b* Abs. 2 des BG über den Umweltschutz (USG); § 30 f. des Umweltschutzgesetzes BS betr. Abfallentsorgung; Vereinbarung betr. die Motofahrzeugprüfstation beider Basel, Art. 1 ff. HÄFELIN/MÜLLER/UHLMANN, Rz. 2460 m.w.H.
1575 Vgl. zum Begriff des Gewaltmonopols Rz. 74 und zu Delegationsgrenzen Rz. 1310.
1576 Zum Ganzen: KÄLIN/LIENHARD/WYTTENBACH, passim; MOHLER, Sicherheitsunternehmen, passim.
1577 Vgl. die Aufzählung von sicherheitsrelevanten BV-Bestimmungen in MOHLER, SBVR III/1, Rz. 100 ff.
1578 Vgl. HÄFELIN/MÜLLER/UHLMANN, Rz. 21.

auch im Zusammenhang mit dem Erheben bloss von Teilnehmeridentifikations- und Verkehrsdaten bei vermissten Personen gilt. Das Polizeigesetz des Kantons St. Gallen[1579] schreibt vor, dass polizeiliche Wegweisungsverfügungen bei häuslicher Gewalt innert 24 Stunden dem Haftrichter zur Genehmigung vorzulegen sind, es sei denn, die weggewiesene Person verzichte schriftlich darauf.

828 *Polizeiliche Bewilligungspflichten* für die Ausübung eines Berufes sind in *gesetzlichen Grundlagen im formellen Sinn* geregelt, da sie nach konstanter Praxis des Bundesgerichts einen schweren Eingriff in die Wirtschaftsfreiheit[1580] darstellen (vgl. dazu Rz. 595 ff., 808).

Zur Wahrung der Menschenwürde ebenso wie einer hohen Qualität von Dienstleistungen oder Produkten in sensiblen Bereichen der öffentlichen Sicherheit und (positivierten) Ordnung, namentlich wenn Grundrechte gefährdet sein können (z.B. Gesundheit, Eigentum, Privatsphäre), unterliegen bestimmte Berufe und Gewerbe, aber auch Forschungsprojekte[1581] und medizinische Verfahren[1582] einer Bewilligungspflicht.

Im Medizinalbereich bestehen (gesundheitspolizeiliche) Bewilligungspflichten für Heilmittel[1583] und Berufe[1584]. Alle Geschäfte, die in der Firma den Ausdruck «Bank» oder «Bankier» allein oder in Wortverbindungen verwenden, bedürfen einer (wirtschaftspolizeilichen) Bewilligung[1585]. Im Baubereich bestehen verschiedene gesetzlich geregelte Bewilligungsverfahren sowohl zur Gewährleistung der Sicherheit ebenso (u.a.) wie der Ortsplanung und des Umweltschutzes[1586].

Es liegt ferner im öffentlichen Interesse, dass nur geprüfte Geräte oder einwandfreie Lebensmittel auf den Markt kommen, übermässig gefährliches oder ethisch unerträgliches Verhalten verboten, und z.B. untauglichen Automobilisten der Führerausweis abgenommen wird.

829 In *Polizeigesetzen* sind für die Aufrechterhaltung oder Wiederherstellung der öffentlichen Sicherheit und (positivierten) Ordnung *Aufgaben (Zielsetzungen), Befugnisse und Grenzen* der zuständigen Organisationen (Kantonspolizei, Stadt- oder Gemeindepolizei) festgelegt.

830 Auch wenn in verschiedenen Normen polizeirechtlicher Erlasse sowohl die anzustrebenden Zielsetzungen wie auch die Befugnisse aufgezählt werden, sind sie oft *generalklauselartig* formuliert. Während das deutsche Polizeirecht vorwiegend typisierte Eingriffsbefugnisse regelt, geht das hiesige Polizeirecht von Gefahren und Gefährdungen (nicht im strafrechtlichen Sinn gemeinte tatbestandsmässige Situationen) für die unter

---

1579 SGS 451.1, Art. 43[quater].
1580 BGer 2C_564/2009 E 7.1.
1581 Art. 7 ff. des BG über die Forschung an embryonalen Stammzellen (Stammzellenforschungsgesetz).
1582 Z.B. Art. 8 ff. des BG über die medizinisch unterstützte Fortpflanzung (Fortpflanzungsgesetz).
1583 Art. 5 ff. des BG über Arzneimittel und Medizinprodukte (Heilmittelgesetz).
1584 BG über die universitären Medizinalberufe (Medizinalberufegesetz) und zahlreiche Verordnungen sowie bspw. § 30 ff. des Baselstädtischen Gesundheitsgesetzes, ferner BGer 2P.198/2006 E 3 und 2P.80/2000 E 2b.
1585 Art. 3 BankG.
1586 Vgl. bspw. Art. 3 BPG BS i.V.m. Art. 26 BPV BS.

den Begriffen öffentliche Sicherheit und öffentliche (positivierte) Ordnung zusammengefasste Rechtsgüter aus, woraus sich die konkrete Aufgabe der Polizei im Rahmen des Verhältnismässigkeitsprinzips ergibt (vgl. z.B. Art. 9 ZAG); einzelne aufgezählte Vorgehensweisen samt Mitteln (z.B. Art. 5 f., 10, 13 ff. ZAG) sind zwar als Befugnisse erwähnt, aber sie beschreiben weder ein präzises Vorgehen noch ist eine Liste von Mitteln abschliessend (Art. 18 ZAG). Das Verhältnismässigkeitsprinzip begrenzt zudem zwingend Vorgehensweisen und Gebrauch der Mittel.

Auch die Bewilligungspflicht für den *gesteigerten Gemeingebrauch* des öffentlichen Raumes setzt nach verschiedenen Lehrmeinungen[1587] als Einschränkung von Freiheitsrechten eine *gesetzliche Grundlage,* nicht aber notwendigerweise in einem Gesetz selbst (formelles Gesetz), voraus, auch wenn im Rahmen der Ausübung von Grundrechten ein bedingter Anspruch auf Erteilung einer Bewilligung besteht[1588]. Da ein gesteigerter Gemeingebrauch oft im Zusammenhang mit der Ausübung von Grundrechten steht, bedarf m.E. eine Bewilligungspflicht als deren Einschränkung nach Art. 36 Abs. 1 BV einer formell-gesetzlichen Grundlage. 831

2. Rechtsanwendung

Die Grundformen der polizeilichen Rechtsanwendung sind *Rechtsakte* und *Realakte*[1589]. 832

a) Rechtsakte[1590]

Polizeiliche Rechtsakte können Verwaltungsverordnungen[1591] (i.d.R. auf Departementsstufe[1592]), Allgemeine Weisungen (i.d.R. auf Stufe eines Amtes, z.B. Dienstvorschriften oder -weisungen), *ständige* Dienstbefehle, Verfügungen oder Verträge sein. Unterschiedlich sind sie in Bezug auf ihre Rechtsbindungen bzw. ihre Adressaten und ihre Rechtswirkungen. Allesamt stützen sie sich auf *öffentliches Recht*. Mit Ausnahme des verwaltungsrechtlichen Vertrages sind sie alle als *hoheitliche, einseitige und durchsetzbare Anordnungen* gekennzeichnet[1593]. 833

Verwaltungsverordnungen, Allgemeine Weisungen (Dienstvorschriften oder -weisungen) und ständige Dienstbefehle sind generell *bereichsspezifisch* und, soweit mög- 834

1587 HÄFELIN/MÜLLER/UHLMANN, Rz. 2404; MÜLLER/SCHEFER, 428; WEBER-DÜRLER, 137 f.
1588 BGE 135 I 302 E 3.2 lässt die Frage der Notwendigkeit einer Rechtssatz-Grundlage in diesem Entscheid offen.
1589 Vgl. HÄFELIN/MÜLLER/UHLMANN, Rz. 2431, 2450 ff.; TSCHANNEN/ZIMMERLI/MÜLLER, § 55, Rz. 7.
1590 Vgl. zum Ganzen HÄFELIN/MÜLLER/UHLMANN, Rz. 2450 ff., und die Übersicht bei TSCHANNEN/ZIMMERLI/MÜLLER, § 27, Rz. 7 ff.
1591 Rechtsverordnungen, d.h. generell-abstrakte Erlasse, werden hier der Rechtsetzung zugeordnet (vgl. aber die grafische Darstellung bei TSCHANNEN/ZIMMERLI/MÜLLER, § 27, Rz. 7, in der die Rechtsverordnung als Rechtsakt, also als Form der Rechtsanwendung, erscheint).
1592 Gemäss Art. 47 Abs. 2 RVOG kann auch der Bundesrat Verwaltungsverordnungen erlassen.
1593 HÄFELIN/MÜLLER/UHLMANN, Rz. 858; JAAG, 630, 635 f.; TSCHANNEN/ZIMMERLI/MÜLLER, § 28, Rz. 19, 31 f., 34 ff.

lich, *abstrakt* gehalten[1594]. Einzelanweisungen oder -vorschriften (Verfahrensabläufe, Geldverkehr) sind unvermeidlich ihrer Natur nach regelmässig konkret. Sie bewirken primär eine *verwaltungsinterne Rechtsbindung*, richten sich an die der (befugten) erlassenden Verwaltungseinheit zugeteilten oder den nachgeordneten Einheiten zugehörigen Personen. Sie können indessen durch ihre Verbindlichkeit bezüglich (Art und Weise der) Aufgabenerfüllung *indirekte Aussenwirkung* erzeugen[1595].

835 Eine Dienstvorschrift bspw. des Inhalts, dass vorläufig festgenommenen Personen bis zu deren Verbringen in ein Polizeigebäude *immer* Handfesseln anzulegen seien, richtet sich im *Innenverhältnis* in verbindlicher Weise an die Polizeiangehörigen, hätte aber bei strikter Befolgung *Aussenwirkung* in Form u.U. rechtswidriger Grundrechtsbeeinträchtigungen, da die Vorschrift in einer solch' absoluten, von der konkreten Situation unabhängigen Form gegen das Verhältnismässigkeitsprinzip verstiesse (vgl. Rz. 376, 685 ff.).

836 Analoges gilt – mutatis mutandis – allerdings auch für Anweisungen, Personen, denen die Freiheit (auch) kurzfristig entzogen worden ist (Identitätsüberprüfung, vorläufige Festnahme, Polizeigewahrsam) in Räume mit unzureichenden örtlichen Verhältnissen zu verbringen (z.B. keine Trennung von Kindern und Erwachsenen)[1596].

837 Die *Verfügung* ist die primäre Handlungsform zur *Regelung von Einzelfällen* im Aussenverhältnis zwischen Staat und Bürger wie auch im behördlichen Innenverhältnis. Auch Verfügungen stützen sich i.d.R., nicht aber ausschliesslich, auf öffentliches Recht. Bezogen sind sie individuell auf einzelne Personen oder zweifelsfrei definierte Personengruppen.

1594 Zur Frage der Delegation von Steuerungsbefugnissen an die Verwaltung ausführlich M. MÜLLER, Rechtsverhältnis, 286 ff.
1595 BGE 128 I 167 E 4.3; BGer 1C_510/2010 E 4.3; RHINOW/SCHEFER, Rz. 2687. Vgl. dazu auch TSCHANNEN/ZIMMERLI/MÜLLER, § 41, Rz. 29 ff.
1596 Unzulässig ist bspw. die Unmöglichkeit der Trennung von Kindern und Jugendlichen von Erwachsenen in einem Raum, der dem Polizeigewahrsam dient: Bericht SD BS, 26 f. Vgl. Rz. 427 f.

aa) Verwaltungsverordnungen im Besonderen

Verwaltungsverordnungen gehören nicht zu den Erlassformen[1597], sie sind daher auch nicht publikationspflichtig[1598]. Sie regeln in erster Linie im *Innenverhältnis* organisatorische oder verwaltungslenkende Belange in allgemeiner Form[1599].

838

> Beispiele: Organisatorische Gliederung eines Departementes in Ämter, Abteilungen und nachgeordnete Einheiten; Verfügbarkeit der verschiedenen Dienste, Erscheinungsformen gegen aussen *(corporate identity)*, Regelungen der Zusammenarbeit und Konsultation, Anstellungs- und Beförderungswesen, Belohungen, Disziplinarwesen usw.

bb) Allgemeine Verwaltungsweisungen (Dienstvorschriften oder -weisungen)

Für die einer Verwaltungsverordnung nachgeordneten Form allgemeiner Vorschriften oder Weisungen hat das Verwaltungsrecht bisher kein «Rechtsgefäss» definiert. Nachfolgend wird für diese Kategorie genereller Regelungen auf Stufe eines Amtes (innerhalb eines Departementes), bspw. einer Kantonspolizei, der Terminus *«Allgemeine Verwaltungsweisungen»* verwendet. In der Literatur werden solche Allgemeine Verwaltungsweisungen teilweise den Verwaltungsverordnungen zugerechnet[1600].

839

> In der Praxis sind jedoch mitunter erhebliche inhaltliche Unterschiede festzustellen: Während in der Verwaltungsverordnung auf Stufe eines Departementes neben der (departementalen) *organisatorischen* Gliederung als *verwaltungslenkende* Vorgaben *Verfahrensabläufe* für Geschäfte mit der Exekutive, Entwürfe für Gesetze oder Verordnungen samt zugehörigen Berichten (Ratschlag, Antrag usw.), Verkehr mit andern Departementen, Budgetierungs- und Rechnungslegungsprozesse, die Behandlung von Rekursen sowie generelle personelle Regelungen zu finden sind, befassen sich (polizeiliche) Dienstvorschriften oder -weisungen mit konkreteren organisatorischen Belangen und Verhaltens- bzw. Handlungsvorschriften. Allgemeine Verwaltungsweisungen oder Dienstvorschriften (deren Bezeichnung variiert je nach Kanton oder Stadt und Gemeinde) sind enger gefasst als eine Verwaltungsverordnung, lassen weniger Interpretationsspielraum.

In *polizeilichen Dienstvorschriften* (i.S.v. Allgemeinen Verwaltungsweisungen) werden in organisatorischer Hinsicht etwa die einzelnen Polizeiwachen, ihre personelle Dotierung und Ausrüstung, die Einteilung in Diensttouren (Schichten), organisations-

840

1597 RHINOW/SCHEFER, Rz. 2686, vgl. dazu die Übersicht in Rz. 2668 ff. Die in TSCHANNEN/ZIMMERLI/MÜLLER, § 29 ff. mit entsprechenden Literaturhinweisen, wiedergegebene Streitfrage, ob einer Verwaltungsverordnung nicht doch auch Rechtsnormcharakter zukomme, da es aus Sicht des Bürgers nicht darauf ankomme, ob seine Rechtsposition durch ein direkt auf Verfassung und Gesetz oder indirekt auf eine interne Verwaltungsverordnung (oder Dienstweisung) beeinträchtigt worden sei, erübrigt sich seit der Einführung von Art. 29*a* BV (Justizreform), insofern, als dass auch Realakte einer richterlichen Prüfung zugänglich sein müssen (vgl. Rz. 1478 ff.). Dadurch ergibt sich auch, sofern die Einsicht in eine Verwaltungsverordnung oder eine Allgemeine Verwaltungsweisung notwendig und nicht aus gesetzlichen Gründen unzulässig ist (vgl. FN 362), eine akzessorische Grundlagenkontrolle.
1598 BGE 128 I 167 E 4.5. Zu alternativen Publikationsformen für wichtige Allgemeine Verwaltungsweisungen M. MÜLLER, Rechtsverhältnis, 313.
1599 Ebenso TSCHOPP-CHRISTEN, 33.
1600 TSCHANNEN/ZIMMERLI/MÜLLER, § 41, Rz. 11 ff.

kulturelle Vorgaben, Detailregelungen betr. Ferien und Überzeit bzw. Kompensation und dgl. behandelt. Auch sie sind nicht publikationspflichtig, können aber bei Rechtsstreitigkeiten für die gerichtliche Beurteilung von Bedeutung sein[1601].

841 In genereller Form regeln sie ebenso, organisatorische und verhaltenssteuernde Vorgaben kombinierend, die *polizeiliche Aufgabenerfüllung* (bspw. die *notwendige Präsenz* und *Verfügbarkeit* [z.B. Ausrück- oder maximale, umständeabhängige Interventionszeiten bei Dringlichkeit, Pikettdienste usw.]).

842 Polizeidienste unterscheiden sodann zwischen *Dienstvorschriften oder -weisungen* (i.S.v. Allgemeinen Verwaltungsweisungen) einerseits und *Dienst-* (oder *Einsatz-*) *befehlen* andererseits.

Dienstvorschriften *verdeutlichen das massgebende Verfassungs- und das zutreffende Gesetzesrecht*. Ebenso zielen sie auf eine *hochwertige Erfüllung der weiteren Aufgaben* (präzise Rapportierung, Journalführung, Gerichtsverwertbarkeit erhobener Beweise und selbst erstellter Unterlagen). Sie zielen darauf ab, im Spannungsfeld von Freiheit und Sicherheit bei verhältnismässig geringer Normdichte dem *Schutz der Grundrechte, der Freiheit*, das diesen zukommende Gewicht zu geben, m.a.W. die *Legitimität* polizeilichen Handelns zu gewährleisten, ohne die polizeilichen Handlungsmöglichkeiten zu stark – zu Lasten anderer bedrohter Grundrechte – einzuschränken[1602].

843 Spätestens an dieser Stelle manifestiert sich der erhebliche *Unterschied zwischen der exekutiven Polizei und allen andern Teilen der Verwaltung:* Die Polizei, als im Dauereinsatz stehende dezentralisierte Organisation, oft in konfliktträchtigen Situationen, hat – sofern die Voraussetzungen gegeben sind – grundsätzlich die *Pflicht* zur Abwendung konkreter Gefahren für die zur öffentlichen Sicherheit und zur (positivierten) Ordnung gehörigen Rechtsgüter[1603]. Dafür ist sie in verhältnismässiger Weise zur unmittelbaren Einschränkung von Grundrechten befugt[1604]. Dies hat vielfach innert kürzester Zeit durch Interventionen, *Realakte*, zu geschehen, gegen die – anders als bei Verfügungen – vorweg keine Einsprachemöglichkeiten (gegebenenfalls mit aufschiebender Wirkung) möglich sind. Die einzelnen Polizeiangehörigen haben *hic et nunc* darüber zu entscheiden, ob und wie sie gegebenenfalls intervenieren. Derartige Interventionen können weitreichende *Konsequenzen rechtlicher und tatsächlicher* Art haben. Dazu bedarf es der hiezu notwendigen Aus- und Weiterbildung ebenso wie der Führung (auch mit sehr konkreten Vorschriften).

844 Dienstvorschriften oder -weisungen konkretisieren daher – neben den organisatorischen Belangen – in verbindlicher *allgemeiner und beständiger* Form die *Anforderungen an die polizeiliche Aufgabenerfüllung* sowohl generell wie auch für bestimmte Vorgehensweisen (*Standard Operational Procedures [SOP]*, also Verfahrensabläufe, und *Standards of Performance [StoP]*, d.h. die Umschreibung der Qualitätsanforderungen für die einzelnen Tätigkeiten). Dadurch werden Qualitätsanforderungen mit den Zielen der Aus-

---

1601 BGE 128 I 167 E 4.2; TSCHANNEN/ZIMMERLI/MÜLLER, § 41, Rz. 31.
1602 SCHINDLER, Verwaltungsermessen, N. 441, 450.
1603 SALADIN, Grundrechte, 350.
1604 Vgl. dazu vorne, Rz. 45, 635, 652 f., 780.

und (permanenten) Weiterbildung harmonisiert und festgeschrieben (Leistungsnormen). Demgegenüber ist ein Einsatzbefehl (Rz. 852 f.) einzelfallbezogen[1605].

Die *Verbindlichkeit* verweist darauf, dass ein Nichtbeachten Sanktionen (Disziplinarmassnahmen, ev. strafrechtliche Ermittlungsverfahren), eine andauernde Nichterfüllung von Qualitätsanforderungen personalrechtliche Konsequenzen nach sich ziehen, umgekehrt deren Befolgung unter Umständen jedoch als Rechtfertigung dienen kann (bspw. in Fällen der Staatshaftung und allfälliger Regressfragen oder strafrechtlicher Anschuldigungen)[1606]. 845

Ein Anspruch auf öffentlichen Zugang zu Allgemeinen Verwaltungsweisungen (Dienstvorschriften) nach dem Öffentlichkeitsprinzip kann abgelehnt werden, wenn die Herausgabe die öffentliche Sicherheit gefährden könnte (vgl. dazu Rz. 918)[1607]. 846

Ein *Rechtsmittel* gegen Allgemeine Dienstvorschriften steht denjenigen, für die sie verbindlich sind, zu, falls das einschlägige Verwaltungsverfahrensrecht eine *verwaltungsinterne* Beschwerdemöglichkeit vorsieht. 847

cc) Verfügungen[1608]

Polizeirechtliche Verfügungen unterscheiden sich umgekehrt in nichts von Verfügungen anderer Verwaltungszweige, sie sind in den gleichen Rechtsrahmen eingebunden[1609]. Es folgt daher eine bloss summarische Darstellung. (Polizeirechtliche) Verfügungen sind *Anordnungen* einer dazu *befugten Behörde,* durch die – formell gestützt auf *öffentliches Recht*[1610] – *Rechtsverhältnisse im Einzelfall* in *einseitiger, verbindlicher und erzwingbarer Weise* (somit *hoheitlich*) geregelt werden[1611]. 848

Unterschieden wird zwischen *verschiedenen Arten* von Verfügungen: 849

a) nach den *Adressaten:* Individual- oder Allgemeinverfügungen

Bsp.: Die Verfügung richtet sich an eine Einzelperson, eine genügend bestimmbare Personengruppe (Individualverfügung) oder an die Allgemeinheit für eine bestimmte Sachlage (bspw. Verkehrsanordnung, Art. 107 SSV)

b) nach dem *formellen Inhalt:* positive, negative oder Feststellungsverfügungen

---

1605 BGE 128 I 167 E 4.2
1606 TSCHANNEN/ZIMMERLI/MÜLLER, § 41, Rz. 30.
1607 Für den Bund Art. 7 Abs. 1 lit. b BGÖ oder z.B. § 29 Abs. 1 lit. a des Baselstädtischen Informations- und Datenschutzgesetzes; SCHINDLER, Verwaltungsermessen, N. 443.
1608 Zum Ganzen eingehend SALADIN, Verwaltungsverfahren, 96 ff.
1609 Zum Ganzen: HÄFELIN/MÜLLER/UHLMANN, Rz. 854 ff.; TSCHANNEN/ZIMMERLI/MÜLLER, §§ 28–32.
1610 Mit möglicherweise zivil- (bspw. Exmission) oder strafrechtlicher (bspw. Verhaftbefehl) Grundlage.
1611 HÄFELIN/MÜLLER/UHLMANN, Rz. 854; TSCHANNEN/ZIMMERLI/MÜLLER, § 28, Rz. 1.

Bsp.: Eintreten auf ein Gesuch (positiv); Abweisen oder Nichteintreten (negativ) oder Feststellung der Rechtmässigkeit oder Rechtswidrigkeit eines vorangegangen Verwaltungshandelns oder Feststellung eines Verfahrensstandes

c) nach dem *materiellen Inhalt:* begünstigende oder belastende Verfügungen

Bsp.: Bewilligung eines Gesuches oder Mitteilung des (fehler- oder toleranzmargebedingten) Wegfalls einer Ordnungsbusse (begünstigend); Ablehnung eines Gesuches, Zustellung einer Ordnungsbusse, Auferlegen eines Rayonverbotes

d) nach der *Mitwirkung:* mitwirkungsbedürftige und der Mitwirkung nicht bedürftige Verfügungen[1612]

Bsp.: Bewilligungen bedürfen eines Antrages, bestimmte Verfügungen besonderer Informationen Betroffener, Ernennungen der Zustimmung (mitwirkungsbedürftig); Entzug einer Bewilligung, Zustellen einer Ordnungsbusse (der Mitwirkung nicht bedürftig)

e) nach der *Dauer:* anlassbezogene, kurzfristige oder Verfügungen mit dauernder Wirkung

Bsp.: Bewilligung eines Anlasses, kurzfristige Sperrung einer Strasse (Art. 107 Abs. 4 SSV), Rayonverbot oder Wegweisung bei häuslicher Gewalt; permanente Verkehrsanordnungen

f) nach dem *Verfahrensstand:* Zwischen- oder Endverfügungen sind entweder verfahrensleitende Verfügungen (bspw. Setzen einer Nachfrist für die weitere Behandlung eines Gesuchs) oder materielle Teilentscheidungen

Bsp.: Feststellen einer Störung der öffentlichen Ordnung durch einen Zweckveranlasser (vgl. Rz. 718 ff.) ohne Festlegen der durch diesen zu treffenden Behebungsmassnahmen

850 Alle Verfügungen vereinigen mindestens fünf Arten miteinander: Adressaten, materieller Inhalt, Art der Mitwirkungsbedürftigkeit sowie Dauer des verfügten Rechtsverhältnisses, Verfahrensstand.

Ein Rayonverbot richtet sich an eine *Einzelperson*, ist inhaltlich *belastend*, gilt längstens für die gesetzlich vorgesehene *Maximaldauer*, bedarf *keiner Mitwirkung* des Verfügungsadressaten und ist eine *Endverfügung*.

851 Die *formellen Anforderungen* an eine Verfügung werden in den Verwaltungsverfahrensgesetzen[1613] festgelegt. Im Allgemeinen gilt Folgendes (Abweichungen nach den konkreten gesetzlichen Vorgaben möglich):

g) *Sprache:* Verfügungen werden in der oder den vom Gesetz festgelegten Amtssprache(n) erlassen.

h) *Schriftlichkeit:* In aller Regel ist für Verfügungen *Schriftlichkeit* vorgesehen. Mündliche Verfügungen kann das Gesetz erlauben. Die Behörde trägt jedoch die Beweislast dafür, dass der Adressat die Mitteilung als Verfügung erkannt und alle notwendigen Elemente zur Kenntnis genommen hat.

1612 SALADIN, Verwaltungsverfahren, Rz. 16.1 ff.
1613 Für den Bund das BG über das Verwaltungsverfahren (VwVG).

Bei ausnahmsweise mündlich eröffneten Verfügungen empfiehlt sich mindestens ein vom Adressaten unterzeichnetes Protokoll, in dem alle verfügungswesentlichen Punkte aufgeführt sind.
i) Die *verfügende Behörde* ist anzugeben.
j) Die Bezeichnung «*Verfügung*» oder das Verb «*verfügt*» muss erkennbar sein.
k) Der *Adressat* ist zu nennen (ausgenommen bei Allgemeinverfügungen).
l) Der materielle Verfügungsinhalt, d.h. die konkrete Umschreibung des verfügten Rechtsverhältnisses ist Kernpunkt.
Bsp.:
– Verfügung:
(Adressat) wird die Bewilligung zum … für die Dauer von … erteilt.
Auflagen: Die Vorschriften betreffend …. (Gesetz vom … über…, insbesondere Art…) sind während der ganzen Dauer der Veranstaltung einzuhalten.
Oder:
– Verfügung:
(Adressat) wird verboten, für die Dauer von sechs Monaten den Rayon (geografisch genaue Umschreibung) von jeweilen (z.B.) drei Stunden vor bis drei Stunden nach einem Fussballspiel im Stadion X zu betreten.
Im Widerhandlungsfall droht eine Bestrafung wegen Ungehorsams gegen eine amtliche Verfügung nach Art. 292 des Strafgesetzbuches (Busse bis 10 000 Franken, Art. 106 Abs. 1 StGB).
m) Eine *Begründung* mit den wesentlichen tatsächlichen und rechtlichen Feststellungen ist zwingender Teil einer belastenden Verfügung.
n) Ein *Hinweis* auf die *erfolgte Gewährung des rechtlichen Gehörs* ist empfehlenswert.
o) Die obligatorische *Rechtsmittelbelehrung* (bei allen Verfügungen, die zumindest *belastende Teile,* z.B. Auflagen, enthalten) ist die Beschwerdeinstanz, die Beschwerdefrist und allfällige Formerfordernisse (z.B. Schriftlichkeit, Begründungspflicht) anzugeben.
Bei faktisch sehr kurzen Fristen (bspw. Polizeigewahrsam nach Art. 8 des Konkordates über Massnahmen gegen Gewalt anlässlich von Sportveranstaltungen[1614], der längstens 24 Stunden dauern darf) sind die notwendigen Angaben für eine verzugslose Übermittlung einer allfälligen Beschwerde anzugeben (Telefon-Nummer, Fax-Nummer, E-Mail-Adresse).
p) Allfällige Kostenentscheide für den Erlass der Verfügung können folgen.
q) Ferner ist die *Eröffnung der Verfügung*[1615] an den Adressaten festzuhalten (z.B. persönliche Aushändigung [Datum, Zeit!], Zustellung per Post, ev. – mit dem Einverständnis des Adressaten – per E-Mail) und allfällige *Mitteilungen* an weitere Empfänger festzuhalten.

1614 Vgl. Rz. 220. Vgl. zum Anspruch auf richterliche Überprüfung eines polizeilichen Freiheitsentzuges, Rz. 1507 f.
1615 SALADIN, Verwaltungsverfahren, Rz. 17.2 ff.

r) Schliesslich folgen Ort, Datum und Unterschrift der verfügenden oder die Verfügung aushändigenden Person (bei Allgemeinverfügungen als Teil der betreffenden Akten).

b) Realakte in Form von Einsatz- oder (nicht ständigen) Dienstbefehlen[1616]

852 Im Unterschied zu Dienstvorschriften oder -weisungen (i.S.v. Allgemeinen Verwaltungsweisungen) wird im Polizeibereich der Ausdruck *Einsatzbefehl* (mancherorts auch als [nicht ständiger] Dienstbefehl bezeichnet) als *formalisierter und begrenzter Auftrag* im Zusammenhang mit *konkreten Situationen* verwendet. Ein Einsatzbefehl kann schriftlich, teilweise schriftlich oder mündlich erteilt werden. Er unterscheidet sich daher deutlich von Verwaltungsverordnungen[1617] oder permanenten Dienstvorschriften oder -weisungen (vorne, Rz. 839 ff.) und ist als *Realakt* zu qualifizieren.

853 Ein Einsatzbefehl bewirkt ebenso ein zunächst *verwaltungsinternes Rechtsverhältnis* zwischen dem dazu befugten Auftraggeber und dem oder den ausdrücklich oder mit Sammelbezeichnungen Beauftragten, zeitigt jedoch *durch die Umsetzung* direkte oder indirekte Aussenwirkung. Näheres in Rz. 889 ff.

1616 Die anderen (unmittelbar operationellen und informationellen) Realakte werden in Kapitel 7 behandelt.
1617 BGE 128 I 167 E 4.4.

7. Kapitel: Realakte

§ 18 Rechtliche Bedeutung polizeilicher Realakte

A. Allgemeine Hinweise

Realakte bilden neben den Rechtsakten (in diesem Kontext primär Verwaltungsverordnungen, Verfügungen und verwaltungsrechtliche Verträge, vgl. Rz. 833 ff.) die andere *Form des Verwaltungshandelns;* Realakte sind in der täglichen Polizeiarbeit von eminenter Bedeutung.

I. Zur Terminologie

Die meist anzutreffende Terminologie für Realakte ist uneinheitlich, teilweise auch ohne klaren Gehalt oder klare Abgrenzungsqualität; so werden sie etwa als «schlichtes», «einfaches» oder «informelles» Verwaltungshandeln bezeichnet. Aber auch Verfügungen können – je nach der gesetzlichen (unbefriedigenden) Ausgestaltung – «schlicht» sein, z.B. als mündliche Anordnung der Polizei bspw. bei der Wegweisung in Fällen häuslicher Gewalt[1618].

In der Literatur wird in *materiell-rechtlicher* Hinsicht dargelegt, dieses «schlichte», «informelle» oder «einfache» Verwaltungshandeln, d.h. also *alle* Realakte, seien ausschliesslich auf einen *Taterfolg* ausgerichtet[1619], nicht auf eine Rechtswirkung[1620]. Dabei werden zumeist alle möglichen Formen von Realakten ohne Differenzierung mitunter als eine Kategorie staatlicher Tätigkeiten gleich behandelt[1621]. Dies trifft jedoch nur für Verwaltungstätigkeiten zu, die weder innerhalb noch ausserhalb der Verwaltung eine direkte Rechtswirkung erzeugen, und eine solche auch nicht mittelbar konkret darauf abgestützt werden kann.

> Zu solchem Verwaltungshandeln gehören – abgesehen von banaleren Tätigkeiten – z.B. das Aktenstudium, Ausbildungsveranstaltung und Lernen, informelle Besprechungen oder sich an andere Orte begeben.

Nicht zu übersehen ist, dass Realakte auch *verwaltungsintern* eine unmittelbare Rechtsfolge bewirken können, so z.B. ein verbindlicher Auftrag oder eine konkrete Anweisung.

1618 Vgl. z.B. § 37a PolG BS, der die Anordnung der Wegweisung und des Rückkehrverbotes an keine Form bindet, durch den Zusatz, dass diese unter der Strafandrohung von Art. 292 StGB (Ungehorsam gegen eine amtliche Verfügung) erfolgten, den Verfügungscharakter aber deutlich macht.
1619 HÄFELIN/HALLER/UHLMANN, Rz. 730a; TSCHANNEN/ZIMMERLI/MÜLLER, § 38, Rz. 1.
1620 BGE 130 I 369 E 6.1; HÄFELIN/HALLER/UHLMANN, Rz. 737; TSCHOPP-CHRISTEN, 26.
1621 Vgl. etwa HÄFELIN/MÜLLER/UHLMANN, Rz. 730a f.; (mit eher erstaunlichem Widerspruch: Rz. 734–736a).

857 Auch jede *Datenbearbeitung* ist ein *Realakt,* selbst wenn dieser von Dritten nicht unmittelbar wahrgenommen werden kann[1622]. Sofern diese Bearbeitung *personenbezogene Daten* betrifft, kann sie *selber* eine *Rechtswirkung* erzeugen, so bspw. der – ohne formelle Verfügung vorgenommene – Eintrag in das automatisierte Fahndungsregister (RIPOL)[1623] oder in das Schengen-Informationssystem[1624]. Solche Einträge bilden den *verbindlichen* Auftrag, bei Betreffen der registrierten Person die in der Datei verlangte Massnahme zunächst ohne weitere Prüfung umzusetzen[1625]. Sofern personenbezogene Daten von den Betroffenen der Behörde nicht selber gewollt zugänglich gemacht worden sind, bedeutet deren Bearbeitung eine *Beeinträchtigung des Grundrechts der informationellen Selbstbestimmung.* Es handelt sich somit nach der hier verwendeten Terminologie bei dieser Art der Datenbearbeitung um *intervenierende informationelle Realakte.* Sie sind für die Betroffenen vielfach nicht unmittelbar wahrnehmbar, aber rechtswirksam[1626].

858 Demgegenüber sind *operationelle polizeiliche Realakte* in der Art der allenfalls *physischen Interventionen* wie eine Personenkontrolle, ein Atemlufttest bei Motorfahrzeuglenkern, die in Gewahrsamnahme, die ebenso *in Rechtspositionen eingreifen*, unmittelbar wahrnehmbar.

Da der Rechtsschutz im Bereich des Datenschutzes anders, deutlich intensiver geregelt ist als in Bezug auf operationell (also physisch) intervenierende Realakte, werden sie begrifflich auseinander gehalten.

II. Übersicht über die verschiedenen Arten von Realakten

859 Zu *unterscheiden* ist demnach zwischen *intervenierenden* und nicht unmittelbar eingreifenden, also *nicht intervenierenden* Realakten.

Im vorliegenden Kontext sind *nicht intervenierende operationelle und informationelle* (also *nicht imperative*) *Realakte* von untergeordnetem Interesse, da sie zumindest nicht unmittelbar eine Rechtswirkung erzeugen. Sie werden in der nachfolgenden schematischen Darstellung jedoch den intervenierenden Realakten gegenübergestellt:

1622 In Bezug auf die Begrifflichkeit a.A. TSCHANNEN/ZIMMERLI/MÜLLER, § 38, Rz. 2, die festhalten, von einem Realakt könne nur gesprochen werden, wenn eine von einem Dritten wahrnehmbare und dem Verwaltungsträger funktional zurechenbare Handlung vorliege.
1623 VO über das automatisierte Polizeifahndungssystem (RIPOL-Verordnung).
1624 VO über den nationalen Teil des Schengener Informationssystem (N-SIS) und das Sirene-Büro (N-SIS-Verordnung).
1625 So z.B. die frühmorgendliche Überprüfung eines bekannten Komponisten auf Grund eines irrtümlicherweise nicht revozierten Ausschreibens einer Bezirksanwaltschaft eines andern Kantons am 2. November 2001 (BaZ vom 1. Dezember 2001, 33).
1626 Neben der direkt beabsichtigten Rechtswirkung entstehen durch die Datenbearbeitung auch unmittelbar datenschutzrechtliche Ansprüche, selbst wenn die betroffene Person davon noch keine Kenntnis hat (vgl. Rz. 1185).

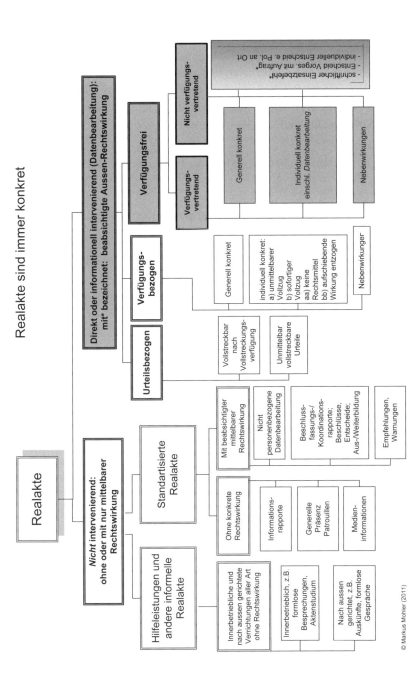

Legende: Die mit einem * bezeichneten Realakte (Einsatzbefehl oder Auftrag zu einer Intervention) haben nach aussen selber keine unmittelbare Rechtswirkung (wohl aber innerhalb der Organisation: Verbindlichkeit), beabsichtigen indessen eine solche. Zur Unterscheidung zwischen unmittelbarem und sofortigem Vollzug vgl. Rz. 884.

860 Im polizeilichen Aufgabengebiet sind, mehr der Vollständigkeit halber, folgende nicht bzw. nicht direkt intervenierende Standardtätigkeiten mit Aussenwirkungen zu nennen:

- *nicht eingreifend:*
  Informationen aller Art (Plakate, Meldungen in den Medien, Internetauftritte), freiwilliger Unterricht (z.B. Verkehrserziehung, Gewalt- und Drogenprävention), polizeiliche Präsenz (Patrouillen, in Wachen), Überwachung des Geschehens im öffentlich zugänglichen Raum (*ohne* persönliche Identifikation oder elektronische Identifikationsmöglichkeit, Rz. 535 f.);
- *indirekt eingreifend:*
  Empfehlungen, Warnungen (welche jedoch die Wirtschaftsfreiheit tangieren können [vgl. Rz. 594]).

B. Zum Rechtscharakter direkt (physisch) oder informationell intervenierender Realakte

861 Die anschliessenden Ausführungen sind auf die *polizeilichen operationell intervenierenden* und die *informationell intervenierenden Realakte* begrenzt.

Zur besseren Abgrenzung zweier verschieden eingreifender Realakttypen, die *prima vista* nicht die gleichen Grundrechte betreffen, wird zwischen operationellen (physisch) intervenierenden Realakten (Art. 10 Abs. 2 BV) und solchen der personenbezogenen Datenbearbeitung (Art. 13 Abs. 2 BV) unterschieden, obwohl sie in der Wirklichkeit z.B. bei einer Personenkontrolle (Identitätsüberprüfung) praktisch zusammenfallen bzw. beide Schutzbereiche (neben möglicherweise weiteren Grundrechten) tangiert sind.

862 Bis zur auf den 1. Januar 2007 in Kraft getretenen Justizreform, fristete eine Art von in Rechtspositionen eingreifenden Realakten, diejenige der *unmittelbar wahrnehmbaren Handlungen,* in der Rechtsprechung und v.a. in der Lehre hinsichtlich des Rechtsschutzes ein kümmerliches Dasein. Einen gewährleisteten Rechtsschutz auf Grund solcher Realakte gab es für sie nicht[1627]. Dabei fällt auf, dass doppelte Argumentationslinien – eine materieller, eine formeller, d.h. prozessrechtlicher Art –, verwendet wurden, um den Rechtsschutz einzuschränken bzw. die Justiz vor einer befürchteten Überforderung zu bewahren[1628].

863 Umgekehrt wurde schon lange erkannt, dass die *Bearbeitung personenbezogener Daten beabsichtigt Rechte der Betroffenen tangiert*[1629,1630].

1627 SCHEFER, Beeinträchtigung, 31 ff.; RHINOW ET AL., Prozessrecht, Rz. 1283; WEBER-DÜRLER, Grundrechtseingriff, 63 f.
1628 Vgl. M. MÜLLER, ZBJV 2000, 179 ff.
1629 BGE 113 Ia 1 E 4b/bb und ähnlich schon BGE 95 I 103 E 2, beide gestützt auf Art. 4 aBV.
1630 RHINOW ET AL., Prozessrecht, Rz. 1292; WEBER-DÜRLER, Grundrechtseingriff, 75.

I. Zur Anwendbarkeit der Kriterien des Eingriffsbegriffs

In der Literatur findet sich diese ausschliessliche Ausrichtung auf einen *Taterfolg* und nicht auf eine *Rechtswirkung* namentlich auch in Bezug auf die im Polizeibereich typischen *intervenierenden Realakte*[1631]. Die informationellen Realakte bleiben dabei meist ausgeklammert. Das Festhalten an *prozessrechtlichen* Voraussetzungen als Anerkennung eines Anfechtungsobjektes, wird an der *Verknüpfung des (Grundrechts-)Eingriffbegriffs mit der Verfügung* als Rechtsakt verankert[1632].

Der (Grundrechts-)*Eingriffsbegriff* ist an der Rechtsfigur der *beschränkenden Verfügung* ausgebildet worden; er wird mit drei Kriterien definiert: der *Finalität*, d.h. Ausrichtung auf eine *Rechtswirkung*, sowie der *Unmittelbarkeit* der angestrebten Rechtsfolge. Dadurch gewinnt der Eingriff seinen *imperativen Charakter*[1633] (zu Fragen von Nebenwirkungen vgl. Rz. 876 f.).

Dieser bisher ausschliesslich auf Rechtsakte bezogene Eingriffsbegriff wird, wie erwähnt, zu deren Abgrenzung von Realakten unterschiedslos auf jedes «informelle» oder «schlichte» Verwaltungshandeln, also auf *alle* Realakte, angewandt. Dies trifft für die in der Literatur zumeist stillschweigend ebenso einbezogenen *intervenierenden* Realakte nach der hier vertretenen Auffassung jedoch nicht zu[1634].

Sowohl *operationell als auch informationell intervenierende Realakte* haben im Polizeirecht einen prominenten, *rechtlich* bedeutenden Stellenwert; sie heben sich von anderem «schlichten» Verwaltungshandeln wie bspw. Aktenstudium oder Besprechungen usw. deutlich ab. Sofern es nicht um die polizeiliche Präsenz an sich, Informationen oder Empfehlungen (als *«nicht-imperative Realakte»*[1635], vgl. Rz. 859.) geht, sondern um konkrete Massnahmen zur Aufrechterhaltung der Sicherheit und der Gefahrenabwehr oder um Datenbearbeitungen, handelt es sich typischerweise um *belastende Massnahmen*. Deren beabsichtigte unmittelbare Wirkung sind *Rechtseinschränkungen* (Ingewahrsamnahme, Verbote, Auflagen) oder die Verfügbarkeit von Personendaten[1636], die ihrerseits unmittelbar weitere Rechtswirkungen auslösen können. Diese Rechtseinschränkungen können ihrerseits Grundlage von *Rechtsstreitigkeiten* im verfassungsrechtlichen Sinn sein (Art. 29a BV, vgl. Rz. 1478 ff.).

Erstaunlicherweise wird intervenierenden Realakten in Teilen der Literatur in genereller Weise der für Verfügungen begriffseigene *Eingriffscharakter* jedoch abgesprochen;

1631 So die Interpretation der in Art. 25a VwVG zum Ausdruck kommenden Definition des Realaktes: RHINOW ET AL., Prozessrecht, Rz. 1286. Die Abnahme von Fingerabdrücken z.B. führt jedoch zu einer Aufnahme in einer Datei im AFIS.
1632 RHINOW/SCHEFER, Rz. 2840.
1633 WEBER-DÜRLER, Grundrechtseingriff, 60 f.
1634 Anders WEBER-DÜRLER, Grundrechtseingriff, 67, die den Schusswaffengebrauch der Polizei als Realakt mit Grundrechtsbeeinträchtigung erwähnt.
1635 Vgl. WEBER-DÜRLER, Grundrechtseingriff, 95.
1636 Vgl. zum Verfügbarkeitsprinzip gemäss Schengen Durchführungsübereinkommen hinten, Rz. 942 ff.

es fehle ihnen *an Finalität und Unmittelbarkeit* in Bezug auf eine *Rechtsfolge*[1637]; der Unterschied zwischen Rechts- und Realakten diene «vor allem dazu, die Verfahrenswahl zu bestimmen und den Geltungsbereich des Verwaltungsprozessrechts im gleichen Zug auf das Vernünftige zu begrenzen»[1638]. Dies bedeutete allerdings, dass die Verwaltung durch die Wahl der Handlungs- bzw. Regelungsform (Realakt statt Rechtsakt) den Rechtsschutz einschränken könnte[1639], was weder mit dem Grundrechtsschutz noch mit der durch Art. 29*a* BV eingeführten Rechtsweggarantie übereinstimmt.

869 Diese polizeilichen direkt eingreifenden und insbesondere die informationellen Realakte sind – entgegen Darstellungen in der Literatur – keine «rechtlich nicht geregelten Tathandlungen»[1640] oder Handlungen, die «in der Regel verfahrensfrei» ergehen[1641]. Die *polizeilichen Interventionen* und *Datenbearbeitungen* sind durch die Verfassungsprinzipien und (polizei-)gesetzliche Bestimmungen *rechtlich geregelt*, an Voraussetzungen (z.B. formelle Zuständigkeit, Anfangsverdacht), Bedingungen (z.B. materielle Befugnis) und Auflagen (z.B. Zweckbindung) gebunden[1642], die dem Rechtsschutz *ab initio* dienen[1643]; sie müssen eine konkrete gesetzliche Grundlage haben (vorbehalten Fälle der Anwendbarkeit der polizeilichen Generalklausel oder des unmittelbaren Schutzes existentieller Grundrechte, vgl. Rz. 756 ff.), im öffentlichen Interesse oder im Interesse des Schutzes von Grundrechten Dritter und verhältnismässig sein. Datenbearbeitungen sind zusätzlich weiteren rechtlichen Normierungen in Datenschutz- und Spezialgesetzen (wie bspw. Polizeigesetzen, Schengen-spezifische Normierungen) unterworfen.

Diese Rechtsbindung folgt bereits aus dem objektiv-konstitutiven Charakter der Grundrechte, der nun in Art. 35 Abs. 1 BV zum Ausdruck gebracht wird[1644]. Im Zusammenhang mit *intervenierenden Realakten* kommt jedoch der *Abwehrfunktion der Grundrechte eine grosse Bedeutung zu* (Art. 36 BV)[1645].

870 *Polizeiliche direkt oder informationell intervenierende Realakte* zeichnen sich gerade durch ihre *Finalität* und *unmittelbare Rechtswirkung* aus[1646]. Sie sind nur zur Auf-

---

1637 TSCHOPP-CHRISTEN, 22.
1638 TSCHANNEN/ZIMMERLI/MÜLLER, § 38, Rz. 3.
1639 WEBER-DÜRLER, Grundrechtseingriff, 76. Zum gleichen Ergebnis, wenn auch aus «umgekehrter» Sicht kommen TSCHANNEN/ZIMMERLI/MÜLLER, § 38, Rz. 19.
1640 Vgl. HÄFELIN/HALLER/UHLMANN, Rz. 734.
1641 Vgl. TSCHANNEN/ZIMMERLI/MÜLLER, § 38, Rz. 3.
1642 SALADIN, 346 f. («Polizeiliches Handeln ist stets rechtliches Handeln»).
1643 So auch MÜLLER, ZBJV, 178. Vgl. z.B. Art. 7 des Rahmenbeschluss 2008/977/JI des Rates im Zusammenhang mit «Entscheiden», die auf Grund einer automatisierten Datenverarbeitung «eine nachteilige Rechtsfolge für die betreffende Person hat oder sie erheblich beeinträchtigt»; MOHLER, Schengen-Besitzstand, 19 f.
1644 So bereits SALADIN, 295.
1645 WEBER-DÜRLER, Grundrechtseingriff, 77 f.
1646 GIACOMETTI, Verwaltungsrecht, 60 f., führt dazu aus, der «Hauptfall der hoheitlichen materiellen Verwaltung» sei der, «in dem Imperium bei der Setzung von Verwaltungsakten oder Realakten tatsächlich gehandhabt wird, in dem mit anderen Worten die Willenserklärung der verwaltenden Behörde für den Adressaten Rechtsverbindlichkeit besitzt, z.B. einen Befehl dar-

rechterhaltung der öffentlichen Sicherheit, zum Erfüllen gesetzlich vorgeschriebener weiterer Aufgaben und zum Schutz von Grundrechten Dritter zulässig. Daraus ergibt sich ihre erste *Rechtswirkung:* Die Bewahrung der geltenden Rechtsordnung. Sie schränken dazu gezielt *Verhaltensfreiheiten* oder das *Recht der informationellen Selbstbestimmung* Einzelner[1647] oder einer Mehr- oder Vielzahl von Personen[1648] ein[1649]. Dies ist – neben dieser Tatsache – eine zweite beabsichtigte *Rechtswirkung*. Der *Entschluss* zu einem direkt oder informationell intervenierenden Realakt ist bezüglich der Rechtwirkung demnach *doppelt final*. Seine Rechtswirkung ist unmittelbarer als diejenige einer rechtskräftigen Verfügung: Deren gesondert anzuordnende Vollstreckung geht im intervenierenden Realakt auf[1650].

> Beispiele: Die Identität einer Person wird wegen eines Anfangsverdachts zu einer bestimmten Zeit an einem bestimmten Ort erfasst; ein Betrunkener, der andere anpöbelt, wird in Polizeigewahrsam genommen; ein Automobilist wird wegen Verdachts auf Alkohol oder auf einen Einfluss von Drogen am Steuer aufgefordert, den Atemlufttest zu absolvieren (im positiven Fall mit nachfolgender Blutprobe) oder einen Speichelabstrich zuzulassen[1651]; die vorläufige Festnahme einer Person, um das Begehen eines Deliktes unmittelbar zu verhindern; die Wegnahme eines gefährlichen oder verbotenen Gegenstandes (z.B. Feuerwerkskörper); die Durchfahrt eines Autos wird wegen überhöhter Geschwindigkeit (optisch und datenmässig) registriert; eine Person wird auf Grund einer mündlichen Benachrichtigung wegen Verdachts auf häusliche Gewalt für Tage aus einer Wohnung weggewiesen[1652]; der Feuerwaffeneinsatz bei einem bewaffneten Raubüberfall, um weitere Delikte, insbesondere eine Geiselnahme, zu verhindern; die Kleider von Stadionbesuchern werden auf gefährliche Gegenstände, insbesondere Feuerwerkskörper, durchsucht; ein bestimmter Gegenstand wird sichergestellt oder ein Führerausweis auf der Stelle abgenommen oder aberkannt; das Einziehen unverzollter Ware, die anlässlich

871

---

stellt, oder die behördliche Tathandlung Zwangsanwendung bildet.» Damit setzt er den Verwaltungsakten (heute: Rechtsakten) die Realakte hinsichtlich einer Rechtswirkung gleich, soweit beide Anwendungsformen von Verwaltungshandeln (einseitig) eine Rechtsfolge bewirken. Davon unterscheidet Giacometti Fälle hoheitlicher Verwaltung, in denen «Imperium nicht zur Anwendung kommt» und die er als «schlichte Hoheitsverwaltung» bezeichnet.

1647 Von der Intensität her nach SCHEFER, Beeinträchtigung, 26 f., auf der ersten (quantitativen: Einzelne) Ebene.

1648 Auch als zweite (ebenso quantitative: Mehrere) Intensitätsebene bezeichnet, SCHEFER, a.a.O., 27 f.

1649 Eine dritte Intensitätsebene erfasst eine Grundrechtsbeeinträchtigung von *besonderer* (qualitativer) Intensität, d.h. wenn der Schutzbereich in seiner zentralen Funktion tangiert wird (SCHEFER, a.a.O., 28 f.). Daraus ergibt sich nach dieser Theorie, dass die ersten beiden *(quantitativen)* Ebenen in einer möglichen Beziehung zur dritten *qualitativen* Ebene stehen, nämlich dann, wenn die Beeinträchtigung einzelner oder mehrerer besonders intensiv ist.

1650 Vgl. auch Art. 28 Abs. 4 des Verwaltungsrechtspflegesetzes des Kantons Graubünden, der Realakte, die in Rechte und Pflichten von Personen eingreifen, den Verfügungen («Entscheiden») gleichstellt (dazu auch Rz. 1490 ff.).

1651 Die Weigerung zieht als Rechtsfolge die Strafbarkeit wegen Vereitelns einer Blutprobe, Art. 91*a* SVG, oder der Hinderung einer Amtshandlung, Art. 292 StGB, nach sich: BGer 6B_680/2010 E 4.1 ff. (Strafbarkeit des Vereitelns von Amtshandlungen).

1652 Vgl. Rz. 397 ff.

einer Veranstaltung an einem (vom zuständigen Amt bewilligten) Stand auf Allmend zum Verkauf angeboten wird; die Evakuation eines Warenhauses oder eines Bahnhofes nach Eingang einer Bombendrohung; das Sperren von Strassen und Eisenbahnlinien in der Nähe eines Brandortes mit Explosionsgefahr bzw. der Gefahr giftiger Rauchgase. Die Aufnahme und Bearbeitung von Personendaten in einer Datei, aus denen sich rechtserhebliche Entscheide ableiten lassen. Dazu gehört auch das Zurverfügungstellen von Personendaten an Behörden anderer Staaten (vgl. Rz. 985 ff., 1007 ff., 1048 ff., 1108 ff.).

872 Unwesentlich ist in allen solchen Fällen, ob es sich bei diesen *verfügungsfreien Handlungen* um verfügungsvertetende oder nicht-verfügungsvertretende Realakte[1653] handelt.

873 Bei polizeilichen Massnahmen z.B. im Zusammenhang mit häuslicher Gewalt kann ein *Rechtsakt* (die [ev. mündliche] Verfügung der Wegweisung[1654]) mit einem *Realakt* (die unmittelbare Umsetzung durch eine physische Massnahme) auch *zusammenfallen*[1655].

874 Neben den für intervenierende Rechtsakte begriffsnotwendigen Kriterien der *Zielgerichtetheit* und der *Unmittelbarkeit der Wirkung* in tatsächlicher *und* rechtlicher Weise wird zusätzlich auch das *Kriterium der Voraussehbarkeit* (als Teil finalen Handelns) angeführt[1656]. Auch dieses Kriterium wird von polizeilichen intervenierenden Realakten erfüllt: Für die von einem intervenierenden polizeilichen Realakt *betroffene Person* ergibt sich dessen Voraussehbarkeit aus der Bestimmtheit der Rechtslage (Abwehr einer konkreten Gefahr, Verhinderung von Delikten).

875 *Realakte sind durchwegs konkret.* Entweder betreffen sie eine unbestimmte Vielzahl von Leuten *(generell-konkret)* oder Einzelpersonen (*individuell-konkret* bzw. *gezielt-individuell*[1657]).

Die sofortige Sperrung einer Strasse wegen eines drohenden Erdrutsches ist ein generell-konkreter Realakt, die Personenkontrolle, das Versetzen einer Person in Polizeigewahrsam oder die Wegnahme eines verbotenen Gegenstandes ein individuell-konkreter.

II. Nebenwirkungen von Realakten (oder deren Unterlassung)

876 Realakte (gleich wie Rechtsakte) oder deren Ausbleiben können *unmittelbare und mittelbare Nebeneffekte («chilling effects»)* bewirken. Nebenwirkungen können Dritte, also *andere* als nur den oder die Adressaten selber treffen[1658], sind jedoch nicht notwendigerweise grundrechtsrelevant.

So kann der Einsatz von Tränenreizstoffen auch Unbeteiligte beeinträchtigen. Das nicht unterbundene Benützen einer nicht bewilligten Route für eine Demonstration kann Stö-

---

1653 Vgl. TSCHANNEN/ZIMMERLI/MÜLLER, § 38, Rz. 15 ff. Vgl. Rz. 885 ff.
1654 Vgl. z.B. die ungenügend genaue Formulierung in § 37*a* PolG BS.
1655 Vgl. z.B. Art. 8 f. LVD GE.
1656 WEBER-DÜRLER, Grundrechtseingriff, 89 ff.
1657 MOHLER, Realakte, 467.
1658 Vgl. SCHEFER, Beeinträchtigung, 37 f.

rungen des Verkehrs, Beeinträchtigungen der Wirtschaftsfreiheit, Sachbeschädigungen oder die Verunmöglichung einer andern Versammlung zur Folge haben. Eine Personen- oder Verkehrskontrolle kann dazu führen, dass ein Abflug verpasst wird mit möglicherweise weitergehenden Konsequenzen. Die Bearbeitung von Daten einer individuell bestimmten Person kann das Erfassen nicht anvisierter Personen ergeben.

Das Kriterium der *Voraussehbarkeit* einer bestimmten (*nicht* direkt beabsichtigten) Wirkung kann für die intervenierende Polizei m.E. nur für allfällige *Nebeneffekte* eines Realaktes in Bezug auf Fragen der Rechtswidrigkeit und der Staatshaftung (für rechtswidrig oder auch rechtmässig zugefügten Schaden[1659]) relevant sein. 877

III. Grundrechtsrelevanz von intervenierenden Realakten

Polizeilich direkt und informationell intervenierende Realakte sind, abgesehen von mittelbaren Nebeneffekten, zumeist *grundrechtsrelevant*. Sie haben nicht nur *unmittelbare Rechtswirkung*, sondern sind auch *darauf ausgerichtet, solche Rechtswirkungen zu erzielen*[1660]. 878

Bereits die Personenkontrolle, eine Identitätsprüfung, stellt eine (wenn auch leichte) *Beeinträchtigung der persönlichen Freiheit* nach Art. 10 Abs. 2 und 13 Abs. 2 BV dar und darf nicht voraussetzungslos vorgenommen werden[1661]. Sie zielt z.B. darauf, entweder Personen, die gesucht werden (rechtsgültig ausgeschrieben sind) oder die sich illegal in der Schweiz aufhalten, festzustellen[1662]. Der Abgleich der erhobenen Personendaten mit dem vorhandenen Datenbestand führt aus Gründen des Datenschutzes (Protokollierung) zu einem Dateieintrag[1663].

Der Polizeigewahrsam ist darauf ausgerichtet, die betreffende Person von Beeinträchtigungen der Rechte anderer, Beschädigung öffentlicher Einrichtungen oder von einer Selbstschädigung abzuhalten und sie zu diesem Zweck in ein rechtliches Sonderstatusverhältnis zum Staat zu versetzen. Ein solcher Realakt verleiht zufolge seiner Zielge-

---

1659 Zu Fragen der Staatshaftung: hinten § 33, Rz. 1589 ff.
1660 MOHLER, Realakte, 462 ff.
1661 Vgl. Rz. 398. Deutlich BGE 109 Ia 146 E 4b: «En effet, la simple interpellation de police à fin de vérification d'identité, dans sa forme primaire énoncée …, c'est-à-dire l'obligation de décliner son identité à un fonctionnaire de police et, le cas échéant, de lui exhiber un document établissant celle-ci, est le préliminaire obligé aux mesures de contrôle plus rigoureuses mises expressément en discussion dans le recours de droit public. Quand bien même elle ne constitue pas en soi une atteinte très sensible à la liberté personnelle, elle n'en est pas moins une intervention directe dans la sphère intime des individus. Sa pratique est donc soumise … aux principes constitutionnels de l'intérêt public et de la proportionnalité. … De même, les organes de police ne sont pas habilités à interpeller sans raison aucune et dans quelque circonstance que ce soit n'importe quel quidam déambulant sur la voie publique ou séjournant dans un établissement public. Une interpellation verbale, avec demande de renseignements personnels ou d'exhibition de papiers de légitimation, ne doit pas avoir un caractère vexatoire ou tracassier, ni obéir à un sentiment de curiosité gratuite; … ». Dieser BGE aus dem Jahre 1983 ist nach wie vor massgebend: BGE 136 I 87 E 5.4.
1662 BGE 136 I 87 E 5.3.
1663 Für den Bund: Art. 13 der VO über das informatisierte Personennachweis-, Aktennachweis- und Verwaltungssystem im Bundesamt für Polizei (IPAS-VO).

richtetheit (Finalität) und unmittelbaren Rechtswirkung das jederzeitige Recht zu einer Überprüfung durch ein Gericht, das so rasch als möglich zu entscheiden hat (Art. 31 Abs. 4 BV)[1664].

Umgekehrt fällt die rückstaubedingte zeitweilige Unmöglichkeit der Weiterfahrt wegen einer Verkehrskontrolle oder einer lange dauernden Verkehrsunfallaufnahme nicht in den Schutzbereich der persönlichen Freiheit.

IV. Zwischenergebnis

879 Teilweise wird heute nun in der Lehre vertreten, dass der Eingriffbegriff insofern ausgedehnt werden kann, als auch *Realakte, die unmittelbar individuelle Rechtspositionen beeinträchtigen,* darunter fallen. Somit könnten sie als selbständige *Anfechtungsobjekte* ohne Umweg über eine Feststellungsverfügung anerkannt werden[1665], wie der Polizeigewahrsam selber nach Art. 31 Abs. 4 BV Anfechtungsobjekt ist.

V. Reale Unterlassungen

880 Besteht eine Pflicht zu einer Intervention[1666] oder einer Registrierung und wird diese nicht befolgt, handelt es sich um eine *reale Unterlassung,* so etwa wenn der Staat seiner Schutzpflicht in Form einer polizeilichen Intervention gegen Störer einer individuellen Rechtsposition nicht nachkommt, d.h. die zuständige Behörde, vornehmlich die Polizei, einen erforderlichen Realakt nicht oder nur ungenügend vornimmt.

Bereits 1987 hat das Zürcher Kassationsgericht bejaht, dass *Unterlassungen von Realakten* justiziabel seien[1667].

C. Die Arten rechtlich relevanter polizeilicher Realakte

881 Eine erste Unterscheidung ergibt sich durch die *Wahrnehmbarkeit.* Operationell (d.h. direkt, allenfalls physisch) intervenierende Realakte sind unmittelbar wahrnehmbar, während Datenbearbeitungen (abgesehen von der offenen Datenerhebung im Verkehr mit einer Behörde oder anlässlich einer Personenkontrolle) nicht unmittelbar erkennbar sind.

I. Nach der Rechtsquelle

882 Eine zweite Unterscheidung ergibt sich daraus, ob ein polizeilicher intervenierender oder informationeller Realakt sich auf einen Rechtsakt stützt oder nicht.

1664 BGer 1C_50/2010 E 7.3. Vgl. Rz. 1507 ff.
1665 TOPHINKE, 94 f.; vgl. MOHLER, Realakte, 467 f.
1666 Vgl. zu den Interventions- bzw. Schutzpflichten Rz. 298 ff., 613 ff.
1667 Zur Justiziabiliät von Realakt-Unterlassungen Rz. 1497 ff.

1. Rechtsaktbezogene Realakte, Vollstreckungshandlungen

Sofern sich Realakte auf vollstreckbare Urteile oder Verfügungen beziehen, bieten sie als solche rechtlich insofern keine Besonderheiten, als sich allfällige Rechtsstreitigkeiten wegen der *Vollstreckung eines Rechtsaktes,* eines Urteils oder einer Verfügung, auf diesen selbst beziehen und nicht auf deren Vollzug[1668], sofern dieser korrekt ausgeführt worden ist.

883

> Beispiele: Vollzug einer Exmission aus einer Wohnung gestützt auf eine gerichtliche Vollstreckungsverfügung; Abnahme einer Waffe gestützt auf eine Verfügung der zuständigen Verwaltungsbehörde oder eines Gerichtes.
> Eintrag in das Fahrberechtigungsregister nach Bestehen der Führerprüfung für Motorfahrzeuge[1669] oder umgekehrt Eintrag der Verweigerung oder des Entzuges von Führerausweisen[1670].

Ein *unmittelbarer Vollzug* kann erfolgen, wenn der Verfügungsadressat unbekannten Aufenthaltes und der Rechtsakt verzugslos umzusetzen ist.

884

> Beispiel: Gerichtlich verfügte Exmission eines Mieters (bzw. von dessen Mobiliar), der seit längerem unbekannten Aufenthaltes ist und der die monatlichen Mietbetreffnisse nicht bezahlt hat.

Ein *sofortiger Vollzug* kann sich ergeben, wenn die Rechtsmittel ausgeschöpft sind, einer Verfügung die aufschiebenden Wirkung entzogen worden ist oder wenn die Natur des Rechtsstreites dessen Erledigung durch eine sofort vollstreckbare Verfügung auf der Stelle erfordert (z.B. unverzügliche Einweisung in eine Klinik; vgl. auch Art. 3 lit. f VwVG).

2. Verfügungsfreie Realakte

Polizeiliche Interventionen und Datenbearbeitungen, die keinen vorausgehenden Rechtsakt vollziehen, werden in verfügungsvertretende und nicht-verfügungsvertretende Realakte unterteilt.

885

a) Verfügungsvertretende Realakte

Mit der Rechtsfigur *verfügungsvertretender Realakte* kommt die Subsidiarität der exekutiven Polizei zum Ausdruck. Dieser, also Kantons- und Gemeindepolizeien, kommt nicht eine primäre Alleinzuständigkeit für die Aufrechterhaltung von Sicherheit und Ordnung bzw. der Gefahrenabwehr zu. Sie hat nur Interventionsbefugnisse, wenn die in einem Sachbereich gesetzlich zuständige Behörde nicht oder nicht rechtzeitig eine Gefahr zu bannen vermag (Rz. 152).

886

> Beispiele: Verfügungsvertretende Realakte können *generell-konkret* sein: Sperrung einer Strasse wegen eines Rohrleitungsbruchs, Auslösen eines Sirenenalarms nach einer

887

1668 TSCHANNEN/ZIMMERLI/UHLMANN, § 38, Rz. 9.
1669 Art. 14 i.V.m. Art. 2 Abs. 3 VZV.
1670 Art. 7 ADMAS-Register-VO.

Explosion oder einem Brandausbruch, Räumen einer eben besetzten Liegenschaft wegen mehrfach unzumutbarer nächtlicher Störung der Nachbarschaft.

Individuell-konkret sind verfügungsvertretende Interventionen der Polizei, bspw. wenn eine Person wegen einer unvermittelt auftretenden schweren psychischen Störung mit Dritt- oder Selbstgefährdung sofort, noch bevor die zuständige medizinische Instanz eine Verfügung treffen kann, in eine Klinik zu verbringen (bzw. der medizinischen Fachperson zuzuführen) ist, oder wenn über die Feiertage wegen des Verdachts auf einen Todesfall in eine verschlossene Wohnung eingedrungen werden muss oder wenn eine Person offenkundig ausländischer Nationalität ohne Ausweise bzw. Aufenthaltstitel zuhanden der zuständigen Migrationsbehörde in Polizeigewahrsam genommen wird.

b) Nicht verfügungsvertretende Realakte

888   Die überwiegende Mehrzahl polizeilich intervenierender Realakte stützt sich nicht auf eine erlassene Verfügung, sondern direkt auf das relevante Gesetz (gegebenenfalls mit Verordnung und generellen Weisungen), auf die polizeiliche Generalklausel oder erfolgt als unmittelbarer Schutz eines existentiellen Grundrechts. Dazwischen liegen weitere Vorgänge, die für sich alle Realakte darstellen (so die Beurteilung einer Situation oder Lageentwicklung und – nach ev. weiteren Abklärungen der entsprechende Entschluss – gegebenenfalls der Auftrag an die ausführenden Organe[1671]).

II. Nach Art der Handlung

1. Formalisierte Realakte

889   Zu den formalisierten *Realakten* gehört der (polizeiliche) *Einsatzbefehl* (vgl. auch Rz. 852 f.). Er wird in aller Regel nach einem bestimmten Aufbau (oder Schema) schriftlich oder mündlich oder auch in gemischter Form erteilt[1672]. Ein Einsatzbefehl kann als Vor-, Einzel-, Teil- oder Gesamtbefehl erteilt werden, richtet sich entsprechend seiner Gestaltung und seinem Inhalt an bestimmte Personen, zu denen durch den darin enthaltenen *Auftrag* ein *spezifisches verwaltungsinternes Rechtsverhältnis* begründet wird.

890   Das Bundesgericht unterscheidet den polizeilichen *Einsatzbefehl als auf einen Einzelfall bezogene Anordnung* deutlich von einer Verwaltungsverordnung (vgl. Rz. 852 f.), die unter eingeschränkten Voraussetzungen einer *abstrakten* Normkontrolle zugänglich sein kann. Einer solchen unterliegt der Einsatzbefehl nicht. Ein *Einsatzbefehl* kann u.U. jedoch – nicht als selbständiges Anfechtungsobjekt – akzessorisch bei der Prüfung des unmittelbaren Realaktes einer richterlichen Beurteilung unterzogen werden[1673].
Der Einsatzbefehl stellt auch keine Verfügung dar, da er deren Kriterien nicht entspricht (rechtliches Gehör, positivierte Begründungspflicht, Rechtsmittelfähigkeit).

1671   Vgl. z.B. BaZ vom 19. Mai 2011 («Polizei überwältigt 31-Jährigen...» nach fast 50 Stunden auf einem Hausdach, von dem er fortgesetzt Ziegel herunter schmiss).
1672   Vgl. dazu Schweiz. Polizei-Institut (SPI), Führung im Polizeieinsatz (FIP, 2. Aufl., Neuchâtel 2009).
1673   BGE 128 I 167 E 4.3 ff.

Der Einsatzbefehl selber hat bis zu seiner Umsetzung keine unmittelbare Aussenwirkung im Verhältnis vom Staat zum Bürger[1674]. Die Aussenwirkung entsteht erst mit der Umsetzung. Dazwischen liegt die rechtlich ebenso verbindliche Pflicht des oder der Beauftragten, mindestens summarisch zu prüfen, ob der erhaltene Auftrag (noch) rechtens ist oder ob die Formulierung eines Auftrages (Teilauftrages) selber unzulässig bzw. die zwischen Auftragserteilung und beabsichtigter Ausführung eingetretene Veränderung der Situation zu einer andern Rechtslage führte, die die Rechtswidrigkeit (z.B. Unverhältnismässigkeit) der Umsetzung des Auftrages bewirkte[1675].

891

In einem polizeilichen Einsatzbefehl im Hinblick auf eine Demonstration, von der wegen im gleichen Zusammenhang zuvor begangener erheblicher Straftaten Ausschreitungen zu befürchten waren, wurden die eingesetzten Polizeiangehörigen beauftragt, Identitätskontrollen und «möglichst viele Festnahmen und Befragungen gemäss PolG durchzuführen»[1676]. Darauf wurden auch Personen zur genaueren Abklärung ihrer Anwesenheit vorläufig festgenommen, obwohl sie sich auswiesen und individuell keine genügende Verdachtslage für eine auf sie bezogene polizeiliche Massnahme bestand. Das zu vermeiden wäre – in Abweichung vom in dieser Formulierung rechtswidrig erteilten Auftrag – Pflicht der Ausführenden gewesen.
Der Auftrag, eine Strasse wegen eines Unfalles oder ein Gebäude (z.B. Bahnhof) wegen einer ernsthaften Gefährdung (z.B. Bombendrohung) zu sperren (und zu evakuieren), kann sich bis zum Beginn der Ausführung als nicht (mehr) erforderlich erweisen, da die Strasse dennoch eingeschränkt passierbar ist bzw. die Bombendrohung zwischenzeitlich als «schlechter Scherz» identifiziert werden konnte.

892

2. Datenbearbeitung im Besonderen: Informationelle Realakte

a) Allgemeine Hinweise

Die *Datenbearbeitung* gehört auf Grund ihrer rechtlich dichten Regelung ebenso zu den *formalisierten Realakten*, auch wenn sie – abgesehen von der offenen Datenerhebung und dem Verfassen eines Polizeirapportes – meist nicht oder erst nachträglich wahrnehmbar ist. Ihre unmittelbare grundrechtliche Relevanz (Art. 13 Abs. 2 BV) ist offenkundig, weshalb jegliche Vornahmen an Dateien mit personenbezogenen Daten als Realakte zu regeln sind[1677].

893

In kantonalen Polizeigesetzen finden sich jedoch oft eher generalklauselartige Bestimmungen, die auf Verfassungsprinzipien oder das kantonale Datenschutzgesetz verweisen[1678]. Die nach dem Inkrafttreten der BV 1999 erfolgten Novellen polizeilicher Daten-

894

1674 BGE 128 I 167 E 4.4 f.
1675 Vgl. z.B. § 22 PolG BS (im Gesetz festgeschriebenes Gelübde, u.a. «die Grundfreiheiten und die Rechte der Menschen zu achten und zu schützen, die Verfassung und die Gesetze ihrem Sinn und Zwecke nach korrekt und gerecht anzuwenden, ... meine Pflichten ohne Ansehen der Person vorurteilslos und unbestechlich, nach bestem Wissen und Gewissen zu erfüllen ...»).
1676 Bericht SD BS, 9.
1677 Zu den grundsätzlichen Anforderungen Rz. 1177 ff.
1678 Z.B. § 43 PolG BL; § 57 Abs. 1 und 3 PolG BS.

bearbeitungsbestimmungen weisen demgegenüber eine deutlich höhere Normdichte auf[1679].

Da, abgesehen von Videoaufnahme und -aufzeichnungsanlagen, ausschliesslich kantonale polizeiliche Datenbanken durch die gesamtschweizerische Vernetzung die Ausnahme geworden sind, vermögen Verweise auf das Bundesrecht (BPI, RIPOL- und IPAS-Verordnungen) dem Anspruch der Normbestimmtheit zu genügen[1680].

b) Videoüberwachungen

895 In den letzten Jahren sind *Videoanlagen* in ungeahntem Mass sowohl von Behörden wie von Privaten im öffentlichen und öffentlich zugänglichen (privaten) Raum installiert worden. Auch das Betreiben von Videogeräten durch staatliche Organe oder Private in deren Auftrag[1681] zählen zu den *informationellen Realakten,* die ausnahmsweise verfügungsbezogen[1682], zumeist jedoch verfügungsfrei eingesetzt werden. Die notwendige Rechtsgrundlagen dafür sind in den letzten Jahren dafür entwickelt worden (vgl. Rz. 456 ff., 1177 ff.)[1683].

896 Realakte sind ebenso die nachträglichen Auswertungen von Aufzeichnungen (Rz. 1177).

897 Die nachträgliche *Publizierung von aufgezeichneten Einzelbildern* aus Videoaufnahmen von fotografisch ermittelten, aber nicht identifizierten Einzelpersonen, um z.B. wegen deren Beteiligung an schweren Ausschreitungen anlässlich eines Fussballspiels nach ihnen fahnden oder sie von künftigen Fussballspielen ausschliessen zu können, sind Realakte. Sie erfolgen, falls zu diesem Mittel gegriffen werden muss, ohne förmliche Verfügung, da die Betroffenen (noch) unbekannt sind, und auch eine vorgängige öffentliche Bekanntgabe im Sinne der «Gewährung des rechtlichen Gehörs» zwecklos wäre, da sich Betroffene dann entgegen dem Grundsatz, dass sich niemand selber einer Straftat bezichtigen muss, offenbaren müssten (zu den notwendigen gesetzlichen Voraussetzung Rz. 1165).

898 Eine anderweitige Publizierung (d.h. ohne überwiegendes öffentliches Interesse) von Videoaufnahmen, auf denen Personen erkannt werden können, ohne deren ausdrückliche Einwilligung, verletzte Art. 8 EMRK ebenso wie Art. 13 Abs. 2 BV, da sie der *Zweckbindung der Datenbearbeitung* (Grundsatz von Treu und Glauben, Art. 5 Abs. 3 BV) bzw. dem *Verhältnismässigkeitsprinzip* (Erforderlichkeit, Art. 36 Abs. 3 BV) widerspräche[1684].

1679 Z.B. Art. 49 ff. PolG BE.
1680 So bspw. § 57 Abs. 2 PolG BS.
1681 Zum Ganzen eingehend L. MÜLLER, Videoüberwachungen, *passim*.
1682 Verfügungen, gestützt auf eine Bewilligungspflicht, können bspw. gegenüber einem Stadionbetreiber erlassen werden, wonach an einer bestimmten Veranstaltung die stadioneigene Anlage, die Identifizierungen von Zuschauern erlaubt, einzuschalten sei, sofern dies gesetzlich nicht bereits geregelt ist. Nachträglich kann die zuständige Strafverfolgungsbehörde die Auswertung der Videoaufzeichnungen verfügen, sofern dadurch begangene Delikte aufgeklärt werden können.
1683 RUDIN/STÄMPFLI, Videoüberwachungen, 144 ff.; SCHWEGLER, 59 ff.
1684 EGMR Peck v. The U.K, §§ 85 ff.

3. Nicht formalisierte Realakte

a) Der (einfache, mündliche) Auftrag

Weitaus am häufigsten ist der einfache mündliche Auftrag an Polizeipatrouillen, meist als Schilderung einer *Lage* ohne ausdrückliche Zielsetzung, durch eine Einsatzzentrale. Die *Verbindlichkeit* dieser verwaltungsinternen Realakte ergibt sich aus den Dienstvorschriften (Allgemeine Verwaltungsweisungen, vgl. Rz. 839 ff.). Ein nicht mit weiteren Anordnungen ergänzter Auftrag führt zunächst nach der *Auftragstaktik*[1685] zu ersten Standardmassnahmen, die der Sachverhaltsermittlung und Lagebeurteilung dienen, gegebenenfalls gefolgt von weiteren Realakten zur notwendigen Wiederherstellung oder Aufrechterhaltung der öffentlichen Sicherheit oder zum Schutz von individueller Rechtspositionen und, sofern rechtlich geboten, zur Beweismittelsicherung für ein strafrechtliches Ermittlungsverfahren, eventuell kombiniert mit Zwangsmassnahmen. Diese Realakte beruhen auf *individuellen Entschlüssen* der beauftragten einzelnen Polizeiangehörigen.

899

> Bei Vorliegen von Verdachtsmomenten für strafbare Handlungen richten sich Beweismittelsicherung und allfällige Zwangsmassnahmen nach dem Strafprozessrecht. Dennoch kann *gleichzeitig* Polizeirecht massgebend sein[1686], sofern bspw. Personen Hilfe zu leisten, ein Tatort abzusperren ist oder Persönlichkeitsrechte am Vorfall Beteiligter (oder von Angehörigen) zu schützen sind.

900

b) Standardmassnahmen als Grundformen der exekutiven Rechtsanwendung bzw. der polizeilichen Realakte

Die der Prävention bzw. der Abwehr konkreter Gefahren dienenden *Standardmassnahmen*[1687] können wiederum in *ursachen-, umstände- und schutzobjektorientierte Massnahmen* unterteilt werden (vgl. Rz. 814 ff.). Darüber hinaus unterscheiden sie sich hinsichtlich ihrer *Wirkungsart* als *(verdeckt) oder direkt eingreifend* sowie hinsichtlich ihres Bezuges auf *Personen, Sachen, Geschehen (Verläufe), Informationen und Örtlichkeiten*. Jede Massnahme vereinigt mehrere dieser Merkmale von Orientierung, Wirkungsart und Bezogenheit in sich.

901

1685 Diese setzt eine entsprechend gute Ausbildung der Polizeiangehörigen voraus.
1686 BGE 136 I 87 E 4.1 («Die verwaltungsrechtliche Polizeitätigkeit lässt sich indessen nicht leicht vom strafprozessualen, im Dienste der Strafverfolgung stehenden Aufgabenbereich unterscheiden. Die beiden Bereiche können sich überschneiden, können fliessend ineinander übergehen, etwa wenn ein Polizeifunktionär in Ausübung einer rein polizeilichen Tätigkeit auf allenfalls strafrechtlich relevante Sachverhalte trifft und entsprechende Massnahmen im Dienste der Strafverfolgung vorkehrt.»)
1687 Vgl. REINHARD, 232 ff.

902 Nach der *Art der Aussenwirkung* bzw. des Grundrechtseingriffs lassen sich Standardmassnahmen wie folgt unterteilen:
– *nicht schwerwiegend eingreifend:*
Informationsbeschaffung, d.h. Aufnahme von Personendaten (z.B. Augenzeugen, Opfer, Störer), ev. Abgleichung mit Dateibeständen (Rz. 1164), Beobachtung einer bestimmten Person, Personenkontrolle (Rz. 386),
– *intensiv(er) eingreifend*[1688]:
Anhaltung (Überprüfung der Personalien in einer Polizeiwache, sofern an Ort und Stelle nicht oder nur erschwert möglich), vorläufige Festnahme (einschliesslich Vor-, Zu- und Rückführungen), erkennungsdienstliche Massnahmen (Rz. 1164), andere Massnahmen zu Spurensicherungszwecken (Sachbeweismittel), Polizeigewahrsam (Rz. 388 f.), Kleiderdurchsuchung (elektronisch oder manuell; Rz. 692), Effektendurchsuchung (einschliesslich elektronische Geräte), Hausdurchsuchung bei Gefahr im Verzug (Rz. 454 f.), Durchsuchung von Fahrzeugen (Rz. 439), Sicherstellung und verwaltungsrechtliche Beschlagnahme von Gegenständen (z.B. nach Art. 31 WG[1689]; Rz. 349), Abnahme von Ausweisen (z.B. nach Art. 54 Abs. 3 und 4 SVG[1690]).

903 Hinsichtlich des *Bezugs von Standardmassnahmen* lassen sich folgende Unterscheidungen treffen:
– *Bezug auf Personen:*
Überwachung im öffentlichen oder halb-öffentlichen Raum mit Identifikationsmöglichkeit, alle freiheitsbeschränkenden oder freiheitsentziehenden Massnahmen einschliesslich Kleiderdurchsuchung (z.B. bei Sportveranstaltungen), alle Datenbearbeitungen, Effektendurchsuchung, Abnahme von Ausweisen (soweit sie auf die betroffene Person ausgestellt sind), u.U. Empfehlungen,
– *Bezug auf Sachen:*
Warnungen in Bezug auf Produkte, Durchsuchung von nicht der kontrollierten Person gehörenden Effekten (einschliesslich Fund- und [kurzfristig?] verwaiste Gegenstände[1691]), Überwachung und/oder Durchsuchung von Fahrzeugen, Hausdurchsuchungen, Sicherstellen und verwaltungsrechtliche Beschlagnahme von Gegenständen (inkl. fremde Ausweise),
– *Bezug zu Geschehen (Verläufe):*
Überwachung des Geschehens in öffentlichem oder halb-öffentlichem Raum, Beobachtung eines bewilligten Anlasses (z.B. Sportveranstaltung, Demonstration, Open-Air-Veranstaltung),

---

1688 Die Übergänge sind fliessend und lassen sich auch nicht mit dem Modell der verschiedenen Ebenen der Beeinträchtigung von Grundrechten (vgl. Rz. 866 f.) klar voneinander abgrenzen.
1689 BG über Waffen, Waffenzubehör und Munition (Waffengesetz).
1690 Strassenverkehrsgesetz.
1691 In Bahnhöfen und Flughäfen gelten unbeaufsichtigte Gegenstände als verdächtig und werden nach kurzer Zeit unter besonderen Sicherheitsvorkehrungen vernichtet.

- *Bezug zu Informationen (Informationsbeschaffung und -verarbeitung):*
 Suchen von Augen- oder Ohrenzeugen eines Geschehens, Entgegennahme von spontan mitgeteilten Informationen, gezielte Informationsaufnahme bzw. Nachrichtenbeschaffung, Rekognoszierung von Gefahrenstellen, jegliche Datenbearbeitung einschliesslich Analyse, Auswertung und Informationsaustausch,
- *Bezug zu Örtlichkeiten:*
 Über- oder Bewachung von Liegenschaften, Durchsuchung leer stehender/unbenutzter Gebäulichkeiten, Überwachen und/oder Sperren von Räumen (Strassen, Plätzen, Luftraum, Seen und Flüssen oder Teilen davon).

Die Gliederung nach Wirkungsart und Bezogenheit dient dazu, nach Prüfung des Sachverhaltes und des Vorliegens der notwendigen gesetzlichen Grundlagen mit Hilfe der Kriterien des Verhältnismässigkeitsprinzips[1692] diejenigen Massnahmen zu treffen, die mit den geringst möglichen (Grund-)Rechtsbeschränkungen den polizeilichen Auftrag erfolgreich zu erfüllen erlauben.

§ 19 Exkurs: Anfechtbarkeit von intervenierenden Realakten

In Bezug auf die Anfechtbarkeit ist zwischen den informationellen Realakten und allen andern zu unterscheiden. Die (formellen) Datenschutzgesetze enthalten detaillierte Bestimmungen über das Informations- und Auskunftsrecht sowie den Rechtsschutz[1693].

A. Informationell intervenierende Realakte

Der Schutz der informationellen Selbstbestimmung und damit die notwendigen Rechte, die Daten über sich selber einzusehen und rechtswidrig bearbeitete Datenbearbeitungen anzufechten, haben in Art. 13 Abs. 2 BV (und Art. 8 EMRK) ihre spezielle verfassungsmässige Grundlage.

Die *Rechtsmittel und der Rechtsweg* sind überwiegend in den *formellen* Datenschutzgesetzen von Bund und Kantonen festgelegt. Im Zusammenhang mit der Anfechtbarkeit informationeller Realakte sind das Informations- und das Dateneinsichtsrecht sowie die Ansprüche auf Berichtigung, Sperrung, Verbot der Weitergabe, Löschung und Vernichtung von Bedeutung (vgl. auch Rz. 1185).

Besonderer gesetzlicher Regelung bedürfen die verzögerte Information der Betroffenen und die Beschränkung des Dateneinsichtsrechtes bzw. der Auskunftserteilung (Rz. 1186 f.).

1692 Vgl. Rz. 534, *672 ff.*
1693 Vgl. Art. 7*a* ff., 33 DSG; Art. 7 f. BPI; Art. 11 IPAS-VO; §§ 26–36 und 44 lit. d IDG BS.

B. Direkt (physisch) intervenierende polizeiliche Realakte

I. Allgemeine Hinweise

909 Realakte, die Rechtspositionen einschränken, fallen nach der hier vertretenen Ansicht unter den Eingriffsbegriff und können demnach zu *Rechtsstreitigkeiten* führen (vgl. dazu Rz. 1478 ff.). Nach Art. 29*a* BV hat jede Person bei Rechtsstreitigkeiten Anspruch auf Beurteilung durch eine richterliche Behörde, sie sind somit anfechtbar[1694] (Näheres zur *Anfechtbarkeit* in Rz. 1485 ff.).

910 Desgleichen kann auch das *Untätigbleiben* der zuständigen Behörde bei einer behaupteten Interventionspflicht oder der zu späte oder zu geringe Ressourceneinsatz gerügt werden (vgl. Rz. 1485 ff.).

II. *Zur gesetzlichen Ausgestaltung des Rechtsschutzanspruchs nach Art. 29a BV*

911 Auf *Bundesebene* wird der *Rechtsschutz gegenüber sicherheitsbezogenen Realakten* verfahrensrechtlich durch Art. 25*a* VwVG i.V.m. Art. 31 VGG und Art. 82 BGG, wenn auch beschränkt, gewährleistet.
Der Ausschluss der Beschwerdefähigkeit von Massnahmen auf dem Gebiet der inneren oder äusseren Sicherheit, der Neutralität, des diplomatischen Schutzes und der übrigen auswärtigen Angelegenheiten betrifft Entscheide mit politischem Charakter («*actes de gouvernement*»), nicht aber Ermessensentscheide von Verwaltungsbehörden[1695]. Polizeiliche intervenierende Realakte von Bundesorganen können zumindest dann nicht unter den Ausschluss der Beschwerdefähigkeit fallen, wenn das Völkerrecht einen Anspruch auf gerichtliche Beurteilung einräumt[1696].

> Zu denken ist etwa an Grundrechtspositionen beeinträchtigende Handlungen (z.B. Verbringen auf eine Dienststelle, Durchsuchung etc.) des Bundessicherheitsdienstes, von Angehörigen des GWK oder von Truppen im Assistenzdienst z.G. von zivilen Behörden des Bundes[1697].

912 Weder das VwVG noch das VGG enthalten eine verfahrensrechtliche Bestimmung, die den verfassungsmässigen Anspruch auf eine direkte und jederzeitige gerichtliche Beurteilung eines nicht von einem Gericht angeordneten Freiheitsentzuges (Art. 31 Abs. 4 BV) regelt.

913 Durch Art. 130 Abs. 3 BGG ist den *Kantonen* die Pflicht auferlegt worden, innert zwei Jahren nach Inkrafttreten des Gesetzes – also bis am 1. Januar 2009 – Ausführungsbestimmungen über Zuständigkeiten, Organisation und Verfahren in öffentlich-rechtlichen Angelegenheiten zu erlassen.

1694 BREITENMOSER/WEYENETH, 179.
1695 RHINOW ET AL., Prozessrecht, Rz. 441, 446.
1696 Art. 32 Abs. 1 lit. a VGG, Art. 83 lit. a BGG. Vgl. z.B. BVGer A-6275/2010 E 1.1.
1697 Art. 92 Abs. 3bis MG: Anwendbarkeit des ZAG, Art. 2 Abs. 2 ZAG.

Bereits auf Grund von Art. 98*a* OG[1698] hatten die Kantone Verwaltungsgerichte eingerichtet, doch waren deren Zuständigkeitsbereiche nach Art. 29*a* BV anzupassen[1699].

Auf *kantonaler Ebene* müssen Realakte, die Rechtspositionen der Betroffenen tangieren und demnach Rechtsstreitigkeiten bilden, nach kantonalem Verfahrensrecht bei einem Gericht angefochten werden können. Entsprechend der kantonalen Organisationsautonomie kann jeder Kanton den Rechtsweg selber bestimmen: Möglich ist ein zu Art. 25*a* VwVG analoger Rechtsweg, wonach jede Person, die auf Grund eines sie betreffenden Realaktes ein schutzwürdiges Interesse hat, von der zuständigen Behörde verlangen kann, die Rechtswidrigkeit der Handlung oder Unterlassung festzustellen, rechtswidrige Handlungen zu unterlassen bzw. Folgen der Rechtswidrigkeit zu beseitigen. Die von der Behörde zu erlassende Verfügung ist danach gerichtlich anfechtbar. Oder das Verfahrensrecht kann – gleich wie das Verwaltungsrechtspflegegesetz des Kantons Graubünden (Rz. 1490) – bestimmen, dass Realakte, die in Rechte und Pflichten von Personen eingreifen, Verfügungen gleichgestellt direkt beim zuständigen Gericht angefochten werden können. 914

In der Regel werden kantonale Verwaltungsgerichte als zuständig erklärt. Die justizielle Beurteilung von Wegweisungen oder Fernhaltemassnahmen im Zusammenhang mit häuslicher Gewalt haben verschiedene Kantone jedoch anderen gerichtlichen Instanzen als dem Verwaltungsgericht zugewiesen (vgl. Rz. 1538). 915

Unklarheiten über den Rechtsweg ergeben sich aus unbeachteten Kompetenznormkonflikten, so bei gemischten Patrouillen des GWK und der je zuständigen Kantonspolizei im Grenzraum (vgl. Rz. 214), beim Vollzug der Ausländer- und Asylgesetzgebung (Art. 2 Abs. 1 lit. b ZAG), sofern eine Kantons- oder Stadtpolizei nicht im unmittelbaren Auftrag oder unter der Leitung von Bundesbehörden handelt (vgl. Art. 31 Abs. 1 lit. b ZAG), bei subsidiären Sicherheitseinsätzen von Truppen der Armee z.G. eines Kantons (Rz. 5, 1272 f.) oder bei Beschwerden gegen Massnahmen der Sicherheitsorgane der Transportunternehmen im öffentlichen Verkehr (Rz. 1531). 916

C. Zur Anfechtbarkeit verwaltungsinterner Realakte mit beabsichtigter intervenierender Aussenwirkung

I. Abgrenzung zu Rechtsakten ähnlicher Art

Die Abgrenzung zwischen *Rechtsakten* in Form von Verwaltungsverordnungen[1700] oder Allgemeinen Weisungen (Dienstvorschriften oder -weisungen, Rz. 833 ff.) und Einsatzbefehlen oder einfachen Aufträgen als *Realakte* (Rz. 852 f.) ist in Bezug auf die Anfechtbarkeit von Bedeutung. Die Zugehörigkeit zur einen oder andern Rechts- 917

1698 Vormaliges BG über die Organisation und die Geschäftsführung des Bundesrates und der Bundesverwaltung.
1699 Rhinow et al., Prozessrecht, Rz. 453.
1700 Zum Ganzen eingehend: M. Müller, Rechtsverhältnis, 290 ff.

form staatlichen Handelns ist massgebend für die Frage, ob eine verwaltungsinterne Anordnung der *abstrakten* Normkontrolle unterliegt oder nicht (vgl. Rz. 890).

II. Abstrakte Inhaltskontrolle von Verwaltungsverordnungen und Allgemeinen Weisungen (Exkurs)

918 *Verhaltenslenkende* Verwaltungsverordnungen – und wohl auch verhaltenslenkende Allgemeine Weisungen –, unterliegen der *abstrakten Normkontrolle,* «soweit die darin enthaltenen Anweisungen an die Verwaltungsorgane zugleich geschützte Rechte des Bürgers berühren und damit so genannte Aussenwirkungen entfalten» *und* sofern nicht die auf die Verwaltungsverordnung gestützte Verfügung ihrerseits auf dem üblichen Beschwerdeweg – bei genügender Legitimation als zumindest virtuell Betroffene – anfechtbar sind[1701].

III. Anfechtbarkeit von Einsatzbefehlen und einfachen Aufträgen als verwaltungsinterne Realakte

919 Umgekehrt ist der *Realakt eines Einsatzbefehles oder eines Einzelauftrages,* da er noch keine direkte Intervention als Grundrechtsbeschränkung im Aussenverhältnis bewirkt, selber *kein selbständiges Anfechtungsobjekt.* Die *unmittelbare Rechtsfolge,* d.h. ein Eingriff in geschützte Rechte, die zu einem schutzwürdigen Interesse führt[1702], ist noch nicht eingetreten[1703] und kann – bei einem Ausbleiben der Umsetzung des Auftrages – auch noch entfallen.

Nach der Ausführung eines Befehles, durch die *in Rechtspositionen eingegriffen* worden ist, kann auch der Befehl selber mit einer Beschwerde in öffentlich-rechtlichen Angelegenheiten *akzessorisch* der richterlichen Prüfung unterzogen werden (vgl. dazu auch Rz. 1387).

920 Das Gleiche gilt für mündlich oder elektronisch übermittelte (einfache) Aufträge bspw. einer Einsatzzentrale (Rz. 899). Auch diese können im Zusammenhang mit nachträglich erfolgten Massnahmen, die in Rechte und Pflichten von Personen eingegriffen haben, oder im Falle von zu spät erfolgten oder ausgebliebenen Massnahmen akzessorisch überprüft werden (Rz. 1499, 1502).

1701 BGE 128 I 167 E 4.3.
1702 Vgl. z.B. Art. 25*a* VwVG.
1703 BGE 128 I 176 E 4.4. Das trifft auch für die direkte Anfechtbarkeit von Realakten beim Verwaltungsgericht nach Art. 28 Abs. 4 des bündnerischen Gesetzes über die Verwaltungsrechtspflege zu, da ein Eingriff in Rechte noch nicht stattgefunden hat. MOHLER, Realakte, 463.

8. Kapitel: Amts- und Rechtshilfe

§ 20 Funktionen der Amts- und Rechtshilfe im Polizeibereich

A. Wesen der Amts- und Rechtshilfe

I. Allgemeine Hinweise

1. Zum Bedarf polizeilicher Zusammenarbeit über Zuständigkeitsgrenzen hinaus

Amts- und Rechtshilfe sind unabdingbare rechtliche Verfahren polizeilicher bzw. polizeirechtlicher[1704] Aufgabenerfüllung. Sie dienen dazu, zur Erzielung eines rechtlich angestrebten Erfolges *Zuständigkeitsgrenzen* zwischen Staaten bzw. im gleichen übergeordneten Rechtsraum in örtlicher, sachlicher oder personaler Beziehung in rechtmässiger Weise zu *überwinden*[1705].

921

Teilweise wird vertreten, Amts- und Rechtshilfe schränkten Freiheitsrechte quasi definitionsgemäss ein[1706]. Das muss jedoch keineswegs so sein. Amts- und Rechtshilfe kann auch grundrechtsneutral[1707] oder z.G. einer (z.B. vermissten) Person geleistet werden (vgl. z.B. Art. 63 Abs. 5 IRSG). Ferner bestehen auch Amts- und Rechtshilfepflichten zum Schutz einer Person[1708].

Die Souveränität der einzelnen Staaten, die bundesstaatliche Machtteilung und die horizontalen Kompetenzabgrenzungen unter verschiedenen Gerichts- und Verwaltungseinheiten bewirken, dass Amts- und Rechtshilfe in verschiedensten Bereichen des öffentlichen Verwaltungs-, des Zivil- und des Strafrechts unverzichtbar sind, um die Rechtsordnung trotz der verschiedenen Kompetenzschranken durchsetzen zu können.

922

Die Schweiz hat rund 30 Übereinkommen und zweiseitige Verträge im Gebiet des Straf- und Polizeirechts und (derzeit[1709]) insgesamt 21 zweiseitige Abkommen (einschliesslich Zuatzprotokolle) über die polizeiliche Zusammenarbeit mit einzelnen Staaten und Agenturen abgeschlossen (Rz. 1008 ff.) sowie nach dem Abschluss des SAA mit der EU

1704 Vgl. zur Unterscheidung der Begriffe «polizeilich» und «polizeirechtlich» Rz. 45 f.
1705 DONATSCH/HEIMGARTNER/SIMONEK, 4. Auf die Auslieferung als besondere Form der Rechtshilfe (Art. 1 Abs. 1 lit. a und Art. 32 ff. IRSG) wird hier nicht eingetreten.
1706 ZURKINDEN, Rz. 6.
1707 So z.B. die Bestätigung der ordnungsgemässen An- oder Abmeldung einer Person, die Bestätigung der Echtheit eines Führer- oder Fahrzeugausweises oder die polizeiliche Mitteilung an das zuständige Einwohner- oder Zivilstandsamt, dass jemand tödlich verunglückt sei.
1708 Vgl. z.B. Übereinkommen der Vereinten Nationen gegen die grenzüberschreitende organisierte Kriminalität (UNTOC, Art. 18 ff.) und Art. 10 ff. ZP II zur UNTOC, die in den genannten Bestimmungen zur polizeilichen Zusammenarbeit bzw. zu spezifischer Amts- und Rechtshilfe zum Schutz von Personen vor kriminellen Akten verpflichten.
1709 Stand: August 2011.

20 spezifische, die Zusammenarbeit in Form der Amts- und Rechtshilfe betreffende Weiterentwicklungen des Schengen-Besitzstandes übernommen (vgl. Rz. 186 ff.)[1710].

923 Die *staatliche Kernaufgabe* der Gewährleistung der *öffentlichen Sicherheit* (vgl. Rz. 32 ff., 91 ff.), d.h. des *Schutzes der verfassungsmässigen Ordnung mit den Grundrechten,* kann in grundsätzlicher Hinsicht nicht an den geschilderten Kompetenzgrenzen Halt machen, ohne übergeordnete Interessen und völkerrechtliche Pflichten zu verletzen.

924 Diese Kernaufgaben des Schutzes der öffentlichen Sicherheit stimmen inhaltlich in den meisten Rechtsstaaten, zumindest im Geltungsbereich der EMRK, zu grossen Teilen miteinander überein. Die internationalen Verflechtungen haben dazu geführt, dass das *öffentliche Interesse* an der Aufrechterhaltung der öffentlichen Sicherheit, insbesondere auch des *Schutzes der Grundrechte,* die *nationalen Grenzen* wenigstens teilweise *überwunden* hat und dass sich dieses Interesse zumindest auf jene Staaten erstreckt, denen die Schweiz durch diesbezüglich geeignete völkerrechtliche Vertragswerke verpflichtet ist (Rz. 654 ff., Reichweite des öffentlichen Interesses).

925 Durch die *bundesstaatliche Aufgabenteilung* im Polizeiwesen und in der Strafverfolgung ebenso wie die *vom idealtypischen* (Rechtshilfe für Strafverfahren, Amtshilfe für Verwaltungsentscheide, Rz. 970) *stark abweichenden* und sich damit *überschneidenden Regelungen* der Amts- und Rechtshilfe zufolge des *integrativen Rechtsrahmens des Schengen-Besitzstandes* ist die strikte Unterscheidung in binnenrechtliche und internationale Amts- und Rechtshilfe von den Verfahrensregelungen her faktisch unmöglich geworden (Rz. 942 ff., 970 ff.).

926 Beizufügen ist die rechtssystemimmanente *Doppelfunktion der exekutiven Polizei,* die (teilweise im gleichen Sachzusammenhang) nach polizeirechtlichen und im nächsten Augenblick nach strafprozessrechtlichen Normen (manchmal auch simultan in beiden Rechtsrahmen) zu handeln hat[1711].

927 Die *exekutive Polizei,* d.h. die Kantons- und Gemeindepolizeien sowie die bundesrechtlichen Polizeidienste je in ihren Zuständigkeitsbereichen, sind zudem in der normalen Lage die *einzigen Organe*[1712], die – abgesehen von strafrechtlich geregelten

---

1710 Stand: August 2011. Dem stehen rund 30 Völkerrechtsabkommen und -verträge zur Amts- und Rechtshilfe im Zivilrecht und (mit steigender Tendenz) 100 Doppelbesteuerungsabkommen gegenüber, wobei die zweitgenannten mehr und mehr zu Amts- und Rechtshilfeabkommen mutiert werden.
1711 BGE 136 I 87 E 3.4.
1712 Neben der Armee im Aktivdienst kommen den Angehörigen des Zivilschutzes im Falle von Katastrophen und bewaffneten Konflikten sowie in Notlagen gewissen Zwangsbefugnisse zu (Art. 1, 29 ff. BZG).

Notwehr[1713]- und (strafrechtlichen) Notstandssituationen[1714] sowie dem Jedermannsrecht[1715] – *unmittelbaren Zwang anzuwenden befugt* sind (Rz. 635).
Daraus ergibt sich die Notwendigkeit der Amtshilfe in Form der *Vollzugshilfe* zunächst (aber nicht nur) für die innerkantonale Rechtsdurchsetzung[1716].
Vollzugshilfe leistet die Polizei u.a. für Gerichte (Art. 128 ZPO, Art. 15 Abs. 3 StPO) und andere Verwaltungsbehörden (z.B. Betreibungsämter, vgl. verschiedene Bestimmungen im SchKG) zur Durchsetzung von Urteilen und Verfügungen, sofern unmittelbarer Zwang unvermeidlich ist (vgl. z.B. Art. 41 Abs. 1 lit. b und Abs. 3 VwVG), ebenso für die Staatsanwaltschaft (z.B. Art. 85 Abs. 2, 205 Abs. 4 StPO).

Näheres zu den Arten und Handlungsformen der Amts- und Rechtshilfe in Rz. 966.

Die Polizei kann demnach sowohl innerhalb eines interkantonalen oder internationalen Amts- oder Rechtshilfeverfahrens für ein Gericht oder die Staatsanwaltschaft Amtshilfe in Form der Vollzugshilfe leisten als auch im Rahmen der ihr zustehenden gesetzlichen oder vertraglichen Befugnisse dies selbständig tun (Rz. 941, 1117 ff.). 928

2. Die verschiedenen Rechtsrahmen

Umgekehrt gebieten die verschiedenen Zuständigkeitsgrenzen, dass deren Überwindung durch Amts- und Rechtshilfe an klare, konkrete Kriterien gebunden sein sollte, um die Verletzung des *ordre public* ebenso wie Rechtswidrigkeiten anderer Art, insbesondere auch Verfahrens- und Grundrechtverletzungen und damit u.U. die Unverwertbarkeit von Beweismitteln oder Informationen, aus rechtsstaatlichen Gründen zu vermeiden. 929

Amts- und Rechtshilfe bewegen sich insgesamt *in fünf unterschiedlichen Rechtsräumen*: dem innerkantonalen, dem interkantonalen oder nationalen (A), dem internationalen Rechtsraum (B, C), dem darüber hinaus intensiver (teilweise bundesstaatsähnlich) geregelten Schengen-bezogenen Rechtsraum (D) und *in einem überspannenden Rechtsrahmen*, d.h. dem zwingenden und dem anderweitig *Grundrechte gewährleistenden Völkerrecht* (E). 930

Völkerrechtliches *ius cogens* wirkt *nicht ausschliesslich* in seiner grundrechtlichen *Abwehrfunktion*, sondern zwingt auch durch Amts- und Rechtshilfe zu Grundrechte verwirklichenden *Schutzpflichten*, soweit spezifische Völkerrechtsabkommen einem Staat die nötigen Grundlagen bieten (Rz. 921, 938, 966 [ausserprozessualer Zeugenschutz], 1055 f.).

1713 Art. 15 f. StGB.
1714 Art. 17 f. StGB.
1715 Art. 218 i.V.m. Art. 200 StPO.
1716 Nach der hier vertretenen Auffassung ist die Vollzugshilfe eine Unterform der Amtshilfe und keine eigene Rechtsfigur (a.A. REINHARD, 136).

931 Die Rechtsrahmen lassen sich graphisch vereinfacht etwa wie folgt darstellen:

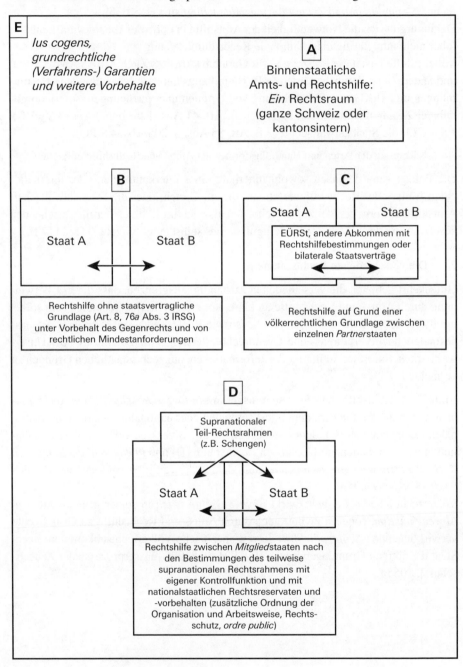

Im «Modell» A arbeitet (kantonsintern) jeder Verband für sich; hinsichtlich der *inter-* 932
kantonalen Amts- und Rechtshilfe *in Strafsachen* hat die StPO seit dem 1. Januar 2011 einen einzigen Rechtsrahmen geschaffen (mit organisationsrechtlichen kantonalen Reservaten). Für die Amtshilfe in Verwaltungssachen von Bund und Kantonen besteht jedoch nach wie vor keine einheitliche Rechtsgrundlage, da das Verwaltungsverfahrens- und Verwaltungsgerichtsverfahrensrecht (unter Vorbehalt bundesrechtlicher Vorgaben) neben dem für die Bundesorgane massgebenden VwVG kantonal bleibt.

«Modell» B: Zwischenstaatliche Amts- und Rechtshilfe *ohne staatsvertragliche* 933
Bindung betont die Souveränität des einzelnen Staates, seine Aufgaben grundsätzlich allein lösen zu wollen. Im Einzelfall kann er mit einem andern Staat – unter Vorbehalten, namentlich des Gegenrechts[1717] und des Rechtsschutzes[1718], und ohne Begründung von Ansprüchen oder eines Präjudizes – amts- oder rechtshilfeweise zusammenarbeiten. Diese Form der Amts- oder Rechtshilfe bedarf eines Ersuchens und ist an über das Übliche hinausgehende Vorbehalte gebunden (vgl. Art. 8, 67a Ab. 3 IRSG).

> Die strengeren Vorbehalte betreffen die Gewährleistung der Einhaltung der (auch Verfahrens-)Grundrechte gemäss EMRK bzw. UNO Pakt II, insbesondere des zwingenden Völkerrechts (Rz. 176 f.): die Verbote der Beurteilung durch Ausnahmegerichte, der Todesstrafe und der Bestrafung wegen Zugehörigkeit zu einer bestimmten Rasse, Minderheit oder Religion (Diskriminierungsverbot)[1719]; die beidseitige Strafbarkeit[1720]; das materielle Legalitätsprinzip[1721]; das Spezialitätsprinzip (Rz. 983)[1722], das Prinzip der langen Hand (Rz. 1127) und des genügenden Datenschutzrechtes (Art. 6 DSG)[1723]. Vgl. dazu Rz. 984 und 992.

Beim «Modell» C sind zwei verschiedene Arten völkerrechtlicher Verträge zu unter- 934
scheiden: Zum einen jene, welche ausschliesslich *formell-rechtlich* die zwischenstaatliche Rechts- oder Amtshilfe regeln (EÜRSt, ZP II EÜRSt, bilaterale reine Rechtshilfeverträge, DBA), dafür die Ziele setzen und Grundvoraussetzungen sowie die Verfahren festhalten. Zum andern bestehen zahlreiche multilaterale Abkommen und bilaterale Staatsverträge, die in erster Linie *materielle Bestimmungen,* insbesondere zur Bekämpfung bestimmter Typen von Verbrechen und Vergehen enthalten und dazu *Pflichten über Zusammenarbeitsformen* namentlich in Bezug auf *spezifische Amts- und Rechtshilfe* stipulieren[1724]. Die *partner*staatliche Entscheidungsfreiheit ist durch

---

1717 DONATSCH/HEIMGARTNER/SIMONEK, 63 f.
1718 DONATSCH/HEIMGARTNER/SIMONEK, 64.
1719 DONATSCH/HEIMGARTNER/SIMONEK, 56, 59 f.
1720 DONATSCH/HEIMGARTNER/SIMONEK, 65.
1721 DONATSCH/HEIMGARTNER/SIMONEK, 56.
1722 DONATSCH/HEIMGARTNER/SIMONEK, 85 ff.
1723 Vgl. dazu DONATSCH/HEIMGARTNER/SIMONEK, 53 ff., 57 ff.
1724 Z.B. Übereinkommen des Europarates über die Geldwäscherei sowie Ermittlung, Beschlagnahme und Einziehung von Erträgen aus Straftaten (Art. 7 ff.); Übereinkommen der Vereinten Nationen gegen die grenzüberschreitende organisierte Kriminalität (UNTOC, Art. 18 ff.); ZP zur UNTOC zur Verhütung, Bekämpfung und Bestrafung des Menschenhandels (Art. 10 ff.);

die vertragliche Bindung eingeschränkt; der Vertrag oder das Abkommen stipuliert die Unterstützungspflichten näher und regelt die Ausnahmen davon.

935 Das «Modell» D schliesslich ist geprägt durch einen *supranationalen,* bundesstaatsähnlichen *Rechtsrahmen,* in dem die gesamte Zusammenarbeitsordnung der *Mitgliedstaaten* geregelt wird und diesen bloss die Organisation ihrer Behörden sowie der Vorbehalt der nationalen Sicherheit[1725] und des *ordre public* bleibt. Den supranationalen Institutionen steht es zu, die Einhaltung der vertraglichen Verpflichtungen durch die Mitgliedstaaten zu überprüfen[1726].

936 Der mit E bezeichnete Rechtsrahmen umfasst die *Schranken und Vorbehalte,* die gegenüber einzelnen Bestimmungen in Verträgen und Gesetzen Vorrang haben. Das sind insbesondere das zwingende Völkerrecht, andere Grundrechtsgarantien auch verfahrensrechtlicher Art und des *ordre public*[1727]. Näheres dazu in Rz. 981, 990.

937 Angestrebt wird mit den völkerrechtlichen Abkommen und Verträgen eine gewisse *Rechtsharmonisierung* primär *im Verfahrensrecht* – unter Umständen sogar auch in den Behörden-Zuständigkeitsregelungen –, bei Konventionen zur Unterdrückung bestimmter Kriminalitätsformen auch *in materiell-strafrechtlicher Hinsicht.*

> Eine Behörden-Zuständigkeitsregelung ergibt sich bspw. aus dem Grundsatz der Gleichbehandlung nach Art. 3 Ziff. 3 RB-vI: Sofern innerhalb eines Schengen-Mitgliedsstaates die Polizei zu bestimmten Amts- und Rechtshilfehandlungen befugt ist, steht ihr die gleiche Kompetenz auch im Schengen-Rechtsrahmen zu (vgl. Rz. 944).

II. Zur Unterscheidung von Amts- und Rechtshilfe

1. Negative Abgrenzung der Amtshilfe

938 Nicht zur Amtshilfe zählen Tätigkeiten, die der eigenen Pflicht einer Behörde zu selbständigen Leistungen entsprechen (sofern die eigenen Aufgaben nicht gerade explizit in der Leistung von Amts- oder Rechtshilfe bestehen wie, neben andern Aufgaben, bei Polizeiattachés)[1728]. So gehört bspw. der Schutz von Bundeseigentum zu den gesetz-

---

Strafrechtsübereinkommen (des Europarates) über Korruption (Art. 25 ff.); Übereinkommen der Vereinten Nationen gegen Korruption (Art. 38, 43, 46). Vgl. auch die Bestimmungen über die beschleunigten Amts- und Rechtshilfeverfahren nach Art. 16 f. und 25 Abs. 3 des Übereinkommens über die Cyberkriminalität (AS 2011 6293, 6297). DONATSCH/HEIMGARTNER/ SIMONEK, 1.

1725 Vgl. z.B. RB-vI, Erwägung 9 und Art. 10 Ziff. 1 lit. a.
1726 So nach Art. 9 f. SAA. Mit der Übernahme der VO zur Errichtung von FRONTEX (BB vom 3. Oktober 2008, SR 0.362.380.019) hat die Schweiz auch die Zuständigkeit des Europäischen Gerichtshofes (EuGH) für Entscheidungen auf Grund einer Schiedsklausel in einem von der FRONTEX-Agentur geschlossenen Vertrag und für Streitfragen über Schadenersatz anerkannt. Vgl. MOHLER, Schengen-Besitzstand, 12 f. Näheres zu FRONTEX in SCHÖNDORF-HAUBOLD, Rn. 53 ff.
1727 DONATSCH/HEIMGARTNER/SIMONEK, 16, 53 ff., 57 ff.
1728 REINHARD, 136.

lichen Pflichten[1729] der Kantone und bedarf keines besonderen Ersuchens. Mitunter kann der Übergang von originärer völkerrechtlicher oder gesetzlicher Schutzpflicht zu einer *zusätzlichen* Leistung, die in den Amtshilfebereich fallen mag, fliessend sein.

So sind die Person des diplomatischen Vertreters, dessen Familienangehörige und deren Privatwohnung ebenso wie die Räumlichkeiten der Mission «unverletzlich»[1730]. Analoges gilt für Sondermissionen[1731]. Daraus folgt eine entsprechende originäre Schutzpflicht der Schweiz *und* des Standort- oder Veranstaltungskantons[1732]. Besonderheiten, denen Rechnung zu tragen ist (Teilnehmende, Zeit und Ort von Veranstaltungen, die unter diese völkerrechtlichen Bestimmungen fallen, Verschiebungen usw.), um einen ungestörten Ablauf zu sichern und der Würde der Gäste Rechnung zu tragen, sind gesondert zu regeln und fallen demnach unter die Amtshilfe[1733].

Keine Amtshilfe sind sodann Leistungen zur Erfüllung von Aufträgen der hierarchisch übergeordneten Behörde[1734]. 939

2. Zur Unterscheidungsproblematik

a) Allgemeine Hinweise

Rechts- und Amtshilfe wurden auf Grund der jüngeren Ausgestaltung der einschlägigen Rechtsquellen nach verschiedenen Kriterien voneinander abzugrenzen versucht, ohne dass sich dabei einheitlich verwendete Begriffe oder Inhalte ergeben hätten[1735]. Die Rechtshilfe hat sich weitgehend im Zusammenhang mit der Justizgesetzgebung entwickelt. Die Amtshilfe für sich allein genommen sei «ein Bereich des schweizerischen Staats- und Verwaltungsrechts, der bisher in der schweizerischen Lehre keine grosse Beachtung gefunden hat»[1736]. Dieser Befund von 1993 trifft heute so zwar nicht mehr zu, hat doch die seitherige Entwicklung der Zuständigkeitsgrenzen überschreitenden Verfahrensunterstützung durch die zunehmende Mobilität, die weitergehende Dekonzentration und Dezentralisation der Verwaltung (Auslagerungen) und die stark verdichtete internationale Zusammenarbeit eine vertiefte Bearbeitung nötig gemacht[1737]. 940

1729 Art. 62*e* RVOG (vgl. Rz. 207).
1730 Art. 22, 29, 30, 37 WÜD; siehe auch Rz. 1080.
1731 Art. 21 f., 25 ff. Übereinkommen über Sondermissionen.
1732 Diese originäre Pflicht qua Polizeihoheit sagt jedoch nichts über eine finanzielle Abgeltung aus.
1733 Vgl. SCHWEIZER/SCHEFFLER/VAN SPYK, Gutachten VBS, 135 f.
1734 REINHARD, 136.
1735 ZURKINDEN, Rz. 7.
1736 REINHARD, 136.
1737 Vgl. zum Ganzen etwa BREITENMOSER, Internationale Amts- und Rechtshilfe, *passim*.

941 Abgesehen von den Bestimmungen nach Art. 41 Abs. 1 lit. b[1738], 42[1739], 43[1740] VwVG, dem IRSG und Art. 43 Abs. 3, 53 und 55 StPO für die Bundesebene gibt es jedoch keine generellen Regelungen, bspw. ein Bundesgesetz über die Amtshilfe (vgl. Rz. 972)[1741]. Die Strafprozessordnung kennt den Ausdruck «Amtshilfe» nicht; alle Hilfestellungen für andere Behörden werden als Rechtshilfe bezeichnet (Art. 43 f., 49 Abs. 2, 54 f. StPO), auch wenn es sich um Informationsübermittlungen zwischen Polizeidiensten (Art. 43 Abs. 3, 46 Abs. 1 StPO) oder um das Zurverfügungstellen von Räumen (Art. 45 Abs. 1 StPO) handelt.

Der vierte Titel des dritten Buches des Strafgesetzbuches, Art. 350–354, lautet: «*Amts*hilfe im Bereich der Polizei» und regelt die Zusammenarbeit mit INTERPOL. Nach Art. 352 Abs. 1 StGB sind jedoch für diese Zusammenarbeit die Grundsätze des IRSG, also der internationalen *Rechts*hilfe, massgebend (Rz. 1041 ff.).

b) Der Einfluss des Paradigmenwechsels durch das Verfügbarkeits- und das Gleichbehandlungsprinzip auf Grund des Schengen-Besitzstandes

942 Gemäss der völker- und landesrechtlichen Doppel*natur* von Amts- und Rechtshilfe[1742], im Besonderen durch die *Schengen-Bezüge* mit dem *Verfügbarkeits- und* dem *Gleichbehandlungsprinzip*, hat ein Paradigmenwechsel stattgefunden, der die Abgrenzung noch zusätzlich erschweren kann.

943 Der *Verfügbarkeitsgrundsatz* bedeutet[1743], dass die *Polizeibehörden*[1744] der Schengen *Mitglied*staaten[1745] grundsätzlich verpflichtet sind, alle «Informationen und/oder Erkenntnisse», die bei Strafverfolgungsbehörden[1746] vorhanden oder die für sie ohne Zwangsmassnahmen auch bei andern Behörden oder Privaten verfügbar sind[1747], auf Gesuch oder spontan[1748] weiterzugeben, sofern die Straftat, auf die sich das Gesuch bezieht, mit einer Freiheitsstrafe von mehr als einem Jahr bedroht ist[1749].

1738 GÄCHTER/EGLI, in: Auer/Müller/Schindler, Art. 41 VwVG, Rz. 22 ff.
1739 GÄCHTER/EGLI, in: Auer/Müller/Schindler, Art. 42 VwVG, Rz. 2 ff.
1740 GÄCHTER/EGLI, in: Auer/Müller/Schindler, Art. 43 VwVG, Rz. 1 ff.
1741 DONATSCH/HEIMGARTNER/SIMONEK, 7. Vgl. aber Rz. 954 betr. den E zu einem BG über die Steueramtshilfe.
1742 BREITENMOSER, ARH, Rz. 23.6 f.; DERS., Neuerungen, 14 ff.
1743 Vgl. BREITENMOSER/WEYENETH, 166 f.
1744 Die Bestimmungen über den Austausch von Informationen und Erkenntnissen gemäss RB-vI ersetzen nach Art. 12 dieses RB Art. 39 Abs. 1, 2 und 3 sowie Art. 46 SDÜ; Art. 39 und 46 SDÜ gehören zu Kapitel 1, Polizeiliche Zusammenarbeit, des Titels III, Polizei und Sicherheit, des SDÜ.
1745 Die Schweiz ist durch das SAA in Bezug auf die Anwendung des Schengen-Besitzstandes sowie dessen Weiterentwicklung einem Mitgliedstaat durch gegenseitige Rechte und Pflichten fast gleichgestellt (Art. 1 f. SAA), hat aber eine «opting-out»-Möglichkeit (Art. 10 Ziff. 3).
1746 Art. 2 lit. d i RB-vI/Art. 2 Abs. 1 SIaG.
1747 Art. 2 lit. d ii RB-vI, im SIaG nicht aufgeführt. Vgl. MOHLER, Schengen-Besitzstand, 11.
1748 Art. 7 RB-vI/Art. 7 Abs. 1 und 2 SIaG. SCHÖNDORF-HAUBOLD, Rn. 91, 142 ff.
1749 Art. 10 Ziff. 2 RB-vI/Art. 12 Abs. 2 lit. b SIaG.

Der *Gleichbehandlungsgrundsatz verpflichtet* die Schengen-*Mitgliedstaaten* sicherzustellen, dass «für die Zurverfügungstellung von Informationen und Erkenntnissen an die zuständigen Strafverfolgungsbehörden anderer Mitgliedstaaten Bedingungen gelten, die nicht strenger sind als die Bedingungen, die auf nationaler Ebene für die Zurverfügungstellung und Anforderung von Informationen und Erkenntnissen gelten»[1750]. Insbesondere darf die Weitergabe von Informationen von keinen strengeren Zustimmungs- oder Genehmigungsvorbehalten der Justizbehörden abhängig gemacht werden als im innerstaatlichen Verhältnis[1751]. In Art. 6 Abs. 2 SIaG wird dies hinsichtlich der Spezialgesetze noch verdeutlicht: Allenfalls strengere Regeln in Spezialgesetzen finden auf die Weitergabe von Informationen an die zuständigen Strafverfolgungsbehörden der anderen Schengen-Staaten keine Anwendung.

944

Oft wird auch der Doppel*begriff* Amts- und Rechtshilfe verwendet[1752], was zu einer weiteren Überschneidung mit Abgrenzungsproblemen[1753] von Amts- und Rechtshilfe führte[1754].
Die Abgrenzung zwischen den beiden Formen der amtlichen Hilfestellung scheint jedenfalls in Bezug auf den Informationsaustausch mit zunehmender Gesetzes- und Vertrags- bzw. Abkommensdichte[1755] schwieriger zu werden[1756]. Nicht überraschend wird daher im Zusammenhang mit den Schengen-Bestimmungen erneut die Frage aufgeworfen, ob auf die Unterscheidung zwischen Amts- und Rechtshilfe zu verzichten und auch die Amtshilfe den Regeln der Rechtshilfe zu unterstellen sei[1757]. Dem dürften allerdings erhebliche Hindernisse verfahrensrechtlicher und praktischer Art entgegenstehen.

945

1750 Art. 3 Ziff. 3 RB-vI/Art. 6 SIaG.
1751 Ebenso in Art. 3 Ziff. 3 RB-vI. In Art 6 SIaG mit «Regeln» umschrieben. Das Gleichbehandlungsgebot ist hierzulande insofern schwierig zu verankern, als zumindest die polizeiliche Amtshilfe in der Schweiz nicht in einer harmonisierten Weise kodifiziert ist. Ob eine Konkordatslösung, wie von BREITENMOSER/WEYENETH, 168, angetönt, den Mangel zu beheben vermöchte, erscheint mit Blick auf Art. 43*a* BV und die völkerrechtlichen Aspekte, die primär in die Kompetenz des Bundes fallen, m.E. fraglich.
1752 BREITENMOSER, ARH, 23.78. Der französische Ausdruck *entraide administrative* (im Englischen *mutual assistance in administrative matters*) hat auch im Deutschen zum neuen zusammengezogenen Begriff *Verfahrenshilfe* geführt. Im BGE 133 IV 271 E 2.4 f. verwendet das Gericht mehrfach den Ausdruck «polizeiliche Zusammenarbeit», *collaborazione di polizia*, und nicht *assistenza in materia di polizia* oder genereller *assistenza amministrativa*.
1753 BREITENMOSER, ARH, Rz. 23.12, 20.26 ff.
1754 Bereits früher wurde in der Literatur der Begriff der Amtshilfe demjenigen der Rechtshilfe gleichgestellt: SIMON, 35.
1755 StPO im Verhältnis zum IRSG (insbes. Art. 75*a*), SIaG (i.V.m. Art. 39 SDÜ/RB-vI), spezielle Regelungen für die Zusammenarbeit mit Europol und INTERPOL, zweiseitige Verträge über die justizielle und polizeilichen mit Nachbarstaaten, zweiseitige Verträge mit zahlreichen andern Staaten über die (kriminal-)polizeiliche Zusammenarbeit (vgl. Rz. 1085 ff.).
1756 BREITENMOSER/WEYENETH, 159 f.
1757 BREITENMOSER/WEYENETH, 182 f.; ZURKINDEN, Rz. 8. A.A. WYSS, Gesetzgebungsbedarf, 248, der dafür eintritt, dass sich die Amtshilfe vom Rechtshilferecht emanzipieren müsse.

946 Es ist unmöglich, alle (bisher) zweifelsfrei der Amtshilfe zuzuordnenden *Informationsübermittlungen* im internationalen Verkehr einem diesen Amtshilfehandlungen *vorausgehenden* anspruchberechtigten Rechtsschutzverfahren unterzuordnen (vgl. Art. 18, 80*e* und 80*l* IRSG i.V.m. Art. 37 Abs. 2 StBOG). Schon allein z.B. die unzähligen Anfragen über die Halter von Autos, die bei Geschwindigkeitsübertretungen von einer Kamera erfasst worden sind, oder die zahlreichen Informationsübermittlungen im Zusammenhang mit dem Waffenrecht[1758] mögen dies verdeutlichen[1759] (vgl. auch Rz. 993).

3. Die einzelnen zur Abgrenzung der Amts- von der Rechtshilfe verwendeten Kriterien[1760]:

a) Nach den beteiligten Organen

947 Eine erste Unterscheidung stellt auf die beteiligten *Organe* ab[1761]. Danach ist die *Amtshilfe* auf *Verwaltungsbehörden* beschränkt[1762]. Diese Abgrenzung trifft nach schweizerischem Recht schon deshalb nicht zu, da in erster Linie das Bundesamt für Justiz als Verwaltungsbehörde für *Rechtshilfe*entscheide gegenüber Justizbehörden im Ausland primär zuständig ist[1763]. Zudem verfügen das Bundesamt für Polizei (fedpol) und die ESTV über Befugnisse zu Entscheidinhalten, die zweifelsfrei Rechtshilfequalität aufweisen. Art. 75*a* IRSG ermächtigt sodann die obersten Polizeistellen des Bundes und der Kantone, Rechtshilfehandlungen – mit drei Ausnahmen – vorzunehmen (vgl. Rz. 1117 ff.).

Umgekehrt nehmen Gerichte der Amtshilfe zuzuordnende Datenbearbeitungen vor (z.B. Art. 367 StGB).

Sodann ist das Abstellen auf *beide* beteiligten Behörden (ersuchende und ersuchte) als Unterscheidungskriterium nicht sinnvoll: Der Vollzug bspw. einer von einem Zivilgericht angeordneten Exmission entspricht einer Amthilfe der Polizei[1764].

Art. 43 Abs. 4 StPO bezeichnet jedoch als Rechtshilfe «jede Massnahme, um die eine Behörde im Rahmen ihrer Zuständigkeit in einem hängigen Strafverfahren ersucht». Danach bestimmt der Status des *ersuchenden* Organs im Rahmen seiner verfahrensmässigen Zuständigkeit die Zugehörigkeit der Unterstützung ohne Rücksicht auf die Art der zu leistenden Hilfe, d.h. ob diese als Rechtshilfe zu qualifizieren sei. Daher wurde wohl in der Botschaft zur StPO der Begriff der *«rein polizeilichen Rechtshilfe»*[1765] geprägt. Dafür wurde auf die Übernahme der inzwischen aufgehobenen Art. 349–354 StGB[1766]

1758 Siehe Botschaft Feuerwaffenprotokoll, 4613.
1759 Vgl. dazu LOBSIGER, Umsetzung, 191 f.; WEYENETH/BREITENMOSER, Rz. 8.
1760 Vgl. zur Abgrenzungsproblematik: BREITENMOSER, Rechtsentwicklungen, 13 ff.; DERS., Neuerungen, 12 ff.; GLUTZ VON BLOTZHEIM, 32 ff.
1761 Vgl. BREITENMOSER, ARH, Rz. 23.14 ff.
1762 REINHARD, 136; SIMON, 36 (der diese Abgrenzung ablehnt).
1763 Art. 17 IRSG.
1764 Vgl. Rz. 927 mit FN 1716.
1765 Botschaft StPO, 1144 (Ziff. 2.2.4.1).
1766 Aufgehoben mit dem Inkrafttreten des BPI, das – als gesetzliche Grundlage für die Datenbanken als Koordinationsaufgabe (verfassungsrechtlich nicht lupenrein) – auch für die Kantone

über die *Amtshilfe* verzichtet mit der nicht eben widerspruchsfreien Begründung, die StPO solle «keine Vorschriften enthalten, die nicht eigentlich verfahrensrechtlicher, sondern polizeilich*technischer*[1767] (sic!) Natur sind»[1768].

b) Nach der Art der Handlung

Bei der *handlungsbezogenen* Umschreibung der Amtshilfe, wonach darauf abzustellen sei, ob die Hilfeleistung eine richterliche oder nicht-richterliche ist[1769], handelt es sich um ein nur scheinbar selbständiges Kriterium für die Abgrenzung. Die so vorgenommene Unterteilung bezieht sich ebenso auf das Kriterium *Organe*. Zudem bestehen Handlungsformen (Rz. 966), die gleichermassen sowohl von gerichtlichen ebenso wie von Verwaltungsbehörden angewandt werden können (bspw. Einvernahmen). 948

c) Nach dem zu Grunde liegenden Verfahren

Auch die *verfahrensbezogene* Begriffsteilung zwischen Rechts- und Amtshilfe[1770] trifft – entgegen ihrer grundsätzlichen Massgeblichkeit – nicht mehr zu. Danach fallen unter den Begriff der Amtshilfe Hilfeleistungen, «die nicht verfahrensrechtlich (zivil-, straf-, verwaltungsprozessual) geregelt sind»[1771], wobei Hilfeleistungen im Rahmen des erstinstanzlichen Verwaltungsverfahrens dennoch zur Amtshilfe gehören[1772]. Gerichte können jedoch zur Durchsetzung ihrer Anordnungen im Rahmen des Prozessrechtes die Polizei beiziehen (Vollzugshilfe, Rz. 927)[1773]. 949
Die jüngere Praxis hat gezeigt, dass *für Strafverfahren* im ersuchenden Staat (USA) *amtshilfeweise* beweiskräftige Informationen übermittelt werden (vgl. Rz. 954)[1774].

---

verbindlich ist (Art. 2) und im Weiteren Datensysteme für Rechtshilfeaufgaben und die Datenbearbeitungen in Rechtshilfeverfahren regelt (u.a. Art. 3 Abs. 1, 4 Abs. 1, 10 Abs. 4 lit. b und c, 11 Abs. 5 lit. b).
1767 Hervorhebung hier.
1768 Botschaft StPO, 1144 (Ziff. 2.2.4). Entgegen der Ankündigung in der Botschaft StPO, a.a.O., enthält der VE PolAG keine generelle Regelung über die (polizeiliche) Amthilfe, sondern verstreut Vorschriften über die Pflicht der Kantone zum Schutz von Bundeseigentum (Art. 5 Abs. 4 gemäss Art. 62*e* RVOG), was nicht als Amtshilfe, sondern als originäre polizeiliche Aufgabe zu bezeichnen ist, über die Erfüllung völkerrechtlicher Schutzpflichten (Art. 6), über eine Kompetenzdelegation an den BR zur Regelung der Informationspflichten (Art. 18), eine Bestimmung über die Zusammenarbeit (Art. 33) und zahlreiche Vorschriften über die polizeiliche Informationshilfe unter Vorbehalt auch des kantonalen Datenschutzrechts (Art. 39 Abs. 2).
1769 REINHARD, 136; SIMON, 37.
1770 SIMON, 37 ff.
1771 SIMON, 41.
1772 Art. 2 Abs. 4 VwVG.
1773 Vgl. z.B. Art. 128 Abs. 2 ZPO.
1774 Vgl. auch FN 1710.

950 BREITENMOSER legt überdies dar, dass auch die objektbezogenen, die auf die Informationswege bezogenen und die auf die Rechtsgrundlage bezogenen Abgrenzungsbemühungen zwischen Amts- und Rechtshilfe keine klaren Verhältnisse zu schaffen vermögen[1775].

d) Nach dem Verwendungszweck der beschafften und übermittelten Information (Finalität)

951 Obwohl vom Grundsätzlichen her massgebend, gelingt es auch nicht mehr, mit dem *Kriterium* des Verwendungs*zwecks* (Finalität[1776]) allein eine klare Trennung zwischen Amts- und Rechtshilfe zu erzielen. Danach gehört das Nachsuchen um bzw. das Übermitteln von Informationen, die in einem Strafverfahren als *Beweismittel* verwendet werden dürfen, zur Rechtshilfe; ist diese Verwendung nicht erlaubt, handle es sich um Amtshilfe[1777].

Durch die Finalität einer *Verfahrens*hilfe wird diese *Zweckprogrammierung* mit einer *Konditionalprogrammierung* für das Amts- und Rechtshilferecht verknüpft: Der *Zweck der Verfahrenshilfe* kann wegen dem Vorrang beanspruchenden *Zweck des Grundrechtsschutzes* nicht mehr allein massgebend sein; das *Ziel des Grundrechtsschutzes* als Rechtszweckprogramm wird damit zur einschränkenden *Konditionalprogrammierung* für die Amts- und Rechtshilfe[1778].

952 Amts- und Rechtshilfe sind jedoch nicht auf die justizielle Streiterledigung oder Strafverfahren beschränkt, sondern spielen auch in verwaltungsrechtlichen Verfahren eine wesentliche Rolle (vgl. z.B. Art. 43 VwVG[1779]). Sodann wird in der Literatur gerade die *Weiterleitung von Beweismitteln* auch zur *Amtshilfe* gezählt[1780].

953 Auch *Modalitäten* von Informationsübermittlungen mögen für die Trennung des Amts- vom Rechtshilferechtsrahmen Schwierigkeiten bereiten: Personenbezogene Daten, die zunächst nicht als Beweismittel in ein System automatisierter Datenverarbeitung eingegeben werden, können nach der Verknüpfung mit andern bereits vorhandenen oder später hinzugefügten Daten zu einem Beweismittel werden[1781].

1775 ARH, Rz. 23.19 ff., 20.22, 20.23 f.
1776 BREITENMOSER, Rechtsentwicklungen, 13; BSK BGG-Häberli; Art. 83 BGG, N. 181.
1777 GLUTZ VON BLOTZHEIM, 33.
1778 Vgl. REICH, Wirtschaftsfreiheit, Rz. 699 f., und die Kritik von SCHWEIZER, Rechtsstaat und EMRK, *passim*, an der Missachtung rechtsstaatlicher Prinzipien und von Verfahrensgrundrechten durch das BVerG in den Steueramtshilfefällen mit den USA.
1779 GÄCHTER/EGLI, Komm. VwVG zu Art. 43, Rz. 1.
1780 POPP, Rz. 102.
1781 Um eine Ausuferung solcher Ergebnisse zu vermeiden, schreibt Art. 7 RB-Datenschutz vor, dass «eine Entscheidung, die eine nachteilige Rechtsfolge für die betroffene Person hat oder sie erheblich beeinträchtigt und die ausschliesslich aufgrund einer automatisierten Verarbeitung von Daten zum Zwecke der Bewertung einzelner Aspekte ihrer Person ergeht, ...nur zulässig (ist), wenn dies durch ein Gesetz vorgesehen ist, das Garantien zur Wahrung der schutzwürdigen Interessen der betroffenen Person festlegt». Diese Einschränkung kann man als gleichsam umgekehrtes, auf eine gesetzliche Grundlage reduziertes Prinzip der langen Hand (Rz. 1126) verstehen, das jedoch erst im Zeitpunkt, in dem eine Informationsübermittlung im Verein mit andern Daten rechtliche Relevanz und damit Beweischarakter erhält, wirksam wird. Wesentlich

Der Entwurf zu einem Bundesgesetz über die Steueramtshilfe[1782] regelt den Vollzug der Amtshilfe nach den Abkommen zur Vermeidung der Doppelbesteuerung «zur Durchführung der Abkommen» (Art. 1 Abs. 1 lit. a Ziff. 1) bzw. «zur Anwendung und Durchsetzung des innerstaatlichen Steuerrechts des ersuchenden Staates» (Art. 1 Abs. 1 lit. a Ziff. 2). Die Durchsetzung des innerstaatlichen Steuerrechts kann auch die *Strafverfolgung* für Steuerdelikte nach dem Recht des ersuchenden Staates umfassen[1783]. Damit wird explizit das *Amtshilfeverfahren* auch für die Übermittlung von Informationen, die im ersuchenden Staat als Beweismittel in *Strafverfahren* verwendet werden, vorgeschrieben.

954

> Um den Rechtsschutz in diesem Steuer*amtshilfe*verfahren demjenigen im Rechtshilfeverfahren in Strafsachen anzunähern, soll mit einem Art. 84*a* BGG eine Beschwerde ans Bundesgericht gegen Entscheide auf dem Gebiet der internationalen Steueramtshilfe (nur) zulässig sein, «wenn sich eine Rechtsfrage von grundsätzlicher Bedeutung stellt oder wenn es sich aus anderen Gründen um einen besonders bedeutenden Fall im Sinne von Artikel 84 Absatz 2 handelt». Damit wird jedoch der Verfahrensrechtsschutz für Strafverfahren gemäss Art. 32 Abs. 2 BV und 6 Ziff. 1 EMRK nicht erreicht, da nur gegen Endverfügungen Beschwerden zulässig sind, was einer Verkürzung der Verteidigungsrechte im Strafverfahren gleichkommt[1784].

955

e) Nach der Entscheidform

Zur Frage der Abgrenzung zwischen Amts- und Rechtshilfe hat das Bundesgericht im Zusammenhang mit einer erstinstanzlichen Schlussverfügung der ESTV i.S. Fiskalauskunft an die USA (Fall UBS) festgestellt, «Rechtshilfeentscheide der kantonalen und eidgenössischen Behörden stell(t)en ... grundsätzlich Verfügungen i.S.v. Art. 5 VwVG dar»[1785]. Die Entscheidform ist eine rechtsstaatliche *Folge* für die unabdingbare Gewährung des Rechtsschutzes in solchen Fällen[1786]. Daraus kann umgekehrt geschlossen werden, dass mindestens die *Gewährung* von *Rechtshilfe* der Form einer verwaltungsrechtlichen (oder justiziellen) *Verfügung* bedarf. Dieses Form*erfordernis* trifft für die Amtshilfe, insbesondere für auch personenbezogene Informationsübermittlungen, namentlich Eingaben in eine Datenbank, nicht notwendigerweise zu, was rechtsstaatlich, insbesondere bei der Übermittlung personenbezogener Daten, die

956

---

ist, dass die für eine *potentielle* Beweisqualität einer eingegeben (personenbezogenen) Information unabdingbare gesetzliche Grundlage hinreichende Rechtschutzbestimmungen enthält. Damit wird aber auch die *Übermittlung* von Informationen *mit Beweischarakter ausdrücklich anerkannt* (denn ohne Beweiswert der übermittelten Information könnten keine Entscheide mit nachteiligen Rechtsfolgen oder erheblichen Beeinträchtigungen gefällt werden), jedoch wird die *Verwertung* durch den Empfangsstaat an die Bedingung der gesetzlichen Gewährleistung hinreichenden Rechtsschutzes gebunden.

1782 BBl 2011 6233.
1783 Vgl. z.B. Art. 28 Ziff. 2 des Doppelbesteuerungsabkommens mit Frankreich.
1784 Vgl. EGMR J.B. v. Switzerland, §§ 44 ff.
1785 BGE 137 II 128 E 2.2.1.
1786 Dies bedeutet nicht, dass die Verfügung die einzige Voraussetzung für eine unabdingbare Gewährung des Rechtsschutzes ist.

Strafverfahren dienen können, problematisch ist. Indessen kann das positive Staatsvertrags- oder Gesetzesrecht auch für Amtshilfehandlungen ein Verfahren in mehreren Schritten, das mit einer Verfügung abzuschliessen ist, vorschreiben (z.B. Art. 42 Abs. 4 FINMAG)[1787].

957 Im *Schengen-Rechtsrahmen* (Rz. 985 ff., 1001, 1016 ff.) macht die Verknüpfung der Pflicht zum spontanen Austausch von Informationen und Erkenntnissen, die dazu beitragen könnten, bestimmte[1788] Straftaten aufzudecken, zu verhüten oder abzuklären (Art. 7 Ziff. 1 RB-vI; vgl. Rz. 986)[1789] mit dem Gleichbehandlungsgebot (Art. 3 Ziff. 3 RB-vI) eine besondere Zustimmungs- oder Genehmigungsverfügung gerade überflüssig, soweit die Informationsübermittlung im eigenen Land keiner Verfügung bedarf (vgl. Art. 43 Abs. 3 und 4 StPO). Eine Verfügung ist auch nach Art. 67*a* IRSG nicht zwingend vorgeschrieben[1790]. Auch wenn das vom rechtsstaatlichen Gesichtspunkt her problematisch erscheinen mag, ist es geltendes Recht.

Somit taugt auch die Entscheidform der Verfügung als mögliches Unterschiedsmerkmal zwischen Rechts- und Amtshilfe nicht.

f) Nach der Beschwerdefähigkeit von Rechts- oder Amtshilfehandlungen

958 Die Beschwerdefähigkeit ist eine gewährte oder nicht gewährte Prozessrechtsfolge nach einem bestimmten Rechts- oder Realakt, kann aber nicht die vorangehende Zuordnung zu Amts- oder Rechtshilfe bedeuten. Im internationalen Kontext können *Zwischenverfügungen* in einem *Rechtshilfe*verfahren in Strafsachen nach Art. 80*e* Abs. 2 IRSG für bestimmte Rechtshilfehandlungen unter der Voraussetzung eines unmittelbaren und nicht wieder gutzumachenden Nachteils selbständig angefochten werden, in Amtshilfeverfahren nur, sofern dies gesetzlich ausdrücklich (auch durch Verweis auf das massgebende Verfahrensgesetz[1791]) vorgesehen ist[1792].

959 Sind auch für bestimmte *Amtshilfen* die Vorschriften für das *Verwaltungsverfahren* massgebend, bestehen für diese die Beschwerdemöglichkeiten bis zur justiziellen Prüfung[1793].

Daher zeitigt auch die Frage nach der *Beschwerdefähigkeit* kein Unterscheidungskriterium zwischen Amts- und Rechtshilfe, was aber nicht darüber hinwegtäuschen kann, dass vielfach Amtshilfeleistungen mit personenrelevanten Daten im interna-

---

1787 Vgl. auch Art. 19 Abs. 1 E Steueramtshilfegesetz (Rz. 954).
1788 Vgl. Anhang zum SIaG.
1789 Zur Frage des Beweischarakters einer Information oder Erkenntnis FN 1781.
1790 GLUTZ VON BLOTZHEIM, 162, 164 ff.
1791 Vgl. bspw. Art. 2 Abs. 3 SIaG i.V.m. Art. 18*a* Abs. 1 und 25 DSG; Art. 53 f. FINMAG i.V.m. Art. 46 VwVG.
1792 Dabei können einzelne Amtshilfehandlungen von den verfahrensrechtlichen Bestimmungen wieder ausgenommen werden, so z.B. Art. 6*a*–6*c* SIaG i.V.m. Art. 9 Abs. 1 und 2 DSG.
1793 Vgl. in Bezug auf die vorgesehene Beschwerde in öffentlich-rechtlichen Angelegenheiten für Steueramtshilfeverfahren Rz. 954.

tionalen Verkehr bis zum Abschluss bzw. vollendeten Vollzug des Verfahrens nicht unmittelbar beschwerdefähig sind[1794].

Art. 16 ff. RB-Datenschutz verpflichtet die Mitgliedstaaten jedoch dazu, mindestens für den nachträglichen Rechtsschutz ebenso wie für Schadenersatz im Falle rechtswidriger Datenbearbeitung für die notwendigen Bestimmungen zu sorgen.

g)   Die Bestimmung im Einzelfall

In grundsätzlicher Hinsicht hat das Bundesgericht im oben erwähnten (Rz. 956) Fall ausgeführt, die *Abgrenzung* zwischen Amts- und Rechtshilfe sei *rechtsdogmatisch schwierig und ungeklärt*[1795]. «Ob es sich um eine Amts- oder eine Rechtshilfeangelegenheit handelt, richtet sich nach den anwendbaren internationalen und innerstaatlichen Rechtsquellen»; «die materielle Eingrenzung der Amts- und Rechtshilfe, insbesondere die Prüfung der Frage, ob im Einzelfall die Amts- bzw. Rechtshilfevoraussetzungen erfüllt sind, bleibt den dafür zuständigen Justizbehörden vorbehalten»[1796].

960

Können Amts- und Rechtshilfe *nicht dogmatisch* klar unterschieden werden, fragt sich zunächst, nach welchen Kriterien die Justizbehörde im Einzelfall über die Zuordnung entscheiden soll, wenn sich die konkreten gesetzlichen bzw. völkerrechtlichen Bestimmungen, also die Rechtsquellen, widersprechen oder in einem Amtshilfeverfahren, das im ersuchenden Land einem Strafverfahren dient, die Rechtsquelle verfahrens-(grund-)rechtliche Ansprüche nicht berücksichtigt.

961

Aus praktischer Sicht richtet sich die Zuordnung nach dem *gesetzlichen Kompetenzumfang der ersuchenden bzw. der ersuchten Behörde*[1797] unter Einbezug der von ihr zu beachtenden *Verfahrens(grund-)rechte*. Soweit nicht *völkerrechtliche* Bestimmungen eine für die Vertragsparteien einheitliche Regelung vorschreiben[1798], sind die *nationalen und kantonalen Kompetenzordnungen*, massgebend. Zum gleichen Ergebnis führt das Kriterium der *Rechtsquelle,* sofern diese die Kompetenz (einschliesslich der verfahrensrechtlichen Prüfpflicht) der beteiligten Behörde regelt. Das kann zur Folge haben, dass eine ersuchende (Justiz-)Behörde, um eine notwendige Information zu erhalten, ein Rechtshilfegesuch zu stellen hat, das die zuständige ersuchte Behörde, allenfalls unter Vorbehalt[1799], als Amtshilfe beantworten kann[1800]. Umgekehrt kann ein

962

1794 Vgl. z.B. für die Datenbearbeitung im Schengen-Rahmen Art. 2 Abs. 3 SiAG i.V.m. Art. 25 Abs. 4 DSG (Verweis auf die Massgeblichkeit des VwVG), aber umgekehrt § 3 Abs. 1 lit. f PolG BL (Amts- und Vollzugshilfe) i.V.m. § 42 (Rechtsschutz bei sofort ohne Anhörung vollziehbaren Massnahmen) bzw. §§ 1 ff. VwVG BL (Verwaltungsverfahren, Beschwerden) und § 43 VPO BL (verwaltungsgerichtliche Beschwerde).
1795 BGE 137 II 128 E 2.3.1; vgl. auch BREITENMOSER, Rechtsentwicklungen, 23 ff.
1796 A.a.O.; bestätigt in BGer 1C_142/2011 E 1.2.
1797 Dem entspricht auch Art. 56 VE PolAG. Kritisch zum Kriterium der Behördenzuständigkeit ZURKINDEN, Rz. 17 f.
1798 Z.B. nach Art. 3 Ziff. 3 RB-vI.
1799 Z.B. Spezialitätsprinzip.
1800 Vgl. BGE 133 IV 271 E 2.4 f.

Ersuchen um Amtshilfe auf der Seite des ersuchten Staates einen Rechthilfeentscheid erfordern. Diese Abgrenzung hat den Vorteil, dass sie sich strikt auf das *Legalitätsprinzip* stützt, und die beteiligten Behörden eo ipso verpflichtet sind, die Schranken von Amts- oder Rechtshilfe (einschliesslich Zweckbestimmung der Informationen) zu beachten, namentlich gegebenenfalls auf Beweisverwertungsverbote bzw. die Notwendigkeit einer entsprechenden Genehmigung oder eines formellen Rechtshilfegesuches hinzuweisen[1801].

963 Die Schwierigkeiten ergeben sich namentlich aus der *Asymmetrie* der unterschiedlichen Kompetenzregeln und Verfahrensvoraussetzungen zwischen den einzelnen Staaten.

964 Unterschwellig scheint davon ausgegangen zu werden, dass die Amtshilfe generell an weniger strenge rechtsstaatliche Bedingungen geknüpft sei als die Rechtshilfe, was jedoch – mindestens theoretisch – nicht zutrifft: Bei der Amts- wie der Rechtshilfe handelt sich um *staatliches Handeln,* das nach Art. 5 BV einer gesetzlichen Grundlage bedarf, an deren Schranken (wie z.B. *Zweckbestimmung* der übermittelten Information, *Prinzip der Spezialität*[1802]) gebunden ist, die *Verfahrensrechte* gewähren, im *öffentlichen Interesse* und *verhältnismässig* sowie – in der gesamten Umsetzung der Befugnis – von *Treu und Glauben* (Art. 5 Abs. 3; 9 BV als Grundrecht)[1803] geprägt sein muss. In Bezug auf die Grundrechte und deren Einschränkungen liefern Art. 35 und 36 BV auch für Amtspflichthandlungen klare Vorgaben[1804]. Unterschiede ergeben sich aber auf Grund der einfach-gesetzlichen Bestimmungen in verfahrensrechtlicher Hinsicht bezüglich des Rechtsschutzes.

III. Arten und Handlungsformen polizeilicher Amts- und Rechtshilfe

1. Arten polizeilicher Amts- und Rechtshilfe

965 Amts- und Rechtshilfe können grundsätzlich nach folgenden Kriterien, entsprechende Zuständigkeiten vorausgesetzt, gegliedert (nicht aber voneinander unterschieden) werden:

– auf völkerrechtlicher Grundlage beruhende internationale Beziehungen:
   – bilateral mit einzelnen oder multilateral mit mehreren Staaten (Schengen),

---

1801 Vgl. EGMR J.B. v. Switzerland, *passim.*
1802 Art. 67 IRSG; BGE 129 I 249 E 4.2. Botschaft SIaG, 9074. BREITENMOSER, ARH, Rz. 23.108 ff. BREITENMOSER/WEYENETH, 170; GLUTZ VON BLOTZHEIM, 16 f., 134 ff.; POPP, Rz. 103, 303.
1803 GLUTZ VON BLOTZHEIM, 16; MÜLLER/SCHEFER, 25.
1804 Vgl. GLUTZ VON BLOTZHEIM, 157 ff.

- mit internationalen Agenturen (Interpol, Europol, Egmont-Gruppe[1805]) oder mit besonderen Kommissionen zur Prüfung der Einhaltung von völkerrechtlichen Verträgen (CPT[1806], NKVF[1807], GRECO[1808]);
- innerhalb der Schweiz:
  - innerkantonal (zwischen einzelnen Behörden),
  - interkantonal;
- nach Rechts- oder Realakten[1809];
- nach den Handlungsformen von Rechts- oder Realakten (nachfolgende Rz.);
- auf Ersuchen oder unaufgefordert;
- Vollzug von Verfügungen und Urteilen (Vollstreckung) oder als Auftrag mit Erfüllungsermessen (z.B. Abklärungen, Befragungen, Einvernahmen).

2. Handlungsformen der Amts- und Rechtshilfe

a) Generell

Bei den *Handlungsformen*, die – gegebenenfalls durch die zuständige Staatsanwaltschaft angeordnet (vgl. Art. 55 Abs. 1 StPO, ebenso jedoch Art. 43 Abs. 3 i.V.m. Art. 55 Abs. 5 StPO) – in den *polizeilichen Zuständigkeitskreis* fallen können[1810], lassen sich die folgenden verschiedenen Arten auseinander halten[1811]:

966

1805 Informelle Gruppe von nationalen Behörden zur Bekämpfung der Geldwäscherei (*Financial Intelligence Units, FIUs*) u.a. für den Austausch von Informationen und Erfahrungen (URL: http://www.egmontgroup.org/; zuletzt besucht: 7.8.2011). Die Meldestelle für Geldwäscherei (MROS) des Bundesamtes für Polizei ist Mitglied der Egmont-Gruppe (URL: http://www.fedpol.admin.ch/content/fedpol/de/home/themen/kriminalitaet/geldwaescherei.html; zuletzt besucht: 7.8.2011). Vgl. NZZ vom 3. Januar 2012 (Egmontgruppe droht Schweiz mit der Suspendierung der Mitgliedschaft mangels Kooperation; vgl. dazu LOBSIGER in FN 2035).

1806 Vgl. Rz. 174.

1807 Vgl. Rz. 173.

1808 Vgl. Rz. 175.

1809 BGer 2A.692/2006 E 4.2.2 f.

1810 Nicht behandelt werden hier die Auslieferung, die stellvertretende Strafverfolgung und Strafvollstreckung sowie die Herausgabe von Strafentscheidungen oder Strafakten (vgl. Art. 75*a* Abs. 2 lit. b und c IRSG).

1811 Vgl. auch Art. 30 ZISG, Formen der Zusammenarbeit (mit dem Internationalen Strafgerichtshof)
«Zusammenarbeit nach diesem Kapitel kann alle nach schweizerischem Recht nicht unzulässigen Prozesshandlungen umfassen, welche die Ermittlungen und die strafrechtliche Verfolgung betreffend Taten, die in die Zuständigkeit des Gerichtshofs fallen, erleichtern oder der Beibringung der Beute dienen, insbesondere:
a. die Identifizierung nicht angeschuldigter Personen, die Ermittlung ihres Aufenthalts und die Lokalisierung von Gegenständen;
b. die Beweisaufnahme, einschliesslich Zeugenaussagen, und die Beibringung von Beweismitteln, einschliesslich Sachverständigengutachten und Berichten, die der Gerichtshof benötigt;
c. die Einvernahme von Personen, gegen die ermittelt wird oder die strafrechtlich verfolgt werden;

- zur Verfügung stellen vorhandener Beweismittel (samt Deliktsgut oder verbotener Gegenstände) auf Ersuchen einer Behörde durch die ersuchte Behörde;

- durchführen polizeilicher und/oder justizieller Massnahmen[1812], namentlich Beschaffen von Beweismitteln und Deliktsgut oder verbotener Gegenstände (Beschriebe, Dokumentationen wissenschaftliche und [kriminal-]technische Untersuchungen; Durchsuchungen, Sicherstellungen) auf Ersuchen oder spontan gemäss nationalen oder internationalen Rechtsgrundlagen z.G. anderer Behörden bzw. Kantone und Staaten[1813];

- Untersuchung von Orten oder Stätten;

- Übermittlung von Informationen und Erkenntnissen auf Ersuchen[1814], Aufenthaltsnachforschungen und Vorabklärungen;

- unaufgeforderte Mitteilung von Informationen und Erkenntnissen (schriftlich, elektronisch, mündlich/telefonisch), die einer andern Behörde ermöglichen könnten, bestimmte Straftaten aufzudecken, zu verhüten oder aufzuklären[1815] oder andere Gefahren für die öffentliche Sicherheit abzuwehren;

- die Vollzugshilfe[1816];

- zur Verfügung stellen von Datenbanken als Koordinationsaufgabe[1817] mit der entsprechenden Bewirtschaftung[1818];

---

d. die Zustellung von Unterlagen, einschliesslich gerichtlicher Schriftstücke;
e. die zeitweilige Übergabe inhaftierter Personen nach Artikel 39;
f. die Untersuchung von Orten oder Stätten, einschliesslich der Untersuchung von Grabstätten und der Exhumierung;
g. Durchsuchungen und Beschlagnahmungen;
h. die Beibringung von Akten und Unterlagen, einschliesslich amtlicher Akten und Unterlagen;
i. der Schutz von Opfern und Zeugen sowie die Sicherstellung von Beweismitteln;
j. die Identifizierung, das Aufspüren und Einfrieren oder die Beschlagnahmung von Erlösen und Vermögensgegenständen sowie Tatwerkzeugen zum Zweck der späteren Einziehung.»

1812 Bspw. Befragungen und Einvernahmen von Personen, auch formelle Zeugeneinvernahmen (vgl. Art. 53, 142 Abs. 2 StPO, Art. 63 Abs. 2 lit. b IRSG), ausgenommen Entscheide über die Anwendung prozessualen Zwangs (Art. 75a Abs. 2 lit. a IRSG).

1813 Art. 53 und 55 StPO; vgl. Art. 33 Abs. 2 lit. b VE PolAG.

1814 Art. 75, 75a IRSG, vgl. Rz. 985, 1081.

1815 Vgl. Art. 39 SDÜ/RB-vI (Art. 7) unter Hinweis auf RB 2002/584/JI (eine aktualisierte Liste der in diese RB [gehört nicht zu den mit dem SAA übernommenen RB] aufgeführten Straftaten findet sich im Anhang 1 zum SIaG). Vgl. Art. 44, 58 ff., 61, 63 VE PolAG. Weiteres in Rz. 986, 1007, 1091, 1099.

1816 Bspw. Vollzug von Verhaftbefehlen, Zuführungen, Durchführung von Auslieferungen und Repatriierungen; im Zivilrecht Vollzug z.B. von Exmissionen, weitere Bsp. in Rz. 927. Vgl. ferner Art. 53, 55 StPO.

1817 Vgl. Marginale des ehem. Art. 349 StGB (ersetzt durch Art. 9 ff. BPI). SEILER, ZSR 2010, 430 (Zweifel an der Verfassungsgrundlage für das BPI). Dazu gehören auch das SIS, genauer C-SIS/N-SIS, RIPOL, und die EUROPOL-Datenbank. ZURKINDEN, Rz. 13.

1818 Dazu gehört bspw. die Ausschreibung gesuchter Personen oder Gegenstände durch Bundesorgane für eine kantonale Behörde im RIPOL (vgl. die u.a. auch den kantonalen Polizeidiens-

- Benützung solcher Datenbanken für die Bearbeitung von Personendaten;
- zur Verfügung stellen von Personal und/oder Material[1819];
- die grenzüberschreitende Observation[1820];
- gemeinsame Patrouillen (Streifendienst)[1821] und Arbeitsgruppen sowie gemischte Einheiten (auch ausserhalb von strafrechtlichen Ermittlungsverfahren)[1822];
- gemeinsame Einsatzformen für Hilfeleistungen anlässlich von Grossveranstaltungen, schweren Unglücksfällen oder Katastrophen[1823];
- gemeinsame Zentren für den Informationsaustausch und die Koordination grenzüberschreitender Aktionen[1824];
- der Austausch von Verbindungsleuten bzw. Polizeiattachés[1825];
- zur Verfügung stellen von Räumen für die Durchführung von Amtshandlungen anderer Behörden sowie zur Unterbringung von Untersuchungsgefangenen ebenso wie das Treffen von Massnahmen zur Gewährleistung der Sicherheit der solche Amtshandlungen vornehmenden Angehörigen anderer Behörden im eigenen Kanton[1826];
- der ausserprozessuale Zeugenschutz[1827];
- Suche nach vermissten Personen;

---

ten dienenden Datenbanken im BPI).
1819 IKAPOL-Vereinbarung; vgl. auch Art. 33 Abs. 2 lit. a VE PolAG.
1820 Art. 17 ZP II EÜRSt; Art. 40 SDÜ; bilaterale Verträge; vgl. GAMMA, 451 ff.; MOHLER, Schengen/Polizei, 15 f., 19.
1821 Nicht aus besonderem Anlass (bspw. wegen einer Fahndung oder dem Suchen einer vermissten Person) angeordnete gemeinsame Streifendienste (gemischte Patrouillen zweier Länder) fallen solange nicht unter die Amtshilfe, als Polizei- oder Grenzschutzangehörige des einen Landes im andern Land, in dem sie agieren, keine personenbezogenen Daten bearbeiten (z.B. Personenkontrollen); ist mindestens dies jedoch der Fall, fällt zumindest der Abgleich der erhobenen Personalien mit Dateien der örtlich zuständigen Polizei unter die Amtshilfe (vgl. Art. 25 des Polizeivertrags CH–A/FL).
1822 So z.B. gestützt auf Art. 7 Ziff. 3 lit. b des Abkommens CH–I, Art. 20 des Polizeivertrages CH–D, Art. 10 Abs. 6 lit. b, 13 des Polizeivertrages CH–A/FL und Art. 14 des Abkommens CH–F.
1823 Art. 14 Polizeivertrag CH–D, Art. 16 des Abkommens CH–F; GAMMA, 449.
1824 Vgl. Art. 23 des Polizeivertrages CH–D, Vereinbarung A/FL betr. Verbindungsbüro, ZP Italien betr. gemeinsame Zentren.
1825 Art. 2 lit. e und 5 ZentG; Art. 21 des Polizeivertrages CH–D, Art. 14 des Polizeivertrages CH–A/FL, Art. 14 des Abkommens CH–I und Art. 5 des ZP Abkommen CH–F; dazu enthält die Mehrheit der Polizeizusammenarbeitsabkommen mit andern Staaten eine Bestimmung über den Austausch von Polizeiattachés oder Verbindungsbeamten (Rz. 1107 ff.).
1826 Art. 45 StPO; Botschaft StPO, 1145. In Bezug auf die Sicherheitsgewährleistung handelt es sich nur um Amtshilfe, sofern es sich um Leistungen handelt, die nicht ohnehin in den Aufgabenbereich der örtlich zuständigen Polizei fallen.
1827 Vgl. zu den internationalen Bezügen Art. 28 f. ZeuSG.

– Suche nach Sachen in rechtswidrigem Besitz.

b) Besondere Aspekte der polizeilichen Amts- und Rechtshilfe

aa) Zusammenarbeit in der Gewährleistung von Sicherheit

967 Namentlich die Verträge mit den Nachbarstaaten *verpflichten* die Vertragspartner sodann zur Zusammenarbeit in der *Abwehr von Gefahren für die öffentliche Sicherheit*[1828]. Auch Art. 5 und 7 f. RB-vI enthalten die Pflicht[1829] zur Zusammenarbeit im Schengenraum in der Form der Amtshilfe zur Wahrung der öffentlichen Sicherheit bzw. zur *Verhütung von schweren Straftaten* ebenso wie zur Hilfeleistung bei Massenveranstaltungen oder schweren Unglücksfällen und Katastrophen.

So ist das polizeiliche Erkenntnisgewinnungsverfahren gemäss RB-vI nicht auf Informationen über (beabsichtigte) kriminelle Aktivitäten zu beschränken; umfasst werden von der Pflicht zum (spontanen) Informationsaustausch auch Verhaltensweisen die *möglicherweise* als Straftat[1830] die öffentliche Sicherheit ernsthaft in Gefahr bringen könnten. Polizeiliche Erkenntnisse über ernsthafte Gefahren für die öffentliche Sicherheit in einem andern Schengen-Land sind diesem demnach mitzuteilen, auch bevor feststeht, ob allenfalls eine Straftat (mithin auch ein Fahrlässigkeitsdelikt) zur Diskussion steht.

968 Von diesen Handlungsformen können mehrere auch dem *Begriff polizeiliche Zusammenarbeit*[1831] zugeordnet werden, doch ist es m.E. nicht sinnvoll, noch einen weiteren, die bestehende ungenaue Begrifflichkeit zusätzlich komplizierenden Rechtsbegriff einzuführen.

Grenzüberschreitende *Nacheile, Observation und kontrollierte Lieferungen* ebenso wie der gemeinsame Streifendienst implizieren durchwegs die *Bearbeitung personenbezogener Daten*, sind also einzelfallbezogen[1832]. Sie erheischen in jedem Fall von der zuständigen Behörde des Staates, in dessen Hoheitsbereich die Aktionen durchgeführt werden, eine (allenfalls nachträgliche) Genehmigung und sind an weitere vertraglich festgelegte Auflagen (bei Nacheile bspw. Uniform oder Erkennungszeichen, markierte Fahrzeuge)

1828 Art. 3 des Polizeivertrages CH–D, Art. 3 des Vertrages CH–A/FL, Art. 7 des Abkommens CH–F, Art. 2 Ziff. 1 und 7 Ziff. 2 lit. a des Abkommens CH–I.

1829 In Anbetracht der *grundrechtlichen Schutzpflicht* handelt es sich nicht bloss um eine «Obliegenheit», sondern um eine eigentliche Pflicht, die zwar nicht direkt durchsetzbar, aber immerhin justiziabel ist. GLUTZ VON BLOTZHEIM, 33 (Art. 7 RB-vI regle eine zwingende polizeiliche spontane Übermittlung).

1830 Schuldform und Schuldfähigkeit der allfälligen Täterschaft werden mit diesem Ausdruck offen gelassen (Art. 7 Ziff. 2 RB-vI: «…für die erfolgreiche Aufdeckung, Verhütung oder Aufklärung der betreffenden Straftat *oder* kriminellen Aktivität für sachdienlich…gehalten»; Art. 8 Ziff. 3 RB-vI: «…zur Abwehr einer unmittelbaren und ernsthaften Gefahr für die öffentliche Sicherheit verwendet…»); Hervorhebung hier. Die Polizei wird im RB-vI lediglich als Strafverfolgungsbehörde erwähnt, obwohl Titel III des SDÜ «Polizei und Sicherheit» heisst und damit auch die Abwehr anderer Gefahren zu umfassen bedeutet.

1831 Vgl. BREITENMOSER, Rechtsentwicklungen, 17.

1832 Vgl. FN 1821; GAMMA, 449 f.

und Bedingungen (bspw. betr. Waffeneinsatz oder Gebrauch von Überwachungsgeräten) gebunden[1833].

bb) Verwaltungspolizeiliche Amtshilfe

Schliesslich ergeben sich mannigfache Notwendigkeiten der Amthilfe in polizeilichen Rechtsgebieten, so u.a. im Strassenverkehr, zum Vollzug verschiedenster verwaltungsrechtlicher Normen (Ausweis- und Bewilligungswesen, ausländerrechtliche Verfahren) und – im Rahmen von SAA und DAA – auch der Visa- und Rückübernahmebestimmungen. Ebenso sind Vorabklärungen und Aufenthaltsnachforschungen auf dem Amtshilfeweg (auch international) möglich (vgl. Rz. 1100).   969

B. Rechtsprobleme

I. Amts- und Rechtshilfe als Begriffe ohne gegenseitige Abgrenzung

1. Allgemeine Hinweise

Die gegenseitige behördliche Unterstützung zur Überwindung von Zuständigkeitsgrenzen muss an klare Regeln gebunden sein, um Rechtsverletzungen materiell- und formell-rechtlicher Art zu vermeiden. Dafür wäre u.a. die Aufteilung solcher Hilfestellungen in Amtshilfe und Rechtshilfe hilfreich.   970
Grundsätzlich dient, wie erwähnt, die *Rechtshilfe in Strafsachen* der Durchführung von *Strafverfahren,* in denen eine richterliche Beurteilung verlangt werden kann (Art. 1 Abs. 3 IRSG), die Rechtshilfe in Zivilsachen der Entscheidung bzw. Vollstreckung zivilrechtlicher Streitigkeiten, *während die Amtshilfe für die Unterstützung von verwaltungsrechtlichen* Entscheiden vorgesehen ist[1834], was einem *funktional-finalen Abgrenzungskriterium* entspräche.

Die Schwierigkeiten liegen in einer nicht nur unscharf gewordenen Trennung von Rechts- und Amtshilfe in der Rechtsetzung (Gesetze, Verträge), die je den genannten unterschiedlichen Funktionen dienten, sondern in einer *diese Trennung auflösenden Überlagerung* (Rz. 954, 974 ff.). Die derzeitige Problematik gründet in der einfach   971

1833 Vgl. BREITENMOSER, Rechtsentwicklungen, 17; GAMMA, 453 f. Auf Bundesebene ist die Zuständigkeit für Bewilligungen im grenzüberschreitenden Einsatz in Art. 31 RVOV geregelt; kantonal richten sich Bewilligungen und entsprechende Zuständigkeit für grenzüberschreitende Einsätze im eigenen Kanton nach den kantonalen Vorschriften. In dringlichen Fällen grenzüberschreitender Observation oder einer kontrollierten Lieferung sind bspw. nach Art. 14 Abs. 2 Ziff. 1 des Polizeivertrages CH-D entweder das Polizeikommando Basel-Stadt oder das Polizeikommando Schaffhausen, nach Art. 10 Abs. 2 des Polizeivertrages CH–A/FL die Polizeikommandi St. Gallen und Graubünden für die Schweiz Melde- und Bewilligungsbehörde; soll die grenzüberschreitende Aktion durch mehrere Kantone fortgeführt werden, sind die andern Kantone unverzüglich zu informieren, wobei die jeweilige Bewilligung angenommen wird.
1834 KNAPP/SCHWEIZER, SGK zu Art. 44, Rz. 24.

gesetzlichen bzw. staatsvertraglichen Ausgestaltung, die diese Trennung nicht mehr konsequent einhält: Der Teufel liegt im Detail[1835].

972 Während die *Rechtshilfe* in Strafsachen landesrechtlich durch das IRSG und die StPO, völkerrechtlich durch das EÜRSt einschliesslich ZP sowie Bestimmungen des Schengen-Besitzstandes, in Konventionen zur Bekämpfung bestimmter Kriminalitätsformen und teilweise in zweiseitigen Staatsverträgen – wenn auch nicht widerspruchsfrei – geregelt ist, trifft dies für die *Amtshilfe* nicht im gleichen Mass zu. Ein *Gesetz über die Amtshilfe,* das Art. 44 Abs. 2 BV (der Bund und Kantone zur gegenseitigen Amts- und Rechtshilfe verpflichtet) konkretisiert, besteht – wie erwähnt – nicht (was nicht nur, aber primär mit der Organisationsautonomie der Kantone zusammenhängt)[1836]. Damit fehlt auch ihre rechtsverbindliche Definition[1837].

973 Weit mehr ins Gewicht fällt, dass auf Grund dieser begrifflichen Überlagerung (vgl. nachfolgend Rz. 974 ff. und 1039), die in gesetzlichen und vertraglichen Regelungen ihren Niederschlag finden, im internationalen Kontext *Informationen mit Beweiswert in Strafverfahren amtshilfeweise* übermittelt werden können[1838], wiewohl sie im Empfangsstaat *in Strafverfahren verwendet* werden können; die (nach bestimmten Kriterien zulässige) Beschwerde auf dem Gebiet der Rechtshilfe in Strafsachen an das Bundesgericht (Art. 84 BGG) ist in solchen formell der Amtshilfe zugerechneten Fällen jedoch unzulässig (Art. 83 lit. h BGG). Vgl. den Hinweis dazu in Rz. 1563.

> Schwierigkeiten liegen schon formal auf der Hand: Nach Art. 2 Abs. 2 lit. c DSG ist das Datenschutzgesetz des Bundes nicht anwendbar auf Verfahren der internationale *Rechts*hilfe, derweil Art. 2 Abs. 3 SIaG auf die Massgeblichkeit der Datenschutzgesetze des Bundes und der Kantone hinweist. Vom RB-vI bzw. dem SIaG werden jedoch auch die Übermittlung personenbezogener Daten und von Beweismitteln geregelt, was grundsätzlich einem Rechtshilfeverfahren entspricht. Umgekehrt wird die internationale Amtshilfe vom DSG erfasst (*argumentum e contrario*, vgl. Rz. 1145).

2. Überlagerungen verschiedener völker- und binnenrechtlicher Rechtsquellen

974 Amts- und Rechtshilfe sind, wie dargelegt, in besonderem Mass durch verschiedene Rechtsquellen unterschiedlich geformt. Dadurch entziehen sich die beiden Rechtsformen der Zusammenarbeit und gegenseitigen Unterstützung innerhalb der Schweiz und besonders international auch einer klaren dogmatischen Begrifflichkeit[1839], eine Folge der *Asymmetrie der einzelstaatlichen Rechtsordnungen.* Abgesehen von den

---

1835 GAMMA, 453.
1836 Ein BG über die Steueramtshilfe ist derzeit in parlamentarischer Beratung (Rz. 954); auch für andere Rechtsmaterien besteht ein entsprechender Bedarf (bspw. Umweltschutz, vgl. bspw. Art. 4 Abs. 2 lit. f, 10 Abs. 2 lit. a 13 Basler Übereinkommen).
1837 KNAPP/SCHWEIZER, SGK zu Art. 44, Rz. 24 f. Vgl. Rz. 940 f. und FN 1768.
1838 Vgl. betr. EMRK-Widrigkeit FN 1801.
1839 Vgl. auch BGer 1A.173/2005 E 3.7 («L'art. 7 LEmb règle à la fois l'entraide judiciaire et l'entraide administrative et ne distingue pas les voies de droit relatives à chacune de ces procédures.»).

differenzierenden maximalen Strafdrohungen für bestimmte (auch grundsätzlich übereinstimmende) Tatbestände, die *verfahrensbestimmend* sein können, unterscheiden sich die Rechtsordnungen in Bezug auf die Zuweisung von Straftatenkategorien (bspw. Steuerdelikte, Verkehrsstrafrecht) zu landesrechtlich verschiedenen Verfahren (Rz. 977).

Die *mehrfache Überlagerung* verschiedener Rechtsquellen wirft zunächst die *Frage nach dem massgeblichen Recht* auf: Auf der völkerrechtlichen Ebene sind dies das Rechtshilfeübereinkommen des Europarates samt dem Zweiten Zusatzprotokoll, die bundesstaatsähnliche EU- bzw. Schengen-Amts- und Rechtshilfeordnung, multinationale Übereinkommen zur Bekämpfung bestimmter Delikte oder Deliktsarten sowie zweiseitige Verträge mit einzelnen Staaten. 975

Binnenrechtliche *Grundlage* in der *Rechtshilfe* in Strafsachen ist das IRSG und die IRSV sowie die StPO, unvollständige Grundlagen für die *Amtshilfe* finden sich auf Bundesebene im VwVG, im SIaG und im Datenschutzgesetz (ebenso bspw. im Bundesgesetz über die direkte Bundessteuer[1840]), auf der kantonalen Stufe in Verwaltungsverfahrens- oder -organisations-[1841], Datenschutz- und Spezialgesetzen (z.B. Polizeigesetz[1842]).

Differenzen zwischen den Rechtsquellen sind sowohl vom Grundsätzlichen her wie im Einzelnen offenkundig. Ob es sich dabei um *Kompetenzkumulationen* (Rz. 209), *Normkonkurrenzen* oder -*kollisionen* handelt, ist zur Abklärung, welche Bestimmungen welchen andern vorgehen, mit wenigen Ausnahmen auch nur im Einzelfall zu entscheiden. 976

> Es herrscht jedoch schon Uneinigkeit darüber, ob das Rechtshilferecht in Strafsachen zum Verwaltungsrecht oder zum (internationalen) Strafrecht gehöre[1843].

Durch diese unklare Abgrenzung von Amts- und Rechtshilfe[1844] gelten die Schwierigkeiten in der Rechtsanwendung wenn auch nicht gänzlich, so doch zu guten Teilen für beide Formen der internationalen Verfahrenshilfe.
Art. 1 Ziff. 3 des Zweiten ZP zum EÜRSt dehnt die Rechtshilfe auch auf «Zuwiderhandlungen gegen Rechtsvorschriften» aus, die «durch Verwaltungsbehörden geahndet werden, gegen deren Entscheidung ein insbesondere[1845] in Strafsachen zuständiges Gericht angerufen werden kann». 977

1840 Art. 111 f. DBG; künftig im BG über die Steueramtshilfe (Rz. 954).
1841 Z.B. § 35 OG BS; § 2 Dekret zum Verwaltungsorganisationsgesetz BL.
1842 Z.B. §§ 13, 14, 16 und 17 PolG BS; § 3Abs. 1 lit. f PolG BL; Art. 1 Abs. 1 lit. e PolG BE; § 6 PolG ZH.
1843 Für die Geltung des Strafverfahrensrechts, DONATSCH/HEIMGARTNER/SIMONEK, 2; KELLER, 67 f.; a.A. wohl BREITENMOSER, Rechtsentwicklungen, 28 ff.
1844 Vgl. in Bezug auf die bilaterale Verträge über die Polizeizusammenarbeit WYSS, Gesetzgebungsbedarf, 226.
1845 Diese Formulierung lässt also bspw. auch Verwaltungsgerichte als Gerichtsinstanzen im Rechtsschutzverfahren zu.

Darunter fallen demnach alle strafbaren Verhaltensweisen, also nicht nur Straftaten, sondern auch Übertretungen, die durch Strafbefehl einer Staatsanwaltschaft oder eine Strafverfügung einer Polizeibehörde erstinstanzlich geahndet werden[1846].
Während diese Bestimmung im 2. ZP zum EÜRSt als «Kann-Vorschrift» formuliert ist, stipuliert die wörtlich fast gleich lautende Vorschrift in Art. 3 Abs. 1 des Übereinkommens über die Rechtshilfe in Strafsachen zwischen den Mitgliedern der Europäischen Union eine Pflicht zur Hilfe[1847].

978 Eine gewisse Hilfe für die Bestimmung des massgebenden Verfahrens im Einzelfall mag das *Günstigkeitsprinzip*[1848] sein, wonach – unter Beachtung grundsätzlicher Schranken (wozu auch die DSK und das ZP DSK [Rz. 1149] zählen[1849]) – auf diejenige Rechtsgrundlage abzustellen ist, die bezüglich der Rechtshilfe die dafür günstigste Anwendungsmöglichkeit schafft («In dubio pro Rechtshilfe»[1850]).

3. Schranken der Amts- und Rechtshilfe[1851]

979 In der schematischen Übersicht über die Rechtsrahmen von Amts- und Rechtshilfe (Rz. 931) verweist der äusserste Rahmen E auf das *ius cogens* sowie grundrechtliche (Verfahrens-)Garantien und Vorbehalte. Bei der internationalen Amts- und Rechtshilfe sind grundsätzlich folgende *Schranken* massgebend:

a) Zwingendes Völkerrecht

980 Was für die internationale Amts- und Rechtshilfe zum *zwingenden Völkerrecht*[1852] gehört, wird unterschiedlich dargestellt. Unbestritten gelten das Recht auf Leben, das Verbot der Folter, der unmenschlichen, grausamen oder erniedrigenden Behandlung oder Strafe, das Verbot der Sklaverei (einschliesslich Menschenhandel) und das Verbot der Kollektivstrafen, der Grundsatz der persönlichen Verantwortung in der Strafverfolgung sowie das non-refoulement-Gebot als zwingendes Völkerrecht[1853]. Dagegen bezeichnete es das Bundesgericht als zweifelhaft, ob auch die grundlegenden prozessualen Rechte wegen der ihnen weitgehend mangelnden Notstandsfestigkeit zwingender Natur seien[1854]. Die Frage ist allerdings theoretischer Art, da die von der

---

1846 Botschaft 2. ZP EÜRSt, 3272; BREITENMOSER, Neuerungen, 26.
1847 Art. 3 Abs. 1 dieses Übereinkommens (ABl C 197 vom 12. Juli 2000, 1; Übernahme durch die Schweiz mit dem SAA [Anhang B]), ersetzt Art. 49 lit. a SDÜ. Das EU-Übereinkommen über die Rechtshilfe in Strafsachen ist derzeit jedoch für die Schweiz noch nicht in Kraft, da es noch nicht von allen EU-Mitgliedstaaten ratifiziert worden ist (Auskunft fedpol vom 21. Juli 2011).
1848 Vgl. Art. 1 Abs. 4 SIaG. KELLER, 64 m.w.N. Zur Einschränkung des Günstigkeitsprinzips bei der spontanen Amts- oder Rechtshilfe vgl. GLUTZ VON BLOTZHEIM, 25 ff.
1849 Der als Schengen-Besitzstand Weiterentwicklung geltende RB-Datenschutz (2008/977/JI) lässt die Geltung der DSK und des ZP DSK ausdrücklich unberührt (E 41).
1850 KELLER, 68.
1851 Zu Umsetzungsfragen vgl. Rz. 1112 ff.
1852 Vgl. zum zwingenden Völkerrecht insgesamt Rz. 176 f.
1853 BGer 1A.124/2001 E 3.5.
1854 BGer 1A.124/2001, a.a.O.

EMRK und vom UNO Pakt II gewährleisteten Verfahrensgarantien zum *internationalen ordre public* gehören[1855].

b) Ordre public

Zum *ordre public gehört der* Schutz der nationalen Interessen, d.h. der Souveränität, der Rechtsgrundsätze und anderer wichtiger öffentlicher Interessen[1856]. Wesentlicher Bestandteil des *ordre public* sind, wie oben ausgeführt, die *Grundrechtsgarantien* von EMRK, UNO Pakt II und KRK, wozu namentlich auch die *Verfahrensgrundrechte* gehören (Art. 30–32 BV)[1857]. 981

c) Materiell-rechtliche Schranken

Gesetz- und Verhältnismässigkeit jeder Amts- oder Rechtshilfehandlung (Art. 5 Abs. 1 und 2 BV) sind selbstverständliche Voraussetzungen. Neben der *gesetzlichen oder völkerrechtlichen Grundlage* muss die *Hilfeleistung erforderlich* und *geeignet* sein, den im empfangenden Staat angestrebten rechtlichen Erfolg zu erzielen, und der betroffenen Person *zugemutet* werden können[1858]. 982

Das *Spezialitätsprinzip* schränkt die Verwendung von Informationen auf diejenigen *Zwecke* ein, für die sie übermittelt wurden. Umgekehrt ist daher zu prüfen, ob nachgesuchte Informationen dem angeführten *Zweck* dienen (können)[1859]. 983

Als materiell-rechtliche *Schranke* ist auch das Ungenügen der *datenschutzrechtlichen Gesetzgebung* im Empfangsstaat von Bedeutung (Art. 6 DSG; DSK und ZP DSK, vgl. Rz. 992, 1149). 984
Dabei gewinnt *soft law* als Auslegungshilfe mehr und mehr Bedeutung (vgl. Rz. 65)[1860].

4. Die besonderen Regeln des Schengen-Rechts

Die Weiterentwicklung des Schengen-Besitzstandes durch den RB-vI – auch in Verbindung mit andern völkerrechtlichen Verpflichtungen – führte zu einem mindestens teilweisen *Paradigmenwechsel* (Rz. 8021 ff.): Der *Gleichbehandlungsgrundsatz* (Art. 3 Ziff. 3 RB-vI, Rz. 944) stellt die Strafverfolgungsbehörden aller Schengen-Staaten denjenigen im eigenen Land gleich[1861]; der *Verfügbarkeitsgrundsatz* (Rz. 943) gebietet, dass den Strafverfolgungsbehörden «alle Arten von Informationen oder Angaben, die bei Behörden oder privaten Stellen vorhanden und für die Strafver- 985

1855 BGer 1A.16/2007 E 2.4; BGE 129 II 268 E 6.1.
1856 BREITENMOSER/WEYENETH, 170 f.; DONATSCH/HEIMGARTNER/SIMONEK, 60 f.; POPP, Rz. 393 ff.
1857 BGer 1A.24/2002 E 4. BREITENMOSER/WEYENETH, a.a.O.; vgl. die differenzierenden Bemerkungen bei DONATSCH/HEIMGARTNER/SIMONEK, 60 f.
1858 BREITENMOSER/WEYENETH, 169 f.; DONATSCH/HEIMGARTNER/SIMONEK, 61 f.; GLUTZ VON BLOTZHEIM, 116 ff.
1859 BREITENMOSER/WEYENETH, 170; POPP, Rz. 287.
1860 So z.B. die *Recommendation R (87)15 Regulating the Use of Police Data in the Police Sector*, die zu beachten sich die Schweiz bekannt hat (Botschaft Bilaterale II, 6089).
1861 Art. 355*c* StGB, Art. 32*d* WG.

folgungsbehörden ohne das Ergreifen von Zwangsmassnahmen ... verfügbar sind», auf Ersuchen oder spontan übermittelt werden müssen (Art. 2 lit. d ii)[1862].

986 Eine wesentliche Neuerung ist die Änderung des Art. 46 SDÜ, nach dem die Informationsübermittlung ohne Ersuchen auf einer «*Kann*-Vorschrift» gründete, wogegen Art. 7 Ziff. 1 RB-vI (der ausser Art. 39 Abs. 1–3 auch Art. 46 SDÜ ersetzt: Art. 12 Ziff. 1 RB-vI) dazu *verpflichtet*, «Informationen und Erkenntnisse in Fällen, in denen konkrete Gründe für die Annahme bestehen, dass diese Informationen und Erkenntnisse dazu beitragen könnten, Straftaten nach Artikel 2 Absatz 2 des Rahmenbeschlusses 2002/584/ JI[1863] aufzudecken, zu verhüten oder aufzuklären», unaufgefordert zur Verfügung zu stellen[1864].

987 Hinzuweisen ist darauf, dass das SIaG nicht anwendbar ist, sofern Informationen mit Zwangsmassnahmen erhältlich gemacht werden müssten[1865]. Unter «Zwangsmassnahmen» sind solche prozessrechtlicher Art zu verstehen, doch kann – wie BREITENMOSER/WEYENETH[1866] bemerken – schon die Übermittlung von Informationen einen (nicht konsensualen) hoheitlichen Akt darstellen, dem ein «Zwang» innewohnt.

988 Wichtig ist ferner, dass *Staatsanwaltschaften* grundsätzlich zur *Verhütung von Delikten*, soweit noch kein strafbares Verhalten im eigenen Jurisdiktionsbereich feststellbar ist (und kein auf ein ausländisches Strafverfahren gestütztes Rechtshilfegesuch vorliegt), *nicht zuständig* sind. Diese Aufgabe ist *polizeirechtlicher* Natur. Insofern bedeutet die zitierte Abgrenzung zur Amtshilfe (Rz. 947) in der Botschaft StPO[1867] inhaltlich einen Widerspruch in sich selbst.
Schliesslich ist anzumerken, dass insbesondere die informationelle (auch informelle) Bearbeitung von Daten (einschliesslich Austausch von personenbezogenen Daten) nach ihrer *polizeigesetzlichen bzw. strafprozessrechtlichen Natur* wegen der unterschiedlichen Datenschutzgrundlagen *organisatorisch strikte zu trennen* ist[1868].

1862 Art. 2 Abs. 1 SIaG übernimmt lediglich Art. 2 lit. d i) des RB-vI, nicht aber den nachfolgenden Absatz ii), wonach auch Informationen und Erkenntnisse, die bei (anderen) «Behörden oder privaten Stellen vorhanden und für die Strafverfolgungsbehörden ohne das Ergreifen von Zwangsmassnahmen nach Artikel 1 Absatz 5 verfügbar sind», zur Verfügung gestellt werden müssen – und bleibt somit hinter der Schengen-Regelung zurück. MOHLER, Schengen-Besitzstand, 11.

1863 Dieser Rahmenbeschluss gehört nicht zu den mit dem SAA übernommenen EU Rechtsakten. Die Liste der pflichtbegründenden Straftaten findet sich im Anhang zum SIaG.

1864 MOHLER, Schengen-Besitzstand, 16. Zur spontanen Übermittlung umfassend GLUTZ VON BLOTZHEIM, *passim*.

1865 Art. 2 Abs. 2 SIaG; Botschaft SIaG, 9082.

1866 BREITENMOSER/WEYENETH, 159 f.

1867 Botschaft StPO, 1144.

1868 Dies ist gemäss der organisatorischen Eingliederung der Kriminalpolizei in die Staatsanwaltschaft im Kanton Basel-Stadt (Art. 9 f. EG StPO) nicht der Fall, was (u.a.) wegen des Trenngebotes rechtsstaatlich fragwürdig erscheint. Darüber hinaus ist die Staatsanwaltschaft auch für die Staatsschutztätigkeiten gemäss BWIS zuständig, wodurch das datenschutzrechtliche Trenngebot organisationsrechtlich ignoriert wird.

Die Gleichstellung aller Strafverfolgungsbehörden der Schengen-Staaten mit dieser Weiterentwicklung, auch schon als Gemeinschaftstreue bezeichnet[1869], führt zu Einschränkungen von Schrankentragweiten: die Schranke des *ordre public* wird in Art. 10 Ziff. 1 lit. a RB-vI auf die Beeinträchtigung der Souveränität und wesentlicher nationaler Sicherheitsinteressen reduziert[1870] (vgl. aber nachfolgend Rz. 990), das Spezialitätsprinzip[1871] ist abgeschwächt[1872], die Voraussetzung der beidseitigen Strafbarkeit ist teilweise aufgehoben[1873].

989

Nach Art. 4 Abs. 1 EÜRSt hat der ersuchte Staat auch Verfahrensvorschriften des ersuchenden Staates – falls von diesem verlangt und präzisiert – anzuwenden[1874], sofern diese nicht Grundprinzipien des ersuchten Staates zuwiderlaufen (was einem andern *ordre public*-Vorbehalt gleich kommt); dieser Regelung entspricht teilweise Art. 65 IRSG.

990

Grundsätzliche Rechtsfragen ergeben sich bei der Beurteilung, ob ein anderer Staat, dem Rechts- oder Amtshilfe geleistet werden soll, die *rechtsstaatlichen Minimalanforderungen* der EMRK bzw. des UNO Pakts II erfüllt[1875], insbesondere in Bezug auf den *Rechtsschutz*. Nach dem «*Soering*-Prinzip»[1876] obliegt einem EMRK-Vertragsstaat zu prüfen, ob im ersuchenden Staat auf Grund einer Amts- oder Rechtshilfeleistung eine (auch verfahrensrechtliche) Menschenrechtsverletzung voraussehbar möglich sei, und gegebenenfalls die Unterstützung zu verweigern (vgl. aber in Bezug auf Verfahrensrecht Rz. 980). Das gilt insbesondere, wenn die Gefahr einer Verletzung *zwingenden Völkerrechts* bestehen könnte[1877].

991

In *datenschutzrechtlicher* Hinsicht kann es schwer fallen zu beurteilen, ob das Datenschutzniveau in einem Staat, der nicht zum Schengen-Raum gehört, «ein angemessenes Schutzniveau für die beabsichtigte Datenverarbeitung gewährleistet». Art. 13 Abs. 1 und 2 lit. d des RB-Datenschutz[1878] schreibt vor, «dass personenbezogene Daten, die von der zuständigen Behörde eines anderen Mitgliedstaats übermittelt oder bereitgestellt wurden, an Drittstaaten oder internationale Einrichtungen, nur dann weitergeleitet werden», wenn «der Drittstaat oder die empfangende internationale Einrichtung Garantien bietet und diese vom betreffenden Mitgliedstaat in Übereinstimmung mit

992

1869 BREITENMOSER, Rechtsentwicklungen, 19.
1870 BREITENMOSER, Neuerungen, 27; eingehend zum umgekehrt strengeren Spezialitätsprinzip bei der spontanen Übermittlung GLUTZ VON BLOTZHEIM, 131 ff.
1871 Zum Verhältnis zwischen Spezialitätsprinzip und datenschutzrechtlicher Zweckbindung: GLUTZ VON BLOTZHEIM, 132 m.w.N.
1872 BREITENMOSER, Neuerungen, 26.
1873 BREITENMOSER, a.a.O.
1874 BREITENMOSER, Neuerungen, 28.
1875 Art. 2 lit. a IRSG.
1876 EGMR Soering v. UK, § 91; BGer 1A.16/2007 E 2.4. BREITENMOSER/WEYENETH, 169.
1877 BGE 133 II 450 E 7.
1878 ABl L 350 vom 30. Dezember 2008, 60.

ihrem jeweiligen innerstaatlichen Recht für angemessen befunden werden»[1879]. Art. 6 DSG stellt generell, d.h. für *alle* grenzüberschreitenden Informationsübermittlungen, eine entsprechende Schranke auf. Da auch ausserhalb von Datensystemen mit dezentraler Zugriffsberechtigung in verschiedenen Ländern und eigenen Regeln (wie bspw. solche von Interpol, Europol oder das SIS) personenbezogene Daten elektronisch übermittelt werden, kann als *Massstab* der diesbezüglichen Rechtsstaatlichkeit die DSK samt ZP (Rz. 1149) zugezogen werden[1880].

> Hinzuweisen ist darauf, dass die Schweiz die Bestimmungen der Datenschutzkonvention (DSK) *auch auf die nicht automatisierte Verarbeitung* personenbezogener Daten (einschliesslich juristischer Personen) anwendet[1881].

5. Zur Problematik der Massendelinquenz

993 Wie erwähnt (Rz. 945), haben BREITENMOSER/WEYENETH die Frage aufgeworfen, ob im zwischenstaatlichen Verhältnis die Unterscheidung zwischen Amts- und Rechtshilfe nicht insofern aufgehoben werden sollte, als die Weitergabe von personenbezogenen Informationen im Rahmen polizeilicher Amtshilfe den Regeln des Rechtsschutzes für die Rechtshilfe in Strafsachen unterstellt werden müsste[1882]. Sie begründen dies damit, dass die schwächere Ausgestaltung des Rechtsschutzes bei der Amtshilfe dem Rechtsstaatsprinzip und dem Grundsatz der Einheit des Rechts verstosse[1883].

> Ausnahmen von einer nach dem Rechtshilfeverfahren gemäss IRSG *vorgängigen Information* der von einer Informationsübermittlung betroffenen Person sollen nur zulässig sein, wenn diese nicht möglich oder mit einem unverhältnismässigen Aufwand verbunden sei oder ein überwiegendes (öffentliches) Interesse an einer Geheimhaltung der Weitergabe bestehe[1884].

994 Unterstützt wird die Auffassung zumindest im Rahmen des *Schengen-Besitzstandes* durch Art. 16 Abs. 1 RB-Datenschutz, wonach die Mitgliedstaaten sicherzustellen haben, «dass die betroffene Person im Einklang mit dem innerstaatlichen Recht über die Erhebung oder Verarbeitung personenbezogener Daten durch ihre zuständigen Behörden informiert wird».

1879 Nach der etwas komplizierten Formulierung werden nur «Schengen-relevante» personenbezogene Daten erfasst, d.h. solche, die vor der Weiterleitung an einen Drittstaat bereits zwischen Schengen-Staaten übermittelt worden sind (Wahrung der nationalen Souveränität der einzelnen Staaten).
1880 Zum Stand der Ratifizierungen vgl. Rz. 1149.
1881 BB betr. Genehmigung der DSK, Art. 2 lit. a. Vgl. dazu das *Explanatory Memorandum to Recommendation R (87) 15*, Ziff. 26 und 38, wonach die nicht automatisierte Verarbeitung einbezogen werden soll.
1882 BREITENMOSER/WEYENETH, 173.
1883 BREITENMOSER/WEYENETH, 182.
1884 BREITENMOSER/WEYENETH, a.a.O., mit weiteren Ausführungen.

Nach Art. 2 Abs. 3 SIaG unterliegt die Bearbeitung von Informationen nach diesem Gesetz dem Datenschutzrecht des Bundes und der Kantone unter Vorbehalt der Einschränkungen von Art. 6a–6c SIaG[1885]. Eine Informationspflicht der Behörden entfällt nach Art. 18a Abs. 4 DSG in Bezug auf Speicherung oder Weitergabe, wenn Speicherung oder Bekanntgabe in einem Gesetz ausdrücklich vorgesehen (lit. a) oder die Information nicht oder nur mit einem unverhältnismässigen Aufwand möglich ist (lit. b). Vgl. dazu auch Rz. 973.

Art. 3 Abs. 1 des EU Übereinkommens über die Rechtshilfe in Strafsachen (das auch für die Schweiz – nach dessen Inkrafttreten[1886] – massgebend ist[1887]) gilt auch für Zuwiderhandlungen gegen (d.h. Übertretungen von) Rechtsvorschriften, die durch Verwaltungsbehörden geahndet werden[1888], sofern deren Entscheidung an ein auch in Strafsachen zuständiges Gericht weiter gezogen werden kann, was zu einem Strafurteil führt. Allein die *Masse* von Anfragen bspw. von Fahrzeughaltern im Zusammenhang mit Verkehrsdelikten im Ausland lässt m.E. eine konsequente Anwendung einer Pflicht zur Information der betroffenen Person, die der Datenübermittlung an eine ausländische Polizeibehörde voraus geht – mit der Möglichkeit, eine Einwendung dagegen zu erheben, die ihrerseits eine beschwerdefähige Verfügung verlangt[1889] – als unmöglich erscheinen.

995

Abgesehen von dem damit verbundenen grossen Aufwand im Einzelfall mindestens bis zur erstinstanzlichen Beschwerdebehörde erscheint der *Gesamtaufwand* mit Blick auf die grosse Zahl von Anfragen[1890] bei der derzeitigen Mobilität und der Tendenz zu vermehrten automatisierten[1891] Verkehrsregelkontrollen[1892] *nicht mehr bewältigbar*[1893]. Eine Beschränkung der Informationsweitergabe an ausländische Polizeibehörden führte umgekehrt innert kurzer Zeit zu einer gewissen «Immunisierung» ausländischer Verkehrsdelinquenten[1894].

Eine die datenrechtliche Grundrechtseinschränkung i.S.v. Art. 36 Ziff. 1 BV rechtfertigende Lösung scheint nur in der Form der gesetzlichen oder vertraglichen Ausnahme möglich (vgl. Art. 18a Abs. 4 lit. a DSG)[1895], da das Kriterium des unverhält-

996

1885 Soweit kantonale Datenschutzbestimmungen keinen angemessenen Datenschutz durch kantonale Behörden gewährleisten, ist nach Art. 37 DSG das Bundesgesetz massgebend.
1886 Vgl. FN 1847.
1887 Art. 2 Abs. 2 SAA/Anhang B.
1888 Nach Art. 3 Abs. 2 SIaG sind die Behörden, welche Verwaltungsstrafverfahren durchführen (VStrR), vom Geltungsbereich des SIaG ausgenommen.
1889 Vgl. BREITENMOSER/WEYENETH, 183.
1890 Vgl. auch WEYENETH/BREITENMOSER, Rz. 8.
1891 Oder andern Verkehrskontrollen durch Polizeiorgane, die nicht zu einer unmittelbaren Anhaltung des fehlbaren Fahrzeuglenkers führen.
1892 Geschwindigkeits-, Rotlicht-, Abstandskontrollen.
1893 Vgl. LOBSIGER, Umsetzung, 190 ff.
1894 WEYENETH/BREITENMOSER, Rz. 8.
1895 Vgl. Art. 45 Ziff. 1 und 2 des Abkommens CH–F. Die entsprechende gesetzliche Bestimmung könnte auch durch andere Publikationsformen als die Gesetzessammlung der Zugänglichkeitsanforderung genügend bekannt gemacht werden.

nismässigen Aufwandes ein zu ungenaues Kriterium darstellt und auch nur auf den Einzelfall, nicht aber auf den Arbeitsanfall insgesamt, bezogen wird (zur Frage des Rechtsschutzes auf dem Gebiet der internationalen Amtshilfe vgl. Rz. 1563).

§ 21 Die Rechtsgrundlagen für die internationale polizeiliche Zusammenarbeit und Kriminalitätsbekämpfung

A. Die Voraussetzungen für polizeiliche Amts- und Rechtshilfe nach schweizerischem Recht

I. Bundesrecht

997 Amts- und Rechtshilfehandlungen sind *staatliches bzw. hoheitliches Handeln,* wofür die Bestimmungen von Art. 5 BV, die Grundsätze des rechtsstaatlichen Handelns, massgebend sind. Eine Übertragung von Amtshilfehandlungen an Private, zumal durch den ersuchenden Staat, ist rechtswidrig[1896].
In materiell-rechtlicher Hinsicht bedarf jede Amts- oder Rechtshilfehandlung demnach einer *gesetzlichen und/oder vertragsrechtlichen Grundlage*[1897], die verfassungs- bzw. grundrechtskonform anzuwenden ist. Sind *Grundrechtseinschränkungen* mit einer Amts- oder Rechtshilfehandlung verbunden, haben die Rechtsgrundlagen den Anforderungen von Art. 36 BV zu genügen[1898].
Verschiedene Erlasse des Bundesrechts vermitteln, wenn auch unvollständig und spezifisch, die Grundlagen für polizeiliche Amts- und Rechtshilfe zur interkantonalen

---

[1896] *Unzulässig* ist im zwischenstaatlichen Verkehr z.B. das von einer ausländischen Behörde durch eine *private Firma* ausgeführte *Inkasso von Bussen in der Schweiz* als deren Vollstreckung. Vgl. WEYENETH/BREITENMOSER, Rz. 2.
Während Art. 16 Ziff. 1 ZP EÜRSt und Art. 52 Abs. 1 SDÜ die direkte Zustellung von Gerichtsurkunden auf dem Postweg erlauben, bedarf die Durchsetzung einer Busse der behördlichen Mitwirkung im Wohnsitzstaat der betroffenen Person als Vollstreckungshilfe. Die Vollstreckung von Geldstrafen oder Bussen für *Strassenverkehrsdelikte* durch *behördliche* Vollzugshilfe in der Schweiz ist bisher ausschliesslich mit Deutschland (Art. 37 f. des Polizeivertrags CH–D; Minimalwert der Geldsanktion als Voraussetzung der Vollstreckungshilfe: € 40 oder CHF 70 [Art. 37 Abs. 1 lit. a]; Regelung jedoch noch nicht in Kraft [vgl. Art. 52 des Vertrages]), Frankreich (Art. 47 f. des Abkommens CH–F; Minimalwert der Geldsanktion als Voraussetzung der Vollstreckungshilfe: € 70 oder CHF 100 [Art. 47 Ziff. 1 lit. a]) und Italien (ZV Art. II Ziff. 2 lit. a EÜRSt [ohne nähere Ausführungen] vereinbart worden. Die ausdrücklichen formellen Voraussetzungen für die Gewährung der Vollstreckungshilfe sind in den beiden Verträgen mit D und F unterschiedlich, im Vertrag mit Deutschland strenger formuliert. Das Europäische Übereinkommen über die Ahndung von Zuwiderhandlungen im Strassenverkehr vom 30. November 1964 (CETS No. 52) hat die Schweiz nicht unterzeichnet.
[1897] BREITENMOSER, ARH, Rz. 23.104. Ausnahmen von der Pflicht einer völkervertragsrechtlichen Grundlage: Art. 8, 67*a* Abs. 3 IRSG.
[1898] BREITENMOSER, ARH, 23.127 ff. Die Praxis des EGMR geht jedoch von einem einheitlichen Gesetzesbegriff, ohne Unterscheidung zwischen einem Gesetz im formellen Sinn und andern Erlassen aus, sodass Art. 36 Abs. 1 Satz 2 BV nicht *tel quel* als Anforderung auf die Rechtsordnung anderer Staaten übertragen werden kann (vgl. auch Rz. 1501).

und internationalen Kriminalitätsbekämpfung. Zu nennen sind in erster Linie IRSG, SIaG, BPI, StPO und Art. 43 VwVG[1899].

II. Kantonales Recht

Die (Polizei-)Hoheit der Kantone ist verfassungsrechtlich auch bezüglich Amts- und Rechtshilfe gewährleistet (Art. 3, 47 BV), eine Beeinträchtigung bedarf einer verfassungsmässigen, gesetzlichen[1900] oder vertraglichen Grundlage.
Die (Polizei-)Hoheit der Kantone und ihre Organisationsautonomie wird soweit möglich auch in den vom Bund geschlossenen völkerrechtlichen Verhältnissen mit andern Staaten beachtet (vgl. Art. 75*a* IRSG, Art. 16 BPI, Art. 2 Abs. 2 SIaG, Art. 32*c* WG).

998

Wenn auch dem Bund grundsätzlich umfassende aussenpolitische Kompetenz zukommt[1901], können sodann auch die *Kantone* nach Art. 56 BV *in ihren Zuständigkeitsbereichen* Verträge mit dem Ausland abschliessen[1902]. Art. 9 aBV erwähnte in diesem Zusammenhang noch ausdrücklich die Polizei. Auch völkerrechtliche Verträge von Kantonen mit ausländischen Verbänden (unterhalb der gesamtstaatlichen Ebene) sind Völkerrecht, das nach Art. 5 Abs. 4 BV zu beachten ist[1903] (vgl. Rz. 240).

999

Die Einschränkung, wonach solche von Kantonen abgeschlossene Verträge (bspw. über die nachbarliche Zusammenarbeit) dem Recht des Bundes (und den Interessen anderer Kantone) nicht zuwiderlaufen dürfen (Art. 56 Abs. 2 BV), begrenzt die Pflicht zu deren Beachtung insofern, als Bestimmungen, die bundesrechtlichen Vorgaben (einschliesslich vom Bund abgeschlossenen Staatsverträgen) nicht entsprächen, nicht anwendbar sind, da sonst der Vorrang des Bundesrechtes verletzt würde (Art. 46 Abs. 1 BV)[1904].
Die von den Kantonen zu beachtenden Formvorschriften gegenüber dem Bund (und andern Kantonen) sind in Art. 61*c* und 62 RVOG sowie Art. 27*o-t* RVOV.

1899 Art. 43 VwVG, der nur die verfassungsrechtliche Pflicht der Kantone zur *Rechtshilfe,* dazu beschränkt auf die Vollstreckung, gegenüber dem Bund wiederholt, bleibt unvollständig. Im SIaG wurde bewusst auf eine Kodifizierung der *Amtshilfe* verzichtet (Botschaft SIaG, 9078). Spezifische Bestimmungen zur (auch internationalen) Amtshilfe finden sich in Spezialgesetzen, z.B. Sozialrecht, Steuerrecht, Börsen und Effektenhandel. Vgl. WYSS, Gesetzgebungsbedarf, 222, 228 f.
1900 Für den Fall der Nacheile Art. 216 Abs. 1 StPO, vormals Art. 356 StGB. Im Entscheid des OGer TG vom 8. April 2010 (nachfahrende Radarkontrolle der Kantonspolizei SG auf einem Autobahnstück im Kanton TG; eine interkantonale Vereinbarung dazu bestand nicht) wird nur das absolute gegenüber dem relativen Beweisverwertungsverbot relevant, nicht aber die rechtfertigende Bestimmung des (damals massgebenden) Art. 356 StGB erwähnt. Vgl. auch Art. 52 StPO über die Verfahrenshandlungen in einem anderen Kanton.
1901 EHRENZELLER, SGK zu Art. 54, Rz. 6, 11; RHINOW/SCHEFER, Rz. 3701, 3706.
1902 Im Sinne einer konkurrierenden (bzw. subsidiären) Kompetenz, sofern der Bund nicht über den gleichen Gegenstand Verträge abgeschlossen hat; HANGARTNER, SGK zu Art. 5, Rz. 44; PFISTERER, SGK zu Art. 56, Rz. 26. Vgl. dazu auch das Europäisches Rahmenübereinkommen über die grenzüberschreitende Zusammenarbeit zwischen Gebietskörperschaften mit zwei Zusatzprotokollen.
1903 PFISTERER, SGK zu Art. 56, Rz. 5.
1904 PFISTERER, SGK zu Art. 56, Rz. 26. Vgl. dazu aber Rz. 154.

1000 Mit «vertraglicher Grundlage» sind auch nicht nur die durch die Bundesbehörden abgeschlossenen völkerrechtlichen Verträge gemeint, welche die Kantone umzusetzen haben (Art. 5, 46 BV), sondern auch *interkantonale Vereinbarungen*[1905].

III. Direkt anwendbare völkerrechtliche (self-executing) Bestimmungen

1001 Sofern eine völkerrechtliche Amts- oder Rechtshilfepflicht unmittelbar anwendbar *(self-executing)* ist (Rz. 52), bedarf es keiner zusätzlichen landesrechtlichen Gesetzesgrundlage, was namentlich für zahlreiche Bestimmungen des Schengen-Besitzstandes und bilateraler Verträge mit Nachbarstaaten zutrifft.

1002 Vereinzelt substituieren Abkommen zur Bekämpfung bestimmter Kriminalitätsformen, wie wohl sie zum Abschluss zwei- oder mehrseitiger Verträge über die Amts- und Rechtshilfe ermuntern, konkrete zwischenstaatliche Vereinbarungen, sodass sich deren Signatarstaaten direkt auf eine solche Bestimmung stützen können, so z.B. Art. 27 Abs. 2 UNTOC[1906].

B. Verpflichtungen zur Amts- und Rechtshilfeleistung

I. Schweizerisches Recht

1003 Art. 44 Abs. 2 BV *verpflichtet* Bund und Kantone, einander Amts- und Rechtshilfe zu leisten, und Art. 5 Abs. 4 BV gebietet ihnen, das Völkerrecht zu beachten.
Die allgemein gehaltene verfassungsrechtliche Verpflichtung zu gegenseitiger Amts- und Rechtshilfe als Verankerung der «Idee der Solidarität»[1907] richtet sich an Bund und Kantone[1908,1909], und demnach nicht an einzelne Behörden; die Bestimmung ruft nach gesetzlichen Regelungen im Einzelnen wegen der Organisationsautonomie und weiterer Prärogativen der Kantone (z.B. kantonales Verwaltungsverfahrensrecht, Amtsgeheimnis)[1910] neben anderen verfassungsrechtlichen Vorgaben.

1004 Pflichten zur Leistung von Amts- und Rechtshilfe ergeben sich für die zuständigen Behörden aus

 – Art. 43 VwVG (für die Vollstreckung von Entscheiden von Bundesbehörden);

1905 So z.B. die IKAPOL-Vereinbarung (Rz. 254) und regionale Polizeikonkordate (Rz. 259).
1906 «Im Hinblick auf die Durchführung dieses Übereinkommens erwägen die Vertragsstaaten, zwei- oder mehrseitige Übereinkünfte über eine unmittelbare Zusammenarbeit zwischen ihren Strafverfolgungsbehörden zu schliessen beziehungsweise, falls solche Übereinkünfte bereits bestehen, diese zu ändern. Bestehen zwischen den betreffenden Vertragsstaaten keine solchen Übereinkünfte, so können sie dieses Übereinkommen als Grundlage für die Zusammenarbeit auf dem Gebiet der Strafverfolgung in Bezug auf die Straftaten nach diesem Übereinkommen ansehen.»
1907 AB Verfassungsreform S 61 (Votum Rhinow).
1908 Ähnlich wird schon in der Botschaft VE 96, 209 formuliert: «Absatz 2 nennt die Amts- und Rechtshilfe als beispielhafte Gebiete der Zusammenarbeit zwischen Bund und Kantonen».
1909 BIAGGINI, Komm. zu Art. 44, N. 7.
1910 Vgl. KNAPP/SCHWEIZER, SGK zu Art. 44, Rz. 25 f.

- Art. 44 StPO für Verfolgung und Beurteilung von Straftaten nach Bundesrecht[1911], was nach Art. 55 Abs. 5 StPO auch für internationale Amts- und Rechtshilfeleistungen durch Kantone verbindlich ist, und aus Art. 3 und 7 SIaG;
- Art. 194 ff. ZPO;
- Art. 12 Abs. 3 lit. a BPI (Verweis)[1912] i.V.m. Art. 355 StGB;
- Art. 8 und 10 ZentG i.V.m. Art. 4 VO über die Wahrnehmung kriminalpolizeilicher Aufgaben des Bundes[1913], Art. 13 f. der Janus-VO und aus Art. 5 ZISG (ohne Anspruch auf Vollständigkeit).

Weitere Pflichten zur Amthilfe können sich aus Bundes- und kantonalen Spezialgesetzen ergeben.

II. Völkerrecht

1. Generell

Vorab besteht die Pflicht zur Einhaltung völkerrechtlicher Verträge und Übereinkommen vom Grundsatz der Vertragstreue her: *«pacta sunt servanda»*[1914].

1005

Konkret gebieten völkerrechtliche Verträge und Abkommen über internationale Amts- und Rechtshilfe die Signatarstaaten, den entsprechenden *Verpflichtungen* auch nachzukommen[1915]. Darunter fallen auch Verpflichtungen zur *Verhütung* bestimmter Delikte durch internationalen Informationsaustausch, so insbesondere hinsichtlich der Bekämpfung des Menschenhandels[1916].

> Weitere Beispiele: Art. 7 ff. des Europaratsübereinkommens über Geldwäscherei sowie Ermittlung, Beschlagnahme und Einziehung von Erträgen aus Straftaten; Art. 13 und 18 ff. UNTOC (ausführlich, unter Einbezug operationeller Formen); Art. 38 f. (innerstaatlich!), 43, 46 (international, ausführlich) UNCAC.

1911 Diese Bestimmung liefert somit keine Grundlage für Amts- oder Rechtshilfe zur Verfolgung und Beurteilung kantonaler Übertretungen.
1912 «Es (d.h. das Datensystem internationale und interkantonale Polizeikooperation) enthält Daten über Personen, die fedpol gemeldet worden sind:
a. als Tatverdächtige, Geschädigte oder Auskunftspersonen im Rahmen kriminalpolizeilicher Ermittlungsverfahren in- oder ausländischer Strafverfolgungs- und Polizeibehörden oder im Rahmen einer Mitteilung von Behörden, die von Rechts wegen dazu befugt oder verpflichtet sind, fedpol zu informieren.»
1913 Nach Art. 4 Abs. 1 lit. e z.B. auch «Einwohnerkontrollen und öffentliche Register; insbesondere Handelsregister, Zivilstandsregister, Steuerregister, Strassenverkehrsregister, das Grundbuch und das Zivilluftfahrtsregister».
1914 HANGARTNER, SGK zu Art. 5, Rz. 44; TSCHANNEN, Staatsrecht, § 9, Rz. 10.
1915 So, in genereller Art für die Rechtshilfe Art. 1 Ziff. 1 EÜRSt: «Die Vertragsparteien verpflichten sich, gemäss den Bestimmungen dieses Übereinkommens einander so weit wie möglich Rechtshilfe zu leisten in allen Verfahren hinsichtlich strafbarer Handlungen, zu deren Verfolgung in dem Zeitpunkt, in dem um Rechtshilfe ersucht wird, die Justizbehörden des ersuchenden Staates zuständig sind.» EGMR Rantsev v. Cyprus and Russia, § 175.
1916 Art. 10 Abs. 1 ZP II UNTOC. EGMR Rantsev v. Cyprus and Russia, §§ 289, 296.

1006   Verstärkt wird diese Verpflichtung, sofern es um die Durchsetzung *zwingenden Völkerrechts* geht wie bspw. das Verbot der Folter oder der Sklaverei im Zusammenhang mit dem Menschen-, insbesondere Frauen- und Kinderhandel[1917].

2. Verpflichtungen gemäss Schengen-Besitzstand

1007   Zusätzlich zum *Grundsatz der Vertragstreue* bindet der Schengen-Besitzstand die Mitgliedstaaten, zu denen auch die assoziierten Staaten in Bezug auf ihre Pflichten, verringert in Bezug auf ihre Rechte zählen, die *Gemeinschaftstreue* (Rz. 989) an die vertraglichen Pflichten, die denjenigen in einem Bundesstaat nahe kommen (Rz. 935). Das *Verfügbarkeits*[1918]*- und das Gleichbehandlungsprinzip*[1919] (Rz. 943 f.) verpflichten zu einer weitgehenden (aber nicht gänzlichen) amts- und rechtshilfeweisen Zusammenarbeit mit den zuständigen Behörden der andern Schengen-Staaten wie mit den schweizerischen.

C. Die völkerrechtlichen Grundlagen für die verschiedenen Zusammenarbeitsformen

1008   *International* richtet sich die polizeiliche Amts- und Rechtshilfe komplementär nach den einschlägigen völkerrechtlichen Bestimmungen, soweit diese nicht durch schweizerisches Recht von den Kompetenzen her präzisiert werden[1920] oder Vorbehalte die Verfahrenshilfe oder Zusammenarbeit beschränken oder verbieten.

I. Der Rechtsrahmen von Mitgliedschaft und Assoziierung

1. Vereinte Nationen

1009   Nach Art. 25 der Charta der Vereinten Nationen sind *Beschlüsse des Sicherheitsrates verbindlich* und somit durchzuführen[1921]. Dazu gehören die Sanktionen des Sicherheitsrates nach Art. 41 der Charta.

> Aus der Kollisionsnorm von Art. 103 der Charta hat diese gegenüber Verpflichtungen aus andern völkerrechtlichen Übereinkommen Vorrang. Die Grenze der Anwendungspflicht gegenüber Beschlüssen des Sicherheitsrates wird lediglich durch das *ius cogens* gesetzt[1922].

Gestützt auf Art. 1 Abs. 1 des Embargogesetzes kann der Bund «Zwangsmassnahmen erlassen, um Sanktionen durchzusetzen, die von der Organisation der Vereinten

---

1917 EGMR Rantsev v. Cyprus and Russia, §§ 281 f.
1918 Art. 10 Abs. 2 lit. d RB-vI (in Bezug auf Straftaten, die mit einer Freiheitsstrafe von mehr als einem Jahr bedroht sind, Art. 10 Ziff. 2 RB-vI).
1919 Art. 3 Ziff. 3 RB-vI.
1920 Im Einzelnen sind Rechte und Pflichten nicht nur der Bundes-, sondern auch der kantonalen Behörden zur Erfüllung völkerrechtlicher Abkommen bzw. nach Art. 4 ZentG in der VO über die Wahrnehmung kriminalpolizeilicher Aufgaben im Bundesamt für Polizei normiert.
1921 BGE 133 II 450 E 5. IPSEN, § 32, Rz. 55.
1922 Ausführlich BGE 133 II 450 E 7 m.w.H.

Nationen, der Organisation für Sicherheit und Zusammenarbeit in Europa oder von den wichtigsten Handelspartnern der Schweiz beschlossen worden sind und die der Einhaltung des Völkerrechts, namentlich der Respektierung der Menschenrechte, dienen». Zwangsmassnahmen können u.a. namentlich den Personenverkehr unmittelbar oder mittelbar beschränken (Abs. 3 lit. a) und «Verbote, Bewilligungs- und Meldepflichten sowie andere Einschränkungen von Rechten umfassen» (Abs. 3 lit. b). Dem Bundesrat steht es zu, Zwangsmassnahmen in Form von Verordnungen zu erlassen (Art. 2). Der Rechtsschutz gegen Verfügungen nach dem Embargogesetz richtet sich nach den Bestimmungen über die Bundesrechtspflege (Art. 8).

Gestützt auf diese Rechtsgrundlagen bestehen derzeit[1923] 19 Verordnungen, die internationale Sanktionen betreffen[1924]. 1010

> Die Mehrheit dieser Verordnungen bezeichnet als massgebliche Grundlage Beschlüsse des Sicherheitsrates; bei mehreren dieser Erlasse finden sich jedoch keine entsprechenden Angaben[1925].

2. Organisation für die Sicherheit und Zusammenarbeit in Europa (OSZE)

Wie erwähnt, bezieht sich das Embargogesetz auch auf Sanktionen, die von der OSZE beschlossen worden sind. Da indessen die Qualifikation der OSZE als Internationale Organisation und demnach diejenige als Völkerrechtssubjekt verneint wird[1926], die mitwirkenden Länder auch nach der Umbenennung von *Konferenz* in *Organisation* für Sicherheit und Zusammenarbeit 1995 als Teilnehmer- und nicht als Mitgliedstaaten gelten, sind deren Sanktionsbeschlüsse nicht völkerrechtlich verbindlich, sondern (wie jene der wichtigsten Handelspartner der Schweiz) bloss politisch zu beachten. 1011

3. Europarat

Der Rechtsrahmen des Europarates ist als Reaktion auf die Schrecken des Zweiten Weltkrieges geprägt durch die Werte der Menschenrechte, der Demokratie und der Rechtsstaatlichkeit, in erster Linie ausgedrückt in der EMRK und ihren Protokollen. Gestützt auf Art. 3 i.V.m. Art. 1 und 8 der Satzung des Europarates kann nur ein Staat Mitglied des Europarates werden, der sich verpflichtet, die EMRK und ihre Protokolle innerhalb einer bestimmten Frist zu ratifizieren[1927]. 1012

1923 Stand 31. Juli 2011.
1924 Vgl. die einzelnen Erlasse unter SR 946.231.x.
1925 Die Taliban-Verordnung, ebenso auf das Embargogesetz gestützt, ist in der SR noch unter den «Allgemeinen Bestimmungen» eingereiht, da die Schweiz zum Zeitpunkt von deren Erlass noch nicht Mitglied der UNO war. Vgl. zur Problematik von Korrekturen im De-Listing-Verfahren SCHÖNDORF-HAUBOLD, Rn. 241.
1926 IPSEN, § 62, Rz. 16.
1927 IPSEN, § 34, Rz. 3 mit Verweis auf die Erklärung der Staats- und Regierungschefs des Europarates vom 9. Oktober 1993. Es besteht jedoch keine Pflicht, *alle* Protokoll zu ratifizieren. Von den bisher 14 die EMRK ergänzenden Protokollen hat die Schweiz lediglich die Protokolle Nr. 6 (Abschaffung der Todesstrafe mit Notstandsausnahmeklausel), 7 (Voraussetzungen für eine

Näheres zu den sich daraus ergebenden auch polizeilichen Rechtspflichten findet sich in den Erläuterungen zu den einzelnen Grundrechten (5. Kapitel, Rz. 323 ff.).

1013 Der Europarat kann gemäss seinen Satzungen und Ziff. II der Statutarischen Resolution (93) 28 jeden Nicht-Mitgliedstaat einladen, sich der Durchführung einer Tätigkeit oder eine Reihe von Tätigkeiten anzuschliessen, m.a.W. einem Übereinkommen beizutreten[1928].

1014 Pioniercharakter kommt sodann dem Europäischen Übereinkommen vom 20. April 1959 über die *Rechtshilfe in Strafsachen*[1929], später ergänzt durch zwei Protokolle, und dem *Übereinkommen zum Schutz des Menschen bei der automatischen Verarbeitung personenbezogener Daten* vom 28. Januar 1981 (DSK)[1930] (später ergänzt durch das Zusatzprotokoll von 2001[1931])[1932] zu.

1015 Von den (derzeit) insgesamt 84 von der Schweiz *nicht* unterzeichneten Abkommen und Protokollen des Europarates betreffen lediglich zwei Materien der internationalen Amts- und Rechtshilfe in Strafsachen bzw. des Polizeirechts: das Übereinkommen über die Ahndung von Zuwiderhandlungen im Strassenverkehr[1933] und das Übereinkommen über Insidergeschäfte[1934].

Weiteres zu einzelnen Übereinkommen im Abschnitt D (Internationale Abkommen betr. die Unterdrückung bestimmter Verbrechen und Vergehen), Rz. 1055.

4. Der Schengen-Besitzstand und seine Umsetzung

a) Grundsätze der Verfügbarkeit und der Gleichbehandlung

1016 Die Umsetzung des Grundsatzes der Verfügbarkeit von Informationen und Erkenntnissen und der Gleichbehandlung (Rz. 943 f.) sind formell durch das SIaG erfolgt.

Näheres zu den grundsätzlichen Rechtsbezügen Rz. 186 ff., 942 ff., 985 ff.

1017 Dieses Bundesgesetz enthält weder Bestimmungen über den Informationsaustausch unter Bundesbehörden noch zwischen Bundes- und kantonalen Behörden oder kantonalen Strafverfolgungsbehörden und den Strafverfolgungsbehörden der andern

---

Ausweisung, Rechte im Strafverfahren einschliesslich *ne bis in idem*, Gleichberechtigung der Ehegatten), 11 (Umgestaltung des Kontrollmechanismus), 13 (vollständige [notstandsfeste] Abschaffung der Todesstrafe), 14 (Änderung des Kontrollsystems, Möglichkeit der Verkleinerung der Spruchgremien, Einzelrichter für Prüfung der Beschwerdezulässigkeit) ratifiziert. Die Bestimmungen der seinerzeit von der Schweiz ratifizierten Protokolle Nr. 2 und 3 zur EMRK sind in Protokoll Nr. 11 eingefügt oder durch dieses ersetzt.

1928 So sind Chile und Israel dem EÜRSt und dem 2. ZP, dazu Chile auch dem 1. ZP beigetreten.
1929 SR 0.351.1. Gleich wegleitend war und ist das Europäische Auslieferungsübereinkommen vom 13. Dezember 1957 (SR 0.353.1).
1930 SR 0.235.1.
1931 SR 0.235.11.
1932 Vgl. Rz. 1149.
1933 CETS No. 52.
1934 CETS No. 130.

Schengen-Staaten[1935,1936]. Die Kantone haben für den bei Dringlichkeit auch vorgesehenen direkten Informationsaustausch diesem Rahmenbeschluss entsprechende gesetzliche Bestimmungen selber zu erlassen[1937]. Als Übergangslösung besteht in Art. 14 SIaG eine subsidiäre gesetzliche Grundlage für einen direkten Informationsaustausch, solange kantonale Bestimmungen nicht vorhanden sind[1938].

Das *SIaG* selber stellt auch nicht die (materiell) gesetzliche Grundlage für den Informationsaustausch auf Ersuchen mit andern Schengen-Staaten dar, sondern regelt lediglich die *Bedingungen und Modalitäten*. Die materiell-rechtlichen Grundlagen für die Übermittlung von Informationen müssen in einem Spezialgesetz oder einem internationalen Abkommen vorhanden sein[1939]. 1018

So sind nach Art. 2 Abs. 2 SIaG neben Informationen, welche die Anwendung prozessualen Zwangs erfordern, auch die *Informationen aus dem gesetzlich geschützten Geheimbereich*[1940] *vom vereinfachten Informationsaustausch ausgenommen*[1941]. 1019

Entsprechend Art. 13 RB-Datenschutz bestimmt Art. 6 Abs. 1 SIaG die Voraussetzungen für die Bekanntgabe von Personendaten, die von einem (andern) Schengen-Mitgliedstaat übermittelt oder bereitgestellt wurden, an einen *Drittstaat;* formelle Bedingung ist die Zustimmung des Schengen-Mitgliedstaates, von dem die Daten stammen oder der sie weiterbearbeitet hat. 1020

> Ausnahmen vom Vorbehalt der Zustimmung des Mitgliedstaates, von dem die Daten stammen, sind nur bei einer ernsten unmittelbaren Gefahr für die öffentliche Sicherheit eines Mitglied- oder Drittstaates oder zur Wahrung wesentlicher Interessen eines Mitgliedstaates zulässig, sofern die vorherige Zustimmung nicht rechtzeitig eingeholt werden kann (Abs. 2 und Art. 6*b* Abs. 2 SIaG). 1021

b)   Schengen-Informationssystem (SIS)

Die Rechtsgrundlagen des *Schengener Informationssystems* liegen grundsätzlich im SDÜ (Art. 102–118); Art. 117 SDÜ verweist zudem auf die Massgeblichkeit der DSK und der Empfehlung R (87) 15 des Ministerrates des Europarates. Diese SDÜ-Bestimmungen sind jedoch ins nationale Recht umzusetzen. 1022

1935   Botschaft SIaG, 9081.
1936   Die gemäss Art. 2 lit. a RB-vI kompetenten Strafverfolgungsbehörden der Schweiz sind das Bundesamt für Polizei (fedpol), die Bundesanwaltschaft, das Grenzwachtkorps, die Kantonspolizeien und die kantonalen Staatsanwaltschaften (Meldung des Bundesamtes für Polizei an das Generalsekretariat des Rates vom 22. Dezember 2009).
1937   Botschaft SIaG, a.a.O.
1938   MOHLER, Schengen-Besitzstand, 16.
1939   Botschaft SIaG, 9082.
1940   Geheimschutzbestimmungen im Strafgesetzbuch, Bankengesetz, Börsengesetz, BG über den unlauteren Wettbewerb; vgl. zum Rechtsschutz bei Übermittlung von Auskünften aus dem Geheimbereich in Art. 21 Abs. 4 lit. b IRSG/Art. 84 Abs. 1 BGG.
1941   Botschaft SIaG, 9082.

1023 Die Umsetzung erfolgte in mehreren Etappen durch eine Vielzahl von Erlassen. So wurde die generelle Verbindlichkeit der Umsetzung und des Vollzugs – mit der (unklaren) Einschränkung der Massgeblichkeit des innerstaatlichen Rechts[1942] – rechtssystematisch nicht überzeugend[1943] in Art. 355c StGB[1944] verankert. Die gesetzliche Grundlage für die operationelle, administrative und technische Umsetzung und Anwendung der SIS-bezogenen Erlasse, Rechtsakte und Massnahmen der EU-Organe findet sich in Art. 355e StGB[1945].

1024 Die Bestimmungen für die *Nutzung*, d.h. jegliche *Bearbeitung von Daten,* sind im alle polizeilichen Informationssysteme des Bundes regelnden BPI[1946], Art. 16, festgelegt.

So wird in Art. 16 Abs. 6 BPI namentlich Art. 102 Abs. 2 SDÜ nachgelebt, wonach das *SIS vom nationalen Fahndungssystem zu trennen,* jedoch eine Verknüpfung durch Kopien (Vervielfältigung) erlaubt ist. Dies führt zu dem vom RIPOL[1947] getrennten System N-SIS[1948].

Das *BPI* stellt wie das SIaG (Rz. 1016) *selber keine rechtliche Grundlage für den Informationsaustausch (Abfrage oder Eingabe)* dar[1949], sondern bestimmt in Art. 16 die Zwecke (Abs. 2), die Datenbanken (Abs. 3) und abschliessend den Kreis der formell nutzungsberechtigten Stellen (Eingabe in Abs. 4, Abfrage in Abs. 5), regelt die Überführung von Daten aus dem Polizeifahndungs- und Migrationsinformationssystem ins N-SIS (Abs. 7) und enthält Verweisbestimmungen in Bezug auf die Rechte der Betroffenen (Abs. 8 lit. e und f, Abs. 9).

1025 Die *Zugriffsrechte* sind in N-SIS und RIPOL unterschiedlich geregelt. Nach Art. 101 SDÜ sind nur die für Grenzkontrollen und «sonstige polizeiliche und zollrechtliche» Überprüfungen sowie für die Visumsbearbeitung und andere ausländerrechtliche Bestimmungen zuständigen Stellen zum Datenabruf im SIS berechtigt, wogegen Art. 16 Abs. 4 BPI die zugriffsberechtigten Behörden weiterfasst.

Nach Art. 5 der RIPOL-Verordnung dürfen mehrere weitere Dienststellen direkt (online) Daten abfragen[1950].

1026 Das *Auskunftsrecht* über im SIS gespeicherte Daten richtet sich gemäss Art. 109 Abs. 1 SDÜ nach dem *nationalen* Recht des Staates, in dem eine Auskunft verlangt wird. Das SDÜ regelt aber vorab drei Fälle selber: a) Hat der um Auskunft ersuchte Staat die Daten, über die Auskunft verlangt wird, nicht selber eingegeben, hat er vor einer Auskunftserteilung eine Stellungnahme der ausschreibenden Vertragspartei ein-

---

1942 Vgl. STÄMPFLI, 389.
1943 Vgl. STÄMPFLI, 70. Die rein polizeirechtlichen Massnahmen der Erkenntnisgewinnung fallen nicht in den Straf- und Strafprozessrechtsbereich.
1944 Ursprünglich Art. 355a, dann umnummeriert: AS 2008 2179 (Ziff. 1).
1945 Ursprünglich Art. 355c, dann umnummeriert: AS 2008 2179 (Ziff. 3).
1946 BG über die polizeilichen Informationssystem des Bundes, SR 361.
1947 Art. 1 lit. b, Art. 15 BPI; VO über das automatisierte Polizeifahndungssystem (RIPOL-Verordnung), SR 361.0.
1948 STÄMPFLI, 71.
1949 STÄMPFLI, 252 f.
1950 STÄMPFLI, 72.

zuholen (Art. 109 Abs. 1, letzter Satz, SDÜ); eine Auskunftserteilung unterbleibt, sofern b) «dies zur Durchführung einer rechtmässigen Aufgabe im Zusammenhang mit der Ausschreibung oder zum Schutz der Rechte und Freiheiten Dritter unerlässlich ist» oder c) es sich um eine verdeckte Registrierung handelt (Art. 109 Abs. 2 SDÜ).

Datenschutzrechtlich wird in Art. 8 BPI grundsätzlich auf das DSG des Bundes verwiesen. Das *direkte* Auskunftsrecht wird nach Art. 16 Abs. 9 BPI in analoger Anwendung von Art. 18 Abs. 1 BWIS für das Recht auf Auskunftserteilung über, Einsichtnahme in die, Berichtigung und Vernichtung der Daten, welche die um Auskunft ersuchende Person betreffen (Art. 16 Abs. 8 lit. e BPI), und die nachträgliche Vernichtung von Ausschreibungen (lit. f)[1951] auf das *indirekte* Auskunftsrecht beschränkt (Art. 8 Abs. 6 BPI). 1027

> Gesuche um Auskunft, Berichtigung oder Löschung in der N-SIS-Datei sind unter Nachweis der Identität des Gesuchstellers schriftlich bei fedpol einzureichen[1952]. Ein besonderes Interesse nachzuweisen ist nicht nötig, die Nationalität ist unbeachtlich. 1028

Wünscht eine Person Einsicht in die kantonale Polizeidatenbank, um zu erfahren, welche sie betreffende Personendaten durch eine Informationsübermittlung der kantonalen Polizei zu einer Ausschreibung im N-SIS geführt hat, ist ein zweiaktiger Vorgang zu befolgen. Die Übermittlung von Personendaten durch eine Kantons- oder Stadtpolizei an fedpol ist nicht gleichbedeutend mit einem N-SIS-Eintrag. Der erste Akt eines Einsichtsbegehrens richtet sich somit nach *kantonalem* Recht (einschliesslich allfälliger kantonaler Einsichtsrechthinderungsgründe[1953]). Dieses muss auch die *materiell-rechtliche Gesetzesgrundlage* für die Datenbearbeitung enthalten, was nach erhaltener Einsicht in einem zweiten Schritt allenfalls zu prüfen ist. Ergibt die kantonale Einsicht, dass personenbezogene Daten an fedpol geliefert worden sind, ist für die Einsicht in die N-SIS-Datenbank hingegen ausschliesslich Bundesrecht massgebend. Diese bundesstaatliche Zweiteilung lässt sich nicht vermeiden, da die Kantone keine Berechtigung des direkten Eintrags in die N-SIS-Datenbank haben (Art. 16 Abs. 4 lit. d BPI) und der Bund die alleinige Verantwortung für diese trägt (Art. 3 Abs. 1 N-SIS-Verordnung)[1954]. 1029

c) Operationelle grenzüberschreitende polizeiliche Massnahmen

aa) Grenzüberschreitende Observation

In Art. 40 SDÜ wird die grenzüberschreitende Observation geregelt. Sie erfolgt grundsätzlich nach einem bewilligten Rechtshilfegesuch, sofern die observierten Personen eines auslieferungsfähigen Deliktes verdächtigt werden. 1030

1951 Vgl. betr. Einsicht in gelöschte Daten BVGer A-8457/2010, *passim*.
1952 Art. 49 Abs. 1 N-SIS-Verordnung.
1953 Vgl. in Bezug auf das datenschutzrechtliche Mindestmass Art. 37 DSG (Bund).
1954 Die diesbezüglichen Ausführungen in der Botschaft BPI, 5072, sind dazu nicht übermässig klar, dürften aber die hier vertretene Ansicht stützen.

Dass ein *Rechtshilfeersuchen* in Art. 40 Abs. 1 SDÜ verlangt wird, bedeutet jedoch nicht, dass es sich um ein justizförmiges Verfahren handelt muss. Die Mitgliedstaaten sind frei, sowohl die für Ersuchen wie die für die Entscheide über Bewilligung oder Ablehnung zuständigen Behörden zu bezeichnen[1955].

1031 Die *Auslieferungsfähigkeit* eines Deliktes bemisst sich nach dem Europäischen Auslieferungsübereinkommen[1956], d.h. die Handlung muss im ersuchenden ebenso wie im ersuchten Staat als auslieferungsfähiges Delikt gelten.

1032 Der Grenzübertritt im Rahmen einer Observation kann in besonders dringlichen Fällen auch ohne vorherige Bewilligung erfolgen, sofern es sich bei den Observierten um Personen handelt, die einer der in Art. 40 Abs. 7 SDÜ aufgeführten Straftaten verdächtigt werden (vgl. dazu nachfolgende Rz. 1033). Der Grenzübertritt ist den zuständigen Organen des aufgesuchten Landes unverzüglich mitzuteilen und das schriftliche Gesuch nachzureichen.

1033 Die in Abs. 7 von Art. 40 aufgeführte Aufzählung besonders schwerer Delikte ist durch Art. 1 Ziff. 2 des Beschlusses 2003/725/JI des Rates vom 2. Oktober 2003[1957] ergänzt worden[1958].

1034 Der ersuchte Staat kann eine grenzüberschreitende Observation im Dringlichkeitsfall zeitlich und geographisch begrenzen und von einer förmlichen Zustimmung innert längstens fünf Stunden abhängig machen (Art 40 Ziff. 2 lit. b Abs. 2 SDÜ).

bb) Kontrollierte Lieferung

1035 Art. 73 SDÜ, der kontrollierte Lieferungen auf den unerlaubten Handel mit Betäubungsmitteln beschränkte, ist durch Art. 12 des Übereinkommens über die Rechtshilfe in Strafsachen zwischen den Mitgliedern der Europäischen Union[1959] ersetzt. Dadurch ist das Verfahren der kontrollierten Lieferung nicht mehr auf illegale Betäubungsmittel beschränkt, es ist nicht nur auf alle Arten verbotener Waren (z.B. Waffen, nukleare und radioaktive Stoffe, Diebes- und Hehlergut), sondern auch im Zusammenhang

---

1955 BREITENMOSER/DRÜCK, 374.
1956 Art. 2 Ziff. 1 EAÜ.
1957 ABl L 260 vom 11. Oktober 2003, 37 (mit dem SAA übernommen [Anhang B], S. 25).
1958 Das Wort «Vergewaltigung» wurde durch «schwere Straftat sexueller Natur», das Wort «Falschmünzerei» durch «Fälschung und Verfälschung von Zahlungsmitteln» ersetzt und folgende Straftaten hinzugefügt: schwerer Betrug, Schleuserkriminalität, Geldwäsche, illegaler Handel mit nuklearem und radioaktivem Material, Beteiligung an einer kriminellen Vereinigung im Sinne der Gemeinsamen Massnahme 98/733/JI des Rates vom 21. Dezember 1998 betreffend die Strafbarkeit der Beteiligung an einer kriminellen Vereinigung in den Mitgliedstaaten der Europäischen Union [ABl L 351 vom 29. Dezember 1998, 1], terroristische Straftaten im Sinne des Rahmenbeschlusses 2002/475/JI des Rates vom 13. Juni 2002 über die Bekämpfung des Terrorismus [ABl L 164 vom 22. Juni 2002, 3].
1959 Rechtsakt des Rates vom 29. Mai 2000 über die Erstellung des Übereinkommens über die Rechtshilfe in Strafsachen zwischen den Mitgliedstaaten der Europäischen Union (ABl C 197 vom 12. Juli 2000, 1). Von der Schweiz mit dem Assoziierungsabkommen übernommen (Anhang B, BBl 2004 6467). Nicht zu verwechseln mit dem EÜRStr.

mit illegalen grenzüberschreitenden Transporten von Menschen (Menschenhandel, Schleuserkriminalität) anwendbar.

Da dieses Rechtshilfeübereinkommen für die Schweiz derzeit noch nicht in Kraft getreten ist[1960], haben sich kontrollierte Lieferungen mit Beteiligung der Schweiz derzeit noch auf andere einschlägige völkerrechtliche Vereinbarungen mit den Nachbarstaaten (Rz. 1089, 1093, 1107) zu stützen.

Auch hinsichtlich kontrollierter Lieferungen sind die Mitgliedstaaten frei, die für Ersuchen und deren Bewilligung zuständigen Behörden zu bestimmten (Art. 12 Abs. 2 und 3 SDÜ). 1036

Es ist allerdings zu beachten, dass es bei einer kontrollierten Lieferung – im Unterschied zur grenzüberschreitenden Observation – um (mindestens) zwei behördliche Entscheide handelt: a) Zum einen ist über das Ersuchen für die Bewilligung der Fortführung oder Übernahme der Operation zu entscheiden, b) zum andern ist – bei Bewilligung und ungehinderten Fortsetzung – zu entscheiden, dass die Waren nicht beschlagnahmt bzw. die geschleusten oder gehandelten Personen nicht aus der Verfügungsmacht der Verdächtigen befreit werden. Zudem ist bei einer allfälligen Gefahr, die von transportierten Stoffen für die Observierenden oder die Allgemeinheit ausgehen kann, zu entscheiden, ob diese – falls möglich – durch Attrappen ersetzt oder ob eine Probe davon entnommen werden soll. Der Verzicht, die geschleusten oder gehandelten Personen zu befreien oder die transportierten Waren zu beschlagnahmen, kann nach Massgabe der innerstaatlichen Kompetenzen einen Beschluss einer justiziellen Behörde erforderlich machen, um u.a. die Problematik einer Begünstigung[1961] zu verhindern.

cc) Grenzüberschreitende Nacheile

Nach Art. 41 Abs. 1 SDÜ dürfen zuständige Beamte von Schengen-Staaten, die eine flüchtende Person verfolgen, die sie in ihrem Land auf frischer Tat bei der Begehung von oder der Teilnahme an einer (in Abs. 4) abschliessend aufgezählten Straftat betroffen haben oder die aus der Untersuchungs- oder Strafhaft geflüchtet ist, die Verfolgung ohne vorherige Zustimmung auf dem Hoheitsgebiet eines andern Staates fortsetzen, sofern zuvor eine Information und die Übernahme durch die örtlich zuständigen Organe nicht möglich war. Schon diese alle in einem Absatz erwähnten Bedingungen machen die Zurückhaltung dieser grenzüberschreitenden Massnahme gegenüber deutlich. 1037

Die *grenzüberschreitende* Nacheile ist zudem an mannigfache weitere Restriktionen gebunden.

Die Mitgliedstaaten sind frei, die grenzüberschreitende Nacheile entweder ausschliesslich an die im Deliktskatalog von Abs. 4 zu binden oder auf alle auslieferungsfähigen Straftaten auszudehnen (Abs. 4 lit. b). Die nacheilenden Beamten müssen ferner als solche erkennbar sein und haben bei Grenzübertritt mit den zuständigen Organen des andern Staates Kontakt aufzunehmen.

1960 Vgl. betr. Inkrafttreten FN 1847.
1961 Art. 306 StGB.

dd) Kombination mit elektronischen Überwachungsmassnahmen und verdeckter Ermittlung

1038 Observationen und kontrollierte Lieferungen werden mitunter durch verschiedene besondere elektronische Ermittlungsmittel unterstützt. Diese fallen ebenso unter die *Bewilligungsvoraussetzung* des ersuchten Staates[1962].

Zudem kann eine kontrollierte Lieferung mit der Methode der verdeckten Ermittlung kombiniert werden, was wiederum unter dem Vorbehalt der Bewilligung des ersuchten Staates steht.

d) Überlagerung der Regelungen des Schengen-Besitzstandes durch bilaterale Abkommen mit den Nachbarstaaten

1039 Die Voraussetzungen, Bedingungen und Auflagen im Rahmen des Schengen-Besitzstandes für die operationellen grenzüberschreitenden Massnahmen stellen ein *Mindestmass* in Bezug auf die polizeiliche Zusammenarbeit unter Schengen-Mitgliedstaaten dar. Sie behindern keine weitergehenden Regelungen zwischen einzelnen Staaten.

Die Schweiz hat grenzüberschreitende operationelle polizeiliche Massnahmen auch in den bilateralen Abkommen mit den Nachbarstaaten geregelt, die teilweise einfachere Regelungen vorsehen[1963]. Diese gehen als spezielle Rechtssätze der allgemeinen Regelung im SDÜ vor.

5. Exkurs: Eurojust

1040 Zur Ergänzung und Verbesserung der Instrumente der zwischenstaatlichen Zusammenarbeit in der Bekämpfung internationaler Kriminalität ist als vorerst jüngste Vereinbarung das Abkommen zwischen der Schweiz und Eurojust in Kraft getreten[1964].

Das Abkommen schafft die Grundlage für die institutionelle Zusammenarbeit zwischen der Schweiz und Eurojust bzw. den darin vertretenen Staatsanwaltschaften der EU-Mitglied- und assoziierten Staaten[1965]. Geregelt werden Rahmenbedingungen und Leitlinien, die Gewährung von Rechtshilfe richtet sich aber nach dem Recht des ersuchten Staates[1966], sie kann also auch abgelehnt werden[1967]. Die Zusammenarbeit mit Eurojust führt zu keinen Verpflichtungen, die mit schweizerischem Gesetzes- oder Völkervertragsrecht nicht übereinstimmen[1968].

1962 Diese liegt ohne verfügte Bewilligung vor, wenn sie im ersuchten Staat gesetzlich erlaubt ist, vgl. z.B. Art. 14 Abs. 3 Ziff. 8 Polizeivertrag CH–D; Art. 12 Ziff. 6 lit. i Abkommen CH–F.
1963 Vgl. MOHLER, Schengen/Polizei, 17 ff.
1964 SR 0.351.6.
1965 Botschaft Eurojust, 27.
1966 Botschaft Eurojust, 31.
1967 Art. 11 Ziff. 2 Abkommen CH–Eurojust.
1968 Art. 4 und 11 Abkommen CH–Eurojust; Botschaft Eurojust, 30.

Zuständige Behörde für die Durchführung des Abkommens und Kontaktstelle ist das Bundesamt für Justiz[1969]. Für operationelle Zwecke können jedoch die zuständigen Bundes- und Kantonsbehörden und Eurojust, unter Benachrichtigung der Kontaktstelle, im Rahmen ihrer Befugnisse miteinander direkt Kontakt aufnehmen[1970].

II. Zusammenarbeit mit Agenturen

1. Interpol

Die Mitglieder der Internationalen Kriminalpolizeilichen Organisation (ICPO/OIPC, INTERPOL) sind Polizeidienste, die je einen Staat vertreten[1971]. Ihre rechtliche Grundlage sind die Statuten[1972]. Obwohl Interpol von den Vereinten Nationen 1971 als intergouvernementale Organisation und damit als Völkerrechtssubjekt anerkannt worden ist[1973], kommt den Statuten keine völkerrechtliche Qualität zu[1974]. 1041

Die Zusammenarbeit der Schweiz mit der Internationalen Kriminalpolizeilichen Organisation INTERPOL stützt sich auf Art. 350–354 StGB (Amtshilfe im Bereich der Polizei); der Bundesrat hat die Statuten und Reglemente von INTERPOL als anwendbar erklärt (Art. 352 Abs. 1 StGB). Die Ausführungsvorschriften finden sich in der Interpol-Verordnung. 1042

Der Austausch kriminalpolizeilicher Informationen zwischen der Schweiz und INTERPOL ebenso wie zwischen der Schweiz und ausländischen Strafverfolgungsbehörden (Art. 3 Interpol-Verordnung) richtet sich nach den Grundsätzen des IRSG (Art. 352 Abs.1 StGB), der Austausch von Informationen zur Suche nach Vermissten, zur Identifizierung von Unbekannten und zu administrativen Zwecken nach dem DSG (Art. 352 Abs. 2 StGB). 1043
Art. 44 IRSG bestimmt, dass Ausländer aufgrund eines Ersuchens einer Interpol-Landeszentralstelle oder des Justizministeriums eines andern Staates oder aufgrund einer internationalen Ausschreibung in einem Fahndungssystem festgenommen werden können.

1969 Art. 5 Ziff. 1 und Art. 7 Ziff. 1 Abkommen CH–Eurojust.
1970 Art. 7 Ziff. 2 Abkommen CH–Eurojust.
1971 Vgl. dazu MOHLER, Schengen/Polizei, 5 f. m.w.N.
1972 Die deutsche Übersetzung der Statuten findet sich in Anhang 1 der VO über das Nationale Zentralbüro Interpol Bern (NZB, Interpol-Verordnung).
1973 Vgl. URL http://www.interpol.int/Public/icpo/governance/sg/history.asp (zuletzt besucht: 31.7.2011).
1974 Vgl. Europarat, First Evaluation of the Relevance of Recommendation No. R (87) 15 Regulating the Use of Personal Data in the Police Sector, done in 1994, Appendix D, # 6, i.V.m. Recommendation 1181 (1992) 1 on police co-operation and protection of personal data in the police sector, # 7, ii (URL: http://www.coe.int/t/dghl/standardsetting/dataprotection/EM/1-Evaluation(87)15_EN.pdf; zuletzt besucht: 2.8.2011).

1044 Das NZB leitet sämtliche internationalen Rechtshilfeersuchen an das Bundesamt für Justiz weiter (Art. 2 Abs. 1 lit. e Interpol-Verordnung), dessen Direktionsbereich Internationale Rechtshilfe nach Art. 12, 15 Abs. 1 lit. a und g, Abs. 3 lit. e BPI sowie Art. 3 Abs. 1 lit. b RIPOL-Verordnung befugt ist, dem Bundesamt für Polizei eine internationale Ausschreibung zur Eingabe ins automatisierte Fahndungssystem zu melden.

1045 Das automatisierte Fahndungssystem RIPOL enthält ebenso eine Datenbank für die Fahndung nach Fahrzeugen, ungeklärte Straftaten und die Sachfahndung (Art. 8 RIPOL-Verordnung), wodurch alle Informations- und Ausschreibungsbegehren von bzw. via INTERPOL abgedeckt werden können.

1046 Die Schweiz delegiert auch einen oder mehrere Verbindungsbeamte zum Generalsekretariat von INTERPOL (Art. 2 Abs. 1 lit. g Interpol-Verordnung).

1047 Die Vorschriften über die Bearbeitung von Informationen im Rahmen des INTERPOL-Geschäftsverkehrs sind in einem rund dreissigseitigen Reglement[1975] festgelegt.

2. Europol

1048 Die Zusammenarbeit mit dem Europäischen Polizeiamt EUROPOL ist in einem (strategischen und operationellen[1976]) Abkommen geregelt[1977], ergänzt durch einen Briefwechsel zur Erweiterung des Anwendungsbereichs des Abkommens (Ergänzung der unter das Abkommen fallenden Kriminalitätsbereiche)[1978]. Als operationelles Abkommen regelt es den Austausch und die Bearbeitung personenbezogener Daten (Art. 1, 7 ff.).

1049 Ebenso geregelt ist der gegenseitige *Austausch von Verbindungsbeamten* (Art. 14 f.). Die Zusammenarbeit in gemeinsamen Ermittlungsgruppen ist demgegenüber nicht vorgesehen, wiewohl EUROPOL die Befugnis hat, in unterstützender Funktion an gemeinsamen Ermittlungsgruppen der Mitgliedstaaten teilzunehmen (Art. 6)[1979] und Beratung bei Ermittlungen anzubieten (Art. 5 Abs. 2 lit. a), soweit es sich um Ermittlungen von Straftaten im Zuständigkeitsbereich von EUROPOL handelt.
Den Bediensteten von EUROPOL kommen keine Polizeibefugnisse zu.

1975 Von der INTERPOL-Generalversammlung am 1.10.2003 angenommen, seit 1.1.2004 in Kraft; abgedruckt als Anhang 2 der Interpol-Verordnung.

1976 EUROPOL unterscheidet zwischen Abkommen der strategischen und der operativen Stufe (Art. 22 Ziff. 2 und 23 Ziff. 2 des Beschlusses des Rates vom 6. April 2009 zur Errichtung des Europäischen Polizeiamtes, der das Europol-Übereinkommen von 1995 gestützt auf Art. K.3 des Vertrages über die Europäische Union ablöste. Strategische Abkommen, die keinen personenbezogenen Informationsaustausch erlauben, dienen dem Erfassen der Bedrohungslage durch das organisierte Verbrechen, seit 2006 dargestellt in einem jährlichen *EU Organised Crime Threat Assessment (OCTA)* (URL: https://www.europol.europa.eu/sites/default/files/publications/octa_2011.pdf; zuletzt besucht: 7.8.2011).

1977 SR 0.362,2, in Kraft seit 1.3.2006.

1978 Vom 7. März/22. November 2007, SR 0.362.21.

1979 Was die Einführung gewisser operationeller Befugnisse, wenn auch ohne Zwangsmassnahmenkompetenz, bedeutet. Vgl. SCHÖNDORF-HAUBOLD, Rn. 46.

Der Austausch von Informationen zwischen der EUROPOL und der Schweiz findet schweizerischerseits ausschliesslich über das Bundesamt für Polizei (fedpol) statt (Art. 5 Ziff. 1, Art. 7 Ziff. 2 des Abkommens). Gemäss Anhang II sind die nach Art. 3 Abs. 1 des Abkommens in der Schweiz für die Umsetzung zuständigen Behörden: 1050
– die Polizei-, Strafverfolgungs- und Ausländerbehörden der Schweizerischen Eidgenossenschaft;
– die Polizei-, Strafverfolgungs- und Ausländerbehörden der Kantone;
– die Eidgenössische Zollverwaltung.

Der Informationsaustausch ist gemäss Zielsetzung des EUROPOL-Errichtungsbeschlusses[1980] beschränkt auf die Bekämpfung organisierter Kriminalität, des Terrorismus und anderer schwerer Kriminalität (gemäss Liste der Kriminalitätsbereiche), wenn zwei oder mehr EU-Mitglieder oder assoziierte Staaten betroffen sind. 1051

Der Datenaustausch mit EUROPOL ist strikt geregelt. So stellt die Schweiz EUROPOL nur Informationen zur Verfügung, die in Übereinstimmung mit dem schweizerischen Recht eingeholt, gespeichert und übermittelt worden sind (Art. 7 Ziff. 4 des Abkommens). In jedem Fall ist die Zweckbestimmung und jegliche Beschränkung (Zugriff, Verwendung, Löschung, Vernichtung) Teil der Informationsübermittlung (Art. 6 Ziff. 1 des Abkommens). Die Übermittlung von Daten durch EUROPOL an die Schweiz unterliegt den datenrechtlichen Bestimmungen des EUROPOL-Errichtungsbeschlusses[1981] und ist mit Auflagen verbunden (Art. 9 Ziff. 2 des Abkommens)[1982]. 1052

Im Abkommen selber sind die *Kriterien für die verlangte Einstufung der Verlässlichkeit* der benützten *Nachrichtenquelle* und des *Nachrichteninhalts* zur Befolgung des datenschutzrechtlichen *Grundsatzes der Richtigkeit der Daten* (vgl. Rz. 1178) aufgelistet (Art. 10 Ziff. 1 und 2). 1053

1980 Art. 3 des EUROPOL-Errichtungsbeschlusses. Dazu gehören auch «im Zusammenhang stehende Straftaten» (Art. 4 Ziff. 3 des Errichtungsbeschlusses, Art. 3 Ziff. 2 des Europol-Abkommens).
1981 FN 1976.
1982 Die Informationsverwaltung durch EUROPOL bezeichnet Schöndorf-Haubold, Rn. 95, als sekundär-, tertiär- und quartärrechtliches Regelwerk.

Schematische Darstellung[1983]:

Bearbeitungs-felder	Kriterien			
Informations-Quelle (Ziff. 1) Beurteilung	A immer verlässlich	B meistens verlässlich	C meistens nicht verlässlich	D Verlässlichkeit nicht eingestuft
Informations-Inhalt (Ziff. 2) Auswertung	1 Richtigkeit steht einwandfrei fest	2 Informationen, die der Quelle, nicht aber dem Beamten, der sie weitergibt, persönlich bekannt sind	3 Informationen, die der Quelle nicht persönlich bekannt sind, aber durch andere erfasste Informationen erhärtet werden	4 Informationen, die der Quelle nicht persönlich bekannt sind und auch auf andere Weise nicht erhärtet werden können

1054 Das Abkommen umfasst auch den Austausch insbesondere von (nicht personenbezogenen) strategischen Erkenntnissen (Art. 4).

D. Internationale Abkommen betr. die Unterdrückung bestimmter Verbrechen und Vergehen

I. Allgemeine Hinweise

1055 Erste völkerrechtliche Übereinkommen zur Unterdrückung spezifischer Delikte wurden bereits anfangs des 20. Jahrhunderts ausgearbeitet und zum Beitritt vorgelegt. Abgesehen von den Abkommen zur Bekämpfung der Sklaverei, der Falschmünzerei und der unzüchtigen Veröffentlichungen waren sie damals bereits auf den Kampf gegen den Frauen- und Mädchenhandel ausgerichtet. Sie alle sind vor 1965 in der Schweiz in Kraft getreten[1984].

1056 Sämtliche andern völkerrechtlichen Vereinbarungen zur Verhütung und strafrechtlichen Bekämpfung bestimmter Delikte sind in der Schweiz erst nach 1965 in Kraft getreten. Sie haben dadurch – neben dem Straf- und Strafprozessrecht – das schweizerische Polizeirecht aus seiner ursprünglich strikten Kantonsbezogenheit herausgehoben und nach dem jeweiligen Inkrafttreten der verschiedenen Überreinkommen mit den entsprechenden völkerrechtlichen Bestimmungen angereichert, auch wenn dies aus den kantonalen Polizeigesetzen kaum oder nicht hervorgeht.

1983 Dieses Schema der Informationsbearbeitung, in der Fachsprache «4x4» genannt, ist in den letzten Jahren von einzelnen ausländischen Kriminalnachrichtendiensten verfeinert und durch ein für den Datenschutz und die Geheimhaltung bedeutendes Feld «Informationshandhabung» (*handling code*, Weitergabe) unter der Bezeichnung «5x5x5» ergänzt worden.
1984 Vgl. Verzeichnis der völkerrechtlichen Verträge.

Auseinanderzuhalten sind Übereinkommen, die ausschliesslich straf-, rechtshilfe- und auslieferungsrechtliche Bestimmungen enthalten, und solche, die auch zur *Verhütung* der in den Vereinbarungen umschriebenen Delikte und zur (nicht justiziellen) *Amtshilfe* verpflichten. Da der Polizei jedoch auch internationale Amts- und Rechtshilfeaufgaben zukommen (Rz. 1117 ff.), sind auch die auf die internationale Rechtshilfe begrenzten Abkommen für sie massgebend, soweit die stipulierten Verfahrenshilfehandlungen in ihre Zuständigkeit fallen. 1057

Der *Verhütung* dienende Vertragspflichten können polizeirecht*setzender* und/oder- recht*sanwendender* Art sein.

> So verlangt z.B. Art. 5 des Übereinkommens der Vereinten Nationen zur Bekämpfung der Korruption, dass jeder Vertragsstaat anzustreben habe, einschlägige Rechtsinstrumente und *Verwaltungsmassnahmen* zu entwickeln und in regelmässigen Abständen auf ihre Zweckdienlichkeit zur Verhütung und Bekämpfung der Korruption zu überprüfen.

Soweit internationale Übereinkommen die Bekämpfung auch in Form der *Verhütung* der von ihnen angesprochenen Delikte bezwecken, dient die polizeiliche Amts- oder Informationshilfe bzw. die Umsetzung der völkerrechtlichen Vorgaben im Rahmen des Landesrechts in erster Linie der *Verhinderung* einer entsprechenden Straftat[1985]. Darüber hinaus ist jedoch auch die Unterstützung für strafrechtliche Ermittlungsverfahren in der Form polizeilicher Amtshilfe gesetzlich vorgesehen (Näheres dazu in Rz. 1001 f., 1005 ff.).

II. Hinweise zu den einzelnen Abkommen

Im Folgenden werden die nach 1965 von der Schweiz ratifizierten Übereinkommen kurz dargestellt, soweit sie auch *polizeilich* in der Form der Amts- oder selbständigen Rechtshilfe *von Bedeutung* sind. 1058

1. Abkommen zur Bekämpfung der Korruption

Insgesamt hat die Schweiz drei Abkommen, die der Bekämpfung der Korruption dienen, ratifiziert: 1059

– das Übereinkommen über die Bekämpfung der Bestechung ausländischer Amtsträger im internationalen Geschäftsverkehr der OECD[1986],
– das Strafrechtsübereinkommen (des Europarates) über Korruption[1987], mit Zusatzprotokoll[1988],
– das Übereinkommen der Vereinten Nationen gegen Korruption[1989].

1985 BREITENMOSER/WEYENETH, 181.
1986 SR 0.311.21, enthält keine polizeirechtlichen Bestimmungen.
1987 SR 0.311.55 (ERStrÜK).
1988 SR 0.311.551 (ZP ERStrÜK).
1989 SR 0.311.56 (UNCAC).

Zudem hat der Europarat ein Zivilrechtsübereinkommen über Korruption[1990] beschlossen, das die Schweiz nicht unterzeichnet hat.

1060 Verboten bzw. unter Strafe zu stellen und nach Ingress, Art. 6, 12 und 52 UNCAC ausdrücklich *zu verhüten* sind die *aktive und passive Bestechung*
- inländischer Amtsträger (Art. 2 lit. a, 15 UNCAC; Art. 1 lit. a ERStrÜK; einschliesslich Richter: Art. 1 lit. b ERStrÜK);
- Mitglieder inländischer öffentlich-rechtlicher Versammlungen (Art. 2 lit. a UNCAC i.V.m. Art. 1, 3, 5 ff.; Art. 4 ERStrÜK);
- privatrechtliche Rechtsträger (Art. 21 UNCAC, Art. 7 und 8 ERStrÜK i.V.m. Art. 1 lit. d [juristische Personen]);
- ausländischer Amtsträger (Art. 2 lit. b, 16 UNCAC, Art. 5 ERStrÜK);
- Mitglieder ausländischer öffentlich-rechtlicher Versammlungen (Art. 6 ERStrÜK);
- Amtsträger einer internationalen (intergouvernementalen) Organisation (Art. 3 lit. c, 16 UNCAC, Art. 9 ERStrÜK);
- Mitglieder internationaler parlamentarischer Versammlungen (Art. 10 ERStrÜK);
- von Richtern und Amtsträgern internationaler Gerichtshöfe (Art. 11 ERStrÜK);
- inländischer und ausländischer Schiedsrichter (Art. 1 Ziff. 1, Art. 2 und 3 ZP ERStrÜK);
- inländischer und ausländischer Schöffen bzw. Geschworener (Art. 1 Ziff. 3, Art. 5 und 6 ZP ERStrÜK).

1061 Als Bestechungshandlung gilt auch die missbräuchliche Einflussnahme («*influence trading*»; Art. 18 UNCAC, Art. 12 ERStrÜK)[1991].

1062 Sowohl die UNO- wie die Europaratskonvention über die Korruption sehen verschiedene grundsätzlich *dem Polizeirecht zuzurechnende Massnahmen* zur Verhinderung von Korruption vor, so durch Normen über die Verwaltungsführung mit Verhaltenskodizes (Art. 7 f. UNCAC), das Beschaffungswesen (Art. 9 UNCAC), für Gerichte und Staatsanwaltschaften (Art. 11 UNCAC), für den privaten Sektor (Art. 12 UNCAC) sowie für die Offenlegung der Vermögensverhältnisse von Amtsträgern (Art. 8 Ziff. 5, Art. 20, Art. 52 Ziff. 5 UNCAC).

1990 Vom 4. November 1999. Das Übereinkommen bezieht die Opfer korrupter Tathandlungen ein; die Vertragsstaaten haben den Opfern die Möglichkeit zivilrechtlicher Klagen gegenüber Tätern zu schaffen (Haftung bei Schäden auf Grund von Korruption), sie haben die Nichtigkeit korrupter Vereinbarungen und deren Anfechtbarkeit vorzusehen, Whistleblowing- und Rechtshilfebestimmungen zu erlassen. LEDERGERBER, 43 f.; Art. 22 ERStrÜK schreibt ebenso gesetzliche Schutzmassnahmen für Personen, die Angaben über korruptive Handlungen machen (Whistleblowers), und Zeugen vor.

1991 Die Schweiz hat dazu den Vorbehalt angebracht, die Bestimmung nur anzuwenden, wenn die umschriebenen Sachverhalte nach schweizerischem Recht eine strafbare Handlung bilden (Art. 1 Abs. 1 BB vom 7. Oktober 2005 [AS 2006 2371]).

Art. 7 Ziff. 1 UNCAC zielt auch auf die *Vermeidung von Nepotismus* durch die Rechtsordnung in Bezug auf Anwerbung, Einstellung, Beförderung (wozu auch Prüfungen jeder Art zu zählen sind) und Ausscheiden von Personen in öffentlich-rechtlichen Rechtsverhältnissen nach den Kriterien von Leistung, Eignung und Gerechtigkeit und dies geprägt von Transparenz. Damit wird die *nicht unmittelbar pekuniäre Korruption* Teil der völkerrechtlichen Bestrebungen zu deren Verhinderung. 1063

Die Korruption unter Privaten wird in der Schweiz in Art. 4*a* des Bundesgesetzes über den unlauteren Wettbewerb («Bestechen und sich bestechen lassen») pönalisiert. Erfasst werden grundsätzlich nur im wirtschaftlichen Wettbewerb stehende Organisationen, wobei im Einzelfall ein direktes Wettbewerbsverhältnis für eine Bestechungshandlung nicht notwendig ist[1992]. 1064

Ausdrücklich reveliert wurde in der Botschaft zur Änderung des UWG, ob Nicht-Regierungsorganisationen (NGO), so v.a. Sportverbände wie die FIFA, UEFA und das IOC von der (damals neuen) Strafbestimmung erfasst würden. Dies wurde mit einer an überspitzten Formalismus gemahnenden Wendung, wonach «finanzielle Vorteile für die Erteilung des Zuschlags entgegen(zu)nehmen» nicht unter das vom UWG erfasste Geschäftsgebaren fielen, verneint; damit wurden sie vom Geltungsbereich dieser UWG-Strafbestimmung ausgenommen[1993]. Art. 13 Ziff. 1 UNCAC steht einer Ausnahme dieser Organisationen (als Zugehörige zum privaten Sektor) von den Strafbestimmungen gegen die Korruption ebenso wie das ERStrÜK entgegen[1994,1995].

Art 24 ERStrÜK verankert die Überwachung der Durchführung dieses Übereinkommens durch die in einer Gruppe zusammen geschlossenen Vertragsstaaten (GRECO), die durch einen Ministerratsbeschluss des Europarates gebildet worden ist[1996]. Ausschüsse prüfen in den Vertragsstaaten den Stand der Umsetzungen des ERStrÜK, worüber ein Bericht verfasst wird[1997]. 1065

1992 Botschaft Änderung UWG, 7709.
1993 Botschaft Änderung UWG, 7710.
1994 Das führte dazu, dass wegen auch schwerster Korruptionsvorwürfe gegen Mitglieder des Exekutivkomitees der FIFA bislang keine Ermittlungen eingeleitet wurden. NZZ vom 30. November 2010, 48.
1995 Die Übernahme wichtiger Funktionen in der Privatwirtschaft durch vormalige (hohe) Amtsträger kurz nach ihrem Ausscheiden aus dem Amt ist mit Art. 12 Ziff. 2 lit. e UNCAC ebenso wenig vereinbar.
1996 Résolution (99) 5 Instituant le groupe d'état contre la corruption, vom 1. Mai 1999 (URL: http://www.coe.int/t/dghl/monitoring/greco/documents/resolution(99)5_FR.asp?; zuletzt besucht: 31.7.2011).
1997 Vgl. erste und zweite Evaluationsrunde, Konformitätsbericht über die Schweiz, von der GRECO verabschiedet im März 2010 (URL: http://www.ejpd.admin.ch/content/dam/data/kriminalitaet/korruption_greco/konformitaetsbericht-greco-d.pdf; zuletzt besucht: 31.7.2011); dritte Evaluationsrunde, Bericht verabschiedet am 21.10.2011, URL: http://www.ejpd.admin.ch/content/dam/data/kriminalitaet/korruption_greco/grecoberichte/ber-iii-2011-4f-thema1-d.pdf (Thema 1) und http://www.ejpd.admin.ch/content/dam/data/kriminalitaet/korruption_greco/grecoberichte/ber-iii-2011-4f-thema2-d.pdf (Thema 2, zuletzt besucht: 3.1.2012).

2. Übereinkommen der Vereinten Nationen gegen die grenzüberschreitende organisierte Kriminalität mit drei Zusatzprotokollen
   Übereinkommen des Europarates zur Bekämpfung des Menschenhandels

1066 Der wichtigste völkerrechtliche Vertrag zur Bekämpfung aller Formen des organisierten Verbrechens ist das *Übereinkommen der Vereinten Nationen gegen die grenzüberschreitende organisierte Kriminalität*[1998]. Dieses Vertragswerk wird ergänzt durch drei Zusatzprotokolle, die der Verhütung und strafrechtlichen Bekämpfung spezifischer Formen organisierter Kriminalität gewidmet sind:

- Zusatzprotokoll gegen die Schleusung von Migranten auf dem Land-, See- und Luftweg[1999],
- Zusatzprotokoll zur Verhütung, Bekämpfung und Bestrafung des Menschenhandels, insbesondere des Frauen- und Kinderhandels[2000],
- Zusatzprotokoll gegen die unerlaubte Herstellung von und den unerlaubten Handel mit Feuerwaffen und ihrer Bestandteile und von Munition[2001].

Mit der Zustimmung zum UNO Feuerwaffenprotokoll wurde auch die Umsetzung des UNO Rückverfolgungsinstruments, das für die UNO-Mitgliedsstaaten politisch, aber nicht völkerrechtlich verbindlich ist[2002], durch eine entsprechende Ergänzung des Waffengesetzes genehmigt[2003, 2004].

1067 Das *Übereinkommen des Europarates zur Bekämpfung des Menschenhandels*, von der Schweiz unterzeichnet, ist am 23.12.2011 vom Parlament genehmigt worden[2005].

1068 Beide Übereinkommen und die Zusatzprotokolle sind *nicht direkt anwendbar*. Sie bedürfen der Umsetzung ins Landesrecht. Sofern polizeirechtliche Massnahmen zur *Verhütung* solcher Delikte stipuliert werden, die im kantonalen Polizeigesetz nicht

---

1998 SR 0.311.51; «UNTOC» oder «Palermo-Abkommen» genannt.
1999 SR 0.311.541.
2000 SR 0.311.542.
2001 Genehmigung mit BB vom 23.12.2001 (BBl 2012 147).
2002 Vgl. Bericht der «Arbeitsgruppe Thalmann», A/60/88 (URL: http://www.un.org/depts/german/gv-sonst/a60-88.pdf; zuletzt besucht: 4.8.2011) mit Wortlaut des Instruments im Anhang (siehe auch Botschaft Feuerwaffenprotokoll, 4561, FN 5).
2003 BB vom 23.12.2011, Art. 2.
2004 Wiewohl die Armee, die Zoll- (GWK) und die Polizeibehörden vom Geltungsbereich des Waffengesetzes ausgenommen sind (Art. 2 Abs. 1), stellte der Bundesrat sicher, dass die Buchführung (einschliesslich der Aufbewahrungsfrist) über die Abgabe von Dienstwaffen Angehöriger der Bundeskriminalpolizei und des Bundessicherheitsdienstes nach ihrem ordentlichen Ausscheiden aus dem Amt mit der Forderung von Art. 12 des Rückverfolgungsinstruments (mindestens zwanzig Jahre) übereinstimmt. Sofern die Kantone dieser Vorgabe in Bezug auf die Abgabe von Dienstwaffen an ihre ausgeschiedenen Polizeiangehörigen nachkommen wollen, sind Anpassungen des einschlägigen kantonalen Rechts (meist im Polizeigesetz) vorzunehmen (Botschaft Feuerwaffenprotokoll, 4594).
2005 BBl 2012 129.

bereits eine Grundlage finden, gebieten diese Vertragswerke deren entsprechende rechtzeitige Ergänzung[2006].

Auch daran zeigen sich die zunehmenden Schwierigkeiten der bundesstaatlichen Kompetenzregelung für das Polizeirecht, wie sie z.B. bei der Schaffung der gesetzlichen Regelung für den ausserprozessualen Zeugen- und Opferschutz zum Ausdruck kommen[2007].

Das UNO Übereinkommen umschreibt nicht, was unter «organisierter Kriminalität» zu verstehen ist, definiert jedoch u.a. die Begriffe «organisierte kriminelle Gruppe»[2008], «strukturierte Gruppe», und «schwere Straftat»[2009]. Das Übereinkommen ist ausschliesslich bei *grenzüberschreitenden* Taten organisierter krimineller Gruppen anwendbar (vgl. Art. 18).

1069

Zur *Verhütung* (Art. *1, 3, 9, 31*) der vom Übereinkommen und den Zusatzprotokollen erfassten strafbaren Handlungen wird den Vertragsstaaten nahe gelegt, durch gesetzgeberische Massnahmen *besondere Ermittlungsmethoden,* wie die verdeckte Ermittlung oder elektronische Formen der Überwachung zuzulassen (Art. 20)[2010].

1070

Die meisten der von kriminellen Organisationen geplanten oder durchgeführten Delikte gehören zur sog. «Holkriminalität»: Anzeigen werden nicht oder nur ausnahmsweise erstattet[2011]. Das gilt nicht nur, aber besonders, für alle Formen der Korruption. Die Polizei und die anderen Strafverfolgungsbehörden sind, um ihren gesetzlichen Aufgaben nachkommen zu können, auf Informationen angewiesen, die *vor* der Einleitung eines strafrechtlichen Ermittlungsverfahrens – und somit vor dem Anwendungsbereich des Strafprozessrechts – zu erheben sind. Dazu gehören auch die in Art. 20 UNTOC oder

---

2006 Art. 7 BG über die Mitwirkung der Kantone an der Aussenpolitik des Bundes (BGMK, SR 138.1).

2007 Botschaft Bekämpfung Menschenhandel/Zeugenschutzgesetz, 94.

2008 Vgl. die *nicht* deckungsgleichen Definitionen für «kriminelle Vereinigung» und «organisierter Zusammenschluss» nach Art. 1 des Rahmenbeschlusses 2008/841/JI des Rates vom 24. Oktober 2008 zur Bekämpfung der organisierten Kriminalität (ABl L 300 vom 11. November 2008), der nicht zur Weiterentwicklung des Schengen-Besitzstandes gehört.

2009 Darunter fallen «strafbare Handlung(en) …, die mit einer Freiheitsstrafe von mindestens vier Jahren im Höchstmass oder einer schwereren Strafe bedroht» sind (Art. 2 lit. b). Nach dieser Definition entspricht demnach die Bestechung unter Privaten, Art. 4a UWG, nicht der Haupt- oder Vortat *(predicate offence)* für Geldwäscherei, vgl. Art. 305bis Ziff. 1 i.V.m. Art. 10 Abs. 2 StGB.

2010 Vgl. auch Art. 10 Abs. 1 lit. c ZP II UNTOC für die Aufdeckung von Mittel und Methoden organisierter krimineller Gruppen beim Menschenhandel in Bezug auf Anwerbung, Beförderung, benutzte Wege u. dgl. Ausführlich dazu EGMR Rantsev v. Cyprus and Russia, §§ 155, 307 f.

2011 Vgl. z.B. EGMR Rantsev v. Cyprus and Russia, §§ 87 f. Eine Ausnahme davon bildet die Meldepflicht bei Verdacht auf Geldwäscherei und Terrorismusfinanzierung nach Art. 9 BG über die Bekämpfung der Geldwäscherei und der Terrorismusfinanzierung im Finanzsektor (GwG, SR 955.0); vgl. Jahresbericht der Meldestelle für Geldwäscherei (MROS) 2009, 3, 7 (URL: http://www.fedpol.admin.ch/content/dam/data/kriminalitaet/geldwaescherei/jahresberichte/jb-mros-2009-d.pdf; zuletzt besucht: 3.12.2010).

in Art. 20 f. des Übereinkommens des Europarates über die Computerkriminalität[2012] erwähnten *Methoden verdeckter Ermittlungen* unterschiedlicher Art[2013].

1071 Der EGMR hat festgestellt, dass das «Palermo Protokoll» und die Konvention des Europarates gegen Menschenhandel[2014] umfassende Massnahmen zur *Verhütung von Menschenhandel* und zum *Schutz von Opfern* gebiete, zusätzlich zu den notwendigen strafrechtlichen Tatbeständen und Massnahmen[2015]. Nach diesem Urteil bedeutet dies u.a. die Identifizierung *möglicher* Opfer von Menschenhandel, wirksame Einreisebewilligungs- (Visa) und Grenzpolizeikontrollen und die Regulierung und Kontrolle von Betrieben, die oft als Tarnung von Frauenhandel dienen[2016] sowie die Informationshilfe, alles Massnahmen, die dem Polizeirecht zugehören.

1072 Eine Verstärkung des Schutzes von Kindern vor sexueller Ausbeutung und sexuellem Missbrauch strebt das Übereinkommen des Europarats zum Schutz von Kindern vor sexueller Ausbeutung und sexuellem Missbrauch an[2017]. Art. 19 Abs. 1 lit. c verpflichtet die Vertragsparteien, die Inanspruchnahme von Prostitution von Kindern unter Strafe zu stellen. Soll nicht erst die nachträglich strafrechtliche Sanktion als Prävention wirken, sondern Kinderprostitution verhindert werden, wird dies ein intensives polizeiliches Tätigkeitsfeld bewirken.

1073 Das *Zusatzprotokoll gegen die Schleusung von Migranten auf dem Land-, See- und Luftweg* zur UNTOC umschreibt in Art. 10 Abs. 1 den erforderlichen *Informationsaustausch* zur Erreichung der Ziele des Protokolls mit einer (unvollständigen) Liste von relevanten Sachverhalten. Es versteht sich, dass auch solche Informationen zuerst erhoben werden müssen, bevor sie ausgetauscht werden können. Das Zusatzprotokoll ist mit dem Übereinkommen (UNTOC) auszulegen (Art. 1 Abs. 1 und 2), weshalb für die Informationsbeschaffung auch besondere Ermittlungsmethoden gesetzlich ermöglicht sein sollen (Art. 20 UNTOC).

> Der Informationsaustausch kann sich daher nicht nur darauf beschränken, Informationen mit den zuständigen Organen anderer Staaten auszutauschen, ohne selber aktiv Informationsbeschaffung zur Verhütung dieser Delikte zu betreiben. Die Erläuterungen in der Botschaft zum UNO-Übereereinkommen gegen die grenzüberschreitende organisierte Kriminalität[2018] vermögen nicht zu überzeugen (vgl. aber Art. 12 ff. VE PolAG, die sich mit der operationellen Informationsbeschaffung befassen).

2012 Vom 23. November 2001, CETS Nr. 185; SR 0.311.43.
2013 Götz, § 17, Rz. 57; Gusy, Rz. 202.; Lisken/Denninger, F 204 f. Vgl. Ratcliffe, 22 ff. *(intelligence-led policing)*.
2014 Vgl. FN 2005.
2015 EGMR Rantsev v. Cyprus and Russia, § 285.
2016 EGMR Rantsev v. Cyprus and Russia, §§ 104, 284, 287.
2017 CETS 201, vom 25. Oktober 2007 (in Kraft seit 1. Juli 2010), von der Schweiz am 16. Juni 2010 unterzeichnet. Eine Botschaft an das Parlament zur Genehmigung ist für 2012 vorgesehen (URL: http://www.parlament.ch/d/suche/seiten/geschaefte.aspx?gesch_id=20113141; zuletzt besucht: 4.8.2011).
2018 Botschaft UNTOC, 6756, 6764.

In gleicher Weise wie die beiden ersten Zusatzprotokolle gegen das Schlepperwesen 1074
von Migranten und den Menschenhandel stipuliert auch das *Zusatzprotokoll* zur
UNTOC *gegen die unerlaubte Herstellung von Schusswaffen, dazugehörigen Teilen
und Komponenten und Munition und gegen den unerlaubten Handel damit* in Art. 12
den Informationsaustausch und dem vorausgehend die Informationsbeschaffung über
«organisierte(n) kriminelle(n) Gruppen, die bekanntlich oder mutmasslich an der
unerlaubten Herstellung von Schusswaffen, dazugehörigen Teilen und Komponenten
und Munition und am unerlaubten Handel damit beteiligt sind» (Abs. 2 lit. a), über
«die Verschleierungsmethoden, die bei der unerlaubten Herstellung von Schusswaffen, dazugehörigen Teilen und Komponenten und Munition und beim unerlaubten
Handel damit angewendet werden, und Möglichkeiten zu ihrer Aufdeckung» (Abs. 2
lit. b) und über «die Methoden und Mittel, die Versand- und Zielorte und die Routen,
die von organisierten kriminellen Gruppen, die unerlauben Handel mit Schusswaffen, dazugehörigen Teilen und Komponenten und Munition betreiben, in der Regel
benutzt werden» (Abs. 2 lit. c).

Hervorzuheben ist, dass diese Verbrechen ausnahmslos zu den Straftaten[2019] gehören, 1075
welche im Schengen-Rechtsrahmen nach Art. 7 RB-vI bzw. Art. 7 SIaG zur spontanen Übermittlungen nach den Grundsätzen der Gleichbehandlung und der Verfügbarkeit (Rz. 8022 f.) verpflichten.

3. Übereinkommen zur Bekämpfung des Terrorismus

Die Schweiz hat insgesamt vier Übereinkommen im Zusammenhang mit der Bekämp- 1076
fung terroristischer Verbrechen ratifiziert:

– das Europäische Übereinkommen zur Bekämpfung des Terrorismus vom
  27. Januar 1977[2020];
– das Internationale Übereinkommen zur Bekämpfung terroristischer Bombenanschläge der Vereinten Nationen vom 15. Dezember 1997[2021];
– das Internationale Übereinkommen zur Bekämpfung der Finanzierung des Terrorismus der Vereinten Nationen vom 9. Dezember 1999[2022] und

---

2019 Vgl. Anhang 1 zum SIaG.
2020 SR 0.353.3.
2021 SR 0.353.21.
2022 SR 0.353.22. Als Terrorismus i.S.v. Art. 2 lit. a dieses Übereinkommens gelten die in den nachfolgenden Verträgen aufgeführten Tatbestände (Anlage des Übereinkommens):
– Übereinkommen zur Bekämpfung der widerrechtlichen Inbesitznahme von Luftfahrzeugen (SR 0.748.710.2);
– Übereinkommen zur Bekämpfung widerrechtlicher Handlungen gegen die Sicherheit der Zivilluftfahrt (SR 0.748.710.3);
– Übereinkommen über die Verhütung, Verfolgung und Bestrafung von Straftaten gegen völkerrechtlich geschützte Personen einschliesslich Diplomaten (SR 0.351.1);
– Internationales Übereinkommen gegen Geiselnahme (SR 0.351.4);
– Übereinkommen über den physischen Schutz von Kernmaterial (SR 0.732.031);

– das Internationale Übereinkommen zur Bekämpfung nuklearterroristischer Handlungen der Vereinten Nationen vom 13. April 2005[2023].

Auch wenn alle vier in der SR unter dem Untertitel Auslieferung verzeichnet sind, trifft dies *sensu stricto* nur für das Europäische Übereinkommen zu. Die Übereinkommen der Vereinten Nationen zielen (logischerweise) in erster Linie auf die *Verhütung* terroristischer Akte.

1077 Art. 15 lit. a des Übereinkommens von 1997 verpflichtet die Vertragsstaaten, «alle durchführbaren Massnahmen zu treffen, wozu erforderlichenfalls auch eine Anpassung ihrer innerstaatlichen Rechtsvorschriften gehört, um Vorbereitungen in ihren jeweiligen Hoheitsgebieten für die Begehung dieser Straftaten innerhalb oder ausserhalb ihrer Hoheitsgebiete zu verhindern ...»[2024].

Die völkerrechtliche Pflicht gebietet demnach, frühzeitig Vorbereitungen auch zu in andern Ländern beabsichtigten terroristischen Akten zu erkennen und mit den Partnerstaaten die zweckdienlichen Informationen auszutauschen. Dem werden Art. 226ter, 260bis und 260[quinquies][2025] StGB in Bezug auf die frühzeitig mögliche Einleitung eines strafrechtlichen Ermittlungsverfahrens weitgehend gerecht, doch können polizeiliche Ermittlungen in einem Vorstadium nötig sein.

1078 In ähnlicher Weise umschreiben das Übereinkommen zur Bekämpfung der Finanzierung des Terrorismus in Art. 18 und in Art. 7 das Übereinkommen zur Bekämpfung nuklearterroristischer Handlungen die polizeirechtlich und operationell vorzukehrenden Massnahmen, um entsprechende Straftaten zu verhindern.

– Protokoll zur Bekämpfung widerrechtlicher Gewalthandlungen auf Flughäfen, die der internationalen Zivilluftfahrt dienen, in Ergänzung des Übereinkommens zur Bekämpfung widerrechtlicher Handlungen gegen die Sicherheit der Zivilluftfahrt (SR 0.748.710.31);
– Übereinkommen zur Bekämpfung widerrechtlicher Handlungen gegen die Sicherheit der Seeschifffahrt (SR 0.747.71);
– Protokoll zur Bekämpfung widerrechtlicher Handlungen gegen die Sicherheit fester Plattformen, die sich auf dem Festlandsockel befinden (SR 0.747.711) sowie das im Text bereits erwähnte
– Internationale Übereinkommen zur Bekämpfung terroristischer Bombenanschläge.

2023 SR 0.353.23.
2024 Vgl. Botschaft Terrorbekämpfung CH–USA, 7784.
2025 Art. 6 des Übereinkommen zur Bekämpfung der Finanzierung des Terrorismus der Vereinten Nationen vom 9. Dezember 1999 lautet:
«Jeder Vertragsstaat trifft die erforderlichen Massnahmen, einschliesslich, wenn dies zweckmässig ist, Massnahmen der innerstaatlichen Gesetzgebung, um sicherzustellen, dass strafbare Handlungen im Sinne dieses Übereinkommens unter keinen Umständen durch politische, philosophische, weltanschauliche, rassische, ethnische, religiöse oder andere vergleichbare Erwägungen gerechtfertigt werden können». Diese Bestimmung steht im Widerspruch zu Art. 260[quinquies] Abs. 3 StGB, der die Tatbestandsmässigkeit ausschliesst, wenn die Finanzierung einer terroristischen Straftat «auf die Herstellung oder Wiederherstellung demokratischer und rechtsstaatlicher Verhältnisse oder die Ausübung oder Wahrung von Menschenrechten gerichtet ist». Diese Eingrenzung des schweizerischen Straftatbestandes bezieht sich jedoch nur auf die *strafrechtliche* Frage, sie hebt die Verpflichtung zur Informationsübermittlung nach Art. 18 Ziff. 3 und insbesondere gemäss RB-vI zur *Verhütung* der Terrorismusfinanzierung nicht auf.

Auch diese Tatbestände[2026] sind von den Bestimmungen von Art. 7 RB-vI und Art. 7 SIaG erfasst, welche unter den Vorgaben des Verfügbarkeits- und des Gleichbehandlungsprinzips die spontane Informationsübermittlung gebieten.

1079

4. Übereinkommen über den Schutz völkerrechtlich geschützter Personen

Art. 4 des Übereinkommens über die Verhütung, Verfolgung und Bestrafung von Straftaten gegen völkerrechtlich geschützte Personen, einschliesslich Diplomaten[2027] verpflichtet die Vertragsstaaten, Informationen auszutauschen, die geeignet sind, die Vorbereitung oder Begehung einer der in Art. 2 Ziff. 1 des Übereinkommens[2028] genannten Straftaten innerhalb oder ausserhalb des eigenen Hoheitsgebietes zu verhindern[2029].

1080

5. Übereinkommen zur Unterdrückung der Betäubungsmittelkriminalität

Im Rahmen der internationalen Bekämpfung der Betäubungsmittelkriminalität hat die Schweiz vier Abkommen, die vor 1965 abgeschlossen worden sind[2030], und das Übereinkommen der Vereinten Nationen gegen den unerlaubten Verkehr mit Betäubungsmitteln und psychotropen Stoffen vom 20. Dezember 1988[2031] ratifiziert. Alle enthalten Bestimmungen zum internationalen Informationsaustausch auf dem Amts- und Rechtshilfeweg. Das Wiener Übereinkommen stipuliert sodann in Art. 9 und 11 die polizeiliche Zusammenarbeit bis hin zu kontrollierten Lieferungen.

1081

6. Übereinkommen über Geldwäscherei sowie Ermittlung, Beschlagnahme und Einziehung von Erträgen aus Straftaten

Dieses Übereinkommen des Europarats verpflichtet ebenso mit Art. 3 f.[2032] und 6 zu polizeirechtsetzenden und operationellen Massnahmen zur Identifizierung und zum

1082

2026 Vgl. FN 2019.
2027 SR 0.351.5.
2028 «Die vorsätzliche Begehung
   a) einer Tötung, einer Entführung oder eines sonstigen Angriffs auf die Person oder Freiheit einer völkerrechtlich geschützten Person;
   b) eines gewaltsamen Angriffs auf die Diensträume, die Privatwohnung oder die Beförderungsmittel einer völkerrechtlich geschützten Person, der geeignet ist, deren Person oder Freiheit zu gefährden;
   c) einer Bedrohung mit einem solchen Angriff;
   d) eines Versuches eines solchen Angriffs und
   e) einer Teilnahmehandlung an einem solchen Angriff wird von jedem Vertragsstaat nach innerstaatlichem Recht mit Strafe bedroht.»
2029 Vgl. SCHWEIZER/SCHEFFLER/VAN SPYK, Gutachten VBS, 128, 139.
2030 Vgl. Verzeichnis der Rechtsgrundlagen (SR 0.812.121.0 ff.).
2031 Auch als «Wiener Betäubungsmittelübereinkommen» bezeichnet.
2032 «Art. 3 Ermittlungs- und vorläufige Massnahmen
   Jede Vertragspartei trifft die erforderlichen gesetzgeberischen und anderen Massnahmen, die es ihr ermöglichen, Vermögenswerte, die der Einziehung nach Artikel 2 Ziffer 1 unterliegen,

Verhindern von Geldwäscherei. Die (Melde-)Pflichten der Banken und Finanzintermediäre[2033] sind wesentlicher Teil des notwendigen Instrumentariums. Das Erkennen solch' klandestiner deliktischer Tätigkeiten gelingt jedoch oft nur über verdeckte Ermittlungen und namentlich durch den internationalen Informationsaustausch zwischen den zuständigen polizeilichen Fachstellen, der *financial intelligenge units*, in der Schweiz die Meldestelle für Geldwäscherei (MROS) des Bundesamtes für Polizei[2034]; sie ermöglichen das Sammeln der für die Einleitung eines Strafverfahrens vorausgesetzten Verdachtsmomente[2035].

7. Bekämpfung von Gewalt bei Sportveranstaltungen

1083 Das *Europäische Übereinkommen über Gewalttätigkeiten und Ausschreitungen von Zuschauern bei Sportanlässen, namentlich Fussballspielen*[2036] verpflichtet die Parteien zu wirkungsvollen Massnahmen gesetzgeberischer, administrativer und operationeller Art gegen solche Verhaltensweisen. Die Signatarstaaten sind u.a. namentlich verpflichtet, eine enge Zusammenarbeit und den *Austausch zweckdienlicher Informationen* zwischen den Polizeidiensten der betreffenden Orte zu gewährleisten (Art. 3 Ziff. 1 lit. b).

1084 Auch im internationalen Kontext werden sog. «Spotter» (spezialisierte Polizeiangehörige zur Beobachtung der Angehörigen der Hooliganszene) der für den Ort der Gastmannschaft zuständigen Polizei an den Austragungsort eines Spieles eingeladen, um die

---

zu ermitteln und jedes Geschäft mit diesen Vermögenswerten oder jede Übertragung oder Veräusserung dieser Vermögenswerte zu verhindern.
Art. 4 Besondere Ermittlungsbefugnisse und -methoden
1. Jede Vertragspartei trifft die erforderlichen gesetzgeberischen und anderen Massnahmen, um ihren Gerichten oder anderen zuständigen Behörden die Befugnis zuerteilen anzuordnen, dass Bank-, Finanz- oder Geschäftsunterlagen zum Zweck der Durchführung der in den Artikeln 2 und 3 genannten Massnahmen zur Verfügung gestellt oder beschlagnahmt werden. Eine Vertragspartei darf es nicht unter Berufung auf das Bankgeheimnis ablehnen, den Bestimmungen dieses Artikels Geltung zu verschaffen.
2. Jede Vertragspartei zieht in Erwägung, die erforderlichen gesetzgeberischen und anderen Massnahmen zu treffen, die ihr die Anwendung besonderer Ermittlungsmethoden ermöglichen, welche die Ermittlung von Erträgen sowie die Sammlung diesbezüglicher Beweise erleichtern. Solche Methoden können die Anordnung der Überwachung von Bankkonten, die Observation, die Überwachung des Fernmeldeverkehrs, den Zugriff auf Datenverarbeitungssysteme und die Anordnung der Vorlage bestimmter Unterlagen umfassen.»
2033 Gemäss Geldwäschereigesetz.
2034 Vgl. FN 1805.
2035 Vgl. die Regelungen zur Bekämpfung der Geldwäscherei und Terrorismusfinanzierung im Finanzsektor in Art. 9 ff., 16, 29 Abs. 1, 32 und 34 sowie Art. 7 f., 9 Abs. 1, 11–13 der VO über die Meldestelle für Geldwäscherei (MGwV, SR 955.23). (Vgl. MROS Jahresbericht 2009 [FN 2011], 62). Kritisch LOBSIGER, Umsetzung, 194 f., zur «Entfesselung» der Amts- bzw. Informationshilfe von bisherigen Prinzipien durch Entwicklungen des Datenaustausches im Finanzsektor.
2036 SR 0.415.3.

dortigen Polizeidienste bei der Identifizierung von bekannten Störern zu unterstützen. Sofern Leute aus dem Ausland am Austragungsort Verhaltensweisen zeigen, die im Heimatstaat polizeirechtliche Konsequenzen nach sich ziehen können, werden die dafür nötigen Informationen (auch) durch diese «Spotter» den zuständigen Instanzen des Heimatstaates übermittelt[2037].

E. Bilaterale Verträge über die polizeiliche Zusammenarbeit

I. Verträge mit den Nachbarstaaten

Die bilateralen Verträge über die Zusammenarbeit der Polizeibehörden, welche die Schweiz abgeschlossen hat, lassen sich geografisch in vier Gruppen teilen: Verträge

1085

– mit den Nachbarstaaten,
– mit Staaten des Balkans,
– mit mitteleuropäischen Staaten sowie
– ein Vertrag spezifisch über die Bekämpfung des Terrorismus und der Terrorismusfinanzierung mit den USA.

Die Verhandlungen mit den fünf Nachbarstaaten wurden teilweise bereits 1994 aufgenommen[2038], da nach dem Inkrafttreten des SDÜ (26. März 1995) in Bezug auf die Bekämpfung der grenzüberschreitenden Kriminalität, insbesondere des Terrorismus, eine Isolation der Schweiz zu befürchten war. Das SDÜ diente denn auch, namentlich in den Verhandlungen mit Italien und Frankreich, als Leitlinie, über welche die beiden romanischen Staaten nicht hinausgehen wollten, während Deutschland sowie Österreich und Liechtenstein bereit waren, weitergehende Zusammenarbeitsformen (die mindestens der bis dahin geübten Praxis entsprechen sollten) in die Verträge aufzunehmen[2039]. Aber auch die Verträge mit Deutschland einerseits und Österreich/ Liechtenstein andererseits sind nicht identisch.

1086

Der aktuelle Schengen-Besitzstand, namentlich der RB-vI (insbesondere das Gleichbehandlungsgebot und der Grundsatz der Verfügbarkeit, Rz. 943 f.) und der RB-Datenschutz, haben die einzelvertraglichen Regelungen über den Informationsaustausch zwischen den zentralen Stellen mit und ohne Ersuchen und die datenrechtlichen Vorgaben weitgehend obsolet werden lassen. Dies gilt jedoch nicht für die einzelvertraglichen Regelungen über gemischte Arbeitsweisen in gemeinsamen Zentren, gemischten Arbeitsgruppen, Streifen oder Fahndungsequipen, teilweise auch nicht für die Rahmenbedingungen anderer grenzüberschreitender operationeller Aktionen (Nacheile, Observation, kontrollierte Lieferung, verdeckte Ermittlung).

1087

2037 Vgl. Art. 3 Abs. 1 lit. b und d des Konkordates über Massnahmen gegen Gewalt bei Sportanlässen, Art. 24a Abs. 2 lit. b und c i.V.m. Art. 24c BWIS hinsichtlich von Ausreisebeschränkungen.
2038 Botschaft Vereinbarungen D und A/FL, 868; Botschaft zum Abkommen mit F und I, 1489.
2039 Botschaft Vereinbarungen D und A/FL, a.a.O.

1. Schweizerisch-deutscher Polizeivertrag

1088 Der Polizeivertrag CH–D[2040] übertrifft punkto Zusammenarbeitsmöglichkeiten sowohl die Regelungen mit den andern Nachbarstaaten als auch des damaligen SDÜ. Mit der Vorgabe der *gemeinsamen Sicherheitsinteressen,* denen angemessen Rechnung zu tragen ist (Art. 1), und der gemeinsamen Sicherheitsanalysen (Art. 2)[2041], der Gefahrenabwehr und der Kriminalitätsbekämpfung *unter Berücksichtigung der Sicherheitsinteressen des andern Vertragsstaates* (Art. 3) wird neben der Zusammenarbeit über die nationalen Zentralstellen auf Ersuchen (Art. 4) und ohne Ersuchen (Art. 11) unter bestimmten Voraussetzungen auch die Möglichkeit der direkten Übermittlungen zwischen Polizeibehörden erlaubt (Art. 4 Abs. 2 und 3). Art. 5–9 regeln die gegenseitigen Ausschreiben zur Personen- und Sachfahndung, Art. 10 Abs. 1 den unmittelbaren Verkehr zwischen Polizeibehörden zur Sicherung von Beweismitteln bei Gefahr im Verzug (mit nachfolgender Formalisierung des Vorgehens in den Abs. 2 und 3).

1089 Breiten Raum nehmen die Bestimmungen über die *besonderen Zusammenarbeitsformen* ein: Art. 14 über die grenzüberschreitende Observation zur Strafverfolgung oder Strafvollstreckung auslieferungsfähiger Straftaten (bei Dringlichkeit selbst ohne vorherige Zustimmung während längstens fünf Stunden, Abs. 2); Art. 15 über die grenzüberschreitende Observation «zur Verhinderung von Straftaten von erheblicher Bedeutung» (bei besonderer Dringlichkeit ebenso ohne vorherige Zustimmung bis längstens fünf Stunden, Abs. 3, jedoch beschränkt auf den Grenzraum [Abs. 5 i.V.m. Art. 4 Abs. 7], sofern die Observation nicht unter der Leitung des ersuchten Staates fortgesetzt wird); Art. 16 über die grenzüberschreitende Nacheile nach einer Person, die «auf frischer Tat bei der Begehung von oder der Teilnahme an einer auslieferungsfähigen Straftat betroffen oder verfolgt wird» oder aus einer Haftanstalt oder psychiatrischen Klinik entflohen ist, wobei die Nacheile räumlich und zeitlich nicht begrenzt ist (Abs. 3) und die nacheilenden Polizeiangehörigen ein Festhalterecht haben (Abs. 2; Art. 25 erlaubt für die Observation und die Nacheile auch den Einsatz von Luft- und Wasserfahrzeugen); Art. 17 über die verdeckte Ermittlung zur Aufklärung rechtshilfefähiger Straftaten, für die nach dem jeweiligen innerstaatlichen Recht die verdeckte Ermittlung zulässig ist, und Art. 18 über die verdeckte Ermittlung zur *Verhinderung* einer auslieferungsfähigen Straftat von erheblicher Bedeutung (unter den gleichen Voraussetzungen); Art. 19 über die kontrollierten Lieferungen; Art. 20 über gemeinsame Einsatzformen (gemischte Streifen) und grenzüberschreitende Fahndungsaktionen; Art. 21 über den Austausch von Polizeiangehörigen ohne und Art. 22 mit hoheitlichen Befugnissen; Art. 23 über die Zusammenarbeit in gemeinsamen Zentren und in Art. 24 über die Hilfeleistung bei Grossereignissen, Katastrophen und schweren Unglücksfällen.

2040 SR 0.360.136.1.
2041 Vgl. Rz. 655 ff.

In Art. 26 ff. folgen eingehende Normen über die Datenbearbeitung und den Datenschutz und in Art. 29 ff. Bestimmungen über die Rechtsverhältnisse bei Amtshandlungen im andern Vertragsstaat.

1090

Sehr ausführlich wird in Kapitel VI, Art. 34–41, die Amts- und Rechtshilfe bei Straftaten und Verstössen gegen Ordnungsvorschriften (Übertretungen) des Strassenverkehrs bestimmt. Dieses Kapitel ist jedoch noch nicht in Kraft gesetzt worden (der entsprechende Notenaustausch ist noch nicht erfolgt, Art. 50).

1091

2. Vertrag mit Österreich und Liechtenstein über die grenzüberschreitende Zusammenarbeit der Sicherheits- und Zollbehörden

Der Vertrag mit Österreich und Liechtenstein[2042] ist sehr ähnlich aufgebaut wie der Polizeivertrag CH–D und entspricht auch sonst im Wesentlichen diesem Vorbild[2043]; in Art. 1–4 weicht er mit einer Ausnahme nur unbedeutend in formaler und redaktioneller Hinsicht und – soweit nötig – durch den Einbezug Liechtensteins von diesem ab, was auch für Art. 5–9 über die Informationsübermittlung für Ausschreiben zur Personen- und Sachfahndung zutrifft[2044].

1092

Eine grenzüberschreitende Observation im Rahmen eines Ermittlungsverfahrens, zur Strafvollstreckung oder Abwehr bzw. Verhinderung einer auslieferungsfähigen Straftat resp. bandenmässiger organisierter Kriminalität (Art. 10 Abs. 1 und 5) kann bei besonderer Dringlichkeit auch ohne vorherige Genehmigung während längstens zwölf Stunden ohne räumliche Begrenzung weitergeführt werden (Art. 10 Abs. 2)[2045]. Auch die Nacheile ist im Vertrag CH–A/FL praktisch identisch geregelt wie im Polizeivertrag CH–D[2046], mit zwei Ausnahmen: Art. 11 Abs. 1 gestattet keine Nacheile nach einer Flucht aus einer Unterbringung in einer psychiatrischen Klinik[2047] und im Verhältnis CH–FL ist die Nacheile auch bei Verstössen gegen das Strassenverkehrsrecht, eingegrenzt auf die Territorien von FL sowie der Kantone Graubünden und St. Gallen, zulässig (Art. 11 Abs. 8)[2048].
Die Regelung der kontrollierten Lieferung in Art. 12 des Vertrages CH–A/FL entspricht bis auf die Modifikationen wegen der Trilateralität Art. 19 des Polizeivertrages

1093

2042 SR. 0.360.163.1.
2043 Botschaft Vereinbarungen D und A/FL, 900.
2044 Im Gegensatz zu Deutschland lehnte Österreich jedoch eine Übermittlung von «Schengen-Daten», auch für fremdenpolizeiliche Zwecke einschliesslich Visa-Voraussetzungen ab (Botschaft Vereinbarungen D und A/FL, 902).
2045 Nach Art. 40 Abs. 2 SDÜ ist eine grenzüberschreitende Observation ohne vorherige Zustimmung nach längstens fünf Stunden abzubrechen.
2046 Nach Art. 18 des Vertrages CH–A/FL dürfen bei grenzüberschreitenden operationellen Aktionen auch Wasser- und Luftfahrzeuge eingesetzt werden.
2047 Botschaft Vereinbarungen D und A/FL, 905.
2048 Botschaft Vereinbarungen D und A/FL, 906.

CH–D. Hingegen enthält der Vertrag CH–A/FL keine Bestimmung über die verdeckte Ermittlung[2049].

Art. 15 regelt die Entsendung von Angehörigen der Sicherheitsbehörden mit hoheitlichen Befugnissen unter den gleichen Voraussetzungen wie der Polizeivertrag CH–D: Dies ist nur (im Vertrag CH–D: ausnahmsweise) statthaft, «wenn der Erfolg einer erforderlichen polizeilichen Massnahme ohne einen solchen Einsatz vereitelt oder ernsthaft gefährdet würde oder die Ermittlungen aussichtslos wären oder wesentlich erschwert würden».

1094 Gemeinsame Zentren sind im Vertrag CH–A/FL nicht vorgesehen, jedoch der Austausch von Verbindungsbeamten.

Auch aus datenrechtlichen Gründen bemerkenswert ist die vertraglich festgeschriebene Möglichkeit des *information sharing* durch Verbindungsleute, die in einem Drittstaat Aufgaben auch im Interesse eines andern Vertragsstaates wahrnehmen können[2050].

Art. 16 enthält Bestimmungen über den gemischten Streifendienst entlang der Grenze und Art. 17 ein mit dem Polizeivertrag CH–D identische Normierung der Hilfeleistung bei Grossereignissen, Katastrophen und schweren Unglücksfällen. Art. 19 ff. enthalten die Vorschriften über die Datenbearbeitung und den Datenschutz, Art. 26 ff. jene über die Rechtsverhältnisse bei Amtshandlungen in einem andern Vertragsstaat. Schliesslich wird in Art. 32 die unmittelbare Zustellung von behördlichen Schriftstücken durch die Post erlaubt in Fällen, in denen Rechtshilfe nach dem EÜRSt zulässig ist.

3. Abkommen mit Frankreich über die grenzüberschreitende Zusammenarbeit in Justiz-, Polizei- und Zollsachen

1095 In Art. 1 fällt die Asymmetrie in Bezug auf die zuständigen Behörden auf: Während für die Anwendung und Umsetzung des Vertrages über die grenzüberschreitende Zusammenarbeit in Justiz-, Polizei- und Zollsachen[2051] nach Art. 1 Ziff. 1 auf schweizerischer Seite neben den Polizei-, Fremdenpolizei- und Zollbehörden sowie dem GWK des Bundes, den Kantonspolizeien (und für Teil VIII neben dem ASTRA) die Justizbehörden von Bund und Kantonen genannt werden, sind dies auf französischer Seite *la police nationale, la gendarmerie nationale, la douane* und nur für den Teil VIII die Justizbehörden (Rz. 1101).

2049 Botschaft Vereinbarungen D und A/FL, 904.
2050 Art. 14 Abs. 3 lautet: «In einen anderen Vertragsstaat oder in einen Drittstaat entsandte Verbindungsbeamte können im gegenseitigen Einvernehmen der betroffenen Zentralstellen auch die Interessen eines anderen Vertragsstaates wahrnehmen.» Das bedeutet, dass bspw. ein österreichischer Polizeiattaché oder Verbindungsbeamter in einem Staat, wohin die Schweiz in dieser Funktion niemanden entsandt hat, mit Zustimmung der zuständigen Verwaltungsbehörden auch im gesamten Umfang die gleich gelagerten Interessen der Schweiz wahrnehmen kann, und umgekehrt.
2051 SR 0.360.349.1.

Art. 8 verweist jedoch auf den Vorbehalt der Zuständigkeit der Justizbehörden für die Erledigung eines Ersuchens.

Hinzuweisen ist darauf, dass dieses Abkommen[2052] nach der Unterzeichnung des SAA[2053] abgeschlossen und auch nach dem Beginn des vollständigen Vollzuges des SAA am 12. Dezember 2008[2054] in Kraft getreten ist.

1096

Nach den Zweckartikeln 4–7 folgen die allgemeinen Bestimmungen über die Zusammenarbeit mit und ohne Ersuchen sowie in dringlichen Fällen (Informationsaustausch, Art. 8–11) und in Art. 12 jene über die grenzüberschreitende Observation (ausschliesslich in Ermittlungsverfahren wegen Straftaten, die im *ersuchten* Staat mit einer Freiheitsstrafe von mindestens einem Jahr bestraft werden), bei besonderer Dringlichkeit auch ohne Ersuchen während längstens zwölf Stunden ohne räumliche Begrenzung.

1097

Art. 13 über die grenzüberschreitende Nacheile schafft eine Differenz zu Art. 41 SDÜ: Nach dem Abkommen CH–F berechtigen zur Nacheile nur die in Anhang 2 aufgeführten Delikte, nach Art. 41 SDÜ (zusätzlich zu einer Liste ohnehin auslieferungsfähiger Verbrechen) *alle* auslieferungsfähigen Delikte. Der Einsatz von Luft- und Wasserfahrzeugen ist für die erlaubten grenzüberschreitenden Aktionen nach Absprache ebenfalls möglich (Art. 17).

1098

Das Abkommen CH–F enthält keine Bestimmungen über Observationen zur Verhinderung von Straftaten, über kontrollierte Lieferungen und die verdeckte Ermittlung, da solche nach der französischen Rechtsordnung nicht möglich sind[2055].
Art. 14 ermöglicht die Bildung gemischter Analyse-, Arbeits-, Kontroll-, Observations- und Ermittlungsgruppen, Art. 15 die Entsendung von (auch regionaler[2056]) Verbindungsbeamten und Art. 18 den Geleitschutz für exponierte Personen; die eskortierenden Beamten stehen unter der Kontrolle von Polizeiangehörigen des Einsatzstaates.
Ausführlich regelt Art. 16 die Hilfeleistung bei Grossereignissen, Katastrophen und schweren Unglücksfällen.

1099

Besonderes Gewicht wird dem Errichten und Betrieb gemeinsamer Zentren für die Polizei- und Zollzusammenarbeit (Art. 20–24) und der direkten Zusammenarbeit sich entsprechender Einheiten in den Grenzgebieten (Art. 25–29) zugemessen.

1100

2052 Eine überarbeitete und dem Schengen-Niveau angepasste Fassung des Abkommens CH–F 1998.
2053 26.10.2004; Botschaft Bilaterale II, 5994.
2054 Für Flughäfen am 29.3.2009.
2055 Botschaft Abkommen F und I, 252.
2056 Was eine förmliche Legalisierung des 1998 in der Praxis eingeführten Austauschs regionaler Polizei-Verbindungsbeamter zwischen den an Frankreich grenzenden Kantonen der Nordwestschweiz und den Departementen *Haut Rhin und Bas Rhin* bedeutet.

1101 Ausführliche Regelungen über die Datenbearbeitung und den Datenschutz (Art. 30–37) unter Vorbehalt der Datenschutzgesetze des Bundes und der Kantone (Art. 30 Ziff. 3) und mit dem Verweis auf die Massgeblichkeit des Schengen-Besitzstand-Datenschutzrechts zusammen mit den Bestimmungen über das anwendbare Recht bei Amtshandlungen im andern Vertragsstaat ergänzen die Vertragsbestimmungen.

1102 Titel VIII befasst sich mit der Amtshilfe bei Zuwiderhandlungen gegen Strassenverkehrsvorschriften. Danach dürfen Daten aus den nationalen Registern (Halter-, Eigentümer-, Fahrzeugdaten) amtshilfeweise den zuständigen Behörden des andern Staates ausschliesslich zum Zweck der Strafverfolgung im Strassenverkehr übermittelt werden[2057].

4. Abkommen mit Italien über die Zusammenarbeit der Polizei- und Zollbehörden

1103 Die Verhandlungen mit Italien waren, zusammen mit denjenigen mit Frankreich, die ersten mit den Nachbarstaaten, um ein mindestens mit Art. 39 ff. SDÜ vergleichbares Rechtsverhältnis über die polizeiliche und justizielle Zusammenarbeit zu erzielen[2058]. Das verweigerte Italien damals, da die Schweiz das Prinzip des freien Personenverkehrs nicht anwendete[2059]. Gleichzeitig wurde der Vertrag zur Ergänzung des EÜRSt und zur Erleichterung seiner Anwendung[2060], der namentlich der Beschleunigung des Rechtshilfeverkehrs im Kampf der italienischen Staatsanwaltschaften gegen die Mafia dienen sollte, abgeschlossen[2061].

Das Abkommen über die Zusammenarbeit der Polizei- und Zollbehörden hat, abgesehen von beschränkten Kooperationsformen in den Grenzgebieten, überwiegend den Charakter eines Vorvertrages, der zu weiterführenden bilateralen Regelungen einlädt (Art. 5 f., 8, 10, 13 f.).

1104 Die in Art. 5 f. stipulierten Verbindungsbüros in den Grenzgebieten haben die Aufgabe, Aktionen unter Vorbehalt der Zuständigkeit der Zentralbehörden zu koordinieren (Art. 7), jedoch keine Befugnisse zur selbständigen Durchführung polizeilicher Massnahmen[2062].

Vage gehalten sind die Bestimmungen über den Informationsaustausch auf Ersuchen (Art. 11) und über die unaufgeforderte Zusammenarbeit (Art. 12), insbesondere sind die unter die Bestimmung fallenden Informationsgehalte (im Gegensatz zu den parallelen Abkommen mit den andern Nachbarstaaten) nicht genannt[2063].

2057 Botschaft Vertrag CH–F, 263.
2058 Botschaft Abkommen F und I, 1492.
2059 Botschaft Abkommen F und I, 1493.
2060 SR 0.351.945.41.
2061 Botschaft Abkommen F und I, 1493 f.
2062 Botschaft Abkommen F und I, 1503.
2063 Botschaft Abkommen F und I, 1504.

Art. 16 enthält sodann die Grundsätze bezüglich des Datenschutzes.

Mit dem Protokoll über die Errichtung gemeinsamer Zentren für Polizei- und Zollzusammenarbeit[2064] wurde das gemeinsame Zentrum in Chiasso geschaffen (Art. 2), die Kompetenzen jedoch auf die Gewährleistung des reibungslosen *Ablaufs* der Zusammenarbeit und des Informationsaustauschs, die *Unterstützung* grenzüberschreitender Observationen und Operationen, die *Koordination* gemeinsam getroffener Überwachungsmassnahmen im Grenzgebiet (und die Vorbereitung von Rückübernahmen) begrenzt.

1105

Der Vertrag mit Italien zur Ergänzung des EÜRSt und zur Erleichterung seiner Anwendung[2065] weitet die Rechtshilfe auch auf Verwaltungs- als Untersuchungsbehörden aus, sofern im Laufe des Verfahrens ein in Strafsachen zuständiges Gericht angerufen werden kann (Art. II Ziff. 1)[2066].

1106

In Art. IV wird das Spezialitätsprinzip, in Art. V werden die Ausführungsmodalitäten, namentlich das Beschleunigungsgebot[2067] präzisiert, während Art. VI die Möglichkeit der Einvernahme von Zeugen, Sachverständigen und Angeschuldigten in einer Videokonferenz schafft.

Von grosser Bedeutung sind die Bestimmungen über die Rechtshilfe in Fällen von organisierter Kriminalität, Korruption und andern schweren Verbrechen (Art. XVIII f.). Die hier stipulierte schweizerische Zentralstelle trifft die Entscheidung über die Gewährung der Rechtshilfe «in komplexen und besonders wichtigen Straffällen» selbst dann allein, wenn mehrere (auch kantonale) Behörden an der Ausführung des Ersuchens beteiligt sind (Art. XIX)[2068]. Dies hat zur Folge, dass einzig gegen den Entscheid der Zentralstelle bei den Beschwerdekammern des Bundesstrafgerichts Beschwerde geführt werden kann (nicht aber bei zuvor auch zuständigen kantonalen Gerichten)[2069].

Die bisher jüngste Ergänzung der Zusammenarbeitsregelung mit Italien bildet das Übereinkommen über kontrollierte grenzüberschreitende Lieferungen vom 17. November 2009[2070]. Es erlaubt diese Ermittlungsmethode nach Ersuchen und vorheriger Bewilligung durch den ersuchten Staat (Art. 2, 11 ff.) – ohne Dringlichkeitsausnahmen – namentlich für Betäubungsmittel, psychotrope und Vorläufersubstanzen – für *Waren* (Art. 1, 12 Ziff. 2 lit. c), wodurch diese Form zur Bekämpfung des Menschenhandels und der Schleusung von Migranten ausgeschlossen bleibt. Das Übereinkommen gestattet ferner die Kombination – nach entsprechenden Bewilligungen – mit dem Einsatz technischer Hilfsmittel (Art. 6 Ziff. 2) und die Kombination mit

1107

2064 Vom 17. September 2002, SR 0.360.454.11.
2065 FN 2060.
2066 Botschaft Abkommen F und I, 1509 f.
2067 Botschaft Abkommen F und I, 1512.
2068 Botschaft Abkommen F und I, 1513.
2069 Botschaft Abkommen F und I, 1513.
2070 SR 0.360.454.12.

einer verdeckten Ermittlung (Art. 5 Ziff. 2). Auch das Mitführen der Dienstwaffen für die Polizeiangehörigen aus dem andern Vertragsstaat ist im Einzelfall bewilligungspflichtig, der Gebrauch nur in Notwehr gestattet (Art. 7).

II. Verträge mit andern Staaten

1108 Derzeit[2071] hat die Schweiz mit zehn Staaten bilaterale Verträge über die Zusammenarbeit der zuständigen Behörden zur Verhütung, Aufdeckung und strafrechtlichen Verfolgung bestimmter Verbrechen und Vergehen abgeschlossen.

1. Vereinbarung mit den Vereinigten Staaten über den Einsatz von gemeinsamen Ermittlungsgruppen zur Bekämpfung des Terrorismus und dessen Finanzierung

1109 Ein Abkommen (auf Departementsstufe) mit den USA[2072], als Nachfolge und Ersatz eines unmittelbar im Gefolge der Terroranschläge in den Vereinigten Staaten vom 11. September 2001 abgeschlossenen *Operative Working Arrangement*[2073], bezweckt ausschliesslich die Bekämpfung des Terrorismus und der Terrorismusfinanzierung. Alleinige Methode ist die polizeiliche Zusammenarbeit in gemeinsamen Ermittlungsgruppen (Art. 3–7) nach den einschlägigen völkerrechtlichen Verträgen (Rz. 1076 ff.) und unter Beachtung der nationalen Gesetze (Art. 2)[2074].

2. Verträge mit mitteleuropäischen Staaten

1110 Verträge zur Zusammenarbeit bei der Bekämpfung der Kriminalität hat die Schweiz in chronologischer Reihenfolge mit Ungarn[2075], Lettland[2076] und der Tschechischen Republik[2077] abgeschlossen. Die nicht abschliessenden Kataloge der von den Abkommen erfassten Delikte sind einander sehr ähnlich[2078], wenn auch nicht identisch.

2071 Stand: August 2011.
2072 SR 0.360.336.1.
2073 BRB vom 28. August 2002, gestützt auf Art. 7*a* und 7*b* RVOG: Botschaft Terrorbekämpfung CH–USA, 7783 f.
2074 Botschaft Terrorbekämpfung CH–USA, 7785.
2075 SR 0.360.418.1 (1999).
2076 SR 0.360.487.1 (2005).
2077 SR 0.350.743.1 (2005).
2078 Vgl. z.B. Art. 2 des Abkommens mit Lettland:
«Die Zusammenarbeit nach Massgabe dieses Abkommens bezieht sich auf alle Kriminalitätsbereiche,
vorwiegend jedoch auf:
  a. organisierte Kriminalität;
  b. Terrorismus und andere damit zusammenhängende Straftaten;
  c. Menschenhandel und Menschenschmuggel;
  d. sexuelle Straftaten gegen Kinder;
  e. illegalen Handel mit Betäubungsmitteln, psychotropen Stoffen und Vorläuferchemikalien;

Als anwendbares Recht bezeichnen alle Vereinbarungen das innerstaatliche Recht sowie die Vorschriften des internationalen Rechts.
Während die Verträge mit der Tschechischen Republik und Ungarn die Vertragsparteien ohne Spezifizierung der zuständigen Behörden und der Modalitäten zur Zusammenarbeit verpflichten, fokussiert das Abkommen mit Lettland auf die Polizeizusammenarbeit (je Art. 1).

Die Verträge mit Ungarn (Art. 4 und 6) sowie mit der Tschechischen Republik (Art. 3) sehen den direkten amtshilfeweisen Austausch personenbezogener Daten (Täterschaft, beteiligte Personen), das Abkommen mit Lettland zusätzlich den Austausch von Beweismitteln (Art. 5 lit. b) vor, was hinsichtlich der Verfahrensgrundrechte Spannungen bewirken kann[2079].   1111

Nach den Abkommen mit Lettland und der Tschechischen Republik können Polizeiattachés ausgetauscht werden.

3. Abkommen mit Staaten des Balkans

In kurzer Folge wurden Verträge zur Bekämpfung der Kriminalität mit sechs Staaten des Balkans, «einer Region, die für die Wahrung der inneren Sicherheit der Schweiz wichtig ist»[2080], abgeschlossen: mit Slowenien[2081], Rumänien[2082], Mazedonien[2083], Albanien[2084], Bosnien und Herzegowina[2085] sowie Serbien[2086].   1112

Ausnahmslos wird in allen Abkommen festgelegt, dass die Zusammenarbeit auf der Grundlage des innerstaatlichen Rechts sowie nach den Regeln und Vorschriften des internationalen Rechts erfolge.

Ebenso sehen auch alle diese Verträge den Austausch sowohl personenbezogener Daten und von Materialien, einschliesslich «Gegenstände, die einen Zusammenhang

---

  f. illegale Beschaffung, illegalen Besitz und Handel mit Waffen, Munition und Sprengstoffen, chemischen, biologischen, radioaktiven und nuklearen Materialien, Gütern und Technologien von strategischer Wichtigkeit oder mit militärischer Technologie;
  g. Straftaten gegen Objekte von kulturhistorischer Bedeutung;
  h. Fälschung oder Verfälschung von Geld, Zahlungsmitteln und Dokumenten;
  i. Wirtschaftskriminalität;
  j. Geldwäscherei;
  k. Straftaten im Zusammenhang mit Motorfahrzeugen;
  l. Korruption;
  m. Computerkriminalität.»

2079 Die internationale Amtshilfe ist vom DSG-Geltungsbereich nicht ausgenommen (vgl. Art. 2 Abs. 2 lit. c DSG).
2080 Botschaft betr. Abkommen mit Albanien und Mazedonien, 2178.
2081 SR 0.360.691.1 (2004).
2082 SR 0.360.663.1 (2005).
2083 SR 0.360.520.1 (2005).
2084 SR 0.360.123.1 (2005).
2085 SR 0.360.191.1 (2007).
2086 SR 0.360.682.1 (2009).

mit einer Straftat aufweisen» (mithin Beweismittel)[2087] auf dem direkten Weg der Amtshilfe vor, was hinsichtlich der Verfahrensrechte zu erwähnen ist[2088].
Alle Verträge enthalten eine Bestimmung zur Ermöglichung der Entsendung von Polizeiattachés bzw. Polizei-Verbindungsbeamten.

F. Zur Umsetzung der Amts- und Rechtshilfenormen

I. Formelle Zuständigkeit der beteiligten Behörden

1. Generell

1113 Die gesetzlichen oder vertraglichen Bestimmungen bezeichnen (mit Ausnahmen) die *zuständigen Behörden*.
Das gilt nicht nur für Zentralverwaltungen, sondern auch für ausgelagerte Verwaltungseinheiten, öffentlich-rechtliche Körperschaften, spezial- oder zivilrechtliche Gesellschaften, sofern sie einen mit (teilweise) hoheitlichen Befugnissen[2089] verbundenen Auftrag zu erfüllen haben.

1114 Soweit die Zusammenarbeit keiner justiziellen Ermächtigungen oder Zwangsmassnahmebefehle bedarf, können sich Polizeibehörden innerhalb der Schweiz im Rahmen strafrechtlicher Ermittlungsverfahren direkt Amts- oder Rechtshilfe leisten (Art. 43 Abs. 2 StPO). Näheres zur Bedeutung dieser Regelung im Schengen-Rechtsrahmen Rz. 943, 1001, 1016 ff.

1115 Die nachgesuchte oder gewährte Amts- oder Rechtshilfe muss in den rechtlich bestimmten *sachlichen Kompetenzbereich* der jeweiligen Behörde fallen[2090].
Die ersuchte Behörde hat zu prüfen, ob die ersuchende Behörde über die notwendige Zuständigkeit verfügt bzw. auch mit dem Inhalt der Information und dem Weg der Informationsübermittlung nicht zu vereinbarende Aufgaben (Strafverfahren) wahrnimmt.

> Die ersuchte Behörde, namentlich die Polizei im internationalen Verkehr, hat sodann zu prüfen, ob sie zur Gewährung oder Ablehnung der Amtshilfe formell zuständig ist.
> Bei spontanen Amts- oder Rechtshilfehandlungen hat die Informationen übermittelnde Behörde vorab zu prüfen, ob die empfangende Behörde für den betreffenden Sachbereich zuständig ist[2091].

1116 Die Staatsanwaltschaft eines Kantons kann die Polizei des gleichen Kantons beauftragen, Vollzugs- oder Ermittlungshandlungen (in einem selber geführten Verfahren oder

---

2087 Art. 5 der Abkommen mit Slowenien, Mazedonien, Albanien, Bosnien und Herzegowina sowie Serbien; ähnlich in Art. 4 des Abkommens mit Rumänien.
2088 Siehe FN 2079.
2089 BGE 135 I 169 E 4.2.
2090 Vgl. bspw. Art. 32 Abs. 1 und 2 GwG.
2091 So z.B. Art. 13 MGwV.

auf Begehren des Bundes oder eines andern Kantons, Art. 53 StPO) durchzuführen, was ebenso der Amts- oder Rechtshilfe[2092] entspricht (Art. 306 f., 312 StPO).

2. Exkurs: Die Zuständigkeitsregelungen nach Art. 75*a* IRSG, Art. 355*c* StGB, Art. 43 Abs. 3 und Art. 55 StPO, und ihr Verhältnis zueinander und zu Art. 3 Ziff. 3 RB-vI bzw. dem SIaG

In Bezug auf die internationale Rechtshilfe ist die schweizerische Gesetzgebung nicht widerspruchsfrei. 1117
Der auf den 1. Februar 1997 eingefügte Art. 75*a* IRSG ermächtigt die *obersten Polizeistellen des Bundes und der Kantone,* Ersuchen nach Art. 63[2093,2094] in eigenem Namen zu stellen und solchen Ersuchen ausländischer Behörden zu entsprechen. Von den in Art. 63 IRSG aufgelisteten Rechtshilfemassnahmen fallen gemäss Art. 75*a* Abs. 2 IRSG *nicht* in die Entscheidkompetenz der Polizei jene,

a) welche die Anwendung prozessualen Zwanges erfordern;

2092 Nach Art. 142 Abs. 2 StPO können Bund und Kantone Polizeiangehörige bestimmen, die ermächtigt sind, im Auftrag der Staatsanwaltschaft (formelle) *Zeugeneinvernahmen* durchzuführen. Die Vornahme der eigentlichen Zeugeneinvernahme durch die Polizei ist wohl als Rechtshilfehandlung zu qualifizieren (da sie explizit Beweiszwecken dient), gleichgültig, ob das Einvernahmeprotokoll anschliessend durch die Staatsanwaltschaft oder die Polizei an die auftraggebende Behörde übermittelt wird.

2093 Art. 63 IRSG lautet:
«[1] Rechtshilfe nach dem dritten Teil dieses Gesetzes umfasst Auskünfte, nach schweizerischem Recht zulässige Prozesshandlungen und andere Amtshandlungen, soweit sie für ein Verfahren in strafrechtlichen Angelegenheiten im Ausland erforderlich erscheinen oder dem Beibringen der Beute dienen.
[2] Als Rechtshilfemassnahmen kommen namentlich in Betracht:
 a. die Zustellung von Schriftstücken;
 b. die Beweiserhebung, insbesondere die Durchsuchung von Personen und Räumen, die Beschlagnahme, der Herausgabebefehl, Gutachten, die Einvernahme und Gegenüberstellung von Personen;
 c. die Herausgabe von Akten und Schriftstücken;
 d. die Herausgabe von Gegenständen oder Vermögenswerten zur Einziehung oder Rückerstattung an den Berechtigten.
[3] Als Verfahren in strafrechtlichen Angelegenheiten gelten insbesondere:
 a. die Verfolgung strafbarer Handlungen nach Artikel 1 Absatz 3;
 b. Verwaltungsmassnahmen gegen einen Straftäter;
 c. der Vollzug von Strafurteilen und die Begnadigung;
 d. die Wiedergutmachung wegen ungerechtfertigter Haft.
[4] Rechtshilfe kann auch dem Europäischen Gerichtshof für Menschenrechte und der Europäischen Kommission für Menschenrechte gewährt werden in Verfahren, welche die Gewährleistung der Menschenrechte und Grundfreiheiten in Strafsachen betreffen.
[5] Rechtshilfe zur Entlastung eines Verfolgten ist auch bei Vorliegen der Ausschlussgründe nach den Artikeln 3–5 zulässig.»
2094 Vgl. auch Art. 58 ff. VE PolAG, die der neuen Rechtslage nach Inkrafttreten des RB-vI Rechnung tragen wollen.

b) die um Auskunft oder Anordnung von Massnahmen in Verfahren betreffend die Auslieferung, die stellvertretende Strafverfolgung oder die Strafvollstreckung ersuchen;
c) in denen es um Herausgabe von Strafentscheidungen oder Strafakten geht.

1118 Diese *polizeiliche* Kompetenz qua Bundesrecht stand bisher unter dem Vorbehalt der Kompetenzausscheidungen gemäss den kantonalen Strafprozessordnungen. Die schweizerische StPO erzielt – auch unter Berücksichtigung der (zwar etwas eingeschränkten) Organisationsautonomie der Kantone (Art. 47 Abs. 2 BV) – kaum mehr Klarheit, im Gegenteil: Art. 43 StPO regelt *zwei unterschiedliche Formen polizeilicher Rechtshilfe:* in Art. 43 Abs. 2 (i.V.m. Art. 53) StPO die *unselbständige polizeiliche Rechtshilfe* im Auftrag der Staatsanwaltschaft, der Übertretungsstrafbehörden oder von Gerichten, in Art. 43 Abs. 3 die *selbständige Rechtshilfe* unter Polizeibehörden. Damit entfällt lediglich die Möglichkeit interkantonal «diagonaler» Rechtshilfebeziehungen: die Staatsanwaltschaft oder ein Gericht des einen Kantons kann nicht unmittelbar die Polizei eines andern Kantons um Rechtshilfe bzw. Unterstützung ersuchen.

1119 Spannungen bestehen zwischen Art. 43 Abs. 3 und 55 StPO einerseits und Art. 355*c* StGB i.V.m. Art. 3 Ziff. 3 RB-vI, dem SIaG sowie Art. 75*a* IRSG andererseits: Art. 55 StPO erklärt für die internationale Rechtshilfe die kantonalen Staatsanwaltschaften für zuständig, Art. 43 Abs. 3 StPO bestimmt, dass «direkte Rechtshilfe zwischen den Polizeibehörden von Bund und Kantonen sowie von Kantonen unter sich (…) zulässig (ist), falls sie nicht Zwangsmassnahmen zum Gegenstand hat, über welche einzig die Staatsanwaltschaft oder das Gericht entscheiden kann». Art. 355*c* StGB legt fest, dass die Polizeiorgane des Bundes und der Kantone die *Bestimmungen des SAA* nach Massgabe des innerstaatlichen Rechts vollziehen. Das gilt auch nach Art. 3 Ziff. 3 RB-vI, der den *Gleichbehandlungsgrundsatz* umfasst (Rz. 944). Zwar bezieht sich Art. 3 Ziff. 3 RB-vI auf «Informationen und Erkenntnisse» und somit nicht auf eigentliche Beweismittel (vgl. aber Rz. 951), doch wird damit *für den Schengen-Raum* der Grundsatz eingeschränkt, wonach die *innerstaatlichen* Amts- und Rechtshilfepflichten *nicht auch für die internationale* Zusammenarbeit gelten[2095]. Nach Art. 12 f. des EU Übereinkommens über die Rechtshilfe in Strafsachen zwischen den EU-Mitgliedstaaten[2096] gehören zu diesen Rechtshilfeleistungen auch die kontrollierte Lieferung und die gemeinsamen Ermittlungsgruppen. Da diese Kooperationsformen nach schweizerischem Recht ohne justizielle Genehmigung möglich sind, können u.a. für deren Gewährung nach Art. 75*a* IRSG auch die obersten Polizeibehörden zuständig sein.

1120 Schliesslich steht Art. 55 StPO auch mit den Bestimmungen des SIaG in einem Widerspruch:
Keinem Zweifel unterliegt, dass Informationen nach Art. 2 Abs. 1 SIaG nicht nur Beweischarakter haben, sondern ihre Gehalte auch aus dem Geheimbereich einer Per-

---

2095 BREITENMOSER/WEYENETH, 167
2096 Für die Schweiz noch nicht in Kraft, vgl. FN 1847.

son stammen können[2097]. Zuständig für die Übermittlung solcher Informationen sind die nach Art. 2 lit. a RB-vI bezeichneten Behörden. Schweizerischerseits gehören die Kantonspolizeien dazu[2098]. Soweit solche Informationen in Strafverfahren Verwendung finden, bilden sie grundsätzlich Teil einer Rechtshilfe in Strafsachen, auch wenn sie auf dem vereinfachten Weg der Amtshilfe «über die für die internationale Zusammenarbeit im Bereich der Strafverfolgung verfügbaren Kanäle»[2099] übermittelt werden. Das SIaG geht (für den Schengen-Raum) als *lex specialis* und als Gesetz zur Umsetzung von Völkerrecht (Art. 5 Abs. 4 BV) Art. 55 StPO und – sofern sich Differenzen ergeben sollten – Art. 75*a* i.V.m. Art. 63 IRSG vor[2100]. Mithin wird für die Zuständigkeit und die Übermittlungswege Art. 43 Abs. 3 StPO massgebend. Vgl. zur damit verbundenen Problematik des dem Rechthilfeverfahren nicht gleichgestellten Rechtsschutzes[2101] Rz. 973, 1563.

Der *Anwendungsbereich des Gleichbehandlungsgrundsatzes* umfasst indessen aus Gründen des Vorbehaltes des *ordre public,* namentlich der *Souveränität* (Rz. 981, 989), *nicht* auch die Bestimmungen über die (im innerstaatlichen Verkehr unmittelbar zulässigen) *Verfahrenshandlungen in einem andern Kanton* nach Art. 52 Abs. 1 und 2 StPO[2102,2103].

1121

2097 Art. 2 Abs. 1 SIaG: «Informationen nach diesem Gesetz umfassen alle Arten von Daten, die bei Strafverfolgungsbehörden vorhanden sind.» Vgl. bezüglich Informationen aus dem Geheimbereich Art. 84 Abs. 1 BGG.
2098 Gemäss Mitteilung des Bundesamtes für Polizei an die Brüsseler Organe gelten als «zuständige Strafverfolgungsbehörden» nach Art. 2 lit. a des RB-vI das Bundesamt für Polizei (fedpol), die Bundesanwaltschaft, das Grenzwachtkorps (GWK), die Kantonspolizeien und die Staatsanwaltschaften der Kantone (vgl. in Bezug auf die Polizei auch Art. 12 StPO, wonach die Polizei eine Strafverfolgungsbehörde ist).
2099 Art. 6 Ziff. 1 RB-vI.
2100 BREITENMOSER/WEYENETH, 160 f.
2101 Kritisch zur Ausgestaltung des Rechtsschutzes im Europäischen Sicherheitsverwaltungsrecht SCHÖNDORF-HAUBOLD, Rn. 199 ff.
2102 «¹ Die Staatsanwaltschaften, Übertretungsstrafbehörden und Gerichte der Kantone und des Bundes sind berechtigt, alle Verfahrenshandlungen im Sinne dieses Gesetzes direkt in einem anderen Kanton anzuordnen und durchzuführen.
² Die Staatsanwaltschaft des Kantons, in dem die Verfahrenshandlung durchgeführt werden soll, wird vorgängig benachrichtigt. In dringenden Fällen ist eine nachträgliche Benachrichtigung möglich. Für die Einholung von Auskünften und für Gesuche um Herausgabe von Akten ist keine Benachrichtigung nötig.»
2103 Das Konkordat über die Rechtshilfe und die interkantonale Zusammenarbeit in Strafsachen vom 5. November 1992 (AS 1993 2876) ist mit dem Inkrafttreten der StPO bedeutungslos geworden.

II. Materielle Zuständigkeit der beteiligten Behörden

1122 Das ersuchende Organ und das ersuchte oder spontan übermittelnde Organ müssen zudem über die rechtlich gestützte *Befugnis* verfügen, bestimmte Amtshilfehandlungen zu ihrer Aufgabenerfüllung vorzunehmen *(materielle Kompetenz)*[2104].
Hiezu gehört auf schweizerischer Seite für die Polizei auch die Prüfung, ob gegebenenfalls die Zustimmung des Bundesamtes für Justiz nach Art. 67 Abs. 2 (i.V.m. Art. 8) IRSG bzw. Art. 2 Abs. 3 lit. a SIaG oder der Staatsanwaltschaft notwendig ist.

1123 Der Sachverhalt bzw. der Inhalt der nachgesuchten oder übermittelten Information muss selber vom *gesetzlichen Aufgabenbereich* beider beteiligten Behörden *in genügend bestimmter Weise umfasst* sein. Die generelle Aufgabenumschreibung bspw. der Aufrechterhaltung der Sicherheit und Ordnung für die Polizei genügt auch diesbezüglich nicht[2105].

> Dazu gehört z.B. die Weitergabe von Informationen, durch die ein Verbrechen oder Vergehen verhindert oder aufgeklärt werden kann[2106], nicht aber z.B. allfällige spontan vermittelte Hinweise durch die Polizei zu einem andernorts hängigen zivilgerichtlichen Verfahren.

III. Rechtmässigkeit der Amts- und Rechtshilfeleistung per se

1124 Zu prüfen ist sodann, ob die nachgesuchte oder spontane *Amts- oder Rechtshilfe insgesamt rechtmässig ist*[2107]. So ermächtigt Art. 12 Abs. 1 lit. c SIaG die ersuchte Behörde, den Informationsaustausch zu verweigern, falls «die Informationen, um die ersucht wird, nicht als sachdienlich und erforderlich für die Verhütung oder Verfolgung einer Straftat erscheinen».
Damit wird die Massgeblichkeit des *Verhältnismässigkeitsprinzip* (Art. 5 Abs. 2 BV) auch in diesem Zusammenhang betont (Rz. 672 ff., 982)[2108].

1125 Diese Prüfung entfällt beim Vollzug von Urteilen bzw. Vollzugsverfügungen von Gerichten. Indessen kann es selbst in diesen Fällen angezeigt sein, bei der *zeitlichen* Festsetzung des Vollzuges gerichtlicher Urteile allenfalls übergeordnete öffentliche Interessen zu berücksichtigen[2109].

2104 Vgl. für den Bund Art. 7 f. VwVG.
2105 Vgl. BGE 136 I 87 E 8.3.
2106 Vgl. Art. 61 und 63 VE PolAG (Begrenzung auch auf Straftaten, die mit einer Freiheitsstrafe von mehr als einem Jahr bedroht sind; vgl. Art. 39 SDÜ/Art. 10 Ziff. 2 RV-vI).
2107 REINHARD, 140.
2108 Botschaft BEHG, 6749 («Der allgemeine verwaltungsrechtliche Grundsatz der *Verhältnismässigkeit* gilt auch in der Amtshilfe.»). BREITENMOSER, ARH, Rz. 23.105; DERS., Schengen-Grundlagen, 32; GLUTZ VON BLOTZHEIM, 116 ff.
2109 § 17 Abs. 4 PolG BS bestimmt: «Die Überprüfung gemäss Abs. 1 entfällt beim Vollzug von Urteilen schweizerischer Gerichte. Die Kantonspolizei hat hinsichtlich der zeitlichen Festsetzung des Urteilsvollzuges übergeordnete öffentliche Interessen zu berücksichtigen.» BGE 119 Ia 28 E 3 hält fest, dass die für den Vollzug zuständigen Behörden «jouissent sans doute d'un certain pouvoir d'appréciation dans la conduite des opérations, mais ils ne sont pas autorisés à

Ferner ist der *Zuständigkeitsumfang* für die Befolgung des *Spezialitätsprinzips* (Rz. 983) und, gegebenenfalls, des *Prinzips der langen Hand* massgebend. 1126

> Das *Prinzip der langen Hand begrenzt* die *verfahrensrechtliche Verwendung* von *erhaltnen* Informationen (Sicherung des Spezialitätsprinzips *nach* erfolgter Informationsübermittlung)[2110]. Nicht zulässig ist es, ohne Zustimmung der zuständigen Rechthilfebehörde polizeiliche Informationen aus einer Amts- bzw. Informationshilfe als Beweismittel in einem Strafverfahren zu verwenden[2111]. 1127

Handelt es sich *nicht* um eine Amts- oder Rechtshilfe *auf Ersuchen* in einem bereits hängigen straf- oder zivilprozessrechtlichen Verfahren, sondern um eine spontane Übermittlung von Informationen und Erkenntnissen und tangiert die Handlung Grundrechte, bedarf es zusätzlich zur hinreichenden Rechtsgrundlage eines *Anfangsverdachts* (Rz. 386)[2112], soweit es sich nicht um rein verwaltungsrechtliche, gesetzlich verankerte Amtshilfehandlungen handelt[2113]. 1128

> Aus der Sachverhaltsschilderung eines polizeilichen Ersuchens in einer möglichen Strafsache müssen sich *genügende Verdachtsmomente* ergeben, um gestützt darauf Amts- oder Rechtshilfehandlungen vorzunehmen (erkennen und zurückweisen von «*fishing expeditons*»). 1129
> Bei der Befolgung der Pflicht zur *spontanen Übermittlung* von Informationen und Erkenntnissen nach Art. 7 RB-vI[2114] muss sich dieser *genügende Anfangsverdacht* auf Straftaten, die im Anhang zu SIaG aufgeführt sind, beziehen. Da in diesen Fällen ein Rechtsschutz erst nachträglich möglich ist[2115], bedürfen die Vorabklärungen vor einer spontanen Übermittlung besonderer Sorgfalt.

Zu den Schranken für die Umsetzung von Amts- und Rechtshilfe: Rz. 979 ff. 1130

---

différer longuement l'exécution et, ainsi, à faire échec au jugement et à l'application du droit qui a déterminé l'issue du procès». Die Befürchtung der Störung der öffentlichen Sicherheit bspw. durch Krawalle kann nicht beliebig zur Begründung des «Noch-nicht-Vollzugs» angeführt werden.

2110 Art. 8 Ziff. 4 RV-vI; Art. 8 Abs. 1 lit. e, Art. 12 Abs. 2 lit. a SIaG. Vgl. auch Art. 40, Art. 41 Abs. 1 lit. a und b, Art. 64 VE PolAG. GLUTZ VON BLOTZHEIM, 138, ferner Botschaft BEHG, 6749.
2111 Art. 67 Abs. 2 IRSG; Art. 12 Abs. 2 RB-Datenschutz; Art. 25 Abs. 2 MGwV.
2112 Vgl. bspw. Art. 98*a* AsylG. BREITENMOSER, Neuerungen, 17 f. So wohl auch GLUTZ VON BLOTZHEIM, 79.
2113 Vgl. statt vieler für verwaltungsrechtliche Amtshilfe: Art. 104*b* SVG oder der Datenaustausch im Rahmen des Dublin-Assoziierungsabkommens, Art. 102*a*[bis] ff. AsylG.
2114 Die spontane Übermittlung von Informationen nach Art. 7 RB-vI unterscheidet sich grundlegend von derjenigen nach Art. 67a IRSG, die nach den Grundsätzen des förmlichen Rechtshilfeverfahrens (mit anfechtbarer Schlussverfügung) abzuwickeln ist: BREITENMOSER, Neuerungen, 44; GLUTZ VON BLOTZHEIM, 80 ff.
2115 BREITENMOSER/WEYENETH, 172.

IV. Handeln in fremden Rechts- und Sachgebieten

1. Allgemeine Hinweise

1131 Im internationalen Kontext zeitigt das Handeln für andere oder in andern Rechtsordnungen, das Handeln und dessen Grenzen auf Grund unterschiedlicher vertragsrechtlichen Bestimmungen Schwierigkeiten.

1132 Selbstredend ist bei grenzüberschreitenden *operationellen* Aktionen (Nacheile, Observation, kontrollierte Lieferung, verdeckte Ermittlungen, gemischter Streifendienst, Unterstützungseinsätze) das Recht des Staates, in dessen Hoheitsgebiet die zugelassenen Handlungen vorgenommen werden, massgebend (*ordre public*: Souveränität)[2116]. Das Recht eines andern Staates kann jedoch Verbindlichkeiten enthalten, die zu kennen nicht unbedingt als «selbstverständlich» vorausgesetzt werden kann. Die entsprechende Ausbildung und Behelfe für die möglicherweise einzusetzenden Angehörigen von Polizei und Zoll sind zur Vermeidung von Rechtsverletzungen geboten.

Da die vertraglichen Regelungen über grenzüberschreitende operationelle Kooperationsformen mit den verschiedenen Nachbarstaaten zudem teilweise erheblich voneinander abweichen[2117], stellen diese unterschiedlichen Rechtslagen v.a. an die Polizeidienste in Kantonen, die an zwei Staaten angrenzen, hohe Anforderungen.

2. Handeln im Hoheitsgebiet eines andern Staates

1133 Die *Befugnisse* von Polizeiangehörigen, die *im Hoheitsgebiet eines andern Staates* tätig sind, werden insgesamt – wenn teilweise auch unterschiedlich – wie folgt geregelt:

– Die Erfüllung polizeilicher Aufgaben muss eine *staatsvertragliche Grundlage* haben; da ihre Verrichtung für Betroffene direkt oder indirekt nachteilige Rechtsfolgen (Grundrechtbeschränkungen) haben kann, genügt eine rechtshierarchisch tiefere Stufe (ähnlich einer Verwaltungsvereinbarung) nicht.

– Polizeiangehörigen, die *in amtlicher Funktion* eine ihrer Aufgaben *zu Gunsten einer andern Behörde* in deren Hoheitsgebiet erfüllen, handeln *hoheitlich*[2118].

2116 Z.B. schweizerisch-deutscher Staatsvertrag generell für die Observation Art. 14 Abs. 3 Ziff. 1 und für die dazu erforderlichen technischen Hilfsmittel Ziff. 8, für die Nacheile Art. 16 Abs. 3 Ziff. 1, in Bezug auf das Auskunftsrecht der Betroffenen bei Mitteilungen aus dem Fahrzeugregister Art. 35 Abs. 6; gemäss dem Abkommen CH–F für die grenzüberschreitende Observation generell Art. 12 Ziff. 6 lit. a und b, für den gemeinsamen Streifendienst Art. 28 Ziff. 4, datenschutzrechtlich in Bezug auf Aufbewahrungsfristen Art. 32 Ziff. 2, hinsichtlich des Auskunftsrechts Betroffener Art. 35 Ziff. 1, haftungsrechtlich Art. 42 Ziff. 2. Vorbehalten bleiben das Personal- und das Disziplinarrecht; strafrechtliche Zuständigkeitsregelungen werden hier nicht diskutiert.

2117 Vgl. MOHLER, Schengen/Polizei, 17 ff.

2118 Im Polizeivertrag CH–D, Art. 21 f., wird der Begriff «hoheitlich» mit der Befugnis der Anwendung unmittelbaren Zwangs gleichgesetzt, was m.E. nicht richtig ist. Hoheitlich zu handeln ist

Dies gilt auch für gemeinsame Arbeitsgruppen[2119] ebenso wie für die Observation durch gemischte Equipen für diejenigen Mitglieder, die im Interesse der *andern* Behörde im andern Land arbeiten[2120], oder für verdeckte Ermittler in einem andern Land[2121].

– Die *informationelle Amthilfe* durch Polizeiattachés kann für den gesamten Polizeibereich gelten oder auf bestimmte Sach- und Rechtsgebiete beschränkt[2122] sein.

– *Weitere Befugnisse können* (auch einzelfallweise) *abgestuft* erteilt werden: etwa die (passive oder aktive) Teilnahme an Befragungen[2123] und die Erteilung *polizeilicher Befugnisse*, also jener zur *unmittelbaren Zwangsanwendung*.

So sehen die Polizeiverträge mit Deutschland (Art. 22) und Österreich bzw. dem Fürstentum Liechtenstein (Art. 15) auch vor, Polizeiangehörigen des andern Staates zur Abwehr von Gefahren für die öffentliche Sicherheit oder Ordnung sowie zur Bekämpfung von Straftaten zudem («ausnahmsweise» gemäss Vertrag mit Deutschland) die Befugnis zu *polizeilichen Vollzugsaufgaben,* mithin der *unmittelbaren Zwangsanwendung* bis hin zum Schusswaffengebrauch zu erteilen[2124]. Das Abkommen mit Frankreich gestattet umgekehrt bei der Nacheile (Art. 13) eine vorläufige Festnahme durch die ausländischen Polizeikräfte nicht (Art. 13 Ziff. 3, was die Nacheile u.U. sinnlos macht), wohl aber im gemischten Streifendienst (Art. 28 Ziff. 3); der Gebrauch von Feuerwaffen ist nur in Notwehr erlaubt (Art. 40 Ziff. 2).

---

auch ohne diese besonderen Zwangsbefugnisse möglich, bspw. Einvernahme von Personen, die ohne Zwang dazu bereit sind.

2119 Z.B. nach Art. 2, 21 und 23 des Polizeivertrages CH–D, Art. 2 und 13 des Polizeivertrages CH–A/FL, Art 3 ff., 14 und 22 ff. des Abkommens CH–F, Art. 6 f. und 13 des Abkommens CH–I.

2120 Z.B. nach Art. 20 des Polizeivertrages CH–D, Art. 10 Abs. 6 lit. b des Polizeivertrages CH–A/FL, Art. 14 des Abkommens CH–F.

2121 Vgl. Art. 287 Abs. 1 lit. a StPO.

2122 Art. 8 ZentG oder z.B. Art. 1 des USA-Terrorismus-Bekämpfungs-Abkommens.

2123 BREITENMOSER, ARH, Rz. 23.141.

2124 Zur Gewährleistung der Sicherheit anlässlich des G8-Gipfels von Evian wurden 700 Polizeiangehörige Deutschlands in Genf eingesetzt, ferner auf Grund des speziellen und befristeten G8-Evian-Abkommens mit Frankreich auch französische Polizei und französisches Militär. Die Ausführungen in der Botschaft G8-Evian-Abkommen waren in Bezug auf dessen Befugnisse sehr knapp und unvollständig (2557 f.). Unter dem Titel «Militärische Zusammenarbeit am Boden» (2562) wird auf die vorangehende Botschaft zum BB Assistenzdienst G8-Evian Bezug genommen, worin allerdings nur auf zu erlassende «Einsatzregeln *(Rules of Engagement)*» verwiesen (1525) und der Assistenzdienst der schweizerischen Truppen begründet wird (1526 f.). Polizeigewalt und allfälliger Einsatz von Waffen durch *französische* Truppen waren unklar, wenn nicht gar widersprüchlich geregelt (vgl. Art. 7 G8-Evian-Abkommen mit Art. 5 f. des Anhanges II dazu). Damit wurde der *französischen Gendarmerie* als *Teil des französischen Heeres* auch ein Einsatz im unfriedlichen *Ordnungsdienst* ermöglicht, was nach Art. 83 Abs. 1 MG/Art. 1 VOD für schweizerische Truppen Aktivdienst voraussetzt. Festgehalten sei, dass Zwangsmassnahmen, insbesondere der Einsatz von Feuerwaffen, nicht bloss in *Rules of Engagement* geregelt werden können, um eine genügende Rechtsgrundlage zu haben.
Der Status der französischen Truppen in der Schweiz richtete sich nach dem von der Schweiz unmittelbar zuvor ratifizierten NATO PfP-Truppenstatut.

– In Bezug auf physische Zwangsmassnahmen, namentlich den Feuerwaffeneinsatz[2125], ist auch im Ausland für schweizerische Angehörige von Polizei- und Grenzwachtdiensten die schweizerische Rechtsordnung massgebend, sofern jene im Einsatzland nicht noch strengere Anforderungen stellt (vgl. Rz. 369 ff., 691 ff., 706).

2125 SCHINDLER, Schusswaffeneinsatz, 96 ff., 100 ff.

9. Kapitel: Polizeiliche Datenbearbeitung

§ 22 Die massgebenden Elemente

A. Vorbemerkungen

I. Polizeiaufgabenerfüllung heisst Datenbearbeitung

Die Erfüllung *polizeirechtlicher* Aufgaben durch alle dazu befugten staatlichen Behörden und beauftragten oder beliehenen Privaten (bspw. von Schutzdiensten, vgl. Rz. 1314, 1332) besteht ganz überwiegend aus der Bearbeitung von Informationen bzw. Daten (Rz. 867, 893). Diese reicht vom Erhalt oder der Aufnahme von Informationen, der Behandlung von Eingaben, Mitteilungen, Gesuchen und Beschwerden, dem Festhalten von Informationen auf jedwelchen Trägern über die allfällige Analyse und Beurteilung, die weitere Verwertung und Weitergabe bis zu deren Löschung oder physischen Vernichtung.

1134

> Beispiele im staatlichen Bereich: An- oder Abmeldung bei einer Behörde, Identitätskontrollen am Eingang staatlicher Gebäude durch Sicherheitsfirmen, Zollkontrollen, Personenkontrollen durch beliehene private Dienste in Transportmitteln des öffentlichen Verkehrs, Bild- und Tonaufnahmen mit Identifizierungsmöglichkeiten, Baugesuch oder Baueinsprache, Steuerdaten, Angaben zur Person bei der Hospitalisation in einem öffentlichen Spital, Mitteilung der ansteckenden Krankheit einer Person an das Gesundheitsamt u.a.m.

Vom Datenschutz her von Bedeutung sind die *personenbezogenen Daten*. Personenbezogen bedeutet, dass die Information, das «Datum», eine bestimmte oder bestimmbare natürliche oder juristische Person betrifft[2126].

1135

Doch auch zunächst reine Sachinformationen, bspw. Gegenstände oder Örtlichkeiten und Geschehnisse, die ohne Bezug zu bestimmten Personen registriert werden, führen dann zu personenbezogenen Daten, wenn eine konkrete oder doch vermutete Verbindung zwischen der Sachinformation und einer bestimmbaren Person (später) hergestellt wird.

1136

> Beispiele: Aufgefundenes Diebesgut, dessen Eigentümer ermittelt und die Täterschaft identifiziert werden kann; Personen, die sich auf Grund von Zeugenaufrufen zu bestimmten Vorfällen melden; nach Aufrufen Rückmeldungen von Personen, die sich in einem bestimmten Gebiet mit ansteckenden Krankheiten aufgehalten haben u.a.m.

Im Arbeitsgebiet der exekutiven Polizei stellt bereits die Beobachtung des Verhaltens einer bestimmten Person, die in der Folge einer Personenkontrolle unterzogen wird, eine Informationsaufnahme und damit eine Datenbearbeitung dar. Keine Datenbearbeitung ist demgegenüber die Beobachtung des allgemeinen Geschehens während Patrouillengängen oder -fahrten, selbst wenn dabei einzelne Personen zufällig erkannt werden.

1137

2126 MÜLLER/SCHEFER, 167; SCHWEIZER, SGK zu Art. 13, Rz. 40; zur Unterscheidung zwischen Informationen und Daten vgl. GÄCHTER/EGLI, Rz. 9.

1138 Die Datenbearbeitung selber erfolgt in der Form *informationeller Realakte* (Rz. 855 ff.). Dies trifft auch dann zu, wenn der Datenbearbeitung eine Verfügung vorausgeht. Stützt sich eine personenbezogene Datenbearbeitung nicht auf eine (beschwerdefähige) Verfügung (z.B. Art. 17 f., 21 IRSG), stehen die in den Datenschutz- und Spezialgesetzen (und -verträgen) festgelegten Auskunfts-, Einsichts-, Berichtigungs-, Sperrungs- und Löschungsansprüche als Rechtsschutz zur Verfügung.

II. Die Fülle von Rechtsquellen über Datenschutz

1139 Das Datenrecht «leidet» zumindest in der Praxis an einer teilweise schwierig zu bewältigenden Fülle von Rechtsquellen, die zueinander nicht notwendigerweise widerspruchsfrei sind. Zu unterscheiden ist im öffentlich-rechtlichen Bereich zwischen dem formellen und dem materiellen Datenschutzrecht. Die Datenschutzgesetze von Bund und Kantonen bilden das *formelle Datenschutzrecht*, sie konkretisieren die verfassungsrechtlichen allgemeinen Regeln[2127]. Auf völkerrechtlicher Ebene kommt die Funktion der Gewährleistung der rechtsstaatlichen Anforderungen der DSK samt ZP (Rz. 1149) und im Schengen-Raum insbesondere dem RB-Datenschutz (Rz. 192, 992) zu. Sie liefern aber *nicht* die für eine personenbezogene Datenbearbeitung notwendige *materiell-rechtliche Grundlage*.

1140 Diese finden sich in bereichsspezifischen Gesetzen[2128] sowie in interkantonalen[2129] und internationalen Verträgen.

> Im Abkommen CH–F werden *vier* (!) verschiedene Rechtsquellen für den Datenschutz als massgeblich bezeichnet (Rz. 1101): Die Art. 30 ff. des Abkommens selber, sodann schweizerischerseits die «einschlägigen Bestimmungen des Bundesrechts» und der Kantone, soweit sie über eigene verfügen (Art. 30 Ziff. 3), und schliesslich die Datenschutzbestimmungen nach dem Schengen-Besitzstand (Art. 37).

Wesentliche Quellen des Datenschutzes liefern sodann Verfahrensgesetze (Art. 26 f. VwVG, Art. 95 ff. StPO).

1141 Die Vielzahl der Rechtsgrundlagen führt zu Normkonkurrenzen, so z.B. wenn in völkerrechtlichen Verträgen der amtshilfeweise direkte Austausch personenbezogener Informationen und von Beweismitteln geregelt, gleichzeitig aber die Massgeblichkeit des innerstaatlichen Rechts samt Verfahrens(grund)rechten festgehalten wird (vgl. z.B. Rz. 1112 ff.). Versagen diese Rechtsquellen einen unmittelbaren Rechtsanspruch auf eine datenschutzrechtliche Prüfung, bleibt der Rechtsweg für (andere) Realakte offen (auf Bundesebene: Art. 25*a* VwVG).

In Anbetracht dieser Fülle von Normen unterschiedlichster Rechtsquellen werden Datenbearbeitung und Datenschutz unter Hinweis auf die zahlreichen Vermerke an andern Orten in diesem Buch hier nur als *Übersicht* summarisch dargestellt.

2127 RUDIN, Datenschutz und Schengen, 215 f.; STÄMPFLI, 391.
2128 Art. 7, 10 ff. BWIS, Art. 16 Abs. 4 BPI, JANUS-Vo; § 13 PolG BS.
2129 Vgl. z.B. Art. 13 Abs. 3 des Konkordates über Massnahmen gegen Gewalt anlässlich von Sportanlässen.

B. Grundlagen und Schranken

I. Verfassungsrecht

Art. 13 Abs. 2 BV gewährleistet die *informationelle Selbstbestimmung* und richtet sich gegen jede nicht rechtmässige (d.h. gesetz- und verhältnismässige) Datenbearbeitung (Rz. 457 ff.). 1142

> Diese weite Auslegung kritisieren GÄCHTER/EGLI (Rz. 21 ff.).

Der Bund erlässt die gesetzlichen Normen für seine eigenen Organe und, gestützt auf seine Gesetzgebungskompetenz auf dem Gebiet des Zivil- und des Zivilprozessrechts (Art. 122 Abs. 1 BV), für die Privaten. 1143

Entsprechend der bundesstaatlichen Struktur (Art. 3 BV) und der Organisationsautonomie der Kantone (Art. 47 Abs. 2 BV) ist es den Kantonen unbenommen, (auch) für den Bereich des Datenschutzes über die BV hinaus reichende Grundrechte zu gewährleisten, solange sich daraus kein Konflikt mit Bundesrecht ergibt[2130]. Solche weitergehenden Rechte gelten indessen ausschliesslich in Bezug auf die Datenverarbeitung durch kantonale Organe.

Kantonsverfassungen verweisen entweder auf die Grundrechte der Bundesverfassung[2131] oder enthalten eine materielle Bestimmung zum Datenschutz[2132]. Ein über den Schutzbereich von Art. 13 Abs. 2 BV kantonaler grundrechtlicher Schutz und weitergehende Ansprüche betreffen kantonale Organe und Verfahren[2133]. 1144

Das kantonale Datenschutzrecht gilt prinzipiell jedoch auch für kantonale Behörden, wenn sie Bundesrecht vollziehen[2134]. Ausnahmen bestätigen auch diesbezüglich die Regel (Rz. 1147).

2130 KÄGI-DIENER, SGK zu Art. 47, Rz. 15.
2131 Z.B. Art. 10 KV ZH.
2132 Vgl. z.B. Art. 13 KV BE: Datenschutz
 «[1] Jede Person hat das Recht, die über sie bearbeiteten Daten einzusehen und zu verlangen, dass unrichtige Daten berichtigt und ungeeignete oder unnötige Daten vernichtet werden.
 [2] Behörden dürfen Personendaten nur bearbeiten, wenn eine gesetzliche Grundlage besteht und die Daten für die Erfüllung ihrer Aufgaben geeignet und notwendig sind.
 [3] Sie vergewissern sich, dass die bearbeiteten Daten richtig sind, und sie sichern sie vor missbräuchlicher Verwendung.»
 § 11 Abs. 1 lit. j KV BS: «Schutz personenbezogener Daten sowie des Rechts auf Einsichtnahme und auf Berichtigung falscher Daten, …».
2133 Ein Unterschied kann sich auf die Voraussetzungen für das Einsichtsrecht beziehen, so ob ein rechtliches oder ein anderweitig schutzwürdiges Interesse verlangt wird; MÜLLER/SCHEFER, 182 (FN 132).
2134 SCHWEGLER, 7.

II. Gesetzes- und Vertragsrecht

1. Gesetzesrecht

a) Bund

1145 Der Geltungsbereich des Bundesgesetzes über den Datenschutz, dessen Ingress trotz Nachführung zufolge der Umsetzung des RB-Datenschutz neu gefasst worden ist[2135], Art. 13 Abs. 2 BV jedoch nicht erwähnt, gilt nach Art. 2 Abs. 1 für die *Bundesorgane* und *private Personen* (Rz. 1143).

> Vom Geltungsbereich des DSG ausgenommen sind nach Abs. 2 lit. c DSG u.a. Strafverfahren, Verfahren der internationalen Rechtshilfe sowie staats- und verwaltungsrechtliche Verfahren mit Ausnahme erstinstanzlicher Verwaltungsverfahren. Dies bedeutet, dass die internationale *Amts*hilfe grundsätzlich zum Geltungsbereich des DSG gehört. Für das Strafverfahren regelt die StPO die Datenbearbeitung und den Rechtsschutz. In Bezug auf grundsätzlich zur Rechtshilfe gehörende Übermittlung von personenbezogenen Daten und Beweismitteln nach RB-VI bzw. SIaG ist die Rechtslage in Bezug auf die Massgeblichkeit des DSG unklar (vgl. Rz. 973).

1146 Dazu enthalten zahlreiche Bundesgesetze und -verordnungen bereichsspezifische Regelungen oder Verweise auf das DSG, teilweise ergänzt mit zusätzlichen Bestimmungen[2136].

> Beispiele: Art. 13 und 15 ZentgG/Art. 2 f., Art. 4, Art. 5 und 7 f. BPI; Art. 2, 6*a*–6*c* und 12 SIaG.

1147 In der Gesetzgebung des Bundes werden die bundesstaatlichen Zuständigkeitsgrenzen mitunter verwischt.

> So unterwirft Art. 54 des Personenbeförderungsgesetzes[2137] auch rein kantonale oder städtische Transportunternehmen dem Datenschutzrecht und der datenschutzrechtlichen Aufsicht des Bundes[2138]. Gleiches gilt für das Bundesgesetz über die Sicherheitsorgane der Transportunternehmen[2139], die – selbst wenn die Transportpolizei bspw. bei städtischen oder regionalen Verkehrsbetrieben durch eine Stadt- oder Kantonspolizei wahrgenommen würde – der Aufsicht des Bundes unterstehen. Ebenso unterstellt das Waffengesetz[2140] die (von ihm angeordneten) kantonalen Datenbanken und die kantonalen Behörden, die dafür zuständig sind, dem Datenschutzrecht des Bundes (Art. 32*g* und 32*i* WG), was einen Widerspruch zu Art. 2 Abs. 2 SIaG schafft, der die Bearbeitung von

---

2135 BG vom 19. März 2010, Ziff. 3 (AS 2010 3387).
2136 SCHWEIZER, SGK zu Art. 13, Rz. 49 f.
2137 PBG, SR 745.1; vgl. Rz. 207.
2138 Begründet wird diese Regelung ausschliesslich mit der Einheitlichkeit der Datenbearbeitungsgrundsätze (ein im Verhältnis zu andern Rechtsmaterien wie bspw. der internationalen Rechts- und Amtshilfe doch eigenartiges Argument): Zusatzbotschaft zur Bahnreform 2 (BBl 2007 2681, 2727); die Frage nach der Gesetzgebungskompetenz wird gar nicht gestellt.
2139 Vgl. Rz. 207.
2140 WG, SR 514.54; vgl. Rz 208.

Informationen nach diesem Gesetz dem Datenschutzrecht des Bundes und der Kantone unterstellt[2141].

b) Kantone

Die kantonalen Datenschutzgesetze, die für alle *kantonalen Organe* gelten, haben den Anforderungen der BV (Art. 5, 13 Abs. 2, 35 und 36), ferner allenfalls weitergehenden Regelungen der kantonalen Verfassung zu genügen. 1148

Ergänzende Normen, welche die materiell-rechtliche Grundlagen für Datenbearbeitungen liefern, die Voraussetzungen dafür und die Schranken bestimmen sowie die Rechte Betroffener in Spezialgesetzen regeln, sind zusammen mit dem einschlägigen Datenschutzgesetz Rahmen und Massstab jeglicher Datenbearbeitungsregelung.

2. Völkervertragsrecht über Datenbearbeitung und Datenschutz

a) Formell-rechtliche Datenschutzregelungen

aa) Europäische Datenschutzkonvention und Zusatzprotokoll

Formellem schweizerischem Datenrecht (Rz. 1139) entsprechen im Wirkungsbereich des Europarates die *Europäische Datenschutzkonvention von 1981 und das Zusatzprotokoll von 2001* (Rz. 1014). 1149

Diese Vertragswerke[2142] stellen zunächst Anforderungen auf an die innerstaatliche Qualität der Datenbearbeitung (Grundsätze der Qualität, Handhabung nach Treu und Glauben, hinreichend genaue Zweckbestimmung, Einschränkungen der Datenbearbeitung, Datensicherung und Rechtsschutz, Art. 5–9) vor den Regeln über den grenzüberschreitenden Datenverkehr. Das Zusatzprotokoll verpflichtet die Signatarstaaten, mindestens eine Behörde einzurichten, welche die Einhaltung der innerstaatlichen Rechtsvorschriften nach dem Übereinkommen gewährleistet (Art. 1). Zusätzlich haben die ZP-Vertragsstaaten sicherzustellen, dass personenbezogene Daten an Empfänger, die nicht einem Vertragsstaat angehören, nur weitergeleitet werden dürfen, sofern sie einen «angemessenen Schutz für die beabsichtigte Datenübermittlung» gewähren (Art. 2).

bb) Die Richtlinie 95/46/EG (vom 24. Oktober 1995)

Diese Richtlinie, die im Anhang B zu SAA ebenso als Teil des Schengen-Besitzstandes aufgeführt ist, strebt ein *Mindestmass* an datenschutzrechtlicher Harmonisierung zwischen den EU-Mitgliedstaaten an[2143]. Nach Art. 3 sind die Bestimmungen 1150

2141 Quasi eine Umkehrung der nachträglichen Derogation von kantonalem Recht durch Bundesrecht findet sich in Art. 14 SIaG, indem dieses auch von kantonalen Behörden als Rechtsgrundlage angewendet werden kann, «soweit keine kantonalen Bestimmungen zum Informationsaustausch mit den andern Schengen-Staaten bestehen».

2142 Von den Europarat-Mitgliedstaaten haben bisher lediglich Armenien, Russland, San Marino und die Türkei die DSK, das ZP dazu hingegen bis dato (Stand: 31. Juli 2011) 17 Staaten, darunter mehrere EU-Länder, *nicht* ratifiziert.

2143 STÄMPFLI, 124.

jedoch nur auf das damalige Gemeinschaftsrecht (ehemals Erste Säule), *ausdrücklich* aber *nicht* auf die Verarbeitung von Daten «betreffend die öffentliche Sicherheit, die Landesverteidigung, die Sicherheit des Staates...und die Tätigkeit des Staates im strafrechtlichen Bereich *anwendbar*[2144]. Zum ersten Pfeiler gehörten im sicherheitsrechtlichen Kontext indessen u.a. das Asylwesen, die Visa-Regelungen, die Grenzkontrollen, das Waffenrecht und teilweise Betäubungsmittelbestimmungen[2145]. Für die andern Bereiche, namentlich das SIS, enthält das SDÜ selber Datenschutzbestimmungen (Art. 102–118)[2146].

cc) Rahmenbeschluss 2008/977/JI des Rates vom 27. November 2008 über den Schutz personenbezogener Daten, die im Rahmen der polizeilichen und justiziellen Zusammenarbeit in Strafsachen verarbeitet werden (RB-Datenschutz)

1151 Der Rahmenbeschluss[2147] bezweckt, «einen hohen Schutz der Grundrechte und Grundfreiheiten natürlicher Personen und insbesondere ihres Rechts auf Privatsphäre hinsichtlich der Verarbeitung personenbezogener Daten im Rahmen der polizeilichen und justiziellen Zusammenarbeit in Strafsachen» im Verkehr zwischen Mitgliedstaaten[2148] zu gewährleisten und verpflichtet die Mitgliedstaaten, «die Grundrechte und Grundfreiheiten natürlicher Personen und insbesondere ihr Recht auf Privatsphäre» zu schützen, «wenn personenbezogene Daten zum Zweck der Verhütung, Ermittlung, Feststellung oder Verfolgung von Straftaten oder der Vollstreckung strafrechtlicher Sanktionen» übermittelt oder bereitgestellt wurden (Art. 1 Abs. 2)[2149].

1152 Der RB gilt sowohl für die ganz oder teilweise automatisierte wie auch die nicht automatisierte Verarbeitung personenbezogener Daten, die in einer Datei gespeichert sind oder werden sollen (Art. 1 Abs. 3), *nicht aber für das SIS* (Erwägung 39).

1153 Festgeschrieben werden der Grundsatz der Rechtmässigkeit, der Verhältnismässigkeit und der Zweckbindung (Art. 3), Regeln über die Berichtigung, Löschung und Sperrung von Daten (Art. 4) einschliesslich wirksamer Kontrollen der Einhaltung dieser Vorschriften (Art. 5), die Qualitätsanforderungen an übermittelte Daten (Art. 8), Regeln über die Protokollierung und Dokumentierung jeder Übermittlung personenbezogener Daten (Art. 10), das Prinzip der langen Hand (Art. 12)[2150] sowie Bestimmungen über die Weiterverarbeitung von Daten (Art. 11, 13 f.)[2151].

2144 Siehe auch Erwägung 5 des RB-Datenschutz.
2145 RUDIN, Datenschutzgesetze, 12.
2146 STÄMPFLI, 140.
2147 Vgl. dazu SCHÖNDORF-HAUBOLD, Rn. 135 ff.; STÄMPFLI, 135 ff.
2148 Art. 1 Abs. 1 und Erwägung 7.
2149 Vgl. zum Ganzen RUDIN, Datenschutzgesetze, *passim*; DERS., Datenschutz und Schengen, *passim*.
2150 Vgl. Rz. 1127.
2151 Der Rahmenbeschluss lässt die DSK und ihr ZP unberührt (Erwägung 38); die datenschutzrechtlichen Spezialregelungen von Europol (Rz. 1048 ff.), Eurojust (Rz. 1040) und des SIS

Hinsichtlich der *Rechtspflege* erlaubt Art. 7 Entscheidungen, «die eine nachteilige   1154
Rechtsfolge für die betroffene Person hat oder sie erheblich beeinträchtigt», auf Grund
automatisierter Datenverarbeitung zum Zweck der Analyse nur, sofern ein innerstaatliches Gesetz Garantien zur Wahrung schutzwürdiger Interessen der betroffenen Person gewährleistet. Art. 16 stipuliert die Information der betroffenen Person über die Beschaffung und Verarbeitung personenbezogener Daten nach dem innerstaatlichen Recht, Art. 17 das Recht auf Auskunft (mit Einschränkungen), Art. 18 das Recht auf Berichtigung, Löschung und Sperrung, Art. 19 das Recht auf Schadenersatz wegen rechtswidriger Datenverarbeitung, die einen Schaden auslöst (vgl. die schweizerische Umsetzungsregelung in Rz. 1665 f.), und Art. 20 das Recht auf gerichtliche Überprüfung.
Bestimmungen über die Vertraulichkeit der Daten (Art. 21) und Datensicherheit (Art. 22) ergänzen das Regelwerk.

Besonders hinzuweisen ist auf Art. 23, der *für neu zu errichtende Dateien* eine *Vor-*   1155
abkonsultation der Datenschutzbehörden vorschreibt, sofern es sich um Informationen nach Art. 6[2152] handelt oder um eine Art der Verarbeitung, die «insbesondere aufgrund neuer Technologien, Mechanismen oder Verfahren, andernfalls spezifische Risiken für die Grundrechte und Grundfreiheiten und insbesondere der Privatsphäre der Betroffenen birgt».

b) Materiell-völkerrechtliche Regelungen

In Abkommen zur Bekämpfung bestimmter Kriminalitätsformen und in den Verträ-   1156
gen über die polizeiliche, justizielle und Zollzusammenarbeit mit der EU und einzelnen Staates (vgl. Rz. 1059 ff.) werden die materiell-rechtlichen Grundlagen für den Austausch von personenbezogenen Informationen, teilweise auch von Beweismitteln, definiert.

III. Materielle Rechts- und Verhältnismässigkeit

Die materielle Rechtmässigkeit ergibt sich innerhalb der formellen gesetzlichen oder   1157
vertraglichen Bestimmungen aus der Beachtung der Datenbearbeitungs- und Datenschutz*grundsätzen* (Rz. 1177 ff.). Das *Verhältnismässigkeitsprinzip* (Rz. 672 ff.) als wesentlicher Teil dieser Grundsätze grenzt sodann die Bereitstellung und Verwendung von personenbezogenen Informationen auf das zur Zielerreichung Notwendige, Sinnvolle und Zumutbare im Verhältnis zum öffentlichen Interesse ein.

1. Rechtsetzung

Die Datenbearbeitungs- und Datenschutzgrundsätze und insbesondere das Verhält-   1158
nismässigkeitsprinzip gelten zusammen mit den andern Anforderungen des Rechts-

---

(Rz. 1022 ff.) gehen diesem RB vor (Erwägung 39).
2152 «…rassische und ethnische Herkunft, politische Meinungen, religiöse oder philosophische Überzeugungen oder die Gewerkschaftszugehörigkeit, … Gesundheit oder Sexualleben».

staatsprinzips (Rz. 633, 646 ff., 669 f.) gleichermassen für die Rechtsetzung. Auch der Gesetzgeber hat sich zumindest bei der Regelung staatlicher Befugnisse mit Eingriffscharakter an das Verhältnismässigkeitsprinzip zu halten[2153]. Von Bedeutung sind die Normbestimmtheit, die Berechenbarkeit und Voraussehbarkeit (Transparenz) staatlichen Handelns einschliesslich Zugänglichkeit der Normen und die Teilgehalte des Verhältnismässigkeitsprinzips.

1159 So sind die Zwecke der Datenbearbeitung – wozu auch der Einsatz der Videotechnologie im öffentlich zugänglichen Raum gehört – hinreichend genau zu umschreiben bzw. einzugrenzen[2154], Löschungskriterien und -fristen mit genügender Bestimmtheit festzulegen[2155], die zuerkannten Befugnisse der Datenbearbeitung müssen einem Zweck dienen, der im Zuständigkeitsbereich dieser Organisation liegt, Aufnahme und Speicherung von Informationen sind auf das Notwendige zu beschränken.

1160 Dem wird nicht immer nachgelebt. So ist nicht einzusehen, weshalb Transportunternehmen bzw. konzessionierte Private oder beliehene Dritte im öffentlichen Verkehr *besonders schützenswerte Daten und Persönlichkeitsprofile* bearbeiten dürfen sollen[2156]. Transportunternehmen und ihren beauftragten Privatfirmen kommen in keinem Fall Befugnisse zu, welche für die Bearbeitung besonders schützenswerter Daten oder gar von Persönlichkeitsprofilen nötig wären, weshalb diese Normen das Verhältnismässigkeitsprinzip von vornherein verletzen[2157].

2. Rechtsanwendung

1161 Die *materielle Rechtmässigkeit* zeichnet sich durch die sachgerechte Beurteilung der Tatbestandsmässigkeit des Sachverhaltes und die *verfassungskonforme Auslegung* der gesetzlichen oder vertragsrechtlichen Grundlagen nach den Grundsätzen von *Treu und Glauben* und der *Verhältnismässigkeit*, einschliesslich des öffentlichen Interesses, aus.

1162 Überdies sind die *Grundsätze der Datenbearbeitung und des Datenschutzes* zu beachten (nachfolgend Rz. 1177).

2153 BGE 136 I 87 (ZH, Polizeigesetz) E 3.2, 8.3; EGMR S. and Marper v. U.K., §§ 101 ff. (EuGRZ 2009/299); BGE 113 Ia 109 E 5a; 109 Ia 273 E 4d; MOOR, Principes, VR CH, Rz. 59; RHINOW/ SCHEFER, Rz. 2629; SCHWEIZER/MÜLLER, 387, 394 f.
2154 BGE 136 I 87 E 8.3.
2155 BGE 136 I 87 E 8.2.3 ff.
2156 Art. 54 Abs. 2 PBG; Art. 16a Eisenbahngesetz (EBG, SR 742.101) ohne besondere Zweckangabe. Eine Begründung, weshalb besonders schützenswerte Daten und Persönlichkeitsprofile bearbeitet werden sollen, findet sich in der Botschaft (Botschaft Bahnreform 2, 2495) nicht (vgl. dazu SCHWEIZER/MÜLLER, 395).
2157 Datenschutzrechtlich werden die Grundsätze der Zweckbindung, der Notwendigkeit und damit der Vermeidbarkeit, der Geeignetheit und der Sparsamkeit verletzt.

§ 23 Umsetzung und Rechtsschutz

A. Datenbearbeitungsformen

Während die datenschutzrechtlichen Grundsätze einzeln und für sich genommen klar sind, bietet deren Umsetzung in die Wirklichkeit grössere Probleme. Die intellektuelle Kombination von Teilgehalten der Rechtsstaatlichkeit (Rz. 627) mit den datenrechtlichen Grundsätzen stellt hohe Anforderungen an die Fähigkeiten und die Ausbildung gegenüber den mit der Datenerfassung und der mit der Qualitätssicherung betrauten Personen (vgl. Rz. 1178).

1163

I. Allgemeine Hinweise

1. Datenrechtsrelevante Tätigkeiten

Die Datenbearbeitung umfasst sämtliche Tätigkeiten – ob manuell, halb- oder vollautomatisiert oder kombiniert – mit Informationen oder bereits vorhandenen Dateibeständen bestimmter oder bestimmbarer natürlicher und juristischer Personen. Diese umfassen

1164

- erheben bzw. beschaffen, erkennungsdienstliches Aufnehmen (z.B. Fingerabdrücke, Zellabstriche),
- empfangen (von andern Quellen [bspw. Behörden, internationale Organisationen oder Institutionen, Private]),
- sammeln, aufbewahren (in manuellen Karteien) bzw. speichern in elektronischen Dateien,
- abhören, visionieren,
- abgleichen,
- verschlüsseln und entschlüsseln,
- bearbeiten, d.h. ändern, berichtigen, ergänzen, aufdatieren, entfernen von Teilen,
- verbinden bzw. verknüpfen mit Inhalten anderer Dateien,
- entfernen von Verknüpfungen,
- analysieren und beurteilen,
- weitergeben oder Weitergabe ablehnen,
- (öffentlich) bekannt geben (z.B. Medien, Internet),
- Verwendbarkeit einschränken, sperren,
- löschen,
- (physisch) entfernen,

soweit die Datenbearbeitungen Personen zugeordnet, bzw. Dateien *personenbezogen aufgeschlüsselt* werden können[2158].

2158 SCHWEIZER, SGK zu Art. 13, Rz. 41.

2. Veröffentlichung von Fahndungsdaten

1165 Einige Polizeigesetze enthalten Bestimmungen über die Öffentlichkeitsfahndung, für die sich die Polizei bis vor Kurzem v.a. die Zeitungen, in dringenden und gravierenden Fällen Radio und Fernsehen zunutze machte[2159].

1166 In jüngster Zeit wurde die Fahndung nach tatverdächtigen Personen, die durch Videoanlagen aufgenommen und deren Aufnahmen gespeichert worden sind, auf das *Internet* ausgedehnt. Die Verbreitung im Internet erfolgt zeitverzugslos und geografisch uneingeschränkt. Mittels neuerer Technologien (z.b. Twitter) werden die Informationen Teilnehmern an gewissen Vernetzungen ohne Abfrage zugestellt wird. Die Behörde hat auf eine allfällige Veränderung von Inhalten des ursprünglichen Fahndungsaufrufs durch Dritte keinen Einfluss, und Löschungsfristen sind systembedingt wirkungslos. Gegenüber den herkömmlichen Methoden erscheint diese Art der unkontrollierbaren Weiterverbreitung als noch schwererer Eingriff in die persönliche Freiheit mit einer inhärenten Gefahr von Datenmissbrauch durch Dritte.
Eine spezifische Gesetzesnorm[2160] für die Fahndung im Internet ist daher angezeigt[2161] und sollte in Bezug auf Verdächtige (im Unterschied zu Vermissten) – neben der Subsidiarität im Verhältnis zu weniger weitgehenden Ermittlungsmethoden – die Einschränkung auf schwere Delikte oder solche von besonderer Tragweite gebieten (z.B. eine mindestens schwere Körperverletzung oder schwerwiegende Sexualdelikte, massive Ausschreitungen mit Verletzten und/oder erheblichen Sachbeschädigungen; ferner den vorangegangenen Abbruch einer Veranstaltung mit vielen Zuschauern oder bspw. Ausschluss der Gesuchten bei künftigen Fussballspielen infolge einer als zu gross eingestuften konkreten Gefahr für schwere Delikte im Falle ihrer Anwesenheit).

3. Verdeckte Datenbeschaffung und -bearbeitung

1167 Spezielle Anforderungen im Sinne von Art. 13 Abs. 2 und Art. 36 BV sowie Art. 8 Abs. 2 EMRK («in einer demokratischen Gesellschaft notwendig») sind an die *verdeckte Beschaffung personenbezogener Daten* zu stellen. Die Bekämpfung einschliesslich *Verhütung gefährlichster Verbrechen* bzw. die Identifikation von deren

---

2159 § 44 PolG BS z.B. erlaubt die Öffentlichkeitsfahndung ausser bei vermissten Personen «wenn (eine Person) eines schweren Vergehens oder Verbrechens verdächtigt wird».

2160 BRUNNER, 611, hält dafür, dass «in Fällen unmittelbar drohender Gefahr oder zur Beseitigung einer schweren Störung identifizierende behördliche Informationsmassnahmen auch gestützt auf die polizeiliche Generalklausel erfolgen» dürfen. Angesichts der Tatsache, dass die elektronische Informationsvermittlung, welche die oben beschriebenen besonderen Gefahren für Persönlichkeitsverletzungen mit sich bringt, seit langem bekannt ist, stand schon bisher m.E. jedem Gesetzgeber genügend Zeit und nötiges Wissen zur Verfügung, um gesetzliche Regelungen mit genügender Bestimmtheit zu erlassen.

2161 Verschiedene Polizeigesetze, bspw. diejenigen von BE, BL und ZH, enthalten keine Bestimmung über die Öffentlichkeitsfahndung, und Art. 211 StPO enthält eine «kann-Ermächtigung» ohne Einschränkungen. Ob das Verhältnismässigkeitsprinzip in allen Fällen, in denen die Internet-Fahndung zum Zuge kam, genügt, muss hier offen bleiben.

Urheber – auch in der internationalen Zusammenarbeit[2162] – kann nicht auf verdeckte Ermittlungsmethoden, auch vor dem Einleiten eines Strafverfahrens, verzichten. Die Voraussetzungen dafür (Zweck bzw. Umschreibung der Verbrechen, Unausweichlichkeit der Methode), der *richterliche Genehmigungsvorbehalt,* Regelungen betr. Dauer der Massnahmen und deren richterliche Nachprüfung ebenso wie die nachträgliche Mitteilung (bzw. Aufschub oder Verzicht darauf auf Grund *richterlicher Entscheidung*) und die Dauer der Datenspeicherung sind *im Gesetz selbst* festzulegen.

II. Bild- und Tonaufnahmen

Die in den letzten Jahren in grossem Mass zur Anwendung gelangenden Bildaufnahmegeräte (Videoanlagen) fallen selbstverständlich ebenso in den Geltungsbereich des Datenbearbeitungs- und Datenschutzrechtes[2163]. 1168

Beim Einsatz von *Videogeräten* im öffentlichen und halb-öffentlichen Raum sind verschiedene Formen bzw. Zwecke auseinanderzuhalten: 1169

– Aufnahmen, die *keine* personenbezogene Auswertung (Erkennung) ermöglichen
  – mit Aufzeichnungsmöglichkeit
  – ohne Aufzeichnungsmöglichkeit
– Aufnahmen, die eine direkte oder indirekte personenbezogene Auswertung (Erkennung) ermöglichen
  – ohne Aufzeichnungsmöglichkeit
  – mit Aufzeichnungsmöglichkeit
  – mit oder ohne Verknüpfungsmöglichkeit.

Videoaufnahmen als Überwachung öffentlich zugänglicher Räume wie Autobahnen oder Plätze und Strassen, *die keine direkte oder indirekte personenbezogene Auswertung* ermöglichen, fallen nicht in den Schutzbereich von Art. 13 Abs. 2 BV, weshalb auch das Datenschutzrecht nicht zur Anwendung kommt[2164]. Sie dienen der Erfassung von Entwicklungen oder Situationen, die u.U. eine behördliche Massnahme nötig machen, aber zu keinen auf diese Aufnahmen gestützten personenbezogenen Interventionen führen[2165]. 1170

Umgekehrt fallen alle Aufnahme- und Aufzeichnungsmöglichkeiten, die *direkt oder indirekt zur Identifikation von Personen beitragen,* in den Schutzbereich von Art. 13 Abs. 2 BV (und Art. 8 EMRK) und damit unter das Datenschutzrecht. 1171

2162 Vgl. z.B. Art. 1 und 20 UNTOC einschliesslich sein ZP II; EGMR Rantsev v. Cyprus and Russia, §§ 218 f., 285, 307 ff.
2163 Eingehend zur Videoüberwachung im öffentlich zugänglichen Raum: L. MÜLLER, *passim.*
2164 RUDIN/STÄMPFLLI, Videoüberwachungen, 144 f.
2165 BGE 136 I 87 E 8.2.1 (erste erwähnte Möglichkeit).

Eine erste *indirekt personenbezogene Auswertung* ergibt sich aus Aufnahmen von Geräten (bspw. Drohnen[2166]) ohne unmittelbare Identifizierbarkeit von Personen, die gestützt darauf jedoch anschliessend einer Personenkontrolle unterzogen werden[2167].

1172 Eine zweite *indirekt personenbezogene Auswertung* folgt der Erfassung von Autonummern durch die anschliessende (automatische oder manuelle) Verknüpfung mit den Fahrzeughalterdateien. Daraus können (gegebenenfalls mit spezieller Software) auch Persönlichkeitsprofile erstellt werden, die einer Grundlage in einem formellen Gesetz bedürfen (Art. 36 Abs. 1 BV).

1173 Die Anforderungen gelten sowohl für einen präventiven oder dissuasiven wie für einen repressiven Zweck. Der poenale Zweck soll ermöglichen, dass ausreichende Verdachtsmomente zur Einleitung eines Ermittlungsverfahrens erfasst werden. Eine Präventivwirkung ist ohnehin auch theoretisch nur zu erzielen, falls allfälligen Störern bewusst sein müsste, dass sie durch die Aufnahmen auch ermittelt werden können[2168].

1174 Als besonders schwierig erweist sich die Datenerhebung mit Videoaufnahmen bei Demonstrationen, anlässlich derer, auf Grund konkreter Hinweise bereits im Vorfeld, Ausschreitungen aus dieser oder einer Gegendemonstration zu befürchten sind. Es stehen nunmehr vier Rechtsinteressen in einem Spannungsfeld: Die abstrakte Gewährleistung des Demonstrationsrechts (vgl. dazu Rz. 507 ff.), die konkrete Gewährleistung des Demonstrationsrechts der friedlich Teilnehmenden, die Aufrechterhaltung der öffentlichen Sicherheit mit dem Schutz aller zugehörigen Rechtsgüter und die informationelle Selbstbestimmung allenfalls erfasster Personen. Die Aufzeichnung einer (noch) friedlichen Demonstration greift in die Meinungsäusserungs- und Versammlungsfreiheit ebenso wie in das informationelle Selbstbestimmungsrecht ein. Aufzeichnungen erst *nach* den ersten relevanten strafbaren Handlungen zu beginnen, ist jedoch mit drei weiteren Problemen verbunden: a) der Einfluss bzw. die Organisation einschliesslich die Anstiftung zu Delikten bekannter Störer wird nicht erfasst ebenso wenig wie b) der Beginn der Ausführung strafbarer Handlungen durch die unmittelbaren Täter; c) es unterbleibt die dissuasive Wirkung[2169]. Wie immer diese Probleme mit generell-abstrakten Erlassen oder

---

2166 Siehe Art. 2 ff. der VO über den Einsatz von Bildaufnahme-, Bildaufzeichnungs- und andern Überwachungsgeräten durch die Eidg. Zollverwaltung, ferner BVGer A-2482/2007. Vgl. dazu den 17. Tätigkeitsbericht 2009/2010 des EDÖB.
2167 RUDIN/STÄMPFLI, Videoüberwachungen, 145 (FN 5).
2168 RUDIN/STÄMPFLI, Videoüberwachungen, 145. Der Einsatz von Bild- und Tonaufnahme- und -aufzeichnungsgeräten zu Observationszwecken im Rahmen von strafrechtlichen Ermittlungsverfahren ist vom Strafverfahrensrecht zu regeln und wird hier nicht behandelt.
2169 SCHWEGLER, 63, hält dafür, dass die Aufzeichnung einer Demonstration (von Anfang an) u.U. angezeigt sein kann, falls sie nur so zugelassen werden könne; gegenüber einem Verbot der Demonstration sei sie das mildere Mittel, die Demonstrationsfreiheit werde dadurch auch nicht ganz aufgehoben. Andererseits bezeichnet er die Videoaufzeichnung einer Demonstration aus Gründen des Staatsschutzes als unverhältnismässig. Damit stellt sich die Frage nach der Grenze des Staatsschutzes (vgl. Art. 2 BWIS und Art 2 Abs. 1 lit. b Ziff. 3 V-NDB; gewalttätiger Extremismus) bzw. wie motiviert und schwer Ausschreitungen und einzelne Delikte sein müssen, damit sie unter den Begriff des Staatsschutzes fallen oder aus strafrechtlichen Gründen gerechtfertigt sind (vgl. Rz. 518 ff.).

Weisungen zu lösen versucht werden, es wird in der Praxis eine Unsicherheit (oder Grauzone) bleiben, welchen dieser Rechtsinteressen gestützt auf welchen Kriterien in einer sich rasch entwickelnden Lage der Vorzug zu geben ist[2170].

Datenschutzrechtlich bedeutsam ist die von der Aufnahme und Speicherung von Videosignalen getrennt anzuordnende Auswertung[2171] und damit verbunden die Regelung der Dauer der Speicherung[2172]. Auch zu deren Einschränkung erweisen sich rechtliche Begriffe selber in der Praxis als interpretationsbedürftig[2173]. Es kann zudem schwer fallen, nach dem Beginn einer Auswertung, gestützt auf eindeutig genügend schwere begangene Straftaten, eventuell etwas weniger schwer erscheinende ebenso aufgezeichnete Delikte (als Zufallsfunde) herauszufiltern, ohne das Legalitätsprinzip und das Gleichbehandlungsgebot zu verletzen, auch wenn sich das mit gesetzlichen Beweisverwertungsverboten bewerkstelligen lässt.

1175

Dieselben datenschutzrechtlichen Anforderungen gelten *mutatis mutandis* auch für Foto- und reine Tonaufzeichnungen, soweit Personen durch solche identifizierbar sind.

1176

B. Grundsätze der Datenbearbeitung

Die Grundsätze der Datenbearbeitung lassen sich summarisch wie folgt zusammenfassen:

1177

– Der Grundsatz der *Gesetzmässigkeit der Datenerhebung und -bearbeitung*, d.h. die Notwendigkeit einer konkreten *materiell-rechtlichen gesetzlichen Grundlage* (Art. 5 und 36 BV)[2174].

Die gesetzliche Grundlage muss auch die Aufgabenzuweisungen an die spezifischen Behörden umfassen (gesonderte Berechtigungen für Eingaben, Bearbeitungen, Abfragen).

Einer besonderen Bestimmung in einem formellen Gesetz bedarf die Ermächtigung zur *verdeckten Datenbeschaffung* und -bearbeitung.

Ebenso sind die Anforderungen für die *Auswertung* von aufgezeichneten Aufnahmen (Voraussetzungen, Kompetenzen) gesetzlich zu bestimmen.

– Der Grundsatz der *Richtigkeit bzw. der Qualität*[2175].

1178

Dieser Grundsatz zielt in erster Linie auf die inhaltliche Richtigkeit[2176] und Aktualität der Daten in Bezug auf die bestimmte Person einschliesslich einer Verlässlichkeitsprüfung der Informationsquellen und des Informationsinhalts (vgl. Rz. 1053 in Bezug auf die Anforderungen von Europol). Die Qualitätskontrolle ist – wie bei jeder polizeilichen

---

2170 Bericht SD BS, 10 ff.
2171 SCHWEGLER, 64.
2172 BGE 133 I 77 E 5.1 ff.
2173 «Delikte einer gewissen Schwere, wie etwa jene gegen Leib und Leben sowie schwere Verletzungen des Eigentums oder der öffentlichen Ordnung» (SCHWEGLER, 64).
2174 SCHWEGLER, 24; STÄMPFLI, 102, 148, 416.
2175 STÄMPFLI, 149, 416.
2176 SCHWEGLER, 102 ff.

Datenbearbeitung – von ausschlaggebender Bedeutung, was sich auch in den personellen Ressourcen niederschlagen muss[2177]. Diese bezieht sich auch auf die Prüfung der gesetzlichen Grundlage, die Zweckbindung und die notwendige Dauer der Speicherung.

1179 – Der Grundsatz der *Zweckbindung.*

Der Grundsatz der Zweckbindung[2178] ist (auch) verknüpft mit dem Verfassungsprinzip von Treu und Glauben (Art. 5 Abs. 3 und Art. 9 BV). Die Zweckbindung hat eine *sachliche*, eine *verfahrensrechtliche und eine zeitliche Komponente.* Insbesondere ist dieser Grundsatz bei einer «Umwidmung», d.h. bei einer rechtlich zulässigen vorgesehenen Änderung des Verwendungszweckes von Daten zu beachten[2179]; andernfalls fehlt es auch an der Rechtmässigkeit der weiteren Datenbearbeitung.

1180 – Der Grundsatz der *Verhältnismässigkeit*[2180].

An erster Stelle steht das Kriterium der *Erforderlichkeit,* nicht nur für die Datenerhebung, sondern auch für die Datenweitergabe. Auf das Kriterium der *Erforderlichkeit* stützen sich das *Gebot der Datensparsamkeit* und das Verbot des «Datensammelns auf Vorrat»[2181].

Am Kriterium der *Geeignetheit* misst sich, ob Bearbeitungen von Informationen einem Zweck im *Zuständigkeitsbereich der betreffenden Behörden* dienen können (oder der Informationsgehalt allenfalls darüber hinausreichte); dasselbe gilt – unter Berücksichtigung der *Zumutbarkeit* für die betroffene Person – bei der internationalen Verfahrenshilfe in Bezug auf den Verwendungszweck des Informationsempfängers.

1181 Ebenso ist das Verhältnismässigkeitsprinzip massgebend für Sperrungen von Eintragungen, die Dauer der zulässigen Speicherung bzw. für die Löschungsfristen oder die Übergabe an Archive.

Die unbefristete Speicherung von Fingerabdrücken, DNA-Profilen und Zellproben nicht verurteilter Personen wurde vom EGMR als eine Verletzung von Art. 8 EMRK beurteilt[2182].

1182 Schliesslich bemisst sich innerhalb des gesetzlich Zulässigen die *nachträgliche Information* der betroffenen Personen *über verdeckte Datenbeschaffungen und -bearbeitungen* einschliesslich -weitergaben nach dem Verhältnismässigkeitsprinzip, sofern durch eine Bekanntgabe wesentliche Interessen am Erfolg noch nicht abgeschlossener Ermittlungsverfahren gefährdet wären[2183].

1183 – Grundsatz der *Datensicherheit*

Der verfassungsrechtliche Schutz vor Missbrauch persönlicher Daten wird zunächst durch das Amtsgeheimnis konkretisiert, dessen Verletzung strafbar ist[2184]. Grosse Bedeutung kommt daher der Datensicherheit (vgl. Art. 7 DSG),

---

2177 GPDel-Bericht ISIS-Datenbearbeitung, 7680, 7699, *7725 ff.,* 7735.
2178 STÄMPFLI, 148, 416.
2179 Vgl. Art. 3 Abs. 2 RB-Datenschutz.
2180 STÄMPFLI, 103, 416.
2181 «Datensammeln auf Vorrat» kann auch mit dem Grundsatz der Zweckbindung kollidieren.
2182 EGMR S. and Marper v. UK, §§ 121 ff.
2183 EGMR Klass v. Germany, §§ 58 ff.
2184 Art. 320 StGB.

d.h. dem zweifelsfrei geregelten *Zugang* zu Informationsübermittlungs- und Datensystemen (oft mit *Abstufungen* in Bezug auf Datenkategorien und Zugriffberechtigte) sowie der *technischen Sicherheit* der Systeme zu (vgl. Art. 11 DSG, Art. 21 Abs. 2 lit. a, Art. 27 Abs. 2 lit. d VDSG, VDSZ)[2185]. Art. 46 FMG schreibt die Sicherheit der Fernmeldedienste gegen unbefugtes Abhören und Eingriffe, Art. 43 die Geheimhaltungspflicht über den Fernmeldeverkehr von Teilnehmerinnen und Teilnehmern vor[2186].

Selbstverständlich besteht somit auch die Pflicht zur *Verschlüsselung drahtloser Übermittlungen von Personendaten* (Funk), etwa bei Personenkontrollen. Beim zunehmenden Gebrauch von WLAN-Verbindungen mit mobilen Computern ist ebenso auf die jederzeitige Sicherheit der Datenübermittlung vor unbefugtem Eindringen zu achten.

1184

C. Rechtsschutz

Zum Datenrecht gehört ebenso der Grundsatz der *Rechte der Betroffenen*[2187]. Die Rechte der Betroffenen sind zunächst gegenüber der Behörde im *verwaltungsinternen* Verfahren (Rz. 1378 f.) das Recht auf Auskunft[2188,2189], gegebenenfalls ein Einsichtsrecht, ferner, falls nötig, das Recht auf Berichtigung, Sperrung und Löschung der Daten[2190].

1185

Das Auskunftsrecht als Voraussetzung aller andern Ansprüche gilt aber nicht absolut, es kann nach Art. 36 BV eingeschränkt werden[2191].

Wie wohl dieser Grundsatz von der Rechtsetzung her klar umschrieben werden kann, bietet er im Zusammenhang mit (insbesondere verdeckten) Fahndungs- und Ermittlungsdaten die grössten Schwierigkeiten. So kann eine Auskunft an eine Person, die mehrerer Delikte im Zusammenhang mit einer kriminellen Organisation verdächtigt wird, indessen noch zu wenige gerichtsverwertbare Beweise vorliegen und das Ermittlungsverfahren deshalb einstweilen eingestellt wird, nicht nur alle weiteren Ermittlungen

1186

2185 MÜLLER/SCHEFER, 206 f.
2186 Vgl. MÜLLER/SCHEFER, 203.
2187 STÄMPFLI, 144, 417.
2188 So ist z.B. nach Art. 30 des Europol-Errichtungsbeschlusses das Zugangsrecht von Personen im Einzelnen geregelt. Das Gesuch kann in jedem Mitgliedstaat gestellt werden (Abs. 2); Auskunft erteilt Europol nach Konsultation der zuständigen Behörden der betroffenen Mitgliedstaaten selber innerhalb von drei Monaten. Die Auskunft kann nach den in Abs. 5 abschliessend aufgezählten Gründen verweigert werden. Zusätzlich steht jeder Person nach Abs. 6 das Recht zu, «die gemeinsame Kontrollinstanz in angemessenen Abständen zu ersuchen, dass sie prüft, ob die Art und Weise, wie ihre personenbezogenen Daten von Europol erhoben, gespeichert, verarbeitet und verwendet wurden, mit den die Verarbeitung personenbezogener Daten betreffenden Bestimmungen dieses Beschlusses übereinstimmt.» Vgl. auch SCHÖNDORF-HAUBOLD, Rn. 184 ff.
2189 Zur Geltendmachung des Rechts auf Einsicht in die kantonale Polizeidatenbank, um zu erfahren, welche Datenübermittlung zu einem Eintrag in das N-SIS geführt hat: Rz. 1029.
2190 BIAGGINI, Komm. zu Art. 13, N. 14; SCHWEIZER, SGK zu Art. 13, Rz. 45.
2191 BIAGGINI, Komm. zu Art. 13, N. 15; SCHWEIZER, SGK zu Art. 13, Rz. 46.

verunmöglichen, sondern ebenso bisherige Untersuchungen auch ausländischer Strafverfolgungsbehörden zunichte machen (vgl. FN 2183)[2192].

Die Abwägung der öffentlichen (Sicherheits-)Interessen an einer Geheimhaltung mit den Interessen der betroffenen Person(en) an ihrem informationellen Selbstbestimmungsrecht bedarf der sorgfältigen, bei langer Dauer der Auskunftsverweigerung wiederkehrenden Prüfung[2193].

1187 Entsteht aus dem Einsichts- oder Änderungsbegehren zwischen der betroffenen Person und der zuständigen Behörde eine Rechtsstreitigkeit, gewährleistet Art. 29*a* BV, Rechtsweggarantie, den Anspruch auf eine richterliche Prüfung (je nach Gesetzeslage erst nach dem Erwirken einer Feststellungsverfügung, vgl. Rz. 1159, 1490 ff.). Falls diese als Ausnahme (Art. 29*a* Satz 2 BV, Art. 32 Abs. 1 lit. a VGG, Art. 83 lit. a BGG) ausgeschlossen sein sollte (Rz. 1477, 1541, 1546 f.), bleibt nach Art. 13 EMRK das Recht auf Überprüfung durch eine unabhängige Instanz (Art. 1572 ff.)[2194].

1188 Dem Rechtsschutz dient auch die von Art. 1 ZP DSK vorgeschriebene unabhängige Aufsichtsbehörde, welche die Einhaltung der innerstaatlichen Rechtsvorschriften im Sinne des DSK zu gewährleisten hat. Art. 27 DSG setzt diese Obliegenheit für den Bund um (EDÖB), in den Kantonen sind es die Datenschutzbeauftragten.

Eine spezielle Aufsicht über die Bearbeitung SIS-bezogener Daten schreibt Art. 54 der N-SIS-Verordnung vor[2195]. Ebenso schreibt Art. 33 f. des Europol-Errichtungsbeschlusses eine zweigleisige administrative Kontrolle durch nationale und gemeinsame Kontrollinstanzen vor[2196].

1189 Zusätzlich dient die *politische Kontrolle* der Rechtsanwendung, insbesondere die *parlamentarische Oberaufsicht,* dem Rechtsschutz in der Form der Konkretisierung des Rechtsstaats- und Demokratieprinzips[2197].

2192 SCHWEIZER, SGK zu Art. 13, Rz. 46 m.w.H.
2193 EGMR Segerstedt-Wiberg v. Sweden, § 104 («In the light of the foregoing, the Court finds that the respondent State, having regard to the wide margin of appreciation available to it, was entitled to consider that the interests of national security and the fight against terrorism prevailed over the interests of the applicants in being advised of the full extent to which information was kept about them on the Security Police register.»).
2194 SCHWEIZER, SGK zu Art. 13, Rz. 47.
2195 «[1]Die kantonalen Datenschutzbehörden und der Eidgenössische Datenschutz- und Öffentlichkeitsbeauftragte (EDÖB) arbeiten im Rahmen ihrer jeweiligen Zuständigkeiten aktiv zusammen und sorgen für eine koordinierte Aufsicht über die Bearbeitung von Personendaten.
[2]Der EDÖB übt insbesondere die Aufsicht über die Bearbeitung personenbezogener SIS-Daten aus. Er koordiniert die Aufsichtstätigkeit mit den kantonalen Datenschutzbehörden.
[3]Er arbeitet bei der Wahrnehmung seiner Aufgaben eng mit dem Europäischen Datenschutzbeauftragten zusammen; für diesen ist er nationale Ansprechstelle.»
2196 Vgl. SCHÖNDORF-HAUBOLD, Rn. 182.
2197 Bericht GPDel (FN 381), 46 ff. m.w.N.; MOHLER, Staatsschutz, 62 f.

3. Teil: Polizeiliche Aufgabenerfüllung durch nicht zivile Polizeidienste

10. Kapitel: Übertragung sicherheitspolizeilicher Aufgabenerfüllung an Armeetruppen

§ 24 Die rechtlichen Voraussetzungen

A. Verfassungsrecht

I. Zur Terminologie der BV in Bezug auf andere als normale Lagen

1. Verwendete Begriffe

1190 In der BV werden Situationen, die nicht der normalen Lage entsprechen und demnach mit den gewöhnlichen Verfahrensabläufen nicht zu bewältigen sind, mit verschiedenen Begriffen umschrieben[2198].
Der Terminus «ausserordentliche Lage» wird ausschliesslich in Art. 58 Abs. 2 Satz 2 BV implizit für *nicht machtpolitisch motivierte* Grossereignisse, d.h. *Katastrophen* verwendet[2199]:

> «Sie (die Armee) unterstützt die zivilen Behörden bei der Abwehr schwerwiegender Bedrohungen der inneren Sicherheit und bei der Bewältigung anderer ausserordentlicher Lagen.»

Da das Adjektiv «ausserordentlich» zusammen mit «andere» nach dem Ausdruck «Abwehr schwerwiegender Bedrohungen der inneren Sicherheit» gebraucht wird, sind auch die schwerwiegenden Bedrohungen als ausserordentliche Lage zu verstehen.

1191 In Art. 61 Abs. 2 BV wird der Bund ermächtigt (und beauftragt), für den Einsatz des Zivilschutzes bei Katastrophen und in *«Notlagen»* Vorschriften zu erlassen, in Art. 165 BV finden sich «Dringlichkeit» und «dringlich», in Art. 173 Abs. 1 lit. c BV «ausserordentliche Umstände», in Art. 185 Abs. 3 BV die (nur schwer verständliche) Kombination «eingetretene oder unmittelbar drohende schwere Störungen der öffentlichen Ordnung oder der inneren oder äusseren Sicherheit» und in Art. 185 Abs. 4 BV schliesslich «dringliche Fälle»[2200].

1192 Wie erwähnt (Rz. 736), kommt der durch den SIPOL B 2000 eingeführte Ausdruck *«besondere Lage»* in der BV nicht vor, ebenso wenig im MG.

2. Die Terminologie im Vergleich mit völkerrechtlichen Begriffen

1193 Eine *ausserordentliche Lage* i.S.v. Art. 58 Abs. 2 Satz 2 BV kann als Situation oder Entwicklung umschrieben werden, in der die *öffentliche Sicherheit unmittelbar bedroht oder so schwerwiegend gestört ist,* dass die zur Verfügung stehenden Polizei-

---

2198 Zur diesbezüglichen Terminologie der BV: MOHLER, SBVR III/1, 613 f.
2199 MOHLER, Raumsicherung, 440.
2200 Vgl. SCHWEIZER/KÜPFER, SGK, Vorbemerkungen zur Sicherheitsverfassung, Rz. 5. Vgl. auch Rz. 733 ff.

kräfte einschliesslich derjenigen anderer Kantone – und im Katastrophenfall des Zivilschutzes – sie nicht mehr aufrechterhalten oder wieder herstellen können.

Das ist erst dann der Fall, wenn *Gewalt* in einem Mass ausgeübt oder angedroht wird, welche die Polizei quantitativ überfordert oder wenn eine technologische oder Naturkatastrophe ein solches Ausmass angenommen hat, dass die regionalen Kräfte des Bevölkerungsschutzes überfordert sind. Kombinationen sind möglich. 1194

Im Zusammenhang mit der *Bundesintervention* (Art. 52 Abs. 2 BV, vgl. Rz. 1210 f.) werden in der Literatur als Voraussetzung für deren Rechtfertigung erhebliche gewaltsame Auseinandersetzungen genannt[2201]. Diese entsprechen dem völkerrechtlichen Begriff der *Feindseligkeiten (hostilities)* jedoch *nicht*. 1195

Im positivierten Völkerrecht wird der Begriff *Feindseligkeiten* zwar auch nicht definiert, doch im internationalen humanitären Recht vielfältig davon Gebrauch gemacht[2202]. Die Schwelle zur Annahme von *Feindseligkeiten,* die es erlauben, den Rechtsrahmen der Rechtsdurchsetzung *(law enforcement)* zu verlassen, ist hoch anzusetzen[2203]. Es muss sich um eine länger dauernde (*«protracted»*) Anwendung von heftiger Gewalt identifizierbarer *organisierter* kämpferischer *bewaffneter* Gruppen («belligerency», «organised armed groups»), also um (bürger-)kriegsähnliche Auseinandersetzungen handeln[2204], mithin um eine *Summe von feindseligen Akten mit der Absicht und im Gebrauch von Waffengewalt zur Verletzung von Angehörigen und zur Schädigung der Ausrüstung der bewaffneten Kräfte eines Staates*[2205] sowie dessen existentieller Infrastruktur[2206]. Sie fallen unter den Rechtsrahmen der nicht-internationalen Feindseligkeiten (*«non-international hostilities»*), in dem das internationale humanitäre Recht gilt (Art. 3 der Genfer Konventionen). Der Einsatz *militärischer Mittel,* über die die Polizei nicht verfügt, muss *unverzichtbar* sein (qualitatives Kriterium)[2207]. 1196

Die teilweise Entbindung von der uneingeschränkten Beachtung der Konventionsgrundrechte hat der EGMR jedoch als konventionskonform erachtet, ohne dass in der zu Grunde liegenden Situation Militär zum Einsatz gekommen ist: Wegen der durch Anschläge mit mehreren Todesopfern, Schwerletzten und weiteren gravierenden Schäden sowie weiteren ernstzunehmenden Drohungen hat der EGMR eine Notsituation gemäss Art. 15 EMRK angenommen[2208]. 1197

2201 BIAGGINI, Komm. zu Art. 52, N. 8 (Aufruhr, Putschversuch); HÄFELIN/HALLER/KELLER, Rz. 1038 (revolutionäre Aufstände, Verhinderung der Verfassungsordnung, z.B. Behinderung von Wahlen); SCHWEIZER/KÜPFER, SGK zu Art. 52, Rz. 16 (ausserordentliche Lage, revolutionäre Volksaufstände, Bürgerkrieg); TSCHANNEN, § Staatsrecht, 18, Rz. 42 (Zusammenstösse in der Bevölkerung).
2202 MELZER, 243 f.
2203 MELZER, 256.
2204 MELZER, 245 m.w.H. (ICTY, Appeals Court).
2205 Vgl. MELZER, 269, 272 f. mit Hinweis auf den Kommentar des IKRK zum Ersten Zusatzprotokoll (1977) zu den Genfer Abkommen I–IV (1949).
2206 IPSEN, § 8, Rz. 11.
2207 MELZER, 256.
2208 EGMR A. and others v. UK, §§ 179 ff.

1198 Demgegenüber erreichen Ausschreitungen, Krawalle, Unruhen, auch mit sporadischen Gewaltanwendungen diese Schwelle nicht[2209]; deren Bewältigung gehört in den Rechtsrahmen der *Rechtsdurchsetzung,* d.h. des Polizei- und Strafrechts *(paradigm of law enforcement)*[2210].

1199 In einer solchen Situation, unter der Schwelle von Feindseligkeiten, die dennoch zu einer ausserordentlichen Lage geführt hat, kann die Armee – wenn auch die polizeiliche Verstärkung durch andere Kantone nicht ausreicht – zur Unterstützung der Polizei im Rahmen der Rechtsdurchsetzung – im Rechtsrahmen von *law enforcement* – bei der Bekämpfung der Gewalttäter eingesetzt werden. Ein solcher Einsatz entspricht jedoch, sofern die *Truppe selber konfrontativ* auftritt, der Operationsform des Ordnungsdienstes, die Aktivdienst bedingt (Art. 1 Abs. 3 lit. a, Art. 76 Abs. 1 lit. b MG; VOD).

1200 Die Anordnung des Aktivdienstes (Art. 173 Abs. 1 lit. d, Art. 185 Abs. 4 BV) für den Ordnungsdienst (Art. 76 Abs. 1 lit. b, Art. 83 MG)[2211] stellt für sich noch kein Kriterium für ein Abweichen von den Konventionsverpflichtungen dar[2212]. Die Voraussetzungen dafür werden an der tatsächlichen (Not-)Lage beurteilt (Art. 15 EMRK, Art. 4 UNO Pakt II), nicht an einer militärrechtlichen Entscheidung über die Dienstart.

1201 Selbst wenn «das Leben der Nation» durch Krieg oder einen andern öffentlichen Notstand bedroht ist (Art. 15 EMRK[2213]), bleibt die Bedingung, dass die getroffen Massnahmen sonstigen völkerrechtlichen Verpflichtungen nicht zuwiderlaufen und auch in solchen Situationen die notstandsfesten Art. 2, 3, 4 Abs. 1 und 7 EMRK respektiert werden[2214].

II. Zur vertikalen Kompetenzverteilung zwischen Bund und Kantonen in Bezug auf sicherheitspolizeiliche Organe

1202 Die *vertikale Kompetenzregelung* zwischen Bund und Kantonen für *sicherheitspolizeiliche* Aufgaben (Rz. 202 ff.) bezieht sich auch hinsichtlich *Organkompetenzen*

2209 MELZER, 245, 256.
2210 MELZER, 245, 256 f.
2211 SCHWEIZER/KÜPFER, SGK zu Art. 52, Rz. 17.
2212 Nebenbei sei angemerkt, dass die Formel des Eides/Gelübdes gemäss Art. 8 DR für den Ordnungsdienst als Aktivdienst (also kein Fall von Landesverteidigung oder Staatsnotstand i.S.v. Art. 15 EMRK/Art. 4 UNO Pakt II) nicht genügt: «Recht und Freiheit des Schweizervolks tapfer zu verteidigen» und «die Regeln des Kriegsvölkerrechts einzuhalten» enthalten keinen verbindlichen Verweis auf die in solchen Lagen uneingeschränkt zu respektierenden (Individual-)Grundrechte.
2213 GRABENWARTER, § 2, Rz. 8. Art. 4 UNO Pakt II lautet ähnlich: «Im Falle eines öffentlichen Notstandes, der das Leben der Nation bedroht und der amtlich verkündet ist.»
2214 EGMR Aksoy v. Turkey, §§ 84 ff. MOHLER, Raumsicherung, 451. TSCHANNEN, Staatsrecht, § 10, Rz. 12. Erwähnt wird diese völkerrechtliche Verpflichtung, da sie in den Reglementen der Armee nicht aufgeführt ist.

aus rechtlicher Sicht nach der bisher überwiegenden Verfassungsinterpretation[2215] nicht auf zivile Sicherheitspolizei-Verbände des Bundes, da diese mit Ausnahme des Bundessicherheitsdienstes[2216] über keine eigenen eigentlichen *sicherheitspolizeilichen* Kräfte verfügen[2217].

Das *GWK* hat nach *Verfassungs*recht parallele *grenz*polizeiliche[2218], aber *keine sicherheitspolizeilichen Befugnisse* (Rz. 207 m.w.N.). Die *Transportpolizei*, die durch ein Bundesgesetz eine rechtliche Grundlage erhalten hat (Rz. 207), kann dennoch nicht als eigentliches sicherheitspolizeiliches Organ des Bundes betrachtet werden, da ein Teil im Auftrag der spezialgesetzlichen SBB AG (und also keiner Behörde), andere Teile im Auftrag kantonaler, kommunaler oder privater Transportunternehmen ihre Aufgaben erfüllen.

Diese Kompetenzregelung gilt generell und uneingeschränkt und somit auch für die Verwendung von Teilen der Armee im Inland. Darin ist auch Art. 58 Abs. 2 BV einbezogen[2219]. 1203

Art. 58 Abs. 2 Satz 1 und 2 BV hat sich – in Umkehrung des üblichen Rechtsetzungsprozesses – an Art. 1 MG (Zweckartikel) orientiert[2220]; der aBV mangelte es an einer generellen Aufgabenumschreibung für die Armee[2221].

In Art. 1 Abs. 3 MG wird der Assistenzdienst als Hilfeleistung an zivile Behörden *in einer ausserordentlichen Lage* umschrieben[2222]. Demnach sind Assistenzdienst-Aufträge an die Armee, die *nicht in einer ausserordentlichen Lage* erbracht werden sollen, von den ersten beiden Sätzen von Art. 58 Abs. 2 BV nicht gedeckt. 1204

Die Ausserordentlichkeit einer Lage bemisst sich dabei nicht ausschliesslich nach der *quantitativen* Dimension (selbst für den courant normal) unterdotierter polizeilicher Mittel der zivilen Behörden (Art. 1 Abs. 3 MG), sondern primär nach der *ausserordentlichen Bedrohung* als *qualitatives Kriterium,* die zu einer zunächst aber rein quantitativen Überforderung der zivilen Mittel führt.

Der dritte Satz von Art. 58 Abs. 2 BV, wonach der Gesetzgeber *weitere Aufgaben* für die Armee vorsehen kann[2223], hebt die grundsätzliche Kompetenzgliederung zwischen 1205

2215 Botschaft VE 96, 237; BIAGGINI, Komm. zu Art. 57, N. 2 ff., 8; MEYER, SGK zu Art. 58, Rz. 16; SCHWEIZER, SGK zu Art. 57, Rz. 1 f., 5.
2216 Vgl. Art. 2 VSB i.V.m. Art. 22–24 BWIS.
2217 SCHWEIZER, SGK zu Art. 57, Rz. 15.
2218 Vgl. Art. 9 AuG.
2219 Auch in der Botschaft A XXI, 898, wird festgehalten: «Mit der vorliegenden Armeereform wird diese verfassungsmässige Kompetenzordnung nicht verändert.»
2220 Botschaft VE 96, 238.
2221 MEYER, SGK zu Art. 58, Rz. 8.
2222 Botschaft Armee 95, 20 f.: «Der Assistenzdienst, als neue Einsatzart, umfasst alle Hilfeleistungen der Armee an zivile Behörden *in einer ausserordentlichen Lage,* wenn deren eigene Mittel erschöpft sind». (Hervorhebung hier.)
2223 Damit waren der Friedensförderungsdienst im Ausland und «subsidiäre Einsätze zur Prävention und Bewältigung existentieller Gefahren» anvisiert: Botschaft A XXI, 868; SCHWEIZER, Dienstpflicht, 13.

Bund und Kantonen nicht auf[2224]. In der Botschaft zur Verfassungsreform[2225] wird auf die Ausführungen zur Reorganisation der Armee («Armee 95») – und damit implizit auf das Militärgesetz vom 3. Februar 1995 – verwiesen[2226].

1206 Auch der Begriff der *besonderen Lage* (Rz. 1192) hilft darüber nicht hinweg.

Dessen Umschreibung selber ist von jeglicher Klarheit weit entfernt. Im Glossar zum SIPOL B 2000 wird zur besonderen Lage ausgeführt, es handle sich um eine Situation, «in der gewisse Staatsaufgaben mit den normalen Verwaltungsabläufen nicht mehr bewältigt werden können», die «*Regierungstätigkeit* (sei) nur sektoriell betroffen»[2227]. In all' den Fällen, in denen gestützt auf eine «besondere Lage» Truppen im Assistenzdienst für polizeiliche Aufgaben eingesetzt worden sind, war die Regierungstätigkeit von Bund oder Kantonen nie auch nur im Mindesten eingeschränkt[2228].

1207 Es bleibt die Frage, ob der 3. Satz von Art. 58 Abs. 2 BV in Art. 67 MG, Assistenzdienst für zivile Behörden, seinen Niederschlag gefunden hat. Dies trifft jedoch ebenso nicht zu, da der Assistenzdienst an eine *ausserordentliche* Lage gebunden ist[2229]; nach Abs. 2 von Art. 67 MG wird Assistenzdienst z.G. ziviler Behörden «nur soweit geleistet, als die Aufgabe im öffentlichen Interesse liegt und es den zivilen Behörden nicht mehr möglich ist, ihre Aufgaben in personeller, materieller oder zeitlicher Hinsicht zu bewältigen». Weiteres dazu in Rz. 1235 ff.

1208 Der häufige Einsatz von Truppen der Armee und der Militärischen Sicherheit für polizeiliche Aufgaben findet in Art. 57 und 58 BV auf Grund mehrerer Auslegungselemente (Entstehungsgeschichte, Wortlaut und Systematik der Einordnung sowie der Finalität der Bestimmung) demnach keine Verfassungsgrundlage.

1209 Andere Verwendungen der Armee als für die in Art. 1 MG aufgeführten Zwecke, namentlich für logistische oder anderweitige Leistungen für Veranstaltungen bzw. «Dritte» jeglicher Art, sind ebenso nicht verfassungskonform und können gegen das Verbot der Zwangsarbeit i.S.v. Art. 4 Abs. 2 und 3 EMRK[2230] bzw. Art. 8 Abs. 3 UNO Pakt II verstossen[2231].

2224 BIAGGINI, Komm. zu Art. 58, N. 7.
2225 Botschaft VE 96, 239.
2226 Botschaft Armee 95, 20 f.
2227 SIPOL B 2000, 7726 (Hervorhebung hier). Vgl. MOHLER, Raumsicherung, 438, 442.
2228 Assistenzdiensteinsätze im Rahmen des WEF, z.G. des G-8 von Evian in den Kantonen Genf und Waadt (2003); Fussball-Europameisterschaft 2008; Francophoniegipfel in Montreux (2010).
2229 Botschaft Armee 95, 20, 68 («Hilfeleistungen an zivile Behörden in einer *ausserordentlichen Lage*» und «Mit der Schaffung einer rechtlichen Grundlage für den Assistenzdienst kann die Handlungsfreiheit und Handlungsfähigkeit ... für die Bewältigung *ausserordentlicher Lagen* im Frieden ... gewährleistet werden». (Hervorhebungen hier.)
2230 Verbot der Zwangs- und Pflichtarbeit (Abs. 2) bzw. die Ausnahmen, die nicht darunter fallen (Abs. 3).
2231 SCHWEIZER, Dienstpflicht, 13, 15 f.

In der Botschaft[2232] werden zu Art. 67 Abs. 1 lit. e MG auch keine Einsätze für private Anlässe wie Sportveranstaltungen (z.B. «Pistenstampfen») aufgeführt[2233].

III. Zur Unterscheidung von Bundesintervention (Art. 52 Abs. 2 BV) und Unterstützung durch die Armee auf Gesuch (Art. 58 Abs. 2 Satz 2 BV)

Stellt sich die Frage eines Einsatzes von Sicherheitskräften des Bundes im Landesinnern, handelt es sich aus verfassungsrechtlicher Perspektive – abgesehen von der Verteidigung des Landes und seiner Bevölkerung oder einem Staatsnotstand durch andere machtpolitische oder kriminelle Einwirkungen – immer um eine *polizeiliche Funktion*. Sowohl Art. 52 Abs. 2 BV (explizit) als auch Art. 58 Abs. 2 Satz 2 BV (implizit) setzen für ein Engagement des Bundes voraus, dass der Kanton, wie erwähnt, auch mit Hilfe anderer Kantone nicht mehr in der Lage ist[2234], mit eigenen Kräften die öffentliche Sicherheit aufrechtzuerhalten oder wiederherzustellen.

1210

Verfassungsrechtlich unmittelbar zu differenzieren ist zwischen der *Bundesintervention* nach Art. 52 Abs. 2 BV und *Unterstützungseinsätzen von Armeetruppen auf Gesuch* ziviler Behörden nach Art. 58 Abs. 2 Satz 2 BV[2235]. Eine *Bundesintervention* muss nicht, aber kann bewaffnet[2236] und mit Truppen der Armee, allenfalls auch mit Teilen des GWK erfolgen[2237].

1211

Mindestens theoretisch denkbar ist auch, dass der *Bund* andere Kantone ersucht, Polizeikräfte für eine Bundesintervention zur Verfügung zu stellen.

Nicht zwingend ist sodann, dass allenfalls eingesetzte Truppen selber Ordnungs- und also Aktivdienst leisten. Ist jedoch vorgesehen, dass Armeeeinheiten für einen Ordnungsdienst – im Sinne *unfriedlichen* Ordnungsdienstes gemäss *polizeilicher Terminologie* – eingesetzt werden, ist Aktivdienst (und somit eine Vereidigung der Truppe) in Art. 76 Abs. 1 lit. b MG gesetzlich vorgeschrieben[2238].

Ordnungsdienst ist bloss *eine Operationsform*, nicht eine gesetzliche Einsatzart (Friedensförderungs-, Assistenz-, Aktivdienst) für die Armee[2239].

2232 Botschaft Armee 96, 69, «beispielsweise die Unterstützung des Grenzwachtkorps bei ausserordentlichen Lagen im Migrationsbereich oder zur Betreuung grosser Flüchtlingsströme».
2233 Vgl. dazu den Hinweis in FN 2282.
2234 RUCH, Sicherheit, VR CH, § 56, Rz. 33.
2235 TSCHANNEN, Staatsrecht, § 18, Rz. 40 ff.
2236 Theoretisch denkbar auch mit Polizeiangehörigen anderer Kantone.
2237 BIAGGINI, Komm. zu Art. 52, N. 11; HÄFELIN/HALLER/KELLER, Rz. 1042 ff.; RHINOW/SCHEFER, Rz. 931; SCHWEIZER/KÜPFER, SGK zu Art. 52, Rz. 17; TSCHANNEN, Staatsrecht, § 18, Rz. 43.
2238 Ebenso Art. 1 Abs. 1 VOD. So auch in der Botschaft Armee 95, 68 («Der Ordnungsdienst ist eine Einsatzform der Armee, die nicht nur historisch belastet, sondern von ihrem Wesen her sehr problematisch ist. Daher ist in diesen Fällen die Anordnung des Aktivdienstes unumgänglich.») MEYER, Armeeaufgaben, Rz. 101; RHINOW/SCHEFER, Rz. 931; SCHWEIZER/KÜPFER, SGK zu Art. 52, Rz. 17.
2239 MOHLER, Raumsicherung, 439 f.

1212 Voraussetzung ist die erwähnte *ausserordentlich schwere Störung oder Bedrohung der öffentlichen Sicherheit*, gegen die sich der betroffene Kanton nicht selber und nicht mit Hilfe anderer Kantone wehren kann, woraus sich die *Subsidiarität der Bundesintervention* ergibt[2240].

Im Nationalrat wurde intensiv debattiert, ob eine Bundesintervention nur auf Gesuch des betroffenen Kantons erfolgen könne oder ob der Bund bei gegebenen Voraussetzungen von sich aus intervenieren dürfe. Ein Minderheitsantrag, der eine Bundesintervention von einem Gesuch abhängig machen wollte, wurde indessen deutlich abgelehnt[2241].

1213 Dem Bund kommt die Kompetenz zur selbständigen Anordnung einer Intervention zu[2242].

Dies entspricht auch der Logik im Verhältnis zu Art. 58 Abs. 2 Satz 2 BV. Danach wird den Kantonen die Möglichkeit gewährt, bei gleich negativen Voraussetzungen für die öffentliche Sicherheit (und anderen ausserordentlichen Lagen wie elementare Katastrophen) den Bund um einen subsidiären Truppeneinsatz zu ersuchen[2243], soweit sie dazu noch in der Lage sind.

1214 *Art. 58 Abs. 2 Satz 2 BV* stellt somit selber eine *dreifache Subsidiarität eines Truppeneinsatzes* für polizeiliche Aufgaben in den Vordergrund: Als erste (materielle) Voraussetzung muss es sich ebenso um die Abwehr «einer *schwerwiegenden Bedrohung der inneren Sicherheit*» handeln[2244]; die zweite Voraussetzung besteht darin, dass ein Kanton auch mit Hilfe anderer Kantone die Lage kräftemässig nicht bewältigen kann; die dritte Voraussetzung fordert schliesslich, dass die Unterstützung *auf Gesuch* der zivilen Behörden (formelle Voraussetzung), erfolgt[2245].

1215 Hervorzuheben ist, dass jegliche Einsätze dieser Art, ob Aktiv- oder Assistenzdienst, im Rechtsrahmen der *Rechtsdurchsetzung (paradigm of law enforcement)* zu erfolgen haben, d.h. ohne jede Einschränkung der grundrechtlichen Massgeblichkeit (Rz. 1198 f.)[2246].

2240 BIAGGINI, Komm. zu Art. 52, N. 8; HÄFELIN/HALLER/KELLER, Rz. 1040; SCHWEIZER/KÜPFER, SGK zu Art. 52, Rz. 2, 16; TSCHANNEN, Staatsrecht, § 18, Rz. 42.
2241 AB Verfassungsreform N 259, 262 ff.; HÄFELIN/HALLER/KELLER, Rz. 1041.
2242 BIAGGINI, Komm. zu Art. 52, N. 8; SCHWEIZER/KÜPFER, SGK zu Art. 52, Rz. 16; TSCHANNEN, Staatsrecht, § 18, Rz. 44. Die Botschaft VE 96, 219, war diesbezüglich noch sehr zurückhaltend.
2243 Wohl gleicher Ansicht: HÄFELIN/HALLER/KELLER, Rz. 1048.
2244 MEYER, SGK zu Art. 58, Rz. 16; DERS., Armeeaufgaben, Rz. 99 ff.; TSCHANNEN, Staatsrecht, § 18, Rz. 46.
2245 MEYER, Armeeaufgaben, Rz. 86.
2246 MELZER, 89, 122; MOHLER, Raumsicherung, 452.

IV. Einsatzarten der Armee als Rechtsbegriffe

In der BV selber findet als Einsatzart[2247] nur der *Aktivdienst* Erwähnung (Art. 173 Abs. 1 lit. d und Art. 185 Abs. 4 BV). 1216

V. Zum Assistenzdienst im Besonderen

1. Verhältnis zur Verfassung

Obwohl *kein Begriff der BV,* ist der Assistenzdienst in der Praxis mittlerweile zum *courant normal* geworden. Weil in der *normalen Lage* ausser für den Friedensförderungseinsatz im Ausland (und die Ausbildung) *kein (verfassungs-)rechtlicher Rahmen* für einen Armee-*Einsatz im Landesinnern* besteht, wurde mit dem SIPOL B 2000 der nicht hilfreiche Begriff der *besonderen Lage* (vgl. Rz. 1206) geschaffen. Indem dieser Begriff in der politischen Diskussion eingeführt wurde und in Reglementen der Armee verwendet wird[2248], ist er jedoch nicht zu einer Rechtssatz-Grundlage für weitergehende Truppeneinsätze geworden. 1217

> Der *Unterbestand* der kantonalen Polizeidienste und jener der grossen Städte war spätestens in der zweiten Hälfte der Neunzigerjahre des letzten Jahrhunderts für Situationen, die für eine gewisse Zeitspanne ein Mehreres über die Grundversorgung hinaus erheischten, evident. Mit dem Anschlag vom 11. September 2001 wurde er als noch stärker empfunden und im Projekt Überprüfung des Systems der inneren Sicherheit der Schweiz (USIS) 2002 mit 1600 Polizeiangehörigen beziffert[2249]. Im Schlussbericht USIS (2003) wurden die Eckwerte «keine Mehrkosten für die Kantone und den Bund» und «der Sicherheitsstandard bleibt mindestens gewahrt» (in dieser Reihenfolge) vorgegeben[2250]. Auch wenn sich diese beiden Eckwerte direkt widersprechen, war die Priorisierung der *Kosten vor der Zielsetzung in Bezug auf die Sicherheit* damit festgeschrieben[2251]. 1218

2. Zur Entwicklung in den letzten zehn Jahren

Die Entwicklung in den letzten zehn Jahren ist von einem erstaunlich verfassungsfernen Pragmatismus geprägt; sie ist teilweise widersprüchlich und primär von fiskalpolitischen Vorgaben gesteuert. Dabei stellen sich immer wieder auch Fragen zur Organkompetenz operationeller Dienste. Fragen stellen sich ebenso aber bezüglich 1219

2247 In Art. 65 MG, Einsatzarten, werden die drei Arten Friedensförderungsdienst, Assistenzdienst und Aktivdienst gesetzlich festgelegt. Vgl. MOHLER, Raumsicherung, 449 f.
2248 MOHLER, Raumsicherung, 441 f.
2249 USIS-Bericht III, 81.
2250 USIS-Bericht IV, 1, 24.
2251 Botschaft 2004 Unterstützungseinsätze, 2875 (Ziff. 2.2 Bedeutung der USIS-Entscheide für die Armee: «Eine Aufstockung des Personals der Polizeikorps wird aus finanzpolitischen Überlegungen zurzeit jedoch abgelehnt. Deshalb werden die zivilen Behörden bei der Bewältigung von sicherheitspolizeilichen Aufgaben des Bundes durch Mittel der Armee unterstützt».).

der KKJPD und der beteiligten Departemente des Bundes in Bezug auf Regelungen (z.B. die «Kernaussagen»[2252]), die einer genügenden Rechtsgrundlage entbehren[2253].

Im Oktober 2001 entsprach der Bundesrat ein erstes Mal dem Gesuch eines Kantons, die Polizei mit fünfzig Angehörigen der Armee (*in casu* des damaligen Festungswachtkorps, FWK) zu unterstützen, und ermächtigte gleichzeitig den Generalstabschef, «bis maximal 150 AdFWK zur Unterstützung der zivilen Polizei einzusetzen, falls beim Bund weitere Gesuche aus den Kantonen im Zusammenhang mit den Ereignissen und Auswirkungen vom 11. September 2001 eingehen». Dieser stellte Ende Oktober 2001 der Stadt Bern 40 AdFWK für 40 Tage zur Verfügung. Da auch die Durchhaltefähigkeit des FWK zahlenmässig begrenzt war, beschloss der Bundesrat am 17. Dezember 2001, maximal 200 Miliz-Angehörige der Armee im Assistenzdienst[2254] zum Schutz ausländischer Vertretungen einzusetzen[2255]. Eine weitere *Ausdehnung der Armeeeinsätze* für den (polizeilichen) Schutz ausländischer Vertretungen erfolgte mit dem Beschluss des Bundesrates (als Folge des USIS-Schlussberichtes) am 24. März 2004, «im Bereich des Botschaftsschutzes ab 2006 die stationären (d.h. vor den zu schützenden Gebäuden) und vorgelagert stationären Aufgaben subsidiär und *dauernd* der Armee zu übertragen»[2256], obwohl sich die KKJPD «gegen einen Dauereinsatz der Armee in der inneren Sicherheit» wandte[2257]. Eine ausserordentliche Lage i.S.v. Art. 58 Abs. 2 Satz 2 BV herrschte damals nicht[2258].

2252 Reglement Raumsicherung (Ergänzung zum Reglement Operative Führung, 51.070 d), V:
«1. Die Armee unterstützt die zivilen Behörden aufgrund von Gesuchen, in denen die erwarteten Leistungen konkret definiert sind. Der Einsatz der Armee und die Einsatzart bedürfen der politischen Genehmigung.
2. Die Einsatzverantwortung liegt bei den zivilen Behörden, die Führungsverantwortung für militärische Kräfte bei der militärischen Führung.
3. Für Einsätze im Rahmen der inneren Sicherheit im Aktivdienst (Ordnungsdienst) wird das Subsidiaritätsprinzip eingehalten.
4. Leistungen werden entsprechend den vorhandenen Ressourcen ausgehandelt und festgelegt. Die entsprechenden Leistungen werden in inhaltlicher, zeitlicher und räumlicher Hinsicht definiert.
5. Einsatz- und Verhaltensregeln werden im Dialog erarbeitet. Im Konfliktfall entscheiden die zivilen Behörden.
6. Die Wahrung der Lufthoheit ist Aufgabe des Bundes. Aus Sicherheitsgründen kann der Bundesrat den Luftraum einschränken und den Luftpolizeidienst anordnen. Die zivilen Behörden können beim Bund Massnahmen zum Schutz des Luftraumes beantragen.
7. In gemeinsamen Übungen sind Prozesse und Aufgaben zu schulen und die Zusammenarbeit zwischen zivilen und militärischen Stellen über alle Stufen zu vertiefen.»
2253 Vgl. auch FN 2266.
2254 Die Armee-Einsatzart Assistenzdienst wurde mit der MG-Revision 1995 (Armee 95) eingeführt (AS 1995 4093; Botschaft Armee 95, 20 ff.).
2255 Botschaft 2002 Schutz ausl. Vertretungen, 2166.
2256 Botschaft 2004 Unterstützungseinsätze, 2874 f.
2257 USIS-Bericht IV, 22.
2258 Auch eine *besondere* Lage (SIPOL B 2000; Rz. 1206) als (pragmatische) Voraussetzung für einen Assistenzdiensteinsatz lag nicht vor, eine solche ergab sich allenfalls als *Folge* des Truppeneinsatzes.

10. Kapitel: Übertragung sicherheitspolizeilicher Aufgabenerfüllung an Armeetruppen

Eine Veränderung quantitativer und qualitativer Art der Armee-Unterstützung zum Schutz ausländischer Vertretung wurde mit dem Bundesbeschluss v. 19. Dezember 2007[2259] eingeleitet, wonach die «Städte und Kantone Bern, Genf und Zürich ... ab dem Jahr 2010 mit *125* Angehörigen der Armee, *vorzugsweise mit Angehörigen der Militärischen Sicherheit* zu unterstützen» seien[2260], nachdem – ohne Veränderung der Bedrohungslage – zwischenzeitlich (bei bewilligten maximal 800 AdA) zwischen 450 und 600 Armeeangehörige dafür zum Einsatz kamen[2261]. Dieser Bundesbeschluss gilt bis Ende 2012. 1220

Diese Entwicklung ist auch deshalb interessant, weil ein Vergleich des *Gesamtaufwandes zum Schutz ausländischer Vertretungen* mit jenem verschiedener europäischer Länder für die Schweiz ergab, dass bei gleichen Bedrohungslagen alle andern Staaten, mit einer Ausnahme, deutlich mehr Schutzleistungen erbringen[2262]. Das wirft sicherheits- bzw. polizeirechtliche Fragen auf, zumal auch in diesem Zusammenhang der Grundrechtsschutz von besonderer Bedeutung ist[2263]. 1221

Verfassungs- und polizeirechtlich gesehen offenbart sich weiterhin eine deutliche Unsicherheit der politischen Behörden, wie und durch wen die Sicherheit auf dem rechtlich erforderlichen Niveau aufrechterhalten werden soll[2264]. Ein im Januar 2009 publizierter Bericht der Plattform KKJPD-VBS-EJPD über die «Rolle der Militärischen Sicherheit»[2265] ventiliert mögliche Aufgaben der Militärischen Sicherheit im zivilen Polizeibereich quasi in der Form einer «feldgrünen Bundessicherheitspolizei»[2266,2267]. Wie weit dieser Bericht, auch unter Berücksichtigung der inzwischen 1222

2259 BBl 2008 169.
2260 Botschaft 2007 Unterstützungseinsätze, 4891, 4899.
2261 Botschaft 2007 Unterstützungseinsätze, 4898.
2262 Botschaft 2007 Unterstützungseinsätze, 4894. Dabei wurden offensichtlich besonders ungünstige Vergleichsparameter nicht ausgewertet. Zu den besonderen Schutzverpflichtungen der Schweiz gegenüber ausländischen Botschaften, Sondermissionen und internationalen Organisationen: SCHWEIZER/SCHEFFLER/VAN SPYK, Gutachten VBS, 134 ff.
2263 Vgl. SCHWEIZER/SCHEFFLER/VAN SPYK, Gutachten VBS, 101, 134 ff.
2264 Dazu bereits MOHLER/GÄTTELIN/MÜLLER, 817 f.
2265 Vgl. Materialienverzeichnis.
2266 Bericht Plattform KKJPD-VBS-EJPD, 6: «Und nicht zuletzt entspricht die Ansiedelung der Mil Sich in der Armee dem aktuellen politischen Willen, wonach keine bundeseigene zivile Polizeireserve unterhalten werden soll. ... In Erwägung all dieser Aspekte erscheint der Plattform KKJPD-VBS-EJPD eine allfällige organisatorische Neuansiedlung der Mil Sich ausserhalb der Armee zurzeit nicht angezeigt.»
2267 Seltsam nicht nur aus verfassungsrechtlicher Sicht mutet dennoch eine Äusserung des Chefs der Armee am 4. September 2011 an: «Mit der Weiterentwicklung der Armee machen wir eine ganz wichtige Änderung. Pro Territorialregion ist ein Militärpolizeibataillon geplant. Das Bataillon Ostschweiz soll sich um den Flughafen kümmern, die Zentralschweiz um die A2 und die Grenze, die Nordwestschweiz um den Hafen Binningen, die chemische Industrie und die Kraftwerke. Und die Westschweiz um Genf mit den internationalen Organisationen. Diese Militärpolizisten sollen dieselbe Ausbildung erhalten wie jene Polizisten, die heute die US-Botschaft schützen.» Der Sonntag v. 4. September 2011 (URL: http://www.sonntagonline.ch/ressort/aktuell/1829/; zuletzt besucht: 4.8.2011).

vom Bundesrat verabschiedeten Berichte über die Sicherheitspolitik und die Armee, Folgen zeitigt, ist derzeit nicht bekannt[2268,2269].
Auch der 3. Satz von Art. 58 Abs. 2 BV hilft über dieses ungelöste Spannungsfeld nicht hinweg, da es sich bei den relevierten Normen ausnahmslos um *Modalbestimmungen* handelt und nicht um solche, die neue Aufgaben der Armee vorsehen.

> Zur Ausweitung der polizeiliche Befugnisse der Armee auf dem Verordnungsweg und zur Frage nach der Aufgabe der Militärischen Sicherheit vgl. Rz. 1260 ff.

VI. Verhältnismässigkeit des Einsatzes von Armeeformationen

1223 Art. 52 Abs. 2 BV überlässt die Wahl der Mittel der zuständigen politischen Bundesbehörde. Bei diesem Entscheid bereits ist sie an das *Verhältnismässigkeitsprinzip* gebunden[2270].

Steht der Einsatz von Truppen zur Diskussion, ist die *Subsidiarität gegenüber rein polizeilichen Mitteln* (Rz. 1214) zu beachten. Das Bundesgericht hielt dies im Zusammenhang mit einer angefochtenen gesetzlichen Regelung für den Ordnungsdienst (hier nicht als Operationsform, sondern im Sinn der Aufrechterhaltung der öffentlichen Ordnung gemeint) so fest:

2268 Inzwischen sind der SIPOL B 2010 und der Armeebericht 2010 dazu vom Bundesrat verabschiedet worden. Im SIPOL B 2010, 5181, wird die Militärische Sicherheit ausschliesslich im Zusammenhang mit Friedensförderungseinsätzen im Ausland erwähnt. Auch der Armeebericht 2010 nennt die Militärische Sicherheit für den Sicherheitsbereich bei Friedensförderungseinsätzen (8933) sowie in Ziff. 3, Standbericht, in unbestimmter Art für «Leistungen für Dritte», worunter u.a. die Sicherstellung der Führungsfähigkeit des Sicherheitsverbundes Schweiz (a.a.O., FN 20) gemeint ist. (Der Nationalrat hat am 17.3.2011 [AB 2011 N 514], der Ständerat am 15.12.2011 [AB 2011 S 1311] vom Sicherheitspolitischen Bericht, beide Räte am 29.9.2011 vom Armeebericht 2010 mit Aufträgen an den Bundesrat [BBl 2011 7621] Kenntnis genommen.)

2269 Im Bericht wird auf die Bundesbeschlüsse v. 19. Dezember 2007 über den Einsatz der Armee zur Unterstützung ziviler Behörden beim Schutz ausländischer Vertretungen und zur Verstärkung des Grenzwachtkorps bei den Grenzschutzaufgaben hingewiesen und betont, diese bestätigten sowohl die allgemein gewachsene politische Akzeptanz als auch, «dass dank des aktuellen Profils der Mil Sich für die *dauerhaften subsidiären Sicherungseinsätze* ein politisch tragfähiges und gleichzeitig bedrohungsgerechtes Modell entwickelt werden konnte» (Hervorhebung hier). Demgegenüber wird in der Botschaft zu diesen Bundesbeschlüssen (BBl 2007 4885) zweimal die *doppelte zeitliche Beschränkung* von Assistenzdiensteinsätzen hervorgehoben: bereits im BB v. 30. Mai 2007 sei bestimmt worden, «die Assistenzdiensteinsätze der Armee enden bei Wegfall des erhöhten Sicherheitsrisikos, spätestens aber am 31. Dezember 2012» (4903), ferner «der Grundsatz der Subsidiarität bezweckt in der Regel in Abhängigkeit der Lage eine zeitliche Befristung eines Assistenzdienst-Einsatzes der Armee (4904). Vgl. dazu auch Rz. 1219 und FN 2257.

2270 BIAGGINI, Komm. zu Art. 52, N. 4; MEYER, SGK zu Art. 58, Rz. 16; DERS., Armeeaufgaben, Rz. 99 (Armee als letztes Mittel) und 105; SCHWEIZER/KÜPFER, SGK zu Art. 52, Rz. 17.

«...l'intervention de l'armée dans le cadre du service d'ordre – à l'initiative de la Confédération ou sur requête d'un canton – revêt un caractère subsidiaire par rapport aux moyens mis en œuvre par les autorités civiles... »[2271].

Da die *tatbestandsmässigen Voraussetzungen* für Einsätze der Armee für die Aufrechterhaltung der öffentlichen Sicherheit, ob als Bundesintervention oder auf Antrag eines Kantons, im Wesentlichen die Gleichen sind, trifft die *Subsidiarität militärischer gegenüber polizeilichen Mitteln generell* zu.

1224

In Art. 92 MG wird das Verhältnismässigkeitsprinzip bezüglich militärpolizeilicher Interventionen lediglich mit dem Kriterium der Erforderlichkeit (Ingress von Abs. 1) erwähnt und hinsichtlich des Einsatzes von Waffen mit der Standardformulierung des letzten Mittels, sofern die zu schützenden Rechtsgüter diesen zu rechfertigen vermöchten.

1225

Art. 17 VPA, Allgemeine Grundsätze zum Waffengebrauch, nennt zwei Auflagen (nicht Voraussetzungen) des Waffeneinsatzes: Es darf nur die Angriffs- bzw. Fluchtunfähigkeit angestrebt werden (Abs. 3) und «bei unverhältnismässiger Gefährdung unbeteiligter Dritter ist auf den Schusswaffengebrauch zu verzichten» (Abs. 4).

1226

Selbst wenn es heute selbstverständlich ist, dass alles staatliche Handeln im öffentlichen Interesse und verhältnismässig sein muss (Art. 5 Abs. 2 BV) und namentlich die Einschränkung von Grundrechten verhältnismässig zu sein hat (Art. 36 Abs. 3 BV), erscheinen die in den beiden Erlassen verwendeten Umschreibungen der Verhältnismässigkeit mit Blick darauf, dass – abgesehen von den professionellen Angehörigen der Mil Sich – die im Vergleich mit Polizeiangehörigen deutlich weniger (und anders) ausgebildeten Armeetruppen als beschränkt taugliches Mittel nach dem Verhältnismässigkeitsprinzip nur sehr begrenzt eingesetzt werden dürfen.

1227

Der militärische Rahmen gebietet sodann darauf hinzuweisen, dass jegliche solche Einsätze – wie erwähnt – aus der Perspektive des Völkerrechts nur im Rahmen der Rechtsdurchsetzung (*paradigm of law enforcement*, Rz. 1198) zulässig sind.

1228

VII. Zur Frage der Führungskompetenz

Die BV regelt die Führung eines Armeeeinsatzes weder für den Fall einer vom Bund selbst angeordneten Bundesintervention noch einer solchen auf Antrag eines Kantons ausdrücklich[2272]. Die Kompetenzen ergeben sich indessen aus der verfassungsrechtlichen Ordnung. Dem Bund obliegt die Zuständigkeit der Führung, die über eine partnerschaftliche Koordination des kooperativen Föderalismus hinausgeht, dann, wenn die Sicherheit der Schweiz als Ganzes oder doch wesentlicher Teile schwerwiegend

1229

2271 BGE 125 I 227 E 11d m.w.H. Das Gericht konnte in diesem Urteil aus dem Jahre 1999 allerdings das Bestehen einer polizeilich-professionellen Militärischen Sicherheit noch nicht in die Erwägungen einbeziehen.
2272 MEYER, SGK zu Art. 59, Rz. 24.

bedroht ist. In allen andern Fällen kommt nach *Massgabe der Subsidiarität* den beteiligten Kantonen die Führungskompetenz im Sinne der *Einsatzverantwortung*[2273] zu. Das gilt auch für die Bewältigung anderer ausserordentlicher, also Katastrophenlagen[2274].

1230 Entgegen der Feststellung des Bundesgerichts[2275], eigener Ausführungen in Berichtstexten und der herrschenden Lehre[2276] erhebt der Bund den Anspruch, «die Sicherheitskoordination grosser Anlässe (WEF, EURO 08) an sich zu ziehen», «wenn Fragen der inneren Sicherheit zwingend einer gesamtschweizerischen Abstimmung unter Einbezug oder sogar Leitung des Bundes bedürfen»[2277]. Mit dieser Formulierung werden die Verfassungsvorgaben der Subsidiarität ignoriert.

1231 Unterschieden wird zwischen der *Einsatzverantwortung* und der *Führungsverantwortung*[2278]. Zur *Einsatzverantwortung* gehört die Entscheidung der politischen Behörden (Bund oder Kanton), *ob Armeetruppen eingesetzt* werden sollen und bejahendenfalls die möglichst präzise Formulierung des *Auftrages* (wozu auch besondere Einsatzregeln, *Rules of Engagement [RoE]*, gehören können). Diese sind in jedem Fall *innerhalb* der anwendbaren *Bestimmungen im Gesetz selber* zu halten, selbst wenn eine Verordnung weitergehende Befugnisse umfassen sollte (vgl. Rz. 1251).

1232 Bei der Festlegung der Einsatzregeln sind die zivilen Behörden nicht so frei, wie dies der Bundesrat in seiner Antwort auf eine Interpellation Segmüller[2279] ausgeführt hat. Sie haben gemäss dem *Verhältnismässigkeitsprinzip* die gesamten Umstände (Anlass, Schwierigkeiten, Gewaltpotential) sowie den Ausbildungsstand, die Erfahrung, die Ausrüstung (insbesondere die Art der Bewaffnung) und den Zustand der für den Einsatz vorgesehenen Truppe zu berücksichtigen[2280].

1233 Die *Führungsverantwortung* der militärischen Verantwortlichen umfasst die Umsetzung des erhaltenen Auftrages und die Führung der Truppe. Besondere Bedeutung hat dabei der *Grundrechtsschutz*[2281].

2273 BGE 117 Ia 202 E 5 («Bei der Ausübung der Kompetenzen im Bereiche der innern und äussern Sicherheit haben die Organe des Bundes die verfassungsrechtliche Ordnung zu beachten.»). Botschaft A XXI, 898; BIAGGINI, Komm. zu Art. 57, N. 6; SCHWEIZER, SGK zu Art. 57, Rz. 7; MEYER, SGK zu Art. 58, Rz. 10; DERS., Armeeaufgaben, Rz. 88.
2274 MEYER, Armeeaufgaben, Rz. 88.
2275 Vgl. BGE 125 I 227 E 11; 117 Ia 202 E 5.
2276 Vgl. Rz. 1203.
2277 Bericht Sicherheitsfirmen, 646; gl.M. LINSI, 11.
2278 Art. 71 MG; Art. 5 VOD; Art. 6 VSPS; Art. 7 VGD.
2279 Parlaments-Geschäft Nr. 08.3042; Antwort des Bundesrates vom 30. Mai 2008 (URL: http://www.parlament.ch/d/suche/seiten/geschaefte.aspx?gesch_id=20083042; zuletzt besucht: 2.9.2011).
2280 MOHLER, Raumsicherung, 443 f. (so sind z.B. Sturmgewehre für den polizeilichen Einsatz ungeeignet und damit unverhältnismässig, abgesehen von Extremsituationen in ausserordentlichen Lagen). Vgl. auch Botschaft 2007 Unterstützungseinsätze, 4898. Oft werden als Ergänzung der *Rules of Engagement* (Stufe Verband) *Rules of Behaviour* (Stufe Einzelne) beigefügt.
2281 SCHWEIZER, SGK zu Art. 57, Rz. 28.

Teil dieser Führungsverantwortung ist es, die zivile Behörden gegebenenfalls darauf hinzuweisen, dass ein Auftrag oder besondere Bedingungen desselben mit den zur Verfügung stehenden personellen Mitteln rechtskonform auszuführen, nicht zu gewährleisten sei.

B. Gesetzesrecht

I. Militärrecht

1. Militärgesetz

a) Die Aufträge

Der Auftrag der Armee für andere als die beiden Hauptaufgaben der Kriegsverhinderung und der Erhaltung des Friedens sowie der Verteidigung des Landes und seiner Bevölkerung wird, abgesehen vom Friedensförderungsdienst (Abs. 4), in Abs. 3 von Art. 1 MG umschrieben: 1234

> «³Sie unterstützt die zivilen Behörden, wenn deren Mittel nicht mehr ausreichen:
> a. bei der Abwehr von schwer wiegenden Bedrohungen der inneren Sicherheit;
> b. bei der Bewältigung von anderen ausserordentlichen Lagen, insbesondere im Falle von Katastrophen im In- und Ausland.»

Da Art. 58 Abs. 2 BV dieser Gesetzesnorm nachgebildet ist (Rz. 1203), bestehen bis hieher keine Differenzen zwischen Verfassung und Gesetz.

In Art. 67 MG werden die Assistenzdienstleistungen der Armee z.G. ziviler Behörden im Einzelnen festgelegt: 1235

> «¹Truppen können zivilen Behörden auf deren Verlangen Hilfe leisten:
> a. zur Wahrung der Lufthoheit;
> b. zum Schutz von Personen und besonders schutzwürdigen Sachen;
> c. zum Einsatz im Rahmen der koordinierten Dienste;
> d. zur Bewältigung von Katastrophen;
> e. zur Erfüllung anderer Aufgaben von nationaler Bedeutung.
> ²Die Hilfe wird nur soweit geleistet, als die Aufgabe im öffentlichen Interesse liegt und es den zivilen Behörden nicht mehr möglich ist, ihre Aufgaben in personeller, materieller oder zeitlicher Hinsicht zu bewältigen.»

Die *Voraussetzung der schwer wiegenden Bedrohungen der inneren Sicherheit* wird zwar *nicht wieder aufgenommen,* doch wird in der Botschaft zum Militärgesetz zweifach festgehalten, dass es für solche Einsätze einer *ausserordentlichen Lage* bedarf (Rz. 1207 mit FN 2229).

> Auf Fälle der «Erfüllung anderer Aufgaben von nationaler Bedeutung» (Abs. 1 lit. e) wird hier nicht eingetreten, da es sich nach der derzeit gängigen Praxis nicht um sicher-

1236

heitsorientierte Polizeiaufgaben handelt. Immerhin sei auf die uferlose Interpretation des Begriffs «von nationaler Bedeutung» hingewiesen[2282].

1237 Die *Wahrung der Lufthoheit* (Art. 67 Abs. 1 lit. a MG) und damit der *Luftpolizeidienst* gehört zu den primären und umfassenden Kompetenzen des Bundes (Art. 87 BV)[2283]. Gestützt auf Art. 87 BV erteilt Art. 12 LFG dem Bundesrat die Kompetenz und den Auftrag zum Erlass «polizeilicher Vorschriften, namentlich zur Wahrung der Flugsicherheit, zur Verhinderung von Anschlägen...», und nach Art. 21 Abs. 1 LFG steht die Handhabung der *Luftpolizei* den vom Bundesrat bezeichneten Organen zu. Diese Organe sind gemäss Art. 5 VWL die Luftwaffe und die Organe der Flugsicherung. Die Flugsicherung wird in der Schweiz nach Art. 1 und Art. 2 Abs. 1 VFSD von der «skyguide Schweizerische Aktiengesellschaft für zivile und militärische Flugsicherung» wahrgenommen.

1238 Umgekehrt geht der «Schutz von Personen und besonders schutzwürdigen Sachen» (Art. 67 Abs. 1 lit. b) als terrestrische Polizeiaufgabe in allen Situationen, die *nicht* einer ausserordentlichen Lage entsprechen, über die Grenze des Art. 58 Abs. 2 Satz 2 BV und des grundsätzlichen Anwendungsbereichs dieser Norm hinaus.

1239 Demgegenüber fallen Einsätze im Rahmen der koordinierten Dienste (Abs. 1 lit. c) als Beitrag zum Bevölkerungsschutz und zur Bewältigung von Katastrophen (Abs. 1 lit. d) unter «andere ausserordentliche Lagen»[2284].

b) Beschränkung der Polizeibefugnisse der Truppe und anwendbares Recht

1240 Die *Polizeibefugnisse der Truppe* nach Art. 92 MG gelten im Grundsatz zunächst für Sicherheitsaufgaben *zum Schutz der Armeeangehörigen und der Armee-Einrichtungen,* ob im Ausbildungs-, Assistenz- oder Aktivdienst; die Armee soll sich selber mit polizeilichen Befugnissen schützen können.

> «Diese Polizeibefugnisse sind stets auf den Truppenbereich beschränkt. Soweit die Truppe etwa ihre Anlagen, Unterkünfte sowie das Material oder Fahrzeuge bewacht, kommen ihr Polizeibefugnisse zu. Sie leistet Wachtdienst mit Kampfmunition, kann aber auch verdächtige Personen anhalten, befragen und gegebenenfalls bis zum Eintreffen der zivilen Polizei festnehmen. Sie kann solche Personen nötigenfalls durchsuchen und ihnen gefährliche Gegenstände abnehmen (Abs. 2). ... Im Falle von Notwehr oder

---

2282 Medienmitteilung des VBS v. 21. Januar 2011, wonach im Jahre 2010 gegenüber dem Vorjahr 40% mehr «Leistungen z.G. Dritter», insgesamt rund 28 000 Diensttage, erbracht worden seien. Als Dritte werden das Trachten-, das Schützen-, das Schwing- und Älplerfest sowie fünf Skiweltcuprennen aufgeführt (URL: http://www.vbs.admin.ch/internet/vbs/de/home/documentation/news/news_detail.37335.nsb.html; zuletzt besucht: 26.1.2011). Vgl. SCHWEIZER, Dienstpflicht, 13.
2283 Art. 40 LFG; LENDI, Komm. zu Art. 37ter aBV, Rz. 15; SCHWEIZER, SGK zu Art. 57, Rz. 20; vgl. auch BIAGGINI, Komm. zu Art. 58, N. 5.
2284 Die entsprechende Verordnung über die militärische Katastrophenhilfe (VmKI) enthält keine Bestimmungen über polizeiliche Aufgaben oder Befugnisse.

eines Notstandes sowie in bestimmten Fällen auch zur Erfüllung von Bewachungs- und Schutzaufträgen kann sie von der Waffe Gebrauch machen (Abs. 3).»[2285]

c) Die Ausweitung der Polizeibefugnisse der Truppe

aa) Rechtssystematische Hinweise

Diese ursprüngliche *Beschränkung* der Polizeibefugnisse der Truppe, die sich sinngemäss mit dem Anwendungsbereich von Art. 67 MG (Rz. 1235) deckte, ist durch Art. 92 Abs. 3bis MG i.V.m. Art. 2 Abs. 2 ZAG und Art. 3 Abs. 2 VPA relativiert worden; die Zulässigkeit dieser Ausdehnung der Polizeibefugnisse der Armee ist im Lichte von Art. 58 BV fraglich.

1241

Art. 3 Abs. 2 VPA[2286] hält fest: «Im Assistenz- und Aktivdienst dürfen polizeiliche Zwangsmassnahmen auch zur Erfüllung der jeweiligen Aufträge der Armee, ihrer Verbände und Organe eingesetzt werden, soweit der Einsatzbefehl dies ausdrücklich vorsieht.» Vor dem Inkrafttreten der Novellen von Art. 2 Abs. 2 ZAG und Art. 92 Abs. 3bis MG hatte diese Bestimmung auch keine gesetzliche Grundlage.

Ob mit «Einsatzbefehl» zudem der Beschluss der zuständigen *politischen Behörde* (verbunden mit der Einsatzverantwortung) gemeint ist, bleibt (bei Einsätzen z.G. eines Kantons) dabei auch heute noch offen.

1242

bb) Die polizeilichen Befugnisse der Truppe gemäss ZAG und ZAV

Der Bundesgesetzgeber hat durch die Einführung der Massgeblichkeit des ZAG (Art. 92 Abs. 3bis MG) die Truppe im Assistenzdienst z.G. ziviler Bundesbehörden formell mit erheblich weitergehenden polizeilichen Zwangsbefugnissen gegenüber der Zivilbevölkerung ausgestattet. Diese übersteigen jene gemäss MG deutlich, zu Teilen auch jene im Rahmen der VPA.

1243

Durch den Einsatz nicht professionell ausgebildeter und geführter Kräfte, denen auch die nötige Erfahrung abgeht, werden möglicherweise auch schwere Grundrechtseingriffe legalisiert, die eine verfassungskonforme Ausübung als mindestens fraglich erscheinen lassen.

1244

Ob das ZAG auch zur Anwendung kommt, wenn die *gleiche Truppe* ihren *eigenen Schutz* sicherstellen muss, ergibt sich weder aus Art. 92 Abs. 3bis MG noch aus Art. 3 VPA.

1245

Diese Änderungen der gesetzlichen Grundlagen für die Zwangsanwendung durch militärische Verbände mit polizeilichen Aufgaben im zivilen Bereich konterkarieren zunächst den ursprünglichen und fundierten Sinn des Militärrechts, wonach dieses auf die polizeiliche Aufgabenerfüllung *innerhalb der besonderen Rechtsverhältnisse der Armee* und des Militärdienstes eingegrenzt und nicht als weitergehendes Polizeigesetz konzipiert ist. Die Verhältnismässigkeit eines polizeilichen Einsatzes von

1246

2285 Botschaft Armee 95, 83; LINSI, 12.
2286 In Kraft seit 1. Januar 1996.

Armeetruppen lässt sich verfassungsrechtlich nur unter den Prämissen von Art. 58 Abs. 2 Satz 2 BV rechtfertigen (Rz. 1223).

1247 Die Befugnis der Anwendung polizeilicher Massnahmen, insbesondere polizeilichen Zwangs bis hin zum Feuerwaffeneinsatz, erheischt eine intensive Ausbildung, welche «die Prüfung der Verhältnismässigkeit verfassungskonform»[2287] zu gewährleisten vermag. Diese Anforderung wird derzeit für Miliztruppen nicht erfüllt.

1248 Im gleichen Zeitraum, in dem die Anforderungen an den Nachweis einer den hoch gesteckten Ansprüchen genügenden Befähigung für den Polizeidienst in der ganzen Schweiz vereinheitlicht und gesteigert werden (vgl. Rz. 29, 249), hat der Bundesgesetzgeber durch die Ausdehnung des Geltungsbereichs des ZAG im Assistenzdienst für die Truppe (abgesehen von denjenigen Angehörigen der Mil Sich, die ebenso die Berufsprüfung bestanden haben müssen) *nicht qualifizierte* Armeeangehörige mit polizeilichen Befugnissen im zivilen Bereich ausgestattet.

1249 Auch unter Beachtung von geltungszeitlichen oder teleologischen Auslegungsmöglichkeiten von Erlassen geht es nach der hier vertretenen Auffassung nicht an, ein sowohl dem bundesstaatlichen Prinzip wie dem Sachbereich entsprechendes Gesetz durch eine fragwürdige Ausdehnung militärisch-polizeilicher Befugnisse auf den Zivilbereich – über die polizeilichen Befugnisse der Armee begrenzt auf ihren Selbstschutz – quasi zu einem Sicherheitspolizeigesetz des Bundes umzugestalten.

1250 Zusätzlich irritiert, dass bei Assistenzdiensteinsätzen z.G. von Kantonen nach Art. 6 VPA das VBS darüber befinden kann, ob dieses militärisch-polizeiliche Regelwerk oder das kantonale Polizeirecht anwendbar sein soll, was der Subsidiarität widerspricht.

cc) Zum Waffengebrauch im Besonderen

1251 Die Ausdehnung der heikelsten Polizeibefugnisse, jenen des Gebrauchs von Feuerwaffen, wird nachfolgend an deren unterschiedlichen Voraussetzungen dargestellt:

2287 BGE 128 I 327 E 4.3.3.

Interventionen	MG	VPA	ZAG	ZAV
Tatbestandliche Voraussetzung für den Waffeneinsatz	Art. 92 Abs. 3: a) Notwehr und Notstand b) Letztes Mittel zur Erfüllung eines Schutz- oder Bewachungsauftrages (von Einrichtungen oder Material der Armee), soweit zu schützende Rechtsgüter dies rechtfertigen	Art. 16 Abs. 2 (zusätzlich): b) wenn andere[2288] Personen mit einem gefährlichen Angriff unmittelbar bedroht oder gefährlich angegriffen werden c) 1. wenn Personen, die (mind.) eines schweren Verbrechens dringend verdächtigt werden, die Flucht ergreifen wollen 2. wenn militärische Polizeiorgane annehmen dürfen, dass Personen für andere eine unmittelbare Gefahr für Leib und Leben darstellen und sich der Festnahme zu entziehen versuchen 3. zur Befreiung von Geiseln 4. zur Verhinderung eines schweren Verbrechens oder Vergehens an Einrichtungen, die der Allgemeinheit dienen	Art. 11 Abs. 2: gegen Personen, a) die ein schweres Verbrechen oder Vergehen begangen haben, um sie an der Flucht zu hindern b) wenn der dringende Verdacht besteht, dass sie eine schwere Straftat begangen haben	Art. 11 Abs. 1: Destabilisierungsgeräte und Feuerwaffen nur gegen Personen, die mind. ernsthaft im Verdacht stehen, eine schwere Straftat begangen zu haben Abs. 2: Einsatz von Destabilisierungsgeräten auch, um eine schwere Straftat zu verhindern Abs. 3: Als schwere Straftat gilt eine ernsthafte Beeinträchtigung von Leib und Leben, der Freiheit, der sexuellen Integrität oder der öffentlichen Sicherheit
Waffen	Stgw, Pistole	Art. 4 Abs. 2: Feuerwaffen, Reizstoffe, nicht tödlich wirkende Destabilisierungsgeräte	Art. 15: Schlag- und Abwehrstöcke, Reizstoffe, Feuerwaffen, nicht tödlich wirkende Destabilisierungsgeräte	Art. 10: Hand- und Faustfeuerwaffen, Seriefeuerwaffen, Mehrzweckwerfer und Mehrzweckgewehre Art. 7–9: Schlag- und Abwehrstöcke, Reizstoffe, Destabilisierungsgeräte

---

2288 D.h. nicht militärische Personen.

1252 Die Unterschiede der Voraussetzungen für einen Waffeneinsatz gemäss diesen vier Erlassen sind gross: Während Art. 92 Abs. 3 MG den Waffengebrauch durch die Truppe (zum Schutz der Armeeangehörigen und der Armee-Einrichtungen) auf Notwehr und Notstand (lit. a) sowie «als letztes Mittel zur Erfüllung eines Schutz- oder Bewachungsauftrags, soweit es die zu schützenden Rechtsgüter rechtfertigen» (lit. b) einschränkt, erlaubt die VPA in Art. 16 Abs. 2 lit. c Ziff. 1–4[2289] den Schusswaffeneinsatz als letztes Mittel in Situationen, die *nicht* dem Schutz von Armeeangehörigen und Einrichtungen der Armee gelten, sondern einer teilweise schlecht formulierten allgemeinen Regelung für den polizeilichen Feuerwaffengebrauch gleichzustellen sind[2290].

1253 Beachtenswert ist in diesem Zusammenhang die Formulierung für die Rechtfertigung eines Schusswaffeneinsatzes, «wenn militärische Polizeiorgane annehmen *dürfen*, dass Personen für andere eine unmittelbare Gefahr für Leib und Leben darstellen», was weder mit einem *dringenden* noch einem *ernsten* Verdacht gleichgesetzt werden kann[2291].
Die Regelung in der VPA verstösst – neben der erwähnten Missachtung des Gesetzesvorbehalts – auch gegen Art. 36 Abs. 1 BV und u.U. gegen Art. 2 EMRK[2292]. Noch weiter gefasst ist Art. 11 Abs. 1 und 3 ZAV, wonach der Feuerwaffeneinsatz auch zulässig ist, wenn jemand ernsthaft in Verdacht steht, eine schwere Straftat in Form einer ernsthaften Beeinträchtigung der öffentlichen Sicherheit begangen zu haben.

1254 Die Bestimmtheit dieser tatbestandlichen Voraussetzung für einen Einsatz von Feuerwaffen genügt – insbesondere für nicht polizeilich geschulte Armeeangehörige – den zu stellenden Anforderungen nicht: Der «*dringende* Verdacht» in Art. 11 Abs. 2 lit. b ZAG wird zum «*ernsten* Verdacht» erweitert, und worin eine ernsthafte Beeinträchtigung der öffentlichen Sicherheit bestehen soll, bleibt gänzlich diffus. Jedenfalls entspricht diese Formulierung nicht der Einschränkung des Feuerwaffengebrauchs nach

---

2289 «1. wenn Personen, welche ein schweres Verbrechen oder ein schweres Vergehen begangen haben oder eines solchen dringend verdächtigt sind, sich der Festnahme oder einer bereits vollzogenen Verhaftung durch Flucht zu entziehen versuchen,
2. wenn die militärischen Polizeiorgane aufgrund erhaltener Informationen oder aufgrund persönlicher Feststellungen annehmen dürfen oder müssen, dass Personen für andere eine unmittelbar drohende Gefahr an Leib und Leben darstellen und sich diese der Festnahme oder einer bereits vollzogenen Verhaftung durch Flucht zu entziehen versuchen,
3. zur Befreiung von Geiseln,
4. zur Verhinderung eines unmittelbar drohenden schweren Verbrechens oder schweren Vergehens an Einrichtungen, die der Allgemeinheit dienen oder die für die Allgemeinheit wegen ihrer Verletzlichkeit eine besondere Gefahr bilden, ...»
2290 In der Botschaft Armee 95, 83, steht demgegenüber: «Der Bundesrat wird möglichst genau festzulegen haben, in welchen Fällen ausserhalb von Notwehr und Notstand die Waffe im Rahmen der Polizeibefugnisse eingesetzt werden kann und soll. Dabei kommen in Frage: Personenschutz, Bewachung von Sprengstoffen, Schutz von klassifiziertem Material, Anlagen, Einrichtungen und Informationen.»
2291 Vgl. BGE 136 I 87 E 4.4 m.H. auf die seit Langem konstante Praxis in Bezug auf die Rechtfertigung des Schusswaffengebrauchs.
2292 Zur analogen Problematik im Verhältnis der Zollverordnung zum Zollgesetz und zum ZAG: SCHWEIZER/MOHLER, 127 ff.; EGMR Alikaj et autres c. Italie, §§ 72 f.

der bundesgerichtlichen Praxis, nach der die Gefahr von einer vergleichbaren Schwere sein muss wie der Schuss aus einer Feuerwaffe (Rz. 696). Dass zudem diese Befugnis nur wirksam wird, um als letztes Mittel eine verdächtige Person festzunehmen oder an der Flucht zu hindern, ist nicht der ZAV, sondern Art. 11 Abs. 1 und 2 ZAG zu entnehmen.

2. Verordnungen gestützt auf das Militärgesetz

Neben der erwähnten VPA bestehen weitere fünf Verordnungen, die *polizeiliche Einsätze von Truppen* regeln[2293], es sind dies die VO

- über die Militärische Sicherheit (VMS),
- für den Ordnungsdienst (VOD),
- für den Grenzpolizeidienst (VGD),
- zum Schutz von Personen und Sachen (im Inland; VSPS) und
- zum Schutz von Personen und Sachen im Ausland (VSPA).

1255

Die *polizeilichen Befugnisse* (Art. 4)[2294], insbesondere der Feuerwaffengebrauch (Art. 16 Abs. 2 lit. c Ziff. 1–4) werden in der VPA generell geregelt (vgl. Rz. 1251). Diese VGD, VSPS und VSPA sind überwiegend administrativer Natur, wogegen die VOD und die VMS zusätzlich teilweise materielles Polizeirecht, die VSPA eine bemerkenswerte Delegationsnorm enthalten (dazu nachfolgend).

1256

Art. 9 VOD lautet: «Sofern der Einsatz zwingend Massnahmen erfordert, welche verfassungsmässige Rechte einschränken, beantragt der Kommandant solche Massnahmen bei der zuständigen zivilen Behörde.» Diese Norm widerspricht Art. 36 BV, da auf diese Weise eine bestimmte voraussehbare Rechtsgrundlage fehlt. Sie kann auch zu einem Verstoss gegen Art. 15 EMRK und Art. 4 UNO Pakt II führen. Die Einschränkung von Grundrechten über die verfassungsrechtliche Regelung hinaus setzt *mindestens* eine ausserordentliche Lage i.S.v. Art. 58 Abs. 2 Satz 2 BV, die einem Staatsnotstand nahe kommt, voraus (Rz. 1200). Nur die (politischen) *Bundes*behörden sind unter Mitteilung an die Generalsekretariate der jeweiligen Organisation (Art. 15 Abs. 3 EMRK, Art. 4 Abs. 3 UNO Pakt II) befugt, Massnahmen zu treffen, die von den Konventionsverpflichtungen (mit Nennung der ausser Kraft gesetzten Bestimmungen) abweichen. Alle weiteren völker(grund)rechtlichen Verpflichtungen, insbesondere die notstandsfesten Grundrechte und die Genfer Konventionen sowie die KRK sind zu respektieren.

1257

Die VSPA, die sich auf Art. 69 Abs. 2 MG stützt[2295], enthält in Art. 4 Abs. 2 lit. c die Bestimmung, dass der Bundesrat in seinem Auftrag «die zulässige Anwendung von Gewalt und von Zwangsmassnahmen, einschliesslich des Einsatzes von Waffen»

1258

2293 Merkwürdigerweise wird als gesetzliche Grundlage für die VOD, VGD und VSPA (zusätzlich zu Art. 150 Abs. 1 MG, Auftrag an den BR, Ausführungsbestimmungen zu erlassen) im Ingress Art. 28 Abs. 3 MG angeführt, der die verfassungsmässigen und gesetzlichen Rechte der Armeeangehörigen umreisst und den BR ermächtigt, nähere Bestimmungen zu erlassen, nicht aber Art. 67 MG.

2294 Die Liste der polizeilichen Zwangsmassnahmen wurde mit der ZAV und analog zu dieser in die VPA eingefügt.

2295 Art. 69, eingefügt mit der MG-Novelle Armeereform XXI, in Kraft seit 1. Januar 2004, wird im Ingress der VSPA jedoch nicht erwähnt.

bestimme. Unter Berücksichtigung dessen, dass die VSPA solche Einsätze *im Ausland* regelt, dass Art. 92 Abs. 1–3 und Abs. 4 MG die Polizeibefugnisse ausschliesslich zum Schutz der Armee, ihrer Angehörigen und Einrichtungen normiert (Rz. 1240) und das Zwangsanwendungsgesetz nach Art. 92 Abs. 3bis MG[2296] für Einsätze im Ausland gerade nicht anwendbar ist, fehlt es an einer Rechtsgrundlage in einem Gesetze selbst für jegliche Einschränkungen von Grundrechten durch schweizerische Sicherheitskräfte im Ausland. Die engen Rahmenbedingungen für den Einsatz von Feuerwaffen durch schweizerische Truppen im Ausland[2297] sind in einer den grundrechtlichen Anforderungen genügenden Form festzulegen.

1259 Zudem verlangt die EMRK von der Schweiz auch im Ausland ein Handeln, das namentlich deren Art. 2, 3, 4, 7 und 8 respektiert.

3. Was soll die Aufgabe der Militärischen Sicherheit (Mil Sich) sein?[2298]

1260 Die Militärische Sicherheit ist ein gemischter Verband aus Berufsmilitär und Milizangehörigen[2299], der in letzter Zeit, in der Form subsidiärer Assistenzdiensteinsätze, immer mehr Aufgaben einer zivilen Polizei übernommen hat (Rz. 1220 ff.). Die Aufgaben der Mil Sich sind in Art. 100 MG und Art. 3 f. der Verordnung über die militärische Sicherheit (VMS) geregelt.

1261 Die VMS stützt sich auf den erwähnten Art. 100 MG. Dieser enthält allerdings keinerlei Hinweise auf eine Aufgabe ausserhalb des Schutzes militärischer Interessen, abgesehen vom Schutz des Bundesrates, der Bundeskanzlerin und weiterer Personen, wenn seine Angehörigen zu Assistenz- oder Aktivdienst aufgeboten sind (Abs. 1 lit. e)[2300]. Die Mil Sich wurde für enge Zwecke nach Art. 100 MG geschaffen[2301]; jetzt wird diese weit über diesen gesetzlichen Rahmen hinaus eingesetzt.

2296 «Soweit die Truppe Assistenzdienst im Inland für zivile Behörden des Bundes leistet, ist das Zwangsanwendungsgesetz vom 20. März 2008 anwendbar.»

2297 SCHINDLER, Schusswaffeneinsatz, *passim*.

2298 Nicht behandelt wird hier, was armeeseits unter dem Titel *Kommando Spezialkräfte (KSK)* durch teilweise Umorganisationen bereits bestehender Verbände und Formationen (Aufklärungs- und Grenadierformationen der Armee [«AGFA», Grenadierkommando, Fallschirmaufklärer], Militärpolizei-Spezialdetachemente, Auslandaufklärungsdetachement [AAD 10]) im Entstehen begriffen (aber *nicht* Teil der Mil Sich ist), da diesem *nasciturus* bisher, abgesehen von der VPA und – teilweise – der VSPA, eine hinreichende Rechtsgrundlage fehlt (auch wenn er mitunter im Inland bereits eingesetzt werden soll).

2299 Berufsmilitär sind im Kdo Mil Sich, in den vier MP-Regionen und einer Einheit Besondere Dienste eingeteilt mit einem Sollbestand von 650 AdA. Die Milizformationen bestehen aus den beiden MP Bataillonen, dem Sicherheitsdetachement des Bundesrates und dem Sicherheitsdienst der MP, ihr Bestand beträgt derzeit knapp 1600 AdA, wovon allerdings ein gewisser Anteil im Zivilen Angehörige kantonaler und kommunaler Polizeidienste sind. Die Feststellung im Erläuternden Bericht PolAG, 89, «Ihre (der Mil Sich) Angehörigen haben grösstenteils die Grundausbildung zum Polizisten 1 durchlaufen», erscheint daher in dieser Formulierung den Tatsachen nicht mit genügender Genauigkeit zu entsprechen.

2300 Diese Bestimmung kommt allerdings einer Beliebigkeitsformel gleich, da der professionelle Teil der Mil Sich jederzeit de facto zu Assistenzdiensten aufgeboten werden kann.

2301 Botschaft Armee 95, 94 f.

Der im Ingress der VMS ebenso erwähnte Art. 5 Abs. 2 BWIS, zusammen mit Art. 100 Abs. 1 lit. d MG und Art. 3 Abs. 2 lit. b VMS, ermächtigt lediglich zur *Koordination* mit den verschiedenen Nachrichtendiensten und zur Nachrichtenbeschaffung während Assistenz- oder Aktivdienst (Staatsschutz im Bereich der Armee) zum *Selbstschutz*. Weitergehende Kompetenzen wurden durch diese Norm nicht verliehen. 1262

Art. 3 Abs. 1bis VMS lautet: 1263

«^{1bis}Angehörige von Berufsformationen der Militärischen Sicherheit können durch die jeweils zuständige Stelle für beschränkte Zeit zusätzlich zur Erfüllung von Aufgaben insbesondere in folgenden Bereichen herangezogen werden:
a. Sicherungseinsätze im In- und Ausland;
b. Polizeieinsätze;
c. Katastrophenhilfeeinsätze im In- und Ausland;
d. Friedensförderungsdienste.»

Abs. 2 lautet:

«^{2}Im Assistenz- oder Aktivdienst obliegt dem Kommando Militärische Sicherheit zusätzlich:
a. der Schutz militärischer Informationen und Objekte;
b. die präventive Sicherung der Armee vor Spionage, Sabotage und weiteren rechtswidrigen Handlungen;
c. der Schutz der Mitglieder des Bundesrates und weiterer Personen.»

In Abs. 1bis ist die *«zuständige Stelle»*, welche die Berufsformationen zur Erfüllung von Aufgaben heranziehen kann, in Anbetracht des gesonderten Abs. 2 (der den Assistenzdienst regelt) mit dieser Formulierung vage umschrieben; sie entspricht weder Art. 1 Abs. 2 MG noch dem Sinn von Art. 67 Abs. 2 (Assistenzdienst) und Art. 92 MG (Polizeibefugnisse, Rz. 1240 ff.). Umgekehrt wird die zeitliche Dauer solcher Aufgabenerfüllungen deutlich beschränkt.

Die *Dauereinsätze* der Mil Sich für zivile polizeiliche Aufgaben entsprechen demnach auch auf der Verordnungsstufe nicht dem gesetzten Recht.

In Bezug auf die *Kompetenz zu Zwangsmassnahmen* untersteht die Mil Sich bisher ebenso dem Militärrecht (Art. 92 MG, VPA) mit Ausnahme der Anwendbarkeit des ZAG für den Assistenzdienst im Inland z.G. ziviler Behörden des *Bundes* (Art. 92 Abs. 3bis MG/Art. 2 Abs. 2 ZAG; vgl. Rz. 1251 ff.) und einer allfälligen Verfügung nach Art. 6 VPA, dass kantonales Recht anwendbar sei (Rz. 1044). 1264

Mit dem Vorentwurf zum PolAG[2302] wird nun eine Ausdehnung des Geltungsbereichs des ZAG für die Mil Sich vorgeschlagen, die mehrere Fragen aufwirft. Ohne eine entsprechende Änderung von Art. 92 Abs. 3bis MG soll Art. 2 Abs. 2 ZAG wie folgt geändert werden: 1265

«Für die Armee gilt das Gesetz:
a. für die Militärische Sicherheit;

2302 Zum weiteren Vorgehen des BR betr. VE PolAG vgl. Rz. 56 mit FN 116.

b. für Assistenzdienstleistungen für zivile Behörden des Bundes im Inland.»

Die zugehörige Erläuterung schafft darüber hinaus mehr Verwirrung als Klarheit:

«Neu soll auch die Militärische Sicherheit als der Polizei der Armee für die Anwendung polizeilichen Zwangs und polizeilicher Massnahmen dem ZAG unterstellt sein. Die Militärische Sicherheit nimmt ‹kriminal- und sicherheitspolizeiliche Aufgaben im Armeebereich› wahr (Art. 101 Abs. 1 Bst. c des Militärgesetzes vom 3. Februar 1995; SR 510.10). Ihre Angehörigen haben grösstenteils die Grundausbildung zum Polizisten1 durchlaufen. Die polizeilichen Massnahmen, die das Korps zu ergreifen befugt ist, entsprechen jenen der zivilen Polizeikorps. Wie bereits eingangs unter Ziff. 1.4 erwähnt, wird durch die einheitliche Unterstellung von fedpol, GWK und neu der MilSich unter das ZAG trotz des Fortbestehens spezialgesetzlicher Aufgabenregelungen Gewähr dafür geleistet, dass der Vollzug grundrechtssensibler Realakte im Zuständigkeitsbereich des Bundes bei allen diesen Behörden nach einem einheitlichen und grundrechtsverträglichen Standard abläuft.»[2303]

Das ZAG regelt die Grundsätze der Anwendung polizeilichen Zwangs und polizeilicher Massnahmen *im Zuständigkeitsbereich des Bundes* (Art. 1 ZAG) und gilt grundsätzlich für *zivile* Organisationen mit polizeilichen Exekutivbefugnissen. Die vorgeschlagene Formulierung des neuen Abs. 2 von Art. 2 ZAG machte das ZAG zur polizeirechtlichen Grundlage schlechthin für die Mil Sich. Damit gälte das ZAG für die Mil Sich einerseits auch in ihrem Kernaufgabengebiet, d.h. *im* Armeebereich, andererseits auch nicht nur im Assistenzdienst z.G. ziviler Bundesbehörden, sondern generell.

1266 Dies bedeutete ebenso, dass das *ZAG* für die *Mil Sich* auch Geltung hätte, wenn sie *z.G. kantonaler Behörden* im Assistenzdienst zum Einsatz käme. Dies entbehrte einer verfassungsrechtlichen Grundlage; es *widerspräche* auch nicht nur dem *Subsidiaritätsprinzip in Bezug auf die anwendbare Rechtsordnung,* sondern ebenso dem Sinn des erst kürzlich in Kraft getretenen Art. 2 Abs. 2 ZAG[2304] (Rz. 788 m.w.N.).

Ob damit weitergehende Absichten im Sinne einer Kräfteverlagerung bzw. einer allgemeinen Polizei-Reservebildung in Form der Mil Sich verbunden sind (vgl. Rz. 1222), wird sich zeigen. Verfassungsrechtlich weckten solche Entwicklungen erhebliche Bedenken (Rz. 197 ff.)[2305].

1267 Wiederum ergäbe sich bspw. beim Schutz ausländischer Vertretungen, dass *eingesetzte kantonale und militärische Polizeikräfte nach unterschiedlichen Zwangsmassnahmeregelungen vorzugehen* hätten.

2303 Erläuternder Bericht PolAG, 88 f.
2304 «² Für die Armee gilt das Gesetz nur, soweit sie im Inland Assistenzdienst für zivile Behörden des Bundes leistet.»
2305 BGE 117 Ia 202 E 5.

§ 25 Umsetzungsfragen

A. Rechtslage

Erneut zeigt sich eine für die Praxis zumeist unübersichtliche Gemengelage rechtlicher Grundlagen von Bund und Kantonen für polizeiliche Einsätze von Armeeangehörigen.

1268

Eindeutig ist diese derzeit bloss für den subsidiären *Grenzpolizeidienst*, sofern keine armeeeigenen Einrichtungen zu schützen sind: Für die grenzpolizeilichen Aufgaben gilt das *ZAG* sowohl für das GWK[2306] wie auch die Truppe im Assistenzdienst[2307]. Für den Schutz bspw. einer eigenen Unterkunft und von Materialmagazinen der im Grenzschutzdienst eingesetzten Mil Sich ist wohl aber das Militärrecht anwendbar.

1269

Schwieriger wird es bei *Assistenzdienst-Einsätzen z.G. von Kantonen*, sofern nicht das kantonale Polizeigesetz für alle polizeilichen Aufgaben als Rechtsgrundlage bestimmt wird (vgl. Rz. 1250). Wird für die Armeeangehörigen das Militärrecht als anwendbar erklärt, ergibt sich daraus zunächst die Problematik, dass die Normen der VPA zum Feuerwaffeneinsatz von Art. 92 MG nicht ausreichend gestützt sind. Überdies gelten in einem solchen Fall für ein und dieselbe polizeiliche Aufgabe zwei unterschiedliche Rechtsgrundlagen, das Militärrecht für Armeeangehörige[2308], das kantonale für Polizistinnen und Polizisten, auch für diejenigen anderer Kantone, die im Rahmen von IKAPOL unterstützend wirken.

1270

Daraus ergeben sich als Rechtsgrundlagen für die eingesetzten Kräfte bei Assistenzdienst der Truppe z.G. von Kantonen (im gleichen Auftrag):

1271

Entscheid VBS nach Art. 6 VPA	Truppe	kantonale Polizeidienste
Variante A (bisher üblich)	Art. 92 MG/VPA	Polizeigesetz des Einsatzkantons
Variante B	Polizeigesetz des Einsatzkantons	Polizeigesetz des Einsatzkantons

---

2306 Auch die polizeilichen Befugnisse des GWK sind durch das ZAG gegenüber dem Zollgesetz (ZG) deutlich ausgeweitet worden: SCHWEIZER/MOHLER, 127 f.

2307 Die VGD wurde der neuen Rechtslage (Art. 92 Abs. 3bis MG/Art. 2 Abs. 2 ZAG) nicht angepasst, sondern verweist in Art. 5 Abs. 2 nach wie vor auf die VPA. Nach Art. 2 Abs. 2 VGD können alle Truppen, sofern sie ausgebildet und zweckmässig ausgerüstet sind, für diesen Dienst eingesetzt werden mit Ausnahme von Rekrutenformationen (Art. 2 Abs. 3 VGD). Anzufügen ist dem, dass die für die meisten Truppen übliche Waffe, das Stgw, als Kriegswaffe für den Polizeidienst ungeeignet ist und bei einem Einsatz allein von ihrer Wirkung her dem Verhältnismässigkeitsprinzip widerspricht.

2308 Vgl. die Mitteilung des VBS v. 7. Januar 2011 betr. Einsatz im Rahmen des WEF 2011, wonach die Truppe über die Polizeibefugnisse gemäss VPA verfüge (URL: http://www.vbs.admin. ch/internet/vbs/de/home/documentation/news/news_detail.37080.nsb.html; zuletzt besucht: 20.8.2011).

B. Rechtsschutz

I. De lege lata

1272 Ungelöst ist der *Rechtsschutz*, vorab unklar der *Rechtsweg*, sofern – was in diesem Kontext im Vordergrund steht – die *Rechtmässigkeit von Realakten von Armeeangehörigen* bestritten werden sollte[2309].

1273 Art. 3 lit. d VwVG schliesst die Anwendbarkeit des VwVG für das «Verfahren in Kommandosachen nach Art. 37...» MG aus[2310]. Art. 37 MG bestimmt, «Kommandosachen im Sinne von Artikel 3 Buchstabe d des Bundesgesetzes vom 20. Dezember 1968 über das Verwaltungsverfahren (Verwaltungsverfahrensgesetz) sind alle Anordnungen der militärischen Vorgesetzten». Art. 37 MG gehört indessen zum dritten Titel, Rechte und Pflichten der Angehörigen der Armee, und in dessen drittes Kapitel, das den Rechtsschutz in nicht vermögensrechtlichen Angelegenheiten des Militärdienstes regelt. *Art. 37 nimmt somit strittige Anordnungen militärischer Vorgesetzter vom verwaltungsinternen Verfahren aus. Er hat demnach keine Bedeutung für das Aussenverhältnis*[2311].

1274 Auch aus einer andern Perspektive stellte sich die Frage, ob ein Realakt eines AdA, der nicht *unmittelbar* und konkret auf eine Anordnung (Befehl) eines Vorgesetzten zurückgeführt werden kann, überhaupt unter «Anordnung militärischer Vorgesetzter» und damit unter die Ausnahmeregelung subsumiert werden könnte. Die Wahrnehmung polizeilicher Aufgaben besteht überwiegend in der Vornahme von *Realakten,* die auf situationsbezogenen *individuellen Entschlüssen* der Angehörigen polizeilich eingesetzter Dienste beruhen (Rz. 899)[2312].

1275 Art. 25*a* VwVG gewährleistet die Überprüfung von Realakten, «welche sich *auf öffentliches Recht des Bundes stützen* und Rechte oder Pflichten berühren», soweit ein schutzwürdiges Interesse besteht. Die Behörde, die für diese Handlungen zuständig ist, entscheidet auf Begehren durch eine beschwerdefähige Verfügung u.a. über die Rechtmässigkeit oder Widerrechtlichkeit des Realaktes.

1276 Sofern es sich um einen Assistenzdiensteinsatz nach Art. 58 Abs. 2 BV handelt und die *kantonal zuständige politische Behörde* den Entscheid über diesen Einsatz getroffen hat (Einsatzverantwortung), wäre die für den Einsatz zuständige Behörde eine kantonale, die nicht zu den in Art. 1 Abs. 2 VwVG abschliessend aufgezählten Instanzen gehört[2313].

2309 Vgl. betr. Fragen im Zusammenhang mit der Unzulässigkeit von Beschwerden gegen Verfügungen auf dem Gebiet der inneren und äusseren Sicherheit des Landes (Art. 32 Abs. 1 lit. a VGG) und gegen Entscheide auf dem Gebiet der inneren oder äusseren Sicherheit des Landes (Art. 83 lit. a BGG) Rz. 1561.
2310 Zum Ausschluss der Anwendbarkeit des VwVG betr. armee*interne* strittige Kommandoentscheide SCHWEIZER/SCHEFFLER/VAN SPYK, Gutachten VBS, 175 f. m.w.N.
2311 Anders noch MOHLER, Raumsicherung, 453.
2312 Nach Art. 80 Abs. 2 des Dienstreglementes (DR) der Armee führen Unterstellte «einen Befehl nicht aus, wenn sie erkennen, dass dieser eine Tat verlangt, die nach Gesetz oder Kriegsvölkerrecht strafbar ist». Die Strafbarkeit allein dürfte eine wenig sinnvolle, zu weit gesteckte Schranke sein, um Grundrechtsverletzungen zu verhindern.
2313 Auch die Umschreibung der Instanzen nach Art. 1 Abs. 2 lit. e VwVG trifft auf die kantonale Exekutive oder deren Polizeikommando nicht zu, da diese nicht «in Erfüllung ihnen über-

Abzustellen ist daher auf die für die Truppe im Assistenzdienst z.G. von Kantonen als massgeblich bezeichnete Rechtsgrundlage (MG/VPA oder kantonales Polizeirecht), ohne Beachtung der Trägerschaft der Einsatzverantwortung. 1277
Daraus ergeben sich folgende Möglichkeiten des Rechtsweges bei Beanstandung von Realakten durch Angehörige der Truppe:

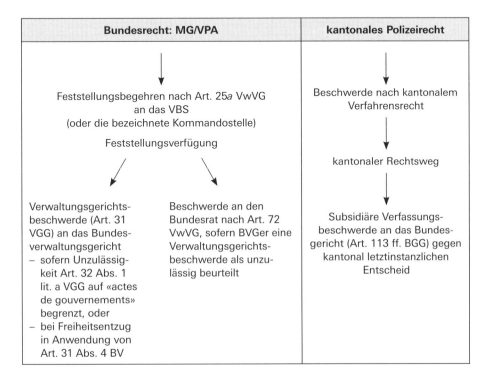

Noch komplexer würde es, wenn eine Person Beschwerde führen wollte, um die Rechtmässigkeit oder Widerrechtlichkeit eines sie betreffenden Realaktes, den ein *Angehöriger der örtlich zuständigen Polizei und eine AdA gemeinsam* vorgenommen haben (bspw. eine vorläufige Festnahme, Durchsuchung und Befragung durch eine so zusammengesetzte Zweierpatrouille). 1278

Demgegenüber gelten im Fall einer *Bundesintervention* nach Art. 52 Abs. 2 BV, die von den Bundesbehörden angeordnet wird, für den *Rechtsschutz die bundesrechtlichen Regelungen* (Rz. 1276). 1279

---

tragener öffentlicher Aufgaben des Bundes» handeln, sondern umgekehrt um Unterstützung nachgesucht haben.

II. De lege ferenda

1280 Der *Rechtsschutz* gegenüber Massnahmen durch Angehörige der Armee im Assistenzdienst z.G. von Kantonen bedarf der Klärung.

Rechtsuchenden soll einerseits das Ergreifen möglicherweise zweier Beschwerden oder das Einreichen zweier Begehren – wegen der unklaren Rechtslage – auf unterschiedlichen Rechtswegen (selbst wenn sich diese ausschliesslich auf einen allein von AdA zu verantwortenden Realakt beziehen) erspart werden. Andererseits ist dem erstinstanzlichen *Gericht* die *uneingeschränkte Kognition in Sachverhalts- und Rechtsfragen*[2314] zu ermöglichen. Daher erschiene es zweckmässig, im fünften Titel des MG (Einsatz der Armee; Polizeibefugnisse) und dessen drittem Kapitel (Assistenzdienst) eine Bestimmung einzufügen, wonach Beschwerden gegen Massnahmen von Armeeangehörigen nach dem *Verfahrensrecht der den Einsatz der Armeetruppe verantwortenden zivilen Behörde* zu behandeln sind[2315], was einer Verweisbestimmung im VwVG bedürfte.

Tragen *mehrere Kantone* gleichermassen die Verantwortung für den subsidiären Einsatz eines Truppenkontingentes, gilt das *ius loci*.

1281 Die *Rechtssicherheit* ist fundamentaler Teil des Sicherheits- und Polizeirechts. Der Rechtsschutz gegenüber Freiheitsbeschränkungen muss auch dann zweifelsfrei gewährleistet sein, wenn in ausserordentlichen Lagen freiheitsbeschränkende Massnahmen zu treffen sind, zumal dann Kräfte zum Einsatz gelangen können, denen die *erforderliche Ausbildung und Erfahrung in der Respektierung und Durchsetzung von Grundrechten* teilweise mangelt[2316].

2314 TOPHINKE, 91.
2315 MOHLER, Realakte, 470 (eine dem entsprechende Regelung findet sich in Art. 7 Abs. 2 des Konkordates über die polizeiliche Zusammenarbeit in der Nordwestschweiz, SG BS 510.300).
2316 Vgl. dazu SCHWEIZER, SGK zu Art. 57, Rz. 28.

11. Kapitel: Wahrnehmung von Sicherheitsaufgaben durch Private

§ 26 Grundlegende Problematik der Erfüllung von zwangsbewehrten Sicherheitsaufgaben durch Private

A. Das staatliche Gewaltmonopol

I. Allgemeine Hinweise

Die Frage nach dem Gewaltmonopol ist so alt wie die Menschheit[2317]. Wir begegnen ihr bei PLATO und ARISTOTELES ebenso wie in der Bibel, später bei AUGUSTINUS und den Philosophen vom Mittelalter bis zur Gegenwart. Seit jeher bis heute (gar wieder verstärkt) folgt die Diskussion mehr oder weniger dem definitorischen Unterschied zwischen dem Staat und einer Räuberbande[2318]. Beide beanspruchen das Recht der Gewaltanwendung «mit guten Gründen» bzw. einem Streben nach dem Erlangen gemeinsamer begehrenswerter Ziele oder deren Verteidigung bzw. Durchsetzung. An dieser Grenzlinie verläuft auch die Unterscheidung zwischen Terrorist oder Anarchist und Freiheitskämpfer[2319]. Das «Recht» der Gewaltanwendung nehmen politisch, ethno-nationalistisch, religiös oder monothematisch (Tierrechte) motivierte extremistische Kreise in Anspruch[2320]: Die Gewaltanwendung der «Räuberbande» ist strafbar, die des Staates nicht. Sie ist es aber nur dann nicht, wenn sie *rechts*staatlich und demokratisch legitimiert ist (Rz. 274 f., 613, 682). Das Kriterium der Staatlichkeit allein macht eine Gewaltanwendung nicht rechtens, wie gerade die Abwehrfunktion der Grundrechte beweist (Rz. 282 ff.).

1282

> Dabei zeigt sich in der deutschen Sprache im Vergleich zu allen romanischen Sprachen bereits ein *rechtlich signifikanter* Unterschied: Schon die Römer haben zwischen *valere* (Kraft bzw. Geltung haben, bei Kräften sein) und *violare* (verletzen, physisch misshandeln) ebenso wie zwischen *potestas* ([politische, staatliche] Macht, Verfügungsmacht) und *violentia* (Gewaltsamkeit, Heftigkeit) unterschieden. Während im Deutschen für beide Formen nur der Ausdruck Gewalt[2321] zur Verfügung steht, wird im Französischen und Englischen gleichermassen mit «force» und «violence», im Italienische mit «forza» («potenza») und «violenzia» differenziert.

1283

2317 Zur Geschichte des Gewaltmonopols: KÄLIN/LIENHARD/WYTTENBACH, 5 ff.; KLEY, Gewaltmonopol, *passim*; RAUBER, 93 ff.
2318 So schon PLATO, CICERO und AUGUSTINUS: vgl. KLEY, Gewaltmonopol, 13 m.w.N.
2319 Vgl. Art 260^{quinquies} Abs. 3 und 4 StGB (Begrenzung des objektiven Tatbestandes der Finanzierung von Terrorismus).
2320 BAP, Jahresbericht 2009, 31 ff.; Nachrichtendienst des Bundes, Sicherheit Schweiz 2009, 19 ff.
2321 Abgeleitet vom Althochdeutschen «waltan», d.h. walten, herrschen (KLUGE, Etymologisches Wörterbuch).

1284   Der Begriff Gewalt bedeutet aber nicht ausschliesslich die Anwendung *physischen* Zwangs, sondern auch *Macht*[2322], die jedoch, ob staatlich oder privat, von der Fähigkeit der Androhung physischen Zwangs, also der Möglichkeit unmittelbarer oder mittelbarer (physischer) Zwangsanwendung abhängig ist[2323]. Daraus ergibt sich die Bedeutung der *Staatsgewalt als Verfügungsmacht,* die sich auf die Durchsetzbarkeit abstützt, und der *privaten Verfügungsgewalt,* die auf *Eigentum bzw. Besitzverhältnissen* beruht[2324]. So ist zunächst der begriffliche Bezug zum Recht hergestellt.

1285   Im täglichen Sprachgebrauch wird heute unter Gewalt meist, aber nicht durchwegs die (rechtswidrige) physische Gewaltsamkeit[2325] verstanden, nicht die staatliche oder private Verfügungs- oder Amts*macht*[2326], obwohl in Erlassen der Ausdruck «Gewalt» weiterhin für die polizeilichen Kompetenzen[2327] und die polizeiliche Anwendung physischen Zwangs[2328], aber auch für die zivilrechtliche Verfügungsmacht[2329] Verwendung findet.

1286   Der Verfassungsstaat hat in Überwindung der privaten Fehde und Rache die *Gewaltanwendung verpönt* und die unumgängliche Anwendung von unmittelbarem Zwang sich selber, d.h. den dafür besonders bezeichneten eigenen Organen vorbehalten (Rz. 74).

Bereits im alten Griechenland bedeutete *politeia* auch Staatsgewalt, die Möglichkeit und die Notwendigkeit der Durchsetzung der Verfassung und der Gesetze *(nomoi).*

1287   Das *Demokratieprinzip* sorgt für die *formelle Akzeptanz* von Verfassung und Gesetzen, die Beurteilung der Mehrheit, dass deren *Inhalt gerecht* sei und den Menschenrechten nicht widerspreche, für die *materielle*[2330].

1288   Das *Gewaltmonopol* des Staates unter Einschluss der staatlichen Verfügungsmacht, offenkundig vom Verfassungsgeber stillschweigend als *Selbstverständlichkeit* voraus-

---

2322 Vgl. auch den Gebrauch des Ausdrucks «Gewalt» in der Bibel für beide Inhalte: Matthäus 18:28, Lukas 3:14, 9:1 (LUTHER).
2323 Gleich: KÄLIN/LIENHARD/WYTTENBACH, 15.
2324 Vgl. KLEY, Gewaltmonopol, 11 f.
2325 Z.B. Häusliche Gewalt (Art. 28*b* und 28*d,* 172 Abs. 3 ZGB); Art. 30 lit. a ZAG; § 42*a* PolG BS (gewalttätig).
2326 Auf den von JOHANN GALTUNG eingeführten soziologischen Begriff der «strukturellen Gewalt» wird hier nicht eingetreten. Näheres zu dieser Problematik z.B. bei ISENSEE, Grundrecht, 18.
2327 Marginale von § 5 PolG BS: Einheit der Polizeigewalt; Art. 28 Abs. 2 ZAG: Bordgewalt des Kommandanten eines Luftfahrzeuges.
2328 Art. 5 lit. a, 13, 30 lit. b und d ZAG.
2329 Art. 331 ZGB und Überschrift davor (Hausgewalt), 884, 919 u.a.m ZGB (Gewalt über Sachen, Grundstücke), Art. 12 Schlusstitel ZGB (elterliche «Gewalt»; sonst im ZGB jedoch ersetzt durch elterliche «Sorge»); § 10 Abs. 2 PolG BS (Verfügungsgewalt über ein Tier).
2330 EICHENBERGER, 94; HALLER/KÖLZ/GÄCHTER, 17.

gesetzt[2331] und in der BV nicht erwähnt, ist ein *fundamentales Element des materiellen Verfassungsrechts*[2332], seine Sicherstellung ein *ungeschriebenes Verfassungsprinzip*.

Der Staat bedarf für die *Legitimation* des Gewaltmonopols der Abstützung auf 1289

– der *demokratisch freiheitlichen Ordnung, d.h.* der für die *Sicherung des inneren Friedens* die *grösstmögliche Freiheit gewährenden und die Grundrechte respektierenden, von der stimmberechtigten Bevölkerung genehmigten Gesetze*[2333],
– dem *Sozialstaatsprinzip* als eine auf einen gewissen Ausgleich gerichtete, Konflikte minimierende, gewalttätige Auseinandersetzungen vermeidende gesellschaftliche Grundordnung[2334] und
– dem *Rechtsstaatsprinzip*, das die Gewaltanwendung an gesetzliche Voraussetzungen, Bedingungen und Auflagen knüpft und den Rechtsschutz durch eine unabhängige Justiz gewährleistet.

II. Funktion und Schranken des Gewaltmonopols

1. Funktion

Die *Funktion* des Gewaltmonopols besteht darin, im Bemühen um die Sicherung des 1290 inneren Friedens, um die Bewahrung der demokratisch legitimierten Ordnung und um die Aufrechterhaltung der öffentlichen Sicherheit[2335] die *Rechtsgleichheit* in der Rechtsetzung[2336], -anwendung und -durchsetzung[2337] zu gewährleisten.

Der *Begriff des staatlichen Gewaltmonopols* hat zwei unterschiedliche Gehalte: Als 1291 abstraktes Verfassungsprinzip verbietet es – mit Ausnahme stark eingeschränkter Notrechte – jegliche Gewaltanwendung durch Private. Als Gegengewicht *monopolisiert* es die *staatliche Gewaltanwendung* ausschliesslich *zur Durchsetzung des Rechts,* und durch dieses selbst domestiziert es diese Gewaltanwendung *bei seinen eigenen Organen*[2338]. Diese unterstehen der *direkten politischen Kontrolle* und ihre Ausübung der Gewaltanwendung der *richterlichen Überprüfung*. Die *staatliche Verantwortlichkeit* wird durch die *Staatshaftung* für fehlerhafte oder rechtswidrige Machtausübung bzw. Gewaltanwendung reflektiert und konkretisiert.

2331 Der Begriff «Gewaltmonopol» kommt weder in der Botschaft VE 96 noch in den Entwürfen der parlamentarischen Verfassungskommissionen noch im Protokoll der parlamentarischen Beratung des SR vor. Eine einzige Erwähnung in der nationalrätlichen Debatte betrifft ausschliesslich die Organkompetenz der Bundesversammlung (Votum Zwygart, AB Verfassungsreform N 93).
2332 Bericht Sicherheitsfirmen, 631; KÄLIN/LIENHARD/WYTTENBACH, 13; LIENHARD/HÄSLER, Rz. 40.
2333 Vgl. GAMMA, 143 f.
2334 Vgl. RHINOW/SCHEFER, Rz. 210 ff.; TSCHANNEN, Staatsrecht, § 6, Rz. 33.
2335 Vgl. KÄLIN/LIENHARD/WYTTENBACH, 14.
2336 EICHENBERGER, 76 ff.
2337 EICHENBERGER, 81 ff.; vgl. GAMMA, 151.
2338 Vgl. GAMMA, 142.

1292 Die *Notwendigkeit* des Gewaltmonopols ergibt sich daraus, dass selbst bestes Recht ohn-mächtiges Recht wird[2339], wenn ihm gegenüber Widerspenstigen nicht Nachachtung verschafft werden kann.

2. Schranken der Ausübung des Gewaltmonopols

1293 Die *Schranken* der Ausübung des staatlichen Gewaltmonopols werden durch die *Übereinstimmung* der Machtausübung in allen drei Funktionen (Rechtsetzung, -anwendung und -durchsetzung) *mit der gesamten demokratischen Rechtsordnung*[2340], insbesondere dem *Schutz der Grundrechte*[2341] und der Einhaltung des *Verhältnismässigkeits- und des Störerprinzips*, mithin die Verwirklichung von Art. 5 BV und des Grundrechtskatalogs gebildet.

1294 Damit sind aber erst das Lehrgerüst und der Massstab für die Anwendung des Gewaltmonopols des Staates umschrieben. Um dessen verfassungskonforme Handhabung im Einzelfall zu sichern, bedarf es der *Substanz,* die seine Wirkung gewährleistet. Selektion, Ausbildung und Führung der zur Ausübung von Zwang im Rahmen des Gewaltmonopols Befugten liefern die inhaltlichen Stoffe für diese Substanz; Organisation, Qualitätskontrolle und Rechtsschutz sorgen für deren *Form und Formerhalt*[2342].

1295 Der Rechtsschutz ist auf verschiedene Arten gesetzlich geregelt, insgesamt aber unvollständig oder kompliziert: Art. 312 StGB pönalisiert den Amtsmissbrauch[2343] als Offizialdelikt, der gerichtliche Rechtsschutz zeichnet sich durch eine Vielfalt prozessrechtlicher Wege (und Beschränkungen) aus bezüglich Rechtsetzung (Bundesrecht oder kantonales bzw. kommunales Recht), Rechtsakten (bereichsspezifische Einschränkungen[2344]) von Bundes- oder kantonalen oder kommunalen Behörden und Realakten (direkte oder nur indirekte Beschwerdemöglichkeit). Näheres dazu in den Kapiteln 12 und 13.

1296 Die Art und Weise der *Ausübung des Gewaltmonopols,* d.h. der *verfassungsmässige, sorgsame Umgang mit dem Gewaltmonopol,* ist der zentrale *Dreh- und Angelpunkt des Rechtsstaates,* wie (negative) Beispiele in verschiedenen Staaten immer wieder belegen, so die Unterdrückung der Demonstrationsfreiheit (trotz verfassungsmässiger Gewährleistung) oder politisch vorgezeichnete Strafprozesse (trotz verfassungs-

---

2339 Gleich: RAUBER, 98.
2340 Dazu gehört auch die Beachtung der Gewaltenteilung hinsichtlich der Gesetzgebungskompetenzen.
2341 KÄLIN/LIENHARD/WYTTENBACH, 15.
2342 BGE 128 I 327 E 4.3.3; 109 Ia 146 E. 4b.
2343 BGer 6B_560/2010 E 2.3; BGE 127 IV 209 E 1b. (Die Formulierung, wonach Art. 312 StGB das Interesse des Staates an zuverlässigen Beamten, die pflichtbewusst mit der ihnen anvertrauten Macht umgingen, ebenso wie das Interesse der Bürger, nicht unkontrollierter und willkürlicher staatlicher Machtentfaltung ausgesetzt zu werden, schütze, besagt beide Male dasselbe, wenn auch aus je gegenüberliegenden Positionen: Schutz der individuellen Rechtspositionen.)
2344 Bspw. Verfügungen auf dem Gebiet der inneren Sicherheit, internationale Amtshilfe.

mässiger Unabhängigkeit der Justiz), ganz zu schweigen von diktatorischer Gewaltausübung ob gegen Einzelne oder Kollektive.

Wenn gleich nicht systematisch induziert, kommt es auch bei uns immer wieder zu unrechtmässiger Handhabung des Gewaltmonopols[2345].

Damit sind die Erzielung der *Substanz* verfassungskonformer *Anwendung des Gewaltmonopols* und die Strukturen für dessen *Form und Formerhalt* von zentraler Bedeutung. Der Staat hat die grundrechtliche Schutzfunktion durch rechtlich wirksame Mittel wahrzunehmen; diesen Schutz darf er nicht dadurch gefährden, dass er unzureichende organisatorische und kompetenzmässige gesetzliche Regelungen trifft[2346]. 1297

III. Gliederung des staatlichen Gewaltmonopols

Diese Bedeutung wird durch die *Gliederung des Gewaltmonopols* deutlich: Es lässt sich zerlegen in das *Eingriffs-*, das *Durchsetzungs-* und das *Sanktionsmonopol*[2347]. 1298

Das *Eingriffsmonopol* ermächtigt den Staat gestützt auf eine hinreichende rechtliche Grundlage, Aufgaben zur Aufrechterhaltung oder Wiederherstellung der öffentlichen Sicherheit, namentlich zum Schutz von Grundrechten, mit hoheitlichem, einseitigem (nicht konsensualem) Handeln, d.h. Verfügungen, Urteilen oder Realakten, beschränkend in Rechtspositionen von Personen einzugreifen. Dazu gehört auch die Datenbearbeitung. 1299

In geringem Mass *eingeschränkt* wird das *Eingriffsmonopol* des Staates durch *Notwehr, Notwehrhilfe* (Art. 15 StGB) und *Notstand* (Art. 17 und 18 Abs. 2 StGB)[2348], durch die *Jedermannsrechte* gemäss Art. 218 StPO[2349], ferner durch die *zivilrechtlichen Eingriffs-* (Art. 701 ZGB[2350], Art. 52 Abs. 2 OR) und *Abwehrrechte* (Art. 926 ZGB, Art. 52 Abs. 1, 57 OR) und die unmittelbare Geltendmachung des Hausrechts (Art. 186 StGB[2351]). Alle diese das staatliche Gewaltmonopol einschränkenden individuellen Befugnisse zur individuellen Anwendung von Gewalt sind *subsidiär*, d.h. leben nur auf, sofern nicht rechtzeitig polizeiliche Hilfe den Rechtsanspruch zu schützen vermag (Art. 52 Abs. 3 OR). 1300

2345 Vgl. Rz. 378, 415 f.
2346 EGMR Šečić v. Croatia, § 52. Zu den Anforderungen an gesetzliche Regelungen des Grundrechtsschutzes durch auch nicht staatliche Organe: EGMR L. v. Lithuania, §§ 46, 57 ff. MOHLER, Gutachten Kapo BS, Rz. 90 f.
2347 KÄLIN/LIENHARD/WYTTENBACH, 16.
2348 Notwehr- und Notstandsrecht sind jedoch eng begrenzt, sodass jede übermässige Gewaltanwendung ihrerseits wieder zur Strafbarkeit führt; MOHLER, Gutachten Kapo BS, Rz. 83. Vgl. RAUBER, 107 ff.
2349 RAUBER, 106, 116 f.
2350 Parallelbestimmung zum strafrechtlichen Notstand und Ausnahmeregelung zum Störerprinzip.
2351 Zur Berechtigung des Hausverweises BGer 1P.707/2003 E 2.5; BGE 83 IV 154 E 1 f. Vgl. auch Art. 13 Abs. 1 BV.

1301 Das *Durchsetzungsmonopol* verleiht dem Staat das Recht, gestützt auf gesetzliche Grundlagen vollstreckbare Verfügungen, Entscheide und Urteile sofern nötig auch mit angemessenen Zwangsmitteln, soweit möglich nach deren Androhung, durchzusetzen.

1302 Das *Sanktionsmonopol* beschränkt die Durchführung von Strafverfahren und das Verhängen von Sanktionen auf die zuständigen staatlichen Behörden.

1303 Festzuhalten ist andererseits, dass das *Gewaltmonopol nicht* einem *Sicherheitsmonopol* gleichzusetzen ist. Es gibt zahlreiche Möglichkeiten, die Sicherheit von Personen und Gebäuden oder Sachen zu erhöhen, ohne dafür polizeiliche Zwangsmassnahmen anzuwenden[2352]. *Ein generelles Sicherheitsmonopol gibt es nicht*[2353].

B. Abweichungen vom Gewaltmonopol

I. Die grundsätzliche Haltung des Bundes

1304 Der Bundesrat stellte in einem Bericht vom Dezember 2005 zu den privaten Sicherheits- und Militärfirmen fest, das staatliche Gewaltmonopol bilde den Kern der staatlichen Sicherheitsverfassung, es mache die Anwendung physischen Zwangs zur ausschliesslichen Angelegenheit des Staates[2354]; er wies auf die Risiken des Gewaltmissbrauchs hin[2355] und erwähnte das Problem der Legitimation und Transparenz gegenüber der Bevölkerung. Zu den Grenzen der Privatisierung stellte er fest, diese sei zwar *de iure* möglich, *de facto* «aber ausgeschlossen, weil durch eine Beseitigung oder auch nur Aushöhlung des Gewaltmonopols die Legitimation, d.h. letztlich die Existenzberechtigung des Staates an sich in Frage gestellt würde. Eine Privatisierung ist deshalb nur in *Randbereichen,* nicht aber im Kernbereich der Sicherheits- und Polizeitätigkeit denkbar»[2356].

2352 MOHLER, Sicherheitsunternehmen, 34; DERS., Gutachten Kapo BS, Rz. 7.
2353 Es können aber Monopole für die gesamte Gewährleistung von Sicherheit für bestimmte Anlagen oder Betriebe bestehen.
2354 Bericht Sicherheitsfirmen, 631.
2355 «Auch wenn zahlreiche private Sicherheitsunternehmen seriös und professionell arbeiten, kann dieser rasch expandierende Sektor auch dubiose Firmen oder Personen anziehen. Mit Sicherheitsaufgaben ist stets auch das Risiko des Gewaltmissbrauchs verbunden, namentlich dann, wenn diese durch kaum oder gar nicht geschultes, mangelhaft kontrolliertes und unsorgfältig angestelltes Personal wahrgenommen werden.» (a.a.O., 634).
2356 Bericht Sicherheitsfirmen, 650.

Grundsätzlich gegen eine Auslagerung von *Polizei- als Ministerialaufgaben* spricht sich der Bundesrat in seinem Bericht zur *Corporate Governance* vom September 2006 aus[2357,2358].

1305

In politischen Äusserungen allseits immer wieder beschworen, wird das Gewaltmonopol jedoch zunehmend und immer stärker durchbrochen. Die böse Feststellung, der Weg habe vom Gewaltmonopol zu einem «Gewaltmarkt» geführt (ERHARD EPPLER), ist zu ergänzen: Das BGST führt auch einen *«Polizeimarkt»* ein (vgl. Rz. 137).

II. Unterschiedliche Haltungen der Kantone

Die Haltung der Kantone ist unterschiedlich, wie sich aus ihren gesetzlichen Regelungen ergibt. Fast alle Kantone schliessen aus, dass Kompetenzen für *polizeiliche Massnahmen* Angehörigen privater Dienste übertragen werden können (Rz. 1338 f.). Diese Bestimmungen beziehen sich darauf, dass private Dienste nicht über entsprechende *selbständige Entscheidkompetenzen* verfügen dürfen. Das besagt nichts darüber, ob die jeweilige Polizei Private unter ihrer Leitung und Kontrolle als (unselbständige Erfüllungs-)*Gehilfen*[2359] beiziehen kann.

1306

Unterschiedlich sind die Umschreibungen dessen, was von Privaten *nicht* ausgeführt werden darf. Jegliche *polizeiliche hoheitliche Befugnisse,* auch solche, die konkret keinen Zwang bedeuten wie bspw. eine einfache Befragung[2360], werden von den Polizeigesetzen bspw. der Kantone Aargau, Basel-Stadt, Luzern, Uri, Zug und Zürich von der Möglichkeit der Übertragung an Private ausgeschlossen.

1307

Andere Kantone erlauben, Private mit eingeschränkten Befugnissen wie bspw. der Verkehrsregelung zu betrauen, so Appenzell Innerrhoden, Basel-Landschaft, St. Gallen (in besonderen Fällen), Uri den Gemeinden.

1308

2357 *Corporate-Governeance*-Bericht: «Die Ministerialaufgaben sind Aufgaben, die eine enge politische Begleitung erfordern und untereinander ein hohes Synergiepotenzial aufweisen sowie stark koordiniert werden müssen. Dazu gehören einerseits die Politikvorbereitung, beispielsweise in Zusammenhang mit der Gesetzgebung. Andererseits zählen dazu auch Dienstleistungen, mit denen erhebliche Eingriffe in die Grundrechte verbunden sind oder die aus anderen Gründen politisch eng begleitet werden müssen. Beispiele hierfür sind die Landesverteidigung oder Polizeiaufgaben. Bei den Ministerialaufgaben sprechen sämtliche Kriterien für eine Erfüllung innerhalb der Zentralverwaltung: ...», 6260.

2358 Dem folgte die *Ablehnung organisatorischer Auslagerungen* von Polizei- als Ministerialaufgaben in der *Umsetzungsplanung* zum *Corporate-Governance*-Bericht, 2, da sich diese grundsätzlich nicht zur organisatorischen Auslagerung eigneten: «Bei den so genannten *Ministerialaufgaben* ist der politische Steuerungsbedarf sehr hoch. Dazu gehören namentlich die Vorbereitung der Gesetzgebung, die Subventionsausrichtung oder Aufgaben mit ausgeprägt hoheitlichem Charakter (Landesverteidigung oder Polizeiwesen). Die Erfüllung dieser Aufgaben bedingt vielfach eine hohe Koordination mit andern Aufgaben. Ministerialaufgaben eignen sich deshalb grundsätzlich nicht zur organisatorischen Auslagerung.»

2359 KÄLIN/LIENHARD/WYTTENBACH, 114.

2360 § 10 Abs. 1 PolG LU.

1309 Der Kanton Graubünden erlaubt umgekehrt als einziger der Kantonspolizei und den Gemeindepolizeien, «Dritte» mit der Erfüllung polizeilicher Aufgaben zu betrauen, sofern diese die dafür notwendigen Voraussetzungen erfüllen[2361].

C. Verfassungsmässige Grenzen der Übertragbarkeit polizeilicher Aufgabenerfüllung

I. Allgemeiner Hinweis

1310 Die *Funktion* und die *Legitimation* des staatlichen Gewaltmonopols ebenso wie dessen *Schranken,* die unverzichtbare *direkte politische Kontrolle* der mit seiner Handhabung beauftragten *Organe* und die richterliche Überprüfbarkeit der Ausübung der Gewaltanwendung wurden dargelegt (Rz. 1289)[2362]. Daraus ergeben sich staatspolitische[2363] bzw. verfassungsmässige Grenzen der Einsatzmöglichkeiten Privater für hoheitliche polizeiliche Aufgaben.

II. Zur Auslagerung von polizeilichen Aufgabenbereichen

1311 Grundlegendes Kriterium bildet die *Entscheidungsbefugnis* als Funktion des *Eingriffsmonopols* (Rz. 1299). Diese *Entscheidungsbefugnis* bezieht sich unmittelbar auf die *grundrechtliche Abwehrfunktion.* Sie vermittelt die Kompetenz darüber zu entscheiden, ob in eine Grundrechtsposition eingegriffen werden darf oder muss (Entschliessungsermessen, Rz. 683) und in welcher Art (Auswahlermessen). Sie stellt hohe Anforderungen an die Fähigkeit zu beurteilen, was in welchem Mass in einem demokratischen Staat als Grundrechtseinschränkung notwendig ist (Rz. 23)[2364]. Die Ausübung dieser Entscheidungsbefugnis bedarf, nach der sorgfältigen *Selektion und Ausbildung* der Befugten, der *Führung,* der Einbindung in eine auf diese Probleme sensibler Rechtsbeziehungen ausgerichteten *Organisationskultur* und der *direkten (auch politischen) Kontrolle.* Der *Rechtsschutz* gegenüber intervenierenden polizeilichen Realakten (Art. 29a BV) ist zu gewährleisten (Rz. 1485 ff.). Daraus ergibt sich, dass die *Auslagerung hoheitlicher polizeilicher Aufgabenbereiche verfassungsrechtlich nicht zulässig* ist[2365].

1312 Die Übertragung *hoheitlicher polizeilicher* Funktionen unterscheidet sich wesentlich von derjenigen anderer teilweise auch hoheitlicher Tätigkeiten wie bspw. im Versicherungswesen, da es hauptsächlich um *intervenierende Realakte* (Rz. 859) geht, die gegenüber Rechtsakten schwerer kontrollierbar, nur einem nachträglichen – teilweise komplizierten – Rechtsschutz (Rz. 905) unterworfen sind und für die bei Wahrnehmung durch Private die Haftung des Staates für rechtswidrige Handlungsweisen im Bund und in einigen Kantonen auch nur eingeschränkt gewährleistet ist.

2361 Art. 34 PolG GR.
2362 Vgl. GUERY, 297.
2363 Vgl. GAMMA, 138 ff.
2364 Vgl. GAMMA, 148 f.
2365 GUERY, 96 f.; KÄLIN/LIENHARD/WYTTENBACH, 94 ff.; gl.M. RAUBER, 208 ff.

III. Zur Übertragbarkeit von Befugnissen zur Erfüllung einzelner Aufgaben

Auch der Übertragbarkeit der Erfüllung einzelner Polizeiaufgaben sind Grenzen gesetzt. Wiederum ist die *Entscheidungsbefugnis massgebendes Kriterium*. Der Entscheid, wer weshalb welchen Grundrechtbeschränkungen auf welche Weise unterzogen wird, ist nicht Privaten zu überlassen, selbst wenn sie in einem Vertragsverhältnis die Polizei unterstützen.

1313

Vertraglich verpflichtete private Sicherheitsdienste streben die Erfüllung eines Sicherheitsauftrages an, nicht aber immer die allseitige Rechtsverwirklichung[2366]. Schon darob kann die schwierige, aber unverzichtbare Ausgewogenheit zwischen Schutz- und Abwehrfunktion der im Einzelfall tangierten Grundrechte in Gefahr geraten.

GAMMA[2367] hält dafür, dass privaten Sicherheitsdiensten die Befugnis zum «ersten Zugriff» zur «Abwendung einer Störung oder unmittelbar drohenden Gefährdung für die öffentliche Sicherheit und Ordnung» unter Einbezug der «Möglichkeit zu gewaltsamen Vorgehensweisen» erteilt werden könne, allerdings beschränkt «auf den unbewaffneten Einsatz». Darin liegen eine Unlogik und mehrere Widersprüche.

1314

Erstens setzt die Annahme eines Anfangsverdachts ein erhebliches strafrechtliches Wissen voraus, das im Gegensatz zu Polizeiangehörigen[2368] bei den meisten Angestellten privater Sicherheitsdienste nicht vorhanden sein dürfte.

Zweitens bedeutet jede Identitätsprüfung (Personenkontrolle, Rz. 386) eine Beschränkung der informationellen Selbstbestimmung (Rz. 456)[2369]. Erfolgt sie wegen des Verdachts, eine Person könnte zur Fahndung ausgeschrieben sein, setzte dies die Kenntnis von oder den Zugang zu Fahndungsdaten voraus, was gegen staatliche Geheimhaltungsverpflichtungen verstossen kann und wiederum datenschutzrechtlich nicht erlaubt ist.

Drittens birgt eine Personenkontrolle typischerweise, namentlich bei einer unmittelbar drohenden Gefährdung der öffentlichen Sicherheit, die Gefahr von Widerstand. Damit kann sich augenblicklich die Notwendigkeit von Zwangsmassnahmen ergeben, im schlimmsten Fall, auch zur Selbstverteidigung, gar zum Androhen oder zum Gebrauch der Waffe führen[2370]. Das Vorenthalten von dem Auftrag angemessenen Eingriffsmitteln kann eine Verletzung der Fürsorgepflicht (in Bezug auf die Sicherheitsbediensteten, Rz. 310, 377)[2371] oder des Untermassverbotes (in Bezug auf die vom gefährdeten Grundrecht abzuwendende Gefahr, Rz. 689, 692, 694 f.) bedeuten.

Ebenso aus Gründen des Datenschutzes, aber auch des Amtsgeheimnisses verfügt das private Sicherheitsunternehmen, viertens, u.U. über keine Funkverbindung zur polizeilichen Einsatzzentrale. Da private Sicherheitsdienste als Beliehene gerade dann und dort eingesetzt würden, wo sich keine Polizeiangehörigen aufhalten, kann eine solche Situation zu einer (mit einem polizeilichen Einsatzkonzept vermeidbaren) Eskalation und zum Ausbleiben einer gebotenen kriminalpolizeilichen Intervention führen.

2366 GUSY, Rz. 161.
2367 GAMMA, 323.
2368 Vgl. betr. die Anforderungen in der eidgenössisch anerkannten Berufsprüfung den Hinweis in Rz. 249.
2369 KÄLIN/LIENHARD/WYTTENBACH, 95.
2370 KÄLIN/LIENHARD/WYTTENBACH, 99.
2371 Bericht SD BS, 28.

1315 Wenn die Kompetenzen beliehener privater Sicherheitsdienste eingeschränkt werden müssen, ist nicht einzusehen, weshalb ihnen dann ausgerechnet jene Befugnisse eingeräumt werden sollen, die (selbst ohne Feuerwaffeneinsatz) zu *irreversiblen* Grundrechtsverletzungen z.B. in Form körperlicher oder psychischer Schäden führen können.

1316 Es trifft nicht zu, dass der Staat seine «Dispositionsbefugnis» über das Gewaltmonopol[2372] behält. Gerade diese verliert er im Falle einer Übertragung der *Entscheidungsbefugnisse*, wenn Private befinden, ob, weshalb und gegebenenfalls wie Grundrechtspositionen eingeschränkt werden.

1317 Daraus folgt, dass wegen der hohen Anforderungen des mehrseitigen Grundrechtsschutzes (Verdächtige, potentielle Opfer, Dritte, Sicherheitsbedienstete selber[2373]) und des wirkungsvollen Schutzes der öffentlichen Sicherheit die Übertragung der (Entscheidungs-)Befugnisse polizeilicher Massnahmen und insbesondere polizeilichen Zwanges an Private rechtlich bedenklich und nicht zweckmässig ist.

Das gilt auch für den Transport von Häftlingen oder die Führung von Polizeigefängnissen durch private Organisationen[2374]. Die Gefangenen befinden sich in einem Sonderstatusverhältnis, in dem spezifische Grundrechtskonstellationen relevant sind[2375]. Eskalationen auch bei scheinbar «unproblematischen» Gefangenen sind jederzeit möglich.

1318 Aus den gleichen Gründen – gegen den Willen der Betroffenen – steht weder die *Entscheidung* über die *Untersuchung der Körperoberfläche* und der einsehbaren *Körperöffnungen* (v.a. Mund), noch über die *selbständige Durchsuchung von Kleidern,* die Personen tragen, und von Taschen und andern Behältnissen, die sie mit sich führen, privaten Sicherheitsdiensten zu. Beeinträchtigt werden die persönliche Freiheit, die Privat- und die Intimsphäre (Art. 10 Abs. 2, 13 Abs. 1 BV; Rz. 441, 1366), was wiederum hohe Anforderungen an das Entschliessungs- und Auswahlermessen stellt (Rz. 682 f.)[2376].

Zulässig ist demgegenüber die Abnahme von gefährlichen Gegenständen bspw. bei der Zutrittskontrolle zu einer Veranstaltung nach den Anordnungen (Liste) der Polizei oder gemäss Vertragsbedingungen (Rz. 1367).

1319 Ebenso kann die Kompetenz zu *Entscheidungen* über die *Durchsuchung von Räumen* nicht Privaten übertragen werden. Eigentumsgarantie (Art. 26 Abs. 1 BV; Rz. 559 ff.)

2372 GAMMA, 316.
2373 Zum Vergleich Art. 79 StGB: «Der Strafvollzug hat … dem Schutz der Allgemeinheit, des Vollzugspersonals und der Mitgefangenen angemessen Rechnung zu tragen».
2374 KÄLIN/LIENHARD/WYTTENBACH, 100 f. Die Zentrale Ausnüchterungsstelle in Zürich (ZAS) steht unter polizeilicher Leitung, eine private Organisation unterstützt die Polizei bei der Gewährleistung der Sicherheit (Mediencommunique des Polizeidepartementes der Stadt Zürich v. 3. März 2010; URL: http://www.stadt-zuerich.ch/pd/de/index/das_departement/medien/medienmitteilung/2010/maerz/100310a.html, zuletzt besucht: 11.1.2011).
2375 Vgl. die Einschränkungen hinsichtlich des Strafvollzuges durch privat geführte Anstalten und Einrichtungen in Art. 379 StGB.
2376 KÄLIN/LIENHARD/WYTTENBACH, 102 f.; MOHLER, Zutrittskontrollen, 75 ff., 80.

und das Grundrecht der Unverletzlichkeit der Wohnung, der Privatsphäre sprechen gegen die Möglichkeit der Übertragung dieser Entscheidungsbefugnisse[2377].

Bei *Wegweisungen und Fernhaltemassnahmen* ist zwischen *individualisierenden* und *nicht individualisierenden* Massnahmen zu unterscheiden. Verfügungen, ob generell-konkret oder individuell-konkret, stehen ohnehin ausschliesslich Justiz- und Verwaltungsbehörden zu, da sie regelmässig erheblich grundrechtsrelevant sind[2378]. Geht es um *generelle Wegweisungen oder Fernhaltemassnahmen* bspw. von Unfallorten oder wegen einer drohenden Gefahr, stehen einer Übertragung solcher einzelner, definierter Erfüllungsaufgaben an private Organisationen keine rechtlichen Gründe entgegen, soweit diese Privaten dafür geeignet und – ausser dem Zurückhalten – keine darüber hinausgehenden Zwangsmassnahmen erforderlich sind, andernfalls die Polizei zuzuziehen ist. Daher können private Sicherheitsdienstleister bei hohem Konfliktpotential, bspw. für Absperrungen im Kontext von Demonstrationen mit (der Gefahr von) Ausschreitungen, nicht eingesetzt werden[2379].

Individualisierte Wegweisungen und Fernhaltungen sind demgegenüber aus der grundrechtlichen Perspektive anspruchsvoll: Dem Schutz der öffentlichen Sicherheit oder der Grundrechte Dritter stehen die persönliche Freiheit (Art. 10 Abs. 2 BV; Rz. 379 ff.) und die Versammlungs-, ev. die Meinungs- und Informationsfreiheit (Art. 22, 16 BV; Rz. 466, 490 ff.) gegenüber, zudem sind das Rechtsgleichheitsgebot und das Diskriminierungs- und Willkürverbot (Art. 8, 9 BV; Rz. 332 ff., 350 ff., 551 ff.) ebenso wie datenschutzrechtliche Grenzen zu beachten, insgesamt Anforderungen, die einer Übertragung der entsprechenden Kompetenz an Private unzugänglich sind.

IV. Zur Übertragung von Befugnissen des Sanktionsmonopols

Verschiedene Gemeinwesen haben private Organisationen mit Kontrollen des ruhenden Verkehrs oder besonderer Bereiche der öffentlichen Ordnung (z.B. Unratbekämpfung) und damit das Verhängen von *Ordnungsbussen* im Widerhandlungsfall an Private übertragen. Die verbreitete Annahme, dies sei problemlos, trügt, da einerseits die richtige Anwendung des Ordnungsbussenregimes allein für den ruhenden Verkehr schwierig sein und es auch diesbezüglich mitunter zu Widerstand und einer Eskalation kommen kann.

> Die Ordnungsbussenverordnung des Bundes enthält für den Bereich des *ruhenden Verkehrs* (derzeit) nicht weniger als 143 unterschiedliche Tatbestände mit ebenso unterschiedlichen einzelnen Bussbeträgen zwischen 40 und 120 Franken, die nach Art. 1 Abs. 2 OBG bis zum Gesamtbetrag von 300 Franken zusammengezählt werden können.
>
> Sofern die *Entscheidungsbefugnis,* ob eine und gegebenenfalls welche Ordnungsbusse zu verhängen sei, durch eindeutige Tatbestände und eine klare gesetzlich gestützte Reglementierung *eingeschränkt* wird, zudem die Grundsätze der Rechtsgleichheit, des

---

2377 KÄLIN/LIENHARD/WYTTENBACH, 103 f.
2378 KÄLIN/LIENHARD/WYTTENBACH, 108.
2379 KÄLIN/LIENHARD/WYTTENBACH, 109.

Diskriminierungs- und Willkürverbotes verdeutlicht werden sowie hinreichende Ausbildung, Aufsicht und Kontrolle durch die beauftragende Behörde sichergestellt sind, erscheint dies rechtlich vertretbar. Bedingungen sind, dass

- eine verhängte Ordnungsbusse durch einfache schriftliche oder mündliche Erklärung oder konkludentes Verhalten (Nichtbezahlen innert Frist) gebührenfrei angefochten werden kann und
- die behördlich Beauftragten durch eine Uniform oder eine andere leicht feststellbare Kennzeichnung als solche erkennbar sind und sich ausweisen können[2380].

§ 27 Aktuelle Regelungen für die Übertragung hoheitlich polizeilicher Befugnisse an Private

A. Vorbemerkung: Ökonomische Begründungen

1324 Die Übertragung bestimmter polizeilicher Aufgaben an Private wird zumeist ökonomisch begründet (vgl. aber Rz. 1327). Private Organisationen wirtschafteten kostengünstiger als staatliche. Wie bei eigentlichen Privatisierungen[2381] bisher staatlich wahrgenommener Aufgaben ist dies jedoch keineswegs zwingend, wie die Diskussionen über die Privatisierung der Elektrizitätswirtschaft oder der Gebäudeversicherungen beweisen[2382]. Auch das für andere Verwaltungstätigkeiten (z.B. Technologie) etwa angeführte Argument des grösseren Fachwissens der privatwirtschaftlichen Unternehmen dürfte im Aufgabengebiet der exekutiven Polizei kaum zutreffen.

Mit der zunehmenden Angleichung der arbeitsrechtlichen Verhältnisse des Staates an jene der Privatwirtschaft (Aufhebung des Beamtenstatus, kündbare Anstellungsverträge mit vergleichbaren Kündigungsfristen)[2383] verringern sich diese Unterschiede (solche können bei den Aufwendungen für die Altervorsorge relevant sein).

Im Vergleich schwerer kalkulierbar sind die Kostendifferenzen im Zusammenhang mit den Anforderungsprofilen bei Einstellungen und hinsichtlich der Ausbildung (und Ausrüstung). So gebietet die korrekte Anwendung des Ordnungsbussensystems im ruhenden Verkehr (Rz. 1322) eine vertiefte Ausbildung. Zudem wird der Koordinationsaufwand zwischen Polizei und privaten Diensten und der bei nicht genügend ausgebildeten Angehörigen privater Dienste möglicherweise grössere Kontrollaufwand (systematisch und bei Beschwerden) kaum errechnet.

2380 Vgl. Art. 4 OBG.
2381 LIENHARD, 1165 ff.; TSCHANNEN, Privatisierung, 209 ff.; ÜBERSAX, 398 ff.
2382 Vgl. ÜBERSAX, 402 f.
2383 Vgl. z.B. Art. 6 Abs. 2 BPG («Soweit dieses Gesetz und andere Bundesgesetze nichts Abweichendes bestimmen, gelten für das Arbeitsverhältnis sinngemäss die einschlägigen Bestimmungen des Obligationenrechts [OR]).»

B. Bundesrecht

I. Die rechtlichen Voraussetzungen für eine Aufgabenübertragung

1. Art. 178 Abs. 3 BV

Nach Art. 178 Abs. 3 BV können Verwaltungsaufgaben (des Bundes) Organisationen und Personen des öffentlichen oder des privaten Rechts übertragen werden, die ausserhalb der Bundesverwaltung stehen[2384]. Diese Verfassungsnorm gilt von ihrer systematischen Einordnung her[2385] nicht für die kantonalen Verwaltungen, zeitigt jedoch in der praktischen Umsetzung Wirkung auch in den Kantonen (Rz. 1330, 1341). 1325

Die Regelung ist rudimentär[2386]; einzige explizite Voraussetzung ist, dass eine Ermächtigung zur Aufgabenübertragung in einem formellen Gesetz geregelt sein muss[2387]. 1326

Neben dieser formellen Anforderung sind indessen weitere *materiell-verfassungsrechtliche Rahmenbedingungen*, die im Gegensatz zur formellen Bedingung von Art. 178 Abs. 3 BV generell gelten, zu beachten[2388]: 1327

- Die Aufgabenübertragung muss im *öffentlichen Interesse* liegen, also zumindest *geeignet* (verhältnismässig) sein, die Ziele der gestellten Aufgaben zu erreichen. Dabei ist nicht nur das «Ob» von Bedeutung, sondern ebenso sehr das «Wie» (dazu nachfolgend). In ökonomischer Hinsicht (vgl. Rz. 1324) kann sich das öffentliche Interesse nicht in einer bloss billigeren Möglichkeit erschöpfen, dieses liegt in einem *insgesamt* besseren Leistungs-/Preisverhältnis.
- Der *Grundrechtsschutz* durch die Beauftragten (Art. 35 Abs. 2 BV) muss gewährleistet sein.
- Der *Rechtsschutz* muss gleichwertig mit demjenigen bei Handlungen von staatlichen Bediensteten und[2389]
- die *Aufsicht* ebenso gleichwertig wie bei staatlicher Aufgabenerfüllung sichergestellt sein.
- Die *Haftung des Staates* für rechtswidrige Handlungen privater Beauftragter sollte demjenigen für fehlerhaftes Handeln von Staatspersonal gleichgestellt sein[2390] (vgl. aber die Ungleichheiten, Rz. 1597 ff., 1613 ff.).

2384 Botschaft VE 96, 408 f.; RAUBER, 148.
2385 3. Kapitel: Bundesrat und Bundesverwaltung.
2386 BIAGGINI, SGK zu Art. 178, Rz. 28.
2387 BIAGGINI, Komm. zu Art. 178, N. 23; DERS., SGK zu Art. 178, Rz. 32; DERS., Auslagerung, 150.
2388 Vgl. auch Bericht Sicherheitsfirmen, 651 ff.
2389 Botschaft VE 96, 499.
2390 Vgl. BIAGGINI, Komm. zu Art. 178, N. 27; DERS., SGK zu Art. 178, Rz. 34; DERS., Auslagerung, 151.

2. Die Verordnung über den Einsatz privater Sicherheitsdienste durch den Bund (VES)

1328 Die *Mindestvoraussetzungen an private Sicherheitsfirmen,* die von Bundesbehörden eine Schutzaufgabe in der Schweiz oder im Ausland übertragen erhalten, sind in der VES festgelegt. Die VES hat keine gesetzliche Grundlage und die von ihr aufgestellten Voraussetzungen (Art. 5 Abs. 1) sind vage. Die VES soll dereinst durch das PolAG ersetzt werden (vgl. Art. 91 ff. VE PolAG)[2391]. Näheres dazu in Rz. 1349.

II. Die *gesetzlichen Ermächtigungsbestimmungen für den Einsatz privater Sicherheitsdienste*

1. Allgemeine Hinweise

1329 Quasi als *venire contra scriptum proprium* wird trotz des Ausschlusses organisatorischer Auslagerungen polizeilicher Aufgaben und weiterer Einschränkungen von Delegationsmöglichkeiten bzw. grundrechtsbezogener Bedenken im Bericht über die privaten Sicherheitsfirmen ausgeführt, es sei *fallweise* zu prüfen, «ob eine Tätigkeit im Polizei- bzw. Sicherheitsbereich zu den staatlichen Kernaufgaben gehört, deren Privatisierung faktisch ausgeschlossen ist, oder ob es sich um einen privatisierbaren Randbereich handelt»[2392]. Als Beispiele für die Möglichkeit der Delegation von Zwangsbefugnissen werden dann das ZAG und das BGST angeführt. Bei beiden kann keine Rede davon sein, dass es sich um «Randgebiete» handle oder dass durch diese generell-abstrakten Normen Einzelfälle geregelt würden. In gleicher Weise sieht auch der Vorentwurf zu einem Polizeiaufgabengesetz des Bundes die grundsätzliche Möglichkeit der Übertragung von Aufgaben unter Einschluss der Anwendung polizeilichen Zwanges vor[2393].

1330 Durch diese Rechtslage tangiert der Bund in erheblicher Weise die kantonale Polizeihoheit, da die vom Bund beauftragten privaten Dienste – abgesehen von Aufgaben innerhalb von Bundesliegenschaften – ja ausschliesslich in kantonalen Territorien tätig sind und die Anforderungen der VES hinter denen der meisten Kantone und denjenigen der beiden Konkordate deutlich zurück bleiben. Die Kantone müssen es also hinnehmen, dass vom Bund beauftragte private Unternehmen, die u.U. keine kantonale Bewilligung erhalten hätten, auf ihrem Gebiet sicherheitspolizeiliche, also hoheitliche Tätigkeiten ausüben.

2391 Praktisch gleich lautend Art. 95 VE PolAG; Erl. Bericht, 71 f.
2392 KÄLIN/LIENHARD/WYTTENBACH, a.a.O.
2393 Erläuternder Bericht zum PolAG, 76: «Bedingt dagegen die Ausführung der Schutzaufgabe die Anwendung von polizeilichem Zwang oder polizeilichen Massnahmen oder beabsichtigt die Behörde, die Dienste einer ausländischen Sicherheitsfirma in einem Risiko- oder Konfliktgebiet in Anspruch zu nehmen, so muss sie eine gründlichere Prüfung vornehmen und beispielsweise die Vorlegung bestimmter Unterlagen, wie Bewilligungen, Verhaltenskodex oder Schulungsprogramm verlangen.»

2. Die einzelnen gesetzlichen Ermächtigungen

a) Bundesgesetz über die Anwendung polizeilichen Zwangs und polizeilicher Massnahmen im Zuständigkeitsbereich des Bundes (ZAG)

Wie bereits erwähnt, erlaubt Art. 2 Abs. 1 lit. e ZAG[2394], dessen Verfassungsgrundlage ohnehin zweifelhaft ist[2395], die Übertragung polizeilicher Zwangsbefugnisse an Private, die von (den in lit. a–d abschliessend aufgezählten) «Behörden für die Erfüllung ihrer Aufgaben beigezogen werden». Dadurch wird ausdrücklich ermöglicht, dass polizeiliche Zwangsmassnahmen, die zum Kernbereich, zu den nicht übertragbaren «Polizei- und Ministerialaufgaben» (Rz. 1304 f.) gehören, von Angehörigen privater Dienste in eigener Kompetenz getroffen werden können.

1331

b) Bundesgesetz über die Wahrung der inneren Sicherheit (BWIS)

Art. 22 Abs. 2 BWIS ermächtigt den Bundesrat, «für den Schutz der Behörden und der Gebäude des Bundes sowie der Personen und Gebäude, für welche der Bund völkerrechtliche Schutzpflichten erfüllen muss», auch private Schutzdienste einzusetzen. Das entspricht einer *Beleihung*[2396]; die privaten Schutzdienste sind demzufolge Beliehene[2397]. Verfassungsrechtlich unproblematisch ist diese Regelung, soweit private Sicherheitsdienste im Auftrag der zuständigen Bundesbehörde innerhalb von Bundesliegenschaften ihre Tätigkeit ausüben. Nicht nur verfassungsrechtlich problematisch ist indessen die Wahrnehmung völkerrechtlich gebotenen Schutzes von Personen und Gebäuden, da diese Aufgabe in jedem Fall in enger Absprache mit den kantonal zuständigen Polizeidiensten erfolgen muss. Dazu gehört auch die verzugslose Kommunikation, wozu der Polizeifunk dient, der jedoch den privaten Diensten wegen des Amtsgeheimnisses (staatliche Geheimhaltungspflichten) und des Datenschutzes gerade nicht zur Verfügung gestellt werden kann. Daraus ergibt sich die Frage eines Verstosses gegen das Untermassverbot (Rz. 696)[2398].

1332

2394 «¹Dieses Gesetz gilt:
 a. für alle Bundesbehörden, die bei der Erfüllung ihrer Aufgaben polizeilichen Zwang oder polizeiliche Massnahmen anwenden müssen;
 b. für alle kantonalen Behörden, die im Bereich der Ausländer- und der Asylgesetzgebung polizeilichen Zwang oder polizeiliche Massnahmen anwenden müssen;
 c. für alle kantonalen Behörden, die im Zusammenwirken mit den Strafbehörden des Bundes polizeiliche Aufgaben im Bereich der Bundesgerichtsbarkeit wahrnehmen;
 d. für alle kantonalen Behörden, die im Auftrag einer Bundesbehörde Personen mit Freiheitsbeschränkungen transportieren;
 e. für Private, die von diesen Behörden für die Erfüllung ihrer Aufgaben beigezogen werden.»
2395 SEILER, ZSR 2010, 430.
2396 Eine Beleihung ist nicht einer Konzession gleichzusetzen: TSCHANNEN/ZIMMERLI/MÜLLER, § 45, Rz. 21 f.
2397 HÄFELIN/MÜLLER/UHLMANN, Rz. 1512 ff.; GAMMA, 310; TSCHANNEN/ZIMMERLI/MÜLLER, § 10, Rz. 12 ff.
2398 Vgl. SCHWEIZER/SCHEFFLER/VAN SPYK, Gutachten VBS, 140 ff.

c) Bundesgesetz über die Sicherheitsorgane der Transportunternehmen im öffentlichen Verkehr (BGST)[2399]

1333 Das BGST sieht neben der «SBB-Polizei» als Transportpolizei[2400], deren Angehörige amtlich in Pflicht genommen werden, einen auf private Organisationen übertragbaren Sicherheitsdienst (Art. 5 Abs. 5 BGST) mit Zwangsbefugnissen (Art. 4 Abs. 1 und Art. 5 f.) vor[2401]. Das PBG erlaubt den (auch privaten) Transportunternehmen, die Bearbeitung besonders schützenswerter Daten und von Persönlichkeitsprofilen, soweit für den Sachbereich erforderlich, «Dritten» zu übertragen (Art. 54 Abs. 2 PBG) und private Sicherheitsdienste mit der Videoüberwachung zu beauftragen (Art. 55 Abs. 1 f. PBG).

1334 Nach Art. 4 Abs. 1 BGST können nicht nur Angehörige der Transportpolizei, sondern auch die von den (teilweise privaten) Transportunternehmen eingesetzten privaten Sicherheitsorgane[2402] Ausweise kontrollieren, Personen befragen, anhalten und wegweisen. Als massgebend wird für die Ausübung polizeilichen Zwangs das Zwangsanwendungsgesetz bezeichnet (Art. 4 Abs. 5 f. BGST), wiewohl diese Transportunternehmen keine der in Art. 2 Abs. 1 lit. a–d ZAG abschliessend aufgeführten Behörden sind (Rz. 1331).

1335 Zweifellos kann die Gewährleistung der Sicherheit in den öffentlichen Transportmitteln nicht als Randbereich bezeichnet werden. Abgesehen von der nur den Angehörigen der Transportpolizei zustehenden Berechtigung, Feuerwaffen einzusetzen[2403], bestehen de facto zwischen den privaten Sicherheitsdiensten und der Polizei keine Unterschiede hinsichtlich der polizeilichen Zwangsbefugnisse.

d) Bundesgesetz über die Luftfahrt (LFG)

1336 Anders als in den zuvor diskutierten Sach- und Rechtsbereichen kommt dem Bund die alleinige Rechtsetzungsbefugnis im Bereich der Luftfahrt zu (Art. 87 BV), die sich wegen der starken internationalen Verflechtung aus seiner aussenpolitisch umfassenden Kompetenz ergibt.
Art. 40 LFG sieht vor, den Flugsicherungsdienst einer nicht gewinnorientierten, gemischtwirtschaftlichen Aktiengesellschaft zu übertragen. Diese, die *skyguide* Schweizerische Aktiengesellschaft für zivile und militärische Flugsicherung, «kann unter ihrer Verantwortung einzelne Aufgaben durch Dritte durchführen lassen» (Art. 2 Abs. 2 VSFD). Die *skyguide* AG hat Luftpolizeiaufgaben (Art. 5 und 6 VWL; vgl. Rz. 1237).

2399 Vgl. zum BGST auch Rz. 207 und 1531 ff.
2400 Das Personal der SBB ist dem Bundespersonal gleichgestellt (Art. 15 Abs. 1 SBBG, Art. 2 Abs. 1 BPG).
2401 Vgl. MOHLER, BGST, *passim*.
2402 Von den qualitativen Anforderungen an die privaten Dienste her ist die VES massgebend (Art. 7 Abs. 1 VST).
2403 Nach der hier vertretenen Auffassung entspricht die Feuerwaffenregelung in einer Verordnung Art. 36 Abs. 1 BV nicht.

C. Interkantonales und kantonales Recht

I. Interkantonales Recht

Für den interkantonalen Transport von Häftlingen wurde mit einer Arbeitsgemeinschaft ein Vertrag geschlossen, der eine private Sicherheitsfirma mit den eigentlich polizeilichen Aufgaben betraut (Rz. 265). Diese Vereinbarung in der Form eines Vertrages zwischen der KKJPD und der Arbeitsgemeinschaft, teilweise als Verwaltungsvereinbarung unter den Kantonen, hat, soweit ersichtlich, nur in wenigen Kantonen[2404] nachträglich eine gesetzliche Grundlage erhalten.

1337

II. Kantonales Recht

Mit Ausnahme des Kantons Graubünden[2405] erlaubt kein Kanton in seinem Polizeigesetz die Übertragung selbständig zu erfüllender hoheitlich polizeilicher Aufgaben mit Zwangscharakter. Einige Kantone verbieten dies ausdrücklich[2406].

1338

In drei Kantonen ist es zulässig, Verkehrsregelung Privaten zu übertragen[2407], in einem Kanton ausschliesslich die Überwachung des ruhenden Verkehrs (einschliesslich Erhebung von Ordnungsbussen)[2408].

1339

> Das bedeutet allerdings nicht, dass nicht dennoch private Sicherheitsdienste – vorwiegend im Auftrag von Gemeinden – im öffentlichen Raum präsent sind und patrouillieren, ohne jedoch über polizeiliche Befugnisse wie die Durchführung von Personenkontrollen zu verfügen (vgl. Rz. 1342).

D. Ergebnis

Die *Kantone*, denen die *Polizeihoheit* grundsätzlich zukommt, erlauben, mit Ausnahme von Graubünden, die Übertragung polizeilicher Befugnisse, d.h. der imperativen Anordnungen oder gar der Anwendung unmittelbaren Zwangs, an Private nicht.

1340

Der *Bund* mit seiner *sicherheitspolizeilich fragmentarisch sehr beschränkten Zuständigkeit* (Rz. 223) legt in konträrer Weise fest, dass die Erfüllung polizeilicher Aufgaben in dem von ihm beanspruchten *gesetzgeberischen* Zuständigkeitsbereich (Art. 1 ZAG) – ohne gesetzliche Begrenzung der Befugnisse – von den für den Gesetzesvollzug zuständigen *Verwaltungs*behörden Privaten übertragen werden darf (Art. 2 Abs. 1 lit. e ZAG).

1341

Wie erwähnt können weder der Schutz der Behörden und der Gebäude des Bundes sowie der Personen und Gebäude, für welche der Bund völkerrechtliche Schutz-

---

[2404] Z.B. Art. 42 PolG AR (Delegationsnorm); Art. 20 Abs. 2 PolG SG (Delegationsnorm).
[2405] Art. 34 PolG GR.
[2406] § 27 PolG AG; Art. 59 Abs. 2 PolG UR; § 3 PolG ZG.
[2407] Art. 22 PolG AI; § 52 PolG BL; Art. 20 Abs. 1 PolG SG (in besonderen Fällen).
[2408] Art. 7 PolG BE.

pflichten erfüllen muss (Art. 22 Abs. 1 und 2 BWIS[2409]; Rz. 1332), noch die Gewährleistung von Sicherheit im öffentlichen Transportwesen (Rz. 1333) als Randbereiche oder als Einzelfalllösungen bezeichnet werden. Diese Regelung rührt daher, dass die Verfassungslage dem Bund keine eigene Sicherheitspolizei zugesteht[2410], und er sich nicht mehr auf die ausreichenden polizeilichen Leistungen der Kantone[2411] verlassen kann. Das vermeintliche Umgehen eines verfassungsrechtlichen Problems (keine Bundessicherheitspolizei, keine genügende Leistung der Kantone) durch eine dem Gewaltmonopol und damit dem materiellen Verfassungsrecht widersprechende Verwendung Privater für *Kernaufgaben der Sicherheitsgewährleistung* geht nach der hier vertretenen Auffassung nicht an[2412]. Sie trägt auch nicht zum (vordergründig vorgegebenen) Erhalt der kantonalen Polizeihoheit bei, sondern verletzt diese schon dadurch, dass mit einer Ausnahme ein solcher Einsatz Privater überhaupt nicht erlaubt bzw. gesetzlich verboten ist, zudem damit, dass möglicherweise Unternehmen eingesetzt werden, welche den (inter-)kantonalen Anforderungen nicht entsprechen. Das Gewaltmonopol wird erodiert.

§ 28 Wahrnehmung *nicht hoheitlicher* Sicherheitsaufgaben durch Private und ihre Voraussetzungen

A. Allgemeine Hinweise

1342   In den vergangenen rund 20 Jahren hat sich ein grosser Bedarf an Sicherheitsdienstleistungen verschiedener Art gebildet, was sich in der Zunahme der Unternehmen in diesem Markt reflektiert.

> Die Aufgaben reichen vom periodischen Kontrollieren vorübergehend nicht bewohnter Gebäude über vielfältige Dienste innerhalb von Fabrikanlagen bis zu Überwachungsaufgaben im öffentlich zugänglichen Raum bspw. in Einkaufszentren oder von ganzen Gemeindegebieten[2413].

1343   Bei dieser offenkundig grossen Differenz zwischen Bedarf an Sicherheit und Sicherheitsleistung stellt sich die Frage nach der Bedeutung der programmatischen (nicht

---

2409   Art. 22 BWIS (u.a.) soll aufgehoben und durch ein späteres PolAG (Art. 4 Abs. 1 und 91 ff. VE PolAG) ersetzt werden.
2410   GAMMA, 18, 183.
2411   In Bezug auf den Schutz von Bundeseigentum entgegen Art. 62e RVOG, wonach die Kantone dem Bund für Schäden an dessen Eigentum infolge von Störungen der öffentlichen Ordnung haften.
2412   Gl.M. GAMMA, 155 f.; vgl. aber 200 (es gebe keine impliziten Verfassungsvorbehalte gegenüber Auslagerungen und somit keine verfassungsrechtlich auslagerungsunfähigen Staatsaufgaben); a.A. KÄLIN/LIENHARD/WYTTENBACH, 94 ff.
2413   Im Kanton Aargau patrouillieren nach einer Mitteilung des Regierungsrates in 52 Gemeinden private Sicherheitsdienste; Aargauer Zeitung online v. 7. Januar 2011 (URL: http://www.aargauerzeitung.ch/aargau/jede-vierte-gemeinde-setzt-auf-private-sicherheitsfirmen-103246506; zuletzt besucht: 30.8.2011).

justizablen)[2414] Bestimmung von Art 45*a* Abs. 5 BV, wonach – im Verhältnis von Bund und Kantonen – staatliche Aufgaben bedarfsgerecht und wirtschaftlich zu erfüllen seien.

Der *service publique* im Sinne einer sicherheitsmässigen Grundversorgung durch die Inhaber der Polizeihoheit scheint deutlich hinter dem Bedarf zurückzubleiben. Immerhin hat es der Souverän in der direkten Demokratie in der Hand, mehrheitlich als notwendig erachtete Korrekturen vorzunehmen.

Da noch nicht in allen Kantonen Vorschriften über die Zulassung privater Sicherheitsdienste in Kraft sind und zudem keine gesamtschweizerische Statistik besteht, sind Angaben über den Umfang der Marktteilnehmer ungenau. Geschätzt wird, dass ungefähr 13 000 Personen voll- oder teilzeitlich in diesem Gewerbe tätig sind. Damit sind auch Risiken (z.B. Auseinandersetzungen, Zugang zur Privatsphäre) verbunden, die ihrerseits zum Schutz der Grundrechte (Art. 35 Abs. 3 BV) einen Regelungsbedarf hervorrufen[2415]. 1344

B. Die Regelungen der Voraussetzungen für das Sicherheitsgewerbe

Die Mehrheit der Kantone verfügt über gesetzliche Bestimmungen, mindestens als Delegationsnormen, in denen eine *Bewilligungspflicht* und die zum Erhalt der Bewilligung notwendigen Voraussetzungen und Auflagen stipuliert sind. Während die Anforderungen in der deutschsprachigen Schweiz unterschiedlich sind, wurden sie in der lateinischen Schweiz durch ein Konkordat bereits 1996 harmonisiert (Rz. 262). 1345

Die KKJPD hat ihrerseits im November 2010 ein Konkordat zur Angleichung der Anforderungen an private Sicherheitsunternehmen mehrheitlich angenommen und zum Beitritt eingeladen (vgl. Rz. 263). 1346

Da die Westschweizer Kantone an ihrem strenger gefassten Vertragswerk festhielten, ist die angestrebte Harmonisierung auf diesem Weg schon im Ansatz gescheitert.
Die beiden Konkordate weisen teilweise deutliche Unterschiede auf, was zu einer zusätzlichen Rechtszersplitterung beiträgt (vgl. auch Rz. 235, 599). Erhebliche Unterschiede bestehen ebenso gegenüber der VES, die weit geringere Anforderungen stellt. Diese Verordnung stellt jedoch keine Rechtsgrundlage für gewerbepolizeiliche Bewilligungen (zur Ausübung privater Sicherheitsdienstleistungen) dar, sondern regelt ausschliesslich die Voraussetzungen für eine Übertragung von Befugnissen zu polizeilichen Massnahmen durch und für den Bund. 1347

Festzuhalten ist, dass die Anforderungen an Private, denen vom Bund die Befugnisse zu polizeilichen Zwangsmassnahmen übertragen werden sollen, nicht geringer sein dürfen als für Polizeiangehörige[2416]. Massstab ist dafür auch internationales *soft law,* das von Gerichten zur Beurteilung der hinreichenden Qualifikation herangezogen wird (Rz. 29, 1348

2414 SCHWEIZER/MÜLLER, SGK zu Art. 43*a*, Rz. 24.
2415 Vgl. FN 2355, 2418.
2416 EGMR, Acar and others v. Turkey, §§ 84, 86.

65). Geht es um die hoheitliche, allseits rechtmässige Beschränkung von Grundrechten, kann es nicht darauf ankommen, ob die Organe Angehörige einer staatlichen Behörde oder von einer beauftragten privaten Organisation sind (Art. 35 Abs. 3 BV)[2417, 2418].

1349 Eine Gegenüberstellung dieser überkantonalen Regelungen ergibt das folgende Bild:

Kriterium	KKJPD (12.11.2010)	LKJPD (3.7.2003)	Vgl. mit VES/VE PolAG
Betriebsführung: Betriebsverantwortliche			
1. Nationalität	CH, EU, EFTA, Drittausländer mit Niederlassungs- oder Aufenthaltsbewilligung	CH, EU, EFTA, Drittausländer mit Niederlassungsbewilligung	keine Beschränkungen (auch für den Einsatz in der Schweiz nicht)
2. Rechtsfähigkeit	handlungsfähig	handlungsfähig	–
3. Bonität[2418]	–	zahlungsfähig, keine definitiven Verlustscheine	zahlungsfähig
4. Seriosität	mit Blick auf ihr Vorleben und ihr Verhalten für diese Tätigkeit als geeignet erscheinend; keine im Strafregister erscheinenden Vorstrafen wegen eines Verbrechens oder Vergehens	durch ihr Vorleben, ihren Charakter und ihr Verhalten, ihre Ehrenhaftigkeit in Bezug auf das geplante Tätigkeitsumfeld vollständig gewährleistet	guter Ruf und ihre Seriosität sind hinreichend nachgewiesen, namentlich durch die Anwendung eines Verhaltenskodexes, ihre Felderfahrung, vorhandene Referenzen oder ihre Mitgliedschaft in einer Berufsvereinigung (VE PolAG nur unbed. red. Unterschiede)

2417 Das Konkordat der Lateinischen Justiz- und Polizeidirektoren wird durch deren Richtlinien über die Prüfung über die Kenntnisse der auf die Sicherheitsunternehmen anwendbaren Gesetzgebung (2004), betreffend die Bewilligung für den Einsatz von Hunden durch das Sicherheitspersonal (2004), betreffend die Weiterbildung des Sicherheitspersonals (2004), betreffend die Weitergabe von Tätigkeiten, die dem Konkordat über die Sicherheitsunternehmen unterliegen (2008), und eine allgemeine Richtlinie vom 28. Mai 2009 ergänzt bzw. präzisiert.

2418 Das Verwaltungsgericht BS hat im Urteil 782/2008 (15.5.2009), E 3.4, festgestellt, dass Betreibungen und Verlustscheine von über einer halben Million Franken einem guten Leumund, der für das Sicherheitsgewerbe relevant sei, widersprächen. Ferner hat es in E 4 auf die Bedeutung des Unterschiedes hingewiesen, ob im Gesetz auf das Vorliegen oder Nichtvorliegen von Betreibungen oder Verlustscheinen für die Erteilung oder den Entzug einer Bewilligung abgestellt werde (BJM 2010, 320 ff.).

Kriterium	KKJPD (12.11.2010)	LKJPD (3.7.2003)	Vgl. mit VES/VE PolAG
5. Betriebsführungsfähigkeit	theoretische Grundausbildung zum Führen eines Sicherheitsunternehmens erfolgreich absolviert	mit Erfolg die Prüfung über die Kenntnisse der anwendbaren einschlägigen Gesetzgebung abgelegt, spezielle Richtlinie	VES: verfügt über eine Bewilligung zur Ausübung einer Tätigkeit im Sicherheitsbereich, wie sie das anwendbare Recht vorschreibt VE PolAG: keine entspr. Bestimmung
Betriebsbewilligung			
6. Haftpflichtversicherung	Betriebshaftpflichtversicherung mit einer Deckungssumme von mindestens drei Millionen Franken besteht	Haftpflichtversicherung mit einer Deckungssumme von mindestens drei Millionen Franken abgeschlossen	Haftpflichtversicherung mit einer dem Risiko entsprechenden Deckungssumme abgeschlossen
7. Selektion, Ausbildung und Führung von Personal	Gewährleistung, dass die Sicherheitsangestellten für die ihnen übertragenen Aufgaben hinreichend ausgebildet sind und regelmässig weitergebildet werden	siehe Ziff. 4 der speziellen Richtlinie	ausreichende Garantien hinsichtlich Rekrutierung, Ausbildung und Kontrolle ihres Sicherheitspersonals; verfügt über ein angemessenes internes Kontrollsystem, das sicherstellt, dass ihr Personal die gebotenen Verhaltensstandards einhält und dass bei Fehlverhalten Disziplinarmassnahmen ergriffen werden
Einsatz von Diensthunden			
8. Ausbildung von Hundeführern	Einer Person wird bewilligt, bei der Ausübung von Sicherheitsdienstleistungen einen Diensthund einzusetzen, wenn sie ausgebildet ist	Bewilligung wird nur erteilt, wenn durch einen Eignungstest erwiesen ist: a) dass der Hundeführer fähig ist, seinen Hund zu führen; ... spezielle Richtlinie	–

Kriterium	KKJPD (12.11.2010)	LKJPD (3.7.2003)	Vgl. mit VES/VE PolAG
9. Ausbildung von Hunden	Einer Person wird bewilligt, bei der Ausübung von Sicherheitsdienstleistungen einen Diensthund einzusetzen, wenn er ausgebildet ist	Bewilligung wird nur erteilt, wenn durch einen Eignungstest erwiesen ist: b) dass der Hund für den Einsatz bei Tätigkeiten im Sinne des Konkordats ausgebildet ist, spezielle Richtlinie	–
10. Inhaltliche Anforderungen	Die Kantone regeln die entsprechenden Prüfungen. Sie beachten dabei die Empfehlungen gemäss Art. 17 Abs. 2 lit. b. Sie können diese Prüfungen an Private delegieren. Art. 17 Abs. 2: Empfehlungen für die einheitliche Anwendung des Konkordats in den Kantonen über > (lit. b) Prüfungsinhalt für den Einsatz von Diensthunden	Der Eignungstest wird durch jenen Kanton organisiert, in welchem sich der Sitz des Unternehmens oder seiner Zweigstelle befindet. Die Konkordatskommission regelt die Modalitäten des Tests. Reglement mit detaillierten Vorschriften	VES: keine Bestimmungen VE PolAG: Verweis auf ZAG. Art. 13 ZAV: Die folgenden Fachinstitutionen prüfen die Einsatztauglichkeit von Zwangsmitteln für den polizeilichen Einsatz und geben Empfehlungen ab: für die Beurteilung der Einsatztauglichkeit von Diensthunden: die vom Schweizerischen Polizeihundeführer-Verband anerkannten Experten und Expertinnen sowie diejenigen des Grenzwachtkorps und der Armee

Kriterium	KKJPD (12.11.2010)	LKJPD (3.7.2003)	Vgl. mit VES/VE PolAG
Waffen			
11. Waffenregelungen	Waffen dürfen nur für den Schutzdienst für Personen und Güter mit erhöhter Gefährdung sowie für Sicherheitstransporte von Personen, Gütern und Wertsachen getragen werden. Zudem sind die Bestimmungen des Waffenrechts des Bundes und der Kantone zu beachten. Für die Bewaffnung und Ausrüstung der Sicherheitsunternehmen und des Sicherheitspersonals sind die Ausführungsvorschriften und Empfehlungen gemäss Art. 17 Abs. 2 lit. f zu beachten. Art. 17 Abs. 2: Empfehlungen für die einheitliche Anwendung des Konkordats in den Kantonen, insbesondere über > (lit. f) die für Sicherheitsunternehmen und Sicherheitsangestellte verbotene Ausrüstung und die erlaubten Waffen	Die Beschaffung und das Tragen von Waffen werden durch die Sondergesetzgebung geregelt, unter Vorbehalt der folgenden Bestimmungen: Mit Ausnahme von langen Handfeuerwaffen, die zur Sicherung von Sicherheitstransporten benutzt werden und im Fahrzeug bleiben müssen, sind die Waffen auf öffentlichen Strassen oder an anderen öffentlich zugänglichen Orten nicht sichtbar zu tragen	Anwendbar ist nach Art. 8 Abs. 5 VES das ZAG (vgl. dessen Art. 2 Abs. 1 lit. e) und die ZAV

Kriterium	KKJPD (12.11.2010)	LKJPD (3.7.2003)	Vgl. mit VES/VE PolAG
Datenschutz			
11. Regelungen, Verweise	–	Die kantonalen Bestimmungen betreffend den Datenschutz und den Informationsaustausch sind anwendbar	VES: keine VE PolAG: Die Bundesbehörde kann dem Sicherheitsunternehmen personenbezogene Daten bekanntgeben, namentlich Personalien und Bilder, soweit dies unerlässlich ist für die Erfüllung der ihm übertragenen sicherheitspolizeilichen Aufgaben. Die Daten werden dem Sicherheitsunternehmen mit der ausdrücklichen Auflage bekanntgegeben, sie ausschliesslich für den von der Bundesbehörde genannten Zweck zu verwenden. Die Bundesbehörde ist befugt, der zuständigen kantonalen Zulassungsstelle Verfehlungen eines Sicherheitsunternehmens oder seines Sicherheitspersonals zu melden

Kriterium	KKJPD (12.11.2010)	LKJPD (3.7.2003)	Vgl. mit VES/VE PolAG
Anerkennung anderer Bewilligungen			
12. Anerkennungsregelungen	Die Konkordatskommission erlässt Empfehlungen ... über die Anerkennung von ausserhalb des Konkordatsgebiets erlangten Fähigkeiten, Diplomen, Bewilligungen, Dokumenten jeglicher Art und weiterer Erkenntnisse.	Die zuständige Behörde prüft die Gleichwertigkeit der nicht durch Konkordatskantone erteilten Bewilligungen. Sie bestimmt unter Berücksichtigung der vorgelegten Bescheinigungen, ob die Gesuchsteller erneut nachzuweisen haben, dass die persönlichen Voraussetzungen für eine Bewilligung erfüllt sind.	Die Bundesbehörde kann zudem die Dienste eines Sicherheitsunternehmens in Anspruch nehmen, das über eine kantonale Bewilligung verfügt, welche die Einhaltung der Voraussetzungen nach Abs. 1 gleichermassen gewährleistet.

Wie vermerkt (Rz. 264), besteht damit eine rechtliche Gemengelage, die durch die Vorrangregelung von Art. 48 Abs. 5 BV und das BGBM noch verschärft wird. Die grundsätzlichen Vorrangregelungen von Art. 48 Abs. 5 BV[2419] und Art. 1 BGBM einerseits und die Schranken dieses Vorranges in Art. 48 Abs. 3 BV und Art. 3 BGBM (Rz. 245 ff.) andererseits dürften je nach Konstellation zwischen Kantonen, die unterschiedlichen Konkordaten oder keinem Konkordat angehören, zu Auslegungsproblemen führen. Art. 4 Abs. 4 BGBM[2420], der in Bezug auf die gegenseitige *Anerkennung von Fähigkeitszeugnissen* den interkantonalen Vereinbarungen gegenüber den Vorschriften über den gleichberechtigten Marktzugang des BGBM Vorrang einräumt, kann keine weitergehende Gültigkeit beanspruchen als Art. 48 Abs. 5 i.Vm. Abs. 3 BV.

Es ist für Behörden, insbesondere aber für die Bevölkerung u.U. nicht mehr ersichtlich, welche private Organisation gestützt auf welche Rechtsgrundlage zur Ausübung welcher Sicherheitsmassnahmen befugt ist (Rz. 264).

Im Ergebnis scheint sich dieser Sach- und Rechtsbereich einer übereinstimmenden Regelung auf Konkordatsstufe zu entziehen. Auch ein Mustergesetz vermag das

---

2419 Abs. 5 von Art. 48 BV stellt eine allgemeine Grundregel dar, nicht aber ein Prinzip des Vorranges wie das des Bundesrechtes gegenüber kantonalem Recht: BIAGGINI, Komm. zu Art. 48, N. 17.

2420 «Soweit die Kantone in einer interkantonalen Vereinbarung die gegenseitige Anerkennung von Fähigkeitsausweisen vorsehen, gehen deren Vorschriften diesem Gesetz vor.» Vgl. auch BGE 135 II 12 E 2.4 ff.

Ziel nicht zu erreichen, wie die Musterdienstanweisungen der KKPKS[2421], die zwar begrüsst worden sind, in der Zwischenzeit belegt haben. Da es einer einheitlichen Regelung für Kantone *und* Bund bedarf, bietet sich der Weg nach Art. 43*a* Abs. 1 BV an, was jedoch eine Verfassungsänderung bedingt (Rz. 58).

1351 Die Voraussetzungen könnten m.E. unter Berücksichtigung des europäischen Binnenmarktes auch zu neuartigen Problemen führen:

> Zu denken ist etwa an private *ausländische Sicherheitsfirmen* (Zugang zum Schweizer Markt gemäss FZA), denen von einer *ausländischen Behörde* bestimmte hoheitliche Aufgaben zu erfüllen übertragen wurden, auch wenn dies mit unserer Rechtsordnung nicht vereinbar ist, welchen sie aber mit einer Bewilligung formell legal nachgehen könnten. Es ist denkbar, dass auf diese Weise gesetzliche und vertragliche Rechts- und Amtshilferegelungen unterlaufen würden, ohne dass die Informationsbeschaffung (wie etwa beim Diebstahl von Bankdaten auf CDs) ein offensichtliches Delikt darstellt[2422]. Das öffentliche Interesse am *ordre public,* namentlich der (Rechts-)Sicherheit, rechtfertige m.E. einen Vorbehalt gegenüber ausländischen Firmen in dem Sinn, dass diese mit keinerlei Aufträgen einer ausländischen Behörde betraut sein dürfen, sofern der Auftraggeber nicht ausdrücklich verboten hat, diesen in der Schweiz nachzukommen.

C. Nicht hoheitliche Gefahrenabwehr

I. Allgemeine Hinweise

1352 Der Bedarf vornehmlich privater Organisationen an vermehrter Sicherheit geht über das Mass dessen, was von Gemeinwesen, insbesondere von Kantonen und Gemeinden, erwartet wird, deutlich hinaus. Private beauftragen Sicherheitsdienste für verschiedene Aufgaben, die insgesamt unter dem Begriff der nicht hoheitlichen Gefahrenabwehr im Sinne der direkten Vorbeugung und Verhinderung rechtswidriger Handlungen aber auch der Abschreckung durch Methoden intensivierter Identifikation und Beweismittelbeschaffung zusammengefasst werden können[2423].

1353 Von den Mitteln her handelt es sich um den Einsatz von Personal ebenso wie von Videoanlagen oder der Kombination von beidem.

1354 Der oft verwendete Ausdruck «private Gefahrenabwehr» bezieht sich sowohl auf den Inhaber oder die Inhaberin eines Abwehrrechts als auch auf den Ort des Handelns, was nicht immer deckungsgleich ist. Entscheidend ist, ob es sich beim Wirkungsort

---

2421 Vgl. Bericht Sicherheitsfirmen, 664 f.
2422 Art. 271 StGB (Verbotene Handlungen für einen fremden Staat), der im Ausland keine Wirkung entfaltet und auch hierzulande nur nachträglich, dürfte den notwendigen (Grund-)Rechtsschutz nicht gewährleisten. Nach Art. 5 FZA ist eine Einschränkung der in diesem Abkommen eingeräumten Rechte aus Gründen der öffentlichen Ordnung, Sicherheit und Gesundheit zulässig. Vgl. die Aussage des Ministerpräsidenten von Baden-Württemberg: «Wir würden werthaltige CD mit Schweizer Steuerdaten kaufen» (NZZaS, 4. September 2011, 9).
2423 L. MÜLLER, 8.

um einen *privaten* oder einen *öffentlich zugänglichen Raum* handelt. Doch auch diese Abgrenzung ist nicht immer zweifelsfrei zu ziehen[2424].

II. Der «private» Raum

Der private Raum ist nur einem geschlossenen, vom Inhaber der *Verfügungsgewalt* qua Eigentum oder Besitz, mithin dem Inhaber des *Hausrechts,* generell oder im Einzelfall festgelegten Personenkreis zugänglich. Dazu gehört u.a. die Wohnung[2425] ebenso wie das Firmenareal[2426]. Unerheblich sind diesbezüglich die Eigentumsverhältnisse. So unterstehen Liegenschaften im Finanzvermögen des Staates im Aussenverhältnis dem Privatrecht[2427]; Einrichtungen des Verwaltungsvermögens (z.B. Büros) dienen den Behörden (und beauftragten Privaten) zur Wahrnehmung öffentlicher Aufgaben, nicht aber der Allgemeinheit und sind ihr daher nicht allgemein zugänglich[2428].

1355

III. Der öffentlich zugängliche Raum

1. Der unbeschränkt öffentlich zugängliche Raum

Als öffentlich zugänglich gilt ein Raum, wenn er von einem nicht von vorneherein bestimmten Personenkreis faktisch und von seiner Zweckbestimmung her auch rechtlich betreten werden kann[2429]. Die Eigentumsverhältnisse für diese *öffentlichen Sachen im Gemeingebrauch* sind wiederum nicht massgebend. Die *Öffentlich-Erklärung einer Sache* kann sich aus einer öffentlich-rechtlichen Eigentumsbeschränkung (z.B. Aufnahme eines Privatareals in einen Gemeindestrassenplan[2430]), der ausdrücklichen *Einverständnis-Erklärung* des privaten Eigentümers oder der *Widmung* ergeben[2431].

1356

Die Voraussetzungen der Inanspruchnahme einer *dem Gemeingebrauch gewidmeten öffentlichen Sache*[2432] liegen in den Kriterien des Rechts von deren Nutzung, die *kumulativ* erfüllt sein müssen[2433]:

1357

– Der Gebrauch der Sache muss der *Zeckbestimmung* entsprechen, die sich aus der Widmung oder der Beschaffenheit ergibt.

2424 Im Urteil BGer 1P.570/2004 E 6.2 wird eine Tiefgarage als «quasi-öffentlicher Raum» bezeichnet.
2425 Vgl. Rz. 438 f.
2426 L. MÜLLER, 10.
2427 HÄFELIN/MÜLLER/UHLMANN, Rz. 2330 m.w.H.
2428 HÄFELIN/MÜLLER/UHLMANN, Rz. 2332 ff.
2429 L. MÜLLER, 9.
2430 BGer 1C_46/2010 E 3.1.
2431 IMBODEN/RHINOW/KRÄHENMANN, 817 f. (Nr. 116, III b und c).
2432 BGE 127 I 164 E 5a/bb; IMBODEN/RHINOW/KRÄHENMANN, 811 (Nr. 115, II b); HÄFELIN/MÜLLER/UHLMANN, Rz. 2349 ff.
2433 HÄFELIN/MÜLLER/UHLMANN, Rz. 2373 ff.

- Der Gebrauch muss *gemeinverträglich* sein; die gleichzeitige Benutzung durch mehrere oder viele darf nicht über das Unvermeidliche solcher Situationen hinaus erschwert werden.
- Grundsätzlich steht allen Benutzern das *gleiche Recht auf Benutzung* zu, ohne dass sich daraus ein Anspruch auf eine bestimmte Nutzung ergibt.
- Die Benutzung darf *keiner Bewilligungspflicht* unterliegen.
- Der Gemeingebrauch einer öffentlichen Sache ist grundsätzlich *unentgeltlich*.

1358 Für *öffentliche Sachen im Gemeingebrauch* dürfen *Benutzungsordnungen* aufgestellt werden, die dem öffentlichen Recht unterstehen. Diese regeln den *Rahmen der Nutzung* der öffentlichen Sache, nicht den (zivilrechtlichen) Besitzesschutz[2434]. Wesentlich ist dies insbesondere für die Verkehrswege in Einkaufszentren ausserhalb der Ladengeschäfte und bei Anlagen (wie z.B. Stadien), insofern ein Vorgelände zum eingezäunten Areal im Privateigentum steht.

2. Nicht uneingeschränkt öffentlich zugängliche Räume

1359 Von den *un*beschränkt zugänglichen öffentlichen Räumen unterscheiden sich jene, die für einen erweiterten Zweck bestimmt sind (wirtschaftliche Interessen) und (daher) *nicht unentgeltlich* betreten werden dürfen. Dazu gehören in erster Linie die eigentlichen Transportmittel (nicht aber die allen zugänglichen Bahnhöfe) und Räume für Veranstaltungen, deren Zugang zur Kontrolle der Entrichtung des Entgeltes beschränkt ist.
Diese Räume werden auch als *halböffentlich* bezeichnet[2435].

1360 Die «Halb-Öffentlichkeit» ergibt sich aus der Verbindung von Eigentums- oder Besitzesrechten an einem Grundstück oder an Verkehrsmitteln einerseits und der damit nicht uneingeschränkten, sondern (in Grenzen, Rz. 1357) *beschränkbaren* (d.h. eben *«halb»*) *öffentlichen Zugänglichkeit* andererseits.

D. Die Befugnisse privater Sicherheitsdienstleister

I. In unbeschränkt öffentlich zugänglichen Räumen

1361 Privaten kommen in unbeschränkt öffentlich zugänglichen Räumen *ausschliesslich* das Notwehr-/Notwehrhilfe- und Notstandsrecht (Art. 15, 17 und 18 Abs. 2 StGB[2436]) sowie das Jedermannsrecht (Art. 218 StPO) zu, gleichgültig ob sie selber handeln oder Dritte beauftragen. Die Notwehrrechte sind ihrerseits an das *Verhältnismässigkeitsprinzip* gebunden (Art. 16–18 StGB)[2437].

2434 BGer 6B_116/2011 E 3.3.
2435 Vgl. Bericht Sicherheitsfirmen, 648.
2436 Auf den dogmatischen Unterschied zwischen Art. 17 und 18 Abs. 2 StGB wird hier nicht eingetreten.
2437 Einen sehr engen Rahmen des Festhalterechtes setzt das BGer im Entscheid 6B_14/2011E 1.5, wonach ein zwanzig minütiges Festhalten einer Person wegen Hausfriedensbruchs bis

II. In nicht unbeschränkt öffentlich zugänglichen Räumen

Ist der nicht unbeschränkt öffentlich zugängliche Raum im Zusammenhang mit zu erbringenden Leistungen eines Veranstalters oder Betreibers nur durch den Erwerb von Zutritts-, Fahr- oder Zufahrtsberechtigungen zulässig, wird ein gültiges *zivilrechtliches Vertragsverhältnis* für den Zugang vorausgesetzt. 1362

> Auch die *Transportverträge* zwischen Verkehrsbetrieben, gleichgültig ob diese auf öffentlich- oder privatrechtlicher Rechtsgrundlage beruhen, und Fahrgästen sind privatrechtlicher Natur[2438]. 1363

Zunächst kommen wie in den unbeschränkt öffentlich zugänglichen Räumen die Selbsthilferechte der Notwehr-, der Notwehrhilfe und des Notstandsrechts sowie die Jedermannsrechte zum Tragen (Rz. 1361)[2439]. Das Hausrecht vermittelt keine weiter gehenden Eingriffe. 1364
Umgekehrt stehen den Privaten aber *keine polizeilichen Befugnisse* zu (Rz. 1291).

Die Risiken bei Veranstaltungen mit einem grossen Aufkommen von Beteiligten oder Zuschauern kann zum Schutz der Grundrechte, namentlich der körperlichen Unversehrtheit (Art. 10 Abs. 2 BV), eine *Bewilligungspflicht* notwendig machen; die Erteilung einer Bewilligung kann von sicherheitsorientierten Auflagen abhängig und gleichzeitig die Beachtung der Grundrechte bei der Wahrnehmung sicherheitsbezogener Aufgaben zur Pflicht gemacht werden (vgl. Rz. 517). 1365
Die in einem halböffentlichen Raum notwendigen Massnahmen zur Gewährleistung der Sicherheit können weder auf die Selbsthilferechte noch das Hausrecht allein

---

zum Eintreffen der Polizei eine schwere Beeinträchtigung der Freiheit nach Art. 10 Abs. 2 BV und eine Nötigung (Art. 181 StGB) sei. Ein Festhalten sei auf Grund der «Kenntnisse um die Personalien» und die Anwesenheit zweier Zeugen nicht nötig und daher rechtswidrig gewesen. Daher sei das Verhältnismässigkeitsprinzip verletzt. Eigenartig erscheint die Ablehnung des (indirekten) Verbotsirrtums in E 2.4, auf den sich der Beschwerdeführer berief: Der Rechtsunterworfene habe sich um die Kenntnis der Gesetze zu bemühen, deren Unkenntnis schütze nur in besonderen Fällen vor Strafe. Gerade die Bestimmung des § 55 StPO ZH (analog Art. 218 StPO CH), in der von einem Wegfall des Festhalterechts bei Kenntnis der Personalien nichts steht, kannte der Beschwerdeführer. Das BGer verlangt demnach nicht nur die Kenntnis des Gesetzeswortlautes, sondern auch die Fähigkeit, das Prüfprogramm des Verhältnismässigkeitsprinzips auf die konkrete Situation umgesetzt durchführen zu können.

2438 BGE 136 II 457 E 6.2. HÄFELIN/MÜLLER/UHLMANN, Rz. 285 f.
2439 Vgl. Bericht Sicherheitsfirmen, 648. Nicht zu überzeugen vermag ein Urteil des Einzelrichters des Bezirksgerichtes Zürich (vom 26. August 2008; GG080132/U [ZH]; CaS 208, 473 ff.), wonach die vorläufige Festnahme einer durch eine Videoaufnahme von einem früheren Spiel andernorts als Werfer eines Nebelkörpers erkannten Person durch Angehörige eines privaten Sicherheitsdienstes im Stadion rechtens gewesen sei; der damalige § 55 StPO ZH war wortgleich mit Art. 218 StPO CH. Danach sind Private zu einer vorläufigen Festnahme einer Person nur berechtigt, wenn (a) «sie diese bei einem Verbrechen oder Vergehen auf frischer Tat ertappt oder unmittelbar nach der Begehung einer solchen Tat angetroffen haben»; oder (b) «die Öffentlichkeit zur Mithilfe bei deren Fahndung aufgefordert worden ist.» Keine dieser Voraussetzungen trifft auf den zu Grunde liegenden Sachverhalt zu.

gestützt werden. Eine begrenzte zusätzliche Rechtsgrundlage für Eingriffe in Rechte Dritter bilden die *vertraglichen Einwilligungen* in Form von *Vertragsbedingungen* gestützt auf die erworbene Zutritts- oder Transportberechtigung (Rz. 1362).

1366 Solche Bedingungen werden indessen nur zu Vertragsinhalt, wenn diese den Interessierten in zumutbarer Weise vor dem Erwerb bekannt gegeben wurden[2440].

Vertragsbedingungen können sodann keinen Verzicht auf Grundrechte in einer Weise zum Inhalt haben, die einem Eingriff gleichkommen, der einer formell gesetzlichen Grundlage bedarf.

So kann das Recht zu schwerwiegenden Grundrechtseinschränkungen (z.B. Durchsuchungen bis auf die Unterwäsche) durch Organe des Veranstalters nicht vertraglich ausbedungen werden (Rz. 327). Einzelne Besucher von Veranstaltungen oder Benützer von Verkehrsmitteln können – im öffentlichen und halb-öffentlichen Raum – nicht darüber entscheiden, ob der konstitutionelle Schutz eines Grundrechtes in einem bestimmten Fall für sie gelte oder nicht[2441,2442].

1367 Das Mitführen bestimmter anlassbezogen gefährlicher Gegenstände kann jedoch vertraglich ausgeschlossen und gleichzeitig das Einverständnis einer entsprechenden massvollen Kontrolle von Behältnissen und zu Videoaufnahmen (mit individueller Erkennbarkeit) stipuliert werden.

III. Zum Personen-Nahschutz im Besonderen

1368 Der *Personen-Nahschutz* (Rz. 821) ist in den letzten Jahrzehnten zu einem wesentlichen Geschäftsfeld privater Sicherheitsdienste geworden. Das individuelle Recht auf Notwehr wird vertraglich und in der Form der strafrechtlich gleichwertigen Notwehrhilfe auf einen oder mehrere Dritte übertragen[2443]. Im Gegensatz zum Nahschutz polizeilicher Sicherheitskräfte haben sich Private strikte an den engen Rahmen des *Notwehrrechtes* zu halten und dürfen im öffentlichen oder halb-öffentlichen Raum nicht etwa andere Leute auf Distanz halten[2444].

1369 Darüber hinaus stellt sich bei Nahschutzmassnahmen die Frage, *welche Mittel* zur Erfüllung dieser Aufgabe durch Private noch rechtskonform sind. Selbstredend bedürfen Private der besonderen Bewilligungen für die entsprechenden Mittel (Waffen, Hunde). Dem Verhältnismässigkeitsprinzip widersprächen jedoch bspw. automatische Waffen (Maschinenpistolen). Ist eine Person derart gefährdet, dass das

---

2440 GUROVITS, 170.
2441 MOHLER, Zutrittskontrollen, 76 m.w.N.
2442 In Bezug auf die Einschränkung von Grundrechtspositionen, gestützt auf die Regelung im Konkordat der KKJPD über die privaten Sicherheitsdienste, namentlich Art. 10 Abs. 1 lit. e, ist Zurückhaltung geboten, da diese Formulierung den erforderlichen Bestimmtheitsgrad nicht erreicht und eine «stillschweigende Zustimmung der Betroffenen» nicht genügen kann.
2443 Ob die Übertragung des eigenen Notwehrrechts an professionelle Dritte noch dem ursprünglichen Notwehrgedanken in allen Teilen entspricht und als stillschweigend bekräftigte Ausnahme des Gewaltmonopols aufzufassen ist, sei hier als Frage mit dem Hinweis auf möglicherweise unliebsame Entwicklungsmöglichkeiten (Clans, Gangs, Schutzgelder) bloss aufgeworfen.
2444 MOHLER, Sicherheitsunternehmen, 37.

Mitführen automatischer Waffen erwogen wird, kann der Schutz dieser Person nicht mehr Privatsache sein. Dann wären Sicherheitsmassnahmen angezeigt, die für Dritte weit weniger gefährlich sind, u.U. aber präemptive Massnahmen erfordern können, die der Polizei vorbehalten bleiben[2445].

2445 MOHLER. a.a.O.

4. Teil: Rechtspflege: Verfahrensgarantien, Rechtsschutz- und Haftungsfragen

12. Kapitel: Verfahrensgarantien

§ 29 Gegenstand der Rechtspflege

A. Gliederung

1370 Die Rechtspflege wird nach den üblichen Rechtsbereichen in *öffentliche Rechtspflege*, *Zivil-* und *Strafrechtspflege* gegliedert[2446], obwohl schon diese Unterteilung weder ganz überzeugend noch durchwegs zutreffend ist: Zum *öffentlichen Recht* gehört auch das *Strafrecht;* das Strafrecht regelt ebenso das Verhältnis zwischen dem Staat, vertreten durch seine Funktionsträger, und den Einzelnen in einem überwiegend *zwingenden* («vertikalen») Verhältnis, wogegen sich im Zivilrecht als (überwiegend) *dispositives* Recht die Parteien auf gleicher Ebene («horizontal») gegenüberstehen.

> Doch auch diese Zuordnung kennt Ausnahmen: Das zivile Prozessrecht gehört als zwingendes Verfahrensrecht ebenso zum öffentlichen Recht. Das Strafrecht kennt umgekehrt Elemente des dispositiven Rechts, so die Delikte, die nur auf Strafantrag (Art. 30 StGB) zu verfolgen sind, und die «Mediation» oder Diversion[2447] in Art. 53 und 55*a* StGB i.V.m. Art. 316 oder 319 Abs. 2 StPO. Zudem gehört die Rechtshilfe in Strafsachen auch zum (verwaltungsrechtlichen) öffentlichen Recht[2448].

1371 Teilweise wird das Verfahrens- oder Prozessrecht als Grundlage der Rechtspflege ausschliesslich als Recht zur Erledigung von *streitigen* Rechtsverhältnissen verstanden[2449]. Für das *öffentliche Verfahrensrecht* ist diese Umschreibung jedoch zu eng: Das *materielle Verwaltungsrecht* hat ganz überwiegend *zwingenden Charakter,* es regelt das Verhalten der Einzelnen[2450], legt fest, *was* rechtlich zu tun und zu lassen ist, zu sein hat. Das *Verfahrensrecht* bestimmt, *wie* dies zu geschehen hat. Der *Rechtsstaat* muss bemüht sein, seine gesetzlich festgelegten Verhaltensnormen *von allem Anfang* an auch in einem *seinen eigenen Ansprüchen genügenden Verfahren* und *Verhaltensweisen* anzuwenden. Das öffentliche Prozessrecht umfasst daher auch Abläufe in *nicht streitigen Verfahren*[2451] mit der Sachverhaltsermittlung im Zentrum als grundlegend für alles Folgende. Die Normadressaten haben ein Recht darauf, dass die Funktionsträger, gestützt auf die verfassungsgemäss ausgelegten Erlasse, das ihnen zustehende Ermessen für die Erzielung der Einzelfallgerechtigkeit in einzelnen Verfahrensschritten pflichtgemäss anwenden, sodass es nach Möglichkeit gar nicht zu Rechtsstreitigkeiten kommt.

2446 RHINOW ET AL., Prozessrecht, Rz. 40 f.
2447 PIETH, 73 m.w.H.
2448 Art. 84 BGG (Beschwerde in öffentlich-rechtlichen Angelegenheiten, nicht in Strafsachen, auf dem Gebiet der internationalen Rechtshilfe in Strafsachen). Vgl. auch BREITENMOSER, Neuerungen, 15 f. Vgl. aber Art. 37 Abs. 2 lit. a StBOG (Zuständigkeit der Beschwerdekammern des Bundesstrafgerichtes betreffend Beschwerden in internationalen Rechtshilfeangelegenheiten).
2449 RHINOW ET AL., Prozessrecht, Rz. 31.
2450 RHINOW ET AL., Prozessrecht, Rz. 7.
2451 RHINOW ET AL., Prozessrecht, Rz. 31.

Das Gleiche gilt, auch wenn es sich nicht um förmliche Verfahren handelt, so z.b. für das reale Verhalten polizeilicher Dienste: Die Verkehrsregelung, das Sperren einer Strasse wegen einer drohenden Gefahr, die Anwendung von Zwangsmassnahmen sind an «verfahrensrechtliche» Vorgaben gebunden, die sich aus den Verfahrensgesetzen und diese aus dem materiellen Verfassungsrecht ergeben (z.b. Umsetzung des Verhältnismässigkeitsprinzips einschliesslich Störerprinzip).

Das *verwaltungsinterne* Verfahrensrecht regelt in erster Linie nicht streitige Rechtsverhältnisse (z.b. Anstellung, Beförderung, Versetzung, Besoldung, Aufgaben, einzelne Aufträge).

Das Prozessrecht umfasst *Vorschriften zur Organisation* der Behörden und *zu den Abläufen*. Die Behördenorganisationen sind in verschiedenen Gesetzen (auf Bundesebene z.B. RVOG, BGG, VGG, StBOG; auf Kantonsebene in Gerichtsorganisations-, allgemeinen Regierungs- und Verwaltungsorganisations- oder auch besonderen Polizeiorganisationsgesetzen[2452]) geregelt, die Verfahren in entsprechenden Verfahrensgesetzen (Bund: VwVG; Kantone: bspw. in Verwaltungs- und Rechtspflegegesetzen). In Bund und Kantonen werden die allgemeinen Verfahrensgesetze immer noch durch einzelne Spezialvorschriften in bereichspezifischen Erlassen (z.B. für Polizei oder Datenschutz) ergänzt.

Gesetze können aber sowohl Normen über die je massgebende Behördenorganisation wie über die Verfahren selber enthalten (bspw. Haftungsgesetze)[2453].

1372

Das *öffentliche Prozessrecht* ist sodann der letzte der Verfahrensnormkomplexe, der noch (freilich mit Einschränkungen) in die *Kompetenz der Kantone* fällt. ZPO und StPO gehören seit der Umsetzung der Justizreform (1. Januar 2011) zum Bundesrecht.

1373

Der Bund macht allerdings verschiedene Vorgaben: Die Beachtung des Völkerrechts, d.h der Verfahrensgrundrechte insbesondere gemäss EMRK, UNO Pakt II und KRK, die Rechtsweggarantie nach Art. 29*a* BV (Rz. 1471 ff.) sowie der besonderen Rechtsweggarantie nach Art. 31 Abs. 4 BV (Rz. 1507 ff.) und die Regelung der Stellung und Kompetenzen der kantonalen Verwaltungsgerichte nach Art. 86 Abs. 2 und 3 sowie Art. 130 Abs. 3 BGG[2454].

B. Funktionen

I. Generelle Funktion

Die generelle Aufgabe der öffentlichen Rechtspflege, des öffentlichen Verfahrensrechts, ist die *Umsetzung des materiellen Rechts*, d.h. dessen rechtsstaatlich korrekte *Anwendung und Durchsetzung*[2455].

1374

2452 Z.B. POG ZH.
2453 Vgl. RHINOW ET AL., Prozessrecht, Rz. 37.
2454 Vgl. RHINOW ET AL., Prozessrecht, Rz. 14.
2455 RHINOW ET AL., Prozessrecht, Rz. 11.

II. Spezifische Funktionen

1375 Im Rahmen der generellen Aufgabe hat die Rechtspflege spezifische Funktionen als *Teilgehalte rechtsstaatlichen Verwaltungshandelns* zu erfüllen[2456]. Es geht

- in erster Linie um die rechtlich einwandfreie Anwendung generell-abstrakter Normen (Gesetze, Verordnungen) unter dem Gesichtspunkt des Grundrechts der *Rechtsgleichheit* (Art. 8 BV), des *Schutzes der materiellen Grundrechte* und der *Rechtsstaatlichkeit*[2457] im Einzelfall; es ist dies die *Einzelfallgerechtigkeit* (Art. 29 Abs. 1 BV)[2458];

  Einzelfallgerechtigkeit bezieht sich nicht nur auf das Verwaltungshandeln gegenüber einzelnen Personen, sondern ebenso auf einzelne Fälle, die in generell-konkreten Verfügungen oder realen Massnahmen bestehen können (z.B. generelle Einschränkung oder generelles Verbot).

- um die Vermittlung von *Rechtssicherheit,* d.h. um Klarheit über Rechte und ihre Grenzen, Pflichten, Einschränkungen oder Verbote[2459]; sie dient der *Bestimmtheit der Rechtsordnung und ihrer Zugänglichkeit;*

- um die Gewährleistung der konkreten Verfahrensrechte, so des *Anspruchs auf rechtliches Gehör* mit daraus abgeleiteten Rechten (vgl. Rz. 401, 1428 ff.)[2460], u.a. den Mitwirkungsrechten sowie den sich entsprechend ergebenden *Pflichten der Verwaltung* (z.B. Informationspflicht [Art. 31 Abs. 2 BV], Aktenführungspflicht [vgl. Rz. 1442);

- die Verwirklichung des Anspruchs auf einen *Entscheid innert angemessener Frist*[2461], d.h. auch eines Mindestmasses an Verfahrensökonomie;

  dieser Anspruch umfasst sowohl das Recht auf einen Entscheid überhaupt[2462], also auch dessen Fällen und Mitteilung innert einer dem Fall (bzw. dessen Schwierigkeit) entsprechenden Zeitspanne;

- soweit möglich, das *Vermeiden der streitigen Verfahrensrechtspflege aus sachlichen Gründen,* mithin der unnötigen Belastung von verwaltungsinternen und gerichtlichen Beschwerdeinstanzen;

- die verständliche Regelung der für das *streitige Verfahren* nötigen *Beschwerdevoraussetzungen*[2463], ohne dass diese zu schier unüberwindlichen Schranken werden.

2456 Vgl. dazu RHINOW ET AL., Prozessrecht, Rz. 36.
2457 RHINOW ET AL., Prozessrecht, Rz. 66; TSCHANNEN/ZIMMERLI/MÜLLER, § 23, Rz. 1 ff.
2458 RHINOW ET AL., Prozessrecht, Rz. 63 ff., 169 f.
2459 TSCHANNEN/ZIMMERLI/MÜLLER, § 22, Rz. 5 ff.
2460 TSCHANNEN/ZIMMERLI/MÜLLER, § 30, Rz. 35 f.
2461 HÄFELIN/MÜLLER/UHLMANN, Rz. 1658.
2462 RHINOW ET AL., Prozessrecht, Rz. 56 ff.
2463 Botschaft Totalrevision Bundesrechtspflege, 4328; RHINOW ET AL., Prozessrecht, Rz. 59 ff.

C. Begriffe

I. Allgemeine Begriffe

1. Verwaltungsbehörde

Verwaltungsbehörden sind zunächst alle *verfügungsberechtigten* Einheiten der Zentralverwaltung von Bund und Kantonen.
Zu den Verwaltungsbehörden zählen ferner aus der Zentralverwaltung ausgelagerte Einheiten, seien es Kommissionen (z.B. ElCom), «Institutionen» (z.B. die UBI), öffentlich-rechtliche Anstalten (z.B. SUVA) und spezialgesetzliche Organisationen (z.B. skyguide AG), soweit ihnen eine gesetzlich verankerte *Verfügungskompetenz* zukommt.

1376

Verwaltungsbehörde ist ebenso die *Polizei*. Neben der ihr allenfalls konkret übertragenen Verfügungskompetenz für bestimmte Rechtsgebiete (z.B. Waffenrecht, Verkehrsrecht) oder Sachbereiche (bspw. Bewilligungen für bestimmte Anlässe) stehen ihr auch Befugnisse für reales hoheitliches Verhalten (Handeln oder Nichthandeln) zu, das in seinen rechtlichen Auswirkungen Verfügungen gleichzustellen ist (vgl. Rz. 854 ff.).

1377

2. Verwaltungsinterne und verwaltungsexterne (justizielle) Rechtspflege

Die Begriffe «verwaltungsintern» und «verwaltungsextern» beziehen sich auf das *Verfahren* und nicht auf die Personen, welche die Rechtspflege in Anspruch nehmen.

1378

> Die Person, die einen Lernfahrausweis wünscht, nimmt zunächst das verwaltungsinterne Verfahren in Anspruch. Wird jemandem der Führerausweis entzogen, steht der Person gegen den Entscheid der Verwaltung über eine (verwaltungsinterne) Beschwerde das externe Verwaltungsgerichtsverfahren zu.
> Gleich verhält es sich mit Angestellten der öffentlichen Verwaltung bspw. in Bezug auf arbeitsrechtliche Begehren oder Beschwerden gegen diesbezügliche Verfügungen.

Vor allem in den Kantonen ist die verwaltungsinterne Rechtspflege noch von Bedeutung: Im *verwaltungsinternen Beschwerdeverfahren* werden Verfügungen oder reales Verhalten (Handeln oder Nichthandeln) von Angehörigen einer Behörde durch eine vorgesetzte Verwaltungsbehörde auf Beschwerde (oder Rekurs) überprüft. Die zuständige verwaltungsinterne Beschwerdeinstanz wird durch das massgebende Verwaltungsrecht bestimmt[2464]. Es kann die Amtsdirektion (z.B. auch das Polizeikommando) oder (zumeist) das übergeordnete Departement, eventuell auch die Exekutive (Regierungsrat, Gemeinderat) sein. Die Beschwerdeinstanz erlässt einen Entscheid in der Form einer Verfügung.

1379

2464 RHINOW ET AL., Prozessrecht, Rz. 51.

1380 Demgegenüber werden verwaltungs*externe* Beschwerdeverfahren von *justiziellen Behörden,* die sich durch richterliche Unabhängigkeit auszeichnen, durchgeführt[2465]. Im verwaltungsgerichtlichen Verfahren entscheidet das Verwaltungsgericht durch ein Urteil.

1381 Möglich ist auch, dass das massgebende Verfahrensrecht einem *verwaltungsgerichtlichen* ein *verwaltungsinternes* Beschwerdeverfahren voranstellt[2466].

3. Nicht-streitige und streitige Verfahren der Rechtspflege

1382 Zur nicht-streitigen Verwaltungsrechtspflege gehört ein Verwaltungsverfahren bis zum Erlass einer erstinstanzlichen Verfügung.

> Es wird auch die Auffassung vertreten, die (erstinstanzlichen) Verwaltungsverfahren seien nicht Teil der Rechtspflege, diese beschränke sich auf die Streiterledigung[2467]. Ob aber jemandem die Bewilligung zur Ausübung eines bewilligungspflichtigen Berufes (oder zum Führen eines Motorfahrzeuges) erteilt wird, ist nach der hier vertretenen Auffassung als hoheitlicher Akt der Rechtsanwendung auch Teil der Rechtspflege.

Die Verwaltungsrechtspflege äussert sich in diesen Verfahrensstadien in den Verfahrensgarantien bzw. deren konsequenter Gewährleistung durch die Organe der verfügungsberechtigten Verwaltungseinheiten.

II. Streitige Verwaltungs- und Verfassungsrechtspflege

1383 Die Abgrenzung zwischen streitiger Verfassungs- und Verwaltungsrechtspflege zu ziehen, fällt nicht ganz leicht, da es im Verfahren kein scharf trennendes Kriterium gibt[2468].

1. Streitige Verwaltungsrechtspflege

1384 Mit der streitigen Verwaltungsrechtspflege wird, ob im verwaltungsinternen oder -externen Verfahren, die *gesamte Rechtmässigkeit* eines *Verwaltungsverhaltens* (Verfügung, Realakt oder Ausbleiben einer Verfügung oder eines Handelns) überprüft. Diese umfasst *alle rechtlich relevanten Kriterien* von der richtigen Sachverhaltsfeststellung über die Gesetzmässigkeit in materieller und formeller (verfahrensrechtlicher) Hinsicht bis zur Verfassungsmässigkeit des Vorgehens *im Einzelfall*[2469]. Vor-

---

2465 RHINOW ET AL., Prozessrecht, Rz. 52. Es kann sich aber auch um eine unabhängige Beschwerdeinstanz handeln (z.B. UBI).
2466 Z.B. § 43 Abs. 1 VPO BL («Die verwaltungsgerichtliche Beschwerde beim Kantonsgericht ist zulässig gegen Verfügungen und Entscheide des Regierungsrates sowie letztinstanzliche Entscheide der Direktionen und gegen letztinstanzliche Entscheide der Landeskirchen, sofern dem Kantonsgericht die Zuständigkeit nicht durch dieses Gesetz oder durch andere Gesetze entzogen ist.»).
2467 Vgl. RHINOW ET AL., Prozessrecht, Rz. 48 m.w.N.
2468 Vgl. RHINOW ET AL., Prozessrecht, Rz. 45 f.
2469 Vgl. RHINOW ET AL., Prozessrecht, Rz. 47.

frageweise wird auch die *Verfassungsmässigkeit* der angewandten Bestimmungen mit Ausnahme der Bundesgesetze und Staatsverträge auf Bundes- und kantonaler Ebene geprüft[2470]. In den Kantonen wird die Kompetenz der Prüfung der Verfassungsmässigkeit kantonaler Gesetze unterschiedlich geregelt (Rz. 1588).

2. Verfassungsgerichtsbarkeit

Demgegenüber umfasst die Verfassungsgerichtsbarkeit nicht nur die Überprüfung von Rechtsakten (Verfügungen, Urteile, öffentlich-rechtliche Verträge), sondern auch von *Erlassen* (Gesetze und Verordnungen). 1385
Grundsätzlich werden drei verschiedene Formen der Verfassungsgerichtsbarkeit unterschieden:

Im polizeirechtlichen Zusammenhang steht der *Individualrechtsschutz* im Vordergrund (vgl. 13. Kapitel). Prüfgegenstand sind die Übereinstimmung der im Einzelfall angewandten Gesetzesnorm mit der Verfassung *und* deren verfassungskonforme Anwendung, ob durch Rechts- oder Realakt (bzw. deren rechtzeitige Vornahme oder deren Unterbleiben): Es handelt sich um die *konkrete, inzidente oder akzessorische Normkontrolle*. 1386

> Wie erwähnt (Rz. 1384) ist die Prüfung der Verfassungsmässigkeit (mit Ausnahme der Bundesgesetze) aber auch bereits Teil des Verwaltungsrechtspflegeverfahrens[2471].
> Auch Normen der Kantonsverfassung sind für kantonale Erlasse Massstab, sofern diese ein über die Bundesverfassung hinaus gehendes (Grund-)Recht gewährleisten. Zur kantonalen Verfassungsgerichtsbarkeit vgl. Rz. 1588.

Zweite Form des Verfassungsgerichtsverfahrens ist die *abstrakte Normkontrolle*. Geprüft werden können durch das Bundesgericht *alle Erlasse auf Kantons- und Gemeindebene*. 1387
Die Kantone regeln die Kognition der Gerichte mit verfassungsgerichtlichen Aufgaben unterschiedlich: Die Palette reicht von umfassender Verfassungsgerichtsbarkeit auf kantonaler Ebene einschliesslich abstrakter Normkontrolle von kantonalen Gesetzen bis zur geringsten Variante (ausschliesslich akzessorische Normkontrolle mit Ausnahme kantonaler Gesetze).

Weder der *abstrakten* noch der *akzessorischen* Normkontrolle unterliegen *Bundesgesetze* (Art. 190 BV[2472])[2473] und «Akte der Bundesversammlung» und des Bundesrates (Art. 189 Abs. 4 BV). Akte der Bundesversammlung und des Bundesrates sind 1388

2470 RHINOW ET AL., Prozessrecht, Rz. 47, 224, 458.
2471 Sog. «diffuses System» der Verfassungsmässigkeitsprüfung (im Gegensatz zur konzentrierten Verfassungsgerichtsbarkeit); RHINOW ET AL., Prozessrecht, Rz. 46. SCHINDLER, in: Auer/Müller/Schindler, Art. 49 VwVG, Rz. 25.
2472 Zum hängigen Verfahren auf Änderung der Bundesverfassung (Aufhebung von Art. 190 BV) vgl. FN 2806.
2473 Zur völkerrechtlich bedingten Ausnahme der akzessorischen Prüfung von Bundesgesetzen vgl. Rz. 1574 ff.

Erlasse und Verfügungen[2474]. Ausnahmen können in einem Gesetz vorgesehen werden (jedoch nicht für Bundesgesetze). *Andere* verfassungswidrige Erlasse dürfen jedoch nicht angewendet werden[2475].

1389 Dritter Gegenstand des Verfassungsgerichtsverfahrens sind *Verbands- und Organkompetenzstreitigkeiten* zwischen öffentlich-rechtlichen Körperschaften, also zwischen Bund, Kantonen und Gemeinden bzw. einzelnen Organen mit amtlichen Funktionen (Staatsrechtspflege)[2476].

> Bei Kompetenzstreitigkeiten zwischen dem Bund und Kantonen, die das Bundesgericht als einzige Instanz auf Klage beurteilt (Art. 120 Abs. 1 lit. a BGG), sind Bundesgesetze wiederum massgebend (Art. 190 BV); demzufolge können Kantone (bisher) nicht geltend machen, ein Bundesgesetz verletze eine kantonale Zuständigkeit (z.B. die kantonale Polizeihoheit) und damit die verfassungsmässige bundesstaatliche Kompetenzordnung (Art. 3 BV)[2477,2478].

III. Rechtsmittel und Rechtsbehelfe der Verwaltungs- und Verfassungsgerichtsbarkeit

1390 Rechtsmittel und Rechtsbehelfe unterscheiden sich in erster Linie durch ihre unterschiedliche rechtliche Wirksamkeit.
Rechtsmittel sind alle gesetzlich verankerten *Rechtsschutzformen* oder -instrumente[2479], *Rechtsbehelfe* eine formlose Bitte oder Mitteilung des Dissenses gegenüber amtlichem Verhalten (Verfügung, Realakt, Unterlassung eines realen Handelns), ohne dass mit der Einreichung unmittelbar ein (weiteres) Verwaltungsverfahren eingeleitet wird.

1. Verwaltungsinterne Rechtspflege

a) Rechtsmittel

1391 Das verwaltungsinterne streitige Rechtspflegeverfahren kennt als Rechts*mittel*, je nach Bezeichnung im massgebenden Gesetz, die *Einsprache,* den *Rekurs* oder die *Verwaltungsbeschwerde*[2480]. An wen sie zu richten sind, bestimmt ebenso das Gesetz. In der Regel ist dies die Behörde, deren Verfügung oder Verhalten gerügt wird, vorgesetzte Departement oder der Regierungsrat (auf Gemeindeebene der Gemeinderat).

1392 In Bezug auf *Realakte* haben der Bund (Art. 25*a* VwVG) und ihm folgend mehrere Kantone ein Verfahren eingeführt, das einen Anspruch auf eine Verfügung, wonach widerrechtliche Handlungen zu unterlassen, einzustellen oder zu widerrufen seien,

---

2474 HALLER, SGK zu Art. 189, Rz. 55.
2475 HALLER, SGK zu Art. 189, Rz. 56.
2476 RHINOW ET AL., Prozessrecht, Rz. 46.
2477 RHINOW ET AL., Prozessrecht, Rz. 2150.
2478 Vgl. Rz. 153 ff., 214 ff. und FN 2806.
2479 RHINOW ET AL., Prozessrecht, Rz. 42.
2480 RHINOW ET AL., Prozessrecht, Rz. 73, 635 ff.

gewährt. Andere stellen einen Realakt, der in Rechte und Pflichten von Personen eingreift, einer Verfügung gleich, was dessen unmittelbare Anfechtung erlaubt[2481].

b) Rechtsbehelfe

Klassischer Recht*sbehelf* ist die *Aufsichtsbeschwerde* (auch etwa *aufsichtsrechtliche Anzeige* genannt). Die Aufsichtsbeschwerde (auf Bundesebene: Art. 71 VwVG) bedarf keiner gesetzlichen Grundlage als Voraussetzung, steht jedermann zu, ist weder an Formen noch Fristen gebunden[2482], verleiht jedoch keine Parteirechte (z.B. auf Akteneinsicht)[2483] und letztlich auch keinen Anspruch, dass die Behörde darauf eintritt[2484]. Dennoch kann die Behörde gegenüber der Kritik, die an einem Vorgehen der Verwaltung angemeldet wird, eine Aufsichtsbeschwerde nicht einfach ignorieren. Sie hat zumindest den Sachverhalt zu prüfen und festzustellen, ob das kritisierte Verhalten ein Eingreifen (Verhaltenskorrektur oder ev. Wiedergutmachung nach einem nicht rechtskonformen Realakt) oder allenfalls den Widerruf einer Verfügung erfordert[2485].

1393

> Steht zur Prüfung der Rechtmässigkeit des Verhaltens (noch fristgerecht) ein Rechtsmittel zur Verfügung, ist die sich beschwerende Person rechtzeitig darauf hinzuweisen (Subsidiarität der Aufsichtsbeschwerde[2486]).

Eine Pflicht der Verwaltung, eine Antwort – Eintreten oder Nichteintreten auf die Aufsichtsbeschwerde – zu erteilen, besteht nur, falls das Gesetz dies verlangt[2487]. Es entspricht jedoch Treu und Glauben sowie der Notwendigkeit des Vertrauens in die Verwaltung, dies zu tun, auch wenn keine Rechtspflicht besteht[2488].

> Ein Nichteintreten kann nicht mit einem Rechtsmittel gerügt werden[2489].

c) Wiedererwägungsgesuch

Das *Wiedererwägungsgesuch* kann sowohl Rechtsbehelf als auch ausserordentliches Rechtsmittel sein.

1394

aa) Als Rechtsbehelf

Im Sinne eines Recht*sbehelfes* stellt es die Bitte dar, auf eine (in der Regel rechtskräftige) Verfügung zurückzukommen und ist weder an eine Frist noch eine Form

1395

2481 So bspw. § 42 Abs. 1 PolG BL; Art. 28 Abs. 4 VRG GR.
2482 Vogel, in: Auer/Müller/Schindler, Art. 71 VwVG, Rz. 23.
2483 Vogel, in: Auer/Müller/Schindler, Art. 71 VwVG, Rz. 37 f.
2484 Häfelin/Müller/Uhlmann, Rz. 1835 ff.; Rhinow et al., Prozessrecht, Rz. 660 f.; Tschannen/Zimmerli/Müller, § 28, Rz. 45.
2485 Häfelin/Müller/Uhlmann, Rz. 994 ff.; Vogel, in: Auer/Müller/Schindler, Art. 71 VwVG, Rz. 25 ff.
2486 Häfelin/Müller/Uhlmann, Rz. 1846; Rhinow et al., Prozessrecht, Rz. 662 m.w.H.
2487 Z.B. Art. 101 Abs. 2 VRPG BE.
2488 Rhinow et al., Prozessrecht, Rz. 661.
2489 Rhinow et al., Prozessrecht, Rz. 663.

gebunden[2490]. Ein Anspruch auf eine Behandlung besteht nur, sofern das Gesetz dies ausdrücklich vorsieht[2491].

bb) Als ausserordentliches Rechtsmittel

1396 Ausnahmsweise besteht jedoch dann die Pflicht der Behörde, auf ein Wiedererwägungsgesuch einzutreten, wenn sich aus den Umständen ergibt, dass sich die tatsächlichen oder rechtlichen Verhältnisse wesentlich geändert haben (und zum Zeitpunkt des ersten Entscheides weder bekannt waren noch sein konnten), also Revisionsgründe (vgl. z.B. Art. 66 VwVG) vorliegen[2492].

2. Verwaltungsexterne Rechtsmittel

a) Verwaltungs(gerichts)beschwerde

1397 Auf der *Bundes- und der kantonalen Ebene* steht (auch) im polizeirechtlichen Zusammenhang als verwaltungsexternes Rechtsmittel je die *Verwaltungsgerichtsbeschwerde* (im VwVG und VGG als «Beschwerde» bezeichnet) zur Verfügung. Voraussetzungen und Verfahren ergeben sich aus den einschlägigen Gesetzen.

b) Beschwerde in öffentlich-rechtlichen Angelegenheiten an das Bundesgericht

1398 Urteile des Bundesverwaltungsgerichts und letztinstanzlicher kantonaler Gerichte können mit der *Beschwerde in öffentlich-rechtlichen Angelegenheiten* an das Bundesgericht weiter gezogen werden (Art. 86 BGG). Dieses Beschwerderecht ist auf Bundesebene jedoch im polizeirechtlichen Konnex eingeschränkt (vgl. Rz. 1546).

c) Subsidiäre Verfassungsbeschwerde an das Bundesgericht

1399 Sofern eine Beschwerde in öffentlich-rechtlichen Angelegenheiten unzulässig ist, können Entscheide letzter *kantonaler* Instanzen, die in die Zuständigkeit der Kantone fallen und denen eine Verfassungswidrigkeit vorgeworfen wird, mit *subsidiärer Verfassungsbeschwerde* (Art. 113 ff. BGG) gerügt werden.

> Die Unzulässigkeit einer Beschwerde in öffentlich-rechtlichen Angelegenheiten ergibt sich aus dem Katalog der Gründe in Art. 83 BGG (im polizeirechtlichen Zusammenhang insbesondere Art. 83 lit. a BGG), ferner aus der Streitwertgrenze von 30 000 Franken bei Staatshaftungsfällen (Art. 85 Abs. 1 lit. a BGG)[2493].
> Zum Übergang von der verwaltungsrechtlichen zur strafprozessualen Rechtsgrundlage für die polizeiliche Tätigkeit bei ersten Ermittlungen und damit zur Abgrenzung von den Beschwerden in Strafsachen (Art. 5 StBOG, Art. 78 ff. BGG) vgl. Rz. 1401.

2490 HÄFELIN/MÜLLER/UHLMANN, Rz. 1828 f., 1831; RHINOW ET AL., Prozessrecht, Rz. 646 f.
2491 HÄFELIN/MÜLLER/UHLMANN, Rz. 1832.
2492 HÄFELIN/MÜLLER/UHLMANN, Rz. 1833, 1831; RHINOW ET AL., Prozessrecht, Rz. 648 ff.
2493 RHINOW ET AL., Prozessrecht, Rz. 2081.

§ 30 Allgemeine Verfahrensgarantien (Art. 29 BV)

A. Allgemeine Hinweise

Art. 29 BV regelt die allgemeinen Verfahrensgarantien für *alle Gerichts- und Verwaltungsverfahren* (Abs. 1). Sie sind demnach auch für alle *polizeilichen Bewilligungs-* bzw. *Bewilligungsentzugs-*, sowie *Ermittlungs-* und *Rechtshilfeverfahren*, die selbständig oder im Auftrag der Staatsanwaltschaft durchgeführt werden, massgebend.
Hier werden nur die für die *Verwaltungsverfahren* relevanten Inhalte behandelt, mit Ausnahme der Auswirkungen von Art. 32 BV und Art. 6 Ziff. 1 und 3 lit. c EMRK auf erste polizeiliche Befragungen.
Wie alle verfassungsrechtlichen *Verfahrensgarantien* stellt Art. 29 BV *Minimalanforderungen*[2494] auf; eidgenössische und kantonale Verfahrensgesetze können ausgeprägtere Rechte für Verfahrensbeteiligte vorsehen.

1400

Gerade im polizei- und strafprozessrechtlich relevanten Kontext sind die in der BV 1999 *geschriebenen* Verfahrensgarantien auch nicht vollständig; die Annahme, das geltende, nachgeführte Verfassungsrecht enthalte derzeit kaum ungeschriebene Normen[2495], täuscht etwas: So enthält der *unvollständige Katalog der Verfahrensgarantien* die völkerrechtlich gewährten Verfahrensgrundrechte *nulla poena sine lege* (keine Strafe ohne Gesetz)[2496], *ne bis in idem* (keine Doppelbestrafung für das gleiche Delikt)[2497], des Rückwirkungsverbotes für strafrechtliche Tatbestände[2498] und des Anspruchs auf Schadenersatz nach widerrechtlichem oder nicht gerechtfertigtem Freiheitsentzug (einschliesslich Festnahme, Art. 5 Ziff. 5 EMRK) nicht[2499]. Sie gelten jedoch als direkt anwendbare Verfahrensgarantien, was auch durch die Massgeblichkeit des Völkerrechts (Art. 5 und 190 BV, Art. 32 Abs. 1 lit. a VGG und Art. 83 lit. a BGG, je letzter Satzteil[2500]) verankert wird.

1401

> Insbesondere die grundrechtlichen Garantien *nulla poena sine lege* und des Schweigerechts beschuldigter Personen (*nemo tenetur*, Art. 32 BV) sind auch polizeirechtlich von Belang: «Keine Strafe ohne Gesetz» ist massgebend für die Entstehung eines Anfangsverdachts, der eine Personenkontrolle zu rechtfertigen vermag; entspricht eine Verhaltensweise keinem Straftatbestand, kann auch kein diesbezüglicher Verdacht entstehen. Besteht ein Verdacht oder wird ein solcher erhärtet, markiert das Grundrecht, dass sich niemand selber belasten muss, den Übergang von der rein polizeirechtlichen zur straf-

---

2494 AUER/MALINVERNI/HOTTELIER, N. 664; BIAGGINI, Komm. zu Art. 29, N. 6; KIENER/KÄLIN, 403, 405; MÜLLER/SCHEFER, 819; RHINOW ET AL., Prozessrecht, Rz. 179; RHINOW/SCHEFER, Rz. 3026; STEINMANN, SGK zu Art. 29, Rz. 7.
2495 RHINOW/SCHEFER, Rz. 14. A.A. SCHWEIZER, SGK, Vorbem. zu den Grundrechten, Rz. 12 f.
2496 Art. 7 Ziff. 1 EMRK.
2497 Art. 4 des ZP Nr. 7 zur EMRK.
2498 Art. 7 Ziff. 1 EMRK.
2499 RHINOW ET AL., Prozessrecht, Rz. 179, 617.
2500 «…soweit das Völkerrecht nicht einen Anspruch auf gerichtliche Beurteilung einräumt.»

prozessualen Befragung; demzufolge ist die Aufklärung über die Rechte Beschuldigter zwingend (vgl. auch Rz. 1562).

1402 Das Bundesgericht prüft die behauptete Verletzung *kantonaler* Vorschriften (nur) unter dem Aspekt der Willkür, wogegen eine allfällige Verletzung der verfassungs- bzw. völkerrechtlichen Verfahrensgarantien in freier Kognition, allerdings nur auf Grund konkreter und hinreichend begründeter Rügen beurteilt wird (Art. 106 Abs. 2 BGG)[2501].

1403 Die allgemeinen Verfahrensgarantien (Art. 29 BV) – im Grundrechtskatalog der BV platziert – anerkennen die Rechtsuchenden als eigenständige Rechtssubjekte, verleihen *grundrechtliche Ansprüche*[2502] auf ein faires Verfahren (*«fair trial»*, prozedurale Gerechtigkeit[2503]) und gewährleisten einen umfassenden Rechtsschutz[2504].

Art. 29 BV gilt für alle – nicht streitigen und streitigen – Verfahren. Der Geltungsbereich von Art. 6 EMRK wird demgegenüber in der Literatur (noch) unterschiedlich beurteilt. Einerseits wird er als auf zivil- und strafrechtliche *Gerichtsverfahren* beschränkt angesehen[2505], anderseits dargetan, dass die Qualität des Entscheidungsorgans nicht massgebend sei, weshalb die Norm auch *auf Verwaltungsverfahren anwendbar* sein könne (so auch das BGer)[2506]. Art. 6 EMRK hat mindestens eine *Vorwirkung* auf Verwaltungsverfahren.

1404 Die Verfahrensgarantien umschreiben zunächst die Anforderungen an ein rechtsstaatliches, «gerechtes» und dem Gleichstellungsgebot entsprechendes Verfahren, gewährleisten den Rechtsuchenden subjektive Mitwirkungsrechte[2507] und dienen damit der Wahrheitsfindung[2508].

1405 Die Verfahrensgarantien stehen auch Parteien zu, die in der Sache selbst keinen Rechtsanspruch haben[2509]. Wird z.B. jemandem, der eine Verfügung verlangt, die Parteistellung abgesprochen, so hat diese Person Anspruch auf eine anfechtbare Nichteintretensverfügung[2510].

2501 BGE 126 I 19 E 2a.
2502 MÜLLER/SCHEFER, 853: Die Garantie der verfahrensrechtlichen Kommunikation stellt ein selbständiges Grundrecht dar.
2503 Nach Art. 6 EMRK (Vorwirkung) aus Art. 4 aBV entwickelt.
2504 STEINMANN, SGK zu Art. 29, Rz. 6.
2505 RHINOW ET AL., Prozessrecht, Rz. 112, 116; RHINOW/SCHEFER, Rz. 3032.
2506 SUTTER, in: Auer/Müller/Schindler, Art. 30 VwVG, Rz. 2 mit Bezug auf die bundesgerichtliche Anerkennung der Massgeblichkeit von Art. 6 Ziff. 1 EMRK hinsichtlich des Rechts auf Orientierung und Äusserung; GRABENWARTER, § 24, Rz. 15. Vgl. RHINOW ET AL., Prozessrecht, Rz. 112, mit dem Hinweis zur Anwendbarkeit von Art. 6 Ziff. 1 EMRK auf ein Verfahren zum Erlass einer einstweiligen Verfügung. Vgl. auch Rz. 1431 mit FN 2555.
2507 Zur Frage der Mitwirkungspflicht: Rz. 1445.
2508 Vgl. KIENER/KÄLIN, 404; MÜLLER/SCHEFER, 821 f.; STEINMANN, SGK zu Art. 29, Rz. 6.
2509 BGE 130 II 521 E 2.5.
2510 BGer 1C_165/2009 E 2.2.

Verletzungen von Teilgehalten von Art. 29 BV (Näheres in Rz. 1410 ff.) sind generell 1406 formeller Natur[2511] und führen grundsätzlich zur Aufhebung des betreffenden Entscheides; das gilt insbesondere bei der Verletzung des Gebots der richtigen Zusammensetzung der Behörde[2512] und des Anspruchs auf rechtliches Gehör[2513].

Doch auch dies gilt nicht absolut: Nach der nicht ganz einfach zu interpretierenden bundesgerichtlichen Praxis kann eine nicht schwerwiegende Verletzung von Art. 29 BV *ausnahmsweise* geheilt werden, wenn die betreffende Person Gelegenheit erhält, sich vor der Beschwerdeinstanz zu äussern, sofern diese freie Kognition in Bezug auf Sachverhalt und Rechtslage hat[2514]. Selbst bei schwerwiegenden Verletzungen des rechtlichen Gehörs kann von einer Rückweisung an die ursprünglich verfügende Behörde abgesehen werden, sofern diese «zu einem formalistischen Leerlauf und damit zu unnötigen Verzögerungen führen würde, die mit dem (der Anhörung gleichgestellten) Interesse der betroffenen Partei an einer beförderlichen Beurteilung der Sache nicht zu vereinbaren wären»[2515].

B. Rechtsträger

Träger der Verfahrensgarantien sind zunächst alle natürlichen Personen ohne Rücksicht auf ihre Nationalität oder ihren ausländerrechtlichen Status (also auch «*sans papiers*») im Rahmen ihrer Parteistellung (und Prozessfähigkeit)[2516], soweit sie an einem Verfahren beteiligt sind, ein solches anstreben oder einen Anspruch auf Einbezug haben. 1407

Gleichermassen Rechtsträger der Verfahrensgarantien sind juristische Personen des Zivilrechts und des öffentlichen Rechts[2517]. Eingeschlossen ist gemäss Bundesgericht[2518] in Grenzen auch die Verwaltung selber, da das Willkürverbot (dessen Verletzung just mit dem zutreffenden Verfahren gemäss Art. 29 BV geltend gemacht werden kann) umfassend als objektives Recht gelte, «und zwar nicht nur gegenüber dem einzelnen Bürger, sondern auch im Verhältnis zu anderen Staatsorganen»[2519]. 1408

2511 BIAGGINI, Komm. zu Art. 29, N. 8; KIENER/KÄLIN, 408 f.; MÜLLER/SCHEFER, 853.
2512 BGer 1C_388/2009 E 4.2 m.w.H.; BGE 133 I 201 E 2.2.
2513 MÜLLER/SCHEFER, 853 m.w.N.
2514 BGer 1C_388/2009 E 4.2; ausführlicher: STEINMANN, SGK zu Art. 29, Rz. 32 f.; m.E. mit Recht kritisch: TSCHANNEN/ZIMMERLI/MÜLLER, § 30, Rz. 43 f.
2515 BGer 1C_388/2009 E 4.2; vgl. aber EGMR Schaller-Bossert c. Suisse, in dem eine Verletzung des rechtlichen Gehörs festgestellt wurde, da das BGer der (nicht anwaltlich vertretenen) Rekurrentin die Stellungnahme des Regierungsrates bloss «zur Kenntnis» und nicht als Einladung zu einem weiteren Schriftenwechsel zugestellt hatte (§§ 37 ff.).
2516 BIAGGINI, Komm. zu Art. 29, N. 8; KIENER/KÄLIN, 404 f.; STEINMANN, SGK zu Art. 29, Rz. 8.
2517 AUER/MALINVERNI/HOTTELIER, N. 1198; STEINMANN, SGK, a.a.O.
2518 BGE 134 IV 36 E 1.4.
2519 BGE 134 IV 36 E 1.4.4. Vgl. aber BGE 129 I 313 E 4.1.

1409 Diese weite bundesgerichtliche Auslegung ist in der Lehre vereinzelt auf Kritik gestossen, der Schutz verfahrensrechtlicher Grundrechte bleibe auf Private beschränkt[2520], das Bundesgericht verkenne den grundrechtlichen Individualrechtsschutz.
Indessen ist durchaus denkbar, dass eine zuständige Verwaltungsbehörde (als Verfahrensbeigeladene) einen Verwaltungsgerichtsentscheid, welcher z.B. festhält, eine von dieser Verwaltungsbehörde erlassene Allgemeinverfügung[2521] (z.B. Verkehrsanordnung) sei rechtswidrig, beim Bundesgericht z.G. grundrechtlicher Positionen anderer Betroffener, die im ersten Beschwerdeverfahren nicht involviert waren, anficht. Die Behörde vertritt damit das öffentliche Interesse, welches durch das objektivierte Rechtsinteresse eines Einzelnen (und seinesgleichen) konstituiert ist[2522].

C. Teilgehalte

I. Zu Abs. 1 von Art. 29 BV

1. Rechtsförmigkeit des Verfahrens

a) Rechtsverweigerung

1410 Art 29 Abs. 1 BV gewährleistet den *Anspruch auf ein rechtsförmiges Verfahren innert nützlicher Frist*[2523]. Kern davon ist das *Verbot der* (formellen) *Rechtsverweigerung*[2524]. Eine formelle Rechtsverweigerung liegt zunächst dann vor, wenn eine Behörde auf eine Eingabe gar nicht eintritt bzw. das fällige (Verwaltungs-)Verfahren entweder stillschweigend oder ausdrücklich nicht in Gang setzt[2525] oder die Voraussetzungen dafür nicht schafft, so auch das Unterlassen einer rechtzeitigen Rechtsbelehrung[2526].

1411 Darunter fällt auch die rechtlich und sachlich nicht begründbare Verweigerung der Entgegennahme einer Anzeige bei der Polizei. Es muss plausibel dargelegt werden (können), weshalb eine Anzeige nicht entgegen genommen wird (z.B. Erläuterung, dass das geschilderte Verhalten nicht strafbar oder die Polizei nicht zuständig sei [mit Hinweis auf die zuständige Behörde]). Darüber ist eine Aktennotiz (Journaleintrag) zu verfassen. Ein Unterlassen der Entgegennahme ohne (oder mit unzureichender) Begründung und ohne Dokumentation kann u.U. auch einen Amtsmissbrauch (Art. 312 StGB) darstellen.

1412 Ebenso als formelle Rechtsverweigerung wird qualifiziert, wenn eine Behörde entgegen der Untersuchungsmaxime[2527], die ihr die Abklärung des Sachverhaltes und die Beur-

---

2520 MÜLLER/SCHEFER, 820.
2521 Vgl. dazu etwa TSCHANNEN/ZIMMERLI/MÜLLER, § 28, Rz. 50 ff.
2522 Vgl. KIENER/KÄLIN, 405.
2523 AUER/MALINVERNI/HOTTELIER, N. 1267 f.
2524 MÜLLER, in: Auer/Müller/Schindler, Art. 46a VwVG, Rz. 4 f.; RHINOW ET AL., Prozessrecht, Rz. 277 ff.
2525 BGer 8C_1071/2009 E 2.1; BGE 134 I 229 E 2.3; AUER/MALINVERNI/HOTTELIER, N. 1200; BIAGGINI, Komm. zu Art. 29, N. 11; KIENER/KÄLIN, 412 f.; MÜLLER/SCHEFER, 838; RHINOW/ SCHEFER, Rz. 3035; STEINMANN, SGK zu Art. 29, Rz. 10.
2526 RHINOW ET AL., Prozessrecht, Rz. 279 f., 283 ff.
2527 TSCHANNEN/ZIMMERLI/MÜLLER, § 30, Rz. 22 f.

teilung der Rechtslage zur Pflicht macht, dieser nicht in genügendem Mass nachkommt oder ihre Zuständigkeit (inkl. Kognition) nicht ausschöpft[2528].

Ob die Behörde ein Verfahren von Amtes wegen oder auf einen Antrag, ein Gesuch hin einleitet, richtet sich nach dem jeweiligen massgebenden Gesetz[2529] (z.B. Polizeigesetz, Verwaltungsverfahrensgesetz, StPO). 1413

Wird ein Antrag, ein Gesuch oder – nach einer erfolgten Verfügung – eine Beschwerde fristgerecht an eine *un*zuständige Behörde gerichtet, hat diese das Begehren von sich aus unverzüglich an die zuständige Behörde zu überweisen[2530]. Auch die Missachtung dieses Gebotes ist eine Rechtsverweigerung. 1414

Fehlen verfahrensrechtliche Voraussetzungen für einen materiellen Entscheid beispielsweise mangels Legitimation des Gesuchstellers oder Beschwerdeführers, hat er Anspruch auf einen formellen (beschwerdefähigen) Nichteintretensentscheid[2531], sofern die Unzuständigkeit der angesprochenen Behörde nicht offenkundig ist (z.B. Bundesrat anstelle einer kantonalen Beschwerdeinstanz). 1415

Anzeigen über Tatsachen, die im öffentlichen Interesse ein Einschreiten der Behörde als erforderlich erscheinen lassen («Missstände»), können dieser (bzw. in der Regel einer vorgesetzten Verwaltungsinstanz) als *Aufsichtsbeschwerden* (vgl. Rz. 4023) zur Kenntnis gebracht werden[2532]. 1416

b) Rechtsverzögerung

Schwieriger ist im Einzelfall zu entscheiden, ob eine gegen Art. 29 Abs. 1 BV verstossende *Rechtsverzögerung* gegeben sei[2533]. Die «angemessene Frist» ist relativer Natur und abhängig von der Komplexität von Sach- und Rechtsfragen, allfälligem Koordinationsaufwand mit andern Behörden oder dem Beachten von Verfahrensrechten (mit Fristenläufen) von Dritten[2534]. 1417

2528 BGE 131 II 271 E 11.7.1 Nicht ausschöpfen der Kognition als Form der Verletzung des rechtlichen Gehörs; KIENER/KÄLIN, 413; RHINOW/SCHEFER, Rz. 3035. Vgl. Rz. 360; RHINOW ET AL., Prozessrecht, Rz. 287; SCHINDLER, in: Auer/Müller/Schindler, Art. 49 VwVG, Rz. 21.
2529 TSCHANNEN/ZIMMERLI/MÜLLER, § 30, Rz. 28.
2530 Vgl. z.B. Art. 8 VwVG; § 52 OG BS; § 6 VwVG BL; RHINOW ET AL., Prozessrecht, Rz. 285; TSCHANNEN/ZIMMERLI/MÜLLER, § 30, Rz. 29.
2531 MÜLLER/SCHEFER, 828 (FN 78); RHINOW ET AL., Prozessrecht, Rz. 283; STEINMANN, SGK zu Art. 29 BV, Rz. 10.
2532 Vgl. Art. 71 VwVG, § 51 OG BS, § 43 VwVG BL. Beide erwähnten kantonalen Verfahrensgesetze gewährleisten dem Anzeiger jedoch eine (ihrerseits bei Ausbleiben aber durch Beschwerde nicht erzwingbare) Auskunft über die Erledigung der Anzeige; vgl. TSCHANNEN/ZIMMERLI/MÜLLER, § 28, Rz. 45. Die Aufsichtsbeschwerde gilt auch nicht als «wirksame Beschwerde» i.S.v. Art. 13 EMRK: SCHWEIZER, Int. Komm. zu Art. 13, Rz. 60.
2533 MÜLLER, in: Auer/Müller/Schindler, Art. 46a VwVG, Rz. 6; RHINOW ET AL., Prozessrecht, Rz. 288 ff.
2534 AUER/MALINVERNI/HOTTELIER, N. 1272 f.; BIAGGINI, Komm. zu Art. 29, N. 13; CAVELTI, in: Auer/Müller/Schindler, Art. 20 VwVG, Rz. 3; STEINMANN, SGK zu Art. 29, Rz. 11 f.

Sofern es im Verwaltungsverfahren nicht darum geht, dass gesetzlich festgelegte Fristen missachtet wurden oder werden, besteht ein Beschleunigungsgebot[2535]. Zumindest der Verdacht auf eine Rechtsverzögerung kann sich ergeben, wenn es zu *nicht begründeten und nicht begründbaren Unterbrüchen* in der Verfahrensführung kommt.

1418 Für den Zeitbedarf bis zum Vorliegen eines nach nationalem Recht endgültigen Entscheides ist auch der zur Verfügung stehende Instanzenzug massgebend[2536].
Auch Anordnungen aus überspitztem Formalismus (Näheres dazu Rz. 1423 ff.) können zu einer Rechtsverzögerung führen.

1419 Im polizeilichen Alltag kann eine Rechtsverzögerung auch in einem verspäteten Tätigwerden der Polizei durch Realakte[2537] gegeben sein, wobei dies – sofern es um entsprechende Rechtsgüter geht – auch einen Verstoss gegen grundrechtliche Schutzfunktionen (bspw. Art. 10, 13 BV; vgl. Rz. 299 ff.) darstellen kann. Dies ist insbesondere der Fall, wenn ein *Anspruch* auf eine rasche behördliche Intervention besteht, bspw. nach einer Benachrichtigung wegen häuslicher Gewalt (vgl. Art. 28*b* Abs. 4 ZGB)[2538].

1420 Das Gleiche gilt für die Inanspruchnahme der Polizei zum (subsidiären) Schutz zivilrechtlicher Ansprüche, deren Geltendmachung oder Wahrung ohne rechtzeitige Hilfe (bspw. in der Form der Feststellung der Personalien des allfälligen Beklagten) verunmöglicht wird[2539] und für die Vollzugshilfe in strafrechtlichen Ermittlungs- oder Rechtshilfeverfahren.

2535 Für das bundesrechtliche Verwaltungsverfahren: MÄCHLER, in: Auer/Müller/Schindler, Art. 58 VwVG, Rz. 15.

2536 EGMR Gsell c. Suisse, §§ 76 ff.; eigenartig erscheint daher die Argumentation im Urteil BGer 1C_445/2010 E 2.5, wonach die Gesamtdauer des Führerausweis-Entzugsverfahrens von über fünf Jahren seit der Widerhandlung (mit Verweis auf BGer-Urteil 1C_383/2009) deutlich zu lange sei, wobei dem Beschwerdeführer nicht zum Vorwurf gemacht werden könne, dass er alle Rechtsmittel ausgeschöpft habe. Der Beschwerdeführer hatte zuvor im strafrechtlichen Verfahren sämtliche Rechtsmittel ausgeschöpft; dabei ist es zu keinen übermässigen Zeitabläufen bis zum nächsten Beschwerdeentscheid gekommen. Die Verwaltungsbehörde hat den Führerausweisentzug rund 10 Wochen nach dem Entscheid des BGer in der Strafsache verfügt; erst damit stand rechtskräftig fest, dass es sich um eine schwere Widerhandlung handelte. Demgegenüber rechnete das BGer im vergleichsweise herangezogenen Entscheid den Verwaltungs- und Gerichtsbehörden Schritt für Schritt die jeweils zu lange Verfahrensdauer vor. Einerseits ist auf Grund dieser Argumentation kaum eruierbar, wo die Grenze der noch angemessenen Verfahrensdauer liegt, andererseits wird es demnach möglich, durch Ausschöpfen der Rechtsmittel – selbst bei zügigem Verfahrensgang – ein akzessorisches Verfahren im Ergebnis zu verunmöglichen (vgl. dazu aber EGMR Gsell c. Suisse, § 79).

2537 Näheres dazu Rz. 1485 ff.

2538 Näheres dazu Rz. 397 f.

2539 Vgl. Art. 59 Abs. 2 OR (sichernde Massnahmen), Art. 268*b* OR (Durchsetzung des Retentionsrechts des Vermieters), Art. 64 Abs. 2 SchKG (Zustellung von Betreibungsurkunden), Art. 283 Abs. 2 SchKG (Wahrung des Retentionsrechts bei Gefahr im Verzug), Art. 284 SchKG (Rückschaffung von Gegenständen innert 10 Tagen); ebenso ist die Polizei befugt und u.U. verpflichtet, Personen, die selber dazu nicht im Stande sind, bei der Wahrung des Besitzesschutzes

Personalmangel oder strukturelle Unzulänglichkeiten in der Organisation bewahren nicht vor dem Vorwurf der Rechtsverzögerung, sondern gebieten Massnahmen der politischen Behörden zu deren Vermeidung[2540].

1421

2. Zusammensetzung der Entscheidbehörde

Art. 29 Abs. 1 BV stellt auch Anforderungen an die personelle *Zusammensetzung der eine Verfügung erlassenden oder auf Beschwerde hin eine Verfügung überprüfenden Behörde* (Entscheidbehörde). Zwar sind Behörden, die eine Verfügung erlassen, materiell an der Rechtswirkung dieser Verfügung interessiert und daher nicht neutral wie ein Gericht[2541], doch sind jegliche Beschlüsse, ob Erlass oder Beschwerdeentscheid, *sachlich und unvoreingenommen* zu fassen. Damit haben alle, die an der Sache *persönlich* interessiert sind, ob direkt (Entscheidbefugnis) oder indirekt (Anweisung, eine Verfügung zu erlassen oder eine solche vorzubereiten bzw. gleich gelagerte Nähe bei Beschwerdeentscheiden) beteiligt, *in den Ausstand* zu treten[2542]. Dabei genügt der objektiv begründbare *Anschein der Befangenheit einzelner* an Entscheiden oder deren Vorbereitung beteiligter *Personen*[2543], nicht aber bloss das subjektive Empfinden.

1422

> Das trifft auch für behördeninterne informelle Diskussionen einer Sache zu. Das Mitglied einer (Polizei-)Behörde, welcher der Erlass bspw. einer Verkehrsbeschränkung in einer Strasse, an der es selber wohnt, beantragt wird, hat sich jeglicher Einflussnahme auf den Entscheid zu enthalten[2544]. Diese selbstverständliche Anforderung ist nicht nur formell, sondern auch materiell im Sinne eines das Gleichheitsgebot beachtendes, «gerechtes» Verfahrens zu verstehen[2545]. Ebenso führen jegliche auch indirekte *persönliche Beziehungen* (bspw. Verschwägerung oder auch aus einem grösseren Freundeskreis) von Behördenmitgliedern zu Verfahrensbeteiligten zur Ausstandspflicht.

3. Überspitzter Formalismus

Ebenso folgt aus Art. 29 Abs. 1 BV das *Verbot des überspitzten Formalismus* (eine spezielle Form der formellen Rechtsverweigerung). Auch wenn im Verwaltungsverfahren Formerfordernisse für einen geordneten Ablauf unverzichtbar sind, dürfen diese nicht in einer exzessiven, der Wahrheitsfindung zuwiderlaufenden Weise ausgelegt werden[2546]. Dies ist nach bundesgerichtlicher Praxis dann der Fall, wenn Formalanforderungen sich durch kein schutzwürdiges Interesse rechtfertigen lassen,

1423

---

gegen verbotene Eigenmacht beizustehen, Art. 926 ZGB; § 2 Abs. 2 PolG BS, § 3 Abs. 2 PolG BL. Vgl. REINHARD, 101 ff.
2540 RHINOW ET AL., Prozessrecht, Rz. 289: STEINMANN, SGK zu Art. 29, Rz. 12 m.w.N.
2541 Vgl. SCHINDLER, Befangenheit, 70.
2542 Vgl. auf Bundesebene: Art. 10 VwVG. FELLER, in: Auer/Müller/Schindler, Art. 10 VwVG, Rz. 5; RHINOW ET AL., Prozessrecht, Rz. 303 f., 507 ff., 1195.
2543 BGer 1B_407/2010 E 2.1; 1C_278/2010 E 2.2. SCHINDLER, Befangenheit, 75 f.
2544 FELLER, in: Auer/Müller/Schindler, Art. 10 VwVG, Rz. 5; SCHINDLER, Befangenheit, 74 f.
2545 BIAGGINI, Komm. zu Art. 29, N. 15; KIENER/KÄLIN, 416; STEINMANN, SGK zu Art. 29, Rz. 18.
2546 RHINOW ET AL., Prozessrecht, Rz. 295 ff.

zum Selbstzweck verkommen und damit auch dem Grundsatz von Treu und Glauben widersprechen[2547].

1424 Zum Selbstzweck (bzw. einer Schikane) verkommen auch über das rechtlich und in concreto sachlich begründete Ziel einer (Personen-)Kontrolle hinausschiessende (exzessive) Fragestellungen. Solche übertriebene Vorgehensweisen können u.U. auch den Tatbestand des Amtsmissbrauchs erfüllen (Art. 312 StGB).

1425 Als überspitzter Formalismus wird etwa angesehen, wenn für einen behebbaren Formmangel (bspw. fehlende Unterschrift auf einer Beschwerde, Fehlen der Vollmacht des Anwalts, Fehlen der angefochtenen Verfügung, unleserliche Unterschrift) keine Nachfrist angesetzt wird[2548]. Ebenso dürfen bei nicht anwaltlich vertretenen Beschwerdeführern keine allzu hohen Anforderungen an Formulierungen der Begründung gestellt werden, soweit sich deren Sinn mit hinreichender Bestimmtheit vermuten lässt.

1426 Das Nichteintreten auf eine fristgerecht eingereichte, aber an eine unzuständige Behörde gerichtete Rechtsschrift entspricht auch überspitztem Formalismus (vgl. zur Anzeigeentgegennahme Rz. 1411 und zur Weiterleitungspflicht Rz. 1414).

1427 Die Unzulässigkeit des überspitzten Formalismus betrifft auch den Gesetzgeber: Übertriebene, d.h. sachlich nicht gerechtfertigte Formerfordernisse in Verfahrensvorschriften ignorieren das Verbot ebenso[2549].

II. Zu Abs. 2 von Art. 29 BV (Anspruch auf rechtliches Gehör)

1428 Auch die Gewährleistung des rechtlichen Gehörs in Abs. 2 von Art. 29 BV umfasst mehrere Teilgehalte[2550]. Sie *dient* einerseits der *Sachverhaltsermittlung,* also der Suche nach der materiellen Wahrheit, andererseits der *Sicherstellung der persönlichen Mitwirkung der Betroffenen,* wozu auch die Darstellung ihrer Rechtsauffassung gehört[2551]. Dies entspricht den Zwecken der Sicherung der Subjektqualität der Parteien bzw. der Verhinderung, dass diese zu blossen Objekten staatlicher Verwaltungsverfahren herabgemindert werden[2552].

2547 BGer 2C_354/2009 E 4.1; BGE 135 I 6 E 2.1; 128 II 139 E 2; BIAGGINI, Komm. zu Art. 29, N. 14 m.w.H.; KIENER/KÄLIN, 411; MÜLLER/SCHEFER, 832 ff.; RHINOW/SCHEFER, Rz. 3036.

2548 Enthielte ein kantonales Verwaltungsverfahrensgesetz keine Bestimmung über eine Nachfrist für Formfehler (vgl. Art. 52 Abs. 2 und 3 VwVG), entspräche dies einem Verstoss gegen Art. 29 BV durch den kantonalen Gesetzgeber; vgl. KIENER/KÄLIN, 411; MÜLLER/SCHEFER, 835. Zum überspitzten Formalismus: MÜLLER, in: Auer/Müller/Schindler, Art. 46a VwVG, Rz. 4 mit FN 9.

2549 RHINOW ET AL., Prozessrecht, Rz. 297.

2550 Zum Ganzen: RHINOW ET AL., Rz. 309 ff.

2551 BIAGGINI, Komm. zu Art. 29, N. 17; KIENER/KÄLIN, 418 ff.; MÜLLER/SCHEFER, 846 ff. (kritisch mit Blick auf Art. 6 EMRK und die Praxis des EGMR); RHINOW/SCHEFER, Rz. 3040 ff.; RHINOW ET AL., Prozessrecht, Rz. 310 f.; STEINMANN, SGK zu Art. 29, Rz. 21 f.; TSCHANNEN/ZIMMERLI/MÜLLER, § 30, Rz. 35 ff.

2552 KIENER/KÄLIN, 418; TSCHANNEN/ZIMMERLI/MÜLLER, § 30, Rz. 36.

Teilgehalte sind die *vorgängige Orientierung*, die *vorgängige Äusserung*, die *Teilnahme* am Beweisverfahren und die *Begründung*[2553], die ihrerseits wieder in weitere Teilgehalte unterteilt werden.

1429

1. Recht auf vorgängige Information

Massgebend ist im Einzelfall das konkrete Verfahrensrecht. Art. 29 Abs. 2 BV umschreibt lediglich wiederum – wenn auch weitgehende – *Minimalanforderungen* (vgl. Rz. 1400)[2554].

1430

Grundsätzlich ist das Anhörungsrecht zu gewähren, *bevor* die Behörde entscheidet (Bund: Art. 30 Abs. 1 VwVG)[2555]. Daher bedarf es der vorgängigen *Orientierung*, ein entsprechendes Verfahren werde eingeleitet oder sei eingeleitet worden. Diese erfolgt *schriftlich* (Nachweis).

1431

> Handelt es sich bei der Partei im Verwaltungsverfahren um ein Kind (Personen bis zum 18. Altersjahr, Rz. 424), sind auch die Anforderungen von Art. 11 Abs. 2 BV und Art. 12 KRK zu beachten[2556].
> Das Recht der vorgängigen Information und Anhörung kennt allerdings verschiedene Ausnahmen. Für den Bund sind sie in Art. 30 Abs. 2 VwVG spezifiziert[2557].

Bei *Individualverfügungen* werden die von einer Verfügung Betroffenen mit der Eröffnung eines *Schriftenwechsels* informiert[2558].

1432

Im Rahmen von *Allgemeinverfügungen* bspw. im Bereich des *Strassenverkehrs*[2559] oder in jüngster Zeit bei der Installation von *Videoanlagen*[2560] im öffentlichen Raum, die sich an eine unbestimmte Vielzahl von Adressaten wendet, ist dies nicht möglich, weshalb hier die *Publikation* in einem amtlichen Blatt vorgesehen ist. Diese Publikation eröffnet noch kein Rechtsmittelverfahren, also nicht die Möglichkeit einer Beschwerde, sondern diejenige von Einwendungen[2561] und sichert so den Gehörsanspruch vor Erlass der Verfügung[2562].

1433

2553 BIAGGINI, Komm. zu Art. 29, N. 19 ff.; KIENER/KÄLIN, 419 ff.; MÜLLER/SCHEFER, 860 ff.; STEINMANN, SGK zu Art. 29, Rz. 23 ff.; TSCHANNEN/ZIMMERLI/MÜLLER, § 30, Rz. 35.
2554 BIAGGINI, Komm. zu Art. 29, N. 18; STEINMANN, SGK zu Art. 29, Rz. 21; TSCHANNEN/ZIMMERLI/MÜLLER, § 30, Rz. 37.
2555 SUTTER, in: Auer/Müller/Schindler, Art. 30 VwVG, Rz. 1 ff. mit Verweis auf die vom BGer anerkannte Anwendbarkeit von Art. 6 Ziff. 1 EMRK; KIENER/KÄLIN, 420; MÜLLER/SCHEFER, 869; RHINOW/SCHEFER, Rz. 3041; RHINOW ET AL., Prozessrecht, Rz. 318; STEINMANN, SGK zu Art. 29, Rz. 25; TSCHANNEN/ZIMMERLI/MÜLLER, § 30, Rz. 39.
2556 SUTTER, in: Auer/Müller/Schindler, Art. 30 VwVG, Rz. 13 ff.
2557 SUTTER, in: Auer/Müller/Schindler, Art. 30 VwVG, Rz. 21 ff.
2558 TSCHANNEN/ZIMMERLI/MÜLLER, § 30, Rz. 40.
2559 Vgl. z.B. Art. 107 SSV, Veröffentlichung von Verkehrsanordnungen. TSCHANNEN/ZIMMERLI/MÜLLER, § 28, Rz. 50.
2560 Sofern vom einschlägigen Gesetz vorgesehen.
2561 Vgl. dazu TSCHANNEN/ZIMMERLI/MÜLLER, § 30, Rz. 47 f.
2562 MÜLLER/SCHEFER, 870; TSCHANNEN/ZIMMERLI/MÜLLER, § 30, Rz. 58.

2. Recht auf Anhörung

1434 Art. 29 Abs. 2 BV gewährleistet einerseits das Recht angehört zu werden und auferlegt den Behörden andererseits die Pflicht, die Vorbringen entgegen zu nehmen und sorgfältig zu prüfen[2563]. Er gewährt im Verwaltungsverfahren aber *keinen Anspruch auf mündliche Anhörung*[2564]. Dennoch kann in verschiedenen Situationen nicht nur eine Anhörung, sondern gar eine Diskussion mit Gesuchstellern oder anderweitig von einer Verfügung Betroffenen sinnvoll (und materiell-rechtlich notwendig) sein, wenn einerseits der Subjektsqualität der Parteien Rechnung getragen werden und das Verhältnismässigkeitsprinzip von Anfang an unter Berücksichtigung aller wesentlichen Faktoren die nötige Beachtung finden soll.

1435 Heute klassisches Beispiel ist bei einer Intervention (Erscheinen der Polizei, Betreten der Wohnräume) wegen häuslicher Gewalt (Rz. 397) die genügende Abklärung des Sachverhalts (Beweisaufnahme) *vor* einer Grundrechte einschränkenden Massnahme, was mindestens die Anhörung beider Kontrahenten erfordert.

1436 In andern Zusammenhängen kann die Anhörung auch zu eigentlichen *Verhandlungen* führen[2565], bspw. bei der Gestaltung einer Demonstrations- oder einer andern Veranstaltungsbewilligung, wenn nicht alle Begehren berücksichtigt werden können, so bspw. vor der Anordnung künftiger Beschränkungen des Verkehrs oder von Gastwirtschaftsöffnungszeiten bspw. in Wohngebieten, im Zusammenhang mit Ausnahmetransporten (d.h. zeitlich und örtlich begrenzte Verkehrsbeschränkungen durch Realakte) und dgl.

1437 Die Einräumung des rechtlichen Gehörs *vor einem Realakt* kann – wenn auch in Verfahrensgesetzen kaum vorgesehen –, falls tunlich dem verfassungsrechtlichen Anspruch nachkommend, für den nachfolgend fälligen Entschluss (Rechtsfolgeermessen) von Bedeutung sein[2566,2567].

Ein solches Vorgehen steht auch im Dienst der Verfahrensökonomie, da damit oft Beschwerdeverfahren verhindert werden können[2568].

[2563] RHINOW ET AL., Prozessrecht, Rz. 318, 328.
[2564] BGE 134 I 140 E 5.3; BGer 1C_388/2009 E 5.1; AUER/MALINVERNI/HOTTELIER, N. 1331; BIAGGINI, Komm. zu Art. 29, N. 20; STEINMANN, SGK zu Art. 29, Rz. 25.
[2565] Vgl. BGE 131 II 670 E 4.2.
[2566] WEBER-DÜRLER, in: Auer/Müller/Schindler, Art. 25a VwVG, Rz. 47 f. Vgl. dazu auch Rz. 1486.
[2567] Vgl. GLUTZ, 162, der für die faktische Übermittlung von spontanen Beweissmitteln und namentlich Informationen mit Amtshilfecharakter aus dem Geheimbereich (Art. 67a Abs. 5 IRSG) aus dem Anspruch nach Art. 29 ff. VwVG ein Anhörungsrecht ableitet; massgebend ist ebenso Art. 29 Abs. 2 BV.
[2568] Etwas missverständlich erscheint deshalb die Bemerkung in TSCHANNEN/ZIMMERLI/MÜLLER, § 28, Rz. 72, wonach der Inhalt der Verfügung und somit die Gestalt des Rechtsverhältnisses allein durch die Behörde festgelegt werde; umgekehrt wird in § 28, Rz. 32, darauf verwiesen, dass manche Verfahren *Verhandlungsmomente* in sich führten.

3. Recht auf Akteneinsicht

Zum Anspruch auf rechtliches Gehör gehört das *Recht auf Akteneinsicht*[2569]. Darin inbegriffen ist das Recht, Notizen zu machen und (in einem verhältnismässigen Rahmen) Fotokopien zu erhalten[2570]. 1438

> Dementsprechend hat ein Anzeigesteller das Recht, vom Polizeirapport über seine Anzeige (gebührenfrei) eine Fotokopie zu erhalten.

Das Einsichtsrecht besteht in allen *schriftlichen und elektronischen Aufzeichnungen*[2571]. 1439

> Nach einer Identitätsüberprüfung hat die kontrollierte Person, sofern darüber ein Journaleintrag vorgenommen worden ist, auch einen Anspruch, diesen ebenso wie allenfalls zugehörigen E-Mail-Verkehr (vgl. Rz. 1440) einzusehen.
>
> Die Einsicht in *Befragungsprotokolle* richtet sich nach den massgebenden gesetzlichen Bestimmungen (Verwaltungsverfahren oder Strafprozessordnung), welche die Anforderungen von Art. 29 BV und der EMRK zu beachten haben.

In Bezug auf das Einsichts- bzw. Auskunftsrecht über elektronische Aufzeichnungen besteht eine Normkonkurrenz mit Art. 13 Abs. 2 BV bzw. Art. 8 DSG auf Bundesebene und mit kantonalen Datenschutzgesetzen.

Inhaltlich werden alle Akten, die «geeignet sind, eine Grundlage für die spätere Entscheidung zu bilden, d.h. entscheidrelevant sind oder sein könnten»[2572], vom Akteneinsichtsrecht umfasst. Kein Anspruch besteht gemäss bundesgerichtlicher Praxis – im Unterschied zum Datenschutzrecht – «auf Einsicht in verwaltungsinterne Akten. Als solche gelten Unterlagen, denen für die Behandlung eines Falls kein Beweischarakter zukommt, welche vielmehr ausschliesslich der verwaltungsinternen Meinungsbildung dienen und somit für den verwaltungsinternen Gebrauch bestimmt sind (z.B. Entwürfe, Anträge, Notizen, Mitberichte, Hilfsbelege usw.)»[2573]. 1440

> Diese Einschränkungen stossen in der Lehre teilweise auf Kritik[2574] und können u.U. mit dem *Öffentlichkeitsprinzip* kollidieren[2575]. Das Öffentlichkeitsprinzip setzt weder eine Parteistellung noch ein besonderes Rechtsinteresse voraus[2576]. Die *Begrenzung* des verfahrensrechtlichen *Akteneinsichts*rechtes kann sich auch mit dem *datenschutzrechtlichen* 1441

2569 BGer 1C_388/2009 E 5.2; BIAGGINI, Komm. zu Art. 29, N. 21; KIENER/KÄLIN, 422 f.; MÜLLER/SCHEFER, 871 ff.; RHINOW/SCHEFER, Rz. 3041; STEINMANN, SGK zu Art. 29, Rz. 28 ff.
2570 AUER/MALINVERNI/HOTTELIER, N. 1325; BIAGGINI, a.a.O.; MÜLLER/SCHEFER, 879; STEINMANN, SGK, a.a.O.
2571 KIENER/KÄLIN, 423; MÜLLER/SCHEFER, 874; RHINOW ET AL., Prozessrecht, Rz. 331 ff.
2572 BGer 1C_388/2009 E 5.2.1.
2573 BGer 1C_388/2009 E 5.2.1. Solchen «internen» Akten wie Anträge, Mitberichte oder Notizen könnten allerdings in einem Beschwerdeverfahren wegen Befangenheit eines Mitgliedes der Entscheidbehörde entscheidender Beweiswert zukommen, weshalb auch diese Ausnahme vom Akteneinsichtsrecht nicht absolut zu verstehen ist.
2574 MÜLLER/SCHEFER, 875 m.w.N.
2575 BG über das Öffentlichkeitsprinzip der Verwaltung (BGÖ), ferner z.B. § 75 Abs. 2 KV BS i.V.m. § 25 Abs. 1 IDG BS.
2576 Vgl. Art. 6 Abs. 1 BGÖ.

Auskunftsrecht überschneiden; das Verhältnis der beiden Rechte zueinander hängt u.a. von der Rechtsmaterie ab[2577].

Überwiegende öffentliche oder private Interessen können ein Akteneinsichtsrecht teilweise ausschliessen[2578], was für das Öffentlichkeitsprinzip ebenso wie für das Datenschutzrecht gilt.

1442 Das Akteneinsichtsrecht setzt seinerseits eine *Aktenführungspflicht* (in unserem Kontext in der Regel beginnend mit einem Polizeirapport) voraus. In den Akten ist *alles* festzuhalten, «was zur Sache gehört»[2579], d.h. was für das polizeiliche Verhalten (Sachverhalt, Tätigwerden oder Untätigbleiben) wesentlich war[2580]. Die Ausführlichkeit richtet sich nach der möglichen Tragweite eines in Aussicht genommenen (oder getroffenen; dazu nachfolgend) Entscheides; es muss möglich sein, dessen Verhältnismässigkeit beurteilen zu können[2581].

1443 Diese Anforderungen erstrecken sich auch auf *Protokolle oder Journale* («Logs») *von polizeilichen Einsätzen*. Die Entwicklung der Sachverhalte und damit die Veränderungen der Rechtslage sind ebenso wie die Gründe für das Geschehen, namentlich für Rechtsbeschränkungen beeinflussende Entscheide in chronologischen Aufzeichnungen (sofern nötig mit präzisen Zeitangaben) festzuhalten. Dabei kann es unumgänglich sein, auch die Beurteilung eingegangener Informationen (Glaubwürdigkeit, Wahrscheinlichkeit), die für einen Entscheid berücksichtigt oder nicht berücksichtigt worden sind, festzuhalten[2582]. Wer welche Entscheide vorbereitet, wer sie getroffen und wer das Protokoll geführt hat, muss aus den Aufzeichnungen hervorgehen[2583].

1444 Elektronische «Akten» bestehen bei Polizeieinsatzzentralen u.a. in Form von Mehrkanal-Funk- und Telefon-Aufzeichnungsgeräten mit automatischer Zeitangabe. Aus dem Akteneinsichtsrecht und der Aktenführungspflicht ergibt sich die Pflicht, die elektro-

---

2577 Zum Ganzen: SCHWEIZER/KRADOLFER/SUTTER, 246 ff. Vgl. z.B. § 25 IDG BS («Jede Person hat Anspruch auf Zugang zu den bei einem öffentlichen Organ im Sinne von § 3 Abs. 1 lit. a und b dieses Gesetzes vorhandenen Informationen, ausgenommen zu Aufzeichnungen, die nicht fertig gestellt sind.

² In hängigen Verwaltungs- und Verwaltungsrekursverfahren richtet sich der Anspruch auf Zugang zu Informationen nach dem massgeblichen Verfahrensrecht.»), wodurch dem Verfahrensrecht Vorrang eingeräumt wird.

2578 Vgl. die Aufzählung, was nicht zu den «amtlichen Dokumenten» gehört, Art. 5 Abs. 3, und der Ausnahmen, Art. 7 und Art. 8 Abs. 1–4 BGÖ oder bspw. die Einschränkungen in § 29 IDG BS; STEINMANN, SGK zu Art. 29, Rz. 29.

2579 BGE 130 II 473 E 4.1; BRUNNER, in: Auer/Müller/Schindler, Art. 26 VwVG, Rz. 9; KIENER/KÄLIN, 423; MÜLLER/SCHEFER, 877 f.

2580 RHINOW ET AL., Prozessrecht, Rz. 339 ff.

2581 BGE 131 II 670 E 4.3.

2582 Im Zusammenhang mit der grundrechtlichen Schutzpflicht verwendet der EGMR in Bezug auf eine Gefahr in konstanter Praxis die Formel «von der die Behörde wusste oder hätte wissen sollen»: z.B. EGMR Branko Tomašić and others v. Croatia, § 51. Vgl. bspw. die Kriterien für die Beurteilung der Verlässlichkeit von Informationen in Art. 10 Abs. 1 des EUROPOL-Abkommens (Rz. 1053).

2583 Vgl. auch Art. 3 Abs. 2 des Konkordates gegen Gewalt anlässlich von Sportveranstaltungen. RHINOW ET AL., Prozessrecht, Rz. 341 m.w.N.

nischen Aufzeichnungen (einschliesslich Videoaufnahmen) generell mindestens während der gesetzlichen Frist für die Einreichung von Beschwerden aufzubewahren[2584]. Handelt es sich um Realakte, die zu Beschränkungen von (Grund-)Rechtspositionen führten, von den Betroffenen aber nicht unmittelbar bemerkt werden konnten, ist – nach Massgabe der datenschutzrechtlichen Datenauskunftsrechten bzw. Informationspflichten[2585] – eine entsprechende längere Aufbewahrung angezeigt, um dem Grundanliegen vor Art. 29 BV gerecht zu werden[2586].

4. Mitwirkungsrecht der Betroffenen

a) Persönliches Mitwirkungsrecht

Der Anspruch auf rechtliches Gehör umfasst ein *Mitwirkungsrecht der Betroffenen* (vgl. Art. 13 VwVG)[2587]. Sie können Beweisanträge z.B. auf einen Augenschein oder – bei komplexen Fragestellungen – auf die Einholung eines Gutachtens[2588] stellen und alles vorbringen, was einen sachgerechten Entscheid begünstigt[2589].   1445

Ein Mitwirkungsrecht ergibt sich[2590] insbesondere dann, wenn eine Prüfung für die Erteilung einer *Bewilligung* zu bestehen ist (z.B. Art. 13 f. SVG, Art. 8 Abs. 1bis, Art. 27 WG) oder wenn ein Verwaltungsverfahren begehrt wird und ohne die notwendigen Vorbringen ein Sachentscheid gar nicht möglich ist (z.B. Anmeldung an einem Wohnsitzort).

Eine *Mitwirkungspflicht* kann sich bei *Realakten,* namentlich Polizeikontrollen, ergeben: So sind nach Art. 10 Abs. 4 SVG (Führer- und Fahrzeug-)Ausweise sowie besondere Bewilligungen stets mitzuführen und den Kontrollorganen auf Verlangen vorzuweisen.   1446

Ein *Spannungsfeld* zwischen verwaltungsrechtlicher *Mitwirkungspflicht* und dem *Strafverfahrens-Grundrecht,* sich nicht selbst belasten zu müssen *(«nemo tenetur»,* Rz. 1401), kann konkret bspw. bei Verkehrskontrollen entstehen, wenn der Verdacht aufkommt, dass ein vorgezeigter Ausweis gefälscht sein könnte. Da der Grundrechtsanspruch der einfach-gesetzlichen Mitwirkungspflicht vorgeht, sind der betreffenden Person *vor* Fragen, die sich auf eine mögliche Fälschung beziehen, die Rechte der Beschuldigten mitzuteilen (vgl. Rz. 1454 ff.).   1447

2584 Nach Art. 20 Abs. 2 VwVG beginnt eine Frist, die keiner Mitteilung bedarf, an dem auf ihre Auslösung folgenden Tag. Soweit es sich um unmittelbar erkennbare Realakte handelt, dürfte damit der Fristen*lauf* umschrieben (die eigentliche Frist hier aber nicht bestimmt) sein. Demgegenüber enthalten Verfahrensgesetze, die den Beginn des Fristenlaufs ausschliesslich an der Eröffnung einer Verfügung verankern (z.B. § 46 OG BS) keine explizite Regelung für Realakte.
2585 Vgl. Art. 8 BPI, ferner Art. 9 der IPAS-Vo.
2586 Vgl. in Bezug auf das Einsichtsrecht in *gelöschte* Daten (ISIS) BVGer A-8457/2010 E 3.4.1 ff.
2587 AUER/MALINVERNI/HOTTELIER, N. 1329 f.; RHINOW ET AL., Prozessrecht, Rz. 1208 ff.
2588 MÜLLER/SCHEFER, 867.
2589 Zum Ganzen: AUER, Komm. VwVG zu Art. 13, Rz. 6 ff. Vgl. auch KIENER/KÄLIN, 420; MÜLLER/SCHEFER, 863; STEINMANN, SGK zu Art. 29, Rz. 21.
2590 Vgl. die drei Falltypen in Art. 13 VwVG.

1448 Wenn Art. 6 Ziff. 1 EMRK auch auf Verwaltungsverfahren – gar zum Erlass einstweiliger Verfügungen – zumindest Vorwirkungen hat[2591], kann aus Gründen von Treu und Glauben die Pflicht zur Aufklärung über die Rechte des Angeschuldigten auch für eine polizeiliche Befragung, die vor der Einleitung eines strafrechtlichen Ermittlungsverfahrens und vor der formellen Beschuldigung durchgeführt wird, nicht negiert werden[2592].

b) Recht auf Beizug eines Rechtsbeistandes

1449 Aus dem Recht auf rechtliches Gehör und Mitwirkung folgt auch das *Recht auf Beizug eines Rechtsbeistandes*. Als Subjekt in einem Verwaltungsverfahren (nicht nur in einem verwaltungsgerichtlichen Verfahren) kann die Partei das Mitwirkungsrecht allein ausüben oder – soweit es sich nicht um Bagatellen handelt – zusammen mit einem Rechtsbeistand[2593].

Dieser Anspruch bedeutet allerdings noch kein Recht auf unentgeltliche Rechtspflege (vgl. dazu Rz. 1453 ff.).

5. Recht auf Begründung eines Entscheides

1450 Wichtiger Teilgehalt des rechtlichen Gehörs ist der *Anspruch auf eine Begründung eines Entscheides*, in der auf die für den Sachentscheid tatsächlich und rechtlich wesentlichen Vorbringen eingegangen wird[2594]. Die Begründung eines Entscheides und die damit verbundene Rechtsmittelbelehrung über dessen Anfechtbarkeit sind zentral für das rechtsstaatliche Verfahren.

1451 Das bedeutet nicht, dass die Behörde auf sämtliche Parteistandpunkte eingehen muss[2595]. Indessen steigt die Anforderung an die Begründungsdichte mit zunehmender Schwere des Eingriffs in die Rechte der Betroffenen[2596]. Eine vertiefte Begründung ist auch dann notwendig, wenn für einen ähnlich gelagerten Ausgangssachverhalt (bspw. Gesuche um Demonstrationsbewilligungen[2597] oder die Wirtschaftsfreiheit betreffende Verfügungen[2598]) unterschiedlich entschieden wird: Die Gründe für einen von einem andern Fall abweichenden Entscheid sind im Einzelnen darzulegen, um darzutun, dass nicht gegen das Gleichbehandlungsgebot verstossen wird oder wurde.

2591 Rz. 1403 mit FN 2506.
2592 Die allfälligen Konsequenzen eines Unterlassens der Aufklärung auf die Verwertbarkeit der Aussagen werden hier nicht diskutiert, da sie zum Strafprozessrecht gehören.
2593 BGE 132 V 443 E 3.3 («im Verfahren vor der IV-Stelle»); RHINOW ET AL., Prozessrecht, Rz. 357, für verwaltungsgerichtliche Verfahren.
2594 BGE 136 I 229 E 5.2; AUER/MALINVERNI/HOTTELIER, N. 133; BIAGGINI, Komm. zu Art. 29, N. 23; KIENER/KÄLIN, 425 f.; KNEUBÜHLER, in: Auer/Müller/Schindler, Art. 35 VwVG, Rz. 4 ff.; MÜLLER/SCHEFER, 868; RHINOW ET AL., Prozessrecht, Rz. 343 ff.; STEINMANN, SGK zu Art. 29, Rz. 27; TSCHANNEN/ZIMMERLI/MÜLLER, § 29, Rz. 11 ff.
2595 BGE 136 I 229 E 5.2. AUER/MALINVERNI/HOTTELIER, N. 1334; RHINOW ET AL., Prozessrecht, Rz. 329 ff.
2596 KIENER/KÄLIN, 426; TSCHANNEN/ZIMMERLI/MÜLLER, § 29, Rz. 13 ff.
2597 Vgl. Rz. 514 ff.
2598 Vgl. Rz. 588 ff.

6. Rechtsmittelbelehrung

Schliesslich gehört wesentlich die *Rechtsmittelbelehrung* als Teilgehalt zum rechtlichen Gehör. Sie hat in klar erkennbarer Weise das *ordentliche Rechtsmittel*, die *Rechtsmittelinstanz* und die *Frist*, innert der das Rechtsmittel einzulegen wäre, darzutun[2599]. 1452

III. Zu Abs. 3 von Art. 29 BV (Anspruch auf unentgeltliche Rechtspflege und unentgeltlichen Rechtsbeistand)

Der Anspruch auf unentgeltliche Rechtspflege und unentgeltlichen Rechtsbeistand besteht auch im Verwaltungsverfahren[2600]. 1453

Zwei grundsätzliche Voraussetzungen sind massgebend: die Bedürftigkeit des Gesuchstellers muss erwiesen und die Sache selber nicht aussichtslos sein[2601,2602].
Näheres dazu in Bezug auf Voraussetzungen, Inhalt, persönlicher und sachlicher Geltungsbereich ist der angeführten und der Spezialliteratur sowie der Judikatur[2603] zu entnehmen.

Indessen darf für Dienstleistungen, die zur polizeilichen Grundversorgung *(service public)* gehören wie bspw. die Entgegennahme einer Anzeige, keine Gebühr oder ein Kostenvorschuss verlangt werden.

D. Exkurs: Auswirkungen von Art. 32 BV und Art. 6 Ziff. 1 und 3 lit. c EMRK auf polizeiliche Befragungen

Wie wohl sich diese Darstellung nicht mit Strafprozessrecht befasst, ist aus Sicht des Polizeirechts auch auf *Aus- bzw. Vorwirkungen* derjenigen grundrechtlichen Verfahrensgarantien, die dem *Strafprozessrecht* zuzuordnen sind, hinzuweisen. Polizeiliche Befragungen, die von einem Verdacht auf eine möglicherweise strafbare Verhaltensweise ausgehen, unterliegen den Anforderungen der grundrechtlichen Verfahrensgarantien. Dazu gehören bspw. auch Befragungen im Rahmen einer Verkehrskontrolle nach Alkohol- oder Drogenkonsum, nach der Herkunft von Gegenständen bei der Besichtigung eines Fahrzeuges oder nach der Echtheit von Ausweisen. Gleichermassen gilt dies für anderweitige Befragungen «auf der Strasse» 1454

2599 Für das Bundesverfahrensrecht: KNEUBÜHLER, in: Auer/Müller/Schindler, Art. 35 VwVG, Rz. 22 ff. Vgl. RHINOW ET AL., Prozessrecht, Rz. 1834.
2600 BIAGGINI, Komm. zu Art. 29, N. 27 ff.; KIENER/KÄLIN, 429 ff.; MÜLLER/SCHEFER, 893 ff.; RHINOW ET AL., Prozessrecht, Rz. 365 ff.; RHINOW/SCHEFER, Rz. 3048; STEINMANN, SGK zu Art. 29, Rz. 34 ff.
2601 HÄFELIN/MÜLLER/UHLMANN, Rz. 1714.
2602 Zum Vergleich: Das deutsche Bundesverfassungsgericht hat im Urteil 1 BvR 409/09 festgehalten, die materielle Streitfrage, deren Beantwortung nicht zweifelsfrei feststeht, dürfe nicht im Vorverfahren zum Prozessbegehren der unentgeltlichen Rechtspflege vorweggenommen («durchentschieden») werden (Rz. 26).
2603 BGer 1C_459/2009 E 6.

bei Personenkontrollen. Das Fairnessgebot von Art. 6 EMRK gilt für alle Arten von Delikten bzw. ihrer Untersuchungen[2604]. Demzufolge sind die Befragten, bevor sie *konkret* einer Straftat beschuldigt werden (Art. 111 Abs. 1 StPO), auf ihre Rechte hinzuweisen (Art. 143 Abs. 1 lit. c StPO). Die *Rechtsbelehrung* ist in geeigneter Form festzuhalten[2605]. Wie weit das Verfahrensgrundrecht bereits in einer solchen Initialphase einer Überprüfung der befragten Person auch den Anspruch auf einen Rechtsbeistand gewährt, hängt gemäss EGMR vom Grad der Freiheitsbeschränkung während dieser Befragung ab[2606].

1455   Nach Art. 31 Abs. 2 und 32 BV ebenso wie Art. 6 Ziff. 3 EMRK sind (im strafrechtlichen Sinn) *beschuldigte* Personen über ihre Rechte im Allgemeinen und das Recht des Beizugs eines Verteidigers frühzeitig aufzuklären[2607]. Beschuldigt im strafverfahrensrechtlichen Sinn ist, wem durch dazu befugte Angehörige einer zuständigen Behörde (auch als Fragen formulierte) Vorhalte in Bezug auf einen Straftatbestand gemacht werden.

1456   Der Begriff «Anklage» bzw. «*angeklagte* Person» in Art. 6 Ziff. 3 EMRK deckt sich nicht mit dem Begriff der Anklage i.S.v. Art. 324 StPO. Der englische Ausdruck *«charged»* entspricht in der schweizerischen Terminologie dem «beschuldigt» (Art. 111 StPO)[2608]. Massgeblich ist die nach nationaler Rechtsautonomie gültige Begriffsbildung[2609]. Nach der Praxis des EGMR wird das Vorliegen einer «criminal charge» von jenem Zeitpunkt an angenommen, «in dem die offizielle Benachrichtigung eines Individuums durch die zuständige Behörde erfolgt, dass ihm die Begehung einer Straftat vorgeworfen wird»[2610]. Nach Art. 300 Abs. 1 lit. a StPO wird das Vorverfahren u.a. durch die Ermittlungstätigkeit der Polizei eingeleitet, und beschuldigt ist nach Art. 111 Abs. 1 StPO, wer durch eine Verfahrenshandlung einer Straftat verdächtigt, beschuldigt oder angeklagt wird.

2604   EGMR Zaichenko v. Russia, § 39.
2605   EGMR Zaichenko v. Russia, §§ 36 ff., 56 ff.
2606   EGMR Zaichenko v. Russia, §§ 47 ff.
2607   EGMR Zaichenko v. Russia, §§ 52.
2608   Im französischen Text von Art. 111 Abs. 1 StPO *«prévenue»*. Nach Art. 111 Abs. 1 StPO gilt als beschuldigt, wer u.a. «in einer Verfahrenshandlung einer Straftat verdächtigt *(soupçonné)*, beschuldigt *(prévenu)* oder angeklagt *(accusé)* wird. Im Gegensatz zum deutschen und französischen Text verwendet der italienische zwei unterschiedliche Begriffe für den Rechtsstatus «beschuldigt» und die Verfahrenshandlung der Beschuldigung: *«È considerato* imputato *chiunque è indiziato,* incolpato *o* accusato *di un reato in una denuncia, in una querela o, da parte di un'autorità penale, in un atto procedurale.»* («Incolpato» entspricht dem in vormaligen kantonalen Strafprozessordnungen verwendeten *«inculpé»*).
2609   GRABENWARTER, § 24, Rz. 16.
2610   GRABENWARTER, § 24, Rz. 25.

E. Verwaltungsinterne Rechtspflegeverfahren in polizeirechtlichen Angelegenheiten

I. Bundesebene

1. Im Allgemeinen

Seit dem Inkrafttreten der Justizreform bzw. der neuen Bundesrechtspflege ist das verwaltungs*interne* Beschwerdeverfahren auf der Bundesebene zur Ausnahme geworden[2611]. Der reguläre Beschwerdeweg gegen *Verfügungen* von Bundesverwaltungsbehörden führt zum Bundesverwaltungsgericht (Art. 31 ff. VGG), entspricht also dem verwaltungs*externen* Beschwerdeweg (Rz. 1378 ff.). 1457

Demgegenüber bleibt der erste Schritt der Rechtspflege gegenüber *realem Verhalten* von Bundesbehörden (Realakte oder Unterlassungen) zunächst verwaltungsintern: Nach Art. 25*a* Abs. 1 VwVG kann bei der für die Massnahmen zuständigen Behörde begehrt werden, widerrechtliche Handlungen zu unterlassen, einzustellen oder zu widerrufen (lit. a), die Folgen widerrechtlicher Handlungen zu beseitigen (lit. b) oder die Widerrechtlichkeit von Handlungen festzustellen (lit. c). Die Behörde hat durch eine Verfügung zu entscheiden (Abs. 2). Diese Verfügung ist an das Bundesverwaltungsgericht weiterziehbar (Art. 5 VwVG, Art. 32 und 33 lit. d VGG). 1458

2. Beschwerde an die Aufsichtsbehörde

Nach Art. 47 Abs. 1 lit. d VwVG ist die Aufsichtsbehörde Beschwerdeinstanz, sofern die Beschwerde an das Bundesverwaltungsgericht unzulässig ist und das Bundesrecht keine andere Beschwerdeinstanz bezeichnet. Da das Bundesverwaltungsgericht Beschwerden gegen *Verfügungen* nach Art. 5 VwVG beurteilt, sind *Realakte* (abgesehen von Freiheitsentzügen durch nicht gerichtliche Bundesbehörden) nicht direkt anfechtbar, sondern setzen eine Feststellungsverfügung voraus (Rz. 1458). 1459

> Die Beschwerde nach Art. 47 Abs. 1 lit. d VwVG an die zuständige Aufsichtsbehörde ist ein ordentliches Rechtsmittel und nicht zu verwechseln mit dem Rechtsbehelf der Aufsichtsbeschwerde (Rz. 1393)[2612]. 1460

> Art. 8 BGST bezeichnet das BAV als Aufsichtsbehörde über die Sicherheitsorgane der Transportunternehmen im öffentlichen Verkehr. Dessen Entscheid unterliegt sodann der Beschwerde an das Bundesverwaltungsgericht. 1461
> Diese Regelung kann jedoch einerseits mit der verfassungsrechtlichen Kompetenzregelung im Polizeiwesen in Konflikt geraten, wenn es sich um kantonale oder kommunale Betriebe mit eigenen Sicherheitskräften handelt, andererseits mit dem Anwendungsbereich von Art. 2 Abs. 1 lit. e ZAG i.V.m. Art. 5 Abs. 6 BGST (beanstandete Massnahmen privater Sicherheitsorgane im Auftrag privater Verkehrsunternehmen)[2613].

2611 MÜLLER, in: Auer/Müller/Schindler, Art. 44 VwVG, Rz. 4.
2612 KIENER, Komm. VwVG zu Art. 47, Rz. 14.
2613 Art. 5 Abs. 6 BST erklärt das ZAG für die Anwendung polizeilichen Zwangs oder polizeilicher Massnahmen einschliesslich derjenigen privater Sicherheitsunternehmen im Auftrag kom-

1462 Entsprechendes gilt für *Realakte von Zollorganen,* die in Rechte eingreifen. Nach Art. 116 ZG sind Begehren um eine (Feststellungs-)Verfügung – *per analogiam* – an die Zollkreisdirektion zu richten. Auch in diesem Zusammenhang stellen sich jedoch bundesstaatsrechtliche Zuständigkeitsfragen, sofern das GWK sicherheitspolizeiliche Aufgaben gemäss Art. 96 f. ZG z.G. eines Kantons wahrnimmt (vgl. Rz. 1525 f.).

3. Beschwerde an den Bundesrat

1463 Auf dem im polizeirechtlichen Kontext wichtigen *Gebiet der inneren und äusseren Sicherheit* ist die Ausnahme vom üblichen verwaltungs*gerichtlichen* Beschwerdeweg jedoch grundsätzlich die Regel, da einerseits nach Art. 32 Abs. 1 lit. a VGG Beschwerden an das Bundesverwaltungsgericht gegen Verfügungen auf diesem Gebiet unzulässig sind, soweit das Völkerrecht nicht einen Anspruch auf gerichtliche Beurteilung einräumt, und andererseits Art. 47 Abs. 1 lit. a i.V.m. Art. 72 lit. a VwVG genau für diese Fälle den Bundesrat als Beschwerdeinstanz einsetzt.
Diese gesetzliche Regelung der Unzulässigkeit einer Beschwerde nach Art. 32 Abs. 1 lit. a VGG auf dem Gebiet der inneren Sicherheit ist durch zwei Urteile des Bundesverwaltungsgerichtes jedoch relativiert worden (vgl. Rz. 1553 f.).

II. Kantonale Ebene

1464 Anders als nach der Vereinheitlichung des Zivil- und des Strafprozessrechtes ist das öffentliche Prozessrecht in der Kompetenz der Kantone verblieben. Allerdings haben die Kantone bei der Gestaltung ihres Verwaltungsverfahrensrechts völkerrechtliche (EMRK, UNO Pakt II, KRK, SAA[2614]) ebenso wie Vorgaben der BV zu beachten[2615].

1465 Zusätzlich zu den allgemeinen Verfahrensgarantien (Rz. 1400 ff.) sind vom kantonalen Gesetzgeber die das gesamte Rechtsschutzverfahren vereinheitlichenden Bestimmungen von Art. 111 f. BGG zu berücksichtigen[2616].

Dazu gehören der *Prozess-Parteibegriff* und die Massgabe, dass sich, wer nach Bundesrecht zur Beschwerde an das Bundesgericht berechtigt ist, am *kantonalen Vorverfahren als Partei beteiligen* können muss (Art. 111 Abs. 1 BGG) sowie die *Anforderungen an Inhalt und Form der kantonalen Entscheide* (Art. 112 Abs. 1 und 2 BGG). Ferner hat das kantonale Verfahrensrecht nach Art. 111 Abs. 2 und 112 Abs. 4 BGG auf Verlangen die Beteiligung von Bundesbehörden vor jeder kantonalen Instanz zu gewährleisten.

1466 Die Kantone haben im vorgegebenen Rahmen unterschiedliche Regelungen getroffen. Für die Rechtsuchenden nicht ganz einfach ist es, wenn das verwaltungsinterne

---

munaler oder privater Transportunternehmen für massgebend, obwohl Art. 2 Abs. 1 lit. e ZAG dessen Anwendbarkeit bei Privaten auf solche beschränkt, die von einer der in Art. 2 Abs. 1 lit. a–d abschliessend genannten Bundes- oder kantonalen Behörden beauftragt sind.

2614 Vgl. Rz. 953.
2615 Rhinow et al., Prozessrecht, Rz. 198 ff.; Tschannen, in: Auer/Müller/Schindler, Art. 1 VwVG, Rz. 25 ff.
2616 Rhinow et al., Prozessrecht, Rz. 201 ff.

und das unmittelbar anschliessende verwaltungsexterne Rechtspflegeverfahren in unterschiedlichen Erlassen geregelt sind.

So bestimmt z.B. in Basel-Stadt § 41 OG BS das verwaltungs*interne* Verfahren, §§ 10 ff. VRPG BS das verwaltungs*gerichtliche* Verfahren. Die Spezialbestimmung von § 37*e* PolG BS legt den Rechtsweg (zum Zivilgericht) gegen Wegweisungs- und Rückkehrverbotsverfügungen bei häuslicher Gewalt (nicht aber wegen einem befristeten Platzverweis[2617], § 42*a* PolG BS) fest. 1467

Im Kanton Basel-Landschaft finden sich die hier relevanten verfahrensrechtlichen Bestimmungen in drei verschiedenen Gesetzen: Gegen Massnahmen der Polizei, die zum Schutz polizeilicher Rechtsgüter sofort und ohne vorherige Anhörung vollzogen werden müssen (Realakte), kann nach § 42 PolG BL innert Frist Beschwerde direkt beim Regierungsrat eingereicht werden. Bei allen Wegweisungen (ob in Zusammenhang mit häuslicher Gewalt oder nicht) ist eine unmittelbare Beschwerde beim Bezirksgericht, also ein verwaltungs*externes* Rechtsmittel, zulässig (§ 42*a* PolG BL). Demgegenüber richtet sich das Beschwerdeverfahren gegen nicht sofort vollziehbare Massnahmen (Verfügungen) nach §§ 27 ff. VwVG BL (ordentliches verwaltungsinternes Rechtspflegeverfahren). 1468

Anders wird in mehreren Kantonen die gesamte Verwaltungsrechtspflege (mit Ausnahme von Staatshaftungsfällen) im Verwaltungsrechtspflegegesetz (VRG) geregelt. 1469

Der Kanton Genf kennt für das verwaltungs*interne* Rechtspflegeverfahren *la loi sur la procédure administrative* (LPA) und für das verwaltungs*gerichtliche la loi sur l'organisation judiciare* (LOJ). 1470

2617 Dieser entspricht einem Rayonverbot (aber ohne Bezug zu Sportveranstaltungen) analog Art. 4 des Konkordates über Massnahmen gegen Gewalt anlässlich von Sportveranstaltungen.

13. Kapitel: Gerichtliche Verwaltungs- und Verfassungsrechtspflege

§ 31 Verwaltungsrechtspflege

A. Die Rechtsweggarantie nach Art. 29a BV

I. Allgemeine Hinweise

1. Bedeutung

1471 Die mit der Justizreform in die BV eingefügte Rechtsweggarantie[2618], verbunden mit den in Art. 130 des Bundesgerichtsgesetzes stipulierten kantonalen Ausführungsvorschriften (vgl. auch Rz. 1465), führte zu einem *verfassungsrechtlich umfassenden Anspruch auf Individualrechtsschutz* durch *eine richterliche* Behörde beim Vorliegen einer Rechtsstreitigkeit.

> Nach Art. 130 Abs. 3 BGG wurden die Kantone verpflichtet, innert zwei Jahren (d.h. bis zum 31. Dezember 2008) die notwendigen Ausführungsbestimmungen über Organisation, Zuständigkeit und Verfahren in verwaltungsrechtlichen Streitigkeiten der Vorinstanzen des Bundesgerichts zu erlassen. Bereits auf Grund von Art. 98a OG[2619] hatten die Kantone Verwaltungsgerichte eingerichtet, doch waren deren Zuständigkeitsbereiche nach Art. 29a BV anzupassen[2620].

1472 Zum einen gewährt Art. 29a BV neu[2621] und über Art. 6 EMRK hinausgehend den Zugang zu wenigstens *einem* Gericht auch in *öffentlich-rechtlichen Streitigkeiten,* die nicht auch «zivilrechtlichen Ansprüchen»[2622] zugeordnet werden können (zum Begriff Rechtsstreitigkeiten Rz. 1478 ff.). Die Bestimmung vermittelt aber keinen Anspruch auf einen gerichtlichen Instanzenzug[2623].

1473 Die Rechtsweggarantie von Art. 29a BV *verlangt* zunächst für das überprüfende Gericht die *uneingeschränkte Sach- und Rechtskognition*[2624]. Zu den Rechtsfragen gehört auch die *Prüfung des Überschreitens, Unterschreitens oder des Missbrauchs*

2618 In der Volksabstimmung vom 12. März 2000 angenommen und (erst) auf den 1. Januar 2007 in Kraft gesetzt mit einer merkwürdigen «Nachfrist» von zwei Jahren für die Kantone zur Anpassung ihrer Verfahrensgesetze (vgl. Art. 130 BGG).
2619 Vormaliges BG über die Organisation und die Geschäftsführung des Bundesrates und der Bundesverwaltung.
2620 RHINOW ET AL., Prozessrecht, Rz. 453.
2621 Vgl. BGE 130 I 388 (WEF, «Public Eye») E 4, wonach – trotz Annahme von Art. 29a BV in der Volksabstimmung – vor dessen Inkrafttreten «keine verfassungsmässige Garantie auf einen gerichtlichen Rechtsschutz abgeleitet werden» könne; KIENER/KÄLIN, 433.
2622 Im englischen Original-Konventionstext: *«civil rights and obligations»,* im französischen: *« droits et obligations de caractère civil ».*
2623 KLEY, SGK zu Art. 29a, Rz. 7; RHINOW ET AL, Prozessrecht, Rz. 413; RHINOW/SCHEFER, Rz. 2829.
2624 KLEY, SGK zu Art. 29a, Rz. 11; RHINOW ET AL, Prozessrecht, Rz. 412; RHINOW/SCHEFER, Rz. 2834.

des Ermessens[2625], nicht aber notwendigerweise eine Angemessenheitskontrolle (ohne diese vom Verfassungsrecht her auszuschliessen)[2626] in Bezug auf einen beanstandeten Entscheid bzw. eine Massnahme oder die Unterlassung einer solchen[2627].

So unterliegt die *Verhältnismässigkeit* eines Realaktes, z.B. die als viel zu lange beanstandete Dauer eines Polizeigewahrsams oder ein Eingriff mit übermässigen oder nicht problemgerechten Mitteln (vgl. Rz. 376, 378), als mit klaren rechtlichen Massstäben beurteilbare Fragen, der richterlichen Überprüfung, nicht aber ob die Sachverhaltsaufnahme eines Verkehrsunfalles mit zwei oder drei Polizeiangehörigen durchzuführen oder für einen bestimmten Anlass mehr reservierte Parkfläche zur Verfügung zu stellen gewesen wäre. 1474

Zum andern werden von der Rechtsweggarantie auch *Realakte,* d.h. das reale *Verhalten der öffentlichen Verwaltung* (ohne dass in einem Verfahren erlassene Verfügungen vorliegen) erfasst, soweit dieses Verhalten (Handeln oder Nichthandeln) *individuelle Rechtspositionen* tangiert[2628], also in Recht und Pflichten von Personen eingreift. 1475

In Bezug auf strafrechtliche Verfahren und zivilrechtliche Streitigkeiten bestand dieser Anspruch bereits zuvor weitgehend – aber dennoch nicht ganz konform mit Art. 6 Ziff. 1 EMRK[2629] – durch Art. 30 und 32 BV bzw. durch die unmittelbare Anwendbarkeit der EMRK (Art. 190 BV)[2630]. 1476

2. Ausnahmen

Der zweite Satz von Art. 29*a* BV sieht vor, dass Bund und Kantone *durch Gesetz* je in ihrem Zuständigkeitsbereich *Ausnahmen* von der Rechtsweggarantie vorsehen können[2631]. Die Ausnahmemöglichkeiten sind für Bund und Kantone wegen ihren unterschiedlichen Zuständigkeiten verschieden[2632]; im polizeirechtlichen Zusammenhang beschränken sie sich im Wesentlichen jedoch auf «*actes de gouvernement*», d.h. Entscheide mit politischem Charakter, insbesondere Streitigkeiten auf dem Gebiet der *inneren und äusseren Sicherheit* (auf Bundesebene Art. 184 Abs. 3 und 185 BV). Näheres dazu in Rz. 1541, 1546 ff. und 1561 ff. 1477

2625 Rhinow et al. Prozessrecht, Rz. 454, 1961.
2626 Biaggini, Komm. zu Art. 29*a*, N. 8; Kley, SGK zu Art. 29*a*, Rz. 11; Rhinow et al., Prozessrecht, Rz. 413; Rhinow/Schefer, Rz. 2834.
2627 Biaggini, Komm. zu Art. 29*a*, N. 8; Kley, SGK zu Art. 29*a*, Rz. 11; Müller/Schefer, 916; Rhinow/Schefer, Rz. 2834; Tophinke, 107. Vgl. auch Rz. 1491 f.
2628 Kley, SGK zu Art. 29*a*, Rz. 11; Müller/Schefer, 912 f.; Rhinow/Schefer, Rz. 2839.
2629 Vgl. Kley, SGK zu Art. 29*a*, Rz. 4 m.w.N.
2630 Biaggini, Komm. zu Art. 29*a*, N. 2, 4; Schaub, 1126 f.
2631 Biaggini, Komm. zu Art. 29*a*, N. 9; Kley, SGK zu Art. 29*a*, Rz. 18 ff.
2632 Biaggini, Komm. zu Art. 29*a*, N. 9; Kley, SGK zu Art. 29*a*, Rz. 19 f.; Rhinow et al., Prozessrecht, Rz. 438 ff.; Rhinow/Schefer, Rz. 2843.

II. Rechtsstreitigkeiten und Realakte

1. Zum Begriff «Rechtsstreitigkeiten»

1478 Der Terminus «Rechtstreitigkeiten» in Art. 29a BV hat eine lebhafte Diskussion in der Lehre ausgelöst, was darunter zu subsumieren sei und was nicht[2633]. Dabei stehen materielle Inhalte rein formalistischen Begrenzungen gegenüber:

1479 Einen *materiell weiten Begriff «Rechtsstreitigkeiten»* vertritt ESTHER TOPHINKE. Rechtsstreitigkeiten seien Streitigkeiten über «Rechte und Pflichten von natürlichen und juristischen Personen», deren Rechte und Pflichten sich «aus dem Gesetzes- und Verordnungsrecht in allen Rechtbereichen, aus privat- und öffentlich-rechtlichen Verträgen sowie aus den Grundrechten oder gar anderen Individualrechten der Verfassung und aus internationalen Menschenrechtsverbürgungen» ergäben[2634]. Ähnliche zusammenfassende Umschreibungen verwenden GIOVANNI BIAGGINI mit «individuelle Rechtbeziehung»[2635], ANDREAS KLEY mit «schützenswerte Rechtspositionen»[2636], wobei er sich auf eine Aussage in der parlamentarischen Beratung bezieht und ENRICO RIVA mit «rechtlich unterlegte Positionen», was allerdings den Gehalt von Art. 25a VwVG betrifft[2637]. Ebenso argumentieren JÖRG PAUL MÜLLER/MARKUS SCHEFER, eine Rechtsstreitigkeit liege dann vor, «wenn der Einzelne in einem Interesse betroffen ist, das nicht rein faktischer Art ist, sondern vom Recht als schützenswert anerkannt wird»[2638]. Differenzen zeigen sich aber schon darin, dass «schützenswerte (oder schutzwürdige) Interessen» auch Interessen faktischer Art umfassen[2639], was für «rechtlich unterlegte Positionen» oder die begrenzende Umschreibung von MÜLLER/SCHEFER nicht unbedingt zutrifft.

1480 Die Beschränkung auf ein (rein) rechtlich geschütztes oder unterlegtes Interesse stimmt mit Art. 48 Abs. 1 lit. c VwVG und Art. 89 Abs. 1 lit. c BGG nicht überein, die «nur» ein weiter gefasstes *schützenswertes Interesse* voraussetzen. Dieses kann in einem *rechtlichen oder bloss faktischen Interesse* bestehen[2640].

1481 Umgekehrt argumentiert MARKUS MÜLLER, für den Begriff «Rechtsstreitigkeit» sei vorab die *prozessrechtliche Umschreibung des zulässigen Anfechtungsobjektes* massgeblich[2641]. Noch deutlicher in Bezug auf die Eingrenzung des Anfechtungsobjektes ist dessen Fest-

---

2633 Dazu hat beigetragen, dass in der Botschaft Totalrevision Bundesrechtspflege, 4387, festgehalten wurde, als Anfechtungsobjekte (für Beschwerden an das BVGer) fielen Realakte ausser Betracht, da sie keine Verfügungsqualität hätten, was (mit Verweis auf WALTER KÄLIN, die Bedeutung der Rechtsweggarantie für die kantonale Verwaltungsjustiz, und CHRISTINA KISS, Rechtsweggarantie und Totalrevision der Bundesrechtspflege) mit der Rechtsweggarantie von Art. 29a BV vereinbar sei.
2634 TOPHINKE, 92.
2635 BIAGGINI, Komm. zu Art. 29a BV, N. 6.
2636 KLEY, SGK zu Art. 29a, Rz. 12.
2637 RIVA, 342.
2638 MÜLLER/SCHEFER, 913.
2639 HÄNER, in: Auer/Müller/Schindler, Art. 48 VwVG, Rz. 18 f.; RHINOW ET AL., Prozessrecht, Rz. 1930; WEBER-DÜRLER, in: Auer/Müller/Schindler, Art. 25a VwVG, Rz. 27 ff.
2640 Botschaft Totalrevision Bundesrechtspflege, 4328; RHINOW ET AL., Prozessrecht, Rz. 61 f., 1096 f.
2641 M. MÜLLER, Rechtsweggarantie, 173.

stellung, aus Art. 29a BV lasse sich kein Anspruch auf richterlichen Rechtsschutz gegen Realakte ableiten, da ein solcher nur gegeben sei, wenn nach einschlägigen Prozessvorschriften eine Rechtsstreitigkeit (m.a.W. eine anfechtbare Verfügung) vorliege[2642]. Unbestritten ist, dass durch Realakte (oder auch reale Unterlassungen) Haftungsansprüche gegenüber dem Gemeinwesen (bzw. der in seinem Auftrag wirkenden verantwortlichen Organisation) entstehen können (vgl. Rz. 1606), was zumindest im Bestreitungsfalle eine Rechtsstreitigkeit darstellt.

Hieraus ergibt sich nach dieser Auffassung die *verfahrensrechtliche* Konsequenz, dass nach den Gesetzen des Verwaltungsverfahrens und der Verwaltungsrechtspflege gegen Realakte kein Rechtsmittel bestehe, da ein solches an ein Anfechtungsobjekt in Form einer Verfügung (oder eines Urteils) gebunden sei[2643]. Dies hätte jedoch Konsequenzen, die mit dem Sinn von Art. 29a BV nicht vereinbar sind (vgl. Rz. 867 ff.).
Das Bundesgericht hat vor dem Inkrafttreten von Art. 29a BV lediglich in Einzelfällen anerkannt, dass «zum Zwecke eines hinreichenden Grundrechtsschutzes im Anschluss an gewisse Realakte ein Anspruch auf ein entsprechendes Feststellungsurteil geltend gemacht werden könne»[2644]. Realakte wurden eigenartigerweise nicht unter den *Eingriffsbegriff*[2645] subsumiert (vgl. Rz. 864), eine rechtliche Überprüfung wurde daher nur ausnahmsweise auf Grund eines ausgewiesenen Rechtsschutzinteresses zugelassen. 1482

Aus den Materialien lässt sich m.E. eine prozessrechtlich-formalistisch einschränkende Interpretation nicht ableiten. Im Ständerat wurde dazu ausgeführt, mit der Rechtsweggarantie werde «nicht die Anfechtbarkeit von sogenannten Realakten, die *nicht* gesetzliche Rechte oder Pflichten von Personen betreffen, verlangt»[2646]. Daraus ergibt sich umgekehrt, dass *Realakte,* die gesetzliche Rechte oder Pflichten, also ein rechtlich zunächst auferlegtes Tun, Unterlassen oder Dulden implizieren, *von der Rechtsweggarantie* erfasst werden. 1483

Dadurch sind «Rechtsstreitigkeiten» ein verfassungsrechtlicher Begriff[2647], der im öffentlichen Prozessrecht nicht mit formalen Voraussetzungen derart eingeschränkt werden kann, dass der Verfassungsnorm der *verfahrensrechtliche Grundrechtscharakter*[2648] genommen wird[2649]. Art. 29a BV als *verfassungsmässiges Individualgrundrecht,* das dann greift, wenn eine *individuelle, also persönliche Rechtsposition* 1484

2642 MARTI/MÜLLER, 35.
2643 HÄFELIN/MÜLLER/UHLMANN, Rz. 737.
2644 BGE 128 I 167 E 4.5.
2645 Vgl. zu diesem: WEBER-DÜRLER, Grundrechtseingriff, 60 ff.
2646 AB Verfassungsreform S, 6 Votum des Kommissionsberichterstatters zu Art. 25a VE 96 = Art. 29a BV), Hervorhebung hier.
2647 So auch MÜLLER/SCHEFER, 913; RHINOW/SCHEFER, Rz. 2839; a.A.: MÜLLER, 173.
2648 Botschaft VE 95, 524. Dazu auch BGer 1C_34/2007 E 6.3, wonach sich Rechte und Pflichten aus dem *materiellen* Gesetzes- und Verordnungsrecht ergäben, mit einer allerdings unvollständigen Berufung auf TOPHINKE, 92, die a.a.O. ausdrücklich auch die Beeinträchtigung von *Grundrechten* als Rechtsstreitigkeiten bezeichnet.
2649 Die prozessrechtsorientierte Interpretation ist an das herkömmliche Verfügungsregime (RIVA, 347) geknüpft. Vgl. auch Rz. 868 mit FN 1639.

des Einzelnen berührt ist, bindet umgekehrt Bund und Kantone in der Ausgestaltung ihres Prozess- und Gerichtsorganisationsrechtes[2650].

2. Rechtstreitigkeiten auf Grund polizeilich direkt oder informationell intervenierender Realakte (oder Unterlassungen) im Besonderen[2651]

a) Bei Rechtswirkungen auf die anvisierte Person

1485 Die Bedeutung des Anspruchs auf gerichtliche Beurteilung von Rechtsstreitigkeiten als verfassungsmässiges Individualgrundrecht wird insbesondere bei Realakten, die u.U. erheblich in Grundrechte eingreifen, evident. Gefestigt wird diese Interpretation durch Art. 31 Abs. 4 BV[2652], das *Recht auf jederzeitige direkte richterliche Überprüfung* eines nicht durch ein Gericht angeordneten Freiheits*entzuges* (vgl. Rz. 1507 ff.), was einer gegenüber Art. 29*a* BV erweiterten und spezifischen Rechtsweggarantie gleichkommt[2653].

1486 Art. 29*a* BV steht nicht isoliert im Katalog der Verfahrensgrundrechte, im Gegenteil[2654]. Die Rechtsweggarantie beschränkt daher den gerichtlichen Rechtsschutz auch *nicht nur* auf eine *nachträgliche* richterliche Überprüfung[2655], sondern erfasst z.B. auch vorsorgliche Massnahmen. In welchem Zeitpunkt ein Gericht angerufen werden kann, lässt die Verfassungsnorm offen[2656].

1487 Auch Realakte oder «Entscheide»[2657], bspw. eine Warnung vor einem bestimmten Produkt, in Form einer öffentlichen Mitteilung[2658], können davon allenfalls (z.B. durch indirekte Beeinträchtigung der Wirtschaftsfreiheit) Betroffenen angekündigt und diese zu einer Anhörung eingeladen werden (vgl. Rz. 1428 ff.)[2659].

2650 Botschaft Totalrevision Bundesrechtspflege, 4221; SCHAUB, 1125.
2651 Vgl. zur Anfechtbarkeit von Realakten und Unterlassungen von Realakten: § 16 (Rz. 905 ff.) und MOHLER, Realakte, *passim*.
2652 BGE 136 I 87 E 6.5.3.
2653 BGE 137 I 23 E 2.4.2.
2654 Näheres zum Ganzen: SCHAUB, 1128 ff.
2655 So aber TSCHANNEN/ZIMMERLI/MÜLLER, § 38, Rz. 21, in Bezug auf Realakte.
2656 Botschaft VE 96, 523.
2657 Botschaft Totalrevision Bundesrechtspflege, 4319.
2658 Vgl. TSCHANNEN/ZIMMERLI/MÜLLER, § 39, Rz. 1 ff.
2659 Gl.M. RIVA, 341; vgl. auch BRUNNER, 623, der Realakte mit verfahrensrechtlichen Aspekten, insbesondere dem Anspruch auf rechtliches Gehör, in Verbindung bringt. A.A. TSCHANNEN, in: Auer/Müller/Schindler, Art. 1 VwVG, Rz. 10, der festhält, Realakte könnten im Einzelfall «Rechte und Pflichten gestalten oder zumindest berühren» mit Verweis bspw. auf Produktewarnungen, doch die Realaktgenese verlaufe grundsätzlich «formfrei und damit abseits vom VwVG»; übereinstimmend, MÜLLER, in: Auer/Müller/Schindler, Art. 5 VwVG, Rz. 2, Realakte würden «vom VwVG nicht – jedenfalls nicht im Entstehungsprozess – erfasst». Dies führt zu einer Spannung mit der vom BGer anerkannten Massgeblichkeit von Art. 29 Abs. 2 BV und Art. 6 Ziff. 1 EMRK mindestens in Bezug auf das Recht auf Anhörung und Äusserung (vgl. Rz. 1403 mit FN 2506).

Ein mit dem Sinn der Rechtsweggarantie nicht mehr zu vereinbarendes Festhalten 1488
an einem in seiner Ausschliesslichkeit überholten verwaltungsrechtlichen Grundsatz
«ohne Verfügung kein Rechtsschutz»[2660] verbaut (mit dogmatisch nicht massgebenden Argumenten[2661]) den Blick darauf, dass polizeiliche *intervenierende* Realakte die Kriterien des Eingriffsbegriffs genau so erfüllen wie eine Verfügung[2662,2663].

> Der Begriff «Entscheid» im Bundesgerichtsgesetz lässt die Umschreibung des Anfech- 1489
> tungsobjektes offen[2664].

Mit der Einführung der Rechtsweggarantie ist indessen die dogmatische Fragestellung, 1490
ob der Eingriffsbegriff erweitert oder das Rechtsschutzinteresse ausgedehnt werden
soll, nicht beantwortet.

> Unter den Eingriffsbergriff fallen nach der hier vertretenen Ansicht unmittelbare, mittelbare und nachträgliche Verletzungen von individuellen schutzwürdigen Interessen. Beeinträchtigende Nachwirkungen können bspw. durch Datenbearbeitungen entstehen, insbesondere falls die Datenbeschaffung oder die spätere Bearbeitung widerrechtlich gewesen sein könnte.

Die Verfassungsnorm legt dies nicht fest; vorgeschrieben ist lediglich, dass Rechtsstreitigkeiten mindestens einer gerichtlichen Instanz mit voller Kognition in Sachverhalts- und Rechtsfragen zugänglich sein müssen[2665]. Der Kanton Graubünden hat in Art. 28 Abs. 4 seines Verwaltungsrechtspflegegesetzes[2666] die Realakte, die in Rechte und Pflichten von Personen eingreifen, den Verfügungen («Entscheiden») gleichgestellt.

Um eine Funktions*un*fähigkeit der Polizei zu verhüten, bedarf es allerdings der 1491
Anfechtbarkeitskriterien, die eine Ausgewogenheit zwischen den subjektiven Rechtsinteressen der von intervenierenden Realakten Betroffenen, der Handlungsfähigkeit der Polizei und der Belastbarkeit der Gerichte gewährleisten. Der Anspruch auf richterliche Prüfung von polizeilichen Realakten darf nicht zum Recht auf eine Popularbeschwerde ausgeweitet werden[2667].

2660 So TSCHANNEN/ZIMMERLI/MÜLLER, § 28, Rz. 41; ferner TSCHOPP-CHRISTEN, 52 f., 74. In Bezug auf das VwVG: MÜLLER, in: Auer/Müller/Schindler, Art. 44 VwVG, Rz. 1 ff.; vgl. aber ERRASS, 1352, der darauf hinweist, dass nach Art. 94 Abs. 1 RTVG gegen eine Sendung, deren Ausstrahlung einen Realakt darstellt, Beschwerde geführt werden kann.
2661 TSCHANNEN/ZIMMERLI/MÜLLER, § 28, Rz. 46 (Verlagerung der Instruktionslast auf die Beschwerdebehörde); M. MÜLLER, Rechtsweggarantie, 187 (wirksame und effiziente Steuerung durch verwaltungsinterne Rechtspflege).
2662 Vgl. dazu Rz. 869 f.
2663 Dies bedauernd in Bezug auf Art. 25*a* VwVG aber MARTI/MÜLLER, 37.
2664 Botschaft zum BGG (BBl 2001 4919); TOPHINKE, 96.
2665 RHINOW/SCHEFER, Rz. 2840; TSCHOPP-CHRISTEN, 92 f., 184 f.
2666 Gesetz über die Verwaltungsrechtspflege in Kraft seit 1.1.2007.
2667 Zu den weiteren Eintretensvoraussetzungen, die sich nicht vom Verfahrensrecht für Rechtsakte unterscheiden: RHINOW ET AL., Prozessrecht, Rz. 1287; TSCHOPP-CHRISTEN, 94 ff.

1492 In seinem Plädoyer für die Einführung einer Popularbeschwerde anerkennt auch CHRISTOPH ERRASS, dass sich Bereiche ausmachen liessen, «welche noch dem klassischen Verwaltungsrecht verhaftet sind, wonach das individuelle Rechtsschutzinteresse im Vordergrund steht»[2668]. Diese Eingrenzung der Möglichkeit der Einführung einer Popularbeschwerde dürfte für polizeiliche Realakte (wobei er generell Realakte ausdrücklich in die Befürwortung einer Popularbeschwerde einbezieht[2669]) zutreffen, wäre es doch schon unmöglich, die Stichhaltigkeit einer materiellen Beschwerdebegründung von jemanden, der das Geschehen nur aus grosser Distanz – ohne selber betroffen zu sein – gesehen hat oder nur aus den Medien kennt, zu prüfen.

Hinsichtlich *individuell-konkreter bzw. gezielt individueller intervenierender Realakte* bietet sich die dementsprechende *Erweiterung des Eingriffsbegriffes* (nicht des Verfügungsbegriffes) an. Näheres zum Eingriff in Rechtspositionen durch Realakte in Rz. 864 ff.

b) Bei «chilling effects»

1493 Vom erweiterten Eingriffsbegriff werden *nicht individuell-konkrete direkte* (physische) Interventionen nicht erfasst, obwohl auch solche Eingriffe (Grund-)Rechtspositionen wesentlich berühren können. Zu diesen *nicht gezielt individuellen* Interventionen gehören *generell-konkrete Eingriffe* ebenso wie *Neben- oder Reflexwirkungen («chilling effects»)*[2670].

Beispiele: Kurzfristig getroffene Verkehrsbeschränkungen mit unmittelbaren (Verkehrsunterbruch) und mittelbaren Erschwernissen (weiträumige Umleitungen); trotz vorheriger Warnungen Beeinträchtigung von Zuschauern durch Tränenreizstoff bei der Auflösung einer unfriedlichen Demonstration oder der Beendigung gewalttätiger Ausschreitung im Umfeld von Veranstaltungen; Verpassen von Zügen infolge einer als überlang beanstandeten Sperrung des Zugangs zum Bahnhof wegen einer Bombendrohung[2671].

2668 ERRASS, 1371.
2669 ERRASS, 1352.
2670 Ähnlich RHINOW ET AL., Prozessrecht, Rz. 1295.
2671 Vgl. betr. Prüfung des pflichtgemässen Ermessens bei polizeilichen *Massnahmen* § 8 Abs. 4 VRPG BS i.V.m. § 38*a* OG BS (Realakte): «Soweit eine polizeiliche Verfügung im freien Ermessen der Verwaltung steht oder eine gesetzliche Vermögensleistung nach dem Ermessen der Verwaltung durch Schätzung zu bestimmen ist, entscheidet das Verwaltungsgericht nach Prüfung des Tatbestandes, ob die rechtlichen Grenzen des freien Ermessens verletzt sind oder ob von diesem Ermessen ein willkürlicher Gebrauch gemacht worden ist.» Die verwaltungsgerichtliche Prüfung erfolgt auf Rekurs gegen Entscheide eines Departementes oder des Regierungsrates (verwaltungsinternes Beschwerdeverfahren, § 41 Abs. 2 OG BS), wobei dem Regierungsrat als (zweite verwaltungsinterne) Rekursinstanz zusteht, einen an ihn gerichteten Rekurs dem Verwaltungsgericht direkt zu überweisen (Sprungrekurs, § 12 VRPG).

Für solche Fälle bietet sich je nach massgebendem Verfahrensgesetz der Weg über eine Verwaltungsbeschwerde[2672] bzw. das Recht zum Erwirken einer Feststellungsverfügung über die Rechtmässigkeit oder Widerrechtlichkeit des Verhaltens der Verwaltung (Polizei)[2673] an; Voraussetzung ist ein schützenswertes Interesse[2674]. Subsidiär ist immer eine Aufsichtsbeschwerde oder aufsichtsrechtliche Anzeige möglich (Rz. 1393). 1494

> Dadurch wird verhindert, dass jede Person, die zufällig eine polizeiliche Intervention beobachtet, die ihr missfällt, berechtigt wäre, deren Rechtmässigkeit überprüfen zu lassen.
> Die Voraussetzung eines individuellen (d.h. persönlichen) Rechtsanspruchs erlaubt somit z.B. auch nicht, die Schliessung eines Polizeipostens via Rechtsweggarantie anzufechten oder umgekehrt eine bestimmte Form von (mehr) Polizeipräsenz (z.B. Fusspatrouillen) im Sinne einer beanstandeten Unterlassung zu begehren; solche Anliegen werden von der Rechtsweggarantie nicht erfasst (und halten vor der Gewaltenteilung nicht stand), sondern sind gegebenenfalls z.B. mittels Petition bei den politischen Behörden vorzubringen[2675]. 1495

Indessen können *informationell intervenierende Realakte* Reflexwirkungen bei Dritten erzeugen[2676], die vom erweiterten Eingriffsbegriff erfasst werden, da durch diese ein datenschutzrechtlicher Anspruch der nicht direkt anvisierten Person auf *Auskunft* (mit allenfalls nachfolgendem Rechtsschutzverfahren) entsteht (Rz. 906 ff.). 1496

Durch die Rechtsweggarantie ist die Justiziabilität von *Unterlassungen staatlicher Akte* ebenso verfassungsrechtlich verankert[2677]. Die *gerichtliche Überprüfbarkeit* des beanstandeten Ausbleibens eines schützenden polizeilichen Eingriffs entspricht der verfahrensrechtlich notwendigen *Komplettierung des (grund-)rechtlichen Schutzanspruchs*[2678] und bildet das notwendige *Korrelat zum Gewaltmonopol* des Staates[2679]. 1497

2672 Vgl. z.B. § 42 PolG BL («Gegen Massnahmen der Polizei, die zum Schutz polizeilicher Rechtsgüter sofort und ohne vorherige Anhörung vollzogen werden müssen, kann innert zehn Tagen seit Kenntnis beim Regierungsrat Beschwerde erhoben werden»).
2673 So Art. 25a VwVG oder analog § 38a OG BS («Wer ein schutzwürdiges Interesse hat, kann von der Behörde, die für Handlungen zuständig ist, welche sich auf öffentliches Recht des Kantons stützen und Rechte und Pflichten berühren, verlangen, dass sie:
a) widerrechtliche Handlungen unterlässt, einstellt oder widerruft;
b) die Folgen widerrechtlicher Handlungen beseitigt;
c) die Widerrechtlichkeit von Handlungen feststellt.
² Die Behörde entscheidet durch Verfügung»).
2674 MOHLER, Realakte, 468; RHINOW ET AL., Prozessrecht, Rz. 1294.
2675 BIAGGINI, Komm. zu Art. 29a, N. 6; MÜLLER/SCHEFER, 921; TOPHINKE, 99. Bei Streitigkeiten, die nicht in den Garantiebereich von Art. 29a BV fallen, wird auch von unechten Ausnahmen gesprochen. Im Grunde geht es um die Beachtung der Gewaltentrennung.
2676 Vgl. zu «chilling effects» bei den Kommunikationsgrundrechten MÜLLER/SCHEFER, 375 f.
2677 Unter Art. 25a VwVG fallen, auch wenn bloss Handlungen erwähnt sind, auch Unterlassungen: RHINOW ET AL., Prozessrecht, Rz. 1298.
2678 SCHAUB, 1126 f.; SCHEFER, Beeinträchtigung, 38 ff.
2679 SCHAUB, 1126.

1498 In der schweizerischen Gerichtspraxis über staatliche Unterlassungen liegen nur wenige Urteile vor[2680].

Berühmt ist der Fall der «roten Zora», in dem das Zürcher Kassationsgericht bereits 1987 eine polizeiliche Unterlassung gerügt hat[2681].
Demgegenüber weist die Judikatur des EGMR zahlreiche Urteile[2682] auf, in denen das Ausbleiben eines staatlichen Realaktes gerichtlich überprüft wurde. Die vom EGMR beurteilten Fälle betreffen seiner Kognition entsprechend die Prüfung, ob die Schutzpflicht auf Grund eines EMRK-Grundrechtes verletzt worden ist.

1499 Um auch diesbezüglich eine Anfechtung einer behaupteten Unterlassung einer *Massnahme* auf die Prüfung zu begrenzen, ob das gänzliche Untätigbleiben oder der als zu spät oder ungenügend wahrgenommene Ressourceneinsatz innerhalb des pflichtgemässen Ermessens lag, kann – mutatis mutandis – auf die gleichen Anfechtbarkeitskriterien wie bei Eingriffen abgestellt werden.

1500 Bezog sich die Schutzpflicht, deren Verletzung durch Unterlassen beanstandet wird, auf *Einzelpersonen,* bietet sich der (erweiterte) *Eingriffsbegriff* in der *hypothetischen Form der* (individuell-konkreten bzw. gezielt-individuellen) *Schutzmassnahme* an. Anhand des hypothetischen adäquaten Kausalverlaufes ist zu prüfen, ob die nicht vorgenommene Schutzmassnahme (nach dem anzunehmenden normalen Verlauf der Intervention) nicht hinzugedacht werden kann, ohne dass die eingetretene Rechtsverletzung entfiele.

Beispiele: Hätte eine rasche Intervention der Polizei nach der Meldung eines Einbruchsversuches über Notruf den nachher erfolgten Raub mit Körperverletzung mit hinreichender Wahrscheinlichkeit verhindert? Wäre der Suizid eines Gefangenen mit suizidalen Symptomen durch geeignete Massnahmen zu verhindern gewesen[2683]? Wäre die Tötung eines Zeugen, der – wie die Polizei wusste – aus Kreisen der Angeklagten bedroht war, durch ein genügendes Zeugenschutzprogramm zu verhüten gewesen[2684]?
In Situationen, in denen die Polizei von einer Gefährdung wusste oder hätte wissen müssen, kann sich demzufolge auch die Frage der Konkurrenz zur Rechtsverzögerung stellen (Rz. 1417 ff.).

1501 Der für generell-konkrete Eingriffe und Neben- bzw. Reflexwirkungen von Interventionen beschriebene Rechtsweg (Rz. 1491 ff.) taugt auch für beanstandete *generell*-konkrete *Unterlassungen und Nebenwirkungen von behauptetem Untätig-*

2680 Z.B. BGer 2A.212/2006 E 2.3, 3.1 ff. (in einem Fall von Staatshaftung); zum Verhältnis zwischen den Begehrensmöglichkeiten nach Art. 25a VwVG und dem grundsätzlich subsidiären Staatshaftungsrecht: RHINOW ET AL., Prozessrecht, Rz. 1292.

2681 Zweifacher Hilferuf einer Prostituierten an die Einsatzzentrale der Polizei, sie werde von zwei Männern bedroht; die Polizei rückte nicht aus, nach dem zweiten Anruf wegen angeblichem Personalmangel. In der Folge wurde die Frau durch die beiden Männer schwer verletzt. ZBl 1987, 545 ff. (Rote Zora; mit Kritik am materiellen Entscheid).

2682 Aus der jüngeren Rechtsprechung des EGMR: Rantsev v. Cyprus and Russia, § 287; Kalender v. Turkey, §§ 42 f., 49; K.U. v. Finland, §§ 42 ff.

2683 EGMR Lütfi Demirci et autres c. Turquie, §§ 35 f.

2684 EGMR Van Colle v. United Kingdom, *passim.*

bleiben: Für eine Feststellungsverfügung durch die kritisierte oder deren vorgesetzte Behörde kann ein schützenswertes *individuelles* Rechtsinteresse verlangt werden.

> Der Sympathisant einer Demonstration, der an dieser aber weder teilnehmen konnte noch wollte, hat keinen Anspruch auf eine gerichtliche Prüfung, ob die unterbliebene Verhinderung einer Gegendemonstration, die zu Störungen führte, rechtmässig war. Der Automobilist, der von bloss summarisch kommunizierten Meldungen über Rückstaus auf Kantonsstrassen zufolge eines schweren Verkehrsunfalles auf einer Autobahn nicht aufgehalten wurde, hat ebenso keinen Anspruch auf eine richterliche Überprüfung der polizeilichen Staumeldungen.

Bei der Prüfung, ob ein Untätigbleiben oder ein als zu gering oder zu spät erfolgter Einsatz rechtswidrig war, d.h. das pflichtgemässe Ermessen verletzt worden sei, ist zunächst festzustellen, ob die Verantwortlichen den Sachverhalt als zu Massnahmen verpflichtenden Tatbestand kannten oder hätten kennen müssen (*«ought to have known»*[2685]), und ob die nötigen Ressourcen in qualitativer, quantitativer, zeitlicher und örtlicher Hinsicht zur Verfügung gestanden wären (vgl. aber Rz. 1421). 1502

Eine widerrechtliche Unterlassung oder ein pflichtwidrig zu spätes bzw. anderweitig ungenügendes Intervenieren kann, sofern die Kausalität zwischen dem gänzlichen oder zu lang dauernden Unterbleiben einer möglichen Intervention z.G. eines bedrohten Rechtsgutes und zu einem Schaden erstellt ist, zu einer Staatshaftung führen[2686] (zu Haftungsrechtsfragen Rz 1589 ff.). 1503

3. Persönlicher Geltungsbereich

Allen natürlichen – und juristischen Personen, soweit sie nach Verfassung und Gesetz Verfahrensrechte haben – kommt die Rechtsweggarantie auf Beurteilung *ihrer* Rechtsstreitigkeit durch eine richterliche Behörde zu[2687], unabhängig von Nationalität und Status. 1504

> Die Frage, ob sich auch juristische Personen des öffentlichen Rechts (z.B. Gemeinden) auf die Rechtsweggarantie von Art. 29*a* BV berufen können, ist durch die in letzter Zeit häufige Neugestaltung des Polizeiwesens verschiedener Kantone im Verhältnis zu ihren Gemeinden zu Bedeutung gelangt. Gemäss Art. 50 Abs. 1 BV ist die Gemeindeautonomie «nach Massgabe des kantonalen Rechts gewährleistet»[2688]. Nach welchem Verfahren des öffentlichen Prozessrechtes eine Gemeinde z.B. die vertraglich vereinbarten Leistungen der Kantonspolizei als ungenügend beanstanden oder eine gerichtliche Beurteilung von Streitigkeiten in Bezug auf die Kompetenz von Verkehrskontrollen (und demzufolge 1505

2685 EGMR Osman v. United Kingdom, § 116.
2686 BGer 2C_828/2009 C; Rhinow/Schefer, Rz. 2020.
2687 Biaggini, Komm. zu Art. 29*a*, N. 5; Müller/Schefer, 911; Garantieanspruch für juristische Personen des öffentlichen Rechts einschränkend: Tophinke, 89, nur, «sofern diese durch den angefochtenen Akt wie Privatpersonen betroffen sind» (FN 23); ferner zudem bei Streitigkeiten über die Gemeindeautonomie (a.a.O).
2688 Vgl. dazu Häfelin/Haller/Keller, Rz. 974 ff.; Rhinow/Schefer, Rz. 644; Tschannen, Staatsrecht, § 17, Rz. 18 ff. (vgl. auch Europäische Charta der kommunalen Selbstverwaltung).

auch bezüglich der Einnahmen von Bussgeldern) verlangen kann, richtet sich nach der kantonalen Gesetzgebung (Gemeindegesetz, Verwaltungsrechtspflegegesetz, Polizeigesetz) und den einschlägigen Verträgen öffentlichen Rechts.

1506 Private können nur «hilfsweise» (d.h. vorfrageweise) die Verletzung der Gemeindeautonomie rügen (mit Ausnahmen)[2689].

B. Gerichtlicher Rechtsschutz bei nicht gerichtlich angeordnetem Freiheitsentzug (Art. 31 Abs. 4 BV)

1507 *Freiheitsentzüge*, die *durch eine Verwaltungsbehörde* auf Grund *spezialgesetzlicher* Bestimmungen angeordnet und durchgeführt werden[2690], unterliegen nach Art. 31 Abs. 4 BV einem besonderen verfassungsmässigen Rechtsschutz durch ein Gericht. Der Rechtsanspruch bildet eine *besondere Rechtsweggarantie*[2691], die über Art. 29*a* BV hinausgeht.

I. Polizeigewahrsam als Freiheitsentzug

1508 Das unmittelbare Recht nach Art. 31 Abs. 4 BV (noch weitergehend als Art. 5 Abs. 4 EMRK), *direkt* ein Gericht anzurufen, erfasst u.a. den *Polizeigewahrsam* als polizeirechtlichen[2692] Freiheits*entzug*. Auch andere länger dauernde Freiheits*beschränkungen,* bspw. bevor entschieden ist, ob der strafprozessrechtliche Weg eingeschlagen wird, können u.U. den Anspruch auf richterliche Prüfung nach Art. 31 Abs. 4 BV entstehen lassen (vgl. auch Art. 219 Abs. 4 StPO [Begrenzung einer vorläufigen Festnahme auf 24 Stunden] und Rz. 1525).

Art. 5 Abs. 4 EMRK gewährleistet das Recht zu beantragen, dass ein Gericht innerhalb kurzer Frist über die Rechtmässigkeit des Freiheitsentzugs entscheidet; dieses Recht schliesst eine vorgängige verwaltungsrechtliche Prüfung nicht aus, sofern dadurch keine wesentliche Verzögerung einritt. Demgegenüber garantiert Art. 31 Abs. 4 BV die *sofortige und direkte Anrufung eines Gerichts* (Rz. 1512)[2693].

2689 BGer 8C_251/2010 E 5.4.
2690 So z.B. Art. 397*b* ZGB, fürsorgerische Freiheitsentziehung durch die Vormundschaftsbehörde (vgl. BGer 5A_250/2010 E 3.1); ab 1. Januar 2013 ersetzt durch die Bestimmungen über die fürsorgerische Unterbringung, Art. 426 ff. ZGB (AS 2011 725); ebenso Art. 80 Abs. 1 AuG, Anordnung der Durchsetzungshaft durch die zuständige Verwaltungsbehörde (BGE 137 I 23 E 2.4.5 f.).
2691 BGE 137 I 23 E 2.4.2.
2692 Nicht behandelt wird hier (neben der fürsorgerischen Freiheitsentziehung (vgl. FN 2690) die medizinischen, durch eine Gesundheitsbehörde angeordneten Freiheitsentzüge (kantonale Rechtsetzung).
2693 BGE 136 I 87 E 6.5.1. AUER/MALINVERNI/HOTTELIER, N. 362.

In dieser Hinsicht wird auch das VwVG dieser Verfassungsbestimmung nicht gerecht[2694, 2695], da Art. 25*a* VwVG eine richterliche Prüfung erst nach einer Feststellungsverfügung einer Verwaltungsbehörde vorsieht. Ebenso enthält das VGG keine verfahrensrechtliche Bestimmung, die mit dem Anspruch nach Art. 31 Abs. 3 BV korrespondiert.

1509

1. Kriterien hinsichtlich Freiheits*entzug*

Im ausführlichen Bundesgerichtsentscheid zum Zürcher Polizeigesetz wird zum Begriff des Freiheits*entzuges* (als Abgrenzung zu einer Freiheits*beschränkung*) festgehalten, es sei «nicht allein die Stundenanzahl der Freiheitsbeschränkung massgebend, sondern es seien die *gesamten Umstände wie Art, Wirkung, Modalitäten und Dauer*»[2696]. Unter Verweis auf frühere Entscheide zwischen 1987 und 1990 hält das Bundesgericht fest, «als Freiheitsentziehung (seien) namentlich betrachtet worden eine mehrstündige Festnahme unter Abnahme der persönlichen Utensilien, eine Unterbringung in einer Zelle während vier Stunden oder eine 20-stündige Zurückhaltung»[2697].

1510

Das Bestreben, eine Balance zwischen einem wirkungsvollen verfahrensrechtlichen Schutz von Grundrechten, der Ermöglichung der polizeilichen Aufgabenerfüllung hinsichtlich der Aufrechterhaltung der öffentlichen Sicherheit[2698] und dem Vermeiden einer quantitativen Überforderung der Gerichte zu finden, führt zu immer feineren Differenzierungen, was mit dem Verlust klarer Kriterien einhergeht. Daraus ergibt sich, dass einerseits die Dauer des Freiheitsentzuges allein, andererseits bei dessen nur kürzerer Dauer eine Mehrzahl von Kriterien gegeben sein muss, damit der Anspruch auf *unmittelbare* richterliche Überprüfung entsteht.

1511

2694 BGE 136 I 87 E 6.5.2. Das gilt ebenso für den Assistenzdienst der Truppe: Art. 93 Abs. 3bis MG. Kritisch auch Art. 19 Abs. 2 ZAG: als «kurzfristiges Festhalten» wird ein Gewahrsam von längstens 24 Stunden bezeichnet.

2695 Ungenügend ist in dieser Hinsicht auch die militärpolizeilichrechtliche Regelung von Art. 14 Abs. 1 lit. a, c–d VPA, da diese Bestimmungen im MG selbst aufgenommen sein müssten; sie gehen auch über den Rahmen von Art. 92 Abs. 2 MG hinaus, und eine Regelung der direkten richterlichen Überprüfungsmöglichkeit der Festnahme fehlt.

2696 BGE 136 I 87 E 6.5.3.

2697 A.a.O. Die zitierten BGer-Urteile beziehen sich entweder auf rein strafprozessuale Freiheitsentzüge oder auf die Abgrenzung solcher zu polizeirechtlichen, nicht aber zur Frage, inwiefern polizeirechtliche Freiheitsentzüge den verfahrensgrundrechtlichen Anspruch auf unmittelbare richterliche Überprüfung begründeten.

2698 BGE 136 I 87 E 5.3: «Es steht ausser Frage, dass Personenkontrollen und Identitätsfeststellungen unter gegebenen Voraussetzungen einem öffentlichen Interesse entsprechen. Die Polizeiorgane müssen in die Lage versetzt werden, Personenkontrollen und Identitätsfeststellungen auch tatsächlich durchzuführen.» Falls die Überprüfung an Ort nicht möglich (ungenügende Genauigkeit oder Zweifel) oder wenn eine Vielzahl von Personen zu überprüfen ist, erscheint auch das Verbringen auf eine Polizeiwache als verhältnismässige Massnahme, «darf aber nicht zur Schikane verkommen» (a.a.O., E 5.4). Das darf wohl in dem Sinne interpretiert werden, dass solche kurzfristigen Freiheitsbeschränkungen, die unausweichliche Folge einer andern rechtlich gebotenen Zielsetzung der polizeilichen Handlung und damit verhältnismässig sind.

a) Zeitliche Kriterien

1512 Die Formulierung von Art. 31 Abs. 4 BV, wonach jede Person, der die Freiheit nicht von einem Gericht entzogen worden ist, «jederzeit» («en tout temps», «in ogni tempo»[2699]) ein Gericht anrufen können muss, das «so rasch wie möglich» («dans les plus brefs délais», «il più presto possibile») zu entscheiden hat[2700], stellt hohe Anforderungen[2701]. Diese relativen Zeitangaben sind in Beziehung zu setzen zum zeitlich absolut begrenzten Polizeigewahrsam, d.h. mindestens die *Einreichung* einer Beschwerde muss vor dem Ablauf der gesetzlich festgelegten Maximaldauer des Polizeigewahrsams[2702] gewährleistet sein[2703]. Das Gericht muss «so rasch wie möglich» über die Rechtsmässigkeit des Freiheitsentzuges entscheiden. Dieses Beschleunigungsgebot ist ebenso im Zusammenhang mit der ohnehin kurzen Maximaldauer für nicht gerichtlich angeordnete Freiheitsentzüge in Bezug zu setzen, was Abs. 4 von Art. 31 BV als verstärkter Rechtsschutz gerade bezweckt. Ein Zuwarten bis bspw. der Polizeigewahrsam aus formell-gesetzlichen Gründen beendet werden muss, könnte als Rechtsverweigerung (Art. 29 Abs. 1 BV) qualifiziert werden[2704].

1513 In Bezug auf die *Dauer* des Freiheitsentzuges als *das alleinige Kriterium* für den Anspruch auf eine unmittelbare richterliche Überprüfung wird die Gerichtspraxis Regeln aufstellen müssen. Das «jederzeit» wird indessen kaum so auszulegen sein, dass dieser Anspruch bereits in der ersten Stunde entsteht, umgekehrt aber wohl nach längstens – mit Blick auf die bisherige Praxis[2705] – vier Stunden. Die Justiz wird diesbezüglich auch

---

2699 In der nicht offiziellen englischen Übersetzung von Art. 32 Abs. 4 BV: «right to have recourse to a court *at any time*».
2700 Vgl. BGer 1C_50/2010 E 7.3.
2701 BGE 137 I 23 E 2.4.2 («Jederzeit ein Gericht anzurufen» erlaubt somit denjenigen Personen, denen die Freiheit entzogen wurde, den Zeitpunkt der Anrufung des Richters selbst zu bestimmen. Jederzeit kann somit auch heissen, dass der Betroffene sofort nach dem Freiheitsentzug an die richterliche Behörde gelangt.»). Damit wird die Grenze zwischen Freiheitsbeschränkung und Freiheitsentzug bzw. der Übergang von der Erstgenannten zum Zweiten massgebend dafür, ab wann «sofort» gilt.
2702 24 Stunden z.B. nach Art. 34 Abs. 1 lit. c PolG BE, § 27 Abs. 5 PolG BL, § 37 Abs. 2 PolG BS, § 27 Abs. 1 PolG ZH. Zum Vergleich ist auch Art. 219 Abs. 4 StPO zu beachten, der vorschreibt, dass eine festgenommene Person nach längstens 24 Stunden zu entlassen oder der Staatsanwaltschaft zuzuführen sei, wobei die Dauer einer vorherigen Anhaltung an die Frist anzurechnen ist.
2703 Die Konsequenzen für die gerichtliche Organisation werden hier nicht diskutiert.
2704 BGE 137 I 23 E 2.4.3.
2705 BGE 113 Ia 177 E 1. Die vormalige Auffassung des BGer in BGE 107 Ia 138 E 4a, wonach eine Festnahme von vier bis sechs Stunden kein schwerer Eingriff sei, ist heute nicht mehr zutreffend (BGer 1B_230/2009 E 2; BGE 124 I 40 E 3a, b; BIAGGINI, Komm. zu Art. 31, N. 4). Eine weitere Limite in zeitlicher Hinsicht wird durch Art. 219 Abs. 5 StPO gesetzt: Soll eine vorläufig festgenommene Person länger als 3 Stunden festgehalten werden, ist dies von dazu ausdrücklich ermächtigten Polizeiangehörigen anzuordnen. Mindestens theoretisch dürfte von diesem Zeitpunkt an bis zum Entscheid des Zwangsmassnahmengerichtes (Art. 220 StPO) oder der Entlassung Art. 31 Abs. 4 BV den Anspruch auf direkte gerichtliche Überprüfung entstehen lassen.

den zeitlich allein definierten Schutzbereich von Art. 31 Abs. 4 BV zu bestimmen und die Massgeblichkeit dieser Verfassungsgarantie im Verhältnis zur StPO und zu Art. 51 Abs. 3 VStrR für die Praxis zu klären haben.

b) Andere Kriterien

Sind indessen auch die anderen erwähnten Kriterien (vgl. Rz. 1510) massgebend, so führt das Einsperren in einer Zelle (im Gegensatz zu einem Warteraum), die Abnahme persönlicher Effekten, die Fesselung sowie die Kombination solcher Massnahmen zu einer so erheblichen Freiheitsbeschränkung, dass ein Freiheitsentzug vorliegt und demnach der Anspruch auf richterliche Prüfung *sofort* entstehen kann. 1514

> Ebenso kann die Einsperrung in einem «Sammelarrest» einer Polizeiwache mit zahlreichen anderen Festgenommenen und der Ungewissheit der Dauer dieser Massnahme zum unmittelbaren Anspruch führen. Ein solcher Festhalteort kann auch ausserhalb eines Polizeigebäudes, bspw. in dafür geeigneten Räumen eines Stadions, zum gleichen Anspruch führen. 1515

> Als Abgrenzung dazu stellt die kurzfristige Personenkontrolle auf der Strasse, auch in einem Polizeifahrzeug oder in einer mobilen Polizeistation, keinen Freiheitsentzug, sondern eine Freiheits*beschränkung* dar und wird somit von Art. 31 Abs. 4 BV nicht erfasst[2706] (vgl. nachfolgend Rz. 1518 f.). 1516

Es ist wesentlich, die Person, welcher die Freiheit entzogen worden ist, über die Gründe dafür unverzüglich zu informieren und sie von Anfang an in geeigneter Weise auf ihren Rechtsanspruch aufmerksam zu machen[2707] (Rz. 1410). 1517

2. Freiheitsbeschränkungen anderer Art

a) In Bezug auf die persönliche Bewegungsfreiheit

Nicht von Art. 31 Abs. 4 BV erfasst werden aber die weniger weitgehenden Massnahmen der Personenkontrolle (Identitätsprüfung) an Ort und Stelle[2708], der Freiheitsbeschränkung z.B. durch das Verbringen zur Polizeiwache zum gleichen Zweck oder für nähere Überprüfungen und die kurz dauernde *Anhaltung als Vorstufe* zum eventuellen Polizeigewahrsam (bspw. bis eine nach internen Vorschriften kompetente Person eine diesbezügliche Anordnung getroffen hat; vgl. Art. 219 Abs. 5 StPO). 1518

Diese weniger weitgehenden Freiheits*beschränkungen* fallen materiell-rechtlich in den Schutzbereich von Art. 10 Abs. 2 BV (bzw. Art. 8 EMRK) als Einschränkung der Bewegungsfreiheit und sind gegebenenfalls auf dem ordentlichen Verwaltungs(gerichts)verfahrensweg anzufechten.

2706 BIAGGINI, Komm. zu Art. 31, N. 2.
2707 MÜLLER/SCHEFER, 98.
2708 Wobei «alle zumutbaren Möglichkeiten zur Identitätsabklärung vor Ort auszuschöpfen sind», bevor weitergehende Zwangsmassnahmen in Betracht gezogen werden (BGer 6B_560/2010 E 2.5).

1519   Zu unterscheiden davon ist die vorläufige Festnahme eines in flagranti erwischten Verdächtigen oder einer gültig zur Verhaftung *(Verhaftsbefehl*[2709]*)* ausgeschriebenen Person, was zur Regelungsmaterie des Strafprozessrechtes gehört[2710]. Verfahrensgrundrechtlich fallen diese Freiheitsentzüge und die dazu gehörigen Verfahrensvorschriften der Art. 217, 224 Abs. 2 und 226 Abs. 1 StPO, welche die absoluten Fristen genau festlegen, in den Schutzbereich von Art. 31 Abs. *3* BV. Bei strafprozesskonformem Vorgehen ist der Freiheitsentzug der unverzüglichen richterlichen *Haft*prüfung unterworfen[2711]. Es wäre auch verfahrensökonomisch (selbst für die festgenommene Person) nicht sinnvoll, innert weniger Stunden in zwei unterschiedlichen Verfahren die Rechtmässigkeit der Festnahme zu prüfen. (Vgl. aber Rz. 2705).

b)   Andere Freiheitsbeschränkungen (ausserhalb des Geltungsbereichs von Art. 31 Abs. 4 BV)

1520   Alle andern Freiheitsbeschränkungen wie z.B. das Betreten einer Wohnung durch Polizeiangehörige, die Aufforderung ein Fahrzeug zu verlassen oder Rayonverbote bzw. Wegweisungen im öffentlichen Raum (nicht im Zusammenhang mit den speziell geregelten Verfahren bei häuslicher Gewalt) sind gegebenenfalls auf dem nicht privilegierten Rechtsweg des Verwaltungsrechtspflegeverfahrens zu rügen (dazu nachfolgend Rz. 1536 ff.).

II.   Exkurs: Bundesrechtliche Unklarheit bei Freiheitsentzügen und anderen Grundrechtsbeschränkungen qua Zwangsanwendungs-, Zoll- und Militärgesetz sowie dem Bundesgesetz über die Sicherheitsorgane der Transportunternehmen im öffentlichen Verkehr

1521   Die in den letzten Jahren in der Schweiz entstandene Rechtslage im exekutiven Polizeiwesen (vgl. Rz. 207, 212)[2712] ist auf der *ersten Rechtsschutzebene* nur mehr schwer überschaubar. Dies ist in erster Linie auf eine der BV meist widersprechende Ausdehnung polizeirechtlicher Legiferierung durch den Bund zurückzuführen. Das Zwangsanwendungsgesetz bindet für bestimmte polizeiliche Aufgaben die kantonalen und kommunalen Polizeidienste.
Überdies verweisen sowohl Art. 100 Abs. 1bis ZG als auch Art. 92 Abs. 3bis MG für polizeiliche Tätigkeiten auf das Zwangsanwendungsgesetz (mit dessen reziproker Bestimmung in Art. 2 Abs. 2 in Bezug auf die Armee im Assistenzdienst z.G. ziviler Behörden des Bundes).

2709 Unterschieden werden sollte zwischen einem nationalen oder internationalem *Verhaftsbefehl* (Art. 15 Abs. 1 lit. a und Art. 16 Abs. 2 lit. a BPI) und einem vom zuständigen Zwangsmassnahmengericht verfügten Haftbefehl (Art. 220 Abs. 1 StPO).
2710 Art. 217 StPO.
2711 Vest, SGK Komm. zu Art. 31, Rz. 26.
2712 Mohler, Realakte, 462.

1. Zum Zwangsanwendungsgesetz

In Art. 1 bestimmt das *Zwangsanwendungsgesetz,* es regle die Anwendung polizeilichen Zwangs und polizeilicher Massnahmen im Zuständigkeitsbereich des Bundes (also in erster Linie im Bereich des Ausländer- und Asylrechts[2713], sodann – mit geringen Ausnahmen – beim Vollzug des BWIS), und in Art. 2, es gelte u.a. (Abs. 1 lit. c und d) für alle kantonalen Behörden in diesen Rechtsbereichen (gerichtliche Polizei, Freiheitsbeschränkungen bei Transporten), ferner (Abs. 2) für die Armee[2714], soweit diese Assistenzdienst für zivile Behörden des Bundes leiste. Das bedeutet, dass eine *kantonale oder städtische Polizei* bei Realakten im Zusammenhang mit einer Auslieferung oder einer Repatriierung, sofern nötig, nach dem Zwangsanwendungsgesetz und nicht nach dem kantonalen Polizeigesetz vorzugehen hat, und dass für eine Beanstandung der Handlungen der Kantons- oder Stadtpolizei (gestützt auf Art. 1 Abs. 2 lit. e, Art. 5 und 25*a* VwVG) zuerst eine Feststellungsverfügung beim zuständigen *Bundesamt* zu erwirken ist, statt dass beim kantonal zuständigen Gericht u.U. direkt eine richterliche Prüfung verlangt werden kann[2715].

1522

> Sowohl das Zwangsanwendungsgesetz als auch das Zoll- und das Militärgesetz sehen vor, dass *Angehörige von Verwaltungsbehörden Personen die Freiheit entziehen* können. Unter «kurzfristiges Festhalten» sieht Art. 19 ZAG einen *Freiheitsentzug* von längstens 24 Stunden vor, der mit Hilfsmitteln wie Handschellen, andern Fesselungsmitteln oder Hunden (Art. 14 ZAG) gesichert werden darf (vgl. Rz. 1513 ff.). Das ZAG enthält keinerlei Bestimmungen über den Rechtsweg (und keinen hilfreichen Verweis auf Art. 31 Abs. 4 BV), was insbesondere wegen seinem auf Bundes- und kantonale Behörden erstreckten Anwendungsbereich als stossend erscheint[2716].

1523

> Dies gilt umso mehr, als das ZAG nach Art. 2 Abs. 1 lit. e auch für Private gilt, die von Bundes- oder kantonalen Behörden für die «Anwendung polizeilichen Zwangs oder polizeilicher Massnahmen im Zuständigkeitsbereich des Bundes» (Art. 1 ZAG) beigezogen werden können. Demzufolge wäre für eine gerichtliche Überprüfung eines Freiheitsentzuges wiederum nach Art. 1 Abs. 2 lit. e, Art. 5 und 25*a* VwVG zuerst eine Feststellungsverfügung der zuständigen Verwaltung zu erwirken, was mit dem direkten Anspruch auf gerichtliche Beurteilung nach Art. 31 Abs. 4 BV nicht übereinstimmt.

1524

2713 Botschaft ZAG, 2515.

2714 Botschaft ZAG, 2515, mit dem eigenartigen Verweis auf die Sachkompetenz des Bundes nach Art. 60 BV, der in Abs. 1 die Organisation, Ausbildung und Ausrüstung der Armee zur Bundessache erklärt, aber keine materiell-rechtliche Gesetzesgrundlage für den polizeilichen Feuerwaffeneinsatz enthält.

2715 Art. 16 Abs. 4 des Bündnerischen Verwaltungsrechtspflegegesetzes.

2716 Auch die Botschaft zum ZAG enthält kein Wort zum Rechtsschutz. Geregelt ist lediglich das Staatshaftungsverfahren in Art. 31 ZAG in Bezug auf Bundesbehörden sowie kantonale Behörden, die unmittelbar im Auftrag einer Bundesbehörde oder unter deren Leitung widerrechtlich gehandelt haben. Aus dieser Bestimmung über das Staatshaftungsverfahren und Art. 3 ZAG, das Gesetz gelte für die Anwendung von Zwang im Bereich der Verfahrensgesetze des Bundes, ist zu schliessen, dass das VwVG auch in «umgekehrter Richtung» anzuwenden ist.

2. Zum Zollgesetz

1525 Ähnlich, wenn auch mit anderer Wortwahl (und ungenau), präsentiert sich die Rechtslage gemäss Zollgesetz. Nach Art. 105 ZG darf die Zollverwaltung «eine Person, die begangener Widerhandlungen oder *möglicherweise* bevorstehender schwerer Widerhandlungen verdächtigt wird, zur Kontrolle abführen»[2717]. Die Widerhandlungen beziehen sich nicht nur auf Zolldelikte, sondern auch auf andere Straftaten, da Art. 100 Abs. 1 ZG keine Einschränkung auf zoll- und *grenz*polizeiliche Tatbestände enthält, sondern umgekehrt die «Sicherheit des Landes» und den Schutz der Bevölkerung als Zweckbestimmung der polizeilichen Befugnisse der Zollverwaltung aufführt[2718]. Eine vorläufige Festnahme richtet sich gemäss Art. 105 Abs. 2 ZG nach Art. 19 Abs. 3 und 4 VStrR[2719]; Art. 51 Abs. 3 VStrR begrenzt die vorläufige Festnahme, sofern sie «in abgelegenem oder unwegsamen Gelände erfolgt» ist, auf 48 Stunden (was zweifellos einen Freiheitsentzug – nicht notwendigerweise im strafprozessrechtlichen Sinn [Rz. 1519] – darstellt).

1526 Das *Grenzwachtkorps* «polizeiert» aber auch weit *ausserhalb des Grenzraumes*[2720] gestützt auf Verwaltungsvereinbarungen mit einzelnen Kantonen, die in der BV keine Grundlage haben (Rz. 207) und ebenso teilweise weit über die Schranken von Art. 96 f. und 100 Abs. 1 lit. d und e ZG hinausgehen.

Daraus ergeben sich unterschiedliche Rechtslagen, die auf das Prozessrecht Einfluss haben: Wesentlich ist vorab, ob es sich um eine rein *grenzpolizeiliche* oder *sicherheits- bzw. verkehrspolizeiliche* Intervention handelte[2721]. Erfolgte der beanstandete Realakt *im Grenzraum* eines Grenzkantons mit oder ohne entsprechende Verwaltungsvereinbarung in Bezug auf *sicherheitspolizeiliche* Aufgaben oder *ausserhalb des Grenzraumes* in einem Grenzkanton oder in einem Nicht-Grenzkanton? In jedem dieser möglichen Fälle sind die *gesetzlichen Grundlagen* (bzw. deren Vorhandensein überhaupt) für die Befugnisse der Angehörigen des GWK anders zu beurteilen und der Rechtsweg für die Betroffenen ist dementsprechend anders, wenn auch kaum eruierbar.

So ergibt sich im Zusammenhang mit grenzpolizeilichen Tätigkeiten eine Unklarheit auch daraus, dass die Verfolgung und Beurteilung von Widerhandlungen nach Art. 115– 120 AuG den Kantonen gemäss StPO obliegt, für die Strafverfolgung und Beurteilung

---

2717 Hervorhebung hier.
2718 FORSTER, Komm. ZG zu Art. 105, N. 6. Zur Verfassungsmässigkeit dieser Kompetenz vgl. SCHWEIZER/MOHLER, Schengen Ausgleichsmassnahmen, 117 ff.
2719 Dieser Verweis auf das VStrR ist zumindest unglücklich, d.h. unvollständig formuliert, denn er kann sich nur auf vorläufige Festnahmen wegen Delikten beziehen, die nach VStrR zu verfolgen und beurteilen sind, nicht aber auf solche, für welche die StPO massgebend ist. Selbst aus den Vorschriften der StPO ergeben sich Zeiterstreckungen für die von Verwaltungsbehörden angeordneten Freiheitsentzügen, die vor dem spätestens fälligen Entscheid des Zwangsmassnahmengerichts (96 Stunden nach der Festnahme bzw. Anhaltung; Art. 226 Abs. 1 i.V.m Art. 224 Abs. 2 und 219 Abs. 4 StPO; vgl. PIETH, 111) einen Anspruch auf richterliche Beurteilung nach Art. 31 Abs. 4 BV entstehen lassen. Vgl. die m.E. berechtigte Kritik bei FORSTER, Komm. ZG zu Art. 105, N. 23, und den Hinweis in FN 2705.
2720 Vgl. SCHWEIZER/MOHLER, 124 ff.
2721 Vgl. Art. 9 AuG i.V.m. Art. 96 und 97 ZG.

der Straftatbestände von Art. 120*a* und 120*b* AuG aber das Bundesamt für Migration zuständig ist, das nach dem VStrR vorzugehen hat[2722].

3. Zum Militärpolizeirecht

Ebenso wenig Klarheit ergibt sich aus der *militärischen Rechtsetzung* in Bezug auf den Rechtsschutz bei einem Freiheitsentzug durch Angehörige der Armee. Nach Art. 14 Abs. 1 lit. a VPA können Personen vorläufig festgenommen werden, wenn «sie die Sicherheit der Armee, ihrer Angehörigen, ihres Materials, ihrer oder von ihr bewachter Objekte oder von wichtigen Informationen gefährden oder die militärische Ordnung stören, sofern eine Wegweisung und Fernhaltung nicht genügt»[2723]. 1527

Art. 6 VPA ermächtigt das VBS festzulegen, dass die militärpolizeirechtlichen Bestimmungen (2. Abschnitt der VPA) auch bei subsidiären Sicherungseinsätzen z.G. eines Kantons gelten. Eine Art. 31 Abs. 4 BV entsprechende Bestimmung findet sich weder im MG noch in der VPA. Eine festgenommene Person ist «nach Aufnahme des Protokolls» unverzüglich den zuständigen Polizei- oder Untersuchungsorganen zu übergeben. Bis zu diesem Zeitpunkt – wie lange immer «unverzüglich» dauern mag – gilt militärisches Recht, nach einer Übergabe an die zuständige Kantonspolizei die kantonalen Bestimmungen, unter Vorbehalt von Art. 31 Abs. 4 BV. 1528

Im Sinne der einfachen und übersichtlichen Gewährleistung der Rechtsweggarantie erscheint es als zweckmässig und verfassungskonform, das Verfahrensrecht des Kantons, unter dessen Polizeihoheit Truppen im Assistenzdienst eingesetzt werden, vom Gesetz her für anwendbar zu erklären[2724]. 1529

Militärpersonen, die militärrechtlich festgenommen werden, können statt der örtlich zuständigen Polizei ihren Vorgesetzten (militärischen Truppenkommandanten) übergeben werden. Auch ihnen steht kein der besonderen Rechtsweggarantie genügendes Rechtsmittel zur Verfügung[2725]. 1530

4. Zum Bundesgesetz über die Sicherheitsorgane der Transportunternehmen im öffentlichen Verkehr

Das *Bundesgesetz über die Sicherheitsorgane der Transportunternehmen im öffentlichen Verkehr (BGST)* regelt nach Art. 1 die Aufgaben und Befugnisse der Sicherheitsorgane der Transportunternehmen im öffentlichen Verkehr. Soweit erforderlich, 1531

2722 Vgl. Botschaft Grenzkodex/AuG, 7061 (Ziff. 3.2.3.5).
2723 Da es sich dabei um nicht mehr leichte Grundrechtseingriffe handeln kann, ist auch zweifelhaft, ob diese Bestimmung in einer *Verordnung* (gestützt auf Art. 92 Abs. 4 MG) der Anforderung von Art. 36 Abs. 1 BV genügt.
2724 Mohler, Realakte, 472; in diesem Sinne wohl auch Riva, 102 f. (C. Verpflichtete Behörde).
2725 Dasselbe gilt übrigens für alle von Truppenkommandanten verfügten Arreststrafen im Militärdienst (1–10 Tage Einzelhaft; Art. 190, 197 f. MStG). Bis der Ausschuss des Militärappellationsgerichtes auf eine Disziplinargerichtsbeschwerde nach Art. 209 MStG eintreten kann, steht den Arrestierten auch kein Art. 31 Abs. 4 BV entsprechendes Rechtsmittel zur Verfügung, obwohl ihnen nach Art. 28 Abs. 1 MG die verfassungsmässigen und gesetzlichen Rechte zukommen.

haben die Transportunternehmen «zum Schutz der Reisenden, der Angestellten, der transportierten Güter, der Infrastruktur und der Fahrzeuge sowie zur Gewährleistung eines ordnungsgemässen Betriebs» Sicherheitsorgane, d.h. einen Sicherheitsdienst oder eine Transportpolizei, zu unterhalten. Dabei besteht die Meinung des Gesetzgebers, dass Kantone, Gemeinden und private Unternehmen für Sicherheitsbedürfnisse in ihren lokalen oder regionalen öffentlichen Verkehrsmitteln – soweit eine Transport*polizei* für notwendig erachtet wird – entsprechende polizeiliche Leistungen bei der «SBB-Polizei» «zu vergleichbaren Bedingungen» einkaufen (Art. 5 Abs. 2). Dies soll bspw. auch für städtische Tram- und Busbetriebe gelten[2726] (vgl. Rz. 207, 1333 ff.).

1532   Ob bei Rechtsstreitigkeiten zwischen Sicherheitsorganen von Transportunternehmen im öffentlichen Verkehr und Passagieren Art. 25*a* VwVG anwendbar ist, hängt zunächst davon ab, ob den Transportunternehmen nach Art. 1 Abs. 2 lit. e VwVG eine Verfügungskompetenz zuerkannt wird. Feststehen dürfte jedoch, dass allfällige polizeiliche Massnahmen der Sicherheitsdienste von Transportunternehmen[2727] nicht auf Art. 2 Abs. 1 lit. e ZAG gestützt werden können, da die Transportunternehmen nicht den in lit. a–d der gleichen Norm genannten Behörden gleichzusetzen sind.

1533   Art. 4 Abs. 4 BGST bestimmt ferner, dass eine Person, die die Transportleistung unrechtmässig beansprucht, vorläufig festgenommen werden darf, «wenn die Person sich nicht ausweisen kann und die verlangte Sicherheit nicht leistet». Diese Norm erscheint als zweifach verfassungswidrig: Fahrpreise und allfällige Zuschläge, die erhoben werden, sofern ein Passagier kein oder für die benützte Strecke oder Klasse kein genügendes Billet vorweisen kann, sind Forderungen aus dem *privatrechtlichen* Transportverhältnis[2728]. Wegen einer zivilrechtlichen Forderung ist eine auch vorläufige Festnahme grund- und verfassungsrechtlich unzulässig (Schuldverhaft)[2729]. Auch die Übertretung nach Art. 57 Abs. 1 lit. a oder b PBG vermag keine vorläufige Festnahme zu rechtfertigen[2730]. Überdies sind Schweizer Bürgerinnen und Bürger nicht verpflichtet, einen Ausweis auf sich zu tragen[2731]. Demzufolge ist auch diese Voraussetzung für eine vorläufige Festnahme nicht verfassungskonform. Der Rechtsweg ist nicht geregelt.

5. Zusammenfassung

1534   Da auch das VwVG, das ZG, das MStG und das VGG keine Art. 31 Abs. 4 BV entsprechenden Rechtswegbestimmungen enthalten, erscheint zunächst die diesbezügliche einfach-gesetzliche Rechtslage als nicht verfassungskonform.

2726   Vgl. zum Ganzen: MOHLER, BGST, *passim*.
2727   Nicht identisch mit der Transportpolizei.
2728   Art. 19 PBG; BGE 136 II 457 E 6.2.
2729   Botschaft VE 96, 148; GRABENWARTER, § 21, Rz. 26; HÄFELIN/HALLER/KELLER, Rz. 1952 f.; MASTRONARDI, SGK zu Art. 7, Rz. 47.
2730   Das Erschleichen einer Leistung, Art. 150 StGB, setzt ein täuschendes Verhalten voraus (BGE 117 IV 449 E 6b/cc: «Umgehung der von den Verkehrsbetrieben gegen eine unerlaubte Benutzung geschaffenen Sicherungsvorkehren»).
2731   BGE 136 I 87 E 5.3.

Durch diese Gemengelage dürfte es überdies aber auch schwer fallen, die Bestimmung von Art. 25*a* VwVG über den Rechtsweg für die Beanstandung von Realakten (Art. 25*a* Abs. 1 VwVG) «...kann von der Behörde, die für Handlungen zuständig ist, welche sich auf öffentliches Recht des Bundes stützen» dahingehend zu interpretieren, in welchen Fällen nach welchem Verfahrensrecht eine verwaltungs*gerichtliche* Prüfung zu erlangen ist. Sicher ist nur, dass durch diese konfuse Rechtsetzung mindestens ein Ziel der Justizreform – «das Rechtsmittelsystem soll möglichst einfach und übersichtlich sein»[2732], es soll einen effektiven qualifizierten Rechtsschutz gewährleisten[2733] – auf der einfach-gesetzlichen Ebene konterkariert wird: Schon die schiere Unmöglichkeit herauszufinden, an wen eine Beschwerde zu richten wäre, schreckt ab, zumal wenn die richtige Adresse allem bisher Selbstverständlichen im Polizeirecht, d.h. der Zuständigkeit der «eigenen» kantonalen Behörden, widerspricht.

1535

C. Regelungen des Verwaltungsgerichtsverfahrens

I. *Kantonale Verwaltungsgerichtsbarkeit*

1. Allgemeine Hinweise

In den Kantonen wird die Funktion des Verwaltungsgerichtes durch unterschiedliche Gerichte wahrgenommen. Es können eigens eingerichtete allgemeine Verwaltungsgerichte[2734] oder Gerichte oberer Instanz mit (erstinstanzlichen) verwaltungs*gerichtlichen* Funktionen[2735] sein[2736].

1536

Nach Art. 29*a* BV müssen die (erstinstanzlichen) Verwaltungsgerichte alle *Sach- und Rechtsfragen uneingeschränkt prüfen* können[2737], jedoch nicht zwingend auch Fragen der Angemessenheit (Rz. 1473).

1537

Im Zusammenhang mit polizeilichen Wegweisungen in Fällen *häuslicher Gewalt* haben verschiedene Kantone jedoch nicht ein Gericht mit verwaltungsgerichtlicher Jurisdiktion, sondern ein Zivilgericht[2738] oder eine (strafprozessuale) Haft- bzw. Zwangsgerichtsinstanz[2739] als zuständig festgelegt.

1538

2732 Botschaft VE 96, 494.
2733 KLEY, SGK zu Art. 29*a*, Rz. 8.
2734 Z.B. in BE: Art. 2 Abs. 2 lit. b GSOG BE; in GE: Art. 132 LOJ GE; in ZH: § 1 und 32 VRG ZH.
2735 Z.B. in BS: § 1 Abs. 1 VRPG BS; in BL: § 1 Abs. 2 VPO BL. Da im Bereich der Beschwerde in öffentlich-rechtlichen Angelegenheiten (Art. 82 ff. BGG) das Prinzip der Doppelinstanzlichkeit nicht gilt, müssen obere Gerichte in verwaltungsgerichtlichen Verfahren nicht Rechtsmittelinstanzen sein (RHINOW ET AL., Prozessrecht, Rz. 808).
2736 Zur Entwicklung der Verwaltungsgerichtsbarkeit in den Kantonen: RHINOW ET AL., Prozessrecht, Rz. 803 ff.
2737 BIAGGINI, Komm. zu Art. 29*a*, N. 8.
2738 Z.B. BS: § 37*e* PolG BS; BL (Bezirksgericht): § 42*a* PolG BL.
2739 Z.B. SG: Art. 43^{quater} PolG SG.

1539 Das Verfahren richtet sich im Rahmen der bundesrechtlichen Vorgaben nach den einschlägigen kantonalen Gesetzen.

1540 In jedem Fall ist jedoch eine Gerichtsinstanz zu bezeichnen, die nach Art. 31 Abs. 4 BV von einer Person, der die *Freiheit nicht von einem Gericht entzogen* worden ist, *jederzeit* und ohne vorinstanzliches Verfahren direkt eine Beschwerde entgegen nimmt und so rasch als möglich darüber entscheidet.

2. Kantonale Ausnahmen von der Rechtsweggarantie

1541 Die verfassungsmässige Ermächtigung, Ausnahmen von der Rechtsweggarantie vorzusehen, hat – im polizeirechtlichen Zusammenhang – bspw. in § 44 Abs. 2 lit. a VPO BL[2740] und in Art. 77 lit. a VRPG BE[2741] ihren Niederschlag gefunden.

II. Bund

1. Die Regelungen im Verwaltungsgerichtsgesetz

a) Grundsatz

1542 Nach Art. 31 VGG beurteilt das Bundesverwaltungsgericht Beschwerden gegen *Verfügungen* von Bundesverwaltungsbehörden i.S.v. Art. 1 VwVG[2742] gemäss Art. 5 VwVG[2743]. Somit entfallen grundsätzlich Beschwerden gegen Realakte von Bundesbehörden, auch wenn sie in Rechte und Pflichten Betroffener eingreifen; Realakte sind nur auf Grund einer Feststellungsverfügung nach Art. 25a VwVG beim Bundesverwaltungsgericht anfechtbar.

1543 Die Ausschliesslichkeit von *Verfügungen als Anfechtungsobjekt* ist nicht ohne *Ausnahmen:*
Zum einen kann nach Art. 46a VwVG gegen das unrechtmässige Verweigern oder Verzögern einer Verfügung Beschwerde geführt werden[2744], zum andern haben Personen, denen die Freiheit – auch mit einem Realakt – durch eine nicht gerichtliche Bundesbehörde entzogen worden ist, das Recht, nach Art. 31 Abs. 4 BV (Rz. 1507 ff.)

2740 Unzulässig sind verwaltungsgerichtliche Beschwerden gegen «Verfügungen und Entscheide zur Wahrung der gestörten öffentlichen Ordnung», soweit es nicht um zivilrechtliche Ansprüche oder Verpflichtungen im Sinne von Art. 6 EMRK geht. Diese Ausnahmeregelung dürfte mit Art. 29a BV nicht in Einklang stehen.

2741 «Die Verwaltungsgerichtsbeschwerde ist unzulässig gegen Verfügungen und Entscheide betreffend (a) innere Sicherheit und auswärtige Angelegenheiten mit vorwiegend politischem Charakter».

2742 Darunter fallen gemäss Abs. 2 lit. e und Abs. 3 auch zahlreiche nicht der zentralen Bundesverwaltung angehörende Instanzen, also auch kantonale oder private: RHINOW ET AL., Prozessrecht, Rz. 1519.

2743 RHINOW ET AL., Prozessrecht, Rz. 1516.

2744 RHINOW ET AL., Prozessrecht, a.a.O.

direkt das Bundesverwaltungsgericht anzurufen[2745], auch wenn das VGG keine entsprechende Bestimmung enthält.

Die Umschreibung des Streitgegenstandes im bundesverwaltungsgerichtlichen Verfahren mit Verfügungen nach Art. 5 VwVG ist formal und summarisch. Materiell geht es um das in der angefochtenen Verfügung streitig gebliebene *Rechtsverhältnis* gemäss öffentlichem Recht des Bundes[2746]. Dazu gehört vorfrageweise die Prüfung der Rechtmässigkeit der von den Vorinstanzen angewendeten Rechtssätzen[2747], sodann hauptsächlich die Prüfung der Rechtmässigkeit der Anwendung von Bundesrecht (Verfassungs-, Staats- und Verwaltungsrecht)[2748]. 1544

> Gegen eine Verfügung einer kantonalen Behörde (vgl. FN 2742), die sich auf kantonales und Bundesverfassungsrecht stützt, ist jedoch nicht die Beschwerde an das Bundesverwaltungsgericht, sondern die Beschwerde an die kantonalen Beschwerdeinstanzen und danach die Beschwerde in öffentlich-rechtlichen Angelegenheiten an das Bundesgericht als ordentliches Rechtsmittel[2749], die subsidiäre Verfassungsbeschwerde (Art. 113 BGG) bei Ausnahmen nach Art. 83 BGG als ausserordentliches Rechtsmittel zu ergreifen. 1545

b)   Ausnahmen nach Art. 32 Abs. 1 lit. a VGG

Art. 32 Abs. 1 lit. a VGG legt fest, dass Beschwerden gegen Verfügungen u.a. «auf dem Gebiet der inneren Sicherheit» unzulässig sind, soweit nicht das Völkerrecht (konkret: Art. 6 Ziff. 1 EMRK, Art. 14 Ziff. 1 UNO Pakt II) einen Anspruch auf gerichtliche Beurteilung einräumt[2750]. 1546

Diese Bestimmung betrifft primär Massnahmen des Bundesrates mit politischem Charakter[2751], also Regierungsakte *(«actes de gouvernement»)*, gestützt auf Art. 184 Abs. 3 und 185 Abs. 3 BV[2752] und in der Form von Verordnungen[2753]. 1547

Obwohl der Begriff *«innere* Sicherheit» nach der (unklaren) Terminologie der BV (Rz. 195) selbstverständlich nicht zuletzt auch *polizeilichrechtliche Massnahmen* umfasst, sind jedoch nicht alle Beschwerden gegen Entscheide oder Realakte, die mit «innerer Sicherheit» zu tun haben, unzulässig[2754]. Der Kreis der von einer Beschwerde ausgeschlossenen Massnahmen ist nach der Lehre eng auszulegen[2755]. Er umfasst in erster Linie Eingriffe mit einem aussenpolitischen Zusammenhang, 1548

2745   Vgl. RHINOW ET AL., Prozessrecht, Rz. 609 ff.
2746   RHINOW ET AL., Prozessrecht, Rz. 1536 f.
2747   RHINOW ET AL., Prozessrecht, Rz. 1009.
2748   RHINOW ET AL., Prozessrecht, Rz. 1523.
2749   RHINOW ET AL., Prozessrecht, Rz. 1525.
2750   Zur analogen Norm in Art. 83 lit. a BGG siehe Rz. 1561 ff.
2751   RHINOW ET AL., Prozessrecht, Rz. 1536 f.
2752   Botschaft VE 96, 503. BGE 129 II 193 E 4.2.2. CANDRIAN, 327 ff.; HÄBERLI, BGG, Art. 83, Rz. 20 f.; SEILER, BGG, Art. 83, Rz. 16.
2753   CANDRIAN, 335 ff.
2754   SEILER, BGG, Art. 83, Rz. 17.
2755   CANDRIAN, 324 f.

die der Prävention von Terrorismus[2756], Spionage, gewalttätigem Extremismus und organisierter Kriminalität dienen, somit in den Geltungsbereich des BWIS gehören. Solche Massnahmen trifft in der Regel die zuständige *Verwaltungsbehörde*[2757]. Auch wenn diese dadurch im strengen Sinn keine «*actes de gouvernement*» darstellen, sind sie – unter Vorbehalt des völkerrechtliche Anspruchs auf richterliche Überprüfung – nicht beschwerdefähig. Bei der Abgrenzungsfrage ist indessen Art. 29*a* BV, Rechtsweggarantie, zu berücksichtigen[2758,2759].

1549 Soweit diesbezügliche Massnahmen vom *Bundesrat* angeordnet werden, entfällt eine gerichtliche Überprüfung bereits auf Grund von Art. 189 Abs. 4 BV[2760] (vgl. dazu aber nachfolgend Rz. 1551 f.).

1550 Gegen Massnahmen in Bezug auf die innere Sicherheit des Landes, die von dem Bundesrat nachgeordneten Behörden getroffen werden und beim Bundesverwaltungsgericht nicht angefochten werden können, ist die *Verwaltungsbeschwerde an den Bundesrat* nach Art. 72 und 73 VwVG zulässig[2761].

1551 Vorbehalten bleibt sodann die in der Unzulässigkeits-Regelung (Art. 32 Abs. 1 lit. a VGG) enthaltene *Ausnahme,* dass eine Beschwerde zulässig ist, soweit ein *völkerrechtlicher Anspruch auf gerichtliche Beurteilung* besteht.

1552 Räumt das Völkerrecht einen Anspruch auf gerichtliche Beurteilung ein, ist zunächst das Bundesverwaltungsgericht zuständige Gerichtsbehörde, da Art. 29*a* BV den Zugang zu einem Gericht mit voller Kognition in Sachverhalts- und Rechtsfragen gewährleistet.
Dies gilt auch für den Fall, dass der Bundesrat die umstrittenen Massnahmen selber angeordnet hat[2762].

1553 Die Praxis des Bundesverwaltungsgerichts schränkt die Unzulässigkeit von Beschwerden auf dem Gebiet der inneren Sicherheit jedoch ein und seine eigene Zuständigkeit als verwaltungsgerichtliche Beschwerdeinstanz aus.

2756 CANDRIAN, 341 ff., 351 f.
2757 HÄBERLI, BGG, Art. 83, Rz. 23; SEILER, BGG, Art. 83, Rz. 20.
2758 BVGer C-1118/2006 E 1.1. Der Hinweis auf die Botschaft zur Totalrevision der Bundesrechtspflege (BBl 2001 4202) bezieht sich aber auf eine Stelle, in der gerade die Zulässigkeit einer Ausnahme vom Anspruch auf richterliche Beurteilung releviert wird.
2759 Undeutlich in Bezug auf die von der Rechtsweggarantie ausgenommenen Entscheide auf dem Gebiet der inneren Sicherheit erscheint die Formulierung in RHINOW ET AL., Prozessrecht, Rz. 444: Ob ein (zeitlich und örtlich eng begrenztes) Rayonverbot oder eine (zeitlich eingeschränkte) Meldeauflage zu den schweren Eingriffen in die Rechte Privater (mit einem Anspruch auf die Rechtsweggarantie) oder zu den Ausnahmen gezählt wird, bleibt unklar. Hinsichtlich des ebenfalls aufgeführten Polizeigewahrsams besteht nach Art. 31 Abs. 4 BV ohnehin das Recht auf jederzeitige Anrufung eines Gerichtes, das so rasch wie möglich zu entscheiden hat.
2760 SEILER, BGG, Art. 83, Rz. 20.
2761 SEILER, BGG, Art. 83, a.a.O.
2762 SEILER, BGG, Art. 83, Rz. 20.

In einem Fall eines Begehrens um Einsichtnahme in die eine Beschwerdeführerin betreffenden Einträge in der ISIS-Datenbank[2763], auf das (im Dispositiv der Verfügung der Verwaltungsbehörde formell) nicht eingetreten worden ist (obwohl eine Negativmeldung erfolgte), trat das Bundesverwaltungsgericht auf eine diesbezügliche Beschwerde ein, «weil keine Ausnahme nach Art. 32 VGG» vorliege, ohne dies weiter zu begründen[2764]. In einem früheren Entscheid über eine Beschwerde gegen eine Einreisesperre wegen Zugehörigkeit zu einer Terrororganisation hielt das Gericht fest, die Beschwerde sei nach Art. 32 Abs. 1 lit. a VGG «an sich» unzulässig, doch sei der angefochtene Entscheid auf Grund der Rechtsweggarantie (Art. 29*a* BV) weiterziehbar[2765]. Die Begründung dafür stützt sich auf den *persönlichen* Geltungsbereich von Art. 29*a* BV, wonach dieser auch ausländische Staatsangehörige einschliesse, nicht aber auf die materiell-rechtlichen Ausschlussgründe (Streitgegenstand) gemäss Art. 32 lit. a VGG[2766].

1554

2. Die Regelungen des Bundesgerichtsgesetzes

a) Beschwerde in öffentlich-rechtlichen Angelegenheiten

aa) Grundsätze

Im vorliegenden Zusammenhang können beim Bundesgericht auf Beschwerde in öffentlich-rechtlichen Angelegenheiten (Art. 82 ff. BGG) *Entscheide* in öffentlich-rechtlichen Angelegenheiten und kantonale Erlasse (Gesetze und Verordnungen) angefochten werden.

1555

Diese Beschwerde ist u.a. zulässig gegen *Urteile* des Bundesverwaltungsgerichts und *Entscheide* letzter kantonaler Instanzen (soweit nicht eine Beschwerde ans Bundesverwaltungsgericht zulässig ist; Art. 86 Abs. 1 BGG).

1556

Letzte kantonale Vorinstanzen sind obere Gerichte (Art. 86 Abs. 2 BGG)[2767]. Für Entscheide mit vorwiegend politischem Charakter können die Kantone jedoch eine andere Behörde (bspw. den Regierungsrat) als Vorinstanz des Bundesgerichts bezeichnen (Art. 86 Abs. 3 BGG)[2768].

Anfechtungsobjekte sind demnach *Urteile* gerichtlicher Vorinstanzen (des Bundes und der Kantone) zum Bundesgericht und *Verfügungen* letzter kantonaler Instanzen. *Anfechtungsobjekt und Streitgegenstand* sind in der Regel nicht identisch[2769]. *Streitgegenstand* ist das aus dem ursprünglichen öffentlich-rechtlichen Verwaltungsakt (noch) streitige Rechtsverhältnis, d.h. die gerügte *Rechtsverletzung* (dazu unmittelbar

1557

2763 Informationssystem innere Sicherheit (Art. 1 und 25 ff. ISV-NDB).
2764 BVGer A-8457/2010 E 1.
2765 BVGer C-1118/2006 E 1.1.
2766 Vgl. FN 2758.
2767 Mit Ausnahmen, die hier nicht von Belang sind.
2768 Vgl. z.B. 29 Abs. 1 (lit. d und e) VwVG BL (Regierungsrat als Rekursinstanz gegenüber Verfügungen der Direktionen, kantonaler Dienststellen und Ämter) i.V.m. § 44 Abs. 2 lit. a VPO BL (Unzulässigkeit der Beschwerde gegen Verfügungen und Entscheide zur Wahrung der öffentlichen Ordnung).
2769 RHINOW ET AL., Prozessrecht, Rz. 987, 1514.

nachfolgend). Anfechtungsobjekt und Streitgegenstand sind jedoch identisch, wenn eine Verwaltungsverfügung insgesamt angefochten wird[2770]. Daraus ergibt sich, dass der *ursprüngliche* Streitgegenstand auch ein reales Verhalten (Realakt oder Unterlassung eines Realaktes) sein kann[2771].

1558 Mit der Beschwerde kann die Verletzung von Bundes-[2772] und Völkerrecht[2773], kantonalen verfassungsmässigen Rechten und interkantonalem Recht (z.B. Polizeikonkordate)[2774] gerügt werden[2775] (Art. 95 BGG)[2776].

> Das Bundesgericht prüft die Verletzung von Grundrechten sowie von kantonalem und interkantonalem Recht nur, sofern diese in der Beschwerde ausdrücklich gerügt und die Rüge begründet worden ist (Art. 106 Abs. 2 BGG)[2777]. Zudem kann die Verletzung kantonalen Rechts unter dem Gesichtspunkt des Willkürverbotes gerügt werden.

1559 Vor Bundesgericht kann auch das Über- oder Unterschreiten sowie der Missbrauch des Ermessens als Rechtsverletzung gerügt werden[2778], im Gegensatz zum Verfahren vor BVerG nicht aber die Angemessenheit eines Verwaltungsverhaltens.

1560 Die Feststellung des Sachverhaltes kann nur sehr eingeschränkt gerügt werden (Art. 97 Abs. 1 und 105 Abs. 2 BGG)[2779].

bb) Unzulässigkeit von Beschwerden nach Art. 83 BGG

1561 Im unmittelbar polizeirechtlichen Zusammenhang ist die Bestimmung von Art. 83 lit. a BGG von Bedeutung. Sie lautet mit Ausnahme der Verwendung des Begriffes «Entscheide» im Gegensatz zu «Verfügungen» wörtlich gleich wie Art. 32 Abs. 1 lit. a VGG. Unzulässig sind Beschwerden in öffentlichrechtlichen Angelegenheiten u.a. auf dem Gebiet der inneren und äusseren Sicherheit, soweit das Völkerrecht nicht einen Anspruch auf gerichtliche Beurteilung einräumt. Vgl. dazu Rz. 1463.

1562 Allerdings ist die Bedeutung der Rechtsweggarantie nach Art. 29*a* BV in Bezug auf die Unzulässigkeit der Beschwerde in öffentlich-rechtlichen Angelegenheiten eingeschränkt, da sie nur wirksam wird, falls die Vorinstanz keine gerichtliche Behörde war[2780]. Auch Art. 6 Abs. 1 EMRK gewährleistet den Zugang nur zu einem Gericht.

2770 RHINOW ET AL., Prozessrecht, Rz. 987.
2771 Vgl. RHINOW ET AL., Prozessrecht, Rz. 1861 (etwas sibyllinisch).
2772 RHINOW ET AL., Prozessrecht, Rz. 1957.
2773 RHINOW ET AL., Prozessrecht, Rz. 1958.
2774 Z.B. BGE 137 I 1. Darunter fallen neben den Konkordaten auch interkantonale Verwaltungsvereinbarungen, RHINOW ET AL., Prozessrecht, Rz. 1959.
2775 RHINOW ET AL., Prozessrecht, a.a.O.
2776 Ebenso über politische Rechte der Stimmberechtigten, die hier nicht diskutiert werden.
2777 BGer 2D_2/2010 E 3.3. Vgl. zu den Anforderungen an die Begründung Art. 42 Abs. 1 BGG; RHINOW ET AL., Prozessrecht, Rz. 1980 f.
2778 RHINOW ET AL., Prozessrecht, Rz. 1961.
2779 RHINOW ET AL., Prozessrecht, Rz. 1963.
2780 RHINOW ET AL., Prozessrecht, Rz. 1880; TSCHANNEN, Staatsrecht, § 11, Rz. 18 f.

Aus verfassungsrechtlichen Gründen stossend erscheint der Ausschluss von   1563
Beschwerden auf dem Gebiet der internationalen Amtshilfe (vgl. Rz. 951 ff.,
973) nach Art. 83 lit. h BGG. Der Entscheid, ob es sich bei einer internationalen
Informationsübermittlung um eine Amts- oder Rechtshilfe handelt, bleibt nach der
jüngsten Praxis des Bundesgerichts im Einzelfall nach den internationalen und
innerstaatlichen Rechtsquelle den Justizbehörden vorbehalten[2781]. Daraus entsteht
eine erhebliche Rechtsunsicherheit für die Verwaltungsbehörden in Bezug auf die
unmittelbar zu beachtenden *Rechtsgrundsätze,* was namentlich im Zusammenhang
mit der Übermittlung von Bankdaten an die amerikanischen Steuerstrafverfolgungs-
behörden evident wurde.

> *De lege ferenda* sollte Art. 82 lit. h BGG gestrichen und in *Art. 84 BGG* eine Bestimmung   1564
> über die *eingeschränkte Zulassung der Beschwerde* (bspw. betr. völkerrechtliche
> Schranken, Verfahrensgrundrechte, Herausgabe von Gegenständen und Vermögens-
> werten, Informationen aus der grundrechtlich geschützten Privatsphäre) *generell auf dem
> Gebiet der internationalen Amtshilfe* eingefügt werden[2782].

b)   Subsidiäre Verfassungsbeschwerde

aa) Allgemeine Hinweise, Anfechtungsobjekte

Mit der *subsidiären* Verfassungsbeschwerde an das Bundesgericht können letzt-   1565
instanzliche *kantonale* Entscheide angefochten werden, sofern keine ordentliche
Beschwerde an das Bundesgericht oder an eine andere Bundesbehörde zulässig ist[2783].

> Der Entscheid muss durch eine *kantonale Instanz* getroffen worden sein. Die Rechts-
> quelle, auf die sich der Entscheid stützt, spielt keine Rolle, es kann sich um Bundes-,
> kantonales oder interkantonales Recht handeln[2784].
> Gegen Entscheide von *Bundesbehörden* steht die subsidiäre Verfassungsbeschwerde
> *nicht* zur Verfügung[2785].

Unter *Entscheiden* sind kantonale Urteile oder Verfügungen *individuell-konkreter*   1566
Art zu verstehen. Ausgeschlossen ist die subsidiäre Verfassungsbeschwerde zur

---

2781 BGE 137 II 128 E 2.3.1; bestätigt in BGer 1C_142/2011 E 1.2.
2782 Dem soll ein neuer Art 84*a* BGG «Internationale Amtshilfe in Steuersachen» entsprechen.
      Gegen einen Entscheid auf dem Gebiet der internationalen Amtshilfe in Steuersachen ist die
      Beschwerde nur zulässig, wenn sich eine Rechtsfrage von grundsätzlicher Bedeutung stellt
      oder wenn es sich aus anderen Gründen um einen besonders bedeutenden Fall im Sinne von
      Artikel 84 Absatz 2 handelt.» BBl 2011 6233, *6242*. Vgl. Botschaft Steueramtshilfegesetz,
      6224. Es fragt sich allerdings, ob die Beschränkung auf steuerliche Amtshilfe in Anbetracht
      der vielen anderweitigen Datenübermittlungen von erheblicher Bedeutung gerechtfertigt ist
      (vgl. Rz. 1111 ff.).
2783 BGE 133 I 185 E 2.2; RHINOW ET AL., Prozessrecht, Rz. 2084.
2784 RHINOW ET AL., Prozessrecht, Rz. 1880. Kommunales Recht dürfte für die subsidiäre Ver-
      fassungsbeschwerde auf Bundesebene ausscheiden, da zuvor das kantonale Rechtspflegever-
      fahren die notwendigen Rechtsmitttel zur Verfügung stellt.
2785 RHINOW ET AL., Prozessrecht, Rz. 2069.

Anfechtung kantonaler Erlasse oder der Überprüfung (abstrakter) kantonaler Normkontrollurteile[2786].

bb) Beschwerdeberechtigte

1567 Beschwerdeberechtigt sind *natürliche Personen* und *privatrechtlich organisierte juristische Personen,* soweit sie nicht mit öffentlich-rechtlichen hoheitlichen Aufgaben betraut sind[2787].
Gemeinden sind ausnahmsweise legitimiert, sofern sie die Verletzung kantonaler oder bundesverfassungsmässiger Garantien (Gemeindeautonomie) geltend machen[2788].
Denkbar ist die Rüge der Missachtung von in der Kantons*verfassung* verbriefter Rechte auf dem Gebiet der Gemeindepolizei.

1568 Die beschwerdeführende Person muss selber am Verfahren vor der Vorinstanz *teilgenommen* oder keine Teilnahmemöglichkeit gehabt haben und ein *rechtlich geschütztes Interesse* an der Änderung oder Aufhebung des angefochtenen Entscheides geltend machen können (Art. 115 BGG)[2789].

cc) Beschwerdegründe

1569 Streitobjekt können nur *verfassungsmässige* Rechte der *Bundes- oder der Kantonsverfassung* sein, denen die europäischen und andere internationale Menschenrechte[2790] (soweit deren Verträge von der Schweiz ratifiziert wurden) zugerechnet werden (so z.B. bei Wegweisungen[2791]).

Dazu gehören auch die *verfassungsrechtlichen Verfahrensgrundrechte*[2792].
Mit subsidiärer Verfassungsbeschwerde kann jedoch ein *öffentliches Interesse nicht* geltend gemacht werden[2793].

1570 Nach konstanter (und in der Literatur kritisierter) Praxis des Bundesgerichtes bildet ein behaupteter Verstoss gegen das Willkürverbot nach Art. 9 BV (oder einer analogen Bestimmung in einer Kantonsverfassung auch als selbständiger Grundrechtsanspruch) allein keinen hinrechenden Beschwerdegrund für eine subsidiäre Verfassungsbeschwerde. Gestützt auf Art. 115 lit. b BGG muss der Beschwerdeführer begründen, dass willkürlich ein Rechtssatz verletzt wurde, der gerade seine Interessen zu schützen bezweckt[2794].

2786 RHINOW ET AL., Prozessrecht, Rz. 2089; TSCHANNEN, Staatsrecht, § 11, Rz. 18a.
2787 RHINOW ET AL., Prozessrecht, Rz. 2107.
2788 RHINOW ET AL., Prozessrecht, a.a.O.; TSCHANNEN, Staatsrecht, § 17, Rz. 21.
2789 BGer 2D_56/2010 E 3.3.
2790 Zum Begriff: SCHWEIZER, SGK, Vorbemerkungen zu den Grundrechten, Rz. 15 ff.
2791 BGer 2D_56/2010 a.a.O.
2792 BGer 1D_5/2009 E 1 (im publ. BGE 136 I 309 E 1 weggelassen). RHINOW ET AL., Prozessrecht, Rz. 2103.
2793 RHINOW ET AL., Prozessrecht, Rz. 2105.
2794 RHINOW/SCHEFER, Rz. 1985. Ausführlich ROHNER, SGK zu Art. 9, Rz. 24 ff.

dd) Konversionspraxis

Nach Art. 119 BGG ist es zulässig (und in der Praxis erwünscht), gleichzeitig eine ordentliche Beschwerde (in diesem Kontext: in öffentlich-rechtlichen Angelegenheiten) und eine subsidiäre Verfassungsbeschwerde einzureichen. Selbst die unrichtige Bezeichnung einer Beschwerde schadet nicht, das Bundesgericht prüft die Rügen im zutreffenden Verfahrensrahmen[2795].

1571

D. Bedeutung von Art. 13 EMRK

Wird in vertretbarer Weise dargetan, in der EMRK anerkannte Rechte oder Freiheiten seien verletzt worden, ohne dass im entsprechenden Fall nach Art. 6 Ziff. 1 EMRK oder Art. 14 Ziff. 1 UNO Pakt II ein Anspruch auf gerichtliche Beurteilung geltend gemacht werden kann, bedarf es nach Art. 13 EMRK der Möglichkeit, «bei einer innerstaatlichen Instanz eine wirksame Beschwerde» erheben zu können, «auch wenn die Verletzung von Personen begangen worden ist, die in amtlicher Eigenschaft gehandelt haben». Dieser Überprüfung sind Akte der Exekutive, der Justiz und der Legislative unterworfen[2796].

1572

Art. 13 EMRK will einen innerstaatlichen Rechtsschutz lediglich bei Verletzungen von Menschenrechten des ersten Abschnittes der Konvention und der Zusatzprotokolle gewährleisten, nicht aber bei Verletzungen anderer Grundrechte der BV[2797]. Die Bestimmung gehört zu den grundrechtlichen Verfahrensgarantien[2798].

1573

Die Beschwerde nach Art. 13 EMRK ist akzessorischer Natur[2799], d.h. sie kann nur wegen *Verletzung eines materiellen EMRK-Grundrechts* (einschliesslich ratifizierte Zusatzprotokolle) eingereicht werden. Art. 13 EMRK lässt – im Gegensatz zu Art. 32 Abs. 1 VGG und Art. 83 lit. a BGG – keine Ausnahmen betr. Beschwerdefähigkeit zu[2800].

1574

Diese Instanz muss kein Gericht, aber vergleichbar unabhängig sein. Diese Beschwerdebehörde muss zu einer *Überprüfung* der beanstandeten Grundrechtsverletzung und zu einem *Entscheid* über den Antrag in der Beschwerde verpflichtet sein, wofür ein *Rechtsanspruch* besteht[2801].

1575

Seit der Einführung der Rechtsweggarantie nach Art. 29a BV dürfte dieser konventionsgrundrechtlichen Auffangbestimmung nur wenig Bedeutung zukommen[2802].

1576

2795 RHINOW ET AL., Prozessrecht, Rz. 2097.
2796 GRABENWARTER, § 24, Rz. 161 ff.
2797 SCHWEIZER, Int. Komm. zu Art. 13, Rz. 1.
2798 GRABENWARTER, § 24, Rz. 161.
2799 GRABENWARTER, § 24, Rz. 162; SCHWEIZER, Int. Komm. zu Art. 13, Rz. 1, 37.
2800 SCHWEIZER, Int. Komm. zu Art. 13, Rz. 42.
2801 SCHWEIZER, Int. Komm. zu Art. 13, Rz. 62, 76.
2802 Mögliche Anwendungsfälle sind Beschwerdeentscheide des Bundesrates nach Art. 72 lit. a VGG, da die Unabhängigkeit des Bundesrates i.S.v. Art. 13 EMRK umstritten ist, und eigene Entscheide des Bundesrates gemäss Art. 184 Abs. 3 und 185 Abs. 3 BV. Das BGer hat mit Blick auf Art. 6 Ziff. 1 und 13 EMRK Beschwerden zur Entscheidung angenommen, obwohl das Gesetzesrecht keinen Zugang zum BGer gewährte (RHINOW/SCHEFER, Rz. 2944 f.).

§ 32 Normenkontrolle durch Verfassungsgerichtsbarkeit

A. Allgemeine Hinweise

I. Begriffe

1577 *Normenkontrolle* bedeutet die Überprüfung einer Rechtsnorm auf ihre Vereinbarkeit mit übergeordneten Rechtsnormen[2803].

1578 Unterschieden wird zwischen der *abstrakten* (oder hauptfrageweisen) und der *akzessorischen* bzw. *inzidenten* (oder vorfrageweisen) Prüfung von Bestimmungen von Erlassen auf ihre Verfassungsmässigkeit[2804].

Bei der *abstrakten* Normkontrolle geht es um die *direkte Anfechtbarkeit* eines Erlasses bzw. einer bestimmten Norm in einem Erlass *nach* dessen Annahme durch das zuständige Organ, bei der *akzessorischen* um die Prüfung der Verfassungsmässigkeit der einem *Entscheid* zu Grunde gelegten Norm in einem konkreten Anwendungsfall.

Die Ausgestaltung des Verfahrens der Normenkontrolle im Bund und in den einzelnen Kantonen ist unterschiedlich, die verfassungsrechtlichen Vorgaben sind aber grundsätzlich dieselben. Kantonsverfassungen können allerdings Grundrechtsgehalte gewähren, die jene der BV übertreffen[2805].

1579 Nach Art. 190 BV sind Bundes*gesetze* und *Völkerrecht* für das Bundesgericht und die andern rechtsanwendenden Behörden *massgebend*[2806].

1580 «Massgebend» auferlegt den rechtsanwendenden Behörden die Pflicht, Bundes*gesetze* auch dann anzuwenden, wenn sie als verfassungswidrig beurteilt werden[2807]. Dem *Bundesgericht* ist dadurch aber nicht versagt, die Verfassungs- und Völkerrechtsmässigkeit von Bundesgesetzen zu prüfen[2808].
Massgebend nach Art. 5 Abs. 4 und 190 BV ist aber ebenso das *Völkerrecht*.

2803 BIAGGINI, Komm. zu Art. 190, N. 5.
2804 BIAGGINI, a.a.O.
2805 Z.B. § 13 KV BL, Staats- und Gemeindehaftung, mit einem im Grundrechtskatalog verankerten Anspruch auf Schadenersatz bei durch staatliche oder Gemeindeorgane rechtswidrig verursachten Schäden ebenso wie bei rechtmässig verursachten Schäden, soweit Einzelne unverhältnismässig schwer betroffen sind und ihnen nicht zugemutet werden kann, den Schaden selbst zu tragen.
2806 RHINOW ET AL., Prozessrecht, Rz. 220. Der Nationalrat hat am 6.12.2011 beschlossen, Art. 190 BV aufzuheben und damit auch Bestimmungen von Bundesgesetzen der *akzessorischen* Verfassungsgerichtsbarkeit zu unterstellen (AB 2011 N 6.12.2011, prov.).
2807 BIAGGINI, Komm. zu Art. 190, N. 6; HANGARTNER, SGK zu Art. 190, Rz. 5; RHINOW/SCHEFER, Rz. 2857.
2808 BIAGGINI, Komm. zu Art. 190, N. 13; HANGARTNER, SGK zu Art. 190, Rz. 8; RHINOW ET AL., Prozessrecht, Rz. 220; RHINOW/SCHEFER, Rz. 2857.

II. Pflicht zur Normenkontrolle

Alle Gerichtsinstanzen jeglicher Stufe sind (im sog. diffusen System[2809]) zur Normenkontrolle verpflichtet.
Grundsätzlich sind auch Regierungs- und Verwaltungsstellen gehalten, im konkreten Fall diese Prüfung insbesondere von kantonalen Bestimmungen vorzunehmen, doch wird ihnen das Recht abgesprochen, formell gültige Normen nicht anzuwenden[2810].

1581

B. Einzelheiten der verfassungsgerichtlichen Normkontrolle

I. Bundesebene

Wie Bundesgesetze unterliegen *«Akte der Bundesversammlung»* und des Bundesrates, also auch *Verordnungen* – und individuell-konkrete Massnahmen – *nicht* der bundesgerichtlichen *abstrakten* Normenkontrolle (Art. 189 Abs. 4 BV)[2811], sofern nicht das Gesetz – allerdings unter der Einschränkung von Art. 190 BV – eine Ausnahme vorsieht[2812].

1582

> Im Zusammenhang mit der Ausnahmeregelung des 2. Satzes von Art. 189 Abs. 4 BV umfasst der Ausdruck «Akte der Bundesversammlung» *nicht* auch Bundes*gesetze* (da sich sonst ein Widerspruch zu Art. 190 BV ergäbe, dem Vorrang zukommt)[2813].

Nach Art. 82 BGG können beim Bundesgericht mit Beschwerde in öffentlich-rechtlichen Angelegenheiten *Entscheide* in öffentlich-rechtlichen Angelegenheit (lit. a)[2814], *kantonale Erlasse* (lit. b)[2815] und – im vorliegenden Kontext nicht von Bedeutung – Akte betreffend die politische Stimmberechtigung der Bürger und Bürgerinnen sowie betreffend Volkswahlen und -abstimmungen (lit. c) angefochten werden.

1583

> Die Formulierung verdeutlicht, dass nach lit. a im *Anwendungsfall bundesrechtliche* Normen (ausgenommen Bundesgesetze) und kantonale Bestimmungen der (vorfrageweisen) Prüfung durch das Bundesgericht unterliegen, während sich die *abstrakte Normkontrolle auf kantonale Erlasse beschränkt.*

> Die unterschiedliche Regelung der abstrakten Normenkontrolle kann dazu führen, dass eine als verfassungswidrig (direkt) angefochtene kantonale polizeigesetzliche Norm der bundesgerichtlichen Verfassungsmässigkeitsprüfung unterliegt, eine gleichbedeutende in einem Bundesgesetz aber nicht.

1584

Die *Spannung* zwischen der *Massgeblichkeit von Bundesgesetzen und des Völkerrechts*, die in Art. 83 lit. a BGG mit dem Vorbehalt des Anspruchs auf gerichtliche Beurteilung gegenüber der Unzulässigkeit von Beschwerden u.a. auf dem Gebiet der

1585

2809 Diffus bedeutet, dass unterschiedliche Justizbehörden in unterschiedlichen Verfahren Normen auf ihre Verfassungsmässigkeit prüfen; TSCHANNEN, Staatsrecht, § 11, Rz. 16.
2810 Vgl. BIAGGINI, Komm. zu Art. 190, N. 18
2811 RHINOW ET AL., Prozessrecht, Rz. 220.
2812 BIAGGINI, Komm. zu Art. 189, N. 20; HANGARTNER, SGK zu Art. 190, Rz. 6.
2813 HANGARTNER, a.a.O.
2814 RHINOW ET AL., Prozessrecht, Rz. 1859 ff.
2815 RHINOW ET AL., Prozessrecht, Rz. 1887 ff.

inneren und äusseren Sicherheit in einem Falltyp konkretisiert wird, führt zu einer «Zweiteilung der Grundrechte» bzw. zu einem «gespaltenen Grundrechtsschutz»[2816].

Wird gegen einen Entscheid Beschwerde geführt, in der die Verletzung eines verfassungsmässigen *und* Konventionsgrundrechtes, gestützt auf eine bundesgesetzliche Norm, dargetan wird, ist diese zulässig. Wird die Verletzung *lediglich verfassungsmässiger* Garantien geltend gemacht, ist die Beschwerde unzulässig.
Beispiel: Eine Beschwerde in öffentlich-rechtlichen Angelegenheiten bspw. von Geschäftsinhabern wegen Verletzung der Wirtschaftsfreiheit (Art. 27 Abs. 1 BV) durch (wiederkehrende) Anordnungen (bewilligte Routen) im Rahmen von Demonstrationsbewilligungen (vgl. Rz. 590 ff.) ist unzulässig, die Einschränkung der Demonstrationsfreiheit (Meinungs- und Versammlungsfreiheit, Art. 16 und 22 BV) aus Rücksicht auf die Wirtschaftsfreiheit jedoch zulässig, da die Wirtschaftsfreiheit – im Gegensatz zur Demonstrationsfreiheit – kein Konventionsgrundrecht ist[2817].

1586 Allfällige Kollisionen von Bundesgesetzen mit der BV oder mit dem Völkerrecht sind nach Möglichkeit verfassungs- bzw. völkerrechtskonform aufzulösen. Zwingendes Völkerrecht geht in jedem Fall auch Bundesgesetzen vor[2818].

1587 *Verordnungen* der Bundesversammlung (Art. 163 Abs. 1, 173 Abs. 1 lit. c BV) und des Bundesrates (Art. 182 Abs. 1, 184 Abs. 3, 185 Abs. 3 BV) können *vorfrageweise* in der *konkreten* Normkontrolle auf ihre Verfassungsmässigkeit geprüft werden[2819].

Verfassungswidrige Bestimmungen in Verordnungen des Bundes sind nach ständiger Rechtsprechung jedoch dann anzuwenden, wenn ihr Verfassungsverstoss vom delegierenden Bundesgesetz gedeckt ist.

II. Kantonale Ebene

1588 Selbstredend ist die Verfassungsgerichtsbarkeit in den Kantonen unterschiedlich. Verschiedene Kantone haben verfassungsgerichtliche Kompetenzen dem Kantons-[2820], dem Ober-[2821], dem Appellations-[2822] oder dem Verwaltungsgericht[2823] übertragen. Ebenso wird die Kognition in verfassungsrechtlichen Streitfragen verschieden geregelt. Einige Kantone übertragen dem Verfassungsgericht die *abstrakte Normkontrolle*[2824], andere bloss die *inzidente Prüfung* einer Norm auf ihre Übereinstimmung mit übergeordnetem Recht im Einzelfall[2825].

2816 RHINOW/SCHEFER, Rz. 2863 ff. m.w.N.; RHINOW ET AL., Prozessrecht, Rz. 825; TSCHANNEN, Staatsrecht, § 9, Rz. 27 ff.
2817 GRABENWARTER, § 25, Rz. 25.
2818 Ausführlich zum Ganzen: HANGARTNER, SGK zu Art. 190, Rz. 5, 26–33.
2819 BIAGGINI, Komm. zu Art. 189, N. 19/Art. 190, N. 11.
2820 Z.B. § 86 KV BL; Art. 136 KV VD.
2821 Z.B. Art. 69 KV NW.
2822 Z.B. § 116 KV BS.
2823 Z.B. Art. 55 Abs. 2 KV GR.
2824 So z.B. Graubünden: Art. 5 Abs. 3 KV; Waadt: Art. 136 ch. 2 lit. b Cst.
2825 So z.B. § 86 KV BL; § 116 Abs. 1 KV BS.

In verschiedenen Kantonen sind Gerichte allgemein verpflichtet, im Einzelfall kantonale Erlasse, einschliesslich Gesetze, nicht anzuwenden, sofern sie übergeordnetem Recht nicht entsprechen (Rz. 1581)[2826].

2826 Vgl. RHINOW ET AL., Prozessrecht, Rz. 826.

14. Kapitel: Haftungsfragen

§ 33 Die Haftung des Gemeinwesens

A. Allgemeine Hinweise

1589 Zweck des «Staatshaftungsrechts», d.h. der Regelung der Haftung des öffentlichen Gemeinwesens, ist es, den Schaden, der durch ein *amtliches Verhalten* – Tun oder Unterlassen – einer natürlichen oder juristischen Person zugefügt wird, durch eine Geldleistung auszugleichen oder gar den ursprünglichen Rechtszustand von vor dem Schadenseintritt – soweit möglich – wieder herzustellen.

Materiell-rechtlich ergibt sich die Verpflichtung zu einer hinreichenden Regelung der Staatshaftung sowohl aus dem Rechtsstaatsprinzip wie auch namentlich aus den existentiellen Grundrechten und der Eigentumsgarantie[2827].

1590 Die Tilgung eines durch Organe des Staates verursachten Schadens ist gerade in Fällen bedeutungsvoll, in denen der Rechtsschutz versagt.

1591 Auf Bundesebene entspricht Art. 12 VG, wonach die Rechtmässigkeit rechtskräftiger Verfügungen, Entscheide und Urteile in einem Staatshaftungsverfahren nicht überprüft werden kann, der Rechtsweggarantie nach Art. 29a BV nicht, sofern die Rechtmässigkeit des ursprünglichen Entscheides gerichtlich überhaupt nicht geprüft worden ist oder geprüft werden konnte[2828,2829].

1592 Es versteht sich, dass dies bei allen nicht pekuniären Schäden, die natürliche Personen erleiden und die nicht einfach durch Geldzahlungen kompensiert werden können (Tod eines Menschen, Schmerzen, Handicaps, Freiheitsverluste) nur bis zu einem gewissen Grad und symbolisch angestrebt werden kann.

1593 Gerade für solche Fälle – Tötung eines Menschen, Körperverletzung oder anderweitige Persönlichkeitsverletzung (z.B. Freiheitsverlust) – sieht das Bundesrecht (Art. 6 VG) zwar eine Geldleistung vor, aber unter besonders restriktiven Haftungsvoraussetzungen.

1594 Die *BV* enthält – im Gegensatz zu einigen Kantonsverfassungen – auch *kein verfassungsmässiges Grundrecht* auf eine Haftung des Staates unter bestimmten Voraussetzungen.

2827 Vgl. RHINOW/SCHEFER, Rz. 2006.
2828 Vgl. TSCHANNEN/ZIMMERLI/MÜLLER, § 62, Rz. 53 f. Der dogmatische Begriff «*Einmaligkeit des Rechtsschutzes*» trifft dann nicht zu, wenn der ursprüngliche Entscheid noch gar keinem Rechtsschutzverfahren zugänglich war.
2829 Der generelle Ausschluss einer Haftung für rechtskräftige Entscheide stimmt auch mit der (behördlich einseitigen) Widerrufbarkeit von rechtskräftigen Verfügungen (vgl. dazu HÄFELIN/MÜLLER/UHLMANN, Rz. 990 ff.) materiell-rechtlich nicht überein.

Demgegenüber ist z.B. § 13 *KV BL*[2830] als *generelle* Staatshaftungsnorm *unter den Grundrechten* eingereiht. Mehrere Kantonsverfassungen enthalten einen *grundrechtlichen* Anspruch auf Staatshaftung bei widerrechtlichem oder ungerechtfertigtem Freiheitsentzug[2831].

Eine erhebliche Komplizierung erfährt das «Staatshaftungsrecht» allerdings durch die zunehmende *gesetzliche* Übertragung von staatlichen, «amtlichen» Aufgaben an nicht der Zentralverwaltung angehörende Organisationen, seien es öffentlich-rechtliche Körperschaften, spezialgesetzliche oder privatrechtliche Gesellschaften (Art. 178 Abs. 3 BV, Art. 2 Abs. 1 lit. c und e VwVG; z.B. die FINMA, der SEV als ESTI, die skyguide AG, Krankenkassen für die obligatorische Versicherung).

1595

Darüber hinaus werden just im Polizeibereich *hoheitliche Aufgaben durch Verträge* oft ohne oder mit ungenügender Regelung der Haftungsfragen an private Organisationen übertragen.

1596

Die *Haftungssubjekte* (Rz. 1601, 1609 ff.) lassen sich daher in drei Kategorien ein teilen, für die sich materiell- und verfahrensrechtlich je unterschiedliche Haftungsvorschriften auf den drei staatsrechtlichen Ebenen ergeben können:

1597

– Politische Behörden – Zentralverwaltung – Gerichte	– Aus der Zentralverwaltung ausgelagerte Organisationen – Öffentlich–rechtliche Anstalten – Spezialgesetzliche Unternehmen mit amtlichen Aufgaben – Gesetzlich mit amtlichen Aufgaben betraute Organisationen	– Durch das öffentliche Gemeinwesen vertraglich beauftragte Organisationen oder Einzelpersonen – Auf Grund gesetzlicher Bestimmung durch konzessionierte private Unternehmen vertraglich beauftragte private Organisationen oder Einzelpersonen

Zu den aus der Zentralverwaltung und von Bundesrat und Departement unabhängigen ausgelagerten Organisationen ohne eigene Rechtspersönlichkeit gehört z.B. die Elektrizitätskommission (ElCom)[2832], zu den öffentlich-rechtlichen Anstalten gehört etwa das

1598

2830 «§ 13 Verantwortlichkeit und Schadenersatz
   ¹ Kanton und Gemeinden haften für den Schaden, den ihre Organe rechtswidrig verursacht haben.
   ² Sie haften auch für den Schaden, den ihre Organe rechtmässig verursacht haben, wenn einzelne unverhältnismässig schwer betroffen sind und ihnen daher nicht zugemutet werden kann, den Schaden selbst zu tragen.
   ³ Bei unbegründeter, schwerer Beschränkung der persönlichen Freiheit besteht Anspruch auf Schadenersatz und Genugtuung. …»
2831 So z.B. Art. 25 Abs. 5 KV BE; Art. 30 Abs. 5 KV NE; Art. 30 Abs. 5 KV VD.
2832 Art. 21 ff. des Bundesgesetzes über die Stromversorgung (StromVG).

Eidgenössische Nuklearsicherheitsinspekorat (ENSI)[2833] oder die FINMA als «Finanzpolizei»[2834], eine spezialgesetzliche Aktiengesellschaft mit luftpolizeilichen Aufgaben ist die skyguide AG[2835], gesetzlich mit amtlichen Aufgaben betraute Privatfirmen sind Versicherungsgesellschaften im Bereich der obligatorischen Versicherungen[2836].

Oft beauftragen öffentliche Gemeinwesen Privatfirmen im Polizeibereich (von Verkehrsregelungen, Kontrollen des ruhenden Verkehrs bis Bewachungsaufgaben). Ebenso können (oder müssen) konzessionierte Privatfirmen, z.B. Verkehrsbetriebe, vertraglich private Sicherheitsfirmen mit gewissen bahnpolizeilichen Aufgaben beauftragen (vgl. zum Ganzen Kapitel 11)[2837].

B. Rechtsquellen zur Haftung des öffentlichen Gemeinwesens

1599 Insgesamt zeichnet sich das «Staatshaftungsrecht» vorwiegend aus historischen Gründen durch eine grosse Zersplitterung mit vielfach unterschiedlichen Regelungen von Bund und Kantonen aus. Das gilt selbst für den noch einfachen Fall, dass kantonale und Bundesbehörden auf der gleichen bundesrechtlichen Grundlage agieren: Je nach dem, ob es sich um einen selbständigen Vollzug von Bundesrecht durch kantonale Organe handelt oder eine Handlung im unmittelbaren Auftrag einer Bundesbehörde durch die nämlichen kantonalen Organe ausgeführt wird, ändern Haftungssubjekt und Verfahren[2838]. Die Zersplitterung wird durch Sondervorschriften zur Haftung bei Körper- und Persönlichkeitsverletzungen (vgl. Rz. 1593), durch von den allgemeinen Haftungsgesetzen abweichenden Regelungen in Spezialgesetzen (auf Bundesebene z.B. ZGB [vgl. Rz. 1619], OR [Rz. 1604, 1618], SVG, MG) und von verfahrensrechtlichen Einschränkungen (z.B. Art. 85 Abs. 1 BGG, Streitwertbegrenzung) noch verstärkt.

I. Bund

1. Bundesverfassung

1600 Art. 146 BV hält – als Minimalregelung – fest, dass der Bund «für Schäden, die seine Organe in Ausübung amtlicher Tätigkeiten widerrechtlich verursachen», haftet. Nicht ausgeschlossen wird damit, dass ein Gesetz auch eine weiter gehende Staatshaftung für Schäden aus an sich rechtsmässigem Staatshandeln festlegen kann.

2833 Art. 1 Abs. 1 des Bundesgesetzes über das Eidgenössische Nuklearsicherheitsinspektorat (ENSIG).
2834 Art. 4 ff. FINMAG.
2835 Art. 40 ff. i.V.m. Art. 21 LFG und der VSFD.
2836 BGE 135 I 169 E 4.2.
2837 Art. 2 ff. BGST.
2838 Vgl. z.B. Art. 31 ZAG. Gänzlich unklar sind die Haftungsverhältnisse in Bezug auf die Sicherheitsorgane im öffentlichen Verkehr, da das BGST keine Regelung enthält. Die Sicherheitsdienste können – abgesehen von der öffentlich-rechtlichen Gesetzesgrundlage – in rein privaten oder öffentlich-rechtlichen Anstellungsverhältnissen auf allen drei Stufen stehen (vgl. Rz. 207, 1333 ff.).

Der Geltungsbereich dieser Bestimmung ist – entsprechend der bundesstaatlichen Struktur und der Systematik der BV – auf den Bund beschränkt. Die verfassungsrechtliche Organisationsautonomie belässt die Zuständigkeit für entsprechende Regelungen den Kantonen[2839]. 1601

> Demgegenüber enthalten Bundesgesetze aber auch Bestimmungen über die Haftung für kantonale Organe, die z.b. unmittelbar im Auftrag des Bundes oder unter Leitung einer Bundesbehörde tätig gewesen sind (so Art. 31 Abs. 1 lit. b ZAG)[2840,2841].

Der knappe Wortlaut von Art. 146 BV legt indessen Grundsätze klar fest: Der Bund haftet als *Haftungssubjekt* im Sinne der *Staatshaftung* (in Gegensatz zur individuellen «Beamten»-Haftung[2842])[2843]; Haftungsvoraussetzungen sind a) ein *Schaden*, der b) durch eine *amtliche Tätigkeit* c) *widerrechtlich* und d) *ursächlich* zugefügt worden ist[2844]. Die (einfache) Gesetzgebung hat diese grundsätzlichen Haftungsvoraussetzungen im Einzelnen festzulegen. 1602

> Daraus folgt, dass die Haftung für *nicht hoheitliche,* also zivilrechtliche (z.B. gewerbliche) Tätigkeiten des Bundes ebenso wie der Kantone sich nicht nach verwaltungsrechtlichen Vorgaben richten, sondern grundsätzlich nach Art. 61 Abs. 2 OR[2845]. 1603

> Art. 61 Abs. 1 OR, der für amtliche Verrichtungen von öffentlichen Beamten oder Angestellten im Haftungs-Aussenverhältnis, d.h. zwischen Staat und privater Person, vom meist überholten individuellen Beamtenhaftungsrecht[2846] ausgeht, ist heute als generelle Rechtsgrundlage nicht mehr relevant[2847]. 1604

2. Gesetzesrecht

Grundlegender Erlass zum Staatshaftungsrecht ist auf Bundesebene das Verantwortlichkeitsgesetz (VG) mit den allgemeinen Regelungen. Daneben gibt es in mehreren 1605

2839 Art. 146 BV ist Teil des 5. Titels: Bundesbehörden. HÄFELIN/MÜLLER/UHLMANN, Rz. 2219; GROSS/HAAG/HÄNNI, SGK zu Art. 146, Rz. 2.
2840 Weitere Beispiele im nicht unmittelbar polizeilichen Kontext bei HÄFELIN/MÜLLER/UHLMANN, Rz. 2227, und TSCHANNEN/ZIMMERLI/MÜLLER, § 61, Rz. 8.
2841 Der Bund haftet aber nicht, wenn eine kantonale Behörde *selbständig* Bundesrecht vollzieht und dabei ein Schaden zugefügt worden ist.
2842 Wie noch nach Art. 117 aBV: «Die Beamten der Eidgenossenschaft sind für ihre Geschäftsführung verantwortlich.» Das VG von 1958 hat jedoch bereits das Prinzip der *Organisationshaftung* eingeführt (vgl. GROSS/HAAG/HÄNNI, SGK zu Art. 146, Rz. 4).
2843 BIAGGINI, Komm. zu Art. 147, N. 2; GROSS/HAAG/HÄNNI, SGK zu Art. 146, Rz. 11.
2844 BVGer A-3524/2008 E 6.2; BIAGGINI, Komm. zu Art. 146, N. 5, 7 f.; GROSS/HAAG/HÄNNI, SGK zu Art. 146, Rz. 15 ff.; RHINOW/SCHEFER, Rz. 2007.
2845 HÄFELIN/MÜLLER/UHLMANN, Rz. 2269. Andere spezialgesetzliche Bestimmungen sind aber möglich (z.B. Art. 16 des Postorganisationsgesetzes).
2846 Vgl. aber Art. 928 Abs. 1 OR (Handelsregisterführer).
2847 TSCHANNEN/ZIMMERLI/MÜLLER, § 61, Rz. 19.

Spezialgesetzen des Bundes (vgl. Rz. 1599) haftungsrechtliche Regelungen[2848], die den Bestimmungen des VG als *leges speciales* vorgehen[2849].

1606 Die Haftungsregelungen sind in erster Linie auf hoheitliche *Realakte* oder genauer: hoheitliches Realverhalten, d.h. *Handlungen und Unterlassungen,* ausgerichtet (Näheres zu den Realakten in Kapitel 8)[2850]. Das bedeutet aber nicht, dass nicht auch ein *Rechtsakt* in Form einer Verfügung – oder deren Unterlassung – oder eines Urteils Grundlage für eine Staatshaftung sein können (vgl. dazu Rz. 1634).

II. Kantonales Recht

1607 Auf *Verfassungsstufe* finden sich in den Kantonen unterschiedliche Regelungen der Staatshaftung. Während in einigen Kantonsverfassungen, wie erwähnt (Rz. 1594), die Staatshaftung generell oder mindestens für besondere Fälle unter den Grundrechten figuriert, weisen andere von detaillierten Vorgaben (z.B. in § 13 KV BL, § 68 Abs. 1 KV BS, Art. 71 und 111 Abs. 2 KV BE oder Art. 46 KV ZH) bis zu minimalen Bestimmungen (z.B. KV GE, die in Art. 129 nur in knappster Form festhält, dass der Regierungsrat für seine Handlungen verantwortlich ist, was ein Gesetz regle[2851]), alle Variationen auf.

1608 Auch die gesetzlichen Bestimmungen, teilweise in Haftungsgesetzen, andernorts im Personalgesetz, zeigen keineswegs kohärente Regelungen[2852]. Während in einigen Kantonen für das Geltendmachen von Ansprüchen gegenüber dem Gemeinwesen das öffentliche Prozessrecht gilt, werden in andern Kantonen Staatshaftungsklagen (mit allen Erschwernissen) dem Zivilprozessrecht unterstellt (z.B. § 2 Abs. 1/§ 6 Abs. 1 HG BS, Art. 7 LREC GE, § 7 HG LU, §§ 19 Abs. 1 lit. a und 20 HG ZH, mit Ausnahmen[2853]).

C. Haftungskriterien im Aussenverhältnis

I. Haftungssubjekte

1. Organisationen, die mit öffentlich-rechtlichen Aufgaben betraut sind

1609 Die bis vor relativ kurzer Zeit noch gängige Formel, wonach die öffentlich-rechtlichen Gemeinwesen – Bund, Kantone, Gemeinden – nach den Bestimmungen öffentlich-rechtlicher Erlasse (Verantwortlichkeitsgesetz, Haftungsgesetz), Private jedoch nach OR haften, hat infolge der Übertragungen hoheitlicher Aufgaben an öffentlich-recht-

---

2848 Z.B. Art. 135 ff. MG, Art. 31 ZAG, Art. 3*a* Abs. 3 lit. a LFG.
2849 Art. 3 Abs. 2 VG: Subsidiarität gegenüber Haftpflichtbestimmungen anderer Erlasse. Häfelin/Müller/Uhlmann, Rz. 2221; Tschannen/Zimmerli/Müller, § 61, Rz. 21.
2850 Tschannen/Zimmerli/Müller, § 62, Rz. 42.
2851 Ein Gesetz (loi sur la responsabilité de l'État et des communes, LREC) bestimmt das Nähere.
2852 Tschannen/Zimmerli/Müller, § 60, Rz. 2.
2853 § 18 Abs. 1 lit. b und c HG, wenn Ansprüche wegen widerrechtlichem Verhalten von Gerichtsangehörigen begründet werden.

liche Anstalten und Private (oder spezialgesetzliche Organisationen) weiter gefassten Formulierungen in den massgebenden Gesetzesbestimmungen Platz machen müssen. So unterstehen dem Verantwortlichkeitsgesetz des Bundes nach Art. 1 Abs. 1 lit. f VG «alle anderen Personen, insoweit sie unmittelbar mit öffentlichrechtlichen Aufgaben des Bundes betraut sind». Ähnlich bezeichnet z.B. § 78 Abs. 1 KV BS die Haftungssubjekte mit «der Kanton und die andern Träger öffentlicher Aufgaben».

Das bedeutet allerdings noch nicht, dass die öffentlichen Gemeinwesen und andere Träger öffentlicher Aufgaben im gleichen Umfang haften (vgl. Rz. 1613) oder dass öffentliches Verfahrensrecht anwendbar ist (Rz. 1608).

Auch der Begriff «Organe» wird nicht einheitlich verwendet. Einerseits bezieht er sich auf Organisationen wie öffentlich-rechtliche Anstalten oder eine spezialgesetzliche oder privatrechtliche Unternehmung[2854], anderseits (und zumeist) auch auf Bedienstete solcher Organisationen oder anderweitig öffentlich-rechtliche Beauftragte[2855]. 1610

a) Das Gemeinwesen selber: direkte «Staatshaftung» (Zentralverwaltung)

Haftet das Gemeinwesen selber (Bund, Kanton, Gemeinde) für Schäden, die von seinen Behördemitgliedern oder seinen Bediensteten gegenüber Privaten verursacht worden sind, handelt es sich um *Staats- oder Organisationshaftung*[2856]. Geschädigte machen ihre Forderungen gegenüber dem *Gemeinwesen* geltend, d.h. sie sind nicht von der Bestimmbarkeit oder Zahlungsfähigkeit der einzelnen Bediensteten oder Beauftragten, die haftungsrechtlich in Betracht kommen, abhängig[2857]. 1611

Bei der heute am weitesten verbreiteten *ausschliesslichen Haftung des Gemeinwesens* ist es Privaten umgekehrt verwehrt, einzelne Bedienstete oder Beauftragte direkt zu belangen (so Art. 3 Abs. 3 VG)[2858] (zu andern Regelungen siehe unmittelbar nachfolgend Rz. 1613 ff.). 1612

b) Beauftragte Organisationen und Personen ausserhalb der Zentralverwaltung

Unterschiede in dieser «Staatshaftung» ergeben sich jedoch, sofern eine ausserhalb der (zentralen) Verwaltung eines Gemeinwesens mit öffentlich-rechtlichen Aufgaben betraute Organisation einem Dritten einen Schaden zufügt. Nach Art. 19 Abs. 1 lit. a VG des Bundes haftet primär die beauftragte Organisation gegenüber dem Dritten, der Bund lediglich für den nicht gedeckten Betrag (Ausfallhaftung)[2859]. 1613

Kantonale Gesetze sehen z.T. andere Regelungen als die primäre Haftung des Gemeinwesens selber vor, sofern eine nicht der öffentlichen Verwaltung angehörende, 1614

2854 Organ als Organisation z.B. in Art. 2 BGST.
2855 So in Art. 146 BV, § 78 Abs. 1 KV BS oder Art. 17, 31 ZAG.
2856 Tschannen/Zimmerli/Müller, § 61, Rz. 9.
2857 Häfelin/Müller/Uhlmann, Rz. 2225; Tschannen/Zimmerli/Müller, § 61, Rz. 9.
2858 Ebenso z.B. § 3 Abs. 2 HG BL; § 3 Abs. 1 HG BS; Art. 1 Abs. 2 et Art. 2 Abs. 2 LREC GE. Häfelin/Müller/Uhlmann, Rz. 2306; Tschannen/Zimmerli/Müller, § 61, Rz. 8.
2859 Tschannen/Zimmerli/Müller, § 62, Rz. 20.

mit «amtlichen» Aufgaben betraute Organisation Dritten einen Schaden zufügt[2860] (z.B. doppelte Subsidiarität gegenüber der öffentlich-rechtlichen Haftung des Gemeinwesens in Art. 5a HG LU, wenn Private mit amtlichen Aufgaben einen Schaden zufügen: Es gelten die materiellen Regeln des Zivilrechts, und das Gemeinwesen trägt nur die Ausfallhaftung).

Umgekehrt kann das Gemeinwesen die primäre «Staatshaftung» auch für von ihm beauftragte Organisationen übernehmen (z.B. § 1 Abs. 2 HG BS).

1615 Schwierig kann es sein zu bestimmen, inwieweit Organisationen oder Personen «unmittelbar mit öffentlich-rechtlichen Aufgaben des Bundes betraut» sind (Art. 1 lit. f VG). Schon die Abgrenzung zwischen einem verwaltungsrechtlichen und einem privatrechtlichen Vertrag vermag Probleme bereiten[2861]. Nimmt man mit TSCHANNEN/ ZIMMERLI/MÜLLER vom Grundsätzlichen her an, Verträge unter Privaten können verwaltungsrechtlicher Natur sein, wenn einer der Vertragspartner Verwaltungsaufgaben zu erfüllen hat[2862], und nimmt man eine solche öffentlich-rechtliche Beziehung an, wenn durch sie ein *besonderes Gewaltverhältnis* begründet wird[2863], kann dies durch eine unsorgfältige Gesetzgebung konterkariert werden: So verweist Art. 4 Abs. 5 BGST für Zwangsmassnahmen (von privaten Sicherheitsdiensten auch im Auftrag privater Transportunternehmen) auf das ZAG, das nach Art. 2 Abs. 1 lit. e aber nur für die von den in lit. a–d genannten Behörden beauftragten Privaten gilt.

2. «Beamtenhaftung»

1616 Wiewohl der Beamtenstatus im Bund und in den meisten Kantonen und Gemeinden abgeschafft und durch öffentlich- oder privatrechtliche Anstellungsverhältnisse weitestgehend abgelöst worden ist, hat sich der Begriff *«Beamtenhaftung»* bisher gehalten[2864].

1617 Der Begriff ist jedoch ebenso *funktionell nicht mehr zutreffend,* da auch Personen, die *nicht* in einem Anstellungsverhältnis zu einem (haftenden) Gemeinwesen stehen, inhaltlich davon erfasst werden (vgl. Rz. 1609, 1613)[2865].

2860 Eine unklare Rechtslage besteht in BL: § 13 KV (unter den Grundrechten) legt fest, dass Kanton und Gemeinde für den Schaden, «den ihre Organe» rechtswidrig verursacht haben, haften; § 52 Abs. 1 erlaubt der Kantonspolizei und Gemeinde, «bestimmte Aufgaben im Bereich der Verkehrsregelung durch Vertrag Privaten übertragen», § 1 HG BL schränkt jedoch seine Anwendbarkeit auf Kanton, Gemeinden und juristische Personen des öffentlichen Rechts (mit Ausnahmen) und deren Mitarbeitende in einem Anstellungsverhältnis ein.
2861 TSCHANNEN/ZIMMERLI/MÜLLER, § 33, Rz. 10 ff.
2862 A.a.O., Rz. 14.
2863 TSCHANNEN/ZIMMERLI/MÜLLER, § 51, Rz. 14 (mit Hinweis auf BGE 105 II 234 E 2).
2864 Vgl. TSCHANNEN/ZIMMERLI/MÜLLER, § 61, Rz. 5.
2865 TSCHANNEN/ZIMMERLI/MÜLLER, § 62, Rz. 18 ff.

Dementsprechend sind auch Mitarbeitende einer öffentlich-rechtlichen Anstalt[2866], spezialgesetzlicher Aktiengesellschaften[2867], privater Organisationen[2868] oder Einzelpersonen, soweit sie amtliche bzw. hoheitliche Tätigkeiten (also im Auftrag einer Behörde) ausüben, unter diesem «Beamtenbegriff» zu verstehen.

Zu beachten ist, dass der Haftungsumfang des öffentlichen Gemeinwesens bei Wahrnehmung von hoheitlichen Aufgaben durch Dritte nach den einschlägigen gesetzlichen Vorschriften jedoch unterschiedlich sein kann.

Nach wie vor bestehen Regelungen, die eine *primäre* «Beamtenhaftung» (mit subsidiärer Haftung des Gemeinwesens, vgl. z.B. Art. 928 OR, Handelsregisterführer) vorsehen[2869]. Für den eigentlichen Polizeibereich ist dies – soweit ersichtlich – nirgends der Fall. 1618

Als *solidarische* Haftung von Bediensteten und Gemeinwesen wird bezeichnet, wenn Geschädigte ihre Forderungen gegenüber Bediensteten oder dem Gemeinwesen oder gegenüber beiden geltend machen können (Art. 426 ZGB, Vormund und Vormundschaftsbehörde bzw. Gemeinde oder Kanton)[2870]. Auch diese Haftungsform ist im (engeren) Polizeibereich nirgends vorgesehen. 1619

II. Ausübung einer amtlichen Tätigkeit

Das schädigende Verhalten muss in einem *funktionalen Zusammenhang* mit der *amtlichen Tätigkeit* stehen[2871]. Diese muss nicht hauptamtlich ausgeübt werden, wesentlich ist im polizeilichen Zusammenhang der Konnex zur Hoheitlichkeit der Aufgabenerfüllung. Das schädigende Verhalten muss *durch* die *amtliche Funktion bzw. Aufgabe* überhaupt *ermöglicht* worden sein[2872]. 1620

Die Haftung des Gemeinwesens kann aber nicht schon deswegen abgelehnt werden, wenn Bedienstete oder Beauftragte ihre Kompetenzen überschreiten und dadurch ein Schaden entsteht, auch wenn das Übermass der (schädigenden) Handlung von den relevanten Vorgaben (Allgemeine Anweisungen, Pflichtenheft, Dienstbefehlen) nicht gedeckt ist, also «nicht zur Funktion gehört»[2873]. 1621

So können namentlich Verstösse gegen das Verhältnismässigkeitsprinzip, die in diesem Übermass zu einem Schaden geführt haben, eine Haftung des Gemeinwesens auslösen. Die Widerrechtlichkeit ergibt sich aus der Verletzung des Verhältnismässigkeitsprinzips 1622

2866 Z.B. Hafenpolizei der Schweizer Rheinhäfen (Art. 8 des Staatsvertrags BL-BS).
2867 Z.B. skyguide AG (Art. 40 ff. LFG mit der VFSD).
2868 So private Sicherheitsdienste.
2869 HÄFELIN/MÜLLER/UHLMANN, Rz. 2227, 2308; TSCHANNEN/ZIMMERLI/MÜLLER, § 61, Rz. 10.
2870 HÄFELIN/MÜLLER/UHLMANN, Rz. 2228; TSCHANNEN/ZIMMERLI/MÜLLER, a.a.O.
2871 Art. 3 Abs. 1 VG Bund: «in Ausübung seiner amtlichen Tätigkeit», analog z.B. Art. 100 Abs. 1 PG BE, § 3 Abs. 1 HG BL, Art. 2 Abs. 1 LREC GE («commis…par leurs fonctionnaires ou agents dans l'accomplissement de leur travail»). HÄFELIN/MÜLLER/UHLMANN, Rz. 2244; TSCHANNEN/ZIMMERLI/MÜLLER, § 62, Rz. 23.
2872 TSCHANNEN/ZIMMERLI/MÜLLER, § 62, Rz. 24.
2873 Gleich: TSCHANNEN/ZIMMERLI/MÜLLER, § 62, Rz. 24.

selber, ein vorwerfbares Verschulden der Handelnden ist im Aussenverhältnis nicht relevant.

Der Diebstahl eines beschlagnahmten Gegenstandes durch einen Bediensteten, der seinen Aufgaben gemäss diesen zu verwahren oder anderweitig mit ihm umzugehen hat, löst die Haftung des Gemeinwesens aus, ebenso das pflichtwidrige Nicht-Verschliessen des Raumes oder des Tresors mit Beweis- und Wertgegenständen, sofern deswegen Werte abhanden kommen konnten.

1623 Umgekehrt haftet das Gemeinwesen nicht für einen Schaden, den Bedienstete oder Beauftragte ohne Erfüllung einer amtlichen Pflicht anrichten.

Schädigendes Verhalten von Bediensteten oder Beauftragten in der Freizeit oder – ohne Bezug zu den eigenen Aufgaben – unter Missbrauch der Arbeitszeit (und allenfalls des Computers am Arbeitsplatz) können keine Haftung des Gemeinwesens (Organisationshaftung) auslösen (mindestens sofern nicht eine ihrerseits widerrechtliche Unterlassung in Bezug auf Führungsaufgaben zur Diskussion steht).

III. Schaden

1624 Haftungsvoraussetzung ist der Eintritt eines Schadens. Dieser kann in einem *materiellen* oder einem *immateriellen* Nachteil bestehen[2874].
Ein *materieller Schaden* ergibt sich aus der *Differenz eines Vermögens* bzw. des *Wertes* eines Objektes vor und nach dem schädigenden Handeln oder Unterlassen[2875]. Auch entgangener Gewinn ist entschädigungsberechtigt[2876].

1625 Ein *immaterieller Schaden* kann durch die Beeinträchtigung nicht unmittelbar vermögensrechtlich bezifferbarer ideeller Grundrechte, d.h. der physischen und psychischen Integrität (z.B. Erleiden von Schmerzen, Behinderungen) und der persönlichen Freiheit zugefügt werden. Die nicht direkt bezifferbaren Schadenanteile werden durch eine Genugtuungssumme kompensiert.

IV. Zur Widerrechtlichkeit

1. Grundregel: Widerrechtlichkeit des schädigenden Verhaltens

a) Realverhalten (Realakte und Unterlassungen)

1626 Das schädigende Verhalten muss *widerrechtlich* sein. Widerrechtlich bedeutet nicht, dass es eines Verschuldens (im strafrechtlichen Sinn: Vorsatz oder Fahrlässigkeit) bedarf[2877].

2874 HÄFELIN/MÜLLER/UHLMANN, Rz. 2238; TSCHANNEN/ZIMMERLI/MÜLLER, § 62, Rz. 12 ff.
2875 TSCHANNEN/ZIMMERLI/MÜLLER, § 62, Rz. 12 m.w.H.
2876 TSCHANNEN/ZIMMERLI/MÜLLER, a.a.O.
2877 Anders die Regelung im Kanton Genf, der für die Haftbarkeit von Kanton und Gemeinden zusätzlich zur Widerrechtlichkeit auch ein Verschulden der verantwortlichen Angestellten oder Beauftragten voraussetzt: «... dommage résultant pour des tiers d'actes illicites commis soit intentionnellement, soit par négligence ou imprudence par leurs fonctionnaires ou agents dans l'accomplissement de leur travail» (art. 2 al. 1 LREC).

Art. 6 VG Bund setzt jedoch für eine Genugtuungsleistung bei Tötung oder Köperverletzung eines Menschen (Abs. 1) oder einer Persönlichkeitsverletzung ein Verschulden des «Beamten» voraus (vgl. auch Rz. 1634).

Die der bundesgerichtlichen Praxis entsprechende Unterscheidung zwischen dem *Erfolgsunrecht* bei einer Verletzung *absolut, d.h. grundrechtlich geschützter Rechtsgüter* und *Verhaltensunrecht* bei einer (blossen) *Schädigung des Vermögens*[2878] (ohne vorherige Verletzung eines absoluten Rechtsgutes wie des Eigentums) macht die Beantwortung der relevanten Fragen im polizeirechtlichen Zusammenhang unnötig kompliziert. Das polizeiliche Wirken ist – gerade wegen der Abwehrfunktion der Grundrechte – durch (geschriebene und ungeschriebene) Verfassungsprinzipien sowie Gesetzesnormen vollständig rechtlich geprägt[2879], sodass sich aus dem polizeilichen Verhalten allein, sofern kein Rechtfertigungsgrund vorliegt, die Widerrechtlichkeit ergibt[2880]. 1627

Widerrechtlich ist das schädigende Verhalten demnach, sofern es gegen das Legalitäts- oder das Verhältnismässigkeitsprinzip (einschliesslich Störerprinzip) verstösst (z.B. unverhältnismässiger Zwang), namentlich gegen grundrechtliche Schranken. Massgebend ist dabei das *Tatbestands- und das Rechtsfolgeermessen*[2881] *ex tunc*, also aus der Sicht der Rechts*lage* unmittelbar vor dem schädigenden Verhalten.

Analoges gilt für *Unterlassungen*, soweit eine grundrechtliche oder gesetzliche *Handlungspflicht* besteht und diese verletzt wird[2882] (vgl. Rz. 1497 ff. und in Kapitel 6 Rz. 298 ff.). 1628

Die Widerrechtlichkeit entfällt durch eine *Rechtfertigung* des schädigenden Verhaltens. Aus polizeilicher Sicht steht die rechtmässige hoheitliche Intervention oder das gerechtfertigte Nicht-Eingreifen im Vordergrund. 1629
Gerechtfertigt ist die Intervention, wenn die Beurteilung eines Sachverhaltes als tatbestandsmässige Situation (Tatbestandsermessen) zu einem Eingriff auf Grund einer *gesetzlichen Bestimmung*, der polizeilichen *Generalklausel* (vgl. Rz. 731 ff.) oder der *Schutzpflicht z.G. eines fundamentales Grundrechts* ermächtigt bzw. *verpflichtet* (Rz. 774) und die Verhältnismässigkeit beachtet wird (Rechtsfolgeermessen).
Umgekehrt kann ein Nichteingreifen bei einer *prima vista* tatbestandsmässigen Situation gerechtfertigt sein, wenn bspw. bei einer *Grundrechtskollision* die Abwägung der widerstreitenden Interessen nach dem *Prinzip der praktischen Konkordanz* (Rz. 509, 676, 707) für einen Verzicht spricht (mehrseitig gewichtetes Rechtsfolgeermessen).

[2878] TSCHANNEN, Staatsrecht, § 62, Rz. 29 ff. Das reine Vermögen ist nach schweizerischem Recht nicht absolut geschützt.
[2879] Vgl. Rz. 2, 20 ff.
[2880] Vgl. die m.E. berechtigte Kritik an dieser Unterscheidung bei TSCHANNEN/ZIMMERLI/MÜLLER, § 62, Rz. 34.
[2881] Vgl. Kapitel 6, Rz. 300 ff.
[2882] HÄFELIN/MÜLLER/UHLMANN, Rz. 2244, 2249; TSCHANNEN/ZIMMERLI/MÜLLER, § 62, Rz. 39 ff.

Beispiel: Keine Schussabgabe trotz Gefährlichkeit eines Angriffs wegen zu grosser Gefahr der Verletzung Dritter. Dulden einer zwar nicht bewilligten, aber friedlichen Demonstration ohne (wesentliche) Störung des Verkehrs. Keine Intervention nach Reklamationen wegen Nachtlärms und Begehren um dessen Unterbindung während eines in diesem Umfang bewilligten Anlasses (oder bei geringfügiger zeitlicher Übermarchung).

1630 *Rechtfertigungsgründe* sind sodann *Notwehr, Notwehrhilfe und Notstand* sowie die *Einwilligung* der Verletzten[2883]; die Einwilligung kann sich jedoch nur auf leichte Grundrechtseingriffe beziehen (Rz. 1366).

1631 Bei schädigendem Realverhalten (Handeln oder Unterlassen) kann *jede* Rechtswidrigkeit eine Haftung des Gemeinwesens auslösen, wogegen bei Rechtsakten eine qualifizierte Widerrechtlichkeit, ein qualifizierter Normverstoss verlangt wird (vgl. nachfolgend, Rz. 1634 ff.).

b) Rechtsakte

1632 Ein Schaden kann auch durch einen Rechtsakt, eine Verfügung oder ein Urteil, selbst durch einen verwaltungsrechtlichen Vertrag entstehen[2884]. Die bundesgerichtliche Praxis setzt für Entschädigungspflicht des Staates bei fehlerhaften Rechtsakten eine qualifizierte Widerrechtlichkeit, eine wesentliche Amtspflichtverletzung voraus[2885]. Dies entbehrt einer gewissen Logik, werden doch in Beschwerdeverfahren vor höheren Gerichtsinstanzen beim Obsiegen der Rekurrenten zumindest Parteientschädigungen, u.U. auch Genugtuungssummen zu Lasten der Staatskasse fällig. Dafür ist weder eine Amtspflichtverletzung noch die schwerwiegende Missachtung einer Rechtsnorm Bedingung.

1633 Auch beim sofortigen oder unmittelbaren Vollzug einer Verfügung (Rz. 884), die sich hinterher als rechtswidrig herausstellt, kann eine Staatshaftung entstehen.

1634 Die Praxis des Bundesgerichts setzt jedoch für eine Haftungsbegründung die Verletzung einer *wesentlichen Amtspflicht* voraus, die primär dem Schutz des verletzten Rechtsgutes gerade dient, was auf einen «qualifizierten Ermessensfehler» bzw. eine «unentschuldbare Fehlleistung» zurückgeführt werden können muss[2886].

1635 Wird jedoch von einer *«unentschuldbaren»* Fehlleistung gesprochen, ist auch die *Verschuldensfrage* mindestens in der Form der Fahrlässigkeit angeschnitten, was an sich zu einem Widerspruch mit den Grundsätzen des Haftungsrechts und zu einer Erhöhung der Haftungsschwelle führt (vgl. Rz. 1626).

2883 HÄFELIN/MÜLLER/UHLMANN, Rz. 2250; TSCHANNEN/ZIMMERLI/MÜLLER, § 62, Rz. 35 ff.
2884 HÄFELIN/MÜLLER/UHLMANN, Rz. 2257; TSCHANNEN/ZIMMERLI/MÜLLER, § 62, Rz. 42.
2885 HÄFELIN/MÜLLER/UHLMANN, Rz. 2259; TSCHANNEN/ZIMMERLI/MÜLLER, § 62, Rz. 43 f.
2886 HÄFELIN/MÜLLER/UHLMANN, a.a.O., und TSCHANNEN/ZIMMERLI/MÜLLER, § 62, Rz. 42 ff. je m.w.N. namentlich zur BGer-Praxis.

Ausgeschlossen ist es auch, einen Schaden auf Grund einer rechtskräftigen Verfügung geltend zu machen (sog. Prinzip der Einmaligkeit des Rechtsschutzes[2887]). Dies entspricht nicht nur Art. 12 VG und verschiedenen kantonalen Haftungsgesetzen[2888], sondern gilt als ein allgemeiner Grundsatz[2889]. Allerdings gilt auch dieser *Ausschluss,* einen Schadenersatzanspruch wegen einer rechtskräftigen Verfügung geltend zu machen, *nicht absolut;* er bezieht sich auf Verfügungen, gegen die bzw. deren Vollzug ein Rechtsmittel möglich war[2890]. Gegenüber Verfügungen mit sofortigem oder unmittelbarem Vollzug (Rz. 1633) muss ein Rechtsmittel, sei es im Rechtsschutz- (Art. 29a BV) oder im Haftungsverfahren, ermöglicht werden[2891]. Vorbehalten bleibt auch der Anspruch auf eine gerichtliche Überprüfung nach Art. 6 Ziff. 1 EMRK, da die Staatshaftung einem zivilrechtlichen Anspruch gleichkommt[2892]. 1636

2. Ausnahme: Haftung bei rechtmässig zugefügtem Schaden

Anders als das VG des Bundes sehen mehrere kantonale Rechtsordnungen vor[2893], dass das Gemeinwesen unter bestimmten Voraussetzungen auch für *rechtmässig zugefügten Schaden* haftet. 1637

Damit ergibt sich ein feiner Unterschied zwischen «nicht rechtswidrig» zugefügtem Schaden, wofür eine Rechtfertigung vorliegt und daher das Gemeinwesen nicht haftet, und dem rechtmässigen Zufügen eines Schadens, das – sofern eine entsprechende Gesetzesgrundlage vorhanden ist – Anspruch auf eine Entschädigung zur Folge haben kann.

Die Voraussetzungen für eine Haftung bei rechtmässig zugefügtem Schaden sind, sofern gesetzlich überhaupt vorgesehen, in der Regel einschränkend festgelegt: Es muss sich um (allenfalls mehrere) *Einzelpersonen* handeln, die betroffen sind, es muss sich um einen *schweren Schaden* handeln, den selber zu tragen der betroffenen Person *nicht zumutbar* ist, und die geschädigte Person darf die schädigende Handlung *nicht selber veranlasst* oder davon profitiert haben[2894]. 1638

Andere Rechtsordnungen sehen bei rechtmässiger Schädigung eine Haftung nach «Billigkeit» vor[2895]. 1639

Fehlt eine solche Gesetzesgrundlage, ist eine Haftung gegenüber einer Einzelperson als *Sonderopfer* auf Grund von *Art. 8 Abs. 1 BV* denkbar[2896]. 1640

2887 HÄFELIN/MÜLLER/UHLMANN, Rz. 2263; TSCHANNEN/ZIMMERLI/MÜLLER, § 62, Rz. 55.
2888 Z.B. § 9 HG BL; § 7 HG BS; § 21 HG ZH.
2889 HÄFELIN/MÜLLER/UHLMANN, Rz. 2263 f.; TSCHANNEN/ZIMMERLI/MÜLLER, § 62, Rz. 50 f.
2890 Vgl. HÄFELIN/MÜLLER/UHLMANN, Rz. 2265.
2891 Eine weitere Ausnahme sieht § 9 HG BL bei *Nichtigkeit* einer Verfügung vor.
2892 BGE 134 I 331 E 21. Vgl. HÄFELIN/MÜLLER/UHLMANN, Rz. 2266 m.w.N.
2893 Vgl. die Aufzählung bei HÄFELIN/MÜLLER/UHLMANN, Rz. 2298a.
2894 So bspw. Art. 100 Abs. 1 PG BE, § 6 Abs. 1 und Abs. 2 lit. b HG BL, § 69 PolG BS i.V.m. § 4 Abs. 1 HG BS. TSCHANNEN/ZIMMERLI/MÜLLER, § 62, Rz. 47.
2895 So § 56 Abs. 1 PolG ZH. HÄFELIN/MÜLLER/UHLMANN, Rz. 2298a.
2896 HÄFELIN/MÜLLER/UHLMANN, Rz. 2299; TSCHANNEN/ZIMMERLI/MÜLLER, § 62, Rz. 47.

V. Kausalität

1641 Als weitere Haftungsvoraussetzung muss der *adäquate Kausalzusammenhang* zwischen dem Verhalten und dem eingetretenen Schaden bestehen[2897]. Ein adäquater Kausalzusammenhang ist im Sinne einer generalklauselartigen Umschreibung nach der Praxis des Bundesgerichts gegeben, «wenn es nach dem gewöhnlichen Lauf der Dinge und nach der allgemeinen Lebenserfahrung an sich geeignet ist, einen Erfolg von der Art des eingetretenen herbeizuführen, der Eintritt des Erfolges also durch das Ereignis allgemein als begünstigt erscheint»[2898]. Dies ist im Einzelfall zu konkretisieren.

1642 Handelt es sich um eine beanstandete *Unterlassung,* ist der *hypothetische adäquate Kausalverlauf* bei Annahme eines pflichtgemäss durchgeführten Realaktes massgebend: Danach ist das Unterlassen adäquat kausal, wenn das pflichtgemässe Handeln nach dem gewöhnlichen Verlauf der Dinge und der allgemeinen Lebenserfahrung nicht hinzugedacht werden kann, ohne dass der Schaden entfiele, d.h. nicht eingetreten wäre. Umgekehrt formuliert, entfällt ein adäquater Kausalzusammenhang durch Unterlassen, wenn auch das pflichtgemässe Handeln den Schaden nicht zu verhindern vermocht hätte[2899].

VI. Verfahrensfragen

1. Bund

1643 Bei welcher Behörde oder Organisation die Ansprüche gegen den Bund anzumelden sind, richtet sich nach dem Haftungssubjekt sowie nach dem anwendbaren Verfahrensrecht.

Begehren auf Schadenersatz, die mit schädigendem Verhalten eines Organs der *Zentralverwaltung des Bundes* begründet werden, sind an das Eidg. Finanzdepartement zu richten (Art. 1 VO zum VG), das eine beschwerdefähige Verfügung erlässt.

1644 Über Schadenersatzansprüche auf Grund eines Schadens, der von einer ausserhalb der «ordentlichen Bundesverwaltung» stehenden Organisation zu verantworten ist, entscheidet diese Organisation durch Verfügung jedoch selber; das Beschwerdeverfahren richtet sich ebenso nach den Bestimmungen über die Bundesrechtspflege (Art. 19 Abs. 1 lit. a und Abs. 3 VG).

1645 Gegenüber Ansprüchen zufolge eines fehlerhaften Datenbestandes im SIS, der zu einem Schaden führte (Näheres in Rz. 1662 ff.), ist das Bundesamt für Polizei zuständig (Art. 16 BPI i.V.m. Art. 3 N-SIS-Verordnung).

2897 BGer 2C_828/2009 E 2.2.
2898 BGer 2C_828/2009 E 2.2; BGE 123 III 110 E 3a.
2899 BGE 131 III 115 E 3.1.

Über Beschwerden gegen Verfügungen der Bundesverwaltung oder der Organisationen 1646
ausserhalb der Bundesverwaltung mit öffentlich-rechtlichen Aufgaben entscheidet
das BVGer (Art. 33 lit. d, e, f und h VGG)[2900].
Urteile des Bundesverwaltungsgerichts auf dem Gebiet der Staatshaftung können
ihrerseits mit Beschwerde in öffentlich-rechtlichen Angelegenheiten beim Bundesgericht angefochten werden, sofern der Streitwert mindestens 30 000 Franken beträgt
oder sich eine Rechtsfrage von grundsätzlicher Bedeutung stellt (Art. 85 Abs. 1 lit. a
und Abs. 3 BGG).

Wie in allen Verfahren bedarf es der Aktivlegitimation der gesuchstellenden 1647
oder eine Beschwerde einreichenden Partei[2901]. Im Verwaltungsverfahren ist die
Aktivlegitimation Voraussetzung für das Eintreten auf das Begehren oder die
Beschwerde[2902]. Diese ist gegeben, sofern ein *schutzwürdiges Interesse* an der Sache
vorliegt (Art. 6, 25 und 25*a* VwVG)[2903].

2. Kantone

Auf der kantonalen Ebene lassen sich (mindestens) drei verschiedene Verfahrensrege- 1648
lungen feststellen:
- nach den Vorschriften des kantonalen Verwaltungsverfahrens (Verwaltungsrechtspflegegesetz)[2904],
- nach dem Zivilprozessrecht mit Klagen beim zuständigen Zivilgericht[2905],
- nach dem Verwaltungsverfahren für die Geltendmachung eines Anspruchs und nach dem Zivilprozessrecht bei Ablehnung einer Entschädigung durch das zuständige Organ des Gemeinwesens[2906].

Einzelne Haftungsgesetze sehen vor, dass vor einer gerichtlichen Streiterledigung ein 1649
Einigungsverfahren mit der für das beanstandete Verhalten verantwortlichen Behörde
durchgeführt werden kann[2907].

Entscheide kantonaler Instanzen können, soweit ein Bundesgesetz gegen ihre Ver- 1650
fügung die Beschwerde an das BVGer vorsieht, bei diesem angefochten werden
(Art. 33 lit. i VGG).

In andern Fällen der Haftung des kantonalen oder kommunalen Gemeinwesens *aus* 1651
öffentlichem Recht ist gegen Entscheide letzter kantonaler Instanzen die Beschwerde

---

2900 Z.B. BVGer A-3524/2008 lit. D und E 2.1.
2901 Vgl. z.B. Art. 59 ZPO.
2902 BVGer A-3524/2008 E 4; BGer 1P.164/2004 E 2.3.
2903 Vgl. z.B. auch § 13 VRPG BS.
2904 So z.B. Art. 104 PG BE; § 7 HG BL.
2905 So z.B. § 6 Abs. 1 HG BS; Art. 7 LREC GE; § 7 HG LU; § 4*a* HG ZH gegenüber Privaten, die ihnen übertragene öffentliche Aufgaben erfüllen.
2906 So § 23 HG ZH.
2907 So § 7 Abs. 3 HG BL.

in öffentlich-rechtlichen Angelegenheiten an das Bundesgericht zulässig (Art. 82 lit. a, Art. 86 Abs. 1 lit. d BGG).

1652 Wird eine Verletzung verfassungsmässiger Rechte durch einen *kantonalen* Entscheid geltend gemacht, kann dieser mit der *subsidiären Verfassungsbeschwerde* beim Bundesgericht gerügt werden (Art. 113 BGG), sofern eine Beschwerde in öffentlich-rechtlichen Angelegenheiten unzulässig ist.

3. Kritik

1653 Das «Staatshaftungsrecht» von Bund und Kantonen ist sehr kompliziert, uneinheitlich und unübersichtlich. Schon allein die unterschiedlichen Haftungsarten und -verfahren je nachdem, ob das verantwortliche Organ zur Zentralverwaltung eines Gemeinwesens, zu einer gesetzlich oder aber vertraglich mit amtlichen Aufgaben betrauten dezentralen Organisation des öffentlichen oder des Zivilrechts gehört, machen dies deutlich. Überall dort, wo Staatshaftungsansprüche nach den Regeln der ZPO geltend gemacht werden müssen, kommen gegenüber dem Verwaltungsrechtspflegeverfahren mehrfache Erschwernisse für die Rechtssuchenden dazu, die mit dem nahe verwandten Rechtsschutzverfahren nicht korrelieren. Besonders stossend ist dies in Fällen, in denen der Rechtsschutz zuvor versagt hat. Zudem sind die Rechtswege dann unklar, wenn nach in jüngerer Zeit vermehrt praktizierten Zusammenarbeitsformen zwischen Bundes- und kantonalen Organen oder zwischen Angestellten der Zentralverwaltung und privaten Organisationen in den Spezialgesetzen Regelungen fehlen (z.B. MG, ZAG, ZG, BGST).

D. Haftung im Innenverhältnis: Rückgriff, Regress

I. Allgemeine Hinweise

1654 Auch im Innenverhältnis, d.h. dem Verhältnis zwischen dem Gemeinwesen und den ausführenden Organen und deren Bediensteten, bestehen unterschiedliche Bezüge: Zu differenzieren sind in rechtlicher Hinsicht die Beziehungen zwischen dem *Gemeinwesen selber* und

- seinen eigenen Angestellten bzw. öffentlichen Bediensteten,
- den beauftragten Organisationen (oder Einzelpersonen) und
- den Angestellten beauftragter Organisationen.

1655 Verursacht ein Bediensteter oder Beauftragter einem Dritten durch Tun oder Unterlassen einen Schaden, für den das Gemeinwesen einsteht, kann dieses im Innenverhältnis Rückgriff nehmen.

> Beispiele: Körperverletzung oder Sachbeschädigung an Eigentum eines Störers oder von Dritten (unbeabsichtigter Nebeneffekt) anlässlich einer polizeilichen Intervention; Töten eines aggressiven Hundes; Aufbrechen einer Wohnungstüre, um auf Begehren von Privaten Nachschau nach einer nicht antwortenden Person zu halten oder um einen zu unmittelbaren Schäden in einer andern Wohnung führenden Defekt zu beheben; Unterlassen des Einzuges einer Waffe entgegen massgebender Vorschrift.

Im Innenverhältnis von Zentralverwaltungen haften die Angestellten gegenüber ihrem Arbeitgeber nach allen Rechtsordnungen (nur) *bei grobem Verschulden, d.h. bei vorsätzlicher oder grob fahrlässiger Verursachung* eines Schadens. Hat das Gemeinwesen einem Geschädigten Ersatz geleistet, handelt es sich um einen *Rückgriff* (z.B. Art. 7 VG), wobei dem Angestellten an der Streiterledigung mit dem Geschädigten ein Mitwirkungsrecht zustehen kann (so nach Art. 3 Abs. 4 VG/Art. 4 und 5 Abs. 4 VO zum VG, § 9 Abs. 3 HG BS). Oft ist die Rückgriffshaftung – zumindest durch die Praxis – anteilmässig begrenzt.

1656

Ist ein Schaden nur innerhalb der Verwaltung entstanden, haftet der Verursacher dem Gemeinwesen – meist ebenso nur *bei Vorsatz oder grober Fahrlässigkeit* – ohne Massgeblichkeit einer andern (externen) Schadenregelung (vgl. Art. 8 VG).

Bei beauftragten Organisationen richtet sich die Schadensliquidation nach der jeweiligen Regelung der delegierten Auftragserfüllung bzw. den vertraglichen Bestimmungen.

1657

II. Bund

1. «Beamtenhaftung»: Haftung der Bediensteten

Dem Bund haften seine eigenen Angestellten einschliesslich Mitglieder und Ersatzmitglieder «von Behörden und Kommissionen, die ausserhalb der eidgenössischen Gerichte und der Bundesverwaltung stehen» (Art. 1 Abs. 1 lit. d und e VG) nach einer Schadenverursachung (nur) bei grobem Verschulden (Art. 7 f. VG, Rz. 1660)[2908]. Ansprüche des Bundes gegenüber seinen Bediensteten werden durch eine Verfügung der zuständigen Behörde («Arbeitgeber») geltend gemacht (Art. 10 Abs. 1 VG, Art. 34 f. BPG). Diese unterliegt der Beschwerdemöglichkeit an eine interne Beschwerdeinstanz (Art. 35 BPG); Beschwerdeentscheide können beim Bundesverwaltungsgericht angefochten werden (Art. 36 Abs. 1 BPG).

1658

2. Haftung beauftragter Organisationen und ihrer Bediensteten

Hat der Bund für einen von einer beauftragten Organisation verursachten Schaden eine Ausfallhaftung (Rz. 1613) übernommen, steht ihm der Rückgriff direkt auf den verantwortlichen Angestellten oder Beauftragten dieser Organisation nach Art. 7 und 9 VG zu (Art. 19 Abs. 1 lit. a VG). Spezialgesetzliche Vorschriften können für die Ausfallhaftung auch einen primären Regress auf die Organisation selber vorsehen[2909]. Für einen dem Bund von einem Angestellten (Beauftragten) einer beauftragten Organisation *direkt* verursachten Schaden, haftet dieser (gemäss Art. 8 f. VG) unmittelbar, die Organisation subsidiär (Art. 19 Abs. 1 lit. b VG).

1659

2908 HÄFELIN/MÜLLER/UHLMANN, Rz. 2318 ff.
2909 Vgl. bspw. Art. 3*a* Abs. 4 LFG («Wird der Bund aufgrund einer Vereinbarung über die Flugsicherung zu Entschädigungszahlungen für Schäden verpflichtet, die auf eine widerrechtliche Handlung eines schweizerischen Erbringers von Flugsicherungsdiensten zurückzuführen sind, so kann er auf diesen Rückgriff nehmen.»).

III. Kantone

1. «Beamtenhaftung» von Angestellten von Gemeinwesen

1660 Die Haftung der Angestellten gegenüber dem Gemeinwesen, bei dem sie öffentlich-rechtlich (oder ausnahmsweise privatrechtlich) *angestellt* sind (*Dienst*verhältnis), ist in den Kantonen ähnlich geregelt: Sie können bei grobem Verschulden persönlich haftbar gemacht werden[2910].

Auch in den Kantonen entscheidet das Verwaltungsgericht über strittige Forderungen der öffentlichen Verwaltung gegenüber ihren Bediensteten oder Beauftragten[2911].

2. Haftung beauftragter Organisationen und ihrer Bediensteten

1661 Gegenüber beauftragen Organisationen kann das Gemeinwesen wie gegenüber eigenen Bediensteten nach den gesetzlich festgelegten Voraussetzungen Rückgriff nehmen[2912], sofern es selber gegenüber geschädigten Dritten Ersatz geleistet hat. Ob die beauftragte Organisation oder deren fehlbare Angestellte dem Gemeinwesen primär haften, richtet sich nach dem massgebenden kantonalen oder Gemeinderecht.

§ 34 Die spezielle Regelung: Haftung für Schäden im Zusammenhang mit dem Schengener Informationssystem

A. Völkerrechtliche Regelung im SDÜ

1662 In Anwendung von Art. 111 und 116 SDÜ sind auf den Zeitpunkt des Beginns der operationellen Umsetzung des SAA am 12. Dezember 2008 spezielle Bestimmungen für die Haftung im Zusammenhang mit dem Schengener Informationssystem (SIS) erlassen worden.

Hinsichtlich der nationalen Zuständigkeit und des Rechtsweges schreibt Art. 111 SDÜ vor, dass jede Person das Recht hat, «im Hoheitsgebiet jeder Vertragspartei eine Klage wegen einer seine Person betreffenden Ausschreibung insbesondere auf Berichtigung, Löschung, Auskunftserteilung oder Schadensersatz vor dem nach nationalem Recht zuständigen Gericht oder der zuständigen Behörde zu erheben».

1663 Materiell-rechtlich bestimmt Art. 116 SDÜ, dass jede Vertragspartei nach Massgabe ihres nationalen Rechts haftet, wenn «jemand bei dem Betrieb eines nationalen Bestandes des Schengener Informationssystems geschädigt» wird. «Dies gilt auch, wenn der Schaden durch die ausschreibende Vertragspartei verursacht worden ist, weil diese die Daten unrichtig eingegeben hat oder die Speicherung unrechtmässig war.» Art. 116 Abs. 2 SDÜ regelt sodann das Rückgriffsrecht, sofern der beklagte Staat nicht für den unrichtigen Datenbestand verantwortlich ist und diesen auch nicht vertragswidrig genutzt hat.

2910 Art. 102 f. PG BE; §§ 11 ff. HG BL; §§ 8 ff. HG BS; Art. 3 LREC GE; §§ 14 f. HG ZH.
2911 Vgl. z.B. § 19 HG BL; § 13 HG BS; § 19 HG ZH.
2912 Art. 103 Abs. 1 PG BE; § 9 Abs. 1 i.V.m. § 1 Abs. 2 HG BS.

B. Gesamtverantwortung des Bundes

Der Bund hat mit einer Ergänzung des VG die Gesamtverantwortung und damit die *ausschliessliche Bundeshaftung im Aussenverhältnis* übernommen, da er als Betreiber des Systems die Verantwortlichkeit für die Sicherheit und den Schutz der Daten trägt; zudem «stellt das N-SIS einen Bestandteil eines internationalen Informationssystems dar, in dem auch grenzüberschreitende, nicht lokalisierbare ‹Systemfehler› denkbar sind»[2913].

1664

Als Besonderheit regelt diese Novelle nicht nur die Haftbarkeit des Bundes, sondern auch jene der Kantone in diesem Sachzusammenhang (Art. 19*a* VG). Unterschieden wird zwischen Schäden auf Grund einer rein schweizerischen Datenbearbeitung und einer unrichtigen Dateneingabe oder -speicherung durch einen andern mit dem SAA gebundenen Staat.

1665

Kantone können zufolge der ausschliesslichen Bundeshaftung für «SIS-Fälle» nicht direkt belangt werden[2914].

I. Binnenrechtliche Haftung bei Rechtswidrigkeit

Ist einer Person beim Betrieb des SIS durch Bedienstete des Bundes oder eines Kantons ein Schaden zugefügt worden, haftet der Bund bei *Widerrechtlichkeit* (Art. 19*a* Abs. 1 VG).

1666

Dieser Anspruch steht auch Drittausländern (d.h. Personen aus Staaten, die nicht unter das FZA fallen) zu, wenn gegen sie durch eine schweizerische Behörde fehlerhaft eine Einreisesperre verhängt worden ist und sie daher im N-SIS ausgeschrieben sind (vgl. dazu Art. 96 SDÜ).

> Hat der Bund Ersatz geleistet, und ist der Schaden durch Mitarbeitende eines Kantons verursacht worden, steht dem Bund ein Rückgriffsrecht gegenüber dem betreffenden Kanton zu (Art. 19*a* Abs. 2 VG).

II. Haftung bei unrichtiger Datenbearbeitung durch andere SAA-gebundene Staaten: Ohne Nachweis einer Widerrechtlichkeit

Keines Nachweises einer Widerrechtlichkeit für die Haftung des Bundes bedarf es, wenn ein anderer durch das SAA-gebundener Staat Daten unrichtig eingegeben oder unrechtmässig gespeichert hat oder wenn die Ursache der fehlerhaften Ausschreibung nicht bekannt ist (Art. 19*b* lit. a VG)[2915] *und* Bedienstete des Bundes oder eines Kantons auf Grund dieser (fehlerhaften) Ausschreibung einer Person einen Schaden zugefügt haben (Art. 19*b* lit. b VG).

1667

2913 Botschaft Bilaterale II, 6258.
2914 Botschaft Bilaterale II, a.a.O.
2915 Botschaft Bilaterale II, 6259.

Sachregister

Die Zahlen verweisen auf die Randziffern.

A

Adhäsionsweise Bundeskompetenz s. Bundeskompetenzen, implizite
Adoption, von Recht s. Monistisches System
Aktivdienst 1200
Allgemeine Erklärung der Menschenrechte 20
Allgemeinverfügungen 849 ff., 1409, s. auch Gehör, rechtliches
Amtlich 136 ff.
Amts- und Rechtshilfe 921 ff.
– Abgrenzungskriterien 938 ff., *947 ff.*
– Arten polizeilicher Amts- u. Rechtshilfe 965 ff.
– Datenschutz 933, 959, 973, 975, 984 f., 988, 992, 1014
– Doppelbegriff 945
– Finalität der 951
– Gleichbehandlungsgrundsatz (Schengen) 942, 944, 985, 1007, 1016
– Handlungsformen 966
– kontrollierte Lieferung, grenzüberschreitende 968, 1035 f.
– Massendelinquenz 993 ff.
– Nacheile, grenzüberschreitende 968, 1037
– Observation, grenzüberschreitende 968, 1030 ff.
– ordre public 929, 933, 935, 981, 989
– Pflicht zu 423, 934, 986, 1003 ff.
– Rechtmässigkeit 1124 ff.
– Rechtsquellen 997 ff.
– Rechtsrahmen 929 ff., 1009 ff.
  – Mitgliedschaft, Assoziierung 1009 ff.
– Schengen, Rechtsrahmen 925, 930, 937, *942 ff.*, 957, 994, 1007, 1016 ff.
– Schranken 936, 979 ff., 1131 ff.
– Soering-Prinzip 991
– Spezialitätsprinzip 933, 964
– Überlagerungen, rechtliche 971, 973, s. auch Zusammenarbeit, internationale; Verträge
– Verfügbarkeitsgrundsatz (Schengen) 943, 985
– verwaltungspolizeiliche 969
– Vollzugshilfe 927 f., 950, 997
– Zusammenarbeit, polizeiliche 922, 941, *967 ff.*
  – operationelle Massnahmen 1030 ff., 1039 f., 1048, 1073, 1082 f., 1087, 1093, 1132
Ansammlungen s. Wegweisungen
Anstalten, öffentlich-rechtliche
– als polizeiliche Behörden 144
Anwendbarkeit, direkte 52, 430
Armeeaufgaben, weitere 1205
Armeeeinsätze 1190 ff., 1210, 1217 ff.
– Einsatzverantwortung 1229 ff.
– Führungsverantwortung 1231, 1233
Assistenzdienst 1204, 1207, *1217 ff.*, *1235, 1250, 1270 f.*
– Rechtsschutz 1272 ff.
Auffassung, herrschende s. Herrschende Auffassung
Aufsichtsbeschwerde s. *Rechtspflege*
Auftrag s. *Realakte, Auftrag*
Auftragstaktik 899
Auslegung, verfassungskonforme 204, 274, 276
Ausstand 1422

B

Bedrohung, schwerwiegende 1190, 1212, 1235
Befangenheit 1422
Befragungen, polizeiliche
– grundrechtliche Auswirkungen auf 1454 ff.
Behandlung, unmenschliche, erniedrigende *s. Folterverbot*
Behördenfunktion der Polizei *s. Polizei, Verwaltungsbehörde*
Berechenbarkeit 291
Beschwerde in öffentlich-rechtlichen Angelegenheiten *s. Rechtspflege*
Beschwerde(recht, -verfahren) *s. Rechtspflege*
Bestimmtheitsgebot *s. Rechtsstaatlichkeit*
Betäubungsmittelkriminalität, Bekämpfung
– Abkommen 1081
Bevölkerung, Schutz der 36 f., *s. auch Sicherheitsbegriff*
Bewegungsfreiheit *s. Freiheit*
Beweislastumkehr *s. Grundrechte, nachträgliche Schutzpflicht*
Bewilligungen 77, 648, 808, 826, 828, 1365, *s. auch Demonstrationsrecht; Sicherheitsdienste, private; Wirtschaftsfreiheit*
Bundesintervention 1195, 1210 f., 1279
Bundeskompetenzen, sicherheitspolizeiliche 194 ff., 200, *s. auch Verbandskompetenzen*
– explizite 795
– implizite 200 ff., 207 f., 220 f., 224, 795
– inhärente 200 ff., 220 f., 795
Bundesrecht, Vorrang 146, 645
Bundesstaatliche Kompetenzgliederung *s. Verbandskompetenzen*

– Bundesstaatsprinzip 629, 634, 645, 1266

C

Chilling effects (Nebenwirkungen) *s. Grundrechtseingriffe*
Code of conduct *s. Verhaltenskodex*
Community Policing 245

D

Datenbearbeitung, polizeiliche 1134 ff., 1164, *s. auch Realakte, informelle*
– Bild- und Tonaufnahmen 1168 ff.
– Grundsätze *1177 ff.*
Datenschutz
– Datenbearbeitungs- und schutzrecht 164, 456 ff., 1139, *s. auch Privatsphäre, Datenbearbeitung*
– Einbezug privater Sicherheitsdienste 1314
– Gesetzesrecht 1145 ff.
– Gesetzgebungskompetenzen 461
– Schengen-spezifische Bestimmungen *s. Amts- und Rechtshilfe*
– Rechtsschutz 1185 ff.
– Verfassungsrecht 380, *456 ff.*, 1142 ff.
– verdeckte Beschaffung und Bearbeitung 1167 ff.
– Veröffentlichung von Fahndungsdaten 1165 f.
– Völkerrecht 183, 1149, *s. auch Schengen-Besitzstand*
Demokratie 232, 274, 298, 613 f., 627
– Demokratieprinzip 629, 632, 1287
Demonstrationsrecht 457, 475, 492 ff., 507, *s. auch Versammlungsfreiheit*
– Bedingtheit 499 ff., 530 ff.
– Bewilligungspflicht 514 ff.
– Charakter, friedlicher 507, 520 f. 529 f., 538 ff., 545
– Datenbearbeitung 531 ff.
– Grenzen 518 ff., 537 ff.

- Grundrechtskollisionen 509
- Schutzpflichten 502 ff., 544 ff.
- Spontandemonstration 528 f.
- Überwachung, Aufnahmen 530 ff., *535 ff.*
- Vermummungsverbot 525 ff.

Deontologie *s. Ethik*

Dienstvorschriften 839, *s. auch Rechtsakte*
- Rechtsmittel gegen 847

Differenzierungsgebot *s. Rechtsgleichheitsgebot*

Diskriminierungsverbot (Art. 8 BV) 332 ff., *343 ff.*, 482, *s. auch Sprachenfreiheit*
- Diskriminierung, direkte 345
- Diskriminierung, indirekte 346
- Prüfschritte 347 ff.

Dringliche Gesetzgebung 738 ff., 1191
- Bundesratskompetenzen 747 ff.
- kantonale Ebene 755, *s. auch Organkompetenz*
- Parlamentskompetenzen 738 ff.

Drittwirkung von Grundrechten *s. Grundrechte*

Dublin, Assoziierungsabkommen 2, 64, 230, 1128, *s. auch Schengen-Besitzstand*

E

Eigentumsgarantie (Art. 26 Abs. 1 BV) 559
- Beschränkungen 574 ff.
- Bestandesgarantie 564 f.
- Entschädigung bei Beschränkungen 578 f.
- faktische Interessen 563
- Institutsgarantie 563, *566*
- Leistungspflicht? 568
- Schutzpflicht 570 ff.
- Tiere 562
- Wertgarantie 564

Eingriffsbefugnisse, typisierte 830

Einsatzarten (der Armee) 1216

Einsatzbefehl *s. Realakte*

Einsatzverantwortung *s. Armeeeinsätze*

Eintretenswahrscheinlichkeit *s. Risiko*

Einzelermächtigung (des Bundes) 194, 205, 223, 795, *s. auch Verbandskompetenzen*

Einzelfallgerechtigkeit 1371, 1375, *s. auch Verfahrensrecht, öffentliches*

Enteignung, polizeirechtliche 117

Entschlüsse, individuelle *s. Auftragstaktik*

Erlasse 823

Ermessen 651, 677
- Auswahlermessen 683, 770
- Einzelfallermessen 124
- Entschliessungsermessen 123 ff., 299 ff., 682 f.
- Ermessensentscheide 125, 911
- pflichtgemässes 124, 253, 338, 342, 522
- Rechtsfolgeermessen 299, 652, 698, 723, 770, 774
- Tatbestandsermessen 300, 684, 770, 774

Ermittlungen, verdeckte 223, 443 ff.

Erniedrigende Behandlung *s. Folterverbot*

Ethik 24 ff., 29, 323, 331, *s. auch Verhaltenskodex*
- Deontologie 29

Eurojust 1040

Europarat 1012

Europol 1012, 1048 ff.

Exekutive als Polizeibehörde *s. Organkompetenz*

F

Fahndungstätigkeit 443 ff., 449

Feindseligkeiten 1195 f., 1199, *s. auch Rechtsrahmen*

Fernhaltemassnahmen *s. Wegweisungen*

Festnahme, vorläufige 390, 1510 ff.

Fluchtverhinderung 371
Föderalismus, kooperativer 234 ff.
Folterverbot 375
- Art. 10 Abs. 3 BV 405 ff., *410 ff.*
- CPT-Berichte 415 f., 428
- Folterkonventionen *405*
- erniedrigend, grausam, unmenschlich *410 ff.*
- Kommission des Europarates (CPT) 174
- Medizinische Versorgung in Unfreiheit 417
- Nationale Kommission 173
- UNO Unterausschuss 172
Fragmentarische Kompetenz *s. Kompetenzen, fragmentarische*
Freiheit 11, 19 ff., 712
- persönliche (Art. 10) 366 ff., 373 ff., *379 ff.*
Freiheitsbeschränkung, polizeiliche 386, *s. auch Polizeigewahrsam*
Freiheitsentzug, nicht justizieller *s. Rechtspflege, Rechtsschutz*
Freiheitsentzug, polizeilicher *s. Polizeigewahrsam; Rechtspflege, Rechtsschutz*
Führungsverantwortung *s. Armeeeinsätze*
Fürsorgepflicht, innerbetriebliche 310, 377

G
Gefahr 17, 780 f., 806, 810, *s. auch Risiko*
- abstrakte 783 f.
- Gefahrenabwehr 35, 43, 46, 83 ff., 87, 115, 782, 806 f., 812 f.
  - nicht-hoheitliche 1352 ff.
- Gefahrenvorsorge 36
- konkrete 306, 652, 768, 785
- unmittelbare 306, 652, 770, 773 f., 776 f.
Gefährdung *s. Risiko*

Gefahrenvorsorge *s. Gefahr; Sicherheitsbegriff*
Gehör, rechtliches (zu Art. 29 BV) 401, 1428 ff.
- Akteneinsicht, Recht auf 1438 ff.
  - Aktenführungspflicht 1442 f.
  - Beschränkungen 1441 f.
- Allgemeinverfügungen 1433
- Anhörung, Recht auf 1434 ff.
- Entscheidbegründung 1450 f.
- Individualverfügungen, bei 1432
- Information, Recht auf 1430 ff.
- Mitwirkunsgpflichten 1446 ff.
- Mitwirkungsrechte 1445 ff.
- Rechtsbeistand, Recht auf 1449
- Rechtsmittelbelehrung 363, 401, 1452
- Rechtsmittelfristen 364, 1452
Geiselnahmesituation 372
Geldwäscherei, Bekämpfung
- Abkommen 1082
Gemeindepolizei *s. Polizei, exekutive*
Gemeinderecht *s. kommunales Recht*
Gemeingebrauch, gesteigerter 831
Generalklausel, polizeiliche *s. polizeiliche Generalklausel*
Generalkompetenz der Kantone, subsid. 162, 194, 223, 271
Genferkonventionen 62, 168, 407
Geschäftsräume *s. Privatsphäre, Schutz*
Gesetzesvorbehalt 63, 168, 407, *s. auch Legalitätsprinzip*
Gesetzgebungsbefugnis *s. Verbandskompetenzen*
Gesetzgebungsgebot *s. auch Optimierungsgebot*
- kantonales 217, 219, 229, 304 f.
- kommunales 304 f.
- problembezogenes 304 f.
Gesetzmässigkeitsprinzip *s. Legalitätsprinzip*
Gewalt, bei Sportveranstaltungen *s. Sicherheit, öffentliche*

– Abkommen 1083 f.
– Konkordat 220, 235, 259 f.
Gewalt, häusliche *s. Häusliche Gewalt*
Gewaltanwendung, polizeiliche 369
Gewaltenteilung 54, 159, 633, 736, *s. auch Rechtsstaatsprinzip*
Gewaltmonopol, staatliches 10, *73 f.*, 670, 801, 825, *1282*, *s. auch Übertragung polizeilicher Befugnisse*
– Abweichungen 1304 ff.
 – Aufsicht 1327
 – Grenzen 1310 ff.
 – ökonomische Begründung 1324
 – «Privatisierung» von Polizeiaufgaben 1304 ff.
 – Voraussetzungen 1325 ff.
– Begriff 1290
– Entscheidungsbefugnisse 1311, 1316 ff., 1323
– Erfüllungsgehilfen 1306
– Funktion 1291 f.
– Gliederung 1298 ff.
– Schranken 1293 ff.
Gewohnheitsrecht
– Bundeskompetenzen 205, 223
– völkerrechtliches *s. Völkerrecht*
Gleichbehandlungsgebot 332 ff., 588 f.
– im Unrecht 342
– Informationstätigkeit 341
Grausame Behandlung *s. Folterverbot*
Grenzpolizeidienst (der Truppe) 1269
Grenzüberschreitende OK
– Übereinkommen 1066 ff.
– Zusatzprotokoll illegale Migration 1066, 1073
– Zusatzprotokoll illegaler Waffenhandel 1066, 1074
– Zusatzprotokoll Menschenhandel 422, 1066, 1071
Grenzwachtkorps
– Polizeikompetenzen, begrenzte 5, 163, 207, 212 f., 223, 645, 795 f., 801, 911 f., 916, 1017, 1120, 1202

– Zollpolizei 75
Grundrechte 70, 404, 426 f., 429, 432, 1311
– Abwehrfunktion 277 ff., *282 ff.*, 306, 367, 425
– Dritt- oder Horizontalwirkung 284, 397
– Einschränkungs-Voraussetzungen 286 ff., 382 f.
– Kerngehalt 294 ff.
– konstitutiv-institutionelle Funktion 280, 490
– Leistungspflicht 280
– nachträgliche Schutzfunktion 313 ff., 418, 422
– notstandsfeste 407
– Schutzfunktion 277, 280, *298 ff.*, 408 f., 426 ff., *s. auch Schutzpflicht*
– Verfahrensgrundrechte 924, 955
 – bei Amts- und Rechtshilfe 924
Grundrechtseingriffe 433, 798
– chilling effects (Nebenwirkungen) 525, 699, 876, *s. auch Rechtspflege, Realakte*
– Genehmigungsinstanz 827
– nicht schwerwiegende 293, 902
– Richtervorbehalt 435, 454 f.
– schwerwiegende 292, 827, 902
– Voraussetzungen 153, 1233, 1254, 1327
Grundrechtskollisionen 337, *s. auch Verhältnismässigkeitsprinzip*
Grundrechtskonkurrenzen 678 f., *s. auch Verhältnismässigkeitsprinzip*
Grundrechtsschutz *s. Grundrechte, Grundrechtseingriffe*
Grundversorgung, polizeiliche 339 f.

H

Haftungsrecht *s. Staatshaftung*
Handlungsfreiheit *s. Freiheit, persönliche*

Handlungsgrundsätze, rechts-
staatliche 287 f., *s. auch Grund-
rechte; Rechtsstaatlichkeit*
Handlungspflicht, polizeiliche *s.
Legalitätsprinzip, aktives; Schutz-
pflicht*
Handschellen 376
Häusliche Gewalt, Bekämpfung 397 ff.
Herrschende Auffassung (betr. öffentl.
Ordnung) 24, 95 f. 98, 108, 110 f.,
119
Hoheitlich 132, 136 ff., 812, 833, 1307,
1312
Horizontalwirkung von Grund-
rechten *s. Grundrechte*
Hostilities *s. Feindseligkeiten*
Human Security *s. Menschliche
Sicherheit*

I

Identitätskontrolle *s. Personenkontrolle*
IKAPOL *s. Interkantonale Verträge*
Immissionen, Schutz vor 305, 375,
432, 499, 513, 518
Implizite Bundeskompetenzen *s.
Bundeskompetenzen, sicherheits-
polizeiliche*
Individualverfügungen *s. Gehör, recht-
liches*
Informationelle Selbstbestimmung 285,
380, 456 f., 464, 1142, 1174
Informationsfreiheit *s. Meinungsäus-
serungsfreiheit*
Infrastruktur, Schutz der *s. Sicherheit,
Sicherheitsbegriff*
Inhärente Bundeskompetenzen *s.
Bundeskompetenzen, sicherheits-
polizeiliche*
Interesse, öffentliches 23, 40, 45, 54,
125, 554, 627, 808, 924, 1327
- Art. 5 Abs. 2 BV 654 ff.
- Inhalt 664 ff.
- völkerrechtlicher Umfang 655 ff.

- Staat und Gesellschaft 654
Interkantonale Verträge 220, 235 ff.,
255 ff., 643, 637, 801
- IKAPOL 250
- regionale 255 ff.
- rechtsetzende 237 f.
- rechtsgeschäftliche 237
- sachbezogene 260 ff., 265, 801
Interkantonales Recht 81, 235 ff., 249
Interpol 1041 ff., 1137
ius cogens *s. Völkerrecht, zwingendes*

J

Jugendliche, Schutz (Art. 11
BV) *424 ff.*, 643

K

Kantonales Recht 79, 238, 755, 998 ff.,
1148, 1338, 1373, 1379, *s. auch
Rechtspflege, kant. Recht*
Kantonspolizei *s. Polizei, exekutive*
Katastrophen 37, 79, 236, 253, 661,
714, 734, 927, 966 f., 1088, 1094,
1099, 1190 f.
Kerngehalt von Grundrechten *s.
Grundrechte*
Kinder, Schutz von *s. Jugendliche*
- Kind, werdendes, Schutz 366
- Kinderrechtskonvention 157, 168,
426 ff.
Kommandosache 1273
Kommunales Recht 82
Kompetenzen
- fragmentarische 223, 1341
- parallele 75, 203, 271
Kompetenzkumulation 209, 976
Kompetenznorm *s. Normtypen*
Konferenzen, interkantonale *s. auch
Interkantonale Verträge*
- politische Ebene 142 ff.
- Verwaltungsebene 246 ff.
- unterschiedliche Partner 249 ff.

Konkordanz, praktische, Prinzip *s. praktische Konkordanz*
Konkordate *s. Interkantonale Vereinbarungen*
Kontrollierte Lieferung *s. Amts- und Rechtshilfe*
Koordinationspflicht (Bund und Kantone) 202
Korruptionsbekämpfung
– Abkommen 1059 ff.
– GRECO 175
Kriminalpolizei, -lich *s. Strafprozessuale Polizeitätigkeiten*
Kundgebung *s. Demonstrationsrecht*

L

Lage, ausserordentliche 37, 210, 228, 727, 733, 736, 742, 1190, 1193, 1199, 1204, 1207, 1235
Lage, besondere 1192, 1206
Lange Hand, Prinzip der *s. Prinzip der langen Hand*
Legalitätsprinzip 2, 23, 112, *122 ff.*, 627, 632 f., 652 ff., 672, 758, 760, 772, *s. auch polizeiliche Generalklausel*
– aktives 122 f., 650 ff.
– Art. 5 Abs. 1 BV 639 ff.
– Art. 36 BV 642 f.
– formelles Gesetz 643
– Gesetzesvorbehalt 640 ff.
– passives 123, 126. 650
– Verfassungsvorbehalt 640, 645
Leben, Recht auf (Art. 10 BV) *366 ff.*
Lebensraum, Schutz des *s. Sicherheit, Sicherheitsbegriff*
Legitimität 74, 842
Leistungsnormen *s. Qualitätsanforderungen*
Leitbild *s. Verhaltenskodex*
Lieferung, kontrollierte 179, *s. auch Amts- und Rechtshilfe*
Luftpolizei 75, 144, 1237

M

Macht, Legitimierung 74
Machtteilung *s. Verbandskompetenzen*
Massnahmengesetze 2
Medizinische Versorgung in Unfreiheit *s. Folterverbot*
Meinungsäusserungsfreiheit (Art. 16 BV) 466 ff.
– Formen 474
– Grenzen 473, 476, 479 f.
– Inhaltskontrolle (Zensur) 472, 477
Menschenhandel, Bekämpfung *s. Grenzüberschreitende OK*
Menschenrechtsrat (UNO) 170 ff.
Menschenwürde 28
– Art. 7 BV 323 ff.
Menschliche Sicherheit 36, 615
Migration, illegale, Bekämpfung
– Abkommen, Zusatzprotokoll 1073
Militärische Mittel 1196
Militärische Sicherheit (Truppe) 1220, 1260 *ff.*
Monistisches System 51, 218, 786
Monopole 799, 824
– sicherheitsorientierte Monopole 824

N

Nacheile, grenzüberschreitende 179, *s. auch Amts- und Rechtshilfe*
Namensschilder 396
Nebenwirkungen, unerwünschte *s. Grundrechtseingriffe*
Non-Refoulement-Gebot 177
Normbestimmtheit *s. Rechtsstaatlichkeit*
Normkontrollverfahren *s. Rechtspflege*
Normtypen 67 f., 71, 152 ff., 197
Notlage 1191, 1200
Notrecht 730 ff.
Notstand, polizeilicher *s. polizeilicher Notstand*
Notstandsfeste Grundrechte *s. Grundrechte, notstandsfeste*

Notwehr, Notwehrhilfe 370, 372

O

Observation, grenzüberschreitende 179,
s. auch Amts- und Rechtshilfe
Öffentlich-rechtlich 136
Öffentlich-rechtliche Anstalten s.
Anstalten, öffentlich-rechtliche
Öffentlich zugänglicher Raum s. Raum,
öffentlicher
Öffentlicher Raum
- Privatsphäre im s. Privatsphäre,
Schutz
Öffentliches Interesse s. Interesse,
öffentliches
Öffentliches Prozesssrecht s. Rechtspflege
Opportunitätsprinzip 1, 123 ff., 299 ff.,
338 f., 651
Optimierungsgebot 73, 775 f., s. auch
Polizeiliche Generalklausel
Ordnung
- Kulturgüter, Schutz 624
- öffentliche, bundesgerichtliche Definitionen 99 ff.
- öffentliche, positivierte 88 ff., 95 ff.,
99 ff., 113 f., 139, 145, 522, 554,
626, 750
- Raumplanung 113
- Schuldenwirtschaft 100, 106
- Unabhängigkeit des Landes 616,
750
- ungeschriebene öffentliche 14, 96 f.,
108, 626
- verfassungsmässige, Schutz 613 ff.,
615, 623, 843
  - politische Rechte 617
- völkerrechtliche Verpflichtungen 623 f.
Ordnungsdienst 1200, 1211
Ordre public s. Amts- u. Rechtshilfe
Organisationsnorm s. Normtypen

Organisierte Kriminalität, Bekämpfung
- Übereinkommen 1066 ff.
Organkompetenz 67, 74, 132 f., 136,
741 ff., 797 ff., 1113 ff., 1122 f.,
1202
- Exekutive 132, 747 ff., 803, s. auch
Dringliche Gesetzgebung
- Parlament 738 ff.
- richterliche Behörden 13
OSZE 1011

P

«Palermo»-Konvention s. Grenzüberschreitende OK, Übereinkommen
Paradigm of Hostilities, Law
Enforcement s. Rechtsrahmen,
Feindseligkeiten; Polizei- und
Strafrecht
Parallele Kompetenzen s. Kompetenzen, parallele
Personen, völkerrechtl. geschützte
- Übereinkommen 1080
Personenkontrolle 386 ff.
Personennahschutz 1368 ff.
Persönlichkeitsschutz s. Freiheit, persönliche; Privatsphäre
Plattform KKJPD-VBS-EJPD 1222
Platzverweise s. Wegweisungen
Polizei
- Aufgaben 782 ff., 793 ff.
- exekutive 28, 82, 139, 142, 151,
153, 199, 213, 635, 829, 839, 916,
927
- Polizeigut 39, 118 ff., 659, 748, 774,
776, 819, 843
- Verwaltungsbehörde 142
Polizeiattachés (Verbindungsbeamte) 59 ff., 83 ff., 127 ff.
Polizeibefugnisse der Truppe 1226 ff.,
1240 ff., 1251 f., 1256 ff., 1264
Polizeibegriffe s. Zusammenarbeit,
internationale; Verträge
- funktioneller 128 ff.

- institutioneller 129 ff.
- materieller 39, 84, 113 ff., 127
- organisationsrechtlicher 139 ff.

Polizeigewahrsam 327, 366, 371, 388 f., 398, 427, 452, 488, 809, 816, 836, 851, 871, 875, 878 f., 887, 902, 1507, *s. auch Rechtspflege, Rechtsschutz*

Polizeigüter 118 ff., *121*, 145

Polizeihoheit, kantonale 195, 197 ff., 210 ff., 214 ff., 259, 1340

Polizeiliche Generalklausel 86, 728, 730 ff., 755 *ff.*
- Kriterienkatalog 762 ff.
- Notfälle, echte und unvorhersehbare 1, *776 ff.*

Polizeiliche Grundversorgung *s. Grundversorgung, polizeiliche*

Polizeilicher Notstand 725 ff.

Polizeipflicht 28, 782 ff., 843, *s. auch Schutzpflicht*

Polizeirecht 44 f., *145 ff.*, 812
- formelles 149 ff.
- materielles 105 ff.

Publikationspflicht für Erlasse *s. Rechtsstaatsprinzip*

Präemption 806, 821

Präservation 806

Prävention 806, 820

Praktische Konkordanz, Prinzip 509, 678, 707

Prinzip der langen Hand 933, 953, 1126

Prinzipien, verfassungsmässige *s. Verfassungsprinzipien*

Privater Raum *s. Raum, privater*

Privatsphäre, Schutz der (Art. 13 BV) 431 ff.
- Datenbearbeitung (Art. 13 Abs. 2 BV) 456 ff., *1134 ff.*
- verfahrensrechtliche Bedeutung 435

Prozessrecht, öffentliches *s. Rechtspflege*

Q

Qualitätsanforderungen 844

Qualitätssicherung 77, 844

R

Raum
- nicht unbeschränkt öffentl. zugänglicher 1359 f., 1362 ff.
- öffentlicher 1356 ff.
- unbeschränkt öffentlich zugänglicher 1356 ff., 1361

Raumplanung *s. Ordnung, öffentliche*

Rayonverbot 367, 385

Realakte 8, 649, 833, 843, *854 ff.*
- Anfechtbarkeit 905 ff., 911 ff.
- Auftrag 891, 899 ff.
- chilling effects *s. Nebenwirkungen*
- eingreifend 860, 870, 1274
- Eingriffsbegriff 864 ff., 1490 ff.
- Einsatzbefehle 852, 889 ff.
- Grundrechtsrelevanz 878, 1274
- informationelle (intervenierend) 859, 861, 867, 870, *893 ff.*, 1485 ff.
- informelle oder schlichte 866
- intervenierende (operationell, physisch) 859, 867, 870, 909 f. 1485 ff.
- Nebenwirkungen (chilling effects) 1493 ff.
- nicht eingreifend 860
- nicht verfügungsvertretende 859, 888
- Rechtswirkung, unmittelbare 870
- Standardmassnahmen als Grundformen 901 ff.
- Unterlassungen, Beschwerdefähigkeit 1498 ff.
- verfügungsfreie 859, 872, 885
- verfügungsvertretende 859, 886 f.
- verwaltungsinterne 917 ff.
- Videobilder, Publizierung 897 f.
- Videoüberwachung 895 ff.
- Vollstreckungshandlungen 883 ff.

Rechtliches Gehör s. *Gehör, rechtliches*
Rechtsakte 648, 832 ff., 917, s. auch *Gehör, rechtliches*
Rechtsarchitektur, supranationale 47
Rechtsbehelfe s. *Rechtspflege*
Rechtsgleichheit (Art. 8 BV) 332 ff., 1375
– Differenzierungsgebot 334
Rechtsharmonisierung 6, 230 ff., 244, 258 ff., 266
Rechtshilfe s. *Amts- und Rechtshilfe*
Rechtsmittel s. *Rechtspflege*
Rechtsmittelbelehrung s. *Gehör, rechtliches*
Rechtsmittelfristen s. *Gehör, rechtliches*
Rechtsnormenüberlagerung s. *Überlagerung von Rechtsnormen*
Rechtspflege 1370 ff.
– Anzeige, Verweigerung der Entgegennahme 1411
– Aufsichtsbeschwerde 1393, 1416
– Beschwerde
  – an Aufsichtsbehörde 1459 ff.
  – an Bundesrat 1463, 1550
  – in öffentlich-rechtlichen Angelegenheiten 1398, *1555 ff.*, 1561 ff.
– Beschwerdeverfahren 1379 ff., 1390 ff.
  – Rechtsbehelfe 1393
  – Rechtsmittel 1391 f.
– Gehör, rechtliches s. dort
– kantonale Verfahren 1464 ff.
– nicht-streitige Verfahren 1382 ff.
– Normkontrollverfahren 1577 ff.
  – abstraktes 381, 1387, 1578
  – adhäsionsweises (konkretes, inzidentes) 1386, 1587
  – Bund 1582 ff., 1582 ff.
  – kantonales Recht 1588
  – Massgeblichkeit von Bundesgesetzen und Völkerrecht 1585 ff.
– Pflicht zu 1581
– Rechtsschutz betr. nicht justiziellem Freiheitsentzug (Art. 31 Abs. 4 BV) 1507 ff.
  – Entzugskriterien 1510 ff.
– Rechtsweggarantie (Art. 29a BV) 403, 1457, 1471 ff.
  – Ausnahmen 1477, 1546 ff.
  – Bund 1542 ff.
  – bei Realakten 1458, 1460 f., 1493, s. auch *Realakte, Anfechtbarkeit*
  – Rechtsstreitigkeiten 1471 ff., *1478 ff.*
  – unklare Wege 1521 ff.
– streitige Verfahren 1375, 1382 f.
– Unabhängige Prüfung (Art. 13 EMRK) 1572 ff.
– Verfahrensgarantien, allgemein (Art. 29 BV) 1400 ff.
  – Entscheid, fristgerechter 1375, 1405
  – Entscheidbehörde, Zusammensetzung 1422
  – fair trial 1403 f.
  – Formalismus, überspitzter 1423 ff.
  – Nichteintretensverfügung 1405, 1411, 1415
  – rechtliches Gehör s. *Gehör, rechtliches*
  – Rechtsträger 1407 f.
  – Rechtsverweigerung 1410 f.
  – Rechtsverzögerung 1417 ff., 1419 ff.
  – Untersuchungsmaxime 1412
  – unentgeltlicher Rechtsbeistand 1453 f.
– Verfassungsbeschwerde, subsidiäre 1399, 1565 ff.
– Konversionspraxis 1571
– Verfassungsgerichtsbarkeit 160, 272, 1385 ff.

– Einschränkung: Bundesgesetze 1388 f.
– Verfassungsrechtspflege 1383
  – verwaltungsexterne 1378, 1459 ff.
– Verwaltungsgerichtsverfahren 1397, 1536 ff.
  – Bund 1542 ff.
  – kantonales Recht 1536 ff.
  – Unzulässigkeit (Art. 32 Abs. 1 VGG) 1546 ff.
– verwaltungsinterne 1385 ff., 1391 f., 1397 ff., 1457 ff.
– Verwaltungsrechtspflege 1384, 1391 ff.
– Weiterleitungspflicht 1414
– Wiedererwägungsgesuch 1394
Rechtsrahmen
– Feindseligkeiten 1196
– Polizei- und Strafrecht, Abgrenzung 1198 f., 1215
Rechtsquellen *47 ff.*, 77, 156, 940, 959, 961, 974 ff., 997 ff.
Rechtssatz 823
Rechtsschutz 72, 555, 847, 851, 1295, 1327, *s. auch Assistenzdiensteinsätze, Rechtsschutz*
– Verfahren 402
Rechtssicherheit 72, 636, 1375
– Transparenz der Rechtsordnung 636
– Vorhersehbarkeit staatl. Massnahmen 636
Rechtsstaatlichkeit 275, 627 ff., 646 ff., 1254, 1289, 1296, 1375, *s. auch Strukturprinzipien*
– Bestimmtheitsgebot 109, 120 ff., 153, 228, 291, 382
– Grundrechtsfundament 275
– Grundrechtsgarant 615
– Publikationspflicht 636
– Rechtsstaatsprinzip 627 ff., 632 f., 636, 736, 798

Rechtsweggarantie *s. Rechtspflege, Rechtsweggarantie*
Rechtszersplitterung 58, 207, 234, 264
Repression 806
Rettungsschuss, finaler *s. Todesschuss, gezielter*
Risiko 17, *806 ff.*, 821
– Riskoübernahme 310
Römer Statut 660
Rules of Engagement 1133, 1231 f.
Rückkehrverbot *s. Häusliche Gewalt*

S
Sanktionen, verwaltungsrechtliche 808
Schadenpotential *s. Risiko*
Schengen 638, 985 ff., 994, 1007, 1039
– Assoziierungsabkommen 2, 64, 80, 230, 464, 657 f., 787, 1016 ff., 1056
– Datenschutz 191 ff., 465
– Dublin, Assoziierungsabkommen 2, 64, 230 f., 464, 657, 1016 ff., 1128
– Gemischter Ausschuss, Kompetenz 186
– Polizeiliche Zusammenarbeit 189 ff.
– Schengen-Besitzstand 9, 51, 186 ff., 217, 230 ff., *1016 ff.*
– Schengen-Informationssystem (SIS) 190, 1022
  – Auskunftsrecht 1026 ff.
  – Haftungsregelung 1662 ff.
Schrankenschranke 408
Schuldenwirtschaft *s. Ordnung, öffentliche, bundesgerichtliche Definitionen*
Schusswaffengebrauch *s. Waffeneinsatz*
Schutz
– der öffentlichen Sicherheit 87
Schutzpflicht
– Beschränkung 306 ff.
– gesetzliche 124, 843
– grundrechtliche 27, 123 f., 432, 775, *779 f.*, 820

- nachträgliche grundrechtliche 123, 313 ff., 418, *s. auch Untersuchungspflicht*
Schwangere, Schutz 366
Selbstbestimmung, informationelle *s. Informationelle Selbstbestimmung*
Self-executing *s. Anwendbarkeit, direkte*
Sicherheit 11, 15 ff.
- Aufrechterhaltung 69, 87, 195, 197, 202, 205, 284, 308, 490, 513, 518, 711, 570, 803, 829
- öffentliche 88 ff., *91 ff., 99 ff., 121,* 130, 145, 518 ff., 554, 588, 626, 923, 1193
- Gesundheitsschutz 305, 375, 432, 594
- nicht grundrechtlich geschützte 613 ff., 843
- öffentliche, bundesgerichtl. Definitionen 99 ff.
- Sicherheitsbegriff 32 ff., *36,* 66, 122, 617
- Sicherheitspolitik 59 ff.
- Sicherheitsrecht 36, 59 ff.
- Sicherheitsverfassung 66 ff., 73, 617
- Umweltschutz 305, 375, 432, 594, 625
- verfassungsmässige Ordnung *s. Ordnung, verfassungsmässige*
- Wiederherstellung 69, 87, 195, 197, 202, 205, 711, 721, 723, 803, 829
Sicherheitsdienste, private 143, 261, 1282 ff., *s. auch Gewaltmonopol*
- Bewilligungsvoraussetzungen 1329 ff.
- nicht-hoheitliche Aufgabenwahrnehmung 1342 ff.
  - Bewilligungskriterien *1349 ff.*
  - Bewilligungspflicht 1345 ff.
Sicherheitsverfassung *s. Sicherheit*
Sittlichkeit, öffentliche 119
Situationen, tatbestandsmässige 830

Sklaverei(verbot) *s. Menschenhandel*
Soft law 65, 157, 167, 984, *s. auch Verhaltenskodex; Ethik*
Sonderstatusverhältnis 451 ff.
- Privatsphäre im 451 f.
Souveränität, Schutz der *s. Sicherheit, Sicherheitsbegriff*
Sozialadaequanz 700
Sozialkompetenz 26
Sozialpolitik *s. Gefahrenabwehr*
Sozialstaatsprinzip 629, 1289
Spezialitätsprinzip *s. Amts-, Rechtshilfe*
Spontandemonstration *s. Demonstrationsrecht*
Sprachenfreiheit (Art. 18 BV) 481 ff.
- Gebärdensprache 485
- Leistungspflicht 488 f.
Staatlich 136 ff.
Staatshaftung 1291, 1327, 1589 ff.
- «Beamtenhaftung» 1616 ff., 1658, 1660
- direkte Staatshaftung 1611 ff.
- Haftungskriterien 1609 ff.
  - amtliche Tätigkeit 1620 ff.
  - Aussenverhältnis 1609 ff.
  - Innenverhältnis 1654 ff., 1659 ff., 1661
  - Kausalität 1641 ff.
  - bei rechtmässig zugefügtem Schaden 1637 ff.
- Haftungssubjekte 1597 ff.
  - Ausgelagerte, Dritte 1597 f., 1613 ff.
  - Zentralverwaltung 1595
- Rechtsquellen 1599 ff.
  - Bund 1600 ff.
  - Kantone 1607 ff., 1614 f.
- Schaden 1624 ff.
- Schengener Informationssystem 1662 ff.
- Verfahrensfragen 1643 ff.
  - Bund 1643 ff.
  - Kantone 1648 ff.

- Widerrechtlichkeit 1626 ff.
- bei Rechtsakten 1632 ff.
Staatsnotstand 733, 1201
Staatsschutz 75
Standard Operational Procedures *s.*
  Verfahrensabläufe
Standardmassnahmen als Realakte *s.*
  Realakte, Standardmassnahmen
Standards of Performance *s. Qualitätsanforderungen*
Störerprinzip 23, 711 ff.
- Abgrenzung zu Nicht-Störern 721 ff.
- Mehrzahl von Störern 723 f.
- polizeilicher Notstand 725
- Unmittelbarkeitstheorie 720
- Verhaltensstörer 716
- Zustandsstörer 717
- Zweckveranlasser 718, 720
Strafprozessuale Polizeitätigkeiten 141, 196, 203, 223, 386, 531 f., 809 f.
Streikfreiheit (Art. 28 Abs. 3 BV) 601 ff.
- Beschränkung 611 f.
- staatliche Unternehmen, Bestreikung 610
Strukturprinzipien 630 ff.
Subsidiaritätsprinzip
- polizeirechtliches 152, 398
- staatsrechtliches 5, 201, 207, 209 f., 271, 745, 1194, 1202 f., 1212, 1214 f., 1224, 1266
Suizidabsichten, Schutzpflicht 302, 312

T

Territorium, Schutz des *s. Sicherheit, Sicherheitsbegriff*
Terrorismus, Bekämpfung 409
- Abkommen 1076 ff., 1109
Tiere, Schutz 28, 625
Todesfall, aussergewöhnlicher 315
Todesschuss, gezielter 372
Todesstrafe, Verbot
- non-refoulement-Gebot 368, 933

Transparenz der Rechtsordnung *s. Rechtssicherheit*
Transportpolizei 137, 207, 1207
Treu und Glauben 54, 125, 145, 287, 338, 627, 648
- Art. 9 BV 356 ff.

U

Überlagerung von Rechtsnormen 5, *156 ff.*, 163, *787 ff.*, 1267
Übertragung polizeilicher Befugnisse 1313 ff.
Überwachung
- elektronische Formen (Kommunikation) 1038, 1070, 1082
- Video 895 ff., 1170 ff., 1333
Umweltschutz 143 f., *s. auch Immissionen; Sicherheit, öffentliche*
Unabhängigkeit der Untersuchungsorgane 318 ff.
Unabhängigkeit des Landes *s. Ordnung, verfassungsmässige*
Unmenschliche Behandlung *s. Folterverbot*
UNO 1009
Unterdrückung bestimmter Delikte
- Abkommen 1055 ff.
Untersuchung
- Untersuchungspflicht, nachträgliche 313 ff.
Unrecht, qualifiziertes 352, *s. auch Staatshaftung*
Unterlassungen, reale 317, 880, 910
Untersuchungsorgane, Unabhängigkeit *s. Unabhängigkeit*
Untersuchungspflicht, nachträgliche *s. Grundrecht, nachträgliche Schutzfunktion*
Unverletzlichkeit der Rechtsordnung 91, 97, *s. auch Sicherheit, öffentliche*
Unversehrtheit (Art. 10 Abs. 2 BV) *373 ff.*

Unvoreingenommenheit 28, 1422
USIS 1218 f.

V

Verbandskompetenzen 194 ff., 222 ff., 793 ff., 925
- Einzelermächtigungen des Bundes 795
- Machtteilung 159

Verdeckte Ermittlungen *s. Ermittlungen, verdeckte*

Verfahrensabläufe 844

Verfahrensgarantien, allgemeine *s. Rechtspflege*

Verfahrensgrundrechte *s. Grundrechte*

Verfahrensrecht, öffentliches *s. Rechtspflege*

Verfassungsauftrag *s. auch Normtypen*
- Funktionen 1374 ff.

Verfassungsbeschwerde, subsidiäre *s. Rechtspflege*

Verfassungsgerichtsbarkeit 160

Verfassungsmässige Ordnung *613, s. auch Ordnung, verfassungsmässige*
- völkerrechtliche Schutzpflichten 623 f.

Verfassungsprinzipien 125, 147, *627 ff.*

Verfassungsrecht 147, *s. auch Verfassungsprinzipien*
- ungeschriebenes 73 ff., 1401, *s. auch Sicherheitsverfassung*

Verfassungsrechtspflege *s. Rechtspflege*

Verfassungsschutz *s. Ordnung, verfassungsmässige*

Verfassungsvorbehalt *s. Legalitätsprinzip*

Verfügbarkeitsgrundsatz *s. Amts-, Rechtshilfe*

Verfügungen 837, *848 ff.,* 1457, *s. auch Rechtsakte*
- Anfechtungsobjekte 1543 f.
- Arten 849 f.
- formelle Anforderungen 851 ff.

Verhaltensgrundsätze 29

Verhaltenskodex 52, 65, 157, 167

Verhältnimässigkeit, -sprinzip 3, 22 f., 125, 147, 272, 287 f., 338, 387, 522, 534, 1223 ff., 1474
- Art. 5 Abs. 2 BV 672 ff.
- Beziehungsgeflecht 781 ff.
- Erforderlichkeit 684 ff.
- Geeignetheit 688 ff.
- Notwehrrecht 706
- Prüfprogramm 674 ff.
- Störerprinzip *s. Störerprinzip*
- Verletzungen des, Anfechtbarkeit 708 ff.
- Zumutbarkeit 310, 698 ff.

Verhütung von Folter
- Europarat, Kommission zur 174
- Nationale Kommission zur 173
- Unterausschuss der UNO zur 172

Vermummungsverbot *s. Demonstrationsrecht*

Versammlungsfreiheit (Art. 22 BV) 490, *s. auch Demonstrationsrecht*
- Schutzpflichten 502 ff.

Verträge, interkantonale *s. Interkantonale Vereinbarungen*

Verträge, verwaltungsrechtliche *s. Rechtsakte*

Vertrauensgrundlagen 362 ff.

Vertrauensschutz 357, 363, *s. auch Rechtsakte*

Verwaltungsakt 136

Verwaltungsbehörde 1376 f.

Verwaltungsrecht 22, 78, 84, 86, 97, 134, 146, 155, 207, 213, 220, 237, 257, 265

Verwaltungsrechtspflege *s. Rechtspflege*

Verwaltungsverordnungen 838 ff.

Videoüberwachung *s. Realakte, Überwachung*

Völkerrecht 47 ff., 58 f., 62 ff., 166 ff.
- Gewohnheitsrecht 49
- human security 615
- Rechtsquellen 47 ff., 922, 930 f., 933 ff., 997 ff.
- Römerstatut 177
- Schutzobjekte 177
- Schutzpflichten 623 f.
- Umsetzungspflichten 217, 229 ff., 615, 623 f.
- Vebrechen gegen die Menschlichkeit 177
- zwingendes 168, 176 ff., 407, 930, 979 f.
  - Menschenhandel 177, 930, 980, 1006
  - Sklaverei 177, 980, 1006
Völkerrechtlich geschützte Personen
- Abkommen 1080
Voraussehbarkeit 291
Vorrang des Gesetzes *s. Gesetzesvorbehalt*

W

Waffeneinsatz 65, 293, *369 ff.*, 696, 706, 871, 1133, 1226, 1252 f.
  - Waffeneinsatz, Ermächtigung gesetzliche 643
  - Waffeneinsatz, militärpolizeilicher *s. Polizeibefugnisse der Truppe*
Waffenhandel, illegaler, Bekämpfung
  - Abkommen, Zusatzprotokoll 1074
Wegweisung 401, 1320
- allgemeine *551, s. auch Rechtsakte*
- bei häuslicher Gewalt 399, 401
Weisungen, allgemeine 839 ff.
Wiedererwägungsgesuch *s. Rechtspflege*
Willkürverbot (Art. 9 BV) 338, *350 ff.*, 709

Wirtschaftsfreiheit 11, 580 ff.
- Art. 27 BV 580 ff.
- Beschränkungen 590 ff., 828
- Bewilligungspflichten 593 ff., 828
- Binnenmarktregelung 598 ff.
- Gleichbehandlungsgebot 588 f.
- Schutzpflicht 590 ff.
Wirtschaftspolitik, Abgrenzung *s. Gefahrenabwehr*
Wirtschafsrecht, öffentliches 86
Wohnung (Art. 13 Abs. 4 BV) *s. Privatsphäre, Schutz*
Würde der Kreatur 28
Würde des Menschen *s. Menschenwürde*

Z

Zensur(verbot) 75, 477, *s. auch Meinungsäusserungsfreiheit*
Zivilschutz 37, 45, 58, 67, 200, 246, 742, 1191
Zollpolizei *s. Grenzwachtkorps*
Zugänglichkeit von Erlassen 51, 290, 1375
Zusammenarbeit, internationale 178 ff., 967, *s. auch Schengen-Besitzstand und Amtshilfe*
- bilaterale Verträge 1085 ff.
- Datenschutz 183 ff.
- Gemeinsame Zentren 966, 1094
- Grenzen 181 f.
- Grundlagen 178 ff.
- Handeln in anderem Staat 1133
- Zuständigkeit 180
Zwang, polizeilicher 45, 275, 326, 376, 707, 778 f., 788 f., 801, 809
Zwangsarbeitsverbot 1209